Linien der Rechtsprechung
des Bundesverfassungsgerichts – erörtert von den
wissenschaftlichen Mitarbeitern

Linien der Rechtsprechung des Bundesverfassungsgerichts – erörtert von den wissenschaftlichen Mitarbeitern

herausgegeben von

Hartmut Rensen Stefan Brink

W DE G RECHT

De Gruyter Recht · Berlin

∞ Gedruckt auf säurefreiem Papier,
das die US-ANSI-Norm über Haltbarkeit erfüllt.

ISBN 978-3-89949-480-8

Bibliografische Information der Deutschen Nationalbibliothek

Die Deutsche Nationalbibliothek verzeichnet diese Publikation in der Deutschen Nationalbibliografie; detaillierte bibliografische Daten sind im Internet über <http://dnb.d-nb.de> abrufbar.

Printed in Germany
Einbandgestaltung: Martin Zech, Bremen
Einbandabbildung: Tobias Helfrich, 2005, Wikipedia
Datenkonvertierung/Satz: WERKSATZ Schmidt & Schulz GmbH, Gräfenhainichen
Druck und Bindung: Hubert & Co., Göttingen

Geleitwort

Die verfassungsrechtliche Literatur nimmt im aktuellen Trend einer exponentiellen Vermehrung rechtswissenschaftlicher Publikationen sicherlich einen Spitzenplatz ein. Gleichwohl ist es mir eine Freude, den vorliegenden Band einzuleiten. Das liegt zum einen an den Autoren, die sämtlich als wissenschaftliche Mitarbeiterinnen und Mitarbeiter des Bundesverfassungsgerichts mit der Genese und den wesentlichen Inhalten der Entscheidungen des Bundesverfassungsgerichts „von der Quelle her" bestens vertraut sind. Zum anderen füllt das Buch eine Lücke in der Literatur insoweit, als es zwischen den Eckpfeilern der Kommentare, der systematischen Hand- und Lehrbücher, der Case-Books und den Abhandlungen über Einzeljudikate oder den globalen Rechtsprechungsübersichten einen neuen Weg geht – nämlich den der gebündelten Behandlung einer Vielzahl konkreter Entscheidungsgruppen. Es wird also einerseits ein detailbezogener Ansatz gewählt, andererseits ist das Buch durchaus weit ausgreifend und durch die thematische Unterschiedlichkeit der besprochenen Rechtsprechungslinien gekennzeichnet.

Dieser Ansatz der Systematisierung im Detail verdient Aufmerksamkeit. Denn die Verfassungsrechtsprechung ist nach bald 60 Jahren Grundgesetz in einer Phase angelangt, in der es bei der Konkretisierung der abstrakten Verfassungsbestimmungen auch um die Abgrenzung und Detailsteuerung von bereits entwickelten Rechtsprechungsfallgruppen geht. Dabei ist angesichts der Bedeutung des Verfassungsrechts und vor allem der Grundrechte für alle staatlichen Gewalten sowie der praktischen Wirksamkeit der Grundrechte als Ausdruck einer objektiven Werteordnung für die Auslegung und Anwendung allen einfachen Rechts zu wünschen, dass die Darstellung der Rechtsprechungslinien Anregungen für die deutsche Staatsrechtslehre und die fachgerichtliche Rechtsprechung geben wird. Insbesondere für Praktiker, aber auch für fortgeschrittene Studierende kann das Buch eine Hilfe bei der vertieften Durchdringung des in der Realität wirksamen Verfassungsrechts bieten.

Hans-Jürgen Papier

Vorwort

Mehrere Fragen sollen gleich zu Anfang dieses neuartigen Sammelbandes geklärt werden: *Warum* schreiben wir es, warum schreiben *wir* es, warum schreiben wir es *jetzt* und warum schreiben wir es *so*?

Warum dieses Buch? Diese Frage lässt sich am einfachsten beantworten: Die bundesverfassungsgerichtliche Judikatur hat einen überragend wichtigen Stellenwert bei der Bestimmung dessen, was die deutsche Rechtsordnung ausmacht. Gelingt es, die zentralen Entscheidungen des Bundesverfassungsgerichts mit ihrer unbestreitbaren Ausstrahlungswirkung auf sämtliche Rechtsgebiete inhaltlich zu erfassen und systematisch zu durchdringen, dann lassen sich – im besten Falle – Rechtsprechungslinien aufzeigen und in die Zukunft hinein verlängern. Im schlechteren Falle lassen sich so verfassungsgerichtliche Entscheidungen fundiert kritisieren, in jedem Falle aber wird das Verständnis der nicht nur juristisch, sondern auch politisch wie gesellschaftlich bestimmenden Gerichtsentscheide erweitert.

Warum wir? Die Frage, warum wir als wissenschaftliche Mitarbeiter am Bundesverfassungsgericht mit der vorliegenden Sammlung von Beiträgen den Versuch unternehmen, die Linien der verfassungsgerichtlichen Rechtsprechung nachzuzeichnen, lässt sich zunächst unter Hinweis auf unsere Funktion und die damit verbundenen besonderen Einblicke in die Rechtsprechung des Bundesverfassungsgerichts beantworten: Nach § 13 Abs. 1 Satz 1 der Geschäftsordnung des Bundesverfassungsgerichts sollen die wissenschaftlichen Mitarbeiter die Richter des Bundesverfassungsgerichts bei deren dienstlicher Tätigkeit unterstützen. Bei der Anfertigung von Voten und Entwürfen haben sie sich eingehend insbesondere mit der Senats- und Kammerrechtsprechung des Bundesverfassungsgerichts zu den jeweils maßgebenden verfassungsrechtlichen und verfassungsprozessualen Fragen auseinanderzusetzen, zumal die verfassungsgerichtliche Rechtsprechung oftmals den einzigen Anknüpfungspunkt für die Auslegung wenig konkreter Bestimmungen des Grundgesetzes und des Bundesverfassungsgerichtsgesetzes bildet. Diese Tätigkeit vermittelt den wissenschaftlichen Mitarbeitern einzigartige Einblicke nicht nur in die Rechtsprechung des Bundesverfassungsgerichts zum Verfassungsrecht und zum Verfassungsprozessrecht, sondern auch in die den vom Gericht zu entscheidenden Fällen zugrunde liegenden Zusammenhänge des einfachen Rechts. Hinsichtlich des einfachen Rechts kommt hinzu, dass die wissenschaftlichen Mitarbeiter oftmals besondere

Erfahrungen und Fachkenntnisse aus ihrer beruflichen Tätigkeit vor der Zeit am Bundesverfassungsgericht mitbringen und den Richtern des Bundesverfassungsgerichts zur Verfügung stellen – und mag es auch an diesem Gericht vorrangig um die „spezifisch verfassungsrechtliche“ Prüfung gehen, ohne genaue Kenntnis der einfach-rechtlichen Zusammenhänge kann Verfassungsrechtsprechung nicht „funktionieren“. Die besonderen Kenntnisse der wissenschaftlichen Mitarbeiter am Bundesverfassungsgericht sowie ihr besonderer Zugang zu aktuellen verfassungsrechtlichen und verfassungsprozessualen Fragen sollen für die folgenden Beiträge des Sammelbandes fruchtbar und der Öffentlichkeit zugänglich gemacht werden.

Von der Tätigkeit der Richter des Bundesverfassungsgerichts unterscheidet sich die Tätigkeit der wissenschaftlichen Mitarbeiter insbesondere dadurch, dass die wissenschaftlichen Mitarbeiter lediglich vorbereitend und unterstützend tätig sind, während nur die Richter Entscheidungen treffen; § 25 der Geschäftsordnung des Bundesverfassungsgerichts schließt die an den obersten Bundesgerichten vorkommende Teilnahme von wissenschaftlichen Mitarbeitern an Beratungen der Spruchkörper aus. Die wissenschaftlichen Mitarbeiter tragen dementsprechend keine Verantwortung im engeren Sinne für die Rechtsprechung des Bundesverfassungsgerichts. Den folgenden Beiträgen stehen deshalb weder ein Verbot, eigene Entscheidungen zu erläutern und zu verteidigen entgegen, noch besondere, über bestimmte Einzelheiten der täglichen Arbeit hinausreichende Loyalitätsansprüche des Bundesverfassungsgerichts. So sind die Autoren der Beiträge frei gewesen, die verfassungsgerichtliche Rechtsprechung einer kritischen Prüfung zu unterziehen – und haben von dieser Freiheit auch durchaus Gebrauch gemacht. Deswegen geben die Beiträge auch nicht mehr und nicht weniger als die persönliche Auffassung des jeweiligen Verfassers wieder.

Warum jetzt und so? Diese Frage mündet in die Gegenfrage: „Warum nicht schon viel früher so?“. Weder hat es bisher ein der vorliegenden Sammlung vergleichbares Vorhaben gegeben, noch könnte die darauf beruhende Lücke in der im Übrigen sehr umfangreichen Literatur zu verfassungsrechtlichen und verfassungsprozessualen Fragen auf andere Weise geschlossen werden. In zahlreichen Beiträgen wird demgemäß auch auf „weiße Flecken“ wissenschaftlicher Befassung und Durchdringung des verfassungsrechtlichen Problemstoffs hingewiesen, neben Kritik finden sich auch Anregungen und Vorschläge zur Weiterentwicklung der Verfassungsdogmatik.

Die Beiträge des Sammelbandes betreffen dabei Themen ganz unterschiedlicher Art und Güte. Das mag zwar zunächst wie eine „Festschrift ohne Fest“ wirken. Eine genauere Betrachtung des Zusammenhangs ergibt jedoch, dass die Vielfalt der Themen des Sammelbandes der Bandbreite der Rechtsprechung des Bundesverfassungsgerichts genau entspricht. Eine aktuellen Rechtsfragen und der verfassungsgerichtlichen Rechtsprechung dazu geltende

Arbeit kann deshalb, will sie – wie die vorliegende – außerdem einen zutreffenden Eindruck von der Weite des verfassungsgerichtlichen Betätigungsfeldes vermitteln, nicht auf eine Vielfalt an Themen verzichten. Es hat zwar schon früher Veröffentlichungen der wissenschaftlichen Mitarbeiter des Bundesverfassungsgerichts gegeben – zu nennen ist hier insbesondere der mittlerweile in 2. Auflage erschienene Mitarbeiterkommentar zum Bundesverfassungsgerichtsgesetz. Auch gibt es in mehr oder weniger großem Umfang Literatur zu vielen der in den Beiträgen erörterten Rechtsfragen. Der Versuch, die eingehende Erörterung aktueller verfassungsrechtlicher und verfassungsprozessualer Fragen mit der Vermittlung eines zutreffenden Eindrucks von dem weiten Betätigungsfeld des Bundesverfassungsgerichts zu verbinden, ist bisher jedoch nicht unternommen worden.

Hinzu kommt, dass den folgenden Beiträgen der spezielle, insbesondere aus seinem täglichen Umgang mit verfassungsrechtlichen und verfassungsprozessualen Problemen gewonnene Zugang des jeweiligen Verfassers zu dem erörterten Gesichtspunkt zugrunde liegt. Deshalb werden die behandelten Rechtsprobleme, wird die Rechtsprechung des Bundesverfassungsgerichts hier in gewissem Sinne aus einer „Innenperspektive" heraus beleuchtet. Dafür, dass daraus kein „Insidergeschäft" wird, haben wir Sorge getragen. Und so ist denn gerade die Auswahl der behandelten Themen und hierbei wiederum die Heranziehung (und die Nicht-Heranziehung!) von einschlägigen Senats- und Kammerentscheidungen von besonderer Aussagekraft. Hier finden sich diejenigen Verfassungsgerichtsjudikate der letzten Jahre zusammengetragen und besprochen, die nach der Überzeugung der intensiv damit befassten Mitarbeiter Rechtsprechungslinien erkennen lassen – gerade auch in ihrer Verlängerung in die nahe Zukunft hinein. Wenn dieser Band dabei zugleich die stets notwendige, immer aber auch verbesserungsfähige Kommunikation über Verfassungsrecht innerhalb wie außerhalb des „Hauses" anregt, soll uns das nur Recht sein.

Karlsruhe im Februar 2009 *Die Herausgeber*

Inhalt

III. Steuer- und Finanzrecht

IV. Verfassungsrechtliche Grundlagen des Rechtsschutzes

Abkürzungsverzeichnis

a	auch
A.	Auflage
a.A.	anderer Auffassung
a.a.O.	am angegebenen Ort
AbfallR	Zeitschrift für das Recht der Abfallwirtschaft
abgedr	abgedruckt
Abl.	Amtsblatt
abl.	ablehnend
Abs.	Absatz
Abschn	Abschnitt
abw.	abweichend
AcP	Archiv für die civilistische Praxis
a.D.	außer Dienst
aE	am Ende
AEG	Allgemeines Eisenbahngesetz vom 27.12.1993
a.F.	alte Fassung
AfK	Archiv für Kommunalwissenschaften
AfP	Archiv für Presserecht
AG	Aktiengesellschaft; Amtsgesetz; Ausführungsgesellschaft
AgrarR	Agrarrecht, Zeitschrift für das gesamte Recht der Landwirtschaft, der Agrarmärkte und des ländlichen Raums
AJIL	American Journal of International Law
AktG	Aktiengesetz vom 6.9.1965
allg	allgemein
allg.	allgemein
ALR	Allgemeines Landrecht für die preußischen Staaten gültig ab dem 1.6.1794
Alt	Alternative
aM	anderer Meinung
amtl Begr	amtliche Begründung
Anm	Anmerkung
AnwBl.	Anwaltsblatt
AO	Abgabenordnung vom 16.3.1976
AöR	Archiv des öffentlichen Rechts
AR	Amtsrat
ArbGG	Arbeitsgerichtsgesetz
ArbuR	Arbeit und Recht
ArchivPT/ArchPT	Archiv für Post und Telekommunikation
ArchVR	Archiv des Völkerrechts
Art.	Artikel
ARUG RefE.	Referentenentwurf eines Gesetzes zur Umsetzung der Aktionärsrechterichtlinie
AStG	Außensteuergesetz vom

AufenthG	Aufenthaltsgesetz in der Bekanntmachung vom 25.2.2008
Aufl.	Auflage
ausf/ausführl	ausführlich
AuslG	Ausländergesetz vom 9.7.1990
AVR	Archiv des Völkerrechts
Az	Aktenzeichen
BAG	Bundesarbeitsgericht
BAGE	Entscheidungen des Bundesarbeitsgerichts
BAnz	Bundesanzeiger
BauGB	Baugesetzbuch
BauR	Baurecht
Bay	Bayern
BayObLG	Bayerisches Oberstes Landesgericht
BayVBl	Bayerische Verwaltungsblätter
BayVerfGH	Bayerischer Verfassungsgerichtshof
BayVerfGHE	Entscheidungen des bayerischen Verfassungsgerichtshofs
BayVGH	Bayerischer Verwaltungsgerichtshof
BayVGHE	Entscheidungen des Bayerischen Verfassungsgerichtshofs
BB	Der Betriebsberater
BBankG	Gesetz über die Deutsche Bundesbank vom 26.7.1957
BBesG	Bundesbesoldungsgesetz in der Bekanntmachung vom 3.12.1998
Bbg	Brandenburg
Bd./Bde	Band/Bände
BDH	Bundesdisziplinarhof
BDHE	Entscheidungen des Bundesdisziplinarhofs
BDiszG	Bundesdisziplinargericht
Bearb	Bearbeiter
Begr/begr	Begründung/begründet
bejah	bejahend
Bek, Bekanntm	Bekanntmachung
BerDGV	Berichte der Deutschen Gesellschaft für Völkerrecht
BerHG	Gesetz über Rechtsberatung und Vertretung für Bürger mit geringem Einkommen (Beratungshilfegesetz)
Berl	Berlin
bes	besonders
Bespr	Besprechung
BFH	Bundesfinanzhof
BFH BStBl	BFH-Urteile sortiert nach Bundessteuerblatt
BFH/NV	Sammlung (bis 1997: amtlich nicht veröffentlichter) Entscheidungen des Bundesfinanzhofs
BFHE	Sammlung der Entscheidungen des Bundesfinanzhofs
BGB	Bürgerliches Gesetzbuch vom 18.8.1896
BGBl.	Bundesgesetzblatt
BGH	Bundesgerichtshof
BGHSt	Amtliche Sammlung der Entscheidungen des Bundesgerichtshofs in Strafsachen
BGHZ	Amtliche Sammlung der Entscheidungen des Bundesgerichtshofs in Zivilsachen

BHO	Bundeshaushaltsordnung vom 19.8.1969
BKR	Zeitschrift für Bank- und Kapitalmarktsrecht
Bln	Berlin
BRAK-Mitt	BRAK-Mitteilungen (Mitteilungen der Bundesrechtsanwaltskammer)
BRat	Bundesrat
BRDrucks.	Drucksachen des Deutschen Bundesrates
BReg	Bundesregierung
BremStGH	Staatsgerichtshof der Freien Hansestadt Bremen
Bsp/Bspl	Beispiel(e)
bsplsw	beispielsweise
Bspr	Besprechung
BStBl.	Bundessteuerblatt
BT	Besonderer Teil
BT(ag)	Bundestag
BTDrucks	Drucksachen des Deutschen Bundestages
BVerfG	Bundesverfassungsgericht
BVerfG (K)	Bundesverfassungsgericht, Kammerentscheidung
BVerfGE	Entscheidungen des Bundesverfassungsgerichts, Amtliche Sammlung
BVerfGK	Kammerentscheidungen des Bundesverfassungsgerichts
BVerwG	Bundesverwaltungsgericht
BVerwGE	Entscheidungen des Bundesverwaltungsgerichts, Amtliche Sammlung
BVR	Bundesverfassungsrichter
BW	Baden-Württemberg
BWVP/BWVPr	Baden-Württembergische Verwaltungspraxis
BY	Bayern
bzgl	bezüglich
bzw	beziehungsweise
ca	circa
cic	culpa in contrahendo
CMLR	Common Market Law Revue
CR	Computer und Recht
d	durch
d.h.	das heißt
DAR	Deutsches Autorecht
dass	dasselbe
DB	Der Betrieb
DBA Schweiz	Doppelbesteuerungsabkommen
DDR	Deutsche Demokratische Republik
dens	denselben
ders.	derselbe
DFGT	Deutscher Familiengerichtstag e.V.
dgg	dagegen
dies.	dieselbe(n)
diff	differenzierend
DIN	Deutsches Institut für Normung eV

Diss	Dissertation
DJT	Deutscher Juristentag
DKFZ	Deutsches Krebsforschungszentrum (Heidelberg)
DM	Deutsche Mark
DöD	Der öffentliche Dienst
Dok	Dokument(e)
DÖV	Die öffentliche Verwaltung
DRiZ	Deutsche Richterzeitung
DSGV	Datenschutzgesetz (?)
DStJG	Deutsche Steuerjuristische Gesellschaft e.V.
DStR	Deutsche Steuer-Rundschau; Deutsches Steuerrecht
DStZ	Deutsche Steuer-Zeitung
dt/dtsch	deutsch
DtKomR	Deutsches Kommunalrecht
DtZ	Deutsch-Deutsche Rechtszeitschrift
DuD	Datenschutz und Datensicherheit
DV	Die Verwaltung
DVBl	Deutsches Verwaltungsblatt
DVP	Deutsche Verwaltungspraxis
DWiR/DZWiR	Deutsche Zeitschrift für Wirtschafts- und Insolvenzrecht
E	Entwurf
EAGV	Vertrag zur Gründung der Europäischen Atomgemeinschaft
ebd./ebda	ebenda
ed(s)	editor(s)
EEA	Einheitliche Europäische Akte
EFG	Eigentumsfristengesetz vom20.12.1996; Entscheidungen der Finanzgerichte
EG	Europäische Gemeinschaft
EGMR	Europäischer Gerichtshof für Menschenrechte
EGV	Vertrag zur Gründung der Europäischen Gemeinschaft
EGZPO	Einführungsgesetz zur Zivilprozessordnung vom 30.1.1877
ehem.	ehemalig
EIB	Europäische Investititonsbank
Einf	Einführung
EJIL	European Journal of International Law
EL	Ergänzungslieferung
EMAS	Environmental Management and Audit Scheme
EMRK	Europäische Menschenrechtskonvention
endg	endgültig
EnergG	s. EnWG
Entsch	Entscheidung
entspr	entsprechend
Entw	Entwurf
EnWG	Energiewirtschaftsgesetz vom 7.7.2005
ErbersatzSt.	Erbersatzsteuer
Erg.-Lfg.	Ergänzungslieferung
ESt	Einkommenssteuer
EStG	Einkommenssteuergesetz in der Bekanntmachung vom 16.4.1997

ESVGH	Entscheidungssammlung des Hessischen Verwaltungsgerichtshofs und des Verwaltungsgerichtshofs Baden-Württemberg
ESVP	Europäische Sicherheits- und Verteidigungspolitik
ESZB	Europäisches System der Zentralbanken
ET	Energiewirtschaftliche Tagesfragen
etc	und so weiter/et cetera
EU	Europäische Union
EUDUR	Handbuch zum europäischen und deutschen Umweltrecht
EuG	Europäisches Gericht Erster Instanz
EuGH	Europäischer Gerichtshof
EuGHE	Entscheidungen des Europäischen Gerichtshofs
EuGRZ	Europäische Grundrechte-Zeitschrift
EuR	Europarecht
EURATOM	Europäische Atomgemeinschaft
Europ	europäisch
EUV	Vertrag über die Europäische Union
EuZW	Europäische Zeitschrift für Wirtschaftsrecht
EV, EinV	Einigungsvertrag
evtl	eventuell
EWCA Civ	Neutral Citation Number für Entscheidungen des Court of Appeal (Civil Division) seit Januar 2001
EWG	Europäische Wirtschaftsgemeinschaft
EWGV	EWG-Vertrag = Vertrag zur Gründung der Europäischen Wirtschaftsgemeinschaft
EWHC	High Court of England and Wales
EWiR	Entscheidungen für Wirtschaftsrecht
EWR	Europäischer Wirtschaftsraum
EWS	Europäisches Wirtschafts- und Steuerrecht
EZB	Europäische Zentralbank
f.	die nächste folgende Seite; für
FamRZ	Zeitschrift für das gesamte Familienrecht
ff.	die nächsten folgenden Seiten
FFH	Fauna-Flora-Habitat
FG	Festgabe/Finanzgericht
FGO	Finanzgerichtsordnung in der Bekanntmachung vom 28.3.2001
FinArch	Finanzarchiv
FiWi	Finanzwirtschaft
FMSA	Finanzmarktstabilisierungsanstalt
FMStG	Finanzmarktstabilisierungsgesetz in der Bekanntmachung vom 17.10.2008
Fn.	Fußnote
FR	Finanz-Rundschau
FS	Festschrift
FStrG	Bundesfernstraßengesetz in der Bekanntmachung vom 19.4.1994
Fußn.	Fußnote
FVG	Finanzverwaltungsgesetz in der Bekanntmachung vom 4.4.2006

G/Ges	Gesetz
GA	Goltdammer's Archiv für Strafrecht
GATT	General Agreement on Tariffs and Trade
GBl	Gesetzblatt
geänd	geändert
gem	gemäß
ges/gesetzl	gesetzlich
Gesellsch	Gesellschaft
GesEntw	Gesetzentwurf
GewArch	Gewerbearchiv
GewSt	Gewerbesteuer
gg	gegen
GG	Grundgesetz
ggf., ggfs.	gegebenenfalls
GGO	Gemeinsame Geschäftsordnung der Bundesministerien
GK	Großkommentar
GKöD	Großkommentar öffentliches Dienstrecht
GLJ	GrenkeLeasing
GmbH	Gesellschaft mit beschränkter Haftung
GMBl	Gemeinsames Ministerialblatt
GoA	Geschäftsführung ohne Auftrag
GOBVerfG	Geschäftsordnung des Bundesverfassungsgerichts in der Bekanntmachung vom 15.12.1986
GR-Charta	Grundrechte-Charta
grds	grundsätzlich
GrESt	Grunderwerbssteuer
GRUR	Gewerblicher Rechtsschutz und Urheberrecht
GS	Gesetzessammlung/Gedächtnisschrift
GV NRW	Gesetz- und Verordnungsblatt des Landes Nordrhein-Westfalen
GVBl, GVOBl	Gesetz- und Verordnungsblatt
GYIL	German Yearbook of International Law
H	Heft
Halbbd	Halbband
HAPolDVG	Hamburger Gesetz zum Schutz der öffentlichen Ordnung und Sicherheit
Hb	Handbuch
HbStR	Handbuch Steuerrecht
Hdb	Handbuch
Hdwb	Handwörterbuch
Herv./Hervorh.	Hervorhebung
Hess	Hessen
HessStGH	Hessischer Staatsgerichtshof
HessVGH	Hessischer Verwaltungsgerichtshof
HFR	Höchstrichterliche Finanzrechtsprechung
Hinw	Hinweis
hL	herrschende Lehre
hM	herrschende Meinung
Hmb	Hamburg

HRR	Höchstrichterliche Rechtsprechung
Hrsg., hrsg.	Herausgeber, herausgegeben
HS/Hs./Halbs.	Halbsatz
HundeSt	Hundesteuer
HVerfG	Hamburgisches Verfassungsgericht
Hws	Hinweis
i Erg/iE	im Ergebnis
ICJ	International Commission of Jurists; International Court of Justice
i. d. F.	in der Fassung
idR	in der Regel
i.d.S.	in diesem Sinne
ieS	im engeren Sinne
IGH	Internationaler Gerichtshof
IHK	Industrie- und Handelskammer
ILM	International Legal Materials
ILO	International Labour Organization
InfAuslR	Informationsbrief Ausländerrecht
inkl	inklusive
insbes/insb	insbesondere
insges	insgesamt
InsO	Insolvenzordnung vom 5.10.1994
inzw	inzwischen
IPBPR	Internationaler Pakt über bürgerliche und politische Rechte
i.S.	in Sachen
i.S. v./d.	im Sinne von/des
ISAF	International Security Assistance Force (Internationale Sicherheitsunterstützungstruppe)
iSe	im Sinne eines
IT	Informationstechnik
IUR	Informationsdienst Umweltrecht
i.V.m.	in Verbindung mit
iwS	im weiteren Sinne
iZw	im Zweifel
J	Jahre
JA	Juristische Arbeitsblätter
JAmt	Das Jugendamt-Zeitschrift für Jugendhilfe und Familienrecht
Jb	Jahrbuch
JbDBP	Jahrbuch der Deutschen Bundespost
jew	jeweils
Jh(dt)	Jahrhundert
JK	Jura-Kartei
JMStV	Jugendmedienschutz-Staatsvertrag
JöR	Jahrbuch des öffentlichen Rechts der Gegenwart
JR	Juristische Rundschau
jur	juristisch
Jura	Juristische Ausbildung
Juris	Juristisches Informationssystem

JuS	Juristische Schulung
JUTR	Jahrbuch des Umwelt- und Technikrechts
JZ	Juristenzeitung
K	Kammer
K&R	Kommunikation & Recht
Kap.	Kapitel
KfW	Kreditanstalt für Wiederaufbau
KG	Kommanditgesellschaft/Kammergericht
KJ	Kritische Justiz
KOM	Kommissionsdokument
KomE	Kommissionsentwurf
KommunalPraxisBY	KommunalPraxis Bayern
krit	kritisch
KritV	Kritische Vierteljahresschrift für Gesetzgebung und Rechtswissenschaft
KSchG	Kündigungsschutzgesetz in der Bekanntmachung vom 25.8.1969
KSt	Köperschaftssteuer
KStZ	Kommunale Steuer-Zeitschrift
LBG	Landesbeamtengesetz; Landesbeschaffungsgesetz
lfd	laufend
Lfg.	Lieferung
LG	Landesgesetz; Landesgericht
lit	littera/Buchstabe
Lit	Literatur
Losebl	Loseblattsammlung
LPG	Landpachtgesetz vom 25.6.1952; Landwirtschaftliche Produktionsgenossenschaft
LplG	Landesplanungsgesetz
LS	Leitsatz
LSA	Sachsen-Anhalt
Lsbl	Loseblattsammlung
lt	laut
LT	Landtag
LT-Drucks	Landtags-Drucksachen
LuftVG	Luftverkehrsgesetz in der Bekanntmachung vom 7.3.1999
LV(erf)	Landesverfassung
m	mit
m Anm	mit Anmerkung
m krit Anm	mit kritischer Anmerkung
m zust Anm	mit zustimmender Anmerkung
MaßStG	Maßstäbegesetz vom 9.9.2001
maW	mit anderen Worten
MBS	Mortgage Backed Securities
MDR	Monatsschrift für deutsches Recht
MDStV	Mediendienst-Staatsvertrag

MEPolG	Musterentwurf eines einheitlichen Polizeigesetzes des Bundes und der Länder
Min	Ministerium
Mio	Million(en)
MittBayNot	Mitteilungen des Bayerischen Notarvereins, der Notarkasse und der Landesnotarkammer Bayern
MittNWStGB	Mitteilungen des nordrhein-westfälischen Städte- und Gemeindebundes
Mitw	Mitwirkung
MMR	MultiMedia und Recht
m.N.	mit Nachweisen
Mrd.	Milliarde(n)
MV	Mecklenburg-Vorpommern
MVSOG	Gesetz über die öffentliche Ordnung und Sicherheit in Mecklenburg-Vorpommern
m.w.N.	mit weiteren Nachweisen
nachgew	nachgewiesen
Nachw	Nachweise
NATO	North Atlantic Treaty Organization
NBG	Niedersächsisches Beamtengesetz in der Bekanntmachung vom 19.2.2001
NC	numerus clausus
Nds	Niedersachsen
NdsOVG	Niedersächsisches Oberverwaltungsgericht
NdsStGH	Niedersächsischer Staatsgerichtshof
NdsVBl	Niedersächsische Verwaltungsblätter
n.F./NF	neue Fassung, neue Folge
NJ	Neue Justiz
NJOZ	Neue Juristische Onlinezeitschrift
NJW	Neue Juristische Wochenschrift
NJW-CoR	Computerreport der Neuen Juristischen Wochenschrift
NJW-RR	Rechtsprechungs-Report Zivilrecht der Neuen Juristischen Wochenschrift
NordÖR	Zeitschrift für öffentliches Recht in Norddeutschland
Nr/Nrn	Nummer(n)
NRW	Nordrhein-Westfalen
NStZ	Neue Zeitschrift für Strafrecht
NStZ-RR	Rechtsprechungs-Report der Neuen Zeitschrift für Strafrecht
NuR	Natur und Recht
NVwZ	Neue Zeitschrift für Verwaltungsrecht
NVwZ-RR	Rechtsprechungs-Report der Neuen Zeitschrift für Verwaltungsrecht
NVZ	Neue Zeitschrift für Verkehrsrecht
NWVBl	Nordrhein-westfälische Verwaltungsblätter
NWVerfGH	Nordrhein-westfälischer Verfassungsgerichtshof
NWVSG	Gesetz über den Verfassungsschutz in Nordrhein-Westfalen
NZA	Neue Zeitschrift für Arbeitsrecht
NZBau	Neue Zeitschrift für Baurecht und Vergaberecht
NZG	Neue Zeitschrift für Gesellschaftsrecht

NZV	Neue Zeitschrift für Verkehrsrecht
NZWehrR	Neue Zeitschrift für Wehrrecht
o.	oben/ohne
O	Ordnung
o. Anm.	obige Anmerkung
o.g.	oben genannte
OECD	Organization for Economic Cooperation and Development
OEF	Operation Enduring Freedom
öffentl	öffentlich
OLG	Oberlandesgericht
ör	öffentlich-rechtlich
ÖR	Öffentliches Recht
ORDO	Jahrbuch für die Ordnung von Wirtschaft und Gesellschaft
OVG	Oberverwaltungsgericht
OVGE	Entscheidungen des Oberverwaltungsgerichts
OWiG	Gesetz über Ordnungswidrigkeiten in der Bekanntmachung vom vom 19.2.1987
PAG	Polizeiaufgabengesetz (Bayern) in der Bekanntmachung vom 14.9.1990
pass	passim
PBefG	Personenbeförderungsgesetz in der Bekanntmachung vom 8.8.1990
PersR	Der Personalrat
PersV	Die Personalvertretung
Pl-Pr	Plenarprotokolle
pp.	perge, perge
priv	privat
Prof.	Professor
PrOVG	Preußisches Oberverwaltungsgericht
PrOVGE	Entscheidungen des Preußischen Oberverwaltungsgerichts
PrPVG	Preußisches Polizeiverwaltungsgesetz
PVS	Politische Vierteljahresschrift
R	Recht
RabelsZ	Zeitschrift für ausländisches und internationales Privatrecht, begründet von Rabel
RdA	Recht der Arbeit
RdE	Recht der Energiewirtschaft
RdL	Recht der Landwirtschaft
RDV	Recht der Datenverarbeitung
RdWW	Recht der Wasserwirtschaft
rechtl	rechtlich
Reg	Regierung
RegEntw	Regierungsentwurf
RegTP	Regulierungsbehörde für Telekommunikation und Post
Rez	Rezension
RG	Reichsgericht
RGBl	Reichsgesetzblatt

RGSt.	Entscheidungen des Reichsgerichts in Strafsachen
RGZ	Entscheidungen des Reichsgerichts in Zivilsachen
Rh-Pf	Rheinland-Pfalz
RiA	Das Recht im Amt
RL	Richtlinie
Rn.	Randnummer
RP	Rheinland-Pfalz
Rs	Rechtssache
Rspr	Rechtsprechung
Rsprübers	Rechtsprechungsübersicht
RStV	Rundfunkstaatsvertrag
RTW	Recht, Technik, Wirtschaft
RuP	Recht und Politik
RVerwBl	Reichsverwaltungsblatt
S.	Seite, Satz
s.	siehe
s.a.	siehe auch
Saarl	Saarland
SaarlOVG	Oberverwaltungsgericht des Saarlandes
SaarlVerfGH	Verfassungsgerichtshof des Saarlandes
Sachs	Sachsen
SächsOVG	Sächsisches Oberverwaltungsgericht
SächsVBl	Sächsische Verwaltungsblätter
SächsVerfGH	Sächsischer Verfassungsgerichtshof
SAE	Sammlung arbeitsrechtlicher Entscheidungen
Sart	Sartorius
SBZ	Sowjetische Besatzungszone
SchaumweinSt	Schaumweinsteuer
SchrVfS	Schriften des Vereins für Sozialpolitik
SGG	Sozialgerichtsgesetz in der Bekanntmachung vom 23.9.1975
SH	Schleswig-Holstein
Slg.	Sammlung
s.o.	siehe oben
sog.	sogenannte(r)
st. Rspr.	ständige Rechtsprechung
StAnz	Staatsanzeiger
StbJb	Steuerberater-Jahrbuch
std	ständig
StEntlG	Steuerentlastungsgesetz vom 19.12.1998
StGB	Strafgesetzbuch in der Bekanntmachung vom 13.11.1998
StGH	Staatsgerichtshof
StKongrRep.	SteuerKongreßReport
StPO	Strafprozessordnung in der Bekanntmachung vom 7.4.1987
str.	strittig
StraBEG	Strafbefreiungserklärungsgesetz vom 23.12.2003
StraFo	Strafverteidiger Forum
StReg	Staatsregierung
StT	Der Städtetag
StudiVZ	Studentenverzeichnis

StuGR	Städte- und Gemeinderat
StuW	Steuer und Wirtschaft
StV	Strafverteidiger
StVollzG	Strafvollzugsgesetz vom 16.3.1976
stw-Ausgabe	Suhrkamp Taschenbuch Wissenschaft
su	siehe unten
SV	Sondervotum
TA	Technische Anleitung
teilw	teilweise
THPAG	Thüringer Gesetz über die Aufgaben und Befugnisse der Polizei
Thür	Thüringen/Thüringer
ThürOVG	Thüringer Oberverwaltungsgericht
ThürVbl	Thüringer Verwaltungsblätter
ThürVerfGH	Thüringer Verfassungsgerichtshof
ThürVGRspr	Rechtsprechung der Thüringer Verwaltungsgerichte
TK	Telekommunikation
TKG	Telekommunikationsdienstgesetz 22.6.2004
TKMR	Zeitschrift für Telekommunikations- und Medienrecht
TKÜ	Telekommunikationsüberwachung
TKÜV	Verordnung über die technische und organisatorische Umsetzung von Maßnahmen zur Überwachung der Telekommunikation
Tz	Textziffer
u.	und/unten
ü	über
u.a.	unter anderen(m), und andere
uam	und anderes mehr
Überbl	Überblick
UBWV	Unterrichtsblätter für die Bundeswehrverwaltung
UGB-KomE	BMU (Hrsg), Umweltgesetzbuch, Entwurf der Unabhängigen Sachverständigenkommission zum Umweltgesetzbuch, 1998
ÜK	Übereinkommen
UKHL	United Kingdom House of Lords (Entscheidungssammlung)
umfass	umfassend
umstr	umstritten
UmwG	Umwandlungsgesetz in der Bekanntmachung vom 6.11.1969
UN	United Nations, Vereinte Nationen
UNO	United Nations Organization
unzul	unzulässig
unzutr	unzutreffend
UPR	Umwelt- und Planungsrecht
UrhG	Urheberrechtsgesetz vom 9.9.1965
Urt	Urteil
USA	United States of America
USt	Umsatzsteuer

usw.	und so weiter
UTR	Jahrbuch des Umwelt- und Technikrechts
u.U.	unter Umständen
UVP	Umweltverträglichkeitsprüfung
v.	von/vom
VA	Verwaltungsakt
va	vor allem
VBlBW	Verwaltungsblätter für Baden-Württemberg
VBlNW	Nordrhein-Westfälische Verwaltungsblätter
VDE	Verband deutscher Elektrotechniker eV
VDI	Verein deutscher Ingenieure eV
VEnergR	Veröffentlichungen des Instituts für Energierecht
Verf.	Verfassung
VerfG	Verfassungsgericht
VerfGH	Verfassungsgerichtshof
Verh	Verhandlungen
VerkBl	Verkehrsblatt
VerkMitt	Verkehrsrechtliche Mitteilungen
VersG	Versammlungsgesetz in der Bekanntmachung vom 15.11.1978
VersR	Versicherungsrecht
Verw	Verwaltung, Die Verwaltung
VerwArch	Verwaltungsarchiv
VerWiss	Verwaltungswissenschaften
VerwPrR	Verwaltungsprozessrecht
VerwR	Verwaltungsrecht
VerwRspr	Verwaltungsrechtsprechung in Deutschland
VfG	Verfassungsgericht
VG	Verwaltungsgericht
VGH	Verwaltungsgerichtshof
vgl. (a)	vergleiche (auch)
vH	von Hundert
VIZ	Zeitschrift für Vermögens- und Immobilienrecht
VkBl	Verkehrsblatt, Amtsblatt des Bundesministers für Verkehr
VO	Verordnung
VOB	Verdingungsordnung für Bauleistungen
VOL	Verdingungsordnung für Leistungen
Voraufl	Vorauflage
Vorb./Vorbem.	Vorbemerkung
vorl	vorläufig
VR	Verwaltungsrundschau
VRS	Verkehrsrechts-Sammlung
VVDStRL	Veröffentlichungen der Vereinigung Deutscher Staatsrechtslehrer
VVE	Vertrag über eine Verfassung für Europa
VwGerichtsbkt	Verwaltungsgerichtsbarkeit
VwGO	Verwaltungsgerichtsordnung in der Bekanntmachung vom 19.3.1991
VwR	Verwaltungsrecht
VwV	Verwaltungsvorschrift(en)

VwVfG	Verwaltungsverfahrensgesetz in der Bekanntmachung vom 21.9.1998
VZ	Veranlagungszeitraum
WEG	Wohnungseigentumsgesetz vom 15.3.1951
weit	weitere
WEU	Westeuropäische Union
WiGBl	Wirtschaftsgesetzblatt
WiR	Wirtschaftsrecht
wiss	wissenschaftlich
WissR	Wissenschaftsrecht, Wissenschaftsverwaltung, Wissenschaftsförderung
wistra	Zeitschrift für Wirtschaft, Steuer, Strafrecht
WiV/WiVerw	Wirtschaft und Verwaltung, Vierteljahresbeilage zum Gewerbearchiv
WM	Wertpapier-Mitteilungen
w.Nw.	weitere Nachweise
WPg	Die Wirtschaftsprüfung
WRP	Wettbewerb in Recht und Praxis
WRV	Weimarer Reichsverfassung
WTO	World Trade Organization/Welthandelsorganisation
WÜK	Wiener Übereinkommen über konsularische Beziehungen vom 24.4.1963
WUR	Wirtschaftsverwaltungs- und Umweltrecht, Wirtschaft und Recht
WuW	Wirtschaft und Wettbewerb
z Zt	zur Zeit
ZaöRV	Zeitschrift für ausländisches öffentliches Recht und Völkerrecht
ZAR	Zeitschrift für Ausländerrecht und Ausländerpolitik
ZAU	Zeitschrift für angewandte Umweltforschung
z.B.	zum Beispiel
ZBR	Zeitschrift für Beamtenrecht
ZfA	Zeitschrift für Arbeitsrecht
ZfB	Zeitschrift für Bergrecht
ZfBR	Zeitschrift für deutsches und internationales Baurecht
ZfPR	Zeitschrift für Personalvertretungsrecht
ZfU	Zeitschrift für Umweltpolitik
ZfW	Zeitschrift für Wasserrecht
ZG	Zeitschrift für Gesetzgebung
ZGR	Zeitschrift für Unternehmens- und Gesellschaftsrecht
ZHR	Zeitschrift für Handelsrecht
Ziff.	Ziffer
ZIP	Zeitschrift für Wirtschaftsrecht
zit	zitiert
ZK	Zollkodex
ZKF	Zeitschrift für Kommunalfinanzen
ZLR	Zeitschrift für das gesamte Luftrecht
ZLW	Zeitschrift für Luftrecht und Weltraumrechtsfragen

ZMR	Zeitschrift für Miet- und Raumrecht
ZögU	Zeitschrift für öffentliche und gemeinwirtschaftliche Unternehmen
ZPO	Zivilprozessordnung in der Bekanntmachung vom 5.12.2005
ZRP	Zeitschrift für Rechtspolitik
z.T.	zum Teil
ZTR	Zeitschrift für Tarifrecht
Ztschr	Zeitschrift
zugest	zugestimmt
zul	zuletzt
ZUR	Zeitschrift für Umweltrecht
zurückh	zurückhaltend
zust	zustimmend
zutr.	zutreffend
ZVI	Zeitschrift für Verbraucherinsolvenzrecht

I.

Verfassungsprozessrecht

Tatsachengrundlagen verfassungsgerichtlicher Judikate

Stefan Brink*

Leitentscheidungen des Bundesverfassungsgerichts

Keine

Schrifttum

Arndt, Adolf Umwelt und Recht, NJW 1962, 783 ff.; *Brink, Stefan* in: Pieroth (Hrsg.), BVerfGG, Online-Kommentar lexis nexis, § 26; *Brink, Stefan* in: Pieroth/Silberkuhl, Die Verfassungsbeschwerde, 2008, § 26; *Bryde, Brun-Otto* Tatsachenfeststellungen und soziale Wirklichkeit in der Rechtsprechung des BVerfG, in: Badura/Dreier (Hrsg.), FS 50 Jahre BVerfG, 2001, Bd. 1, 533 ff.; *Kluth, Winfried* Beweiserhebung und Beweiswürdigung durch das Bundesverfassungsgericht, NJW 1999, 3513 ff.; *Ossenbühl, Fritz* Die Kontrolle von Tatsachenfeststellungen und Prognoseentscheidungen durch das Bundesverfassungsgericht, in: Bundesverfassungsgericht und Grundgesetz, Festgabe aus Anlass des 25jährigen Bestehens des Bundesverfassungsgerichts, hrsg. von Christian Starck, Bd. 1, 1976, S. 458 ff.; *Philippi, Klaus Jürgen* Tatsachenfeststellungen des Bundesverfassungsgerichts, 1971; *Redeker, Konrad* 25 Jahre Bundesverfassungsgericht, NJW 1976, 2111 ff.; *Wacke, Gerhard* Zur Funktionsfähigkeit unseres Rechtsprechungsstaates, DVBl. 1968, 537 ff.; *Weber-Grellet, Heinrich* Beweis- und Argumentationslast im Verfassungsrecht unter besonderer Berücksichtigung der Rechtsprechung des Bundesverfassungsgerichts, 1979; *Zöbeley/Dollinger* in: Umbach/Clemens/Dollinger (Hrsg.), BVerfGG, 2. Aufl. 2005, § 26.

Inhalt

* *Dr. Stefan Brink*, Mainz. Seit 1998 Richter der ordentlichen sowie der Verwaltungsgerichtsbarkeit, zuletzt als Referatsleiter im Wissenschaftlichen Dienst des Landtags Rheinland-Pfalz tätig. Seit 2003 Lehrbeauftragter der Deutschen Hochschule für Verwaltungswissenschaften Speyer, seit 2008 auch der Europauniversität Viadrina Frankfurt/Oder. 2006 bis 2008 wiss. Mitarbeiter am BVerfG (Dez. *Prof. Dr. Reinhard Gaier*).

I. Einleitung

Das Bundesverfassungsgericht ist keine Tatsacheninstanz.

Mit dieser apodiktischen Feststellung begnügen sich viele der keineswegs zahlreichen Untersuchungen zur Beweisaufnahme durch das Bundesverfassungsgericht[1] und genügen damit der betont normativen Blickrichtung der überkommenen juristischen Methodik.[2] Auch das Gericht selbst geht offenbar davon aus, dass Tatsachenfeststellungen nicht im Zentrum seiner „eigentümlichen" Aufgaben stehen; dem hohen Gericht sei „in erster Linie die Klärung verfassungsrechtlicher Fragen, nicht die Ermittlung von Tatsachen aufgegeben"[3]. Aus berufenem Munde wird dies auch für die forensische Praxis bestätigt: „Man streitet im Verfassungsprozess kaum je über Elemente des Tatsächlichen, häufiger um die Bewertung von Tatsachen und stets über den Inhalt der Verfassung, ihre Prinzipien und der einzelnen Verfassungsvorschriften, die einschlägig sind."[4]

Diese Positionierungen kontrastieren erheblich mit der für die Frage der Tatsachengrundlage verfassungsgerichtlicher Judikate zentralen Bestimmung des § 26 Abs. 1 Satz 1 BVerfGG. Dort heißt es:

> „Das Bundesverfassungsgericht erhebt den zur Erforschung der Wahrheit erforderlichen Beweis."

Diese Diskrepanz ist keineswegs zu vernachlässigen, besteht doch eine enge Verflechtung von Tatsachenermittlung und Normauslegung[5] sowie zwischen Tatsachengrundlage und Entscheidungsergebnis[6].

[1] *Brink* in: Pieroth (Hrsg.), BVerfGG, Online-Kommentar lexis nexis, § 26 Rn. 1. Stand der Bearbeitung: 13.2.2009.

[2] *Ossenbühl* Die Kontrolle von Tatsachenfeststellungen und Prognoseentscheidungen durch das Bundesverfassungsgericht, S. 459.

[3] BVerfGE 18, 192.

[4] *Geiger* Einige Besonderheiten im verfassungsgerichtlichen Prozess, 1981, S. 8.

[5] *Maunz* in: Maunz/Schmidt-Bleibtreu/Klein/Bethge, BVerfGG, § 26 Rn. 4.

[6] *Karl Larenz* Methodenlehre der Rechtswissenschaft, 6. Auflage 1991, 278 ff.; zur Bedeutung von Tatsachenfeststellungen für die gesamte richterliche Tätigkeit vgl. *Brink* Über die richterliche Entscheidungsbegründung, 1999, S. 16 f. m.w.N.

Dass die Feststellung und Würdigung des Tatbestandes allein Sache der dafür zuständigen Fachgerichte und damit der Nachprüfung durch das Bundesverfassungsgericht entzogen sei,[7] mag bei Urteilsverfassungsbeschwerden auch regelmäßig noch angehen, stehen doch die fachgerichtlichen Feststellungen zur Tatsachengrundlage nur selten im Mittelpunkt des Streites – und wenn doch, dann haben die Fachgerichte ja meistens das ihnen Obliegende auch schon getan. Das Bundesverfassungsgericht kann sich in dieser Situation also grundsätzlich auf „bereitetes Terrain“ begeben[8] und mit dem eingangs bereits erwähnten Grundsatz auf die Überprüfung der Verletzung spezifischen Verfassungsrechts konzentrieren.

Diese Herangehensweise versagt jedoch bereits dort, wo es an verlässlichen fachgerichtlichen Tatsachenfeststellungen mangelt – sei es, dass es bei der einschlägigen Verfahrensart, etwa bei Rechtssatzverfassungsbeschwerden oder Normenkontrollverfahren, keine entsprechenden Tatsachenfeststellungen gibt, sei es, dass diese fachgerichtlichen Feststellungen gerade im Streit stehen. Und dies ist keineswegs selten der Fall.

Die nachfolgende Untersuchung soll aufzeigen, dass die Annahme, das Bundesverfassungsgericht sei keine Tatsacheninstanz, zunächst einmal zu undifferenziert, im Übrigen aber auch unzutreffend ist und in der Rechtsprechungspraxis des Bundesverfassungsgerichts zu ganz erheblichen Problemen, ja sogar zu Fehlentscheidungen führen kann.

Abschließend sollen mit Blick auf die verfassungsprozessual relevanten Akteure Überlegungen angestellt werden, wie man diese Praxis des Bundesverfassungsgerichts zum Besseren wenden kann.

II. Die Regelung des § 26 BVerfGG

1. Grundsätze

§ 26 Abs. 1 Satz 1 BVerfGG, wonach das Bundesverfassungsgericht den zur Erforschung der Wahrheit erforderlichen Beweis grundsätzlich selbst erhebt[9], unterwirft die Verfahren vor dem Bundesverfassungsgericht dem Untersuchungsgrundsatz. Danach hat das Gericht die Wahrheit von Amts wegen, also selbstinitiativ und -tätig zu erforschen.[10] Das Bundesverfassungsgericht hat demnach nicht nur die Kompetenz[11], sondern auch die Verpflichtung zu selbständiger Wahrheitserforschung.

[7] So BVerfGE 18, 85 (92), wenn nicht von den Gerichten spezifisches Verfassungsrecht – hier also die Verfahrensgrundrechte wie das Prinzip rechtlichen Gehörs oder aber das Willkürverbot – verletzt wurde.

[8] Vgl. etwa auch § 33 Abs. 2 BVerfGG.

[9] Vgl. aber auch § 26 Abs. 1 Satz 2 sowie § 33 Abs. 2 BVerfGG.

[10] BVerfGE 15, 249 (253).

[11] *Arndt* NJW 1962, 784 (785).

Die Beweisaufnahme vor dem Bundesverfassungsgericht bedarf dabei keiner förmlichen Anordnung durch Beweisbeschluss,[12] sie erfolgt durch alle prozessualen Mittel der Sachaufklärung, also richterlichen Augenschein, Urkundsbeweis, Vernehmung von Zeugen[13] und Beteiligten sowie Sachverständigenbeweis.[14] Ob neben diesen Strengbeweisverfahren auch Raum für den sog. Freibeweis bleibt – etwa bei der Ermittlung der verfassungsprozessualen Sachentscheidungsvoraussetzungen[15] – bleibt in Rechtsprechung und Literatur unerörtert. Nicht zur Beweiserhebung gezählt werden die Tatsachenerhebung durch Stellungnahmen Dritter gemäß § 27a BVerfGG[16] sowie bei Legislative und Exekutive eingeholte Äußerungen über die Praxis von Parlamenten und Behörden. Hinsichtlich der Vorlage von Urkunden durch Private sind die §§ 422, 429 ZPO entsprechend heranzuziehen, bei Urkunden in Behördenhand greift das Amtshilfegebot (§ 27 BVerfGG).

Die Beweiserhebung durch das Bundesverfassungsgericht muss, einem allgemeinen Prozessrechtsgrundsatz folgend[17], in mündlicher Verhandlung durchgeführt werden.[18]

Selbst förmliche Beweisanträge der Beteiligten werden dabei lediglich als Beweisanregungen[19] verstanden, die nicht förmlich beschieden werden müssen,[20] in den Entscheidungsgründen aber zu behandeln sind.[21]

Der so verstandene Untersuchungsgrundsatz koppelt demnach die Wahrheitserforschung in seinem Ausgangspunkt von den Beteiligten ab. Allerdings sichert die an den Rahmen der mündlichen Verhandlung gebundene Beweiserhebung deren Einfluss- und Stellungnahmemöglichkeit hinreichend; zudem gebietet der auch im verfassungsgerichtlichen Verfahren einschlägige

[12] BVerfGE 96, 217 (220).

[13] *Philippi* Tatsachenfeststellungen des Bundesverfassungsgerichts, 1971, S. 11. Die Vernehmung von Zeugen durch das Bundesverfassungsgericht ist etwa im Riga-Beschluss (BVerfGE 17, 224 (226)) oder im Spiegel-Urteil (BVerfGE 20, 162 (214)) vorgekommen.

[14] § 27 BVerfGG regelt ergänzend die Rechts- und Amtshilfe durch Gerichte und Verwaltungsbehörden, § 28 BVerfGG die Vernehmung von Zeugen und Sachverständigen, § 29 BVerfGG Einzelheiten zum Beweistermin.

[15] Vgl. dazu für den ebenfalls dem Untersuchungsgrundsatz unterliegenden Strafprozess *Meyer-Goßner* StPO, 50. Aufl. 2007, § 244 Rn. 7 und 9.

[16] A.A. *Kluth* NJW 1999, 3513 ff. (3514), der unscharf von „Beweisaufnahmen im weiteren Sinne" spricht.

[17] Vgl. §§ 355 Abs. 1 Satz 2 ZPO, 96 Abs. 1 VwGO.

[18] *Zöbeley/Dollinger* in: Umbach/Clemens/Dollinger, BVerfGG, 2. Aufl. 2005, § 26 Rn. 16; *F. Klein* in: Maunz/Schmidt-Bleibtreu/Klein/Bethge, BVerfGG, 25. EL März 2006, § 26 Rn. 11; dagegen nur *Leibholz/Rupprecht* BVerfGG, 1968, § 26 S. 88; zum sog. Erörterungstermin vgl. BVerfGE 107, 339 (349, 352).

[19] BVerfGE 68, 1 (43 ff.).

[20] *Geiger* Einige Besonderheiten im verfassungsgerichtlichen Prozess, 1981, 22.

[21] Vgl. etwa BVerfGE 68, 1 (111).

Grundsatz des rechtlichen Gehörs gemäß Art. 103 Abs. 1 GG die Anhörung der Beteiligten vor einer Verwertung gerichtlich erhobener Tatsachen.[22]

Die Richter entscheiden dabei – auf Basis der richterlichen Würdigung[23] des gesamten schriftlichen und mündlichen Vortrags einschließlich Anhörungen und Stellungnahmen (§ 27, § 27a BVerfGG) sowie des Ergebnisses der Beweisaufnahme (§ 26 BVerfGG) mitsamt der nicht beweisbedürftigen weil offenkundigen gerichts- und allgemeinbekannten Tatsachen – nach ihrer freien Überzeugung (§ 30 Abs. 1 Satz 1); diese bezieht sich stets auf das Ergebnis einer Beweisaufnahme und kann nicht etwa verfassungsgerichtliche Tatsachenfeststellungen durch einen ‚schöpferischen Akt richterlicher Unabhängigkeit' ersetzen.[24]

2. *Begrenzungen des verfassungsprozessrechtlichen Untersuchungsgrundsatzes*

Dem Untersuchungsgrundsatz des § 26 Abs. 1 Satz 1 BVerfGG treten weitere gesetzliche Regelungen zur Seite, etwa § 23 Abs. 1 Satz 2 2. Halbsatz BVerfGG, wonach der Antragsteller die erforderlichen Beweismittel anzugeben hat. Ihm stehen allerdings auch Bestimmungen des BVerfGG gegenüber, die im Ergebnis zum Ausbleiben verfassungsgerichtlicher Tatsachenfeststellungen führen können.

a) Dieses Ausbleiben verfassungsgerichtlicher Tatsachenfeststellungen kann insbesondere die Folge von je nach Verfahrensart unterschiedlich ausgeprägten[25] Substantiierungs- oder Beibringungslasten der Verfahrensbeteiligten (§ 23 Abs. 1 Satz 2 BVerfGG) sein.[26] Solche extern erbrachten Begründungsleistungen sollen das Bundesverfassungsgericht gerade von eigenen Ermittlungsbemühungen entlasten und zugleich eine zuverlässige Grundlage für die weitere Behandlung des Antrags schaffen.[27] Daher müssen in der Begründungsschrift der entscheidungserhebliche Sachverhalt substantiiert vorgetragen[28] sowie die aus Sicht des Antragstellers wesentlichen rechtlichen Erwägungen[29] dargelegt werden. Die Begründungsschrift muss sodann aus sich heraus, insbesondere ohne Beiziehung weiterer Akten, verständlich und vollständig sein.

[22] Dazu BVerfGE 48, 185 (203) – Sondervotum *Hirsch*.

[23] Dazu instruktiv BVerfGE 93, 248 (abw. Meinung *Sommer*).

[24] *Ossenbühl* Die Kontrolle von Tatsachenfeststellungen und Prognoseentscheidungen durch das Bundesverfassungsgericht, 459.

[25] BVerfGE 24, 252 (258); dazu *F. Klein* in: Maunz/Schmidt-Bleibtreu, BVerfGG, § 23 Rn. 3.

[26] *Brink* in: Pieroth (Hrsg.), BVerfGG, Online-Kommentar lexis nexis, § 23 Rn. 11 ff.

[27] Auch bzgl. der Zulässigkeit des Antrags, vgl. BVerfGE 15, 288 (292).

[28] BVerfGE 24, 252 (258).

[29] *Lechner/Zuck* BVerfGG, § 23 Rn. 11.

b) Andere Einschränkungen des Untersuchungsgrundsatzes sind speziellerer Natur: So kann gemäß § 26 Abs. 2 BVerfGG auf Grund eines Beschlusses mit einer Mehrheit von zwei Dritteln der Stimmen des Gerichts die Beiziehung einzelner Urkunden unterbleiben, wenn ihre Verwendung mit der Staatssicherheit unvereinbar ist.[30] Einschlägig ist diese Bestimmung bei Streitgegenständen aus dem Bereich der Bekämpfung organisierter Kriminalität und verfassungsfeindlicher politischer Parteien sowie bei Verfahren, bei denen die Tätigkeit von Verfassungsschutz und Bundesnachrichtendienst im Blick steht.[31]

c) Auch der in § 26 Abs. 1 Satz 1 BVerfGG niedergelegt Grundsatz der Unmittelbarkeit der Beweisaufnahme kennt Ausnahmen: Außerhalb der mündlichen Verhandlung kann ein mit der Beweisaufnahme betrauter Bundesverfassungsrichter des erkennenden Senats als beauftragter Richter tätig werden (§ 26 Abs. 1 Satz 2 1. Var. BVerfGG). Er wird aus Gründen der Zeitersparnis per Beschluss eingesetzt.[32] Auch kann einem ersuchten Richter, der Mitglied eines anderen Gerichts ist, die Beweiserhebung unter genauer Bestimmung des Beweisthemas übertragen werden (§ 26 Abs. 1 Satz 2 2. Var. BVerfGG).

d) In weiterer Durchbrechung des Grundsatzes der Unmittelbarkeit der Beweisaufnahme[33] kann das Bundesverfassungsgericht nach § 33 Abs. 2 BVerfGG seiner Entscheidung tatsächliche Feststellungen eines rechtskräftigen Urteils[34] zugrunde legen, wenn diese in einem an die Grundsätze der Amtsermittlung gebundenen Verfahren gewonnen wurden – etwa in straf- oder verwaltungsgerichtlichen Verfahren. Auch die nur teilweise Übernahme der tatsächlichen Feststellungen eines anderen Urteils ist möglich,[35] die Befugnis zu selektiver Übernahme, ergänzt um eigene Beweiserhebungen, folgt schon aus § 26 Abs. 1 Satz 2 BVerfGG.[36] Eine Umwertung übernommener Tatsachenfeststellungen ist demgegenüber unstatthaft.[37]

[30] Wenn also der Verfassungsstaat Bundesrepublik Deutschland, seine Glieder oder zentralen Einrichtungen in Bestand oder Funktionsfähigkeit gefährdet sind, *Zöbeley/Dollinger* in: Umbach/Clemens/Dollinger, BVerfGG, 2. Aufl. 2005, § 26 Rn. 18; zu außenpolitischen Geheimnissen vgl. BVerfGE 6, 309 (323).

[31] Während nach § 26 Abs. 2 mit Zweidrittelmehrheit (sechs Stimmen) von der Erhebung des Urkundenbeweises abgesehen werden kann, *F. Klein* in: Maunz/Schmidt-Bleibtreu/Klein/Bethge, BVerfGG, 25. EL März 2006, § 26 Rn. 13; *Zöbeley/Dollinger* in: Umbach/Clemens/Dollinger, BVerfGG, 2. Aufl. 2005, § 26 Rn. 20, erlaubt § 28 Abs. 2 Satz 2 mit derselben Mehrheit Sperrerklärungen für Zeugen und Sachverständige zu durchbrechen.

[32] Zur Grenze vgl. § 527 Abs. 2 Satz 2 ZPO.

[33] Dazu *F. Klein* in: Maunz/Schmidt-Bleibtreu, BVerfGG, § 33 Rn. 7.

[34] Oder Beschlusses, vgl. *Leibholz/Rupprecht* BVerfGG, § 33 S. 125.

[35] A.A. *Lechner/Zuck* BVerfGG, § 33 Rn. 5; *Geiger* BVerfGG, § 33 S. 124; *F. Klein* in: Maunz/Schmidt-Bleibtreu, BVerfGG, § 33 Rn. 8.

[36] So auch *Brede* in: Umbach/Clemens/Dollinger, BVerfGG, § 33 Rn. 21.

[37] *Geiger* BVerfGG, § 33 S. 124; *Lechner/Zuck* BVerfGG, § 33 Rn. 5.

Die Möglichkeit der Übernahme von Tatsachenfeststellungen findet jedoch dort ihre Grenze, wo die Intensität gerichtlicher Tatsachenermittlung selbst grundrechtsrelevant ist[38] – insbesondere wenn sie selbst zum Angriffsgegenstand der Verfassungsbeschwerde gemacht wurde. Ergeben sich im Verfahren wesentliche Zweifel an der Richtigkeit der tatsächlichen Grundlage einer angegriffenen Entscheidung, so muss das Bundesverfassungsgericht den Sachverhalt ebenfalls selbst aufklären.[39] Nicht ausdrücklich geklärt ist dabei die Frage, ob es eine Bindung des Bundesverfassungsgerichts an von Fachgerichten verfahrensrechtlich korrekt festgestellte Sachverhalte gibt, etwa aus dem Gedanken des spezifisch verfassungsrechtlichen Prüfungsmaßstabs dieses Gerichts.[40] Zum einen gilt dieser Maßstab nur „grundsätzlich"[41] und in Abhängigkeit von der Intensität der Grundrechtsbeeinträchtigung.[42] Der Schluss, § 26 BVerfGG komme erst dann zum Tragen, wenn die fachgerichtliche Tatsachenfeststellung willkürlich erfolgte, wird ersichtlich von niemandem gezogen. Bryde[43] merkt dazu an, ein Verbot verfassungsgerichtlicher Tatsachenfeststellung sei nicht nur schwer begründbar, sondern angesichts §§ 26, 33 Abs. 2 BVerfGG sogar contra legem. Eine augenscheinlich notwendige Differenzierung danach, ob die fachgerichtliche Ermittlung der „prozessualen Wahrheit" nach den Grundsätzen der Verhandlungsmaxime oder in Verfahren mit Amtsermittlungsgrundsatz erfolgte, kann hier ebenfalls nur als Merkposten festgehalten werden.

e) Das Bundesverfassungsgericht hat zwar die Kompetenz zu selbständiger Wahrheitserforschung,[44] billigt dabei aber den anderen Verfassungsorganen je eigene Einschätzungs-, Prognose und Beurteilungsspielräume zu.[45] Einer selbsttätigen Tatsachenerhebung durch das Bundesverfassungsgericht kann daher entgegenstehen, dass der entscheidungserhebliche Sachverhalt bereits durch andere öffentliche Stellen verbindlich festgestellt wurde. Andererseits ist das Bundesverfassungsgericht bei einer eigenständigen Beweiserhebung nicht an Prognosen oder Einschätzungen anderer Verfassungsorgane, etwa des Gesetzgebers, gebunden.[46]

f) An den Grenzen richterlicher Wahrheitserforschung schließlich bleibt eine objektive Beweislast bestehen, wonach die Nichterweislichkeit einer

[38] Wie etwa im Asylrecht; vgl. auch BVerfG EuGRZ 1997, 502 ff.

[39] *Ossenbühl* in: BVerfG und GG, I (1976), S. 495.

[40] St. Rspr. seit BVerfGE 1, 418 (420); vgl. auch BVerfGE 18, 85 (92).

[41] BVerfGE 49, 304 (314).

[42] St. Rspr., vgl. etwa BVerfGE 75, 369 (376).

[43] *Bryde* Tatsachenfeststellungen und soziale Wirklichkeit in der Rechtsprechung des BVerfG, in: Badura/Dreier (Hrsg.), FS 50 Jahre BVerfG, 2001, Bd. 1, 533 ff. (548).

[44] *Arndt* NJW 1962, 784 (785).

[45] St. Rspr., vgl. etwa BVerfGE 38, 61 (88).

[46] *Brink* in: Pieroth (Hrsg.), BVerfGG, Online-Kommentar lexis nexis, § 26 Rn. 1.

Tatsache sich im Ergebnis zum Nachteil eines Beteiligten – in aller Regel des Antragstellers – auswirkt.[47]

III. § 26 BVerfGG in der Rechtsprechung des Bundesverfassungsgerichts

Beweiserhebungen sind grundsätzlich nicht Sache des Bundesverfassungsgerichts. Auf diese griffige Formel lassen sich die insgesamt nur spärlichen Äußerungen des Gerichts[48] zu § 26 BVerfGG bringen: „Es ist nicht Aufgabe des Bundesverfassungsgerichts, die von den zuständigen Gerichten getroffenen tatsächlichen Feststellungen auf ihre Richtigkeit zu überprüfen.“[49]

Als paradigmatisch kann die Aussage des Gerichts gelten, § 26 BVerfGG müsse „sinnvoll und ökonomisch gehandhabt werden“[50] – was immer so verstanden wurde, dass es Aufgabe der Fachgerichte sei, das Bundesverfassungsgericht mit einer hinreichenden Tatsachengrundlage zu versorgen: „Es würde zu einer Verkehrung der Aufgaben der Gerichte führen, wollte das vorlegende Gericht mit allgemeinen Ausführungen dieser seiner Aufgabe ausweichen und sie auf das Bundesverfassungsgericht abwälzen, dem in erster Linie die Klärung verfassungsrechtlicher Fragen, nicht die Ermittlung von Tatsachen aufgegeben ist.“[51]

Auch die Verfassungsrichter selbst verstanden § 26 BVerfGG weniger als Pflichtprogramm (auch verfassungs-)richterlicher Tätigkeit, denn als Kür: Das Bundesverfassungsgericht – so sein dienstältester Richter Willi Geiger – sei „völlig Herr aller Entscheidungen, die die Beweiserhebung und ihre Grenzen betreffen. Es selbst und allein bestimmt, was es sich im Wege einer Beweisaufnahme beschaffen will.“[52] Unterstützt wurde das Gericht bei dieser Sichtweise auch von Äußerungen von wissenschaftlicher Seite, wonach der Gesetzgeber mit § 26 BVerfGG „dem Bundesverfassungsgericht einen ‚Blankoscheck‘ für Tatsachenermittlungen ausgestellt“[53] habe.

Will man dem Gericht nicht Unrecht tun, so wird man ihm allerdings zugestehen müssen, dass es in der Vergangenheit auch nur sehr selten im

[47] *Brink* in: Pieroth (Hrsg.), BVerfGG, Online-Kommentar lexis nexis, § 26 Rn. 3.

[48] Vgl. etwa BVerfGE 8, 222 (227).

[49] BVerfGE 34, 384 (397), sog. Baader-Meinhof-Beschluss, der aufgrund seiner politischen Brisanz allerdings nur bedingt verallgemeinerungsfähig sein dürfte. Als begründungslos ist diese These auch durchweg kritisch aufgenommen worden, vgl. etwa *Ossenbühl* Die Kontrolle von Tatsachenfeststellungen und Prognoseentscheidungen durch das Bundesverfassungsgericht, S. 494 m.w.N.

[50] BVerfGE 17, 135 (138 f.).

[51] BVerfGE 17, 135 (138 f.).

[52] *Geiger* Einige Besonderheiten im verfassungsgerichtlichen Prozess, 1981, S. 22.

[53] *Philippi* Tatsachenfeststellungen des Bundesverfassungsgerichts, 1971, S. 12.

Rahmen solcher Verfahrensarten angerufen wurde, bei denen eine Beweiserhebung zum Standardprogramm gerichtlicher Tätigkeit zählt. Damit ist eine Differenzierung nach Verfahrensarten[54] angesprochen, welche augenscheinlich beweisrelevante Gegenstände mit „strafprozessualem Charakter" (auch „erstinstanzliche" Verfahren genannt[55]) von den übrigen Verfahren des Bundesverfassungsgerichts unterscheidet.[56]

1. *„Erstinstanzliche" Verfahren*

Zu diesen „beweisanfälligen Verfahren"[57] zählen die Präsidentenanklage (Art. 61 GG), die Richteranklage (Art. 98 Abs. 2 GG), das Parteiverbotsverfahren (Art. 21 Abs. 2 GG), das Verfahren zur Verwirkung von Grundrechten (Art. 18 GG) und – mit gewissen Abstrichen – das Wahlprüfungsverfahren (Art. 41 GG). Im Ergebnis nicht anders zu behandeln sind unter dem hier zu behandelnden Blickwinkel die kontradiktorischen Streitverfahren,[58] also Organ- und Bund-Länder-Streite.

Aus der Rechtsprechungspraxis zu diesen Verfahrensarten lässt sich „mangels Masse" nur wenig zum Thema Beweiserhebung sagen. Einzig die bisherigen Parteiverbotsverfahren (SRP[59], KPD[60], NPD[61]) geben einen gewissen Aufschluss: Generelle Aussagen zur verfassungsgerichtlichen Beweiserhebung finden sich in diesen Verfahren nicht, in der Sache beschränkte sich das Gericht auf die Erhebung von Urkunden- und Zeugenbeweisen.[62] Zum NPD-Verbotsverfahren ist allerdings anzumerken, dass es gerade Aufklärungsschwierigkeiten waren, die letztlich zum Prozessabbruch führten.[63] Das Gericht sah sich angesichts „doppelfunktionaler" Verbindungspersonen im Vorstand der NDP[64] nicht in der Lage, die Ermittlung verlässlichen Tatsachenmaterials in rechtsstaatlicher Weise vorzunehmen.[65] Für diese aus fachgerichtlicher, insbesondere strafprozessualer Sicht, sicherlich nicht unge-

[54] *Weber-Grellet* Beweis- und Argumentationslast im Verfassungsrecht unter besonderer Berücksichtigung der Rechtsprechung des Bundesverfassungsgerichts, 1979, S. 29, der allerdings desillusioniert anmerkt: „Eine allgemeine Regel lässt sich nicht aufstellen."

[55] *Zöbeley/Dollinger* in: Umbach/Clemens/Dollinger (Hrsg.), BVerfGG, 2. Aufl. 2005, § 26 Rn. 10.

[56] Vgl. dazu *Geiger* Einige Besonderheiten im verfassungsgerichtlichen Prozess, 1981, 23.

[57] *Ossenbühl* Die Kontrolle von Tatsachenfeststellungen und Prognoseentscheidungen durch das Bundesverfassungsgericht, S. 474.

[58] *Ossenbühl* Die Kontrolle von Tatsachenfeststellungen und Prognoseentscheidungen durch das Bundesverfassungsgericht, S. 475.

[59] BVerfGE 2, 1.

[60] BVerfGE 5, 85.

[61] BVerfGE 107, 339.

[62] BVerfGE 2, 1 (8); 5, 85 (107 ff.).

[63] BVerfGE 107, 339 (360 ff.).

[64] BVerfGE 107, 339 (368).

[65] BVerfGE 107, 339 (371).

wöhnliche Aufgabenstellung, die Glaubhaftigkeit von Aussagen potenzieller V-Leute zu würdigen, fand sich keine gemäß § 15 Abs. 4 Satz 1 BVerfGG hinreichende Mehrheit im 2. Senat.[66]

Aber aus der bereits erwähnten, nur geringen Fallzahl solcher „erstinstanzlicher" Verfahren kann wohl kaum auf den Umgang des Bundesverfassungsgerichts mit Tatsachenfeststellungen im Allgemeinen geschlossen werden. Dies wird eher aus den zahlenmäßig wesentlich stärker vertretenen Verfahren der Normenkontrolle und der Verfassungsbeschwerde möglich sein.

2. *Abstrakte Normenkontrolle*

Gegenstand der Beweiserhebung bei Normenkontrollen gemäß Art. 93 Abs. 1 Nr. 2 GG sind regelmäßig nicht Einzeltatsachen, also reale Sachverhalte, die einen individuellen, einmaligen Vorgang in der Lebenswirklichkeit betreffen und die regelmäßig Gegenstand der Beweiserhebung durch die Fachgerichte sind.[67] Im Zentrum des Erkenntnisinteresses stehen hier vielmehr so genannte legislative facts[68],[69] also Tatsachen, die sich auf allgemeine Sachverhalte, auf eine Klasse von Menschen oder Sachen[70] beziehen und die dem Erlass vor allem von Rechtsnormen zugrunde liegen.[71] Hierzu zählen beispielsweise gesellschaftliche oder wirtschaftlichen Umstände und Wirkungszusammenhänge, von denen der Gesetzgeber bei der Gesetzesberatung ausging. Soweit es dabei um dynamische Prozesse geht, spielen in diesem Kontext auch Prognosen eine wichtige Rolle.[72] Nach der empirisch fundierten Analyse Philippis, welche die ersten 25 Bände der Amtlichen Sammlung des Bundesverfassungsgerichts umfasst (1951 bis 1969), stellte das Bundesverfassungsgericht in 208 Entscheidungen 269 generelle Tatsachen (legislative facts)[73] etwa zur Verschiedenheit männlicher und weiblicher Homosexualität, zur Zweckentfremdung von Bausparsummen oder zur Änderung der politischen Struktur der Beamtenverhältnisse im Dritten Reich fest, von denen sich mehr als jede vierte Tatsachenfeststellung als eine Prognose erweist.[74]

[66] BVerfGE 107, 339 (360).

[67] Definition angelehnt an *Kluth* NJW 1999, 3513 ff., 3514 f.; vgl. auch *Philippi* Tatsachenfeststellungen des Bundesverfassungsgerichts, 1971, S. 6; *Ossenbühl* Die Kontrolle von Tatsachenfeststellungen und Prognoseentscheidungen durch das Bundesverfassungsgericht, S. 465.

[68] Dieser Begriff findet sich auch bei BVerfGE 77, 360 (362).

[69] *Philippi* Tatsachenfeststellungen des Bundesverfassungsgerichts, 1971, S. 10.

[70] *Philippi* Tatsachenfeststellungen des Bundesverfassungsgerichts, 1971, S. 7.

[71] *Ossenbühl* Die Kontrolle von Tatsachenfeststellungen und Prognoseentscheidungen durch das Bundesverfassungsgericht, S. 466.

[72] *Ossenbühl* Die Kontrolle von Tatsachenfeststellungen und Prognoseentscheidungen durch das Bundesverfassungsgericht, S. 466.

[73] *Philippi* Tatsachenfeststellungen des Bundesverfassungsgerichts, 1971, S. 10.

[74] *Philippi* Tatsachenfeststellungen des Bundesverfassungsgerichts, 1971, S. 2, 193.

Im Rahmen der Prüfung der Verfassungsmäßigkeit des angegriffenen Gesetzes – insbesondere hinsichtlich der einschlägigen Gesetzgebungskompetenz und der verhältnismäßigen Zweck-Mittel-Relation der Regelung – kommt das Bundesverfassungsgericht nicht umhin, sich mit den Annahmen des Gesetzgebers zur Lebenswirklichkeit und deren Wirkungszusammenhängen sowie mit den darauf fußenden legislatorischen Wertungen auseinander zu setzen.[75] Im Rahmen von Normenkontrollverfahren könnte das Bundesverfassungsgericht seiner Aufgabe als „Hüter der Verfassung" und insbesondere der Grundrechte auch gar nicht gerecht werden,[76] wenn es an tatsächliches Vorbringen der Prozessbeteiligten gebunden wäre und insbesondere gesetzgeberische Annahmen schlicht akzeptieren und seine hierauf gestützten Maßnahmen als unvermeidbare Beschränkungen der Grundrechte hinnehmen müsste.[77] Bei der Normenkontrolle zählt die Überprüfung von Tatsachenfeststellungen des Gesetzgebers demnach „zum essentiellen Bestandteil der verfassungsgerichtlichen Kontrollkompetenz"[78].

Einem hier nahe liegenden Konflikt zwischen den Verfassungsorganen weicht das Bundesverfassungsgericht allerdings regelmäßig dadurch aus, dass es seinen verfassungsgerichtlichen Prüfungsmaßstab eingrenzt: Dem Gesetzgeber wird ein weitgehender Einschätzungsspielraum bei der Prognose und Einschätzung der in den Blick genommenen Gefährdungen des Allgemeinwohls zugebilligt,[79] der vom Bundesverfassungsgericht bei der verfassungsrechtlichen Beurteilung je nach der Eigenart des in Rede stehenden Sachbereichs, den Möglichkeiten, sich ein hinreichend sicheres Urteil zu bilden, und der auf dem Spiel stehenden Rechtsgüter nur in begrenztem Umfang überprüft werden kann[80] (wenngleich sich auch Beispiele für eine alles andere als restriktive Kontrolle finden lassen)[81]. Der angenommene Beurteilungsspielraum ist erst dann überschritten, wenn die Erwägungen des Gesetzgebers so offensichtlich fehlsam sind, dass sie vernünftigerweise keine Grundlage für die angegriffenen gesetzgeberischen Maßnahmen abgeben können.[82]

[75] *Kluth* NJW 1999, 3513 ff. (3515).

[76] *Kluth* NJW 1999, 3513 ff. (3514); *Ossenbühl* Die Kontrolle von Tatsachenfeststellungen und Prognoseentscheidungen durch das Bundesverfassungsgericht, S. 495.

[77] Vgl. BVerfGE 6, 389 (398 ff.).

[78] *Ossenbühl* Die Kontrolle von Tatsachenfeststellungen und Prognoseentscheidungen durch das Bundesverfassungsgericht, S. 469.

[79] BVerfGE 38, 61 (88); vgl. zuletzt das Urteil zu den Nichtraucherschutzgesetzen der Länder, BVerfG NJW 2008, 2409 ff. (2412) m.w.N.

[80] *Ossenbühl* Die Kontrolle von Tatsachenfeststellungen und Prognoseentscheidungen durch das Bundesverfassungsgericht, S. 498.

[81] Vgl. etwa BVerfGE 39, 1; in diesem Sinne auch *Ossenbühl* Die Kontrolle von Tatsachenfeststellungen und Prognoseentscheidungen durch das Bundesverfassungsgericht, S. 499.

[82] Vgl. BVerfGE 77, 84 (106); 110, 141 (157 f.); 117, 163 (183).

Das Bundesverfassungsgericht steht demnach auch im Rahmen der abstrakten Normenkontrolle die Kompetenz zu selbständiger Wahrheitserforschung[83] zu, es ist an Prognosen oder Einschätzungen anderer Verfassungsorgane, etwa des Gesetzgebers, nicht gebunden. An die Stelle einer eigenständigen verfassungsgerichtlichen Erhebung von Tatsachen zum Verfahrensgegenstand, der umstrittenen gesetzlichen Regelung, treten jedoch regelmäßig Ermittlungen des Gerichts zur Einhaltung der „Spielräume" bei der Tatsachenfeststellung durch den Gesetzgeber. Mithin verlagert sich die verfassungsgerichtliche Prüfung auf eine „zweite Ebene", aus Tatsachenfragen werden also Kompetenzfragen.[84] Gepaart mit der zurückgenommenen Kontrolldichte des Bundesverfassungsgerichts hat das Gericht auf diese Weise die Bedeutung von Tatsachenfeststellungen erheblich reduziert – und damit zugleich das Risiko eigener fehlerhafter Tatsachenfeststellungen erheblich minimiert.

3. Vorlageverfahren (Art. 100 Abs. 1 GG)

Geprägt wurde der verfassungsgerichtliche Umgang mit Richtervorlagen nach Art. 100 Abs. 1 GG – der ohnehin aufgrund der ganz erheblichen Anforderungen an die fachgerichtliche Begründungsleistung von vielen Instanzrichtern kritisch betrachtet wird[85] – von einigen frühen Entscheidungen, die gerade hinsichtlich der „Last der Tatsachenfeststellung" sehr eindeutige Arbeitsverteilungen vornahmen.[86] So wurden Vorlagen der Fachgerichte wegen ‚unzulänglicher' Tatsachengrundlagen als unzulässig behandelt:

> „Auf Grund eines so wenig gesicherten Tatsachenmaterials kann das Bundesverfassungsgericht die von ihm erbetene verfassungsrechtliche Entscheidung nicht treffen. Zwar könnte es nach § 26 Abs. 1 BVerfGG den zur Erforschung der Wahrheit erforderlichen Beweis selbst erheben. Jedoch muß diese Vorschrift im Verfahren der Normenkontrolle auf Vorlage eines Gerichts (Art. 100 Abs. 1 GG) sinnvoll und ökonomisch gehandhabt werden. Wenn ein Gericht, das nach seiner Stellung im Aufbau der Gerichte gerade dazu berufen ist, die für die Rechtsfindung erheblichen Tatsachen zu ermitteln, und dem die Rechtsordnung hierzu die prozessualen Mittel zur Verfügung stellt, dem Bundesverfassungsgericht einen Tatsachenkomplex zur rechtlichen Beurteilung unterbreitet, so darf es sich auch nicht unter Berufung auf seine aus freier Beweiswürdigung geschöpfte richterliche Überzeugung mit einem summarischen Hinweis begnügen; vielmehr muß es unter Abwägung des Für und Wider zu einer exakten Tatsachenfeststellung gelangen und in einer für das Bundesverfassungsgericht nachprüfbaren Weise im einzelnen die Tatsachen und Erwägungen angeben, die für seine Überzeugung maßgebend gewesen sind.

[83] *Arndt* NJW 1962, 784 (785).
[84] *Kluth* NJW 1999, 3513 ff. (3515).
[85] Dort hat sich das resignative Bonmot durchgesetzt: „Vorlagen sind unzulässig!"
[86] BVerfGE 17, 135 (138 f.); vgl. auch BVerfGE 18, 186 (192).

> *Es würde zu einer Verkehrung der Aufgaben der Gerichte führen, wollte das vorlegende Gericht mit allgemeinen Ausführungen dieser seiner Aufgabe ausweichen und sie auf das Bundesverfassungsgericht abwälzen, dem in erster Linie die Klärung verfassungsrechtlicher Fragen, nicht die Ermittlung von Tatsachen aufgegeben ist.*" (BVerfGE 17, 135 (138 f.)); (Hervorhebung nicht im Original)

Diese „sinnvolle und ökonomische" Handhabung des § 26 BVerfGG kann als paradigmatisch für den Umgang des Gerichts mit Beweiserhebungen gelten, gleiches gilt für die Aufgabenbeschreibung in eigener Sache, wonach dem höchsten Gericht „in erster Linie die Klärung verfassungsrechtlicher Fragen, nicht die Ermittlung von Tatsachen aufgegeben ist".

Diese frühe Linie führte das Gericht ungebrochen fort, Vorlagen in konkreten Normenkontrollverfahren mit „unzureichenden" Tatsachenfeststellungen wurden grundsätzlich als unzulässig gewertet.[87] Gleichzeitig übt das Bundesverfassungsgericht auch bei zulässigen Richtervorlagen jene bereits im Zusammenhang mit der abstrakten Normenkontrolle dargelegte „Zurückhaltung bei der Ermittlung der Entscheidungsgrundlagen",[88] wenn es gesetzgeberische Prognosen nur auf Vertretbarkeit, nicht aber auf ihre Richtigkeit hin überprüft. Insgesamt ergibt sich so ein Bild großer Zurückhaltung des Bundesverfassungsgerichts bei der Erhebung der tatsächlichen Entscheidungsgrundlagen.[89]

4. *Verfassungsbeschwerdeverfahren*

a) Urteilsverfassungsbeschwerde

In Verfassungsbeschwerdeverfahren stellt schon der Grundsatz der Subsidiarität (vgl. § 90 Abs. 2 BVerfGG) sicher, dass dem Bundesverfassungsgericht fachgerichtlich erhobenes Tatsachenmaterial zur Verfügung steht.[90] Im Zusammenspiel mit den Substantiierungspflichten des Beschwerdeführers aus §§ 93 Abs. 1 Satz 1 i.V.m. § 23 Abs. 1 Satz 2 BVerfGG – dieser muss die angegriffenen oder entscheidungsrelevanten fachgerichtlichen Entscheidungen seiner Verfassungsbeschwerde beifügen[91] – verfügt das Verfassungsgericht so über Tatsachenfeststellungen der Fachgerichte, auf die es

[87] Zu diesen Maßgaben vgl. BVerfGE 79, 256 (264 f.); aus der Kammerrechtsprechung vgl. BVerfG NVwZ 1994, 894 (895 f.).

[88] *Benda/E. Klein* Verfassungsprozeßrecht, Rn. 263.

[89] Mit anderer Tendenz allerdings *Ossenbühl* Die Kontrolle von Tatsachenfeststellungen und Prognoseentscheidungen durch das Bundesverfassungsgericht, S. 490 m.w.N., der insbesondere neueren Entscheidungen entnehmen will, dass das BVerfG die Ermittlung und Beurteilung von legislative facts auch im konkreten Normenkontrollverfahren als seine Aufgabe betrachtet und entsprechend verfährt.

[90] BVerfGE 8, 222 (227).

[91] Vgl. BVerfGE 88, 40 (45); 93, 266 (288).

zurückgreifen kann. Diesen Weg eröffnet auch § 33 Abs. 2 BVerfGG, der ausdrücklich die auf nach dem Amtsermittlungsgrundsatz erhobenen tatsächlichen Feststellungen rechtskräftiger Urteile erschließt[92] – und vom Bundesverfassungsgericht allenfalls noch eine Plausibilitätskontrolle erwartet.[93] Das Bundesverfassungsgericht kann sich in dieser Situation also grundsätzlich auf „bereitetes Terrain" begeben.

Das Gericht tut allerdings noch ein Zweites und schränkt – wiederum über die Definition des eigenen Prüfungsmaßstabs – die Notwendigkeit eigener Tatsachenfeststellungen weiter ein. Die seit dem 1. Entscheidungsband geläufige Formel vom der Beschränkung der verfassungsgerichtlichen Prüfung auf die „Verletzung spezifischen Verfassungsrechts"[94] hat zur Folge, dass die Feststellung und Würdigung des Tatbestandes „nach wie vor grundsätzlich allein" Sache der dafür zuständigen Fachgerichte und der Nachprüfung durch das Bundesverfassungsgericht entzogen ist.[95] Anders ist dies nur dann, wenn von den Gerichten spezifisches Verfassungsrecht – insbesondere das Prinzip rechtlichen Gehörs oder das Willkürverbot – verletzt wurde. Nur wenn dies der Fall ist, erforscht das Bundesverfassungsgericht selbst die Wahrheit. Das Bundesverfassungsgericht betrachtet sich selbst also auch in Verfassungsbeschwerdeverfahren nicht als „Superberufungsinstanz".[96]

Ob daraus der Schluss zu ziehen ist, dass die Richtigkeit der Tatsachenermittlung und der Beweiswürdigung für sich genommen keine spezifisch verfassungsrechtliche Forderung darstellt,[97] scheint mit Blick auf das Gebot effektiven Grundrechtsschutzes aus Art. 19 Abs. 4 GG[98] allerdings zweifelhaft, denn effektiver Grundrechtsschutz kann nur auf Basis zutreffender Tatsachenfeststellungen erfolgen.

Verfassungsrechtliche Maßgaben für die fachgerichtliche Tatsachenfeststellung können sich auch aus dem Willkürverbot des Art. 3 Abs. 1 GG ergeben, welches auch für die Feststellungen der Tatsachengerichte gilt;[99] zum spezifischen Verfassungsrecht zählen auch jene Einzelgrundrechte, deren Ausstrahlungswirkung die fachgerichtliche Tatsachenfeststellung beeinflussen.[100]

[92] Vgl. etwa BVerfGE 74, 44 (49).
[93] *Klein* in: Maunz-Schmidt-Bleibtreu-Klein-Ulsamer, BVerfGG, 3. Aufl. (1998), § 33 Rn. 8.
[94] Vgl. BVerfGE 1, 418 (420).
[95] St. Rspr. seit BVerfGE 1, 418 (420); vgl. auch BVerfGE 18, 85 (92).
[96] *Kluth* NJW 1999, 3513 ff. (3517).
[97] So aber *Kluth* NJW 1999, 3513 ff. (3517).
[98] Vgl. BVerfGE 52, 131 (156 f.); 70, 297 (308).
[99] Vgl. BVerfGE 34, 384 (397); 57, 250 (273).
[100] Vgl. für Art. 5 Abs. 1 und 3 GG etwa BVerfGE 43, 130 (140); 67, 213 (228 f.); 93, 266 (295) zur fachrichterlichen Würdigung von Meinungsäußerungen; für Art. 6 GG vgl. BVerfGE 34, 165 (184); 60, 79 (94).

Jedenfalls aber prüft das Bundesverfassungsgericht diese Tatsachenfeststellungen nicht von Amts wegen, sondern unterzieht sie nur dann der Prüfung, wenn die Unrichtigkeit der Tatsachenfeststellungen der Fachgerichte oder die Reichweite gerichtlicher Tatsachenermittlungen[101] als Verletzung spezifischen Verfassungsrechts gerügt wird. Die Prüfungsintensität macht das Bundesverfassungsgericht dabei auch von der Eingriffintensität der gerügten Grundrechtsverletzung abhängig.[102] Auch hinsichtlich einer solchen Rüge der verfassungswidrigen fachgerichtlichen Tatsachenfeststellung gilt im Übrigen der Grundsatz der Subsidiarität,[103] wonach auch hiergegen zunächst alle fachgerichtlichen Rechtsbehelfe auszuschöpfen sind.

Wird aber die fachgerichtliche Tatsachenfeststellung in zulässiger Weise im Wege der Verfassungsbeschwerde gerügt, so ist das Bundesverfassungsgericht auch „Tatsacheninstanz" und erhebt selbst Beweis – wenngleich es im Falle verfassungsrechtlich unhaltbarer Feststellungen nicht in der Sache selbst entscheiden kann, sondern wie ein Revisionsgericht das Fachgericht aufhebt und die Sache zurückverweist.[104]

In Bezug auf verfassungsgerichtliche Beweisaufnahmen wird hier allerdings ein Wandel konstatiert. Während das Bundesverfassungsgericht in den Anfangsjahren auch bei Verfahren mit vorausgegangener Tatsacheninstanz in nicht unerheblichem Umfang selbst Beweise erhob (vgl. z.B. BVerfGE 4, 412 (415)), beschränkte es sich später immer mehr auf den Sachverständigenbeweis.[105]

In der Verfahrenspraxis des Bundesverfassungsgerichts spielen dabei „interne Ermittlungsansätze" eine erhebliche Rolle. Diese Praxis wird von der Überzeugung getragen, dass Beweiserhebung im Sinne eines förmlichen Verfahrens – insbesondere aufgrund eines Beweisbeschlusses des Senats – entbehrlich seien, soweit das Gericht im Wege der Einholung einer amtlichen Auskunft bei einer Behörde, bei einem Ministerium oder beim Parlament in den Besitz des Wissens gelangt, das für seine Entscheidung nötig ist.[106] Das zur Stützung dieser Vorgehensweise denkbare Argument, das Gericht gehe in solchen Fällen eben nicht nach Maßgabe des Streng-, sondern des Freibeweises vor, verfängt schon deswegen nicht, weil die Beweiserhebung in aller Regel nicht durch einen Richter, sondern durch einen seiner Mitarbeiter erfolgt. Das sprengt selbst die Grenzen des Freibeweisverfahrens.

[101] Etwa im Asylrecht; vgl. auch BVerfG, EuGRZ 1997, 502 ff.

[102] Vgl. BVerfGE 42, 143 (149).

[103] Vgl. § 90 Abs. 2 BVerfGG; vgl. BVerfGE 77, 381 (401).

[104] *Kluth* NJW 1999, 3513 ff. (3516).

[105] *Kluth* NJW 1999, 3513 ff. (3514); vgl. zur Entwicklung *Bryde* in: Badura/Dreier (Hrsg.), FS 50 Jahre BVerfG, 2001, Bd. 1, 533 ff.

[106] So ausdrücklich der „altgediente" Verfassungsrichter *Willi Geiger* in: *ders.* Einige Besonderheiten im verfassungsgerichtlichen Prozess, 1981, S. 23.

Diese Praxis sieht sich allerdings inzwischen der Kritik ausgesetzt; so bemängelt etwa Redeker, man finde doch „nicht ganz selten" in Entscheidungen des Bundesverfassungsgerichts „Feststellungen, von denen man sich vergeblich fragt, wie das Gericht sie anhand streitigen Parteivorbringens hat treffen können"[107]. Hierzu zählt, neben der Einholung telefonischer Auskünfte bei Fachgerichten, teilweise sogar bei den Urhebern der streitbefangenen Entscheidungen, insbesondere auch die Beiziehung der Akten der Ausgangsverfahren.

Soweit dabei gewonnene Erkenntnisse in den Entscheidungen des Bundesverfassungsgerichts verwertet werden, stellen sich zwei Probleme: Zum einen erfolgen solche Sachverhaltsfeststellungen und Beweiserhebungen durch das Bundesverfassungsgericht – und um solche handelt es sich bei der Erhebung von Urkundsbeweisen und der Einholung von (sachverständigen) Zeugnissen[108] – nicht im Rahmen einer mündlichen Verhandlung; zum andern wird dem Beschwerdeführer in aller Regel kein rechtliches Gehör zum Ergebnis dieser Beweiserhebungen gewährt – er erfährt noch nicht einmal von ihnen, selbst nicht nachträglich, wenn seine Verfassungsbeschwerde ohne Gründe abschlägig beschieden wird. Der Einwand, der Beschwerdeführer habe sich ja selbst auch Einblick in die fachgerichtlichen Akten verschaffen können, verfängt nicht: Deren Relevanz wird ihm häufig nicht ohne weiteres klar sein; zudem erfolgten etwaige frühere Einsichtnahmen in die fachgerichtlichen Akten unter einfach-rechtlichem und gerade nicht unter verfassungsspezifischem Blickwinkel. Entscheidungsgrundlage kann aber nur sein, wozu alle Beteiligten sich zuvor äußern konnten.[109]

b) Rechtssatzverfassungsbeschwerde

Gerade bei den nicht seltenen Rechtssatzverfassungsbeschwerden, die häufig auch neben Urteilsverfassungsbeschwerden erhoben werden und die gerichtliche Entscheidungsgrundlage auf diese Weise mittelbar angreifen, steht das Bundesverfassungsgericht vor der Problematik, gesetzgeberische Tatsachengrundlagen überprüfen bzw. eigene legislative facts erheben zu müssen. Diese Aufgabenstellung entspricht zwar derjenigen in Normenkontrollverfahren,[110] eröffnet allerdings das Zusatzproblem, dass der einzige Verfahrensbeteiligte, nämlich der Beschwerdeführer – anders als die Beteiligten am Organstreitverfahren oder bei der Richtervorlage – regelmäßig über keinerlei Einblick in den Gesetzgebungsvorgang verfügt und das Gericht sich somit vollständig auf die eigenständige Erschließung von Tatsachenquellen verwiesen sieht.

[107] *Redeker* NJW 1976, 2111 ff. (2113).

[108] BVerfGE 93, 248 (abw. Meinung *Sommer*).

[109] *Lechner/Zuck* BVerfGG, § 30 Rn. 4.

[110] So bereits *Arndt* NJW 1962, 783 ff. (784); *Ossenbühl* Die Kontrolle von Tatsachenfeststellungen und Prognoseentscheidungen durch das Bundesverfassungsgericht, S. 491.

IV. Die Praxis der Beweiserhebung: Drei Beispiele

Diese notwendig abstrakten Überlegungen zur verfassungsgerichtlichen Tatsachenerhebung sollen an dieser Stelle um Beispiele aus der Beweiserhebungspraxis des Gerichts aus den letzten Jahren ergänzt werden. Auf diese Weise lässt sich ermessen, welche Bedeutung das Gericht der Tatsachenbasis eigener Judikate zuschreibt – und wo die Fallstricke des „höchstgerichtlichen" Umgangs mit den Fakten liegen.

Bei der Auswahl der Fallbeispiele wurde nicht nach Exoten Ausschau gehalten, vielmehr wurden weithin bekannte und kontrovers diskutierte Entscheidungen gewählt: das Kopftuch-Urteil vom 24.09.2003[111], das Tornado-Urteil vom 03.07.2007[112] sowie die Nichtraucherschutz-Entscheidung vom 30.07.2008[113].

a) Das Kopftuch-Urteil vom 24.09.2003

Die Beschwerdeführerin begehrte die Einstellung in den Schuldienst und wendete sich mit ihrer Verfassungsbeschwerde gegen die gerichtlich bestätigte Entscheidung des Oberschulamts, ihre Berufung in ein Beamtenverhältnis als Lehrerin mit der Begründung abzulehnen, ihr fehle wegen der erklärten Absicht, in Schule und Unterricht ein Kopftuch zu tragen, die für das Amt erforderliche Eignung. Zur Begründung war ausgeführt worden,[114] das Kopftuch sei Ausdruck kultureller Abgrenzung und damit nicht nur religiöses, sondern auch politisches Symbol. Die mit dem Kopftuch verbundene objektive Wirkung kultureller Desintegration lasse sich mit dem Gebot der staatlichen Neutralität nicht vereinbaren.

Das Bundesverfassungsgericht hob die fachgerichtlichen Entscheidungen sowie die ablehnenden Verwaltungsbescheide wegen Eingriffs in die Rechte der Beschwerdeführerin aus Artikel 33 Absatz 2 in Verbindung mit Artikel 4 Absatz 1 und 2 GG bei Fehlen einer erforderlichen, hinreichend bestimmten gesetzlichen Grundlage auf.

Zur streitentscheidenden Tatsachenfrage der symbolischen Bedeutung des Kopftuchtragens stellte das Bundesverfassungsgericht fest,[115] das Tragen eines Kopftuchs sei nicht notwendig politisches Symbol, sondern mache lediglich die Zugehörigkeit der Beschwerdeführerin zur islamischen Religionsgemeinschaft und ihre persönliche Identifikation als Muslima deutlich.

[111] BVerfGE 108, 282 ff.
[112] BVerfGE 118, 244 ff.
[113] BVerfG in NJW 2008, 2409 ff.
[114] Vgl. BVerfGE 108, 282 (284).
[115] BVerfGE 108, 282 (294).

Auf Grundlage einer Beweiserhebung durch Anhörung verschiedener Sachverständiger kommt das Bundesverfassungsgericht zu folgenden Schlüssen:

> „In jüngster Zeit werde im Kopftuch zwar verstärkt ein politisches Symbol des islamischen Fundamentalismus gesehen, das die Abgrenzung zu Werten der westlichen Gesellschaft, wie individuelle Selbstbestimmung und insbesondere Emanzipation der Frau, ausdrücke. Nach den auch in der mündlichen Verhandlung bestätigten tatsächlichen Feststellungen im fachgerichtlichen Verfahren sei das jedoch nicht die Botschaft, welche die Beschwerdeführerin mit dem Tragen des Kopftuchs vermitteln wolle." (BVerfGE 108, 282 (304))

Zugleich stelle es eine unzulässige Verkürzung dar, das Kopftuch als politisches Symbol kultureller Desintegration zu deuten. Dazu argumentiert das Bundesverfassungsgericht wie folgt:

> „Die in der mündlichen Verhandlung gehörte Sachverständige Frau Dr. Karakasoglu hat auf der Grundlage einer von ihr durchgeführten Befragung von etwa 25 muslimischen Pädagogikstudentinnen – davon zwölf Kopftuchträgerinnen – dargelegt, dass das Kopftuch von jungen Frauen auch getragen werde, um in einer Diasporasituation die eigene Identität zu bewahren und zugleich auf die Traditionen der Eltern Rücksicht zu nehmen; als Grund für das Tragen des Kopftuchs sei darüber hinaus der Wunsch genannt worden, durch ein Zeichen für sexuelle Nichtverfügbarkeit mehr eigenständigen Schutz zu erlangen und sich selbstbestimmt zu integrieren. (...) Auf der Grundlage der von der Sachverständigen geführten und ausgewerteten qualitativen Interviews lassen sich zwar keine repräsentativen Aussagen für alle in Deutschland lebenden Musliminnen treffen; die Forschungsergebnisse zeigen jedoch, dass angesichts der Vielfalt der Motive die Deutung des Kopftuchs nicht auf ein Zeichen gesellschaftlicher Unterdrückung der Frau verkürzt werden darf.." (BVerfGE 108, 282 (304 f.))

Gleichzeitig sei eine negativ beeinflussende Wirkung des Kopftuchtragens auf die Schüler nicht bewiesen:

> „Der in der mündlichen Verhandlung dazu angehörte Sachverständige Professor Dr. Bliesener hat ausgeführt, dass es aus entwicklungspsychologischer Sicht derzeit noch keine gesicherten Erkenntnisse gebe, die eine Beeinflussung von Kindern allein durch die tägliche Begegnung mit einer Lehrerin belegen könnten, die in Schule und Unterricht ein Kopftuch trägt." (BVerfGE 108, 282 (306))

Die Annahme einer Dienstpflichtverletzung wegen befürchteter bestimmender Einflüsse des Kopftuchs auf die religiöse Orientierung der Schulkinder könne sich daher nicht auf gesicherte empirische Grundlagen stützen. Eine derart ungesicherte Erkenntnislage reiche als Grundlage einer behördlichen Anwendung des unbestimmten Rechtsbegriffs der Eignung, die erheblich in das Grundrecht der Beschwerdeführerin aus Art. 4 Abs. 1 und 2 GG eingreift, nicht aus.[116]

[116] BVerfGE 108, 282 (306).

Kritik

Die genauere Betrachtung dieser verfassungsgerichtlichen Tatsachenfeststellung ergibt ein interessantes Bild: Die offenkundig schmale Basis des Gerichts für belastbare empirische Befunde – die gerichtliche Auswahl des Sachverständigen bleibt unklar, die von den Sachverständigen erhobenen ‚Fallzahlen' (25 muslimischen Pädagogikstudentinnen, davon zwölf Kopftuchträgerinnen) sind äußerst dürftig – wird durch zielgenaue Definition des Zweckes der Tatsachenerhebung kompensiert: Das Bundesverfassungsgericht erhebt nicht den Anspruch, die Frage nach dem tatsächlichen Symbolgehalt des Kopftuchtragens zu klären, sondern es begnügt sich mit der nach verfassungsrechtlichen Maßstäben vorzunehmenden Beurteilung, ob die tätigen Staatsorgane für ihre Entscheidungen über eine ausreichende Tatsachengrundlage verfügten. Diese verfassungsgerichtliche Vorgehensweise, eine Tatsachenfrage zu einer (Verfassungs-)Rechtsfrage umzugestalten, ist bereits angesprochen worden (s.o. II. 2). Die verfassungsgerichtliche Beweiserhebung erfolgt in diesem Kontext zum Zwecke der Falsifikation[117] – zumindest der Entkräftung – behördlicher und gerichtlicher empirischer Annahmen – hier: das Kopftuch sei nicht nur religiöses, sondern auch politisches Symbol; auf das Wagnis eigener (kritisierbarer) Tatsachenfeststellungen lässt sich das Bundesverfassungsgericht also gar nicht ein. Eine solche Vorgehensweise wird man zumindest als äußerst geschickt bezeichnen müssen.

b) Das Tornado-Urteil vom 03.07.2007

In diesem Organstreitverfahren stellte das Bundesverfassungsgericht fest, dass der Beschluss der Bundesregierung zur Entsendung von Tornado-Aufklärungsflugzeugen nach Afghanistan nicht die Rechte des Deutschen Bundestags aus Art. 59 Abs. 2 Satz 1 GG i.V.m. Art 24 Abs. 2 GG verletzte. Es fehle an konkreten Anhaltspunkten für eine strukturelle Entfernung der NATO von ihrer friedenswahrenden Ausrichtung. Auch in ihrem Zusammenwirken mit der Operation Enduring Freedom, mit der die Vereinigten Staaten von Amerika auf die Terroranschläge vom 11.9.2001 militärisch antworteten,[118] manifestiere sich keine Abkehr vom friedenswahrenden Zweck des Bündnisses, selbst wenn man von einer punktuellen Zurechnung etwaiger einzelner Völkerrechtsverstöße durch eine Aktion der Operation Enduring Freedom ausginge. Die Weitergabe von NATO-Aufklärungsergebnissen an die Operation Enduring Freedom – die Grundlage einer solchen Zurechnung von Völkerrechtsverstößen sein könne – sei auf der Basis

[117] Zum wissenschaftstheoretisch fundierten Konzept der Falsifikation bei *Karl R. Popper* vgl. *Brink* Kritik der Kritik, in: Brink/Wolff, Gemeinwohl und Verantwortung, FS für H. H. v. Arnim, 2004, 449 ff. (456 ff.).

[118] BVerfGE 188, 244 (247).

des ISAF-Operationsplans des UN-Sicherheitsrats ohnehin nur dann vorgesehen, wenn dies zur erforderlichen Durchführung der ISAF-Operation oder für die Sicherheit von ISAF-Kräften erforderlich sei.[119]

Die antragstellende Fraktion PDS/Die Linke im Dt. Bundestag erhob Bedenken, dass den NATO-Staaten die Völkerrechtswidrigkeit der Operation Enduring Freedom zuzurechnen sei,[120] da beide Einsätze durch eine ‚Doppelhut'-Konstruktion an entscheidender Stelle institutionell weitreichend vernetzt seien, die Weitergabe von Aufklärungsergebnissen der deutschen Tornado-Flugzeuge an die Operation Enduring Freedom keine erkennbare Grenze finde und die Truppen militärisch derart integriert seien, dass die Aufklärungsflugzeuge gleichsam auf beiden Gefechtsfeldern auftauchten.[121]

Zentraler Punkt des Rechtsstreits war demnach die Frage der Intensität des Zusammenwirkens von ISAF mit der Operation Enduring Freedom.[122] Zur Anforderung und Weitergabe von Aufklärungsergebnissen durch die deutschen Tornado-Aufklärungsflugzeuge wurde in der mündlichen Verhandlung der Generalinspekteur der Bundeswehr, General Wolfgang Schneiderhan, gehört. Auf dieser Basis kam das Bundesverfassungsgericht zum Ergebnis, dass die erhobenen Vorwürfe nicht zuträfen. Hierzu führt es aus:

> „Zu diesen Fragen hat der Generalinspekteur der Bundeswehr, General Schneiderhan, in der mündlichen Verhandlung Auskünfte gegeben (...). Was die Weitergabe von Aufklärungsergebnissen an die Operation Enduring Freedom anbetrifft, so ist diese nach dem genannten Beschluss auf der Basis des ISAF-Operationsplans der NATO nur dann vorgesehen, ‚wenn dies zur erforderlichen Durchführung der ISAF-Operation oder für die Sicherheit von ISAF-Kräften erforderlich ist' (BTDrucks 16/4298, S. 3). General Schneiderhan hat näher ausgeführt, wie dieser restriktive Umgang mit den Aufklärungsergebnissen praktisch gehandhabt und abgesichert wird." (BVerfGE 118, 244 (273 f.))

> „Wenn schließlich die Antragstellerin geltend macht, der stellvertretende Kommandeur für Sicherheitsoperationen von ISAF sei gleichzeitig als Angehöriger der US-amerikanischen Kommandostruktur für die Streitkräfte der Operation Enduring Freedom zur Terrorismusbekämpfung mitverantwortlich (vgl. auch BTDrucks 16/2380, S. 12; BTDrucks 16/3894, S. 43 f.), so hat General Schneiderhan hierzu klargestellt, dass ein solcher ‚Doppelhut' gegenwärtig nicht im ISAF-Hauptquartier angesiedelt ist, sondern im Regional Command East, das unter US-amerikanischer Führung steht. Dadurch ergebe sich gerade nicht die Gefahr einer unkontrollierten Vermischung der Einsätze.

> Somit sind nicht nur rechtlich, sondern auch in der praktischen Durchführung hinreichende Vorkehrungen dafür geschaffen, dass es zu einer Vermischung der

[119] BVerfGE 118, 244 (246).
[120] BVerfGE 118, 244 (250 f.).
[121] BVerfGE 118, 244 (273).
[122] BVerfGE 118, 244 (254).

Operationen mit der Folge der Auflösung der bisherigen Trennung der Verantwortungsbereiche nicht kommt.
Damit ist der völkerrechtlichen Argumentation der Antragstellerin bereits die tatsächliche Grundlage entzogen." (BVerfGE 118, 244 (274 f.))

Kritik

Glücklich das Gericht, das einen General Schneiderhan hat! Und so ließ denn die Bundesregierung durch ihren Bundeswehrgeneral über das Bundesverfassungsgericht der Antragstellerin ausrichten, dass alles seine Ordnung habe.

Weniger polemisch lässt sich kritisch anmerken, dass das Bundesverfassungsgericht auf die nahe liegende Fragestellung mit keinem Wort eingeht, wie denn die Glaubhaftigkeit der Aussagen des Bundeswehrgenerals in einem Verfassungsprozess, an dem sein Dienstherr beteiligt ist, zu beurteilen ist. Diese Problematik ist nicht nur offensichtlich,[123] sie ist dem Gericht auch durchaus bekannt. So stellte der Verfassungsrichter Willi Geiger schon 1981 zum Problem der ‚Parteivernehmung' im Verfassungsprozess fest:

> „Ich habe meine Zweifel, ob man mit ihm auf den rechten Weg des Verfahrensrechts ist. Da werden dann Leute befragt, die den agierenden Vertretern einer Partei beamtenrechtlich nachgeordnet sind und die Details besser kennen als die leitenden Beamten, Leute, die ihre Rolle vor Gericht darin erblicken, dass aus unmittelbarer Anschauung genauer darzustellen und zu exemplifizieren, was ihre hohen Herren im Prozess allgemein und in ihrer politischen Sicht vorgetragen haben. Das sind nach meiner Überzeugung weder Zeugen noch Sachverständige noch sachverständige Zeugen, sondern Assistenten der agierenden Vertreter einer Prozesspartei. Man kann sie auch durch einen Gerichtsbeschluss nicht in eine jener Rollen zwängen. Das, was da geschieht, ist nicht Beweiserhebung im verfahrensrechtlichen Sinn, sondern rechtstechnisch nicht fassbare Aufklärungshilfe für das Gericht."[124]

Auch das Bundesverfassungsgericht erkennt diese Problematik klarer, wenn sie vor den Fachgerichten verortet ist. So führt es zum Amtsermittlungsgrundsatz treffend aus: „Die durch eigene Ermittlungen nicht nachgeprüfte Übernahme von Angaben einer Prozeßpartei wird aber der Pflicht des Gerichts, von Amts wegen den Sachverhalt zu erforschen, nicht gerecht."[125] Und dieser auch vor dem Bundesverfassungsgericht geltende Amtsermittlungsgrundsatz (vgl. § 26 Abs. 1 Satz 1 BVerfGG) lässt sich auch nicht dadurch überspielen, dass auf ein angeblich fehlendes Bestreiten von Anga-

[123] Instruktiv das weitere Beispiel, welches *Bryde* Tatsachenfeststellungen und soziale Wirklichkeit in der Rechtsprechung des BVerfG, in: Badura/Dreier (Hrsg.), FS 50 Jahre BVerfG, 2001, Bd. 1, 533 ff. (535) anführt: die gerichtliche Befragung von Beteiligten zum Restitutionsausschluss hinsichtlich der Bodenreform 1949, BVerfGE 84, 90 (112).

[124] *Willi Geiger* Einige Besonderheiten im verfassungsgerichtlichen Prozess, 1981, S. 22.

[125] BVerfGE 17, 135 (138).

ben des Bundeswehrgenerals durch die Antragstellerin wiederholt rekurriert wird (vgl. BVerfGE 118, 244 (270, 272, 273)).

c) Das Nichtraucherschutz-Urteil vom 30.07.2008

In dieser Entscheidung bestätigte das Bundesverfassungsgericht die Befugnis des Gesetzgebers, wegen der angenommenen Gesundheitsschädlichkeit des Passivrauchens absolute oder relative Rauchverbote zu erlassen.[126] In der langwierigen politischen Debatte um Rauchverbote erwies sich eine im Jahre 2005 vom Deutschen Krebsforschungszentrum Heidelberg veröffentlichte Studie als der Wendepunkt: 3300 Nichtraucher verstürben jährlich an den Folgen des Passivrauchens, heißt es dort.[127] Die Wucht dieser Zahl brach jeden politischen Widerstand gegen Rauchverbotsgesetze, die Richtigkeit dieser statistisch, nicht etwa empirisch fundierten Annahme beschäftigte auch das Bundesverfassungsgericht. So verwiesen die Beschwerdeführer auf eine Stellungnahme von Prof. Dr. Gerhard Scherer,[128] wonach die Toxikologie und die Epidemiologie keine stichhaltigen Hinweise lieferten, aus denen ein Gesundheitsrisiko für passivrauchexponierte Gäste in Gastronomiebetrieben abgeleitet werden könne. Epidemiologisch beruhten die meisten Befunde über ein Gesundheitsrisiko durch Passivrauchen auf Metaanalysen, d.h. statistischen Zusammenfassungen von Einzelstudien. Für Lungenkrebs sei so eine Erhöhung des Risikos durch Passivrauchen um 20 % gegenüber nicht Exponierten ermittelt worden. In der epidemiologischen Wissenschaft gelte die Ermittlung relativer Risiken unterhalb einer Erhöhung um 100 % jedoch als sehr unzuverlässig und fragwürdig.

Das Bundesverfassungsgericht argumentiert hierzu wie folgt:

> „Ebenso wenig ist es verfassungsrechtlich zu beanstanden, dass die Landesgesetzgeber Passivrauchen, also Tabakrauch in der Umgebungsluft („environmental tobacco smoke“ – „ETS“), als Gefahr für die Gesundheit der Bevölkerung angesehen und zum Anlass gesetzlicher Regelungen genommen haben. Wird der Gesetzgeber zur Verhütung von Gefahren für die Allgemeinheit tätig, so belässt ihm die Verfassung bei der Prognose und Einschätzung der in den Blick genommenen Gefährdung einen Beurteilungsspielraum, der vom Bundesverfassungsgericht bei der verfassungsrechtlichen Beurteilung je nach der Eigenart des in Rede stehenden Sachbereichs, den Möglichkeiten, sich ein hinreichend sicheres Urteil zu bilden, und der auf dem Spiel stehenden Rechtsgüter nur in begrenztem Umfang überprüft werden kann. Der Beurteilungsspielraum ist erst dann überschritten, wenn die

[126] BVerfG NJW 2008, 2409 (2411 f.).

[127] DKFZ/Institut für Epidemiologie und Sozialmedizin der Universität Münster/Hygieneinstitut des Universitätsklinikums Heidelberg, Passivrauchen, 2005; vgl. BVerfG NJW 2008, 2409 (2412).

[128] Anhörung vor dem Sozialpolitischen Ausschuss des Landtags Rheinland-Pfalz am 21.8.2007, Protokoll der öffentlichen Sitzung, S. 5 ff.

Erwägungen des Gesetzgebers so offensichtlich fehlsam sind, dass sie vernünftigerweise keine Grundlage für die angegriffenen gesetzgeberischen Maßnahmen abgeben können (vgl. BVerfGE 77, 84 <106>; 110, 141 <157 f.>; 117, 163 <183>)." (BVerfG NJW 2008, 2409 ff., 2412)

Im Folgenden verweist das Bundesverfassungsgericht auf die Studie des Deutsche Krebsforschungszentrums aus dem Jahre 2005, wonach in Deutschland jährlich über 3300 Nichtraucher an den Folgen des Passivrauchens versterben. Die Annahme der Landesgesetzgeber, gerade in Gaststätten sei von einer besonderen Gefährdung der Gäste und der Beschäftigten durch Passivrauchen auszugehen, stütze sich „ebenfalls auf hinreichende tatsächliche Grundlagen":

„Der Annahme eines hinreichenden legitimen Ziels steht nicht entgegen, dass Prof. Dr. Gerhard Scherer bei seiner Anhörung als sachkundige Auskunftsperson die Auffassung vertreten hat, die Gesundheitsgefahren durch Passivrauchbelastung seien relativ gering und teilweise nicht nachweisbar. Angesichts der geschilderten, in der Wissenschaft ersichtlich ganz überwiegend vertretenen Gegenmeinung ist die Einschätzung der Gesundheitsgefährdung durch die Landesgesetzgeber vertretbar und nicht offensichtlich unrichtig. Schon die Schwere der drohenden gesundheitlichen Schädigungen und das hohe Gewicht, das dem Schutz des menschlichen Lebens und der menschlichen Gesundheit in der Werteordnung des Grundgesetzes zukommt (vgl. BVerfGE 110, 141 <163>), sprechen dafür, selbst bei nicht völlig übereinstimmenden Positionen innerhalb der Wissenschaft eine ausreichende tatsächliche Grundlage für den Schutz vor Gesundheitsgefährdungen durch Passivrauchen als Gemeinwohlbelang anzuerkennen." (BVerfGE NJW 2008, 2409, 2412)

Kritik

Bei genauerer Betrachtung erweisen sich die tatsächlichen Grundlagen der Nichtraucherschutzentscheidung als zweifelhaft. Zum Ergebnis, der Gesetzgeber habe seinen Beurteilungsspielraum bei der Prognose und Einschätzung der in den Blick genommenen Gefährdung nicht überschritten, kann das Gericht nur kommen, indem es vorgetragene Einwände schlicht übergeht. Anders als vom Gericht dargestellt geht es nämlich im Kern gar nicht um „nicht völlig übereinstimmenden Positionen innerhalb der Wissenschaft" zur Größe der Gesundheitsgefahren durch Passivrauchbelastung. Vielmehr geht es um die Frage, ob die allgemein angenommene Erhöhung des Krebsrisikos durch Passivrauchen um 20 bis 30 % nach den wissenschaftlichen Standards der Epidemiologie als signifikant gelten kann, anders ausgedrückt: Gibt es die 3300 Passivrauchtoten wirklich – oder handelt es sich dabei nur um eine wissenschaftlich nicht belegbare theoretische Rechenoperation? Lassen sich tatsächliche Krankheitsfälle mit wissenschaftlich hinreichender Genauigkeit einer erhöhten Passivrauchbelastung zuordnen – oder handelt es sich dabei um eher diffuse Wirkungsvermutungen? Zumindest ein Sachverständiger hat vorgetragen, dass in der epidemiologischen Wissenschaft die Ermittlung relativer Risiken unterhalb einer Erhöhung um 100 % als sehr unzuverlässig und fragwürdig gelte und damit eben diesen Zusammenhang bei einer angenommenen Risikoerhöhung von nur 20 bis 30 % verneint. Auf diesen Einwand gehen jedoch weder die übrigen angehörten Sachverständigen noch das Gericht mit auch nur einem Wort ein. Dabei müsste die Überprüfung des Bestehens wissenschaftlicher Standards doch unschwer möglich sein. Sollte nun aber die wissenschaftliche Signifikanz der angenommenen Risikoerhöhung durch Passivrauchen nicht gegeben sein, dann stünden die Annahmen des Gesetzgebers im Widerspruch zum Stand wissenschaftlicher Erkenntnis und wären so „offensichtlich fehlsam", dass sie vernünftigerweise keine Grundlage für die angegriffenen gesetzgeberischen Maßnahmen abgeben könnten.[129]

V. Kritik der Rechtsprechung

Dieser kurze und notwendig bruchstückhafte Einblick in Theorie und Praxis verfassungsgerichtlicher Beweiserhebung verdeutlicht, warum Tatsachenfeststellungen als „wunder Punkt"[130] der Verfassungsgerichtsbarkeit angesehen werden. Mal „scheut" der Senat – zumeist aus verfahrensökonomischen Gründen[131] – „vor den erforderlichen tatsächlichen Feststellungen zurück"[132], mal betreibt er sie halbherzig und in kaum überzeugender Weise.[133]

Das mag bei Urteilsverfassungsbeschwerden regelmäßig angehen, stehen doch die fachgerichtlichen Feststellungen zur Tatsachengrundlage nur selten im Mittelpunkt des Streites – und wenn doch, dann haben die Fachgerichte ja regelmäßig das ihnen Obliegende auch schon getan. Das Bundesverfassungsgericht kann sich in dieser Situation grundsätzlich auf „bereitetes Terrain" begeben – vgl. § 33 Abs. 2 BVerfGG – und mit dem eingangs bereits erwähnten Grundsatz auf die Überprüfung der Verletzung spezifischen Verfassungsrechts konzentrieren.

Allerdings stößt die Übernahme von Tatsachenfeststellungen von Fachgerichten auch an Grenzen: Zunächst unterscheidet sich der verfassungsgerichtliche Streitgegenstand[134] von dem der Fachgerichte: Vor dem Bundes-

[129] Vgl. BVerfGE 77, 84 (106); 110, 141 (157 f.); 117, 163 (183).

[130] *Ossenbühl* Die Kontrolle von Tatsachenfeststellungen und Prognoseentscheidungen durch das Bundesverfassungsgericht, S. 462 f.

[131] So aber *Zöbeley/Dollinger* in: Umbach/Clemens/Dollinger (Hrsg.), BVerfGG, 2. Aufl. 2005, § 26 Rn. 11; vgl. auch *Kluth* NJW 1999, 3513 ff., 3519.

[132] Sondervotum Steinberger in BVerfGE 70, 59 (69).

[133] Vgl. nur die o.g. Beispiele aus der Rechtsprechungspraxis.

[134] *Wacke* Zur Funktionsfähigkeit unseres Rechtsprechungsstaates, DVBl. 1968, 537 ff. (543); *Ossenbühl* Die Kontrolle von Tatsachenfeststellungen und Prognoseentscheidungen durch das Bundesverfassungsgericht, S. 490.

verfassungsgericht steht die Verletzung spezifischen Verfassungsrechts im Streit – und eben nicht eine einfachrechtliche Fragestellung. Andererseits kann Verfassungsrecht auch durch fachgerichtliche Tatsachenfeststellungen verletzt werden und dies vor dem Bundesverfassungsgericht streitgegenständlich sein, soweit die Verletzung von Verfahrensgrundrechten gerügt wird.[135] Treffend formuliert Arndt: „Daraus darf geschlossen werden, dass das Bundesverfassungsgericht seine eigene Kompetenz zur selbständigen Wahrheitserforschung dort bejaht, wo es für eine zuverlässige Entscheidung der verfassungsrechtlichen Frage, zur Wahrung des Grundgesetzes, auf sie ankommt."[136]

Eine Herangehensweise über § 33 Abs. 2 BVerfGG versagt also dort, wo es an verlässlichen fachgerichtlichen Tatsachenfeststellungen mangelt – sei es, dass diese gerade im Streit stehen, sei es, dass es bei der einschlägigen Verfahrensart keine entsprechenden Tatsachenfeststellungen gibt (Organstreitigkeiten[137], Bund-Länder-Streitigkeiten, Anklageverfahren, Parteiverbotsverfahren, Rechtssatzverfassungsbeschwerden, Normenkontrollen).[138] Gerade bei den nicht seltenen Rechtssatzverfassungsbeschwerden, die häufig auch neben Urteilsverfassungsbeschwerden erhoben werden und die gerichtliche Entscheidungsgrundlage mittelbar angreifen – steht das Bundesverfassungsgericht vor der Problematik, gesetzgeberische Tatsachengrundlagen überprüfen und eigene legislative facts erheben zu müssen.

Da hilft es auch nur wenig, dass auch dem Gesetzgeber und der Wissenschaft die Frage der Tatsachenermittlung im Verfassungsprozess „lange Zeit nicht als grundsätzliches Problem bewusst gewesen"[139] ist. Noch weniger hilfreich sind Versuche, diese Gerichtspraxis zu verniedlichen[140] oder gar zu

[135] *Ossenbühl* Die Kontrolle von Tatsachenfeststellungen und Prognoseentscheidungen durch das Bundesverfassungsgericht, S. 492.

[136] NJW 1962, 783 ff. (785).

[137] *Bryde* Tatsachenfeststellungen und soziale Wirklichkeit in der Rechtsprechung des BVerfG, in: Badura/Dreier (Hrsg.), FS 50 Jahre BVerfG, 2001, Bd. 1, 533 ff. (542 f.) verweist darauf, dass das Gericht auch in Organstreitverfahren regelmäßig dem angegriffenen Organ eine Einschätzungsprärogative einräumt – was den kontradiktorischen Verfahren eine merkwürdige Schlagseite gebe.

[138] *Ossenbühl* Die Kontrolle von Tatsachenfeststellungen und Prognoseentscheidungen durch das Bundesverfassungsgericht, S. 473.

[139] *Ossenbühl* Die Kontrolle von Tatsachenfeststellungen und Prognoseentscheidungen durch das Bundesverfassungsgericht, S. 461.

[140] *Geiger* Einige Besonderheiten im verfassungsgerichtlichen Prozess, 1981, S. 21: „Gewisse Schwierigkeiten hat das Gericht mit den Fragen einer Beweiserhebung"; *Bryde* Tatsachenfeststellungen und soziale Wirklichkeit in der Rechtsprechung des BVerfG, in: Badura/Dreier (Hrsg.), FS 50 Jahre BVerfG, 2001, Bd. 1, 533 ff. (541) spricht vornehm von einer verfassungsgerichtlichen „Zurückhaltung gegenüber justizförmigen Beweisverfahren".

sanktionieren.[141] Gleiches gilt für relativistische Überlegungen, wonach die Methoden der Tatsachenfeststellung des Bundesverfassungsgerichts jedenfalls denen des Gesetzgebers überlegen seien.[142] Ein solcher ‚Vorsprung' gegenüber der Legislative hat das Bundesverfassungsgericht jedenfalls vor eminenten tatsachenbasierten Fehleinschätzungen nicht bewahrt.[143]

Vielmehr widerspricht dieser Rückzug des Bundesverfassungsgerichts[144] von der Wahrheitsermittlung[145], zumindest aber von jeder berechenbaren Praxis der Beweiserhebung,[146] nicht nur seiner gesetzlichen Pflicht als Gericht,[147] selbst Beweis zu erheben und Tatsachen zu würdigen.[148] Er stellt sich aus Sicht der Verfahrensbeteiligten zugleich als erheblicher Unberechenbarkeitsfaktor dar.[149] Nun mag man konstatieren, das Bundesverfassungsgericht verfahre bei der Sachverhaltsaufklärung eben „fallbezogen", „prag-

[141] *Weber-Grellet* Beweis- und Argumentationslast im Verfassungsrecht unter besonderer Berücksichtigung der Rechtsprechung des Bundesverfassungsgerichts, 1979, S. 27: „Der Funktionsverteilung zwischen Bundesverfassungsgericht und Instanzgerichten wird nur eine flexible Tatsachenkontrollkompetenz gerecht, die es dem Bundesverfassungsgericht gestattet, der Bedeutung des einzelnen Falles entsprechend zu reagieren.", S. 28: „Das Bundesverfassungsgericht besitzt daher (sic!) einen Spielraum, der es gestattet, den einzelnen Fall angemessen zu berücksichtigen."

[142] *Philippi* Tatsachenfeststellungen des BVerfG, 1971, 162 ff. (183); im Anschluss daran *Ossenbühl*, Die Kontrolle von Tatsachenfeststellungen und Prognoseentscheidungen durch das Bundesverfassungsgericht, S. 472; vgl. dazu auch *Kluth* NJW 1999, 3513 ff. (3516).

[143] Dies belegen exemplarisch aus heutiger Sicht vollständig abwegige Ausführungen wie jene zur Strafbarkeit der männlichen Homosexualität § 175 StGB (BVerfGE 6, 389 ff., insbes. 424 ff.).

[144] *Bryde* Tatsachenfeststellungen und soziale Wirklichkeit in der Rechtsprechung des BVerfG, in: Badura/Dreier (Hrsg.), FS 50 Jahre BVerfG, 2001, Bd. 1, 533 ff. (534), vertritt die Auffassung, dass sich in den letzten 25 Jahren – also nach *Philippis* empirischen Untersuchungen – noch weniger Beispiele für gerichtliche Beweisaufnahmen finden lassen.

[145] *Kluth* NJW 1999, 3513 ff. (3517).

[146] *Kluth* NJW 1999, 3513 ff. (3519) schreibt hierzu treffend: „Es hat den Anschein, daß das BVerfG seine Kontrolldichte fallbezogen und unter Berücksichtigung der Bedeutung des betroffenen Sachgebiets nach eigenem Ermessen wählt."

[147] *Wacke* Zur Funktionsfähigkeit unseres Rechtsprechungsstaates, DVBl. 1968, 537 ff. (543).

[148] *Redeker* NJW 1976, 2111 ff. (2112) konstatiert insoweit eine fehlende Bindung des Bundesverfassungsgerichts an seine eigenen Verfahrensregelungen; *Kluth* NJW 1999, 3513 ff. (3518). Das Argument *Brydes* Tatsachenfeststellungen und soziale Wirklichkeit in der Rechtsprechung des BVerfG, in: Badura/Dreier (Hrsg.), FS 50 Jahre BVerfG, 2001, Bd. 1, 533 ff. (536), eine „quasi-kontradiktorische" Anhörung von Interessenvertretern könne den Mangel einer prozessordnungsgemäßen Beweiserhebung kompensieren, überzeugt nicht einmal ansatzweise.

[149] Zutreffend weist *Wacke* Zur Funktionsfähigkeit unseres Rechtsprechungsstaates, DVBl. 1968, 537 ff. (544) darauf hin, dass Rückverweisungen mangels zureichender Tatsachenfeststellungen der Fachgerichte in Vorlageverfahren sogar das fachgerichtliche Prozesskostenrisiko der Beteiligten in unzumutbarer, rechtsstaatlich nicht zu rechtfertigender Weise vergrößern.

matisch" und „flexibel" [150] – eine solche bloße Feststellung des status quo genügt für ein rechtsgebundenes, zumal für ein Verfassungsorgan jedoch nicht!

Vor allen Dingen aber führt eine solche Praxis notwendig zu Fehlentscheidungen. Die engen Verflechtungen von Tatsachenermittlung und Normauslegung [151] sowie zwischen Tatsachengrundlage und Entscheidungsergebnis [152] lassen nur den einen Schluss zu, dass die korrekte Feststellung der entscheidungserheblichen Tatsachen notwendige Bedingung der Richtigkeit der verfassungsgerichtlichen Entscheidung ist.[153] Die Kritik *Redekers*: „Das Bundesverfassungsgericht hat sich aber von mündlichen Verhandlungen und Beweisaufnahmen in einem Umfange dispensiert, der notwendig unzutreffende Sachverhaltsannahmen zur Folge haben muss." [154], ist also berechtigt.

Auf dieser Grundlage wird auch deutlich, dass die Auffassung, das Bundesverfassungsgericht sei keine Superberufungsinstanz,[155] in dieser Pauschalität schlicht falsch ist. Richtig ist vielmehr die in anderem Zusammenhang gebräuchliche Redewendung,[156] wonach das Bundesverfassungsgericht keine Superrevisionsinstanz [157] und kein Revisionsgericht [158] ist: weder Superrevisionsinstanz hinsichtlich der Auslegung und Anwendung des einfachen Rechts, noch berechtigt, eigenen gebotenen Tatsachenermittlungen aus dem Wege zu gehen.[159] Anders als Revisionsgerichte sind ihm eigene Tatsachenfeststellungen nicht versagt.[160] Und man wird hinzufügen müssen: Solche

[150] *Bryde* Tatsachenfeststellungen und soziale Wirklichkeit in der Rechtsprechung des BVerfG, in: Badura/Dreier (Hrsg.), FS 50 Jahre BVerfG, 2001, Bd. 1, 533 ff. (561).

[151] Zur hermeneutischen Zuordnung von Norm und Wirklichkeit vgl. *Josef Esser* Vorverständnis und Methodenwahl in der Rechtsfindung, 1972, 53 ff. (63 f.); *Ossenbühl* Die Kontrolle von Tatsachenfeststellungen und Prognoseentscheidungen durch das Bundesverfassungsgericht, S. 461 (468) unter Hinweis auf *Ehmke* Prinzipien der Verfassungsinterpretation, VVDtStRL 20 (1961), S. 53 (95 ff.); dazu auch *Maunz* in: Maunz/Schmidt-Bleibtreu/Klein/Bethge, BVerfGG, § 26, Rn. 4; *Kluth* NJW 1999, 3513 ff. (3514 f.); *Redeker* NJW 1976, 2111 ff. (2113).

[152] *Karl Larenz* Methodenlehre der Rechtswissenschaft, 6. Auflage 1991, 278 ff.; *Thierfelder* Jura 1970, 879; zur Bedeutung von Tatsachenfeststellungen für die gesamte richterliche Tätigkeit vgl. *Brink* Über die richterliche Entscheidungsbegründung, 1999, S. 16 f. m.w.N.

[153] Dazu *Friedrich Müller* Normstruktur und Normativität. Zum Verhältnis von Recht und Wirklichkeit in der juristischen Hermeneutik, entwickelt an Fragen der Verfassungsinterpretation, 1966, S. 77 ff. (114 ff.).

[154] *Redeker* NJW 1976, 2111 ff. (2113).

[155] BVerfGE 21, 209 (216).

[156] Dazu *Kluth* NJW 1999, 3513 ff. (3514).

[157] So zutreffend das Sondervotum *Steinberger* in BVerfGE 70, 59 (69).

[158] *Arndt* NJW 1962, 783 ff. (784); so auch *Redeker* NJW 1976, 2111 ff. (2113).

[159] *Wacke* Zur Funktionsfähigkeit unseres Rechtsprechungsstaates, DVBl. 1968, 537 ff. (543).

[160] Zu dieser ‚Revisionsperspektive' vgl. *Brink* Über die richterliche Entscheidungsbegründung, 1999, 23 m.w.N.

Tatsachenfeststellungen sind ihm nicht nur nicht versagt, sie sind ihm notwendige Pflicht. Wenn das Bundesverfassungsgericht zur Entscheidung zuständig ist, so ist es auch Tatsachengericht.[161] So jedenfalls der normative Befund.

VI. Abhilfemöglichkeiten

Einen kritikwürdigen Zustand zu beschreiben ist das eine, ihn zu ändern ist das Wichtigere. Was also können die Beteiligten am Prozess der Verfassungsrechtsprechung unternehmen, um den aufgezeigten Defiziten abzuhelfen.

Verfahrensbeteiligte

Angesichts der Praxis des Bundesverfassungsgerichts, nur äußerst selten förmliche Beweisaufnahme durchzuführen, muss dem Beschwerdeführer angeraten werden, Tatsachenfragen als eigenes Aufgabengebiet zu begreifen, seinen Sachvortrag auf streitentscheidende Tatsachenfragen zu durchforsten und zu allen zentralen Punkten dezidiert vorzutragen, insbesondere unzutreffende fachgerichtliche Annahmen zu bestreiten, seinen Vortrag zu substanziieren und zu plausibilisieren. Dazu gehört angesichts der Praxis des Bundesverfassungsgerichts als entscheidender Aspekt eben auch, selbst ausdrückliche und konkrete Beweisangebote zu machen und auf einem gerichtlichen Hinweis für den Fall zu bestehen, dass das Gericht dem eigenen Sachvortrag nicht folgt. Das erscheint zwar angesichts des in § 26 Abs. 1 Satz 1 BVerfGG niedergelegten Amtsermittlungsgrundsatzes redundant, ist es aber offenkundig nicht.

Durch solche Beweisangebote verdeutlicht man dem Gericht zudem, wo aus eigener Sicht die entscheidungsrelevanten Tatsachenfragen liegen und rückt sie als Entscheidungsrelevante in den Fokus. Gleichzeitig reduziert man so die Möglichkeiten des Gerichts, die Klärungsbedürftigkeit von Tatsachen zu ‚übersehen' und schneidet dem Bundesverfassungsgericht ‚einfache' Entscheidungs- und Begründungsvarianten ab. Auf diese Weise werden Beweiserhebungen durch das Bundesverfassungsgericht – ggf. damit auch mündliche Verhandlungen – erzwungen. Darüber hinaus sollte der Verfahrensbeteiligte auf einem gerichtlichen Hinweis für den Fall zu bestehen, dass das Gericht seinem Sachvortrag nicht folgt. Sollten Beweisangebote

[161] *Redeker* NJW 1976, 2111 ff. (2113); unter Berufung auf die traditionelle Funktion der Jurisdiktion *Ossenbühl* Die Kontrolle von Tatsachenfeststellungen und Prognoseentscheidungen durch das Bundesverfassungsgericht, S. 467.

übergangen werden, stehen dem Verfahrensbeteiligten die aus Art. 17 GG folgenden Rechte – etwa im Wege der Gegenvorstellung[162] Einfluss auf das Gericht zu nehmen – zu.[163] Die Kombination dieser Maßnahmen führt zu einer Effektivierung des Untersuchungsgrundsatzes.

Wissenschaft

Neben einer kritischen Begleitung der aktuellen Rechtsprechungstätigkeit des Bundesverfassungsgerichts käme es der Wissenschaft zu, Untersuchungen der rechtlichen Bedingungen von und der Gerichtspraxis zu Tatsachenfeststellungen anzustellen. Die weiter zu entwickelnde Dogmatik der verfassungsgerichtlichen Tatsachenfeststellung[164] würde dabei zwar weitgehend, aber nicht nur „Neuland"[165] betreten: Klaus Jürgen Philippis Monographie „Tatsachenfeststellungen des Bundesverfassungsgerichts" aus dem Jahre 1971 lieferte bereits einen beachtlichen Beitrag zur „rational-empirischen Fundierung verfassungsgerichtlicher Entscheidungen"[166].

Richter des Bundesverfassungsgerichts

Als „Herren des Verfahrens" haben die Richter des Bundesverfassungsgerichts es in der Hand, die Gerichtspraxis zu § 26 BVerfGG zu gestalten. Wenn nach einem Prozess der Steigerung und Lenkung der richterlichen Aufmerksamkeit auf Fragen der Tatsachenfeststellung – an dem alle anderen Verfahrensbeteiligten mitwirken können – diese in ihrer Problematik erkannt wird, sollten sich die konstatierte Ungeübtheit des Gerichts in Fragen der Beweiserhebung und damit einhergehende Berührungsängste[167] mit den ‚Mühsalen der Ebene' überwinden lassen (auch wenn dies „mitunter vielleicht lästig"[168] sein mag). Den „Blankoscheck"[169], den der Gesetzgeber dem

[162] Vgl. BVerfGE 19, 88 (91 f.).

[163] So auch *Dollinger* in: Umbach/Clemens/Dollinger (Hrsg.), BVerfGG, 2. Aufl. 2005, § 15a Rn. 29 m.w.N.; a.A. etwa *Sperlich* in: Umbach/Clemens/Dollinger (Hrsg.), BVerfGG, 2. Aufl. 2005, § 93b Rn. 21.

[164] *Ossenbühl* Die Kontrolle von Tatsachenfeststellungen und Prognoseentscheidungen durch das Bundesverfassungsgericht, S. 464.

[165] *Ossenbühl* Die Kontrolle von Tatsachenfeststellungen und Prognoseentscheidungen durch das Bundesverfassungsgericht, S. 482.

[166] So *Philippis* Forschungsansatz; sein Untersuchungsmaterial sind die ersten 25 Bände der Sammlung der Entscheidung des Bundesverfassungsgerichts zwischen 1951 und 1969.

[167] *Bryde* Tatsachenfeststellungen und soziale Wirklichkeit in der Rechtsprechung des BVerfG, in: Badura/Dreier (Hrsg.), FS 50 Jahre BVerfG, 2001, Bd. 1, 533 ff. (542) spricht zutreffend vom „fehlenden Know-How" des Gerichts im Umgang mit Beweisverfahren.

[168] *Steinberger* Sondervotum zu BVerfGE 70, 59 (69).

[169] *Philippi* Tatsachenfeststellungen des Bundesverfassungsgerichts, 1971, S. 12.

Bundesverfassungsgericht für Tatsachenermittlungen ausgestellt hat, muss das Gericht auch nutzen wollen.

Ein handhabbarer Vorschlag, der freilich für sich genommen schon als Revolution der geordneten Verfahrensgänge des Bundesverfassungsgerichts empfunden würde, kommt dazu von Redeker[170]: Es sollte mindestens ein Erörterungstermin vor dem Berichterstatter zur Klärung streitigen Sachvortrags möglich sein, dies wäre auch eine Basis für den verfassungsgerichtlichen Lernprozess.

Eine wie immer unterstützende und vorentscheidende Rolle käme dabei auch den **Mitarbeitern des Bundesverfassungsgerichts** zu, die aufgrund ihres Arbeitszuschnittes in besonders früher und intensiver Weise mit Verfahrens- und Zulässigkeitsfragen befasst sind.

Gesetzgeber

Ein Tätigwerden des Gesetzgebers erscheint demgegenüber nicht erforderlich. Er hat mit § 26 BVerfGG alles Entscheidende gesagt. Zukünftig sollte also die konsequente Befolgung der einfachgesetzlichen Maßgaben des BVerfGG genügen.

Nicht nur colorandi causa lässt sich an dieser Stelle auf einen Antrag des Bundestags-Abgeordneten Dichgans aus der 6. Legislaturperiode[171] verweisen, welcher einen § 26a ins Bundesverfassungsgerichtsgesetz einzuführen vorschlug, der eine Bindung des Bundesverfassungsgerichts an Tatsachenfeststellungen und Prognosen des Gesetzgebers anordnen und damit eine entsprechende eigenständige Tatsachenerhebung durch das Gericht ebenso ausschließen sollte wie eine gerichtliche Kontrolle der gesetzgeberischen Annahmen.

Aufschlussreich ist insofern weniger der Antrag selbst, als die Reaktion, welche er von Gerichtsseite erfuhr: „Absolut verfassungswidrig", meinte etwa Ernst Friesenhahn, der eine Aushöhlung der Institution der Verfassungsgerichtsbarkeit befürchtete und seine Rolle als Hüter der Verfassung durch eine solche Bindung in Frage gestellt sah.[172]. Und nach Ansicht des Richters Geiger hätte die vorgeschlagene Regelung die Grundlage der richterlichen Kompetenz zerstört.[173]

[170] *Redeker* NJW 1976, 2111 ff. (2113).

[171] BT-Drucks. VI-388; vgl. auch 6. WP, Protokoll der 38. Sitzung des Rechtsausschusses vom 13.3.1970, S. 1907; dazu *Ossenbühl* in: Starck (Hrsg.), BVerfGG und GG II, 1976, S. 458 ff. (462).

[172] Zitiert nach *Ossenbühl* Die Kontrolle von Tatsachenfeststellungen und Prognoseentscheidungen durch das Bundesverfassungsgericht, S. 462.

[173] *Philippi* Tatsachenfeststellungen des Bundesverfassungsgerichts, 1971, S. 6.

Solch eine erhebliche Bedeutung der gerichtlichen Tatsachenfeststellungen hätte man nach Betrachtung der gerichtlichen Praxis hierzu gar nicht vermutet.

VII. Ergebnis

Das Bundesverfassungsgericht ist keine Tatsacheninstanz? Als normative Feststellung ist diese Aussage unzutreffend, als empirische kann sie als belegt gelten: Obwohl das Bundesverfassungsgericht über alle prozessualen Voraussetzungen für eigeninitiative Beweiserhebungen verfügt und aufgrund des Untersuchungsgrundsatzes des § 26 BVerfGG hierzu auch regelmäßig verpflichtet wäre, zeigt es offensichtliche „Berührungsängste" mit der Aufgabe der Tatsachenermittlung. Dogmatisch unterfütterte Vermeidungsstrategien gehen hier Hand in Hand mit „verfahrensökonomischen" Ansätzen und schlichtem Übergehen von prozessual Aufklärungsbedürftigem.

Das mag bei Urteilsverfassungsbeschwerden regelmäßig angehen, stehen doch die fachgerichtlichen Feststellungen zur Tatsachengrundlage nur selten im Mittelpunkt des Streites. Diese Herangehensweise versagt jedoch dort, wo es an verlässlichen fachgerichtlichen Tatsachenfeststellungen mangelt – sei es, dass diese gerade im Streit stehen, sei es, dass es bei der einschlägigen Verfahrensart keine entsprechenden Tatsachenfeststellungen gibt.

Daher gilt es, verfassungsgerichtliche Tatsachenfeststellungen in ihrer Problematik zu erkennen und Abhilfemöglichkeiten zu erkunden, die eine gesetzeskonforme Beweiserhebung sicher stellen.

Die Subsidiarität der Verfassungsbeschwerde in Strafsachen

Ulf Buermeyer*

Leitentscheidungen des Bundesverfassungsgerichts

1. BVerfG Plenum, Beschluss vom 30. April 2003 – 1 PBvU 1/02 – BVerfGE 107, 395.
2. BVerfG 1. Senat, Beschluss vom 9. November 2004 – 1 BvR 684/98 – BVerfGE 112, 50.

Schrifttum

Bender, Michael Rügepflicht für Verfassungsverstöße vor den Fachgerichten? Zu einer angenommenen Vorwirkung des Verfassungsprozessrechts, AöR 112 (1987) 169; *Desens, Marc* Die subsidiäre Verfassungsbeschwerde und ihr Verhältnis zu fachgerichtlichen Anhörungsrügen, NJW 2006, 1243; *Gersdorf, Hubertus* Der Grundsatz der Subsidiarität der Rechtssatzverfassungsbeschwerde, Jura 1994, 398 (Teil I) und 495 (Teil II); *Jahn, Matthias* Die Substantiierung der Verfassungsbeschwerde in Strafsachen – Lehren aus dem Sedlmayr-Verfahren, Festschrift für Gunter Widmaier (2008), 812; *Klein, Oliver/ Sennekamp, Martin* Aktuelle Zulässigkeitsprobleme der Verfassungsbeschwerde, NJW 2007, 945; *Linke, Tobias* Revolutionäres zur Subsidiarität der Verfassungsbeschwerde?, NJW 2005, 2190; *Roeser, Thomas/Hänlein, Andreas* Das Abänderungsverfahren nach § 80 VII VwGO und der Grundsatz der Subsidiarität der Verfassungsbeschwerde, NVwZ 1995, 1082; *Schlaich, Klaus/Korioth, Stefan* Das Bundesverfassungsgericht, 7. Auflage 2007; *Sodan, Helge* Der Grundsatz der Subsidiarität der Verfassungsbeschwerde, DÖV 2002, 925; *Spranger, Tade Matthias* Die Verfassungsbeschwerde im Korsett des Prozessrechts; AöR 127 (2002), 27; *Voßkuhle, Andreas* Bruch mit einem Dogma: Die Verfassung garantiert Rechtsschutz gegen den Richter, NJW 2003, 2193.

* Der Verfasser war von 2007 bis 2008 wissenschaftlicher Mitarbeiter der Vizepräsidenten des Bundesverfassungsgerichts *Professor Dr. Dr. h.c. mult. Winfried Hassemer* und *Professor Dr. Andreas Voßkuhle*. Seit Januar 2007 Richter des Landes Berlin, ist er derzeit Beisitzer der Großen Strafkammer 22 – Schwurgericht – des Landgerichts Berlin. Daneben bearbeitet er als Redakteur der Zeitschrift für höchstrichterliche Rechtsprechung im Strafrecht (HRRS) die Dokumentation der Rechtsprechung zweier Strafsenate des Bundesgerichtshofs. Für wertvolle Hinweise dankt er herzlich *Prof. Dr. Matthias Bäcker* (Universität Mannheim) und Regierungsdirektor *Dr. Stefan Sinner* (Berlin). – Der Beitrag befindet sich auf dem Stand vom 20. September 2008.

Inhalt

I. Von der Rechtswegerschöpfung zur umfassenden Subsidiarität der Verfassungsbeschwerde

Geht man von der Regelung der Verfassungsbeschwerde im Bundesverfassungsgerichtsgesetz aus, so scheinen die Anforderungen an die vor Erhebung der Verfassungsbeschwerde einzulegenden Rechtsbehelfe überschaubar zu sein. § 90 Abs. 2 Satz 1 BVerfGG macht die Zulässigkeit der Verfassungsbeschwerde allein von der „Erschöpfung des Rechtswegs" abhängig, sofern „gegen die Verletzung" – nämlich eines der in § 90 Abs. 1 BVerfGG genannten Grundrechte oder grundrechtsgleichen Rechte – „der Rechtsweg zulässig" ist.

Die Rechtsprechung des Bundesverfassungsgerichts hat jedoch das Erfordernis der Rechtswegerschöpfung von Anfang an als gleichsam *pars pro toto* geregelten Ausschnitt eines allgemeinen Prinzips der Nachrangigkeit oder Subsidiarität der Verfassungsbeschwerde angesehen.[1] Von diesem Ausgangs-

[1] Vgl. zur „induktiven" Gewinnung des Subsidiaritätsgrundsatzes durch das Bundesverfassungsgericht bereits *Lübbe-Wolff* EuGRZ 2004, 669 (669 f.).

punkt aus hat das Bundesverfassungsgericht eine Reihe weiterer Anforderungen entwickelt, die neben der formalen Erschöpfung des Rechtswegs an die Führung des Verfahrens vor den Fachgerichten zu stellen sind. Insgesamt hat es damit die Verfassungsbeschwerde als in einem umfassenden, insbesondere auch im materiellen Sinne gegenüber dem Rechtsweg zu den Fachgerichten subsidiären Rechtsbehelf ausgestaltet. Das Bundesverfassungsgericht als höchstes und zugleich außerhalb des Instanzenzuges stehendes Gericht kann in der Konsequenz erst dann zulässig mit einer Verfassungsbeschwerde befasst werden, wenn die Möglichkeiten des Schutzes der Grundrechte,[2] vgl. § 90 Abs. 1 BVerfGG, auf der Ebene der Fachgerichte sowohl formell als auch inhaltlich ausgeschöpft sind.

Der folgende Beitrag fasst zunächst zusammen, welcher Gehalt dem Grundsatz der Subsidiarität der Verfassungsbeschwerde nach der Rechtsprechung des Bundesverfassungsgerichts zukommt. Dabei werden auch einige Problemkreise dargestellt, aus denen sich praktische Konsequenzen für die Verteidigung[3] des Beschuldigten im Strafprozess ergeben, will er einerseits eine etwaige Verletzung von Grundrechten möglichst bereits von den Fachgerichten korrigieren lassen, sich aber andererseits in letzter Konsequenz auch die Möglichkeit offenhalten, sie mit der Verfassungsbeschwerde zulässig zu rügen. Schließlich wird die partiell allzu restriktive Handhabung des Subsidiaritätsprinzips einer kritischen Betrachtung unterzogen.

II. Das Verhältnis des verfassungsgerichtlichen zum fachgerichtlichen Rechtsschutz

Das Bundesverfassungsgericht hat die Nachrangigkeit des verfassungsgerichtlichen Grundrechtsschutzes gegenüber dem fachgerichtlichen Verfahren seit den Anfängen seiner Rechtsprechung betont. So bringt das Gericht diesen Gedanken bereits im Dezember 1951 auf die Formel, die Verfassungsbeschwerde solle nicht *„einen wahlweisen Rechtsbehelf neben den sonstigen Rechtswegen gewähren, sondern nur dann zulässig sein, wenn sie trotz Erschöpfung der regelmäßigen verfahrensrechtlichen Möglichkeiten zur Verhinderung einer Grundrechtsverletzung erforderlich“*[4] werde. Zwar steht

[2] Der Begriff wird im Folgenden aus Gründen besserer Lesbarkeit einheitlich für die gemäß § 90 Abs. 1 BVerfGG mit der Verfassungsbeschwerde rügefähigen Rechte verwandt, also für die Grundrechte in engeren Sinne, wie sie ausweislich der Überschrift des I. Abschnitts des Grundgesetzes in Art. 1 bis 19 GG garantiert sind, sowie die grundrechtsgleichen Rechte aus Art. 20 Abs. 4, 33, 38, 101, 103 und 104 GG.

[3] Hier im Sinne der Verteidigung gegen einen strafrechtlichen Vorwurf gemeint, ungeachtet der Frage, ob sich der Beschuldigte selbst verteidigt oder des Beistands eines Strafverteidigers bedient.

[4] BVerfGE 1, 97 (103).

diese Feststellung im Kontext der fehlenden unmittelbaren Betroffenheit des Beschwerdeführers durch ein Gesetz, wenn es noch eines weiteren Vollzugsakts bedarf. Doch scheint bereits in diesen Zeilen im ersten Band der Amtlichen Sammlung der Gedanke der Subsidiarität der Verfassungsbeschwerde auf und wird für die Auslegung der Anforderungen an die Zulässigkeit der Verfassungsbeschwerde fruchtbar gemacht – verwundern kann dies nicht, lassen sich doch unmittelbare Betroffenheit und Subsidiarität bei Rechtssatzverfassungsbeschwerden ohnehin nur schwer voneinander abgrenzen.

Nicht einmal fünf Jahre später spricht das Bundesverfassungsgericht erstmals auch ausdrücklich vom „subsidiären Charakter" der Verfassungsbeschwerde,[5] indem es feststellt, der geltend gemachte Verstoß gegen das Recht auf rechtliches Gehör könne *„nur gerügt werden, wenn der Beschwerdeführer die nach Lage der Sache gegebenen prozessualen Möglichkeiten ausgeschöpft [hat], um sich das rechtliche Gehör zu verschaffen"*. Bemerkenswert erscheint dabei, dass der Senat sich nicht veranlasst sah, diese Auslegung des § 90 Abs. 2 BVerfGG argumentativ oder durch Nachweise abzusichern: Ganz offensichtlich erschien es bereits 1956 selbstverständlich, die Rechtswegerschöpfung als *pars pro toto* geregelten Ausschnitt eines allgemeinen Subsidiaritätsprinzips anzusehen, aus dem später weitergehende Folgerungen gezogen werden sollten.

Dieser Gedanke wurde in der Folgezeit konsequent weiter verfolgt, sodass das Gericht in der Entscheidung des Plenums vom 30.4.2003[6] die wesentlichen Aussagen zu seinem Verhältnis zur Fachgerichtsbarkeit als ständige Rechtsprechung zitieren konnte. Danach habe das Grundgesetz die rechtsprechende Gewalt in erster Linie den Fachgerichten anvertraut. Die Verfassungsbeschwerde sei demgegenüber kein zusätzlicher Rechtsbehelf zum fachgerichtlichen Verfahren, sondern eine besondere Vorkehrung zur Durchsetzung von Grundrechten und grundrechtsgleichen Rechten; ein außerordentlicher Rechtsbehelf, mit dem der Träger des vermeintlich verletzten Rechts Eingriffe der öffentlichen Gewalt abwehren könne. Das Verfassungsbeschwerdeverfahren setze das fachgerichtliche Verfahren nicht einfach fort, sondern diene nur der Überprüfung auf Verfassungsverstöße.[7] Dem entspreche zugleich die Ausgestaltung der Verfassungsbeschwerde nach dem Grundsatz der Subsidiarität, einem *„in § 90 Abs. 2 BVerfGG unter Nutzung der Ermächtigung des Art. 94 Abs. 2 Satz 2 GG verankerten Prinzip"*. Da nach der verfassungsrechtlichen Kompetenzverteilung zunächst den Fachgerichten die Aufgabe zukomme, die Grundrechte zu wahren und durchzusetzen, müsse der Beschwerdeführer selbst das ihm Mögliche tun, damit eine Grundrechtsverletzung im fachgerichtlichen Instanzenzug unterbleibe oder

[5] BVerfGE 5, 9 (10).
[6] 1 PBvU 1/02 – BVerfGE 107, 395.
[7] BVerfGE 107, 395 (413).

beseitigt werde. Nur unter den engen Voraussetzungen des § 90 Abs. 2 Satz 2 BVerfGG könne der Grundsatz der Subsidiarität durchbrochen werden. In dieser Konkretisierung des Verhältnisses von Grundsatz und Ausnahme spiegele sich die Bedeutung der fachgerichtlichen Rechtsprechung auch für die Einhaltung verfassungsrechtlicher Grundentscheidungen wider.[8]

In der Rechtsprechung des Bundesverfassungsgerichts werden – das zitierte Verhältnis von fachgerichtlichem und verfassungsgerichtlichem Rechtsschutzauftrag flankierend und konkretisierend – weitere Argumente für die Subsidiarität der Verfassungsbeschwerde herangezogen. Danach dient sie auch dazu, das Bundesverfassungsgericht zu entlasten und für seine eigentliche Aufgabe des Verfassungsschutzes freizumachen[9] und die Rechtskraft unanfechtbarer Entscheidungen grundsätzlich zu sichern.[10] Regelmäßig wird auch darauf hingewiesen, dass dem Bundesverfassungsgericht durch die umfassende fachgerichtliche Vorprüfung ein geprüftes Tatsachenmaterial unterbreitet und die Fallanschauung und Rechtsauffassung der Fachgerichte vermittelt werde.[11] Schließlich wurde bereits vor der Plenumsentscheidung betont, dass die Handhabung der Zulässigkeitskriterien in der beschriebenen Weise sich im von Art. 94 Abs. 2 Satz 2 GG vorgegebenen Rahmen halte.[12]

III. Rechtswegerschöpfung im engeren Sinne oder formelle Subsidiarität

1. Herleitung

Aus § 90 Abs. 2 Satz 1 BVerfGG folgt unmittelbar, dass grundsätzlich[13] zunächst alle fachgerichtlichen Rechtsbehelfe einzulegen sind, bevor zulässigerweise Verfassungsbeschwerde erhoben werden kann. Ist also ein Rechtsweg – eine gesetzlich normierte Möglichkeit der Anrufung eines Gerichts im Sinne eines von der gesetzgebenden und vollziehenden Gewalt verschiedenen unabhängigen und nur dem Gesetz unterworfenen staatlichen Organs der rechtsprechenden Gewalt[14] – gegeben, so ist dieser vollständig bis zu einer formell rechtskräftigen Entscheidung zu beschreiten.

Zum Rechtsweg in diesem Sinne gehört die Ausnutzung aller formalen prozessualen Möglichkeiten. Hierzu zählt in geeigneten Fällen auch ein

[8] BVerfGE 107, 395 (414).

[9] BVerfGE 4, 193 (198); 22, 287 (290 f.).

[10] BVerfGE 22, 287 (290 f.); 68, 384 (388).

[11] BVerfGE 77, 381 (401).

[12] Vgl. BVerfGE 68, 384 (388); 77, 381 (401); 107, 395 (414).

[13] Zu den Ausnahmen vgl. *Sperlich* in: Umbach/Clemens/Dollinger, BVerfGG, 2. Auflage 2005, § 90 BVerfGG Rn. 124.

[14] BVerfGE 67, 157 (170).

Antrag auf Wiedereinsetzung in den vorigen Stand.[15] Die Erhebung einer Anhörungsrüge ist jedenfalls dann geboten, wenn dieser Rechtsbehelf nicht von vornherein aussichtslos ist.[16]

Hingegen begrenzt der Grundsatz der Rechtsmittelklarheit eine Ausdehnung des Erfordernisses der formalen Rechtswegerschöpfung über die in der jeweiligen Prozessordnung geregelten Rechtsbehelfe hinaus. Bereits frühzeitig hatte das Bundesverfassungsgericht aus dem Rechtsstaatsprinzip und namentlich dessen Dimension der Vorhersehbarkeit staatlichen Handelns abgeleitet, dass dem Rechtssuchenden in klarer Abgrenzung der Weg zur Überprüfung gerichtlicher Entscheidungen zu weisen sei.[17] Nach der Entscheidung des Plenums des Bundesverfassungsgerichts vom 30.4.2003 verlangt dieser Grundsatz auch, dass Rechtsbehelfe in der geschriebenen Rechtsordnung geregelt und in ihren Voraussetzungen für die Bürger erkennbar sind, wenn der Staat negative Konsequenzen an deren Nichteinlegung knüpfen will.[18] Auf außerordentliche, gesetzlich nicht geregelte Rechtsbehelfe wie etwa Gegenvorstellungen oder Untätigkeitsbeschwerden kann damit auch der Beschwerdeführer der Verfassungsbeschwerde im Rahmen der Prüfung der Subsidiarität seines Rechtsbehelfs nicht verwiesen werden.[19]

2. *Konsequenzen*

Aus dem geschilderten Gehalt des Grundsatzes der Subsidiarität der Verfassungsbeschwerde ergeben sich auch Konsequenzen für die Verteidigung im Strafverfahren.

a) Form und Frist

So sind die Anforderungen an die Erschöpfung des Rechtswegs zu beachten, d.h. zulässige Rechtsmittel sind form- und fristgerecht einzulegen. Wird eine Frist gleichwohl unverschuldet versäumt, so ist ein Antrag auf Wiedereinsetzung in den vorigen Stand zu stellen.

[15] Erstmals angedeutet in: BVerfGE 10, 274 (281); unter Bezugnahme hierauf ausdrücklich festgestellt in: BVerfGE 42, 252 (255 f.); bestätigt in: BVerfGE 77, 275 (282).

[16] In der Rechtsprechung des BVerfG ist noch nicht abschließend geklärt, wann der Beschwerdeführer vor zulässiger Erhebung einer Verfassungsbeschwerde zunächst die Anhörungsrüge erheben muss und welche Folgen deren Nichterhebung für die Zulässigkeit einer gleichwohl erhobenen Verfassungsbeschwerde hat. Zum praktischen Umgang mit dieser Situation vgl. unten Seite 6. Auf weitere Einzelheiten soll hier nicht eingegangen werden, da die Anhörungsrüge Gegenstand eines eigenen Beitrags von *RiLG Kim Matthias Jost* ist (in diesem Band Seite 59 ff.).

[17] BVerfGE 49, 148 (164); 87, 48 (65).

[18] BVerfGE 107, 393 (416) m. Anm. *Voßkuhle* NJW 2003, 2193 und dort insbesondere 2198.

[19] Vgl. aus der Kammerrechtsprechung BVerfG, Beschluss der 3. Kammer des Ersten Senats vom 20.9.2007, NJW 2008, 503 zur Untätigkeitsbeschwerde.

Besonderes Augenmerk ist auf die etwaige Begründungsanforderungen zu richten, denn wird ein Rechtsbehelf in unzulässiger Weise eingelegt, so ist der Rechtsweg nicht im Sinne des § 90 Abs. 2 Satz 1 BVerfGG erschöpft. Der wichtigste praktische Anwendungsfall ist in § 344 Abs. 2 Satz 2 StPO geregelt: Danach müssen zur zulässigen Erhebung einer Verfahrensrüge „die den Mangel enthaltenden Tatsachen" angegeben werden. Die Anforderungen der Revisionsgerichte sind in diesem Bereich zweifellos sehr streng; wird ihnen jedoch nicht genügt, so zieht dies zugleich die Unzulässigkeit der Verfassungsbeschwerde nach sich, sofern die revisionsgerichtlichen Anforderungen nicht ihrerseits verfassungsrechtlich zu beanstanden sind, etwa weil sie den Rechtsweg übermäßig beschränken.[20]

b) Einheitlicher Streitgegenstand

An dieser Stelle ist zugleich darauf hinzuweisen, dass die Rechtsprechung des Bundesverfassungsgerichts hinsichtlich aller Rügen der Verfassungswidrigkeit desselben Aktes der öffentlichen Gewalt dem „Unteilbarkeitsgrundsatz" folgt. Ist etwa eine Verfahrensrüge wegen Verstoßes gegen § 344 Abs. 2 Satz 2 StPO unzulässig, so ergibt sich daraus, dass eine die Rüge desselben Verfahrensmangels weiter verfolgende Verfassungsbeschwerde grundsätzlich unzulässig ist. Die Unzulässigkeit erstreckt sich jedoch darüber hinaus auch auf alle weiteren verfassungsrechtlichen Rügen gegen den Hoheitsakt, der mit der unzulässigen Verfahrensrüge angegriffen worden war, soweit er auf eine zulässig ausgeführte Verfahrensrüge hin schon vom Revisionsgericht hätte aufgehoben werden können und müssen. Die Begründung hierfür liegt auf der Hand: Der nunmehrige Verfassungsbeschwerdeführer hätte sein Rechtsschutzziel mit der revisionsrechtlichen Verfahrensrüge bereits erreichen können, hätte er sie in zulässiger Weise erhoben. Vergibt er diese prozessuale Möglichkeit, so hat er den ihm eingeräumten fachgerichtlichen Rechtsbehelf nicht erschöpft und kann insoweit nicht mehr zulässig Verfassungsbeschwerde erheben.[21]

c) Sonderfall Anhörungsrüge

Dem Grundsatz des einheitlichen Streitgegenstands kommt ebenfalls große Bedeutung im Rahmen der Anhörungsrüge gemäß §§ 33a, 356a StPO zu: Auch wenn dieser Rechtsbehelf unmittelbar allein der Geltendmachung von Verstößen gegen das Recht auf rechtliches Gehör dient, so ist eine Ver-

[20] Andernfalls kann der Verfahrensverstoß dem Beschwerdeführer nicht entgegengehalten werden; vielmehr rückt die Handhabung des Verfahrensrechts selbst ins Zentrum der Verfassungsbeschwerde, vgl. sogleich unten S. 8.

[21] Vgl. nur den Beschluss der 2. Kammer des Zweiten Senats des Bundesverfassungsgerichts vom 15.3.1999, 2 BvR 375/99 – juris – und ständig.

fassungsbeschwerde gleichwohl unzulässig, sofern der Beschwerdeführer eine gebotene Anhörungsrüge nicht erhoben hat und soweit sich die Gehörsverletzung auf den gesamten Streitgegenstand des fachgerichtlichen Verfahrens erstreckt.[22]

Im Flusse ist derzeit die Behandlung der Konstellation, dass der Beschwerdeführer später auf die Geltendmachung des Gehörsverstoßes mit der Verfassungsbeschwerde – etwa gerade im Hinblick auf das Versäumnis, Anhörungsrüge zu erheben – verzichtet oder eine solche Rüge später zurück nimmt.[23] In beiden Fällen wäre nämlich denkbar, dass das Fachgericht auf die Anhörungsrüge hin das Verfahren in den Stand vor Erlass der angefochtenen Entscheidung zurück versetzt hätte und auch in der Sache zu einer abweichenden Entscheidung gelangt wäre, die den Beschwerdeführer möglicherweise weniger beschweren würde.[24] Dies würde dafür sprechen, unabhängig von einer Rüge des Gehörsverstoßes im Verfassungsbeschwerdeverfahren zu deren Unzulässigkeit zu gelangen, da der Beschwerdeführer offenkundig nicht alle Möglichkeiten des fachgerichtlichen Verfahrens ausgeschöpft hat, um seine Beschwer zu verhindern oder zu beseitigen. Dagegen lässt sich jedoch anführen, dass der Beschwerdeführer des Verfassungsbeschwerdeverfahrens ausweislich § 92 BVerfGG den Streitgegenstand bestimmt, sodass grundsätzlich keine Prüfung einer Verletzung des Art. 103 Abs. 1 GG veranlasst ist, wenn keine entsprechende Rüge erhoben wurde. Die striktere Handhabung des Subsidiaritätsprinzips würde demgegenüber zu einer Inzident-Prüfung einer (zumindest nicht auszuschließenden) Gehörsverletzung im Rahmen der Frage zwingen, ob die Erhebung der Anhörungsrüge geboten war – und dies typischerweise auf unzureichender Tatsachengrundlage, weil ein Beschwerdeführer, der mit seiner Verfassungsbeschwerde keinen Gehörsverstoß geltend machen will, hierzu regelmäßig auch keine Tatsachen vortragen wird.

Eindeutig gilt wiederum, dass die Erhebung der Anhörungsrüge nicht geboten ist, wenn sie offenkundig sinnlos wäre, etwa weil unzweifelhaft kein Gehörsverstoß vorlag.[25] Denn in diesem Falle erschiene das Anhörungsrügenverfahren als bloßer Formalismus. In einem solchen Falle schadet die Einlegung der Anhörungsrüge zwar nicht, bewirkt jedoch – jedenfalls für den Fall der offenkundigen Unzulässigkeit der Anhörungsrüge – auch nicht,

[22] Beschluss der 3. Kammer der Ersten Senats des Bundesverfassungsgerichts vom 25.4.2005 – 1 BvR 644/05 – NJW 2005, 3059 (3060) – „Queen Mary II"; Beschluss der 1. Kammer des Zweiten Senats des Bundesverfassungsgerichts vom 29.3.2007 – 2 BvR 120/07 – HRRS 2008 Nr. 309, Rn. 11.

[23] Zu letzterer Konstellation vgl. den Beschluss der 1. Kammer des Zweiten Senats vom 4.9.2007 – 2 BvR 1311/05 – NStZ-RR 2008, 28 (28 f.).

[24] Vgl. *Desens* NJW 2006, 1243 (1245); *Klein/Sennekamp* NJW 2007, 945 (950 f.).

[25] Beschluss der 2. Kammer des Zweiten Senats des Bundesverfassungsgerichts vom 15.3.2006 – 2 BvR 917/05, 2 BvR 2174/05 – BVerfGK 7, 403 (407).

dass die Frist für die Erhebung der Verfassungsbeschwerde nunmehr ab der Entscheidung über die Anhörungsrüge zu berechnen wäre. Denn ein offenkundig unzulässiges Rechtsmittel gehört gerade nicht zum Rechtsweg im Sinne des § 90 Abs. 2 Satz 2 BVerfGG. Daher ist auch nicht der Zeitpunkt der Entscheidung hierüber, sondern der Zeitpunkt der letzten zum Rechtsweg gehörenden Entscheidung für die Berechnung der Frist des § 93 Abs. 1 BVerfGG maßgeblich.[26]

Aus dieser verfassungsprozessualen Konstellation ergibt sich für den Beschwerdeführer ein Dilemma: Verzichtet er in einem Zweifelsfall auf die Erhebung der Anhörungsrüge, weil er keinen Gehörsverstoß sieht, und gelangt das Bundesverfassungsgericht später zu einer anderen Auffassung, so scheitert seine Verfassungsbeschwerde bereits an der fehlenden Erschöpfung des Rechtswegs. Im spiegelbildlichen Fall hingegen, in dem er Anhörungsrüge erhebt, obwohl sie nach Ansicht des Bundesverfassungsgerichts mangels Erfolgsaussicht nicht Teil des Rechtswegs war, wird die – dann ja bereits bezogen auf die mit der Anhörungsrüge angegriffene Revisionsentscheidung zu berechnende – Frist zur Erhebung der Verfassungsbeschwerde regelmäßig verstrichen sein.

Angesichts der Unwägbarkeiten, die mit dieser Frage verbunden sind, kann jedem Beschwerdeführer bis zu einer genaueren Klärung der Rechtslage nur der – nach der Geschäftsordnung des Bundesverfassungsgerichts zwar nicht zweifelsfreie, aber zumindest sichere und praktikable – Weg des sogenannten „Parkens im AR“ (Allgemeinen Register) anempfohlen werden: Danach ist binnen der jeweiligen Fristen sowohl die Anhörungsrüge zum letztinstanzlich entscheidenden Fachgericht als auch die Verfassungsbeschwerde zu erheben. Im Falle einer Revisionsentscheidung ist also die Anhörungsrüge binnen der Wochenfrist des § 356a Satz 2 StPO ab Kenntnis der Verletzung des rechtlichen Gehörs, die sich regelmäßig aus den Gründen der Entscheidung ergeben wird, sowie Verfassungsbeschwerde binnen der Frist des § 93 Abs. 1 BVerfGG ab Zustellung der Revisionsentscheidung einzulegen. Damit sind beide Fristen eindeutig nicht verstrichen; außerdem unterläuft jedenfalls kein Subsidiaritätsverstoß. In einem Anschreiben zur Verfassungsbeschwerde ist dann auf die parallel erhobene Anhörungsrüge hinzuweisen und um die vorübergehende Behandlung der Verfassungsbeschwerde im Allgemeinen Register zu bitten. Sobald über die Anhörungsrüge entschieden ist, ist deren Ausgang dem Bundesverfassungsgericht mitzuteilen, die bereits erhobene Verfassungsbeschwerde hierauf zu erstrecken und um ihre Umschreibung in eine BvR-Sache zu bitten. Dieses Procedere spricht zwar der Entlastungsfunktion geradezu Hohn, die die Plenumsentscheidung sich von der gesetzlich normierten Anhörungsrüge versprach,

[26] St. Rspr. seit BVerfGE 5, 17 (19 f.), vgl. aus jüngerer Zeit BVerfGE 107, 299 (307 f.).

erscheint aber unter dem Blickwinkel anwaltlicher Vorsicht derzeit alternativlos, bis sich in der Rechtsprechung des Bundesverfassungsgerichts klarere Maßstäbe etabliert haben werden, in welchen Fällen eine Anhörungsrüge zu erheben ist und in welchen nicht.[27]

Solche klaren Maßstäbe fehlen schließlich bisher ebenfalls für das Spannungsfeld der nicht fristgebundenen Anhörungsrüge gemäß § 33a StPO einerseits und der Monatsfrist zur Erhebung der Verfassungsbeschwerde gemäß § 93 Abs. 1 BVerfGG andererseits: Das Anhörungsrügenverfahren könnte hier grundsätzlich noch Monate nach der letzten fachgerichtlichen Entscheidung betrieben werden und würde damit indirekt auch die Frist zur Begründung der nach Verwerfung der Anhörungsrüge zu erhebenden Verfassungsbeschwerde entsprechend verlängern. Diese Misslichkeit ist in Grenzen hinzunehmen; wartet der Beschwerdeführer mehr als einige wenige Monate zu, wird über die Missbräuchlichkeit der verzögerten Einlegung der Anhörungsrüge nachzudenken sein. Mitunter wird – zu Unrecht – auch die Möglichkeit angedeutet, entsprechend der Figur der sog. Fristvorwirkung[28] die Frist des § 93 Abs. 1 Satz 1 BVerfGG als nicht gewahrt anzusehen, wenn die Anhörungsrüge gemäß § 33a StPO nach Ablauf eines Monats erhoben wird.[29]

d) Verfassungsrechtliche Vorgaben als Grenze verfahrensrechtlicher Anforderungen

Die Grenze der verfassungsprozessualen „Hochzonung" einfachprozessualer Anforderungen ist freilich dort erreicht, wo die gesetzliche Ausgestaltung des Verfahrensrechts oder seine Auslegung durch die Fachgerichte ihrerseits den verfassungsrechtlichen Anforderungen nicht genügt. Übersteigert etwa ein Revisionsgericht die Begründungsanforderungen an eine zulässige Verfahrensrüge, so verletzt es ggf. selbst die aus dem Rechtsstaatsprinzip (Art. 20 Abs. 3 GG) abzuleitende Rechtsschutzgarantie, die die

[27] Zu Einzelheiten der Anhörungsrüge vgl. den Beitrag von *RiLG Kim Matthias Jost*, vgl. Fn. 16.

[28] Vgl. vertiefend *Lübbe-Wolff* EuGRZ 2004, 669 (673) m.w.N. (dort Fn. 41).

[29] Offen gelassen in: BVerfGE 19, 198 (200) sowie im Beschluss der 1. Kammer des Zweiten Senats vom 13.7.2004 – 2 BvR 1104/04 – juris, Rn. 8. Überzeugen könnte das „Hineinlesen" der Frist des § 93 Abs. 1 Satz 1 BVerfGG in § 33a StPO jedenfalls nicht, da der hier geregelte Rechtsbehelf gerade nicht fristgebunden ist, sodass dem Beschwerdeführer wiederum durch die Hintertür des Verfassungsprozessrechts mehr abverlangt würde, als es die maßgebliche Fachprozessordnung vorsieht. Auch sind keine sachlichen Gründe erkennbar, warum gerade die Verfassungsbeschwerde zwingend binnen einer kurzen Frist ab der letzten fachgerichtlichen Entscheidung vor der Anhörungsrügenentscheidung erhoben werden müsste, wenn doch das einfache Prozessrecht ausdrücklich eine nicht fristgebundene Anhörungsrüge vorsieht und die damit verbundene Rechtsunsicherheit für eine Übergangszeit hinnimmt.

Effektivität des Rechtsschutzes ebenso garantiert wie Art. 19 Abs. 4 Satz 1 GG, dessen Anwendungsbereich jedoch auf die vollziehende öffentliche Gewalt beschränkt ist.[30] In diesem Fall kann dem Beschwerdeführer nicht entgegengehalten werden, er habe den – ihrerseits verfassungswidrigen – Anforderungen des Fachgerichts nicht genügt.

Den hier anzulegenden Maßstab hat das Bundesverfassungsgericht in jüngerer Zeit in seiner Entscheidung zum Erfordernis des Vortrags sogenannter „Negativtatsachen" im Revisionsverfahren aktualisiert.[31] Danach gewährleistet die aus dem Rechtsstaatsprinzip abzuleitende Rechtsschutzgarantie nicht nur, dass überhaupt ein Rechtsweg zu den Gerichten offen steht, sondern auch die Effektivität dieses Rechtsschutzes.[32] Die Rechtsschutzgarantie gilt dabei nicht nur für den ersten Zugang zum Gericht, sondern für die Ausgestaltung des gesamten Verfahrens.[33] Sie gewährleistet zwar keinen Anspruch auf einen Instanzenzug,[34] wird dieser von den Prozessordnungen aber eröffnet, dann gebietet Art. 19 Abs. 4 GG wirksamen Rechtsschutz in allen von der Prozessordnung zur Verfügung gestellten Instanzen[35] und richtet sich auch an den die Verfahrensordnung anwendenden Richter.[36] Das Gericht darf ein von der Verfahrensordnung eröffnetes Rechtsmittel für den Beschwerdeführer nicht „leer laufen" lassen,[37] etwa indem es den Zugang zu den in den Verfahrensordnungen eingeräumten Instanzen von Voraussetzungen abhängig macht, die unerfüllbar oder unzumutbar sind oder den Zugang in einer Weise erschweren, die aus Sachgründen nicht mehr zu rechtfertigen ist.[38]

Wird eine Verletzung dieser Anforderungen an die Ausgestaltung des fachgerichtlichen Verfahrens geltend gemacht, so ist allerdings zu beachten, dass sich der verfassungsrechtliche Schwerpunkt der strafrechtlichen Verfassungsbeschwerde in diesem Fall auf die Rüge einer Verletzung des Rechtsstaatsprinzips in Verbindung mit Art. 2 Abs. 1 GG hin verlagert.

[30] BVerfGE 15, 275 (280); 49, 329 (340); 65, 76 (90); 107, 395 (403 ff.).
[31] Beschluss des Zweiten Senats des Bundesverfassungsgerichts vom 25.1.2005 – 2 BvR 656/99, 2 BvR 657/99, 2 BvR 683/99 – HRRS 2005 Nr. 417.
[32] BVerfGE 88, 118 (123); 94, 166 (226).
[33] BVerfGE 40, 272 (275); 88, 118 (125).
[34] BVerfGE 92, 365 (410).
[35] BVerfGE 104, 220 (232).
[36] BVerfGE 97, 298 (315).
[37] BVerfGE 78, 88 (99); 96, 27 (39).
[38] BVerfGE 63, 45 (70 f.); 74, 228 (234); 77, 275 (284); 78, 88 (99).

IV. Materielle Subsidiarität

1. Herleitung

Das Bundesverfassungsgericht hat – wie gezeigt – schon sehr früh begonnen, die Subsidiarität der Verfassungsbeschwerde von der Rechtswegerschöpfung gemäß § 90 Abs. 2 Satz 1 BVerfGG zu lösen und sie als allgemeines Prinzip zu verstehen, von dem nur ein Ausschnitt – nämlich die formelle Subsidiarität – ausdrücklich geregelt ist.

Aus einem dergestalt abstrahierten und umfassenden Verständnis der Subsidiarität leitet das Bundesverfassungsgericht weitergehende Anforderungen an die vor zulässiger Erhebung einer Verfassungsbeschwerde notwendige Qualität der Rechtsverfolgung vor den Fachgerichten ab. Danach darf der Beschwerdeführer das fachgerichtliche Verfahren nicht nur gleichsam *absolvieren*. Vielmehr verlangt die Rechtsprechung des Bundesverfassungsgerichts ihm ab, das fachgerichtliche Verfahren im Hinblick auf sein verfassungsrechtliches Rechtsschutzziel *effektiv geführt* zu haben: Die Verfassungsbeschwerde ist gegenüber dem Verfahren im Instanzenzug auch inhaltlich ein außerordentlicher und nachrangiger Rechtsbehelf. Sie muss erforderlich sein, um eine Grundrechtsverletzung zu verhindern. Dies ist nicht der Fall, wenn eine anderweitige Möglichkeit besteht oder bestand, die Grundrechtsverletzung zu beseitigen oder ohne Inanspruchnahme des Bundesverfassungsgerichts im praktischen Ergebnis dasselbe zu erreichen.[39] Der Beschwerdeführer muss selbst das ihm Mögliche tun, damit eine Grundrechtsverletzung im fachgerichtlichen Instanzenzug unterbleibt oder beseitigt wird.[40] Dies kennzeichnet die „materielle Subsidiarität" der Verfassungsbeschwerde, die allerdings in der Praxis der BVerfG von der Rechtswegerschöpfung (im engeren formellen Sinne) nicht eindeutig unterschieden wird. So wird die materielle Subsidiarität in der Rechtsprechung des Bundesverfassungsgerichts regelmäßig auf die Formel gebracht, eine Verfassungsbeschwerde genüge *„nicht den Anforderungen des § 90 Abs. 2 Satz 1 BVerfGG, wenn der Verfassungsbeschwerdeführer den Rechtsweg lediglich formell erschöpft hat. Er muss vielmehr, um dem Gebot der Erschöpfung des Rechtswegs zu entsprechen, alle nach Lage der Sache zur Verfügung stehenden prozessualen Möglichkeiten ergreifen, um die geltend gemachte Grundrechtsverletzung in dem unmittelbar mit ihr zusammenhängenden sachnächsten Verfahren zu verhindern oder zu beseitigen […] Dies folgt aus dem Grundsatz der Subsidiarität, der in § 90 Abs. 2 BVerfGG unter Nutzung der Ermächtigung des Art. 94 Abs. 2 Satz 2 GG seine gesetzliche Ausformung erhalten hat"*. [41]

[39] BVerfGE 68, 384 (388).
[40] BVerfGE 107, 395 (414).
[41] BVerfGE 68, 384 (388); 77, 381 (401); 107, 395 (414); 112, 50 (60).

2. *Einzelne Folgerungen*

a) Vollständiger und zutreffender Tatsachenvortrag

Der Beschwerdeführer ist zunächst gehalten, den entscheidungserheblichen Sachverhalt bereits im fachgerichtlichen Verfahren entsprechend den Anforderungen der Verfahrensordnung vollständig und zutreffend mitzuteilen, um sicherzustellen, dass eine Prüfung seines Rechtsstandpunkts bereits hier gewährleistet ist.[42] Insbesondere ist neuer tatsächlicher Vortrag im Verfassungsbeschwerdeverfahren ausgeschlossen, soweit er bereits früher hätte erfolgen können.[43] Dies gilt grundsätzlich unabhängig von der Frage, ob das Verfahren dem Amtsermittlungsgrundsatz oder der Parteimaxime unterliegt.[44]

b) Rüge von Verfahrensmängeln

Im Strafprozess hat der Verfassungsbeschwerdeführer außerdem etwaige verfahrensrechtliche Fehler des Tatrichters schon mit der Revision geltend zu machen. Für die Rüge von Grundrechtsverletzungen, die letztlich auf eine mangelhafte Sachaufklärung zurückgehen, ist daher auch im Verfassungsbeschwerdeverfahren kein Raum mehr, wenn insoweit vor dem Revisionsgericht keine (zulässige) Aufklärungsrüge erhoben wurde.[45] Spiegelbildlich hierzu wahrt eine Verfassungsbeschwerde in Strafsachen den Grundsatz der Subsidiarität, wenn der Beschwerdeführer nicht nur vor dem Tatgericht, sondern auch vor dem Rechtsmittelgericht alles ihm Zumutbare unternommen hat, um eine Beseitigung der behaupteten Grundrechtsverletzung schon durch die Fachgerichte zu erreichen.[46]

c) Verfassungsrechtliche Argumentation

Mögen die bisher geschilderten Anforderungen an die effektive Rechtsverfolgung im fachgerichtlichen Verfahren noch von den für die Subsidiarität der Verfassungsbeschwerde angeführten Gründen getragen sein, so begibt sich die Rechtsprechung des Bundesverfassungsgerichts auf recht dünnes Eis, wenn sie weitergehende Anforderungen an die im fachgerichtlichen Verfahren zu verlangenden Rechtsausführungen stellt. Mitunter wurde Beschwerdeführern vorgehalten, dass sie bestimmte Rechtsausführungen nicht schon im fachgerichtlichen Verfahren vorgetragen und deswegen den Anforderungen nicht genügt hätten, die sich aus der materiellen Subsidiarität der Verfassungsbeschwerde ergeben.[47]

[42] BVerfGE 79, 174 (190).
[43] BVerfGE 66, 337 (364); 81, 22 (27 f.).
[44] BVerfGE 79, 174 (190).
[45] BVerfGE 110, 1 (12).
[46] BVerfGE 64, 135 (143).
[47] Vgl. *Klein/Sennekamp* NJW 2007, 945 (951) sowie die Beispiele bei dort in Fn. 122.

(1) Maßstab nach der Entscheidung BVerfGE 112, 50

Diesen Bestrebungen zur Ausweitung der materiellen Subsidiarität ist der *Erste Senat* des Bundesverfassungsgerichts jedenfalls im Grundsatz entgegengetreten. Er stellt in einer jüngeren Grundsatzentscheidung – namentlich auch in Reaktion auf eine teils sehr strenge Kammerrechtsprechung des eigenen Senats – ausdrücklich fest, die Subsidiarität der Verfassungsbeschwerde ändere „*nichts daran, dass die Beteiligten eines gerichtlichen Verfahrens, insbesondere Antragsteller und Kläger, nach den für die einzelnen Gerichtszweige maßgeblichen Verfahrensordnungen grundsätzlich nicht gehalten sind, Rechtsausführungen zu machen, sofern nicht das einfache Verfahrensrecht [...] rechtliche Darlegungen verlangt. Grundsätzlich genügen ein Sachvortrag und gegebenenfalls die Angabe von Beweismitteln den prozessrechtlichen Pflichten und Obliegenheiten; die rechtliche Würdigung und die Anwendung des geltenden Rechts auf den Sachverhalt sind Sache des Richters.*“[48] Aus der Subsidiarität der Verfassungsbeschwerde ergibt sich demgegenüber nicht etwa – gleichsam durch die Hintertür – die Obliegenheit, bereits das fachgerichtliche Verfahren als Verfassungsprozess zu führen, denn diese „*Anforderungen werden auch nicht durch das verfassungsprozessrechtliche Erfordernis der Erschöpfung des Rechtsweges verschärft. Der Beschwerdeführer hat bei Erhebung einer Verfassungsbeschwerde nicht darzulegen, dass er von Beginn des fachgerichtlichen Verfahrens an verfassungsrechtliche Erwägungen und Bedenken vorgetragen und geltend gemacht hat, er sei durch die öffentliche Gewalt und insbesondere eine gerichtliche Entscheidung in seinen Grundrechten verletzt. [...] Es ist Aufgabe der rechtsprechenden Organe, die durch Art. 1 Abs. 3 GG an die Grundrechte als unmittelbar geltendes Recht gebunden sind, das Klagebegehren auch unter verfassungsrechtlichen Gesichtspunkten zu prüfen, wenn der konkrete Rechtsstreit dazu Anlass gibt.*“[49]

Damit ist zwar im Grundsatz klargestellt, dass allein das einfache Prozessrecht festlegt, welche Vortragsobliegenheiten in tatsächlicher wie rechtlicher Hinsicht im fachgerichtlichen Verfahren zu erfüllen sind. Allerdings versieht der Senat diese klare Linie sogleich mit einem bedeutsamen Körnchen für den Beschwerdeführer mitunter bitteren Salzes, wenn er ausführt, etwas anderes gelte in den Fällen, „*in denen bei verständiger Einschätzung der Rechtslage und der jeweiligen verfahrensrechtlichen Situation ein Begehren nur Aussicht auf Erfolg haben kann, wenn verfassungsrechtliche Erwägungen in das fachgerichtliche Verfahren eingeführt werden. Das ist insbesondere der Fall, soweit der Ausgang des Verfahrens von der Verfassungswidrigkeit einer Vorschrift abhängt [...] oder eine bestimmte Normauslegung angestrebt wird,*

[48] BVerfGE 112, 50 (60 f).
[49] BVerfGE 112, 50, (61).

die ohne verfassungsrechtliche Erwägungen nicht begründbar ist." In solchen Fällen könne der Beschwerdeführer gehalten sein, bereits die Fachgerichte in geeigneter Weise mit der verfassungsrechtlichen Frage zu befassen. Dies entspreche der Verteilung der Aufgaben von Fachgerichtsbarkeit und Verfassungsgerichtsbarkeit bei der Verwirklichung des Rechtsschutzes.

(2) Beispiel für die weitreichenden Konsequenzen

Eine beispielhafte Anwendung dieser Maßstäbe für den Bereich des Strafprozessrechts zeigt ein Beschluss der 3. Kammer des Zweiten Senats vom 2.2.2006.[50] Eine Jugendkammer des Landgerichts hatte den vom Amtsgericht – Jugendrichter – freigesprochenen Beschwerdeführer als Berufungskammer zu einer Freiheitsstrafe von 5 Jahren verurteilt. Am Ende der schriftlichen Urteilsgründe führt die Kammer aus, dass sie den amtsgerichtlichen Strafbann von vier Jahren, der auch die Berufungskammer bindet, „übersehen" hätte, anderenfalls hätte sie auf eine Jugendstrafe von vier Jahren erkannt. Für eine erstinstanzliche Entscheidung – wenn also von vornherein zum Landgericht angeklagt worden wäre – wäre dieselbe Kammer des Landgerichts zuständig gewesen.

Die Revision gegen diese landgerichtliche Entscheidung hat das Oberlandesgericht nach Anhörung des Beschwerdeführers gem. § 348 StPO an den Bundesgerichtshof verwiesen, da die Verhandlung vor dem Landgericht – im Gegensatz zur bisherigen Auffassung aller Verfahrensbeteiligten – in eine erstinstanzliche Hauptverhandlung „umzudeuten" sei. Damit sei der BGH zuständiges Revisionsgericht. Der Bundesgerichtshof hat die Revision des Beschwerdeführers schließlich gem. § 349 Abs. 2 StPO als offensichtlich unbegründet verworfen.

Auch erfahrene Strafprozessualisten werden sich die Augen reiben: Nachträgliche „Umdeutung" einer nach Auffassung aller Beteiligten als Berufungsverhandlung geführten Hauptverhandlung in eine erstinstanzliche Hauptverhandlung, um das noch von den erkennenden Richtern – unglücklicherweise erst bei Abfassung der Urteilsgründe – als unzulässig hoch erkannte Strafmaß doch noch zu bestätigen? Erhebliche auch verfassungsrechtliche Zweifel drängen sich auf,[51] weswegen der rechtskräftig Verurteilte

[50] 2 BvR 1195/05, juris.

[51] Etwa im Lichte des aus dem Rechtsstaatsprinzip erwachsenden Rechts auf ein faires Verfahren (Art. 1 Abs. 1, 20 Abs. 3 GG). Denn immerhin liegt recht nahe, dass die Verteidigungsstrategie sich unterscheidet, je nachdem ob es gilt, einen amtsgerichtlichen Freispruch in der Berufung zu „halten" oder eine erstinstanzliche Hauptverhandung vor dem Landgericht zu führen. Auch springt die Parallele zur Dogmatik der sogenannten Überraschungsentscheidungen entgegen Art. 103 Abs. 1 GG ins Auge: Auch wenn die OLG-Entscheidung formal nicht auf einem Gehörsverstoß beruhte, da der Beschwerdeführer unter Hinweis auf die beabsichtigte „Umdeutung" angehört worden war, so beschnitt ihn

Verfassungsbeschwerde erhob – allerdings vergeblich: Er hätte nämlich, so die Kammer auf der Grundlage von BVerfGE 112, 50, bereits auf die Anhörung des OLG vor der Verweisung hin verfassungsrechtlich argumentieren müssen:

> *„Dem Verteidiger des Bf. in der Revisionsinstanz musste sich aufdrängen, dass eine verfassungsrechtliche Argumentation geboten war. Denn die „Umdeutung" einer Berufungsverhandlung in eine erstinstanzliche entspricht ständiger Rechtsprechung der Obergerichte […]. Eine Aufhebung des Urteils wegen des Strafzumessungsfehlers des LG lag demnach bei lediglich einfachrechtlicher Argumentation fern. Gegen die Figur der „Umdeutung" wurden in der Literatur verfassungsrechtliche Bedenken vorgetragen […]. Diese hätte der Verteidiger des Bf. im Revisionsrechtszug geltend machen müssen, um eine Grundrechtsverletzung schon im fachgerichtlichen Verfahren zu verhindern oder zu beenden."*[52]

d) Kritik

Die dargestellten Anforderungen der materiellen Subsidiarität können nicht vollends überzeugen. Hier sollte im Anschluss an den zitierten Beschluss des Ersten Senats[53], der in Reaktion auf eine ausufernde Rechtsprechung einer Kammer desselben Senats erging, aber auch eine deutliche Positionierung gegenüber dem Zweiten Senat beinhaltet, differenziert werden.

(1) Tatsachenvortrag

In *tatsächlicher* Hinsicht kann vom späteren Beschwerdeführer durchaus verlangt werden, den Sachverhalt vollständig, richtig und insbesondere nachvollziehbar darzustellen. Steht den Fachgerichten keine zutreffende Tatsachengrundlage zur Verfügung, so betreffen die darauf gegründeten Entscheidungen letztlich nicht einmal „den Fall" des Beschwerdeführers. Aus dieser Perspektive betrachtet hat er die fachgerichtlichen Rechtsschutzmöglichkeiten gerade nicht ausgeschöpft, wenn er seinen Fall den Fachgerichten nicht zutreffend unterbreitet oder zumindest Anlass zur Amtsaufklärung (vgl. § 244 Abs. 2 StPO) gegeben hat.

die nachträgliche Umdeutung der landgerichtlichen Hauptverhandlung gleichwohl in ähnlicher Weise nachträglich in seinen Verteidigungsmöglichkeiten vor dem LG, wie es der Fall gewesen wäre, wenn das LG selbst eine Rechtsansicht zugrunde gelegt hätte, mit der auch ein gewissenhafter und kundiger Prozessbeteiligter selbst unter Berücksichtigung der Vielfalt vertretbarer Rechtsauffassungen nicht zu rechnen brauchte; vgl. BVerfGE 86, 133 (144 f.); 98, 218 (263); 108, 282 (338 f.).

[52] Beschluss der 3. Kammer des Zweiten Senats des Bundesverfassungsgerichts vom 2.2.2006, 2 BvR 1195/05, juris.

[53] BVerfGE 112, 50 (60 f.).

(2) Ausschöpfung prozessualer Mittel

Sub specie Subsidiarität inhaltliche Anforderungen an die Führung des fachgerichtlichen Verfahrens zu stellen, erscheint jedenfalls solange unbedenklich, als es um die Ausschöpfung der prozessualen Mittel vor den Fachgerichten geht. Denn die Erhebung einer Verfassungsbeschwerde ist tatsächlich nicht als letztes Mittel notwendig, wenn prozessuale Möglichkeiten unausgeschöpft geblieben sind, um die Beschwer bereits im fachgerichtlichen Verfahren zu beheben oder zu verhindern.

(3) Rechtsausführungen

Bedenklich erscheint die Rechtsprechung zur materiellen Subsidiarität jedoch insoweit, als sie dem Beschwerdeführer *rechtliche* Ausführungen über dasjenige Niveau hinaus abverlangt, das sich bereits aus den Vorgaben des einfachen Prozessrechts ergibt, oder gar eine *verfassungsrechtliche* Argumentation fordert. Denn dies führt im Einzelfall zu einer sehr weitgehenden Begrenzung des Prüfungsumfangs der Verfassungsbeschwerde und damit des materiellen Grundrechtsschutzes, die sich sachlich nicht rechtfertigen lässt.

Am wenigstens kann noch das gegen die Obliegenheit verfassungsrechtlicher Ausführungen vor den Fachgerichten vorgebrachte Argument überzeugen, dass die Verfassungsbeschwerde keinem Anwaltszwang unterliege, was durch das Erfordernis von Rechtsausführungen unterlaufen werde. Denn die Möglichkeit, auch ohne Einschaltung eines Rechtsanwalts Verfassungsbeschwerde zu erheben, lässt die weitgehenden prozessrechtlichen oder jedenfalls faktischen[54] Zwänge unberührt, sich bereits vor den Fachgerichten anwaltlichen Beistands zu bedienen. Wenn es aber bereits im fachgerichtlichen Verfahren aus materiellen Gründen mehr als naheliegt, qualifizierten Rechtsrat einzuholen, so erscheint unplausibel, warum das Verfahren vor dem BVerfG inhaltlich dahinter zurückbleiben sollte. Umgekehrt zeigen zahlreiche erfolgreiche Verfassungsbeschwerden gerade im Bereich der Strafvollstreckung und des Strafvollzuges, dass auch anwaltlich nicht beratene Beschwerdeführer selbst unter den erschwerten Bedingungen des Strafvoll-

[54] Zwar kann die Revision in Strafsachen vom Angeklagten selbst eingelegt (§ 341 Abs. 1 StPO) und zu Protokoll des Urkundsbeamten der Geschäftsstelle begründet (§ 345 Abs. 2 Alt 2 StPO) werden. Ungeachtet dieser Möglichkeit dürfte die Erhebung einer im Lichte der Rechtsprechung des Bundesgerichtshof zu § 344 Abs. 2 Satz 2 StPO zulässigen Verfahrensrüge ohne vertiefte strafprozessuale Kenntnisse aussichtslos sein. Gleiches gilt für die Angabe der „den Mangel enthaltenden Tatsachen" zu Protokoll der Geschäftsstelle, verlangt doch der Bundesgerichtshof hierfür das Zitieren oder Einrücken in Bezug genommener Urkunden in die Revisionsbegründung, während Bezugnahmen auf den Akteninhalt unzulässig sind. Ähnlich skeptisch mit besonderem Akzent auf den dem Beschwerdeführer obliegenden Substantiierungspflichten *Jahn* FS Widmaier (2008), 824.

zuges durchaus in der Lage sein können, den auch auf diesem Rechtsgebiet nicht unerheblichen materiellen Anforderungen an die Zulässigkeit der Verfassungsbeschwerde zu genügen.

Entscheidend gegen die Obliegenheit der Erhebung verfassungsrechtlicher Rügen vor den Fachgerichten spricht jedoch, dass es dem Grundsatz *iura novit curia* widerspricht und den Richter des fachgerichtlichen Verfahrens vorschnell aus seiner Verantwortung für den Schutz der Grundrechte entlässt. So sehr es der für Strafverteidiger und Angeklagte mitunter schmerzlichen Lebenserfahrung entspricht, dass verfassungsrechtliche Argumente ohne Hinweis seitens eines Rechtsunterworfenen jedenfalls nicht konsequent *ex officio* Berücksichtigung finden werden,[55] so wenig ist dies angesichts der Grundrechtsbindung aller öffentlichen Gewalt – Art. 1 Abs. 3 GG – zu rechtfertigen. Grobe Unzulänglichkeiten des konkreten fachgerichtlichen Verfahrens sollten in der Rechtsprechung des Bundesverfassungsgerichts konsequent gerügt und erforderlichenfalls korrigiert werden, anstatt sie durch Statuierung immer neuer Rügepflichten des Grundrechtsträgers vor den Fachgerichten auch noch der verfassungsgerichtlichen Überprüfung zu entziehen. Denn der Grundsatz *iura novit curia* beherrscht die gesamte deutsche Prozessrechtsordnung; seine Einhaltung sollte also selbstverständlich sein und die Handhabung des Verfassungsprozessrechts konsequenterweise von dem Normalfall ausgehen, dass der Richter des fachgerichtlichen Verfahrens die ihm obliegenden Aufgaben erfüllt. Dann nämlich bedarf es schon deswegen keines verfassungsrechtlichen Vortrags, weil der Richter dessen möglichen Inhalt ohnehin von Amts wegen berücksichtigt.

Der oben ausgeführte Beispielsfall[56] macht das Problem greifbar: Bis in die Revisionsinstanz war der Beschwerdeführer von einem engagierten Strafverteidiger vertreten, der jedoch über keinerlei intime Kenntnisse des Verfassungs(prozess)rechts verfügte. Als sich schließlich eine ständig mit Revisionen und Verfassungsbeschwerden befasste Kanzlei vor dem Bundesverfassungsgericht seiner Sache annahm, wurde dem Gericht zwar eine überzeugende verfassungsrechtliche Argumentation vorgetragen, warum die Umdeutungslösung keinen Bestand haben könne, doch drang diese Rüge aufgrund der geschilderten Maßstäbe der materiellen Subsidiarität gar nicht bis zur Ebene der Begründetheitsprüfung vor. Damit wird eine zumindest fragwürdige prozessuale Konstruktion ohne Not der materiellen verfassungs-

[55] Hier soll nicht verkannt werden, dass gerade die Rechsprechung des BVerfG zu materiellem Strafrecht und Strafprozess auch von Richtervorlagen der Eingangsgerichte befördert worden ist. So geht etwa das Urteil des Ersten Senats zur grundsätzlichen Zulässigkeit der lebenslangen Freiheitsstrafe und zum Erfordernis schwerster Schuld in jedem Einzelfall ihrer Verhängung (BVerfGE 45, 187) auf eine Vorlage des Landgerichts Verden – Schwurgericht – gemäß Art. 100 Abs. 1 GG zurück.

[56] Beschluss der 3. Kammer des Zweiten Senats des Bundesverfassungsgerichts vom 2.2.2006, 2 BvR 1195/05, juris.

rechtlichen Prüfung entzogen. Und dies in einer Konstellation, wo der Beschwerdeführer allen Anforderungen des einfachen Prozessrechts entsprochen hat, während der eigentliche Vorwurf eines Versäumnisses gerade nicht ihn, sondern das verweisende OLG traf: Die dortigen Richter wären verpflichtet gewesen, die in der Literatur vorgetragenen erheblichen verfassungsrechtlichen Bedenken gegen die „Umdeutungslösung" zu berücksichtigen, anstatt den Ball über eine „Anhörung" des Revisionsführers an ihn zu spielen und – mangels entsprechender Rüge – verfassungsrechtliche Fragen mit keinem Wort zu erörtern.

Außerdem sprechen auch die Realitäten des Strafprozesses dafür, die Pflicht zum verfassungsrechtlich begründeten Zweifel eher bei den (jedenfalls oberen) Fachgerichten als dem Beschwerdeführer anzusiedeln. Auf den Punkt gebracht: Die Literatur[57], aufgrund derer sich dem oben zitierten Beschwerdeführer eine verfassungsrechtliche Argumentation „aufgedrängt" haben soll, dürfte nur in wenigen Anwaltskanzleien greifbar sein – in der Bibliothek eines jeden Oberlandesgerichts allerdings mit Sicherheit.

Schließlich spricht ein weiterer Gesichtspunkt gegen die Ausweitung der rechtlichen Rügepflichten unter dem Blickwinkel der materiellen Subsidiarität. Die Rechtsprechung des Bundesverfassungsgerichts setzt sich mit der Statuierung von Obliegenheiten, die über die Anforderungen des jeweils anwendbaren einfachen Prozessrechts hinausgehenden, nicht zuletzt in Widerspruch zu dem jüngst erst bekräftigten rechtsstaatlichen Grundsatz der Rechtsmittelklarheit: Danach[58] ist es allein Aufgabe des Gesetzgebers, den zulässigen Weg zur Überprüfung gerichtlicher Entscheidungen vorzuzeichnen. Dann aber kann es nicht überzeugen, wenn im Rahmen der Zulässigkeit der Verfassungsbeschwerde Anforderungen an die Verfahrensführung vor den Fachgerichten gestellt werden, die sich weder aus der einschlägigen Fachprozessordnung ableiten lassen noch im BVerfGG als der maßgeblichen Verfahrensordnung einen gesetzlich geregelten Niederschlag gefunden haben. Zwar mag die Ausgestaltungsermächtigung des Art. 94 Abs. 2 Satz 2 Alt. 1 GG eine solche Anforderung von Verfassungs wegen zulassen. Jedenfalls *de lege lata* fehlt es der materiellen Subsidiarität der Verfassungsbeschwerde in ihrer Ausprägung als partielle Obliegenheit zur Führung eines Verfassungsprozesses vor den Fachgerichten jedoch an einer tragfähigen, nämlich formalgesetzlichen verfassungsprozessualen Grundlage.

Insgesamt sollte die Subsidiarität der Verfassungsbeschwerde daher in grundrechtsfreundlicherer Weise gehandhabt werden: Der Erste Senat weist in BVerfGE 112, 50 einen im Grundsatz überzeugenden Weg; allein den ins

[57] Nämlich *Fezer* JR 1988, 89 (91); *Peters* Strafprozess, 4. Aufl. 1985, Seite 626; *Seebode* JR 1987, 34.

[58] BVerfG – Plenum – BVerfGE 107, 395 (416) m. Anm. *Voßkuhle* NJW 2003, 2193 (zum Gebot der Rechtsmittelklarheit dort 2198); BVerfGE – Erster Senat – 108, 341 (349).

Abseits führenden Trampelpfad verfassungsprozessual sanktionierter verfassungsrechtlicher Rüge*obliegenheiten* vor den Fachgerichten gilt es konsequent zu meiden. Ein am Ausgang seiner Sache interessierter (späterer) Beschwerdeführer wird ohnehin solche Rügen erheben, sobald sie sich ihm auch nur vage abzeichnen, so dass jedenfalls ein bewusstes „Aufsparen" verfassungsrechtlicher Argumente für den „Gang nach Karlsruhe" nicht zu befürchten ist.[59] Zugleich ließe sich so aber ein Zeichen setzen, dass die Verantwortung für den Schutz der Grundrechte im fachgerichtlichen Verfahren durch gesunde Skepsis gegenüber der Verfassungsmäßigkeit gefestigter Rechtsprechung und formeller Gesetze zumindest auch bei demjenigen liegt, dem Art. 1 Abs. 3 GG sie seit 60 Jahren übertragen hat – nämlich dem Richter der Fachgerichtsbarkeit.[60]

V. Substantiierungspflichten im Hinblick auf die Subsidiarität der Verfassungsbeschwerde

Für die Begründung der Verfassungsbeschwerde gilt ähnlich wie für die „Rechtswegerschöpfung", dass sich die Einzelheiten der jeweils zu beachtenden Anforderungen jedenfalls vom Wortlaut des BVerfGG recht weit entfernt haben. Nach § 92 BVerfGG sind allein *„das Recht, das verletzt sein soll, und die Handlung oder Unterlassung des Organs oder der Behörde, durch die der Beschwerdeführer sich verletzt fühlt, zu bezeichnen"*. Gemäß § 23 Abs. 1 BVerfGG sind zudem Anträge, die das Verfahren einleiten, *„schriftlich beim Bundesverfassungsgericht einzureichen. Sie sind zu begründen; die erforderlichen Beweismittel sind anzugeben"*.

Nach der Rechtsprechung des Bundesverfassungsgerichts hat jedoch der Beschwerdeführer die oben skizzierten Anforderungen an die Verfahrensführung vor den Fachgerichten nicht nur zu erfüllen, sondern dies auch in der Begründung der Verfassungsbeschwerde substantiiert und schlüssig darzulegen.[61] Aus §§ 23 Abs. 1 Satz 2, 92 BVerfGG leitet das Gericht in ständiger Rechtsprechung das Erfordernis ab, dass die Verfassungsbeschwerdebegründung erkennen lässt, *„dass der Beschwerdeführer – wie es der Grundsatz der Subsidiarität der Verfassungsbeschwerde gebietet (§ 90 Abs. 2*

[59] Noch weitergehend: *Schlaich/Korioth* Rn. 249, die es gar für kaum denkbar halten, dass ein entsprechender Vortrag im fachgerichtlichen Verfahren fehle, und deswegen auch entsprechende Rügeobliegenheiten bejahen. Zu überzeugen vermag dieses Argument nicht, denn der Verweis auf den Regelfall sagt über die Behandlung der Ausnahme nichts aus, und zum Schwur kommt es gerade in den Fällen, in denen entsprechende Rügen *nicht* erhoben wurden.

[60] Zu deren „vornehmsten Aufgaben" es gehört, im Rahmen ihrer Zuständigkeit bei Verfassungsverletzungen Rechtsschutz zu gewähren, vgl. BVerfGE 47, 144 (145).

[61] BVerfGE 81, 208 (214); 99, 84 (87).

BVerfGG) – über die formelle Erschöpfung des Rechtswegs hinaus alle nach Lage der Sache zur Verfügung stehenden prozessualen Möglichkeiten ergriffen hat, um die geltend gemachte Grundrechtsverletzung in dem unmittelbar mit ihr zusammenhängenden sachnächsten Verfahren zu verhindern oder zu beseitigen"[62]. Dies bedeutet, dass neben den angegriffenen Entscheidungen, die schon nach dem Wortlaut der zugrundeliegenden Normen unabdingbar „anzugeben" sind, im Grundsatz auch alle weiteren Dokumente des Strafverfahrens als Anlage zur Verfassungsbeschwerde eingereicht werden müssen, die notwendig sind, um die Erfüllung der Subsidiaritätsanforderungen darzulegen.[63]

In der Praxis bedeutet dies für das Strafverfahren, dass neben den Urteilen und Beschlüssen zumindest die Revisionsbegründung, der darauf gestellte Antrag der Staatsanwaltschaft beim Revisionsgericht, eine etwaige Gegenerklärung des Revisionsführers sowie – falls das Verfahren nach § 356a StPO durchführt wurde – die Anhörungsrügeschrift und die Entscheidung hierüber einzureichen sind. Denn beispielsweise erschließt sich regelmäßig nur aus der Revisionsbegründung, ob Verfahrensrügen zulässig erhoben sind. Im Zusammenspiel mit dem Antrag der Staatsanwaltschaft und der Entscheidung des Revisionsgerichts ergibt sich zudem, ob letzteres die Anforderungen an deren Zulässigkeit und Begründetheit möglicherweise überspannt hat. Allein die Begründung der Anhörungsrüge lässt schließlich erkennen, ob eine etwa geltend gemachte Gehörsverletzung bereits in dieser letzten Phase des fachgerichtlichen Verfahrens in zulässiger Weise gerügt worden ist.

Nicht ganz zweifelsfrei erscheint zwar, ob sich diese Anforderungen ohne weiteres aus dem Wortlaut des § 23 Abs. 1 Satz 2 BVerfGG herleiten lassen: Dass die Beweismittel „anzugeben" sind, heißt nicht ohne weiteres, dass sie auch beizufügen seien; bei unbefangener Lektüre könnte man auch auf den Gedanken kommen, das Gericht möge die erforderlichen Akten eben beiziehen (§ 26 Abs. 1 BVerfGG). Jedenfalls in der Kammerrechtsprechung des Zweiten Senats, der grundsätzlich[64] für die Entscheidung über Verfassungsbeschwerden aus dem Bereich des materiellen Strafrechts zuständig ist, wird diese Frage in ständiger Rechtsprechung jedoch anders entschieden: Die relevanten Unterlagen sind also zwingend vorzulegen. Den Hintergrund dürfte letztlich bilden, dass es dem Beschwerdeführer, der ausnahmsweise

[62] St. Rspr., hier zitiert nach BVerfG, Beschluss der 1. Kammer des Zweiten Senats des Bundesverfassungsgerichts vom 13.2.2008 – 2 BvR 42/08 – HRRS 2008 Nr. 256, Rn. 14.

[63] Vgl. zum Strafverfahren *Jahn* FS Widmaier (2008), 829; allgemein *Klein/Sennekamp* NJW 2007, 945 (952).

[64] Eine Ausnahme gilt bei Verfahren, in denen Fragen der Auslegung und Anwendung des Artikels 5 oder des Artikels 8 GG überwiegen; dann ist der Erste Senat und hier das Dezernat von Bundesverfassungsrichter *Prof. Dr. Johannes Masing* zuständig, vgl. den Plenarbeschluss des Bundesverfassungsgerichts vom 15.11.1993 in der Fassung des Plenarbeschlusses vom 4.12.2007; jeweils zitiert nach www.bverfg.de.

den außerordentlichen Rechtsbehelf der Verfassungsbeschwerde einzulegen sucht, zuzumuten ist, die maßgeblichen Schriftstücke in Kopie einzureichen. Demgegenüber würde es die Kapazitäten des Bundesverfassungsgerichts sprengen, allein in den monatlich rund siebzig Verfahren aus dem Bereich des materiellen Strafrechts und des Strafprozesses die mitunter sehr umfangreichen Akten des Ausgangsverfahrens beizuziehen. Insoweit verhält es sich mit dem Bundesverfassungsgericht ähnlich wie mit den Revisionsgerichten,[65] denen ebenfalls gemäß § 344 Abs. 2 Satz 2 StPO bei der Verfahrensrüge *„die den Mangel enthaltenden Tatsachen"* mitzuteilen sind, da – so die Materialien zur StPO – es nicht Aufgabe des Revisionsrichters sein könne, *„die Akten behufs Auffindung solcher Tatsachen durchzusehen, welche der aufgestellten Rüge etwa zur Grundlage dienen könnten"*[66]. Für den Bundesverfassungsrichter (bzw. seine wissenschaftlichen Mitarbeiter) kann insoweit nichts anderes gelten.

Schließlich gibt es Ausnahmefälle, in denen trotz fehlender Unterlagen aus den vorgelegten Schriftstücken auf die Erfüllung der Subsidiaritätsobliegenheiten zurückgeschlossen wurde. So verlangt etwa ein Beschluss der 1. Kammer des Zweiten Senats dem Beschwerdeführer *sub specie* materielle Subsidiarität implizit ab, im fachgerichtlichen Verfahren die Rüge der Verletzung europäischen Sekundärrechts zu erheben.[67] Dies dürfte nach der bisherigen Rechtsprechung tatsächlich geboten sein, denn die zugrundeliegende – hier nicht geteilte[68] – Argumentation des Ersten Senats zur gebotenen Rüge der Verletzung von (deutschem) Verfassungsrecht in bestimmten Ausnahmefällen[69] ließe sich zwanglos auf die Rüge der Unvereinbarkeit jedenfalls mit unmittelbar anwendbarem europäischem Recht übertragen: Zwar handelt es sich auch insoweit zunächst nicht ohne weiteres um einen Verstoß gegen Verfassungsrecht, doch gelten die vom Ersten Senat implizit angeführten Argumente für die verfassungsrechtlichen Rügeobliegenheiten – namentlich, dem Fachgericht die Möglichkeit einer Auslegung im Lichte höherrangigen Rechts aufzuzeigen – analog. Gleichwohl führte die fehlende Vorlage der Revisionsrechtfertigung ausnahmsweise nicht zur Unzulässigkeit der Verfassungsbeschwerde, weil der Revisionsentscheidung zu entnehmen war, dass das Revisionsgericht sich ohnehin mit der europarechtlichen Vorfrage auseinandergesetzt hatte, sodass seine Entscheidung auf einer etwa versäumten

[65] Diese Parallele zieht auch *Jahn* FS Widmaier (2008), 829.

[66] Vgl. *Carl Hahn* Die gesamten Materialien zur Strafprozessordnung und dem Einführungsgesetz zu derselben vom 1.2.1877, Bd. III, 1. Abteilung, 1. Aufl., 1880, S. 254, zitiert nach dem Beschluss des Zweiten Senats des Bundesverfassungsgerichts vom 25.1.2005 – 2 BvR 656/99, 2 BvR 657/99, 2 BvR 683/99 – HRRS 2005 Nr. 417, Rn. 99.

[67] Beschluss der 1. Kammer des Zweiten Senats des Bundesverfassungsgerichts vom 13.2.2008 – 2 BvR 42/08 – HRRS 2008 Nr. 256, Rn. 14.

[68] Vgl. oben Seite 48 f.

[69] BVerfGE 112, 50 (61).

Rüge des Beschwerdeführers jedenfalls nicht beruhte. Auf einen solchen Glücksfall oder auch darauf, dass sich sonst zwischen den Zeilen der vorgelegten Dokumente Hinweise auf die Erfüllung der Subsidiaritätsanforderungen finden, sollten sich Beschwerdeführer jedoch besser nicht verlassen, zumal die aus §§ 92, 23 Abs. 1 Satz 2 BVerfGG abgeleiteten erweiterten Vorlagepflichten ebenso kalkulierbar wie relativ leicht zu erfüllen sind. Unwägbarkeiten bleiben gleichwohl genug, namentlich was die mitunter geforderte inhaltliche Auseinandersetzung mit den angegriffenen Entscheidungen aus verfassungsrechtlicher Perspektive angeht, doch liegt dies außerhalb des Fokus dieses Beitrags.[70]

VI. Zusammenfassung

Das Bundesverfassungsgericht hat die Verfassungsbeschwerde in seiner Rechtsprechung zur Subsidiarität konsequent als *ultima ratio* ausgestaltet: Verfassungsbeschwerde kann grundsätzlich nur dann zulässig erhoben werden, wenn im fachgerichtlichen Verfahren kein zulässiges prozessuales Mittel ungenutzt blieb, um eine etwaige verfassungsrechtliche Beschwer zu verhindern oder zu beseitigen. Dieser Rechtsprechung ist grundsätzlich zuzustimmen: Sie entspricht der Kompetenzverteilung zwischen Fach- und Verfassungsgerichtsbarkeit und ist auch für den Beschwerdeführer berechenbar, auf ungelösten Fragen rund um die Anhörungsrüge beruhende Zulässigkeitsklippen lassen sich zumindest pragmatisch umschiffen. Allein auf das Erfordernis von Rügen, die über die Erfordernisse des einfachen Prozessrechts hinausgehen, sollte bei der Prüfung der Zulässigkeit von Verfassungsbeschwerden im Lichte des Subsidiaritätsprinzips künftig in konsequenter Fortschreibung des Grundgedankens der Entscheidung BVerfGE 112, 50 verzichtet werden.

[70] Vgl. im Einzelnen *Jahn* FS Widmaier (2008), 830 ff. ausgehend vom „Sündenfall" der Statuierung von materiellen Substantiierungslasten, der sog. *Sedlmayr*-Entscheidung (Beschluss der 3. Kammer des Zweiten Senats vom 1.3.2000 – 2 BvR 2017/94 und 2 BvR 2039/94 –, NStZ 2000, 489 sowie *Klein/Sennekamp* NJW 2007, 945 (952 ff.) und vertiefend *Lübbe-Wolff* EuGRZ 2004, 669 (678 f.).

Verfassungsprozessuale Probleme der Anhörungsrüge

Kim Matthias Jost *

Leitentscheidungen des Bundesverfassungsgerichts

1. BVerfGE 107, 395 (Plenum).
2. BVerfGE 119, 292 (Erster Senat).
3. BVerfG, NJW 2005, 3059 (3. Kammer des Ersten Senats).
4. BVerfGK 5, 337 (2. Kammer des Zweiten Senats).
5. BVerfGK 7, 403 (2. Kammer des Zweiten Senats).
6. BVerfG, NJW 2007, 3418 (1. Kammer des Ersten Senats).
7. BVerfG, NStZ-RR 2008, 28 (1. Kammer des Zweiten Senats).

Schrifttum

Desens, Marc Die subsidiäre Verfassungsbeschwerde und ihr Verhältnis zu fachgerichtlichen Anhörungsrügen, NJW 2006, 1243; *Kettinger, Alexander* Ein Plädoyer gegen die „Beerdigung" von außerordentlichen Rechtsbehelfen, DVBl. 2006, 1151; *Klein, Oliver/ Sennekamp, Christoph* Aktuelle Zulässigkeitsprobleme der Verfassungsbeschwerde, NJW 2007, 945; *Lübbe-Wolff, Gertrude* Die erfolgreiche Verfassungsbeschwerde, AnwBl 2005, 509; *Schnabl, Daniel* Die Anhörungsrüge nach § 321a ZPO, 2007; *Sperlich, Peter* Kommentierung zu § 90 BVerfGG, in: Umbach/Clemens/Dollinger (Hrsg.), BVerfGG, 2. Aufl. 2005; *Tegebauer, Ingo-Jens* Die Anhörungsrüge in der verfassungsgerichtlichen Praxis, DöV 2008, 954; *Zuck, Rüdiger* Das Verhältnis von Anhörungsrüge und Verfassungsbeschwerde – Dargestellt am Beispiel des § 152a VwGO, NVwZ 2005, 739; *ders.* Die Anhörungsrüge im Zivilprozess, AnwBl 2008, 168.

Inhalt

* Richter am Landgericht *Kim Matthias Jost*, Potsdam, seit 2000 Richter in der ordentlichen Gerichtsbarkeit des Landes Brandenburg, 2006 bis 2008 wiss. Mitarbeiter am BVerfG (*Dez. Prof. Dr. Hoffmann-Riem* und *Prof. Dr. Masing*).

I. Der Plenarbeschluss vom 30. April 2003

Kaum eine Entscheidung des Bundesverfassungsgerichts aus den letzten Jahren dürfte in den Verfahrensordnungen und im prozessualen Alltag der Fachgerichte so große Veränderungen mit sich gebracht haben, wie der Plenarbeschluss vom 30.4.2003 zur verfassungsrechtlichen Gewährleistung fachgerichtlichen Rechtsschutzes bei Verstößen gegen den Anspruch auf rechtliches Gehör.[1] Aber nicht nur in der Praxis der Fachgerichte aller Rechtszüge, sondern auch im Verfahren der Verfassungsbeschwerde gegen gerichtliche Entscheidungen die – zumindest auch – einen Verstoß gegen Art. 103 Abs. 1 GG zum Gegenstand haben, haben diese Entscheidung, die aus ihr gezogenen gesetzgeberischen Folgerungen und deren Konsequenzen in der gerichtlichen Praxis erhebliche Veränderungen mit sich gebracht, deren Reichweite auch mehr als fünf Jahre nach Erlass des Plenarbeschlusses und vier Jahre nach Inkrafttreten des diesen umsetzenden Anhörungsrügengesetzes[2] bei weitem noch nicht ausgelotet ist.

Sowohl der Plenarbeschluss als auch das Anhörungsrügengesetz sind Gegenstand vielfältiger Kommentierung, zustimmender und ablehnender Kritik gewesen. Diese soll hier nicht nochmals umfassend aufgegriffen werden. Es soll insbesondere nicht die Frage behandelt werden, ob der Plenarbeschluss die Probleme, zu deren Lösung er beitragen sollte, tatsächlich bewältigt hat. Ebensowenig soll es um die viel erörterte Frage gehen, ob der Gesetzgeber mit dem Anhörungsrügengesetz nicht nur eine Teillösung für die Problematik fachgerichtlicher Rechtsbehelfe bei behaupteten Verfahrensgrundrechtsverletzungen geliefert hat, insbesondere, ob er nicht von Verfassungs wegen gehalten gewesen wäre, einen der Anhörungsrüge entsprechenden Rechtsbehelf auch in Bezug auf andere Verfahrensgrundrechtsverletzungen bereitzustellen.[3] Vielmehr sollen, ausgehend von dem Plenarbeschluss und unter

[1] Beschluss vom 30.4.2003 – 1 PBvU 1/02 – BVerfGE 107, 395; der Beitrag berücksichtigt die bis Januar 2009 veröffentlichte Rechtsprechung.

[2] Gesetz über die Rechtsbehelfe bei Verletzung des Anspruchs auf rechtliches Gehör vom 9.12.2004, BGBl. Teil I, S. 3220.

[3] Hierzu etwa *Nassall* ZRP 2004, 164 (167 f.); *Rensen* MDR 2005, 181 f.; *Schneider* MDR 2006, 969 (973 f.); *Berchthold* NZS 2006, 9 (16 f.); *Kettinger* DVBl 2006, 1151 (1153), vgl. auch BGH GRUR 2006, 346. S. zu dieser Problematik auch BGH NJW-RR 2007, 1654 und insbesondere den Vorlagebeschluss des 5. Senats des BFH v. 26.9.2007 an den Gemeinsamen Senat der Obersten Gerichtshöfe des Bundes, NJW 2008, 542 f. Eine verfassungsgerichtliche Klärung der Problematik steht noch aus.

Zugrundelegung der gegenwärtigen Gesetzeslage, die wesentlichen verfassungsprozessualen Konsequenzen insbesondere in Bezug auf die Zulässigkeitsvoraussetzungen der Verfassungsbeschwerde aufgezeigt und offene Fragen angesprochen werden. Dies führt zwangsläufig dazu, dass die behandelte Rechtsprechung sich weitgehend auf Entscheidungen aus den letzten drei bis vier Jahren beschränkt.

II. Zu einigen Besonderheiten des Verfassungsprozessrechts

Fragen des Verfassungsprozessrechts werden in der Senatsrechtsprechung des Bundesverfassungsgerichts nur selten und in den wenigsten Fällen in grundsätzlicher Form angesprochen. Gleichwohl ist gerade für die Auslegung des Bundesverfassungsgerichtsgesetzes, das ja ausschließlich im Verfahren vor diesem einen Gericht zur Anwendung kommt, dessen Rechtsanwendungspraxis von entscheidender Bedeutung.[4] Sie spiegelt sich in erster Linie in den Kammerentscheidungen wider, die daher die wesentliche Grundlage der folgenden Erörterungen liefern. Dabei zeigt eine genauere Betrachtung bisweilen erhebliche Unterschiede in der Entscheidungspraxis der einzelnen Kammern des Bundesverfassungsgerichts. Dies muss nicht in jedem Fall auf echten Divergenzen beruhen. Vielfach sind Unterschiede in der Rechtsanwendung auf Besonderheiten der Ausgangsverfahren zurückzuführen: Abhängig von den dort zugrundeliegenden Verfahrensordnungen und typischen Fallgestaltungen kann die Anhörungsrüge unterschiedliche verfassungsprozessuale Probleme aufwerfen, so dass die Kammern des Bundesverfassungsgerichts je nach der gerichtsinternen Zuständigkeit bestimmte Schwerpunkte in ihrer Entscheidungspraxis entwickeln.

Andererseits ist nicht zu verkennen, dass die von den Kammern angelegten Prüfungsmaßstäbe nicht in jedem Fall völlig einheitlich gehandhabt werden. Dies sollte aber nicht zu dem Versuch verleiten, aus der Rechtsprechung einzelner Kammern des Bundesverfassungsgerichts ein jeweiliges Sonderprozessrecht abzuleiten, anhand dessen die Zulässigkeit einer Verfassungsbeschwerde bei der jeweiligen Kammer beurteilt werden könnte. Ein solcher Versuch wäre nicht nur aussichts- sondern in den meisten Fällen auch sinnlos. Ein vollständiges Bild der Rechtsprechung einer Kammer zu allen Verästelungen der Problematik wird sich kaum feststellen lassen. Beim Ersten Senat des Bundesverfassungsgerichts gehört zudem die Mehrzahl der Verfassungsbeschwerden, in denen die Rüge eines Verstoßes gegen den Anspruch

[4] S. hierzu *Lübbe-Wolff* EuGRZ 2004, 669 ff. und AnwBl. 2005, 509 ff.; eine überblicksweise Darstellung der Zulässigkeitsvoraussetzungen der Verfassungsbeschwerde unter Berücksichtigung zahlreicher Kammerentscheidungen findet sich dort sowie auch bei *Klein/Sennekamp* NJW 2007, 945 ff.

auf rechtliches Gehör oder ein anderes Verfahrensgrundrecht erhoben wird, zu den sogenannten Umlaufverfahren, die nach der Geschäftsverteilung des Senats nicht in die Spezialzuständigkeit eines Bundesverfassungsrichters fallen und den Richtern daher der Reihe nach – eben: im Umlauf – und damit letztlich nach dem Zufallsprinzip als Berichterstattern zugewiesen werden. Bei dieser Geschäftsverteilung ist für den Beschwerdeführer nicht vorab erkennbar, in die Zuständigkeit welcher Kammer sein Verfahren fallen wird. Sachgerecht ist es daher nur, die Rechtsanwendungspraxis aller Spruchkörper des Bundesverfassungsgerichts als einheitlichen Komplex zu betrachten.

Einander (scheinbar) widersprechende Rechtsprechungslinien müssen nicht auf einen prozessualen Sonderweg eines Spruchkörpers hindeuten, sondern können im Gegenteil als Anzeichen einer lebendigen Diskussion der Problematik auf dem gemeinsamen Weg zu allseits akzeptablen Lösungen verstanden werden. Dies gilt gerade auf einem relativ jungen Problemfeld wie der nach dem Plenarbeschluss bestehenden Rechtslage. Ziel aller Beteiligten sollte es sein, im Wege einer kontinuierlichen Diskussion der auftretenden Fragen nach und nach eine möglichst einheitliche, für den Außenstehenden durchschaubare Handhabung der Zulässigkeitsvoraussetzungen der Verfassungsbeschwerde zu erreichen. Zwar wird sich dies angesichts der strukturellen Uneinheitlichkeit jeder Rechtsprechung seiner Natur nach nicht vollständig verwirklichen lassen. Möglich ist aber eine Annäherung an den Idealzustand und jedenfalls eine einheitliche Handhabung konkreter verfassungsprozessualer Problemstellungen.

Hinzuweisen ist darauf, dass die Veröffentlichungspraxis des Bundesverfassungsgerichts gerade bei der Kammerrechtsprechung, teilweise aber sogar hinsichtlich einzelner Senatsentscheidungen[5] nicht immer zufrieden stellend ist. So sind einige Entscheidungen, die wichtige verfassungsprozessuale Weichenstellungen enthalten, in der Fachpresse allenfalls an versteckter Stelle veröffentlicht, auch die Veröffentlichungen in juris, Beck-online oder selbst auf der Internetseite des Bundesverfassungsgerichts enthalten Lücken, die jeweils mit Hilfe anderer Quellen gefüllt werden müssen.

Da auch die verfassungsprozessuale Rechtsprechung ein in steter Entwicklung befindlicher Vorgang ist, so dass vielfach eine Entscheidung auf andere aufbaut, indem sie Fragen beantwortet, die erst als Konsequenz einer voran-

[5] So ist der Beschluss des Ersten Senats vom 23.10.2007 – 1 BvR 782/07 – erst im Frühjahr 2008 in MDR 2008, 223, erstmals in der Fachpresse veröffentlicht worden und bei allgemein verbreiteten Rechtsprechungsdatenbanken abrufbar gewesen; dies hat dazu geführt, dass die Arbeitsgerichte mangels Kenntnis der Entscheidung ihre dem Senatsbeschluss teilweise widersprechende Rechtsprechung zur Frage der Anhörungsrüge gegen Zwischenentscheidungen auch nach Erlass des Senatsbeschlusses beibehalten haben, so etwa in einem dem Beschluss der 3. Kammer des Ersten Senats vom 31.7.2008 – 1 BvR 416/08 –, juris, zugrundeliegenden Fall.

gehenden Entscheidung zutage getreten sind, orientiert sich die folgende Darstellung der einzelnen Probleme grob an der chronologischen Folge der bislang getroffenen Entscheidungen.

III. Gehörsrüge und weitere Grundrechtsrügen

Seit Schaffung dieses Rechtsbehelfs ist die Erhebung der Anhörungsrüge, soweit nach der jeweiligen Verfahrensordnung des Ausgangsverfahrens statthaft, zur Erschöpfung des Rechtsweges im Sinne des § 90 Abs. 2 BVerfGG Zulässigkeitsvoraussetzung für die Verfassungsbeschwerde. Dies steht außer Frage, soweit eine Verfassungsbeschwerde auf die behauptete Verletzung von Art. 103 Abs. 1 GG gestützt werden soll.[6]

Häufig macht der Verfassungsbeschwerdeführer jedoch neben einem Gehörsverstoß in Sinne des Art. 103 Abs. 1 GG weitere Grundrechtsrügen zum Gegenstand seiner Verfassungsbeschwerde. Diese Fälle werfen verschiedene Fragen zur Rechtswegerschöpfung und zur Subsidiarität der Verfassungsbeschwerde auf, auf die in einer nicht unbeträchtlichen Zahl von Kammerentscheidungen eingegangen wird.

1. Der Queen Mary II-Beschluss

Mit der Frage, ob die Nichterhebung der Anhörungsrüge im fachgerichtlichen Verfahren auch Konsequenzen in Bezug auf andere Rügen im Sinne des § 90 Abs. 1 BVerfGG hat, beschäftigte sich schon eine der ersten nach Inkrafttreten des Anhörungsrügengesetzes ergangenen – allerdings noch die alte Rechtslage betreffenden – Kammerentscheidungen zu verfassungsprozessualen Fragen des Umgangs des Bundesverfassungsgerichts mit dem neuen fachgerichtlichen Rechtsbehelf, der sogenannte Queen Mary II-Beschluss der 3. Kammer des Ersten Senats vom 25.4.2005.[7]

Die zugrundeliegende Verfassungsbeschwerde rügte die Verletzung von Art. 103 Abs. 1 GG sowie des Anspruchs auf ein faires Verfahren in einem Zivilrechtsstreit. Eine fachgerichtliche Anhörungsrüge hatte der Beschwerdeführer nicht erhoben. Die Verfassungsbeschwerde wurde insgesamt für unzulässig erachtet. Die Kammer formuliert dabei einen Grundsatz, der weitreichende Konsequenzen nach sich zieht: Betrifft die behauptete andere Grundrechtsverletzung denselben fachgerichtlichen Streitgegenstand wie die behauptete Gehörsverletzung, hinsichtlich derer wegen Nichterhebung der

[6] Vgl. nur den in späteren Entscheidungen immer wieder zitierten Beschluss der 3. Kammer des Ersten Senats vom 25.4.2005 – 1 BvR 644/05 –, NJW 2005, 3059 ff.

[7] Beschluss der 3. Kammer des Ersten Senats vom 25.4.2005 – 1 BvR 644/05 –, NJW 2005, 3059 ff.

Anhörungsrüge der Rechtsweg nicht erschöpft ist, so ist die Verfassungsbeschwerde auch in Bezug auf diese andere Grundrechtsverletzung mit Blick auf den Grundsatz der Subsidiarität der Verfassungsbeschwerde unzulässig. Erst nach Durchführung des fachgerichtlichen Anhörungsrügeverfahrens, dann allerdings auch wegen derjenigen Rüge, die dort nicht geltend gemacht werden kann, ist die Verfassungsbeschwerde eröffnet. Grund ist, dass ein Erfolg bei der Anhörungsrüge zur Fortsetzung des fachgerichtlichen Verfahrens führen und damit auch die Heilung etwaiger anderer Grundrechtsverstöße ermöglichen würde. Zudem führte die Zulassung der Verfassungsbeschwerde hinsichtlich anderer Grundrechtsrügen zu einer Zeit, in der wegen des angeblichen Gehörsverstoßes noch das fachgerichtliche Anhörungsrügeverfahren durchzuführen ist, zu einer prozessökonomisch nicht sinnvollen Aufspaltung in zwei parallel zu betreibende Rechtsbehelfsverfahren.

Diese grundsätzliche Weichenstellung ist in der Kammerrechtsprechung des Bundesverfassungsgerichts nicht mehr in Frage gestellt worden.[8] Ihre Anwendung auf unterschiedliche Fallkonstellationen führt zu weitreichenden Konsequenzen für den Beschwerdeführer, von denen im folgenden die wichtigsten herausgegriffen werden.

2. *Ausnahme: Offensichtliche Aussichtslosigkeit der Anhörungsrüge*

Bald nach Erlass des Queen Mary II-Beschlusses zeigte sich, dass die strikte Einhaltung des dort aufgestellten Grundsatzes nicht immer zu befriedigenden Ergebnissen führt. Viele Verfassungsbeschwerdeführer rügen eine Verletzung des Art. 103 Abs. 1 GG eher beiläufig und ohne nähere Begründung. Schwerpunkt ihrer Verfassungsbeschwerde ist eine ganz andere, in der Regel materielle Grundrechtsrüge, die aber vielfach denselben Streitgegenstand betrifft. Es erscheint unbefriedigend, die Verfassungsbeschwerde in derartigen Fällen an dem bloßen Umstand scheitern zu lassen, dass am Rande auch eine Verletzung des Anspruchs auf rechtliches Gehör mitgerügt wird. Vor diesem Hintergrund ging erstmals die 2. Kammer des Zweiten Senats in einem Beschluss vom 15.3.2006 davon aus, die fachgerichtliche Anhörungsrüge sei als Zulässigkeitsvoraussetzung für eine auch auf andere Grundrechtsverstöße gestützte Verfassungsbeschwerde nicht erforderlich, wenn sie offensichtlich aussichtslos gewesen wäre.[9]

[8] S. beispielsweise die Beschlüsse der 1. Kammer des Zweiten Senats vom 29.3.2007 – 2 BvR 120/07 –, juris, der 3. Kammer des Ersten Senats vom 27.6.2007 – 1 BvR 1470/07 –, NJW 2007, 3054 f., der 1. Kammer des Zweiten Senats vom 4.9.2007 – 1 BvR 1311/05 –, NStZ-RR 2008, 28 f. und der 3. Kammer des Ersten Senats vom 30.5.2008 – 1 BvR 27/08 –, juris; Beschluss der 3. Kammer des Zweiten Senats vom 9.6.2008 – 2 BvR 947/08 –, juris.

[9] So zuerst der Beschluss der 2. Kammer des Zweiten Senats vom 15.3.2006 – 2 BvR 917/05 u.a. –, BVerfGK 7, 403 (407).

Auch dieser Grundsatz ist mittlerweile in der Kammerrechtsprechung vor allem des Zweiten Senats mehrfach aufgegriffen worden.[10] Er entspricht allgemeinen Grundsätzen zur Erschöpfung des Rechtsweges im Sinne des § 90 Abs. 2 BVerfGG, denn das Gebot der Erschöpfung des Rechtsweges ist begrenzt unter dem Gesichtspunkt der Zumutbarkeit[11], welche im Falle eines offensichtlich aussichtslosen Rechtsbehelfs fehlt.[12]

3. Wahrung der Verfassungsbeschwerdefrist

Weniger klar ist der umgekehrte Fall: Der Beschwerdeführer legt zunächst erfolglos die fachgerichtliche Anhörungsrüge ein und macht danach den angeblichen Gehörsverstoß sowie weitere Grundrechtsrügen mit der Verfassungsbeschwerde geltend, verhält sich also grundsätzlich so, wie es die Queen Mary II-Entscheidung von ihm verlangt.

In mehreren Fällen dieser Art, soweit ersichtlich zuerst in einem Beschluss der 1. Kammer des Zweiten Senats vom 29.3.2007[13], wurden Verfassungsbeschwerden – hinsichtlich aller gerügten Verfassungsverstöße – deshalb als unzulässig nicht zur Entscheidung angenommen, weil der Beschwerdeführer vor Einlegung der Verfassungsbeschwerde eine „offensichtlich unzulässige" Anhörungsrüge eingelegt, die Entscheidung darüber abgewartet und damit die mit Zustellung der Ausgangsentscheidung in Lauf gesetzte Verfassungsbeschwerdefrist nach § 93 Abs. 1 BVerfGG versäumt hatte.[14]

Im Ausgangspunkt ist auch diese Kammerrechtsprechung von der allgemeinen Rechtsprechung zur Zulässigkeit der Verfassungsbeschwerde vorgeprägt. Ein offensichtlich unzulässiger Rechtsbehelf kann die Verfassungsbeschwerdefrist nicht offenhalten.[15] Dies erscheint ohne weiteres plausibel, wenn es um formale Zulässigkeitsvoraussetzungen geht: Legt der Beschwerdeführer gegen die Entscheidung, die er mit der Verfassungsbeschwerde angreifen will, einen an sich statthaften fachgerichtlichen Rechtsbehelf nach Ablauf der dafür vorgesehenen Frist ein und hat er aus diesem Grund keinen Erfolg, so darf dies nicht dazu führen, dass er mit Zustellung der den Rechts-

[10] S. etwa Beschluss der 2. Kammer des Zweitens Senats vom 18.6.2007 – 2 BvR 2395/06 –, juris; Beschluss der 3. Kammer des Zweiten Senats vom 9.6.2008 – 2 BvR 947/08 –, juris.

[11] BVerfGE 16, 1 (2 f.).

[12] S. zusammenfassend *Heusch/Sennekamp* in: Umbach/Clemens/Dollinger, BVerfGG, 2. Aufl. (2004), § 90 Rn. 35.

[13] Beschluss der 1. Kammer des Zweiten Senats vom 29.3.2007 – 2 BvR 120/07 –, juris.

[14] Neben dem Beschluss vom 29.3.2007 etwa der Beschluss der 3. Kammer des Ersten Senats vom 14.5.2007 – 1 BvR 730/07 –, NJW-RR 2008, 75 f.; Beschluss der 3. Kammer des Zweiten Senats vom 26.8.2008 – 2 BvR 1516/08 –, juris.

[15] St Rspr., s. etwa BVerfGE 28, 88 (95); 63, 80 (85); 91, 93 (106).

behelf verwerfenden Entscheidung (erneut) die Möglichkeit zur Verfassungsbeschwerde gegen die Ausgangsentscheidung gewinnt.[16]

Allerdings ging es in den genannten Fällen nicht um derartige formelle Zulässigkeitsvoraussetzungen für die fachgerichtliche Anhörungsrüge. Vielmehr nehmen die in Rede stehenden Kammerentscheidungen die offensichtliche Unzulässigkeit der fachgerichtlichen Anhörungsrüge letztlich deshalb an, weil ein Gehörsverstoß in der Sache „offensichtlich" nicht vorliege: Das, was der Beschwerdeführer in der Sache rüge, sei kein Gehörsverstoß.[17] Konsequenterweise stellt ein Kammerbeschluss vom 26.8.2008 in diesem Zusammenhang nicht auf die offensichtliche „Unzulässigkeit", sondern auf die offensichtliche „Aussichtslosigkeit" der fachgerichtlichen Anhörungsrüge ab.[18]

Diese Rechtsprechung mag sachgerecht erscheinen in Fällen, in denen auch nach der Rechtsprechung der Fachgerichte die Anhörungsrüge aus Gründen, die letztlich in der Sache selbst zu suchen sind, als unzulässig beurteilt wird.[19] Anders sieht es aber dann aus, wenn die Fachgerichte die Anhörungsrüge in der Sache verbeschieden und möglicherweise gar ausdrücklich für zulässig erachtet haben.[20]

Nimmt das Bundesverfassungsgericht in einem solchen Fall die „offensichtliche Unzulässigkeit" der Anhörungsrüge aus Gründen letztlich materiellrechtlicher Art an, so führt dies zum einen zu einer wenig wünschenswerten Vorwegnahme der Begründetheitsprüfung der Verfassungsbeschwerde im Rahmen der Klärung der Zulässigkeit.

Zum anderen setzt sich das Bundesverfassungsgericht jedenfalls dann, wenn das Fachgericht die Zulässigkeit der Anhörungsrüge ausdrücklich be-

[16] Hierzu etwa *Desens* NJW 2006, 1243 (1246).

[17] Beispielsweise ging es im Beschluss vom 29.3.2007 – 2 BvR 120/07 – um die Frage, ob es sich bei dem zunächst mit der fachgerichtlichen Anhörungsrüge geltend gemachten Unterbleiben eines fachgerichtlichen Hinweises um einen Verstoß gegen Art. 103 Abs. 1 GG gehandelt haben könnte, im Beschluss vom 14.5.2007 – 1 BvR 730/07 – um die Abgrenzung des Gehörsverstoßes vom Verstoß gegen den Anspruch auf den gesetzlichen Richter. Der Beschluss der 3. Kammer des Zweiten Senats vom 26.8.2008 – 2 BvR 1516/08 – betrifft einen etwas anders gelagerten Fall.

[18] So ausdrücklich der Beschluss der 3. Kammer des Zweiten Senats vom 26.8.2008 – 2 BvR 1516/08 –, juris; die Formulierung ist allerdings in der älteren Senatsrechtsprechung vorgeprägt. So stellt etwa die Entscheidung BVerfGE 28, 88 (95) darauf ab, dass die Verfassungsbeschwerdefrist „durch die Einlegung eines offensichtlich unzulässigen oder unstatthaften und deshalb aussichtslosen Rechtsmittels" nicht gewahrt werde.

[19] So in einem dem Beschluss der 3. Kammer des Zweiten Senats vom 26.8.2008 – 2 BvR 1516/08 –, juris, zugrundeliegenden Fall, der darauf abstellt, dass nach der Rechtsprechung des Bundesgerichtshofs eine Anhörungsrüge nur zulässig ist, wenn ein neuer und selbständiger Gehörsverstoß geltend gemacht wird. Hier wird der Sachaspekt deshalb für das Bundesverfassungsgericht erheblich, weil auch die Rechtsprechung des Bundesgerichtshofs für die Frage der Zulässigkeit der Anhörungsrüge auf einen materiellen Aspekt abstellt.

[20] So in einem dem Beschluss der 3. Kammer des Ersten Senats vom 14.5.2007 – 1 BvR 730/07 –, NJW-RR 2008, 75 f. zugrundeliegenden Fall.

jaht hat, über die ‚Bindung' an die fachgerichtliche Auslegung und Anwendung des einfachen Rechts hinweg, der es wegen der Beschränkung seines Prüfungsumfangs auf die Verletzung spezifischen Verfassungsrechts[21] grundsätzlich unterliegt. Denn die für § 93 Abs. 1 BVerfGG entscheidende Frage, ob im fachgerichtlichen Verfahren ein Rechtsbehelf eröffnet ist, ist von der jeweils zugrundeliegende fachgerichtlichen Verfahrensordnung geregelt. Es geht also um die Auslegung und Anwendung einfachen Rechts, die von den Fachgerichten vorzunehmen und an die das Bundesverfassungsgericht – sieht man von Ausnahmefall des Verstoßes gegen das Willkürverbot ab – grundsätzlich gebunden ist.

Freilich ist die vom einfachen Recht geregelte Frage im Rahmen der Prüfung der Zulässigkeitsvoraussetzungen der Verfassungsbeschwerde erforderlichenfalls durch das Bundesverfassungsgericht zu beantworten. Insoweit wirkt sich ein Unterschied zwischen den oben behandelten Fällen der Rechtswegerschöpfung trotz nicht durchgeführten Anhörungsrügeverfahrens und den hier erörterten Fällen der Verfristung nach Durchführung des Anhörungsrügeverfahrens aus: In der erstgenannten Konstellation hat über die Zulässigkeit der Anhörungsrüge kein Fachgericht entschieden, da eine solche nicht eingelegt worden ist. Hier muss also das Bundesverfassungsgericht notwendigerweise unter Heranziehung der jeweiligen Verfahrensordnung und der einschlägigen Rechtsprechung der Fachgerichte eine eigenständige Würdigung vornehmen und die Frage, ob die Anhörungsrüge nach der einschlägigen fachgerichtlichen Verfahrensordnung „offensichtlich unzulässig" gewesen wäre, eigenständig beantworten. Dagegen liegt in der letztgenannten Konstellation bereits eine fachgerichtliche Entscheidung vor, aus der sich die Anwendung des jeweiligen Verfahrensrechts auf den Einzelfall ergibt. Hat das Fachgericht die Anhörungsrüge für zulässig erachtet, so setzt sich demnach in diesen Fällen das Bundesverfassungsgericht – zum Nachteil des Beschwerdeführers – über die grundsätzliche Bindung an die Anwendung des einfachen Rechts durch das Fachgericht hinweg.[22]

4. „Offensichtliche Aussichtslosigkeit" der Anhörungsrüge

Legt man ungeachtet dessen die Kammerrechtsprechung zur Rechtswegerschöpfung und zur Verfristung der Verfassungsbeschwerde zugrunde, so kommt es jedenfalls für den Beschwerdeführer entscheidend darauf an, wann eine fachgerichtliche Anhörungsrüge als „offensichtlich aussichtslos" bzw. „offensichtlich unzulässig" anzusehen ist und wann nicht.

Gerade dies wird von den Kammern der beiden Senate des Bundesverfassungsgerichts nicht immer nach einheitlichen Maßstäben beurteilt. Grund-

[21] St. Rspr. seit BVerfGE 18, 85.

[22] So ausdrücklich der Beschluss der 3. Kammer des Ersten Senats vom 14.5.2007 – 1 BvR 730/07 –, NJW-RR 2008, 75 f.

sätzlich wird von der Aussichtslosigkeit des Rechtsbehelfs ausgegangen, wenn die Rüge, abgesehen von der Nennung des Art. 103 Abs. 1 GG, nicht weiter begründet und ein Gehörsverstoß auch nach dem vorgetragenen Sachverhalt offensichtlich nicht gegeben ist.[23] Bei der Konkretisierung dieses Grundsatzes zeigen sich die Differenzen: Nahm die 1. Kammer des Zweiten Senats eine Entbehrlichkeit der Anhörungsrüge und damit Verfristung der gesamten in Anschluss an das fachgerichtliche Anhörungsrügeverfahren erhobenen Verfassungsbeschwerde in dem bereits genannten Beschluss vom 29.3.2007 schon dann an, wenn die Gehörsverletzung nicht „schlüssig dargelegt" ist[24], so stellte die 3. Kammer des Ersten Senats wenig später darauf ab, ob der Beschwerdeführer über die Unzulässigkeit des Rechtsbehelfs der Anhörungsrüge „nicht im Ungewissen sein konnte"[25]. Diese unterschiedlichen Maßstäbe finden ihre Parallele in der ebenfalls unterschiedlichen Handhabung des Gebots der Substantiierung von Grundrechtsrügen bei der Begründung der Verfassungsbeschwerde nach § 92 BVerfGG. Wird im allgemeinen davon ausgegangen, der Beschwerdeführer müsse die „Möglichkeit eines Grundrechtsverstoßes" darlegen[26], so wird abweichend hiervon vereinzelt angedeutet, der Grundrechtsverstoß sei schon für eine den Anforderungen des § 92 BVerfGG genügende Begründung „schlüssig darzulegen".[27]

Beachtenswert ist in diesem Zusammenhang, dass die Beurteilung der Verfassungsbeschwerde als unzulässig für den Beschwerdeführer aufgrund von Unterschieden der fachgerichtlichen Verfahrensordnungen höchst unterschiedliche Auswirkungen haben kann. So führt etwa das Fehlen einer Beschwerdefrist in § 33a StPO dazu, dass der Beschwerdeführer, wenn das Bundesverfassungsgericht seine ohne vorherige fachgerichtliche Anhörungsrüge erhobene Verfassungsbeschwerde angesichts fehlender „offensichtlicher Aussichtslosigkeit" der fachgerichtlichen Anhörungsrüge nicht zur Entscheidung angenommen hat, den fachgerichtlichen Rechtsbehelf noch nachholen kann. Gerade die Ausführungen zu Anhaltspunkten für Gehörsverstöße, mit denen das Bundesverfassungsgericht die Unzulässigkeit der Verfassungsbeschwerde begründet, können dem Beschwerdeführer in derartigen Fällen Argumente für die Fortsetzung des fachgerichtlichen Verfahrens liefern.

[23] So zuerst der Beschluss der 2. Kammer des Zweiten Senats vom 15.3.2006 – 2 BvR 917/05 u.a. –, BVerfGK 7, 403 (407), ferner der Beschluss derselben Kammer vom 18.6.2007 – 2 BvR 2395/06 –, juris.

[24] Beschluss der 1. Kammer des Zweiten Senats vom 29.3.2007 – 2 BvR 120/07 –, juris.

[25] Beschluss der 3. Kammer des Ersten Senats vom 14.5.2007 – 1 BvR 730/07 –, NJW-RR 2008, 75 f.

[26] St. Rspr., vgl. etwa BVerfGE 6, 132 (134) (Erster Senat); 65, 227 (233) (Zweiter Senat); 89, 69 (82) (Erster Senat); 89, 155 (171) (Zweiter Senat); 109, 133 (149) (Zweiter Senat).

[27] Vgl. den Beschluss der 1. Kammer des Zweiten Senats vom 29.3.2007 – 2 BvR 120/07 –, juris mit Bezug auf BVerfGE 77, 170 (215); vgl. auch den Beschluss der 2. Kammer des Ersten Senats vom 7.4.2008 – 1 BvR 550/08 –, juris.

Dementsprechend enthalten einige Entscheidungen insbesondere der 3. Kammer des Zweiten Senats eingehende Ausführungen zu möglichen Verletzungen von Art. 103 Abs. 1 GG.[28] In Konstellationen dagegen, in denen die Anhörungsrüge nach der Verfahrensordnung der Ausgangsgerichte an eine Frist gebunden ist, führt dieselbe strenge Handhabung der Zulässigkeitsvoraussetzungen der Verfassungsbeschwerde dazu, dass der Betroffene mit seinem Rechtsschutzbegehren endgültig gescheitert ist.[29]

Das Entscheidungskriterium der „offensichtlichen Aussichtslosigkeit" führt den Beschwerdeführer damit nach der tatsächlichen Praxis der Kammerrechtsprechung vielfach in eine Rechtswegerschöpfungs-/Verfristungs-Falle[30]: Da er kaum vorab zuverlässig beurteilen kann, ob die Rüge eines Gehörsverstoßes als „offensichtlich" aussichtslos oder aber als nachvollziehbar, wenn auch im Ergebnis unbegründet angesehen wird, besteht aus seiner Sicht Unsicherheit, ob er die Anhörungsrüge *erheben muss* oder ob er sie *nicht erheben darf*, um die beabsichtigte Verfassungsbeschwerde in zulässiger Weise einlegen zu können.

Richtigerweise sollte daher im Graubereich zwischen offensichtlicher Aussichtslosigkeit und bloßer Unbegründetheit einer auf Art. 103 Abs. 1 GG gestützten Rüge zu Gunsten des Beschwerdeführers großzügig verfahren und die Verfassungsbeschwerde im Zweifel unabhängig davon für zulässig erachtet werden, welchen Weg der Beschwerdeführer gewählt hat[31]. Aus Sicht des Beschwerdeführers erscheint es gleichwohl unbedingt angezeigt, vorsichtshalber innerhalb der mit Zustellung der Ausgangsentscheidung beginnenden Verfassungsbeschwerdefrist eine Verfassungsbeschwerde zu erheben und

[28] S. etwa den Beschluss vom 9.6.2008 – 2 BvR 947/08 –, juris, mit einer ausführlichen Sachprüfung der behaupteten Gehörsverletzung, die zwar nicht ausdrücklich im Obersatz, wohl aber in der näheren Begründung auch bejaht wird, ähnlich im Beschluss vom 19.6.2008 – 2 BvR 1111/08 –, juris.

[29] S. etwa den Beschluss der 1. Kammer des Zweiten Senats vom 29.3.2007 – 2 BvR 120/07 – juris, bei dem die fachgerichtliche Anhörungsrüge nach § 356a StPO fristgebunden war.

[30] *Zuck* NVwZ 2005, 739 (740), verwendet in diesem Zusammenhang das schöne Bild von Skylla und Charybdis.

[31] So etwa der Beschluss der 1. Kammer des Ersten Senats vom 9.7.2007 – 1 BvR 646/06 –, NJW 2007, 3418; der Beschluss vom 29.3.2007 – 2 BvR 120/07 –, juris, dürfte schon aus diesem Grunde unrichtig sein. Die Anforderungen des Beschlusses an die Darlegung des Grundrechtsverstoßes stellen sich zudem deshalb als überhöht dar, weil der Bundesgerichtshof in der der Verfassungsbeschwerde vorangehenden Entscheidung (Beschluss vom 11.12.2006 – 5 StR 70/06) über die erhobene Anhörungsrüge immerhin von deren Zulässigkeit, also auch einer den Anforderungen des § 321a Abs. 2 Satz 5 ZPO entsprechenden Begründung ausgegangen ist und sie lediglich in der Sache für unbegründet erachtet hat. Jedenfalls dann, wenn man diese Auslegung und Anwendung des Fachrechts durch den Bundesgerichtshof für bindend erachtet, hätte sich die Kammer darüber nicht hinwegsetzen dürfen.

diese im AR-Register des Bundesverfassungsgerichts zu „parken“, während parallel das fachgerichtliche Anhörungsrügeverfahrens betrieben wird.[32]

5. Mehrere Gehörsrügen

Nicht selten wirft der Beschwerdeführer dem Fachgericht nicht nur einen, sondern mehrere Gehörsverstöße vor. Auch in dieser Konstellation kommen die Grundsätze der Queen Mary II-Entscheidung zum Tragen.

Erhebt der Beschwerdeführer in einem solchen Fall zwar zunächst wegen einer angeblichen Gehörsverletzung eine Anhörungsrüge, macht er dann aber zum Gegenstand der Verfassungsbeschwerde eine Gehörsrüge, die er zuvor im Anhörungsrügeverfahren nicht erhoben hatte, obwohl er sie bereits dort hätte erheben können[33], so greift für die im Anhörungsrügeverfahren nicht erhobene Gehörsrüge der Grundsatz der Subsidiarität der Verfassungsbeschwerde. Dieser verlangt vom Beschwerdeführer, über die Erschöpfung des Rechtsweges im formalen Sinne hinaus die gegebenen Rechtsbehelfsverfahren „in gehöriger Weise“ zu betreiben.[34] Soweit die Durchführung des Anhörungsrügeverfahrens zur Rechtswegerschöpfung erforderlich ist, darf sich der Beschwerdeführer daher nicht mit „irgendeiner“ Anhörungsrüge begnügen, sondern muss dieses Verfahren auch gerade in Bezug auf denjenigen Gehörsverstoß nutzen, den er danach zum Gegenstand der Verfassungsbeschwerde machen will.[35]

Der im Anhörungsrügeverfahren gerügte Verstoß gegen Art. 103 Abs. 1 GG muss also mit dem im Rahmen der Verfassungsbeschwerde gerügten Verstoß identisch sein. Andernfalls ist die Verfassungsbeschwerde unzulässig.

Macht der Beschwerdeführer neben dem im Anhörungsrügeverfahren nicht gerügten Gehörsverstoß mit der Verfassungsbeschwerde auch diejenige Rüge weiterhin geltend, die er bereits zum Gegenstand des Anhörungsrügeverfahrens gemacht hatte, so ist hinsichtlich letzterer zwar der Rechtsweg ‚gehörig‘ erschöpft. Gleichwohl ist die Verfassungsbeschwerde insgesamt unzulässig: Auch wenn neben dem Verstoß gegen Art. 103 Abs. 1 GG nicht

[32] S. zur Problematik *Sperlich* in: Umbach/Clemens/Dollinger, BVerfGG, 2. Aufl. (2004), § 90 Rn. 122 f., *Heusch/Sennekamp* ebd., § 93 Rn. 33 ff., ferner *Klein/Sennekamp* NJW 2007, 945 (954 f).

[33] S. etwa den Beschluss der 1. Kammer des Ersten Senats vom 9.7.2007 – 1 BvR 646/06 –, NJW 2007, 3418 f.; anders liegt es in den Fällen des „neuen selbständigen Gehörsverstoßes“ im Anhörungsrügeverfahren selbst, dazu unten.

[34] Zu dieser Anforderung im Rahmen der Rechtswegerschöpfung allgemein vgl. BVerfGE 91, 93 (107); s. auch BVerfGE 107, 27 (44); 81, 22 (27 f.).

[35] Beschluss der 3. Kammer des Ersten Senats vom 27.6.2007 – 1 BvR 1470/07 –, NJW 2007, 3054 f.; Beschluss der 1. Kammer des Ersten Senats vom 9.7.2007 – 1 BvR 646/06 –, NJW 2007, 3418 f.

Verstöße gegen andere Grundrechtsnormen, sondern wenn mehrere Verstöße gegen Art. 103 Abs. 1 GG gerügt werden, gilt die Queen Mary II-Entscheidung: Macht der Beschwerdeführer einen Gehörsverstoß mit der Verfassungsbeschwerde erstmals geltend, obwohl er wegen dieses Verstoßes auch die Anhörungsrüge hätte einlegen können und müssen, so ist seine Verfassungsbeschwerde insgesamt, also auch in Hinblick auf weitere Gehörsverstöße unzulässig, auch wenn der Beschwerdeführer insoweit das Anhörungsrügeverfahren durchgeführt hatte.[36]

Anders formuliert: Sobald der Beschwerdeführer mit der Verfassungsbeschwerde auch nur einen Gehörsverstoß rügt, wegen dessen er die – statthafte – fachgerichtliche Anhörungsrüge nicht erhoben hatte, ist seine Verfassungsbeschwerde, gleichgültig welche Rügen er – im Rahmen „desselben Streitgegenstandes" – sonst noch erhebt, insgesamt unzulässig.

6. Verzicht auf mögliche Gehörsrügen

Um dieser Unzulässigkeitsfolge zu entgehen, scheint sich dem Beschwerdeführer der Ausweg anzubieten, die wegen unterbliebener Geltendmachung in einem Anhörungsrügeverfahren unzulässige Rüge der Verletzung rechtlichen Gehörs zurückzunehmen, um dadurch für die darüber hinaus erhobenen weiteren Grundrechtsrügen, die für sich allein betrachtet zulässig sind, die Zulässigkeit der Verfassungsbeschwerde herbeizuführen: Rügt die Verfassungsbeschwerde keinen Gehörsverstoß, kann – so könnte man denken – die fachgerichtliche Anhörungsrüge nicht Voraussetzung für die Zulässigkeit der Verfassungsbeschwerde sein. Praktisch wird diese Überlegung vor allem dann, wenn ein Beschwerdeführer nach Eingang der Verfassungsbeschwerde durch die AR-Abteilung des Bundesverfassungsgerichts auf die Konsequenzen der Queen Mary II-Rechtsprechung hingewiesen wird[37] und es dann bereut, neben der Verletzung anderer Grundrechte oder weiteren Gehörsverstößen auch einen solchen Gehörsverstoß geltend gemacht zu haben, wegen dessen er zuvor keine Anhörungsrüge erhoben hat.

Nach einem Beschluss der 1. Kammer des Zweiten Senats vom 4.9.2007[38] soll dieser Weg allerdings zumindest nach Ablauf der Verfassungsbeschwerde-

[36] Beschluss der 3. Kammer des Ersten Senats vom 27.6.2007 – 1 BvR 1470/07 –, NJW 2007, 3054 f.

[37] Etwa durch den in offensichtlichen Fällen üblichen einzelfallbezogenen Hinweis der AR-Abteilung oder durch Übersendung des Merkblatts über die Verfassungsbeschwerde zum Bundesverfassungsgericht (abrufbar über www.bundesverfassungsgericht.de), das unter III 2. b), das einen Hinweis auf die Problematik enthält. Allerdings wird unter Punkt VII des Merkblatts in teilweisem Widerspruch zur Kammerrechtsprechung die Rücknahme einzelner Rügen für zulässig gehalten.

[38] Beschluss der 1. Kammer des Zweiten Senats, 2 BvR 1311/05, NStZ-RR 2008, 28 f.

frist nicht mehr gangbar sein. Nur bis zum Ablauf dieser Frist könne der Beschwerdeführer über den Streitgegenstand disponieren, danach sei er an die erhobenen Rügen gebunden.[39] Noch weiter geht eine – im konkreten Fall allerdings nicht tragend gewordene – Überlegung der 2. Kammer des Zweiten Senats in einem Beschluss vom 18.7.2008[40]: Dort hatte der Beschwerdeführer, soweit ersichtlich, mit seiner Verfassungsbeschwerde von vornherein gar keinen Verstoß gegen Art. 103 Abs. 1 GG, sondern nur einen – im konkreten Fall dem Gehörsverstoß allerdings nahe stehenden – Verstoß gegen den Anspruch auf ein faires Verfahren gerügt. Gleichwohl meint die Kammer, möglicherweise sei die Verfassungsbeschwerde wegen Nichteinlegung der Anhörungsrüge unzulässig, da nach Lage des Falles in Betracht komme, dass die angegriffene Entscheidung gegen den Anspruch auf rechtliches Gehör verstoße.

Mit diesen Entscheidungen werden die Anforderungen an eine ordnungsgemäße Rechtswegerschöpfung überspannt.

Zwar ist in beiden Fällen das Argument der Queen Mary II-Entscheidung, die Anhörungsrüge hätte zur Überprüfung der angegriffenen Entscheidung auch in Hinblick auf andere Grundrechtsverstöße führen können, einschlägig. Denn auch ein Verfassungsbeschwerdeführer, der zwar eine Gehörsverletzung erkannt zu haben meint, ihrethalber aber keine Anhörungsrüge einlegt, sondern lediglich wegen anderer Grundrechtsrügen die Verfassungsbeschwerde einlegt bzw. weiterverfolgt, hätte bei Einlegung der Anhörungsrüge möglicherweise die Heilung der behaupteten anderen Grundrechtsverletzungen im fachgerichtlichen Verfahren erreichen können.

Die konsequente Anwendung dieses Arguments würde allerdings zu einer weitgehenden Verlagerung der Heilung von Grundrechtsverstößen in das Verfahren der fachgerichtlichen Selbstkorrektur führen. Dies liegt zwar grundsätzlich auf der Linie des Plenarbeschlusses vom 30.4.2003. Gleichzeitig würde aber die Verantwortung des Beschwerdeführers bereits im fachgerichtlichen Verfahren erheblich gesteigert, wenn man von ihm ganz allgemein erwartete, etwaige Gehörsverstöße – und zwar gerade solche, wegen derer er das Verfassungsbeschwerdeverfahren nicht (mehr) durchführen will – zu erkennen und rechtzeitig im fachgerichtlichen Verfahren geltend zu machen. Dies wäre vom Zweck des § 90 Abs. 2 BVerfGG kaum noch gedeckt. Der Beschwerdeführer soll vor Einlegung der Verfassungsbeschwerde alles unter-

[39] S. zur grundsätzlich zulässigen Rücknahme der *gesamten* Verfassungsbeschwerde BVerfGE 85, 109 (113) und im Ausgangspunkt auch BVerfGE 98, 218 (242), wo – im vorliegenden Zusammenhang nicht einschlägige – Voraussetzungen für eine Ausnahme angeführt werden; s. auch *Ruppert* in: Umbach/Clemens/Dollinger, BVerfGG, 2. Aufl., § 90 Rn. 13 f.; *Cornils* NJW 1998, 3624 ff. sowie zur Problematik insgesamt und insbesondere auch zur Rücknahme einzelner Rügen den Beitrag von *Klein* „Der Streitgegenstand der Verfassungsbeschwerde“ in diesem Band.

[40] Beschluss der 2. Kammer des Zweiten Senats – 2 BvR 1423/08 –, juris.

nommen haben, um denjenigen Grundrechtsverstoß, den er mit der Verfassungsbeschwerde geltend machen will, zu verhindern oder zu heilen. Es ginge zu weit, von ihm zu verlangen, auch gegen solche weiteren Grundrechtsverletzungen vorzugehen, die er mit der Verfassungsbeschwerde gar nicht (mehr) rügen will.

Die Sinnwidrigkeit der gegenteiligen Annahme zeigt die Fortspinnung der in den beiden Kammerbeschlüssen angedachten Rechtsprechungslinie: Die theoretische Möglichkeit der Heilung ‚anderer' Grundrechtsverstöße im fachgerichtlichen Verfahren besteht nicht nur dann, wenn der Beschwerdeführer einen (möglichen) Gehörsverstoß erkennt, aber von seiner Geltendmachung sowohl im Anhörungsrügeverfahren als auch im Verfassungsbeschwerdeverfahren absieht. Sie besteht auch dann, wenn der Beschwerdeführer einen Gehörsverstoß gar nicht erkennt, ihn aber bei Aufwendung der erforderlichen Sorgfalt hätte erkennen können. Wollte man die in diesen Fällen eröffnete, fahrlässig verkannte Möglichkeit, mit einer Anhörungsrüge auch in Bezug auf andere Grundrechtsverletzungen zum Erfolg zu gelangen, bereits für die Annahme der Subsidiarität der Verfassungsbeschwerde ausreichen lassen, so wären die ausschließlich auf andere Grundrechtsverletzungen gestützten Verfassungsbeschwerden in diesen Fällen unzulässig. Dies würde das unsinnige Erfordernis nach sich ziehen, dass das Bundesverfassungsgericht im Rahmen der von Amts wegen vorzunehmenden Prüfung der Zulässigkeit der Verfassungsbeschwerde jedes Ausgangsverfahren dahin zu untersuchen hätte, ob es etwa an einem – vom Beschwerdeführer fahrlässig verkannten – Gehörsverstoß leidet, der mit der Anhörungsrüge hätte geltend gemacht werden können.

Richtigerweise gilt der im Queen Mary II-Beschluss aufgestellte Grundsatz daher nur, wenn und solange der Beschwerdeführer den Gehörsverstoß, hinsichtlich dessen er die fachgerichtliche Anhörungsrüge versäumt hat, tatsächlich auch zum Gegenstand der Verfassungsbeschwerde macht. Rügt er mit der Verfassungsbeschwerde keinen Gehörsverstoß oder dokumentiert er mit der Rücknahme einer auf Art. 103 Abs. 1 GG gestützten Rüge, dass er an dieser Rüge nicht festhält, darf seine Verfassungsbeschwerde nicht wegen Nichteinlegung der fachgerichtlichen Anhörungsrüge als unzulässig behandelt werden. Dasselbe gilt, wenn der Beschwerdeführer zwar einen Gehörsverstoß mit der Verfassungsbeschwerde in zulässiger Weise rügt, er aber einen anderen, nach Lage des Falles nicht offensichtlich unbegründeten Gehörsverstoß sowohl im Anhörungsrügeverfahren als auch im Rahmen der Verfassungsbeschwerde zu rügen versäumt hat.

Wenn es oben also hieß, die Verfassungsbeschwerde ist insgesamt unzulässig, wenn der Beschwerdeführer auch nur einen Gehörsverstoß rügt, wegen dessen er die fachgerichtliche Anhörungsrüge nicht erhoben hatte, so ist dieser Grundsatz nicht auf die Fälle zu erweitern, bei denen er den Gehörsverstoß lediglich rügen könnte, die Rüge aber nicht (mehr) geltend macht: Die

Nichterhebung der Anhörungsrüge führt dann nicht zur Unzulässigkeit, wenn auch die Verfassungsbeschwerde den Gehörsverstoß nicht rügt.

IV. Verfassungsbeschwerde gegen die Entscheidung über die Anhörungsrüge

Ein Beschwerdeführer, der nach erfolgloser Durchführung des fachgerichtlichen Anhörungsrügeverfahrens die Behauptung eines Gehörsverstoßes zum Gegenstand der verfassungsgerichtlichen Überprüfung machen will, legt häufig, oft wohl ohne sich hierüber eingehende Gedanken zu machen, die Verfassungsbeschwerde sowohl gegen die Entscheidung über die Anhörungsrüge als auch gegen die mit dem angeblichen Gehörsverstoß behafteten vorausgegangenen Entscheidungen der Fachgerichte ein. Es kommt aber auch vor, dass lediglich der Beschluss über die Anhörungsrüge selbst, oder umgekehrt nur die dieser vorangehende Ausgangsentscheidung zum Gegenstand der Verfassungsbeschwerde gemacht wird. In diesen Konstellationen stellt sich die Frage, ob die Entscheidung über die Anhörungsrüge selbständiger Gegenstand der Verfassungsbeschwerde sein kann und gegebenenfalls sogar mit angegriffen werden muss, wenn die Verfassungsbeschwerde Erfolg haben soll.

Diese Frage wurde eine Zeitlang von verschiedenen Spruchkörpern des Bundesverfassungsgerichts unterschiedlich beantwortet. Während einige Beschlüsse der 1. Kammer des Zweiten Senats annahmen, dass die Entscheidung über die Anhörungsrüge in keinem Fall Gegenstand der Verfassungsbeschwerde sein könne, weil sie keine selbständige verfassungsrechtliche Beschwer enthalte, sondern sich in ihr allenfalls der in der Ausgangsentscheidung enthaltene Gehörsverstoß fortsetze[41], gingen andere Entscheidungen von der selbständigen Anfechtbarkeit aus.[42] Teilweise wurde dabei sogar die gegen die Ausgangsentscheidungen gerichtete Verfassungsbeschwerde mit einer auch der Queen Mary II-Entscheidung zugrundeliegenden Überlegung für unzulässig erachtet: Die Aufhebung der Entscheidung über die Anhörungsrüge führe zu deren Neubescheidung und damit zur Möglichkeit der Heilung des behaupteten Gehörsverstoßes in den Ausgangsentscheidungen, so dass der gegen diese Entscheidungen gerichteten Verfassungs-

[41] Beschlüsse vom 20.6.2007 – 2 BvR 746/07 –, StraFo 2007, 370 (Leitsatz auch in NJW 2007, 3563), und vom 17.7.2007 – 2 BvR 496/07 –, NStZ-RR 2007, 381, erneut aufgegriffen im Beschluss der 2. Kammer des Zweiten Senats vom 4.9.2008 – 2 BvR 2162/07 u.a., juris.

[42] Beschlüsse der 2. Kammer des Ersten Senats vom 17.8.2005 – 1 BvR 1165/05 –, juris, vom 14.3.2007 – 1 BvR 2748/06 –, NJW 2007, 2241 (2242), und vom 4.4.2007 – 1 BvR 66/07 –, NZA 2007, 1124.

beschwerde der Grundsatz der Subsidiarität der Verfassungsbeschwerde entgegenstehe.[43]

Mit dem Beschluss des Ersten Senats vom 23.10.2007[44] dürfte die Frage, ob die Entscheidung über die Anhörungsrüge überhaupt Gegenstand einer Verfassungsbeschwerde sein kann, im positiven Sinne entschieden sein.[45]

Das Bundesarbeitsgericht hatte die gegen die Entscheidung über ein Ablehnungsgesuch gerichtete Anhörungsrüge verworfen, weil gegen derartige Zwischenentscheidungen keine Anhörungsrüge gegeben sei. Obwohl das Bundesverfassungsgericht annimmt, in der Sache sei die Anhörungsrüge ohne Aussicht auf Erfolg gewesen und daher die Annahme der Verfassungsbeschwerde nicht für angezeigt im Sinne des § 93a Abs. 2 BVerfGG hält, führt es in seinen – insoweit allerdings nicht tragend gewordenen – Beschlussgründen aus, die gegen die Verwerfung der Anhörungsrüge gerichtete Rüge sei an sich zulässig (und verletze den Beschwerdeführer auch in seinen Rechten im Sinne des § 90 Abs. 1 BVerfGG).

Die Zulassung der Verfassungsbeschwerde gegen die Entscheidung über eine Anhörungsrüge erscheint plausibel, wenn man berücksichtigt, was Gegenstand der betreffenden Entscheidungen gewesen ist: Stets ging es um die verfassungsrechtlichen Anforderungen an den Zugang zum Anhörungsrügeverfahren, nicht aber um die inhaltliche Entscheidung über den Gehörsverstoß selbst.[46] Gerügt war im wesentlichen die Verletzung von Art. 103 Abs. 1 GG bzw. Art. 2 Abs. 1 GG in Verbindung mit dem Rechtsstaatsprinzip im Rahmen des Anhörungsrügeverfahrens.[47] In diesen Fällen lässt sich

[43] Beschlüsse der 2. Kammer des Ersten Senats vom 14.3.2007 – 1 BvR 2748/06 –, NJW 2007, 2241 (2242) und vom 4.4.2007 – 1 BvR 66/07 –, NZA 2007, 1124.

[44] Beschluss des Ersten Senats vom 23.10.2007 – 1 BvR 782/07 –, BVerfGE 119, 292; s. für die Zeit danach die Beschlüsse der 1. Kammer des Ersten Senats vom 26.2.2008 – 1 BvR 2327/07 –, NJW 2008, 2167 ff. und vom 5.5.2008 – 1 BvR 562/08, NJW 2008, 2635 f. sowie vom 12.1.2009 – 1 BvR 3113/08 –, juris.

[45] Unverständlich ist daher der Beschluss der 2. Kammer des Zweiten Senats vom 4.9.2008 – 2 BvR 2162/07 u.a., juris, der an der gegenteiligen Rechtsprechung ausdrücklich festhält, ohne den Senatsbeschluss vom 23.10.2007 auch nur zu erwähnen.

[46] So ging es in dem Verfahren 1 BvR 782/07 um die grundsätzliche Versagung des Anhörungsrügeverfahrens gegen eine Zwischenentscheidung, in der Sache 1 BvR 1165/05 um die Versagung des Anhörungsrügeverfahrens aufgrund der Verwendung eines offensichtlich überholten Gesetzestextes. Das Verfahren 1 BvR 2748/06 betraf die Versagung des Anhörungsrügeverfahrens bei Nichterreichen der Nichtzulassungsbeschwerdesumme gem. § 26 Nr. 8 EGZPO. Bei der Verfassungsbeschwerde 1 BvR 66/07 ging es um die Versagung des Anhörungsrügeverfahrens wegen grob fehlerhafter Annahme einer Verfristung. Der nach Erlass des Senatsbeschlusses entschiedene Fall 1 BvR 2327/07 betraf die Versagung des Anhörungsrügeverfahrens wegen grob fehlerhafter Verweigerung der Wiedereinsetzung.

[47] Der Beschluss vom 17.8.2005 – 1 BvR 1165/05 – bejaht neben der Verletzung von Art. 103 Abs. 1 GG in Verbindung mit Art. 20 Abs. 3 GG die Verletzung des Willkürverbots (Art. 3 Abs. 1 GG), der Beschluss vom 14.3.2007 – 1 BvR 2748/07 – nimmt neben der Verletzung von Art. 2 Abs. 1 GG in Verbindung mit dem Rechtsstaatsprinzip die Verletzung von Art. 103 Abs. 1 GG an.

schwerlich argumentieren, die Versagung des Zugangs zum Anhörungsrügeverfahren stelle lediglich die Fortsetzung des in der Sache selbst gerügten Gehörsverstoßes und damit keine eigenständige verfassungsrechtliche Beschwer dar, sondern nur die Aufrechterhaltung der in der Ausgangsentscheidung enthaltenen Beschwer, so dass es ausreiche, mit der Verfassungsbeschwerde die Ausgangsentscheidung anfechten zu können.[48] Dieser Standpunkt ließe sich allenfalls vertreten, wenn man im Verfahren über die Anhörungsrüge ein Rechtsbehelfsverfahren sui generis als bloßen Annex zum eigentlichen Verfahren sehen wollte[49], in dem die sonst geltenden rechtsstaatlichen Grundsätze keine Anwendung finden. In der Tat scheinen die beiden vor der Entscheidung des Ersten Senats ergangenen Beschlüsse der 1. Kammer des Zweiten Senats auf diese Sichtweise hinauszulaufen, wenn dort ausgeführt wird, selbst dann, wenn im Anhörungsrügeverfahren willkürlich oder unter Verstoß gegen Art. 101 Abs. 1 Satz 2 GG verfahren werde, fehle es an der verfassungsrechtlichen Beschwer.[50] Möglicherweise ließe sich auch von diesem Standpunkt aus ein in sich schlüssiges Modell verfassungsrechtlicher Gewährleistungen in Bezug auf die fachgerichtliche Überprüfung behaupteter Gehörsverstöße und deren verfassungsgerichtliche Kontrolle entwickeln. Überzeugend erscheint dieser Weg jedoch nicht. Es ist bereits schwer vorstellbar, dass ein gerichtliches Verfahren, dessen Existenz sogar verfassungsrechtlich gewährleistet ist, selbst den für alle anderen gerichtlichen Verfahren geltenden rechtsstaatlichen Anforderungen nicht soll genügen müssen.

Wenn demnach entsprechend dem Senatsbeschluss vom 23.10.2007 auch die Entscheidung über eine Anhörungsrüge grundsätzlich Gegenstand einer Verfassungsbeschwerde sein kann, so bedeutet dies freilich nicht, dass *jede* solche Entscheidung eine eigenständige verfassungsrechtliche Beschwer enthalten muss. Vielmehr zeigen die in diesem Zusammenhang bislang getroffenen Kammerentscheidungen, dass zu differenzieren ist. Eine eigenständige verfassungsrechtliche Beschwer enthält die Entscheidung über eine Anhörungsrüge dann, wenn diese Entscheidung selbst oder das ihr zugrundeliegende Anhörungsrügeverfahren an einem verfassungsrechtlich relevanten Fehler leidet, wobei insbesondere Verstöße gegen die rechtsstaatlichen Gewährleistungen des Grundgesetzes in Betracht kommen. Eine Anhörungsrügenentscheidung dagegen, die nach einem verfahrensfehlerfreien, rechtsstaatliche Grundsätze wahrenden Anhörungsrügeverfahren erlassen worden, gleichwohl inhaltlich fehlerhaft ist, indem sie einen zu Recht gerügten Gehörsver-

[48] So die Argumentation in den Beschlüssen der 1. Kammer des Zweiten Senats vom 20.6.2007 – 2 BvR 746/07 –, StraFo 2007, 370, und vom 17.7.2007 – 2 BvR 496/07 –, NStZ-RR 2007, 381.

[49] Vgl. für den Zivilprozess zur Problematik der systematischen Einordnung des § 321a ZPO in das Rechtsbehelfssystem *Schnabl* Die Anhörungsrüge (2007), S. 35 ff.

[50] S. auch Beschluss der 1. Kammer des Zweiten Senats vom 20.6.2007 – 2 BvR 746/07, NJW 2007, 3563.

stoß nicht heilt,[51] enthält keine eigenständige verfassungsrechtliche Beschwer: In solchen Fällen geht es tatsächlich nur um den der Ausgangsentscheidung zugrunde liegenden Gehörsverstoß, der durch die Anhörungsrügenentscheidung lediglich perpetuiert wird.[52] Zwar ist auch dann die Anhörungsrüge zur Erschöpfung des Rechtsweges erforderlich, die Verfassungsbeschwerde braucht jedoch nur gegen die Ausgangsentscheidung(en) gerichtet zu werden.

Im Erfolgsfall führt diese Differenzierung in den fachgerichtlichen Verfahren zu der praktisch sinnvollen, insbesondere die Eigenständigkeit des fachgerichtlichen Verfahrens wahrenden Konsequenz, dass bei einem das Anhörungsrügeverfahren betreffenden Verfassungsverstoß lediglich die Entscheidung über die Anhörungsrüge aufgehoben wird und das Fachgericht über sie erneut zu entscheiden hat. Wird dagegen ein – im Anhörungsrügeverfahren nicht geheilter – Gehörsverstoß in den Ausgangsentscheidungen festgestellt, so sind die von ihm betroffenen Ausgangsentscheidungen aufzuheben; die Entscheidung über die Anhörungsrüge dürfte in diesen Fällen lediglich für gegenstandslos zu erklären sein.[53]

Bemerkenswert ist eine verfassungsrechtliche Prämisse, die zwar in der Senatsentscheidung vom 23.10.2007 wie auch in einigen Kammerentscheidungen für den Einzelfall zum Ausdruck gebracht oder zumindest angedeutet, aber bislang nicht in grundsätzlicher Weise formuliert oder begründet worden ist, deren inhaltliche Tragweite aber nicht unterschätzt werden sollte: Auch für das Anhörungsrügeverfahren gelten die allgemeinen rechtsstaatlichen Grundsätze wie das Gebot des effektiven Rechtsschutzes[54], das Willkürverbot[55] und nicht zuletzt der Anspruch auf rechtliches Gehör[56]. Sie

[51] Der theoretisch ebenso denkbare Fall, dass im Anhörungsrügeverfahren ein Gehörsverstoß festgestellt wird, der tatsächlich gar nicht vorgelegen hat, ist bislang nicht praktisch geworden.

[52] Um derartige Fälle ging es, soweit aus den veröffentlichten Entscheidungen nachvollziehbar, in den den Beschlüssen der 1. Kammer des Zweiten Senats vom 20.6.2007 – 2 BvR 746/07, StraFo 2007, 370 und vom 17.7.2007 – 2 BvR 496/07 –, NStZ-RR 2007, 381, zugrundeliegenden Sachverhalten.

[53] S. zu vergleichbaren Konstellationen in der fachgerichtlichen Rechtsschutzkette *Stark* in: Umbach/Clemens/Dollinger, BVerfGG, 2. Aufl., § 95 Rn. 19, 46, 54.

[54] S. etwa den Senatsbeschluss selbst, ferner den Beschluss der 1. Kammer des Ersten Senats vom 26.2.2008 – 1 BvR 2327/07 –, NJW 2008, 2167 ff.

[55] S. etwa den Beschluss der 2. Kammer des Ersten Senats vom 17.8.2005 – 1 BvR 1165/05 –, juris.

[56] S. etwa den Beschluss der 2. Kammer des Ersten Senats vom 14.3.2007 – 1 BvR 2748/06 –, NJW 2007, S. 2241 f. Die in der Konsequenz dieser Annahme liegende Frage, ob dann, wenn die Entscheidung über die Anhörungsrüge auf einer „neuen und eigenständigen" Verletzung des Anspruchs auf rechtliches Gehör beruht, auch die Gewährung eines fachgerichtlichen Rechtsbehelfs gegen die Entscheidung über die Anhörungsrüge geboten, die Anhörungsrüge also auch gegen Anhörungsrügeentscheidungen eröffnet werden müsste, hat sich bislang noch nicht gestellt.

müssen vom Gesetzgeber bei der Ausgestaltung des Verfahrens und von den Fachgerichten bei der Rechtsanwendung berücksichtigt werden, ihre Verletzung bewirkt eine eigenständige verfassungsrechtliche Beschwer und kann mit der Verfassungsbeschwerde geltend gemacht werden.

V. Fortgesetzter Gehörsverstoß

Dies zugrundegelegt lässt sich auch die Problematik der sogenannten fortgesetzten Gehörsverstöße[57] erfassen. Dabei geht es darum, dass mit der Verfassungsbeschwerde letztlich nur gerügt wird, das zuletzt entscheidende Fachgericht habe in dem einschlägigen fachgerichtlichen Rechtsbehelfsverfahren – in der Regel dem Anhörungsrügeverfahren – einen die vorangehende Entscheidung betreffenden Gehörsverstoß nicht geheilt. Diese Fälle sind nicht selten. Es geht etwa um die Konstellation, dass der Betroffene im Nichtzulassungsbeschwerdeverfahren beim Revisionsgericht einen Gehörsverstoß des Berufungsgerichts rügt und gegen die Versagung der Zulassung mit der beim Revisionsgericht eingelegten Anhörungsrüge geltend macht, dieses habe den Gehörsverstoß nicht geheilt.[58] Insbesondere dann, wenn die Zurückweisung der Nichtzulassungsbeschwerde nicht näher begründet wird, wird in diesen Fällen häufig lediglich unter Wiederholung der bereits im Nichtzulassungsbeschwerdeverfahren geltend gemachten Rügen die Anhörungsrüge erhoben. Eine ähnliche Konstellation ergibt sich für den Zivilprozess etwa im Umgang des nach § 522 Abs. 2 ZPO durch Beschluss und damit letztinstanzlich entscheidenden Berufungsgerichts mit Gehörsverstößen, die gegenüber der Ausgangsentscheidung der ersten Instanz gerügt werden.

Nach einem Beschluss der 2. Kammer des Zweiten Senats vom 21.6.2005[59] sind die Vorschriften der Verfahrensordnungen über den Rechtsbehelf der Anhörungsrüge so auszulegen, dass sie jeden Gehörsverstoß erfassen. Ein solcher Verstoß liege auch dann vor, wenn das zuständige Beschwerdegericht den Rechtsbehelf trotz Vorliegens der übrigen Zulässigkeitsvoraussetzungen wegen fehlenden Zulassungsgrundes für unzulässig halte, obwohl es einen Gehörsverstoß bejahe. Dadurch mache es sich den gerügten Gehörsverstoß zu Eigen und perpetuiere den Verfassungsverstoß der Vorinstanz. Dem

[57] Auch „sekundärer Gehörsverstoß“ oder „perpetuierter Gehörsverstoß“. S. zur Problematik etwa *Zuck* NVwZ 2005, 739; *ders.* AnwBl 2008, 168 (171); *ders.* in der Anmerkung zum Beschluss vom 5.5.2008 – 1 BvR 562/08 –, NJW 2008, 2636 f.; *Sangmeister* NJW 2007, 2363 (2364); *Schabl* Die Anhörungsrüge (2007), S. 160 ff.

[58] So etwa die den Beschlüssen der 1. Kammer des Ersten Senats vom 9.7.2007 – 1 BvR 646/06 –, NJW 2007, 3418 f. und vom 5.5.2008 – 1 BvR 562/08 –, NJW 2008, 2635, zugrundeliegenden Fälle.

[59] Beschluss vom 21.6.2005 – 2 BvR 658/05 –, BVerfGK 5, 337; betroffen war die Rechtsbeschwerde im Ordnungswidrigkeitenverfahren, § 80 OWiG.

Betroffenen stehe daher in einem solchen Fall die Anhörungsrüge offen. Da der Beschwerdeführer im entschiedenen Fall die Anhörungsrüge gegen den Beschluss des Beschwerdegerichts nicht erhoben hatte, wurde seine Verfassungsbeschwerde für unzulässig erachtet.

Der Beschluss nimmt zweierlei an: Zum einen sieht er materiellrechtlich in der Nichtheilung eines Gehörsverstoßes, also dem „Zueigenmachen", wiederum einen Verstoß gegen Art. 103 Abs. 1 GG, zum anderen meint er in prozessualer Hinsicht, auch gegen einen derartigen Verstoß müsse die fachgerichtliche Anhörungsrüge eröffnet werden. Damit wird letztlich in der Nichtheilung eines Gehörsverstoßes eine eigenständige, mit der Anhörungsrüge angreifbare Verletzung gegen Art. 103 Abs. 1 GG gesehen.

Träfe dies zu, würde sich die Gefahr verwirklichen, die auch der Plenarbeschluss vom 30.4.2003 gesehen hat und vermeiden wollte[60], nämlich die Gefahr des unendlichen Rechtsmittelzuges. Der von der 2. Kammer des Zweiten Senats entschiedene Fall betraf zwar ein Ausgangsverfahren, das mit der Erstentscheidung des Beschwerdegerichts und nicht mit einer Anhörungsrügeentscheidung endete. Die im Kammerbeschluss enthaltenen Aussagen sind aber so allgemein formuliert, dass sie konsequenterweise auch auf Anhörungsrügeentscheidungen übertragen werden müssten, jedenfalls dann, wenn man annimmt, die Verfahrensgrundrechte wie etwa Art. 103 Abs. 1 GG würden auch für dieses Verfahren gelten. Denn dann wäre jede Nichtheilung eines Gehörsverstoßes im Anhörungsrügeverfahren ein eigenständiger Verstoß gegen Art. 103 Abs. 1 GG und müsste wiederum mit der Anhörungsrüge angegriffen werden können. Auch die im Kammerbeschluss enthaltene Einschränkung, dies gelte nur bei ‚bewußter' Nichtheilung eines Gehörsverstoßes, hilft kaum weiter. Die Behauptung, das Fachgericht habe nicht bloß fahrlässig, sondern bewußt das Gehör des Betroffenen verletzt, lässt sich ohne weiteres aufstellen, ohne dass dem Beschwerdeführer der Vorwurf gemacht werden könnte, er verhalte sich rechtsmißbräuchlich. Ob das Fachgericht einen Rechtsfehler bewußt oder unbewußt begeht, kann ein Beschwerdeführer naturgemäß nicht erkennen.

Richtigerweise ist aus dem Plenarbeschluss vom 30. 4.2003 abzuleiten, dass es verfassungsrechtlich nicht geboten ist, einen fachgerichtlichen Rechtsbehelf zu eröffnen, mit dem die Nichtheilung eines mit einem vorangehenden fachgerichtlichen Rechtsbehelf gerügten Gehörsverstoßes geltend gemacht werden kann.

Die Verfahrensordnungen müssen dem von einer gerichtlichen Entscheidung Betroffenen die Möglichkeit eröffnen, einen Gehörsverstoß mit einem fachgerichtlichen Rechtsbehelf zu rügen.[61] Anders formuliert bedeutet dies, dass der Betroffene einen verfassungsrechtlichen Anspruch auf Durchfüh-

60 BVerfGE 107, 395 (410 f.).
61 BVerfGE 107, 395 (408 ff.).

rung eines fachgerichtlichen Verfahrens wegen des angeblichen Gehörsverstoßes hat. Damit ist freilich nicht gesagt, dass ein verfassungsrechtlicher Anspruch auf fachgerichtliche Heilung von Gehörsverstößen bestehe. Vielmehr richtet sich der Anspruch des Betroffenen lediglich auf die Durchführung eines fachgerichtlichen Verfahrens, das die Rechtsbehauptung zum Gegenstand hat, die vorangehende Entscheidung beruhe auf einer Verletzung des Anspruchs auf rechtliches Gehör. Weder ist das tatsächliche Vorliegen eines Gehörsverstoßes Voraussetzung für dieses Verfahren, noch ist, falls ein Gehörsverstoß tatsächlich vorliegt, dessen Heilung von der verfassungsrechtlichen Garantie umfasst: Der Anspruch auf Durchführung eines gerichtlichen Verfahrens wird auch durch eine im Ergebnis fehlerhafte Entscheidung erfüllt. Im Plenarbeschluss heißt es ausdrücklich, es genüge „die einmalige Möglichkeit, eine behauptete Rechtsverletzung bei einem gerichtlichen Verfahrenshandeln einer einmaligen gerichtlichen Kontrolle zu unterziehen". Begehe „das Rechtsbehelfsgericht einen Fehler im Zuge der Überprüfung, ob Art. 103 Abs. 1 GG bei der vorangegangenen gerichtlichen Verfahrensdurchführung beachtet worden ist", führe dies „nicht zu einer erneuten Eröffnung des Rechtsweges". Das Risiko einer fehlerhaften Entscheidung sei dann hinzunehmen, da dem Gebot der Rechtssicherheit in diesem Fall der Vorrang eingeräumt werden könne.[62]

Eine Sichtweise, wonach eine fehlerhafte Nichtheilung des Gehörsverstoßes und damit eine fehlerhafte Behandlung der Rechtsbehauptung über das Vorliegen eines Gehörsverstoßes wiederum eine Gehörsverletzung bedeutete und zur Folge hätte, dass wiederum ein weiterer fachgerichtlicher Rechtsbehelf eröffnet werden müsste, ist mit diesem Standpunkt nicht zu vereinbaren.[63] Dementsprechend verlangt das Plenum einen fachgerichtlichen Rechtsbehelf auch nur bei „neuen und eigenständigen" Gehörsverstößen. Selbst wenn man in der Nichtheilung eines bereits vorher unterlaufenen Gehörsverstoßes einen Verstoß gegen Art. 103 Abs. 1 GG erblicken wollte, so würde es sich jedenfalls nicht um einen solchen „neuen und eigenständigen" Verstoß, sondern lediglich um die „Perpetuierung" eines bereits geschehenen Verstoßes handeln, hinsichtlich dessen die Eröffnung eines fachgerichtlichen Rechtsbehelfs nicht geboten ist.

Beschränkt sich damit das verfassungsrechtliche Gebot der Gewährleistung eines fachgerichtlichen Rechtsbehelfs auf „neue und eigenständige" Gehörsverstöße, so ist es zunächst eine Frage der Verfahrensordnungen der Fachge-

[62] BVerfGE 107, 395 (411).

[63] Vgl. im Ergebnis auch *Rensen* in: Wieczorek/Schütze, ZPO, 3. Aufl. (2007), § 321a Rn. 55; s. auch *Schnabl* Die Anhörungsrüge nach § 321a ZPO, 2007, S. 160 ff., der zwar annimmt, im Falle der Nichtheilung eines Gehörsverstoß liege eine erneute, wenn auch nicht „eigenständige" Verletzung von Art. 103 Abs. 1 GG vor, es bestehe aber in diesen Fällen kein verfassungsrechtliches Gebot für ein Anhörungsrügeverfahren. Einfachrechtlich soll aber die Anhörungsrüge eröffnet sein.

richte und damit ein Problem der Auslegung und Anwendung des einfachen Rechts, ob sich der dort gewährleistete Rechtsbehelf der Anhörungsrüge auf das verfassungsrechtlich Gebotene beschränkt, oder ob er darüber hinaus geht und etwa auch bei „fortgesetzten Gehörsverstößen“ eröffnet ist. Nachdem die Fachgerichte auf diese Frage zunächst nicht oder zumindest nicht mit der wünschenswerten Eindeutigkeit eingegangen sind, gehen mittlerweile jedenfalls das Bundessozialgericht[64] und der Bundesgerichtshof[65] mit Billigung des Bundesverfassungsgerichts[66] davon aus, dass eine Anhörungsrüge nach dem jeweils einschlägigen Verfahrensrecht nur im Fall der Rüge eines „neuen und eigenständigen“ Gehörsverstoßes statthaft ist.

Setzt sich diese Rechtsprechung der Fachgerichte allgemein durch, wird also die Anhörungsrüge im Falle der Rüge bloßer „fortgesetzter Gehörsverstöße“ von den Fachgerichten allgemein für unzulässig erachtet, dürfte dies für die Verfassungsbeschwerde künftig zur Folge haben, dass die Anhörungsrüge in diesen Fällen auch zur Erschöpfung des Rechtsweges im Sinne des § 90 Abs. 2 BVerfGG nicht mehr erforderlich sein wird.[67] Dementsprechend wird die Einlegung der „fortsetzenden“ Anhörungsrüge voraussichtlich die Frist für die Verfassungsbeschwerde nicht mehr offenhalten können.[68] Auch hier ergibt sich das Rechtswegerschöpfungs-/Verfristungs-Problem, das sich in diesem Fall in erster Linie am Begriff des „neuen und eigenständigen“ Gehörsverstoßes entscheidet. Dieser verfassungsrechtliche Begriff wird daher der näheren Klärung bedürfen.

VI. Zusammenfassung

Es konnten nur einige Hauptlinien zum verfassungsprozessualen Umgang des Bundesverfassungsgerichts mit der Anhörungsrüge in den Blick genommen werden, und auch diese nur in Form einer Momentaufnahme. Auch

[64] BSG NJW 2005, 2798

[65] Beschlüsse vom 20.11.2007 – VI ZR 38/07 –, NJW 2008, 923, vom 12.12.2007 – I ZR 47/06 –, NJW 2008, 2126, vom 31.1.2008 – III ZR 57/07 – und vom 19.5.2008 – VI ZR 159/07 –, beide unter www.bundesgerichtshof.de, s. dazu *Lindner* jurisPR – BGH Zivilrecht 4/2008, Anmerkung 5, *ders.* AnwBl 2008, 362 f. und *Tegebauer* DöV 2008, 954 (956 f.).

[66] Beschluss der 1. Kammer des Ersten Senats vom 5.5.2008 – 1 BvR 562/08 –, NJW 2008, 2635. Der Verfassungsbeschwerde lag der Beschluss des Bundesgerichtshofs vom 31.1.2008 – III ZR 57/07 – zugrunde.

[67] S. Beschluss der 1. Kammer des Ersten Senats vom 9.7.2007 – 1 BvR 646/06 –, NJW 2007, 3418 f.; Beschluss der 2. Kammer des Ersten Senats vom 23.10.2007 – 1 BvR 2208/07 –, juris; Beschluss der 1. Kammer des Ersten Senats vom 5.5.2008 – 1 BvR 562/08 –, NJW 2008, 2635.

[68] S. zum Zivilprozess bereits den Beschluss der 3. Kammer des Zweiten Senats vom 26.8.2008 – 2 BvR 1516/08 –, juris. S. auch *Tegebauer* DöV 2008, 954 (957).

wenn wichtige Weichenstellungen erfolgt und zahlreiche Detailfragen geklärt sind, steht zu erwarten, dass auch künftig noch eine Vielzahl von Fragen zur Entscheidung anstehen werden.

Der Queen Mary II-Beschluss enthält eine entscheidende Weichenstellung für zahlreiche Fallkonstellationen, die in ihrer Vielfalt bislang kaum zu überschauen sind. Die darauf aufbauende Kammerrechtsprechung ist zwar weitgehend mit der Funktion der Verfassungsbeschwerde als ultima ratio bei der Wahrung der verfassungsmäßigen Rechte des Beschwerdeführers zu rechtfertigen, es besteht aber die Gefahr der Überspannung der Anforderungen an die Zulässigkeit der Verfassungsbeschwerde. Dies wird zum Problem insbesondere dort, wo die Zulässigkeit der Verfassungsbeschwerde von der Subsumtion unter unbestimmte Rechtsbegriffe wie etwa den der „offensichtlichen Aussichtslosigkeit" abhängt. In anderen Bereichen, etwa bei der Frage, inwieweit die Verfahrensgrundrechte auch für das Anhörungsrügeverfahren gelten, oder wann von einem „neuen und eigenständigen Gehörsverstoß" im Sinne des Plenarbeschlusses auszugehen ist, sind ebenfalls noch weitere wichtige Entscheidungen zu erwarten.

Welche konkreten Fragen sich insoweit stellen werden, hängt zum einen von der ebenfalls längst nicht abgeschlossenen Entwicklung der Rechtsprechung der Fachgerichte zu dem in ihren jeweiligen Verfahrensordnungen noch recht jungen Rechtsbehelf der Anhörungsrüge ab, zum anderen scheint aber auch die Frage nach den materiellen Gehalten der einschlägigen Verfahrensgrundrechte bei weitem noch nicht abschließend geklärt. Schon deshalb wäre es wünschenswert, dass die Problematik nicht lediglich in der Kammerrechtsprechung des Bundesverfassungsgerichts abgehandelt wird, sondern dass in dem einen oder anderen Punkt auch die Senate des Gerichts in grundsätzlicher Form Stellung nehmen. Dies könnte nicht nur bei den Beschwerdeführern und den Fachgerichten zu größerer Klarheit führen, sondern auch dem Bundesverfassungsgericht selbst seine Tätigkeit nicht unerheblich erleichtern.

Der Streitgegenstand der Verfassungsbeschwerde

Oliver Klein *

Leitentscheidungen des Bundesverfassungsgerichts

1. BVerfGE 1, 264 (271) (Erster Senat).
2. BVerfGE 17, 252 (258) (Zweiter Senat).
3. BVerfGE 71, 202 (204) (Zweiter Senat).
4. BVerfGE 89, 69 (82) (Erster Senat).
5. BVerfGE 102, 370 (384) (Zweiter Senat).
6. BVerfG Beschluss vom 13.12.2007 – 1 BvR 2532/07 – (3. Kammer des Ersten Senats).

Schrifttum

Detterbeck, Steffen Streitgegenstand und Entscheidungswirkungen im Öffentlichen Recht, 1995; *Franßen, Everhardt* Verfassungsbeschwerde – eine verkappte Normenkontrolle?, in: ders. (Hrsg.), Bürger-Richter-Staat, Festschrift für Horst Sendler, 1991, 81; *Görisch, Christoph/Hartmann, Bernd J.* Grundrechtsrüge und Prüfungsumfang bei der Verfassungsbeschwerde, NVwZ 2007, 1007; *Magen, Stefan* Kommentierung zu § 92 BVerfGG, in: Umbach/Clemens/Dollinger (Hrsg.), BVerfGG, 2. Aufl. 2005; *Müller-Franken, Sebastian* Über den Umgang mit ungerügten Grundrechten bei der Verfassungsbeschwerde, DÖV 1999, 590; *Rennert, Klaus* Kommentierung zu § 95 BVerfGG, in: Umbach/Clemens (Hrsg.), BVerfGG, 1. Aufl. 1992; *Sachs, Michael* Die Bindung des Bundesverfassungsgerichts an seine Entscheidungen, 1977; *Träger, Ernst* Zum Umfang von Prüfungsbefugnis und Prüfungspflicht des Bundesverfassungsgerichts im Verfassungsbeschwerde-Verfahren, in: Faller u.a. (Hrsg.), Verantwortlichkeit und Freiheit, Festschrift für Willi Geiger, 1989, 762.

Inhalt

* Staatsanwalt *Dr. Oliver Klein,* Freiburg i.Br. Seit 2002 Staatsanwalt und Richter in der ordentlichen Gerichtsbarkeit von Baden-Württemberg. 2005 bis 2008 wiss. Mitarbeiter am BVerfG (Dez. Präsident *Prof. Dr. Dres. h.c. Hans-Jürgen Papier*). Bearbeitungsstand: August 2008.

I. Objektiver und subjektiver Streitgegenstandsbegriff

Der Begriff des Streitgegenstands[1] der Verfassungsbeschwerde ist auch knapp 60 Jahre nach Beginn der Beratungen über das Bundesverfassungsgerichtsgesetz[2] noch nicht abschließend geklärt. Eine gesetzliche Definition existiert ebenso wenig wie für die anderen Verfahrensarten des Verfassungsprozessrechts. In der Rechtsprechung des Bundesverfassungsgerichts finden sich widersprüchliche Aussagen hierzu;[3] und auch in den seltenen Stellungnahmen der Literatur wird Unterschiedliches vertreten.[4] Dabei ist die Bestimmung des Streitgegenstandes von überaus praktischer Relevanz, wirkt sie sich doch unmittelbar auf die Weite des Prüfungsumfangs sowie – in Fortsetzung hierzu – auf den Entscheidungsausspruch sowie den Grad seiner Rechtskraft und Bindung aus.

Trotz des Fehlens einer ausdrücklichen Definition schweigt das Gesetz allerdings nicht vollständig: § 95 Abs. 1, § 90 Abs. 1 und § 92 BVerfGG auf der Ebene des einfachen Rechts sowie Art. 93 Abs. 1 Nr. 4a GG auf verfassungsrechtlicher Ebene geben wichtige Hinweise für die Bestimmung des Streitgegenstandes, indem sie maßgeblich sowohl auf den angegriffenen Hoheitsakt als auch auf die hierdurch geschehene Verfassungsverletzung abstellen.[5] Der Streitgegenstand setzt sich folglich zumindest aus zwei Elementen zusammen, nämlich zum einen aus dem angegriffenen Hoheitsakt und zum zweiten aus der aus diesem Hoheitsakt hervorgehenden – behaupteten – Grundrechtsverletzung.[6] Nach der insoweit unbestrittenen, allerdings auch nicht notwendig abschließenden Definition des Bundesverfassungs-

[1] Die Terminologie ist uneinheitlich. Teilweise wird unter Hinweis auf den fehlenden kontradiktorischen Charakter der Verfassungsbeschwerde auch der Begriff des „Verfahrensgegenstandes“ verwendet, vgl. *Detterbeck,* Streitgegenstand und Entscheidungswirkungen, 305 m.w.N. Doch spricht angesichts der parallelen Verwendung des Streitgegenstandsbegriffs in den einfachrechtlichen Verfahrensordnungen das Argument der sprachlichen Kompatibilität und der Anschlussfähigkeit für dessen Anwendbarkeit auch bei der Verfassungsbeschwerde. Auch das BVerfG verwendet den Begriff des „Streitgegenstands“ (BVerfGE 78, 320 [328]).

[2] Zu den Gesetzesberatungen s. *Träger* FS Geiger, 762 (770 ff). In das Grundgesetz wurde die Verfassungsbeschwerde erst im Jahr 1969 aufgenommen (vgl. BGBl. 1969 I S. 97).

[3] Dazu sogleich unter II.

[4] Eigene Gedanken finden sich – soweit ersichtlich – vor allem bei *Jesch* JZ 1954, 528 (531 f.); *Schlitzberger* NJW 1965, 10 ff.; *Sachs* Bindung des BVerfG an seine Entscheidungen, 379 ff.; *Franßen* FS Sendler, 81 ff.; *Rennert* in: Umbach/Clemens, BVerfGG, 1. Aufl., § 95 Rn. 14; *Detterbeck* Streitgegenstand und Entscheidungswirkungen, S. 511 ff.; *Müller-Franken* DÖV 1999, 590 (593 ff.); *Magen* in: Umbach/Clemens/Dollinger, BVerfGG, 2. Aufl., § 92 Rn. 6.

[5] Vgl. *Müller-Franken* DÖV 1999, 590 (593).

[6] Grundlegend *Rennert* in: Umbach/Clemens, BVerfGG, 1. Aufl., § 95 Rn. 14. Fortgeschrieben von *Stark* in: Umbach/Clemens/Dollinger, BVerfGG, 2. Aufl., § 95 Rn. 5. Der Grundgedanke stammt bereits von *Jesch* JZ 1954, 528 (532).

gerichts ist Streitgegenstand des Verfassungsbeschwerdeverfahrens die behauptete Grundrechtsverletzung des Beschwerdeführers durch den angegriffenen Hoheitsakt.[7]

Mit dieser Definition ist freilich noch nicht allzu viel erreicht. Ist die Einigkeit über die Bedeutung des angegriffenen Hoheitsaktes als des ersten Elementes des Streitgegenstandes noch groß, kann von einem einvernehmlichen Verständnis der Bedeutung seines zweiten Elementes, der behaupteten Verfassungsverletzung, keine Rede mehr sein. Hier setzen sich konsequent die überkommenen Streitigkeiten über das Verhältnis von subjektiver und objektiver Funktion der Verfassungsbeschwerde fort.[8] Die Befürworter einer eher objektiven Ausrichtung des Verfassungsbeschwerdeverfahrens beschränken die Bedeutung der konkreten Grundrechtsrüge des Beschwerdeführers auf die Frage der Zulässigkeit der Verfassungsbeschwerde, nämlich auf die Frage des Überwindens verschiedener Zulässigkeitshürden (zulässiger Antrag, Beschwerdebefugnis und hinreichend substantiierte Beschwerdebegründung). Ist die Verfassungsbeschwerde jedoch erst einmal zulässig, sei das Bundesverfassungsgericht nicht länger auf die Überprüfung der vom Beschwerdeführer konkret erhobenen Grundrechtsrüge beschränkt, sondern könne den angegriffenen Hoheitsakt von Amts wegen auch auf seine Vereinbarkeit mit weiteren, vom Beschwerdeführer selbst nicht in Anspruch genommenen Grundrechtsbestimmungen und darüber hinaus mit den Vorschriften des objektiven Verfassungsrechts überprüfen. Zu dieser Erstreckung des Prüfungsumfangs und damit des Streitgegenstands im Rahmen der Begründetheitsprüfung sei das Bundesverfassungsgericht nach dem Grundsatz „iura novit curia“ zumindest berechtigt, wenn nicht sogar verpflichtet[9] (objektiver Streitgegenstandsbegriff[10]).

Die Anhänger der im Ausgangspunkt allein subjektiven Funktion der Verfassungsbeschwerde messen dem zweiten Element des Streitgegenstandes, also der vom Beschwerdeführer konkret erhobenen Grundrechtsrüge und damit der individualisierten Beziehung, in die der Beschwerdeführer selbst den angegriffenen Hoheitsakt zu seinen in § 90 Abs. 1 BVerfGG genannten Rechten setzt, dagegen eine nicht nur streitgegenstandsbestimmende, son-

[7] BVerfGE 78, 320 (328).

[8] Vgl. dazu im Überblick *Benda/Klein* Verfassungsprozessrecht, 2. Aufl. 2001, Rn. 391 ff.; *Schlaich/Korioth* Das Bundesverfassungsgericht, 7. Aufl. 2007, Rn. 205 ff.; eingehend *E. Klein* DÖV 1982, 797 ff.

[9] Vgl. nur *Eckl* Der Streitgegenstand im Verfassungsprozess, Diss. München 1956, 108 f., 125; *Träger* FS Geiger, 762 (763 ff.); *Müller-Franken* DÖV 1999, 590 (593 ff.); *Görisch/Hartmann* NVwZ 2007, 1007 (1010 ff.); differenzierend *Sachs* Bindung des BVerfG an seine Entscheidungen, 379 ff.; jeweils m.w.N.

[10] Der Terminus des objektiven Streitgegenstands wurde in die Diskussion bislang nicht eingeführt, er soll im Weiteren jedoch der Kennzeichnung der widerstreitenden Auffassungen dienen.

dern zugleich streitgegenstandsbegrenzende Wirkung zu[11] (subjektiver Streitgegenstandsbegriff[12]). Der Beschwerdeführer stelle den angegriffenen Hoheitsakt eben nicht als solchen (d.h. unter jedem denkbaren rechtlichen Gesichtspunkt), sondern nur unter dem Gesichtspunkt der von ihm behaupteten Verfassungsverletzung zur Überprüfung. Dies zeige sich in § 95 Abs. 1 Satz 1 und insbesondere auch in § 90 Abs. 1 BVerfGG[13]. Nach dem Grundsatz des „ne ultra petita“[14] bestehe eine zwingende Beschränkung des Bundesverfassungsgerichts auf den vom Beschwerdeführer durch seinen Rügevortrag vorgegebenen Prüfungsumfang.

II. Die Rechtsprechung des Bundesverfassungsgerichts

Es gehört zu den interessanten Aspekten der Diskussion, dass beide Seiten die Rechtsprechung des Bundesverfassungsgerichts als Beleg für die Richtigkeit ihrer Auffassung in Anspruch nehmen – und dies auf den ersten Blick durchaus mit gewissem Recht.[15] Pikanter Weise verläuft die Linie der solchermaßen angeführten Belegstellen meist exakt zwischen den beiden Senaten des Bundesverfassungsgerichts. Während der Erste Senat sich auf den ihm vom Beschwerdeführer vorgegebenen Streitgegenstand beschränke, bestehe im Zweiten Senat eine Tendenz dazu, den Prüfungsumfang über den konkreten Rügevortrag des Beschwerdeführers hinaus auszuweiten.[16] Dass sich diese Scheidung tatsächlich jedoch nicht ohne weiteres trennscharf vornehmen lässt, zeigen freilich schon die gelegentlichen wissenschaftlichen Stellungnahmen von Mitgliedern des Bundesverfassungsgerichts. So haben sich etwa *Ernst Träger* und *Everhardt Franßen,* beide mit überlappender Amtszeit Mitglieder desselben, nämlich des Zweiten Senats, in durchaus pointierter Weise für bzw. gegen einen über die konkret erhobene Grundrechtsrüge hinausgehenden Prüfungsumfang des Bundesverfassungsgerichts

[11] Vgl. *Jesch* JZ 1954, 528 (532); *Schlitzberger* NJW 1965, 10 (11); *Franßen* FS Sendler, 81 ff.; *Rennert* in: Umbach/Clemens, BVerfGG, 1. Aufl., § 95 Rn. 14: „verfassungsrechtliches Aktionensystem“; *Stark* in: Umbach/Clemens/Dollinger, BVerfGG, 2. Aufl., § 95 Rn. 5; *Magen* ebda., § 92 Rn. 6; *U. Stelkens* DVBl. 2004, 403 (408); *Hillgruber/Goos* Verfassungsprozessrecht, 2. Aufl. 2006, Rn. 91 ff.; differenzierend *Detterbeck* Streitgegenstand und Entscheidungswirkungen, 512 ff.; jeweils m.w.N.

[12] Vgl. mutatis mutandis Fn. 10.

[13] *Rennert* in: Umbach/Clemens, BVerfGG, 1. Aufl., § 95 Rn. 14.

[14] Dazu *Bethge* in: Maunz/Schmidt-Bleibtreu/Klein/Bethge, BVerfGG, Losebl. Lfg. Jan. 2005, Vorb. § 17 Rn. 21.

[15] Die Rechtsprechung der Landesverfassungsgerichte ist im Übrigen nicht weniger uneinheitlich, vgl. die Nachweise bei *Görisch/Hartmann* NVwZ 2007, 1007 (1010 f.).

[16] Vgl. nur die Auswertungen bei *Müller-Franken* DÖV 1999, 590 (591) und *Görisch/Hartmann* NVwZ 2007, 1007 (1009).

ausgesprochen.[17] Ganz so holzschnittartig wie gelegentlich geschildert kann es um die Rechtsprechung des Bundesverfassungsgerichts folglich nicht bestellt sein. Es ist deshalb angezeigt, die Spruchpraxis beider Senate einer genaueren Analyse zu unterziehen.

1. *Unterschiedliche Positionen von Erstem und Zweitem Senat?*

Betrachtet man zunächst die gemeinhin als weitergehend bezeichnete Rechtsprechung des Zweiten Senats, so stößt man im Wesentlichen auf zwei – vom Senat selbst jeweils als ständige Rechtsprechung bezeichnete – Rechtsprechungslinien der Erweiterung des Prüfungsumfangs von Amts wegen. Die erste Linie beinhaltet das Recht des Bundesverfassungsgerichts, seine Prüfung auf vom Beschwerdeführer zwar nicht ausdrücklich gerügte, aber grundsätzlich rügefähige Verstöße von Grundrechten oder grundrechtsgleichen Rechten zu erstrecken.[18] Der Zweite Senat verharrt insoweit bei einer Prüfung der in Art. 93 Abs. 1 Nr. 4a GG, § 90 Abs. 1 BVerfGG genannten subjektiven Rechtspositionen, er verzichtet lediglich auf deren ausdrückliche Inanspruchnahme durch den Beschwerdeführer in der Verfassungsbeschwerdeschrift. Die zweite Rechtsprechungslinie weist über diesen Bereich der im Verfahren der Verfassungsbeschwerde an sich rügefähigen individuellen Rechte hinaus. Der Zweite Senat nimmt darin das Recht für sich in Anspruch, den angegriffenen Hoheitsakt im Rahmen einer einmal zulässigen Verfassungsbeschwerde über die in Art. 93 Abs. 1 Nr. 4a GG, §§ 13 Nr. 8a, 90 BVerfGG aufgeführten Rechte hinaus unter jedem in Betracht kommenden Gesichtspunkt auf seine verfassungsrechtliche Unbedenklichkeit hin zu überprüfen.[19] Damit greift der Zweite Senat jedenfalls der Formulierung nach umfassend in den Bereich des objektiven Verfassungsrechts über und erschließt sich die Gesamtheit des Verfassungsrechts als Prüfungsmaßstab. In jedem Fall spricht er aber nur von einem Prüfungsrecht, nie von einer Prüfungspflicht.

Der Erste Senat beschränkt seine Prüfung dagegen – nach einem frühen Irrläufer[20] – konsequent auf die vom Beschwerdeführer erhobene individuelle Grundrechtsrüge[21]. Dieser Ansatz wirkt sich mittelbar insbesondere

[17] *Träger* FS Geiger, 762 ff.; *Franßen* FS Sendler, 81 ff.

[18] Die Zitatenkette lautet BVerfGK 6, 239 (241); BVerfGE 71, 202 (204); 58, 163 (167); 54, 117 (124) und lässt sich über die weiteren Zwischenschritte BVerfGE 17, 252 (258); 6, 376 (385) schließlich auf die Entscheidung des Ersten Senats BVerfGE 1, 264 (271) zurückführen.

[19] BVerfGE 102, 370 (384); 99, 100 (119); 70, 138 (162); 57, 220 (241); 53, 366 (390); 42, 312 (325 f.). Auch diese Kette der Selbstreferenzen gründet ursprünglich über BVerfGE 17, 252 (258) auf BVerfGE 1, 264 (271).

[20] BVerfGE 23, 153 (165 f.).

[21] BVerfGE 82, 6 (18).

bei dem vom Senat für unzulässig erachteten Nachschieben von weiteren Grundrechtsrügen nach Ablauf der Monatsfrist des § 93 Abs. 1 BVerfGG aus.[22] Das bedeutet freilich nicht, dass der Erste Senat einen angegriffenen Hoheitsakt niemals an objektivem Verfassungsrecht messen würde. Ausgehend von der konkreten Grundrechtsrüge des Beschwerdeführers prüft er vielmehr in Anwendung der Elfes-Doktrin[23] regelmäßig, ob der eingreifende Hoheitsakt vor der Gesamtheit der „verfassungsmäßigen Ordnung" und damit auch vor den Regeln des objektiven Verfassungsrechts Bestand haben kann. Diese Prüfung umfasst in einem weiteren Sinn sogar die Frage, ob der angegriffene Hoheitsakt Grundrechte Dritter verletzt, da im Sinne der Widerspruchsfreiheit der Rechtsordnung ein eingreifender Hoheitsakt jedenfalls dann nicht gerechtfertigt werden könne, wenn dem Beschwerdeführer damit ein drittverletzendes Verhalten angesonnen werde.[24] In jedem Fall geht der Erste Senat aber eingriffsbezogen vor, die Prüfung nimmt in der vom Beschwerdeführer behaupteten Verletzung eigener Grundrechte oder grundrechtsgleichen Rechte ihren Ausgang und verliert sie nie aus dem Blick; sie bleibt rügezentriert.

2. *Auflösung vermeintlicher Widersprüche*

Der Befund einer höchst diskrepanten Rechtsprechung der beiden Senate des Bundesverfassungsgerichts scheint sich nach dieser ersten Analyse folglich zunächst bestätigt zu haben. Verlässt man jedoch im Folgenden die Ebene der oftmals kategorisch formulierten Obersätze und bezieht die weiteren Entscheidungsinhalte ein, ergibt sich schnell ein ganz anderes Bild. Vermeintliche Widersprüche lösen sich auf, Übereinstimmungen werden sichtbar.

So verbirgt sich hinter der ersten vermeintlich streitgegenstandserweiternden Rechtsprechungslinie des Zweiten Senats[25] bei näherem Hinsehen nichts anderes als der auch vom Ersten Senat praktizierte Grundsatz, dass das Gericht für die Bestimmung des Streitgegenstands zwar an den Inhalt, nicht aber an den Wortlaut des Rügevortrags in der Verfassungsbeschwerdeschrift gebunden ist. Der wahre Inhalt der Rüge ist dabei durch Auslegung und vor dem Erklärungshintergrund eines „jedermann" (Art. 93 Abs. 1 Nr. 4a GG),

[22] BVerfGE 89, 69 (82); 85, 1 (11); 84, 212 (223); vgl. auch *Heusch/Sennekamp* in: Umbach/Clemens/Dollinger, BVerfGG, 2. Aufl., § 93 Rn. 98.

[23] BVerfGE 6, 32 (41). Die zu Art. 2 Abs. 1 GG entwickelten Überlegungen wurden in der Folgezeit auf die übrigen Grundrechtsbestimmungen übertragen, vgl. nur BVerfGE 32, 319 (326).

[24] BVerfGE 85, 191 (205 f.) in ausdrücklicher Abkehr von BVerfGE 77, 84 (101); BVerfGE 38, 281 (302 ff.). Vgl. dazu auch *Kube* DVBl. 2005, 721 ff.

[25] Oben Fn. 18.

also im Regelfall dem eines juristischen Laien, zu ermitteln.[26] Es bedarf daher nach übereinstimmender Rechtsprechung beider Senate weder der Bezeichnung eines konkreten noch des korrekten Grundrechtsartikels,[27] insoweit gilt tatsächlich der Verfahrensgrundsatz „iura novit curia". Es kommt folglich nicht so sehr darauf an, welche Grundrechtsbestimmung vom Beschwerdeführer formal ausdrücklich als verletzt gerügt wird, sondern darauf, welche Rechtsverletzung er der Sache nach angreift. Entscheidend ist dabei allein die Richtung des Rügevortrags. Wenn der Zweite Senat sich in der erwähnten Rechtsprechung daher nicht auf die Überprüfung des „ausdrücklich" als verletzt gerügten Rechtes (in den konkreten Fällen: auf rechtliches Gehör) beschränkt, sondern seine Prüfung auf ein – der Sache nach mitgerügtes, aber nicht ausdrücklich benanntes – anderes Grundrecht (in den konkreten Fällen: das Willkürverbot) erstreckt,[28] so fügt sich diese Rechtsprechung vollkommen zwanglos in die auch vom Ersten Senat praktizierte Rechtsprechung ein. In der Rechtsprechung beider Senate ist bis zur Grenze der Umdeutung, die spätestens im unzweideutig erklärten Willen des Beschwerdeführers liegt und über die sich das Gericht nicht hinwegsetzen darf,[29] nicht der Wortlaut, sondern die inhaltliche Richtung des Rügevortrags entscheidend. Bei entsprechendem Rügevortrag zu beispielsweise beruflichen Einschränkungen durch den angegriffenen Hoheitsakt umfasst der Streitgegenstand folglich die Prüfung nicht nur von Art. 12 GG, sondern gegebenenfalls auch von Art. 14, Art. 3 Abs. 1 und Art. 2 Abs. 1 GG. Entsprechende Schnittstellen sind im Bereich der Kommunikationsfreiheiten nach Art. 5 und Art. 8 GG sowie bei den Gewährleistungen des effektiven Rechtschutzes nach Art. 19 Abs. 4, Art. 20 Abs. 3, Art. 3 Abs. 1 und Art. 103 Abs. 1 GG, aber auch an weiteren Stellen denkbar.[30]

Auch die zweite oben herausgearbeitete Rechtsprechungslinie des Zweiten Senats[31] bleibt bei näherem Hinsehen hinter dem kategorischen Anspruch ihrer Obersätze weit zurück. Der Zweite Senat hat die dort formulierte Befugnis, eine einmal zulässige Verfassungsbeschwerde unter jedem Gesichtspunkt des (objektiven) Verfassungsrechts prüfen zu können, nämlich immer nur in einer ganz bestimmten Fallkonstellation aktiviert: In der Konstellation einer auf die Religions- und Gewissenfreiheit aus Art. 4 Abs. 1, Abs. 2 GG gestützten Verfassungsbeschwerde, die eine implizite Überprüfung des ange-

[26] Vgl. BVerfGE 103, 242 (257).

[27] BVerfGE 47, 182 (187); 84, 366 (369).

[28] So geschehen in BVerfGK 6, 239 (241); BVerfGE 71, 202 (204); 58, 163 (167); 54, 117 (124).

[29] Vgl. BVerfGE 2, 347 (367).

[30] Die Maßgeblichkeit der inhaltlichen Richtung des Rügevortrags dürfte damit über die bloße Unbeachtlichkeit grundrechtlicher Konkurrenzfragen noch hinausgehen. Zur Grundrechtskonkurrenz vgl. *Stern* Staatsrecht III/2, 1994, 1378 ff.

[31] Oben Fn. 19.

griffenen Hoheitsakts anhand des nach überkommener Auffassung institutionell geprägten und damit als „objektiv" eingestuften Staatskirchenrechts gemäß Art. 140 GG i.V.m. Art. 136 ff. Weimarer Reichsverfassung erforderlich machte.[32] Der Sache nach handelt es sich bei diesen Bestimmungen des Staatskirchenrechts, die das Bundesverfassungsgericht mittlerweile selbst als „Religionsverfassungsrecht" bezeichnet[33], aber nicht um von der verfassungsrechtlichen Rüge des Beschwerdeführers losgelöstes objektives Verfassungsrecht, sondern um notwendige Ergänzungen des grundrechtlichen Anspruchs.[34] Der Zweite Senat hat mit dieser Rechtsprechung daher bei Lichte betrachtet keineswegs eine umfassende Prüfungsbefugnis für alle Bereiche des objektiven Verfassungsrechts in Anspruch genommen, sondern vielmehr einer bereichsspezifischen Notwendigkeit Rechnung getragen und damit gleichsam – gegebenenfalls unbewusst – die sich nunmehr auch inhaltlich abzeichnende Entwicklung weg von einem institutionalisierten Staatskirchenrecht hin zu einem grundrechtlich fundierten Religionsverfassungsrecht prozessual vorweggenommen.[35]

Wirft man den Ballast der in ihrer Allgemeinheit zu weit formulierten Obersätze aus den Entscheidungen des Zweiten Senats ab, ergibt sich im Ergebnis eine weitgehende Kongruenz der Rechtsprechung beider Senate. Als Destillat verbleibt ein Streitgegenstandsbegriff, der seinen Ausgangs- und Fixpunkt in der vom Beschwerdeführer erhobenen verfassungsrechtlichen Rüge nimmt und auf diese Rüge ununterbrochen bezogen bleibt. Der konkrete Inhalt dieser Rüge ist dabei jedoch nicht allein anhand der vom Beschwerdeführer verwendeten Formulierungen, sondern in gleichsam objektivierter Weise anhand der von ihm der Sache nach vorgetragenen Grundrechtsverletzungen zu ermitteln. Um in dem Schema der bislang verwendeten Begrifflichkeiten zu verbleiben, ließe sich vielleicht von einem objektivierten subjektiven Streitgegenstandsbegriff sprechen, der der Rechtsprechung des Bundesverfassungsgerichts zugrunde liegt.

[32] BVerfGE 102, 370 (384); 99, 100 (119); 70, 138 (162); 57, 220 (241); 53, 366 (390); 42, 312 (325 f.).

[33] BVerfGE 102, 370 (393).

[34] Vgl. *Träger* FS Geiger, 762 (780). Nicht zufällig lautet die Urteilsformel der Entscheidung BVerfGE 102, 370: *„Das Urteil … verletzt die Beschwerdeführerin in ihrem Recht aus Artikel 140 des Grundgesetzes in Verbindung mit Artikel 137 Absatz 5 Satz 2 der Verfassung des Deutschen Reichs vom 11. August 1919."* (Hervorhebung nur hier).

[35] Zu dieser Entwicklung etwa *Borowski* Die Glaubens- und Gewissensfreiheit des Grundgesetzes, 2006, S. 298 ff.; *Heinig/Walter* (Hrsg.), Staatskirchenrecht oder Religionsverfassungsrecht?, 2007; *Walter* Religionsverfassungsrecht, 2006, 200 f., 493 ff.

III. Dogmatische Absicherung

Das gefundene Ergebnis bedarf freilich noch der dogmatischen Gegenprobe, um über den Status eines bloß tatsächlichen Befundes hinauszukommen. Verlässliche Ansatzpunkte hierfür finden sich in den gesetzlichen Vorschriften über Beginn und Ende des Verfassungsbeschwerdeverfahrens, also in den Vorschriften über die Einleitung des Verfahrens einerseits sowie über die Entscheidungsformel und Rechtskraftwirkung andererseits.

1. Antragsprinzip und Dispositionsmaxime

Das Verfahren der Verfassungsbeschwerde kann nach allgemeinen Grundsätzen nur durch den ordnungsgemäßen Antrag eines Beschwerdeführers eingeleitet werden; ein Tätigwerden des Gerichts von Amts wegen (ex officio) ist ausgeschlossen (§ 23 Abs. 1 Satz 1 BVerfGG). Beide Elemente des Streitgegenstands – die Benennung des angegriffenen Hoheitsaktes sowie die Behauptung, dadurch in einem verfassungsmäßigen Recht verletzt worden zu sein – sind notwendige Bestandteile des verfahrenseinleitenden Antrags des Beschwerdeführers (§ 23 Abs. 1 Satz 2, § 92 BVerfGG).[36] Dies bedeutet freilich für sich genommen noch nicht, dass dem Antrag auch streitgegenstandsbegrenzende Wirkung zukommen müsste. Es ließe sich durchaus auch vertreten, dass es dem Antragsteller in der Regel gleichgültig sein dürfte, aus welchen Gründen das Bundesverfassungsgericht den angegriffenen Hoheitsakt für verfassungswidrig erklärt.[37] Unstreitig ist jedoch, dass erst der Antrag die Jurisdiktion des Bundesverfassungsgerichts überhaupt eröffnet, die folglich jedenfalls zu Beginn des Verfahrens zur Disposition des Beschwerdeführers steht. Die den subjektiven Charakter des Verfahrens – und damit notwendig seines Streitgegenstandes – betonende Dispositionsmaxime endet auch nicht bereits mit der Erhebung der Verfassungsbeschwerde. In der Rechtsprechung des Bundesverfassungsgerichts ist vielmehr anerkannt, dass das Schicksal des Verfahrens auch in seinem weiteren Verlauf in der Hand des Beschwerdeführers verbleibt. Dies zeigt sich in der Berechtigung des Beschwerdeführers, seine Verfassungsbeschwerde im Verlauf des Verfahrens zurückzunehmen. Für das Gericht ist die Rücknahme der Verfassungsbeschwerde grundsätzlich verbindlich; mit der Begehr des Beschwerdeführers entfällt zugleich die Grundlage für eine Entscheidung.[38] Auf etwa vergeblich geleistete Vorarbeiten des Gerichts bis hin zur Erstellung entscheidungsreifer Entscheidungsentwürfe kommt es dabei grundsätzlich nicht

[36] Die Formulierung eines Antrags auf Aufhebung des angegriffenen Hoheitsakts ist dagegen nicht erforderlich, vgl. BVerGE 7, 111 (114).

[37] Vgl. *Detterbeck* Streitgegenstand und Entscheidungswirkungen, 308.

[38] BVerfGE 85, 109 (113); 106, 210 (213).

an.[39] Die Rücknahme ist auch hinsichtlich nur bestimmter Rügen möglich[40], was die Teilbarkeit des Streitgegenstandes denknotwendig voraussetzt. Die Rücknahme einer einzelnen Rüge kann prozesstaktisch etwa dann geboten sein, wenn hinsichtlich einer Rüge die Zulässigkeitsanforderungen nicht erfüllt sind und die Gefahr besteht, dass dadurch die gesamte Verfassungsbeschwerde „infiziert" wird[41].

Etwas anderes soll nach dem Urteil des Ersten Senats zur Rechtschreibreform allerdings ausnahmsweise dann gelten, wenn das Bundesverfassungsgerichts die Verfassungsbeschwerde vor der Rücknahmeerklärung des Beschwerdeführers bereits wegen allgemeiner Bedeutung zur Entscheidung angenommen hat, über die Verfassungsbeschwerde mündlich verhandelt worden ist und wenn die allgemeine Bedeutung auch in der Zeit bis zur Urteilsverkündung nicht entfallen ist. In einem solchen Fall liege die Entscheidung über den Fortgang des Verfahrens nicht mehr in der alleinigen Dispositionsbefugnis des Beschwerdeführers. Vielmehr stehe unter diesen Umständen die objektive Funktion der Verfassungsbeschwerde derart im Vordergrund, dass es geboten sei, trotz Rücknahme der Verfassungsbeschwerde zur Sache zu entscheiden.[42] Diese vom Bundesverfassungsgericht gemachte Ausnahme ist allerdings nur dem Ergebnis nach richtig. Allein das im Verlauf des Verfahrens und durch die Durchführung einer mündlichen Verhandlung angeblich steigende öffentliche Interesse rechtfertigt es nicht, dem Beschwerdeführer die Dispositionsbefugnis über sein eigenes Verfahren zu entziehen. Die im Ergebnis freilich notwendige Einschränkung der Dispositionsmaxime muss sich vielmehr an den folgenden zwei Parametern ausrichten: Erstens an einer Überprüfung der tatsächlichen Freiwilligkeit. Bestehen Anzeichen dafür, dass der Beschwerdeführer von dritter Seite in unzulässiger Weise zur Rücknahme gedrängt wurde, verlangt gerade der Gedanke des subjektiven Rechtsschutzes die Fortführung des Verfahrens.[43] Als zweites Kriterium ist die Missbrauchsgrenze heranzuziehen: Wird die

[39] Zu Beispielen in diesem Sinne vergeblicher Arbeit vgl. *Benda/Klein* Verfassungsprozessrecht, Rn. 406.

[40] BVerfG (3. Kammer des Ersten Senats), Beschl. v. 13.12.2007, 1 BvR 2532/07. Auch das offizielle und vom Geschäftsordnungsausschuss des BVerfG (vgl. § 3 Abs. 1 Satz 1 Buchst. a GOBVerfG) konsentierte Merkblatt des BVerfG zur Verfassungsbeschwerde (www.bundesverfassungsgericht.de) geht mittlerweile von der grundsätzlich unbefristeten Möglichkeit der Teilrücknahme auch einzelner Rügen aus („*Bis zur Entscheidung des Bundesverfassungsgerichts ist grundsätzlich die Rücknahme einer Verfassungsbeschwerde insgesamt oder einzelner Rügen sowie die Rücknahme eines Antrags auf Erlass einer einstweiligen Anordnung jederzeit möglich.*"). Anders jedoch BVerfG (1. Kammer des Zweiten Senats), NStZ-RR 2008, 28 (29): Teilrücknahme nur innerhalb der Monatsfrist möglich; BerlVerfGH NJW 2008, 3421.

[41] Vgl. BVerfG (3. Kammer des Ersten Senats), NJW 2005, 3059 – Queen Mary II.

[42] BVerfGE 98, 218 (242 f.).

[43] Es fehlt dann nämlich gerade an einer wirksamen Rücknahmeerklärung. Vgl. *Benda/Klein* Verfassungsprozessrecht, Rn. 286.

Rücknahmeerklärung gezielt dazu eingesetzt, bereits umfassend geleistete Arbeit des Bundesverfassungsgerichts zunichte zu machen und eine durch Indiskretion vorab bekannt gewordene missliebige Entscheidung in letzter Minute zu verhindern, kann das Bundesverfassungsgericht im Verfahrensgang fortfahren. Nach dieser zweiten Ausnahmemöglichkeit – der Missbrauchsalternative – lässt sich die genannte Entscheidung zur Rechtschreibreform im Ergebnis rechtfertigen, erfolgte die Rücknahme in diesem Fall doch im Anschluss an eine Presseindiskretion über den für die Beschwerdeführer negativen Ausgang des Verfahrens.[44]

2. *Entscheidungsformel und Bindungswirkung*

Die Maßgeblichkeit des konkreten Rügevortrags für den Gegenstand des Verfahrens spiegelt sich schließlich in der Vorschrift über die Formulierung einer stattgebenden Entscheidung (§ 95 Abs. 1 Satz 1 BVerfGG). Das Bundesverfassungsgericht hat danach in der Entscheidungsformel festzustellen, welche Vorschrift des Grundgesetzes und durch welche Handlung oder Unterlassung sie verletzt wurde.[45] Ziel des Verfahrens ist folglich nicht (allein) die Aufhebung oder Nichtigerklärung des angegriffenen Hoheitsakts, sondern die Feststellung der Verletzung bestimmter Verfassungsrechte. Hier liegt der eigentliche Akzent der Entscheidung.[46] Dass mit diesen bestimmten Verfassungsrechten nur die vom Beschwerdeführer selbst als verletzt gerügten Rechte gemeint sein können, zeigt nicht nur die Zusammenschau von § 95 Abs. 1 Satz 1 BVerfGG mit § 90 Abs. 1, § 92 BVerfGG und Art. 93 Abs. 1 Nr. 4a GG.[47] Es zeigt sich darüber hinaus zum einen in der Bestimmung des Streitgegenstandes im Spezialfall der kommunalen Verfassungsbeschwerde nach Art. 93 Abs. 1 Nr. 4b GG, §§ 13 Nr. 8a, 91 BVerfGG, der nach im Grundsatz unbestrittener Auffassung auf eine Überprüfung anhand der Selbstverwaltungsgarantie nach Art. 28 Abs. 2 GG sowie derjenigen Normen des Grundgesetzes beschränkt ist, die ihrem Inhalt nach das verfassungsrechtliche Bild der Selbstverwaltung mitzubestimmen geeignet und von der beschwerdeführenden kommunalen Körperschaft als verletzt gerügt sind.[48]

[44] *Löwer* in: Isensee/Kirchhof (Hrsg.), HStR III, 3. Aufl. 2005, § 70 Rn. 172 in Fn. 1396.

[45] *Stark* in: Umbach/Clemens/Dollinger, BVerfGG, 2. Aufl., § 95 Rn. 13.

[46] *Stark* in: Umbach/Clemens/Dollinger, BVerfGG, 2. Aufl., § 95 Rn. 12.

[47] Vgl. insoweit *Detterbeck* Streitgegenstand und Entscheidungswirkungen, S. 513. Die streitgegenstandsbegrenzende Wirkung der verfassungsrechtlichen Rüge entspricht damit in etwa der Konstellation einer zivilrechtlichen Klage aus einem Schutzrecht des geistigen Eigentums. Auch hier bestimmt sich der Streitgegenstand aus dem Antrag und dem im Einzelnen bezeichneten Schutzrecht, wird dieses also nicht im Wege materieller Anspruchskonkurrenz von Amts wegen erfasst; vgl. BGH GRUR 2001, 755 (756 f.); GRUR 2007, 1071 (1075).

[48] Hierzu aktuell BVerfG (2. Senat), NVwZ 2008, 183 (184, 192); grundsätzlich *Bethge* in: Maunz/Schmidt-Bleibtreu/Klein/Bethge, BVerfGG, Losebl. Lfg. Juli 2007, § 91 Rn. 56 ff.

Zum anderen hätte eine von der konkreten Rüge des Beschwerdeführers unabhängige, allein im Ermessen des Bundesverfassungsgerichts stehende Erweiterung des Prüfungsumfangs eine mit der Rechtskraft der Entscheidung unverträgliche Ungewissheit über die Reichweite der res iudicata zur Folge. Für den Rechtssuchenden wäre es dann nämlich nicht in jedem Fall ersichtlich, welche Vorschriften das Bundesverfassungsgericht zu seiner Prüfung herangezogen hat, da nicht jede vom Gericht angestellte Erwägung auch in den Entscheidungsgründen dokumentiert werden muss. Ein Beschwerdeführer könnte folglich nicht ersehen, inwieweit einer erneuten, mit neuer Begründung gegen denselben Hoheitsakt gerichteten Verfassungsbeschwerde trotz bislang unverbrauchter verfassungsrechtlicher Rüge der Einwand der entgegenstehenden Rechtskraft entgegengehalten werden könnte.[49] Dieser Ungewissheit ließe sich nur mit der Statuierung einer steten und umfassenden Prüfungspflicht des Bundesverfassungsgerichts begegnen, die Klarheit darüber schüfe, dass das Verfahrenshindernis entgegenstehender Rechtskraft stets umfassender Natur wäre. Eine solche Pflicht wäre zwar konsequent und wird gelegentlich auch eingefordert,[50] angesichts der Arbeitsbelastung des Bundesverfassungsgerichts handelt es sich dabei aber um einen eher akademischen Ansatz.

Etwas anderes gilt auch nicht für den Bereich der Rechtssatzverfassungsbeschwerde. Für diesen Bereich wird unter Hinweis auf § 31 Abs. 2 Satz 2 BVerfGG in Ausnahme von den allgemeinen Grundsätzen eine vom Rügevortrag des Beschwerdeführers losgelöste umfassende Prüfungsbefugnis und auch Prüfungspflicht gefordert. Der Ausspruch nach § 31 Abs. 2 Satz 2 BVerfGG, das Gesetz „sei mit dem Grundgesetz vereinbar“, könne nur nach einer umfassenden, einer objektivierten Normenkontrolle getroffen werden.[51] Doch beruht diese Ansicht auf einem zirkulären Fehlverständnis der Reichweite des § 31 Abs. 2 Satz 2 BVerfGG. Diese richtet sich nämlich gerade nach dem Prüfungsmaßstab des jeweiligen Verfahrens. Ist dieser beschränkt, kann auch nur die Vereinbarkeit mit den jeweiligen Maßstabsnormen – gegebenenfalls nach Maßgabe der Entscheidungsgründe – gesetzeskräftig festgestellt werden.[52] Eine unbeschränkte Kontrollbefugnis oder gar -verpflichtung kann aus § 31 Abs. 2 Satz 2 BVerfGG daher nicht abgeleitet werden.

[49] Zur Möglichkeit der erneuten Verfassungsbeschwerde gegen denselben Angriffsgegenstand bei veränderter Angriffsrichtung *Detterbeck* Streitgegenstand und Entscheidungswirkungen, 333 f., 339, 538 f. Das Problem dürfte angesichts der Bearbeitungszeiten beim Bundesverfassungsgericht einerseits und der Fristbestimmung des § 93 BVerfGG andererseits allerdings in praxi eher marginaler Natur sein.

[50] Vgl. nur *Müller-Franken* DÖV 1999, 590 (597).

[51] *Rennert* in: Umbach/Clemens, BVerfGG, 1. Aufl., § 95 Rn. 15; *Stark* in: Umbach/Clemens/Dollinger, BVerfGG, 2. Aufl., § 95 Rn. 6.

[52] *Bethge* in: Maunz/Schmidt-Bleibtreu/Klein/Bethge, BVerfGG, Losebl. Lfg. Juni 2001, § 31 Rn. 282, 300; *Heusch* in: Umbach/Clemens/Dollinger, BVerfGG, 2. Aufl., § 31

Von der Erstreckung des Prüfungsumfangs auf nicht gerügte Rechte zu unterscheiden ist schließlich die im Bereich der Rechtssatzverfassungsbeschwerde grundsätzlich anerkannte Erstreckung des Nichtigkeitsausspruchs auf Parallelnormen analog § 78 S. 2 BVerfGG.[53] Hierbei handelt es sich nicht etwa um eine inhaltliche Erweiterung des Prüfungsumfangs, die Entscheidung bleibt nach dem eindeutigen Wortlaut des § 78 S. 2 BVerfGG vielmehr auf „dieselben Gründe" beschränkt. Die Erstreckung beschränkt sich auf die Rechtsfolge der Nichtigkeit und nimmt damit lediglich die Konsequenzen vorweg, die sich ohnehin zwingend aus der Entscheidung ergeben.[54]

IV. Ergebnis

Im Ergebnis liegt der Rechtsprechung des Bundesverfassungsgerichts – und zwar beider Senate! – ein durch Auslegung und umfassendes Verständnis einer Angriffsrichtung objektivierter subjektiver Streitgegenstandsbegriff zugrunde, der zu einer rügespezifischen Prüfung von Zulässigkeit und Begründetheit der Verfassungsbeschwerde führt. Maßgeblich ist stets der Rügevortrag des Beschwerdeführers. Bei der Prüfung einer Verfassungsbeschwerde ist der angegriffene Hoheitsakt folglich allein an den – inhaltlich, nicht notwendig buchstäblich – als verletzt gerügten Grundrechten und grundrechtsgleichen Rechten zu messen. Der Streitgegenstand der Verfassungsbeschwerde ist insofern bei genauer Betrachtung durch die Zahl der erhobenen Rügen teilbar;[55] die einzelnen Rügen können ein unterschiedliches Schicksal nehmen und teilweise bereits auf Ebene der Zulässigkeit scheitern, teilweise aber auch die Ebene der Begründetheit erreichen.[56] Auch die Rücknahme einzelner Rügen ist möglich.[57]

Rn. 83; *Detterbeck* Streitgegenstand und Entscheidungswirkungen, S. 515. Selbst Anhänger des objektiven Streitgegenstandsbegriffs halten § 31 Abs. 2 Satz 2 BVerfGG daher als Argument für ungeeignet, vgl. *Sachs* Bindung des BVerfG an seine Entscheidungen, S. 386; *Müller-Franken* DÖV 1999, 590 (592 f.).

[53] Vgl. BVerfGE 18, 288 (300); 40, 296 (328 f.); 98, 365 (401).

[54] S. das Sondervotum der Richterin *Graßhof* in BVerfGE 91, 1 (38, 41 ff.), vgl. zudem *Graßhof* in: Umbach/Clemens/Dollinger, BVerfGG, 2. Aufl., § 78 Rn. 25.

[55] *Magen* in: Umbach/Clemens/Dollinger, BVerfGG, 2. Aufl., § 95 Rn. 6 in Fn. 12; *Hillgruber/Goos* Verfassungsprozessrecht, Rn. 92. Anders *Desens* NJW 2006, 1243 (1245), der allerdings insofern einem offensichtlichen Missverständnis unterliegt, als er sich auf die *Queen-Mary-II*-Kammerentscheidung des BVerfG bezieht, die allein auf den Streitgegenstand des *fachgerichtlichen* Verfahrens abstellt (vgl. NJW 2005, 3059).

[56] Beispielhaft BVerfGE 89, 69 (82); BVerfG (1. Kammer des Zweiten Senats), NVwZ-RR 2008, 611; Beschluss vom 23.5.2002 – 2 BvR 516/02 –.

[57] BVerfG (3. Kammer des Ersten Senats), Beschluss vom 13.12.2007 – 1 BvR 2532/07 –. Vgl. auch das offizielle Merkblatt des Bundesverfassungsgerichts zur Verfassungsbeschwerde

Die Zulässigkeit der Verfassungsbeschwerde ist somit kein Flaschenhals eines objektiven Beanstandungsverfahrens, sie ist Sachentscheidungsvoraussetzung für jede einzelne verfassungsrechtliche Rüge. Eine hiervon losgelöste weitergehende Prüfungsbefugnis auf Begründetheitsebene entwertete die eindeutig individualrechtlich konzipierten Zulässigkeitsstationen der Beschwerdebefugnis, des allgemeinen Rechtsschutzbedürfnisses sowie der Begründungs- und Substantiierungslasten in mit der gesetzlichen Wertung nicht zu vereinbarender Weise. Sie stellte zugleich den auf Art. 92 GG, § 1 Abs. 1 BVerfGG beruhenden Gerichtscharakter des Bundesverfassungsgerichts in Frage, zu dessen Wesensmerkmalen das Initiativverbot gehört.[58]

Trotz der gezeigten Übereinstimmung beider Senate in der Sache lassen die vom Zweiten Senat gelegentlich verwendeten Formulierungen allerdings in der Tat gehörig Raum für Fehlinterpretationen. Der Zweite Senat des Bundesverfassungsgerichts wäre daher gut beraten, seine zu Missverständnissen Anlass gebenden Obersätze zu überdenken und eine weniger kategorische Formulierung zu wählen. Die Gefahr sich in einer Kette von Selbstreferenzen verselbständigender Obersätze[59] ließe sich auf diesem Wege ohne größeren Aufwand bannen; eine Änderung der Rechtsprechung in der Sache wäre damit nicht verbunden.

(*„Bis zur Entscheidung des Bundesverfassungsgerichts ist grundsätzlich die Rücknahme einer Verfassungsbeschwerde insgesamt oder einzelner Rügen sowie die Rücknahme eines Antrags auf Erlass einer einstweiligen Anordnung jederzeit möglich.“*) und oben IV.1.

[58] *Classen* in: v. Mangoldt/Klein/Starck, GG, 5. Aufl. 2005, Art. 92 Rn. 15 m.w.N.

[59] Dass dieser Gefahr mitunter nicht nur die wissenschaftlichen Beobachter der Rechtsprechung des Bundesverfassungsgerichts, sondern auch die Kammern des Zweiten Senats selbst erliegen, zeigen verschiedene Kammerentscheidungen. Vgl. jüngst nur BVerfG (2. Kammer des Zweiten Senats), Beschluss vom 12.3.2008 – 2 BvR 378/05 –.

II.

Einzelne grundrechtliche und grundrechtsgleiche Gewährleistungen

Die Vertraulichkeit der Internetkommunikation

Matthias Bäcker*

Leitentscheidungen des Bundesverfassungsgerichts

1. BVerfG Beschluss vom 9. Oktober 2002 – 1 BvR 1611/96, 1 BvR 805/98 –, BVerfGE 106, 28.
2. BVerfG Urteil vom 2. März 2006 – 2 BvR 2099/04 –, BVerfGE 115, 166.
3. BVerfG Urteil vom 27. Februar 2008 – 1 BvR 370/07, 1 BvR 595/07 –, NJW 2008, 822.

Schrifttum

Albers, Marion Informationelle Selbstbestimmung, 2005; *dies.* Umgang mit personenbezogenen Informationen und Daten, in: Hoffmann-Riem, Wolfgang/Schmidt-Aßmann, Eberhard/Voßkuhle, Andreas (Hrsg.), Grundlagen des Verwaltungsrechts, Bd. 2, 2008, § 22; *Bär, Wolfgang* Handbuch zur EDV-Beweissicherung im Strafverfahren, 2007; *Böckenförde, Thomas* Auf dem Weg zur elektronischen Privatsphäre, JZ 2008, 925; *Britz, Gabriele* Vertraulichkeit und Integrität informationstechnischer Systeme, DÖV 2008, 411; *Buermeyer, Ulf* Die Online-Durchsuchung, HRRS 2007, 154; *ders.* Verfassungsrechtliche Grenzen der „Online-Durchsuchung", RDV 2008, 8; *Eifert, Martin* Informationelle Selbstbestimmung im Internet, NVwZ 2008, 521; *Hoffmann-Riem, Wolfgang* Der grundrechtliche Schutz der Vertraulichkeit und Integrität eigengenutzter informationstechnischer Systeme, JZ 2008, 1009; *Hornung, Gerrit* Ein neues Grundrecht, CR 2008, 299; *Roggan, Fredrik (Hrsg.)* Online-Durchsuchungen, 2008; *Rux, Johannes* Ausforschung privater Rechner durch die Polizei- und Sicherheitsbehörden, JZ 2007, 285; *Schlegel, Stephan* „Beschlagnahme" von E-Mail-Verkehr beim Provider, HRRS 2007, 44; *Seitz, Nicolai* Strafverfolgungsmaßnahmen im Internet, 2004; *Valerius, Brian* Ermittlungen der Strafverfolgungsbehörden in den Kommunikationsdiensten des Internet, 2004; *Volkmann, Uwe* Anmerkung zum Urteil des BVerfG vom 27.2.2008, 1 BvR 370/07 und 1 BvR 595/07, DVBl. 2008, 590.

* *Dr. Matthias Bäcker* ist Juniorprofessor für Öffentliches Recht an der Universität Mannheim; zuvor war er vom 1. Januar 2006 bis zum 30. Juni 2008 wissenschaftlicher Mitarbeiter der Richter des Bundesverfassungsgerichts *Professor Dr. Hoffmann-Riem* und *Professor Dr. Masing*. Für Hinweise und Kritik dankt er *Ulf Buermeyer, Dorothee Fahrbach, Felix Freiling* und *Mathias Hong*. Der Beitrag befindet sich auf dem Stand vom 7. November 2008; die im Folgenden zitierten URL waren an diesem Tag gültig.

Inhalt

I. Einleitung

Die Bedeutung der Internetkommunikation für das gesellschaftliche Leben hat in den letzten Jahren ständig zugenommen. Heute lassen sich vielfältige und detailreiche Aussagen über einzelne Bürger treffen, wenn die Daten erfasst und ausgewertet werden, die Aufschluss über Inhalte und Umstände ihrer Kommunikationsteilnahme geben. Daraus entstehen Begehrlichkeiten staatlicher Stellen, die Informationen über bestimmte Personen erlangen wollen, um ihre Aufgaben zu erfüllen.[1] Den Begehrlichkeiten entspricht ein Schutzbedürfnis der Betroffenen.

[1] Die zahlreichen und vielfältigen privaten Begehrlichkeiten, die sich gleichfalls auf die Internetkommunikation richten, sind nicht Thema dieses Beitrags, vgl. zu ihrer datenschutzrechtlichen Regulierung überblicksartig *Köhler/Arndt/Fetzer* Recht des Internet, 6. Aufl., 2008, Rn. 874 ff.

Dieses Schutzbedürfnis muss grundrechtlich abgebildet werden. Die Internetkommunikation schafft jedoch neue Herausforderungen für die grundrechtlichen Gewährleistungen, die herkömmlich kommunikative Vertraulichkeit sichern.[2] Das Internet stellt als komplexer Verbund von Rechnernetzen eine technische Infrastruktur bereit, auf deren Grundlage zahlreiche Dienste mit unterschiedlichen Funktionen angeboten werden. Einige dieser Dienste können zudem flexibel den Bedürfnissen des jeweiligen Nutzers angepasst werden. Im Internet verschwimmen Grenzen, die bislang für den Grundrechtsschutz von Kommunikationsvorgängen wesentlich, im Rahmen herkömmlicher, technisch und funktional klar definierter Kommunikationsmittel aber auch vergleichsweise leicht zu ziehen waren. So lassen sich Dienste mit und ohne fernkommunikative Funktion oder Angebote der Individual- und der Massenkommunikation[3] auf der technischen Ebene kaum unterscheiden.[4]

Eine besondere Garantie der Vertraulichkeit der Internetkommunikation enthält das Grundgesetz nicht. Die Schutzbedürfnisse, die sich aus dem Aufkommen des Internet ergeben, müssen daher mit dem vorhandenen Grundrechtsbestand bewältigt werden. Der Beitrag soll in einer systematischen Analyse zeigen, wie die Grundrechte des Grundgesetzes diesen Schutz nach

Zwar können für die Persönlichkeit des Einzelnen von „privaten Leviathanen" vergleichbar große Gefahren ausgehen wie von dem „hoheitlichen Leviathan", vgl. *Hoffmann-Riem* Informationelle Selbstbestimmung in der Informationsgesellschaft, AöR 123 (1998), 513 (525). Jedoch ist problematisch, ob und inwieweit sich die zu staatlichen Begehrlichkeiten entwickelten Regeln auf Bedrohungen durch Private übertragen lassen. Dies im Einzelnen zu erörtern, würde den Rahmen des Beitrags sprengen, vgl. beispielhaft für einen grundrechtsdogmatischen Neuansatz in diesem Bereich *Vesting* Das Internet und die Notwendigkeit der Transformation des Datenschutzes, in: Ladeur, Innovationsoffene Regulierung des Internet, 2003, 155 ff., und kritisch dazu *Kühling* Datenschutz in einer künftigen Welt allgegenwärtiger Datenverarbeitung, Die Verwaltung 40 (2007), 153 (164 ff.).

[2] Außer acht bleibt im Folgenden die globale Dimension des Internet, die sowohl erhebliche Steuerungsprobleme für die einzelnen Staaten schafft als auch vielfältige Fragen des internationalen Rechts aufwirft. Vgl. allerdings zu der Tendenz, den Entgrenzungen durch das Internet mit Strategien der Rekonstruktion vertrauter rechtlicher Bindungen zu begegnen, *Hoeren* Das Pferd frisst keinen Gurkensalat – Überlegungen zur Internet Governance, NJW 2008, 2615.

[3] Vgl. zur Konvergenz von Individual- und Massenkommunikation im Internet *Sieber* in: Hoeren/Sieber, Handbuch Multimedia-Recht, Stand 2008, Teil 1 Rn. 7.

[4] Eine Webseite im World Wide Web kann etwa ein Kommunikationsangebot an jedermann enthalten, aber auch durch ein Passwort gesichert werden, um nur ausgewählten Personen zugänglich zu sein. Sie kann auch den Zugang zu einem Dienst vermitteln, der zumindest nicht notwendigerweise der Fernkommunikation zwischen zwei oder mehr Personen dient; beispielsweise wird auch gängige Anwendungssoftware wie Textverarbeitungen in Form von Online-Diensten angeboten, die mittels eines Webbrowsers genutzt werden.

dem derzeitigen Stand der Grundrechtsdogmatik gewährleisten.[5] Zugleich sollen aktuelle Grundrechtsprobleme im Bereich der Internetkommunikation aufgezeigt werden.

Den grundrechtlichen Schutz der Vertraulichkeit der Internetkommunikation gewährleistet ein Gefüge grundrechtlicher Abwehrrechte. In erster Linie ist die in Art. 10 GG geregelte Garantie der Unverletzlichkeit des Fernmeldegeheimnisses[6] zu nennen (II). Soweit Art. 10 GG Schutzlücken belässt, kann das Grundrecht auf Schutz der Persönlichkeit[7] (Art. 2 Abs. 1 i.V.m. Art. 1 Abs. 1 GG) greifen, das als entwicklungsoffene Generalklausel darauf angelegt ist, neuartigen Gefährdungen der Persönlichkeit zu begegnen.[8] Für die Vertraulichkeit der Internetkommunikation sind insbesondere zwei Ausprägungen dieses Grundrechts von Belang, das Grundrecht auf Gewährleistung der Vertraulichkeit und Integrität informationstechnischer Systeme (III) sowie das Grundrecht auf informationelle Selbstbestimmung (IV). Abschließend wird das entwickelte grundrechtliche Gefüge im Zusammenhang dargestellt (V).

II. Schutz der laufenden Internetkommunikation durch Art. 10 GG

1. Gegenstand und Grenzen des Grundrechtsschutzes

In erster Linie wird die Vertraulichkeit der Internetkommunikation durch Art. 10 GG geschützt, der die Unverletzlichkeit des Fernmeldegeheimnisses garantiert. Dieses Grundrecht schirmt Fernkommunikation gegen staatliche

[5] Hingegen wird zu der Frage, inwieweit möglicherweise ein abweichendes Schutzkonzept vorzugswürdig wäre, nicht umfassend Stellung bezogen, vgl. aber noch unten III 2 b, zum Verhältnis des „neuen" IT-Grundrechts zu Art. 10 GG.

[6] Der Erste Senat des Bundesverfassungsgerichts spricht in seinem Urteil zum nordrhein-westfälischen Verfassungsschutzgesetz durchweg vom „Telekommunikationsgeheimnis", vgl. BVerfG, Urteil vom 27.2.2008 – 1 BvR 370/07, 1 BvR 595/07 –, NJW 2008, 822, Rn. 182 und passim. Dieser Begriff beschreibt den Schutzbereich des Grundrechts unter den heutigen technischen Bedingungen präziser, findet jedoch im Verfassungstext keine Stütze. Hier wird dem Wortlaut des Grundgesetzes gefolgt, ohne dass damit in der Sache Kritik geübt werden soll.

[7] Der Erste Senat des Bundesverfassungsgerichts hat in mehreren jüngeren Entscheidungen diesen Begriff statt des herkömmlichen Begriffs „allgemeines Persönlichkeitsrecht" benutzt, vgl. BVerfG, Beschluss vom 26.2.2008 – 1 BvR 1602/07 u.a. –, NJW 2008, 1793, Rn. 39; Beschluss vom 10.3.2008 – 1 BvR 2388/03 –, NJW 2008, 2099, Rn. 58; Beschluss vom 27.5.2008 – 1 BvL 10/05 –, EuGRZ 2008, 428, Rn. 38. Der neue Begriff erscheint trotz seiner Sperrigkeit vorzugswürdig, um das Grundrecht aus Art. 2 Abs. 1 i.V.m. Art. 1 Abs. 1 GG von dem einfachrechtlichen allgemeinen Persönlichkeitsrecht abzugrenzen, das mit ihm nicht identisch ist, vgl. ausdrücklich BVerfG, Beschluss der 1. Kammer des Ersten Senats vom 22.8.2006 – 1 BvR 1168/04 –, NJW 2006, 3409 (3410); implizit auch BVerfG NJW 2008, 1793, Rn. 51 und 78 ff.

[8] Vgl. zu dieser Funktion des Grundrechts BVerfGE 65, 1 (41); 118, 168 (183); BVerfG NJW 2008, 822, Rn. 169.

Kenntnisnahme ab. Seinen Grund findet es darin, dass der Einzelne, der über Distanz kommunizieren will, auf ein Kommunikationsmittel angewiesen ist, das er nicht vollständig beherrschen kann. Daraus ergibt sich ein besonderes Risiko staatlichen Zugriffs, dem Art. 10 GG begegnet, indem er besondere Zugriffsschranken errichtet.[9] Das Grundrecht schützt damit die Persönlichkeit, indem es ein Medium der Persönlichkeitsentfaltung als Schutzzone bewertet, in die der Staat grundsätzlich nicht eindringen darf. Ob im Einzelfall der Kommunikationsinhalt besonders schutzwürdig erscheint oder nicht, ist für den Grundrechtsschutz irrelevant. Insofern hat Art. 10 GG einen formalen Anknüpfungspunkt,[10] aus dem sein Schutzbereich zu entwickeln ist.

Das Fernmeldegeheimnis erfasst nicht nur den Kommunikationsinhalt, sondern auch die Umstände der Fernkommunikation. Zu den geschützten Kommunikationsumständen gehören die Angaben, ob, wann und wie oft zwischen welchen Personen oder Anschlüssen Telekommunikationsverkehr stattgefunden hat oder versucht worden ist.[11] Die Kommunikationsumstände genießen einen selbstständigen grundrechtlichen Schutz, der nicht etwa lediglich von dem Schutz der Kommunikationsinhalte abgeleitet ist. Die Ermittlungsbehörden können aus ihnen auch Folgerungen ziehen, die nur entfernt oder überhaupt nicht mit dem Kommunikationsinhalt zusammenhängen.[12] Selbst wenn eine staatliche Stelle von vornherein nur an Kommunikationsumständen und nicht auch an Kommunikationsinhalten interessiert ist, bedarf sie daher einer Eingriffsermächtigung, die den Anforderungen von Art. 10 GG genügt.[13]

a) Internetkommunikation als Schutzgegenstand

Das Grundrecht aus Art. 10 GG schützt die Vertraulichkeit der Telekommunikation unabhängig davon, wie sie technisch vermittelt wird und in welcher Form die Kommunikationsinhalte übertragen werden.[14] Damit fällt die

[9] BVerfGE 85, 386 (396); *Gusy*, in: v. Mangoldt/Klein/Starck, GG, 5. Aufl., 2005, Art. 10 Rn. 18 f.; *Hermes* in: Dreier, GG, 2. Aufl., 2004, Art. 10 Rn. 15; *Stern* Das Staatsrecht der Bundesrepublik Deutschland, Bd. IV/1, 2006, 217.

[10] *Albers* Informationelle Selbstbestimmung, 2005, 370; *Hermes* (Fn. 9), Art. 10 Rn. 18.

[11] BVerfGE 67, 157 (172); 85, 386 (396); 100, 313 (358); 106, 28 (37); 107, 299 (312 f.); 113, 348 (365); 115, 166 (183); BVerfG NJW 2008, 822, Rn. 183.

[12] So ermöglichen die Kommunikationsumstände Rückschlüsse darauf, mit wem und in welcher Intensität der Betroffene in Kontakt steht und welche Neigungen und Interessen er hat. Im Fall mobiler Telekommunikation können zudem die Bewegungen eines Kommunikationsteilnehmers nachvollzogen werden, vgl. BVerfGE 107, 299 (320); 115, 166 (183).

[13] Vgl. etwa die Eilanordnung zu der in §§ 113a f. TKG angeordneten Vorratsspeicherung von Telekommunikations-Verkehrsdaten, BVerfG, Beschluss vom 11.3.2008 – 1 BvR 256/08 –, NVwZ 2008, 543, Rn. 155, wiederholt durch Beschluss vom 1.9.2008, erneut wiederholt und teilweise erweitert durch Beschluss vom 28.10.2008.

[14] BVerfGE 106, 28 (36); 115, 166 (182).

Internetkommunikation unproblematisch in den Schutzbereich des Grundrechts.[15] Jedoch unterscheidet sich das Internet von herkömmlichen Fernkommunikationsmitteln wie Post oder Telefon darin, dass mit ihm sowohl Kommunikationsinhalte transportiert werden können, die sich an bestimmte Einzelne richten (etwa individuell adressierte E-Mails), als auch ein Kommunikationsangebot an die Allgemeinheit eröffnet werden kann (etwa durch eine jedermann zugängliche Webseite im World Wide Web). Daneben kann das Internet auch für Dienste genutzt werden, die nicht notwendigerweise eine fernkommunikative Funktion haben (etwa virtuelle Festplatten, mit denen Dateien im Netz gesichert werden, oder webbasierte Anwendungssoftware).

aa) Keine Begrenzung auf Individualkommunikation

In der Literatur wird oftmals vorgeschlagen, den Schutzbereich von Art. 10 GG auf solche Kommunikationsbeiträge im Internet zu begrenzen, die individuell an einen bestimmten Adressaten oder Adressatenkreis adressiert sind. Dazu wird ausgeführt, Kommunikationsangebote an jedermann seien nicht vertraulich. Grundrechtlichen Schutz vermittle insoweit nicht Art. 10 GG, sondern die aus Art. 5 Abs. 1 Satz 2 GG folgende Garantie der Rundfunkfreiheit.[16] Eine solche Begrenzung ist jedoch weder sinnvoll noch erforderlich.

Hat eine staatliche Ermittlungsmaßnahme die Umstände der Internetkommunikation zum Gegenstand, so ist dieser Vorschlag von vornherein nicht zielführend. Kommunikation im Rechnernetz ist immer insoweit Individualkommunikation, als ein vernetzter Rechner eine individuell adressierte Anfrage an einen anderen Rechner sendet, der eine gleichfalls individuell adressierte Antwort zurücksendet. Selbst wenn die Inhalte, auf die sich die Anfrage bezieht, jedermann offen stehen, sind die Adressdaten keineswegs für die Allgemeinheit bestimmt oder erkennbar. Greift eine staatliche Stelle auf sie zu, so kann sie Informationen über individuelle Interessen, Neigungen oder soziale Kontakte eines Kommunikationsteilnehmers erlangen.[17]

[15] BVerfGE 113, 348 (383); BVerfG NJW 2008, 822, Rn. 183. Abwegig ist hingegen die in der Literatur vereinzelt vertretene Auffassung, die unverschlüsselte Internetkommunikation unterfalle deshalb nicht dem Schutzbereich des Art. 10 GG, weil sie sich auf der Übertragungsstrecke leicht zur Kenntnis nehmen lasse, so *Pagenkopf* in: Sachs, GG, 4. Aufl., 2007, Art. 10 Rn. 14a. Gerade gegen dieses Risiko soll das Grundrecht schützen.

[16] So etwa *Albers* (Fn. 10), S. 371 f.; *Gusy* (Fn. 9), Art. 10 Rn. 42; *Groß* in: Friauf/Höfling, GG, Bearbeitungsstand 2000, Art. 10 Rn. 19; *Hermes* (Fn. 9), Art. 10 Rn. 38; *Jarass* in: ders./Pieroth, GG, 9. Aufl., 2007, Art. 10 Rn. 6; *Löwer* in: v. Münch/Kunig, GG, 5. Aufl., 2000, Art. 10 Rn. 18; *Seitz* Strafverfolgungsmaßnahmen im Internet, 2004, 258; *Stern* (Fn. 9), S. 227 f.

[17] Ähnlich *Sieber/Nolde* Sperrverfügungen im Internet, 2008, 81.

Wenn Gegenstand einer Ermittlungsmaßnahme die Inhalte der Internetkommunikation sind, liegt es zwar auf den ersten Blick nahe, individuell adressierte und öffentliche Inhalte zu unterscheiden. Es leuchtet ein, dass die Vertraulichkeit der Internetkommunikation nicht angetastet wird, wenn eine staatliche Stelle allgemein zugängliche Kommunikationsinhalte unter denselben Voraussetzungen wie jeder Dritte zur Kenntnis nimmt. Jedoch geht die Unterscheidung zwischen Individual- und Massenkommunikation von einer Perspektive aus, die nicht weiterführt, da sie den Erkenntnismöglichkeiten der handelnden staatlichen Stelle nicht Rechnung trägt.

Auf der technischen Ebene lassen sich Individual- und Massenkommunikation im Internet nicht zuverlässig unterscheiden. Insbesondere ist es nicht möglich, einzelne Kommunikationsdienste des Internet (etwa E-Mail oder Chat) pauschal der Individual- und andere (etwa das World Wide Web) der Massenkommunikation zuzuordnen.[18] So können E-Mails zur Massenkommunikation genutzt werden, indem sie über eine Mailingliste an einen Empfängerkreis versandt werden, in den sich jeder eintragen kann. Umgekehrt kann der Zugriff auf eine Webseite individualisiert werden, indem etwa ein Passwortschutz vorgeschaltet wird.[19] Im Übrigen weist gerade das World Wide Web technische Schnittstellen zu praktisch allen anderen Diensten auf (etwa über webbasierte Newsreader oder E-Mail-Dienste), so dass die unterschiedlichen Kommunikationsdienste bereits auf der Ebene des Übertragungsprotokolls nicht trennscharf abgegrenzt werden können.[20]

In der Literatur wird dementsprechend versucht, Individual- und Massenkommunikation im Internet anhand eines nicht technischen, sondern sozialen Kriteriums voneinander abzugrenzen. Maßgeblich sei, ob der Kommunikationssender Vorkehrungen getroffen habe, die bestimmt und geeignet sind, den Kreis der Empfänger zu beschränken. Wenn die staatliche Stelle vor dem Zugriff nicht erkennen könne, ob nach diesem Kriterium eine Individualkommunikation vorliege, sei als Zweifelsregel davon auszugehen, dass der Schutzbereich von Art. 10 GG berührt sei.[21] Jedoch führt dieses Kriterium zu

[18] So aber – im Kontext der Abgrenzung von Art. 10 GG und IT-Grundrecht – *Böckenförde* Auf dem Weg zur elektronischen Privatsphäre, JZ 2008, 925 (937 f.), der eine typisierende Betrachtung anstellen und insbesondere das World Wide Web aus dem Schutzbereich des Fernmeldegeheimnisses ausklammern will. Gerade das Internet, dessen Kommunikationsdienste oft oder sogar in der Regel multifunktional sind und sich zudem rasant weiterentwickeln, entzieht sich jedoch einer typisierenden Betrachtung.

[19] Manche webbasierten Anwendungen ermöglichen es darüber hinaus, den Zugang zu bestimmten Inhalten in abgestufter Weise zu eröffnen. So sind viele soziale Netzwerke (wie etwa Facebook, StudiVZ oder XING) grundsätzlich jedermann nach einer Anmeldung zugänglich. Die Teilnehmer können einander jedoch persönliche Nachrichten schicken oder ihre Profilseite so einstellen, dass nur ausgewählte andere Teilnehmer vollen Zugriff darauf haben.

[20] Hierauf verweisen zu Recht *Sieber/Nolde* (Fn. 17), S. 81.

[21] *Groß* (Fn. 16), Art. 10 Rn. 19; *Gusy* (Fn. 9), Art. 10 Rn. 43 f.; *Jarass* (Fn. 16), Art. 10 Rn. 6; *Löwer* (Fn. 16), Art. 10 Rn. 18; *Seitz* (Fn. 16), S. 259, 340.

erheblichen Abgrenzungsschwierigkeiten bei der Frage, wann ein technischer Zugangsschutz gewährleistet, dass die Kommunikationsteilnehmer individualisiert sind. Dafür kann nicht an die technische Sicherheit des Schutzmechanismus angeknüpft werden, die nichts darüber aussagt, welchem Personenkreis der geschützte Inhalt zugänglich sein soll.[22] Entscheidend müsste es vielmehr darauf ankommen, nach welchen Auswahlkriterien der Zugangsschlüssel verteilt wird.[23] Jedoch können Individual- und Massenkommunikation auf diese Weise nicht sinnvoll unterschieden werden. Erlangt eine Behörde ein Passwort etwa durch hoheitlichen Zwang, mit technischen Mitteln oder von einem Informanten, so wird sie in der Regel nicht wissen, nach welchen Kriterien das Passwort vergeben wurde. In der Folge wird zumeist die Zweifelsregel greifen, nach der Art. 10 GG berührt ist. Der Versuch, den Grundrechtsschutz zu begrenzen, läuft weitgehend leer.

bb) Autorisierung als maßgebliches Kriterium des Grundrechtsschutzes

Ein Kriterium, das den Schutzbereich von Art. 10 GG für die Internetkommunikation sachgerecht abgrenzt, muss perspektivisch bei der ermittelnden staatlichen Stelle und nicht bei (vermeintlichen) Eigenschaften des jeweils beobachteten Kommunikationsvorgangs ansetzen, die die Ermittlungsbehörde regelmäßig nicht erkennen kann. Für den Grundrechtsschutz kommt es auf die Modalitäten des staatlichen Zugriffs an, die der Behörde stets bekannt sind.

Der Erste Senat des Bundesverfassungsgerichts hat in seinem Urteil zum nordrhein-westfälischen Verfassungsschutzgesetz das maßgebliche Kriterium in der Autorisierung des staatlichen Zugriffs erkannt:[24] Erlangt eine staatliche Stelle auf dem technisch dafür vorgesehenen Weg Kenntnis von Inhalten oder Umständen der Internetkommunikation und ist sie dazu von mindestens einem Kommunikationsteilnehmer autorisiert, so lässt sie die Vertraulichkeit des Kommunikationsmittels unberührt und greift nicht in das Fernmeldegeheimnis ein. Denn Art. 10 GG schützt nur mediengebundenes Vertrauen, nicht aber das personengebundene Vertrauen des Einzelnen in die Zuverlässigkeit seiner Kommunikationspartner.[25]

[22] Im Übrigen läge in einem derartigen Kriterium auch insofern ein Systembruch, als Art. 10 GG generell gerade nicht nur die abhörsichere Fernkommunikation schützt, sondern dem Abhörrisiko begegnet, vgl. oben Fn. 15.

[23] Für eine solche Abgrenzung mit restriktiver Tendenz *Böckenförde* (Fn. 18), S. 936; *Valerius* Ermittlungen der Strafverfolgungsbehörden in den Kommunikationsdiensten des Internet, 2004, 71 ff.

[24] Vgl. BVerfG NJW 2008, 822, Rn. 290 ff.

[25] Vgl. bereits den Hörfallen-Beschluss des Ersten Senats des Bundesverfassungsgerichts, BVerfGE 106, 28 (35 ff.). Wird personen- und nicht mediengebundenes Vertrauen enttäuscht, können dem Betroffenen allenfalls andere Grundrechte helfen, etwa – bei Sprach-

Um einen autorisierten Zugriff handelt es sich zunächst, wenn eine staatliche Stelle auf dem technisch dafür vorgesehenen Weg ein Kommunikationsangebot im Internet wahrnimmt, das jedem zugänglich ist, etwa indem sie eine nicht zugangsgesicherte Webseite im World Wide Web aufruft oder sich in eine für jeden offene Mailingliste einträgt.[26] Daneben handelt die staatliche Stelle auch dann autorisiert, wenn ein Kommunikationsteilnehmer ihr willentlich den Zugang zu einem Kommunikationsvorgang eröffnet, der nur bestimmten Personen offen stehen soll. So liegt es etwa, wenn sie ein Passwort nutzt, das ein Kommunikationsteilnehmer ihr freiwillig mitgeteilt hat.[27] Darauf, dass die anderen Kommunikationsteilnehmer mit einer solchen Weitergabe möglicherweise nicht einverstanden sind, kommt es hingegen nicht an. Insoweit wird lediglich das personengebundene Vertrauen in den Kommunikationspartner enttäuscht, das Art. 10 GG gerade nicht schützt. Selbst wenn die staatliche Stelle sich den Zugang zu einem geschlossenen Kommunikationsangebot durch Täuschung erschleicht, etwa indem sie bei einer Anmeldung falsche Angaben über ihre Identität und Motivation macht, greift sie nicht in das Fernmeldegeheimnis ein: Das Grundrecht schützt laufende Fernkommunikation vor dem Staat, nicht aber vor ungewollter Fernkommunikation mit dem Staat.[28] In solchen Fällen kann aber das Grundrecht auf informationelle Selbstbestimmung berührt sein.[29]

Hingegen ist es als Eingriff in Art. 10 GG anzusehen, wenn eine staatliche Stelle auf Inhalte oder Umstände der Internetkommunikation zwar auf dem technisch dafür vorgesehenen Weg, aber ohne oder gegen den Willen der Kommunikationsbeteiligten zugreift. In einem derartigen Fall wird nicht das Vertrauen in den Kommunikationspartner enttäuscht, sondern die Vertraulichkeit des Kommunikationsmittels beeinträchtigt. Der Erste Senat führt als Beispiel an, dass ein Passwort, das mittels Keylogging[30] ermittelt wurde,

telefonaten – das Recht am gesprochenen Wort. Art. 10 GG ist in derartigen Fällen auch dann nicht berührt, wenn eine staatliche Stelle diese Enttäuschung veranlasst hat, in diese Richtung zur „Hörfalle“ jedoch *Sachs/Krings* Das neue „Grundrecht auf Gewährleistung der Vertraulichkeit und Integrität informationstechnischer Systeme“, JuS 2008, 481 (482).

[26] *Groß* (Fn. 16), Art. 10 Rn. 19; *Hermes* (Fn. 9), Art. 10 Rn. 54. Ein Eingriff in Art. 10 GG wäre hingegen zu bejahen, wenn die Behörde einen Webserver im Wege einer „Online-Durchsuchung“ infiltriert, um auf diesem Weg auf eine allgemein zugängliche Webseite zuzugreifen. In diesem – theoretischen – Fall würde die Behörde nicht den technisch vorgesehenen Zugriffsweg nutzen, so dass der Zugriff nicht autorisiert wäre.

[27] BVerfG NJW 2008, 822, Rn. 293.

[28] Bezogen auf die klassische Sprachtelekommunikation scheidet ein Eingriff in Art. 10 GG etwa aus, wenn ein Behördenmitarbeiter einen Grundrechtsträger mit verstellter Stimme anruft, um ein Bekanntschaftsverhältnis vorzutäuschen und so bestimmte Informationen zu erlangen.

[29] Dazu unten IV.

[30] Ein Keylogger ist eine Hard- oder Software, welche die Tastatureingaben eines Benutzers an einem Computer protokolliert.

eingesetzt wird, um Zugang zu gesicherten Kommunikationsinhalten zu erlangen.[31] Ein Eingriff ist daneben auch zu bejahen, wenn die staatliche Stelle sich den Zugriff durch hoheitlichen Zwang ermöglicht hat. So liegt es etwa, wenn ein Ermittlungsbeamter im Rahmen einer Wohnungsdurchsuchung den angeschalteten PC des Betroffenen dazu benutzt, dessen E-Mails abzurufen.[32]

Schließlich greift eine staatliche Stelle in Art. 10 GG ein, wenn sie Inhalte oder Umstände der Internetkommunikation auf einem Weg zur Kenntnis nimmt, der hierfür technisch nicht vorgesehen ist. Ein solcher Zugriff ist nie autorisiert.[33] So liegt es insbesondere bei einer netz- oder endgerätbasierten Überwachung des laufenden Datenverkehrs, etwa mittels einer Überwachungseinrichtung im Netz[34] oder im Rahmen der „Online-Durchsuchung" eines Rechners, der auch als Kommunikations-Endgerät genutzt wird.[35]

[31] BVerfG NJW 2008, 822, Rn. 292.

[32] Eine solche Maßnahme wird seit Anfang 2008 durch § 110 Abs. 3 StPO ausdrücklich erlaubt. Da die Norm zumindest auch Eingriffe in Art. 10 GG ermöglicht, erscheint erörterungsbedürftig, ob nicht eine erhöhte materielle Zugriffsschwelle hätte geregelt werden müssen, vgl. kritisch *Puschke/Singelnstein* Telekommunikationsüberwachung, Vorratsdatenspeicherung und (sonstige) heimliche Ermittlungsmaßnahmen der StPO nach der Neuregelung zum 1.1.2008, NJW 2008, 113 (115); *Sankol* Verletzung fremdstaatlicher Souveränität durch ermittlungsbehördliche Zugriffe auf E-Mail-Postfächer, K&R 2008, 279 ff.; keine Bedenken dagegen bei *Bär* Telekommunikationsüberwachung und andere verdeckte Ermittlungsmaßnahmen – Gesetzliche Neuregelungen zum 1.1.2008, MMR 2008, 215 (221 f.); *Schlegel* Online-Durchsuchung light – Die Änderung des § 110 StPO durch das Gesetz zur Neuregelung der Telekommunikationsüberwachung, HRRS 2008, 23 (29 f.). Der Zweite Senat des Bundesverfassungsgerichts hat eine Verfassungsbeschwerde unmittelbar gegen § 110 Abs. 3 StPO zutreffend für unzulässig gehalten, vgl. BVerfG, Beschluss vom 15.10.2008 – 2 BvR 236/08, 2 BvR 237/08 –, Rn. 116 ff. Vgl. ferner zu dem einfachrechtlichen Streitstand vor dem Inkrafttreten von § 110 Abs. 3 StPO *Seitz* (Fn. 16), S. 341, m.w.N.

[33] Insbesondere ändert es nichts an der Eingriffsqualität, wenn lediglich einer der Kommunikationsteilnehmer mit der Überwachung einverstanden ist. Auch die Kommunikationsteilnehmer sind lediglich dazu autorisiert, an dem Kommunikationsvorgang auf dem technisch dafür vorgesehenen Weg teilzunehmen; vgl. zu einer Fangschaltung im früheren analogen Telefonnetz mit allerdings überschießender Begründung BVerfGE 85, 386 (399).

[34] Die Betreiber von Telekommunikationsanlagen, mit denen Telekommunikationsdienste für die Öffentlichkeit erbracht werden, sind nach § 110 TKG i.V.m. der Telekommunikations-Überwachungsverordnung (TKÜV) verpflichtet, Standardschnittstellen bereitzustellen, um bestimmte Daten an die Ermittlungsbehörden ausleiten zu können. Die technische Spezifizierung ergibt sich aus einer Technischen Richtlinie der Bundesnetzagentur, die auf der Grundlage von § 110 Abs. 3 TKG i.V.m. § 11 TKÜV ergangen ist. Vgl. im Einzelnen *Graulich* in: Arndt/Fetzer/Scherer, TKG, 2008, § 110 Rn. 43 ff.

[35] BVerfG NJW 2008, 822, Rn. 184.

cc) Schutz sämtlicher Inhalte „im Netz"

Über das Autorisierungskriterium hinaus kann und muss der Gegenstand des Grundrechtsschutzes für die Internetkommunikation nicht eingegrenzt werden. Art. 10 GG schützt damit als Inhalte der Internetkommunikation alle Daten, die ein Grundrechtsträger für einen Abruf über das Internet zur Verfügung gestellt hat, solange sie sich „im Netz" befinden. Dies ist der Fall, solange die Daten auf einem vernetzten Rechner abgelegt sind und über das Internet abgerufen werden können. Dabei kommt es nicht darauf an, welchen Dienst der Betroffene nutzt. Der Grundrechtsschutz erstreckt sich auch etwa auf Online-Spiele[36] und Anwendungen wie Netzfestplatten oder webbasierte Textverarbeitungen, die nicht notwendig oder nicht einmal typischerweise dazu dienen, eine Fernkommunikation zwischen mehreren Personen zu ermöglichen.[37] All diese Dienste können auch zu kommunikativen Zwecken genutzt werden, da die erzeugten oder gespeicherten Daten weltweit über das Internet erreichbar sind. So kann der Nutzer einer Netzfestplatte oder einer webbasierten Textverarbeitung Dritten die Möglichkeit einräumen, auf die Anwendung zuzugreifen und Nachrichten abzurufen oder zu hinterlassen.[38] Das Internet bietet insofern über die bereits „klassischen" Fernkommunikationsdienste wie Chat oder E-Mail hinaus zahlreiche weitere Kommunikationsmöglichkeiten, die gleichfalls schutzbedürftig sind.[39] Da ex ante zumindest in aller Regel nicht abzusehen ist, ob ein Datenspeicher

[36] Erst jüngst haben Vertreter von US-amerikanischen Geheimdiensten die Sorge geäußert, Terroristen könnten Online-Rollenspiele nutzen, um miteinander konspirativ zu kommunizieren und Anschläge vorzubereiten, vgl. http://www.heise.de/newsticker/meldung/116055. Diese Meldung zeigt die kommunikativen Möglichkeiten solcher Spiele plastisch auf.

[37] Zweifelnd *Buermeyer* Verfassungsrechtliche Grenzen der „Online-Durchsuchung", RDV 2008, 8 (9 f.); ohne nähere Begründung ablehnend *Günther* Entscheidungsanmerkung, NStZ 2006, 643 (644); *Schlegel* „Beschlagnahme" von E-Mail-Verkehr beim Provider, HRRS 2007, 44 (48).

[38] Die Anbieter von virtuellen Festplatten oder webbasierter Anwendungssoftware werben vielfach gerade damit, dass die Einbindung in das Internet es ermöglicht, ohne Schwierigkeiten Dritten den Zugriff auf die gespeicherten Daten einzuräumen.

[39] Dies gilt selbst dann, wenn ein Dienst in vertragswidriger Weise zweckentfremdet wird. So werden zur konspirativen Fernkommunikation zuweilen die Entwurfsordner von webbasierten E-Mail-Diensten genutzt, in denen Nachrichten zum Abruf durch Dritte hinterlegt werden. Eine solche Nutzung von E-Mail-Postfächern ist nach den Allgemeinen Geschäftsbedingungen mancher E-Mail-Anbieter unzulässig. Dieser Vertragsbruch mag sich auf das Verhältnis des Kommunizierenden zu dem Anbieter auswirken; es ist jedoch kein Grund ersichtlich, warum die Fernkommunikation, die tatsächlich stattfindet, im Verhältnis zum Staat weniger schutzwürdig sein sollte. Vgl. dazu, dass die konspirative Nutzung des Entwurfsordners für sich genommen nicht etwa den Verdacht einer strafbaren Handlung begründet, BGH, Beschluss vom 18.10.2007 – StB 34/07 –, StV 2008, 84.

im Netz auch zu kommunikativen Zwecken genutzt wird, ist Art. 10 GG im Sinne einer Zweifelsregel anzuwenden.

b) Sachliche Grenzen des Grundrechtsschutzes

Das Grundrecht aus Art. 10 GG schützt die Vertraulichkeit der Internetkommunikation umfassend gegen unautorisierte Zugriffe durch staatliche[40] Stellen. Allerdings schützt das Grundrecht in seiner abwehrrechtlichen Funktion nur davor, dass eine staatliche Stelle sich unmittelbar Kenntnis von Inhalt oder Umständen der Fernkommunikation verschafft.[41] Die Grenzen des Schutzbereichs von Art. 10 GG sind erreicht, wenn die Stelle selbst entweder überhaupt keine Daten mit Kommunikationsbezug oder nur solche Daten erhebt, die erst im Zusammenwirken mit anderen Daten Zugriffe oder Rückschlüsse auf Inhalt oder Umstände eines Telekommunikationsvorgangs zulassen.

aa) Sperrverfügung

Eine sogenannte Sperrverfügung, mit der ein Kommunikationsmittler verpflichtet wird, den Zugriff auf bestimmte Inhalte im Internet durch seine Kunden zu verhindern,[42] greift daher nicht in Art. 10 GG ein.[43] Zwar muss der Kommunikationsmittler je nach den technischen Gegebenheiten Verkehrsdaten[44] oder Inhaltsdaten seiner Kunden verarbeiten, um die Verfügung umzusetzen.[45] Diese Daten werden der Behörde jedoch nicht übermittelt.[46]

[40] Um einen staatlichen Zugriff handelt es sich auch, wenn eine staatliche Stelle einen Kommunikationsmittler verpflichtet, Angaben über Inhalte oder Umstände der Internetkommunikation zu übermitteln, vgl. BVerfGE 107, 299 (313 f.). Dementsprechend greift auch die in § 113a TKG angeordnete Bevorratung von Telekommunikations-Verkehrsdaten durch die privaten Diensteanbieter zum Zweck staatlicher Abrufe in Art. 10 GG ein, vgl. dazu BVerfG NVwZ 2008, 543.

[41] Vgl. BVerfGE 85, 386 (398); 100, 313 (366); 107, 299 (313); 113, 348 (365).

[42] Solche Sperrverfügungen werden insbesondere zu Zwecken des Jugendschutzes durch § 20 Abs. 4 JMStV i.V.m. § 59 Abs. 4 RStV ermöglicht, vgl. ausführlich zu den Voraussetzungen *Sieber/Nolde* (Fn. 17), S. 91 ff. Daneben ermächtigen einige Polizeigesetze die Polizeibehörden, die Telekommunikation eines Störers mit technischen Mitteln zu unterbrechen, vgl. Art. 34a Abs. 4 BYPAG, § 10a HAPolDVG, § 34a Abs. 3 Satz 2 MVSOG, § 34a Abs. 4 THPAG.

[43] A.A. *Sieber/Nolde* (Fn. 17), S. 79 ff., m.w.N.

[44] § 3 Nr. 30 TKG.

[45] Zu den unterschiedlichen technischen Möglichkeiten, solche Verfügungen umzusetzen, *Pfitzmann/Köpsell/Kriegelstein* Sperrverfügungen gegen Access-Provider, 2008, 42 ff., URL: http://www.eco.de/dokumente/20080428_technisches_Gutachten_Sperrvervuegungen.pdf (sic!).

[46] Jedoch kann das Fernmeldegeheimnis in seiner objektiv-rechtlichen Dimension zum Tragen kommen: Daraus, dass eine staatliche Stelle einen privaten Kommunikationsmittler verpflichtet, Daten zu erheben oder zu verarbeiten, die durch Art. 10 GG geschützt sind,

bb) Ermittlung des Inhabers einer (dynamischen) IP-Adresse

Auch die einfachrechtlich höchst umstrittene[47] Auskunft über den Inhaber einer dynamischen IP-Adresse ist nicht an Art. 10 GG in seiner abwehrrechtlichen Dimension zu messen.

Die IP-Adresse ist eine Nummer, mit der ein Rechner in einem Rechnernetzwerk eindeutig adressiert wird. Wird ein Kommunikationsbeitrag über das Internet abgerufen oder versandt, so wird die IP-Adresse an den Rechner des Kommunikationspartners übermittelt.[48]

Erfährt eine staatliche Stelle – etwa durch eine Strafanzeige[49] –, dass ein bestimmter Kommunikationsbeitrag im Internet unter einer bestimmten

ergibt sich eine staatliche Verantwortung für die Folgen dieses Vorgangs. Insbesondere muss der Staat rechtliche Vorkehrungen treffen, um einen Missbrauch der Daten zu verhindern und ihre Sicherheit zu gewährleisten; vgl. allgemein zum objektiv-rechtlichen Gehalt von Art. 10 GG BVerfG, Beschluss der 1. Kammer des Ersten Senats vom 27.10.2006 – 1 BvR 1811/99 –, NJW 2007, 3055 f.

[47] Vgl. aus der Rechtsprechung LG Hamburg, Beschluss vom 23.6.2005 – 631 Qs 43/05 –, MMR 2005, 711; LG Hechingen, Beschluss vom 19.4.2005 – 1 Qs 41/05 –, NJW-RR 2006, 1196; LG Offenburg, Beschluss vom 17.4.2008 – 3 Qs 83/07 –, MMR 2008, 480; LG Stuttgart, Beschluss vom 5.11.2004 – 9 Qs 80/04 –, NStZ-RR 2005, 218; LG Stuttgart, Beschluss vom 4.1.2005 – 13 Qs 89/04 –, NJW 2005, 614; LG Würzburg, Beschluss vom 20.9.2005 – 5 Qs 248/05 –, NStZ-RR 2006, 46; AG Offenburg, Beschluss vom 20.7.2007 – 4 Gs 442/07 –, MMR 2007, 809; ferner zur zivilprozessualen Verwertbarkeit des Ermittlungsergebnisses LG Frankenthal, Beschluss vom 21.5.2008 – 6 O 156/08 –, K&R 2008, 467, aufgehoben durch OLG Zweibrücken, Beschluss vom 26.9.2008 – 4 W 62/08 –; aus dem Schrifttum etwa *Bär* Handbuch zur EDV-Beweissicherung im Strafverfahren, 2007, Rn. 205 ff.; *Sankol* Die Qual der Wahl: § 113 TKG oder §§ 100g, 100h StPO?, MMR 2006, 361 ff.; beide m.w.N.

[48] *Sieber* (Fn. 3), Teil 1 Rn. 52 ff.

[49] In der Praxis der Strafverfolgungsbehörden von erheblicher Bedeutung sind insbesondere die Massenanzeigen gegen die – zumeist jugendlichen – Nutzer so genannter Filesharing-Netzwerke, in denen auch urheberrechtlich geschützte Dateien angeboten werden, dazu *Beck/Kreißig* Tauschbörsen-Nutzer im Fadenkreuz der Strafverfolgungsbehörden, NStZ 2007, 304 ff. In jüngerer Zeit gehen die Strafverfolgungsbehörden vermehrt dazu über, in derartigen Fällen keine Ermittlungen mehr aufzunehmen, um der Anzeigenflut Herr zu werden, vgl. http://www.heise.de/newsticker/meldung/113898.

Abzuwarten bleibt, wie sich der seit dem 1.9.2008 in § 101 UrhG enthaltene Auskunftsanspruch desjenigen, dessen Urheberrecht verletzt wurde, gegen den Access-Provider auf die Anzeigefreudigkeit auswirken wird. Dies dürfte maßgeblich davon abhängen, wie großzügig die Zivilgerichte die Tatbestandsvoraussetzungen des Anspruchs auslegen. Die ersten Entscheidungen, die nach Inkrafttreten der Regelung ergangen sind, deuten an, dass viele Zivilgerichte zu einer weiten Interpretation neigen, vgl. LG Köln, Beschluss vom 2.9.2008 – 28 AR 4/08 –; (nur) aus prozessualen Gründen aufgehoben durch OLG Köln, Beschluss vom 21.10.2008 – 6 Wx 2/08 –; vgl. zu weiteren Beschlüssen auf einer ähnlichen Linie http://www.heise.de/newsticker/meldung/116683; deutlich restriktiver dagegen LG Frankenthal, Beschluss vom 15.9.2008 – 6 O 325/08 –; OLG Zweibrücken, Beschluss vom 27.10.2008 – 3 W 184/08 –. Allerdings verspricht der Anspruch aus § 101 UrhG im Vergleich zu dem Weg über eine Strafanzeige in jedem Fall insoweit weniger Erfolg, als für die

IP-Adresse abgerufen oder versandt wurde, so kennt sie damit bereits Inhalt und Umstände eines konkreten Kommunikationsvorgangs. Sie kann jedoch nicht in jedem Fall Rückschlüsse darauf ziehen, wer Inhaber des Telekommunikationsanschlusses ist, der mit der IP-Adresse bezeichnet wurde. Insbesondere ist ihr dies in der Regel nicht möglich, wenn die IP-Adresse dem Rechner des Betroffenen lediglich für die Dauer einer Verbindung zugewiesen wurde. Eine derartige dynamische Adressierung ist – jedenfalls noch – die Regel bei Access-Providern, die Privatleuten den Zugang zum Internet vermitteln.[50] In einem solchen Fall muss die staatliche Stelle den Provider in Anspruch nehmen, um sich den Anschlussinhaber mitteilen zu lassen, dem die IP-Adresse im fraglichen Zeitpunkt zugewiesen war. Der Provider muss die bei ihm gespeicherten Verkehrsdaten auswerten, um die Auskunft zu erteilen.

Eine Auskunft über den Inhaber einer dynamischen (oder auch einer statischen, also fest zugewiesenen) IP-Adresse greift nicht in das Grundrecht aus Art. 10 GG ein. Ihr Gegenstand sind unmittelbar nicht Inhalt oder Umstände eines konkreten Telekommunikationsvorgangs. Sie bezieht sich vielmehr auf eine bestimmte Person und damit ein Basisdatum des Vertragsverhältnisses zwischen dem Provider und seinem Kunden. Der Auskunft allein lässt sich lediglich entnehmen, dass ein bestimmter Anschlussinhaber in einem solchen Vertragsverhältnis mit dem Provider steht und dass jemand von seinem Anschluss aus zu einem bestimmten, von der Ermittlungsbehörde benannten Zeitpunkt unter einer bestimmten, gleichfalls von der Ermittlungsbehörde benannten Kennung eine Verbindung mit dem Internet unterhielt. Ob und inwieweit diese Verbindung zu bestimmten Kommunikationsbeiträgen genutzt wurde, ergibt sich aus der Auskunft selbst hingegen nicht. Die Auskunft hat damit einen vergleichbaren Erkenntniswert wie etwa die Angabe, wem eine bestimmte Telefonnummer, von der ein bereits bekannter Anruf ausging, zu einem bestimmten Zeitpunkt zugewiesen war.[51] Irrelevant ist, dass der Provider Verkehrsdaten und damit Umstände der Telekommunikation auswerten muss, um eine Auskunft über den Inhaber einer dynamischen IP-Adresse zu einem bestimmten Zeitpunkt zu erteilen. Das staatliche

Auskunft nur die Verkehrsdaten verwendet werden dürfen, die der Provider (auch) noch zu eigenen Zwecken im Sinne des § 96 TKG gespeichert werden. Verkehrsdaten, die allein noch aufgrund der Bevorratungspflicht des § 113a TKG gespeichert werden, dürfen nach § 113b Satz 1 TKG nicht hierzu genutzt werden. De lege lata unvertretbar ist daher die Forderung, die Vorratsdaten für eine zivilrechtliche Auskunft zu verwenden, so aber *Czychowski/Nordemann* Vorratsdaten und Urheberrecht, NJW 2008, 3095 ff.; zutreffend dagegen *Hoeren* Vorratsdaten und Urheberrecht, NJW 2008, 3099 (3101). Vgl. ferner allgemein zu § 101 UrhG *Heymann* Das Gesetz zur Verbesserung der Durchsetzung von Rechten des geistigen Eigentums, CR 2008, 568 (569 ff.).

[50] Zu den technischen und wirtschaftlichen Hintergründen *Sieber* (Fn. 3), Teil 1 Rn. 55.

[51] Insoweit wie hier OLG Zweibrücken, Beschluss vom 26.9.2008 – 4 W 62/08 –.

Ermittlungsinteresse bezieht sich nicht auf diese Daten, sie werden der staatlichen Stelle auch nicht mitgeteilt.[52]

Das mitgeteilte Basisdatum wird allerdings in einem nächsten Schritt mit Kommunikationsdaten – nämlich den Angaben über den Kommunikationsbeitrag, der unter der IP-Adresse versandt wurde – verknüpft. Darin liegt jedoch nur dann ein Eingriff in Art. 10 GG, wenn diese Kommunikationsdaten ihrerseits durch einen solchen Eingriff gewonnen wurden, da das Grundrecht auch die Phasen der Verarbeitung, Speicherung und Übermittlung von Kommunikationsdaten erfasst.[53] Zumeist wird die ermittelnde staatliche Stelle ihre Kenntnis von Inhalt und Umständen der Telekommunikation allerdings ohne Eingriff in Art. 10 GG erlangt haben. Sie wird diese Angaben vielmehr freiwillig von einem Dritten erhalten haben, der Beteiligter des Kommunikationsvorgangs war.[54] In einem derartigen Fall war die staatliche Stelle autorisiert, von den Kommunikationsdaten Kenntnis zu nehmen. Art. 10 GG scheidet als Prüfungsmaßstab sowohl für diese Kenntnisnahme als auch für die spätere Verknüpfung von Kommunikations- und Basisdaten aus.[55] Das Auskunftsersuchen ist hingegen an dem Grundrecht auf informationelle Selbstbestimmung zu messen.[56]

Im Übrigen kann ein Kommunikationsteilnehmer sich schützen, indem er einen Anonymisierungsdienst nutzt.[57] In der Folge wird die IP-Adresse, die

[52] Wie hier *Graulich* (Fn. 34), § 113 Rn. 6; *Seitz* (Fn. 16), S. 97 f. In der Praxis scheint es allerdings zumindest in manchen Fällen dazu gekommen sein, dass Provider den Ermittlungsbehörden auch die ausgewerteten Verkehrsdaten übermittelt haben, vgl. http://www.heise.de/newsticker/meldung/115413. Eine solche Datenübermittlung wird von der maßgeblichen Regelung des § 113 Abs. 1 Satz 1 TKG nicht gedeckt und ist daher bereits einfachrechtlich rechtswidrig. Jedenfalls wenn die Ermittlungsbehörde die Übermittlung der Verkehrsdaten gleichwohl aktiv veranlasst, kann auch Art. 10 GG verletzt sein.

[53] Vgl. BVerfGE 100, 313 (359 f.); 110, 33 (68 f.); 113, 348 (365).

[54] So nehmen spezialisierte IT-Dienstleister im Auftrag von Unternehmen der Musik- und der Filmindustrie an Filesharing-Netzwerken teil, um gezielt die IP-Adressen von Rechnern zu ermitteln, von denen aus urheberrechtlich geschützte Inhalte angeboten werden.

[55] A.A. etwa *Kühling* Freiheitsverluste im Austausch gegen Sicherheitshoffnungen im neuen Telekommunikationsgesetz?, K&R 2004, 105 (107).

[56] In Bagatellfällen kann das Auskunftsersuchen unverhältnismäßig sein. Zudem wird der Beweiswert einer Bestandsdatenauskunft in der Praxis gelegentlich überschätzt. Insbesondere ergibt sich aus der bloßen Mitteilung, dass eine dynamische IP-Adresse zu einem bestimmten Zeitpunkt einem bestimmten Anschlussinhaber zugewiesen war, nicht notwendigerweise oder auch nur regelmäßig ein Tatverdacht gegen den Anschlussinhaber, der ohne weiteres schwerwiegende Folgemaßnahmen wie etwa eine Hausdurchsuchung rechtfertigen könnte; insoweit zutreffend AG Offenburg, Beschluss vom 20.7.2007 – 4 Gs 442/07 –, MMR 2007, 809 (810 f.); zu den Beweisschwierigkeiten auch *Sieber* (Fn. 3), Teil 1 Rn. 58, m.w.N.; vgl. ferner ablehnend zu Akteneinsichtsrechten der Verletzten (§ 406e StPO) LG München, Beschluss vom 12.3.2008 – 5 Qs 19/08 –, MMR 2008, 561 f.; LG Krefeld, Beschluss vom 1.8.2008 – 21 AR 2/08 –.

[57] Zur Funktionsweise solcher Dienste *Bär* (Fn. 47), Rn. 183.

ihm zugewiesen ist, seinen Kommunikationspartnern nicht übermittelt. Eine staatliche Stelle, die die Person des Kommunikationsteilnehmers ermitteln will, muss sich zunächst an den Betreiber des Anonymisierungsdienstes wenden, um die IP-Adresse herauszufinden, von der ein bestimmter Kommunikationsbeitrag ausging oder empfangen wurde. Dadurch erhebt sie – unabhängig von der Frage, ob die IP-Adresse statisch oder dynamisch zugewiesen ist – die Umstände eines konkreten Telekommunikationsvorgangs und greift in Art. 10 GG ein. Ein Selbstdatenschutz durch Anonymisierung ist damit nicht nur aus technischen Gründen empfehlenswert, sondern wird auch normativ begünstigt.[58]

cc) Erhebung von Passwörtern und Schlüsseln

Schließlich greift eine staatliche Stelle auch dann nicht in Art. 10 GG ein, wenn sie Passwörter oder Schlüssel erhebt, die es ermöglichen, auf Kommunikationsinhalte zuzugreifen oder solche Inhalte zu entschlüsseln. Derartige Zugangsdaten können nicht mit dem zugangsgesicherten Inhalt selbst gleichgesetzt werden. Ihre Erhebung ist ebenso wenig an der Garantie des Fernmeldegeheimnisses zu messen wie etwa die Sicherstellung eines Wohnungsschlüssels in Art. 13 GG eingreift, wenn damit eine Wohnungsdurchsuchung vorbereitet werden soll.

Allerdings hat das Zugangsdatum für die ermittelnde staatliche Stelle in aller Regel nur den einen Nutzen, dass es den Zugriff auf bestimmte Kommunikationsinhalte ermöglicht. Zudem ist mit der Erhebung des Zugangsdatums in der Regel die entscheidende technische Hürde genommen, um diese Inhalte zur Kenntnis zu nehmen. Diese Kenntnisnahme greift wiederum in Art. 10 GG ein, wenn die staatliche Stelle das Zugangsdatum nicht mit dem Willen eines Kommunikationsteilnehmers – also unautorisiert – erlangt hat.[59]

Da die Erhebung des Zugangsdatums somit stets einen (weiteren) Eingriff in Art. 10 GG vorbereitet, ist zum Schutz vor einer Grundrechtsgefährdung grundsätzlich zu fordern, dass die materiellen Voraussetzungen dieses Eingriffs schon bzw. noch vorliegen, wenn das Zugangsdatum erhoben wird. Anderenfalls würde die handelnde staatliche Stelle ermächtigt, ein Datum zu erheben, mit dem sie von vornherein nichts anfangen darf.[60] Hingegen

[58] Zur Bedeutung des Selbstdatenschutzes allgemein *Albers* (Fn. 10), S. 581; *Trute* in: Roßnagel, Handbuch Datenschutzrecht, 2003, Kap. 2.5 Rn. 50 ff. Vgl. dazu, dass sich die Eingriffsintensität erhöht, wenn eine staatliche Stelle den informationellen Selbstschutz des Einzelnen vereitelt, BVerfG NJW 2008, 822, Rn. 236.

[59] Vgl. oben II 1 a bb.

[60] Verfassungsrechtlich zumindest problematisch erscheint angesichts dessen § 113 Abs. 1 Satz 2 TKG. Diese Norm ermöglicht verschiedenen Ermittlungsbehörden den Zugriff auf Zugangsdaten. Dabei können auch Zugangsdaten erhoben werden, die Inhalte

erscheint es von Verfassungs wegen nicht erforderlich, die Erhebung des Zugangsdatums an formelle Anforderungen wie etwa einen Richtervorbehalt zu binden, wenn solche Anforderungen für die Erhebung des gesicherten Inhalts gelten.

c) Zeitliche Grenzen des Grundrechtsschutzes

Aus dem Zweck von Art. 10 GG, der spezifischen Risiken gerade der Fernkommunikation begegnet, ergeben sich auch zeitliche Grenzen des Grundrechtsschutzes. Der Zweite Senat des Bundesverfassungsgerichts hat zu ihnen in seinem Bargatzky-Urteil Stellung genommen,[61] nachdem ein gegenläufiger Kammerbeschluss[62] zwischenzeitlich für Irritationen gesorgt hatte.[63] Der Zweite Senat führt aus, Art. 10 GG schütze nicht die Inhalte und Umstände der Telekommunikation, die nach Abschluss eines Kommunikationsvorgangs im Herrschaftsbereich eines Kommunikationsteilnehmers gespeichert seien. Diese Daten seien mit Zugang bei dem Empfänger nicht mehr den erleichterten Zugriffsmöglichkeiten Dritter ausgesetzt. Sie unterschieden sich nicht von Dateien, die der Nutzer selbst angelegt habe. Dritte könnten auf sie in der Regel nur noch offen zugreifen. Der Betroffene könne die Daten löschen oder auf andere Weise – etwa durch den Einsatz von Verschlüsselungstechnik – gegen unbefugte Zugriffe schützen.

Der Erste Senat hat sich diesem Urteil angeschlossen, in den Formulierungen jedoch Distanz erkennen lassen. Insbesondere führt der Erste Senat aus, der Schutz entfalle (nur), „soweit" der Nutzer eigene Schutzvorkehrungen gegen den heimlichen Datenzugriff treffen könne.[64] In der Tat überzeugt die Begründung des Bargatzky-Urteils nicht vollständig, da der Zweite Senat die

schützen, die in den Schutzbereich von Art. 10 GG fallen. Hingegen verlangt die Norm nicht, dass die Voraussetzungen einer Überwachung der Telekommunikation vorliegen, vgl. *Graulich* (Fn. 34), § 113 Rn. 7; *Löwnau* in: Scheurle/Mayen, TKG, 2. Aufl., 2008, § 113 Rn. 7. Zwar stellt § 113 Abs. 1 Satz 3 TKG klar, dass ein Zugriff auf Daten, die dem Fernmeldegeheimnis unterliegen, nur unter den Voraussetzungen der dafür einschlägigen gesetzlichen Vorschriften zulässig ist. Jedoch bleibt unklar, warum die Ermittlungsbehörden Zugangsdaten erheben dürfen sollen, wenn der Sinn der Datenerhebung allein in einem solchen Zugriff bestehen kann. Eine denkbare Reduktion von § 113 Abs. 1 Satz 2 TKG, nach der Zugangsdaten stets nur dann erhoben werden dürfen, wenn zugleich die Voraussetzungen für ihre Nutzung gegeben sind, würde angesichts des verfassungsrechtlichen Gebots der Normenklarheit gleichfalls Bedenken unterliegen. Kritisch auch *M. Bock* in: M. Geppert u.a., Beck'scher TKG-Kommentar, 3. Aufl., 2006, § 113 Rn. 17 ff.

61 BVerfGE 115, 166 (181 ff.).

62 BVerfG, Beschluss der 3. Kammer des Zweiten Senats vom 4.2.2005 – 2 BvR 308/04 –, NJW 2005, 1637 ff.

63 Ablehnend etwa *Bär* Entscheidungsanmerkung, MMR 2005, 523 ff.; *Günther* Zur strafprozessualen Erhebung von Telekommunikationsdaten, NStZ 2005, 485 ff.; *Hauschild* Entscheidungsanmerkung, NStZ 2005, 339 f.

64 BVerfG NJW 2008, 822, Rn. 185.

Selbstschutzmöglichkeiten des Betroffenen tendenziell überschätzt. Die politische und juristische Diskussion um die „Online-Durchsuchung" beruht zu einem großen Teil darauf, dass dieses Instrument es gerade ermöglichen soll, auf gespeicherte Daten unbemerkt zuzugreifen und dabei auch Selbstschutzmechanismen wie etwa Verschlüsselungen zu umgehen.[65] Zudem ist es keineswegs trivial, die verfügbaren technischen Selbstschutzmöglichkeiten wirkungsvoll zu implementieren; auch kann dies mit Funktionseinbußen des informationstechnischen Systems verbunden sein, das als Endgerät der Fernkommunikation genutzt wird.[66]

Gleichwohl ist dem Zweiten Senat im Ergebnis zuzustimmen. Entscheidend für die zeitliche Begrenzung des Grundrechtsschutzes spricht, dass sich die gespeicherten Daten nach Abschluss des Kommunikationsvorgangs nicht mehr von Dateien unterscheiden, die der Nutzer selbst angelegt hat. Greift eine staatliche Stelle nach dem Abschluss eines Kommunikationsvorgangs auf Kommunikationsdaten zu, die im Herrschaftsbereich des Empfängers gespeichert sind, so realisiert sich nicht ein kommunikationsspezifisches, sondern ein allgemeines informationstechnisches Risiko.[67] Dies ist für die Kommunikationsinhalte unmittelbar einsichtig, gilt jedoch auch für die gespeicherten Kommunikationsumstände.[68] So kann auch Software, die nicht der Fernkommunikation dient (etwa ein Textverarbeitungsprogramm oder eine lokale Datenbank), ohne Zutun des Nutzers temporäre Dateien erzeugen, aus denen sich sensible Informationen gewinnen lassen.

Hingegen kann entgegen manchen Stimmen in der Literatur das Herrschaftskriterium nicht auf Fälle angewandt werden, in denen eine staatliche Stelle auf Kommunikationsinhalte zugreift, die sich bei einem Kommunikationsmittler „im Netz" befinden. So wird vertreten, die Beschlagnahme von E-Mails bei einem E-Mail-Provider greife nicht in Art. 10 GG ein, wenn die E-Mails sich im Postfach des Empfängers befänden, da sie ihm dann bereits zur Verfügung stünden und sich in seinem Herrschaftsbereich befänden.[69] Teilweise wird – weniger weitgehend – angenommen, der Grundrechtsschutz ende dann, wenn der Empfänger einen Kommunikationsinhalt zur Kenntnis genommen habe, ihn aber weiterhin bei dem Kommunikationsmittler gespei-

[65] Zu den technischen Hintergründen und Möglichkeiten BVerfG NJW 2008, 822, Rn. 7 ff.; *Buermeyer* Die Online-Durchsuchung, HRRS 2007, 154 ff.; *Hansen/Pfitzmann* Techniken der Online-Durchsuchung: Gebrauch, Missbrauch, Empfehlungen, in: Roggan, Online-Durchsuchungen, 2008, 131 ff.

[66] Auf den daraus resultierenden Schutzbedarf verweist *Hoffmann-Riem* Der grundrechtliche Schutz der Vertraulichkeit und Integrität eigengenutzter informationstechnischer Systeme, JZ 2008, 1009 (1016 f.).

[67] Ähnlich *Buermeyer* (Fn. 37), S. 9; wie hier *Hoffmann-Riem* (Fn. 66), S. 1017 f.

[68] Insoweit kritisch etwa *Graulich* (Fn. 34), § 110 Rn. 30.

[69] So etwa *Bär* (Fn. 47), Rn. 104 ff., m.w.N.

chert lasse.[70] In einem derartigen Fall nutzt der Empfänger seine Empfangseinrichtung im Netz als Datenspeicher für Kommunikationsinhalte. Dies kommt etwa bei webbasierten E-Mail-Diensten häufig vor.

Solange Kommunikationsinhalte bei dem Kommunikationsmittler gespeichert sind, besteht jedoch für den Grundrechtsträger das kommunikationsspezifische Zugriffsrisiko, das sich daraus ergibt, dass er zur Fernkommunikation auf diesen Mittler angewiesen ist. Diese Inhalte befinden sich gerade nicht in seinem alleinigen Herrschaftsbereich. Auch wenn der Grundrechtsträger die Kommunikationsinhalte willentlich gespeichert lässt, unterliegen sie unverändert dem Zugriff des Kommunikationsmittlers und werden daher von Art. 10 GG geschützt.[71] Zudem kann ex ante nicht ausgeschlossen werden, dass der Empfänger die Kommunikationsinhalte auch deshalb gespeichert lässt, damit ein Dritter sie einsehen kann, so dass sie weiterhin Gegenstand laufender Fernkommunikation sind.[72]

2. *Rechtfertigung von Eingriffen*

Soweit eine Ermittlungsmaßnahme in den Schutzbereich von Art. 10 GG eingreift, bedarf sie einer gesetzlichen Eingriffsermächtigung, die insbesondere dem Bestimmtheitsgebot[73] und dem Verhältnismäßigkeitsgrundsatz genügen muss.

Normen, die zu Eingriffen in das Fernmeldegeheimnis ermächtigen, müssen grundsätzlich eine qualifizierte Eingriffsschwelle errichten. Dies ergibt sich aus dem besonderen Rang des Grundrechts und seiner Bedeutung für den Schutz der Persönlichkeit. Eingriffsmaßnahmen im Rahmen strafrechtlicher Ermittlungen können daher nur gerechtfertigt werden, wenn mit ihnen eine Straftat von erheblicher Bedeutung aufgeklärt werden soll.[74] Auch im

[70] So etwa *Seitz* (Fn. 16), S. 308 ff.

[71] Wie hier LG Hamburg, Beschluss vom 8.1.2008 – 619 Qs 1/08 –, MMR 2008, 186 f.; *Böckenförde* Die Ermittlung im Netz, 2003, 428 f.; *Eckhardt* Wie weit reicht der Schutz des Fernmeldegeheimnisses (Art. 10 GG)?, DuD 2006, 365 (366); *Graulich* (Fn. 34), § 110 Rn. 25; *Günther* (Fn. 37), S. 644; *Schlegel* (Fn. 37), S. 46 ff.; *Valerius* Ermittlungsmaßnahmen im Internet, JR 2007, 275 (279).

Die Frage wurde von der 3. Kammer des Zweiten Senats des Bundesverfassungsgerichts im Rahmen einer Eilentscheidung als klärungsbedürftig bezeichnet, vgl. Beschluss vom 29.6.2006 – 2 BvR 902/06 –, MMR 2007, 169 (170), wiederholt durch Beschlüsse vom 11.12.2006, 6.6.2007, 29.11.2007 und 29.5.2008. Für einen Schutz von Speichereinrichtungen im Netz ohne weitere Differenzierungen jedoch bereits BVerfGE 113, 348 (365).

[72] Vgl. zum Schutz von Speichereinrichtungen im Netz durch Art. 10 GG bereits oben II 1 a cc.

[73] Vgl. BVerfGE 110, 33 (52 ff.); 113, 348 (375 ff.); BVerfG NJW 2008, 822, Rn. 209 ff.

[74] BVerfGE 107, 299 (321). Daher bestehen verfassungsrechtliche Bedenken dagegen, die Beschlagnahme von E-Mails, die bei einem Provider gespeichert sind, auf die allgemeinen Vorschriften der §§ 94, 98 StPO zu stützen, die keine qualifizierte Eingriffsschwelle vorsehen; als klärungsbedürftig bezeichnet diese Frage BVerfG, Beschluss der 3. Kammer des Zweiten Senats vom 29.6.2006 – 2 BvR 902/06 –, MMR 2007, 169 (170).

Bereich der Gefahrenabwehr muss die gesetzliche Ermächtigungsgrundlage einen materiell qualifizierten Gefahrentatbestand enthalten.[75] Zudem kann das Grundrecht Anforderungen an das Verwaltungsverfahren errichten, um die Interessen des Betroffenen formell abzusichern.[76] Im Einzelnen hängen die verfassungsrechtlichen Anforderungen von der Eingriffsintensität der jeweiligen Ermittlungsmaßnahme ab. Hierfür kommt es etwa auf den Gegenstand der Ermittlungsmaßnahme, ihre Dauer, Streubreite und Heimlichkeit an.[77]

Soweit eine heimliche Ermittlungsmaßnahme Inhalte der Internetkommunikation zum Gegenstand hat, muss die gesetzliche Ermächtigung zudem Regelungen enthalten, die den durch Art. 1 Abs. 1 GG gewährleisteten Kernbereich privater Lebensgestaltung schützen.[78] Das Gesetz muss in erster Linie verhindern, dass kernbereichsrelevante Inhalte überhaupt zur Kenntnis genommen werden. Jedoch wird sich die Kernbereichsrelevanz ex ante oft oder sogar regelmäßig nicht klären lassen, wenn die Internetkommunikation überwacht wird. Für praktische Zwecke ist daher vor allem bedeutsam, dass der Kernbereichsschutz in der Auswertungsphase sichergestellt wird. Dazu sind Löschungspflichten und Verwertungsverbote zu errichten.[79]

III. Schutz des eigenen Privatheitsbereichs im Netz durch das IT-Grundrecht[80]

Das IT-Grundrecht ordnet dem Einzelnen sein informationstechnisches System als private Schutzzone zu. Es überschneidet sich teilweise mit Art. 10 GG und verstärkt dessen Schutzwirkung. Daneben schließt das IT-Grundrecht Schutzlücken, da der Grundrechtsschutz anders als der des Fernmeldegeheimnisses nicht auf die laufende Internetkommunikation beschränkt ist.

[75] BVerfG NJW 2008, 822, Rn. 298.

[76] Neben Regelungen über den Umgang mit erhobenen Daten zählen hierzu insbesondere Kenntnis- und Einflussrechte der Betroffenen, vgl. BVerfGE 100, 313 (361 f.); 107, 299 (325).

[77] Vgl. zu verschiedenen Intensitätskriterien BVerfGE 107, 299 (318 ff.); 113, 348 (382 ff.).

[78] BVerfGE 113, 348 (390 ff.); BVerfG NJW 2008, 822, Rn. 299.

[79] Vgl. zu dem insoweit maßgeblichen zweistufigen Schutzkonzept BVerfG NJW 2008, 822, Rn. 280 ff.; kritisch *Warntjen* Der Kernbereichsschutz nach dem Online-Durchsuchungsurteil, in: Roggan, Online-Durchsuchungen, S. 57 (59 ff.).

[80] Die von dem Ersten Senat präzise als „Grundrecht auf Gewährleistung der Vertraulichkeit und Integrität informationstechnischer Systeme" bezeichnete Ausprägung des Grundrechts auf Schutz der Persönlichkeit wird hier verkürzend IT-Grundrecht genannt.

1. Sinn eines „neuen Grundrechts"

Der Erste Senat des Bundesverfassungsgerichts hat das IT-Grundrecht in seinem Urteil zum nordrhein-westfälischen Verfassungsschutzgesetz als neue Ausprägung des Grundrechts auf Schutz der Persönlichkeit entwickelt. Anlass war die erste gesetzliche Regelung,[81] die einer Behörde „Online-Durchsuchungen"[82] ermöglichen sollte.

Das IT-Grundrecht trägt dem Umstand Rechnung, dass der Einzelne in vielen Lebensbereichen auf informationstechnische Systeme angewiesen ist, um seine Persönlichkeit zu entfalten. Ein komplexes informationstechnisches System ermöglicht daher vielfältige Rückschlüsse auf die Persönlichkeit und die Lebensgestaltung seines Nutzers, wenn es gezielt ausgewertet wird. Zugleich kann der Nutzer ein solches System in der Regel nur begrenzt beherrschen. Daraus ergeben sich neue und schwerwiegende Gefahren für die Persönlichkeit.[83]

Das IT-Grundrecht begegnet diesen Gefahren, indem es komplexe informationstechnische Systeme ihren Nutzern als besondere Schutzzone zuweist, in die der Staat nur ausnahmsweise eindringen darf. Ob eine staatliche Stelle, die in ein informationstechnisches System eindringt, im Einzelfall besonders weitreichende oder sensible Informationen erlangt, ist hingegen für den Grundrechtsschutz ohne Belang. Das IT-Grundrecht hat insofern einen formalen Anknüpfungspunkt und ähnelt darin strukturell den speziellen Garantien in Art. 10 GG und Art. 13 GG, die gleichfalls besondere Schutzzonen der Privatheit errichten. Insbesondere die Parallele zum grundrechtlichen Schutz der Unverletzlichkeit der Wohnung liegt nahe: Während Art. 13 GG dem Einzelnen einen räumlichen Rückzugsort der Persönlichkeitsentfaltung gewährleistet, hält das IT-Grundrecht ihm einen – von räumlichen Grenzen unabhängigen – technisch definierten Privatbereich frei.[84]

a) Leistungsgrenzen des Grundrechts auf informationelle Selbstbestimmung

Dem formalen Ansatz des IT-Grundrechts werden die meisten Kritiker des Urteils im rechtswissenschaftlichen Schrifttum nicht gerecht. Die Kritik geht in der Regel dahin, eine neue Ausprägung des Persönlichkeitsrechts sei

[81] § 5 Abs. 2 Nr. 11 NWVSG.

[82] Vgl. zu Begriff und technischem Hintergrund die Nachweise in Fn. 65.

[83] Vgl. im Einzelnen BVerfG NJW 2008, 822, Rn. 170 ff.

[84] Diese Parallele sehen auch *Britz* Vertraulichkeit und Integrität informationstechnischer Systeme, DÖV 2008, 411 (412); *Pieroth/Schlink* Grundrechte, 24. Aufl., 2008, Rn. 377c. Insoweit weist das Urteil eine Nähe zu dem bereits früher in der Literatur unterbreiteten Vorschlag auf, die Schranken von Art. 13 GG auf den durch das eigene informationstechnische System geschaffenen „virtuellen Raum" analog anzuwenden, so *Rux* Ausforschung privater Rechner durch die Polizei- und Sicherheitsbehörden, JZ 2007, 285 (292 ff.).

entbehrlich, da die Anwendungsfälle des IT-Grundrechts auch durch das Grundrecht auf informationelle Selbstbestimmung bewältigt werden könnten.[85] Diese Kritik überschätzt jedoch die Leistungsfähigkeit des Grundrechts auf informationelle Selbstbestimmung. Sie reflektiert teils die dogmatische Struktur dieses Grundrechts nicht hinreichend, teils geht sie erkennbar von einer dogmatischen Konzeption aus, die den Schutzbereich uferlos ausdehnt und das Grundrecht unhandhabbar macht. Zudem übersieht die Kritik den Integritätsaspekt des IT-Grundrechts.

aa) Dogmatische Struktur des Grundrechts auf informationelle Selbstbestimmung

Das Bundesverfassungsgericht hat das Grundrecht auf informationelle Selbstbestimmung erstmals im Volkszählungsurteil[86] aus dem Grundrecht auf Schutz der Persönlichkeit abgeleitet. Dieses Grundrecht begegnet der Informationsmacht staatlicher oder auch privater[87] Stellen und hegt sie rechtlich ein. Es verlagert den grundrechtlichen Schutz von Verhaltensfreiheit und Privatheit vor, indem es ihn bereits auf der Stufe der Persönlichkeitsgefährdung beginnen lässt.[88]

Das bleibende Verdienst des Volkszählungsurteils liegt in der Erkenntnis, dass staatliche Informationsmacht die Freiheit und Privatheit des Einzelnen bedrohen kann und der grundrechtliche Schutz dieser Güter darum bereits auf der Informationsebene ansetzen muss.[89] Hingegen bestehen Bedenken

[85] *Britz* (Fn. 84), S. 413 f.; *Eifert* Informationelle Selbstbestimmung im Internet – Das BVerfG und die Online-Durchsuchungen, NVwZ 2008, 521 f.; *Hoeren* Was ist das „Grundrecht auf Integrität und Vertraulichkeit informationstechnischer Systeme“?, MMR 2008, 365 (366); *Lepsius* Das Computer-Grundrecht: Herleitung, Funktion, Überzeugungskraft, in: Roggan, Online-Durchsuchungen, 2008, 21 (28 ff.); *Volkmann* Entscheidungsanmerkung, DVBl. 2008, 590 (591 f.); wohl auch *Kutscha* Mehr Schutz von Computerdaten durch ein neues Grundrecht?, NJW 2008, 1042 (1043); ähnlich mit weniger kritischer Tendenz *Hornung* Ein neues Grundrecht, CR 2008, 299 (301 f.); *Sachs/Krings* (Fn. 25), S. 483 f.; *Petri* Das Urteil des Bundesverfassungsgerichts zur „Online-Durchsuchung“, DuD 2008, 443 (445 f.).

[86] BVerfGE 65, 1.

[87] Dazu BVerfGE 84, 192, sowie aus jüngerer Zeit BVerfG, Beschluss der 1. Kammer des Ersten Senats vom 23.10.2006 – 1 BvR 2027/02 –, JZ 2007, 576; Beschluss der 1. Kammer des Ersten Senats vom 11.7.2007 – 1 BvR 1025/07 –, NJW 2007, 3707.

[88] Dies hat der Erste Senat in seiner jüngeren Rechtsprechung wiederholt betont, vgl. BVerfGE 118, 168 (184 f.); BVerfG NJW 2008, 822, Rn. 198; BVerfG NJW 2008, 2099, Rn. 57; BVerfG, Urteil vom 11.3.2008 – 1 BvR 2074/05, 1 BvR 1254/07 –, NJW 2008, 1505, Rn. 63; vgl. auch *Bull* Zweifelsfragen um die informationelle Selbstbestimmung, NJW 2006, 1617 (1623).

[89] Ähnlich *Hoffmann-Riem* (Fn. 66), S. 1009 f.; vgl. zur Entwicklung des Grundrechts auf informationelle Selbstbestimmung aus der älteren Rechtsprechung des Bundesverfassungsgerichts *Albers* (Fn. 10), S. 178 ff.

gegen die grundrechtsdogmatische Konzeption des Grundrechts auf informationelle Selbstbestimmung, wie sie im Volkszählungsurteil und vielen Folgeentscheidungen aufscheint und in weiten Teilen der Literatur vertreten wird. Danach wird dieses Grundrecht als Freiheitsrecht am eigenen Datum begriffen, dessen Gehalt häufig so umschrieben wird, dass ein Grundrechtseingriff immer dann anzunehmen sein soll, wenn eine staatliche Stelle individualisierbare Informationen zur Kenntnis nimmt, speichert, verwendet oder weitergibt.[90] Da jedoch fast jedes Verwaltungsverfahren auf bestimmte Betroffene bezogen werden kann und fast jeder Schritt eines solchen Verfahrens auch einen informationellen Gehalt hat,[91] würde dieser Ansatz, wenn ihn irgendjemand konsequent verfolgte, geradewegs zum Totalvorbehalt des Gesetzes führen. Ein unspezifisches Super-Abwehrrecht gegen jeden staatlichen Umgang mit Informationen, das unterschiedslos persönlichkeitsgefährdende und banale informationelle Vorgänge als Grundrechtseingriffe behandelt, kann auch die Verhältnismäßigkeitsprüfung kaum hinreichend anleiten. Demgegenüber muss bereits auf der Schutzbereichsebene beachtet werden, dass personenbezogene Information ein soziales Phänomen ist.[92] Der Grundrechtsschutz muss von vornherein auf das soziale Umfeld des Grundrechtsträgers ausgerichtet werden, um grundrechtstypische Gefährdungslagen benennen und abgrenzen zu können.[93] Schließlich verfehlt eine rein abwehrrechtliche Konstruktion des Grundrechts auf informationelle Selbstbestimmung, die lediglich einzelne informationelle Maßnahmen als punktuelle Grundrechtseingriffe erfasst, weitgehend den Sinn des Grundrechts. Dieser Sinn besteht wesentlich darin, den staatlichen Umgang mit Daten und Informationen gerade als Prozess zu strukturieren und transparent zu machen und die Belange des Betroffenen im Rahmen dieses Prozesses zu wahren.[94]

[90] Vgl. statt vieler *Di Fabio* in: Maunz/Dürig, GG, Stand 2001, Art. 2 Abs. 1 Rn. 176.

[91] Vgl. auf der Grundlage eines informationstheoretischen Ansatzes *Vesting* Die Bedeutung von Information und Kommunikation für die verwaltungsrechtliche Systembildung, in: Hoffmann-Riem/Schmidt-Aßmann/Voßkuhle, Grundlagen des Verwaltungsrechts, Bd. 2, 2008, § 22 Rn. 2: Alle Operationen der Verwaltung seien *ausschließlich* solche der Informationsverarbeitung [Hervorhebung im Original].

[92] Zum Informationsbegriff und zum Unterschied zwischen Daten und Informationen *Albers* Umgang mit personenbezogenen Informationen und Daten, in: Hoffmann-Riem/Schmidt-Aßmann/Voßkuhle, Grundlagen des Verwaltungsrechts, Bd. 2, 2008, § 22 Rn. 8 ff.

[93] Zu dem Unterschied zwischen rein individualistisch beschreibbaren „natürlichen" Freiheiten und Freiheiten im Sozialen, die von vornherein mit Blick auf die Stellung des Einzelnen in sozialen Zusammenhängen beschrieben werden müssen, als grundrechtlichen Schutzgegenständen *Bäcker* Wettbewerbsfreiheit als normgeprägtes Grundrecht, 2007, S. 96 ff.

[94] Vgl. zur Kritik am grundrechtsdogmatischen Ansatz des Volkszählungsurteils etwa *Albers* (Fn. 10), S. 280 ff.; *Hoffmann-Riem* (Fn. 1), S. 513, 520 f.; *Trute* (Fn. 58), Kap. 2.5 Rn. 7 ff.

Angesichts dieser Einwände erscheint es angezeigt, das Grundrecht auf informationelle Selbstbestimmung zweigliedrig zu konzipieren. Im Rahmen einer solchen Konzeption wirkt das Grundrecht primär darauf hin, dass Regeln für den staatlichen Umgang mit Daten und Informationen geschaffen und den Betroffenen hinreichende Kenntnis- und Einflusschancen gewährleistet werden. Insoweit errichtet es – wenn auch im Interesse des Einzelnen – objektiv-rechtliche Vorgaben, an denen sich in erster Linie der Gesetzgeber zu orientieren hat.[95] Indem das Grundrecht auf informationelle Selbstbestimmung Daten- und Informationsverarbeitungsprozesse anleitet und strukturiert, stellt es sicher, dass der Einzelne mit den Ergebnissen solcher Prozesse nicht erst zu einem Zeitpunkt konfrontiert wird, zu dem sich Beeinträchtigungen nicht mehr wirksam abwenden lassen. Der abwehrrechtliche Gehalt des Grundrechts dient in diesem Zusammenhang dazu, die objektiv-rechtlichen Vorgaben in subjektive Rechte zu überführen.[96]

Daneben wirkt das Grundrecht auf informationelle Selbstbestimmung insoweit als „echtes" Eingriffsabwehrrecht, als es über den Verhältnismäßigkeitsgrundsatz einzelne besonders eingriffsintensive informationelle Maßnahmen – etwa den Einsatz bestimmter Mittel der Datenerhebung – an bestimmte gesetzliche Eingriffsschwellen bindet[97] und Anforderungen an die Auslegung und Anwendung von Eingriffsermächtigungen[98] errichtet.[99] In solchen Fällen trägt das Grundrecht dem gesteigerten Gefährdungspotential bestimmter Maßnahmetypen oder der besonderen Sensibilität bestimmter Informationen Rechnung. Ausgangspunkt des Grundrechtsschutzes sind dabei die Erkenntnisinteressen informationsmächtiger Stellen. Das Grundrecht auf informationelle Selbstbestimmung reagiert damit punktuell auf eine Persönlichkeitsgefährdung, die sich daraus ergibt, dass Daten oder Informationen in einem bestimmten Zusammenhang[100] genutzt werden.[101] Hingegen

[95] Für ein primär objektiv-rechtliches Verständnis des Rechts auf informationelle Selbstbestimmung etwa *Albers* (Fn. 10), 10. Kap.; *dies.* (Fn. 92), § 22 Rn. 75 ff.; *Trute* (Fn. 58), Kap. 2.5 Rn. 19.

[96] Vgl. zur Kenntnischance des Betroffenen BVerfG NJW 2008, 2099, Rn. 57 ff., 67 ff.

[97] Vgl. etwa BVerfGE 115, 320 (360 ff.).

[98] Vgl. etwa BVerfGE 115, 166 (198).

[99] Kritisch *Albers* (Fn. 10), 9. Kap., die diese Funktion weitgehend den thematisch spezifizierten Grundrechtsgewährleistungen zuweist; ähnlich *Trute* (Fn. 58), Kap. 2.5 Rn. 63 ff.

[100] Zu der Abhängigkeit des Grundrechtsschutzes vom Verwendungszusammenhang *Britz* Freie Entfaltung durch Selbstdarstellung, 2007, 52 ff., 62 ff.; *Trute* (Fn. 58), Kap. 2.5 Rn. 10 ff.; mit Blick auf die thematisch spezifizierten Gewährleistungen auch *Albers* (Fn. 10), S. 426 ff.

[101] In diesem Sinne dürfte auch das Urteil zum nordrhein-westfälischen Verfassungsschutzgesetz zu verstehen sein, wenn es dort heißt, das Grundrecht auf informationelle Selbstbestimmung schütze vor „einzelnen Datenerhebungen", BVerfG NJW 2008, 822, Rn. 200. Diese Passage wird von einigen Kritikern dahingehend interpretiert, dass der Schutzbereich des Grundrechts auf informationelle Selbstbestimmung verkürzt werden

errichtet es nicht etwa einen normativ abgegrenzten privaten Rückzugsbereich, der besonders geschützt würde.

Eine handhabbare Dogmatik des Grundrechts auf informationelle Selbstbestimmung muss von dieser doppelten Funktion ausgehen. Sie muss insbesondere den abwehrrechtlichen Gehalt des Grundrechts auf der Schutzbereichsebene klarer konturieren als bislang üblich.[102] Dabei reicht es nicht aus, lediglich Bagatellfälle von dem Grundrechtsschutz auszunehmen.[103] Vielmehr müssen Kriterien herausgearbeitet werden, um – gegebenenfalls bereichsspezifisch – die Gefährdungslagen zu beschreiben, vor denen das Grundrecht schützt.[104]

bb) Das IT-Grundrecht als besondere Garantie der Privatheit

Das IT-Grundrecht schützt einen bestimmten Lebensbereich umfassend als Zone der Privatheit und reagiert nicht lediglich auf eine punktuelle Gefährdungslage. Das eigene informationstechnische System wird umfassend gegen staatliche Einblicke abgeschirmt. Dementsprechend kommt es nicht darauf an, ob im Einzelfall Daten erhoben werden, aus denen sich im konkreten Verwendungskontext sensible Informationen gewinnen lassen. Anknüpfungspunkt des Grundrechtsschutzes ist das geschützte System, nicht erst das darin vorhandene Datum.

Dieser dogmatische Ansatz erscheint für komplexe informationstechnische Systeme bei dem heutigen Stand der Technik angemessen. Solche Systeme sind für die Persönlichkeitsentfaltung des Einzelnen mittlerweile von vergleichbarer Bedeutung wie die eigene Wohnung oder eine ungestörte Fernkommunikation.[105] Greift eine staatliche Stelle auf ein komplexes informationstechnisches System zu, so kann sie sich möglicherweise wesentliche Teile der Persönlichkeit des Nutzers auf einen Schlag erschließen. Der Ein-

solle, vgl. *Britz* (Fn. 84), S. 413; *Bull* Meilensteine auf dem Weg des Rechtsstaates, in: Möllers/van Ooyen, Jahrbuch Öffentliche Sicherheit 2008/2009, unter II 2 d; *Hoeren* (Fn. 85), S. 366; *Petri* (Fn. 85), S. 446; *Volkmann* (Fn. 85), S. 591; ähnlich *Lepsius* (Fn. 85), S. 29 f.; *Sachs/Krings* (Fn. 25), S. 484. Es liegt jedoch näher, dass eine Aussage über die – begrenzte – dogmatische Leistungsfähigkeit dieses Grundrechts getroffen wird; ähnlich *Hoffmann-Riem* (Fn. 66), S. 1015 mit Fn. 65.

[102] Vgl. zu dem Erfordernis, die Schutzbereichsebene des abwehrrechtlichen Prüfungsprogramms stärker als bislang gängig zu nutzen, um die Grundrechtsprüfung handhabbar zu strukturieren, *Bäcker* (Fn. 93), insb. S. 39 ff., 94 ff., 204 ff.

[103] Dafür auch etwa *Britz* (Fn. 84), S. 413; *Volkmann* (Fn. 85), S. 591; weitergehend, aber ohne die Anwendungsfälle des IT-Rechts einzuordnen, *Bull* (Fn. 101), unter II 2 e.

[104] Ansätze hierzu, die allerdings ausbaubedürftig sind, finden sich in einigen jüngeren Entscheidungen des Ersten Senats des Bundesverfassungsgerichts, vgl. BVerfGE 115, 320 (341 ff.); 118, 168 (183 ff.); BVerfG NJW 2008, 822, Rn. 307 ff.; NJW 2008, 1505, Rn. 62 ff.; NJW 2008, 2099, Rn. 61 ff.; vgl. auch BVerfG, Beschluss der 1. Kammer des Ersten Senats vom 23.2.2007 – 1 BvR 2368/06 –, NVwZ 2007, 688 (690).

[105] Insoweit ähnlich wie hier *Rux* (Fn. 84), S. 293.

zelne hat ein schutzwürdiges Interesse daran, einen potentiell so aussagekräftigen Datenbestand von Einblicken abzuschirmen, ohne dass es noch darauf ankäme, an welchen der gespeicherten Daten zu welchem Verwendungszweck der Eindringling interessiert ist.[106] Diesen Schutzbedarf kann eine spezielle Grundrechtsausprägung, die eine abgegrenzte Zone der Privatheit errichtet, besser abbilden als das Grundrecht auf informationelle Selbstbestimmung, das in seinem abwehrrechtlichen Gehalt gerade an eine punktuelle Gefährdungslage anknüpft.

Das IT-Grundrecht kann zudem dazu beitragen, das Grundrecht auf informationelle Selbstbestimmung dogmatisch zu entlasten. Das Grundrecht auf informationelle Selbstbestimmung sollte so weitgehend wie möglich auf die allgemeine Regulierung staatlicher und privater Informationsmacht begrenzt bleiben. Dabei handelt es sich bereits um ein ausgesprochen komplexes Schutzanliegen. Soweit sich besondere Privatheitsbedürfnisse und Persönlichkeitsgefährdungen durch einen spezifischen Privatheitsbereich beschreiben lassen, ist es hingegen vorzugswürdig, weitere Ausprägungen des Grundrechts auf Schutz der Persönlichkeit mit einem entsprechenden Anknüpfungspunkt zu entwickeln. Diese weiteren Ausprägungen beschreiben auf der Schutzbereichsebene einen besonders schutzbedürftigen Ausschnitt der gesellschaftlichen Kommunikation und können auch die Verhältnismäßigkeitsprüfung präziser anleiten als das unspezifische Grundrecht auf informationelle Selbstbestimmung.[107]

Das IT-Grundrecht verliert demnach nicht deshalb seine Existenzberechtigung, weil sein Schutzgehalt über das Grundrecht auf informationelle Selbstbestimmung rekonstruiert werden könnte, soweit das IT-Grundrecht die Vertraulichkeit informationstechnischer Systeme gewährleistet. Eine solche Rekonstruktion würde voraussetzen, im Rahmen des Grundrechts auf informationelle Selbstbestimmung eine besondere Schutzzone für informationstechnische Systeme zu errichten, die das IT-Grundrecht durch die Hintertür einführen würde. Dies würde das ohnehin komplexe Grundrecht auf informationelle Selbstbestimmung nur noch komplexer machen. Im Übrigen ließen sich auch Art. 10 GG oder Art. 13 GG auf diese Weise rekonstruieren, ohne dass diese Grundrechte bislang zur Streichung vorgeschlagen worden wären. Schließlich ist daran zu erinnern, dass vor dem Urteil des Ersten Senats in der Literatur eine rege Diskussion um die Frage geführt wurde, ob

[106] Ähnlich *Hoffmann-Riem* (Fn. 66), S. 1017. In diese Richtung geht auch das Urteil zum nordrhein-westfälischen Verfassungsschutzgesetz, wenn der Erste Senat betont, dass das Gewicht der Beeinträchtigung durch „Online-Durchsuchungen" unabhängig von der handelnden Behörde und ihren weiteren Befugnissen ist, BVerfG NJW 2008, 822, Rn. 254 ff.

[107] Wie hier *Hoffmann-Riem* (Fn. 66), S. 1019; ähnlich *Böckenförde* (Fn. 18), S. 928.

„Online-Durchsuchungen“ an Art. 13 GG zu messen sind.[108] Diese Diskussion[109] illustriert, dass das Grundrecht auf informationelle Selbstbestimmung keineswegs den gleichen Schutz gegen solche Maßnahmen wie eine besondere Garantie der Privatheit böte.

cc) Integritätsschutz als eigenständiger Gehalt des IT-Grundrechts

Weiter könnte das Grundrecht auf informationelle Selbstbestimmung nur den Vertraulichkeits-, nicht aber den Integritätsaspekt des IT-Grundrechts abbilden.

Das IT-Grundrecht schützt nicht nur davor, dass staatliche Stellen Daten aus einem informationstechnischen System erheben. Es gewährleistet dem Nutzer daneben auch, dass das System frei von Störungen und Manipulationen bleibt. Dieser Integritätsschutz ist mehr als nur ein Annex des Vertraulichkeitsschutzes, sondern ein eigenständiger Gewährleistungsgehalt des IT-Grundrechts.[110] Er verlagert zum einen den Grundrechtsschutz zeitlich vor, da die Infiltration eines informationstechnischen Systems stets zur Folge hat, dass das System kompromittiert ist, auch wenn noch keine Daten das System verlassen haben.[111] Zum anderen schützt das Grundrecht auch vor Schäden, die auf dem System als Nebenfolge der Infiltration entstehen.[112] Weiter greift der Integritätsschutz, wenn ein informationstechnisches System manipuliert wird, ohne dass Daten erhoben werden,[113] oder wenn eine Manipulation durch Dritte ermöglicht wird. Insoweit steht er selbstständig neben dem Vertraulichkeitsschutz.

b) Das IT-Grundrecht als Persönlichkeitsrecht

Schließlich wird gegen das IT-Grundrecht in der Literatur vereinzelt der Einwand vorgebracht, es drohe ein „apersonales technikorientiertes Grundrecht“.[114] Diese Kritik, die eher ästhetisch als grundrechtstheoretisch oder

[108] Dafür etwa *Buermeyer* (Fn. 37), S. 10 ff.; dagegen etwa *Schlegel* Warum die Festplatte keine Wohnung ist – Art. 13 GG und die „Online-Durchsuchung“, GA 2007, 648 (655 ff.); weitere Nachweise bei *Böckenförde* (Fn. 18), S. 926 mit Fn. 10. Der Erste Senat hat diese Frage verneint, vgl. BVerfG NJW 2008, 822, Rn. 194.

[109] Auf sie verweist auch *Hoffmann-Riem* (Fn. 66), S. 1019.

[110] *Hoffmann-Riem* (Fn. 66), S. 1012; *Hornung* (Fn. 85), S. 303; a.A. mit kritischer Tendenz *Eifert* (Fn. 85), S. 522; *Volkmann* (Fn. 85), S. 592.

[111] *Hansen/Pfitzmann* (Fn. 65), S. 133.

[112] Vgl. BVerfG NJW 2008, 822, Rn. 239 ff.

[113] Ein solches Szenario ist auch mit Blick auf staatliche Maßnahmen keineswegs rein hypothetisch, in diese Richtung jedoch *Hoffmann-Riem* (Fn. 66), S. 1017 mit Fn. 84. So ermöglicht Art. 34d Abs. 1 Satz 2 BYPAG der bayerischen Polizei ausdrücklich, im Rahmen eines heimlichen Zugriffs auf ein informationstechnisches System Daten zu löschen und zu verändern.

[114] So *Eifert* (Fn. 85), S. 522. Ähnlich *Lepsius* (Fn. 85), S. 21, 32 ff. Die Stoßrichtung der Ausführungen von *Lepsius* geht im Übrigen dahin, das IT-Grundrecht als rein objektiv-

grundrechtsdogmatisch anmutet, übersieht jedoch, dass das IT-Grundrecht normativ als Ausprägung des Grundrechts auf Schutz der Persönlichkeit verankert wird. Dementsprechend wird der Schutzbereich dieses Grundrechts durchweg mit Blick auf Gefährdungen der Persönlichkeit des Einzelnen beschrieben. Zwar ist Schutzgegenstand des IT-Grundrechts ein technisches System. Dieser Umstand entpersonalisiert das IT-Grundrecht jedoch genauso wenig, wie es den speziellen Gewährleistungen in Art. 13 und Art. 10 GG deshalb an einem Persönlichkeitsbezug fehlt, weil sie einen Raum und ein Kommunikationsmittel schützen. Das IT-Grundrecht schützt das eigene informationstechnische System gerade deshalb und nur insoweit, als der Einzelne zur Entfaltung seiner Persönlichkeit darauf angewiesen ist, dieses System zu nutzen, und sich daraus eine besondere Gefährdungslage für seine Persönlichkeit ergibt.[115]

2. *Schutzbereich*

a) Sachlicher Schutzbereich

Gegenstand des Grundrechtsschutzes ist das eigene informationstechnische System des Grundrechtsträgers. Dabei handelt es sich um einen verfassungsrechtlichen Begriff, der nicht ohne Weiteres an informationstechnische oder zivilrechtliche Begrifflichkeiten anknüpfen kann.[116]

Der Begriff des informationstechnischen Systems ist offen formuliert und umfasst zunächst jedes elektronische System, mit dem Informationen verarbeitet werden. Ein solcher offener Begriff ist gerade in einem Bereich unvermeidlich, der sich derart rasant entwickelt wie die Informationstechnik.[117] Gerade für den Schutz der Internetkommunikation wesentlich ist, dass der Begriff des informationstechnischen Systems keinen räumlichen Zusammenhang voraussetzt. Vielmehr können auch Netze, die aus mehreren räumlich getrennten Komponenten bestehen, als ein System angesehen werden, wenn die verbundenen Geräte funktional eine Einheit bilden.[118]

rechtliche Gewährleistung zu kennzeichnen, um das Urteil in den Kontext der neueren Diskussion um die grundrechtlichen Gewährleistungsgehalte einzuordnen, vgl. ebd., S. 42 ff. Diese Interpretation findet im Text und im erkennbaren Anliegen des Urteils keine Stütze, wie hier *Böckenförde* (Fn. 18), S. 928 mit Fn. 38; *Hoffmann-Riem* (Fn. 66), S. 1014 mit Fn. 62.

115 Ähnlich wie hier *Hoffmann-Riem* (Fn. 66), S. 1012 f.

116 Vgl. jedoch mit kritischer Tendenz *Hoeren* (Fn. 85), S. 356.

117 *Hornung* (Fn. 85), S. 302; allgemein zu den Bedenken dagegen, datenschutzrechtliche Regelungen unreflektiert an technische Gegebenheiten anzuknüpfen, *Hoffmann-Riem* (Fn. 1), S. 517; *Simitis* in: ders., BDSG, 6. Aufl., 2006, Einl. Rn. 118; kritisch zu der „auf schnelle Schlüsselreize reagierenden Gesetzgebung“ im Internetbereich auch *Hoeren* (Fn. 2), S. 2618.

118 BVerfG NJW 2008, 822, Rn. 203.

Der Schutzbereich des IT-Grundrechts wird allerdings dadurch eingegrenzt, dass nur hinreichend komplexe Systeme erfasst sind, da nur für solche Systeme ein besonderer Schutzbedarf besteht. Greift eine staatliche Stelle auf ein informationstechnisches System zu, das lediglich Daten mit einem punktuellen Bezug zu der Persönlichkeit und Lebensgestaltung des Betroffenen enthalten kann, so kann auch punktuell beschrieben werden, inwieweit dieser Zugriff die Freiheit und Privatheit des Betroffenen gefährdet. In solchen Fällen bietet das Grundrecht auf informationelle Selbstbestimmung hinreichenden Schutz.[119] Ein räumlich zusammenhängendes informationstechnisches System kann dabei bereits für sich genommen hinreichend komplex sein, um von dem IT-Grundrecht erfasst zu werden. Der Erste Senat nennt als Beispiele Personalcomputer und komplexere Mobiltelefone oder elektronische Terminkalender. Daneben dürften auch die heute gängigen externen Speichermedien wie externe Festplatten oder USB-Sticks angesichts der mittlerweile üblichen Speicherkapazitäten erfasst sein.[120] Die Komplexität eines informationstechnischen Systems ist zudem nicht nur von der einzelnen Systemkomponente, sondern auch von ihren Vernetzungen abhängig. Auch ein für sich genommen wenig komplexes System kann von dem Grundrechtsschutz erfasst sein, wenn es mit anderen Systemen vernetzt ist und dadurch insgesamt einen hinreichend komplexen Datenbestand erschließt. Sollten in Zukunft informationstechnische Komponenten in Alltagsgegenständen wie Fahrzeugen oder Haushaltsgeräten in einer Welt des „Ubiquitous Computing"[121] zunehmend miteinander und mit externen Komponenten kommunizieren, könnte auch der Anwendungsbereich des IT-Grundrechts erheblich erweitert werden.[122]

Der Grundrechtsträger wird weiter nur insoweit geschützt, als er ein informationstechnisches System als eigenes nutzt. Dafür ist entscheidend, ob der Grundrechtsträger allein oder im Zusammenwirken mit anderen über das System selbstbestimmt verfügt.[123] Dieses Kriterium ist gerade für den grundrechtlichen Schutz im Rechnernetz wesentlich, weil es dazu dient, die ver-

[119] BVerfG NJW 2008, 822, Rn. 202.

[120] Solche Speichermedien sind allerdings – ebenso wie auch die in einen PC eingebaute Festplatte – für sich genommen keine informationstechnischen Systeme, da sie allein keine Daten verarbeiten, vgl. *Böckenförde* (Fn. 18), S. 929 mit Fn. 41. Jedoch kann auf den gespeicherten Datenbestand nur zugegriffen werden, wenn die Speichermedien mit einem informationstechnischen System verbunden werden, so dass ein vernetztes System entsteht. Angesichts dessen ist es auch etwa als Eingriff in das IT-Grundrecht anzusehen, wenn eine Ermittlungsbehörde ein externes Speichermedium beschlagnahmt oder kopiert, um es anschließend auszuwerten.

[121] Hierzu *Kühling* (Fn. 1), S. 155 ff.; *Mattern* Allgegenwärtige Datenverarbeitung – Trends, Visionen, Auswirkungen, in: Roßnagel/Sommerlatte/Winand, Digitale Visionen, 2008, 3 ff.

[122] Ähnlich *Hansen/Pfitzmann* (Fn. 65), S. 149; *Hornung* (Fn. 85), S. 302 f.

[123] BVerfG NJW 2008, 822, Rn. 206.

netzten Komponenten auszuwählen, die dem Einzelnen als „sein" informationstechnisches System zugerechnet werden können. Dafür sind rechtliche Zuordnungen von Belang,[124] neben dem sachenrechtlichen Eigentum insbesondere vertragliche Nutzungs- und Ausschlussrechte.[125] So kann jemand auch vernetzte Datenspeicher wie etwa virtuelle Festplatten im Netz als eigene Systeme nutzen. Der Schutzbereich des IT-Grundrechts ist dabei auch dann eröffnet, wenn der Grundrechtsträger auf den Datenspeicher im Netz von einem System aus zugreift, das er selbst – wie etwa einen Rechner in einem Internetcafé – nicht als eigenes nutzt.[126]

b) Schutzrichtung mit Blick auf die Internetkommunikation

Das IT-Grundrecht kann davor schützen, dass eine staatliche Stelle Inhalte und Umstände der Internetkommunikation eines Einzelnen ermittelt. Für den Grundrechtsschutz kommt es dabei darauf an, ob die Ermittlungsmaßnahme die Vertraulichkeit[127] eines komplexen informationstechnischen Systems beeinträchtigt.

So wird die Infiltration eines Rechners mit dem Ziel, Daten auszuspähen oder laufende Prozesse zu überwachen („Online-Durchsuchung"), in der Regel auch dazu dienen, die Internetkommunikation zu sichten, die von diesem Rechner aus geführt wird. Die Vertraulichkeit eines informationstechnischen Systems kann daneben auch mit anderen Mitteln beeinträchtigt werden. So kann eine staatliche Stelle auf Datenspeicher im Netz wie virtuelle PCs oder Netzfestplatten auch ohne Infiltration zugreifen, indem sie den Dienstleister in Anspruch nimmt, bei dem sich diese Datenspeicher befinden. Darin liegt gleichfalls ein Eingriff in das IT-Grundrecht des Nutzers. Schließlich kann ein Eingriff in das IT-Grundrecht auch in einem physischen Zugriff liegen. Ein solcher Eingriff ist etwa anzunehmen, wenn Ermittlungsbeamte im Rahmen einer Wohnungsdurchsuchung den eingeschalteten PC des Betroffenen untersuchen[128] oder Speichermedien kopieren oder beschlagnahmen, um sie später auszuwerten.[129]

[124] Insoweit anders als hier *Hornung* (Fn. 85), S. 303, der faktische Kriterien wie den Standort des Systems oder implementierte Zugriffssicherungen gleichberechtigt einbeziehen will.

[125] Ähnlich *Böckenförde* (Fn. 18), S. 929.

[126] BVerfG NJW 2008, 822, Rn. 206; zu kurz greift daher *Volkmann* (Fn. 85), S. 592.

[127] Der Integritätsaspekt des IT-Grundrechts hat, soweit es um den Schutz der Vertraulichkeit der Internetkommunikation geht, keine wesentliche eigenständige Bedeutung.

[128] Die Eingriffsintensität nimmt zu, wenn der PC genutzt wird, um weitere Systemkomponenten im Netz anzusteuern, zumal wenn diese Komponenten zugangsgeschützt sind. Auch im Lichte des IT-Grundrechts erscheint daher zweifelhaft, ob § 110 Abs. 3 StPO, der derartige Maßnahmen zur Strafverfolgung ohne weiteres ermöglicht, verfassungsgemäß ist, vgl. zu Art. 10 GG bereits oben Fn. 32; kritisch auch *Böckenförde* (Fn. 18), S. 931.

[129] Wie hier *Hornung* (Fn. 85), S. 303; angedeutet auch in BVerfG NJW 2008, 822, Rn. 230.

Hingegen soll das IT-Grundrecht nach Auffassung des Ersten Senats nicht davor schützen, dass eine staatliche Stelle auf Inhalte der Internetkommunikation auf dem technisch dafür vorgesehenen Weg zugreift. Dabei soll es – anders als im Rahmen von Art. 10 GG[130] – nicht darauf ankommen, ob die Ermittlungsbehörde zu dem Zugriff autorisiert war oder nicht.[131] Der Inhaber des Systems, auf dem die Inhalte gespeichert sind, habe sein System für solche Zugriffe bewusst geöffnet. Er könne nicht darauf vertrauen, dass es nicht zu ihnen komme.[132] Dieses Kriterium ermöglicht es, den Anwendungsbereich des IT-Grundrechts von dem des Art. 10 GG zumindest für bestimmte Fallkonstellationen klar abzugrenzen. Gleichwohl bestehen Bedenken dagegen, den Schutzbereich des IT-Grundrechts auf diese Weise zu begrenzen, da das so begrenzte Grundrecht absehbaren technischen Entwicklungen nicht hinreichend Rechnung tragen könnte. Vielfach wird erwartet, dass in Zukunft Rechenkapazitäten zunehmend auf das Internet verlagert werden. Anwendungssoftware und gespeicherte Daten befänden sich dann nicht mehr auf dem lokalen Rechner des Nutzers, sondern würden auf entfernte Systeme im Netz verteilt, auf die der Nutzer mittels eines Standardprogramms (etwa eines Webbrowsers) zugreift („Cloud Computing“[133]). Sollte diese Prognose zutreffen, so befänden sich in Zukunft mehr und mehr persönlichkeitsrelevante Daten „im Netz“. Wenn zugleich ein Zugriff auf Daten „im Netz“ auf dem technisch dafür vorgesehenen Weg nie ein Eingriff in das IT-Grundrecht wäre, entstünden erhebliche Schutzlücken, die der – seinem Schutzzweck nach kaum passende – Art. 10 GG schließen müsste. Es liegt daher nahe, das Autorisierungskriterium auch für das IT-Grundrecht fruchtbar zu machen, so dass der unautorisierte Zugriff auf eine hinreichend komplexe Systemkomponente „im Netz“ auch dann in das Grundrecht eingreift, wenn der technisch vorgesehene Weg genutzt wird.

3. *Rechtfertigung von Eingriffen*

Wie bei Art. 10 GG hängt maßgeblich von der Eingriffsintensität ab, welche Anforderungen das IT-Grundrecht an Eingriffsermächtigungen stellt. Die hohen Anforderungen, die der Erste Senat in seinem Urteil zum nordrhein-westfälischen Verfassungsschutzgesetz aufgestellt hat,[134] sind auf einen

[130] Dazu oben II 1 a bb.

[131] Dies übersieht *Böckenförde* (Fn. 18), S. 937, der meint, ein Zugriff auf gespeicherte Daten im Netz mittels des dafür vorgesehenen Passworts könne ohne weiteres in das IT-Grundrecht eingreifen.

[132] Vgl. BVerfG NJW 2008, 822, Rn. 306.

[133] Dazu etwa *Chappell* A Short Introduction to Cloud Platforms, 2008, URL: http://www.davidchappell.com/CloudPlatforms-Chappell.pdf.

[134] Für präventive Zugriffe: tatsächliche Anhaltspunkte einer konkreten Gefahr für ein überragend wichtiges Rechtsgut, BVerfG NJW 2008, 822, Rn. 242 ff. Für Eingriffe im

besonders intensiven Eingriff zugeschnitten, mit dem das System umfassend überwacht wird. Weniger weitreichende Eingriffe in das IT-Grundrecht, etwa die Beschlagnahme und Auswertung eines Datenträgers, können auch unter weniger strengen Voraussetzungen ermöglicht werden. Allerdings ist wie im Rahmen des Fernmeldegeheimnisses grundsätzlich zu fordern, dass eine qualifizierte Eingriffsschwelle errichtet wird.[135] Zudem enthält das Grundrecht auch Vorgaben für verfahrensrechtliche Sicherungen.[136] Wenn in das IT-Grundrecht heimlich eingegriffen wird und die Eingriffsmaßnahme dazu dient, einen aussagekräftigen Datenbestand auszuwerten, muss die Eingriffsermächtigung schließlich Regelungen zum Schutz des Kernbereichs privater Lebensgestaltung enthalten.[137]

4. *Grundrechtskonkurrenzen*

a) Zu Art. 10 GG

Ein Konkurrenzproblem zwischen Art. 10 GG und dem IT-Grundrecht stellt sich nicht, wenn nur eines der beiden Grundrechte tatbestandlich anwendbar ist. Werden Inhalte oder Umstände der Internetkommunikation außerhalb eines laufenden Kommunikationsvorgangs ermittelt, so ist alleiniger Prüfungsmaßstab das IT-Grundrecht, da der Schutz von Art. 10 GG sich zeitlich nicht auf solche Fallkonstellationen erstreckt.[138] Erhebt andererseits eine staatliche Stelle Kommunikationsdaten unautorisiert, aber auf dem technisch dafür vorgesehenen Weg, so liegt darin nach der – allerdings fragwürdigen[139] – Auffassung des Ersten Senats kein Eingriff in das IT-Grundrecht, so dass die Maßnahme allein an Art. 10 GG zu messen ist.

Rahmen der Strafverfolgung kommt es darauf an, einen hinreichend begrenzten Straftatenkatalog vorzusehen. Problematisch ist dabei der Vorschlag, an existierende Kataloge, etwa für die akustische Wohnraumüberwachung anzuknüpfen, so jedoch *Bär* Entscheidungsanmerkung, MMR 2008, 325 (326). Werden in den Katalog insbesondere Vorfeldstraftaten wie § 129a StGB (Gründung einer terroristischen Vereinigung) ohne weitere Präzisierungen aufgenommen, so drohen die Anforderungen an die tatsächliche Eingriffsschwelle im präventiven Bereich ausgehöhlt zu werden, vgl. *Böckenförde* (Fn. 18), S. 935; *Hornung* (Fn. 85), S. 305; ferner *Kühne* Strafprozessuale Konsequenzen der Entscheidung vom 27.2.2008, in: Roggan, Online-Durchsuchungen, S. 85 (92 f.).

[135] Tendenziell wie hier *Böckenförde* (Fn. 18), S. 931. Angesichts dessen erscheint die strafgerichtliche Rechtsprechung, nach der Personalcomputer und Speichermedien nach den allgemeinen Regeln der §§ 94 ff. StPO sichergestellt und beschlagnahmt werden können, zumindest überprüfungsbedürftig. Allerdings hat der für das Strafrecht zuständige Zweite Senat des Bundesverfassungsgerichts diese Rechtsprechung in jüngerer Zeit im Grundsatz gebilligt, vgl. BVerfGE 113, 29 (50 ff.); 115, 166 (190 ff.).

[136] Vgl. BVerfG NJW 2008, 822, Rn. 257 ff.

[137] Vgl. zu „Online-Durchsuchungen" BVerfG NJW 2008, 822, Rn. 270 ff.

[138] S. oben II 1 c.

[139] S. oben III 2 b.

Das Konkurrenzverhältnis beider Grundrechte ist hingegen klärungsbedürftig, wenn eine staatliche Stelle Inhalte oder Umstände der laufenden Internetkommunikation auf einem Weg erhebt, der dafür technisch nicht vorgesehen ist. Musterbeispiel ist die „Quellen-Telekommunikationsüberwachung". Darunter wird die Infiltration eines informationstechnischen Systems verstanden, das als Kommunikationsendgerät dient (etwa ein PC, mit dem über das Internet telefoniert wird), um die laufende Kommunikation zu überwachen.

Grundsätzlich tritt das IT-Grundrecht als Ausprägung des Grundrechts auf Schutz der Persönlichkeit hinter dem speziellen Persönlichkeitsschutz aus Art. 10 GG als subsidiär zurück, soweit die Schutzbereiche beider Grundrechte sich überschneiden.[140] Bei der „Quellen-Telekommunikationsüberwachung" ergibt sich jedoch das Problem, dass mit der Infiltration die entscheidende technische Hürde genommen ist, um das betroffene informationstechnische System insgesamt auszuspähen. Nach dem Ersten Senat ist Art. 10 GG nur dann alleiniger Prüfungsmaßstab für eine „Quellen-Telekommunikationsüberwachung", wenn durch technische Sicherungen und rechtliche Vorgaben gewährleistet ist, dass die Maßnahme sich auf die laufende Kommunikation beschränkt.[141] Dies setzt eine besondere Rechtsgrundlage voraus, die gerade auf die „Quellen-Telekommunikationsüberwachung" zuzuschneiden ist, da es sonst an den erforderlichen rechtlichen Vorgaben fehlt.[142] Ergänzend ist zudem zu fordern, dass die Infiltration nicht das Integritätsinteresse des Nutzers beeinträchtigt, also das Zielsystem weder schädigen noch manipulieren kann.[143] Angesichts dessen erscheint höchst fragwürdig, ob eine isolierte „Quellen-Telekommunikationsüberwachung", die allein an Art. 10 GG zu messen wäre, sich derzeit oder in absehbarer Zukunft technisch überhaupt durchführen lässt.[144]

Soweit Art. 10 GG den grundrechtlichen Schutzbedarf bei einer „Quellen-Telekommunikationsüberwachung" nicht vollständig abdeckt, muss die Maßnahme den Anforderungen sowohl von Art. 10 GG als auch des IT-Grundrechts genügen.[145] Da die „Quellen-Telekommunikationsüberwachung" regelmäßig auf einer technischen Infiltration des Zielsystems beruht, wird die

[140] BVerfGE 100, 313 (358); 110, 33 (55); 113, 348 (364).

[141] BVerfG NJW 2008, 822, Rn. 190.

[142] *Hoffmann-Riem* (Fn. 66), S. 1022; *Hornung* (Fn. 85), S. 301; dies übersieht *Bär* (Fn. 134), S. 326.

[143] Ähnlich *Hoffmann-Riem* (Fn. 66), S. 1022.

[144] Vgl. BVerfG NJW 2008, 822, Rn. 189; *Hoffmann-Riem* (Fn. 66), S. 1022; vgl. auch *Hansen/Pfitzmann* (Fn. 65), S. 133: Eine erfolgreiche Infiltration führe immer dazu, dass das System als kompromittiert zu betrachten sei.

[145] Dies verkennt *Lepsius* (Fn. 85), S. 26 ff., der anscheinend meint, der Senat gehe von einer strikten Exklusivität beider Grundrechte aus. Das Urteil enthält dafür jedoch keinerlei Anhaltspunkte.

Maßnahme im Ergebnis oft allein an den Anforderungen des IT-Grundrechts zu messen sein. Denn die Anforderungen des IT-Grundrechts gehen für „Online-Durchsuchungen" über die Vorgaben des Art. 10 GG sowohl hinsichtlich der Anforderungen an den Eingriffstatbestand als auch hinsichtlich der verfahrensrechtlichen Vorgaben hinaus. Das Zusammenspiel von Art. 10 GG und IT-Grundrecht kann jedoch komplexer werden, wenn eine Ermittlungsmaßnahme zwar an beiden Grundrechten zu messen ist, aber der Eingriff in das IT-Grundrecht weniger schwer wiegt als bei einer umfassenden „Online-Durchsuchung". So läge es etwa, wenn bei einer „Quellen-Telekommunikationsüberwachung" ausgeschlossen werden könnte, dass die staatliche Stelle Daten ohne Bezug zur laufenden Kommunikation erhebt – so dass die Vertraulichkeitskomponente des IT-Grundrechts nicht greift –, jedoch ein Risiko für die Integrität des Zielsystems verbliebe, weil Manipulationen oder Datenverluste nicht ausgeschlossen werden könnten. In einem derartigen Fall wäre der Eingriff materiell in erster Linie an Art. 10 GG zu messen. Aus dem IT-Grundrecht ergäben sich flankierende Vorgaben, um das Integritätsinteresse des Betroffenen zu schützen.

b) Zu anderen Ausprägungen des Grundrechts auf Schutz der Persönlichkeit

In dem Urteil des Ersten Senats heißt es, das IT-Grundrecht trete zu den anderen Ausprägungen des Grundrechts auf Schutz der Persönlichkeit hinzu, „soweit" diese keinen hinreichenden Schutz gewährten.[146] Daraus ist in der Literatur geschlossen worden, das IT-Grundrecht solle gegenüber diesen anderen Ausprägungen subsidiär sein.[147] Dabei dürfte es sich jedoch um eine Fehlinterpretation des Urteils handeln. Für ein solches Subsidiaritätsverhältnis gibt es keinen Grund. Näher liegt die Annahme, dass das IT-Grundrecht, soweit sein formaler Anknüpfungspunkt reicht, andere Ausprägungen des Grundrechts auf Schutz der Persönlichkeit bündelt und ihnen vorgeht.[148] Das Urteil steht dieser Annahme nicht entgegen. Die angeführte Passage kann auch so verstanden werden, dass lediglich begründet werden soll, warum es einer weiteren Ausprägung des Grundrechts aus Art. 2 Abs. 1 in Verbindung mit Art. 1 Abs. 1 GG bedarf. Sie enthält dann die Diagnose einer Schutzlücke, nicht aber eine Aussage zum Konkurrenzverhältnis des IT-Grundrechts zu anderen Gewährleistungen.[149]

[146] BVerfG NJW 2008, 822, Rn. 168, ähnlich in Rn. 201.

[147] *Britz* (Fn. 84), S. 414; *Eifert* (Fn. 85), S. 522; *Petri* (Fn. 85), S. 444; *Volkmann* (Fn. 85), S. 591.

[148] Tendenziell wie hier *Hoffmann-Riem* (Fn. 66), S. 1019 mit Fn. 91; *Kutscha* (Fn. 85), S. 1043.

[149] Vgl. bereits oben Fn. 101 zu der Frage, inwieweit das Urteil eine Aussage zum Schutzbereich des Grundrechts auf informationelle Selbstbestimmung enthält.

IV. Schutz personengebundenen Vertrauens durch das Grundrecht auf informationelle Selbstbestimmung

Das Grundrecht auf informationelle Selbstbestimmung gewährleistet die Vertraulichkeit der Internetkommunikation, soweit weder Art. 10 GG noch das IT-Grundrecht Schutz gewähren. Dabei geht es vor allem um Fälle, in denen nicht medien- oder technikgebundenes, sondern personengebundenes Vertrauen enttäuscht wird. Nimmt eine staatliche Stelle Inhalte oder Umstände der Internetkommunikation auf dem technisch dafür vorgesehenen Weg mit Autorisierung eines Kommunikationsteilnehmers zur Kenntnis, so beeinträchtigt sie weder die Vertraulichkeit des Kommunikationsmediums noch die Integrität und Vertraulichkeit eines informationstechnischen Systems. Insoweit verbleibt dem Grundrecht auf informationelle Selbstbestimmung ein eigenständiger Anwendungsbereich.

Das Grundrecht auf informationelle Selbstbestimmung begegnet staatlicher Informationsmacht und schirmt den Einzelnen gegen Persönlichkeitsgefährdungen ab. Ein Eingriff setzt dementsprechend voraus, dass eine informationelle staatliche Maßnahme Freiheit oder Privatheit des Betroffenen gefährdet.[150] Das Grundrecht errichtet hingegen keine generelle prima-facie-Pflicht staatlicher Stellen, sich blind zu stellen. Es ist staatlichen Stellen von vornherein nicht verwehrt, allgemein verfügbare Informationen unter denselben Bedingungen wie jeder Dritte zur Kenntnis zu nehmen. Daher liegt noch kein Grundrechtseingriff in der bloßen „Internet-Streife", bei der eine Ermittlungsbehörde öffentlich zugängliche Inhalte im Internet sichtet. Wenn jedoch die Behörde die gewonnenen Informationen systematisch zusammenträgt und auswertet, kann sich ein Gefährdungstatbestand ergeben, der als Eingriff in das Grundrecht auf informationelle Selbstbestimmung zu behandeln ist.[151]

Weiter greift eine staatliche Stelle in das Grundrecht auf informationelle Selbstbestimmung ein, wenn sie aktiv an der Internetkommunikation teilnimmt und ein schutzwürdiges kommunikatives Vertrauen enttäuscht, um Informationen zu erlangen. Eine solche Maßnahme ist dem Einsatz eines verdeckten Ermittlers vergleichbar.[152] Allerdings kommt es für die Frage, wann ein grundrechtlich erheblicher Vertrauenstatbestand besteht, maßgeblich auf die Bedingungen und Gepflogenheiten des kommunikativen Umfelds an. Insoweit bestehen nicht nur zwischen der Internetkommunikation und der

[150] S. oben III 1 a aa.

[151] BVerfG NJW 2008, 822, Rn. 308 f.; zustimmend *Bär* (Fn. 134), S. 326 f.; *Böckenförde* (Fn. 18), S. 935; *Hornung* (Fn. 85), S. 305; *Sachs/Krings* (Fn. 25), S. 482; vgl. auch BVerfG NJW 2008, 2099, Rn. 66.

[152] BVerfG NJW 2008, 822, Rn. 310; ebenso *Eifert* (Fn. 85), S. 522; *Valerius* (Fn. 23), S. 125 f.; *Warntjen* (Fn. 79), S. 65.

Kommunikation in der „realen" Welt, sondern auch zwischen unterschiedlichen Formen der Internetkommunikation erhebliche Unterschiede.[153] Im Vergleich zu den „klassischen" Formen des Meinungsaustauschs im Internet wie Newsgroups, Webforen oder Chats begünstigen manche neueren Kommunikationsdienste stabilere Kommunikationsbeziehungen, die in größerem Maß auf persönlichem Vertrauen beruhen.[154] Dies dürfte beispielsweise für soziale Netzwerke[155] (wie etwa Facebook, XING oder StudiVZ) gelten, in denen die Teilnehmer unter einer stabilen Identität (meistens sogar unter ihrem Namen) auftreten, ihre Tätigkeiten und Neigungen im Einzelnen beschreiben und sich mit anderen Teilnehmern in Interessengruppen und Freundeskreisen zusammenschließen. Das kommunikative Umfeld im Internet unterliegt im Übrigen mit der technischen und ökonomischen Entwicklung einem raschen Wandel. Wenn der Erste Senat in seinem Urteil ausführt, im Internet herrschten Kommunikationsformen vor, in deren Rahmen das Vertrauen eines Kommunikationsteilnehmers in die Identität und Wahrhaftigkeit seiner Kommunikationspartner nicht schutzwürdig sei,[156] ist dies allenfalls eine Momentaufnahme. Dieser Einschätzung kann im Sinne einer Faustregel für die „klassischen" Formen des Meinungsaustauschs gefolgt werden. Dabei muss jedoch im Blick behalten werden, dass der grundrechtliche Schutz maßgeblich von dem jeweiligen Kommunikationsumfeld abhängt. Es bietet sich an, insoweit typisierend vorzugehen und Fallgruppen zu bilden, die allerdings für die weitere Entwicklung offen gehalten werden müssen. Die Grenze zum Grundrechtseingriff ist jedenfalls überschritten, wenn die Ermittlungsperson ihren Kommunikationspartner über ihre Identität, Funktion oder Motivation aktiv täuscht, also nicht lediglich eine allgemeine Kommunikationsbereitschaft ausnutzt. Eine solche Täuschung muss stets gerechtfertigt werden.[157]

Daneben kann eine staatliche Stelle in das Grundrecht auf informationelle Selbstbestimmung eingreifen, wenn sie auf zugangsgesicherte Kommunika-

[153] Vgl. zu den Besonderheiten der Internetkommunikation aus mediensoziologischer und medienpsychologischer Sicht *Döring,* Sozialpsychologie des Internet, 2. Aufl., 2003; *Misoch* Online-Kommunikation, 2006, 115 ff., 143 ff.; *Thiedeke* Interaktionsmediale Kommunikationsbedingungen und virtuelle Gemeinschaften, in: v. Gross/Marotzki/Sander, Internet – Bildung – Gemeinschaft, 2008, 45.

[154] Wie hier für Angebote des „Web 2.0" *Hornung* (Fn. 85), S. 305; vgl. allgemein zu diesen Angeboten und ihren kommunikativen Bedingungen und Auswirkungen *Eberbach/Glaser/Heigl* Social Web, 2008, 33 ff., 167 ff.; *Meckel* Aus Vielen wird das Eins gefunden – wie Web 2.0 unsere Kommunikation verändert, APuZ 39/2008, 17 ff.

[155] Hierzu *Eberbach/Glaser/Heigl* (Fn. 154), S. 79 ff.

[156] BVerfG NJW 2008, 822, Rn. 311.

[157] Zumindest missverständlich in diesem Punkt BVerfG NJW 2008, 822, Rn. 310 f.; zu Recht kritisch *Eifert* (Fn. 85), S. 522; *Hornung* (Fn. 85), S. 305; vgl. ferner zu der Frage, ob die staatliche Kommunikationsteilnahme im Einzelfall den Kernbereich privater Lebensgestaltung berühren und darum unzulässig sein kann, *Warntjen* (Fn. 79), S. 64 ff.

tionsinhalte im Internet mit einem Schlüssel zugreift, den sie von einem Kommunikationspartner erhalten hat. Ein Grundrechtseingriff ist zu bejahen, wenn der Kommunikationspartner, der den Schlüssel weitergegeben hat, dadurch ein schutzwürdiges kommunikatives Vertrauen enttäuscht hat und dieser Vertrauensbruch der staatlichen Stelle zuzurechnen ist. Hinreichender Zurechnungsgrund ist dabei jedenfalls, dass die staatliche Stelle den Vertrauensbruch veranlasst hat.

V. Ergebnis

In der Zusammenschau ergibt sich folgendes Gefüge grundrechtlicher Abwehrrechte, die die Vertraulichkeit der Internetkommunikation schützen:

1. Die Vertraulichkeit der laufenden Kommunikation im Rechnernetz wird in erster Linie durch Art. 10 GG gewährleistet. Das Grundrecht knüpft formal an das Kommunikationsmittel an und schützt Inhalte und Umstände der Internetkommunikation.

Zeitlich reicht der Grundrechtsschutz vom Beginn bis zum Abschluss des Kommunikationsvorgangs. Als Inhalte der Internetkommunikation sind daher alle Daten geschützt, die ein Grundrechtsträger für einen Abruf über das Internet zur Verfügung gestellt hat, solange sie für einen solchen Abruf bereitstehen. Hingegen erstreckt sich der Grundrechtsschutz nicht auf Inhalte und Umstände der Internetkommunikation, die ein Beteiligter vor Beginn oder nach Abschluss des Kommunikationsvorgangs bei sich gespeichert hat.

Art. 10 GG schützt nur vor unautorisierten Zugriffen auf Inhalte und Umstände der Internetkommunikation. Stets unautorisiert ist der Zugriff, wenn die staatliche Stelle Kommunikationsdaten auf einem technisch dafür nicht vorgesehenen Weg erhebt. Nutzt die Stelle einen technisch vorgesehenen Weg, so ist der Zugriff autorisiert, wenn Daten erhoben werden, die für jeden zugänglich sind, oder wenn bei zugangsgesicherten Daten mindestens ein Kommunikationsteilnehmer den Zugriff willentlich ermöglicht hat.

Eingriffe in das Grundrecht aus Art. 10 GG sind grundsätzlich an einen materiell qualifizierten Eingriffstatbestand zu binden. Hinzu können grundrechtliche Anforderungen an das Verfahren treten, auch zum Schutz des Kernbereichs privater Lebensgestaltung.

2. Das IT-Grundrecht ergänzt den durch Art. 10 GG vermittelten Schutz. Das IT-Grundrecht hat gleichfalls einen formalen Anknüpfungspunkt und schützt ein hinreichend komplexes informationstechnisches System, das der Betroffene im Rahmen eines rechtlich fundierten Nutzungsverhältnisses selbstbestimmt nutzt. Der Grundrechtsschutz setzt nicht voraus, dass das System eine räumliche Einheit bildet oder der Grundrechtsträger auf das System physikalisch zugreifen kann, sondern erstreckt sich auch auf ver-

netzte Systeme. Das IT-Grundrecht gewährleistet als zwei selbstständige Schutzgehalte die Integrität und die Vertraulichkeit des Systems.

Eingriffe in das IT-Grundrecht sind grundsätzlich an einen materiell qualifizierten Eingriffstatbestand zu binden; bei besonders intensiven Grundrechtseingriffen, insbesondere bei „Online-Durchsuchungen" gehen die Anforderungen des IT-Grundrechts insoweit über die Anforderungen von Art. 10 GG hinaus. Hinzu können grundrechtliche Anforderungen an das Verfahren treten, auch zum Schutz des Kernbereichs privater Lebensgestaltung.

Das IT-Grundrecht tritt hinter Art. 10 GG als subsidiär zurück, wenn eine staatliche Maßnahme sich darauf beschränkt, Inhalte oder Umstände der Internetkommunikation während eines laufenden Kommunikationsvorgangs zu erheben. Aus dem IT-Grundrecht ergeben sich aber dann weitergehende Anforderungen, wenn die staatliche Maßnahme über die reine Kommunikationsüberwachung hinaus die Vertraulichkeit oder Integrität des Zielsystems beeinträchtigt.

3. Schließlich kann das Grundrecht auf informationelle Selbstbestimmung davor schützen, dass eine staatliche Stelle, die hierzu autorisiert ist, Inhalte der Internetkommunikation auf dem technisch dafür vorgesehenen Weg zur Kenntnis nimmt. Ein Grundrechtseingriff ist anzunehmen, wenn die staatliche Kenntnisnahme darauf beruht, dass schutzwürdiges personengebundenes Vertrauen des Betroffenen enttäuscht wurde. Wann das Vertrauen des Betroffenen schutzwürdig ist, hängt von dem jeweiligen Kommunikationsumfeld ab. Zudem muss entweder die staatliche Stelle den Vertrauensbruch selbst begangen haben oder der Vertrauensbruch eines Dritten ihr zurechenbar sein.

Art. 6 GG und Aufenthalt in der Rechtsprechung des Bundesverfassungsgerichts – zur Funktion der wertentscheidenden Grundsatznorm im Aufenthaltsrecht

MICHAEL HOPPE UND KAI-CHRISTIAN SAMEL *

Leitentscheidungen des Bundesverfassungsgerichts

1. BVerfGE 51, 386 (Erster Senat).
2. BVerfGE 76, 1 (Zweiter Senat).
3. BVerfGE 80, 81 (Zweiter Senat).
4. BVerfGK 7, 49 (2. Kammer des Zweiten Senats).

Schrifttum

Böckenförde Grundrechte als Grundsatznormen, Der Staat 1990, 1; *Rennert* Ehe und Familie im Ausländerrecht, in: Festgabe 50 Jahre Bundesverwaltungsgericht, 2003, S. 433.

Inhalt

* Richter am Verwaltungsgericht *Michael Hoppe*, Verwaltungsgericht Sigmaringen, und Richter am Verwaltungsgericht *Kai-Christian Samel*, Verwaltungsgericht Berlin, sind seit Januar 2007 wiss. Mitarbeiter am BVerfG im Dezernat von BVR *Dr. Gerhardt.* Der Text befindet sich auf dem Stand vom 1.12.2008.

I. Fragestellung

Ehe und Familie werden von Art. 6 Abs. 1 GG unter den besonderen Schutz der staatlichen Ordnung gestellt. Art. 6 Abs. 2 Satz 1 GG statuiert das Recht und die Pflicht der Eltern zur Pflege und Erziehung ihrer Kinder. Diese Normen enthalten neben dem Grundrecht als Abwehrrecht im klassischen Sinne eine Institutsgarantie sowie eine wertentscheidende Grundsatznorm.[1] Den Umfang, in dem die Grundrechte aus Art. 6 GG bei ausländerrechtlichen Entscheidungen, namentlich solchen der Aufenthaltsbeendigung, die eine Trennung der Familie bewirken, sowie solchen der Familienzusammenführung, die der Herstellung einer ehelichen oder familiären Lebensgemeinschaft im Bundesgebiet dienen, zu beachten sind, hat das Bundesverfassungsgericht im Wesentlichen in drei zwischen 1979 und 1989 ergangenen Senatsentscheidungen grundsätzlich bestimmt.[2] In der Folge sind eine Reihe von mit Gründen versehenen Kammerentscheidungen ergangen, die, insbesondere nach der Kindschaftsrechtsnovelle von 1998,[3] zur Akzentuierung und Konturierung der Senatsrechtsprechung entscheidend beigetragen haben. Ein Jahrzehnt nach dieser Reform und fast zwei Jahrzehnte nach der letzten Senatsentscheidung soll hier untersucht werden, ob die Kammerrechtsprechung in der Sache den Boden der überkommenen Senatsrechtsprechung verlassen hat und ob die Senatsrechtsprechung einer Fortentwicklung bedarf. Dazu soll zunächst ein Blick zurück auf die den Senatsentscheidungen zugrunde liegenden Problemlagen geworfen werden.

II. Die Senatsrechtsprechung

Nach ständiger Rechtsprechung des Bundesverfassungsgerichts überantwortet das Grundgesetz die Entscheidung, in welcher Zahl und unter welchen Voraussetzungen der Zugang zum Bundesgebiet ermöglicht werden soll, weitgehend der gesetzgebenden und der vollziehenden Gewalt.[4] Allein Art. 16a Abs. 1 GG verbürgt politisch verfolgten Ausländern einen verfassungsrechtlichen Rechtsanspruch auf Aufenthalt im Bundesgebiet,[5] während Art. 6 GG grundsätzlich keinen unmittelbaren Anspruch auf Aufenthalt gewährt.[6]

[1] BVerfGE 6, 55 (71 ff.); 76, 1 (41).

[2] BVerfGE 51, 386; 76, 1; 80, 81.

[3] BGBl. I, 1998, 2942.

[4] Vgl. BVerfGE 76, 1 (47 f., 51 f.); 80, 81 (92).

[5] Darüber hinaus ist in Art. 116 Abs. 1 GG eine Regelung zum Aufenthaltsrecht von deutschen Volkszugehörigen, die nicht deutsche Staatsangehörige sind (so genannte ‚Statusdeutsche'), getroffen.

[6] Vgl. BVerfGE 51, 386 (396 f.); 76, 1 (47); 80, 81 (93); in seinem Beschluss vom 26.9.1978 (BVerfGE 49, 186) hatte der Erste Senat die Rüge von Art. 6 Abs. 1 GG nicht zum Maßstab seiner Ausführungen zur Verhältnismäßigkeit der Nichtverlängerung eines Aufenthaltsrechts gemacht.

Ihren Ausgangspunkt hat diese Rechtsprechung in dem Beschluss des Ersten Senats vom 18.7.1979.[7] Dem lag die Ausweisung eines deutschverheirateten Vaters eines deutschen Kindes wegen eines Betäubungsmitteldelikts zugrunde. Der Senat hielt die Ausweisung für verhältnismäßig: Nach Art. 6 Abs. 1 GG steht es grundsätzlich allein den Ehepartnern zu, selbstverantwortlich und frei von staatlicher Einflussnahme den räumlichen und sozialen Mittelpunkt ihres gemeinsamen Lebens zu bestimmen. Art. 6 Abs. 1 bzw. Abs. 2 GG schützen den ausländischen Familienangehörigen eines deutschen Staatsangehörigen nicht schlechthin vor Abschiebung, das Interesse des deutschen Ehepartners daran, seine Ehe als eine Lebensgemeinschaft im Bundesgebiet fortzusetzen, ist aber im Rahmen einer Verhältnismäßigkeitsprüfung zu berücksichtigen. Als Anknüpfungspunkt für die aus Art. 6 GG hergeleiteten Schutzwirkungen zog der Senat aber nicht ein Recht des Ausländers, sondern den unter der Garantie des Art. 6 Abs. 1 und 2 GG stehenden Entschluss des deutschen Staatsangehörigen, mit seinem ausländischen Ehepartner bzw. Familienangehörigen im Bundesgebiet zu leben, heran.[8]

Im Anschluss daran verneinte der inzwischen zuständige[9] Zweite Senat in seinem Beschluss vom 12.5.1987 einen entsprechenden Anspruch ausländischer Ehegatten und Familienangehöriger aus Art. 6 Abs. 1 bzw. Abs. 2 GG. Das Grundrecht vermittelt ebenso wenig wie Art. 5 Abs. 3 Satz 1 GG einem ausländischen Wissenschaftler einen unmittelbaren Anspruch auf Einreise und Aufenthalt.[10] Gleichzeitig entwickelte der Senat das aus der in Art. 6 GG enthaltenen „wertentscheidenden Grundsatznorm" fließende Berücksichtigungsgebot ehelicher und familiärer Bindungen des Ausländers im Inland.[11] Danach hat die Ausländerbehörde bei der Entscheidung über ein Aufenthaltsbegehren die bestehenden familiären Bindungen des Ausländers an Personen, die sich berechtigterweise im Bundesgebiet aufhalten, zu berücksichtigen und entsprechend dem Gewicht dieser Bindungen in ihren Erwägungen zur Geltung zu bringen. Dieser verfassungsrechtlichen Pflicht des Staates zum Schutz der Familie entspricht der Anspruch des Trägers des Grundrechts aus Art. 6 GG darauf, dass die zuständigen Behörden und Gerichte bei der Entscheidung über das Aufenthaltsbegehren seine familiären Bindungen an im Bundesgebiet lebende Personen angemessen berücksichtigen.[12] Ausländerrechtliche Schutzwirkungen entfaltet Art. 6 GG freilich nicht schon aufgrund formalrechtlicher familiärer Bindungen. Entscheidend ist vielmehr

[7] BVerfGE 51, 386.

[8] BVerfGE 51, 386 (398).

[9] Seit dem Beschluss des Bundesverfassungsgericht gemäß § 14 Abs. 4 BVerfGG vom 6.10.1982 (BGBl. I, 1735) ist der Zweite Senat für Verfassungsbeschwerden aus dem Bereich des Ausländerrechts zuständig.

[10] BVerfGE 76, 1 (47 f.).

[11] BVerfGE 76, 1 (49 f.).

[12] BVerfGE 76, 1 (49 ff.).

die tatsächliche Verbundenheit zwischen den Familienmitgliedern,[13] wobei grundsätzlich eine Betrachtung des Einzelfalls geboten ist.[14]

Diese Rechtsprechungslinie fortführend nahm der Senat in seinem Beschluss vom 18.4.1989[15] an, dass auch im Falle einer Erwachsenenadoption aus Art. 6 Abs. 1 GG aufenthaltsrechtliche Schutzwirkungen fließen können, wenn eines der Familienmitglieder auf die Lebenshilfe eines anderen Familienmitglieds angewiesen ist und diese Hilfe sich nur in der Bundesrepublik Deutschland erbringen lässt, die Familie also im Kern die Funktion einer Beistandsgemeinschaft erfüllt. Kann der Beistand nur in der Bundesrepublik Deutschland stattfinden, weil einem beteiligten Familienmitglied ein Verlassen der Bundesrepublik Deutschland nicht zumutbar ist, so drängt die Pflicht des Staates, die Familie zu schützen, einwanderungspolitische Belange regelmäßig zurück. In diesen Fällen ist die Beziehung zwischen Eltern und erwachsenen Kindern ähnlich zu bewerten wie die Ehe eines deutschverheirateten Ausländers.[16]

III. Die Entwicklung der Kammerrechtsprechung

Aufgabe der Kammern der Senate des Bundesverfassungsgerichts ist es, auf der Grundlage einer bereits entschiedenen Verfassungsrechtslage ohne weiterführende verfassungsrechtliche Ausführungen[17] eine Ausformung geltender Grundsätze ins Einzelne hinein zu entwickeln und das Ineinandergreifen von Verfassungsrecht und einfachem Recht herauszuarbeiten, um auf diese Weise dafür Sorge zu tragen, dass die Rechtsprechung des Bundesverfassungsgerichts gegenüber der Verwaltung und den Gerichten schnell und effektiv durchgesetzt werden kann. Zeichnen sich in einem Rechtsgebiet bestimmte, häufiger auftretende Problemlagen ab, gilt es, Verwaltung und Justiz für die verfassungsrechtlichen Anforderungen zu sensibilisieren.[18] In der Folge soll dargestellt werden, in welcher Weise die für das Ausländerrecht zuständigen Kammern die Senatsrechtsprechung akzentuiert und im Einzelnen ausgeformt haben, um im Anschluss zu fragen, ob sie ihre von § 93c Abs. 1 BVerfGG begrenzte Entscheidungskompetenz – die maßgeb-

[13] BVerfGE 76, 1 (42 f.).

[14] Vgl. BVerfGE 76, 1 (65 f.).

[15] BVerfGE 80, 81 ff.

[16] BVerfGE 80, 81 (95).

[17] Vgl. *Dollinger* in: Umbach/Clemens/Dollinger (Hrsg.), BVerfGG, 2. Aufl. 2005, § 15a Rn. 26.

[18] *Panzer* ZAR 2008, 369; zur Konstitutionalisierung als Alltagsaufgabe der Kammern des Bundesverfassungsgerichts vgl. *Gerhardt* in: Trute/Groß/Röhl/Möllers (Hrsg.), Allgemeines Verwaltungsrecht – zur Tragfähigkeit eines Konzepts, Tübingen 2008, 735 (737 und 741).

lichen verfassungsrechtlichen Fragen müssen bereits durch das Bundesverfassungsgericht entschieden sein – beachtet haben.

1. Die Akzentuierung der Senatsrechtsprechung durch die Kammern

Im Fokus der Kammerentscheidungen lagen zum einen die Frage der Unzumutbarkeit der Beendigung des Aufenthalts im Bundesgebiet (a) sowie die Anforderungen an die tatsächliche Verbundenheit von Familienangehörigen (b).

a) Zurückgehend auf das Gebot einer am Verhältnismäßigkeitsprinzip ausgerichteten Entscheidung über die Zulässigkeit einer Aufenthaltsbeendigung hat die Kammerrechtsprechung das Argumentationsmuster der aufgrund der Unzumutbarkeit des Verlassens der Bundesrepublik zurückgedrängten einwanderungspolitischen Belange aufgenommen und deutlich akzentuiert. Bereits 1992 wurde entschieden, dass bei Bestehen einer häuslichen Lebensgemeinschaft zwischen dem ausländischen Vater und seinem deutschen Kind die Pflicht des Staates, die Familie zu schützen, einwanderungspolitische Belange dann zurückdrängt, wenn die Lebensgemeinschaft deshalb nur in Deutschland stattfinden kann, weil einem Familienmitglied das Verlassen der Bundesrepublik nicht zumutbar ist.[19] Die Rechtsprechung zu den zurückgedrängten einwanderungspolitischen Belangen wurde in der Folgezeit in deckungsgleichen Konstellationen wiederholt bestätigt[20] und inhaltlich um die Erläuterung, dass sie selbst dann zur Anwendung gelangen kann, wenn der Ausländer gegen aufenthaltsrechtliche Bestimmungen verstoßen hat, ergänzt.[21] War in der Vergangenheit jeweils ein deutscher Staatsangehöriger Bezugspunkt für die Unzumutbarkeit der Ausreise, hat die 3. Kammer des Zweiten Senats in einer jüngeren Entscheidung das obige Argumentationsmuster auch auf den Fall eines türkischen Vaters, aus dessen Beziehung zu einer Kolumbianerin ein Sohn hervorgegangen war, angewendet. Von Bedeutung war hier allerdings, dass die Mutter allein sorgeberechtigt für ihre aus einer anderen Beziehung stammende deutsche Tochter war.[22]

Diese ‚Zurückdrängungsrechtsprechung' ist nicht auf eheliche Lebensgemeinschaften, bei denen die Ehegatten nicht in besonderem Maße auf den Beistand des anderen angewiesen sind, ausgeweitet worden. Vielmehr hat die 2. Kammer des Zweiten Senats in einem Beschluss aus dem Dezember 2007[23] die Unzumutbarkeit der Ausreise eines deutschverheirateten Ausländers ver-

[19] BVerfG (Kammer), InfAuslR 1993, 10.
[20] BVerfG (Kammer), NVwZ 1997, 479; NVwZ 2000, 59; BVerfGK 7, 49 (55 f.).
[21] BVerfG (Kammer), NJW 1994, 3155; NVwZ 2002, 849; NVwZ 2006, 682 (683).
[22] BVerfG (Kammer), InfAuslR 2008, 347.
[23] BVerfG (Kammer), InfAuslR 2008, 239.

neint und damit die Rechtsprechungslinie[24] bestätigt, wonach es mit dem verfassungsrechtlichen Schutz von Ehe und Familie nach Art. 6 GG grundsätzlich vereinbar ist, den Ausländer auf die Einholung eines erforderlichen Visums zu verweisen: Ein in Deutschland geduldeter indischer Staatsangehöriger hatte in Schweden unter Verzicht auf die Erteilung eines Ehefähigkeitszeugnisses die Ehe mit einer deutschen Staatsangehörigen geschlossen und beantragte nach Wiedereinreise die Erteilung einer Aufenthaltserlaubnis zum Zwecke der Familienzusammenführung. Mit dem der Verfassungsbeschwerde zugrunde liegenden Antrag auf die Gewährung einstweiligen Rechtsschutzes begehrte er zunächst die Erteilung einer weiteren Duldung. In der Versagung der Duldung und dem darin liegenden Verweis auf die Durchführung des Visumsverfahrens erkannte die Kammer keine Verletzung von Art. 6 GG. Das Visumsverfahren diene hier nicht einem nicht zu rechtfertigenden Formalismus, sondern biete die Gelegenheit, konkreten Zweifeln an der Ehefähigkeit des Beschwerdeführers nachzugehen. Eine Unverhältnismäßigkeit der zeitweisen Trennung der Eheleute vermochte die Kammer nicht festzustellen.

b) Eine zweite wesentliche Akzentuierung der überkommenen Senatsrechtsprechung erfolgte hinsichtlich der Erläuterung der Bedeutung der Kindschaftsrechtsreform[25], mit der die Bedeutung des Umgangsrechts[26] als zum Wohl des Kindes gehörendes Kindesrecht gestärkt worden ist.[27] Das Kind ist seither nicht nur Objekt des elterlichen Umgangs, vielmehr dient der Umgang der Eltern mit ihrem Kind ganz wesentlich dessen Bedürfnis, Beziehungen zu beiden Elternteilen aufbauen und erhalten zu können.[28]

In dem Beschluss vom 8.12.2005[29], dem ablehnende Entscheidungen des einstweiligen Rechtsschutzes gegen die versagte Verlängerung der Aufenthaltserlaubnis für einen umgangsberechtigten Vater eines deutschen Kindes zugrunde lagen, betonte die Kammer die gewachsene Bedeutung des Umgangsrechts: Diese kann bei der Auslegung von § 28 Abs. 1 Satz 2 AufenthG a.F.[30] nicht ohne Auswirkungen bleiben. Die Vorstellung dessen, was ‚Familie' und schützenswert ist, die in der Wertentscheidung des Gesetzgebers des Kindschaftsrechtsreformgesetzes zum Ausdruck kommt, ist selbst vom Verfassungsrecht geprägt und kann bei der Bewertung einer familiären Situation im Ausländerrecht nicht außer Betracht bleiben.[31] Bei aufenthaltsrecht-

[24] Begründet mit: BVerfG (Vorprüfungsausschuss), NVwZ 1985, 260.
[25] Gesetz zur Reform des Kindschaftsrechts vom 16.12.1997 (BGBl. I 2942).
[26] Vgl. zu diesem Thema auch: *Marx* InfAuslR 2006, 441.
[27] Vgl. § 1626 Abs. 3 Satz 1 BGB.
[28] Vgl. BTDrucks 13/4899, 68; 13/8511, 67 f., 74.
[29] BVerfGK 7, 49.
[30] Nunmehr: § 28 Abs. 1 Satz 4 AufenthG.
[31] BVerfGK 7, 49 (57).

lichen Entscheidungen, die den Umgang mit einem Kind berühren, ist maßgeblich auch auf die Sicht des Kindes abzustellen und im Einzelfall zu untersuchen, ob tatsächlich eine persönliche Verbundenheit besteht, auf deren Aufrechterhaltung das Kind zu seinem Wohl angewiesen ist. Es ist im Einzelfall zu würdigen, in welcher Form die Elternverantwortung ausgeübt wird und welche Folgen eine endgültige oder zeitweise Trennung für die gelebte Eltern-Kind-Beziehung und das Kindeswohl hätte. Soweit für die Bejahung des Vorliegens einer familiären (Lebens-)Gemeinschaft regelmäßige Kontakte des getrennt lebenden Elternteils mit seinem Kind, die die Übernahme elterlicher Erziehungs- und Betreuungsverantwortung zum Ausdruck bringen, sowie eine emotionale Verbundenheit gefordert werden, begegnet dies für sich genommen keinen grundsätzlichen verfassungsrechtlichen Bedenken. Im Falle eines regelmäßigen Umgangs des ausländischen Elternteils, der dem auch sonst Üblichen entspricht wird in der Regel von einer familiären Gemeinschaft auszugehen sein.[32]

Diese Rechtsprechung bestätigte die Kammer in der Folge in einem Fall der Nichtgewährung einstweiligen Rechtsschutzes gegen die Aufenthaltsbeendigung eines bestandskräftig ausgewiesenen Ausländers.[33] Unter Hinweis darauf, dass auch gewichtige familiäre Belange sich nicht stets gegenüber gegenläufigen öffentlichen Belangen durchsetzen, mahnte sie eine erneute Abwägung unter Berücksichtigung des spezifischen Erziehungsbeitrags des Vaters an. In einer weiteren Entscheidung hat sie die Bedeutung des Umgangsrechts eines ausländischen Vaters mit seinem in einer Pflegefamilie untergebrachten Sohn bei der Entscheidung über die Beendigung des Aufenthalts des Vaters betont und die Aufklärung der tatsächlichen Intensität der Vater-Sohn-Beziehung für eine verfassungskonforme Entscheidung für notwendig erachtet.[34]

2. *Keine Kompetenzüberschreitung der Kammern*

Mit den dargestellten Rechtsprechungslinien haben sich die Kammern innerhalb ihrer Kompetenzen bewegt. Die Anwendung der ‚Zurückdrängungsrechtsprechung‘ [35], die zur Beistandsgemeinschaft unter erwachsenen Familienmitgliedern im Senat entwickelt worden ist, auf die Beziehung von ausländischen Eltern zunächst zu ihren deutschen Kindern und dann auch zu Kindern anderer Nationalität, stellt keine unzulässige Erweiterung des aus Art. 6 Abs. 1 und Abs. 2 Satz 1 GG abzuleitenden Schutzniveaus für Aus-

32 BVerfGK 7, 49 (58).

33 BVerfG (Kammer), NVwZ 2006, 682.

34 BVerfG, Beschluss der 3. Kammer des Zweiten Senats vom 1.12.2008 – 2 BvR 1830/08, juris.

35 Vgl. oben unter III. 1. a).

länder dar. Von Anfang an ist dieses Argumentationsmuster als besondere Ausprägung des Grundsatzes der Verhältnismäßigkeit entwickelt und als solches konsequent weiter angewendet worden.

Die Entscheidungen zur Bedeutung des Umgangsrechts[36] haben ebenfalls keine verfassungsrechtlichen Neuheiten oder Weiterentwicklungen zum Inhalt und halten sich damit innerhalb der gesetzlichen Vorgaben für die Kammerrechtsprechung. Sie betonen die Bedeutung der Art. 6 GG als Grundsatznorm heranziehenden Rechtsprechung, zeigen auf, dass der Gesetzgeber mit der Kindschaftsrechtsreform durch eine Änderung zentraler Normen des Familienrechts die Reichweite der Schutzwirkungen des Art. 6 GG beeinflusst hat,[37] und verdeutlichen dann die Auswirkungen der Gesetzesänderung für die Anwendung von Art. 6 Abs. 1 und Abs. 2 Satz 1 GG im Ausländerrecht. In den Entscheidungen wurden folglich keine noch nicht in einer Senatsentscheidung beantworteten verfassungsrechtlichen Fragen beantwortet.

IV. Notwendigkeit der Fortentwicklung der Senatsrechtsprechung

Mit der Aussage, dass sich die Kammern innerhalb der durch die Senatsentscheidungen abgesteckten Linien gehalten haben, ist nur festgestellt, dass es für die getroffenen Entscheidungen nicht des Senats bedurfte. Zu untersuchen bleibt, ob eine Weiterentwicklung der Senatsrechtsprechung angezeigt ist. Insbesondere das Diktum, Art. 6 GG vermittle weder einen Anspruch auf Aufenthalt noch ein verwandtes Abwehrrecht, steht in der Kritik. So meint *Davy*, es sei aus dogmatischer Perspektive nicht nachvollziehbar, weshalb das Bundesverfassungsgericht davor zurückscheue, von einem in Art. 6 Abs. 1 und Abs. 2 GG verankerten Einreise- und Aufenthaltsrecht zu sprechen.[38] *Kingreen* geht – allerdings ohne eine differenzierte Auseinandersetzung mit der Rechtsprechung – davon aus, dass die Versagung des Nachzugs zu einem Familienangehörigen einen Eingriff in Art. 6 GG darstelle.[39] *Beichel* hält es für dogmatisch kaum begründbar, wenn aus der Entscheidung

[36] BVerfGK 7, 49, BVerfG (Kammer), NVwZ 2006, 682.

[37] Dass die Gewährleistung von Ehe und Familie nicht abstrakt, sondern in der Ausgestaltung, wie sie den herrschenden, in den gesetzlichen Regelungen maßgebend zum Ausdruck gelangten Anschauungen entspricht, erfolgt, entspricht der ständigen Rechtsprechung des Bundesverfassungsgerichts seit BVerfGE 15, 328 (332).

[38] *Davy* ZAR 2007, 169 u. 233 (237).

[39] *Kingreen* ZAR 2007, 13 (14 f.): Die von ihm in Fn. 14 aufgestellte Behauptung, in der Kammerrechtsprechung des BVerfG sei bei der Versagung eines Nachzugsrechts die Verhältnismäßigkeit des darin zu sehenden Eingriffs geprüft worden, trifft allerdings nicht zu. Die Kammer wendet in der dort zitierten Entscheidung (NVwZ 2002, 849) die Grundsatznorm- und Zurückdrängungsrechtsprechung an.

zum Familiennachzugsrecht[40], bei dem die Anspruchsebene von Art. 6 GG betroffen sei, auch für die Fälle der Aufenthaltsbeendigung und der Ausweisung abgeleitet werde, dass kein rechtfertigungsbedürftiger Eingriff in das Grundrecht vorliege, obwohl die Ausweisung die Abwehrebene von Art. 6 GG betreffe.[41] Auch *Gröschner*[42] und *Burgi*[43] sehen in der Ausweisung einen potentiellen Eingriff in das Grundrecht auf Ehe- und Familienleben. Vor der Beantwortung der Frage, ob das Bundesverfassungsgericht angesichts dieser Kritik und der festzustellenden allgemeinen Tendenz zur Versubjektivierung des Ausländerrechts[44] dieser Rechnung tragen und seine Rechtsprechung überdenken und fortentwickeln sollte, erscheint es sinnvoll, die Struktur der bisherigen Rechtsprechung noch einmal genau zu betrachten und auf seine Leistungsfähigkeit hin zu untersuchen. Diese Betrachtung schließt die Frage ein, ob sich für den Ausländer überhaupt Unterschiede, je nachdem, ob Art. 6 GG bei Fragen des Aufenthalts in seiner abwehrrechtlichen oder nur in seiner objektiv-rechtlichen Dimension zur Geltung kommt, ergeben.[45]

1. Die Funktion der wertentscheidenden Grundsatznorm im Aufenthaltsrecht

Die in den Grundrechten verkörperten Wertentscheidungen verleihen den Freiheitsgrundrechten über ihre Abwehrfunktion hinaus zusätzliche Wirkung. Hier sind Leistungs- und Schutzgehalte sowie die Ausstrahlungswirkung auf das einfache Recht zu nennen.[46] Es besteht ein unaufhebbarer Zusammenhang zwischen den aus den Grundrechten zu entnehmenden objektiven Prinzipien und dem Schutz individueller Freiheit.[47] Der objektivrechtliche Gehalt der Grundrechte als wertentscheidende Grundsatznormen verstärkt die primär auf die Wahrung der Freiheit des einzelnen gerichtete Geltungskraft der Grundrechte[48] im Sinne von Optimierungsgeboten.[49] Auch wenn der abwehrrechtliche Gehalt von Art. 6 Abs. 1 und 2 GG kein Recht auf Einreise und Aufenthalt verleiht, folgt daraus für die Beurteilung

[40] BVerfGE 76, 1.
[41] *Beichel* Ausweisung und Verfassung, 2001, 166.
[42] *Gröschner* in: Dreier, GG, 2. Aufl. 2004, Art. 6 Rn. 93.
[43] *Burgi* in: Friauf/Höfling (Hrsg.), Berliner Kommentar zum GG, Stand April 2002, Art. 6 Rn. 64.
[44] Vgl. zu Umfang aber auch Grenzen dieses Befundes: *Thym* DVBl 2008, 1347 (1351 ff.).
[45] Dies verneinend: *Rennert* Festgabe 50 Jahre Bundesverwaltungsgericht, 2003, 433 (440).
[46] Vgl. *Jarass* in: Merten/Papier, Handbuch der Grundrechte, Bd. II, § 38 Rn. 7 und 56.
[47] Vgl. BVerfGE 50, 291 (337).
[48] *Böckenförde* Der Staat 1990, 1 (18).
[49] Vgl. *Alexy* Theorie der Grundrechte, 75 f. u. 125 ff.

der Verfassungsmäßigkeit aufenthaltsrechtlicher Bestimmungen und Einzelfallentscheidungen, dass Legislative und Exekutive sich an den aus Art. 6 GG abzuleitenden objektiven Prinzipien – also der Beachtlichkeit der Wertentscheidung des Grundgesetzes für Ehe und Familie – um den Schutz individueller Freiheit willen zu orientieren und diesen Geltung zu verschaffen haben.

a) Die Anwendung objektivrechtlicher Grundrechtsgehalte, die in alle Bereiche des Rechts hineinwirken, impliziert die Anwendung des Verhältnismäßigkeitsprinzips.[50] Den in den Grundrechten begründeten Wertentscheidungen, die als Prinzipien optimale Geltung verlangen, stehen als Gegenprinzipien etwa öffentliche Interessen gegenüber, die im Einzelfall miteinander abgewogen werden müssen.[51] Bezogen auf die Bedeutung der objektiven Wertvorgaben aus Art. 6 Abs. 1 und Abs. 2 Satz 1 GG im Ausländerrecht bedeutet dies, dass aufenthaltsrechtliche Entscheidungen einen Ausgleich zwischen Schutz von Ehe und Familie und der Freiheit der Legislative und Exekutive, über den Zugang und Aufenthalt von Ausländern zum und im Bundesgebiet zu entscheiden, herbeizuführen haben. Die Ausstrahlungswirkung, die von Art. 6 GG auf das gesamte Ausländerrecht ausgeht,[52] führt zur Notwendigkeit der angemessenen Berücksichtigung der hier enthaltenden Wertentscheidungen.[53] Die zunächst auf die Überprüfung abstrakt-genereller Regelungen und nicht auf konkret-individuelle wie einer Ausweisungsverfügung oder der Versagung einer Aufenthaltserlaubnis im Einzelfall gerichtete Sichtweise[54] verlangt ebenso bei der Überprüfung von Einzelfallentscheidungen Beachtung. Kollidiert der Anspruch auf den besonderen Schutz von Ehe und Familie mit den Entscheidungen über die Einräumung von Aufenthaltsrechten, muss ein Ausgleich gefunden werden, der sowohl den Wertentscheidungen, wie sie in Art. 6 GG zum Ausdruck kommen, Raum lässt als auch die Entscheidungsfreiheit von Legislative und Exekutive, über Art und Umfang des Zugangs zum und Verbleib im Bundesgebiet zu entscheiden, im Grundsatz unangetastet lässt.[55]

[50] Vgl. *Böckenförde* Der Staat 1990, 1 (19).

[51] Vgl. *Bleckmann* Staatsrecht II – Die Grundrechte, 4. Aufl. 1997, 317.

[52] Zur Bedeutung der Figur der Ausstrahlungswirkung auch im öffentlichen Recht: *Jarass* AöR 110 (1985), 363 (378).

[53] Die Vorschriften des 6. Abschnitts des AufenthG sind das Ergebnis einer solchen Abwägung des Gesetzgebers. Ob sie in jeder Hinsicht den Anforderungen aus Art. 6 Abs. 1 und 2 GG genügen, hatte das Bundesverfassungsgericht bisher nicht zu entscheiden.

[54] *Böckenförde* Der Staat 1990, 1: dort Fn. 81.

[55] Die Anwendung objektiver Grundrechtsgehalte ist auch bei anderen Freiheitsrechten denkbar. In BVerfGK 9, 371 (379) hat die 2. Kammer des Zweiten Senats anlässlich der Versagung eines Besuchsvisums für das Oberhaupt einer religiösen Vereinigung die Berücksichtigung des Eigenverständnisses der Religionsgemeinschaft, soweit es in dem Bereich der durch Art. 4 Abs. 1 GG gewährleisteten Glaubens- und Bekenntnisfreiheit wurzelt und sich in der durch Art. 4 Abs. 2 GG geschützten Religionsausübung verwirklicht, angemahnt.

b) Die Rechtsprechung des Bundesverfassungsgerichts belegt, dass mit der Verneinung eines Abwehrrechts für einen Ausländer gegen seine Aufenthaltsbeendigung aus Art. 6 GG nicht das Vorenthalten subjektiver Rechte verbunden ist. Objektiver Grundrechtsgehalt und subjektives Recht schließen sich nicht gegenseitig aus,[56] vielmehr hat der Grundrechtsträger gerade wegen des objektiven Wertgehalts von Art. 6 GG einen Anspruch darauf, dass die zuständigen Behörden und Gerichte bei der Entscheidung über das Aufenthaltsbegehren die familiären Bindungen an im Bundesgebiet lebende Personen angemessen berücksichtigen.[57] Auch wenn kein Anspruch aus der Abwehr- oder Leistungsdimension von Art. 6 GG als solcher folgt, kann die aus Art. 6 GG zu entnehmende objektive Wertentscheidung zu einer Verpflichtung der Behörde führen, einen Aufenthaltstitel zu erteilen oder dessen Entzug zu unterlassen. So wird sichergestellt, dass der Bedeutung von ehelichen und familiären Lebensgemeinschaften im Einzelfall Rechnung getragen werden kann, ohne dass dem Gesetzgeber aufenthaltsrechtliche Steuerungsmöglichkeiten beim Nachzug von Familienmitgliedern genommen würden, die nicht mit kollidierendem Verfassungsrecht begründet wären. Dass diese Wirkung nicht das Maß an Verbindlichkeit erreicht, das einem Freiheitsrecht eigen ist,[58] liegt in der Natur der Sache. Dort, wo potentiell gegenläufige Wertungen zu einem Ausgleich gebracht werden müssen, kann nicht der gleiche Schutz gewährt werden wie in Fällen, in denen das gegenläufige Interesse daraufhin zu untersuchen ist, ob es vor dem vorbehaltlos grundrechtlich geschützten Interesse Bestand haben kann.

2. *Die Wirksamkeit des Konzepts der wertentscheidenden Grundsatznorm im Aufenthaltsrecht*

Betrachtet man das vom Bundesverfassungsgericht gewählte Schutzkonzept auf seine Wirksamkeit hin, zeigt sich, dass in den Fällen, in denen über die gesetzgeberische Entscheidung, ein Aufenthaltsrecht zu versagen, hinaus keine gewichtigen gegen die Gewährung eines Aufenthaltsrechts sprechenden öffentlichen Belange angebracht werden können, die Ausstrahlungswirkung von Art. 6 GG bewirkt, dass dem Schutz von Ehe und Familie konsequent der Vorrang gebührt. Dieser kann vor den Verwaltungsgerichten und – sofern erforderlich – auch dem Bundesverfassungsgericht mit Erfolg einge-

[56] Vgl. *Jarass* in: FS 50 Jahre BVerfG, 2001, 35 (46 ff.); wohl aA: *Davy* ZAR 2007, 169 u. 233 (237), die aus der vom BVerfG herangezogenen Grundrechtsdimension der wertentscheidenden Grundsatznorm offensichtlich schließt, dass ein subjektives Recht des Ausländers verneint werden soll.

[57] BVerfGE 76, 1 (49 ff.); kritisch zur Subjektivierung objektiver Grundrechtsgehalte *Dolderer* Objektive Grundrechtsgehalte, 2000, 360 ff.

[58] BVerfGE 80, 81 (92 f.).

fordert werden. Die dargestellte ‚Zurückdrängungsrechtsprechung'[59] ist nichts anderes als die Anwendung des Verhältnismäßigkeitsprinzips, wie sie von dem objektiv-rechtlichen Gehalt von Art. 6 GG gefordert wird, damit dieser objektive Wertgehalt in seiner Bedeutung und Effektivität optimiert wird. Das bedeutet, dass Entscheidungen von Legislative und Exekutive gegen ein Aufenthaltsrecht im Anwendungsbereich von Art. 6 GG keinem Selbstzweck folgen dürfen, sondern zu ihrer Rechtfertigung Sachgründe von erheblichem Gewicht benötigen. Verstöße gegen Vorgaben des Ausländerrechts erreichen dieses Gewicht nicht in jedem Fall.[60]

Subjektiv aktiviert wird das Schutzkonzept gegenüber dem Entzug von Aufenthaltsrechten dadurch, dass hier immer ein Eingriff in den Schutzbereich der allgemeinen Handlungsfreiheit aus Art. 2 Abs. 1 GG gegeben ist.[61] Der Grundsatz der Verhältnismäßigkeit, der den allgemeinen Maßstab bildet, nach dem die allgemeine Handlungsfreiheit eingeschränkt werden darf,[62] wird durch die Betroffenheit der objektiven Grundsatznorm aus Art. 6 Abs. 1 und Abs. 2 Satz 1 GG in besonderem Maße von der verfassungsrechtlichen Wertentscheidung zugunsten des besonderen Schutzes von Ehe und Familie geprägt. Auch wenn andere Rechtsgüter und Wertentscheidungen des einfachen Gesetzgebers bei der Frage der Verhältnismäßigkeit einer Entscheidung im Lichte von Art. 6 Abs. 1 GG zu berücksichtigen sind und hier also – anders als bei einem finalen Eingriff in den Schutzbereich – nicht nur andere Rechtsgüter von Verfassungsrang zur Beschränkung des Schutzes von Ehe und Familie herangezogen werden dürfen, führt die hohe Wertigkeit des Schutzgutes dazu, dass jedenfalls bei Bestehen einer familiären Beistandsgemeinschaft die Schutzpflichten des Staates zugunsten von Ehe und Familie einwanderungspolitische Belange regelmäßig zurückdrängen. Letztlich wäre eine qualitative Verbesserung dieses Schutzniveaus auch mit der Annahme eines rechtfertigungsbedürftigen Eingriffs in den Schutzbereich von Art. 6 Abs. 1 und Abs. 2 Satz 1 GG in Fällen der Aufenthaltsbeendigung nicht erreichbar.

Wie gesehen stellt der vom Bundesverfassungsgericht gewählte Ansatz ein Schutzniveau sicher, das der Gewährleistung von Art. 8 Abs. 1 EMRK vergleichbar ist. Aufgrund des Vorbehalts von Art. 8 Abs. 2 EMRK vermittelt dieser nämlich trotz Anerkennung eines Eingriffs in den Schutzbereich des Abwehrrechts ebenfalls lediglich eine Abwägungslösung nach Verhältnismäßigkeitsgrundsätzen.[63] Auch insofern ist die Fortentwicklung der Recht-

[59] Vgl. oben unter III. 1. a).

[60] BVerfG (Kammer), InfAuslR 2008, 347.

[61] BVerfG (Kammer), NVwZ 2007, 1300; vgl. schon BVerfGE 49, 168 (180).

[62] Vgl. BVerfGE 90, 145 (172).

[63] Zu den Abwägungsgesichtspunkten des EGMR vgl. Rechtsprechungsübersicht bei *Meyer-Ladewig* EMRK, 2 Aufl. 2006, Art. 8 Rn 25–27.

sprechung hin zu einer Aktivierung der abwehrrechtlichen Dimension von Art. 6 Abs. 1 und Abs. 2 Satz 1 GG im Ausländerrecht daher nicht erforderlich.

V. Die Möglichkeit der Fortentwicklung der Senatsrechtsprechung – Art. 6 GG als Abwehrrecht gegen Aufenthaltsbeendigungen

Überdies ist es fraglich, ob die teilweise geforderte Fortentwicklung dogmatisch tatsächlich konsequent wäre. Wollte man in der Aufenthaltsbeendigung eines in ehelicher oder familiärer Lebensgemeinschaft lebenden Ausländers einen Eingriff in den Schutzbereich von Art. 6 GG erblicken,[64] müsste unmittelbar aus Art 6 Abs. 1 GG ein Recht auf Fortführung der Lebensgemeinschaft in Deutschland folgen. Dann handelte es sich bei einer Aufenthaltsbeendigung um einen nur durch kollidierendes Verfassungsrecht zu rechtfertigenden Eingriff in den Schutzbereich des Grundrechts.

1. Art. 6 Abs. 1 GG – Abwehr der Aufenthaltsbeendigung zum Schutz einer ehelichen Lebensgemeinschaft

Einem Verständnis, das in der Beendigung des Aufenthalts eines Ausländers im Bundesgebiet einen Schutzbereichseingriff erkennte, stehen gewichtige systematische Gründe entgegen. Zur Frage des Aufenthaltsrechts im Bundesgebiet äußert sich das Grundgesetz in Art. 16a Abs. 1 GG und Art. 116 Abs. 1 GG für Ausländer und in Art. 11 GG für Deutsche. Die ausdrückliche Normierung von verfassungsrechtlichen Aufenthaltsansprüchen für politisch Verfolgte, Status-Deutsche und deutsche Staatsangehörige sprechen für eine Spezialität dieser Vorschriften gegenüber den anderen Grundrechten, soweit Fragen des Aufenthalts betroffen sind. Vor diesem Hintergrund erscheint die Ableitung einer staatlichen Verpflichtung zur Gewährung eines Aufenthaltsrechts allein aufgrund des Bestehens einer unter dem Schutz von Art. 6 Abs. 1 und Abs. 2 GG stehenden familiären Lebensgemeinschaft zu einem bereits zum Aufenthalt Berechtigten von Verfassungs wegen und der nur aufgrund kollidierenden Verfassungsrechts bestehenden Möglichkeit der Verweigerung eines solchen Aufenthaltsrechts systemwidrig.

Dieser auf den Aufenthalt bezogene Befund lässt sich verallgemeinern. Das aus Art. 6 Abs. 1 GG fließende klassische Abwehrrecht schützt die Eheschließungsfreiheit und die freie Ausgestaltung der Ehe durch die Ehegatten. Diese Gestaltungsfreiheit wirkt nach innen und beinhaltet das Recht zur

[64] So *Kingreen* ZAR 2007, 13 (14 f.).

Aufgabenverteilung in der Ehe[65] im immateriell-persönlichen[66] als auch im materiell-wirtschaftlichen Bereich.[67] Die in dieser geschützten Freiheit getroffenen Entscheidungen wirken immer auch nach außen in den gesellschaftlichen und rechtlichen Bereich. Sie betreffen das Berufsleben, das Schulwesen, die Eigentumsordnung und das öffentliche Gemeinschaftsleben. Insoweit müssen sie mit der verfassungsmäßigen Rechtsordnung übereinstimmen.[68] Gerät die Ausübung der geschützten Gestaltungsfreiheit in einen Widerspruch zur Rechtsordnung, so greifen die entgegenstehenden Normen nicht per se in den Schutzbereich von Art. 6 Abs. 1 GG ein. Das Grundrecht bietet abwehrrechtlichen Schutz nur vor einem lenkenden, finalen staatlichen Einfluss hin zu einem bestimmten, vom Gesetzgeber bevorzugten Ehebild oder vor einer negativen Sanktionierung eines bestimmten Ehebildes. Die staatliche Maßnahme muss eheprägenden Charakter haben, um Art. 6 Abs. 1 GG als Abwehrrecht zu betreffen. Anders gewendet: In seiner abwehrrechtlichen Dimension vermag Art. 6 Abs. 1 GG nur den Schutz der spezifischen Privatsphäre von Ehe und Familie gegen Eingriffe der öffentlichen Gewalt zu bieten.[69] Dies bedeutet nicht, dass die Rechtsordnung gegenüber dem Umstand, dass sie Anforderungen an Ehegatten stellt, blind sein darf. Verfassungsrechtlicher Schutz wird insoweit einmal durch das aus Art. 6 Abs. 1 GG folgende Diskriminierungsverbot gewährt,[70] das eine Schlechterbehandlung von Ehegatten im Vergleich zu Ledigen oder Lebenspartner allein aufgrund des Umstandes, dass sie verheiratet sind, verbietet. Dieses Diskriminierungsverbot gilt selbstverständlich auch im Ausländerrecht.[71] Der weitere Schutz von Ehe und Familie im gesamten gesellschaftlichen und rechtlichen Bereich wird durch die oben dargestellten Anforderungen, die Art. 6 GG als wertentscheidende Grundsatznorm an die gesamte Rechtsordnung stellt, gesichert.

Vor diesem Hintergrund ist die Frage, ob der Entzug eines Aufenthaltsrechts eines Ehegatten[72] oder auch die Abschiebung zur Vollziehung der Ausreisepflicht staatliche Maßnahmen sind, die einen Eingriff in den Schutzbereich von Art. 6 Abs. 1 GG darstellen, eindeutig zu verneinen. Die Frage ist zwar bisher durch das Bundesverfassungsgericht nicht ausdrücklich entschieden worden. Teilweise ist die Frage ausdrücklich offen gelassen worden,[73]

65 BVerfGE 68, 256 (268).

66 BVerfGE 53, 257 (296).

67 BVerfGE 55, 114 (127).

68 BVerfGE 80, 81 (92).

69 *Badura* in: Maunz/Dürig, GG, Stand August 2000, Art. 6 Rn. 73.

70 BVerfGE, 69, 188 (205); 114, 316 (333).

71 BVerfG (Kammer), NVwZ 2007, 1302.

72 In Betracht kommen die Rücknahme oder nachträgliche zeitliche Befristung des Aufenthaltstitels oder eine Ausweisung.

73 BVerfGE 76, 1 (46).

teilweise fehlt eine ausdrückliche Festlegung.[74] Auch ist die reflexartige Neigung, in der Entfernung eines Ehegatten aus dem Bundesgebiet einen Eingriff in das Grundrecht auf Schutz von Ehe und Familie zu sehen, weil mit der staatlichen Maßnahme das Führen der Ehe erschwert, wenn nicht in manchen Fällen gar unmöglich gemacht wird, zu beobachten.[75] Dem steht die aufenthaltsrechtliche Neutralität des Grundgesetzes jedoch ebenso entgegen wie der Umstand, dass sich aufenthaltsbeendende Maßnahmen nicht gezielt gegen die Führung der Ehe und das Fortbestehen der Lebensgemeinschaft richten. Regelmäßig zielt die Maßnahme auf die Abwehr von Gefahren für die öffentliche Sicherheit und nicht auf die spezifische Privatsphäre von Ehe und Familie. Sie hat keinen eheprägenden Charakter. Damit ist ein Eingriff in den Schutzbereich von Art. 6 Abs. 1 GG auch insofern nicht begründbar.

2. *Art. 6 Abs. 2 Satz 1 GG – Schutz vor Aufenthaltsbeendigung durch das Elternrecht und das Recht des Kindes*

Nichts anderes gilt hinsichtlich Art. 6 Abs. 2 Satz 1 GG und dem dort verankerten Recht und der Pflicht der Eltern, ihre Kinder zu pflegen und zu erziehen. Unabhängig davon, dass das Sorgerecht[76] – und wohl ebenso das Umgangsrecht eines nicht sorgeberechtigten Elternteils[77] – auf Art. 6 Abs. 2 GG beruht, beinhaltet weder die Versagung eines Aufenthaltsrechts für ein sorge- oder umgangsberechtigtes Elternteil noch dessen Ausweisung oder die zwangsweise Beendigung seines Aufenthalts einen Eingriff in den Schutzbereich von Art. 6 Abs. 2 Satz 1 GG, und zwar weder in das Recht des betroffenen Elternteils noch in das ebenfalls aus dieser Norm fließende Recht des Kindes auf Pflege und bzw. oder Umgang.[78] Art. 6 Abs. 2 GG schützt die Eltern vor staatlichen Eingriffen in das Erziehungsrecht und verbindet dies mit der Verpflichtung, das Wohl des Kindes zur obersten Richtschnur der Erziehung zu machen.[79] Die abwehrrechtliche Dimension von Art. 6 Abs. 2 Satz 1 GG erstreckt sich auf die Abwehr staatlicher Eingriffe in Fragen von

[74] BVerfGE 51, 386 (396 ff.).

[75] Beschränkt auf die Fälle der Unmöglichkeit oder der Unzumutbarkeit des Fortbestehens der Lebensgemeinschaft im Ausland will *Pieroth* einen Eingriff in den Schutz bereich von Art. 6 Abs. 1 GG annehmen; *Pieroth* in: Jarass/Pieroth, GG, 9. Aufl. 2007, Art. 6 Rn. 8.

[76] Vgl. hierzu: *Badura* in: Maunz/Dürig, GG, Stand: Oktober 2002, Art. 6 Rn. 111 ff.

[77] Vgl. zu den verschiedenen Ansätzen der Herleitung des Umgangsrechts: *Veit* in Bamberger/Roth (Hrsg.), BeckOK BGB, Stand 1.1.2008, § 1684 BGB Rn. 4.1.

[78] Zur Bedeutung des eigenständigen Rechts des Kindes aus Art. 6 Abs. 2 Satz 1 GG vgl. BVerfG NJW 2008, 1287 (1288 f.); zu dieser Entscheidung und dem eigenständigen Grundrecht des Kindes *Adelmann* JAmt 2008, 289 (292 f.).

[79] BVerfGE 107, 104 (117 m.w.N.).

Kinderpflege und -erziehung.[80] Den Eltern ist garantiert, grundsätzlich frei von staatlichem Einfluss nach eigenen Vorstellungen darüber zu entscheiden, wie sie ihrer Elternverantwortung gerecht werden wollen. Wird einem Elternteil die Wahrnehmung seines Sorge- oder Umgangsrechts durch eine aufenthaltsrechtliche Entscheidung erschwert oder unmöglich gemacht, so handelt es sich nicht um einen Eingriff in das Erziehungsrecht. Dafür fehlt es an der Zielgerichtetheit der Maßnahme, die weder wegen des Umstands, dass dem Betroffenen Rechte aus Art. 6 Abs. 2 GG zukommen, noch zum Zwecke der Beschränkung des Betroffenen in der Ausübung dieser Rechte vorgenommen wird. Auch in diesem Zusammenhang bedeutet dies aber nicht, dass die Elternrechte bei der aufenthaltsrechtlichen Entscheidung keine verfassungsrechtliche Bedeutung hätten. Ihnen kommt in ihrer Dimension als wertentscheidende Grundsatznorm eine wichtige und, wie die dargestellte Kammerrechtsprechung belegt, mitunter ausschlaggebende Bedeutung zu.

VI. Fazit und Ausblick

Es zeigt sich, dass in den drei zwischen 1979 und 1989 ergangenen Senatsentscheidungen, die sich mit der Bedeutung von Art. 6 GG im Ausländerrecht beschäftigt haben, ein tragfähiges Konzept entwickelt worden ist, mit dem die Bedeutung des Schutzes von Ehe und Familie im Ausländerrecht zur Geltung gebracht wird. Gleichzeitig wahrt die Fruchtbarmachung des Konzepts der wertentscheidenden Grundsatznorm für das Ausländerrecht die Handlungsspielräume von Exekutive und Legislative und determiniert deren Entscheidungen nicht etwa in einer Weise, wie dies der Fall wäre, wenn aufenthaltsrechtlich die abwehrrechtliche Komponente des Art. 6 Abs. 1 und Abs. 2 Satz 1 GG für einschlägig erachtet worden wäre. Die betroffenen Eheleute, Eltern und Kinder haben einen Anspruch auf angemessene Berücksichtigung der unter besonderem staatlichen Schutz stehenden Rechtsgüter Ehe und Familie, sie haben aber in aller Regel keinen allein aus der Verfassung ableitbaren Anspruch auf das Ergehen oder Unterlassen einer bestimmten, ihnen günstigen Entscheidung. Dies spiegelt sich auch in dem Befund wider, dass in den Kammerentscheidungen der letzten Jahre regelmäßig lediglich eine unzureichende Sachaufklärung oder eine nicht hinreichende rechtliche Durchdringung des Streitstoffes durch die Fachgerichte beanstandet, hingegen in keiner stattgebenden Entscheidung, die sich mit Art. 6 GG beschäftigte, ein dem Beschwerdeführer günstiges Ergebnis als verfassungsrechtlich

[80] *Uhle* in: Epping/Hillgruber (Hrsg.), BeckOK GG, Stand 1.2.2008, Art. 6 Rn. 46.

von Art. 6 GG gefordert angesehen worden ist.[81] Die verfassungstheoretische These, dass es im Zeichen der objektivrechtlichen Grundsatzwirkung zu einer Annäherung von parlamentarischer und verfassungsgerichtlicher Rechtsbildung komme und sich ein Übergang vom parlamentarischen Gesetzgebungsstaat zum verfassungsgerichtlichen Jurisdiktionsstaat vollziehe,[82] lässt sich am Beispiel des Ausländerrechts bezogen auf die Anwendung von Art. 6 Abs. 1 und Abs. 2 Satz 1 GG in ihrer Dimension als Grundsatznorm nicht erhärten. Die vom Grundgesetz gewollten gestalterischen Entscheidungsfreiheiten von Exekutive und Legislative – etwa die Prüfung der Erteilungsvoraussetzungen für einen Aufenthaltstitel im Visumsverfahren oder die Durchsetzung sicherheitsrechtlicher Belange – bleiben gewahrt.

In der zukünftigen Kammerrechtsprechung könnte neben der Sicherstellung der Beachtung der aufgestellten Grundsätze im Einzelfall über das Gebot der Berücksichtigung der Rechtsprechung des EGMR zu Art. 8 EMRK als Auslegungshilfe für die Grundrechte[83] die Sicherstellung eines möglichst weitgehenden Gleichlaufs der Straßburger und der Karlsruher Rechtsprechung zum Ausländerrecht – unter Berücksichtigung nationalrechtlicher Besonderheiten[84] – eine wesentliche Rolle zukommen.[85]

Auf das Modell der wertentscheidenden Grundsatznorm könnte schließlich bei einer möglichen Überprüfung der Verfassungsmäßigkeit von § 30 Abs. 1 Sätze 1 und 2 AufenthG[86] ein weiterer Anwendungsfall warten;[87] hier wäre gegebenenfalls zu prüfen, ob der Gesetzgeber seine integrationspolitischen Zielsetzungen in einen gerechten Ausgleich zu den Interessen der Ehegatten an einem ungehinderten Nachzug in das Bundesgebiet gebracht hat und ob er für Härtefälle Ausnahmetatbestände hätte normieren müssen.

[81] Vgl. zur überragenden Bedeutung der gerichtlichen Ermittlungspflichten in der jüngeren Rechtsprechung des Bundesverfassungsgerichts zum Ausländerrecht: *Panzer* ZAR 2008, 369.

[82] *Böckenförde* Der Staat 1990, 1 (24 f.).

[83] Vgl. BVerfGK 3, 4 (8).

[84] Zu denken ist hier beispielsweise an die im Aufenthaltsrecht vorgesehene nachträgliche Befristung einer Ausweisung (§ 11 Abs. 1 Satz 3 AufenthG) zur Herstellung der Verhältnismäßigkeit, die vom Bundesverfassungsgericht als grundsätzlich unproblematisch angesehen wird: Beschluss der 2. Kammer des Zweiten Senats vom 9.8.2007 – 2 BvR 1519/07; der EGMR hatte wiederholt Ausweisungen wegen fehlender mit der Ausweisung verbundener Befristungen als konventionswidrig behandelt: EGMR NJW 2004, 2147 (2149) (Yilmaz); InfAuslR 2004, 374 (375); diese Rechtsprechung aber später relativiert: EGMR InfAuslR 2007, 325 (Kaya).

[85] Vgl. zu den Tendenzen hin zu einer gemeinsamen Linie in der Rechtsprechung von BVerfG und EGMR zum Ausländerrecht: *Hoppe* ZAR 2008, 251.

[86] Hier geht es um die Regelungen zum Alter und zu den erforderlichen Sprachkenntnissen von nachzugswilligen Ehegatten.

[87] Bisher (Stand: 1.12.2008) gab es noch keine zulässige Verfassungsbeschwerde zu den neuen Nachzugsbestimmungen.

Diese Aufgaben sind für das Bundesverfassungsgericht auf der Grundlage der bisherigen Senatsrechtsprechung und ihrer Akzentuierung in den Entscheidungen der Kammern ohne die Notwendigkeit von Kurskorrekturen oder Weiterentwicklungen in der Dogmatik zu meistern.

Die Versammlungsfreiheit in der Rechtsprechung des Bundesverfassungsgerichts

Mathias Hong*

Leitentscheidungen des Bundesverfassungsgerichts

1. BVerfG Urteil vom 14. Mai 1985 – 1 BvR 233, 341/81 –, BVerfGE 69, 315 (Brokdorf).
2. BVerfG Beschluss vom 13. April 1994 – 1 BvR 23/94 –, BVerfGE 90, 241 (Holocaust-Leugnung).
3. BVerfG Beschluss vom 24. Oktober 2001 – 1 BvR 1190/90, 2173/93, 433/96 –, BVerfGE 104, 92 (Wackersdorf- und Autobahnblockaden).
4. BVerfG Beschluss vom 23. Juni 2004 – 1 BvQ 19/04 –, BVerfGE 111, 147 (Synagoge Bochum).

Inhalt

* *Dr. Mathias Hong* ist Akademischer Rat an der Albert-Ludwigs-Universität Freiburg. Vom 1.6.2005 bis 31.5.2008 war er wissenschaftlicher Mitarbeiter a. Z. des Richters des Bundesverfassungsgerichts *Prof. Dr. Hoffmann-Riem*, dem er diesen Beitrag widmet, und des Richters des Bundesverfassungsgerichts *Prof. Dr. Masing*. Für Anregungen, Hinweise und Kritik dankt er *Wolfgang Hoffmann-Riem, Gertrude Lübbe-Wolff, Matthias Bäcker, Franz Schemmer, Eike Frenzel, Richard Wiedemann* und *Melanie Hong*.

I. Das Fundament: der Brokdorf-Beschluss

Die Rechtsprechung des Bundesverfassungsgerichts zur Versammlungsfreiheit beginnt mit einer Pionierleistung. Nur selten entwickelt ein Verfassungsgericht die Grundlinien für die Interpretation eines Grundrechtes insgesamt oder aber für wesentliche Bereiche in einer einzigen, maßgebenden Entscheidung. Der Brokdorf-Beschluss vom 14.5.1985 ist eine solche Entscheidung. Er besitzt für die Versammlungsfreiheit einen vergleichbaren Stellenwert wie das Lüth-Urteil für die interpretationsleitende Bedeutung der Meinungsfreiheit bei der Auslegung und Anwendung einfachen Rechts. Der Beschluss erging allerdings vergleichsweise spät. Erst nach einer jahrzehntelangen Phase nahezu[1] vollständigen Schweigens zu diesem Grund-

[1] Vgl. vorangehend lediglich: BVerfGE 57, 29 (Uniformverbot); BVerfG (Vorprüfungsausschuss), Beschlüsse vom: 22.12.1976 – 1 BvR 279/76 –; – 1 BvR 280/76 –; – 1 BvR 302/76 – und – 1 BvR 306/76 – (zur Aufstellung eines Informationsstandes); 27.4.1982 – 1 BvR 1138/81– (juris).

recht widmete sich das Bundesverfassungsgericht der Versammlungsfreiheit erstmals in vertiefter Form.[2] Es entwickelte die Leitlinien der Versammlungsfreiheit unter dem Grundgesetz gleichsam *ab ovo* und traf Grundaussagen, deren Aktualität bis heute ungebrochen ist.

1. Das Gravitationszentrum des Grundrechts: die freie politische Rede

Das gilt zunächst für die Bestimmung des Sinns und Zwecks der Versammlungsfreiheit. Das Bundesverfassungsgericht sah und sieht ihn vor allem in ihrer Bedeutung für den demokratischen Prozess der Meinungsbildung. Der Schutz von Versammlungen als einem Element „ursprünglich-ungebändigter unmittelbarer Demokratie“[3] kommt danach „auch und vor allem andersdenkenden Minderheiten zugute“.[4] In deutlichem Rückgriff auf Pluralismustheorien geht das Gericht davon aus, solcher Minderheitenschutz liege „im wohlverstandenen Gemeinwohlinteresse, weil sich im Kräfteparallelogramm der politischen Willensbildung im allgemeinen erst dann eine relativ richtige Resultante herausbilden kann, wenn alle Vektoren einigermaßen kräftig entwickelt sind“.[5] Daneben weist es aber auch auf die „stabilisierende Funktion“ hin, die der Versammlungsfreiheit als „notwendige[r] Bedingung eines politischen Frühwarnsystems“ zukommt.[6]

Diese Deutung des Grundrechts rückt seine demokratische Funktion und damit vor allem die Gewährleistung der Freiheit politischer Rede in und durch Versammlungen in den Mittelpunkt. Der erste Leitsatz des Brokdorf-Beschlusses bringt das in konzentrierter Form zum Ausdruck: „Das Recht des Bürgers, durch Ausübung der Versammlungsfreiheit aktiv am politischen Meinungsbildungsprozess und Willensbildungsprozess teilzunehmen, gehört zu den unentbehrlichen Funktionselementen eines demokratischen Gemeinwesens.“[7] Die Versammlungsfreiheit dient danach zwar auch der Entfaltung

[2] Vgl. BVerfGE 69, 315 (344) – wo die erwähnten vorangehenden Entscheidungen als insofern unbeachtlich behandelt werden („In der verfassungsgerichtlichen Rechtsprechung, die sich bislang mit der Versammlungsfreiheit noch nicht befaßt hat, […]“).

[3] BVerfGE 69, 315 (346 f.).

[4] BVerfGE 69, 315 (343).

[5] BVerfGE 69, 315 (346). Vgl. etwa *Fraenkel* Historische Vorbelastungen des deutschen Parlamentarismus (1960), in: ders., Deutschland und die westlichen Demokratien, 1992, 23 ff. (34) (Gemeinwohl als „Resultante“ aus dem „Parallelogramm der ökonomischen, sozialen, politischen und ideologischen Kräfte“).

[6] BVerfGE 69, 315 (347).

[7] BVerfGE 69, 315 (Leitsatz 1, erster Satz). Dies steht im Einklang mit der Rechtsprechung des Europäischen Gerichtshofs für Menschenrechte zu Art. 11 EMRK, welche die demokratische Bedeutung der Versammlungsfreiheit und das besondere Gewicht politischer Rede („political speech“) betont; vgl. EGMR, Kuznetsov gegen Russland, Urteil vom 23.10.2008, No. 10877/04, § 39 ff., 47 (mit den dortigen w. Nw.).

der individuellen Persönlichkeit,[8] verkörpert aber „[i]n ihrer Geltung für politische Veranstaltungen" zugleich eine Grundentscheidung, die in ihrer Bedeutung über den Schutz der Persönlichkeitsentfaltung „hinausreicht".[9] Ihr besonderer Schutz beruht, wie das Gericht im Wackersdorf-Beschluss von 2001 bekräftigt hat, „auf ihrer Bedeutung für den Prozess öffentlicher Meinungsbildung in der freiheitlichen demokratischen Ordnung des Grundgesetzes".[10] Diese Zweckbestimmung des Grundrechtes wirkt sich insbesondere auf der Ebene der verfassungsrechtlichen Rechtfertigung staatlicher Eingriffe aus. Die Versammlungsfreiheit entfaltet ihre stärksten Wirkungen dort, wo es um kommunikative Beiträge zu Fragen geht, die die Öffentlichkeit berühren. Je stärker der politische Charakter der Versammlung ist, desto höher sind die Anforderungen an die verfassungsrechtliche Rechtfertigung.[11]

2. *Gewährleistungsgehalt der Versammlungsfreiheit*

a) Ausrichtung auf Teilhabe an der öffentlichen Meinungsbildung als Element des Versammlungsbegriffs – Wackersdorf-Beschluss und „Loveparade"-Beschluss

Von dieser Zweckbestimmung der Versammlungsfreiheit hat sich das Bundesverfassungsgericht auch leiten lassen, als es im Wackersdorf-Beschluss von 2001 den Versammlungsbegriff näher eingegrenzt hat. Bereits nach dem Brokdorf-Beschluss schützt Art. 8 GG Versammlungen und Aufzüge als Ausdruck gemeinschaftlicher, auf Kommunikation angelegter Entfaltung „im Unterschied zu bloßen Ansammlungen oder Volksbelustigungen".[12] Im Wackersdorf-Beschluss hat das Gericht, hieran anknüpfend, entschieden, dass es für das Vorliegen einer „Versammlung" im Sinne des Art. 8 Abs. 1 GG nicht ausreicht, wenn die Teilnehmer bei ihrer gemeinschaftlichen kommunikativen Entfaltung „durch einen beliebigen Zweck verbunden" sind.[13] Die Zusammenkunft muss vielmehr zusätzlich „auf die Teilhabe an der öffentlichen Meinungsbildung gerichtet" sein.[14]

[8] Vgl. BVerfGE 69, 315 (345).

[9] BVerfGE 69, 315 (343).

[10] BVerfGE 104, 92 (104) – Wackersdorf- und Autobahnblockade.

[11] Vgl. BVerfGE 104, 92 (109 ff.); anders abw. Meinung der Richterin *Haas* a.a.O., S. 115 (123) („Ohne rechtliche Bedeutung ist es hier, dass die Meinungskundgabe ein die Öffentlichkeit bewegendes Thema betrifft."). Zum Verhältnis zur Meinungsfreiheit siehe näher noch unten, unter V.

[12] BVerfGE 69, 315 (342 f.).

[13] BVerfGE 104, 92 (104).

[14] Ebd.

Die Begriffsbestimmung entstammt dem kurz vorher ergangenen Kammerbeschluss zur „Loveparade“ und zur „Fuckparade“.[15] Dort hat das Gericht, von dieser Definition ausgehend, festgestellt, dass Veranstaltungen, die der bloßen Zurschaustellung eines Lebensgefühls dienen oder die als eine auf Spaß und Unterhaltung ausgerichtete öffentliche Massenparty gedacht sind, keine Versammlungen sind.[16] Die rechtliche Beurteilung darf sich danach richten, ob nach dem Gesamtgepräge der Veranstaltung der Spaß-, Tanz- oder Unterhaltungszweck im Vordergrund steht. Bleiben Zweifel, so ist die Veranstaltung wie eine Versammlung zu behandeln.[17] Die verwaltungsgerichtliche Bewertung des Gesamtgepräges der beiden konkreten Veranstaltungen ließ das Bundesverfassungsgericht im Rahmen des Eilverfahrens unbeanstandet. Die Würdigung der so genannten Fuckparade durch das Verwaltungsgericht, welches den Versammlungscharakter bejaht hatte, gab es vergleichsweise ausführlich wieder. Im Hinblick auf die gegenteilige Bewertung des Oberverwaltungsgerichts[18] verwies es darauf, dass es dem Bundesverfassungsgericht im Eilverfahren grundsätzlich verwehrt sei, seine Beurteilung an die Stelle derjenigen der Fachgerichte zu stellen. Die vorgenommenen Bewertungen seien „jedenfalls nicht offensichtlich fehlerhaft“; abschließend könne die rechtliche Einordnung „nur im Hauptsacheverfahren geklärt“ werden.[19] Das Bundesverwaltungsgericht hat den damit in das Feld der fachgerichtlichen Bewertung zurückgespielten Ball in seinem 2007 ergangenen Revisionsurteil zur „Fuckparade“ von 2001 aufgenommen.[20] Es legte die von dem Bundesverfassungsgericht entwickelten Maßstäbe für „gemischte“ Veranstaltungen zugrunde, entwickelte sie zu einem differenzierten, mehrschrittigen Prüfungsprogramm fort und stellte fest, dass sich das Gesamtgepräge der Veranstaltung auf dieser Grundlage nicht zweifelsfrei feststellen lasse, so dass sie in Anwendung der Zweifelsregel als Versammlung zu behandeln sei.[21]

b) Verhinderungsabsicht und kritische Versammlungsteilnahme

Die auf den demokratischen Prozess der Meinungsbildung ausgerichtete Zweckbestimmung der Versammlungsfreiheit hat auch die Entscheidungen zur Verhinderungsabsicht und zur kritischen Versammlungsteilnahme angeleitet.

[15] BVerfG, Beschluss der 1. Kammer des Ersten Senats vom, 12.7.2001 – 1 BvQ 28/01 und 1 BvQ 30/01 –, Abs.-Nr. 16 ff. Soweit hier und im Folgenden unter Angabe der „Abs.-Nr.“ zitiert wird, wird auf die auf der Homepage des Bundesverfassungsgerichts (http://www.bundesverfassungsgericht.de/entscheidungen) veröffentlichte Fassung des Entscheidungstextes Bezug genommen.

[16] BVerfG, a.a.O., Abs.-Nr. 18.

[17] BVerfG, a.a.O, Abs.-Nr. 25.

[18] BVerfG, a.a.O., Abs.-Nr. 23 f.

[19] BVerfG, a.a.O, Abs.-Nr. 26.

[20] BVerwG, Urteil vom 16.5.2007 – 6 C 23/06 –, NVwZ 2007, 1431 ff.

[21] BVerwG, a.a.O., S. 1432 f., Abs.-Nr. 16 ff.

Art. 8 GG schützt danach auf der einen Seite Personen nicht, die nicht an einer Versammlung teilnehmen, sondern diese durch ihre Einwirkung verhindern wollen.[22] In dem entschiedenen Fall hatten nach den fachgerichtlichen Feststellungen 30 bis 40 Personen unter Rufen wie „Lasst uns da rein, die Versammlung wäre gleich beendet!“ und „Wenn wir da reinkommen, hat sich diese Versammlung gleich erledigt!“, versucht, in einen Versammlungsraum zu gelangen, um eine Versammlung von etwa 24 Personen durch Störungen zu verhindern. Ein Verhalten, das nicht darauf zielt, zu kommunizieren, sondern ausschließlich darauf, Kommunikation zu verhindern, ist nicht von Art. 8 Abs. 1 GG geschützt. Auf der anderen Seite sind kommunikativer Widerspruch und Protest gegen das „Mehrheitsthema“ einer Versammlung nicht nur grundrechtlich geschützt, sondern können sogar derselben Versammlung, gegen deren Botschaft sie sich richten, zuzurechnen sein. Nicht jede kritische Teilnahme an einer Versammlung begründet schon eine eigenständige Gegendemonstration. Daher ist die Annahme, schon die Kundgabe einer anderen Meinung begründe eine eigene, gesondert anmeldepflichtige Versammlung, mit der Berücksichtigung von Art. 8 GG unvereinbar.[23] Der Senat hat dies in einem Fall entschieden, in dem der Beschwerdeführer bei einem Umzug zum Golfkrieg unter dem Motto „Frieden ja, aber nicht um jeden Preis“, auf der Schlusskundgebung unter anderem ein Transparent mit der Aufschrift „Kein Blut für Öl“ gehalten hatte.[24]

c) Zugang zu und Beobachtungen von Versammlungen – Urteil zur automatisierten Kennzeichenerfassung

Das Recht, sich „zu versammeln“, umfasst nach dem Brokdorf-Beschluss zeitlich nicht nur den kommunikativen Teil der Versammlung selbst. Mit Art. 8 GG sind danach Maßnahmen „unvereinbar“, die „etwa den Zugang zu einer Demonstration durch Behinderung von Anfahrten und schleppende vorbeugende Kontrollen unzumutbar erschweren“.[25] Im Beschluss zur Verhinderungsabsicht hat das Bundesverfassungsgericht, daran anknüpfend, festgestellt, dass das Grundrecht den gesamten Vorgang des Sich-Versammelns einschließlich des Zugangs zu einer sich bildenden Versammlung schützt.[26]

Das Grundrecht kann nach dem Brokdorf-Beschluss ferner auch durch staatliche Beobachtung und Registrierung berührt sein. So wird es durch Maßnahmen verletzt, die den „staatsfreien unreglementierten Charakter“

[22] Vgl. BVerfGE 84, 203 (209).
[23] BVerfGE 92, 191 (202).
[24] BVerfGE 92, 191 (192).
[25] BVerfGE 69, 315 (349).
[26] BVerfGE 84, 203 (209).

durch „exzessive Observationen und Registrierungen“ verändern.[27] Der Beschluss verweist hierfür auf die Aussage des Volkszählungs-Urteils, wonach, wer damit rechnet, dass etwa die Teilnahme an einer Versammlung oder einer Bürgerinitiative behördlich registriert wird und ihm dadurch Risiken entstehen können, möglicherweise auf eine Ausübung seiner entsprechenden Grundrechte (Art. 8, 9 GG) verzichten wird.[28]

Sowohl den Schutz des Zugangs als auch den der Unbeobachtetheit hat das Bundesverfassungsgericht in seinem Urteil zur automatisierten Kfz-Kennzeichenerfassung von 2008 bekräftigt. Aus der Nähe eines geparkten Wagens zu einem Veranstaltungsort oder aus einer Erfassung der Fahrzeuge auf den Zufahrtswegen kann danach etwa die Vermutung abgeleitet werden, dass der Fahrer eine bestimmte Veranstaltung, etwa ein Fußballspiel oder eine Versammlung, aufsucht.[29] Die Kennzeichenerfassung kann sich, zu solchen Zwecken eingesetzt, als funktionales Äquivalent eines grundrechtlichen Eingriffs[30] in andere grundrechtliche Freiheiten darstellen. Wird etwa die Teilnahme an Versammlungen oder die Beteiligung an einer Bürgerinitiative gezielt notiert, so kann dies verhaltenssteuernde Wirkung entfalten und die ausgeübten Kommunikationsfreiheiten als eingriffsgleiche Maßnahme betreffen.[31]

Es handelt sich nicht um hypothetische Szenarien. Das zeigt der Bericht des baden-württembergischen Datenschutzbeauftragten, auf den das Urteil an dieser Stelle unter anderem verweist.[32] Dort sind die Fälle einer Tierschutz- und einer Umweltschutzaktivistin dokumentiert. In der polizeilichen „Arbeitsdatei ‚Politisch motivierte Kriminalität‘“ wurden über die beiden Frauen nicht nur Informationen mit Bezug zu einschlägigen Straftaten gespeichert, sondern auch über ihre Beteiligung an etlichen Versammlungen, die friedlich und ohne Straftaten verlaufen waren. Die detaillierten Angaben über Zeit, Ort, Thematik und Ablauf der Versammlungen wurden offenbar rein prophylaktisch protokolliert, um die anhaltende politische Motivation der Betroffenen zu dokumentieren, ohne dass der Beteiligung der Betroffenen selbst irgendeine davon unabhängige strafrechtliche Relevanz beige-

[27] BVerfGE 69, 315 (349).

[28] BVerfGE 65, 1 (43). Der Entsendung von Polizeibeamten in eine Versammlung gegen den Willen des Veranstalters wird auf dieser Grundlage eingriffsbegründende Einschüchterungswirkung beigemessen etwa von: BayVGH, Urteil vom 15.7.2008 – 10 BV 07.2143 –, juris Rn. 23 ff.; *Hoffmann-Riem* Kommunikationsfreiheiten (AK-GG), 2002, Art. 8 Rn. 52 (beide m.N. zur Gegenauffassung).

[29] BVerfGE 120, 378 (405 f.).

[30] Vgl. zu dieser Kategorie grundrechtlicher Beeinträchtigungen: BVerfGE 113, 63 (76); 116, 202 (222).

[31] BVerfGE 120, 378 (406).

[32] Vgl. 28. Tätigkeitsbericht des Landesbeauftragten für den Datenschutz in Baden-Württemberg, 2007, 18–20.

messen worden wäre.[33] Nach Auskunft der Polizei sollte die Absicht der Betroffenen nachgewiesen werden, „Einfluss auf den demokratischen Willensbildungsprozess zu nehmen".[34] Spätestens seit dem Brokdorf-Beschluss sollte außer Frage stehen, dass eine solche Registrierung nicht nur in die Versammlungsfreiheit eingreift, sondern das Grundrecht jedenfalls dann auch in offenkundiger Weise verletzt, wenn sie, wie allem Anschein nach in diesen Fällen, allein dazu dient, für Zwecke der Verfolgung oder Verhütung anderer strafbarer Tätigkeiten den bloßen Willen der Betroffenen zu dokumentieren, durch friedliche und straflose Versammlungsteilnahmen an der öffentlichen Meinungsbildung teilzuhaben – also gerade jene Zielsetzung, deren ungehinderte Verfolgung die Versammlungsfreiheit vor allem ermöglichen soll.

d) Unfriedlichkeit einer Versammlung oder ihrer Teilnehmer

Der Brokdorf-Beschluss bildet auch nach wie vor die Grundlage für die Beurteilung der Unfriedlichkeit einer Versammlung insgesamt oder ihrer Teilnehmer bei befürchteten Gewalttätigkeiten.

[33] In einem der Einträge über eine Protestaktion der Umweltaktivistin (B) zum Thema „Gegen die Verwendung von Gen-Pflanzen in Lebens- und Futtermitteln" im März 2006 wird beispielsweise ausgeführt: „Mit einem Banner, einem ca. 2 m hohen Joghurtglas (Durchmesser von ca. 1,50 m) sowie einer ca. 3 m hohen Milchflasche wurde auf die Versammlung aufmerksam gemacht. Außerdem wurde eine themenbezogene Umfrage durchgeführt und Flugblätter von … verteilt, auf denen u.a. Gründe gegen Gentechnik aufgeführt waren. … Außerdem werden die Leser der Flugblätter aufgefordert, ihren Supermarkt zu bitten, nur noch Milchprodukte zu verkaufen, die garantiert ohne Gen-Pflanzen im Tierfutter erzeugt werden …" (vgl. a.a.O., S. 20). In einem weiteren Eintrag wurde festgehalten, dass bei von B angemeldeten Versammlungen im Februar und im Juli 2006 auf die „Zerstörung des Amazonas-Regenwaldes durch Soja-Anbau" durch „Papp-Pflanzen/-Bäume", „Stoffkuscheltiere" und „Verkleidungsmaterial" sowie durch einen „überdimensionalen aufblasbaren Jaguar" hingewiesen worden sei (ebd.).

[34] Das Landeskriminalamt verweigerte den Frauen die Auskunft über die gespeicherten Informationen. Auf Nachfrage des Datenschutzbeauftragten führte es zur Begründung aus, zu den „Indizien", deren Speicherung zulässig sei, gehörten „u.a. Demonstrationen, Verteilen von Flugblättern, Mahnwachen und andere Aktionen, die belegen, dass die Einstellung des Betroffenen auch weiterhin dem Ziel dient, Einfluss auf den demokratischen Willensbildungsprozess zu nehmen" (vgl. a.a.O., S. 21). Die Erläuterung bezog sich auf das bundesweit geltende „Definitionssystem Politisch motivierte Kriminalität" des Bundeskriminalamts, wonach politisch motivierte Straftaten unter anderem dann vorliegen, wenn „Anhaltspunkte dafür vorliegen, dass sie den demokratischen Willensbildungsprozess beeinflussen sollen" (vgl. ebd.). Das Landeskriminalamt führte weiter aus, bei der Verweigerung der Auskunftserteilung gegenüber der Betroffenen gehe es nicht darum, „taktisches Vorgehen der Polizei vor Ort geheim zu halten, sondern nicht offen darzulegen, dass solche Erkenntnisse als Indizien gespeichert werden", da die Erfahrung belege, dass die Betroffenen nach Kenntnis der polizeilichen Vorgehensweise ihr Verhalten ändern und dadurch die polizeiliche Aufgabenwahrnehmung erschweren (ebd.). Die Polizei verwies also selbst auf die abschreckende Wirkung, welche die Kenntnis von der Speicherung für die weitere Grundrechtsausübung der Betroffenen hat – allerdings nicht, um die Unzulässigkeit der Speicherung, sondern um die Notwendigkeit ihrer Geheimhaltung zu begründen.

aa) Unfriedlichkeit der Versammlung insgesamt (kollektive Unfriedlichkeit)

Wenn die Prognose mit hoher Wahrscheinlichkeit ergibt, dass der Veranstalter und sein Anhang Gewalttätigkeiten beabsichtigen oder ein solches Verhalten anderer billigen werden, oder dass eine Versammlung im Ganzen einen gewalttätigen oder aufrührerischen Verlauf nimmt, so wird eine derartige Versammlung als unfriedlich von Art. 8 GG nicht erfasst; ihre Auflösung und ihr Verbot können das Grundrecht nicht verletzen (kollektive Unfriedlichkeit).[35] In einem Kammerbeschluss von 2006 bejahte das Bundesverfassungsgericht angesichts der besonderen Umstände des Falles die kollektive Unfriedlichkeit einer Versammlung. Die etwa 60 bis 70 Teilnehmer eines Demonstrationszugs waren nach der polizeilichen Aufforderung, stehen zu bleiben, mit dem gemeinsam skandierten Ruf: „Wir bleiben nicht stehen!“, auf eine von etwa sieben bis neun Beamten gebildete Polizeikette zugestürmt und hatte sie „überrannt“, wobei es auch zu Tätlichkeiten gekommen war. Das Gericht stellte fest, dass dieses gemeinschaftliche Handeln des Demonstrationszugs, der die Kette der weit in der Unterzahl befindlichen Polizeibeamten gewaltsam durchbrochen habe, zu einer kollektiven Unfriedlichkeit der Demonstration geführt habe. Diese sei damit nicht mehr in den Schutzbereich des Art. 8 Abs. 1 GG gefallen.[36] Steht solche kollektive Unfriedlichkeit hingegen nicht zu befürchten, muss der Schutz der Versammlungsfreiheit für die friedlichen Teilnehmer der Versammlung auch dann erhalten bleiben, wenn einzelne Demonstranten oder eine Minderheit Ausschreitungen begehen.[37] Andernfalls hätte es die Minderheit in der Hand, Demonstrationen „umzufunktionieren“ und rechtswidrig werden zu lassen; praktisch könnte dann jede Großdemonstration verboten werden, da sich nahezu immer „Erkenntnisse“ über unfriedliche Absichten eines Teils der Teilnehmer beibringen lassen.[38]

bb) Unfriedlichkeit einzelner Teilnehmer

Aus dem Brokdorf-Beschluss ergibt sich auch, dass für den einzelnen Teilnehmer, der sich unfriedlich verhält, das Abwehrrecht auf ungehinderte weitere Teilnahme an der Versammlung entfällt.[39] In dem Senatsbeschluss von 1990 zu einer Hanauer Großdemonstration führte das Bundesverfas-

[35] Vgl. BVerfGE 69, 315 (360 f.).

[36] BVerfG, Beschluss der 1. Kammer des Ersten Senats vom 4.12.2006 – 1 BvR 1014/01 –, Abs.-Nr. 2 f.

[37] BVerfGE 69, 315 (361).

[38] BVerfGE 69, 315 (361); vgl. auch BVerfG, Beschluss der 1. Kammer des Ersten Senats vom 6.6.2007 – 1 BvR 1423/07 – (Heiligendamm), Abs.-Nr. 38.

[39] Vgl. BVerfGE 69, 315 (361) („Würde unfriedliches Verhalten Einzelner für die gesamte Veranstaltung und nicht nur für die Täter zum Fortfall des Grundrechtsschutzes führen [...]“). Siehe aber auch unten, unter III. 3.

sungsgericht aus, dass ein unmittelbar bevorstehender Landfriedensbruch (§ 125 StGB) des Beschwerdeführers seine geplante Teilnahme an der Versammlung „zu einer unfriedlichen machen, ihn also vom Schutzbereich des Art. 8 Abs. 1 GG ausnehmen" würde.[40] Die amtsgerichtlichen Feststellungen stützten jedoch die Prognose eines Landfriedensbruchs nicht, weil das Gericht weder gerichtsbekannte Tatsachen angedeutet, noch konkrete polizeiliche Feststellungen beurteilend und wertend aufgenommen und den Beschwerdeführer auch nicht persönlich angehört, mithin auf jede eigene Tatsachenermittlung verzichtet hatte.[41]

3. *Eingriffsschwelle der konkreten und unmittelbaren Gefahr*

Auf der Ebene der verfassungsrechtlichen Rechtfertigung von Eingriffen in die Versammlungsfreiheit hat der Brokdorf-Beschluss eine zentrale Weichenstellung vorgenommen, indem er die von Grundrechts wegen gebotene Eingriffsschwelle[42] bestimmt hat. § 15 Abs. 1 VersG, der immerhin die Schwelle der unmittelbaren, aus erkennbaren Umständen folgenden Gefährdung ausdrücklich normiert, bedarf insoweit der einschränkenden verfassungskonformen Auslegung und Anwendung.[43] Auch landesgesetzliche Regelungen zur Beschränkung der Versammlungsfreiheit sind an diesen grundrechtlichen Anforderungen zu messen.

a) Bei Verboten und Auflösungen – unmittelbare Gefährdung wichtiger Rechtsgüter

Verbote und Auflösungen sind danach nur bei einer unmittelbaren, auf erkennbaren Umständen beruhenden Gefährdung wichtiger Gemeinschaftsgüter bei Durchführung der Versammlung zulässig.[44]

[40] BVerfGE 83, 24 (34) (die Ausführungen erfolgten im Rahmen der Feststellung, dass die Anforderungen an die richterliche Anordnung einer Freiheitsentziehung aus Art. 2 Abs. 2 Satz 2 i.V. mit. Art. 104 Abs. 2 Satz 1 GG verletzt waren).

[41] Ebd.

[42] Vgl. zur jüngeren Rechtsprechung des Bundesverfassungsgerichts zu derartigen Eingriffsschwellen instruktiv: *Poscher* Eingriffsschwellen im Recht der inneren Sicherheit. Ihr System im Licht der neueren Verfassungsrechtsprechung, Die Verwaltung 41 (2008), 345 ff.

[43] Vgl. BVerfGE 69, 315 (352 f., 354, 368); 87, 399 (409); 115, 320 (361); BVerfG, Beschlüsse der 1. Kammer des Ersten Senats vom: 21.5.1998 – 1 BvR 2311/94 – (Oberbaumbrücke), Abs.-Nr. 25; 19.12.2007 – 1 BvR 2793/04 –, Abs.-Nr. 20.

[44] BVerfGE 69, 315 (354 [„nur zum Schutz wichtiger Gemeinschaftsgüter unter Wahrung des Grundsatzes der Verhältnismäßigkeit und nur bei einer unmittelbaren, aus erkennbaren Umständen herleitbaren Gefährdung dieser Rechtsgüter"], 368); 87, 399 (409) („unmittelbare Gefährdung"); 115, 320 (361).

aa) Die drei Elemente der Eingriffsschwelle

Diese Eingriffsschwelle ist durch drei Anforderungen gekennzeichnet. Die Gefahr muss – erstens – für wichtige Rechtsgüter bestehen. Verbote und Auflösungen sind „nur zum Schutz wichtiger Gemeinschaftsgüter" zulässig.[45] Sie kommen „im wesentlichen nur zum Schutz elementarer Rechtsgüter in Betracht [...], während eine bloße Gefährdung der öffentlichen Ordnung im allgemeinen nicht genügen wird".[46] So reichen etwa Belästigungen Dritter, „die sich zwangsläufig aus der Massenhaftigkeit der Grundrechtsausübung ergeben", im allgemeinen ebenso wenig aus wie bloße verkehrstechnische Gründe, zumal in aller Regel ein Nebeneinander der Straßenbenutzung durch Demonstranten und fließenden Verkehr schon durch Auflagen erreichbar ist.[47]

Zweitens erhöht sich durch das Erfordernis der Unmittelbarkeit der erforderliche Grad der Wahrscheinlichkeit des Schadenseintritts gegenüber dem allgemeinen polizeirechtlichen Erfordernis der konkreten Gefahr.[48] Die Behörde darf „insbesondere bei Erlass eines vorbeugenden Verbotes keine zu geringen Anforderungen an die Gefahrenprognose stellen, zumal ihr bei irriger Einschätzung noch die Möglichkeit einer späteren Auflösung verbleibt".[49] Die „unmittelbare Gefährdung" setzt danach eine konkrete Sachlage voraus, die bei ungehindertem Geschehensablauf mit hoher Wahrscheinlichkeit zu einem Schaden für die der Versammlungsfreiheit entgegenstehenden Rechtsgüter führt.[50] Diese Gefährdung muss „bei Durchführung" der konkreten Versammlung vorliegen; zwischen der Durchführung der Ver-

[45] BVerfGE 69, 315 (354).

[46] BVerfGE 69, 315 (353).

[47] BVerfGE 69, 315 (353). Vgl. auch EGMR, Kuznetsov gegen Russland, Urteil vom 23.10.2008, No. 10877/04, § 44 ("any demonstration in a public place inevitably causes a certain level of disruption to ordinary life, including disruption of traffic, and [...] it is important for the public authorities to show a certain degree of tolerance towards peaceful gatherings if the freedom of assembly [...] is not to be deprived of all substance"), sowie die dortigen w.N.

[48] Vgl. BVerfGE 69, 315 (353) („Durch das Erfordernis der Unmittelbarkeit werden die Eingriffsvoraussetzungen stärker als im allgemeinen Polizeirecht eingeengt.").

[49] BVerfGE 69, 315 (354).

[50] Vgl. BVerfGE 69, 315 (353 [Eingriffsvoraussetzungen „stärker als im allgemeinen Polizeirecht" eingeschränkt], 360 [Versammlungsverbot wirft „keine besonderen Probleme auf, wenn die Prognose mit hoher Wahrscheinlichkeit ergibt", dass Veranstalter und Anhang Gewalttätigkeiten beabsichtigen oder zumindest billigen werden], 362 [vorbeugendes Verbot wegen Ausschreitungen einer gewaltorientierten Minderheit ist nur unter strengen Voraussetzungen statthaft; dazu „gehört eine hohe Wahrscheinlichkeit in der Gefahrenprognose"]); BVerfG, Beschlüsse der 1. Kammer des Ersten Senats vom: 21.5.1998 – 1 BvR 2311/94 – (Oberbaumbrücke), Abs.-Nr. 25 ff.; 8.12.2001 – 1 BvQ 49/01 –, Abs.-Nr. 8 f.; 1.3.2002 – 1 BvQ 5/02 –, Abs.-Nr. 7; 19.12.2007 – 1 BvR 2793/04 –, Abs.-Nr. 20.

sammlung und dem Schadenseintritt muss somit ein hinreichend bestimmter Kausalzusammenhang bestehen.[51]

Mit dem geforderten hohen Grad der Wahrscheinlichkeit des Schadenseintritts bei Durchführung der konkreten Versammlung sind – drittens – entsprechende Anforderungen an die Aussagekraft der Tatsachengrundlage für die Gefahrenprognose verbunden. Erforderlich ist jeweils eine Gefahrenprognose „im konkreten Fall", deren Tatsachengrundlage „ausgewiesen werden" muss.[52] Wie bei jeder konkreten Gefahr muss das Wahrscheinlichkeitsurteil auf „erkennbaren Umständen" beruhen, also „auf Tatsachen, Sachverhalten und sonstigen Einzelheiten; bloßer Verdacht oder Vermutungen können nicht ausreichen".[53] Diese Umstände müssen sich zumindest auch auf die konkrete Versammlung beziehen und eine hohe Schadenswahrscheinlichkeit gerade bei deren Durchführung aufweisen.

bb) Bedeutung in der aktuellen Rechtsprechung – insbesondere zu den Schutzgütern des Ansehens der Bundesrepublik Deutschland und der auswärtigen Beziehungen des Bundes

Diese Anforderungen – die Gefährdung „wichtiger", im wesentlichen nur „elementarer" Rechtsgüter, die hohe Wahrscheinlichkeit der Schädigung und die Ausweisung einer hinreichend aussagekräftigen konkreten Tatsachengrundlage – haben sich als scharfe Schwerter des Grundrechtsschutzes erwiesen. Das Gericht hat sie nach dem Brokdorf-Beschluss[54] in etlichen stattgebenden Entscheidungen als in einer auch im Eilverfahren erheblichen Weise missachtet angesehen.[55] Das Erfordernis einer Gefährdung wichtiger

[51] BVerfG, Beschluss der 1. Kammer des Ersten Senats vom 21.5.1998 – 1 BvR 2311/94 –, Abs.-Nr. 25.

[52] BVerfGE 69, 315 (353) („Erforderlich ist im konkreten Fall jeweils eine Gefahrenprognose. Diese enthält zwar stets ein Wahrscheinlichkeitsurteil; dessen Grundlagen können und müssen aber ausgewiesen werden."); vgl. auch die Ausführungen zur oberverwaltungsgerichtlichen Entscheidung: BVerfGE 69, 315 (367 f.) („Diese Begründung enthält nicht einmal für die böswilligen Demonstranten konkrete Anhaltspunkte dafür, weshalb diese sich in dem fraglichen Bereich gewalttätig verhalten sollten.").

[53] BVerfGE 69, 315 (353 f.).

[54] Im Brokdorf-Beschluss selbst attestierte der Erste Senat der oberverwaltungsgerichtlichen Entscheidung wie erwähnt deutliche grundrechtliche Mängel (auch wenn er im Ergebnis offen ließ, ob sie den Anforderungen des Art. 8 GG an eine Eilentscheidung genügte); vgl. BVerfGE 69, 315 (367 f.) (keine ausreichenden Anforderungen an die Gefahrenprognose für Ausschreitungen gegen Personen und Sachen im äußeren Verbotsbereich; Befürchtungen Dritter reichen nicht aus, sondern nur „erkennbare Umstände" für eine unmittelbare Gefährdung der öffentlichen Sicherheit).

[55] Vgl. BVerfG, Beschlüsse der 1. Kammer des Ersten Senats vom: 25.7.1998 – 1 BvQ 11/98 –, Abs.-Nr. 13 (Gefahr von Äußerungsdelikten allein auf Unzuverlässigkeit der Versammlungsleiter wegen Verhaltens bei früheren Versammlungen gestützt, keine Tatsachen, die sich auf die angemeldete Versammlung selbst beziehen); 21.4.2000 – 1 BvQ 10/00 –,

Schutzgüter der öffentlichen Sicherheit hat namentlich in der Auseinandersetzung um die öffentliche Ordnung oder die freiheitliche demokratische Grundordnung als Verbotsrechtfertigung für rechtsextremistische Versammlungen Aktualität erlangt, auf die gesondert einzugehen sein wird.[56]

Das Bundesverfassungsgericht hat das grundrechtliche Gebot, Versammlungen nur zugunsten „wichtiger" oder „elementarer" Schutzgüter zu verbieten oder aufzulösen, ferner in jüngeren Entscheidungen zu Versammlungen bekräftigt, deren Durchführung nach Ansicht der Behörden das Ansehen der Bundesrepublik Deutschland oder die auswärtigen Beziehungen des Bundes beeinträchtigte. Das Gericht hat bislang offen gelassen, ob Versammlungsbeschränkungen überhaupt mit dem Schutz des Ansehens der Bundesrepublik Deutschland im Ausland gerechtfertigt werden können.[57] Im Beschluss zur Fußball-Weltmeisterschaft 2006 hat es zudem klargestellt, dass sie sich jedenfalls nicht damit begründen lassen, der Inhalt von Meinungsäußerungen, welche nicht im Einklang mit Art. 5 Abs. 2 GG gesetzlich verboten sind, werde zu einer Störung der öffentlichen Sicherheit durch Beeinträchtigung des Ansehens der Bundesrepublik Deutschland führen.[58] Die Versammlungsbehörde hatte zur Verbotsbegründung unter anderem ausgeführt, Ver-

Abs.-Nr. 17–19 (keine konkreten Indizien für befürchtete Gewalttätigkeiten der Teilnehmer; keine Anhaltspunkte, dass Auflagen oder Einsatz von Ordnungskräften bei der vergleichsweise kleinen Versammlung nicht ausreichen); 18.8.2000 – 1 BvQ 23/00 –, Abs.-Nr. 27–34 (Tarnveranstaltung – Würdigung von Gegenindizien); 1.9.2000 – 1 BvQ 24/00 –, Abs.-Nr. 14 (fehlende Bezeichnung konkreter Tatsachen für Sicherheitsgefährdung); 26.1.2001 – 1 BvQ 8/01 –, Abs.-Nr. 13 ff. (Tarnveranstaltung, Täuschungsabsicht); 1.3.2002 – 1 BvQ 5/02 –, Abs.-Nr. 3–6 (Unzuverlässigkeit eines Versammlungsleiters, u.a. wegen früherer strafrechtlicher Verurteilungen); 11.4.2002 – 1 BvQ 12/02 –, Abs.-Nr. 4 f. (Tarnveranstaltung, Gegenindizien), 6 (unzureichende Tatsachengrundlage für die Gefahr von Teilnehmerstraftaten), 7 (Gefahren durch Reden sind durch Auflagen abzuwenden, Tatsachengrundlage im Übrigen auch hierfür unzureichend); 14.8.2003 – 1 BvQ 30/03 – (Wunsiedel) (BVerfGK 1, 320), Abs.-Nr. 19 (keine Angaben dazu, welche Straftaten von Teilnehmern befürchtet werden; nicht erkennbar, dass Straftaten nicht durch Maßnahmen gegen einzelne Versammlungsteilnehmer bekämpfbar sind); 5.9.2003 – 1 BvQ 32/03 – (Nürnberg) (BVerfGK 2, 1), Abs.-Nr. 29 (fehlende Prüfung von Auflagen zur Vermeidung einer Gefahr für die öffentliche Ordnung), 34 (keine Anhaltspunkte, dass der Gefahr von Äußerungsdelikten nicht zumindest teilweise durch Einsatz von Ordnungskräften entgegengewirkt werden könnte); 9.6.2006 – 1 BvR 1429/06 – (Fußball-Weltmeisterschaft) (BVerfGK 8, 195), Abs.-Nr. 24–30 (hinreichend konkrete Anhaltspunkte weder für die Wahrscheinlichkeit eines gewalttätigen Verlaufs noch für eine Verantwortlichkeit des Beschwerdeführers oder der Versammlungsleitung hierfür); 7.11.2008 – 1 BvQ 43/08 – (Aachen), Abs.-Nr. 17 ff.

56 Siehe unten unter VI.

57 Vgl. BVerfG, Beschlüsse der 1. Kammer des Ersten Senats vom: 24.3.2001 – 1 BvQ 13/01 – (deutsch-niederländischer Grenzgang), Abs.-Nr. 31 (a.E.); 9.6.2006 – 1 BvR 1429/06 – (Fußball-Weltmeisterschaft) (BVerfGK 8, 195), Abs.-Nr. 18; 6.6.2007 – 1 BvR 1423/07 – (Heiligendamm), Abs.-Nr. 26.

58 BVerfG, Beschluss der 1. Kammer des Ersten Senats vom 9.6.2006 – 1 BvR 1429/06 – (Fußball-Weltmeisterschaft) (BVerfGK 8, 195), Abs.-Nr. 18 f.

sammlungen von Rechtsextremisten während der am 9.6.2006 beginnenden Austragung der Fußball-Weltmeisterschaft würden eine nachhaltige Schädigung des Ansehens der Bundesrepublik im Ausland bewirken. Das Ansehen der Bundesrepublik Deutschland in der Weltöffentlichkeit leitet sich jedoch in besonderem Maße aus ihrer freiheitlichen und demokratischen Grundordnung her, für welche auch die in Art. 5 und Art. 8 GG gewährleistete Meinungs- und Versammlungsfreiheit konstitutiv ist. Das hatte das Verwaltungsgericht im Eilverfahren ausgeführt und darin von dem Bundesverfassungsgericht Zustimmung erhalten.[59] Es lässt sich deshalb nicht rechtfertigen, allein aus der Wahrnehmung dieser Grundrechte durch politische Gruppierungen eine Störung der öffentlichen Sicherheit durch Beeinträchtigung des Ansehens der Bundesrepublik im Ausland herzuleiten.

Im Heiligendamm-Beschluss hat das Bundesverfassungsgericht daneben festgehalten, dass eine Beeinträchtigung des Ansehens der Bundesrepublik Deutschland im Übrigen allenfalls die öffentliche Ordnung als Schutzgut betreffen kann, auf deren Gefährdung im allgemeinen ein Versammlungsverbot nicht gestützt werden kann und auch im dortigen Fall nicht gestützt werden konnte.[60] Das Gericht hat in demselben Beschluss auch offen gelassen, ob die Beziehungen des Bundes zu auswärtigen Staaten ein Schutzgut der öffentlichen Sicherheit darstellen können.[61] Jedenfalls reicht nicht schon die Befürchtung aus, die Vertreter auswärtiger Staaten könnten Demonstrationen und Kundgebungen als „unfreundlichen Akt" gegenüber ihren Staaten empfinden, um eine Gefahr für die öffentliche Sicherheit zu begründen.[62] Empfindlichkeiten ausländischer Politiker können Beschränkungen der Versammlungsfreiheit nicht rechtfertigen, wenn dadurch der Schutz der Meinungs- und Versammlungsfreiheit in Deutschland beeinträchtigt wird. Diese Rechte sind gerade aus dem besonderen Schutzbedürfnis der Machtkritik erwachsen und finden darin unverändert ihre Bedeutung.[63] Der besondere Schutz der Machtkritik ist nicht auf Kritik an inländischen Machtträgern begrenzt.[64]

[59] BVerfG, a.a.O., Abs.-Nr. 16 („Nach diesem Maßstab tragen – wie das Verwaltungsgericht näher dargelegt hat – die von der Versammlungsbehörde aufgezeigten Gesichtspunkte vorliegend das Versammlungsverbot und die Anordnung seiner sofortigen Vollziehung nicht."), 18.

[60] BVerfG, Beschluss der 1. Kammer des Ersten Senats vom 6.6.2007 – 1 BvR 1423/07 –, Abs.-Nr. 26.

[61] BVerfG, a.a.O., Abs-Nr. 26.

[62] BVerfG, a.a.O., Abs.-Nr. 28.

[63] Vgl. für die Meinungsfreiheit: BVerfGE 93, 266 (291); BVerfG, Beschlüsse der 1. Kammer des Ersten Senats vom: 5.2.1998 – 1 BvR 410/95 –, Abs.-Nr. 17; 29.7.1998 – 1 BvR 287/93 –, Abs.-Nr. 40; 24.5.2006 – 1 BvR 49/00 u.a. –, Abs.-Nr. 44; 15.9.2008 – 1 BvR 1565/05 –, Abs.-Nr. 13.

[64] BVerfG, Beschluss der 1. Kammer des Ersten Senats vom 6.6.2007 – 1 BvR 1423/07 –, Abs.-Nr. 28.

b) Bei Auflagen – unmittelbare Gefährdung gleichwertiger Rechtsgüter

Im Kammerbeschluss zur Oberbaumbrücke von 1998 hat das Bundesverfassungsgericht, an den Brokdorf-Beschluss anknüpfend, entschieden, dass auch die Befugnis des § 15 VersG zum Erlass von „Auflagen" der verfassungskonformen Auslegung bedarf.[65] Die maßgebliche Eingriffsschwelle ist danach auch insoweit die unmittelbare Gefährdung der betroffenen Rechtsgüter. Allerdings muss es sich anders als bei Verboten oder Auflösungen nicht stets um wichtige oder elementare Rechtsgüter handeln. Es gilt insoweit vielmehr die allgemeinere Aussage des Brokdorf-Beschlusses, wonach die Versammlungsfreiheit nur dann zurückzutreten hat, wenn eine Güterabwägung ergibt, dass dies zum Schutz „anderer gleichwertiger Rechtsgüter" notwendig ist.[66] Die beiden anderen Elemente der Eingriffsschwelle, also die hohe Wahrscheinlichkeit der Schädigung und die Ausweisung einer entsprechend aussagekräftigen konkreten Tatsachengrundlage, bleiben demgegenüber auch für Auflagen unverändert. In einem Kammerbeschluss von 2007 hat das Gericht diese Aussagen zur Eingriffsschwelle bei dem Erlass von Auflagen bekräftigt und unter anderem auch einen Verstoß gegen die grundrechtlichen Prognoseanforderungen festgestellt.[67] Zu betonen ist, dass das Bundesverfassungsgericht in Eilverfahren Auflagen, anders als Versammlungsverbote,[68] grundsätzlich nicht auf offensichtliche Grundrechtsverstöße hin überprüft, so dass daraus, dass das Gericht eine Auflage in Eilentscheidungen unbeanstandet lässt, noch nichts für deren Grundrechtskonformität folgt.[69]

Im Einklang mit dem Kammerbeschluss zur Oberbaumbrücke hat das Bundesverfassungsgericht in dem kurz danach ergangenen Senatsbeschluss zur Holocaust-Leugnung von 1998 in § 5 Nr. 4 VersG zwar eine verfassungsgemäße Grundlage auch für eine versammlungsbeschränkende Auflage gesehen, zugleich jedoch festgestellt, es sei „im Lichte des Art. 8 Abs. 1 GG [...] nicht grundsätzlich zu beanstanden", wenn der Gesetzgeber Straftaten, die bei einer Versammlung „mit hoher Wahrscheinlichkeit zu erwarten" seien, zu unterbinden suche.[70] Vor einer übermäßigen Beschränkung der Versamm-

[65] BVerfG, Beschluss der 1. Kammer des Ersten Senats vom 21.5.1998 – 1 BvR 2311/94 – (Oberbaumbrücke), Abs.-Nr. 25.

[66] BVerfGE 69, 315 (353).

[67] Vgl. BVerfG, Beschluss der 1. Kammer des Ersten Senats vom 19.12.2007 – 1 BvR 2793/04 –, Abs.-Nr. 20, 38–41; vgl. auch BVerfG, Beschlüsse der 1. Kammer des Ersten Senats vom: 21.3.2007 – 1 BvR 232/04 –, juris Rn. 19; 25.10.2007 – 1 BvR 943/02 –, Abs.-Nr. 39, 45, 54 (keine Gebührenerhebung für versammlungsrechtliche Maßgaben, die schon nicht auf Gefahrenabwehr zielen).

[68] Vgl. dazu BVerfGE 110, 77 (87 f.); 111, 147 (153).

[69] Vgl. BVerfG, Beschluss der 1. Kammer des Ersten Senats vom 19.12.2007 – 1 BvR 2793/04 –, Abs.-Nr. 16, mit den dortigen N.

[70] BVerfGE 90, 241 (250).

lungsfreiheit schützten die Eingrenzung der Verbotsgründe auf Verbrechen und von Amts wegen zu verfolgende Vergehen sowie der Grundsatz der Verhältnismäßigkeit.[71] Den „Gefahren für die Meinungsfreiheit", die damit verbunden seien, dass sich die Vorschrift „nicht im Bereich nachträglicher Sanktionen durch die Gerichte, sondern im Bereich präventiver Verbote durch die Behörden" bewege, lasse sich „dadurch begegnen, dass an die Gefahrenprognose strenge Anforderungen gestellt" würden „und die Strafbarkeit der Äußerungen nach dem Stand der Rechtsprechung nicht zweifelhaft sein" dürfe.[72] Dementsprechend ist das Bundesverfassungsgericht in zwei versammlungsrechtlichen Eilbeschlüssen von 2001 und 2002 davon ausgegangen, dass bei dem Erlass von Rednerverboten die Äußerungsdelikte, deren Begehung verhindert werden soll, mit hoher Wahrscheinlichkeit zu erwarten sein müssen.[73]

4. *Berücksichtigung gefahrenmindernder Wirkungen beschränkender Verfügungen unterhalb der Verbotsschwelle und Störerauswahl*

Verbot oder Auflösung setzen als ultima ratio voraus, dass das mildere Mittel der Auflagenerteilung ausgeschöpft wird.[74] Behörden und Gerichte haben daher zu berücksichtigen, ob sich die Gefahr durch beschränkende Verfügungen unterhalb der Verbotsschwelle reduzieren lässt. Eine Missachtung dieser grundrechtlichen Maßgabe hat das Bundesverfassungsgericht mehrfach feststellen müssen.[75]

Wenn Störungen lediglich von Außenstehenden (Gegendemonstrationen, Störergruppen) ausgehen, ist der Staat durch das Grundrecht auf Versammlungsfreiheit gehalten, behördliche Maßnahmen primär gegen die Störer zu richten,[76] sofern nicht ausnahmsweise die besonderen Voraussetzungen des

[71] BVerfGE 90, 241 (250).

[72] BVerfGE 90, 241 (251). Zur Verhältnisbestimmung von Meinungs- und Versammlungsfreiheit in diesem Beschluss siehe näher noch unten, unter IV.

[73] Vgl. BVerfG, Beschlüsse der 1. Kammer des Ersten Senats vom: 8.12.2001 – 1 BvQ 49/01 –, Abs.-Nr. 8 f. (Rednerverbot durch verwaltungsgerichtliche Maßgabe, fehlende Anhaltspunkte, dass Straftaten „mit hoher Wahrscheinlichkeit" zu erwarten sind); 1.3.2002 – 1 BvQ 5/02 –, Abs.-Nr. 7 (Voraussetzungen für ein Rednerverbot durch Auflage nicht gegeben, nicht ersichtlich, dass „mit hoher Wahrscheinlichkeit strafbare Äußerungen des Redners zu erwarten sind").

[74] BVerfGE 69, 315 (353).

[75] Vgl. BVerfGE 69, 315 (368) („Von der Prüfung, ob nicht ein auf die Umgebung des Bauplatzes beschränktes Verbot zum Schutz der öffentlichen Sicherheit ausreichend gewesen wäre, lenken die Erwägungen des Gerichts über Unruhe und Befürchtungen in der Bevölkerung und über die mangelnde Eignung der Wilstermarsch für Großdemonstrationen ab."); BVerfG, Beschlüsse der 1. Kammer des Ersten Senats vom: 18.8.2000 – 1 BvQ 23/00 –, Abs.-Nr. 40 (Wirkung zeitlicher und örtlicher Begrenzung); 1.9.2000 – 1 BvQ 24/00 –, Abs.-Nr. 17 (Wirkung geänderter Streckenführung).

[76] BVerfGE 69, 315 (360 f.).

so genannten polizeilichen Notstandes vorliegen.[77] Auch dieser Grundsatz hat in Kammerentscheidungen häufig Bekräftigung erfahren.[78] Der Staat darf danach insbesondere nicht dulden, dass friedliche Demonstrationen einer bestimmten politischen Richtung durch gewalttätige Gegendemonstrationen verhindert werden. So ist Gewalt von „links" keine verfassungsrechtlich hinnehmbare Antwort auf eine Bedrohung der rechtsstaatlichen Ordnung von „rechts".[79]

5. *Das Recht, sich „ohne Anmeldung oder Erlaubnis" zu versammeln*

Art. 8 Abs. 1 GG gewährleistet das Recht, sich „ohne Anmeldung oder Erlaubnis" zu versammeln. Die Erlaubnisfreiheit von Versammlungen wird trotz des deutlichen Wortlautes des Art. 8 Abs. 1 GG gelegentlich in Entscheidungen verkannt, in denen den Betroffenen vorgehalten wird, sie hätten an einer „nicht genehmigten" Versammlung teilgenommen.[80] Das Recht auf anmeldefreie Versammlung kann zwar nach Art. 8 Abs. 2 GG für Versammlungen unter freiem Himmel durch Gesetz oder auf Grund eines Gesetzes beschränkt, jedoch nicht gänzlich außer Geltung gesetzt werden.[81] Die Anmeldepflicht des § 14 VersG entfällt daher nach dem Brokdorf-Beschluss in verfassungskonformer Auslegung der Vorschrift für Spontanversammlungen, „die sich aus aktuellem Anlass augenblicklich bilden".[82] In seinem Beschluss zu Eilversammlungen hat der Senat dies allerdings eingeengt. Spontanversammlungen sind danach nur solche, die sich aus einem momentanen Anlass „ungeplant und ohne Veranstalter" entwickeln.[83] Bei Eilversammlungen, die im Unterschied dazu zwar geplant sind und einen Ver-

[77] Ebd.

[78] Vgl. BVerfG, Beschluss der 1. Kammer des Ersten Senats vom 10.5.2006 – 1 BvQ 14/06 –, Abs.-Nr. 9, mit den dortigen Nw. der vorangehenden Kammerrechtsprechung.

[79] Vgl. BVerfG, Beschlüsse der 1. Kammer des Ersten Senats vom 18.8.2000 – 1 BvQ 23/00 –, Abs.-Nr. 41, und vom 10.5.2006 – 1 BvQ 14/06 –, Abs.-Nr. 10.

[80] Es handelt sich zumeist um Entscheidungen aus der ordentlichen Gerichtsbarkeit; vgl. BVerfGE 92, 191 (192, 202) („hätte das Amtsgericht nicht außer Acht lassen dürfen, dass Versammlungen keiner Genehmigung bedürfen"); BVerfG, Beschluss der 3. Kammer des Ersten Senats vom 6.4.1990 – 1 BvR 958/88 –, juris Rn. 4, 12 f.; BVerfG, Beschluss der 1. Kammer des Ersten Senats vom 30.4.2007 – 1 BvR 1090/06 –, Abs.-Nr. 10 („führte das Oberlandesgericht unter anderem aus, eine Genehmigung nach dem Versammlungsgesetz habe [...] nicht vorgelegen").

[81] Vgl. BVerfGE 69, 315 (350 f.) (die dortige Aussage, dass dieses Recht „nicht gänzlich für bestimmte Typen von Veranstaltungen" außer Geltung gesetzt werden dürfe, ist nach dem Kontext offenkundig zu stark – da die Verfassungsmäßigkeit des gesetzlichen Anmeldeerfordernisses für alle anderen „Typen" von Versammlungen als Spontanversammlungen nicht in Frage gestellt wird).

[82] BVerfGE 69, 315 (350).

[83] BVerfGE 85, 69 (75).

anstalter haben, aber ohne Gefährdung des Demonstrationszwecks nicht unter Einhaltung der 48-Stunden-Frist des § 14 VersG angemeldet werden können, soll das Anmeldeerfordernis nicht ganz entfallen, sondern lediglich das Fristerfordernis zu lockern sein. Solche Versammlungen sind danach anzumelden, sobald die Möglichkeit dazu besteht.[84] Die grundsätzliche Gewährleistung der Anmeldefreiheit wirkt sich auch im Rahmen des § 15 Abs. 1 VersG aus. Eine Verletzung der gesetzlichen Anmeldepflicht begründet als solche noch keine Gefahr von hinreichendem Gewicht, um ein Verbot oder eine Auflösung rechtfertigen zu können.[85]

6. *Recht auf Ortswahl bei gewalttätigen Ausschreitungen von Minderheiten*

Von anhaltender Aktualität sind auch die Aussagen des Brokdorf-Beschlusses zur Beeinträchtigung des Rechtes auf Ortswahl durch weiträumige Versammlungsverbote. Das zeigen namentlich die 2007 ergangenen Entscheidungen zum Sternmarsch auf den G8-Gipfel von Heiligendamm,[86] die in Ausgangslage und verfassungsrechtlicher Problematik weitreichende Parallelen zum Brokdorf-Beschluss aufweisen. Wie in Heiligendamm ging es auch in Brokdorf um ein weiträumiges, mehrtägiges Verbot von Versammlungen, durch das ein symbolträchtiger Ort, auf den der politische Protest zielte, weiträumig von Versammlungen abgeschottet werden sollte. Verboten wurde dort durch Allgemeinverfügung jede gegen das geplante Kernkraftwerk gerichtete Demonstration am Baugelände sowie in einem etwa 210 km^2 umfassenden Gebiet der Wilstermarsch.[87] In beiden Fällen gab das in erster Instanz angerufene Verwaltungsgericht dem Begehren um Eilrechtsschutz teilweise statt und ließ die Versammlung näher an den symbolhaltigen Ort heranrücken. Hingegen stellte das Oberverwaltungsgericht jeweils den status quo ante der sofortigen Vollziehbarkeit des weiträumigeren Verbotes wieder her.

a) Allgemeine Aussagen des Beschlusses

Der Brokdorf-Beschluss hat zum einen die bekannten allgemeinen Aussagen zum Schutz des Selbstbestimmungsrechtes auch über den Ort der Ver-

[84] Ebd.

[85] Vgl. BVerfGE 69, 315 (351); siehe auch EGMR, Kuznetsov gegen Russland, Urteil vom 23.10.2008, No. 10877/04, § 43 („a merely formal breach of the notification time-limit was neither relevant nor a sufficient reason for imposing administrative liability on the applicant"; „the freedom to take part in a peaceful assembly is of such importance that a person cannot be subjected to a sanction – even one at the lower end of the scale of disciplinary penalties – for participation in a demonstration which has not been prohibited, so long as this person does not himself commit any reprehensible act on such an occasion").

[86] BVerfG, Beschlüsse der 1. Kammer des Ersten Senats vom: 6.6.2007 – 1 BvR 1423/07 – (Eilentscheidung); 19.7.2007 – 1 BvR 1423/07 – (Hauptsache- und Auslagenentscheidung).

[87] BVerfGE 69, 315 (321).

sammlung[88] sowie dazu getroffen, dass die Befürchtung gewalttätiger Ausschreitungen einer gewaltorientierten Minderheit ein vorbeugendes Verbot allenfalls unter strengen grundrechtlichen Voraussetzungen als „ultima ratio" rechtfertigt. Ein solches Verbot setzt eine hohe Wahrscheinlichkeit in der Gefahrenprognose sowie die Ausschöpfung aller milderen Mittel, namentlich räumlicher Beschränkungen, voraus.[89] Bevorzugt ist eine nachträgliche Auflösung zu erwägen, die dem Veranstalter den Vorrang bei der Isolierung unfriedlicher Teilnehmer belässt.[90]

b) Aussagen zu dem konkreten weiträumigen Versammlungsverbot

Bei diesen abstrakten Grundsätzen blieb der Beschluss jedoch, was heute vergleichsweise wenig beachtet wird, keineswegs stehen. Er traf vielmehr auch zu dem konkreten damaligen Verbot zwei Aussagen. Einerseits ließ das Bundesverfassungsgericht die beiden verwaltungsgerichtlichen Eilentscheidungen unbeanstandet, soweit sie die sofortige Vollziehbarkeit des Versammlungsverbotes in dessen „innerem" Bereich aufrechterhielten. Dort waren in einer Entfernung zwischen etwa 4,5 km bis 9 km vom Bauplatz Straßensperren vorbereitet worden. Hinzu kam ein Sicherheitsabstand vor den Straßensperren von maximal 100 Metern.[91] Das Bundesverfassungsgericht führte aus, die Prognose von Gewalttaten einer Minderheit habe auf erkennbaren Umständen beruht und sei im Übrigen später dadurch bestätigt worden, dass es tatsächlich zu Ausschreitungen gekommen sei.[92] Auf der anderen Seite hielt das Gericht für den „äußeren" Verbotsbereich fest, dass Verbote von Großdemonstrationen „nach dem inzwischen gewonnenen Erkenntnisstand verfassungsrechtlich künftig schwerlich gebilligt werden" könnten, „wenn sie in dem Umfang und mit der Begründung angeordnet werden wie im vorliegenden Fall".[93] Das Oberverwaltungsgericht habe keine ausreichen-

[88] BVerfGE 69, 315 (343) („Selbstbestimmungsrecht über Ort, Zeitpunkt, Art und Inhalt"); vgl. auch BVerfGE 69, 315 (368) („die Erwägung, eine Demonstration mit lokalem Bezug in irgendein Stadion zu verlegen, lässt den schon vom Verwaltungsgericht betonten Zusammenhang zwischen Demonstrationsanlass und Demonstrationsort außer acht"), sowie den Vortrag der Beschwerdeführer, dem das Gericht im Ergebnis weitgehend recht gab: BVerfGE 69, 315 (323) („Das Grundrecht schütze grundsätzlich auch die Befugnis, sich dort zu versammeln, wo die Veranstalter es für wünschenswert hielten; dabei sei es naheliegend, dass eine Demonstration von Kernkraftgegnern am Bauplatz des Kraftwerks oder zumindest in größtmöglicher Nähe angestrebt werde. […] Ein Versammlungsverbot für die gesamte Region sei […] zu weitgehend, da sich aus den vorliegenden Unterlagen für Ausschreitungen an anderen Orten keine Anzeichen ergäben.").

[89] BVerfGE 69, 315 (362).

[90] Vgl. BVerfGE 69, 315 (362).

[91] Vgl. BVerfGE 69, 315 (322 f.).

[92] BVerfGE 69, 315 (365 f.).

[93] BVerfGE 69, 315 (367).

den Anforderungen an die Gefahrenprognose gestellt, obwohl das Verwaltungsgericht ausdrücklich festgestellt habe, es fehlten ausreichende Anhaltspunkte dafür, dass es in diesem Gebiet zu Ausschreitungen gegen Personen und Sachen kommen werde.[94] Insgesamt spreche „manches dafür", dass „erhebliche Bedenken" gegen die Rechtmäßigkeit des „ungewöhnlich weitreichenden Verbotes" bestünden, welches „das Grundrecht der Versammlungsfreiheit auch für die große Mehrzahl der friedlichen Demonstranten für mehrere Tage in einem Gebiet von etwa 210 km^2 praktisch außer Geltung" gesetzt habe.[95]

c) Aktuelle Bedeutung – Castor-Transporte und Heiligendamm

Mit diesen Aussagen hat das Bundesverfassungsgericht einerseits den Weg für die grundsätzliche Anerkennung der Verfassungsmäßigkeit auch vergleichsweise weiträumiger und über mehrere Tage erstreckter Versammlungsverbote gebahnt. So hat das Bundesverfassungsgericht 2001 den „Verbotskorridor" entlang der Bahnstrecke für einen Castor-Transport zumindest im Eilverfahren unbeanstandet gelassen.[96] Andererseits hat der Brokdorf-Beschluss mit seinen Bedenken gegenüber dem „äußeren" Verbotsbereich auch deutlich gemacht, dass an derartige Verbote strenge Prognoseanforderungen zu stellen sind, aufgrund derer sich jedenfalls eine räumliche Verkleinerung des Verbotsbereichs als von Verfassungs wegen geboten erweisen kann.

Diese sichtlich auf die Herstellung praktischer Konkordanz bedachte Linie prägt auch den Eilbeschluss von 2007 zum Heiligendammer Sternmarsch.[97] Das dortige Verbot erfasste einerseits einen „inneren" Bereich um den Tagungsort des G8-Gipfels herum, der durch einen 12,5 km langen und 2,50 m hohen Sperrzaun abgesperrt war (Verbotszone I). Darüber hinaus

[94] BVerfGE 69, 315 (367).

[95] BVerfGE 69, 315 (368). Der Senat ließ die Frage, ob es gleichwohl „noch hinzunehmen" sein könnte, dass das Oberverwaltungsgericht das Verbot „bei summarischer Prüfung als rechtmäßig beurteilt" habe, weil „wesentliche Erkenntnisse zur friedlichen Durchführung von Großdemonstrationen erst später gewonnen worden" seien und „auch von den Initiatoren der Brokdorf-Demonstration mehr hätte erwartet werden können, um deren friedlichen Ablauf zu gewährleisten", nur deshalb offen, weil die erstinstanzlichen Entscheidungen unabhängig davon nicht zum Nachteil der Beschwerdeführer hatten geändert werden dürfen; nach der damaligen Fassung des § 80 Abs. 6 Satz 2 VwGO waren verwaltungsgerichtliche Entscheidungen unanfechtbar, soweit sie Anträgen auf Wiederherstellung der aufschiebenden Wirkung eines Rechtsmittels stattgegeben hatten (vgl. BVerfGE 69, 315 [368 ff.]).

[96] BVerfG, Beschlüsse der 1. Kammer des Ersten Senats vom 26.3.2001 – 1 BvQ 15/01 – und 1 BvQ 16/01, Abs.-Nr. 17 ff., 22–24.

[97] Vgl. auch die Würdigung der Entscheidung als Beitrag zur Stärkung der Versammlungsfreiheit im Rahmen der europäischen Diskussion bei *Youngs* G8 protests: controlling the right to demonstrate, European Public Law (14), 2008, 69–80.

betraf es einen dem vorgelagerten „äußeren" Verbotsbereich, der sich an der Küste auf etwa 8,2 km, in nord-südlicher Richtung auf etwa 5,2 km und in ost-westlicher Richtung auf etwa 8,5 km erstreckte (Verbotszone II). In seinem Eilbeschluss bekräftigte das Bundesverfassungsgericht, dass die Versammlungsfreiheit das Interesse des Veranstalters schützt, durch eine möglichst große Nähe zu einem symbolhaltigen Ort auf einen Beachtungserfolg nach seinen Vorstellungen zu zielen.[98] Der weiträumige Verbotsbereich, der Versammlungen unter Nutzung des Symbolgehalts der besonderen Nähe zum Ort des G8-Gipfels ausschloss, verlangte daher hinreichend schwerwiegende Gefahren für die öffentliche Sicherheit.

Bei der Beurteilung des Versammlungsverbotes auf dieser Grundlage verfuhr das Bundesverfassungsgericht ganz ähnlich wie im Brokdorf-Beschluss. Auf der einen Seite hielt es das Verbot im inneren Bereich für tragfähig. Das Ziel, die Durchführung des G8-Gipfels als einer Veranstaltung des Staates zu sichern sowie Leib und Leben der Teilnehmer und anderer Personen zu schützen, rechtfertigte es aus seiner Sicht, den Sicherheitszaun aufzurichten und so einen „Schutzraum in der Nähe des Ortes des G8-Gipfels" zu schaffen (Verbotszone I).[99] Hingegen vermisste das Gericht für den äußeren Verbotsbereich der „Verbotszone II" eine hinreichende Rechtfertigung. In das behördliche „Sicherheitskonzept", auf welches sich das Verbot stützte, war nach dem Kenntnisstand des Eilverfahrens das grundrechtliche Interesse an einem Protest „in wirklich sichtbarer Form" – den die Bundeskanzlerin im Vorfeld der Tagung in einer Pressekonferenz mit dem russischen Präsidenten noch als gewährleistet bezeichnet hatte –[100] in keiner Weise eingeflossen. Der Verweis auf das Sicherheitskonzept reichte daher nicht, um das weitergehende Verbot zu rechtfertigen. Es bedurfte einer die konkreten Umstände einbeziehenden Prüfung der Verhältnismäßigkeit im Einzelfall, an der es jedoch fehlte (Abwägungsausfall).[101]

[98] BVerfG, Beschluss der 1. Kammer des Ersten Senats vom 6.6.2007 – 1 BvR 1423/07 – (Heiligendamm), Abs.-Nr. 23 (unter Verweis auf BVerfGE 69, 315 [323, 365]).

[99] BVerfG, Beschluss der 1. Kammer des Ersten Senats vom 6.6.2007 – 1 BvR 1423/07 – (Heiligendamm), Abs.-Nr. 30 („Dass die Behörde einen entsprechenden Schutzraum in der Nähe des Ortes des G8-Gipfels geschaffen und mit dafür geeigneten Schutzvorkehrungen versehen hat, ist aus verfassungsrechtlicher Sicht nicht zu beanstanden.").

[100] „Im Zusammenhang mit dem G8-Gipfel in Heiligendamm wird es sehr, sehr große Demonstrationen geben von Tausenden und Abertausenden friedlichen Demonstranten. [...] [F]riedliche Demonstrationen in sehr, sehr großem Umfang sind bei uns möglich, und sie werden auch zum G8-Gipfel in wirklich sichtbarer Form stattfinden." (Hervorh. weggelassen) (Pressekonferenz von Bundeskanzlerin *Merkel*, Präsident *Putin* und EU-Kommissionspräsident *Barroso* in Wolshski Utjos, 18.5.2007, Mitschrift, http://www.bundesregierung.de/nn_1516/Content/DE/Mitschrift/Pressekonferenzen/2007/05/2007-05-18-pk-bk-putin-samara.html, Abruf: 31.1.2009).

[101] BVerfG, Beschluss der 1. Kammer des Ersten Senats vom 6.6.2007 – 1 BvR 1423/07 –, Abs.-Nr. 36.

Die mit dem Eilantrag verbundene Verfassungsbeschwerde war daher nach Maßgabe der im Eilverfahren möglichen Prüfung begründet, bis sich das Interesse an der Durchführung der Versammlung durch Ablauf des Versammlungstermins erledigte. Dementsprechend sprach das Bundesverfassungsgericht den Beschwerdeführern später die Erstattung der Auslagen für das Verfassungsbeschwerdeverfahren zu.[102] Das Gericht hat im Eilverfahren lediglich die Frage offen gelassen, ob die Begründetheit der Verfassungsbeschwerde auch „offensichtlich" war, ob also das Urteil, dass Art. 8 GG verletzt war, sogar jenes besondere Maß an Sicherheit und Eindeutigkeit aufwies, dass es ausnahmsweise erlaubt, die Stattgabe im Eilverfahren auf die Beurteilung der Erfolgsaussichten in der Hauptsache zu stützen.[103] Dass dies offenbleiben konnte, lag an den nachträglich eingetretenen Ereignissen, insbesondere den gewalttätigen Ausschreitungen in Rostock. Diese ließen zumindest nach den damaligen polizeilichen Angaben, die das Gericht als nicht offensichtlich fehlerhaft zugrunde zu legen hatte, Gewalttätigkeiten auch bei dem Sternmarsch befürchten, so dass es sich im Rahmen der gebotenen zukunftsgerichteten Folgenbewertung gehindert sah, dem Eilantrag stattzugeben.[104]

II. Die Senatsentscheidungen zu demonstrativen Blockadeaktionen

Eine Reihe vieldiskutierter Senatsentscheidungen hatte sich mit dem grundrechtlichen Schutz demonstrativer Blockadeaktionen auseinanderzusetzen. Einen Schwerpunkt dieser Entscheidungen, auf den hier nicht einzugehen ist, bildet die Frage, ob die strafgerichtliche Auslegung des Nötigungsparagraphen (§ 240 StGB) mit dem Bestimmtheitsgebot aus Art. 103 Abs. 2 GG vereinbar ist. Daneben befassen sich die Entscheidungen jedoch auch mit dem kommunikationsgrundrechtlichen Schutz derartiger Blockaden.[105]

1. *Konkretisierung der Unfriedlichkeitsschwelle*

Das Bundesverfassungsgericht hat einerseits bald klargestellt, dass solche Blockadeaktionen jedenfalls nicht als „unfriedlich" schon aus dem Schutzbereich der Versammlungsfreiheit herausfallen,[106] unabhängig davon, ob sie

[102] BVerfG, Beschluss der 1. Kammer des Ersten Senats vom 19.7.2007 – 1 BvR 1423/07 –, Abs.-Nr. 4.

[103] Vgl. BVerfG, Beschluss der 1. Kammer des Ersten Senats vom 6.6.2007 – 1 BvR 1423/07 – Abs.-Nr. 16, 37; vgl. zu diesem Maßstab BVerfGE 110, 77 (87 f.); 111, 147 (153).

[104] Vgl. BVerfG, Beschluss der 1. Kammer des Ersten Senats vom 6.6.2007 – 1 BvR 1423/07 – Abs.-Nr. 37 ff.; 19.7.2007 – 1 BvR 1423/07 –, Abs.-Nr. 5.

[105] Die Ausnahme bildet insoweit BVerfGE 92, 1 – Großengstingen, wo sich der Senat ausschließlich zu Art. 103 Abs. 2 GG verhält.

[106] BVerfGE 73, 206 (248 f.) – Mutlangen.

strafrechtlich schon als „Gewalt" im Sinne von § 240 StGB beurteilt werden dürfen – wie es dem früheren, „weiten" Gewaltbegriff noch entsprach, dessen Unvereinbarkeit mit Art. 103 Abs. 2 GG das Bundesverfassungsgericht dann im Großengstingen-Beschluss von 1995 feststellte.[107] Im Brokdorf-Beschluss hatte das Gericht festgehalten, dass sich ein Versammlungsteilnehmer „jedenfalls dann" unfriedlich verhält, wenn er Gewalttätigkeiten gegen Personen oder Sachen begeht.[108] Die Blockade-Entscheidungen haben geklärt, dass sich der Begriff der Unfriedlichkeit darauf im wesentlichen auch beschränkt. Art. 8 Abs. 1 GG bewertet die Unfriedlichkeit in gleicher Weise wie das Mitführen von Waffen.[109] Unfriedlich ist ein Verhalten deshalb erst, wenn Handlungen von einiger Gefährlichkeit wie etwa aggressive Ausschreitungen gegen Personen oder Sachen oder sonstige Gewalttätigkeiten stattfinden, nicht schon, wenn es zu Behinderungen Dritter kommt, seien diese auch gewollt und nicht nur in Kauf genommen.[110] Auch Sitzblockaden genießen daher den Schutz der Versammlungsfreiheit.[111] Ebenso führt eine Blockade durch Anketten von Demonstranten an ein Zufahrtstor nicht zu der so umschriebenen Gefährlichkeit für Personen oder Sachen und damit zur Unfriedlichkeit im Sinne des Art. 8 Abs. 1 GG.[112] Eine Kammerentscheidung von 2007 hat dementsprechend festgehalten, dass der Beschwerdeführer die Schwelle zur Unfriedlichkeit nicht schon dadurch überschritt, dass er ein Megaphon, welches ihm weggenommen werden sollte, umklammert hielt und sich gegen seinen Abtransport aus der Versammlung zum Polizeifahrzeug sträubte. Der Beschwerdeführer wollte dadurch seinen Willen zur weiteren Teilnahme an der Versammlung durchsetzen, nicht aber den Charakter der bis dahin friedlichen Versammlung oder seiner auf die Erfüllung des Versammlungszwecks gerichteten Handlungen ändern.[113]

[107] Das Mutlangen-Urteil von 1986 ließ den weiten Gewaltbegriff noch (mit vier zu vier Stimmen) unbeanstandet (vgl. BVerfGE 73, 206 [233 ff.]). Der Großengstingen-Beschluss revidierte dies (mit fünf zu drei Stimmen) (BVerfGE 92, 1 [14 ff.]) und wurde darin durch den Wackersdorf-Beschluss von 2001 bestätigt (insoweit mit sieben Stimmen gegen eine Stimme) (vgl. BVerfGE 104, 92 [101–103], sowie – erst recht – abw. Meinung der Richterin *Jaeger* und des Richters *Bryde*, BVerfGE 104, 92; 124 f.).

[108] BVerfGE 69, 315 (360).

[109] BVerfGE 73, 206 (248); 104, 92 (106) – Wackersdorf- und Autobahnblockade.

[110] Vgl. BVerfGE 73, 206 (248); 87, 399 (406); 104, 92 (106).

[111] BVerfGE 87, 399 (406).

[112] BVerfGE 106, 92 (106).

[113] BVerfG, Beschluss der 1. Kammer des Ersten Senats vom 30.4.2007 – 1 BvR 1090/06 –, Abs.-Nr. 23.

2. *Schutzbereichseröffnung und Auswirkungen auf die strafrechtliche Verwerflichkeitsprüfung*

Seit dem Mutlangen-Urteil ist andererseits auch geklärt, dass Art. 8 GG nicht etwa deshalb, weil sein Schutzbereich eröffnet ist, auch eine Einstufung jeglicher Blockadeaktionen als rechtmäßig verlangt. In Abgrenzung von solchen Drittbehinderungen, die sozial-adäquate Nebenfolgen rechtmäßiger Demonstrationen darstellen und die nach dem Brokdorf-Beschluss grundsätzlich zulässig sein müssen, hielt das Urteil – im Wege eines klassischen „distinguishing" – fest, daran fehle es, wenn die Behinderung Dritter nicht nur als Nebenfolge in Kauf genommen, sondern beabsichtigt werde, um die Aufmerksamkeit für das Demonstrationsanliegen zu erhöhen.[114] Die Versammlungsfreiheit verwehrt es dem Staat also nicht von vornherein, für die Verhinderung solcher demonstrativen Blockaden Sorge zu tragen, indem er sie verbietet und das Verbot durchsetzt. Auf der anderen Seite fallen nach dem Mutlangen-Urteil derartige Blockaden zu demonstrativen Zwecken nicht schon aus dem Schutzbereich des Art. 8 GG heraus. Ihr Verbot greift daher in die Versammlungsfreiheit ein und ist nur zulässig, wenn bei seinem Erlass der Bedeutung des Grundrechts Rechnung getragen worden ist.[115] Daran geht die Auffassung der vier die Entscheidung tragenden Richter im Beschluss zur Startbahn West vorbei, der Beschwerdeführer könne sich für seinen Demonstrationsaufruf auf Art. 8 GG schon „nicht [...] berufen", weil Art. 8 GG nach dem Brokdorf-Beschluss Blockaden zu Protestzwecken nicht rechtfertige.[116] Im Wackersdorf-Beschluss hat der Senat demgegenüber nochmals klargestellt, dass gerade der demonstrative, symbolische Einsatz einer Blockade zur Erhöhung der Aufmerksamkeit für das Versammlungsanliegen, wie im Falle der Wackersdorf-Blockade, die Schutzwirkungen des Art. 8 GG auslöst.[117] Die Grenze des Schutzbereiches des Art. 8 GG wird

[114] BVerfGE 73, 206 (250).

[115] Vgl. auch zu einer Mahnwache vor einem Gerichtsgebäude: EGMR, Kuznetsov gegen Russland, Urteil vom 23.10.2008, No. 10877/04, § 44 („the Court is not satisfied that the alleged obstruction of passage, especially in the circumstances where the applicant gave evidence of his flexibility and readiness to cooperate with the authorities, was a relevant and sufficient reason for the interference").

[116] BVerfGE 82, 236 (264).

[117] BVerfGE 104, 92 (104 f.). Unklar ist in diesem Punkt das Sondervotum der Richterin *Haas*. Es führt einerseits aus, die „gezielte Gewaltausübung" (als welche es die Ankettung einstuft) zur Erregung von Aufmerksamkeit sei „durch Art. 8 Abs. 1 GG nicht geschützt" (BVerfGE 104, 92; abw. Meinung, S. 115 [115 f.]), was nach einem von weiteren Voraussetzungen unabhängigen Schutzbereichsausschluss klingt. Andererseits stellt es darauf ab, es fehle „an jeglicher Feststellung" in den angegriffenen Entscheidungen, wonach die Beschwerdeführerinnen gerade mit der Ankettung eine höhere Aufmerksamkeit hätten erzielen wollen (a.a.O., S. 115 [118 f.]), was so wirkt, als werde hier der Ausgangspunkt der Mehrheit geteilt, dass im Falle eines solchen symbolischen Zweckes der Blockade durch Anketten der Schutzbereich eröffnet sein kann.

jedoch erreicht, wenn nicht der kommunikative Zweck, sondern die zwangsweise oder sonst wie selbsthilfeähnliche Durchsetzung eigener Forderungen durch die Blockade selbst im Vordergrund steht. So lag es im Fall der grenznahen Autobahnblockade, mit der die Beschwerdeführer die verweigerte Einreise in die Schweiz sowie ein Gespräch mit dem Hohen Flüchtlingskommissar in Genf erzwingen wollten.[118]

Die nachträgliche Bestrafung demonstrativer Blockaden ist demgegenüber, wie das Gericht im Wackersdorf-Beschluss festgestellt hat, als eigenständiger Eingriff an Art. 8 GG zu messen.[119] Das Grundrecht ist namentlich bei der strafrechtlichen Prüfung der Verwerflichkeit des Handelns neben dem Gebot schuldangemessenen Strafens aus Art. 2 Abs. 1 GG zu berücksichtigen.[120] Maßgeblich ist eine einzelfallbezogene Abwägung,[121] bei der es einerseits, dem besonderen Schutz politischer Rede entsprechend, zugunsten der Versammlungsteilnehmer zu berücksichtigen ist, wenn zu einer in der Öffentlichkeit kontrovers diskutierten Frage Stellung bezogen werden soll. Andererseits ist es den Gerichten verwehrt, das kommunikative Anliegen (darüber hinaus) inhaltlich zu bewerten und sein Gewicht danach zu bestimmen, ob sie die Stellungnahme als nützlich und wertvoll einschätzen und das verfolgte Ziel billigen oder nicht.[122] Mit dem Verweis auf die Einzelfallabwägung steuert der Wackersdorf-Beschluss einen mittleren Kurs zwischen den beiden Vierergruppierungen des Mutlangen-Urteils: Weder gebietet Art. 8 GG es, bei demonstrativen Blockaden zu Angelegenheiten von wesentlicher allgemeiner Bedeutung die Verwerflichkeit „in der Regel“ zu verneinen,[123] noch dürfen die Protestzwecke der Demonstration (in der wenig glücklichen Terminologie des Mutlangen-Urteils: ihre „Fernziele“) in der Verwerflichkeits-

[118] BVerfGE 104, 92 (105).

[119] BVerfGE 104, 92 (103 ff., 108 [„Wegen der Rechtswidrigkeit des Verhaltens [...] durfte die zuständige Behörde die angebrachten Ketten zerschneiden und die Demonstranten aus der Zufahrt entfernen.“; „Eine andere [...] Frage ist, ob ein [...] rechtswidriges Verhalten auch unter Strafe gestellt und welche Strafrechtsnorm anwendbar ist.“]).

[120] BVerfGE 104, 92 (108 ff.); vgl. auch BVerfGE 73, 206 (253) – Mutlangen (die dort aufgeworfene, aber für unerheblich erklärte Frage, welche von beiden Grundrechtspositionen einschlägig ist [„im Ergebnis ohne Belang, ob als Prüfungsmaßstab Art. 8 oder Art. 2 Abs. 1 GG zugrunde zu legen ist“], hat der Senat im Wackersdorf-Beschluss, wie in den letzten Jahren häufiger zu beobachten, im Sinne eines Sowohl-als-auch, also einer Kumulation und Kombination der Wirkungen der in Betracht kommenden Grundrechtspositionen beantwortet).

[121] BVerfGE 104, 92 (112). Wichtige Abwägungselemente sind danach unter anderem Dauer und Intensität der Aktion, deren vorherige Bekanntgabe, Ausweichmöglichkeiten über andere Zufahrten, die Dringlichkeit des blockierten Transports, aber auch, ob zwischen den in ihrer Fortbewegungsfreiheit beeinträchtigten Personen und dem Protestgegenstand ein Sachbezug besteht.

[122] BVerfGE 104, 92 (110).

[123] BVerfGE 73, 206 (258 f.)

prüfung vollständig unberücksichtigt bleiben und reicht es aus, wenn ein etwaiger Bezug zu die Öffentlichkeit berührenden Fragen lediglich im Rahmen der Strafzumessung in Rechnung gestellt wird.[124] Im Wackersdorf-Beschluss besteht das Gericht demgegenüber einerseits auf einer Berücksichtigung im Rahmen der Verwerflichkeitsprüfung und damit bei der Entscheidung über die Strafbarkeit selbst,[125] stellt aber andererseits auch keine Regelvermutung für die Straffreiheit demonstrativer Blockaden zu politischen Fragen auf. Es sieht die verfassungsrechtlichen Gewichte so gleichmäßig verteilt, dass dafür, wohin sich der Zeiger der Waage letztlich neigt, grundsätzlich alles auf die nur in begrenztem Umfang grundrechtlich determinierte fachrichterliche Einzelfallbewertung ankommt.

3. *Konstitutive Bedeutung der rechtmäßigen Auflösungsverfügung für den Wegfall der Polizeirechtsfestigkeit*

Im Wackersdorf-Beschluss hat der Senat auch klargestellt, dass der Grundrechtsschutz für die Teilnahme an einer friedlichen Versammlung nicht schon deshalb entfällt, weil sie rechtmäßig aufgelöst werden könnte, ohne dass eine solche Auflösungsverfügung bereits ergangen ist.[126] Vor der Auflösungsverfügung ist nicht in einer rechtsstaatlichen Anforderungen genügenden Weise festgestellt, dass die Teilnahme nicht mehr unter dem Schutz des Art. 8 GG steht.[127] Bis dahin bleibt es daher bei dem grundrechtlichen Schutz der Teilnahme und der damit verbundenen Vorrangigkeit der darauf abgestimmten versammlungsgesetzlichen Regelungen vor dem allgemeinen Polizeirecht (Polizeirechtsfestigkeit der Versammlung). Entsprechendes muss, soweit es um einzelne Teilnehmer geht, für deren Ausschluss aus der Versammlung gelten.

[124] BVerfGE 73, 206 (260 f.).

[125] Im konkreten Fall hat das Bundesverfassungsgericht gleichwohl das Beruhen der Entscheidungen auf den festgestellten Abwägungsmängeln verneint (vgl. BVerfGE 104, 92 [114 f.]). Es hat dazu jedoch ausdrücklich festgehalten, es gelte „gleichermaßen für die Verwerflichkeitsprüfung, den Schuldspruch und die verhängte Sanktion", dass „ausgeschlossen" erscheine, dass die Gerichte bei Beachtung der Versammlungsfreiheit den Beschwerdeführerinnen günstigere Entscheidungen getroffen haben würden (ebd.). Allerdings wird nicht näher erläutert, warum ein anderes Ergebnis gerade auch hinsichtlich der Verwerflichkeitsprüfung, und nicht nur im Hinblick auf die Strafzumessung, auszuschließen war. Beides ist nach dem grundrechtlichen Maßstab des Beschlusses jedenfalls sorgfältig voneinander zu unterscheiden, so dass ein milder Rechtsfolgenausspruch (Verwarnung mit Strafvorbehalt) nicht etwa kompensatorische Wirkungen für eine fehlerhafte Verwerflichkeitsprüfung entfalten kann (vgl. insoweit zutr. das Sondervotum der Richterin *Jaeger* und des Richters *Bryde*: „Stellt sich ein tatbestandsmäßiges Verhalten unter Berücksichtigung von Art. 8 GG nicht als verwerflich dar, ist auch die mildeste Strafe übermäßig."; BVerfGE 104, 92; 124 [125 f.]).

[126] BVerfGE 104, 92 (106 f.).

[127] BVerfGE 104, 92 (107).

Diese konstitutive Bedeutung einer rechtmäßigen Auflösungs- oder Ausschlussverfügung hat das Bundesverfassungsgericht in zwei Kammerentscheidungen von 2004 und von 2007 bekräftigt. Im ersten Fall nahm der Beschwerdeführer auf dem Karlsplatz in München an einer Protestversammlung gegen eine rechtsextreme Veranstaltung teil. Er wurde vergeblich aufgefordert, den Platz zu verlassen, und anschließend in Gewahrsam genommen. Das Bundesverfassungsgericht stellte fest, dass die versammlungsgesetzlichen Voraussetzungen für einen Ausschluss offenkundig nicht gegeben waren, so dass dahinstehen konnte, ob die von den Gerichten als Platzverweis gedeutete Aufforderung zum Verlassen des Platzes als versammlungsrechtliche Ausschlussverfügung gewertet werden konnte, obwohl die Behörde gar nicht vom Vorliegen einer Versammlung ausgegangen war.[128]

In dem zweiten, bereits erwähnten Fall protestierte der Beschwerdeführer gemeinsam mit anderen vor dem Wahlwerbungsstand der Regierungspartei des Bundeslandes in einer Fußgängerzone. Anwesend waren sowohl der Innenminister des Landes als auch der zuständige Polizeipräsident. Der Beschwerdeführer hielt mit einem Megaphon eine Ansprache. Er protestierte darin gegen eine polizeiliche Durchsuchung, deren Rechtswidrigkeit später rechtskräftig gerichtlich festgestellt wurde. Nach etwa zehn Minuten teilten der Innenminister und der Polizeipräsident dem Einsatzleiter der Polizei nach den landgerichtlichen Feststellungen mit, dass man sich „das", womit die Aktion des Beschwerdeführers gemeint war, nicht bieten lassen wolle. Der Einsatzleiter rief daraufhin Verstärkung herbei. Der Beschwerdeführer wurde unter Androhung der Ingewahrsamnahme aufgefordert, sein Megaphon herauszugeben, was er verweigerte. Nachdem es nicht gelungen war, ihm das Megaphon abzunehmen, wurde er zuletzt von mehreren Polizeibeamten zu einem bereitstehenden Polizeifahrzeug gezogen und getragen. Das Bundesverfassungsgericht stellte fest, dass der Abtransport gegen die Versammlungsfreiheit verstieß, weil keine Auflösungs- oder Ausschlussverfügung ergangen war. Das Erfordernis der Ausschlussverfügung soll zum einen der Polizei Anlass geben, die rechtlichen Voraussetzungen zu bedenken, zum anderen dem Versammlungsteilnehmer bewusst machen, dass der grundrechtliche Schutz der Teilnahme endet, nicht zuletzt, um ihm damit Gelegenheit zu geben, sich von sich aus, ohne unmittelbaren Polizeizwang, aus der Versammlung zu entfernen.[129] An dem Fall erstaunt, dass die Beachtung der grundlegenden versammlungsrechtlichen Förmlichkeiten hier selbst für hochrangige Amtsträger keine Selbstverständlichkeit bedeutete.

[128] BVerfG, Beschluss der 1. Kammer des Ersten Senats vom 26.10.2004 – 1 BvR 1726/01 –, Abs.-Nr. 23.

[129] BVerfG, Beschluss der 1. Kammer des Ersten Senats vom 30.4.2007 – 1 BvR 1090/06 –, Abs.-Nr. 47.

III. Rechtmäßigkeit versammlungsrechtlicher Verfügungen als grundrechtliche Voraussetzung für nachträgliche Sanktionen (Rechtmäßigkeitszusammenhang)

Die Ahndung von Widersetzlichkeiten gegen versammlungsbehördliche Maßnahmen als Straftat oder als Ordnungswidrigkeit kann nach der Rechtsprechung des Bundesverfassungsgerichts von Grundrechts wegen die verwaltungsrechtliche Rechtmäßigkeit der Maßnahmen voraussetzen (Rechtmäßigkeitszusammenhang).

1. Senats- und Kammerrechtsprechung bis 1998

So hat das Bundesverfassungsgericht 1992 entschieden, dass Art. 8 GG verlangt, dass die Strafgerichte für die Weigerung, sich unverzüglich von einer aufgelösten Versammlung zu entfernen, nur dann gemäß § 29 Abs. 1 Nr. 2 VersG eine Buße verhängen dürfen, wenn die Auflösung rechtmäßig war.[130] Mit vergleichbarer Begründung hat es 1995 festgehalten, dass es gegen Art. 2 Abs. 1 GG verstößt, wenn die Verweigerung der Angabe der Personalien nach § 111 OWiG geahndet wird, ohne dass zuvor die Rechtmäßigkeit der Aufforderung in vollem Umfang überprüft worden ist. Der so genannte strafrechtliche Rechtmäßigkeitsbegriff darf danach bei der Auslegung des § 111 OWiG nicht zugrunde gelegt werden.[131] Die bereits erwähnte Entscheidung betraf den Fall, in dem der Beschwerdeführer auf einem Umzug zum Golfkrieg ein Transparent mit der Aufschrift „Kein Blut für Öl" hochgehalten hatte. Die Polizei sah darin eine „nicht genehmigte" Gegendemonstration und einen Verstoß gegen § 26 Nr. 2 VersG (Leitung einer nicht angemeldeten Versammlung).[132] Der Beschwerdeführer weigerte sich, seine Personalien anzugeben und wurde deshalb nach § 111 OWiG zu einer Geldbuße verurteilt. Das Bundesverfassungsgericht bejahte eine Verletzung von Art. 2 Abs. 1 GG, weil es an der Prüfung fehlte, ob ein für eine Identitätsfeststellung hinreichender Tatverdacht gegeben war. Bei dieser Prüfung wäre Art. 8 GG zu berücksichtigen gewesen, woraus sich hier ernsthafte Zweifel an der Strafbarkeit hätten ergeben können, da aus der Abweichung vom Versammlungsmotto wie dargestellt noch nicht auf eine eigenständige, unangemeldete Gegendemonstration geschlossen werden durfte.[133] Schließlich hat das Gericht in einem Kammerbeschluss von 1998 geklärt, dass auch ein Verstoß gegen § 29 Abs. 1 Nr. 1 VersG durch die Teilnahme an einer öffentlichen

[130] Vgl. BVerfGE 87, 399 (399, 407 ff.).
[131] Vgl. BVerfGE 92, 191 (191, 199 ff.).
[132] BVerfGE 92, 191 (192, 202).
[133] BVerfGE 92, 191 (202).

Versammlung oder einem Aufzug, welche durch vollziehbares Verbot untersagt sind, nur geahndet werden darf, wenn das Versammlungsverbot rechtmäßig ist.[134]

2. *Kammerbeschluss von 2007 zum Widerstand gegen Vollstreckungsbeamte*

Bislang nicht umfassend geklärt hat das Bundesverfassungsgericht, welche Anforderungen bei der Bestrafung des Widerstands gegen Vollstreckungsbeamte an die in § 113 Abs. 3 Satz 1 StGB geforderte Rechtmäßigkeit der Diensthandlung zu stellen sind.

a) Verfassungsmäßigkeit des strafrechtlichen Rechtmäßigkeitsbegriffes nach § 113 Abs. 3 StGB bei situativ bedingten Rechtsfehlern

Nach dem Kammerbeschluss zum Abtransport aus einer Versammlung von 2007 ist es jedenfalls verfassungsrechtlich nicht zu beanstanden, wenn bei der Bestrafung nach § 113 StGB solche Rechtsfehler der handelnden Hoheitsträger außer Acht bleiben, die den Besonderheiten der Situation der konkreten Diensthandlungen, etwa einer erheblichen Unübersichtlichkeit oder einer spannungsreichen Lage, geschuldet sind.[135]

Das Gericht hat damit deutlich gemacht, dass die vor allem aus den beiden genannten Senatsentscheidungen teilweise gezogene Schlussfolgerung, das Gericht habe insgesamt Abschied vom strafrechtlichen Rechtmäßigkeitsbegriff genommen, in dieser Allgemeinheit nicht zutrifft. Das uneingeschränkte Erfordernis der Rechtmäßigkeit der Ausgangsmaßnahmen ist vielmehr auf Erwägungen der Verhältnismäßigkeit im engeren Sinne gestützt,[136] deren Übertragbarkeit anhand der jeweils zu beurteilenden Sanktionsnorm zu prüfen und im Falle des § 113 StGB zu verneinen ist.[137] Da die Notwendigkeit umgehenden Einschreitens und die Unaufklärbarkeit der Rechtmäßigkeitsvoraussetzungen, die in der Handlungssituation gegeben sind, in der Sanktionssituation entfallen sind, bedarf der Verzicht auf eine umfassende Rechtmäßigkeitsprüfung in dieser Situation zwar einer eigenständigen grundrechtlichen Rechtfertigung.[138] Diese Rechtfertigung kann jedoch durchaus

[134] BVerfG, Beschluss der 1. Kammer des Ersten Senats vom 12.3.1998 – 1 BvR 2165/96, 1 BvR 2168/96 –, Abs.-Nr. 13.

[135] BVerfG, Beschluss der 1. Kammer des Ersten Senats vom 30.4.2007 – 1 BvR 1090/06 –, Abs.-Nr. 36.

[136] Vgl. BVerfGE 87, 399 (410) („nicht in gleicher Weise", „ohne vergleichbare Notwendigkeit"); 92, 191 (201) („kein hinreichender Grund", „ohne entsprechende Notwendigkeit").

[137] BVerfG, Beschluss der 1. Kammer des Ersten Senats vom 30.4.2007 – 1 BvR 1090/06 –, Abs.-Nr. 31 vgl. auch *Rühl* Grundfragen der Verwaltungsakzessorietät, JuS 1999, 521 (529).

[138] Vgl. BVerfGE 92, 191 (201).

auch in den präventiven Wirkungen – etwa für den Schutz der handelnden Beamten – liegen, die einer zusätzlichen Sanktionsbewehrung auch bereits für die Handlungssituation zukommen kann. Welches verfassungsrechtliche Gewicht derartigen Vorwirkungen zukommt und ob sie einen so schwerwiegenden Eingriff wie die Sanktionierung der Unbotmäßigkeit gegenüber einer rechtswidrigen Ausgangsmaßnahme rechtfertigen können, ist anhand der jeweiligen Vorschrift zu beurteilen. Die Rechtfertigung kann namentlich zu verneinen sein, wenn die Widersetzlichkeit in der bloßen Nichtbefolgung der behördlichen Anordnung besteht, beispielsweise in der Verweigerung einer geforderten Personalienangabe, dem Nichtentfernen von einer aufgelösten oder der Teilnahme an einer verbotenen Versammlung, und der Polizei das Mittel einer zwangsweisen Durchsetzung ihrer Anordnung noch zur Seite steht.[139]

Anders geht die Abwägung jedoch im Falle des § 113 StGB aus. Zwar wiegt der Eingriff durch die Strafbewehrung schwerer als bei jenen Bußgeldtatbeständen, bei denen nach der Rechtsprechung des Bundesverfassungsgerichts eine Anwendung des strafrechtlichen Rechtmäßigkeitsbegriffes ausscheidet. Jedoch ist das Gewicht, das Gesetzgeber und Gerichte den präventiven Schutzzwecken beimessen dürfen, hier so hoch, dass auch der schwerere Eingriff gerechtfertigt ist.[140] Das Bundesverfassungsgericht verweist darauf, dass die Vorschrift Verhaltensweisen erfasst, die sich nicht auf eine bloße Nichtbefolgung einer Anordnung beschränken, sondern eigenständige Rechtsgutbeeinträchtigungen von erheblichem Gewicht bewirken. Zudem zeigt der Betroffene sich durch die Widerstandshandlung gerade entschlossen, sich gegen die Vollstreckungshandlung zur Wehr zu setzen, so dass sich vollstreckungsrechtliche Duldungspflichten auch im Verbund mit der Drohung der Zwangsanwendung hier gerade als nicht ausreichend erwiesen haben.[141] Angesichts dessen kann eine zusätzliche Strafbewehrung, insbesondere mit Rücksicht auf den Schutz der handelnden Beamten, auch dann verhältnismäßig sein, wenn Rechtsfehler außer Acht bleiben, die den Besonderheiten der konkreten Handlungssituation geschuldet sind.

b) Grundrechtsverstoß bei Außerachtlassung wesentlicher Förmlichkeiten oder sonstiger ohne weiteres erkennbarer Eingriffsvoraussetzungen

Die Strafgerichte haben bei der Auslegung und Anwendung des § 113 Abs. 3 StGB jedoch der Bedeutung der betroffenen Grundrechte Rechnung zu tragen. Werden wesentliche Förmlichkeiten sowie sonstige dem Amts-

[139] Vgl. BVerfGE 87, 399 (409 f.); 92, 191 (200 f.).

[140] Vgl. BVerfG, Beschluss der 1. Kammer des Ersten Senats vom 30.4.2007 – 1 BvR 1090/06 –, Abs.-Nr. 34.

[141] Ebd.

träger ohne weiteres erkennbare rechtliche Voraussetzungen nicht beachtet, überwiegt das Interesse des Bürgers, im Rechtsstaat darauf vertrauen zu dürfen, dass die Amtsträger die allgemeinen Anforderungen an ein rechtmäßiges Verhalten kennen und beachten.[142] Die Diensthandlung darf nicht im Sinne von § 113 Abs. 3 StGB als rechtmäßig bewertet und der auf die Möglichkeit zur Ausübung seines Grundrechts gerichtete Widerstand des Grundrechtsträgers darf nicht nach § 113 Abs. 1 StGB mit einer strafrechtlichen Sanktion geahndet werden, wenn entsprechend grundlegende rechtliche Anforderungen an Grundrechtseingriffe verletzt werden.[143]

Zu diesen rechtlichen Voraussetzungen gehören die versammlungsrechtlichen Regeln unter Einschluss der besonderen Voraussetzungen von Maßnahmen, die eine weitere Versammlungsteilnahme verhindern – namentlich das Erfordernis der vorherigen Auflösung der Versammlung oder des vorherigen Ausschlusses des Teilnehmers von ihr. Die Kenntnis von der Maßgeblichkeit dieser Anforderungen kann von einem verständigen Amtsträger erwartet werden.[144] Fehlt es daran und wird dem Grundrechtsträger aufgrund der fehlenden Auflösung oder des fehlenden Ausschlusses die Klarheit über den Wegfall des Schutzes der Versammlungsfreiheit verweigert, so gebietet es Art. 8 Abs. 1 GG, Maßnahmen, die auf eine Entfernung aus der Versammlung zielen, grundsätzlich als rechtswidrig im Sinne des § 113 Abs. 3 Satz 1 StGB anzusehen,[145] etwa indem sie als Missachtung wesentlicher Förmlichkeiten oder des Erfordernisses pflichtgemäßer Prüfung der Eingriffsvoraussetzungen eingestuft werden.[146] Anders kann es nur liegen, wenn ein solcher rechtlicher Fehler ausnahmsweise den besonderen situativen Umständen des Eingreifens geschuldet ist. So lag es in dem entschiedenen Fall jedoch nicht. Der Fehler prägte das polizeiliche Handeln vielmehr von Anfang an und beruhte auf einer grundlegenden Verkennung der versammlungsrechtlichen Anforderungen.[147]

3. *Begrenzte Wirkungen rechtmäßiger Verbots-, Auflösungs- oder Ausschlussverfügungen oder des Unfriedlichwerdens einer Versammlung auf den Grundrechtsschutz*

Aus den Entscheidungen zum Rechtmäßigkeitszusammenhang ergibt sich auch, dass die Auswirkungen rechtmäßiger Verbots-, Auflösungs- oder Ausschlussverfügungen auf den grundrechtlichen Schutz, ebenso wie diejenigen

[142] BVerfG, a.a.O., Abs.-Nr. 38.

[143] Ebd.

[144] BVerfG, a.a.O., Abs.-Nr. 49.

[145] BVerfG, a.a.O., Abs.-Nr. 50.

[146] Vgl. zu der strafgerichtlichen Rechtsprechung zu diesen Merkmalen: BVerfG, a.a.O., Abs.-Nr. 37.

[147] BVerfG, a.a.O., Abs.-Nr. 50.

eines Unfriedlichwerdens einer Versammlung, begrenzter Art sind. Der Staat wird dadurch keineswegs umfassend von versammlungsgrundrechtlichen Bindungen freigestellt.

Nach dem Mutlangen-Urteil führt die rechtmäßige Auflösung „zur Unanwendbarkeit" der Versammlungsfreiheit für diejenigen, die als Störer dazu den Anlass gegeben haben.[148] Die Rede von der „Unanwendbarkeit" klingt, als erlöschten mit der Auflösung augenblicklich sämtliche Grundrechtswirkungen. Wie die nachfolgenden Entscheidungen zeigen, ist dem keineswegs so. Es entfällt zwar die abwehrrechtliche Position des Rechtes der Versammlungsteilnehmer gegenüber dem Staat auf Nichthinderung der weiteren Teilnahme an der Versammlung. Bestehen bleibt jedoch etwa das Recht, für das Nichtentfernen von der aufgelösten Versammlung keiner Sanktion unterworfen zu werden, sofern nicht die Rechtmäßigkeit der Auflösung geprüft und ohne Grundrechtsverstoß bejaht worden ist. Auch greift es in die Versammlungsfreiheit ein, wenn ein Verhalten zwar einer rechtmäßigen Auflösung nachfolgt, jedoch auch deshalb sanktioniert wird, weil es seinerseits auf vorangehende staatliche Maßnahmen reagiert, bei deren Vornahme der grundrechtliche Teilnahmeschutz noch bestand. Erst recht folgt daraus, dass jene grundrechtlichen Rechte bestehen bleiben, die sich gegen eine Sanktion für ein Verhalten richten, das zeitlich noch vor der Auflösung lag, also sogar selbst noch grundrechtlichen Ausübungsschutz genoss. Ebenso bleiben Abwehrrechte gegenüber einer Sanktionierung – etwa für das Nichtentfernen von der Versammlung – erst recht von einer Auflösung unberührt, die rechtswidrig ist und die deshalb von vornherein nicht zu einem Verlust des Grundrechtsschutzes oder seiner wie auch immer begrenzten „Unanwendbarkeit" führen kann – auch wenn die Versammlungsteilnehmer in der Handlungssituation unter Umständen gesetzlichen Gehorsamspflichten unterliegen können, die als gerechtfertigte Grundrechtsbeschränkungen das Recht auf Nichthinderung der Versammlungsteilnahme zurückdrängen.

Der Wackersdorf-Beschluss hat dementsprechend die Dinge gerade gerückt. Dass mit der rechtmäßigen Auflösung einer Versammlung das Grundrecht aus Art. 8 GG „unanwendbar" werde, führe nicht dazu, dass die Beschwerdeführerinnen sich gegenüber der Bestrafung ihrer Blockadeaktion nicht auf den Schutz des Grundrechts berufen könnten. Denn die Gerichte hätten die Verurteilungen jedenfalls auch auf ein Verhalten der Beschwerdeführerinnen gestützt, das zeitlich vor der Auflösung gelegen habe. Ferner wies der Senat darauf hin, dass die Auflösung zwar der rechtsstaatlich gebotenen Feststellung dient, dass die Veranstaltung nicht mehr unter dem Schutz des Art. 8 GG steht, dass jedoch „[s]elbst die Auflösung […] keine endgültige

[148] BVerfGE 73, 206 (253).

Klarheit“ schafft, weil die Versammlungsteilnehmer im Falle ihrer Rechtswidrigkeit zwar Folgeanordnungen, etwa die Aufforderung sich zu entfernen, zu befolgen haben, den Schutz des Art. 8 GG „im Übrigen“ aber nicht verlieren.[149]

Das Bundesverfassungsgericht ist in dem Kammerbeschluss zum Abtransport aus einer Versammlung entsprechend davon ausgegangen, dass mit dem unfriedlichen Verhalten des Teilnehmers zwar der versammlungsgrundrechtliche Schutz für seine weitere Teilnahme an der Versammlung selbst entfiel,[150] die nachträgliche Sanktionierung dieses Verhaltens als Widerstand gegen Vollstreckungsbeamte jedoch gleichwohl einen Eingriff in die Versammlungsfreiheit begründete. Denn die Verurteilung knüpfte an das unfriedliche Verhalten gerade als Widerstandshandlung gegen die vorangehende Diensthandlung des Abtransportes aus der Versammlung an, bei deren Vornahme der Beschwerdeführer die Schwelle zur Unfriedlichkeit noch nicht überschritten hatte.[151] Demgegenüber hat das Bundesverfassungsgericht in dem erwähnten Beschluss zu der kollektiv unfriedlich gewordenen Versammlung in der strafrechtlichen Verurteilung wegen Widerstands gegen solche Diensthandlungen, die erst nach dem kollektiven Unfriedlichwerden der Versammlung vorgenommen wurden, keinen Eingriff in die Versammlungsfreiheit mehr gesehen.[152]

IV. Fortsetzungsfeststellungsinteresse bei Versammlungsbeschränkungen

In einem in seiner praktischen Bedeutung kaum zu überschätzenden Senatsbeschluss hat das Bundesverfassungsgericht 2004 geklärt, dass die Verwaltungsgerichte durch Art. 19 Abs. 4 Satz 1 GG und Art. 8 GG gehalten sind, ein Fortsetzungsfeststellungsinteresse auch nach Erledigung zu bejahen, wenn die angegriffene Maßnahme die Versammlungsfreiheit schwer beeinträchtigt.[153] Eine schwere Beeinträchtigung ist danach stets anzunehmen, wenn eine Versammlung durch ein Verbot oder eine Auflösung

[149] BVerfGE 104, 92 (107).

[150] Vgl. BVerfG, Beschluss der 1. Kammer des Ersten Senats vom 30.4.2007 – 1 BvR 1090/06 –, Abs.-Nr. 24.

[151] Vgl. BVerfG, a.a.O., Abs.-Nr. 25, 51 („Die Gerichte haben den Verstoß gegen Art. 8 GG durch die strafrechtliche Sanktion für ein Verhalten des Beschwerdeführers, der sich der Entfernung aus der Versammlung widersetzte, fortgesetzt.“).

[152] BVerfG, Beschluss der 1. Kammer des Ersten Senats vom 4.12.2006 – 1 BvR 1014/01 –, Abs.-Nr. 4.

[153] BVerfGE 110, 77 (89 ff.).

tatsächlich unterbunden worden ist[154] oder wenn sie zwar durchgeführt werden konnte, aber infolge hoheitlicher Maßgaben nur in einer Weise, die ihren spezifischen Charakter verändert, insbesondere die Verwirklichung ihres kommunikativen Anliegens wesentlich erschwert hat.[155] Demgegenüber fehlt es an einer solchen Beeinträchtigung, wenn die Abweichungen bloße Modalitäten der Versammlungsdurchführung betrafen.[156]

V. Verhältnis von Meinungs- und Versammlungsfreiheit

Mit dem Verhältnis von Meinungs- und Versammlungsfreiheit hat sich das Bundesverfassungsgericht zunächst insbesondere im Beschluss zur Holocaust-Leugnung befasst.[157] Der Beschluss betraf eine auf § 5 Nr. 4 VersG[158] gestützte versammlungsrechtliche Auflage, durch welche der Beschwerdeführerin als Veranstalterin einer Versammlung mit dem bekannten Holocaust-Leugner David Irving aufgegeben wurde, dafür Sorge zu tragen, dass in der Versammlung die Verfolgung der Juden im „Dritten Reich" nicht geleugnet werde.[159]

Das Bundesverfassungsgericht verwarf die Verfassungsbeschwerde als offensichtlich unbegründet. Dabei prüfte und verneinte es bekanntlich einen Verstoß gegen die Meinungsfreiheit, weil es die Holocaust-Leugnung selbst als erwiesen unwahre Tatsachenbehauptung schon nicht von dem Grundrecht geschützt sah, ihre Beschränkung aber auch dann für gerechtfertigt hielt, falls sie hier als Voraussetzung für Meinungsbildung anzusehen war.[160] An der Meinungsfreiheit seien die angegriffenen Entscheidungen „vorrangig zu messen".[161] Gegenstand der Auflage seien bestimmte Äußerungen, und

[154] BVerfGE 110, 77 (89).

[155] BVerfGE 110, 77 (89 f.).

[156] BVerfGE 110, 77 (90).

[157] Siehe dazu auch bereits oben unter I. 3. b).

[158] § 5 Nr. 4 VersG lautet: „Die Abhaltung einer Versammlung kann nur im Einzelfall und nur dann verboten werden, wenn Tatsachen festgestellt sind, aus denen sich ergibt, dass der Veranstalter oder sein Anhang Ansichten vertreten oder Äußerungen dulden werden, die ein Verbrechen oder ein von Amts wegen zu verfolgendes Vergehen zum Gegenstand haben".

[159] BVerfGE 90, 241. Die Auflage betraf auch die Vorsorge gegen Äußerungen, durch die diese Verfolgung „bezweifelt" wird (vgl. BVerfGE 90, 241 [242, 249]). Bei der Begründung ihrer Grundrechtskonformität bezieht sich der Senat jedoch ausschließlich auf das Leugnen, ohne auf das Bezweifeln einzugehen (vgl. BVerfGE 90, 241 [249: Äußerung, dass es im „Dritten Reich" keine Judenverfolgung gegeben habe, 252 f.: „Leugnung der Judenverfolgung", 252: Leugnung der rassisch motivierten „Vernichtung" der jüdischen Bevölkerung, 253: Leugnung des Verfolgungsschicksals]).

[160] BVerfGE 90, 241 (249 ff.).

[161] BVerfGE 90, 241 (246).

ihre verfassungsrechtliche Beurteilung hänge vor allem davon ab, ob derartige Äußerungen erlaubt seien oder nicht. Für die Beantwortung dieser Frage ergäben sich „die Maßstäbe" nicht aus dem Grundrecht der Versammlungsfreiheit, sondern aus dem der Meinungsfreiheit.[162]

Das Gericht hat damit entgegen dem ersten Anschein Art. 8 GG nicht für insgesamt unanwendbar erklärt. An späterer Stelle heißt es vielmehr: „Für eine Überprüfung der angegriffenen Entscheidungen am Maßstab von Art. 8 Abs. 1 GG gelten dieselben Erwägungen. Aus diesem Grundrecht kann daher kein anderes Ergebnis folgen."[163] Der Ansatz des Gerichts ist demnach subtiler. Im Rahmen der Prüfung am Maßstab der Meinungsfreiheit hat es die Vereinbarkeit der Eingriffsgrundlage des § 5 Nr. 4 VersG auch mit der Versammlungsfreiheit geprüft und mit der Begründung bejaht, die vorbehaltlose Gewährleistung der Versammlungsfreiheit in geschlossenen Räumen bedeute nicht, dass „Meinungsäußerungen in Versammlungen über Art. 5 Abs. 1 und 2 GG hinaus geschützt" seien.[164] Meinungsäußerungen, die durch eine nach Art. 5 Abs. 2 GG zulässige Norm mit Strafe bedroht sind, bleiben danach auch in einer Versammlung verboten.[165] Der Inhalt der Meinungsäußerung muss daher auch dann, wenn sie in einer Versammlung in geschlossenen Räumen erfolgt, nicht kollidierendes Verfassungsrecht beeinträchtigen, damit die Äußerung seinetwegen beschränkt werden darf, sondern es reicht aus, wenn er im Einklang mit Art. 5 Abs. 2 GG gesetzlich verboten ist.

Die Möglichkeit, dass die Auflage auch in die Versammlungsfreiheit eingreift, hat das Gericht also offen gelassen, zugleich aber festgehalten, dass das mit der Auflage verbundene Verbot der Meinungsäußerung nicht an den Beschränkungsanforderungen des Art. 8 GG zu messen ist. Darin wird man nicht etwa eine Teilübertragung der Schrankenanforderungen aus Art. 5 auf Art. 8 GG zu sehen haben. Im Licht der Entscheidungen zum Rechtmäßigkeitszusammenhang, aber auch der späteren Rechtsprechung des Ersten Senats zur differenzierteren Eingrenzung grundrechtlicher Gewährleistungsgehalte lässt sich dies vielmehr so deuten, dass schon auf der Schutzbereichsebene zwischen verschiedenen Wirkungsrichtungen ein- und derselben versammlungsbeschränkenden Maßnahme zu differenzieren sein kann. Das Versammlungsverbot oder die Auflage kann, erstens, lediglich fallbezogen das bereits versammlungsunabhängig geltende Verbot konkretisieren, eine Meinung mit dem strafbaren Inhalt überhaupt zu äußern – insoweit unabhängig davon, dass dies gerade auf einer Versammlung geschehen soll (Äuße-

[162] Ebd.
[163] BVerfGE 90, 241 (254).
[164] BVerfGE 90, 241 (250).
[165] Vgl. ebd.

rungsverbot). Soweit es um diese Wirkungsrichtung geht, greift die Maßnahme nicht in die Versammlungsfreiheit ein, muss daher auch nicht deren Rechtfertigungsanforderungen erfüllen. Dieselbe Versammlungsbeschränkung kann aber zugleich, zweitens, gerade auch die versammlungsspezifische Art und Weise der Meinungskundgabe oder die versammlungsspezifische Verstärkung der inhaltlichen Botschaft treffen, insoweit unter Absehung davon, dass die Äußerung auch ihrem Inhalt nach untersagt wird. Insoweit, aber auch nur in dieser partiellen Hinsicht, kann die Maßnahme dann zugleich einen Eingriff in die Versammlungsfreiheit bedeuten.

Die Versammlungsfreiheit schützt dann vor derselben Maßnahme nur, soweit es um deren zweite, versammlungsbezogene Wirkung geht, nicht hingegen, soweit allein ihre erste, meinungsbezogene Wirkung in Rede steht. Die Auflage, um die es in dem Beschluss ging,[166] könnte danach, soweit sie von dem Verbotensein der strafbaren Äußerungen in der Versammlung, gleich in welcher Form, ausging, allein Art. 5 GG betroffen haben. Soweit sie der Veranstalterin zur Durchsetzung dieses Verbotes auch Vorgaben für den konkreten Ablauf der Versammlung auferlegte – etwa mit der Verpflichtung, zu Beginn auf die Strafbarkeit der betreffenden Äußerungen hinzuweisen –, könnte sie hingegen zugleich auch Art. 8 GG berührt haben. Die mögliche Doppelwirkung von Versammlungsbeschränkungen könnte auch die Ausführungen des Beschlusses zur Eingriffsschwelle für Maßnahmen nach § 5 Nr. 4 VersG erklären, bei denen das Gericht nach Anforderungen aus Art. 8 GG einerseits und aus Art. 5 GG andererseits differenziert.[167] Art. 8 GG verlangt danach, soweit er betroffen ist, die unmittelbare Gefährdung des Rechtsguts („hohe Wahrscheinlichkeit") unabhängig davon, welchen Inhalt die Meinungsäußerungen haben.[168] Die Frage, ob bestimmte

[166] Vgl. BVerfGE 90, 241 (242) („durch geeignete Maßnahmen dafür Sorge zu tragen, dass in der Versammlung über die Verfolgung der Juden im Dritten Reich insoweit nicht gesprochen wird, als diese Verfolgung geleugnet oder bezweifelt wird"; „insbesondere zu Beginn [...] auf die Strafbarkeit derartiger Redebeiträge [...] hinzuweisen, eventuelle einschlägige Redebeiträge sofort zu unterbinden und gegebenenfalls die Versammlung zu unterbrechen oder aufzulösen bzw. von ihrem Hausrecht Gebrauch zu machen").

[167] Vgl. BVerfGE 90, 241 (250), wo die Formulierungen mit Blick darauf, ob oder wie weit § 5 Nr. 4 VersG eine Beschränkung des Art. 8 GG begründet, offen gefasst sind. Insbesondere ist im Hinblick auf Art. 8 GG nur allgemein (und meinungsunabhängig) von „Straftaten" die Rede, die „mit hoher Wahrscheinlichkeit" zu erwarten sind und sich auf Verbrechen und von Amts wegen zu verfolgende Vergehen begrenzen. Hingegen werden die „strenge[n] Anforderungen" an die Gefahrenprognose und das Erfordernis, dass die Strafbarkeit nicht zweifelhaft sein darf, mit Blick gerade auf Äußerungsdelikte aus Art. 5 GG abgeleitet.

[168] BVerfGE 90, 241 (250); vgl. BVerfG, Beschlüsse der 1. Kammer des Ersten Senats vom: 8.12.2001 – 1 BvQ 49/01 –, Abs.-Nr. 8 f.; 1.3.2002 – 1 BvQ 5/02 –, Abs.-Nr. 7; siehe auch bereits oben bei Fn. 73.

Äußerungen ihrem Inhalt nach untersagt werden können, berührt demgegenüber Art. 8 GG nicht, sondern ist allein am Maßstab des Art. 5 GG zu entscheiden, der eigenständige Eingriffsvoraussetzungen begründet (strenge Prognoseanforderungen, Sicherheit der Strafbarkeit).

Nach dieser Deutung kommt es für die Abgrenzung der Grundrechte darauf an, wie weit eine Maßnahme versammlungsunabhängig den Inhalt von Äußerungen oder gerade die versammlungsspezifische Art und Weise der Äußerung betrifft, wobei dieselbe Maßnahme in das jeweilige Grundrecht partiell eingreifen und es partiell unberührt lassen kann. Damit steht im Einklang, dass das Bundesverfassungsgericht im Wackersdorf-Beschluss in der Bestrafung der Blockadeaktionen keinen Eingriff in die Meinungsfreiheit gesehen hat, weil Gegenstand der strafrechtlichen Verurteilung nicht die Meinungsäußerung, sondern die der Erzielung öffentlicher Aufmerksamkeit dienende Blockadeaktion gewesen sei.[169] Ebenso entspricht dem, dass das Gericht im Senatsbeschluss zur Bochumer Synagoge von 2004 ausgeführt hat, der Schutzbereich der Versammlungsfreiheit sei betroffen, „wenn eine Versammlung verboten oder aufgelöst oder die Art und Weise ihrer Durchführung durch staatliche Maßnahmen beschränkt wird".[170] Verbote und Auflösungen von Versammlungen treffen stets gerade auch die versammlungsspezifische Äußerungsform insgesamt. Bei Maßnahmen unterhalb der Verbotsschwelle kommt es hingegen, soweit sie auch den Inhalt von Meinungsäußerungen betreffen, jeweils darauf an, ob sie daneben gerade auch die Art und Weise der Durchführung der Versammlung beschränken. Dementsprechend hat das Bundesverfassungsgericht sowohl die Meinungsfreiheit als auch die Versammlungsfreiheit als betroffen angesehen, wenn hoheitliche Maßgaben versammlungstypische Äußerungsformen unter Berufung auf den Inhalt der zu erwartenden Äußerungen beschränken, etwa indem bestimmten Personen untersagt wird, auf einer Versammlung als Redner aufzutreten (Rednerverbot),[171] oder indem Aufrufe, gemeinsame Lieder oder Transparente,[172] die Verwendung öffentlichkeitswirksamer

[169] BVerfGE 104, 92 (103) (Art. 5 Abs. 1 Satz 1 GG „scheidet […] als Prüfungsmaßstab aus"); vgl. auch vorangehend die entsprechende Bejahung der Betroffenheit beider Grundrechte durch die Bestrafung der Demonstrationsaufrufe als Landfriedensbruch im Startbahn-West-Beschluss (BVerfGE 82, 236 [258]).

[170] Vgl. BVerfGE 111, 147 (155) („Der Schutzbereich […] ist betroffen, wenn eine Versammlung verboten oder aufgelöst oder die Art und Weise ihrer Durchführung durch staatliche Maßnahmen beschränkt wird.").

[171] BVerfG, Beschlüsse der 1. Kammer des Ersten Senats vom: 8.12.2001 – 1 BvQ 49/01 –, Abs.-Nr. 5; 11.4.2002 – 1 BvQ 12/02 –, Abs.-Nr. 7.

[172] Vgl. BVerfGE 69, 315 (343) („Da […] Anhaltspunkte dafür fehlen, dass die Äußerung bestimmter Meinungsinhalte – etwa in Aufrufen, Ansprachen, Liedern oder auf Transparenten – behindert werden sollte, bedarf es keiner Prüfung, in welcher Weise bei Maß-

Symbole wie Fahnen[173] oder das gemeinsame Skandieren von bestimmten Parolen untersagt werden.[174]

Stets bleibt dabei aber allein Art. 5 GG betroffen und maßgeblich, soweit es um der Beschränkungen des Inhalts der Meinungsäußerungen geht. Die in § 15 Abs. 1 VersG enthaltene Ermächtigung stellt insoweit ein allgemeines Gesetz gemäß Art. 5 Abs. 2 GG dar,[175] welches auf die sonst zulässigen Beschränkungen von Meinungsinhalten verweist.[176] Einerseits bleiben danach Meinungsäußerungen, die ihrem Inhalt nach im Einklang mit Art. 5 Abs. 2 GG gesetzlich verboten sind, auch in einer Versammlung verboten.[177] Andererseits darf § 15 VersG auch nicht zu einer Ausweitung der in der Rechtsordnung enthaltenen Schranken des Inhalts von Meinungsäußerungen führen.[178] Der Inhalt einer Meinungsäußerung, der im Rahmen des Art. 5 GG nicht unterbunden werden darf, kann daher auch nicht zur Begründung von Maßnahmen herangezogen werden, die das Grundrecht des Art. 8 GG beschränken.[179]

Das gilt namentlich, wenn die Versammlungsbehörden ihre Gefahrenprognose auf die vermutete Begehung von Straftaten stützen, die durch Äußerungen begangen werden, und damit trotz der präventiven Situation auch die strafrechtlichen Äußerungsverbote auslegen und anwenden. Das Gebot, den „Gefahren für die Meinungsfreiheit", die damit verbunden sind, dass sich die Vorschrift insoweit „im Bereich präventiver Verbote durch die Behörden" bewegt, dadurch zu begegnen, dass „an die Gefahrenprognose strenge Anforderungen gestellt werden und die Strafbarkeit der Äußerungen nach dem Stand der Rechtsprechung nicht zweifelhaft sein darf",[180] hat das Bundesverfassungsgericht in einem Kammerbeschluss von 2007 bekräftigt. Danach haben die Versammlungsbehörden insbesondere bei einer solchen „Anwendung sanktionierender Normen" zur Begründung von Versammlungsbeschränkungen die für solche Normen geltenden Deutungs-

nahmen gegen Demonstrationen ergänzend zu Art. 8 GG auch das Grundrecht der Meinungsfreiheit als Prüfungsmaßstab herangezogen werden könnte.").

173 BVerfG, Beschluss der 1. Kammer des Ersten Senats vom 29.3.2002 – 1 BvQ 9/02 –, Abs.-Nr. 15

174 BVerfG, Beschluss der 1. Kammer des Ersten Senats vom 19.12.2007 – 1 BvR 2793/04 –, Abs.-Nr. 14 f.

175 BVerfG, Beschluss der 1. Kammer des Ersten Senats vom 19.12.2007 – 1 BvR 2793/04 –, Abs.-Nr. 25 f.

176 Vgl. zu § 5 Nr. 4 VersG auch BVerfGE 90, 241 (251) („§ 5 Nr. 4 VersG enthält keine selbständige Beschränkung der Meinungsfreiheit, sondern knüpft an die Beschränkungen an, die im Strafgesetzbuch enthalten sind.").

177 BVerfGE 90, 241 (250).

178 BVerfGE 111, 147 (156).

179 Vgl. BVerfGE 90, 241 (246); 111, 147 (155).

180 Vgl. – zu § 5 Nr. 4 VersG – BVerfGE 90, 241 (251).

maßstäbe zu beachten, also namentlich bei mehrdeutigen Äußerungen grundsätzlich die dem sich Äußernden günstigere Deutung zugrunde zu legen.[181]

VI. Das Verbot inhaltsbezogener Versammlungsbeschränkungen unter Berufung auf die öffentliche Ordnung oder auf den Schutz der freiheitlichen demokratischen Grundordnung

In seiner Rechtsprechung zu inhaltsbezogenen Versammlungsbeschränkungen unter Berufung auf die öffentliche Ordnung oder auf den Schutz der freiheitlichen demokratischen Grundordnung hat das Bundesverfassungsgericht die Aussage des Brokdorf-Beschlusses, dass für ein Versammlungsverbot „eine bloße Gefährdung der öffentlichen Ordnung im allgemeinen nicht genügen wird“,[182] mit der Aussage des Beschlusses zur Holocaust-Leugnung zusammengeführt, dass die Frage, ob eine Äußerung ihrem Inhalt nach von Verfassungs wegen unterbunden werden darf, auch dann allein am Maßstab von Art. 5 GG zu entscheiden ist, wenn sie auf einer oder durch eine Versammlung erfolgt.[183]

Das Gericht hat dies bekanntlich zunächst in seiner Kammerrechtsprechung, nach anhaltendem Widerspruch vor allem des Oberverwaltungsgerichts für das Land Nordrhein-Westfalen dann auch durch einstimmig ergangenen Senatsbeschluss getan.[184] Es hat entschieden, dass auf einen Verstoß von Meinungsinhalten gegen die öffentliche Ordnung keine durch Art. 5 Abs. 2 GG,[185] oder durch verfassungsimmanente Schranken[186] gedeckten Versammlungsbeschränkungen gestützt werden können.

In einem Kammerbeschluss von 2007 hat das Bundesverfassungsgericht auf dieser Grundlage einer Verfassungsbeschwerde stattgegeben.[187] Diese

[181] BVerfG, Beschlüsse der 1. Kammer des Ersten Senats vom: 1.12.2007 – 1 BvR 3041/07 – (Todesstrafe), Abs.-Nr. 15, 17 ff.; 7.11.2008 – 1 BvQ 43/08 – (Aachen), Abs.-Nr. 21 ff.

[182] BVerfGE 69, 315 (353).

[183] BVerfGE 90, 241 (246 f.).

[184] Vgl. zur Bindungswirkung auch der Eilentscheidungen der Senate und Kammern des Bundesverfassungsgerichts gemäß § 31 Abs. 1 BVerfGG: BVerfG, Beschluss der 1. Kammer des Ersten Senats vom 27.1.2006 – 1 BvQ 4/06 –, Abs.-Nr. 25 ff., wo ein Verstoß des Oberverwaltungsgerichts für das Land Nordrhein-Westfalen gegen die Bindungswirkung festgestellt wird.

[185] BVerfGE 111, 147 (155–158) (= BVerfG, Beschluss des Ersten Senats vom 23.6.2004 – 1 BvQ 19/04 –, Abs.-Nr. 21–24).

[186] BVerfGE 111, 147 (158 f.) (= BVerfG, Beschluss des Ersten Senats vom 23.6.2004 – 1 BvQ 19/04 –, Abs.-Nr. 25 f.).

[187] BVerfG, Beschluss der 1. Kammer des Ersten Senats vom 19.12.2007 – 1 BvR 2793/04 –, Abs.-Nr. 38, 41; vgl. auch (Nichtannahme): BVerfG, Beschluss der 1. Kammer des Ersten Senats vom 21.3.2007 – 1 BvR 232/04 –, juris Rn. 24.

betraf beschränkende Verfügungen gemäß § 15 Abs. 1 VersG sowie die auf die Fortsetzungsfeststellungsklage hin ergangenen verwaltungsgerichtlichen Entscheidungen hierzu. Durch diese Verfügungen wurde unter anderem das Rufen von Parolen mit der Wortfolge „Nationaler Widerstand“ auf einer von dem Beschwerdeführer angemeldeten Versammlung untersagt. Das Oberverwaltungsgericht für das Land Nordrhein-Westfalen hatte argumentiert, das Verwaltungsgericht habe nicht isoliert auf den Inhalt der in Rede stehenden Äußerungen, sondern maßgeblich auf die Umstände der Zusammenkunft und die Art und Weise der kollektiven Meinungskundgabe abgestellt, nämlich auf das vorgesehene gemeinsame laute Skandieren solcher Parolen. Das Bundesverfassungsgericht stellte fest, dass die Verfügungen und die gerichtlichen Entscheidungen gegen Art. 8 GG verstießen, und hob die gerichtlichen Entscheidungen auf. Mit der Bedeutung der Versammlungsfreiheit ist es unvereinbar, bereits aus versammlungstypischen Formen gemeinsamer Meinungskundgabe wie dem lauten gemeinsamen Rufen oder Skandieren sowie der Verwendung von Transparenten oder Flugblättern jene versammlungsspezifischen Wirkungen ableiten zu wollen, die zu der bloßen Äußerung bestimmter Meinungsinhalte hinzutreten müssen, um Beschränkungen der Versammlungsfreiheit unter Berufung auf die öffentliche Ordnung zu rechtfertigen.[188]

Nach der durch diesen Beschluss erneut bekräftigten Rechtsprechung des Bundesverfassungsgerichts genügt eine Beschränkung des Inhalts von Meinungsäußerungen unter Berufung auf den Begriff der öffentlichen Ordnung, der auf ungeschriebene Regeln verweist, dem Gebot des Art. 5 Abs. 1 Satz 1 GG nicht, dass Meinungsäußerungen in der pluralistischen Demokratie des Grundgesetzes frei sein müssen, es sei denn, der Gesetzgeber selbst hat im Interesse des Rechtsgüterschutzes und im Einklang mit Art. 5 Abs. 2 GG Schranken festgelegt.[189] Ermächtigungen zur Beschränkung grundrechtlicher Freiheiten knüpfen nicht an die Gesinnung, sondern an Gefahren für Rechtsgüter an, die aus konkreten Handlungen folgen.[190] Die Meinungsfreiheit als Recht auch zum Schutz von Minderheiten darf nicht allgemein und ohne eine tatbestandliche Eingrenzung, die mit dem Schutzzweck des Grundrechts übereinstimmt, unter den Vorbehalt gestellt werden, dass die geäußerten Meinungsinhalte herrschenden sozialen oder

[188] BVerfG, Beschluss der 1. Kammer des Ersten Senats vom 19.12.2007 – 1 BvR 2793/04 –, Abs.-Nr. 38, 41.

[189] BVerfGE 111, 147 (155 f.); BVerfG, a.a.O., Beschluss vom 19.12.2007 – 1 BvR 2793/04 –, Abs.-Nr. 27.

[190] Vgl. BVerfGE 25, 44 (57 f.); 111, 147 (159); BVerfG, Beschlüsse der 1. Kammer des Ersten Senats vom: 26.9.2006 – 1 BvR 605/04 u.a. – (BVerfGK 9, 245), juris Rn. 51; 19.12.2007 – 1 BvR 2793/04 –, Abs.-Nr. 28.

ethischen Auffassungen nicht widersprechen.[191] Dementsprechend hat der Gesetzgeber in seiner Rechtsordnung, insbesondere in den Strafgesetzen, Meinungsäußerungen nur dann beschränkt, wenn sie zugleich sonstige Rechtsgüter – etwa die Menschenwürde oder das allgemeine Persönlichkeitsrecht – verletzen.[192] Die Befugnis aus § 15 Abs. 1 VersG zum Erlass von Versammlungsbeschränkungen zur Abwehr von Gefahren für die öffentliche Ordnung bedarf daher der verfassungskonformen Auslegung dahingehend, dass diese Gefahren nicht aus dem Inhalt der Äußerungen abgeleitet werden dürfen, sondern sich aus der Art und Weise der Durchführung der Versammlungen ergeben müssen.[193]

Die Meinungsfreiheit steht dabei auch einer Berufung auf den Schutz der freiheitlichen demokratischen Grundordnung als Rechtfertigung für Einschränkungen von Versammlungen wegen des Inhalts der mit ihnen verbundenen Äußerungen entgegen, die sich über die Sperrwirkung der speziellen grundgesetzlichen Regelungen in Art. 9 Abs. 2 (Vereinigungsverbote), Art. 18 (Verwirkung), Art. 21 Abs. 2 (Parteiverbot) und Art. 26 Abs. 1 GG unter Berufung auf darüber hinausreichende, ungeschriebene verfassungsimmanente Schranken hinwegsetzt.[194] Das Grundgesetz hat sich angesichts der Erfahrungen mit dem Nationalsozialismus für eine wehrhafte Demokratie entschieden.[195] Es besteht aber bei der Abwehr von Beeinträchtigungen der Grundlagen einer freiheitlichen demokratischen Ordnung auf der Einhaltung der Regeln des Rechtsstaats, den es zu verteidigen gilt.[196] Auf die rechtsstaatlichen Mittel hat sich der Staat unter dem Grundgesetz zu beschränken.[197] Daran, dass er auch den Umgang mit seinen Gegnern den allgemein geltenden Grundsätzen unterwirft, zeigt sich gerade die Kraft dieses Rechtsstaats.[198] Sind die engen Voraussetzungen, unter denen das Grundgesetz eine Beschränkung des Inhalts von Meinungsäußerungen vorsieht, nicht gegeben, gilt deshalb der Grundsatz der Freiheit der Rede.

[191] BVerfGE 111, 147 (156); BVerfG, a.a.O., Beschluss vom 19.12.2007 – 1 BvR 2793/04 –, Abs.-Nr. 28.

[192] BVerfGE 111, 147 (156).

[193] BVerfGE 111, 147 (156 f.); BVerfG, a.a.O., Beschluss vom 19.12.2007 – 1 BvR 2793/04 –, Abs.-Nr. 26.

[194] BVerfGE 111, 147 (158 f.).

[195] BVerfGE 111, 147 (158).

[196] Vgl. BVerfGE 111, 147 (158); 115, 320 (357 f.) („Auftrag zur Abwehr von Beeinträchtigungen der Grundlagen einer freiheitlichen demokratischen Ordnung unter Einhaltung der Regeln des Rechtsstaats"); BVerfG, Beschluss der 1. Kammer des Ersten Senats vom 18.8.2000 – 1 BvQ 23/00 –, Abs.-Nr. 41.

[197] BVerfGE 115, 320 (357).

[198] BVerfGE 115, 320 (358); BVerfG, Beschluss der 1. Kammer des Ersten Senats vom 1.5.2001 – 1 BvQ 22/01 –, Abs.-Nr. 16.

Die Bürger sind rechtlich nicht gehalten, die Wertsetzungen der Verfassung persönlich zu teilen.[199] Ihnen steht es grundsätzlich frei, Kritik an der Verfassung und ihren wesentlichen Elementen zu üben oder die Änderung tragender Prinzipien zu fordern.[200] Das Grundgesetz baut zwar auf der Erwartung auf, dass die Bürger die allgemeinen Werte der Verfassung akzeptieren und verwirklichen, erzwingt die Werteloyalität aber nicht.[201] Die plurale Demokratie des Grundgesetzes vertraut vielmehr auf die Fähigkeit der Gesamtheit der Bürger, sich mit Kritik auch an den Kerngehalten der Verfassung auseinander zu setzen und sie dadurch abzuwehren.[202] Die freie Diskussion bildet das eigentliche Fundament der freiheitlichen und demokratischen Gesellschaft[203] und bleibt daher das Mittel erster Wahl zu deren Verteidigung. Mit seinen Regelungen insbesondere zur Verwirkung von Grundrechten und zum Verbot von Parteien und Vereinigungen geht das Grundgesetz in seinem Vertrauen in die Kraft der öffentlichen Diskussion nicht so weit wie etwa die Verfassung der Vereinigten Staaten von Amerika. Auch das Grundgesetz gibt jedoch dem Grundsatz Raum, dass das Heilmittel für Gefahren, die von dem Inhalt von Meinungsäußerungen ausgehen, in weitem Umfang „mehr Rede, und nicht erzwungene

[199] BVerfG, Beschlüsse der 1. Kammer des Ersten Senats vom: 24.3.2001 – 1 BvQ 13/01 –, Abs.-Nr. 24; 15.9.2008 – 1 BvR 1565/05 – (Bundesflagge), Abs.-Nr. 11.

[200] BVerfGE 113, 63 (82) („Kritik an der Verfassung und ihren wesentlichen Elementen" ist „ebenso erlaubt […] wie die Äußerung der Forderung, tragende Bestandteile der freiheitlichen demokratischen Grundordnung zu ändern"); BVerfG, Beschlüsse der 1. Kammer des Ersten Senats vom: 24.3.2001 – 1 BvQ 13/01 –, Abs.-Nr. 24; 5.9.2003 – 1 BvQ 32/03 –, Abs.-Nr. 19 (= BVerfGK 2, 1 [5]); 26.1.2006 – 1 BvQ 3/06 –, Abs.-Nr. 14 (= BVerfGK 7, 221 [227]); 1.12.2007 – 1 BvR 3041/07 – (Todesstrafe), Abs.-Nr. 15; 19.12.2007 – 1 BvR 2793/04 –, Abs.-Nr. 28; 15.9.2008 – 1 BvR 1565/05 – (Bundesflagge), Abs.-Nr. 11; 9.7.2008 – 1 BvR 519/08 – (Jugendzeitschrift „perplex"), juris Rn. 44 (geschützt sind „scharfe Kritik am Staat und eine Propaganda für – sei es auch verfassungsfeindliche – politische Programme" sowie jedenfalls die „Aufforderung zu einer – gewaltfreien – Beseitigung der bestehenden staatlichen Ordnung und zu deren Ersetzung durch ein anderes politisches System"), 57.

[201] BVerfG, Beschlüsse der 1. Kammer des Ersten Senats vom: 24.3.2001 – 1 BvQ 13/01 –, Abs.-Nr. 24; 19.12.2007 – 1 BvR 2793/04 –, Abs.-Nr. 28; 15.9.2008 – 1 BvR 1565/05 – (Bundesflagge), Abs.-Nr. 11.

[202] Vgl. BVerfG, Beschlüsse der 1. Kammer des Ersten Senats vom: 24.3.2001 – 1 BvQ 13/01 –, Abs.-Nr. 24; 5.9.2003 – 1 BvQ 32/03 –, Abs.-Nr. 19 (= BVerfGK 2, 1 [5]); 15.9.2008 – 1 BvR 1565/05 – (Bundesflagge), Abs.-Nr. 11.

[203] BVerfGE 90, 1 (20 f.) („Der demokratische Staat vertraut grundsätzlich darauf, dass sich in der offenen Auseinandersetzung zwischen unterschiedlichen Meinungen ein vielschichtiges Bild ergibt, dem gegenüber sich einseitige, auf Verfälschung von Tatsachen beruhende Auffassungen im allgemeinen nicht durchsetzen können. Die freie Diskussion ist das eigentliche Fundament der freiheitlichen und demokratischen Gesellschaft").

Stille“ ist.[204] In seiner Rechtsprechung zur Versammlungsfreiheit hat das Bundesverfassungsgericht diesem Grundsatz zu praktischer Wirksamkeit verholfen.

[204] Whitney v. California, 274 U.S. 357, 377 (1927) (Justice Brandeis, concurring) (“Those who won our independence by revolution were not cowards. They did not fear political change. They did not exalt order at the cost of liberty. To courageous, self-reliant men, with confidence in the power of free and fearless reasoning applied through the processes of popular government, no danger flowing from speech can be deemed clear and present unless the incidence of the evil apprehended is so imminent that it may befall before there is opportunity for full discussion. If there be time to expose through discussion the falsehood and fallacies, to avert the evil by the processes of education, the remedy to be applied is more speech, not enforced silence.”).

Der Schutz des Minderheitsaktionärs durch Art. 14 GG

Arndt Rölike und Martin Tonner*

Leitentscheidungen des Bundesverfassungsgerichts

1. BVerfGE 14, 263 „Feldmühle“ (Erster Senat).
2. BVerfGE 50, 290 „Mitbestimmung“ (Erster Senat).
3. BVerfGE 100, 289 „DAT/Altana“ (Erster Senat).
4. BVerfG (1. Kammer des Ersten Senats), Beschluss vom 23.8.2000 – 1 BvR 68/95 und 1 BvR 147/97 –, NJW 2001, 279 „Moto Meter“.
5. BVerfG (2. Kammer des Ersten Senats), Beschluss vom 29.11.2006 – 1 BvR 704/03 –, NJW 2007, 828 „Siemens/Nixdorf“.
6. BVerfG (3. Kammer des Ersten Senats), Beschluss vom 30.5.2007 – 1 BvR 390/04 –, NJW 2007, 3268 „Edscha AG“.
7. BVerfG (2. Kammer des Ersten Senats), Beschluss vom 30.5.2007 – 1 BvR 1267/06 u.a. –, NJW 2007, 3266 „Wüstenrot/Württembergische AG“.

Schrifttum

Adolff, Johannes Unternehmensbewertung im Recht der börsennotierten Aktiengesellschaft, 2007; *Bezzenberger, Tilman* Das Bezugsrecht der Aktionäre und sein Ausschluss ZIP 2002, 1917; *Bungert, Hartwin/Eckert, Jan* Unternehmensbewertung nach Börsenwert: Zivilgerichtliche Umsetzung der BVerfG-Rechtsprechung, BB 2000, 1845; *Bungert, Hartwin* DAT/Altana: Der BGH gibt der Praxis Rätsel auf, BB 2001, 1163; *Busse von Colbe, Walther* Der Vernunft eine Gasse: Abfindung von Minderheitsaktionären nicht unter dem Börsenkurs ihrer Aktien, in: Uwe H. Schneider u.a. (Hrsg.), Festschrift für Marcus Lutter, 2000, S. 1053; *Gutte, Robert* Das reguläre Delisting von Aktien, 2006; *Henze, Hartwig* Die Berücksichtigung des Börsenkurses bei der Bemessung von Abfindung und variablem Ausgleich im Unternehmensvertragsrecht, in: Uwe H. Schneider u.a. (Hrsg.), Festschrift für Marcus Lutter, 2000, S. 1101; *Hirte, Heribert* Bezugsrechtsausschluss und Konzernbildung, 1986; *Hüffer, Uwe/Schmidt-Aßmann, Eberhard/Weber, Martin* Anteilseigentum, Unternehmenswert und Börsenkurs, 2005; *Kirchner, Jörg/Sailer, Viola* Rechtsprobleme bei Ein-

* Richter am Amtsgericht *Dr. Arndt Rölike*, Karlsruhe. Seit 2000 Richter in der ordentlichen Gerichtsbarkeit des Landes Hessen. Von 2004 bis 2006 wiss. Mitarbeiter am BGH (II. Zivilsenat). Seit 2007 wiss. Mitarbeiter am BVerfG (Dez. Richter des Bundesverfassungsgerichts *Schluckebier*).

Richter am Landgericht *Dr. Martin Tonner*, Hamburg. Seit 2003 Richter in der ordentlichen Gerichtsbarkeit der Freien und Hansestadt Hamburg. Von 2006 bis 2008 wiss. Mitarbeiter am BVerfG (Dez. Richter des Bundesverfassungsgerichts *Prof. Dr. Bryde*).

bringung und Verschmelzung, NZG 2002, 305; *Lenz, Christofer/Leinekugel, Rolf* Eigentumsschutz beim Squeeze out, 2004; *Leuschner, Lars* Gibt es das Anteilseigentum wirklich?, NJW 2007, 3248; *Maier-Reimer, Georg/Kolb, Franz-Josef* Abfindung und Börsenkurs – Verfassungsrecht vs. Aktienrecht?, in: Hommelhoff u.a. (Hrsg.), Festschrift für Welf Müller, 2001, S. 93; *Mülbert, Peter O./Leuschner, Lars* Die verfassungsrechtlichen Vorgaben der Art 14 GG und Art 2 Abs 1 GG für die Gesellschafterstellung – wo bleibt die Privatautonomie?, ZHR 170 (2006), 615; *Müller, Welf* Anteilswert oder anteiliger Unternehmenswert? – Zur Frage der Barabfindung bei der kapitalmarktorientierten Aktiengesellschafft, in: Crezelius u.a. (Hrsg.), Festschrift für Volker Röhricht, 2005, S. 1015; *Naschke, Michael* Der Börsenkurs als Abfindungsgrundlage, 2003; *Paschos, Nicolaos* Die Maßgeblichkeit des Börsenkurses bei Verschmelzungen, ZIP 2003, 1017; *Pfüller, Markus/Anders, Dietmar* Delisting-Motive vor dem Hintergrund neuerer Rechtsentwicklungen, NZG 2003, 459; *Piltz, Detlev* Unternehmensbewertung und Börsenkurs im aktienrechtlichen Spruchstellenverfahren, ZGR 2001, 185; *Puszkajler, Karl Peter* Verschmelzungen zum Börsenkurs? – Verwirklichung der BVerfG-Rechtsprechung, BB 2003, 1692; *Riegger, Bodo* Der Börsenkurs als Untergrenze der Abfindung, DB 1999, 1889; *Rodewald, Jörg* Die Angemessenheit des Ausgabebetrags für neue Aktien bei börsennotierten Gesellschaften, BB 2004, 613; *Schmidt, Karsten* Macroton oder: weitere Ausdifferenzierung des Aktionärsschutzes durch den BGH, NZG 2003, 601; *Schön, Wolfgang* Der Aktionär im Verfassungsrecht, in: Habersack u.a. (Hrsg.), Festschrift für Peter Ulmer, 2003, S. 1359; *Stilz, Eberhard* Börsenkurs und Verkehrswert, ZGR 2001, 875; *Stumpf, Christoph A.* Grundrechtsschutz im Aktienrecht, NJW 2003, 9; *Tonner, Martin* Die Maßgeblichkeit des Börsenkurses bei der Bewertung des Anteilseigentums – Konsequenzen aus der Rechtsprechung des Bundesverfassungsgerichts, in: Bitter u.a. (Hrsg.), Festschrift für Karsten Schmidt, 2009, S. 1581; *Weiler, Lothar/Meyer, Ingo* Berücksichtigung des Börsenkurses bei Ermittlung der Verschmelzungswertrelation, NZG 2003, 669; *Wilm, Daniel* Abfindung zum Börsenkurs – Konsequenzen der Entscheidung des BVerfG, NZG 2000, 234; *Wilsing, Hans-Ulrich/Kruse, Tobias* Maßgeblichkeit der Börsenkurse bei umwandlungsrechtlichen Verschmelzungen? DStR 2001, 991.

Inhalt

I. Einleitung

Artikel 14 GG gewährleistet das Eigentum. Hierdurch wird eine Sphäre individueller Freiheit in finanzieller Hinsicht garantiert.[1] Zum Inhalt der Freiheit gehört es, dass man die dem Eigentumsrecht unterfallenden Sachwerte und Vermögensgüter unter Ausschluss von anderen allein nutzen kann. Denkbar ist jedoch ebenfalls eine kollektive Nutzung. Sie bietet sich insbesondere dann an, wenn nur hierdurch das wirtschaftliche Potential der Eigentumspositionen optimal genutzt werden kann. In diesem zweiten Fall entstehen nicht nur Interessenkonflikte zwischen den Trägern des Eigentumsgrundrechts und ihrer Umwelt, sondern insbesondere auch Konflikte zwischen den einzelnen Grundrechtsträgern, die sich für eine gemeinsame Nutzung ihrer Sach- und Vermögenswerte entschieden haben. Aufgabe des Gesetzgebers ist es, rechtliche Rahmenbedingungen in Form von Organisationsformen bereitzustellen, die angemessene und aus Sicht der Beteiligten effiziente Strategien für die Lösung der jeweils neu entstehenden Konflikte vorsehen. Eine solche im Rahmen seiner Inhalts- und Schrankenbestimmung vom Gesetzgeber bereitgestellte Organisationsform ist die Aktiengesellschaft.

Dem gesetzgeberischen Konzept zufolge nehmen innerhalb der Gesellschaft die Aktionäre ihre mitgliedschaftlichen Rechte in der Regel in der Aktionärsversammlung durch Ausübung ihres Stimmrechts wahr, während die Geschäfte der Gesellschaft vom Vorstand geführt und vom Aufsichtsrat überwacht werden. Dabei obliegt es der Hauptversammlung als dem Entscheidungsorgan der Eigentümer, über die grundlegenden Fragen der Gesellschaft zu entscheiden.[2] Hierzu gehören neben Satzungsänderungen (§ 179 AktG) die vornehmlich das Unternehmen als Ganzes betreffenden Strukturentscheidungen, wie der Abschluss eines Unternehmensvertrages (§ 293 AktG) oder die Verschmelzung (§ 13 UmwG), ebenso solche Maßnahmen, die einen schwerwiegenden Eingriff in die Mitgliedschaftsrechte der einzelnen Aktionäre und deren im Anteilseigentum verkörperte Vermögensansprüche darstellen, wie etwa die Kapitalerhöhung (§§ 182 ff. AktG), die Beschränkung der Übertragbarkeit der Aktien (§ 180 Abs. 2 AktG) oder der zwangsweise Ausschluss einzelner Aktionäre (§§ 327a ff. AktG).

Die Hauptversammlung trifft ihre Entscheidungen durch Beschluss, wobei im Grundsatz eine einfache Mehrheit ausreichend ist. In praktisch allen Fällen von Strukturentscheidungen schreibt das Gesetz jedoch eine qualifizierte Mehrheit vor. Einstimmigkeit als ebenfalls theoretisch denkbare Entscheidungsregel, um bestehende Konflikte zu bewältigen, ist im Gesetz

[1] BVerfGE 100, 289 (305) DAT/Altana.

[2] Vgl. BGHZ 83, 122 (Holzmüller).

aus nahe liegenden Gründen nicht vorgesehen. Dabei bringt es das vom Gesetzgeber vorgesehene Mehrheitsprinzip zwingend mit sich, dass eine Mehrheit der Aktionäre ihre Vorstellungen über die Nutzung der gemeinsamen Sach- und Vermögenswerte gegenüber der Minderheit durchsetzen kann.

Die hiermit verbundene Macht der Mehrheit gegenüber der Minderheit kann – wie vom Bundesverfassungsgericht bereits früh in seiner Rechtsprechung postuliert[3] – in bestimmten Fällen einen aus Art. 14 GG hergeleiteten Minderheitenschutz erfordern. So muss der Gesetzgeber den Minderheitsaktionären wirksame Möglichkeiten zur Abwehr wirtschaftlicher Macht an die Hand geben.[4] Hierzu gehört insbesondere die Bereitstellung eines angemessenen Ausgleichs, sofern einzelnen Aktionären im Interesse der Mehrheit ihre Rechte entzogen oder diese eingeschränkt werden.

Wie ein angemessener Ausgleich in einer solchen Situation zu bemessen ist, hat das Bundesverfassungsgericht erstmals in der DAT/Altana-Entscheidung aus dem Jahr 1999 skizziert und dabei insbesondere zum Ausdruck gebracht, dass der Börsenkurs als Verkehrswert der Gesellschaftsanteile der Minderheitsaktionäre Berücksichtigung finden müsse.[5] Die genannte Entscheidung hat gerade in jüngster Zeit durch mehrere Kammerentscheidungen eine nähere Ausgestaltung erfahren.[6] Gleichwohl ist weiterhin eine Vielzahl von Problemen offen, was nicht zuletzt daraus resultiert, dass die Börsenkursrechtsprechung des Bundesverfassungsgerichts auf teilweise grundlegende Kritik gestoßen ist.[7]

Mit den vorliegenden Ausführungen soll ein Beitrag zur Beantwortung der Frage geleistet werden, welcher Gestalt im Einzelnen die verfassungsrechtlichen Vorgaben für den Schutz der Minderheitsaktionäre sind, die der Gesetzgeber und die Fachgerichte bei der Behandlung von Strukturmaßnahmen einer Aktiengesellschaft oder mit solchen Maßnahmen vergleichbaren Entscheidungen der Hauptversammlung zu beachten haben. Dazu sollen zunächst die wesentlichen einfachrechtlichen Konstellationen aufgezeigt werden, in denen verfassungsrechtliche Vorgaben vom Bundesverfas-

[3] BVerfGE 14, 263 (Feldmühle).

[4] BVerfGE 14, 263 (Feldmühle).

[5] Vgl. BVerfGE 100, 289 (DAT/Altana).

[6] Vgl. BVerfG, Beschluss der 2. Kammer des Ersten Senats vom 19.9.2007 – 1 BvR 2984/06, ZIP 2007, 2121; BVerfG, Beschluss der 2. Kammer des Ersten Senats vom 28.8.2007 – 1 BvR 861/06, ZIP 2007, 1987; Beschluss der 3. Kammer des Ersten Senats vom 30.5.2007 – 1 BvR 390/04 –, NJW 2007, 3268 (Edscha AG); Beschluss der 2. Kammer des Ersten Senats vom 19.4.2007 – 1 BvR 1995/06 –, ZIP 2007, 1055 (Jenoptik); Beschluss der 2. Kammer des Ersten Senats vom 30.5.2007 – 1 BvR 1267 u.a. –, NJW 2007, 3266 (Wüstenrot/Württembergische AG); Beschluss der 2. Kammer des Ersten Senats vom 29.11.2006 – 1 BvR 704/03 – NJW 2007, 828 (Siemens/Nixdorf).

[7] Vgl. z.B. *Bungert/Eckert* BB 2000, 234; *Riegger* DB 1999, 1889; *Adolff* Unternehmensbewertung im Recht der börsennotierten Aktiengesellschaft, 2007, 451 ff.

sungsgericht zumindest diskutiert wurden, sowie deren einfachrechtliche Gemeinsamkeiten angesprochen werden. Sodann wird die zentrale Entscheidung des Bundesverfassungsgerichts zu diesem Themenkomplex, der DAT/ Altana-Beschluss vom 27.4.1999[8], dargestellt, in ihren Gesamtzusammenhang eingeordnet und näher analysiert. Hierbei werden die zwei zentralen Gedanken der Entscheidung herausgearbeitet. Dies ist zum einen der grundsätzliche Konflikt zwischen Mehrheits- und Minderheitsaktionären, für den im Folgenden die Bezeichnung Aktionärskonflikt verwendet wird,[9] als Ursache für das Bedürfnis eines Schutzes der Minderheitsaktionäre, insbesondere in Form der Bereitstellung eines angemessenen Ausgleichs, und zum anderen die freie Deinvestitionsentscheidung als Grundlage für seine Bemessung. Schließlich wird in verschiedenen Anwendungsbereichen die sich an die Senatsrechtsprechung anschließende Kammerrechtsprechung in ihrer Entwicklung aufgezeigt, und einige der vom Bundesverfassungsgericht bislang offen gelassenen Einzelfragen werden aus der hier vertretenen Sicht einer Lösung zugeführt. Die Ausführungen schließen mit einigen Bemerkungen zur verfahrensrechtlichen Absicherung der Schutzrechte des Minderheitsaktionärs sowie zur verfassungsrechtlichen Kontrolldichte.

II. Einfachrechtliche Maßstäbe

1. Relevante Fallkonstellationen

Die Entscheidung des Bundesverfassungsgerichts in Sachen DAT/Altana betraf unmittelbar nur den variablen Ausgleich und die Abfindung bei Beherrschungs- und Gewinnabführungsverträgen (§§ 304 Abs. 2 Satz 2, 305 AktG) sowie die Abfindung bei der Mehrheitseingliederung (§ 320b AktG). Die Notwendigkeit des Schutzes von Minderheitsaktionären spielt jedoch bei zahlreichen weiteren Fallkonstellationen eine Rolle. Hiervon sollen im Folgenden drei Konstellationen etwas näher betrachtet werden.

Eine der besonders streitigen Folgefragen aus der DAT/Altana-Entscheidung betrifft die nach der Übertragung der Börsenkursrechtsprechung auf die Verschmelzung nach dem Umwandlungsgesetz[10] (näher unter III. 3. a)).

[8] BVerfGE 100, 289.

[9] Im Schrifttum wird z.T. der Begriff „Konzernkonflikt" verwendet, vgl. *Paschos* ZIP 2003, 1017 (1022). Dieser Begriff ist jedoch zu eng, da sich einen verfassungsrechtlichen Schutz erforderlich machende Mehrheits/Minderheits-Konflikte auch außerhalb von Konzernsachverhalten stellen können, z.B. beim Delisting (vgl. dazu Abschnitt III 3 b).

[10] Gegen eine Übertragung der Grundsätze zur Beachtung des Börsenkurses *Hüffer* AktG, § 305 Rn. 24j f.; *Lutter/Drygala* in: Lutter/Winter, UmwG, 3. Aufl. 2004, § 5 Rn. 23 ff.; *Bungert* BB 2003, 699; *Wilm* NZG 2000, 234 (235 ff.); für eine Übertragung u.a. *Puszkajler* BB 2003, 1692; *Weiler/Meyer* NZG 2003, 669.

Hierbei muss bereits im Ansatz unterschieden werden zwischen Verschmelzungen innerhalb eines Konzerns (vornehmlich *upstream merger*, *downstream merger*) und Verschmelzungen zwischen unverbundenen Aktiengesellschaften (*merger of equals*). Während bei Konzernverschmelzungen grundsätzlich ein Interessenkonflikt zwischen Mehrheits- und Minderheitsaktionären besteht, weil nur die Minderheit, nicht aber die Mehrheit der übertragenden Gesellschaft ein eigenes wirtschaftliches Interesse an einem für deren Aktionäre günstigen Umtauschverhältnis hat, haben bei Verschmelzungen zwischen unverbundenen Aktiengesellschaften die beiden Aktionärskreise jeweils untereinander gleichlaufende Interessen.[11]

Ein weiteres mögliches Anwendungsfeld für die Börsenkursrechtsprechung des Bundesverfassungsgerichts ist das reguläre Delisting, d.h. der vollständige Rückzug eines Unternehmens aus dem regulierten Markt. Hier stellt sich die Frage, ob die infolge der Börsennotierung gesteigerte Verkehrsfähigkeit der Aktien den Schutz des Art. 14 GG genießt und wenn ja, welche ggf. finanziellen Konsequenzen die Beendigung der Börsennotierung für Kleinaktionäre hat (näher dazu unter III. 3. b)).

Ebenfalls von großem praktischem Interesse ist die Frage einer Anwendung der Börsenkursrechtsprechung auf Kapitalerhöhungen. Selbst wenn dies im Ergebnis abzulehnen sein wird (dazu unter III. 3. c)), erscheint die Idee aufgrund der Vergleichbarkeit der Interessenlage der betroffenen Minderheitsaktionäre bei Verschmelzung und Mehrheitseingliederung einerseits und dem Kauf eines anderen Unternehmens im Wege der Sachkapitalerhöhung andererseits nicht abwegig. Hinzu kommt, dass § 255 Abs. 2 AktG den Begriff der Angemessenheit verwendet, wie er auch in §§ 304, 305 AktG enthalten ist und an den die Börsenkursrechtsprechung anknüpft.

Schließlich ist – ohne Anspruch auf Vollständigkeit und ohne dass dies im hier gegebenen Rahmen näher betrachtet werden kann – der Minderheitenschutz auch zu beachten beim sog. Squeeze out, also dem Ausschluss von Minderheitsaktionären gemäß §§ 327a ff. AktG, bei dem nach ganz h.M. die Rechtsprechung des Bundesverfassungsgerichts zum Börsenkurs als Untergrenze der Abfindung zu beachten ist[12], bei der Spaltung, beim Formwechsel und bei der sog. „übertragenden Auflösung", bei der ein Unternehmen auf eine andere Gesellschaft übertragen wird und die übertragende Gesellschaft anschließend liquidiert wird.[13]

[11] Eingehend zum Interessenkonflikt bei der Verschmelzung *Adolff* Unternehmensbewertung im Recht der börsennotierten Aktiengesellschaft, 442 ff.

[12] Vgl. nur OLG Düsseldorf NZG 2007, 36 (39); *Hüffer* AktG, 8. Aufl., § 327b Rn. 5; *Lenz/Leinekugel* Eigentumsschutz beim Squeeze out, 2004, 28 f.; *Quandt* Squeeze-out in Deutschland, 2004, 176 ff.; *Austmann* in: MünchHdbAG, 3. Aufl., § 74 Rn. 91.

[13] Eine vollständige Analyse der Konsequenzen der DAT/Altana-Entscheidung für alle Bewertungsanlässe findet sich bei *Adolff* Unternehmensbewertung im Recht der börsennotierten Aktiengesellschaft, 265 ff.

2. *Stilisierte Gemeinsamkeiten*

Allen genannten Fallkonstellationen ist gemeinsam, dass die Entscheidungsfindung durch Mehrheitsbeschluss erfolgt und nur einer eingeschränkten verfahrensrechtlichen Überprüfung unterliegt. Insbesondere findet von wenigen Ausnahmefällen abgesehen, z.B. bei der Kapitalerhöhung, keine materiell-rechtliche Angemessenheitskontrolle statt. Dafür sehen die gesetzlichen Regelungen oder die Vorgaben der Rechtsprechung regelmäßig eine Abfindung der ausscheidenden Aktionäre als Kompensation für den Verlust oder die Einschränkung ihrer Mitgliedschaftsrechte vor. Ob diese Abfindung ihrerseits angemessen ist, wird in Spruchverfahren nach dem Spruchverfahrensgesetz überprüft. Letztlich können also Minderheitsaktionäre den Verlust oder die Einschränkung ihrer mitgliedschaftlichen Stellung nicht verhindern, sofern sich die Mehrheit an die einschlägigen Verfahrensregeln hält. Sehr wohl aber können die Minderheitsaktionäre verlangen, wirtschaftlich so gestellt zu werden, als wäre es nicht zum Verlust oder zur Beschränkung ihrer Mitgliedschaftsrechte gekommen.

III. Verfassungsrechtliche Maßstäbe

1. *Rechtsprechung des BVerfG zum Anteilseigentum*

Im Mittelpunkt der verfassungsrechtlichen Diskussion um den Minderheitenschutz von Aktionären steht noch immer der Beschluss des Ersten Senats vom 27.4.1999 in Sachen DAT/Altana zur Maßgeblichkeit des Börsenkurses bei der Abfindung außenstehender oder ausgeschiedener Aktionäre.[14] Betrachtet man jedoch die zuvor ergangenen Entscheidungen des Bundesverfassungsgerichts zum Anteilseigentum, wird von Beginn an eine Tendenz des Gerichts deutlich, dem Schutz des Vermögenswerts einer Beteiligung größere Bedeutung beizumessen als dem Schutz des Bestands der Mitgliedschaft des Aktionärs.

a) Ältere Rechtsprechung

Das zeigt sich schon im Feldmühle-Urteil aus dem Jahr 1962[15]. Hierin hatte das BVerfG über die Vereinbarkeit der Vorschriften über die Mehrheitsumwandlung nach dem Umwandlungsgesetz in der damals geltenden Fassung[16] mit dem Grundgesetz zu entscheiden. Im Ausgangsfall ging es um eine sog. „übertragende Umwandlung“, bei der die Umwandlung einer

[14] BVerfGE 100, 289 (DAT/Altana).
[15] BVerfGE 14, 263 (Feldmühle).
[16] Umwandlungsgesetz vom 12.11.1956 (BGBl. I 844).

Aktiengesellschaft auf ihren Hauptgesellschafter, bei dem es sich ebenfalls um eine Aktiengesellschaft handelte, unter Hinausdrängung der Minderheitsaktionäre beschlossen wurde. Das Bundesverfassungsgericht billigte die Regelungen des Umwandlungsgesetzes im Ergebnis mit der Begründung, der Schutz des Eigentums der Minderheitsaktionäre trete hinter den durch Art. 2 Abs. 1 GG geschützten Interessen der Allgemeinheit an einer freien Entfaltung der unternehmerischen Initiative im Konzern zurück.[17] Der Minderheitsaktionär sei zwangsläufig weitgehend auf das Interesse an Rendite und Kurs beschränkt, weshalb die Aktie für ihn typischerweise mehr reine Kapitalanlage als unternehmerische Beteiligung sei.[18] Eine ähnliche Konstellation lag der „Moto Meter"-Entscheidung[19] aus dem Jahr 2000 zugrunde. In dieser Kammerentscheidung billigte das Bundesverfassungsgericht die sog. „übertragende Auflösung", bei der das gesamte Vermögen einer Gesellschaft auf eine andere unter Ausschluss der Minderheitsaktionäre übertragen und die übertragende Gesellschaft anschließend liquidiert wird. Art. 14 Abs. 1 GG schließe es nicht grundsätzlich aus, eine Aktionärsminderheit gegen ihren Willen aus einer Aktiengesellschaft zu drängen. Schutzvorkehrungen zu Gunsten der Minderheitsaktionäre dürften auf die Vermögenskomponente der Beteiligung konzentriert werden, wobei das Gericht mit dieser Entscheidung bereits den Boden für die – im Schrifttum längst überwiegend vertretene[20] – spätere verfassungsrechtliche Billigung des Squeeze out gemäß §§ 327a ff. AktG bereitet hatte, die dann mit Beschluss vom 30.5.2007[21] erfolgte.

b) DAT/Altana-Beschluss

Im DAT/Altana-Beschluss von 1999[22] ging es – wie erwähnt – insbesondere um die Vermögenskomponente, nämlich den wertmäßigen Schutz der Aktionäre. In diesem Beschluss entschied das Bundesverfassungsgericht, dass Art. 14 Abs. 1 GG bei Ausgleich und Abfindung von außenstehenden oder ausgeschiedenen Aktionären verlange, dass in Anwendung der §§ 304, 305, 320b AktG der volle Ausgleich für den von den Minderheitsaktionären hinzunehmenden Verlust ihrer Mitgliedschaft nicht verfehlt werde.[23] Die von Art. 14 Abs. 1 GG geforderte „volle" Abfindung dürfe jedenfalls nicht unter

[17] BVerfGE 14, 263 (282) Feldmühle.
[18] BVerfGE 14, 263 (283) Feldmühle.
[19] BVerfG NJW 2001, 279 (Moto Meter).
[20] Vgl. bereits die Gesetzesbegründung in BT-Drucks. 14/7034, 32; BGH NZG 2006, 117; *Papier* in Maunz/Dürig, Grundgesetz, Stand 2002, Art. 14 Rn. 195; *Lenz/Leinekugel* Eigentumsschutz beim Squeeze out, 11 ff.; *Bungert* BB 2007, 1518 m.w.N.
[21] BVerfG NJW 2007, 3268 (Edscha AG).
[22] BVerfGE 100, 289 (DAT/Altana).
[23] Vgl. BVerfGE 100, 289 (304 f.) DAT/Altana.

dem Verkehrswert liegen. Dieser könne bei börsennotierten Unternehmen nicht ohne Rücksicht auf den Börsenkurs festgesetzt werden[24], es sei denn, der Börsenkurs spiegele ausnahmsweise nicht den Verkehrswert der Aktie wider. Dies könne etwa dann der Fall sein, wenn eine Marktenge vorliegt, bei der ungewiss sei, ob der Minderheitsaktionär seine Aktien tatsächlich zum Börsenkurs hätte verkaufen können.[25] Die Abfindung müsse so bemessen sein, dass die Minderheitsaktionäre den Gegenwert ihrer Gesellschaftsbeteiligung erhielten, jedenfalls nicht weniger, als sie bei einer freien Deinvestitionsentscheidung zum Zeitpunkt des Unternehmensvertrags oder der Eingliederung erlangt hätten.[26] Diese Grundsätze hat das Bundesverfassungsgericht in mehreren Kammerbeschlüssen bestätigt,[27] und auch der Bundesgerichtshof ist ihnen im Wesentlichen gefolgt.[28]

2. *Abzuleitende Thesen*

Aus der geschilderten Rechtsprechung des Bundesverfassungsgerichts, insbesondere aus der DAT/Altana-Entscheidung lassen sich einige Kernaussagen hinsichtlich der verfassungsrechtlichen Vorgaben für den Schutz von Minderheitsaktionären ableiten.

a) Schutzbereich

Nach der ständigen Rechtsprechung des Bundesverfassungsgerichts ist das Anteilseigentum in seinem mitgliedschaftsrechtlichen und seinem vermögensrechtlichen Element „gesellschaftsrechtlich vermitteltes Eigentum".[29] Das Gesellschaftsrecht bestimme und begrenze die Rechte des Anteilseigners. Dieser könne sein Eigentum regelmäßig nicht unmittelbar nutzen und die mit ihm verbundenen Verfügungsbefugnisse wahrnehmen, er sei vielmehr hinsichtlich der Nutzung auf den Vermögenswert beschränkt, während ihm Verfügungsbefugnisse – abgesehen von Veräußerung oder Belastung – nur mittelbar über die Organe der Gesellschaft zustünden. Anders als beim Sacheigentum, bei dem die Freiheit zum Eigentumsgebrauch, die Entscheidung über diesen und die Zurechnung der Wirkungen des Gebrauchs in der Person des Eigentümers zusammenfielen, sei diese Konnexität beim Anteilseigentum weitgehend gelöst.

Diese Ausführungen des Gerichts lassen die erforderliche Klarheit darüber vermissen, was überhaupt Gegenstand des Eigentumsschutzes ist. Verein-

[24] Vgl. BVerfGE 100, 289 (305) DAT/Altana.
[25] Vgl. BVerfGE 100, 289 (309) DAT/Altana.
[26] Vgl. BVerfGE 100, 289 (306) DAT/Altana.
[27] Vgl. die Nachweise in Fn. 6.
[28] Vgl. BGHZ 147, 108 (DAT/Altana).
[29] BVerfGE 14, 263 (276); 25, 371 (407); 50, 290 (342).

facht dargestellt lassen sich insoweit drei Positionen ausmachen.[30] Herkömmlicherweise wird vertreten, dass das Eigentumsobjekt in den Gegenständen des Gesellschaftsvermögens besteht und dem Aktionär lediglich wirtschaftlich zusteht, während rechtlich die Gesellschaft Eigentümerin ist.[31] In diese Richtung sind auch die Ausführungen des Bundesverfassungsgerichts im Mitbestimmungsurteil zu verstehen, wonach der Aktionär sein „Eigentum" regelmäßig nicht unmittelbar nutzen könne, sondern ihm Verfügungsbefugnisse nur mittelbar über die Organe der Gesellschaft zustünden.[32] Eine andere Ansicht geht davon aus, dass die Aktie als selbständig handelbares Gut den Bewertungsgegenstand abgibt. Art. 14 Abs. 1 GG schützt demnach die unmittelbare Inhaberschaft des Gesellschaftsanteils.[33] Eine vermittelnde Ansicht plädiert für eine Doppelfunktion des Eigentumsschutzes, wonach sowohl die mittelbare Berechtigung am Unternehmen als auch die unmittelbare Inhaberschaft der Aktie geschützt sind und leitet daraus ein Prinzip der „Meistbegünstigung" ab.[34] Aus dem auf zwei Ebenen wirkenden Schutz des Aktieneigentums – mittelbare Unternehmensträgerschaft und unmittelbares Mitgliedschaftsrecht – folge, dass sich der Aktionär je nach Sachlage auf die jeweils betroffene Dimension seines Gesellschaftsrechts berufen könne.[35]

Die praktischen Unterschiede der genannten Positionen dürften gering sein und ihre größte Bedeutung daher in der dogmatischen Begründung der Ergebnisse liegen. Allerdings scheint die Ansicht, die (jedenfalls auch) die unmittelbare Inhaberschaft der Aktie schützen will, insoweit vorzugswürdig zu sein, als sie auf die Aktie als selbständig handelbares Gut abstellt. Damit wird dem Umstand Rechnung getragen, dass Minderheitsaktionäre so gut wie nie ein unternehmerisches Interesse, sondern fast ausschließlich ein Anlegerinteresse verfolgen. Dies deutet auf ein verändertes Verständnis des von Art. 14 Abs. 1 GG gewährleisteten Schutzes hin. Art. 14 Abs. 1 GG will nämlich nicht den Verlust des Anteilseigentums als solches verhindern, sondern gewährleistet Aktionären lediglich einen Schutz durch Verfahren und einen wertmäßigen Schutz. Hinsichtlich des wertmäßigen Schutzes ist seit

[30] Dabei wird die in jüngster Zeit von *Mülbert/Leuschner* vertretene, von einem völlig anderen Schutzkonzept ausgehende Ansicht vernachlässigt, wonach der Schutz des Anteilseigentums über den Schutz der Privatautonomie gemäß Art. 2 Abs. 1 GG erreicht werden soll; vgl. *Mülbert/Leuschner* ZHR 170 (2006), 615 ff. sowie *Leuschner* NJW 2007, 3248.

[31] Vgl. *Naschke* Der Börsenkurs als Abfindungsgrundlage, 2003, 41 f.; *Stumpf* NJW 2003, 9 (10 f.).

[32] BVerfGE 50, 290 (342); *Papier* in: Maunz/Dürig, Grundgesetz, Art. 14 Rn. 195.

[33] *Busse von Colbe* in: FS Lutter, 2000, 1053 (1064 f.); *Stilz* ZGR 2001, 875 (892).

[34] *Schön* FS Ulmer, 2003, 1359 (1371).

[35] *Schön* FS Ulmer, 2003, 1359 (1371); ablehnend *Mülbert/Leuschner* ZHR 170 (2006), 615 (620).

der DAT/Altana-Entscheidung klar, dass der Börsenkurs regelmäßig die Untergrenze der Abfindung darstellt.

b) Inhalts- und Schrankenbestimmung durch den Gesetzgeber

aa) Überprüfungsmaßstab

Hinsichtlich der verfassungsrechtlichen Kriterien, an denen sich gesetzgeberische Maßnahmen und zivilgerichtliche Entscheidungen auf dem Gebiet des Minderheitenschutzes von Aktionären zu messen haben, sind verschiedene Maßstäbe denkbar. Ausgangspunkt ist dabei, dass im Aktienrecht der Grundsatz der Gleichbehandlung der Aktionäre anerkannt ist[36] und dass ein Gleichrang der Berechtigungen von Mehrheits- und Minderheitsaktionär besteht, so dass – anders als bei anderen Grundrechtsabwägungen – keine Abwägung zwischen Eigentum einerseits und Gemeinwohl- oder Drittinteressen andererseits stattfindet.[37] Da das Mehrheitsprinzip zum Kern kollektiver Eigentumsnutzung zu zählen ist, das im Grundsatz keiner Rechtfertigung im Einzelfall bedarf[38], ist die verfassungsrechtliche Kontrolle darauf beschränkt, einen formal-organisatorischen Rahmen zu gewährleisten, innerhalb dessen die Mehrheitsentscheidungen getroffen werden, und eine verfahrensrechtliche Überprüfung der so gefundenen Entscheidungen sicherzustellen. In diesem Zusammenhang ist insbesondere zu berücksichtigen, dass ein Minderheitsaktionär die sachlichen Grenzen seines Eigentums gegenüber der Entscheidungsmacht des Mehrheitsaktionärs bereits beim Erwerb der Aktie in Kauf genommen hat.[39] Daher wird ein verfassungsrechtlicher Schutz des Minderheitsaktionärs sich darauf zu beschränken haben, diesem einen schutzfähigen Kernbereich seiner Mitgliedschaft zu gewährleisten, der dann vornehmlich in der Möglichkeit eines effektiven Rechtsschutzes gegen Maßnahmen der Mehrheit und in einem wirtschaftlichen Ausgleich als Korrektiv für seine Unterlegenheitsposition besteht. Insbesondere letzteres erscheint angesichts der im Grundsatz bestehenden Richtigkeitsgewähr einer Mehrheitsentscheidung der Aktionärsversammlung als entscheidendes Kriterium zum Schutz der Minderheit.[40] Eine strikte Verhältnismäßigkeitskontrolle, wie sie vom Bundesverfassungsgericht in seinen Entscheidungen zum Squeeze out angedeutet wurde[41], sollte demgegenüber nicht erfolgen, weil es eine verfassungsrechtlich vorgegebene, an einer strengen Erforderlichkeitskontrolle orientierte Optimallösung nicht gibt.

[36] BVerfGE 14, 263 (284 f.) Feldmühle.
[37] *Schön* FS Ulmer, 1359 (1383).
[38] *Schön* FS Ulmer, 1359 (1384).
[39] *Schön* FS Ulmer, 1359 (1384).
[40] Vgl. z.B. *Bryde* in: v. Münch/Kunig, Grundgesetz, 5. Aufl., Art. 14 Rn. 41 m.w.N.
[41] Vgl. etwa BVerfG NJW 2007, 3268 (Edscha AG).

bb) Umfang und Grenzen gesetzgeberischer Gestaltungsfreiheit

Aufgrund des nicht allzu engen Überprüfungsmaßstabes steht dem Gesetzgeber bei der Ausgestaltung der Aktie als Miteigentumsanteil an dem Unternehmen ein weiter Gestaltungsspielraum zu.[42] Eine Grenze ergibt sich allerdings aus der – weitgehend dem Mehrheitsprinzip geschuldeten – Möglichkeit des Missbrauchs wirtschaftlicher Macht des Mehrheitsaktionärs gegenüber dem Minderheitsaktionär.[43] Insoweit zwingt die Eigentumsgarantie den Gesetzgeber dazu, dort, wo die Interessen des typischen Mehrheitsaktionärs als Unternehmer von denen des Minderheitsaktionärs als Kleinanleger systematisch abweichen – eben beim Vorliegen des oben bereits geschilderten Aktionärskonflikts –, Schutzmechanismen vorzusehen, die sicherstellen, dass dem Minderheitsaktionär seine verfassungsrechtlich gesicherte Position nicht unangemessen entzogen oder eingeschränkt wird.[44] Besteht hingegen Interessenhomogenität zwischen den unterschiedlichen Aktionärsgruppen, bedarf es keines Eingriffs des Gesetzgebers.[45]

Wie der Gesetzgeber seiner verfassungsrechtlichen Schutzpflicht nachkommt, ist aufgrund des weiten, ihm zur Verfügung stehenden Gestaltungsspielraums wiederum nur zu geringen Teilen von der Verfassung vorgegeben. Ansetzen kann der Schutz im Wesentlichen auf zwei Ebenen, dem Tatbestand und der Rechtsfolge.

Möglich ist zum einen die Schaffung mehr oder minder enger tatbestandlicher Voraussetzungen als Bedingung dafür, dass der Mehrheitsaktionär seine Interessen durchsetzen kann. Zu denken ist dabei insbesondere an verfahrensrechtliche Anforderungen an die Beschlussfassung oder unterschiedliche Abstimmungsquoren, die für eine verbindliche Entscheidung erfüllt sein müssen. Zum anderen denkbar und im Regelfall verfassungsrechtlich geboten ist ein Schutz auf der Rechtsfolgenseite.[46] So kann die Möglichkeit des Mehrheitsaktionärs, dem Minderheitsaktionär seine verfassungsrechtlich geschützte Position zu entziehen oder zumindest in Kernbereichen einzuschränken, die Pflicht des Gesetzgebers nach sich ziehen, einen Ausgleich hierfür vorzusehen, der wiederum typischerweise vom Mehrheitsaktionär zu leisten ist. Ein solcher Ausgleich kann grundsätzlich in Form einer Barabfindung, in Form der Gewährung anderer Aktien oder – meistens alternativ dazu – in Form von regelmäßig wiederkehrenden Zahlungen erfolgen.

Damit der verfassungsrechtlich gebotene Schutz nicht leer läuft, ist er vom Gesetzgeber regelmäßig an eine gerichtliche Kontrolle zu koppeln. Wie die Kontrolle im Einzelnen aussieht, ist wiederum dem Gesetzgeber überlassen.

[42] BVerfGE 14, 263 (278) Feldmühle.
[43] Vgl. BVerfGE 14, 263 (283) Feldmühle.
[44] Vgl. BVerfGE 100, 289 (303) Feldmühle.
[45] Vgl. BVerfG NJW 2001, 279 (281) Moto-Meter.
[46] BVerfGE 100, 289 (304) DAT/Altana.

c) Auslegung und Anwendung durch die Rechtsprechung

Die Auslegung und Anwendung der dergestalt verfassungsrechtlich zulässigen Inhalts- und Schrankenbestimmungen des Eigentums im Aktienrecht ist Sache der Zivilgerichte. Diese müssen dem durch die zivilrechtlichen Normen ausgestalteten und eingeschränkten Grundrecht Rechnung tragen, damit dessen wertsetzende Bedeutung auch auf der Rechtsanwendungsebene gewahrt bleibt.[47]

Teilweise kann der Schutz der Minderheitsaktionäre auf der Rechtsanwendungsebene dazu zwingen, die vom Gesetzgeber nur unzureichend ausgestalteten Normen im Wege der Analogie zu ergänzen. Die damit verbundenen Probleme standen im Vordergrund der Entscheidung des Bundesverfassungsgerichts zur übertragenden Auflösung, d.h. der Übertragung des gesamten Vermögens einer Aktiengesellschaft auf ein anderes Unternehmen (§ 179a AktG) und anschließender Liquidation der übertragenden Gesellschaft.[48] Hier war zu diskutieren, ob Art. 14 Abs. 1 GG es gebietet, im Wege der Analogie zu § 306 AktG ein gerichtlich nachprüfbares Abfindungsangebot für erforderlich zu erachten, obgleich es vom Gesetzgeber nicht ausdrücklich vorgesehen war. Eine ähnliche Frage stellt sich mit Blick auf das Delisting.[49]

Bedeutsamer sind demgegenüber verfassungsrechtliche Vorgaben für die Gerichte bei der Bemessung der gesetzlich bereits vorgesehenen angemessenen Abfindung. Gerade hier setzt der DAT/Altana-Beschluss an. Während durch das Feldmühle-Urteil[50] bereits entschieden war, dass ein bestehender Interessenkonflikt zwischen den Aktionärsgruppen den Gesetzgeber dazu zwingt, in bestimmten Fällen einen angemessen Ausgleich zum Schutz der betroffenen Minderheitsaktionäre vorzusehen, präzisiert das Bundesverfassungsgericht in der DAT/Altana-Entscheidung die Anforderungen, denen die von den Gerichten zuzusprechende Abfindung zu genügen hat.

Ausgangspunkt der Entscheidung ist dabei der zwischen den Aktionärsgruppen bestehende Interessenkonflikt. Ohne diesen Interessenkonflikt kann von einer sachgerechten Lösung der autonom handelnden Privatrechtssubjekte ausgegangen werden. Eines verfassungsrechtlichen Einschreitens bedarf es insoweit nicht. Erscheint aufgrund der bestehenden Konfliktlage innerhalb der Gesellschaft jedoch ein Vertrauen auf eine gerechte Verhandlungslösung illusorisch und kommt es zugleich zu einem Eingriff in die Eigentumsposition einer Konfliktpartei, bedarf es verfassungsrechtlichen Schutzes, was die Gerichte bei der Bemessung des vom Gesetzgeber vorgesehenen Ausgleichs zu berücksichtigen haben.

[47] BVerfGE 100, 289 (304) DAT/Altana.
[48] BVerfG, NJW 2001, 279 (Moto Meter).
[49] Vgl. BGH NJW 2003, 1032 Macrotron, sowie dazu unten Abschnitt 3 b.
[50] BVerfGE 14, 263 (Feldmühle).

Kernstück der Entscheidung ist dabei das stilisierte Bild eines Minderheitsaktionärs, das das Verfassungsgericht seiner Entscheidung zugrunde gelegt hat. Hiernach ist der typische Minderheitsaktionär ein Kleinaktionär, für den nicht die Herrschaftsrechte im Vordergrund stehen, sondern die Vermögensrechte.[51] Diese Vermögensrechte vermag der Kleinaktionär vornehmlich aufgrund der hohen Verkehrsfähigkeit der Aktie in einer für ihn sinnvollen Form wahrzunehmen. Statt von der Hoffnung getragen zu sein, einen etwaigen Konflikt innerhalb der Gesellschaft mit anderen Aktionären für sich entscheiden zu können, wird er sein Heil im Verlassen der Gesellschaft durch den Verkauf seiner Beteiligung suchen, um auf diese Weise seine Interessen zu wahren. Damit macht das Bundesverfassungsgericht aus der dem Mehrheitsprinzip für den Minderheitsaktionär entspringenden Not eine Tugend und erhebt als Gegenstück zum Überstimmtwerden den jederzeitigen Austritt aus der Gesellschaft zum Kern individueller Freiheit des Kleinaktionärs in finanzieller Hinsicht.[52]

Die Möglichkeit zur jederzeitigen Deinvestition des Kapitals, die einen Teil der Dispositionsfreiheit des Aktionärs über sein Vermögen darstellt, macht den Kern der Interessenwahrung des Kleinaktionärs aus und legt es nahe, ihm das damit verbundene finanzielle Interesse zu garantieren. Dabei ist der Preis, den der Kleinaktionär im Fall der Deinvestition zu erzielen vermag, der Verkehrswert, der wiederum bei börsennotierten Aktiengesellschaften mit dem Börsenkurs regelmäßig identisch ist.[53] Maßgeblich für diese Überlegung ist nicht, dass der Börsenkurs Ausfluss einer aus Sicht des Bundesverfassungsgerichts zutreffenden Bewertung des Miteigentumsanteils ist, obgleich ein gewisses Vertrauen des Gerichts in den Marktpreis als Abbild des Wertes eines Gegenstandes, hier: des Miteigentumsanteils, unverkennbar ist.[53a] Maßgeblich für die Einbeziehung des Börsenkurses in die Ermittlung des angemessenen Ausgleichs ist vielmehr die Vorstellung, dass gerade in seiner jederzeitigen Realisierbarkeit das eigentliche Interesse des Kleinaktionärs als typischem Minderheitsaktionär liegt.

Zu konstatieren ist allerdings, dass die Idee einer freien Deinvestitionsentscheidung und damit des Schutzes eines Teils der Dispositionsfreiheit lediglich die Bemessung der Barabfindung zu erklären vermag, hingegen bei der Bestimmung einer angemessenen Abfindung in Aktien, bei der der Börsenkurs der Untergesellschaft nach der Rechtsprechung des Bundesverfassungsgerichts ebenfalls zu berücksichtigen ist, ihre Grenzen findet. Dabei werden in der DAT/Altana-Entscheidung – ausgehend von der Abfindung in bar – die hierzu entwickelten verfassungsrechtlichen Grundsätze auf die Ab-

[51] Vgl. BVerfGE 100, 289 (305) DAT/Altana.

[52] Vgl. BVerfGE 100, 289 (305) DAT/Altana.

[53] Vgl. BVerfGE 100, 289 (308) DAT/Altana.

[53a] Vgl. zu den Konsequenzen für das einfache Recht *Tonner* FS Karsten Schmidt, 1581 (1588 ff.).

findung in Aktien insoweit übertragen, als auch bei der für die Bestimmung der Verschmelzungswertrelation notwendigen Unternehmensbewertung der abhängigen Gesellschaft, wenn diese börsennotiert ist, der Börsenwert als Untergrenze der Bewertung zu fungieren hat.[54] Hierbei wird allerdings zugleich – ohne das dies offen gelegt worden wäre – der argumentative Ansatz insoweit wesentlich modifiziert, als es von der Konstruktion her nicht mehr um die Sicherung einer freien Deinvestitionsentscheidung gehen kann; der Umtausch der Aktien bewirkt, dass der Aktionär sein Engagement – wenn auch nunmehr an der Obergesellschaft – fortsetzt. Mithin geht es hier nur mehr um die Sicherung eines Mindestbetrages, mit dem der vom Minderheitsaktionär gehaltene Anteil bei der Bildung der Umtauschrelation zu berücksichtigen ist.[55] Der daraus resultierende Schutz ist nicht nur faktisch ein geringerer als bei der Barabfindung, weil er dem Minderheitsaktionär weder einen bestimmten Barbetrag noch ein bestimmtes Umtauschverhältnis als Untergrenze garantiert, sondern nur einen der beiden Beträge, die das Verhältnis bestimmen, zu beeinflussen vermag und damit auf die maßgebliche Umtauschrelation lediglich mittelbaren Einfluss nimmt. Der Schutz ist zudem qualitativ ein anderer, weil ihm ein geändertes Konzept zugrunde liegt. Während es bei der Barabfindung um die Realisation der freien Deinvestitionsentscheidung geht, kommt bei der Bemessung in Aktien dem Börsenwert als Produkt von ausgegebenen Aktien und deren Börsenkurs nunmehr eine Bewertungsfunktion nicht nur für den Miteigentumsanteil, sondern sogar für das Unternehmen zu.

Dieser Bruch in der Entscheidung dürfte dem Wunsch geschuldet sein, nicht nur bei der Barabfindung einen verfassungsrechtlichen Schutz des Minderheitsaktionärs zu gewährleisten, sondern dem Schutz auch bei den anderen Abfindungsarten Geltung zu verschaffen, zumal in dem damals entschiedenen Fall die unterschiedlichen Ausgleichsformen dem Minderheitsaktionär alternativ zur Verfügung gestellt worden waren. Ob sich hieraus in der Zukunft Ansätze für eine Fortentwicklung der so genannten Börsenkursrechtsprechung ergeben, bleibt abzuwarten.

3. Schlussfolgerungen für noch offene Probleme

Vor dem Hintergrund des vorstehend skizzierten Verständnisses des verfassungsrechtlich gebotenen Minderheitenschutzes von Aktionären soll im Folgenden die Stellung der Aktionäre bei der Verschmelzung, beim Delisting und bei der Kapitalerhöhung unter Bezugsrechtsausschluss näher betrachtet werden. Es handelt sich hierbei um Fallkonstellationen, die das Bundesver-

[54] Vgl. BVerfGE 100, 289 (310) DAT/Altana.

[55] In diesem Sinne auch *Adolff* Unternehmensbewertung im Recht der börsennotierten Aktiengesellschaft, 383 ff.

fassungsgericht bislang nicht entschieden hat, in denen jedoch ebenfalls der oben skizzierte Aktionärskonflikt bestehen kann.

a) Verschmelzung

In Literatur und Rechtsprechung umstritten und vom Bundesverfassungsgericht bislang ausdrücklich offen gelassen[56] ist die Frage, ob die Grundsätze der Börsenkursrechtsprechung auf Verschmelzungen Anwendung finden.[57] Dabei wird von den Vertretern, die eine Anwendung der Börsenkursrechtsprechung auf Verschmelzungen grundsätzlich ablehnen, vornehmlich geltend gemacht, eine von den anteiligen Unternehmenswerten abweichende Umtauschrelation führe zu einer Besserstellung der Minderheitsaktionäre der übertragenden Gesellschaft, sei aber zugleich mit einer entsprechenden Schlechterstellung der Aktionäre der übernehmenden Gesellschaft verbunden. Weil letztere sich gleichermaßen auf den Schutz von Art. 14 Abs. 1 GG berufen könnten, führe jede Begünstigung der Minderheitsaktionäre der übertragenden Gesellschaft, wie sie vom Bundesverfassungsgericht in der DAT/Altana-Entscheidung für den Fall eines Unternehmensvertrages und einer Eingliederung gefordert worden sei, zwangsläufig zu einer nicht zu rechtfertigenden Benachteiligung der Anteilsinhaber der anderen Gesellschaft.[58]

Demgegenüber wird von Befürwortern einer Anwendung der Börsenkursrechtsprechung vornehmlich der ähnliche Charakter einer Verschmelzung im Vergleich zu einer Mehrheitseingliederung, die Grundlage der DAT/Altana-Entscheidung war, hervorgehoben. So seien auch bei der Eingliederung die Interessen der Minderheitsaktionäre der Hauptgesellschaft betroffen, ohne dass dies das Bundesverfassungsgericht davon abgehalten habe, eine die Anteilsinhaber der eingegliederten Gesellschaft begünstigende Untergrenze zu fordern. Ferner zeige bereits der Wortlaut der Vorschriften zur Abfindung durch Aktien im Fall der Eingliederung und des Unternehmensvertrages (§ 305 Abs. 3 Satz 1 und § 320b Abs. 1 Satz 4 AktG), dass eine Differenzierung zum angemessenen Umtauschverhältnis bei einer Verschmelzung vom Gesetzgeber nicht vorgesehen sei. Schließlich dürfe ein Minderheitenschutz bei der Verschmelzung nicht geringer sein als bei der Eingliederung, weil beide Strukturmaßnahmen zu dem gleichen wirtschaftlichen Ergebnis führten.[59]

[56] Vgl. BVerfG NJW 2007, 3266 (3267) (Wüstenrot/Württembergische AG).

[57] Vgl. OLG Stuttgart AG 2007, 705; AG 2006, 421; BayObLG BB 2003, 275; *Hüffer* AktG, § 305 Rn. 24j f.; *Puszkaljer* BB 2003, 1692; *Paschos* ZIP 2003, 1017; *Weiler/Meyer* NZG 2003, 669; *Bungert/Eckert* BB 2000, 1845 jeweils m.w.N.

[58] Vgl. etwa OLG Stuttgart AG 2007, 705 (711 ff.); *Hüffer* AktG, 8. Aufl., § 305 Rn. 24j f.; *Bungert/Eckert* BB 2000, 1845.

[59] Vgl. *Weiler/Meyer* NZG 2003, 669; *Puszkaljer* BB 2003, 1692.

Nach dem hier vertretenen Verständnis der DAT/Altana-Entscheidung ist eine vermittelnde Ansicht zutreffend, wonach die Grundsätze nur im Fall der Verschmelzung innerhalb eines Konzerns (*upstream merger, downstream merger*)[60] Anwendung finden, nicht aber bei der Verschmelzung zweier gleichberechtigter Unternehmen (*merger of equals*).[61] Der besondere, in der DAT/Altana-Entscheidung gewährte verfassungsrechtliche Schutz des von Art. 14 Abs. 1 GG erfassten Anteilseigentums ist nur dann geboten, wenn ein Aktionärskonflikt besteht, d.h. wenn eine Gegenläufigkeit der Interessen des Mehrheits- und der Minderheitsaktionäre vorliegt. Andernfalls kann davon ausgegangen werden, dass die verfassungsrechtlich unbedenkliche Methode der Entscheidungsfindung vermittels eines Mehrheitsbeschlusses zu einem für alle Beteiligten tragbaren und letztlich ausgewogenen Ergebnis führt. Ein Gleichklang der Interessen der Mehrheits- und Minderheitsaktionäre kann bei einer Verschmelzung unter Gleichen unterstellt werden, weil beide Aktionärsgruppen an einem für ihr Unternehmen möglichst günstigen Umtauschverhältnis interessiert sind. Anders verhält es sich demgegenüber bei der Konzernverschmelzung. So sind etwa beim upstream merger die Interessen der Minderheitsaktionäre der übertragenden Gesellschaft auf eine für ihren Rechtsträger möglichst günstige Umtauschrelation gerichtet, wohingegen dies für den Mehrheitsaktionär nicht gilt. Bei ihm handelt es sich um den übernehmenden Rechtsträger, weswegen er im Gegensatz zu seinen Mitaktionären an einer aus der Sicht der übertragenden Gesellschaft ungünstigen Umtauschrelation interessiert ist. Dieser Interessenkonflikt ist Voraussetzung und Anlass zugleich für einen verfassungsrechtlichen Schutz des Minderheitsaktionärs der übertragenden Gesellschaft. Ein Schutz der Minderheitsaktionäre der übernehmenden Gesellschaft ist demgegenüber nicht erforderlich, denn bei der übernehmenden Gesellschaft besteht zwischen den Aktionärsgruppen ein Interessengleichklang, weswegen es keines gesonderten verfassungsrechtlichen Schutzes in Form einer Untergrenze für den bei der Ermittlung der Umtauschrelation zu berücksichtigenden Unternehmenswert bedarf.

b) Delisting

Im Zusammenhang mit dem sog. regulären Delisting, also dem vollständigen Rückzug eines Unternehmens aus dem regulierten Markt, stellt sich eine der wirtschaftlich bedeutsamsten Fragen infolge der DAT/Altana-Rechtsprechung, nämlich die, ob die Verkehrsfähigkeit der Aktie einer börsennotierten Gesellschaft vom Schutzbereich des Art. 14 Abs. 1 GG umfasst

[60] Einen Sonderfall bildet die Verschmelzung von Schwestergesellschaften. Hier ist ein Aktionärskonflikt nicht zwingend.

[61] OLG Stuttgart AG 2006, 421; BayObLG BB 2003, 275 (277 ff.); *Wilsing/Kruse* DStR 2001, 991 ff.; ähnlich *Gude* Strukturänderungen und Unternehmensbewertung zum Börsenkurs, 2004, 175 ff.; *Paschos* ZIP 2003, 1017 ff.

ist. Der Bundesgerichtshof hat in der Macrotron-Entscheidung[62] insoweit einen nach Ansicht der Literatur „völlig selbständigen Rechtsfortbildungsschritt“[63] eingeleitet, als er die Annahme einer Hauptversammlungszuständigkeit unmittelbar auf Art. 14 Abs. 1 GG mit dem Argument gestützt hat, der Verkehrswert und die jederzeitige Möglichkeit seiner Realisierung seien Eigenschaften des Aktieneigentums, die wie das Aktieneigentum selbst verfassungsrechtlichen Schutz genössen. Hieraus hat er überdies die Rechtsfolge abgeleitet, die Gesellschaft oder der Hauptaktionär seien zur Abgabe eines den vollen Wert des Aktieneigentums widerspiegelnden Kaufangebots verpflichtet, wobei die Angemessenheit des Angebots im Rahmen eines Spruchverfahrens gerichtlich überprüfbar sei.[64] Die Vorinstanzen[65] hatten das noch anders gesehen und übereinstimmend die Ansicht vertreten, das vollständige Delisting stelle keinen Eigentumseingriff dar. Bei der Verkehrsfähigkeit handele es sich nur um eine Eigenschaft des Wertpapiers, die zwar bei der Bemessung des Verkehrswertes der Aktie zu berücksichtigen sei, deren Einschränkung jedoch nicht zu einem Eingriff in das verfassungsrechtlich geschützte Eigentum führe.[66]

Auch im umfangreichen Schrifttum zu dieser Frage sind die Meinungen geteilt.[67] Dabei wird von den Befürwortern eines engen Schutzbereichs von Art. 14 Abs. 1 GG vornehmlich geltend gemacht, ein Rückzug vom regulierten Handel berühre die mitgliedschaftlichen Rechte ebenso wenig wie die darüber hinaus noch allein vom Aktieneigentum umfassten vermögensrechtlichen Ansprüche. Demgegenüber beeinträchtige das Delisting nur die Aussicht des Aktionärs, seine Aktie zu einem vorteilhaften Preis weiterveräußern zu können. Hiervon betroffen sei daher nur eine Erwerbs- und Gewinnchance, die als bloße Chance nicht dem Schutz des Art. 14 Abs. 1 GG unterfalle. Zudem bleibe selbst nach dem Widerruf der Börsenzulassung eine Veräußerung der Aktie im freien Handel möglich.

Auf Grundlage des hier vertretenen Verständnisses der DAT/Altana-Entscheidung kann die Frage, ob die gesteigerte Verkehrsfähigkeit der Aktien

[62] BGH NJW 2003, 1032 (Macrotron).

[63] *Karsten Schmidt* NZG 2003, 601 (603).

[64] BGH NJW 2003, 1032 (1035 f.) Macrotron.

[65] LG München I NZG 2000, 273; OLG München NZG 2001, 519.

[66] OLG München NZG 2001, 519 (522).

[67] Die Erfassung der gesteigerten Verkehrsfähigkeit einer börsennotierten Aktiengesellschaft vom Schutzbereich des Art. 14 Abs. 1 GG bejahend u.a. *Hüffer* AktG, 8. Aufl., § 119 Rn. 22; MünchKommAktG/*Kubis* 2. Aufl., § 119 Rn. 84; *Kruse* WM 2003, 1843 (1845); *Heidel* DB 2003, 548; *Streit* ZIP 2002, 1279 (1280 ff.); *Hellwig/Bormann* ZGR 2002, 465 (474); ablehnend insbesondere *Wasmann* in: Kölner Kommentar zum Spruchverfahrensgesetz, § 1 Rn. 27; *Beck/Hedtmann* BKR 2003, 190 (191 f.); *Holzborn/Schlößer* BKR 2002, 486 (487); *Mülbert* ZHR 2001, 105 (112 ff.); *Gutte* Das reguläre Delisting von Aktien, 2006, 165 ff. m.w.N.; eher wohlwollend *Karsten Schmidt* NZG 2003, 601 ff.

einer an der Börse zugelassenen Aktiengesellschaft in den Schutzbereich des Art. 14 Abs. 1 GG fällt, nur vorbehaltlos bejaht werden. Die Börsennotierung dient der gesteigerten Verkehrsfähigkeit des Anteilseigentums. Als solche hat sie zentrale Bedeutung für einen Kleinanleger, der auf die Unternehmenspolitik keinen relevanten Einfluss nehmen kann und will, weil er die Aktie vorwiegend als vorübergehende Kapitalanlage betrachtet. Sie ist aus seiner Sicht der Ausgleich dafür, dass er aufgrund seiner geringen Unternehmensbeteiligung keine ernsthafte Möglichkeit hat, auf die Geschicke der Gesellschaft durch Ausübung seiner Stimmrechte Einfluss zu nehmen, er vielmehr die Entscheidungen der Mehrheit hinzunehmen hat. Die gesteigerte Verkehrsfähigkeit erlaubt ihm praktisch jederzeit, der von ihm für falsch gehaltenen Unternehmenspolitik den Rücken zu kehren und sein Kapital nach freiem Belieben anderweitig zu investieren. Die hierdurch sichergestellte freie Deinvestitionsentscheidung als Teil seiner Dispositionsfreiheit über sein Vermögen und nicht die Chance zur Einflussnahme auf die Geschicke der Gesellschaft macht die Aktie aus der Sicht des Kleinanlegers entsprechend attraktiv[68] und verschafft ihm – in den Worten des BVerfG – eine „Sphäre individueller Freiheit in finanzieller Sicht“[69]. Da die Möglichkeit des jederzeitigen Austritts aus der Gesellschaft als Alternative zum Überstimmtwerden den Kern seiner individuellen Freiheit ausmacht, ist es naheliegend, wenn nicht zwingend, diese Möglichkeit dem verfassungsrechtlich wirkenden Schutz von Art. 14 Abs. 1 GG zu unterstellen.

Dem scheint auf den ersten Blick die herrschende staatsrechtliche Lehre zu widersprechen, wonach Art. 14 GG grundsätzlich nur den Bestand, nicht jedoch den Tauschwert eines vermögenswerten Rechts garantiert, der seinerseits nur von Bedeutung ist für die Entschädigung rechtmäßiger wie rechtswidriger Eigentumsverkürzungen und damit verursachter Wertverluste eines Eigentumsobjekts.[70] Hierbei wird allerdings – wie schon vom Bundesgerichtshof – nicht hinreichend differenziert zwischen Verkehrswert und Verkehrsfähigkeit der Aktie. So ist zwar nicht ein bestimmter Tauschwert, also die bestimmte Höhe eines Verkaufspreises, geschützt, wohl aber die grundsätzliche Möglichkeit zum Verkauf und damit die Verkehrsfähigkeit.[71]

Hiermit ist allerdings zunächst nichts darüber gesagt, welche Konsequenzen der verfassungsrechtliche Schutz der gesteigerten Verkehrsfähigkeit einer börsennotierten Aktie nach sich zieht. Vielmehr muss, damit hieraus für den Gesetzgeber ein Handlungsgebot resultiert, ein Aktionärskonflikt hinzu-

68 Vgl. BVerfGE 100, 289 (305) DAT/Altana.

69 Vgl. BVerfGE 89, 1 (6).

70 Vgl. *Bryde* in: von Münch/Kunig, Grundgesetz, 5. Aufl., Art. 14 Rn. 24; *Papier* in: Maunz/Dürig, Grundgesetz, Art. 14 Rn. 163 f.; *Wieland* in: Dreier, Grundgesetz, 2. Aufl., Art. 14 Rn. 57; dem folgend *Gutte* Das reguläre Delistung von Aktien, S. 169.

71 Vgl. BVerfGE 105, 252 (272); 42, 229 (232).

treten. Ein solcher wird allerdings regelmäßig bei dem vollständigen Rückzug vom regulierten Markt gegeben sein. Während den Hauptaktionär als dauerhaften Investor verschiedene ökonomische Erwägungen, meistens sind es Kostengesichtspunkte oder die Abwehr etwaiger Einflussmöglichkeiten außenstehender Dritter[72], dazu bewegen, einem Delisting zuzustimmen, ist das Interesse des Kleinaktionärs regelmäßig auf den Erhalt der Notierung am regulierten Markt gerichtet, da sie ihm den Kern seiner Interessen, nämlich die jederzeitige Deinvestition zu einem angemessenen Preis, am ehesten gewährleistet.

Weil der Aktionärskonflikt hinzutritt, ist mit dem Bundesgerichtshof im Grundsatz daher davon auszugehen, dass der verfassungsrechtlich garantierte Eigentumsschutz eine angemessene Kompensation des Minderheitsaktionärs erfordert, sofern auf Antrag der Gesellschaft gegen seinen Willen die Börsenzulassung widerrufen wird. Allerdings geht der Bundesgerichtshof in Sachen Macrotron insoweit zu weit, als er ein Pflichtangebot fordert, dessen Inhalt die Erstattung des vollen Wertes des Aktieneigentums vorsieht.[73] Hierbei berücksichtigt der Bundesgerichtshof nicht hinreichend, dass – im Gegensatz etwa zum Squeeze out – nicht die gesamte Eigentumsposition entzogen wird, sondern nur ein Teilausschnitt hiervon. Geht man realistischer Weise davon aus, dass die monetäre Bemessung dieses entzogenen Eigentumsanteils auf große praktische Schwierigkeiten stößt, liegt es nahe, auch die Höhe des angemessenen Ausgleichs an dem zu bemessen, was es im Kern zu schützen gilt. Dies ist die Möglichkeit zur Deinvestition ohne den von der Mehrheit beschlossenen Rückzug von der Börse. Mithin sollte sich das Pflichtangebot – unabhängig von einem etwaigen „wahren" Wert der Aktie – auf den Börsenkurs bzw. auf einen entsprechend zu bildenden Durchschnittskurs vor der erstmaligen Ankündigung des Börsenrückzugs beschränken.[74] Im Übrigen ist es eine Frage des einfachen Rechts, wie die Entschädigung für eine entzogene Eigentumsposition auszugestalten ist. Art. 14 Abs. 1 GG gibt insoweit lediglich vor, dass der einzelne Aktionär die Möglichkeit haben muss, die Angemessenheit der Höhe der Abfindung in einem ordentlichen Verfahren nachprüfen zu lassen.

Schließlich ist nicht zu übersehen, dass die grundsätzlich vom Schutzbereich erfasste gesteigerte Verkehrsfähigkeit der Aktien einer an der Börse zugelassenen Aktiengesellschaft vielfältigen, in ihren wirtschaftlichen Konsequenzen häufig nur geringen Einschränkungen unterliegen kann. Denkbar ist etwa ein Teilrückzug von nur einigen Börsen, das Verlassen eines Aktienindexes, der Ausschluss aus einem Teilsegment des regulierten Marktes (vgl.

[72] Vgl. zu den Motiven des Delisting *Pfüller/Anders* NZG 2003, 459.

[73] Vgl. BGH NJW 2003, 1032 (1035) Macrotron.

[74] So im Ergebnis auch *Habersack* in: Habersack/Mülbert/Schlitt, Unternehmensfinanzierung am Kapitalmarkt, 2. Aufl., § 35 Rn. 13.

§ 42 Abs. 2 BörsG) oder der Wechsel von einem privatregulierten Teilsegment des Freiverkehrs, wie dem Entry Standard der Börse Frankfurt, in den allgemeinen Freiverkehr. Trotz des hier vertretenen weiten Schutzbereichs von Art. 14 Abs. 1 GG, der nicht nur die Verkehrsfähigkeit an sich, sondern darüber hinaus die in der Börsenzulassung zum Ausdruck kommende gesteigerte Verkehrsfähigkeit erfasst, wird man nicht jeder Einschränkung dieser gesteigerten Handelbarkeit bereits verfassungsrechtlich relevanten Entzugscharakter beimessen können. So ist die Erheblichkeitsschwelle beim vollständigen Rückzug vom Handel am regulierten Markt überschritten, hingegen nicht bei einem Teilrückzug, der dementsprechend auch keine Ausgleichspflicht zugunsten des Kleinaktionärs auslöst.

c) Kapitalerhöhung

Im Vergleich zu den vorhergehenden Fragen wenig Beachtung gefunden hat das Problem, ob der Börsenkurs als Untergrenze für die Bestimmung des angemessenen Ausgabebetrags nach § 255 Abs. 2 AktG heranzuziehen ist.[75] Die Relevanz der Frage ergibt sich zum einen daraus, dass sowohl in § 255 Abs. 2 AktG als auch in §§ 304, 305 AktG der Begriff der Angemessenheit Verwendung findet und die Börsenkursrechtsprechung zur näheren Bestimmung der Angemessenheit in §§ 304, 305 AktG entwickelt wurde. Zum anderen folgt sie aus der inhaltlichen Nähe einer aufnehmenden Verschmelzung oder einer Mehrheitseingliederung mit dem Kauf eines anderen Unternehmens, bei dem der Kaufpreis durch neu emittierte Aktien bezahlt wird.[76] Im letztgenannten Fall wird der Schutz der Altaktionäre gemäß § 255 Abs. 2 AktG dadurch gewährleistet, dass ihnen ein Anfechtungsrecht an die Hand gegeben wird, sofern der Ausgabebetrag unangemessen niedrig ist.

Dabei kompensiert das in § 255 Abs. 2 AktG eingeräumte Anfechtungsrecht den Ausschluss des in § 186 Abs. 1 AktG grundsätzlich vorgesehenen und grundrechtlich geschützten[76a] Bezugsrechts. Es handelt sich hierbei um ein gesetzliches Vorerwerbsrecht, das sicherstellt, dass der Aktionär seine mitgliedschaftliche Stellung einschließlich der vermögensmäßigen Bezüge im Fall einer Kapitalerhöhung halten kann.[77] Geschützt wird zum einen die Beteiligungsquote, denn durch die Ausübung des Rechts kann der einzelne Aktionär verhindern, dass sein relativer Anteil an der Gesellschaft sinkt. Zum anderen schützt das Bezugsrecht auch den in der Aktie verkörperten Wert vor Verwässerung, d.h. einer teilweisen Entwertung der Anteile des Altaktionärs durch die Begebung neuer Aktien an Dritte zu einem unangemessen

[75] Vgl. zu dem Problemkreis *Stilz* in: Spindler/Stilz, AktG, § 255 Rn. 21 ff.; *Rodewald* BB 2004, 613 (614); *Sinewe* NZG 2002, 314; *Kirchner/Sailer* NZG 2002, 305 (309 f.).

[76] Vgl. hierzu *Kirchner/Sailer* NZG 2002, 305.

[76a] Vgl. BVerfGE 100, 289 (302).

[77] Vgl. *Hüffer* AktG, 8. Aufl., § 186 Rn. 2.

niedrigen Preis.[78] Werden nämlich neue Aktien zu einem Preis ausgegeben, der unter dem Wert der alten Aktien liegt, so kauft sich der Übernehmer der neuen Aktien zu Lasten der alten Aktionäre zu billig in die Gesellschaft ein. Wenn indessen die neuen Aktien gleichmäßig an die alten Aktionäre gehen, gleicht sich die Wertverlagerung in den Händen jedes einzelnen aus, egal zu welchem Preis die neuen Aktien ausgegeben werden.[79] Da das in § 255 Abs. 2 AktG vorgesehene Anfechtungsrecht den Ausschluss des Bezugsrechts kompensieren soll, dient auch diese Norm dem Verwässerungsschutz. Vorgelagert ist deshalb die Frage, inwieweit Art. 14 Abs. 1 GG den Aktionär generell vor einer Verwässerung seines Miteigentumsanteils schützt.[80]

Den Gedanken des Aktionärskonflikts aufgreifend kommt ein verfassungsrechtlicher Schutz vor Verwässerung der Anteile jedenfalls dann nicht in Betracht, wenn – wie regelmäßig bei einer Kapitalerhöhung – es keinen derartigen Konflikt gibt. Dies ist dann der Fall, wenn die neuen Aktien an einen außenstehenden Kapitalgeber ausgegeben werden. Dann sind die unterschiedlichen Aktionärsgruppen gleichermaßen von der Verwässerung betroffen, weswegen davon ausgegangen werden kann, dass der Abstimmungsprozess zu einem für die Gesellschaft sinnvollen Bezugspreis führt.[81] Ähnlich wie bei der Verschmelzung kommt daher ein grundrechtlicher Schutz des Minderheitsaktionärs vor einer Verwässerung seiner Anteile bei der Ausgabe neuer Aktien nur dann in Betracht, wenn die Aktien gerade an den Mehrheitsaktionär oder ihm nahe stehende Investoren ausgegeben werden. Nur dann besteht ein Interessenkonflikt, weil in diesem Fall der Bezugsrechtsausschluss allein dem Großaktionär zugute kommt.[82]

Bei Bestehen eines Aktionärskonflikts spricht für einen grundrechtlichen Schutz vor Verwässerung, dass der Bezugsrechtsausschluss teilweise als Ausschluss aus der Gesellschaft auf Raten angesehen wird.[83] Die Aufnahme neuer Mitglieder zu einem unangemessen niedrigen Preis in die Aktiengesellschaft, kann – unendlich oft wiederholt – zu einer völligen Entwertung der Mitgliedschaft der Altaktionäre führen. Gleichwohl dürfte auch bei Bestehen eines Aktionärskonflikts regelmäßig ein verfassungsrechtlicher Schutz vor Verwässerung im Ergebnis zu verneinen sein.[84] So setzt der verfassungsrechtlich gebotene Schutz des Minderheitsaktionärs stets eine gewisse Mindesteingriffsintensität voraus. Dies zeigte sich bereits beim Delisting, bei dem

[78] Vgl. *Stilz* in: Spindler/Stilz, AktG, § 255 Rn. 1.

[79] Vgl. *Bezzenberger* ZIP 2002, 1917 (1918).

[80] Dies bejahend OLG Stuttgart AG 2007, 705 (712 ff.).

[81] *Bezzenberger* ZIP 2002, 1917 (1924).

[82] Vgl. zu der unterschiedlichen Interessenlage beim Bezugsrechtsausschluss zugunsten eines Großaktionärs und einem solchen zugunsten außenstehender Kapitalgeber *Bezzenberger* ZIP 2002, 1917.

[83] Vgl. *Hirte* Bezugsrechtsausschluss und Konzernbildung, 1986, 31.

[84] In diesem Sinne auch *Rodewald* BB 2004, 613 (614); *Kirchner/Sailer* NZG 2002, 305 (309).

zwar auch die gesteigerte Verkehrsfähigkeit der Aktie unter den Schutz von Art. 14 Abs. 1 GG fällt, aber dennoch nicht jegliche Beeinträchtigung dieser verfassungsrechtlich geschützten Position verfassungsrechtliche Ausgleichsansprüche nach sich zieht. Entsprechend besteht im Grundsatz kein verfassungsrechtlicher Schutzanspruch des Minderheitsaktionärs vor einer Verwässerung seiner Mitgliedschaftsrechte, weil im Regelfall hierdurch die Bagatellschwelle nicht erreicht sein wird. Hierfür spricht schon der Umstand, dass der Kleinaktionär als typischer Repräsentant eines Minderheitsaktionärs an einer Verwässerung seiner Quotenbeteiligung ohnehin nicht interessiert ist und die Verwässerung seiner Vermögensrechte regelmäßig lediglich eine geringfügige Entwertung seines Vermögens mit sich bringt, Art. 14 Abs. 1 GG aber im Grundsatz ohnehin nicht das Vermögen vor Wertveränderungen schützt.[85] Dies gilt auch für die Aktienbeteiligung, die in besonderem Maße mit Chancen und Risiken verbunden ist. Deren Verwirklichung ist maßgeblich einer geschickten oder missglückten Unternehmensführung geschuldet, die ihrerseits vom Kleinaktionär typischerweise nicht beeinflusst werden kann. Demgemäß spielt es aus dessen Sicht keine Rolle, ob die vermögenswerte Entwertung des Anteilseigentums durch einen ungünstigen Barkauf einer Gesellschaft oder durch einen mittels Neuemission von Aktien ermöglichten Kauf verursacht wird. In beiden Fällen realisiert sich für ihn nur das Risiko, das er mit dem Kauf einer Aktie als spezieller Anlageform eingegangen ist.[86]

Doch selbst wenn in einem grundsätzlich von den Fachgerichten zu bestimmenden Einzelfall ein verfassungsrechtlicher Schutz vor Verwässerung ausnahmsweise zu bejahen ist, weil die Bagatellschwelle überschritten wurde, sollte gleichwohl die Börsenkursrechtsprechung im Rahmen von § 255 Abs. 2 AktG keine Anwendung finden. Denn insoweit geht es – wie auch bei dem Ausgleich in Aktien – nicht um die Sicherung einer freien Deinvestitionsentscheidung des Minderheitsaktionärs, sondern um die Frage einer zutreffenden Unternehmensbewertung. Gerade hierzu macht aber – wie dargelegt – die DAT/Altana-Rechtsprechung keine Ausführungen. Vielmehr lassen sich der Verfassung hierzu keine konkreten Vorgaben entnehmen, auch wenn eine Heranziehung des Börsenkurses zur Bewertung der Unternehmensanteile einfachrechtlich zu begrüßen ist.[86a] Demgegenüber denkbar – wenngleich wegen des Schutzes auf der Primärebene über das Anfechtungsrecht verfassungsrechtlich nicht geboten – ist es, in den genannten Ausnahmefällen den Minderheitsaktionär für den Entzug des verfassungsrechtlich geschützten Bezugsrechts zu entschädigen beziehungsweise –

[85] Vgl. BVerfGE 105, 17 (30 f.).

[86] Soweit das Bundesverfassungsgericht in einem Beschluss (NZG 2000, 28 (30)) von einem Schutz des Minderheitsaktionärs vor der Verwässerung seines Dividendenanspruchs spricht, ist dies dem besonderen Kontext der Entscheidung geschuldet.

[86a] *Tonner* FS Karsten Schmidt, 1581 (1588 ff.).

wie beim Delisting etwa – ihm die Möglichkeit einer freien Deinvestition zum aktuellen Börsenkurs zu sichern.

4. *Rechtsschutz*

Wie bereits dargelegt, kann der vom Gesetzgeber zu gewährleistende Schutz des Minderheitsaktionärs auf zwei Ebenen ansetzen: auf der Tatbestandsebene und auf der Rechtsfolgenseite. Dem hat grundsätzlich die Möglichkeit des Aktionärs zu entsprechen, die Gerichte anzurufen. Einschränkungen dieses Gleichklangs zwischen gesetzlich vorgesehenem Schutz des Minderheitsaktionärs und verfahrensrechtlicher Absicherung sind allerdings denkbar. Ein Beispiel hierfür ist das vom Grundsatz her verfassungsrechtlich unbedenkliche Freigabeverfahren nach § 327e i.V.m. § 319 Abs. 6 Satz 5 AktG.[87] So hat das Bundesverfassungsgericht in der vorzitierten Entscheidung es für unbedenklich gehalten, dass trotz der Vorläufigkeit der gerichtlichen Prüfung gleichwohl die zum Schutz der Durchsetzung der Rechte der Anfechtungskläger bestehende Registersperre überwunden werden kann. Vom Bundesverfassungsgericht in dem vorgenannten Beschluss offen gelassen, aber grundsätzlich ebenfalls zu bejahen ist die Frage, ob es den aus Art. 14 Abs. 1 GG an die Verfahrensgestaltung resultierenden Anforderungen gerecht wird, den Minderheitsaktionär selbst dann allein auf monetäre Ansprüche zu verweisen, wenn aus der vorläufigen Sicht des Gerichts die Anfechtungsklage Erfolg hätte, aber dennoch die Interessen des Unternehmens oder des Hauptaktionärs an einer sofortigen Eintragung überwiegen. Obwohl dies dazu führt, dass dem Minderheitsaktionär hierdurch im Einzelfall mit Blick auf sein primäres Klageziel effektiver Rechtsschutz versagt wird, beruht das Ergebnis auf einer wertenden Abwägung der widerstreitenden Interessen im Einzelfall und ist als solches verfassungsrechtlich hinzunehmen.

Gleichwohl ist diese Versagung verfahrensrechtlicher Absicherung auf der Primärebene nicht uneingeschränkt zulässig. Solange der Gesetzgeber dem Minderheitenschutz bereits auf der Primärebene Rechnung trägt, bedarf es im Prinzip auch einer gerichtlichen Kontrolle als verfahrensrechtliche Absicherung des gewährten Schutzes. Deswegen ist zwar die im Regierungsentwurf zu einem Gesetz zur Umsetzung der Aktionärsrechterichtlinie enthaltene faktische Abschaffung einer Anfechtungsklage desjenigen Minderheitsaktionärs[88], der nicht über ein die Bagatellgrenze überschreitendes Mindestquorum verfügt, verfassungsrechtlich wohl noch hinnehmbar. Verfassungsrechtlich bedenklich ist es aber aus unserer Sicht, wenn – wie von

[87] BVerfG NJW 2007, 3268 (3271) Edscha AG.
[88] Vgl. § 246a Abs. 2 Nr. 2 ARUG RegE.

Stimmen in der Literatur gefordert[89] – dies mit einem grundsätzlichen Entzug der individuellen Klagemöglichkeit des Kleinaktionärs verbunden werden soll.

Neben der Frage des Ob stellt sich die Frage des Wie der gerichtlichen Kontrolle. Angesprochen ist hierbei das Problem der Kontrolldichte, mit der das Bundesverfassungsgericht Entscheidungen der Fachgerichte einer Überprüfung unterzieht. Dieses Problem hat sich in der jüngeren Rechtsprechung zum verfassungsrechtlichen Schutz des Minderheitsaktionärs praktisch ausschließlich auf der Sekundärebene, d.h. bei der Frage nach der Angemessenheit der Abfindung, gestellt.[90] Führt man sich nochmals vor Augen, dass es dem Bundesverfassungsgericht bei seiner Börsenkursrechtsprechung um die Sicherstellung einer Untergrenze in Form eines Mindestschutzes geht, erscheint die in der im Anschluss ergangenen Kammerrechtsprechung zum Ausdruck gekommene Zurückhaltung bei der Kontrolle der Fachgerichte konsequent. So hat das Bundesverfassungsgericht den Fachgerichten weitgehend freie Hand bei der Ermittlung des zu berücksichtigenden Börsenkurses gelassen. Demgemäß ist es verfassungsrechtlich nicht zu beanstanden, wenn der Referenzzeitraum zur Ermittlung des durchschnittlichen Börsenkurses auch die Zeit nach der Bekanntgabe oder des Bekanntwerdens der geplanten Maßnahme umfasst.[91] Ebenso weitgehend ist der Spielraum der Fachgerichte bei der Ermittlung des Unternehmenswerts anhand betriebswirtschaftlich anerkannter Bewertungsmethoden. So schreibt Art. 14 Abs. 1 weder eine bestimmte Methode der Unternehmensbewertung vor[92], noch sind der Eigentumsgarantie spezifische Anforderungen innerhalb einer bestimmten Methode, wie etwa dem Ertragswertverfahren, zu entnehmen. Beispielhaft entschieden wurde dies in neuerer Zeit mit Blick auf Zinsprognoseverfahren.[93] Hiernach ist es verfassungsrechtlich unerheblich, ob bei der Ermittlung des Ertragswerts ein bestimmtes Zinsprognoseverfahren angewendet wird oder die zum Verschmelzungsstichtag gültige Zinsstrukturkurve zugrunde gelegt wird.

Demgemäß liegt es aus unserer Sicht nahe, dass der zum Teil von den Fachgerichten vertretene Ansatz, die Unternehmensbewertung sei eine mit Unsicherheiten behaftete Schätzung, bei deren an § 287 ZPO angelehnter Kontrolle durch die Gerichte die in die Zukunft gerichteten Planungen der Unternehmen und die darauf aufbauenden Prognosen ihrer Erträge nur ein-

[89] Vgl. *Wacławik* ZIP 2008, 1141 (1146).

[90] Vgl. BVerfG NJW 2007, 828 (Siemens/Nixdorf); NJW 2007, 3266 (Wüstenrot/Württembergische AG).

[91] Vgl. BVerfG NJW 2007, 828 (Siemens/Nixdorf).

[92] BVerfGE 100, 289 (307); BVerfG NJW 2007, 3266 (Wüstenrot/Württembergische AG).

[93] BVerfG NJW 2007, 3266 (Wüstenrot/Württembergische AG).

geschränkt überprüfbar seien[94], verfassungsrechtlich zu billigen ist. Ähnliches gilt für die Einschränkung der Überprüfungsintensität der Fachgerichte. So müssen Aufwand, Kosten und Dauer des Spruchverfahrens in einem angemessenen Verhältnis zum Erkenntnisgewinn liegen.[95] Gerade die sich hieraus ergebende Schlussfolgerung, dass eine vollständige Überprüfung der Unternehmensbewertung durch die Gerichte nicht möglich erscheint, ist es nämlich, die die Einführung des Börsenkurses als Untergrenze verfassungsrechtlich geboten erscheinen lässt.

IV. Zusammenfassung

1. Art. 14 Abs. 1 GG schützt das Aktieneigentum als „gesellschaftsrechtlich vermitteltes Eigentum". Das Eigentumsgrundrecht hat dabei einen doppelten Schutzgegenstand: Es umfasst zum einen die mittelbare Berechtigung am Unternehmen und seinen Vermögensgegenständen und zum anderen die unmittelbare Inhaberschaft an der Aktie.
2. Die Entscheidungsfindung in der Aktiengesellschaft folgt dem Mehrheitsprinzip. Dieses bedarf nur dann mit Blick auf den Schutz der Eigentumsposition des Minderheitsaktionärs eines verfassungsrechtlichen Korrektivs, sofern ein systematischer Interessenkonflikt zwischen Mehrheits- und Minderheitsaktionären (Aktionärskonflikt) besteht.
3. Der Schutz des Minderheitsaktionärs durch Art. 14 Abs. 1 GG setzt nach geltendem einfachen Recht auf zwei Ebenen an. Zum einen wirkt das Grundrecht auf tatbestandlicher Ebene und gewährleistet ein Mindestniveau formaler Anforderungen an Mehrheitsbeschlüsse, die zur Schmälerung oder zum Verlust der grundrechtlich geschützten Stellung von Minderheitsaktionären führen können. Zum anderen erfordert es auf der Rechtsfolgenseite einen angemessenen wirtschaftlichen Ausgleich für den Verlust der entzogenen Rechtsposition.
4. Auf der Rechtsfolgenseite zeigt das Bundesverfassungsgericht zwar Sympathie mit der im aktienrechtlichen Schrifttum vertretenen Ansicht, die für die Abfindung ausscheidender Minderheitsaktionäre grundsätzlich den Börsenkurs als Maßstab für die Anteilsbewertung heranziehen will. Der verfassungsrechtliche Kerngedanke und damit die entscheidende Vorgabe für die Zivilgerichte bei der Herstellung des erforderlichen Schutzniveaus ist jedoch der Schutz der freien Deinvestitionsentscheidung des Minderheitsaktionärs. Dies erfordert verfassungsrechtlich häufig, aber nicht stets die Berücksichtigung existierender Börsenkurse.

[94] Vgl. OLG Stuttgart AG 2007, 705 (706).
[95] OLG Stuttgart AG 2004, 43.

5. Der Gedanke der Garantie einer freien Deinvestition für den Minderheitsaktionär als Ausgleich für sein Unterliegen im Aktionärskonflikt kann als Leitgedanke zur Lösung bislang noch nicht entschiedener Fallkonstellationen fruchtbar gemacht werden:
   a) In Verschmelzungsfällen ist die den Minderheitsaktionär schützende Börsenkursrechtsprechung nur einschlägig, wenn ein Aktionärskonflikt vorliegt. Dies ist bei der Verschmelzung gleichberechtigter Unternehmen nicht der Fall, weil die Interessen von Mehrheits- und Minderheitsaktionären in beiden Gesellschaften gleichlaufend sind. Deshalb bedarf es aus verfassungsrechtlicher Sicht eines besonderen Minderheitenschutzes nicht.
   b) Beim regulären Delisting ist die (infolge der Börsennotierung gesteigerte) Verkehrsfähigkeit der Aktie vom Schutzbereich des Art. 14 Abs. 1 GG umfasst, da sie wesentlicher Garant für eine freie Deinvestitionsentscheidung des Kleinaktionärs ist.
   c) Im Zuge von Kapitalerhöhungen kommt ein verfassungsrechtlicher Schutz der Minderheitsaktionäre nur dann in Betracht, wenn die neuen Aktien an den Mehrheitsaktionär oder ihm nahe stehende Investoren ausgegeben werden. Selbst wenn man – was kritisch zu betrachten ist – in diesem Fall regelmäßig einen verfassungsrechtlichen Schutz bejahen wollte, sollte die Börsenkursrechtsprechung gleichwohl im Rahmen von § 255 Abs. 2 AktG keine Anwendung finden, da insoweit nicht die Sicherung einer freien Deinvestitionsentscheidung des Minderheitsaktionärs in Rede steht, sondern allein über die Gewährung eines Anfechtungsrechts auf der Primärebene die Geringfügigkeit der Einschränkung der verfassungsrechtlich geschützten Eigentumspositionen sichergestellt wird.
6. Der Schutz des Anteilseigentums durch Art. 14 Abs. 1 GG erfordert schließlich einen effektiven Rechtsschutz für den Minderheitsaktionär. Dieser muss – dem Schutzkonzept des Gesetzgebers folgend – grundsätzlich auf der Tatbestands- und der Rechtsfolgenseite ansetzen.

Der Leistungsgrundsatz aus Art. 33 Abs. 2 und Abs. 5 GG – Individualleistungs- und Organisationsprinzip

Jörg Schumacher*

Leitentscheidungen des Bundesverfassungsgerichts

1. BVerfG Urteil des Zweiten Senats vom 6. März 2007 – 2 BvR 556/04 – BVerfGE 117, 330 (Ballungsraumzulage).
2. BVerfG Beschluss des Zweiten Senats vom 20. März 2007 – 2 BvL 11/04 – BVerfGE 117, 372 (Wartefrist).
3. BVerfG Beschluss des Zweiten Senats vom 19. September 2007 – 2 BvF 3/02 – BVerfGE 119, 247 (Einstellungsteilzeit).
4. BVerfG Beschluss des Zweiten Senats vom 28. Mai 2008 – 2 BvL 11/07 – NVwZ 2008, 873 (Führungsämter auf Zeit).
5. BVerfG Beschluss der 1. Kammer des Zweiten Senats vom 20. März 2007 – 2 BvR 2470/06 – NVwZ 2007, 691.
6. BVerfG Beschluss der 1. Kammer des Zweiten Senats vom 9. Juli 2007 – 2 BvR 206/07 – NVwZ 2007, 1178.

Schrifttum

Achterberg, Norbert Das Leistungsprinzip im öffentlichen Dienstrecht, DVBl. 1977, 541 ff.; *Hartfiel, Günter* in: ders. (Hrsg.), Das Leistungsprinzip, 1977, 7 ff.; *Kenntner, Markus* Aktuelle Rechtsprechung des Bundesverfassungsgerichts zum Beamtenrecht, ZBR 2008, 340 ff.; *Krüger, Herbert* Das Leistungsprinzip als Verfassungsgrundsatz, 1957; *Laubinger, Hans-Werner* Gedanken zum Inhalt und zur Verwirklichung des Leistungsprinzips bei der Beförderung von Beamten, VerwArch 83 (1992), 246 ff.; *Leisner, Walter* Grundlagen des Berufsbeamtentums – mit einer Studie über das Leistungsprinzip, 1971; *Maier, Hans* Leistungsprinzip und humane Gesellschaft, in: Würth, Reinhold (Hrsg.), Strömung der Zeit – Wirtschaft und Gesellschaft an der Schwelle zum 21. Jahrhundert, 2001, 89 ff.; *Malinka, Hartmut* Leistung und Verfassung: das Leistungsprinzip in der Rechtsprechung des Bundesverfassungsgerichts, 2000; *Neeße, Gottfried* Der Leistungsgrundsatz im öffentlichen Dienst, 1967; *Oechsler, Walter A./Steinebach, Nikolaus* Leistung und Leistungsbegriff im höheren Dienst, in: Verantwortung und Leistung, Heft 8/1983, 7 ff.; *Panzer, Nicolai* Die

* *Dr. Jörg Schumacher* ist Richter am Verwaltungsgericht Koblenz und derzeit als Wissenschaftlicher Mitarbeiter an das Bundesverfassungsgericht (Dezernat *Professor Landau*) abgeordnet. Von 2001 bis 2003 war er Wissenschaftlicher Mitarbeiter am Lehrstuhl für Bürgerliches Recht, Handels- und Gesellschaftsrecht, Arbeitsrecht und Europäische Privatrechtsentwicklung der Universität Köln (*Professor Dr. Dauner-Lieb*). Der Beitrag befindet sich auf dem Stand vom 1.3.2009.

aktuelle Rechtsprechung des Bundesverfassungsgerichts zum öffentlichen Dienstrecht zwischen Bewahrung und Fortentwicklung, DÖV 2008, 707 ff.; *von Roetteken, Torsten* Neuere Entwicklungen in der Rechtsprechung zur Konkurrentenklage, DRiZ 2008, 294 ff.

Inhalt

I. Einleitung

Das Bundesverfassungsgericht hat in den vergangenen Jahren im Bereich des öffentlichen Dienstrechts eine lebhafte Rechtsprechungstätigkeit entfaltet.[1] In einer ungewöhnlichen Vielzahl von Entscheidungen hat es die Strukturen des öffentlichen Dienstrechts neu konturiert und das Berufsbeamtentum in seiner Bedeutung für den demokratischen Rechtsstaat gestärkt. Ein besonderes Augenmerk hat das Gericht hierbei auf den Leistungsgrundsatz aus Art. 33 Abs. 2 und 5 GG gerichtet. Er taucht in drei der fünf neueren Senats- und in zahlreichen Kammerentscheidungen auf. Dies gibt Anlass, den Leistungsgrundsatz im öffentlichen Dienstrecht und sein Verständnis in der neueren Rechtsprechung des Bundesverfassungsgerichts näher zu beleuchten.

[1] Vgl. *Kenntner* ZBR 2008, 340 ff.; *Panzer* DÖV 2008, 707 ff.

II. Allgemeines Leistungsprinzip und Leistungsgesellschaft

Der Leistungsgrundsatz im öffentlichen Dienstrecht ist eine Ausprägung des allgemeinen Leistungsprinzips, das unsere Gesellschaftsordnung als Leistungsgesellschaft prägt und charakterisiert.[2] *Achterberg*[3] hat die Leistungsgesellschaft definiert als eine Gesellschaft, in der soziales Handeln durch Leistungsmotivation geprägt ist, also die Tendenz besteht, Tätigkeiten primär unter den Aspekten Erfolg und Misserfolg zu sehen und an diesen Kategorien das eigene, auf Erfolgsmaximierung gerichtete Handeln auszurichten. In der Leistungsgesellschaft richten sich der soziale Status des Einzelnen, sein Einkommen, seine Aufstiegsmöglichkeiten und seine übrigen Lebenschancen nach seiner individuellen Leistung und nicht etwa nach seiner Zugehörigkeit zu einer bestimmten Gesellschaftsklasse oder einer bestimmten Organisation.[4] Das Leistungsprinzip in einem allgemeinen Sinne bezeichnet also ein gesellschaftliches Ordnungsprinzip, demzufolge sich die Lebenschancen des Einzelnen nach der Qualität und der Quantität seiner Leistungen richten.

Das Leistungsprinzip spielte als soziale Verteilungsnorm lange Zeit nur eine sehr untergeordnete Rolle. Die mittelalterliche Gesellschaft war ständisch geprägt; die Lebenschancen des Einzelnen richteten sich in erster Linie nach der gesellschaftlichen Position, in die er hineingeboren worden war. Der Einzelne wurde nicht als Individuum wahrgenommen, sondern innerhalb kleinerer und größerer Ordnung stehend, als Glied im Verband von Haus und Sippe, im Umkreis adliger, geistlicher, bäuerlicher oder bürgerlicher Lebensformen. Diese alte Statuslehre wurde letztlich erst durch die Naturrechtslehre der Aufklärung und die Freiheitsbewegungen und Revolutionen des 18. Jahrhunderts überwunden, durch die der Einzelne als Individuum in seiner Freiheit und Gleichheit in den Mittelpunkt des Denkens und Handelns geriet.[5] Jeder sollte nunmehr seine Kräfte frei regen und entwickeln können; jeder trug jetzt „den Marschallstab im Tornister".[6]

Das Leistungsprinzip ist also eng mit den Ideen der Freiheit und Gleichheit verbunden. Es ist notwendiges Strukturprinzip jeder auf dem Gedanken der Freiheit des Einzelnen gründenden Gesellschaftsordnung. Die Rangordnung nach der Leistung ist wahrscheinlich die einzige, die eine freiheitliche Gesellschaftsordnung überhaupt duldet.[7] Dennoch ist das Leistungsprinzip

[2] Vgl. hierzu *Oechsler/Steinebach* Leistung und Leistungsbegriff im höheren Dienst, in: Verantwortung und Leistung, Heft 8/1983, 7 ff.

[3] DVBl. 1977, 541 ff.

[4] Vgl. *Laubinger* VerwArch 83 (1992), 246 (247).

[5] Vgl. *Maier* Leistungsprinzip und humane Gesellschaft, in: Würth (Hrsg.), Strömung der Zeit – Wirtschaft und Gesellschaft an der Schwelle zum 21. Jahrhundert, 2001, 89 ff.; *Hartfiel* in: ders. (Hrsg.), Das Leistungsprinzip, 1977, 11 ff.

[6] Vgl. *Krüger* Das Leistungsprinzip als Verfassungsgrundsatz, 1957, 6. Der Satz, dass „jeder den Marschallstab im Tornister trage", wird Napoleon I. zugeschrieben.

[7] So auch *Krüger* Das Leistungsprinzip als Verfassungsgrundsatz, 1957, 6.

seit jeher auch Kritik ausgesetzt. Ihm wird unter anderem vorgeworfen, es fördere den Egoismus und untergrabe die Hilfsbereitschaft und Solidarität. Es führe zur Geringschätzung, ja sogar zur Verachtung nicht nur der Leistungsunwilligen, sondern auch der weniger Leistungsfähigen. Das Leistungsprinzip tritt notwendigerweise in Widerspruch zum Sozialprinzip, welches nicht die Leistung des Einzelnen, sondern dessen Bedürfnisse zum maßgeblichen Verteilungskriterium erhebt. Viele politische Konflikte – nicht nur im Bereich des öffentlichen Dienstrechts – entwickeln sich im Spannungsverhältnis dieser beiden Prinzipien. Leistungs- und Sozialprinzip zu einem verträglichen Ausgleich zu bringen, ist Aufgabe jeder modernen Gesellschaftsordnung.

III. Der Leistungsgrundsatz aus Art. 33 Abs. 2 und Abs. 5 GG

1. *Allgemeines*

Das Leistungsprinzip prägt also unsere gesamte Gesellschaftsordnung. Der öffentliche Dienst ist indes der einzige Bereich, für den unsere Verfassung die Geltung des Leistungsprinzips ausdrücklich anordnet.[8] Art. 33 Abs. 2 GG bestimmt, dass jeder Deutsche nach seiner Eignung, Befähigung und fachlichen Leistung gleichen Zugang zu jedem öffentlichen Amte haben soll. Darüber hinaus gehört der Leistungsgrundsatz nach ständiger Rechtsprechung des Bundesverfassungsgerichts zu den hergebrachten Grundsätzen des Berufsbeamtentums, die nach Art. 33 Abs. 5 GG bei der Regelung und Fortentwicklung des öffentlichen Dienstrechts zu berücksichtigen sind.[9]

2. *Historische Entwicklung*

Der Leistungsgrundsatz hat schon lange vor Inkrafttreten des Grundgesetzes Eingang in die Rechtsordnung gefunden.[10] Bereits § 70 II 10 (Zweyter Teil, Zehnter Titel) des Preußischen Allgemeinen Landrechts von 1794 (ALR) bestimmte, das niemandem ein Amt aufgetragen werden solle, der sich dazu nicht „hinlänglich qualifiziert" und „Proben seiner Geschicklichkeit abgelegt" habe. Allerdings sah das ALR in § 35 (Zweyter Teil, Neunter Titel) auch vor, dass „der Adel ... zu den Ehrenstellen im Staate, wozu er sich

[8] Vgl. allgemein zur Bedeutung des Leistungsprinzips in der verfassungsmäßigen Ordnung des Grundgesetzes *Malinka* Leistung und Verfassung: das Leistungsprinzip in der Rechtsprechung des Bundesverfassungsgerichts, 2000.

[9] Vgl. BVerfGE 56, 146 (163); 64, 367 (379 f.); 71, 255 (268) sowie BVerfG NVwZ 2008, 873 (876).

[10] Ausführlich zur historischen Entwicklung *Laubinger* VerwArch 83 (1992), 246 (250 ff.); auch *Neeße* Der Leistungsgrundsatz im öffentlichen Dienst, 1967, 15 ff.

geschickt gemacht hat, vorzüglich berechtigt" sei. Der Leistungsgedanke war im ALR also noch von dem alten „Geblütsprinzip" überlagert.[11]

Der Leistungsgrundsatz in seiner heutigen Gestalt bahnte sich im Laufe des 19. Jahrhunderts den Weg in die Rechtsordnung. Es fand zunächst Eingang in die Verfassungen der süddeutschen Staaten[12] und alsdann in die Paulskirchenverfassung, die in Abschnitt IV Art. II § 137 Abs. 6 bestimmte:

> „Die öffentlichen Ämter sind für alle Befähigten gleich zugänglich."

Eine beinahe gleich lautende Vorschrift enthielt auch die (revidierte) Verfassungsurkunde für den Preußischen Staat vom 31.1.1850, die zudem bestimmte, dass „Standesvorrechte" nicht mehr stattfinden sollten. Art. 128 Abs. 1 der Weimarer Reichsverfassung von 1919 (WRV) sah schließlich folgende Regelung vor:

> „Alle Staatsbürger ohne Unterschied sind nach Maßgabe der Gesetze und entsprechend ihrer Befähigung und ihren Leistungen zu den öffentlichen Ämtern zuzulassen."

3. Zweck des Leistungsgrundsatzes

Der Leistungsgrundsatz aus Art. 33 Abs. 2 und Abs. 5 GG hat nach allgemeiner Auffassung eine doppelte Funktion. Er schützt zum einen den einzelnen Bewerber vor sachwidrigen Benachteiligungen; Art. 33 Abs. 2 GG gewährleistet ein grundrechtsgleiches Recht auf gleichen Zugang zum öffentlichen Amt, welches von einem übergangenen Bewerber auch mit der Verfassungsbeschwerde geltend gemacht werden kann. Darüber hinaus dient der Leistungsgrundsatz dem öffentlichen Interesse an der Funktionstüchtigkeit des öffentlichen Dienstes.[13] Er enthält eine objektive Wertentscheidung, die das Interesse der Allgemeinheit zum Ausdruck bringt, möglichst qualifizierte Bewerber in öffentliche Ämter zu berufen.[14] Der Leistungsgrundsatz soll das fachliche Niveau und die rechtliche Integrität des öffentlichen Dienstes sichern.[15]

[11] Vgl. zum Geblütsprinzip *Krüger* Das Leistungsprinzip als Verfassungsgrundsatz, 1957, 7.

[12] So bestimmte etwa die Verfassungsurkunde für das Großherzogtum Baden vom 22.8.1818, dass „alle Staatsbürger von den drey christlichen Confessionen zu allen Civil- und Militärstellen und Kirchenämtern gleiche Ansprüche haben".

[13] Vgl. *Masing* in: Dreier, Grundgesetz-Kommentar, 2. Aufl. 2006, Art. 33 Rn. 35; *Lübbe-Wolff* in: Dreier, Grundgesetz-Kommentar, 1998, Art. 33 Rn. 32; *Höfling* in: Bonner Kommentar zum Grundgesetz, Art. 33 Rn. 67; *Battis* in: Sachs, Grundgesetz-Kommentar, 4. Aufl. 2007, Art. 33 Rn. 19.

[14] Vgl. *Masing* in: Dreier, Grundgesetz-Kommentar, 2. Aufl. 2006, Art. 33 Rn. 35.

[15] Vgl. etwa *Dollinger/Umbach* in: Umbach/Clemens, Grundgesetz-Kommentar, 2002, Art. 33 Rn. 31 ff.; *Höfling* in: Bonner Kommentar zum Grundgesetz, Art. 33 Rn. 67; *Isensee* in: Benda/Maihofer/Vogel, Handbuch des Verfassungsrechts, 2. Aufl. 1994, § 32 Rn. 35; *Maunz* in: Maunz/Dürig, Grundgesetz-Kommentar, Art. 33 Rn. 12.

4. *Normativer Gehalt des Leistungsgrundsatzes*

a) Der Leistungsgrundsatz als Individualleistungsprinzip

Der Leistungsgrundsatz aus Art. 33 Abs. 2 und Abs. 5 GG ist – jedenfalls im Kern – ein Individualleistungsprinzip, welches sich auf die knappe Formel „Erfolg im Beruf nach Leistung“ bringen lässt.[16] Das Ob und Wie des beruflichen Fortkommens soll sich im öffentlichen Dienst allein nach der Leistung richten. Art. 33 Abs. 2 GG räumt daher den Kriterien der Eignung, Befähigung und fachlichen Leistung in dem Sinne den Vorrang ein, dass – vergleichbar einem umfassenden Unterscheidungsverbot – grundsätzlich alle anderen Eigenschaften des Bewerbers außer Betracht zu bleiben haben. Daneben gewährleistet Art. 33 Abs. 2 GG ein grundrechtsgleiches, verfassungsbeschwerdefähiges Recht auf eine an der Bestenauslese orientierte, chancengleiche, beurteilungsfehlerfreie und faire Verfahrensgestaltung (sogenannter Bewerberverfahrensanspruch).[17]

Eine Stärkung des Leistungsgrundsatzes in seiner Eigenschaft als Individualleistungsprinzip trägt zur effektiven Bekämpfung der Ämterpatronage bei. Die Ämterpatronage – also die Bevorzugung oder Benachteiligung von Bewerbern um öffentliche Ämter aus nichtleistungsbezogenen Gründen – ist eines der dringendsten Probleme des öffentlichen Dienstes. Sie führt nicht nur zu Fehlbesetzungen, sondern auch zu einer gewissen Amtsverdrossenheit unter denjenigen, die von ihr nicht profitieren. Außerdem untergräbt die Ämterpatronage die Unabhängigkeit der Beamten und fügt damit der Funktionsfähigkeit des öffentlichen Dienstes Schaden zu.[18]

b) Der Leistungsgrundsatz als Organisationsprinzip

Neben der individualleistungsrechtlichen Komponente wird dem Leistungsgrundsatz aus Art. 33 Abs. 2 und Abs. 5 GG vielfach ein Organisationsprinzip entnommen, demzufolge das Recht des öffentlichen Dienstes nach „Leistungsgesichtspunkten“ ausgestaltet werden muss. Nach der Rechtsprechung des Bundesverfassungsgerichts prägt der Leistungsgrundsatz aus Art. 33 Abs. 2 und Abs. 5 GG beispielsweise das Besoldungs- und Versorgungsrecht[19], das Recht auf angemessene Amtsbezeichnung[20] und den

[16] So auch *Leisner* Grundlagen des Berufsbeamtentums – mit einer Studie über das Leistungsprinzip, 1971, 62 ff.; vgl. auch Oechsler, Leistung und Leistungsbegriff im höheren Dienst in: Verantwortung und Leistung, Heft 8/1983, 7 (11 f.).

[17] *Jachmann* in: v. Mangoldt/Klein/Starck, Grundgesetz-Kommentar, 5. Aufl. 2005, Art. 33 Rn. 12 m.N.

[18] Vgl. zur Ämterpatronage *Zängl* in: Fürst, GKöD, Band 1, Teil 2a, § 8 Rdn. 3 mit zahlreichen Nachweisen.

[19] Vgl. BVerfGE 11, 203 (215 f.); 56, 146 (163 f.); 110, 353 (369); 114, 258 (286); 117, 372 (382).

[20] Vgl. BVerfGE 38, 1 (12); 62, 374 (383); 64, 323 (351).

Fürsorgegrundsatz[21]. Er gebietet eine Abstufung der Besoldung nach dem Amt und der damit verbundenen Verantwortung[22], eine aus dieser leistungsgerechten Abstufung folgende Amtsbezeichnung[23], eine Förderung des Beamten durch den Dienstherrn nach seiner Leistung[24] und eine Versorgung aus dem letzten (Beförderungs-)Amt[25]. Außerdem soll dem Leistungsgrundsatz eine bewahrende, auf den Schutz der „erdienten Statusrechte" ausgerichtete Komponente zueigen sein.[26]

Ähnlich wird der organisationsrechtliche Gehalt des Leistungsgrundsatzes in der Literatur beschrieben. Über seinen durch Art. 33 Abs. 2 GG explizit beschriebenen Funktionsbereich hinaus bestimme der Leistungsgrundsatz auch die inhaltliche Ausgestaltung des Amtes im statusrechtlichen Sinn nach Maßgabe der Erfordernisse einer rechtsstaatlich effektiven Verwaltung. Als notwendiges Korrelat der rechtsstaatlichen Ausrichtung des öffentlich-rechtlichen Dienst- und Treueverhältnisses entfalte es unabhängig von seiner Traditionalität Wirksamkeit.[27] Ausdruck des Leistungsgrundsatzes seien das Erfordernis der amtsangemessenen Abstufung der Besoldung, das Bestehen von Laufbahngruppen im öffentlichen Dienst und das Recht des Beamten auf eine angemessene Amtsbezeichnung.[28]

c) Stellungnahme

Die organisationsrechtliche Komponente des Leistungsgrundsatzes ist kaum fassbar. In ihr vermischen sich der verfassungsrechtliche Leistungsgrundsatz und die Funktionstüchtigkeit und Leistungsfähigkeit des öffentlichen Dienstes als übergeordneter Zweck aller hergebrachten Grundsätze des Berufsbeamtentums im Sinne des Art. 33 Abs. 5 GG. Diesem Verständnis des Leistungsgrundsatzes wohnt eine erhebliche Sprengkraft inne.[29] Mit einem als Organisationsprinzip verstandenen Leistungsgrundsatz lassen sich – gleichsam nach Belieben – Maßnahmen aller Art, die tatsächlich oder auch nur vermeintlich auf eine Leistungssteigerung des öffentlichen Dienstes hinzielen, verfassungsrechtlich rechtfertigen, auch wenn dabei wesentliche Strukturprinzipien des Berufsbeamtentums beeinträchtigt wer-

[21] Vgl. BVerfGE 43, 154 (165).
[22] Vgl. BVerfGE 56, 146 (163 f.).
[23] Vgl. BVerfGE 38, 1 (12); 62, 374 (383); 64, 323 (351).
[24] Vgl. BVerfGE 43, 154 (165).
[25] BVerfGE 117, 372 (382).
[26] Vgl. BVerfGE 64, 367 (385); BVerfG, NVwZ 2008, 873 (876).
[27] Vgl. *Jachmann* in: v. Mangoldt/Klein/Starck, Grundgesetz-Kommentar, 5. Aufl. 2005, Art. 33 Rn. 45.
[28] Vgl. *Pieper* in: Schmidt-Bleibtreu/Hofmann/Hopfauf, Grundgesetz-Kommentar, 11. Aufl. 2008, Art. 33 Rn. 153 ff.
[29] Nach *Leisner* Grundlagen des Berufsbeamtentums – mit einer Studie über das Leistungsprinzip, 1971, 60.

den.[30] Denn als einziger ausdrücklich benannter hergebrachter Grundsatz des Berufsbeamtentums ist das Leistungsprinzip von Verfassungs wegen mit besonderem Gewicht ausgestattet. Dabei ist die Argumentation mit einer Leistungssteigerung des öffentlichen Dienstes häufig erheblichen Bedenken ausgesetzt. Ob es eine irgendwie objektivierbare „Leistungsfähigkeit des öffentlichen Dienstes" überhaupt gibt, ist zweifelhaft. Rechtsprechung und Literatur begeben sich mit ihrem weiten Verständnis des Leistungsgrundsatzes letztlich in ungesicherte Bereiche der Organisationslehre.[31]

Die organisationsrechtliche Komponente des Leistungsgrundsatzes dürfte im Übrigen auch keinen Rückhalt in der Tradition des Berufsbeamtentums finden. Der Leistungsgrundsatz im öffentlichen Dienstrecht ist seinem Herkommen nach ein Individualleistungsprinzip. Dieses Verständnis als Individualleistungsprinzip entspricht der Ausformung des Leistungsgrundsatzes in den früheren deutschen Verfassungen. Wenn demgegenüber in der verfassungsrechtlichen und beamtenrechtlichen Literatur allenthalben behauptet wird, der Leistungsgrundsatz habe auch eine objektivrechtliche Komponente, so steht dies der Auslegung desselben als reines Individualleistungsprinzip nicht entgegen. Vielmehr ist damit nur ausgesagt, dass das Prinzip „Erfolg nach Leistung" nicht nur den Interessen des Einzelnen zu dienen bestimmt ist, sondern auch um der Institution des Berufsbeamtentums Willen existiert. Hinter der objektivrechtlichen Komponente des Leistungsgrundsatzes steht die Erfahrung, dass eine strikte Orientierung aller Personalentscheidungen an Leistungskriterien letztlich auch die Leistungsfähigkeit des öffentlichen Dienstes insgesamt steigert.

Der Leistungsgrundsatz ist also keineswegs identisch mit dem öffentlichen Interesse an einem funktionstüchtigen und leistungsfähigen öffentlichen Dienst, sondern dient diesem öffentlichen Interesse nur mittelbar. Es unterscheidet sich insoweit nicht von den anderen hergebrachten Grundsätzen des Berufsbeamtentums im Sinne des Art. 33 Abs. 5 GG. Auch das Alimentationsprinzip, das Lebenszeitprinzip oder das Laufbahnprinzip etwa dienen dem übergeordneten öffentlichen Interesse an einem stabilen, funktionstüchtigen und leistungsfähigen öffentlichen Dienst, ohne mit diesem Interesse identisch zu sein.

Es ist schließlich auch in der Sache keineswegs zwingend, den Leistungsgrundsatz aus Art. 33 Abs. 2 und Abs. 5 GG um eine organisationsrechtliche Komponente anzureichern. Die Vorgaben für die Ausgestaltung des Berufsbeamtentums, die in der Rechtsprechung aus der organisationsrechtlichen Komponente des Leistungsgrundsatzes abgeleitet werden, ergeben sich zwanglos bereits aus anderen hergebrachten Grundsätzen des Berufs-

[30] Vgl. hierzu *Siedentopf* DÖV 1985, 1033 (1034); *Thieme* DÖV 1987, 933 (941); *Böhm* DÖV 1996, 403 (407 f.); *Nessler* RiA 1997, 157 (158 ff.).

[31] Vgl. *Leisner* Grundlagen des Berufsbeamtentums – mit einer Studie über das Leistungsprinzip, 1971, 63.

beamtentums, die im traditionsbildenden Zeitraum durch ein allgemeines „Leistungsdenken" geprägt wurden. Wenn etwa vertreten wird, dem Leistungsgrundsatz aus Art. 33 Abs. 5 GG sei eine bewahrende, auf den Schutz der „erdienten Statusrechte" ausgerichtete Komponente zueigen[32], so handelt es sich hierbei der Sache nach nicht um eine Ableitung aus dem Leistungsgrundsatz, sondern aus dem Lebenszeitprinzip. Dieses schützt nicht nur den Grundstatus des Beamten auf Lebenszeit, sondern auch das ihm jeweils übertragene statusrechtliche Amt.[33] Es ist auch nicht der Leistungsgrundsatz, der eine Abstufung der Besoldung nach dem Amt und der damit verbundenen Verantwortung gebietet[34], sondern der Alimentationsgrundsatz.[34a] Denn dieser fordert nicht eine irgendwie geartete Alimentation, sondern eine amtsangemessene.[35] Schließlich folgt auch das Recht auf eine angemessene Amtsbezeichnung nicht aus dem Leistungsgrundsatz, sondern bildet einen eigenständigen, hergebrachten Grundsatz des Berufsbeamtentums.[36]

d) Zwischenergebnis

Der Leistungsgrundsatz hat nach herrschender Meinung eine individualleistungsrechtliche und eine organisationsrechtliche Komponente. Als Individualleistungsprinzip sollte der Leistungsgrundsatz gestärkt werden. Denn nur durch eine konsequente Anwendung des Prinzips der Bestenauslese im Rahmen von Auswahlentscheidungen kann der Ämterpatronage wirksam begegnet werden. Als Organisationsprinzip sollte der Leistungsgrundsatz indes restriktiv gehandhabt werden. Denn der organisationsrechtlichen Komponente des Leistungsgrundsatzes wohnt eine erhebliche, auch für eine Durchbrechung wesentlicher Grundstrukturen des Berufsbeamtentums einsetzbare Sprengkraft inne.

IV. Der Leistungsgrundsatz in der neueren Rechtsprechung des Bundesverfassungsgerichts

1. Senatsrechtsprechung

Der Leistungsgrundsatz findet sich in drei der insgesamt fünf Senatsentscheidungen zu beamtenrechtlichen Fragestellungen, die der Zweite Senat des Bundesverfassungsgerichts innerhalb der letzten zwei Jahre getroffen hat.[36a]

[32] Vgl. BVerfGE 64, 367 (385).
[33] Vgl. BVerfGE 70, 251 (266).
[34] So aber BVerfGE 56, 146 (163 f.).
[34a] In diese Richtung auch BayVerfGH, NVwZ 2009, 46 (47 f.).
[35] Vgl. etwa BVerfGE 114, 258 (287); 117, 330 (350 ff.); 117, 372 (381) jeweils m.w.N.
[36] Vgl. BVerfGE 38, 1 (12); 62, 374 (383); 64, 323 (351).
[36a] Vgl. BVerfGE 117, 330 f. (Ballungsraumzulage); 117, 372 (Wartefrist); BVerfG, Beschluss des Zweiten Senats vom 28.5.2008 – 2 BuL 11/07 – NVwZ 2008, 873 (Führungsämter auf Zeit).

Die Entscheidung des Zweiten Senats zur antragslosen Einstellungsteilzeit für Beamte[37] erwähnt den Leistungsgrundsatz zwar nicht; dennoch lässt sie wichtige Rückschlüsse auf das Verständnis des Leistungsgrundsatzes als Organisationsprinzip in der jüngeren Rechtsprechung des Gerichts zu.

a) Ballungsraumzulage

Mit Urteil vom 6.3.2007[38] hat der Zweite Senat des Bundesverfassungsgerichts entschieden, dass der Besoldungsgesetzgeber gegenwärtig nicht verpflichtet ist, regional unterschiedliche Lebenshaltungskosten auszugleichen. Dieser Entscheidung lag eine Verfassungsbeschwerde zu Grunde, mit der ein Beamter der Besoldungsgruppe A 13 BBesG seinen Dienstherrn im Hinblick auf die hohen Lebenshaltungskosten im Ballungsraum München zur Gewährung einer höheren Besoldung verpflichten wollte. Er rügte, angesichts der hohen Lebenshaltungskosten nicht mehr seinem Amt angemessen alimentiert zu sein. Zudem sah er den Leistungsgrundsatz verletzt, weil das Fehlen einer Ortszulage für Beamte ab der Besoldungsgruppe A 11 BBesG zu einer Nivellierung der Amtsunterschiede führe.

Der Zweite Senat wies die Verfassungsbeschwerde zurück. Ein Ortszulagensystem der Beamtenbesoldung sei nicht gemäß Art. 33 Abs. 5 GG als hergebrachter Grundsatz des Berufsbeamtentums geschützt und auch das Alimentationsprinzip verpflichte den Besoldungsgesetzgeber in der gegenwärtigen Lage nicht, den erhöhten Lebenshaltungskosten in München durch einen spezifischen Ausgleich Rechnung zu tragen.[39] Eine Handlungspflicht des Gesetzgebers ergebe sich insoweit auch nicht aus dem Leistungsgrundsatz. Zu den hergebrachten Grundsätzen des Berufsbeamtentums gehöre, dass die Bezüge der Beamten – dem Leistungsgrundsatz des Art. 33 Abs. 2 GG folgend – entsprechend der unterschiedlichen Wertigkeit der Ämter abgestuft seien. Die Organisation der öffentlichen Verwaltung stelle darauf ab, dass in den höher besoldeten Ämtern die für den Dienstherrn wertvolleren Leistungen erbracht würden. Deshalb müsse im Hinblick auf das Leistungs- und das Laufbahnprinzip mit der organisationsrechtlichen Gliederung der Ämter eine Staffelung der Gehälter einhergehen. Diese Staffelung müsse sich auch in der Realität wieder finden. Dies besage aber nicht, dass die realen Lebensverhältnisse eines Beamten der Besoldungsgruppe A 13 BBesG in München mit denen eines Beamten der Besoldungsgruppe A 12 oder A 11 BBesG an einem anderen Ort zu vergleichen wären. Einem Vergleich zugänglich seien insoweit allein die Beamten der verschiedenen Besoldungsgruppen am selben Ort.[40]

[37] BVerfGE 119, 247.
[38] BVerfGE 117, 330.
[39] A.a.O., S. 344 ff.
[40] A.a.O., S. 355 f.

Der Leistungsgrundsatz taucht in der Entscheidung zur Ballungsraumzulage als Organisationsprinzip im eigentlichen Sinne auf. Er gebietet, die Bezüge der Beamten entsprechend der unterschiedlichen Wertigkeit der Ämter abzustufen. Der Zweite Senat hat insoweit an seine frühere Rechtsprechung angeknüpft, aus der sich eben dieser Rechtssatz ableiten lässt.[41] Eine Erweiterung der organisationsrechtlichen Komponente des Leistungsgrundsatzes ergibt sich aus der Entscheidung zur Ballungsraumzulage nicht; allerdings wird in der Entscheidung auch noch keine restriktive Linie des Gerichts im Hinblick auf den Leistungsgrundsatz als Organisationsprinzip erkennbar.

b) Wartefrist

Mit Beschluss vom 20.3.2007[42] erklärte der Zweite Senat die Verlängerung der für die Versorgungswirksamkeit von Beförderungen geltenden Wartefrist des § 5 Abs. 3 S. 1 BeamtVG von zwei auf drei Jahre wegen eines Verstoßes gegen Art. 33 Abs. 5 GG für nichtig. Die Vorschrift des § 5 Abs. 3 S. 1 BeamtVG enthält eine Ausnahme von dem im Beamtenversorgungsrecht geltenden Grundsatz, dass der Berechnung des Ruhegehalts diejenigen Dienstbezüge zugrunde gelegt werden, die dem Beamten zuletzt zugestanden haben. Hat der Beamte die Dienstbezüge aus dem bei Eintritt in den Ruhestand innegehabten Beförderungsamt nicht über einen bestimmten Zeitraum hinweg auch tatsächlich erhalten, so sind nach § 5 Abs. 3 S. 1 BeamtVG nur die Bezüge des vorher bekleideten Amtes ruhegehaltfähig. Diese so genannte Wartefrist für die Versorgungswirksamkeit von Beförderungen hob der Gesetzgeber mit Wirkung vom 1.1.1999 von zwei auf drei Jahre an. Von dieser Gesetzesänderung war auch der Kläger betroffen. Seine Beförderung in ein Amt der Besoldungsgruppe R 2 BBesG lag zum Zeitpunkt seines Ruhestandseintritts erst etwas länger als zwei Jahre zurück. Das zuständige Verwaltungsgericht Greifswald legte die Frage der Verfassungsmäßigkeit der Verlängerung der Wartefrist daher dem Bundesverfassungsgericht gemäß Art. 100 Abs. 1 GG zur Entscheidung vor.

Nach Auffassung des Zweiten Senats verstößt die Verlängerung der Wartefrist gegen den Grundsatz der Versorgung aus dem letzten Amt. Sie könne auch nicht auf eine hinreichende Rechtfertigung gestützt werden und sei daher mit Art. 33 Abs. 5 GG unvereinbar. Bei dem Grundsatz der Versorgung aus dem letzten Amt als Ausprägung des Alimentationsprinzips handele es sich nicht um eine bloße Auslegung, sondern um einen eigenständigen Grundsatz im Sinne des Art. 33 Abs. 5 GG. Die mit der Berufung in ein höheres Amt verliehene statusrechtliche Position, mit der die fachliche

41 Vgl. BVerfGE 56, 146 (163 f.); 61, 43 (57 f.); 76, 256 (323 f.); 114, 258 (293).

42 BVerfGE 117, 372.

Leistung des Bediensteten sowie seine Eignung und Befähigung für dieses gegenüber seinem bisherigen Amt herausgehobene, höherwertige Amt förmlich anerkannt worden seien, dürfe später grundsätzlich nicht unberücksichtigt bleiben. Dies sei zugleich Ausdruck des in Art. 33 Abs. 2 GG verankerten Leistungsgrundsatzes. Jede Beförderung sei auf Grundlage der Eignung, Befähigung und fachlichen Leistung des Beamten vorzunehmen. Der Leistungsgrundsatz verlange die Anerkennung ordnungsgemäßer Beförderungen auch im Versorgungsrecht.[43]

Anders als in der Entscheidung zur Ballungsraumzulage wird der Leistungsgrundsatz als Organisationsprinzip in der Wartefrist-Entscheidung nur noch mittelbar sichtbar. Er wird zur Begründung eines anderen hergebrachten Grundsatzes des Berufsbeamtentums – des Grundsatzes der Versorgung aus dem letzten Amt – herangezogen. Unmittelbar wird der Leistungsgrundsatz nicht mehr geprüft, obwohl dies mit Blick auf die Entscheidung zur Ballungsraumzulage durchaus nahe gelegen hätte. Denn in der Entscheidung zur Ballungsraumzulage hatte der Zweite Senat noch erkannt, dass es der Leistungsgrundsatz selbst ist, der eine Abstufung der Beamtenbezüge nach der Wertigkeit der Ämter gebiete. Schon in der Wartefrist-Entscheidung ist der Leistungsgrundsatz als Organisationsprinzip also gewissermaßen auf dem Rückzug.

c) Antragslose Einstellungsteilzeit

Mit Beschluss vom 19.9.2007[44] hat der Zweite Senat die im Niedersächsischen Beamtengesetz – NBG – vorgesehene obligatorische Einstellungsteilzeit für Beamte wegen eines Verstoßes gegen Art. 33 Abs. 5 GG für nichtig erklärt. Nach § 80c NBG konnten Bewerber für die Laufbahn des gehobenen und des höheren Dienstes auch unter der Voraussetzung einer Teilzeitbeschäftigung von mindestens drei Vierteln der regelmäßigen Arbeitszeit in ein Beamtenverhältnis eingestellt werden. Der vom Bundesverwaltungsgericht nicht beanstandeten verfassungskonformen Auslegung des § 80c NBG durch das Niedersächsische Oberverwaltungsgericht, wonach die Ermächtigung zur Teilzeitbeschäftigung neu einzustellender Beamter nur verfassungsgemäß sein sollte, wenn die Teilzeitbeschäftigung mit dem Willen der betroffenen Beamten übereinstimmte, war die Niedersächsische Landesregierung mit einem Antrag auf Normbestätigung entgegengetreten.

Der Zweite Senat hielt die antragslose Einstellungsteilzeit aus § 80c NBG mit dem Grundsatz der Hauptberuflichkeit und dem Alimentationsprinzips als prägenden Strukturmerkmalen des Berufsbeamtentums für unvereinbar. Die antragslose Einstellungsteilzeit sei dadurch charakterisiert, dass sie den auf eine Teilzeitbeschäftigung gerichteten Willen des Beamten nicht voraus-

[43] A.a.O., S. 379 ff.; vgl. zum Ganzen auch BVerfGE 61, 43.
[44] BVerfGE 119, 247.

setze. Der Dienstherr biete dem Teilzeitbeamten nicht das Maß an beruflicher Auslastung und, damit korrespondierend, an Einkünften, das er einem Vollzeitbeamten gewähren und schulden würde. Der betroffene Beamte müsse schon zum Zweck der gewünschten Einnahmeerzielung – und damit um ein dem Amt wenigstens annähernd angemessenes Einkünfteniveau zu erreichen – typischerweise auf die Ausübung von Nebentätigkeiten ausweichen. Es seien Interessenkonflikte zu besorgen, wenn der Teilzeitbeamte zugleich den Aufträgen privater Arbeitgeber nachkommen müsse und seine Einnahmen in nicht unerheblichem Ausmaß von der Fortführung eines privaten Arbeitsverhältnisses abhingen. Die antragslose Einstellungsteilzeit beeinträchtige daher Ziele und Funktionen der in dem Hauptberuflichkeitsgrundsatz angelegten Treue- und Loyalitätspflicht des Beamten.[45] Die Regelung des § 80c NBG stehe auch nicht mit dem durch Art. 33 Abs. 5 GG garantierten Alimentationsprinzip im Einklang. Hiernach seien Dienstverpflichtung und Dienstleistung des Beamten einerseits und die dafür vom Dienstherrn gewährte Besoldung andererseits wechselseitig aufeinander bezogen. Das Alimentationsprinzip lasse eine Absenkung der Besoldung unter das vom Besoldungsgesetzgeber als angemessen festgesetzte Niveau im Interesse der Funktionszuordnung des Beamtentums nur im Einverständnis und auf Antrag des betroffenen Beamten zu.[46] Eine andere Bewertung ergebe sich auch nicht durch die Neufassung des Art. 33 Abs. 5 GG durch das 52. Gesetz zur Änderung des Grundgesetzes vom 28.8.2006. Die dem Art. 33 Abs. 5 GG durch dieses Gesetz angefügte Fortentwicklungsklausel habe an dem maßgeblichen Regelungsgehalt der Vorschrift nichts geändert.[47]

Der Leistungsgrundsatz taucht in der Entscheidung zur antragslosen Einstellungsteilzeit nicht auf. Dennoch lässt die Entscheidung Rückschlüsse auf das Verständnis des Bundesverfassungsgerichts vom Leistungsgrundsatz als Organisationsprinzip zu. Denn in der vorangegangenen Diskussion um die Zulässigkeit der antragslosen Einstellungsteilzeit hatte der Leistungsgrundsatz durchaus eine gewisse Rolle gespielt. Das Bundesverwaltungsgericht etwa hatte in einer Entscheidung zur Einstellungsteilzeit nach dem Hessischen Beamtengesetz ausgeführt:[48]

> „Überdies verbietet es der verfassungsrechtliche Leistungsgrundsatz (Art. 33 Abs. 2 GG), Bewerber um die Einstellung nach dem eignungs- und leistungsfremden Gesichtspunkt auszuwählen, ob sie sich zu einem Verzicht auf Vollbeschäftigung und amtsgemäße Besoldung bereit finden […].“

45 A.a.O., S. 263 ff.

46 A.a.O., S. 268 ff.

47 A.a.O., S. 272 f.

48 BVerwGE 110, 363 (368); vgl. auch schon BVerwGE 82, 196 (204).

In der Literatur[49] war diese Auffassung des Bundesverwaltungsgerichts auf heftige Kritik gestoßen. Bei Anwendung der Regelungen über die Einstellungsteilzeit würden von vornherein nur Teilzeitstellen ausgeschrieben. Art. 33 Abs. 2 GG betreffe indes nur die Kriterien der Auswahlentscheidung; der Norm könne daher keinerlei Aussage über den Zuschnitt der zu besetzenden Stelle entnommen werden. Die Ausgestaltung der konkreten Stelle unterliege vielmehr der Organisations- und Personalhoheit des Dienstherrn. Da es keinen Anspruch auf Einstellung in das Beamtenverhältnis gebe, könne der Bewerber auch kein Recht auf eine Vollzeitstelle haben.

Diesen kritischen Literaturstimmen hat sich das Bundesverfassungsgericht in seiner Entscheidung zur Einstellungsteilzeit – jedenfalls im Ergebnis – angeschlossen. Es hat damit einem weiten Verständnis des Leistungsgrundsatzes als Organisationsprinzip eine Absage erteilt. Auch nach Auffassung des Bundesverfassungsgerichts trifft der Leistungsgrundsatz also keine Aussage über den Zuschnitt der Stellen im öffentlichen Dienst. Die Entscheidung hierüber steht vielmehr im Organisationsermessen des Dienstherrn, welches öffentlichen Interessen dient und daher grundsätzlich keine Schutzwirkung zu Gunsten einzelner Bewerber entfaltet.[50]

d) Führungsämter auf Zeit

Auf eine Vorlage des Bundesverwaltungsgerichts entschied der Zweite Senat des Bundesverfassungsgerichts mit Beschluss vom 28.5.2008,[51] dass die in § 25b des Landesbeamtengesetzes Nordrhein-Westfalen – LBG NRW – eingeführte Übertragung von Führungsämtern auf Zeit mit Art. 33 Abs. 5 GG unvereinbar und die Regelung daher nichtig sei. § 25b LBG NRW sah vor, dass bestimmte Ämter mit leitender Funktion zunächst im Beamtenverhältnis auf Zeit für längstens zwei Amtszeiten von insgesamt 10 Jahren übertragen werden sollten. Mit Ablauf der ersten Amtszeit war die Übertragung des Amtes auf Dauer im Beamtenverhältnis auf Lebenszeit ausgeschlossen; mit Ablauf der zweiten Amtszeit sollte dem Beamten das Amt auf Dauer übertragen werden.

Der Zweite Senat sah durch diese Regelung das Lebenszeitprinzip in seinem Kernbereich verletzt. Zu den das deutsche Beamtenrecht seit jeher prägenden, hergebrachten Grundsätzen gehöre nicht nur die Anstellung der Beamten auf Lebenszeit, sondern auch das Prinzip der lebenszeitigen Über-

[49] Vgl. *Bull* DVBl. 2000, 1773 (1774); *Lecheler* ThürVBl. 1998, 25 (27); *von Mutius/Röh* ZBR 1990, 365 (382); *Schafft* RiA 1999, 282 (283 f.); *Wieland* JZ 2001, 763 (764).

[50] Vgl. hierzu auch BVerwG NVwZ 1997, 253 und NVwZ-RR 2000, 172 (173); *Battis* in: Sachs, Grundgesetz-Kommentar, 4. Aufl. 2007, Art. 33 Rn. 21; *Höfling* in: Bonner Kommentar zum Grundgesetz, Art. 33 Rn. 103.

[51] NVwZ 2008, 873 ff.

tragung aller einer Laufbahn zugeordneten Ämter. Das Lebenszeitprinzip schütze nicht nur den Grundstatus des Beamten auf Lebenszeit, sondern auch das ihm jeweils übertragene statusrechtliche Amt.[52] Eine ausreichend gewichtige Rechtfertigung für die durch die Schaffung von Führungsämtern auf Zeit bewirkte Durchbrechung des Lebenszeitprinzips liege nicht vor. Eine Rechtfertigung finde sich insbesondere nicht im Leistungsprinzip.[53] Das Leistungsprinzip als hergebrachter Grundsatz im Sinne von Art. 33 Abs. 5 GG bezeichne in seinem Kern vor allem das Prinzip der Bestenauslese, wie es ausdrücklich in Art. 33 Abs. 2 GG verankert sei. Art. 33 Abs. 5 GG ergänze dabei die für Auswahlentscheidungen geltende Regelung des Art. 33 Abs. 2 GG vor allem durch eine bewahrende, auf den Schutz der „erdienten Statusrechte“ ausgerichtete Komponente, die wesentlich zur Garantie der Unabhängigkeit des Berufsbeamtentums beitrage und damit die Funktionsfähigkeit der Institution sichern solle. Ein wesentlicher Inhalt des Leistungsprinzips sei also die Anerkennung und rechtliche Absicherung des Beförderungserfolges, den der Beamte bei der Bestenauslese aufgrund von Eignung, Befähigung und Leistung erlangt habe. Die Modernisierung der öffentlichen Verwaltung dürfe nicht auf Kosten der Unabhängigkeit der Beamten erfolgen, sondern müsse mit ihr in Einklang stehen. Der beamtenrechtliche Leistungsbegriff setze neben Effizienz, fachlicher Leistung und Sachwissen des Beamten stets auch seine Bereitschaft zu rechtsstaatlich gebundener, neutraler und unabhängiger Amtsführung und damit seine persönliche Integrität voraus. Danach könne das Ziel, das Leistungsprinzip zu fördern, den mit § 25b LBG NRW verbundenen Eingriff in den Kernbereich des Lebenszeitprinzips nicht rechtfertigen. Die Regelung des § 25b LBG sei weder geeignet noch erforderlich, um diesen Zweck zu verwirklichen. Eine Rechtfertigung finde der Eingriff in das Lebenszeitprinzip auch nicht in der Förderung der Mobilität und Flexibilität des Personaleinsatzes oder in den Besonderheiten der betroffenen Führungsfunktionen.

Auch in der Entscheidung zu den Führungsämtern auf Zeit kommt die auf eine Begrenzung des Leistungsgrundsatzes als Organisationsprinzip abzielende Strategie des Bundesverfassungsgerichts zum Vorschein. Nach Auffassung des Gerichts bezeichnet das Leistungsprinzip als hergebrachter Grundsatz im Sinne von Art. 33 Abs. 5 GG „in seinem Kern vor allem“ das Prinzip der Bestenauslese aus Art. 33 Abs. 2 GG. Mit diesem Satz hebt das Gericht den Leistungsgrundsatz in seiner Bedeutung als Individualleistungsprinzip deutlich hervor. Die organisationsrechtliche Komponente des Leistungsgrundsatzes erscheint demgegenüber nur in sehr reduzierter Form: Art. 33 Abs. 5 GG ergänze die für Auswahlentscheidungen geltende Rege-

[52] A.a.O., S. 875.
[53] A.a.O., S. 876.

lung des Art. 33 Abs. 2 GG vor allem durch eine bewahrende, auf den Schutz der „erdienten Statusrechte" ausgerichtete Komponente.[54]

Des Weiteren führt das Gericht aus, die Modernisierung der öffentlichen Verwaltung dürfe nicht auf Kosten der Unabhängigkeit der Beamten erfolgen, sondern müsse mit ihr in Einklang stehen; der beamtenrechtliche Leistungsbegriff setze neben Effizienz, fachlicher Leistung und Sachwissen des Beamten stets auch eine Bereitschaft zu rechtsstaatlich gebundener, neutraler und unabhängiger Amtsführung und damit seine persönliche Integrität voraus. Auch in diesen Ausführungen kommt das Bemühen des Gerichtes zum Ausdruck, den Leistungsgrundsatz als Rechtfertigungsgrund für strukturbeeinträchtigende Reformmaßnahmen im Bereich des öffentlichen Dienstrechts abzuschwächen. Die Leistungsfähigkeit des öffentlichen Dienstes kann nach Auffassung des Gerichts nicht durch eine einfache Kosten-Nutzen-Rechnung abgebildet werden. Vielmehr ist bei derartigen Betrachtungen stets die rechtsstaatliche Funktion des Berufsbeamtentums mit zu berücksichtigen.

Die in der Maßstabsbildung zum Ausdruck gelangte, restriktive Linie des Gerichts im Hinblick auf den Leistungsgrundsatz als Organisationsprinzip setzt sich in der weiteren Prüfung allerdings nicht fort. Vielmehr prüft das Gericht die allgemeinen Leistungserwägungen, mit denen der Gesetzgeber die Regelungen über die Führungsämter auf Zeit begründet hatte. Diese allgemeinen Leistungserwägungen erscheinen danach ebenfalls als Ausfluss des verfassungsrechtlichen Leistungsgrundsatzes, was dem zuvor angedeuteten engen Verständnis des Gerichts vom Leistungsgrundsatz als Organisationsprinzip zuwider läuft.

2. *Kammerrechtsprechung*

Auch in der Kammerrechtsprechung des Bundesverfassungsgerichts hat der Leistungsgrundsatz in den letzten Jahren eine wichtige Rolle gespielt.[55] Von den zahlreichen Kammerentscheidungen zum Leistungsgrundsatz sind zwei Beschlüsse von besonderem Interesse, da sie die auf eine Stärkung des Leistungsgrundsatzes als Individualleistungsprinzip abzielende Linie des Gerichts beispielhaft verdeutlichen:

a) 2 BvR 2470/06

Mit Beschluss vom 20.3.2007[56] gab das Bundesverfassungsgericht der Verfassungsbeschwerde eines übergangenen Bewerbers in einem Beförderungskonkurrentenstreit statt. Der Beschwerdeführer, der als Vizepräsident eines Landesarbeitsgerichts nach der Besoldungsgruppe R 3 mit Zulage BBesG

[54] Vgl. hierzu auch BVerfGE 64, 367 (385).

[55] Eine Übersicht über die neuere Rechtsprechung des Bundesverfassungsgerichts (auch) zum Leistungsprinzip findet sich bei *Kenntner* ZBR 2008, 340 ff.

[56] NVwZ 2007, 691 ff.

besoldet wurde, hatte sich um die vakante Stelle des Präsidenten des Landesarbeitsgerichts beworben. Die Auswahlentscheidung war indes auf seinen Mitbewerber, den nach der Besoldungsgruppe R 4 BBesG besoldeten Vizepräsidenten des Oberlandesgerichts gefallen. In dem Besetzungsbericht hieß es, bei dem Vergleich der Bewerber, die zuletzt alle mit dem bestmöglichen Ge samtprädikat besonders hervorragend beurteilt worden seien, müsse berücksichtigt werden, dass der Mitbewerber des Beschwerdeführers das Prädikat in einem höheren Statusamt erreicht habe. Da eine dienstliche Beurteilung statusamtsbezogen zu erfolgen habe, müsse dies zu einer Differenzierung zwischen den Bewerbern führen. Dem Mitbewerber komme daher ein Leistungsvorsprung gegenüber dem Beschwerdeführer im Bereich der Rechtsprechung zu. Dieser Leistungsvorsprung werde auch bei Berücksichtigung der Leistungsbeurteilung der beiden Konkurrenten im Rahmen der von ihnen wahrgenommenen Verwaltungstätigkeit nicht infrage gestellt. Ein Antrag des Beschwerdeführers auf Erlass einer einstweiligen Anordnung gegen diese Auswahlentscheidung blieb vor den Verwaltungsgerichten ohne Erfolg.

Die 1. Kammer des Zweiten Senats gab der anschließenden Verfassungsbeschwerde des Beschwerdeführers statt. Entgegen der Auffassung der Fachgerichte sei die für die Auswahlentscheidung maßgebliche Erwägung, dass dem Mitbewerber des Beschwerdeführers allein aufgrund seines höheren Statusamtes im Bereich der Rechtsprechungstätigkeit ein Leistungs- und Eignungsvorsprung zukomme, mit den Vorgaben des Art. 33 Abs. 2 GG nicht vereinbar. Zwar sei die Rechtsprechung der Verwaltungsgerichte, dass bei formal gleicher Bewertung die Beurteilung des Beamten/Richters im höheren Statusamt grundsätzlich besser sei als diejenige des in einem niedrigeren Statusamt befindlichen Konkurrenten vom Grundsatz her verfassungsrechtlich nicht zu beanstanden. Der Grundsatz vom höheren Statusamt gelte indes nicht ausnahmslos. Er könne nicht schematisch auf jeden Fall einer Beförderungskonkurrenz zwischen zwei Beamten oder Richtern unterschiedlicher Statusämter angewendet werden. Vielmehr hänge das zusätzliche Gewicht der in einem höheren Statusamt erteilten Beurteilung von den Umständen des Einzelfalls ab. Dies hätten die Fachgerichte nicht erkannt. Die statusrechtliche Besserstellung des Mitbewerbers des Beschwerdeführers beruhe ausschließlich auf der im Bereich des Oberlandesgerichts höheren Zahl an Richterplanstellen. Ihr könne daher Aussagekraft im Hinblick auf die Leistungen des Mitbewerbers im Bereich der Verwaltungstätigkeit zukommen. Die statusrechtliche Besserstellung des Mitbewerbers biete indes keinen Anhaltspunkt für eine Differenzierung zwischen dem Beschwerdeführer und dem Mitbewerber auf dem Gebiet der Rechtsprechung. Sie hänge in keiner Weise mit der rechtsprechenden Tätigkeit des Beigeladenen zusammen. Das Besoldungsrecht stufe die Spruchrichtertätigkeit des Beschwerdeführers als Vizepräsident des Landesarbeitsgerichts und des Mitbewerbers als Vizepräsident des Oberlandesgerichts vielmehr als gleichwertig ein. Beide hätten nach dem Inhalt ihrer Ämter im Bereich der Rechtsprechung die Aufgaben eines Vorsitzenden Richters an einem oberen Landesgericht zu erfüllen. Diese Tätigkeit ordne das Besoldungsrecht – unabhängig davon, ob sie an einem Landesarbeitsgericht oder einem Oberlandesgericht ausgeübt werde – einheitlich der Besoldungsgruppe R 3 BBesG zu.

Diese Entscheidung zum „Grundsatz des höheren Statusamtes" macht in besonderer Weise deutlich, dass das Bundesverfassungsgericht gewillt ist, zur effektiven Sicherung des Bewerberverfahrensanspruchs aus Art. 33 Abs. 2 GG beizutragen. Der Beschluss präzisiert die aus Art. 33 Abs. 2 GG folgenden Maßstäbe und enthält eine klare Absage an voreiligen Schematismus im Rahmen von Auswahlentscheidung. Er ist als Aufforderung an die Fachgerichte zu verstehen, im Beförderungseilverfahren effektiven Rechtsschutz zu gewähren und so ein anschließendes Verfassungsbeschwerdeverfahren zu vermeiden. Man wird dem Beschluss allerdings nicht entnehmen können, dass in Zukunft jede Detailfrage des Rechtsschutzes nach Art. 33 Abs. 2 GG auch zum Gegenstand eines Verfassungsbeschwerdeverfahrens gemacht werden kann. Eine Verfassungsbeschwerde wird vielmehr auch künftig nur dann Aussicht auf Erfolg haben, wenn sie eine über den jeweiligen Einzelfall hinausgehende grundsätzliche Rechtsfrage aufwirft oder die angegriffenen Entscheidungen einen schwerwiegenden Verstoß gegen die Vorgaben des Art. 33 Abs. 2 GG erkennen lassen.

b) 2 BvR 206/07

Sehr deutlich kommt die auf eine Stärkung des Leistungsgrundsatzes als Individualleistungsprinzip abzielende Strategie des Bundesverfassungsgerichts auch in einem Beschluss der 1. Kammer des Zweiten Senats vom 9.7.2007[57] zum Ausdruck. Die Bewerbung des Beschwerdeführers um die Stelle eines Vorsitzenden Richters am Finanzgericht war abgelehnt worden. Nach einem erfolglosen Beförderungseilverfahren vor den Verwaltungsgerichten erhob er Verfassungsbeschwerde. Er trug unter anderem vor, die Auswahlentscheidung sei erstmals mit der Antragserwiderung im gerichtlichen Eilverfahren begründet worden, wodurch er in seinem Bewerberverfahrensanspruch verletzt sei. Kurz nach Erhebung der Verfassungsbeschwerde und nur zwei Tage nach Abschluss des fachgerichtlichen Eilverfahrens händigte der Dienstherr dem ausgewählten Konkurrenten des Beschwerdeführers die Ernennungsurkunde aus. Der Beschwerdeführer hielt seine Verfassungsbeschwerde dennoch aufrecht. Angesichts des konkreten Zeitablaufs habe er nicht die Chance gehabt, effektiven Rechtsschutz zu erhalten.

Das Bundesverfassungsgericht gab der Verfassungsbeschwerde statt. Sie sei trotz der zwischenzeitlich erfolgten Übergabe der Ernennungsurkunde

[57] NVwZ 2007, 1178 f.

an den Mitbewerber zulässig. Ihr fehle nicht das Rechtsschutzinteresse, obwohl die bereits erfolgte Ernennung des ausgewählten Bewerbers wegen des Grundsatzes der Ämterstabilität nicht zurückgenommen und dem Beschwerdeführer die ausgeschriebene Stelle daher auch nicht mehr übertragen werden könne. Um sicherstellen zu können, dass eine mögliche Verletzung des Grundsatzes der Bestenauslese nicht folgenlos bleibe, gebiete das Gebot effektiven Rechtsschutzes aus Art. 19 Abs. 4 GG in Verbindung mit dem zu wahrenden grundrechtsgleichen Recht aus Art. 33 Abs. 2 GG, dass dem Beschwerdeführer die Weiterverfolgung der behaupteten Verletzung seines Bewerberverfahrensanspruchs im Wege der Verfassungsbeschwerde möglich sein müsse.

Die Verfassungsbeschwerde sei auch begründet. Die Verfahrensweise des Ministeriums und der angegriffene Beschluss des Hessischen Verwaltungsgerichtshofs würden den Anforderungen an die Gewährung effektiven Rechtsschutzes im beamtenrechtlichen Konkurrentenstreitverfahren nicht gerecht. Aus Art. 33 Abs. 2 GG in Verbindung mit Art. 19 Abs. 4 GG folge eine Verpflichtung des Dienstherrn, vor Aushändigung der Urkunde einen ausreichenden Zeitraum abzuwarten, um dem Mitbewerber die Möglichkeit zu geben, Eilantrag, Beschwerde oder Verfassungsbeschwerde zu erheben, weil nur so die Möglichkeit der Gewährung effektiven Rechtsschutzes bestehe. Durch die umgehende Ernennung des Mitbewerbers werde dem unterlegenen Konkurrenten faktisch die Möglichkeit genommen, die Besetzung der ausgeschriebenen Stelle durch eine verfassungsgerichtliche Eilentscheidung zu verhindern. Die Frist von nur zwei Tagen, die dem Beschwerdeführer zur Erhebung einer Verfassungsbeschwerde zur Verfügung gestanden habe, genüge diesen Anforderungen nicht.

Auch durch die vom Verwaltungsgerichtshof vertretene Auffassung, der Dienstherr könne die Gründe für seine Auswahlentscheidung noch erstmals im verwaltungsgerichtlichen Eilverfahren darlegen, werde der gerichtliche Rechtsschutz des Beschwerdeführers unzumutbar erschwert. Nur durch eine schriftliche Fixierung der wesentlichen Auswahlerwägungen, deren Kenntnis sich der unterlegene Bewerber gegebenenfalls durch Akteneinsicht verschaffen könne, werde der Mitbewerber in die Lage versetzt, sachgerecht darüber zu befinden, ob er die Entscheidung des Dienstherrn hinnehmen oder ob er gerichtlichen Eilrechtsschutz in Anspruch nehmen wolle. Darüber hinaus eröffne erst die Dokumentation der maßgeblichen Erwägungen auch dem Gericht die Möglichkeit, die angegriffene Entscheidung eigenständig nachzuvollziehen.

Mit dieser Entscheidung hat das Gericht einen weiteren Schritt zur effektiven Durchsetzung des Leistungsgrundsatzes im beamtenrechtlichen Konkurrentenstreitverfahren getan.[58] Die Verpflichtung des Dienstherrn, vor

[58] Vgl. auch BVerfGK 5, 205 (210 f.) BVerfG, Beschluss vom 24.9.2007 – 2 BuR 1586/07 – juris.

Aushändigung der Ernennungsurkunde einen ausreichenden Zeitraum abzuwarten, um dem übergangenen Bewerber die Möglichkeit einer Verfassungsbeschwerde zu geben, sichert eine effektive verfassungsgerichtliche Überprüfung von Auswahlentscheidungen und der Entscheidungen im fachgerichtlichen Eilverfahren. Eine solche Überprüfungsmöglichkeit nach Abschluss des Eilverfahrens ist von großer Bedeutung, weil das Eilverfahren in Beförderungskonkurrentenstreitigkeiten oftmals die einzige effektive Rechtsschutzmöglichkeit des übergangenen Bewerbers ist. Denn wegen des Grundsatzes der Ämterstabilität erledigt sich der Beförderungskonkurrentenstreit regelmäßig mit der Aushändigung der Ernennungsurkunde[59]; zu einem Hauptsacheverfahren kommt es in aller Regel nicht mehr.

Auch durch die Verpflichtung des Dienstherrn, die Auswahlentscheidung zeitnah zu begründen und die Begründung aktenkundig zu machen, hat das Bundesverfassungsgericht den Bewerberverfahrensanspruch und damit den Leistungsgrundsatz in seiner Bedeutung als Individualleistungsprinzip gestärkt. Die Begründungspflicht beugt Auswahlentscheidungen des Dienstherrn unter Verstoß gegen Art. 33 Abs. 2 GG vor. Im Übrigen ist es einem übergangenen Bewerber kaum zuzumuten, die Auswahlentscheidung seines Dienstherrn gewisser Maßen ins Blaue hinein in einem gerichtlichen Eilverfahren angreifen zu müssen, um überhaupt nur die tragenden Erwägung der Auswahlentscheidung zu erfahren.[60]

V. Schluss

Das Bundesverfassungsgericht neigt in seiner neueren Rechtsprechung also zu einer eher restriktiven Handhabung des Leistungsgrundsatzes als Organisationsprinzip. Demgegenüber hat das Gericht die individualleistungsrechtliche Komponente des Leistungsgrundsatzes in den letzten Jahren erheblich gestärkt. Beide Entwicklungslinien zielen letztlich auf einen Erhalt und eine Stärkung des Berufsbeamtentums in seinen wesentlichen und hergebrachten Grundstrukturen ab. Die restriktive Handhabung des Leistungsgrundsatzes als Organisationsprinzip beugt einer Aushöhlung der durch Art. 33 Abs. 5 GG geschützten, hergebrachten Grundsätze des Berufsbeamtentums vor. Der Leistungsgrundsatz wird hierdurch in seiner Funktion als Rechtfertigungsgrund für strukturbeeinträchtigende Reformmaßnahmen im öffentlichen Dienstrecht begrenzt. Mit der Stärkung der individualleistungsrechtlichen Komponente des Leistungsgrundsatzes trägt das Bundesverfassungsgericht zur Bekämpfung der Ämterpatronage und damit zur Unabhängigkeit, Leistungsfähigkeit und Stabilität des Berufsbeamtentums bei.

[59] Vgl. BVerwGE 118, 370 (371 f.).

[60] Vgl. zur Begründungspflicht auch *v. Roetteken* DRiZ 2008, 294 (297).

Religionsfreiheit – ein ausuferndes Grundrecht?

Antje von Ungern-Sternberg*

Leitentscheidungen des Bundesverfassungsgerichts

1. BVerfGE 104, 337 (Schächten).
2. BVerfGE 108, 282 (Lehrerin mit Kopftuch – Ludin).
3. BVerfG (2. Kammer des Ersten Senats), Beschluss vom 29. April 2003 – 2 BvR 436/03, NVwZ 2003, S. 1113 bzw. BVerfGK 1, 141 (Schulpflicht I).
4. BVerfG (2. Kammer des Ersten Senats), Beschluss vom 29. Juli 2003 – 1 BvR 792/03, NJW 2003, S. 2815 bzw. BVerfGK 1, 308 (Verkäuferin mit Kopftuch).
5. BVerfG (1. Kammer des Zweiten Senats), Beschluss vom 22. Februar 2006 – 2 BvR 1657/05 – juris bzw. BVerfGK 7, 320 (Kopftuch und Bremisches Schulgesetz).
6. BVerfG (1. Kammer des Zweiten Senats), Beschluss vom 31. Mai 2006 – 2 BvR 1693/04, FamRZ 2006, S. 1094 bzw. BVerfGK 8, 151 (Schulpflicht II).
7. BVerfG (1. Kammer des Zweiten Senats), Beschluss vom 27. Juni 2006 – 2 BvR 677/05, NJW 2007, S. 56 (Kopftuch einer Zuhörerin im Gericht).
8. BVerfG (2. Kammer des Zweiten Senats), Beschluss vom 24. Oktober 2006 – 2 BvR 1908/03, DÖV 2007, S. 202 bzw. BVerfGK 9, 371 (Einreise für religiöses Oberhaupt).
9. BVerfG (2. Kammer des Ersten Senats), Beschluss vom 13. Dezember 2006 – 1 BvR 2084/05, NVwZ 2007, S. 808 bzw. BVerfGK 10, 66 (Zwangsmitgliedschaft für Jagdgenossenschaft).
10. BVerfG (2. Kammer des Ersten Senats), Beschluss vom 15. März 2007 – 1 BvR 2780/06, NVwZ 2008, S. 72 (Ethikunterricht Berlin).
11. BVerfG (3. Kammer des Ersten Senats), Beschluss vom 2. Juli 2008 – 1 BvR 2006/07, NJW 2008, S. 2978 (Gebühr für Kirchenaustritt).

Schrifttum

Alexy, Robert Theorie der Grundrechte. Baden-Baden 1994; *Anschütz, Gerhard* Kommentierung der Religionsfreiheit (§ 106), in: ders./Richard Thoma, Handbuch des deutschen Staatsrechts. Band 2. Tübingen 1932; *Arndt, Nina/Michael Droege* Das Schächturteil des BVerfG – Ein „dritter Weg" im Umgang mit der Religionsausübungsfreiheit, ZevKR 2003, S. 188; *Böckenförde, Ernst-Wolfgang* Das Grundrecht der Gewissensfreiheit, VVD-

* *Dr. Antje von Ungern-Sternberg* ist Akademische Rätin a.Z. am Lehrstuhl für Öffentliches Recht, einschließlich Völker- und Europarecht der Westfälischen Wilhelms-Universität Münster. Sie war vom 1.12.2006 bis zum 30.11.2008 wissenschaftliche Mitarbeiterin von Bundesverfassungsrichter *Prof. Dr. Dr. Udo Di Fabio*. Der Beitrag befindet sich auf dem Stand vom 31. Januar 2009.

StRL 28 (1970), S. 33; *ders.* Schutzbereich, Eingriff, verfassungsimmanente Schranken, Der Staat 2003, S. 165; *Borowski, Martin*, Der Grundrechtsschutz des religiösen Selbstverständnisses, in: Andreas Haratsch u.a. (Hrsg.), Religion und Weltanschauung im säkularen Staat. Stuttgart 2001, S. 49; *ders.* Die Glaubens- und Gewissensfreiheit des Grundgesetzes, Tübingen 2006; *Freiherr von Campenhausen, Axel* Kommentierung der Religionsfreiheit (§ 136), in: Josef Isensee/Paul Kirchhof (Hrsg.), Handbuch des Staatsrechts. Band VI. 2. Aufl. 2001; *Fehlau, Meinhard* Die Schranken der freien Religionsausübung, JuS 1993, S. 441; *Hellermann, Johannes* Multikulturalität und Grundrechte – am Beispiel der Religionsfreiheit, in: Christoph Grabenwarter u.a. (Hrsg.), Allgemeinheit der Grundrechte und Vielfalt der Gesellschaft. Stuttgart 1994, S. 129; *Herdegen, Matthias* Gewissensfreiheit und Normativität des positiven Rechts. Berlin 1989; *Ipsen, Jörn* Karlsruhe locuta, causa non finita, Das BVerfG im sogenannten „Kopftuch-Streit“, NVwZ 2003, S. 1210; *Hillgruber, Christian* Der deutsche Kulturstaat und der muslimische Kulturimport, JZ 1999, S. 538; *Jarass, Hans* Kommentierung des Art. 4 GG, in: ders./Bodo Pieroth, Grundgesetz für die Bundesrepublik Deutschland. Kommentar. 9. Aufl. München 2007; *Kästner, Karl-Hermann* Hypertrophie des Grundrechts auf Religionsfreiheit?, JZ 1998, S. 974; *Liegmann, Gabriele Martina* Eingriffe in die Religionsfreiheit als asylerhebliche Rechtsgutsverletzung religiös Verfolgter. Baden-Baden 1993; *Listl, Joseph* Glaubens-, Bekenntnis- und Kirchenfreiheit (§ 14), in: ders./Dietrich Pirson (Hrsg.), Handbuch des Staatskirchenrechts der Bundesrepublik Deutschland. 2. Aufl. 1995, Band 1; *Mager, Ute* Kommentierung des Art. 4 GG, in: Ingo von Münch/Philip Kunig (Hrsg.), Grundgesetz-Kommentar. 5. Aufl. München 2000; *Möllers, Christoph* Wandel der Grundrechtsjudikatur – Eine Analyse der Rechtsprechung des Ersten Senats des BVerfG, NJW 2005, S. 1972; *Morlok, Martin* Selbstverständnis als Rechtskriterium. Tübingen 1993, *Muckel, Stefan* Religiöse Freiheit und staatliche Letztentscheidung. Die verfassungsrechtlichen Garantien religiöser Freiheit unter veränderten gesellschaftlichen Verhältnissen. Berlin 1997; *ders.* Kommentierung des Art. 4, in: Karl Heinrich Friauf/Wolfgang Höfling (Hrsg.), Berliner Kommentar zum Grundgesetz. Berlin (Loseblatt); *Müller-Volbehr, Jörg* Das Grundrecht der Religionsfreiheit und seine Schranken, DÖV 1995, S. 301; *Oebbecke, Janbernd* Das „islamische Kopftuch“ als Symbol, in: Stefan Muckel (Hrsg.), Kirche und Religion im sozialen Rechtsstaat, Festschrift für Wolfgang Rüfner. Berlin 2003, S. 593 ff.; *Pabel, Katharina* Der Grundrechtsschutz für das Schächten, EuGRZ 2002, S. 220; *Pieroth, Bodo/Bernhard Schlink* Grundrechte, 24. Aufl. Heidelberg 2008; *Putzke, Holm* Juristische Positionen zur religiösen Beschneidung, NJW 2008, S. 1568; *Rüfner, Wolfgang* Grundrechtskonflikte, in: Christian Starck (Hrsg.), Bundesverfassungsgericht und Grundgesetz. Band 2. 1976, S. 453; *Schlaich, Klaus* Neutralität als verfassungsrechtliches Prinzip, vornehmlich im Kulturverfassungs- und Staatskirchenrecht. Tübingen 1972; *Schoch, Friedrich* Die Grundrechtsdogmatik vor den Herausforderungen einer multikonfessionellen Gesellschaft, in: Joachim Bohnert u.a. (Hrsg.), Festschrift für Alexander Hollerbach zum 70. Geburtstag. Berlin 2001, S. 149; *Sacksofsky, Ute* Die Kopftuch-Entscheidung – von der religiösen zur föderalen Vielfalt, NJW 2003, S. 3297; *Starck, Christian* Kommentierung des Art. 4 GG, in: Hermann von Mangoldt/Friedrich Klein/Christian Starck (Hrsg.), Das Bonner Grundgesetz. Kommentar. Band I. 5. Aufl. München 2005; *Walter, Christian* Religionsverfassungsrecht in vergleichender und internationaler Perspektive. Tübingen 2006; *ders.* Kommentierung der Religions- und Gewissensfreiheit (Kapitel 17), in: Rainer Grote/Thilo Marauhn (Hrsg.), EMRK/GG. Konkordanzkommentar zum europäischen und deutschen Grundrechtsschutz. Tübingen 2006; *ders./Antje von Ungern-Sternberg*, Zur Verfassungswidrigkeit des Kopftuchverbots für Lehrerinnen, DÖV 2008, S. 488 ff.; *von Ungern-Sternberg, Antje* Religionsfreiheit in Europa. Die Freiheit individueller Religionsausübung in Großbritannien, Frankreich und Deutschland – ein Vergleich. Tübingen 2008; *Zippelius, Reinhold* Kommentierung von Art. 4 GG, in: Rudolf Dolzer/Klaus Vogel/Karin Graßhof (Hrsg.), Bonner Kommentar zum Grundgesetz. Heidelberg (Loseblatt).

Inhalt

I. Einleitung

Seit jeher legt das Bundesverfassungsgericht den Schutzbereich der Grundrechte weit aus und unterwirft damit viele Bereiche staatlichen und auch privaten Handelns einer verfassungsrechtlichen Überprüfung. Dieses Grundrechtsverständnis kommt dem Interesse des Grundrechtsinhabers an umfassendem Schutz entgegen, birgt aber Probleme: Wird die Verfassungskonformität einer Maßnahme letztlich erst in einer gerichtlichen Güterabwägung des Einzelfalls bejaht oder verneint, schränkt dies zum einen den gesetzgeberischen Spielraum erheblich ein und gefährdet zum anderen die Rechtssicherheit. Die Kritik der Literatur gegen „uferlose“ Schutzbereiche und beliebige Abwägungen ist seit langem bekannt; in jüngerer Zeit wurde auch die Rechtsprechung des Ersten Senats des Bundesverfassungsgerichts als Bemühung gedeutet, diesem Trend entgegenzusteuern.[1] Die Judikatur des Bundesverfassungsgerichts zur Religionsfreiheit ist ein Paradebeispiel für die weite Auslegung eines Grundrechts und wird in der Literatur heftig, etwa als „Hypertrophie“, kritisiert.[2] Das Bundesverfassungsgericht hält an seinem weiten Verständnis grundsätzlich fest, hat die Frage der engeren Schutz-

[1] Vgl. die Darstellung bei *Möllers* NJW 2005, S. 1972 ff. m.w.N.

[2] Beispielhaft nur *Kästner*, JZ 1998, S. 974. Ausführlich und kritisch zu den einzelnen Argumenten gegen einen weiten Schutzbereich *Borowski* Die Glaubens- und Gewissensfreiheit des Grundgesetzes, 2006, S. 381 ff.

bereichskonturierung in einer Kammerentscheidung unlängst allerdings offen gelassen.[3] Dieser Beitrag möchte zeigen, dass jedenfalls bei der Religionsfreiheit eine Einengung des Schutzbereichs auch künftig nur in eingeschränktem Maß geboten ist. Nach einer Beschäftigung mit der bundesverfassungsgerichtlichen Rechtsprechung zur Reichweite des Schutzbereichs (I.) werden mögliche Ansätze zur Begrenzung des Schutzbereichs vorgestellt und bewertet (II.). Im Anschluss sei anhand von zwei aktuellen Problemlagen illustriert, dass klare Kriterien auch in der Abwägung für Rechtssicherheit sorgen können (III.)

II. Der weite Schutzbereich der Religionsfreiheit in der Rechtsprechung des Bundesverfassungsgerichts

Der weite Schutzbereich, den die Religionsfreiheit nach der Rechtsprechung des Bundesverfassungsgerichts genießt (1.), hat sich, so soll hier argumentiert werden, auch in jüngerer Zeit nicht verengt (2.). Hierbei wird ein weiter Schutzbereichsbegriff zugrundegelegt, der auch die Schutzrichtung – das heißt die Frage, gegenüber welchen staatlichen Begrenzungen oder Eingriffen die Religionsfreiheit schützt – miteinbezieht.

1. Traditionelles Verständnis

a) Religionsfreiheit als umfassender Schutz religiöser Lebensführung

Die grundgesetzliche Religionsfreiheit beinhaltet nach dem Wortlaut die Freiheit des Glaubens und Gewissens, die Freiheit des religiösen Bekenntnisses (Art. 4 Abs. 1 GG) und die ungestörte Religionsausübung (Art. 4 Abs. 2 GG). Das Bundesverfassungsgericht hat beide Absätze schon früh als einheitliches Grundrecht verstanden.[4] Seit der Gesundbeter-Entscheidung aus dem Jahre 1971 vertritt das Bundesverfassungsgericht ein umfassendes Verständnis der Glaubensfreiheit als

> „Recht des Einzelnen, sein gesamtes Verhalten an den Lehren seines Glaubens auszurichten und seiner inneren Glaubensüberzeugung gemäß zu handeln".[5]

Dies bedeutet, dass die Religionsfreiheit eben nicht nur die bekannten und überlieferten Formen der Religionsausübung wie Gottesdienst und Gebet erfasst, sondern etwa auch die gelebte Überzeugung, einer lebensgefährlichen

[3] BVerfG DÖV 2007, 202 (203).

[4] BVerfGE 24, 236 (245 f.) – Aktion Rumpelkammer.

[5] BVerfGE 32, 98 (106) – Gesundbeter; ebenso z.B. BVerfGE 33, 23 (28) – Zeugeneid; BVerfGE 41, 29 (49) – Badische Simultanschule; BVerfGE 108, 282 (297) – Ludin.

Erkrankung des Ehepartners nicht durch eine Bluttransfusion im Krankenhaus, sondern durch gemeinsames Gebet zu begegnen.[6] Daher werden in der Rechtsprechungspraxis etwa der rituelle Cannabiskonsum von Rastafari,[7] das Schächten nach muslimischen oder jüdischen Reinheitsvorschriften[8] oder die Weigerung muslimischer Eltern, ihr Kind am Sport- oder Schwimmunterricht teilnehmen zu lassen,[9] unter den Schutzbereich der Religionsfreiheit subsumiert. Ein weiteres Beispiel aus der Rechtsprechung des Bundesverfassungsgerichts betrifft etwa eine karitative Sammelaktion der katholischen Landjugend.[10]

An dieser Rechtsprechung wird kritisiert, dass die Religionsfreiheit als Recht der religiösen Lebensführung zur vorbehaltlos geschützten allgemeinen religiösen Handlungsfreiheit mutiert.[11] Das weite Verständnis der Religionsfreiheit wird dabei in einer Zeit religiöser Diversifizierung als besonders problematisch empfunden, da traditionelle christliche Verhaltensweisen regelmäßig nicht mit einer christlich geprägten Rechtsordnung in Konflikt geraten. In der Tat steigt der verfassungsrechtliche Begründungsaufwand, wenn unter Berufung auf die Religionsfreiheit in zunehmendem Maße zentrale Grundsätze der Rechtsordnung wie etwa die Schulpflicht – insgesamt[12] oder in bestimmten Fächern wie Sport oder Biologie[13] – in Frage gestellt werden.

b) Weitere Elemente eines umfassenden Schutzes

Zum weiten bundesverfassungsgerichtlichen Verständnis der Religionsfreiheit als einer Freiheit, sein gesamten Leben an den Lehren des Glaubens auszurichten, tritt auch im Übrigen eine freiheitsfreundliche Dogmatik des Schutzbereichs. Insbesondere hält das Bundesverfassungsgericht nicht nur solche Verhaltensweisen für schutzwürdig, die imperativen Glaubenssätzen folgen, sondern auch solche, die ein Gläubiger aufgrund seiner religiösen Überzeugung für das beste und adäquate Mittel zur Bewältigung seiner Lebenslage hält.[14] Ferner ist für die Frage, welche Handlungen im Einzelnen

[6] BVerfGE 32, 98 (106) – Gesundbeter.

[7] BVerwGE 112, 314 (317).

[8] BVerwGE 112, 227 (230); etwas anders allerdings das Bundesverfassungsgericht, das die Berufsfreiheit des Metzgers lediglich durch die Religionsfreiheit verstärkt sah, BVerfGE 104, 337 (345 ff.) – Schächten.

[9] BVerwGE 94, 82 (91); BVerwG KirchE 31, 341 (347 ff.).

[10] BVerfGE 24, 236 (245 f.) – Aktion Rumpelkammer.

[11] Vgl. etwa *Böckenförde* Staat 2003, S. 165 ff. (S. 182 f.); *Schoch* in: FS für Hollerbach, 2001, S. 149 ff. (154 ff.).

[12] Hierzu schon BVerfG NJW 1987, 180, und insbesondere BVerfG NVwZ 2003, 1113.

[13] BVerfGE 47, 46 (76 f.) – Sexualerziehung.

[14] Vgl. BVerfGE 32, 98 (106 f.) – Gesundbeter.

als Religionsausübung anzusehen sind, nicht eine objektive Einschätzung, sondern das – plausibel dargelegte[15] – Selbstverständnis einer Religionsgemeinschaft und ihrer Anhänger maßgeblich.[16]

Der Vollständigkeit halber sei für die Schrankenebene schließlich ergänzt, dass es sich bei Art. 4 Abs. 1 und 2 GG nach der Rechtsprechung des Bundesverfassungsgerichts um ein vorbehaltlos gewährleistetes Grundrecht handelt.[17] In der Literatur mehren sich in Reaktion auf die weite Auslegung des Schutzbereichs der Religionsfreiheit die Stimmen derjenigen, die Art. 136 Abs. 1 WRV als Vorbehalt eines allgemeinen, nicht gegen die Religionsausübung gerichteten Gesetzes verstehen.[18] Dieser Auffassung ist jedoch entgegenzutreten, weil Art. 4 Abs. 1 und 2 GG – anders als der nicht inkorporierte Art. 135 WRV – gerade keinen Gesetzesvorbehalt enthält. Zudem lässt auch die Entstehungsgeschichte erkennen, dass der Parlamentarische Rat einen Gesetzesvorbehalt ablehnte.[19] Schließlich ist Art. 136 Abs. 1 WRV auch nicht als Gesetzesvorbehalt konzipiert, sondern bekräftigt die Abschaffung bürgerlicher und staatsbürgerlicher Nachteile für bestimmte religiöse Minderheiten.[20]

2. *Einschränkungstendenzen in der jüngeren Rechtsprechung des Bundesverfassungsgerichts?*

Die jüngere Rechtsprechung des Bundesverfassungsgerichts geht teilweise zwar auf das engere Verständnis der Religionsfreiheit bei Fachgerichten und in der Literatur ein. Insgesamt lässt sie aber keine einschränkende Handhabung des Schutzbereichs erkennen.

[15] Hierzu *Morlok* Selbstverständnis als Rechtskriterium, 1993, S. 405; *Muckel* in: Friauf/Höfling, Berliner Kommentar zum GG, Art. 4, Rn. 54; *Borowski* Der Grundrechtsschutz des religiösen Selbstverständnisses, in: Haratsch u.a. (Hrsg.), Religion und Weltanschauung im säkularen Staat, 2001, S. 49 ff. (70).

[16] Ausdrücklich nun BVerfG DÖV 2007, 202 (203).

[17] Z.B. BVerfGE 19, 135 (138) – Totalverweigerer I; BVerfGE 24, 236 (246) – Aktion Rumpelkammer; BVerfGE 32, 98 (107) – Gesundbeter; BVerfGE 108, 282 (299) – Ludin.

[18] Vgl. statt vieler nur *von Campenhausen* in: HbStR VI, 2. Aufl. 2001, § 136, Rn. 82; *Jarass* in: Jarass/Pieroth, GG, 9. Aufl. 2007, Art. 4 Rn. 31; *Starck* in: von Mangoldt/Klein/Starck, Das Bonner GG, 5. Aufl. 2005, Art. 4, Rn. 75 ff.; *Mager* in: von Münch/Kunig, GG-Kommentar, 5. Aufl. 2000, Art. 4, Rn. 47 f.; *Muckel* Religiöse Freiheit und staatliche Letztentscheidung, 1997, S. 224 ff.; *Zippelius* in: Dolzer/Vogel/Graßhof, Bonner Kommentar zum GG, Art. 4, Rn. 89.

[19] Vgl. nur *Walter* in: Grote/Marauhn, Konkordanzkommentar, 2006, Kap. 17, Rn. 117.

[20] Zur geschichtlichen Entwicklung siehe *von Ungern-Sternberg* Religionsfreiheit in Europa, 2008, S. 7 ff.; zu Art. 136 Abs. 1 WRV *Anschütz* in: ders./Thoma, Handbuch des deutschen Staatsrechts, 1932, S. 685.

a) Schächtentscheidung BVerfGE 104, 337

Der Schächtentscheidung des Ersten Senats (BVerfGE 104, 337) wurde in der Literatur große Aufmerksamkeit geschenkt, weil sie einem nichtdeutschen muslimischen Metzger für das Schächten in erster Linie den Schutz der allgemeinen Handlungsfreiheit in Verbindung mit der Religionsfreiheit, nicht aber den unmittelbaren Schutz der Religionsfreiheit zusprach.[21] Darin könnte man in der Tat den Ansatz erkennen, religionsgeleitetes Handeln nur noch dann der Religionsfreiheit zuzuordnen, wenn es sich im Schwerpunkt um Religionsausübung und nicht vorrangig um die Verwirklichung eines sonstigen Grundrechts handelt.[22]

Andererseits beinhaltet die Entscheidung jedoch auch ein weites Verständnis der Religionsfreiheit. Die Entscheidung betraf die Möglichkeit, für das rituelle Schächten eine Ausnahmegenehmigung nach § 4a Abs. 2 Nr. 2 Tierschutzgesetz zu erwirken. Diese darf zugunsten von Religionsangehörigen erteilt werden, wenn zwingende Vorschriften der Religionsgemeinschaft das Schächten vorschreiben oder den Genuss von Fleisch nicht geschächteter Tiere untersagen. Das Bundesverwaltungsgericht hatte die Versagung einer derartigen Genehmigung gebilligt, weil der Islam nicht den Verzehr von Fleisch gebiete und für Muslime in der Diaspora das strikte Schächtgebot zudem nicht gelte.[23] Das Bundesverfassungsgericht berücksichtigte in der Abwägung neben der Religionsfreiheit der Metzger auch die ihrer Kunden und stellte hierbei fest, dass diese weder auf einen gänzlichen Fleischverzicht noch auf einen Import ausländischer Ware verwiesen werden dürften. Zudem schließe auch die Lockerung islamischer Vorschriften in der Diaspora nicht aus, dass es sich beim Schächtgebot um eine „zwingende“ Vorschrift gemäß § 4a Abs. 2 Nr. 2 TierschG handele.[24] Im Ergebnis bekräftigte das Bundesverfassungsgericht daher, dass auch religiöse Riten, die nicht als zwingende religiöse Pflicht ausgestaltet sind, von der Religionsfreiheit umfasst sind und schrieb eine sehr weitgehende grundrechtskonforme Auslegung vor, die das einfachgesetzliche Tatbestandsmerkmal der „zwingenden“ Vorschrift überformt.

Letztlich lässt sich die Konstruktion des Bundesverfassungsgerichts wohl damit erklären, dass der Tierschutz im maßgeblichen Zeitpunkt noch keinen Verfassungsrang besaß (der ihm nunmehr in Art. 20a GG eingeräumt ist) und daher als verfassungsimmanente Grenze der Religionsfreiheit nicht zur Ver-

[21] Kritisch zu dieser Dogmatik etwa *Arndt/Droege* ZevKR 2003, S. 188 ff. (S. 196 f.); für einen ausdrücklichen Schutz durch die Religionsfreiheit etwa *Pabel* Der Grundrechtsschutz für das Schächten, EuGRZ 2002, S. 220 ff. (S. 231).

[22] So etwa *Arndt/Droege* ZevKR 2003, S. 188 ff. (S. 196 f.); auch *Möllers* NJW 2005, S. 1972 ff. (S. 1976), bemerkt hierin eine „beiläufige Schutzbereichsbeschränkung“.

[23] BVerwGE 99, 1 (8 f.).

[24] BVerfGE 104, 337 (351) – Schächten.

fügung stand.[25] Die Lösung über die Handlungsfreiheit ermöglichte dem Bundesverfassungsgericht, eine Abwägung zwischen den Rechten des Metzgers und dem Tierschutz vornehmen zu können, ohne davon abrücken zu müssen, dass die Religionsfreiheit vorbehaltlos gewährleistet ist.[26] In der Sache hat das Bundesverfassungsgericht eine mögliche Abwägung zwischen der Religionsfreiheit und dem Verfassungsgut Tierschutz aber vorgezeichnet und hierbei der Religionsfreiheit grundsätzlichen Vorrang eingeräumt. Da der Verfassungsbeschwerde stattgegeben wurde, hätte der beschwerdeführende Metzger auch bei einer unmittelbaren Prüfung der Religionsfreiheit keinen besseren Schutz seiner religiösen Belange erzielen können; zudem wurde die unmittelbare Einschlägigkeit der Religionsfreiheit daher auch nicht explizit verneint. Aufgrund der Besonderheiten dieses Falls kann die Schächtentscheidung daher nicht als Anfang einer neuen, einschränkenden Grundrechtsdogmatik der Religionsfreiheit gewertet werden.

b) Ludin-Entscheidung BVerfGE 108, 282

Ähnliches gilt auch für die *Ludin*-Entscheidung des Zweiten Senats zum Kopftuch einer muslimischen Lehramtsbewerberin (BVerfGE 108, 282). Für den Schutzbereich bedeutsam ist, dass die Einschlägigkeit der Religionsfreiheit für das Tragen eines Kopftuchs im Dienst bejaht wurde, ohne dass das Bundesverfassungsgericht zugleich auf die besondere Pflichtenstellung von Beamten hingewiesen hat.[27] Die Senatsmehrheit sah also davon ab, die Religionsfreiheit für Beamte besonderen tatbestandsimmanenten Grenzen zu unterwerfen.[28] In der Öffentlichkeit wurden insbesondere die Ausführungen zur verfassungsrechtlichen Begrenzung der Religionsfreiheit rezipiert. Hier bekräftigte das Bundesverfassungsgericht, dass die Religionsfreiheit vorbehaltlos gewährleistet ist und nur durch Güter von Verfassungsrang und auf gesetzlicher Grundlage begrenzt werden kann.[29] Dass die allgemeinen Mäßigungspflichten des Beamtenrechts hierfür nicht ausreichen sollten, wurde von den abweichenden Richtern und in der Literatur zu Recht kritisiert,[30] stärkt aber ebenfalls die Religionsfreiheit, indem die Grenzziehung einen eindeutigen gesetzgeberischen Willen voraussetzt. Indem die Entscheidung im Ergebnis landesgesetzliche Regelungen, die religiöse Bekleidungsformen im Schuldienst verbieten, grundsätzlich für möglich hält, führt sie im Übrigen –

[25] Gesetz zur Änderung des Grundgesetzes v. 26.7.2002, BGBl. 2002 I, 2862.

[26] BVerwGE 112, 227 (231).

[27] BVerfGE 108, 282 (298 ff.) – Ludin.

[28] Dies kritisiert das Sondervotum der Richter *Jentsch, Di Fabio, Mellinghoff* unter Verweis auf eine „funktionelle Begrenzung des Grundrechtsschutzes für Beamte" (315 ff.).

[29] BVerfGE 108, 282 (299) – Ludin.

[30] Sondervotum *Jentsch, Di Fabio, Mellinghoff* BVerfGE 108, 282 (338); zur Kritik vgl. nur *Ipsen* NVwZ 2003, S. 1210 ff. (S. 1212); *Sacksofsky* NJW 2003, S. 3297 ff. (S. 3300).

wie weiter unten gezeigt werden soll – auch nicht zwingend zu einer übermäßigen Beschränkung der Religionsfreiheit im Rahmen der Güterabwägung.

c) Kammerentscheidungen

Schließlich lassen auch zwei jüngere Kammerentscheidungen ein grundsätzlich weites Verständnis der Religions- und der Gewissensfreiheit erkennen, deuten zugleich aber mögliche Beschränkungstendenzen an.

aa) Zwangsmitgliedschaft in einer Jagdgenossenschaft

Eine Kammerentscheidung aus dem Ersten Senat betraf Regelungen des Jagdrechts, nach denen bestimmte Grundstückseigentümer Zwangsmitglieder in einer Jagdgenossenschaft sind und die Jagd auch auf ihrem Grund dulden müssen. Der Beschwerdeführer hatte sich hiergegen nicht nur auf die Eigentums-, sondern auch auf die Gewissensfreiheit berufen. Die Gewissensfreiheit, eigens in Art. 4 Abs. 1 GG aufgeführt und eng mit der Religionsfreiheit verwandt,[31] schützt nicht nur das Gewissen, sondern auch die Gewissensentscheidung, also insbesondere die Freiheit, nicht von der öffentlichen Gewalt zum Handeln gegen das Gewissensgebot verpflichtet zu werden.[32] Hierbei ist eine Gewissensentscheidung nach einer geläufigen Definition jede ernste sittliche, an den Kategorien von „Gut“ und „Böse“ orientierte Entscheidung, die der Einzelne in einer bestimmten Lage als für sich bindend und unbedingt verpflichtend erfährt.[33] Wenn man nun aber nicht eigene Tätigkeiten, etwa die verpflichtende Teilnahme an Tierversuchen während des Biologiestudiums,[34] sondern auch die Tätigkeiten anderer, wie vorliegend das Jagen anderer – wenngleich auf eigenem Grundstück – unter Berufung auf das Gewissen ablehnen könnte, würde dies zu einer erheblichen Ausweitung des Schutzbereichs führen. Die Kammer war sich dessen bewusst und zweifelte daher zunächst schon an einer Beeinträchtigung des Schutzbereichs.[35] Denn der Beschwerdeführer werde weder dazu gezwungen, selbst an der Jagd teilzunehmen, noch dazu, die Jagd auf eigenem Boden durch eine eigene Entscheidung frei zu geben. Darüber hinaus bemühte die Kammer auf Rechtfertigungsebene jedoch auch die kollidierenden Verfassungsgüter des

[31] Hierbei ist unerheblich, ob man das Handeln nach zwingenden religiösen Vorgaben als Unterfall der Religionsfreiheit (vgl. etwa BVerfGE 33, 23 (30) – Zeugeneid) oder als eigenständigen Fall der Gewissensfreiheit betrachtet (vgl. etwa BVerwGE 64, 196 (199)).

[32] BVerfGE 78, 391 (395) – Dienstflucht; ebenso *Böckenförde* VVDStRL 28 (1970), S. 33 ff. (S. 50 ff.); *Herdegen* Gewissensfreiheit und Normativität, 1989, S. 238.

[33] Vgl. BVerfGE 12, 45 (54) – Kriegsdienstverweigerung I, BVerfGE 48, 127 (173) – Kriegsdienstverweigerung II.

[34] Hierzu etwa das Urteil des OVG Koblenz vom 13.3.1997, DVBl. 1997, 1191 ff.

[35] „Schon die Schutzbereichsbeeinträchtigung ist hier zweifelhaft, jedenfalls nicht schwerwiegend“, BVerfG NVwZ 2007, 808 (810).

Art. 14 GG (Schutz des Eigentums vor Wildschäden und grundstücksübergreifende Ordnung der Eigentümerrechte im Hinblick auf die Jagd) sowie des Art. 20a GG (Schutz der natürlichen Lebensgrundlagen), um die angegriffenen Regelungen im Hinblick auf die Gewissensfreiheit als verfassungskonform zu qualifizieren.[36]

bb) Einreiseverweigerung für ein religiöses Oberhaupt

In einer Kammerentscheidung aus dem Zweiten Senat ging es um eine Einreisesperre für Herrn Mun, den südkoreanischen Gründer und das Oberhaupt der „Vereinigungskirche" (auch bekannt als Mun-Bewegung). Dieser und seine Ehefrau wollten im Rahmen einer Welttour auch die Bundesrepublik bereisen. Auf Bitten des Bundesinnenministeriums schrieb die Grenzschutzdirektion Koblenz beide zur Einreiseverweigerung nach Art. 96 Abs. 2 des Schengener Durchführungsübereinkommens (SDÜ) aus, so dass den Eheleuten die Einreise in grundsätzlich jedem Schengen-Staat verweigert war. Man befürchtete, dass von der Mun-Bewegung, die zu den so genannten Jugendsekten und Psychogruppen gezählt wird, Gefährdungen für die sozialen Bezüge und die Persönlichkeitsentwicklung junger Menschen ausgehen würde. Gegen die Ausschreibung zur Einreiseverweigerung legte allerdings nicht das Ehepaar Mun, sondern der deutsche Zweig der Vereinigungskirche, als eingetragener Verein organisiert, Rechtsmittel ein. Das Bundesverwaltungsgericht hatte eine auf die Religionsfreiheit gestützte Klagebefugnis des Vereins bejaht,[37] die Verletzung der Religionsfreiheit aber verneint, weil die Einreiseverweigerung religiöse Belange der Gemeinschaft nicht erheblich beeinträchtigt habe.[38]

Die Kammer hingegen sah den Verein in seinem Grundrecht aus Art. 4 Abs. 1 und 2 GG verletzt. Hierbei ließ sie ausdrücklich offen, ob der Schutzbereich der Religionsfreiheit, wie in der Literatur gefordert, mit Hilfe von Erheblichkeitskriterien enger gefasst werden müsse. Denn diese Vorschläge beträfen vor allem hier nicht vorliegende Betätigungen, mit denen die Religionsgemeinschaft über den Kreis der Mitglieder hinaus in die Gesellschaft einwirke. Sodann stellte die Kammer fest, dass ein Einreiseverbot auch den beschwerdeführenden Verein in seinen Grundrechten berühre, da es dem Kontakt der Gläubigen mit dem Religionsstifter gelte, dem nach dem Selbstverständnis der Vereinigungskirche religiöse Bedeutung zukomme. Zwar könne unmittelbar aus Art. 4 Abs. 1 und 2 GG weder für den Einreisewilligen noch für die an seiner Einreise interessierte Religionsgemeinschaft ein Anspruch auf Einreise abgeleitet werden. Bei Auslegung und Handhabung

[36] BVerfG NVwZ 2007, 808 (810 f.).
[37] BVerwGE 114, 356 (363).
[38] Beschluss des BVerwG vom 4.9.2003, NVwZ 2004, S. 240 f.

der entsprechenden einfachrechtlichen Vorschriften über die Einreise und den Aufenthalt von Ausländern sei das Eigenverständnis der Religionsgemeinschaft, soweit es in dem Bereich der durch Art. 4 Abs. 1 und 2 GG geschützten Religionsausübung verwirkliche, jedoch so weit wie möglich zu berücksichtigen.[39]

Damit hat die Kammer jedenfalls solchen Schutzbereichsbeschränkungen eine Absage erteilt, die sich auf Verhaltensweisen innerhalb einer Religionsgemeinschaft beziehen. Darüber hinaus überrascht die Entscheidung durch ein besonders weites Verständnis der Religionsfreiheit des Vereins. Trotz der Beteuerung, es folge kein Einreiseanspruch unmittelbar aus der Religionsfreiheit, beinhaltet die Religionsfreiheit des Vereins nach der Lesart der Kammer nicht nur prozessual die Klagebefugnis des von der Maßnahme nach Art. 96 Abs. 2 SDÜ nur drittbetroffenen Vereins, sondern führt über die grundrechtskonforme Auslegung zur Berücksichtigung des Einreisewunsches, so weit das einfache Recht dies zulässt. Dadurch gewährleistet die Religionsfreiheit in gewissem Umfang ein Recht auf Einreise. Ein Recht auf Einreise wird traditionell aber allein nach Art. 11 Abs. 1 GG bzw. nach den gemeinschaftsrechtlichen Personenverkehrsfreiheiten gewährt. Ebenfalls grenzüberschreitend wirkt das Asylrecht des Art. 16a Abs. 1 GG, das im Übrigen auch ein „religiöses Existenzminimum" garantiert, weil zur politischen Verfolgung auch schwere, die Menschenwürde verletzende Eingriffe in die Religionsfreiheit rechnen.[40] Als einziges nicht auf Grenzüberschreitung ausgerichtetes Grundrecht kann auch Art. 6 Abs. 1 GG Ehepartnern und Familienangehörigen unter gewissen Umständen ein Recht auf Nachzug nach Deutschland gewähren.[41] Allerdings ist dieses Grundrecht auch als Schutzauftrag des Staates formuliert, was für die Religionsfreiheit nicht gilt.

Insgesamt bleibt daher festzuhalten, dass der Schutzbereich der Religionsfreiheit in der Rechtsprechung des Bundesverfassungsgerichts unverändert weit aufgefasst wird und seit der Mun-Entscheidung sogar den Anspruch einer Religionsgemeinschaft auf Einreise eines ausländischen Religionsoberhauptes umfassen kann.

III. Ansätze zur Begrenzung des Schutzbereichs

Vor diesem Hintergrund erstaunt es nicht, dass diverse Vorschläge unterbreitet werden, die den Schutzbereich der Religionsfreiheit enger als bislang definieren. Sie lassen sich unterscheiden in solche, mit denen die geschützten

[39] BVerfG DÖV 2007, 202 (203).

[40] BVerfGE 76, 143 (34) – Ahmadiyya; vgl. *Liegmann* Eingriffe in die Religionsfreiheit als asylerhebliche Rechtsgutsverletzung religiös Verfolgter, 1993, S. 156 ff.

[41] BVerfGE 76, 1 (57 ff.) – Familiennachzug.

Verhaltensweisen positiv konturiert werden sollen (1.), und solche, die bestimmte Verhaltensweisen aufgrund tatbestandsimmanenter Schranken – negativ – aus dem Schutzbereich ausschließen (2.). Nach der hier vertretenen Auffassung sind Beschränkungen schon auf Ebene des Schutzbereiches jedoch nur in geringem Umfang möglich (3.).

1. Positive Konturierung des Schutzbereichs

Die besondere Reichweite des Schutzbereichs von Art. 4 Abs. 1 und 2 GG beruht – wie oben dargestellt – darauf, dass die gesamte religiöse Lebensführung umfasst ist, religiöse Verhaltensweisen nicht zwingend vorgeschrieben sein müssen und das Selbstverständnis der Religionsgemeinschaft zugrundegelegt wird. Insbesondere die ersten beiden Elemente werden in der Literatur bezweifelt.

Zum einen wird daher erwogen, den Schutz der Religionsausübung nicht mehr auf die religiöse Lebensführung insgesamt zu erstrecken, sondern auf bestimmte religionsspezifische Handlungen zu beschränken. Viele der vorgeschlagenen Definitionen bleiben aber gänzlich unkonkret.[42] Andere stellen klar, dass sie nur Kulthandlungen, also Gebet und Gottesdienst,[43] oder die Hinwendung zum „Transzendenten"[44] als Religionsausübung ansehen. Zum anderen wird vorgeschlagen, dass nur zwingend vorgeschriebene Verhaltensweisen geschützt werden, von denen der Betroffene ähnlich wie bei der Gewissensfreiheit „nicht ohne innere Not" absehen könne.[45] Diese Definition ist aber schon deshalb problematisch, weil viele religiöse Verhaltensweisen wie Gottesdienst und Gebet oder das Beachten von religiösen Ruhezeiten sowie Kleidungs- und Speisegebräuchen nicht auf zwingenden Vorschriften beruhen müssen. Wenn diese Handlungen gleichwohl als schutzwürdig anerkannt sind,[46] bedarf es daher zumindest einer zusätzlichen Begründung, welche (etablierten) religiösen Verhaltensweisen dem Notwendigkeitskriterium nicht unterliegen.

[42] „Aktionsformen in Vollzug von Glaube, Bekenntnis, Religion", *Schoch* in: FS für Hollerbach, 2001, S. 149 ff. (S. 159); „Kultus- und Glaubenshandlungen im engeren Sinn", *Kästner* JZ 1998, S. 974 ff. (S. 980); „Akt religiöser Betätigung", *Hillgruber* JZ 1999, S. 538 ff. (S. 541).

[43] So etwa *Hellermann* Multikulturalität und Grundrechte, in: Grabenwarter u.a. (Hrsg.), Allgemeinheit der Grundrechte und Vielfalt der Gesellschaft, 1994, S. 129 ff. (S. 137); ähnlich *Böckenförde* Staat 2003, S. 165 ff. (S. 182): „Religion i.S. ihres exercitiums, d.h. in Form von Kulten, Feiern und Gebräuchen".

[44] *Mager* in: von Münch/Kunig, GG-Kommentar, Art. 4, Rn. 56.

[45] Vgl. *Jarass* in: Jarass/Pieroth, GG, Art. 4, Rn. 13; ähnlich auch BVerwGE 112, 227 (235).

[46] So zu den genannten Handlungen auch *Jarass* in: Jarass/Pieroth, GG, Art. 4, Rn. 13, Rn. 10 ff.

Beide Ansätze gehen jedoch auch grundsätzlich zu weit. Zwar ist es ein berechtigtes Anliegen, religionsspezifische Handlungen von sonstigen Verhaltensweisen zu unterscheiden, die den übrigen Grundrechten oder der allgemeinen Handlungsfreiheit unterfallen. Es ist jedoch verfehlt, insbesondere diejenigen religiösen Normen und Bräuche, die den Alltag und das gesellschaftliche Zusammenleben regeln und etwa Kleidungs- und Speisevorschriften umfassen, vom Schutzbereich der Religionsfreiheit auszuschließen, weil sie keine Kulthandlung darstellen oder weil sie durch die Religion lediglich empfohlen und nicht zwingend vorgeschrieben werden.[47] Mit dem Bundesverfassungsgericht ist die Religionsfreiheit als Grundrecht zu begreifen, das auf die Menschenwürde bezogen ist und daher die gesamte autonome Lebensgestaltung nach religiösen Vorgaben umfasst.[48] Außerdem ist es ein Charakteristikum vieler Religionen, gerade den Lebensalltag und das gesellschaftliche Zusammenleben zu regeln, so dass eine Befolgung dieser Vorgaben auch nach dem Wortlaut von Art. 4 Abs. 2 GG unschwer als Religionsausübung gelten kann. Die Schutzbedürftigkeit für diese Verhaltensweisen steigt ferner, je weniger eine weltliche Rechtsordnung – aufgrund von Säkularisierung und Diversifizierung von Religionen – auf einheitlichen religiösen Vorstellungen aufbaut. Damit ist die Freiheit der Religionsausübung unter dem Grundgesetz mehr als das beschränkte Privileg des exercitiums religionis, das in früheren Zeiten lediglich die Hausandacht oder öffentliche Kulthandlungen gewährte. Dass die Religionsfreiheit nicht allein auf zwingende Glaubenssätze abstellt, verhindert im Übrigen auch eine nicht zu rechtfertigende Bevorzugung dogmatisch ausgerichteter Religionen, die ein System zwingender Ge- und Verbote aufweisen.

2. *Negative Konturierung des Schutzbereichs*

Als mögliche tatbestandsimmanente Schranken der Religionsfreiheit werden sowohl die allgemeinen Gesetze als auch die Rechte und Freiheiten anderer angesehen.

Allgemeine Gesetze, die ein Grundrecht nicht gezielt beschränken, können nach der deutschen Grundrechtsdogmatik nicht nur einen Grundrechts-

[47] Auch die Lösung über den Schutz gegen gezielte staatliche Eingriffe (so *Hellermann* Fn. 43, S. 137) hilft bei unbeabsichtigten staatlichen Beschränkungen nicht weiter. Beispielsweise wehren sich strenggläubige muslimische Eltern gegen die Teilnahme ihrer Kinder am koedukativen Sport- und Schwimmunterricht, ohne dass diese staatliche Maßnahme auf eine Beschränkung der Religionsfreiheit abzielt.

[48] Vgl. erneut BVerfGE 32, 98 (106) – Gesundbeter. Demnach „gewährt die Glaubensfreiheit dem Einzelnen einen von staatlichen Eingriffen freien Rechtsraum, in dem er sich die Lebensform zu geben vermag, die seiner Überzeugung entspricht". Vgl. ferner BVerfGE 24, 236 (246) – Aktion Rumpelkammer.

eingriff rechtfertigen (so insbesondere Art. 5 Abs. 2 GG für die Meinungsfreiheit), sondern schon den Schutzbereich eines Grundrechts tatbestandsimmanent begrenzen. So gilt die Berufsfreiheit nach der Rechtsprechung des Bundesverfassungsgerichts nur für erlaubte Tätigkeiten.[49] In der Literatur wird teilweise eine Beschränkung des Schutzbereiches sämtlicher Grundrechte durch allgemeine Gesetze[50] oder die Beschränkung des Schutzbereichs weiterer Einzelgrundrechte wie etwa der Kunstfreiheit auf erlaubte Tätigkeiten[51] vertreten. Dies gilt auch für die Religionsfreiheit: Während eine große Mehrheit in der Literatur Art. 136 Abs. 1 WRV als allgemeinen Gesetzesvorbehalt zur Rechtfertigung von Eingriffen in die Religionsfreiheit sieht,[52] betrachten einzelne Vertreter allgemeine Gesetze schon als tatbestandsimmanente Schranke.[53]

Weniger weit geht der Vorschlag, den grundrechtlichen Schutzbereich auf Fälle zu beschränken, in denen die individuelle Freiheit anderer in Anspruch genommen wird.[54] Das Bundesverfassungsgericht hat eine derartige Beschränkung für die Kunstfreiheit angenommen und den Schutz des Art. 5 Abs. 3 GG für einen Sprayer verneint, weil die Reichweite der Kunstfreiheit von vorneherein nicht die eigenmächtige Inanspruchnahme oder Beeinträchtigung fremden Eigentums zum Zwecke der künstlerischen Entfaltung beinhalte.[55] Für die Religionsfreiheit nehmen der Bundesgerichtshof und Stimmen in der Literatur an, dass besonders krasse Eingriffe in die Rechtsgüter anderer wie etwa Menschenopfer oder Witwenverbrennungen nicht mehr vom Schutzbereich der Religionsfreiheit umfasst sein sollen, ohne dass dies in der Praxis bislang aber relevant geworden wäre.[56]

Beide Vorschläge sind für die Religionsfreiheit jedoch abzulehnen. Die Beschränkung der Religionsfreiheit auf erlaubte bzw. zumindest nicht gezielt mit Blick auf die Religionsausübung verbotene Verhaltensweisen würde das Freiheitsrecht zu weit einengen, da diese Verbote nicht verfassungsrechtlich – insbesondere durch eine Abwägung zwischen Religionsfreiheit und gegenläufigem Verfassungsgut – gerechtfertigt werden müssten.[57] Auch die Tat-

[49] BVerfGE 7, 377 (397), BVerfGE 81, 70 (85).

[50] *Rüfner* Grundrechtskonflikte, in: Christian Starck (Hrsg.), Bundesverfassungsgericht und Grundgesetz. Band 2, 1976, S. 453 ff. (S. 456 ff.).

[51] *Pieroth/Schlink* Grundrechte, 24. Aufl. 2008, Rn. 616 f.

[52] S.o. Fn. 18.

[53] *Hellermann* Fn. 43, S. 137, für die Kultusfreiheit; *Herdegen* Fn. 32, S. 290, für die Gewissensfreiheit.

[54] *Möllers* NJW 2005, S. 1972 ff. (S. 1978).

[55] BVerfG, Beschluss des Vorprüfungsausschusses vom 19. März 1984, NJW 1984, 1293 ff. (1294); zustimmend etwa *Böckenförde* Staat 2003, S. 165 ff. (S. 175 f.).

[56] BGHZ 38, 317 (321); *Listl* in: ders./Dietrich Pirson (Hrsg.), HbStKR, 2. Aufl. 1995, Band 1, § 14, S. 469; *Fehlau* JuS 1993, S. 441 ff. (S. 443); *Müller-Volbehr* DÖV 1995, S. 301 ff. (S. 305).

[57] Vgl. auch *Alexy* Theorie der Grundrechte, 1994, S. 289 f.

sache, dass ein derartiger Schutz im Vergleich mit anderen Rechtsordnungen besonders umfänglich erscheint, spricht nicht für eine Reduzierung des deutschen Schutzstandards, sondern ist Ausdruck einer grundrechtlichen Tradition, in der das Verfassungsgericht besonders weite Kompetenzen zur Überprüfung auch von Parlamentsgesetzen besitzt.[58] Insbesondere im Hinblick auf die Religionsfreiheit wäre eine Beschränkung des Schutzes auf erlaubte Verhaltensweisen verfehlt. Denn Religion und Gewissen zeichnen sich gerade dadurch aus, dass sie herrschende Formen der Lebensführung und geltende Rechtsvorstellungen radikal in Frage stellen und Gegenentwürfe propagieren. Anders als etwa das Eigentumsrecht oder die Berufsfreiheit, die darauf angelegt sind, im Rahmen der geltenden Rechtsordnung verwirklicht zu werden, bergen Religions- und Gewissensfreiheit daher immer die Möglichkeit des Konflikts mit der Rechtsordnung.

Der zweite Ansatz, nach dem die Religionsfreiheit nicht die Inanspruchnahme der individuellen Freiheiten anderer schützt, ist – zumindest in dieser Allgemeinheit – ebenfalls problematisch. Denn es ist unklar, was unter einer verbotenen Inanspruchnahme individueller Freiheiten anderer zu verstehen ist und ob dies nicht erst im Wege einer Abwägung zwischen den gegenläufigen Verfassungsgütern bestimmt werden kann. Unterfällt der Ruf des Muezzin schon deshalb nicht der Religionsfreiheit, weil er mit Lärmbelästigungen für die Nachbarschaft einhergeht, oder sollten die Grenzen der zulässigen Emissionen nicht eher unter Berücksichtigung sowohl der Religionsfreiheit als auch der nachbarschaftlichen Belange ermittelt werden? Selbst vermeintlich eindeutige Fälle wie Eingriffe in die körperliche Unversehrtheit, die Gesundheit oder das Leben anderer werden nach der traditionellen Dogmatik zufriedenstellend gelöst, ohne dass der Ausschluss aus dem Schutzbereich der Religionsfreiheit hier Vorzüge böte. Die rituelle Beschneidung eines Jungen nach jüdischer und muslimischer Tradition etwa beeinträchtigt zwar dessen körperliche Unversehrtheit, ist auf Grundlage der Religionsfreiheit und des elterlichen Erziehungsrechtes aber gestattet.[59] Es erscheint in gleicher Weise plausibel, Eltern auch dann den Schutz der Religionsfreiheit zuzugestehen, wenn sie sich bei der ärztlichen Versorgung ihrer Kinder von religiösen Vorstellungen leiten lassen, auch wenn es Zeugen Jehovas in der Tat nicht erlaubt sein kann, eine medizinisch indizierte Bluttransfusion zu verhindern.[60] Verweigert ein Erwachsener hingegen aus religiösen Gründen eine ärztliche Behandlung, kann auch dem Ehepartner, der es gleichfalls aus

[58] Vgl. die Gegenüberstellung mit Art. 9 EMRK und der Religionsfreiheit in Frankreich und Großbritannien bei *von Ungern-Sternberg* Fn. 20, S. 338 ff.

[59] Dies ist in Großbritannien und Frankreich anerkannt, vgl. *von Ungern-Sternberg* Fn. 20, S. 310. Zur Rechtslage in Deutschland vgl. *Putzke* NJW 2008, S. 1568 ff.

[60] Vgl. etwa den Beschluss des OLG Stuttgart vom 19.4.1994, FamRZ 1995, S. 1290 f., und den Beschluss des OLG München vom 14.12.1999, FuR 2000, S. 434 f.

religiösen Gründen unterlassen hat, auf eine ärztliche Behandlung zu drängen, wegen der Religionsfreiheit strafrechtlich nicht belangt werden.[61]

3. *Eigener Ansatz*

Das weite Verständnis vom Schutzbereich der Religionsfreiheit, das der Rechtsprechung des Bundesverfassungsgerichts zugrunde liegt, lässt sich nach der hier vertretenen Auffassung nur an einigen wenigen Stellen etwas enger fassen. Wichtig hierfür ist es häufig, die jeweils konkret in Rede stehende Maßnahme in den Blick zu nehmen. Im Übrigen kann die Reichweite der Religionsfreiheit nur in der Abwägung mit gegenläufigen Verfassungsgütern bestimmt werden (dazu sogleich unter IV.).

Zunächst sind Tätigkeiten, die religionsspezifische Handlungen lediglich vorbereiten oder unterstützen, keine grundrechtlich geschützte Religionsausübung.[62] Damit können insbesondere viele Fälle der wirtschaftlichen Tätigkeit von Religionsgemeinschaften aus dem Schutzbereich der Religionsfreiheit ausgeschlossen werden.[63] Hingegen unterfallen sowohl das Schächten als auch der Verzehr von Fleisch, das den religiösen Reinheitsvorschriften gemäß geschlachtet wurde, ungeachtet ihrer Einbindung in einen wirtschaftlichen Zusammenhang der Religionsfreiheit, weil Judentum und Islam diese Art des Schlachtens gebieten bzw. aus theologisch nachvollziehbaren Gründen nahe legen.

Ferner sollte man die räumliche und persönliche Ausdehnung der Religionsfreiheit überdenken. Bis vor der Mun-Entscheidung des Bundesverfassungsgerichts galt, dass aus der Religionsfreiheit kein Anspruch auf Einreise abgeleitet werden konnte. Diese Entscheidung nun billigt einem inländischen Verein auf Grundlage der Religionsfreiheit nicht nur die Beschwerdebefugnis dafür zu, selbst ausländerrechtliche Maßnahmen gegen das religiöse Oberhaupt anzufechten, sondern statuiert in derartigen Konstellationen auch eine Pflicht zur Auslegung des Ausländerrechts im Lichte der Religionsfreiheit. Die Behörden sind demnach nicht nur zu einem Art. 3 Abs. 1 und 3 GG genügenden, das heißt diskriminierungsfreien Gesetzesvollzug, sondern auch zur bestmöglichen Berücksichtigung religiöser Belange des inländischen Vereins verpflichtet, wobei dessen Religionsfreiheit etwa auch mit gegenläufigen Sicherheitsinteressen zur Abwägung zu bringen wäre. Der inländischen Religionsgemeinschaft kann im Ergebnis daher ein grundrechtlich verankerter Einreiseanspruch zustehen. Ein derartiger grundrechtlicher Leistungsanspruch

[61] BVerfGE 32, 98 (106 ff.) – Gesundbeter.

[62] So auch *Borowski* Die Glaubens- und Gewissensfreiheit des Grundgesetzes, S. 433.

[63] Vgl. etwa BVerfGE 19, 129 (133): kein Eingriff in der Religionsfreiheit durch die Umsatzsteuerpflicht dafür, dass auf religiösen Veranstaltungen Speisen und Getränke verkauft werden.

auf Einreise ist heutzutage aber immer noch begründungsbedürftig. Wenn man sich für eine solche räumliche Ausdehnung des Grundrechtsschutzes entscheiden sollte, müsste sich dies im Übrigen auch auf sonstige Freiheitsrechte auswirken, bei denen grenzüberschreitende Begegnungen angestrebt werden.

Eine Begrenzungsmöglichkeit für die persönliche Reichweite der Religionsfreiheit illustriert die Kammerentscheidung zur Zwangsmitgliedschaft. Gewissensfreiheit sollte als die Freiheit verstanden werden, nicht *selbst* zu Handlungen gezwungen zu werden, die man aus Gewissensgründen ablehnt, nicht aber als Freiheit, diese Handlungen auch anderen zu untersagen zu können. Dies gilt entsprechend auch für Handlungen, die aus zwingenden religiösen Gründen abgelehnt werden. Beispielsweise kann sich daher ein Orchestermusiker auf die Religionsfreiheit berufen, wenn er an einer als blasphemisch empfundenen Aufführung nicht mitwirken will,[64] die Aufführung selbst hingegen kann er nicht unterbinden. In ähnlicher Weise können Pazifisten zwar den Wehrdienst verweigern, müssen ihrer Steuerpflicht aber nachkommen, auch wenn öffentliche Gelder für Rüstungszwecke ausgegeben werden.[65] Maßgeblich ist jeweils, ob die beanstandete Handlung dem Betroffenen zugerechnet werden kann. Auch in der Kammerentscheidung zur Zwangsmitgliedschaft hätte das Bundesverfassungsgericht schon den Schutzbereich der Gewissensfreiheit nicht für eröffnet halten sollen. Die Überlegungen zur Gewissensfreiheit lassen sich auch auf die übrigen Aspekte der Religionsfreiheit anwenden. Diese gewährleistet die Freiheit, selbst Gottesdienste zu feiern, Gebete zu halten, den Glauben zu bekennen und sein Leben an ihm auszurichten. Die negative Religionsfreiheit umfasst spiegelbildlich die Freiheit, dies nicht zu tun. Sie beinhaltet aber gerade kein Recht darauf, von der Religionsausübung anderer verschont zu bleiben, ebenso wenig, wie man künstlerischen Darbietungen, Meinungsäußerungen oder Versammlungen der Mitmenschen abwehren kann. Insbesondere im Zusammenhang mit religiösen Zeichen und Kleidungsstücken ist es wichtig, diesen Aspekt in Erinnerung zu rufen.

Schließlich lässt sich mit Blick auf die beanstandete staatliche Maßnahme auch überprüfen, inwiefern sich die Religionsfreiheit auf bestimmte Modalitäten einer grundsätzlich schützenswerten Verhaltensweise erstreckt.[66] So beinhaltet die Religionsfreiheit zweifelsohne das Recht, Kirchen und andere religiöse Kultstätten zu bauen. Geraten die Bauwünsche hierbei mit dem

[64] Vgl. das Urteil des LAG Düsseldorf vom 7.8.1992, NZA 1993, 411 (412 f.).

[65] So inzwischen auch das BVerfG, Beschluss der 3. Kammer des Zweiten Senats vom 26.8.1991, NJW 1993, 455 f.

[66] *Walter* in: Grote/Marauhn, Konkordanzkommentar, Kap. 17, Rn. 56, bezeichnet dies als Konnexitätsgebot, das beabsichtigtes Verhalten und staatliche Beschränkung zueinander in Bezug setzt.

Baurecht in Widerspruch, ist die Religionsfreiheit jedoch nur dann einschlägig, wenn die baurechtlich problematischen Modalitäten des Bauvorhabens sich religiös begründen lassen. Die Religionsgemeinschaft müsste also erläutern, warum sie aus religiösen Gründen von baurechtlichen Höhenvorgaben etwa zur Errichtung eines Minaretts abweichen oder einen Friedhof ausgerechnet in einem Naturpark anlegen[67] will. Ein weiteres Beispiel betrifft den Kirchenaustritt. Mit der Freiheit, einer Religion anzugehören, korrespondiert die negative Freiheit, einer Religion nicht anzugehören und jederzeit aus einer öffentlich-rechtlich verfassten Religionsgesellschaft austreten zu können.[68] Da sich an diese Mitgliedschaft insbesondere die Pflicht zur Kirchensteuer knüpft, ist der Austritt nach dem jeweiligen Landesrecht in einem formalisierten Verfahren vorgesehen. Dass nun schon diese Notwendigkeit einer förmlichen und unbedingten Austrittserklärung in den Schutzbereich der Religionsfreiheit eingreifen soll, wie es eine Kammerentscheidung jüngst statuiert hat,[69] leuchtet aber nicht ein. Denn die gesetzliche Regelung des förmlichen Austritts ermöglicht ja gerade die von der negativen Religionsfreiheit umfasste Verhaltensweise. Da ein Grundrechtseingriff nach der weiten Definition eine grundrechtlich geschützte Verhaltensweise unmöglich machen oder erschweren muss,[70] liegt ein Eingriff in die negative Religionsfreiheit erst bei Austrittsmodalitäten vor, die den Austrittswilligen – über die Notwendigkeit der förmlichen Austrittserklärung hinaus – belasten, etwa wenn diese gebührenpflichtig ist.[71]

IV. Größere Berechenbarkeit der Abwägung – aktuelle Problemlagen

Der Schutzbereich der Religionsfreiheit schützt daher weiterhin umfassend die Ausrichtung des gesamten Lebens an zwingenden und empfehlenden religiösen Vorgaben. Umso wichtiger ist es, die Abwägung zwischen Religionsfreiheit und gegenläufigen Verfassungsgütern zur Bestimmung der verfassungsimmanenten Grenze berechenbar zu machen und damit der Gefahr der Beliebigkeit entgegenzuwirken. Hierbei lassen sich zum einen allgemeine Abwägungsvorgaben, losgelöst von den in Rede stehenden Verfassungsgütern aufstellen. Beispielsweise spricht einiges dafür, großzügig zu

[67] Das Bundesverwaltungsgericht ging in einem derartigen Sachverhalt sogleich zur verfassungskonformen Rechtfertigung anhand von Art. 20a GG über, Beschluss vom 7.3.1993, NVwZ 1998, 852 f.

[68] BVerfGE 44, 37 (53).

[69] BVerfG NJW 2008, 2978 (2978 f.).

[70] Vgl. etwa die Lehrbuchformel bei *Pieroth/Schlink* Grundrechte, Rn. 239.

[71] Eine Gebühr von 30,00 € sah das Bundesverfassungsgericht zu Recht als Eingriff, der sich aber zugunsten der geordneten Verwaltung der Kirchensteuern rechtfertigen ließ, BVerfG NJW 2008, 2978 (2979 ff.).

sein, wenn unter Berufung auf die Religionsfreiheit Dispens von einer allgemeinen Pflicht begehrt wird, die allein dem Eigenschutz dient.[72] Zum anderen können Grundsätze für den Konflikt bestimmter Verfassungsgüter aufgestellt werden, etwa dergestalt, dass die Religionsfreiheit nicht zu Lasten der Gesundheit anderer gehen darf.[73] Entsprechende Grundsätze sollen im Folgenden exemplarisch für zwei aktuelle Problemlagen der Religionsfreiheit entwickelt werden, und zwar für den staatlichen Erziehungsauftrag (1.) und die Zulässigkeit religiöser Kleidung im öffentlichen Raum (2.).

1. Religionsfreiheit versus staatlicher Erziehungsauftrag

Religiöse Überzeugungen schlagen sich insbesondere in der Kindeserziehung nieder. Deshalb überrascht es nicht, dass viele religiöse Konflikte in der Schule ausgetragen werden. Die Religionsfreiheit von Eltern und Kindern sowie das elterliche Erziehungsrecht des Art. 6 Abs. 2 GG stehen hier dem staatlichen Bildungs- und Erziehungsauftrag nach Art. 7 Abs. 1 GG gegenüber. Entzündete sich früher Streit vorwiegend an der Frage, inwieweit gegen den Willen der Eltern Sexualkundeunterricht erteilt werden kann,[74] geht es heutzutage vor allem um die Teilnahme zumeist muslimischer Kinder am Sportunterricht oder an Klassenfahrten, beziehungsweise um die Schulpflicht insgesamt, die von bestimmten christlichen Gruppierungen abgelehnt wird.

Einige Fachgerichte hatten in der Frage, ob muslimische Kinder dem Sportunterricht oder einer Klassenfahrt fernbleiben können, der Religionsfreiheit von Eltern und Kindern sehr weiten Raum gewährt. Aus muslimischer Sicht ist angezeigt, dass Schülerinnen auch im Sportunterricht Kopftuch und weite, die Körperkonturen verbergende Kleidung tragen und den Körperkontakt mit Schülern und deren Anblick in kurzer Sportkleidung vermeiden. Dies erkannte auch das Bundesverwaltungsgericht an und sah einen angemessenen Ausgleich zwischen dem staatlichen Erziehungsauftrag und der Glaubensfreiheit darin, dass der Sport- und Schwimmunterricht entweder nach Geschlechtern getrennt durchgeführt wird oder die betreffenden muslimischen Schülerinnen dem Unterricht fernbleiben dürfen.[75] Die unteren Instanzen gingen teilweise noch weiter und billigten sogar die religionsbedingte Ablehnung eines auch nach Geschlechtern getrennten Sportunterrichts.[76] Viele muslimische Eltern lehnen ferner auch Klassenfahrten ab, weil

[72] So *Grimm* Multikulturalität und Grundrechte, in: FS Böckenförde 2002, S. 135 ff. (S. 145) unter Verweis auf die Motorradhelmpflicht auch für turbantragende Sikhs. In diese Kategorie fiele etwa auch das Cannabisverbot für Rastafari.

[73] S.o. Fn. 60 zur Einschränkung des Sorgerechts, wenn Zeugen Jehovas die notwendige Behandlung ihrer Kinder ablehnen.

[74] BVerfGE 47, 46 (76 f.) – Sexualerziehung.

[75] BVerwGE 94, 82 (91); BVerwG KirchE 31, 341 (347 ff.).

[76] So das Urteil des VG Freiburg vom 10.11.1993, KirchE 31, 492 (496).

sie sich um die Einhaltung religiöser Vorschriften außerhalb der gewohnten Umgebung sorgen und Mädchen nicht ohne männlichen Verwandten außer Haus übernachten lassen wollen. Allerdings gelangen diese Konflikte in der Regel nicht vor Gericht, weil Eltern ihre Töchter häufig krankmelden und die Schulen dies hinnehmen. In einem gerichtlich ausgetragenen Fall hat das OVG Münster diesen Weg sogar gebilligt und eine derartige Krankmeldung wegen der psychischen Belastung der Schülerin akzeptiert.[77]

Diese Gewichtung von Religionsfreiheit und staatlichem Erziehungsauftrag fällt einseitig zu Lasten des letzteren aus. Zunächst fragen die Gerichte in der Regel nicht nach Möglichkeiten, mit denen beide Verfassungsgüter zu einem besseren Ausgleich gebracht werden können. Wie das Beispiel des Frauensports in vielen arabischen Staaten zeigt, gibt es auch Sportbekleidung, die muslimischen Anforderungen genügt. Ferner wäre es denkbar, muslimische Eltern an Klassenfahrten zu beteiligen. Sodann ist auch dort, wo ein derartiger Ausgleich nicht gelingen sollte, eine Erosion der allgemeinen Schulpflicht nicht gerechtfertigt. Diese Pflicht liegt sowohl im öffentlichen Interesse als auch im privaten Interesse der zu unterrichtenden Schülerinnen und Schüler. Dies gilt umso mehr, als die Schule heutzutage nicht nur der Bildung und Erziehung, sondern auch der Integration der unterschiedlichen gesellschaftlichen Gruppierungen dient.

Auch das Bundesverfassungsgericht hat dies nunmehr deutlich gemacht. Zwei Kammerentscheidungen haben die Geltung der allgemeinen Schulpflicht auch für den Fall bekräftigt, dass christliche Eltern ihre Kinder aus Angst vor schädigenden Einflüssen weder auf die staatliche Schule noch auf eine anerkannte Ersatzschule schicken wollten.[78] Die Aufgabe der Schule hatte das Bundesverfassungsgericht schon in seiner Entscheidung zum Sexualkundeunterricht mit der Erziehung des Schülers „zu einem selbstverantwortlichen Mitglied der Gesellschaft" beschrieben.[79] Die Kammerentscheidung zu den Schulverweigerern betont nun, die Allgemeinheit habe ein berechtigtes Interesse daran,

> „der Entstehung von religiös oder weltanschaulich motivierten „Parallelgesellschaften" entgegenzuwirken und Minderheiten auf diesem Gebiet zu integrieren. Integration setzt dabei nicht nur voraus, dass die Mehrheit der Bevölkerung religiöse oder weltanschauliche Minderheiten nicht ausgrenzt, sie verlangt vielmehr auch, dass diese sich selbst nicht abgrenzen und sich einem Dialog mit Andersdenkenden und -gläubigen nicht verschließen."[80]

[77] Beschluss des OVG Münster vom 17.1.2002, NJW 2003, 1754 f.

[78] BVerfG NVwZ 2003, 1113 f. (zur Versagung einer Genehmigung für die Erteilung von Heimunterricht) und BVerfG FamRZ 2006, 1094 (1094 ff.) (zur Bestrafung der Schulpflichtverweigerer).

[79] BVerfGE 47, 46 (72) – Sexualerziehung.

[80] BVerfG NVwZ 2003, 1113 f.; bestätigt in BVerfG, FamRZ 2006, 1094 und BVerfG NVwZ 2008, 72 (74).

Darüber hinaus kann der Staat auch im Wege des verpflichtenden Ethikunterrichts Kenntnisse über die unterschiedlichen Religionen vermitteln und gegenseitige Toleranz fördern. In Berlin ist der Ethikunterricht auch für diejenigen Schüler verpflichtend, die am Religionsunterricht teilnehmen. Diese Regelung hielt das Bundesverfassungsgericht für verfassungsmäßig, solange sie die allgemeinen Anforderungen an die staatliche Neutralität wahrt, der Ethikunterricht also nicht religiös oder weltanschaulich geprägt ist und das Toleranzgebot beachtet wird. Die Kammerentscheidung stellte erneut auf das legitime Ziel ab, durch die schulische Erziehung der Bildung von Parallelgesellschaften entgegenzuwirken. Insbesondere dürfe in der Schule der Dialog mit Andersdenkenden und Andersgläubigen im Sinne gelebter Toleranz eingeübt und praktiziert werden, um ein gedeihliches Zusammenleben in wechselseitigem Respekt vor anderen Glaubensüberzeugungen und Weltanschauungen zu fördern. Hierbei durfte der Landesgesetzgeber es für effektiver halten, einen gemeinsamen Ethikunterricht für alle Schüler vorzusehen, als ein System, in dem Ethikunterricht und Religionsunterricht alternativ nebeneinander stehen.[81]

Insgesamt ist der Rechtsprechung des Bundesverfassungsgerichts, die dem staatlichen Erziehungsauftrag grundsätzlich den Vorrang vor der Religionsfreiheit und dem elterlichen Erziehungsrecht einräumt, zuzustimmen. Dieser Vorrang muss, bei einer sorgfältigen Prüfung vermittelnder Lösungsmöglichkeiten, auch für die Ziele gelten, die mit dem Sport- und Schwimmunterricht, dem Biologieunterricht oder mit sonstigen schulischen Aktivitäten wie Klassenfahrten verfolgt werden.[82]

2. *Religiöse Kleidung im öffentlichen Raum*

Die religiöse Vielfalt in Deutschland wird auch durch religiöse Kleidung und namentlich durch das Kopftuch islamischer Frauen sichtbar, das schon Gegenstand zahlreicher gerichtlicher Auseinandersetzungen war. Es ist zu erwarten, dass sich zunehmend auch andere religiös motivierte Kopfbedeckungen, Kleidungsformen oder Haartrachten verbreiten und am Arbeitsplatz und anderen öffentlichen Räumen für Konflikte sorgen.[83] Hierbei ist erneut festzuhalten, dass das Tragen religiöser Kleidung dem Schutz der Reli-

[81] BVerfG NVwZ 2008, 72 (74).

[82] Zu einer entsprechenden Begründung des verbindlichen Sexualkundeunterrichts auch gegen den Willen der muslimischen Eltern vgl. etwa den Beschluss des VG Hamburg vom 12.1.2004, NordÖR 2004, 412 (414).

[83] Vgl. schon zur Baghwan-Kleidung den Beschluss des BVerwG vom 8.3.1998, NVwZ 1998, 937, zum Turban eines Sikh das Urteil des ArbG Hamburg vom 3.1.1996, KirchE 34, 1 (5).

gionsfreiheit unterfällt.[84] Verbote religiöser Kleidung bedürfen daher einer verfassungsrechtlichen Rechtfertigung.

Ein Verbot wegen des Aussagegehalts religiöser Kleidung (im Unterschied zu Verboten wegen der Beschaffenheit der Kleidung – etwa zugunsten der Sicherheit im Sportunterricht) ist nur dann zulässig, wenn dieser Aussagegehalt mit einer Gefährdung oder Verletzung anderer Rechtsgüter einhergeht. Erschöpft sich der Aussagegehalt religiöser Kleidung jedoch darin, dass ihr Träger einer bestimmten Religion angehört, so lässt sich eine derartige Gefährdung oder Verletzung anderer Rechtsgüter nicht erkennen. Wie oben dargelegt, schützt die negative Religionsfreiheit nicht vor der unerwünschten sichtbaren Präsenz von Religion und ihren Angehörigen, ebenso wie auch die Meinungsfreiheit nicht vor unerbetenen Meinungsäußerungen anderer bewahrt. Etwas anderes gilt aber beispielsweise für religiöse Symbole mit beleidigendem oder volksverhetzendem Aussagegehalt – man denke an das im Buddhismus (ohne Bezug zum Nationalsozialismus) verwendete Hakenkreuz oder die Erkennungszeichen islamistischer Terrorgruppen.

Entscheidend ist nun, wie der Aussagegehalt religiöser Kleidung und anderer religiöser Zeichen zu ermitteln ist, insbesondere ob der Träger oder der jeweilige Betrachter hierfür eine Deutungshoheit besitzen oder ob es auf ein objektives Verständnis ankommt. Der Streit um das Kopftuch wird ja gerade deshalb so erbittert geführt, weil es in unterschiedlicher Weise gedeutet wird: als Zeichen für die Unterdrückung der Frau, als aggressive politische Werbung für den Islam und Absage an westliche Werte oder lediglich als Ausdruck der Zugehörigkeit zum Islam bzw. einer islamischen Lebensweise. Hier ist zu unterscheiden: Während auf Ebene des Schutzbereichs allein das subjektive Selbstverständnis des Religionsangehörigen relevant ist, kommt es für die Abwägung zwischen Religionsfreiheit und anderen Verfassungsgütern auf Rechtfertigungsebene auf den objektiven Empfängerhorizont an. Die subjektive Deutung der jeweiligen Betrachter darf nicht den Ausschlag geben, weil es einem effektiven Grundrechtsschutz widerspricht, die Ausübung von Freiheitsrechten den subjektiven Empfindungen anderer unterzuordnen. Andererseits kann im Interesse gegenläufiger Verfassungsgüter, also etwa zum Schutz von Ehre oder öffentlicher Sicherheit, auch nicht allein das subjektive Selbstverständnis des Religionsangehörigen relevant sein. Zu Recht stellt das Bundesverfassungsgericht daher im vergleichbaren Fall der Meinungsfreiheit auf den objektiven Empfängerhorizont ab[85] und hat diesen Maßstab in *Ludin* auch auf religiöse Ausdrucksformen übertragen[86].

[84] BVerfG NJW 2003, 2815 (2816); BVerfGE 108, 282 (298) – Ludin; BVerfG NJW 2007, 56 (57); BVerfG Beschluss der 1. Kammer des Zweiten Senats vom 22.2.2006 – juris.

[85] BVerfGE 93, 266 (295) – Soldaten sind Mörder.

[86] BVerfGE 108, 282 (305) – Ludin; BVerfG Beschluss der 1. Kammer des Zweiten Senats vom 22.2.2006 – juris.

Im Ergebnis werden religiöse Kleidung und andere religiöse Accessoires grundsätzlich schutzwürdig sein. Denn zunächst müsste dem religiösen Zeichen aus Sicht eines unbefangenen Betrachters überhaupt ein Aussagegehalt zukommen, der mehr als die Zugehörigkeit zu einer bestimmten Religionsgemeinschaft beinhaltet. Lässt sich ein derartiger Aussagegehalt feststellen, so wird ein religiöses Zeichen regelmäßig mehrdeutig sein.[87] Insbesondere wird man etwa neben der Aussage, einer bestimmten Religion zuzugehören, missionierende Botschaften oder Botschaften zum Glaubensinhalt erkennen können. Diese Mehrdeutigkeit wirkt sich in der Abwägung zugunsten des Religionsangehörigen aus. Für die Meinungsfreiheit hat das Bundesverfassungsgericht anerkannt, dass mehrdeutige Äußerungen nur dann zu einer strafrechtlichen Verurteilung führen können, wenn alle übrigen, nicht strafwürdigen Bedeutungen mit schlüssigen Gründen ausgeschlossen werden können.[88] Dieser Gedanke lässt sich auf die Religionsfreiheit und andere nicht-strafrechtliche Äußerungsverbote übertragen, so dass besonders einschneidende staatliche Beschränkungen grundsätzlich nicht auf einen von mehreren möglichen Aussagegehalten gestützt werden können. Die *Ludin*-Entscheidung bringt ähnliches zum Ausdruck, indem sie verlangt, dass ungeachtet des objektiven Empfängerhorizonts das subjektive Selbstverständnis einer Kopftuch-Trägerin zu berücksichtigen ist.[89] Schließlich ist im Rahmen der Abwägung zu prüfen, ob von religiösen Aussagen tatsächlich Gefahren oder Beeinträchtigungen für gegenläufige Verfassungsgüter ausgehen und ob diese angesichts des Stellenwerts der Religionsfreiheit nicht hinzunehmen sind. Selbst wenn man ein Kopftuch daher als Mission oder als Bekenntnis zu einer besonderen Rolle der Frau auffassen könnte, wäre eine Beeinträchtigung anderer Verfassungsgüter nicht ohne weiteres zu erkennen.

Einige praktische Anwendungsfälle können diese abstrakten Überlegungen illustrieren: In der Anwesenheit einer kopftuchtragenden Zuschauerin bei einem Gerichtsverfahren hat das Bundesverfassungsgericht zu Recht keine Störung erkannt, die es gerechtfertigt hätte, die Muslima zum Verlassen des Gerichtssaals aufzufordern.[90] Auch wird es in Deutschland, anders als in Frankreich, nicht als Störung des Schulfriedens aufgefasst, wenn Schüler durch ihre Kopfbedeckungen ihre Religionszugehörigkeit erkennen lassen.[91] In ähnlicher Weise ist ferner nicht davon auszugehen, dass ein Kopftuch zu

[87] Vgl. *Oebbecke* Das „islamische Kopftuch“ als Symbol, FS Rüfner 2003, S. 593 ff. (594 f.).

[88] BVerfGE 82, 43 (52) – Strauß; BVerfGE 93, 266 (295 f.) – Soldaten sind Mörder.

[89] BVerfGE 108, 282 (305) – Ludin; hierzu *Walter/von Ungern-Sternberg* DÖV 2008, S. 488 ff. (S. 491).

[90] BVerfG NJW 2007, 56 (57).

[91] Zu Frankreich vgl. *Walter* Religionsverfassungsrecht, 2006, S. 169 ff.; *von Ungern-Sternberg* Fn. 20, S. 126 ff.

Störungen am Arbeitsplatz führt, jedenfalls solange der Arbeitgeber nichts Gegenteiliges darlegt. Zwar besitzt der Arbeitgeber aufgrund von Art. 12 Abs. 1 GG ein schutzwürdiges Interesse, betriebliche Störungen und wirtschaftliche Einbußen zu verhindern. Den alleinigen Wunsch nach einem bestimmten äußeren Erscheinungsbild des Verkaufspersonals hingegen erachtete eine Kammer des Ersten Senats nicht für ausreichend, wenn die betriebliche Notwendigkeit hierfür nicht dargetan sei.[92]

Heftig umstritten und verfassungsgerichtlich noch nicht abschließend geklärt ist die Frage, inwieweit Kopftücher im Schul- und Staatsdienst verboten werden können. Das Bundesverfassungsgericht hielt in *Ludin* unterschiedliche landesrechtliche Regelungen für möglich.[93] Ausgeschlossen ist zunächst eine gleichheitswidrige Bevorzugung christlich-abendländischer Symbole zugunsten von christlichen Lehrern im Ordenshabit oder von jüdischen Lehrern mit Kippa, wie sie mit einigen Landesgesetzen bezweckt sind.[94] Darüber hinaus hielt eine Kammer des Zweiten Senats ein Verbot religiöser Symbole auch zu Abwehr abstrakter Gefahren für verfassungskonform, sah die Schulbehörde aber in der Pflicht, den konkreten Aussagegehalt des jeweiligen Erscheinungsbildes genau festzustellen.[95] Nur letzterem ist zuzustimmen. Nach der hier vertretenen Auffassung stellt ein pauschales Kopftuchverbot einen unverhältnismäßigen Eingriff in die Religionsfreiheit dar. Es verabsolutiert nämlich bei einem objektiv mehrdeutigen Symbol ein Verständnis des Kopftuchs als Gefahr für staatliche Neutralität und Eltern- und Schülerrechte, ohne das Selbstverständnis der Muslima zu berücksichtigen. Insbesondere in Fällen, in denen eine Muslima im Konfliktfall auch bereit ist, zu einer anderen Form der Kopfbedeckung oder einer Perücke überzugehen, wird sie das Kopftuch regelmäßig nicht als religiöses Bekenntnis, sondern zur Befolgung einer entsprechenden religiösen Vorschrift tragen. Außerdem geht eine pauschale Lösung einseitig zu Lasten der Religionsfreiheit, selbst dann, wenn gegenläufige Verfassungsgüter nicht beeinträchtigt werden. Die Religionsfreiheit von Eltern und Schülern ist zumindest dann nicht betroffen, wenn sie – wie in der Praxis häufig – gegen eine Lehrerin mit Kopftuch nichts einzuwenden haben. Darüber hinaus ist zu bezweifeln, dass man auch bei älteren Schülern tatsächlich unterstellen darf, sie könnten durch den Anblick einer muslimischen Lehrerin mit Kopftuch religiös beeinflusst werden. Der Grundsatz der staatlichen Neutralität vermag keine zusätzlichen

[92] BVerfG NJW 2003, 2815 (2816) im Anschluss an das Urteil des BAG vom 10.10.2002, NJW 2003, 1685 (1687).

[93] BVerfGE 108, 282 (109 ff.) – *Ludin*.

[94] BVerfG Beschluss der 1. Kammer des Zweiten Senats vom 22.2.2006 – juris; Überblick über und Bewertung der landesrechtlichen Regelungen bei *Walter/von Ungern-Sternberg* DÖV 2008, S. 488 ff. (S. 488, S. 492 ff.) m.w.N. zu Meinungen in der Literatur.

[95] BVerfG Beschluss der 1. Kammer des Zweiten Senats vom 22.2.2006 – juris.

Begründungen für ein Kopftuchverbot zu liefern. Anders als in Frankreich, wo die verfassungsrechtlich verankerte Laizität die Verbannung religiöser Bezüge aus dem staatlichen Raum als Selbstzweck verfolgen kann,[96] verbietet die Neutralität unter dem Grundgesetz dem Staat (lediglich), sich mit einer Religion zu identifizieren und religiös zu indoktrinieren.[97] Wenn eine Lehrerin durch ein Kopftuch erkennen lässt, einer bestimmten Religion anzugehören, ist dies dem Staat aber nicht zuzurechnen.

V. Fazit

Die traditionell weite Auffassung des Bundesverfassungsgerichts vom Schutzbereich der Religionsfreiheit wurde trotz verbreiteter Kritik auch in jüngeren Judikaten zu Recht nicht eingeschränkt. Die in der Literatur vorgetragenen Ansätze, den Schutzbereich der Religionsausübung pauschal positiv oder negativ zu konturieren, sind abzulehnen. Es überzeugt nicht, den Schutz auf Kulthandlungen oder auf die Befolgung zwingender Vorschriften zu beschränken oder tatbestandsimmanente Schranken bei der Verletzung von Individualrechtsgütern oder allgemeiner Gesetze zu etablieren. Allerdings lässt sich der Schutzbereich in gewissem Umfang dadurch beschränken, dass man Vorbereitungs- von Durchführungshandlungen unterscheidet, den persönlichen und räumlichen Schutzbereich der Religionsfreiheit eng fasst und die konkret in Rede stehende Modalität der Religionsausübung näher in den Blick nimmt. Wer sich an der verbleibenden Reichweite der Religionsfreiheit stört, muss zur Kenntnis nehmen, dass sie im Wesen von Religion angelegt ist. Schließlich handelt es sich bei Religionen um Ordnungen, die potentiell die gesamte Lebensführung der Anhänger beeinflussen und hierbei auch zentrale Grundsätze der Rechtsordnung in Frage stellen können. Die Religionsfreiheit eignet sich daher nicht als Anwendungsbeispiel für eine Neujustierung der Grundrechtsdogmatik. Abwägungsunsicherheiten müssen stattdessen vermieden werden, indem die Rechtsprechung verallgemeinerungsfähige Abwägungsprinzipien entwirft. Ob der Religionsfreiheit hier ein breiter Raum zugestanden wird oder ob sie – etwa zugunsten des staatlichen Erziehungsauftrags – zurücktreten muss: Von einer „uferlosen“ Freiheit kann nicht die Rede sein.

[96] Hierzu *Walter* Fn. 91, S. 162 ff.; *von Ungern-Sternberg* Fn. 20, S. 117 ff.

[97] Vgl. etwa *Schlaich* Neutralität als verfassungsrechtliches Prinzip, 1972, S. 238.

Die strafprozessuale Durchsuchung von Wohnungen und Art. 13 GG – Auferstehung eines unauffälligen Grundrechts in der Senats- und Kammerrechtsprechung der letzten Jahre

MICHAEL WILD*

Leitentscheidungen des Bundesverfassungsgerichts**

1. BVerfGE 42, 212 (Beschluss des Zweiten Senats des Bundesverfassungsgerichts vom 26. Mai 1976 – 2 BvR 294/76 –) – Grundlegender Maßstab für richterliche Durchsuchungsbeschlüsse.
2. BVerfGE 96, 27 (Beschluss des Zweiten Senats des Bundesverfassungsgerichts vom 30. April 1997, – 2 BvR 817/90 – u.a.) – Feststellungsinteresse nach Beendigung der Durchsuchung.
3. BVerfGE 96, 44 (Beschluss des Zweiten Senats des Bundesverfassungsgerichts vom 27. Mai 1997, – 2 BvR 1992/92 –) – zeitliche Begrenzung der Geltungsdauer des Durchsuchungsbeschlusses.
4. BVerfGE 103, 142 (Urteil des Zweiten Senats des Bundesverfassungsgerichts vom 20. Februar 2001, – 2 BvR 1444/00 –) – Gefahr im Verzug.
5. BVerfGE 113, 29 (Beschluss des Zweiten Senats des Bundesverfassungsgerichts vom 12. April 2005, – 2 BvR 1027/02 –) – Datenträgerbeschlagnahme; Durchsuchung von Kanzleiräumen eines Rechtsanwaltes.
6. BVerfGE 115, 166 (Urteil des Zweiten Senats des Bundesverfassungsgerichts vom 2. März 2006, – 2 BvR 2099/04 –) – Zugriff auf Telekommunikationsverbindungsdaten.

Schrifttum

Amelung, Knut Grundrechtstheoretische Aspekte der Entwicklung des Grundrechts auf Unverletzlichkeit der Wohnung, in: Birtsch, Grund- und Freiheitsrechte von der ständischen zur spätbürgerlichen Gesellschaft, 1987, 291 ff.; *ders.* Die Entscheidung des BVerfG zur „Gefahr im Verzug“ i.S. des Art. 13 Abs. 2 GG, NStZ 2001, 337 ff.; *Gentz,*

* *Dr. Michael Wild* ist Rechtsanwalt in Berlin und war vom 1.1.2007 bis zum 31.12.2008 wissenschaftlicher Mitarbeiter am Bundesverfassungsgericht im Dezernat von BVR *Prof. Dr. hc. Mellinghoff.* Für Anregungen und Gespräche danke ich meinen Kollegen, insbesondere *Dr. Alexander Stuckert.* Rechtsprechung und Literatur sind bis Ende 2008 berücksichtigt.

** In den Fußnoten zitierte Beschlüsse des BVerfG sind, wenn nicht anders angegeben, solche der 3. Kammer des Zweiten Senats.

Manfred Die Unverletzlichkeit der Wohnung, 1968, 2; *Kemper, Martin* Die Voraussetzungen einer Wohnungsdurchsuchung in Steuerstrafsachen, Wistra 2007, 249; *Kruis, Konrad/ Wehowsky, Ralf* Verfassungsrechtliche Leitlinien zur Wohnungsdurchsuchung, NJW 1999, 682 ff.; *Park, Tido* Handbuch Durchsuchung und Beschlagnahme, 2002; *Rabe von Kühlewein, Malte* Normative Grundlagen der Richtervorbehalte, GA 2002, 637 ff.; *Wissmann, Hinnerk* Grundfälle zu Art. 13 GG, Teil I, JuS 2007, 324 ff.

Inhalt

I. Einleitung

Das Recht, in seiner Wohnung grundsätzlich fremden wie staatlichen Zugriffs entzogen zu sein, ist ein zentrales Element des Rechtsstaates; es ist sogar älter als dieser selbst und geht auf uralte Vorstellungen zurück, nach denen das Haus als kleinste Einheit der Gesellschaft einen befriedeten, besonders geschützten Bereich bildet.[1] Das überfallartige Eindringen der

[1] Dazu näher *Amelung* in: Birtsch, a.a.O, 291 (293 ff.); *Hermes* in: Dreier, Grundgesetz, 2. Auflage 2004, Art. 13 Rn. 1; vgl. auch *Brunner* Land und Herrschaft, 4. Auflage 1959, 256 ff. – Das Grundrecht samt Richtervorbehalt findet sich ansatzweise bereits in Art. 140 Abs. 2 Nr. 1 der Paulskirchenverfassung und in der Fassung des heutigen Art. 13 Abs. 2 GG erstmals in § 105 Abs. 1 StPO von 1877; vgl. auch *Anderssen* Die Haussuchung, 1908, § 1.

Gestapo in Wohnungen ohne Angabe von Anlass und Gründen und ohne rechtliche Kontrolle war ein gefürchtetes Einschüchterungsinstrument des NS-Unrechtsstaates, das den Vätern des Grundgesetzes in allzu guter Erinnerung gewesen sein dürfte.

Heute wird die Wohnung als „elementarer Lebensraum" und räumliche Sphäre der Privatheit angesehen, auf die der Einzelne zur Entfaltung seiner Persönlichkeit angewiesen ist.[2] Ihre Integrität ist folglich als bedeutender Teil des Schutzes der Privatsphäre ein hochrangiges Schutzgut.[3]

Gleichwohl führte das Wohnungsgrundrecht des Art. 13 GG über Jahrzehnte hinweg ein Schattendasein und fand als „graue Maus" unter den Grundrechten[4] wenig Beachtung in Wissenschaft und Praxis:[5] Der Richtervorbehalt des Abs. 2 wurde als Hindernis für eine effiziente Arbeit von Verwaltungs- und Strafverfolgungsbehörden empfunden, weshalb insbesondere der Ausnahmetatbestand der „Gefahr im Verzug" extensiv ausgelegt wurde.[6] Zudem verneinten die Gerichte ein Rechtsschutzbedürfnis für die Beschwerde gegen einen Durchsuchungsbeschluss nach Beendigung der Maßnahme,[7] so dass eine obergerichtliche Kontrolle praktisch nicht stattfand.

In den letzten 10 Jahren haben eine Reihe von Senatsentscheidungen des Bundesverfassungsgerichts das Grundrecht des Art. 13 GG wiederbelebt und ihm zu praktischer Wirksamkeit verholfen. Die Zahl der Verfassungsbeschwerden gegen strafprozessuale Durchsuchungen und auch der Anteil der Stattgaben ist seither außerordentlich hoch.[8]

Wegen der großen Zahl solcher Entscheidungen, und weil die zugrunde liegenden Sachverhalte und Eingriffsnormen – fast immer §§ 102, 103 StPO – durchweg ähnlich gelagert sind, ist die Anwendung von Art. 13 Abs. 1 und 2 GG ein gutes Beispiel für die Art und Weise der Ausgestaltung der Senats-

[2] BVerfGE 51, 97 (110) nach *Dagtoglou*; vgl. *Schmitt Glaeser* in: HstR VI, 2. Auflage 2001, § 129 Rn. 48; *Hermes* in: Dreier, Grundgesetz, 2. Auflage 2004, Art. 13 Rn. 11.

[3] Eingehend *Schmitt Glaeser* in: HstR VI, 2. Auflage2001, § 129 Rn. 1 ff.

[4] *Amelung* in: Birtsch, a.a.O, 291.

[5] Es gibt nur eine einschlägige Monographie (*Gentz* 1968), eine Dissertation. Die Diskussion kreiste fast ausschließlich um die Einordnung der behördlichen Kontroll- und Betretungsrechte (s.u. IV.2.). Vgl. auch die Bemerkung von *Roxin* StV 1997, 654 (655).

[6] Seit RGSt 23, 334 f. im Jahre 1892; bestätigt durch BGH, JZ 1962, 609 (610) (für § 98 Abs. 1 StPO und ohne Erwähnung von Art. 13 GG) . In den 80er Jahren fanden rund 90 % aller Haussuchengen ohne richterlichen Beschluss statt; näher *Baumann* JZ 1962, 611 (612); *Amelung* NStZ 2001, 337 (337 f.) m.w.N.

[7] So schon *Anderssen* Die Haussuchung, 1908, 18, „weil der einmal angerichtete Schaden doch nicht wieder gut gemacht werden kann"; bestätigt von BVerfGE 49, 329 ff., ausdrücklich aufgegeben 1997 von BVerfGE 96, 27 ff.

[8] Ca. 120 Eingänge im Jahre 2007; zuständig war in diesem Zeitraum ausschließlich die 3. Kammer des Zweiten Senats. Dazu auch *Mellinghoff* in: Strafprozessrechtspraxis und Rechtswissenschaft – getrennte Welten?, S. 19 (20).

durch die Kammerrechtsprechung und das Verhältnis beider zu der Rechtsprechung der Fachgerichte.

II. Besonderheiten des Wohnungsgrundrechts

Der grundrechtliche Tatbestand des Art. 13 Abs. 1 und 2 GG ist denkbar einfach: Geschützt ist die „Wohnung" (Abs. 1), und zwar gegen „Durchsuchungen" (Abs. 2). Beschränkungen sind nur zulässig auf der Grundlage eines Gesetzes durch richterlichen Beschluss, bei Vorliegen von Gefahr im Verzug auch durch die Ermittlungsbehörde. Ebenso einfach ist die häufigste Eingriffsgrundlage, §§ 102, 103 StPO, nach denen beim Verdacht einer Straftat nach Beweismitteln oder dem Täter gesucht werden darf; wobei die Anforderungen an Maßnahmen gegenüber Tätern und Unbeteiligten leicht variieren.[9] In der Praxis der Strafverfolgung ist die polizeiliche Durchsuchung von Wohnungen eines der wichtigsten Ermittlungsinstrumente und dementsprechend Massenphänomen und Routinevorgang, für den nur wenig Zeit zur Verfügung steht:[10] Als Rechtsmittel gibt es nur die (einfache) Beschwerde, so dass in aller Regel[11] die Landgerichte die höchste Kontrollinstanz sind; eine höchstrichterliche Rechtsprechung fehlt daher weitgehend.

Hieraus resultiert ein erhebliches Spannungsverhältnis zwischen dem von den Senatsentscheidungen immer wieder betonten – und jedem potentiell Betroffenen sofort einleuchtenden – hohen Gewicht des Schutzes der Wohnung für die grundrechtliche Freiheit einerseits und der Bedeutung von Durchsuchungen für die tägliche Strafverfolgungsarbeit andererseits.

Für die Strafgerichte ebenso wie für die zuständige Kammer des Bundesverfassungsgerichts bedeutet das eine große Herausforderung: Sie müssen trotz des Routinecharakters des Eingriffs einen angemessenen Rechtsschutz der Betroffenen gewährleisten, ohne die notwendige, alltägliche Arbeit der Strafverfolgungsbehörden mehr als nötig zu behindern. Wie dies im Zusammenspiel von Landgerichten und Kammerrechtsprechung gelingt, gilt es im folgenden zu untersuchen.

[9] Zusammenfassende Darstellung *Anderssen* Die Haussuchung, 1908; *Schroeder* JuS 2004, 858 ff.

[10] Für ermittlungsrichterliche Entscheidungen, zu denen auch Durchsuchungsbeschlüsse gehören, stehen an den Amtsgerichten nach Erhebungen im Rahmen des Personalbedarfsberechnungssystems „PEBB§Y" im Durchschnitt 24 Minuten zur Verfügung (PEBB§Y I-Gutachten, 2002, Amtsgerichte, Nr. C 44); vgl. auch *Jahn* NStZ 2007, 255 (261).

[11] Etwas anderes gilt bei Maßnahmen nach Zulassung der Anklage, dann Zuständigkeit des Prozessgerichts (§ 162 StPO, vgl. BGHSt 27, 253 f.), und im Rahmen der Verfolgung von Taten, für die erstinstanzlich OLG oder BGH zuständig sind.

III. Prozessuale Fragen

1. Schwerwiegender Grundrechtseingriff, Rechtsschutzbedürfnis

Verfassungsbeschwerden gegen Durchsuchungen, die nicht offensichtlich unzulässig oder unbegründet sind, werden immer zur Entscheidung angenommen: das Bundesverfassungsgericht geht davon aus, dass das staatliche Eindringen in die Privatsphäre per se ein gravierender, schwerwiegender Grundrechtseingriff im Sinne von § 93a Abs. 2 b) BVerfGG ist,[12] so dass es keiner besonderen Darlegung der Wiederholungsgefahr oder einer existenziellen Betroffenheit bedarf. Dies entspricht der Rechtsprechung des Ersten Senats zu Eingriffen in das allgemeine Persönlichkeitsrecht oder die Kommunikationsfreiheiten.[13]

Aus diesem Grunde ist auch ein besonderes Rechtsschutzbedürfnis[14] nicht erforderlich.

Etwas anderes gilt allenfalls bei sehr lang zurückliegenden Eingriffen,[15] wenn etwa das Ermittlungs- oder sogar das Strafverfahren längst abgeschlossen ist.[16]

Wie bereits erwähnt, hat der Zweite Senat 1997 klargestellt, dass bei Eingriffen in Art. 13 GG auch nach Beendigung der Durchsuchung ein Rechtsschutzbedürfnis besteht, gerichtet auf nachträgliche Prüfung und ggf. Feststellung der Grundrechtsverletzung.[17] In der Rechtsprechung der Fachgerichte ist dies inzwischen weitgehend angekommen.

Ob und inwieweit ein nachträgliches Rechtsschutzbedürfnis auch hinsichtlich anderer, anlässlich von Wohnungsdurchsuchungen vorkommender Grundrechtseingriffe anzuerkennen ist, ist dagegen noch nicht restlos geklärt. Die Qualifizierung des ermittlungsbehördlichen Zugriffs auf private Unterlagen und Computeranlagen und -daten oder einer körperlichen Durchsuchung (§ 81a StPO) als „schwerwiegender" Grundrechtseingriff wurde bislang noch nicht geklärt; anerkannt ist nur, dass gegen die Ermittlung von Telekommunikationsdaten[18] auch nach deren Löschung[19] vorgegangen wer-

[12] BVerfGE 42, 212 (219 f.); 103, 142 (150 f.), st. Rspr.

[13] Vgl. die Beispiele unten Fn. 20.

[14] Ein solches ist stets Zulässigkeitsvoraussetzung für eine Verfassungsbeschwerde, BVerfGE 21, 139 (143); st. Rspr. – Zur freiwilligen Herausgabe der gesuchten Gegenstände s.u. IV.2.

[15] Für die Beschwerde nach § 304 Abs. 1 StPO gegen einen Durchsuchungsbeschluss gibt es keine Frist, so dass sie, und im Anschluss die Verfassungsbeschwerde, auch viel später eingelegt werden kann.

[16] BVerfG, Beschluss vom 18.12.2002, 2 BvR 1660/02 –, NJW 2003, 1514 f.; vgl. aber auch Beschluss vom 4.3.2008, – 2 BvR 2111/07 –, juris.

[17] BVerfGE 96, 27 ff.; dazu *Roxin* StV 1997, 654 (655).

[18] BVerfGE 107, 299 (338) – Auskunftsverlangen über TK-Daten gem. § 12 FAG.

[19] BVerfG, Beschluss vom 4.3.2008, – 2 BvR 2111/07 –, juris.

den kann. Grundsätzlich bejaht das Bundesverfassungsgericht ein Rechtsschutzbedürfnis in Fällen besonders tiefgreifender und folgenschwerer Grundrechtsverstöße dann, wenn die direkte Belastung durch den angegriffenen Hoheitsakt sich auf eine Zeitspanne beschränkt, in welcher der Betroffene Rechtsschutz normalerweise nicht erlangen kann[20] oder dann, wenn bereits der Gesetzgeber für die Maßnahme einen Richtervorbehalt angeordnet hat[21]. Wegen der Ähnlichkeit zu den Telekommunikationsdaten-Fällen spricht einiges dafür, das Vorliegen dieser Voraussetzungen beim undifferenzierten Zugriff auf umfangreiche persönliche Daten im Rahmen einer Durchsuchung zu bejahen, wenn das Verfahren nach § 98 Abs. 2 StPO bei Löschung oder Rückgabe der Daten noch nicht abgeschlossen ist. Kein Rechtsschutzbedürfnis besteht dagegen nach Rückgabe einer sonstigen beschlagnahmten Sache.[22]

2. *Substantiierung*

Die substantiierte Begründung der Verfassungsbeschwerde sollte normalerweise keine Schwierigkeiten bereiten; in der Regel reicht die Vorlage der angegriffenen Entscheidungen und der Rechtsmittelschriftsätze (oder ihre vollständige Wiedergabe) sowie die Schilderung der näheren Umstände der Durchsuchung und des angegebenen Tatverdachts aus.

3. *Rechtswegerschöpfung*

Gewisse Anforderungen werden im Rahmen der Zulässigkeitsprüfung nur an die Erschöpfung des Rechtsweges nach § 90 Abs. 2 BVerfGG gestellt. Schwierigkeiten bereitet hier vor allem das häufige Nebeneinander von Durchsuchungs- und Beschlagnahmebeschlüssen des Ermittlungsrichters, gegen die jeweils gesonderte Rechtsmittel gegeben sind:[23]

Die Wohnungsdurchsuchung wird – grundsätzlich vor Durchführung der Maßnahme – vom Ermittlungsrichter gemäß § 105 StPO angeordnet. Rechts-

[20] BVerfGE 81, 138 (140 f.); 109, 279 (372) (akustische Wohnraumüberwachung); 110, 77 (86) (Eingriff in die Versammlungsfreiheit); 116, 69 (80) (inzwischen beendete Postkontrolle in einer Haftanstalt); 117, 71 (122 f.) (Verfahrensverzögerung bei Überprüfung einer lebenslangen Freiheitsstrafe); BVerfGE 117, 244 (269) (Sicherstellung von Unterlagen in einem Presseunternehmen); Beschluss vom 8.4.2004, – 2 BvR 1821/03 –, BVerfGK 3, 153 (157).

[21] Vgl. BVerfGE 104, 220 (233); BVerfGE 107, 299 (338); Beschluss vom 18.9.2008 – 2 BvR 683/08 –, juris, m.w.N.; zurückhaltender noch BVerfGE 96, 27 (40), dazu kritisch *Fezer* JZ 1997, 1062 (1063).

[22] Daher zutreffend LG Neuruppin NStZ 1997, 563 mit Erwägungen zu einer möglichen Ausnahme. Dazu kritisch *Roxin* StV 1997, 654 (655), zustimmend *Fezer* JZ 1997, 1062 (1063).

[23] Dazu näher BVerfG, Beschluss vom 28.4.2003, – BvR 358/03 –, BVerfGK 1, 126 (133).

mittel ist die einfache Beschwerde nach § 304 Abs. 1 StPO, auf die hin zunächst der Ermittlungsrichter selbst und sodann, im Falle eines Nichtabhilfebeschlusses, das Landgericht abschließend entscheidet.

Davon zu unterscheiden ist die Beschlagnahme der bei der Durchsuchung aufgefundenen Beweisgegenstände: Diese kann zwar nach § 98 Abs. 1 StPO grundsätzlich ebenfalls schon im Vorhinein vom Richter angeordnet werden; praktikabel ist das aber meist nicht, weil eine wirksame Beschlagnahme die präzise Bezeichnung der konkret betroffenen Gegenstände erfordert. Die häufig anzutreffende Formulierung in Durchsuchungsbeschlüssen, mit der „die Beschlagnahme etwa aufgefundener Beweismittel" pauschal angeordnet wird, ist daher rechtlich bedeutungslos und nur Richtlinie für die Durchsuchung.[24] Es bedarf in diesen Fällen der nachträglichen richterlichen Bestätigung der Maßnahmen der Ermittlungsbeamten durch Beschluss gemäß § 98 Abs. 2 StPO, der entweder binnen drei Tagen auf Antrag der Staatsanwaltschaft ergeht oder zu einem beliebigen späteren Zeitpunkt auf Antrag des Betroffenen. Erst der richterliche Beschlagnahmebeschluss, der somit in aller Regel nach Abschluss der Durchsuchung eigens durch einen Antrag nach § 98 Abs. 2 StPO herbeigeführt werden muss, kann dann durch Beschwerde nach § 304 StPO zum Landgericht angegriffen werden.

Ein strafprozessrechtlich nicht ganz klar geregelter Sonderfall ist die Sicherstellung größerer Datenmengen, sei es in Form von Unterlagen oder von Computerdaten:[25] Häufig werden bei Durchsuchungen zahlreiche Aktenordner und ganze Computeranlagen mitgenommen oder Festplatten oder Serverlaufwerke kopiert („gespiegelt"), um sie später von Spezialisten der Kriminalpolizei auf ermittlungsrelevantes Material sichten zu lassen. Das kann, gerade in größeren Verfahren, längere Zeit in Anspruch nehmen. Hierbei handelt es sich noch nicht um die endgültige Beschlagnahme nach § 98 Abs. 1 StPO, weil normalerweise nur wenige der betroffenen Dateien beweiserheblich sind. Erforderlich ist zunächst eine „Durchsicht von Unterlagen" nach § 110 StPO im Zuge des Vollzuges des Durchsuchungsbeschlusses.

Erst die bei der Durchsicht entdeckten, tatsächlich beweiserheblichen Dokumente können dann beschlagnahmt werden. Das Bundesverfassungsgericht spricht hier von der „vorläufigen Sicherstellung", gegen die mit einem Antrag *entsprechend* § 98 Abs. 2 StPO vorgegangen werden kann.[26]

[24] Vgl. BVerfG, Beschluss vom 28.4.2003, – BvR 358/03 –, BVerfGK 1, 126 (133); Beschluss vom 7.9.2006, – 2 BvR 1219/05 –, BVerfGK 9, 149 (152); *Meyer-Goßner* StPO, 51. Auflage 2008, § 98 Rn. 9.

[25] Dazu BVerfG, Beschluss vom 28.4.2003, – BvR 358/03 –, BVerfGK 1, 126 (133) m.w.N.; *Meyer-Goßner* StPO, 51. Auflage 2008, § 105 Rn. 17.

[26] BVerfG, Beschluss vom 30.1.2002 – 2 BvR 2248/00 –, NJW 2002, 1410 (1411); vgl. auch Beschluss vom 28.4.2003, – BvR 358/03 –, BverfGK 1, 126 (133 f.); übernommen von BGHR, StPO § 105 Abs 1 – Durchsuchung 3. Anders noch *Anderssen* Die Haussuchung, 1908, 30: Mitnahme der Unterlagen ist Beschlagnahme.

Wiederum gesondert zu betrachten ist der Vollzug des Durchsuchungsbeschlusses im Übrigen, also die Art und Weise der Durchsuchung. Diese wird nicht im Rahmen der Beschwerde gegen den Durchsuchungsbeschluss überprüft, vielmehr bedarf es insoweit eines eigenständigen Antrages *entsprechend* § 98 Abs. 2 StPO an den Ermittlungsrichter.[27]

Erst dessen Feststellung, dass der Vollzug der Durchsuchung den gesetzlichen Anforderungen genügt und die vom Durchsuchungsbeschluss vorgegebenen räumlichen und inhaltlichen Grenzen beachtet hat, kann dann mit der Beschwerde nach § 304 StPO angegriffen werden. Entsprechendes gilt für eine Durchsuchung ohne vorherigen richterlichen Beschluss.[28]

In der Praxis werden die verschiedenen Beschlüsse und Anträge, die auch in einem Schriftsatz bzw. in einer Entscheidungen zusammengefasst werden können, oftmals nicht auseinander gehalten, und zwar sowohl von Beschwerdeführern, als auch von den Gerichten.

Verfassungsbeschwerden scheitern daher oft daran, dass der Beschwerdeführer vor den Strafgerichten versehentlich nur die Beschlagnahme, aber nicht die Durchsuchung angegriffen hat (oder umgekehrt), oder dass das Beschwerdegericht – gelegentlich irrtümlich trotz gestellter Anträge – über eine der beiden nicht entschieden hat. Insbesondere in den letztgenannten Fällen obliegt es dem Beschwerdeführer, vor Einlegung der Verfassungsbeschwerde auf eine vollständige, alle seine Anträge umfassende Entscheidung hinzuwirken.[29] Im Interesse einer vollständigen Klärung des Sachverhaltes vor Einlegung der Verfassungsbeschwerde handhabt das Bundesverfassungsgericht das formale Kriterium der Rechtswegerschöpfung insoweit in der Regel streng, zumal die Verfassungsbeschwerde ggf. jeweils gesondert hinsichtlich der verschiedenen Angriffsgegenstände eingelegt werden kann.

4. *Beschwerdegegenstand*

Aus der Rechtsprechung des Senats ergibt sich, dass bereits der Erlass eines Durchsuchungsbeschlusses ein Eingriff in Art. 13 GG ist, sein späterer Vollzug bringt „in der Regel keine darüber hinausgehende Grundrechtsbeeinträchtigung mit sich".[30] Daraus lässt sich schließen, dass der mit der Verfassungsbeschwerde anzugreifende Hoheitsakt grundsätzlich der ermittlungsrichterliche Beschluss ist. Dementsprechend wird im Tenor stattgebender Entscheidungen regelmäßig eine Grundrechtsverletzung durch den angegriffenen Beschluss festgestellt. Die Durchsuchung selbst ist, wie bei der Vollstreckung eines Verwaltungsaktes, unselbständige Vollzugshandlung. Nur

[27] *Meyer-Goßner* StPO, 51. Auflage 2008, § 105 Rn. 17.
[28] BGHSt 28, 57 (58); *Kruis/Wehowsky* NJW 1999, 682 (685).
[29] BVerfG, Beschluss vom 28.4.2003, – 2 BvR 358/03 –, BVerfGK 1, 126 (134), st. Rspr.
[30] BVerfGE 96, 44 (54).

wenn die Ermittlungsbehörden bei Gefahr im Verzug ausnahmsweise ohne vorherigen richterlichen Beschluss handeln, beinhaltet die Durchführung auch die Anordnung derselben und ist dann selbst der anzugreifende Hoheitsakt.[31]

Auch ein noch nicht ausgeführter Durchsuchungsbeschluss kann daher grundsätzlich mit der Verfassungsbeschwerde angegriffen werden.[32] Allerdings dürfte ein Rechtsschutzbedürfnis hier nur ausnahmsweise bestehen, wenn im Einzelfall der Vollzug trotz der Kenntnis des Betroffenen vom Beschluss weiterhin droht.

IV. Inhaltliche Fragen der Anwendung von Art. 13 GG

1. Tatbestand von Art. 13 Abs. 1 und 2 GG

a) Räumlicher Schutzbereich

Die Bestimmung des räumlichen Schutzbereichs des Art. 13 GG wirft in der Praxis selten Probleme auf. An der in der Literatur zum Teil kritisierten[33] Ausdehnung über die eigentliche Wohnung hinaus auf Büro- und Geschäftsräume[34] wird vom Bundesverfassungsgericht nicht gerüttelt; in der Praxis der Verfassungsbeschwerde nehmen gerade diese Fälle breiten Raum ein, alle jüngeren Senatsentscheidungen betreffen die Durchsuchung von Büroräumen, insbesondere Anwaltskanzleien. Sogar Dienstzimmer von Richtern und Beamten werden unter den Wohnungsbegriff gefasst.[35] Plausibel wird die Einbeziehung solcher Räume, wenn man sich die Funktion des Grundrechts vergegenwärtigt, welches dem Einzelnen zur freien Entfaltung der Persönlichkeit einen elementaren Lebensraum gewährleisten soll.[36] Der zur Persönlichkeitsentfaltung unabdingbare Lebensraum lässt sich heute nicht mehr sinnvoll auf die Wohnung beschränken, denn auch die Arbeit, die schon zeitlich einen ganz erheblichen Teil der Lebenszeit in Anspruch nimmt, ist Entfaltung der Persönlichkeit. Die Beschränkung des Grundrechtsschutzes auf einen Teil der abgeschlossenen Räume, die sich der Grund-

[31] Ungenau daher der Tenor im Beschluss vom 28.9.2006, – 2 BvR 876/06 –, BVerfGK 9, 287 (288), zutreffend aber die Gründe (a.a.O., S. 289: „Die ... Durchsuchung ... verletzt den Beschwerdeführer in seinem Grundrecht").

[32] Offen gelassen in BVerfG, Beschluss vom 18.9.2008, – 2 BvR 683/08 –, juris.

[33] Etwa *Hermes* in: Dreier, Grundgesetz, 2. Auflage 2004, Art. 13 Rn. 23 ff. m.w.N.

[34] Vgl. BVerfGE 32, 54 (69 ff.); 42, 212 (219); 44, 353 (371); 76, 83 (88); 96, 44 (51); 97, 228 (265). Dazu *Lübbe-Wolff* DVBl. 1993, 762 (763 f.); *Voßkuhle* DVBl. 1994, 611 (612 f.).

[35] BVerfGE 115, 166 (196 ff.): Durchsuchung von Wohnung *und* Dienstzimmer einer Richterin wird ohne Differenzierung als Eingriff in Art. 13 GG gewertet; ausdrücklich Beschluss vom 12.2.2004, – 1687/02 –, BVerfGK 2, 310 (314).

[36] S.o. Fn. 2.

rechtsträger für seine Lebensführung schafft, würde gerade heute, unter den Bedingungen einer weit fortgeschrittenen Trennung der räumlichen Bereiche „Wohnen“ und „Arbeiten“, oftmals zu zufälligen Ergebnissen führen. Weshalb sollte ein Angestellter mit Heim-Arbeitsplatz besser geschützt sein, als ein solcher mit auswärtigem Büro? – Bestätigt wird die Zusammengehörigkeit der privaten und der beruflichen Sphäre auch dadurch, dass Ermittlungsrichter fast regelmäßig die Durchsuchung der „Wohn- und der von dem Beschuldigten genutzten Büroräume“ zugleich anordnen.

Allerdings prüft das Bundesverfassungsgericht die Reichweite des Schutzbereichs im konkreten Fall sehr sorgfältig. Geschäftsräume sind nicht pauschal geschützt, sondern nur dann, wenn sie tatsächlich vom Beschwerdeführer als privater Raum genutzt werden.[37] So kann sich der Geschäftsführer eines Unternehmens nicht für alle von seiner Firma genutzten Räume auf Art. 13 Abs. 1 GG berufen, sondern nur für die von ihm tatsächlich selbst genutzten, ebenso der Rechtsanwalt grundsätzlich nur für die ihm zugeordneten Bereiche der Kanzlei einer Sozietät. Wenn die tatsächliche Nutzung durch den Beschwerdeführer nicht auf der Hand liegt, muss er dazu eingehend vortragen.

b) Personeller Schutzbereich

Grundrechtsträger ist jedermann. Auf Art. 13 GG kann sich jeder berufen, dessen Wohnung von einer polizeilichen Durchsuchung betroffen ist.[38] Das gilt nicht nur für den jeweils Beschuldigten oder – bei Maßnahmen nach § 103 StPO – Adressaten des Durchsuchungsbeschlusses, sondern auch für betroffene Mitinhaber der durchsuchten Räume.

Häufig legen etwa die Ehefrau oder im Haushalt lebende Kinder eines Beschuldigten oder, bei Rechtsanwälten, dessen Partner Verfassungsbeschwerde ein. Soweit deren Grundrecht durch die Durchsuchung berührt ist, ist dies aber gerechtfertigt, wenn die Eingriffsvoraussetzungen bei dem dieselben Räume nutzenden Adressaten der Maßnahme vorliegen. Der Mitbetroffene muss nicht selbst einer Straftat verdächtig sein.[39] Jeder, der seine Wohnung gemeinsam mit anderen nutzt, trägt das Risiko, dass bei dem Mitbewohner durchsucht wird.

[37] BVerfG, Beschluss vom 8.11.2001, – 2 BvR 1383/01 –, juris; Beschluss vom 20.12.2002, 2 BvR 495/02, juris; Beschluss vom 9.2.2005, – 2 BvR 1108/03 –, BVerfGK 5, 84 (88); Beschluss vom 12.2.2004, – 1687/02 –, BVerfGK 2, 310 (314); vgl. Beschluss vom 3.4.2007 – 2 BvR 1797/05 –, WM 2007, 1046 (1048): Dort war die Durchsuchung der dem Beschwerdeführer – dem Vorstandsvorsitzenden einer AG – „sonst zugänglichen Räume“ angeordnet worden. Zweifel an der Nutzung seines dann tatsächlich ausschließlich durchsuchten persönlichen Büros durch ihn selbst bestanden aber nicht.

[38] Auch, wer nur Mitbesitzer der Wohnung ist, vgl. *Gentz* Die Unverletzlichkeit der Wohnung, 1968, 46.

[39] Vgl. *Meyer-Goßner* StPO, 51. Auflage 2008, § 102 Rn. 7.

Auch juristische Personen, insbesondere Unternehmen, können gemäß Art. 19 Abs. 3 GG Wohnungsinhaber sein, soweit es um Geschäftsräume geht.[40] Ob das auch für ausländische, speziell EU-ausländische juristische Personen gilt, ist bisher in der Rechtsprechung nicht geklärt.[41]

2. *Eingriff*

Ein Eingriff in den Schutzbereich von Art. 13 Abs. 1 GG ist in der Regel jedes Betreten einer Wohnung gegen den Willen des Inhabers.[42] Eine „Durchsuchung“ im Sinne von Art. 13 Abs. 2 GG ist darüber hinaus gekennzeichnet durch das „ziel- und zweckgerichtete Suchen ... nach Personen oder Sachen oder zur Ermittlung eines Sachverhalts, um etwas aufzuspüren, was der Inhaber der Wohnung von sich aus nicht offenlegen oder herausgeben will“.[43] Freiwilligkeit einer Gestattung der Durchsuchung kann dabei nicht unbedingt schon dann angenommen werden, wenn der Betroffene im Protokoll der Durchsuchung angegeben hat, er habe die Maßnahme gestattet, oder wenn er die gesuchten Gegenstände selbst herausgegeben hat, ohne dass seine Räume von den Ermittlungsbeamten durchsucht werden mussten.[44] Schon in der Vorlage des Durchsuchungsbeschlusses, verbunden mit der Drohung, die Räume zu durchsuchen, manifestiert sich die dem Beschluss innewohnende Zwangswirkung im Hinblick auf die von Art. 13 GG geschützte Privatsphäre.[45]

Durchsuchung sind nicht nur Maßnahmen nach §§ 102 ff. StPO im Rahmen eines Straf- oder Ordnungswidrigkeitenverfahrens, sondern auch bestimmte verwaltungs- oder zwangsvollstreckungsrechtliche Maßnahmen.[46] Sie spielen in der Praxis der Kammerrechtsprechung aber nur eine untergeordnete Rolle.[47]

[40] Kritisch *Hermes* in: Dreier, Grundgesetz, 2. Auflage 2004, Art. 13 Rn. 20, 28.

[41] Dazu in der Literatur *Hermes* in: Dreier, Grundgesetz, 2. Auflage 2004, Art. 13 Rn. 28 m.w.N.

[42] BVerfGE 76, 83 (89 f); 89, 1 (12); *Papier* in: Maunz/Dürig, Grundgesetz, Stand Oktober 1999, Art. 13 Rn. 5.

[43] BVerfGE 76, 83 (89). Eingehend *Gentz* Die Unverletzlichkeit der Wohnung, 1968, S. 52 ff., 129 ff.; *Ennuschat* AöR 127 (2002), 252 (269 f.). Anders noch *Kühne* Grundrechtlicher Wohnungsschutz und Vollstreckungsdurchsuchungen, 1980.

[44] BVerfG, Beschluss vom 18.9.2008, – 2 BvR 683/08 –, juris, m.w.N.: dort hatte ein Rechtsanwalt den in seiner Kanzlei eingetroffenen Polizeibeamten mitgeteilt, dass die gesuchten Akten in einem ausgelagert Archiv aufbewahrt würden und die Betreiberfirma angewiesen, die Akten an die Polizei herauszugeben. Das BVerfG bejahte einen Eingriff.

[45] Beschluss vom 18.9.2008 – 683/08 –, juris; vgl. auch BVerfGE 75, 318 (328). Differenzierend für behördliche Betretungs- und Kontrollrechte *Voßkuhle* DVBl. 1994, 611 (614).

[46] BVerfGE 51, 97 ff. (Zwangsvollstreckung); näher *Dittmann* Verw 16 (1983), 17; *Papier* in: Maunz/Dürig, Grundgesetz, Stand Oktober 1999, Art. 13 Rn. 23; *Schroeder* JuS 2004, 858 (859); *Gentz* Die Unverletzlichkeit der Wohnung, 1968, 59 ff.

[47] Obwohl der Gerichtsvollzieher die Wohnung des Schuldners in aller Regel betritt. Er wird aber meist freiwillig eingelassen, um weitergehende Vollstreckungsmaßnahmen zu vermeiden.

Nur am Rande ist in diesem Zusammenhang zu erwähnen, dass bestimmte verwaltungsrechtliche Betretungs- und Besichtigungsrechte von Behörden, etwa in Handwerksbetrieben, nicht auf eine Durchsuchung im Sinne von Art. 13 Abs. 2 GG zielen und vom Bundesverfassungsgericht unter bestimmten, strengen Voraussetzungen auch nicht als „sonstige Eingriffe und Beschränkung" im Sinne von Abs. 7 gewertet werden.[48] Der Schwerpunkt des behördlichen Eindringens liegt hier nicht auf dem Betreten der die Privatsphäre bildenden Räume, sondern in dem Zugriff auf bestimmte betriebliche Unterlagen. Zulässig ist es nur in den eigentlichen Betriebsräumen und zu den gewöhnlichen Arbeitszeiten, begrenzt auf im Gesetz benannte Unterlagen oder Sachverhalte. Zu erwägen ist, ob über diese vom Bundesverfassungsgericht im Jahre 1971 aufgestellten Anforderungen hinaus zur verlangen ist, dass die Kontrolle vorab anzukündigen ist, so dass vorbeugender Rechtsschutz gesucht werden kann.[49]

Die Abgrenzung von förmlichen Durchsuchungen im Sinne von Art. 13 Abs. 2 GG und anderen Betretungsrechten hat in der Praxis bislang keine Schwierigkeiten bereitet, da zu ersteren ausschließlich die Staatsanwaltschaft befugt ist, für letztere dagegen die jeweilige Ordnungsbehörde zuständig ist.[50] Denkbar sind Missbrauchsfälle, in denen die Ordnungsbehörde anlässlich einer Betriebskontrolle gezielt den vom Gesetz zwingend vorgegebenen Zweck der Untersuchung überschreiten und im Betrieb nach Material suchen, das an sich nur für ein Straf- oder Ordnungswidrigkeitenverfahren interessant ist. Hier wäre es Aufgabe der Verwaltungsgerichte, die Rechtswidrigkeit festzustellen. Im ggf. eingeleiteten Straf- oder Ordnungswidrigkeitenverfahren wäre bei gröblichen und bewussten Verstößen gegen das Grundrecht über ein Verwertungsverbot für unrechtmäßig gewonnene Informationen nachzudenken.[51]

[48] BVerfGE 32, 54 (75); aktuell: Beschluss vom 15.3.2007, – 1 BvR 2138/05 –, NVwZ 2007, 1049 f. (Kontrolle der Handwerkskammer gemäß § 17 Abs. 2 HWO; Beschluss vom 10.4.2008 – 1 BvR 848/08 –, NJW 2008, 2426 ff. (Betretungsanspruch des Urhebers aus § 54g UrhG). Eingehend dazu *Lübbe-Wolff* DVBl. 1993, 762 ff.; *Voßkuhle* DVBl. 1994, 611 ff.; *Ennuschat* AöR 127 (2002), 252 ff.; kritisch *Dürr* DVBl. 2008, 1356.

[49] So vielleicht angedeutet in BVerfGE 75, 318 (328); eingehend *Voßkuhle* DVBl. 1994, 611 (619).

[50] Beispiel: ordnungsrechtliche Kontrolle von Handwerksbetrieben im Beschluss vom 15.3.2007, – 1 BvR 2138/05 –, NVwZ 2007, 1049 f. (3. Kammer des *Ersten* Senats); dagegen Durchsuchung wegen Ordnungswidrigkeiten gemäß HWO im Beschluss vom 29.4.2007, – 2 BvR 532/02 –, juris; Beschluss vom 24.7.2007, – 2 BvR 1545/03 –, NStZ 2008, 103 (104) (jeweils 3. Kammer des *Zweiten* Senats).

[51] Ähnlich wie im Strafverfahren (dazu unten Fn. 127), nur dass hier ein vollständig fehlender Durchsuchungsbeschluss und das Handeln einer unzuständigen Behörde einen schweren Grundrechtsverstoß in der Regel wohl indizieren dürfte.

3. *Rechtfertigung*

Gerechtfertigt ist der Eingriff in Art. 13 GG, wenn sich die Durchsuchung auf eine Ermächtigungsgrundlage im Gesetz stützen lässt. In der Praxis sind das fast immer §§ 94 ff. StPO.[52] Voraussetzung für einen gerechtfertigten Eingriff ist danach in der Regel ein richterlicher Durchsuchungsbeschluss nach § 105 Abs. 1 StPO. Dieses formelle Kriterium eines vorherigen richterlichen Beschlusses folgt unmittelbar aus Art. 13 Abs. 2 GG. Zusätzlich müssen die vornehmlich in den §§ 102, 103 StPO normierten Voraussetzungen der jeweiligen Ermächtigungsgrundlage erfüllt und vom Richter geprüft worden sein. Das jeweils geschützte Rechtsgut von Verfassungsrang ist der Schutz der Rechtsordnung; dem Interesse an der Überwachung und Sanktionierung der Einhaltung der Gesetze kommt dabei wegen des Rechtsstaatsprinzips des Art. 20 Abs. 3 GG ein hoher Rang zu[53], auch dann, wenn es nicht um die Verfolgung von Straftaten, sondern „nur“ um sonstige Gesetzesverstöße geht.[54]

a) Tatverdacht

Materielle Voraussetzung für Durchsuchungsmaßnahmen nach §§ 94 ff. StPO ist stets der Verdacht einer Straftat[55] und die Erwartung, dass mit einer gewissen Wahrscheinlichkeit Beweismittel aufgefunden werden, die für die Ermittlungen sachdienlich sind; hinsichtlich des letztgenannten Kriteriums differenzieren die Anforderungen an eine Durchsuchung beim Verdächtigen (§ 102 StPO) und bei einem Dritten (§ 103 StPO). Das Bundesverfassungsgericht prüft das Vorliegen dieser Kriterien grundsätzlich nicht selbst nach und respektiert die Zuständigkeit der Fachgerichte: Die „Annahme des Tatverdachts steht (nicht) zur vollständigen Überprüfung“[56] und „es ist nicht Aufgabe des Bundesverfassungsgerichts, die Würdigung der Beweisaufnahme und die tatsächlichen Feststellungen zu überprüfen, soweit hierbei keine Willkür erkennbar ist“[57]. Eine Aufhebung droht aber etwa dann, wenn überhaupt keine Straftat erkennbar ist, die Subsumtion unter einen Straftat-

[52] Vgl. dazu auch oben Fn. 46. Viele Gesetze verweisen für die Durchführung von hoheitlichen Untersuchungen auf die §§ 94 ff. StPO, z.B. § 46 OWiG oder § 116 BRAO für das Verfahren vor dem Anwaltsgericht. Eingehend zu den strafprozessrechtlichen Vorschriften *Benfer* Die Haussuchung im Strafprozess, 1980.

[53] BVerfGE 113, 29 (54); vgl. *Jahn* NStZ 2007, 255 (261).

[54] S.u. Fn. 98.

[55] Dazu näher *Kemper* Wistra 2007, 249 (250).

[56] Vgl. BVerfGE 95, 96 (128) unter Hinweis auf die insoweit wegweisende Entscheidung BVerfGE 18, 85 (92).

[57] Beschluss vom 7.3.2007, – 2 BvR 447/07 –, NdsVBl 2007, 165 f.; vgl. BVerfGE 4, 294 (297); 34, 384 (397).

bestand offensichtlich und grob unrichtig ist[58] oder wenn statt eines Verdachtes „nur vage Anhaltspunkte und bloße Vermutungen" bestehen[59]. Die verfassungsgerichtliche Kontrolldichte ist hier freilich nicht ganz einheitlich. Als Tendenz lässt sich vielleicht angeben, dass bei komplexen Sachverhalten und Tatbeständen, etwa in steuerrechtlichen Zusammenhängen oder bei Insolvenzstraftaten, recht genau geprüft wird, ob die Begründung des Durchsuchungsbeschluss auf einer schlüssigen Aufarbeitung von Sachverhalt und relevanten Strafnormen beruht.[60] Bei einfach strukturierten Sachverhalten dagegen bleiben die – ausgesprochenen oder unausgesprochenen – Wertungen der Fachgerichte zur möglichen Strafbarkeit meist unbeanstandet. – Gegenstand der verfassungsgerichtlichen Prüfung ist jeweils die Begründung des Durchsuchungsbeschlusses, aus der sich der Tatverdacht schlüssig ergeben muss. Die Kammerrechtsprechung neigt teilweise dazu, den Beschluss auch durch Gesichtspunkte zu rechtfertigen, die sich nicht aus diesem selbst, sondern nur aus der Akte oder aus eigenen Überlegungen ergeben. Das ist allerdings ein an sich unzulässiger, gleichsam umgekehrter Eingriff in die Zuständigkeit der Fachgerichte und außerdem mit der speziellen Funktion des Durchsuchungsbeschlusses nach Art. 13 Abs. 2 GG[61] nicht zu vereinbaren.

An einem Tatverdacht fehlt es in den Fällen, in denen das vom Ermittlungsrichter herangezogene Strafgesetz verfassungs- oder europarechtswidrig ist; es kann dann nicht Grundlage für Zwangsmaßnahmen sein. Auch der Ermittlungsrichter und erst recht das Beschwerdegericht ist gemäß Art. 100 Abs. 1 GG bzw. Art. 143 EGV grundsätzlich verpflichtet, in jeder Lage des Verfahrens die Verfassungsmäßigkeit der von ihm angewendeten Normen zu prüfen und ggf. ein konkretes Normenkontrollverfahren einzuleiten. Das Bundesverfassungsgericht hat das zwar noch nicht ausdrücklich

[58] „Es ist zu verlangen, dass ein dem Beschuldigten angelastetes Verhalten geschildert wird, dass den Tatbestand eines Strafgesetzes erfüllt. Die wesentlichen Merkmale des gesetzlichen Tatbestandes, die die Strafbarkeit des zu subsumierenden Verhaltens kennzeichnen, müssen berücksichtigt werden." (BVerfG, Beschluss vom 4.7.2006, – 2 BvR 950/05 –, BVerfGK 8, 349 (353); Beschluss vom 7.9.2006 – 2 BvR 1219/05 –, BVerfGK 9, 149 (153 f.); Beschluss vom 6.5.2008, – 2 BvR 384/07 –, NJW 2008, 1937 f.

[59] Vgl. BVerfGE 44, 353 (371 f.); Beschluss vom 20.4.2004 – 2 BvR 2043/03 –, NJW 2004, 3171 (3172); Beschluss vom 9.2.2005, – 2 BvR 1108/03 –, BVerfGK 5, 84 (88, 90); Beschluss vom 3.7.2006, – 2 BvR 2030/04 –, BVerfGK 8, 332 (336); Beschluss vom 29.4.2007 – 2 BvR 2601/06 –, juris: Die Durchsuchung darf nicht dazu dienen, den Verdacht erst zu begründen. Zutreffend daher AG Saalfeld NJW 2001, 3642, eine der seltenen veröffentlichten fachgerichtlichen Entscheidungen.

[60] Etwa BVerfG, Beschluss vom 8.3.2004, – 2 BvR 27/04 –, BVerfGK 3, 55 (61 f.); Beschluss vom 8.4.2004, – 2 BvR 1821/03 –, BVerfGK 3, 153 (158); Beschluss vom 9.2.2005, – 2 BvR 1108/03 –, BVerfGK 5, 84 (89 f.); Beschluss vom 3.7.2006, – 2 BvR 2030/04 –, BVerfGK 8, 332 ff.; Beschluss vom 3.4.2007, – 2 BvR 1797/07 –, WM 2007, 1046 (1048).

[61] Dazu unten b).

verlangt[62], es hat aber für den Ermittlungsrichter auch keine Ausnahme anerkannt. Praktisch dürfte die verfassungsrechtliche Prüfungspflicht des Ermittlungsrichters auch in Zukunft keine allzu große Bedeutung gewinnen, weil die zu verlangende Prüfungsintensität entsprechend dem Zweck und Charakter des Ermittlungsverfahrens gegenüber derjenigen im Hauptverfahren reduziert ist. Die Tätigkeit des Ermittlungsrichters ist gerade noch nicht auf eine abschließende und erschöpfende Rechtsprüfung der erhobenen Vorwürfe gerichtet – und kann es wegen des noch nicht vollständig aufgeklärten Sachverhaltes und der häufig bestehenden Eilbedürftigkeit auch nicht sein. Es dürfte für ihn daher in der Regel schwierig sein, schon zur begründbaren *Überzeugung* von der Verfassungswidrigkeit einer Norm zu gelangen. Zu verlangen ist freilich, dass er sich mit der Frage, so sie aufgeworfen ist oder auf der Hand liegt, zumindest knapp auseinander setzt und eventuell verbleibende *Zweifel* an der Rechtsgrundlage in die Abwägung einbezieht.[63] Anders sieht es im Beschwerdeverfahren aus. Nach Abschluss der Durchsuchung fällt der Zeitdruck weg, so dass eine sorgfältigere Auseinandersetzung mit der Gültigkeit der angewendeten Strafnormen möglich ist. – Das Bundesverfassungsgericht selbst hat die Verfassungsmäßigkeit von Strafnormen bisher noch nicht inzidenter im Verfassungsbeschwerdeverfahren gegen eine Durchsuchungsbeschluss geprüft, auch dort, wo diese in der Literatur eingehend erörtert und von den Beschwerdeführern behauptet wurde. Es haben sich immer Wege gefunden, der Frage auszuweichen, was sicherlich sinnvoll ist: aus den angedeuteten Gründen ist ein strafrechtliches Ermittlungsverfahren auch aus Sicht des Bundesverfassungsgericht nicht der geeignete Ort, um eine Normenkontrolle durchzuführen.

b) Der Durchsuchungsbeschluss

Der richterliche Durchsuchungsbeschluss selbst muss – und hierauf legt jedenfalls die Rechtsprechung des Senats großen Wert – gewissen formalen Anforderungen genügen, die aus seinem Zweck resultieren: „Der gerichtliche Durchsuchungsbeschluss dient auch dazu, die Durchführung der Eingriffsmaßnahme messbar und kontrollierbar zu gestalten. Er muss insbesondere den Tatvorwurf so beschreiben, dass der äußere Rahmen abgesteckt wird, innerhalb dessen die Zwangsmaßnahme durchzuführen ist (Begrenzungsfunktion), so dass der Betroffene in den Stand versetzt wird, die Durchsuchung seinerseits zu kontrollieren und etwaigen Ausuferungen im Rahmen

[62] Vgl. aber BVerfG, Beschluss vom 14.1.2005, – 2 BvR 1975/03 –, BVerfGK 5, 25 (29, 31): dort wird vom Ermittlungsrichter die Beachtung der Senatsrechtsprechung zur verfassungskonformen Auslegung einer Strafnorm verlangt.

[63] So verlangt das BVerfG die Beachtung von Zweifeln an der Verfassungsmäßigkeit des Meisterzwanges beim Erlass eines Durchsuchungsbeschlusses: Beschluss vom 29.4.2007, – 2 BvR 532/02 –, juris; Beschluss vom 24.7.2007, – 2 BvR 1545/03 –, NStZ 2008, 103 (104).

seiner rechtlichen Möglichkeiten von vornherein entgegenzutreten (Kontrollfunktion). Der Richter muss die aufzuklärende Tat, wenn auch kurz, doch so genau umschreiben, wie es nach den Umständen des Einzelfalls möglich ist, und grundsätzlich auch die Art und den vorgestellten Inhalt derjenigen Beweismittel, nach denen gesucht werden soll, so genau bezeichnen, wie es nach Lage der Dinge geschehen kann."[64] Dazu gehört vor allem, dass der Beschluss tatsächliche Angaben über den Inhalt des Tatvorwurfs enthält und den Inhalt der konkret gesuchten Beweismittel angibt, soweit dies möglich und den Zwecken der Strafverfolgung nicht abträglich ist.[65] Die Nachprüfung dieser Kriterien in der Kammerrechtsprechung ist indessen nicht immer konsequent und erfolgt vom Ergebnis her: Wenn der Ablauf der Durchsuchung zeigt, dass die ausführenden Beamten sich genau über die zu suchenden Gegenstände im Klaren waren und daher die Durchsuchung effektiv begrenzen konnten, wird eine Stattgabe trotz dürftiger Angaben zur Straftat und zu den gesuchten Beweismitteln im Beschluss regelmäßig nicht in Betracht kommen, anders, als es die eindeutigen Formulierungen des Obersatzes erwarten lassen. Auch kann die genaue Bezeichnung der Beweismittel entbehrlich sein, wenn sie sich aus Art und Umständen der geschilderten Straftat klar ergeben.[66] Eine Grenze ist aber erreicht, wenn der Beschluss etwa bei der Suche nach Bank- oder Vertragsunterlagen oder – hier ist die Rechtsprechung besonders streng – in Steuerstrafverfahren den relevanten Zeitraum nicht angibt, obwohl dies nach Lage der Dinge ohne weiteres möglich wäre.[67]

Zweck des Richtervorbehaltes ist es außerdem, die bei Durchsuchungsmaßnahmen naturgemäß fehlende vorherige Anhörung des Betroffenen (§ 33 Abs. 4 StPO) dadurch zu kompensieren, dass der Eingriff vorab von einer unabhängigen Instanz geprüft wird.[68] Die eigenständige Prüfung muss grundsätzlich im Beschluss zum Ausdruck kommen, was aber nicht bedeutet, dass sich die Beschlussgründe zu jedem denkbaren Gesichtspunkt verhalten müssen. Das Bundesverfassungsgericht beanstandet knappe Begründungen in der Regel nicht, es sei denn, dass im Einzelfall die Notwendigkeit der Erörterung eines offensichtlichen Problems sich aufdrängen

[64] Vgl. BVerfGE 20, 162 (224); 42, 212 (220 f.); 103, 142 (151 f.).

[65] Vgl. BVerfGE 42, 212 (220); 44, 353 (371); 45, 82; 50, 48 (49); 71, 64 (65); BVerfG, Beschluss der 3. Kammer des Zweiten Senats vom 9.2.2005 – 2 BvR 984/04, u.a. –, NStZ-RR 2005, 203 (204). Beispiel für einen typischen rechtswidrigen Durchsuchungsbeschluss abgedruckt bei *Park* Handbuch Durchsuchung und Beschlagnahme, 2002, Rn. 86.

[66] Etwa BVerfG, Beschluss vom 21.2.2003, – 2 BvR 1286/02 –, BVerfGK 1, 51 f.; Beschluss vom 28.9.2004, – 2 BvR 2105/03 –, NJW 2005, 275 f.; Beschluss vom 14.6.2006, – 2 BvR 1117/06 –, juris; vgl. *Kruis/Wehowsky* NJW 1999, 682 (683).

[67] Etwa Beschluss vom 4.7.2006 – 2 BvR 950/05 –, NJW 2006, 2974 f.

[68] Vgl. grundlegend BVerfGE 103, 142 (151); *Amelung* NStZ 2001, 337 (338); differenzierend *Rabe von Kühlewein* GA 2002, 637 ff.

musste und gleichwohl eine Prüfung, die diesen Namen verdient, vollständig fehlt.[69] – Keinen Erfolg hat dagegen die häufige Rüge, eine eigenständige Prüfung durch den Ermittlungsrichter fehle, weil der Beschluss wörtlich von der Staatsanwaltschaft vorformuliert worden sei.[70] – Der Gewährleistung einer gewissen Nähe der ermittlungsrichterlichen Prüfung zum aktuellen Stand der Ermittlungen dient die verfassungsrechtlich gebotene zeitliche Begrenzung der Wirksamkeit eines Durchsuchungsbeschlusses auf 6 Monate.[71]

Mängel des Durchsuchungsbeschlusses können nachträglich in der Beschwerdeinstanz nicht mehr geheilt werden.[72] Grund dafür ist Art. 13 Abs. 2 GG selbst, der einen – korrekten – richterlichen Beschluss *vor Beginn* der Maßnahme verlangt. Aufgabe des Beschwerdegerichts kann es daher nur sein, im Sinne eines Fortsetzungsfeststellungsausspruchs zu prüfen, ob der Durchsuchungsbeschluss zum Zeitpunkt der Durchsuchung vorlag und rechtmäßig war. Gleichwohl scheint es in der Praxis gelegentlich einen erheblichen Widerwille der Landgerichte zu geben, Beschlüsse des Ermittlungsrichters für rechtswidrig zu erklären. Stattdessen wird versucht, diese mit allerlei nachgeschobenen Erwägungen zu verbessern. Erfolgversprechend kann dieses Bemühen nur sein, soweit ein knapp gefasster Durchsuchungsbeschluss im nachhinein erläutert wird, etwa durch Hinweise auf ergänzende rechtliche Gesichtspunkte oder den bereits dem Ermittlungsrichter vorliegende Akteninhalt.[73]

Wird ein Durchsuchungsbeschluss, was jedenfalls zulässig ist, mündlich erlassen[74], etwa bei Gefahr im Verzug, geschieht dies notwendigerweise gegenüber dem beantragenden Staatsanwalt oder Polizeibeamten; der Betroffene erhält zunächst keine schriftlichen Gründe. Dadurch wird der Beschluss nicht rechtswidrig. Entscheidend ist, das der Richter für seinen Beschluss tatsächlich Gründe hat, die den Anforderungen des Art. 13 Abs. 2 GG genügen. Mit Blick auf die Effektivität des nachträglichen Rechtsschutzes im Beschwerdeverfahren nach § 304 StPO wird aber von Verfassungs wegen (Art. 19 Abs. 4 GG) zu verlangen sein, dass der Beschluss so bald als möglich schriftlich niedergelegt wird.[75] Dies legen jedenfalls die Erwägungen des

[69] Vgl. etwa Beschluss vom 28.9.2008, – 2 BvR 1800/08 –, juris.

[70] Vgl. aber BVerfG, Beschluss vom 28.4.2003, – BvR 358/03 –, NJW 2003, 2669 (2670); Beschluss vom 8.3.2004, – 2 BvR 27/04 –, BVerfGK 3, 55 (63): wortgleiche Beschlüsse für mehrere Beschuldigte trotz komplexen Sachverhalts.

[71] BVerfG, Beschluss vom 27.5.1997, – 2 BvR 1992/92 –, NJW 1997, 2165 f. Kritisch zur starren Frist *Roxin* StV 1997, 654 (654 f.).

[72] BVerfG, Beschluss vom 8.4.2004, – 2 BvR 1811/03 –, BVerfGK 3, 159 (158 f.); Beschluss vom 9.2.2005, – 2 BvR 1108/03 –, BVerfGK 5, 84 (88).

[73] So im Beschluss vom 28.4.2003, – 2 BvR 358/03 –, BverfGK 1, 126 (131): „Darstellungsmangel".

[74] BGH StV 2006, 175; *Meyer-Goßner* StPO, 51. Auflage 2008, § 105 Rn. 3 m.w.N. A.A. *Kühne* Strafprozessrecht, 7. Auflage 2007, Rn. 500.

[75] *Kühne*, a.a.O., Rn. 499, entgegen BGH, a.a.O.

Senats im Zusammenhang mit den Protokollierungspflichten der Staatsanwaltschaft bei Gefahr im Verzug nahe.[76] – Auch wenn, was gelegentlich vorkommt, der Richter den Beschluss zwar schriftlich begründet hat, dem Betroffenen bei der Durchsuchung aber versehentlich eine Ausfertigung ohne Gründe übergeben wird, führt dies nicht zu einem Verstoß gegen Art. 13 Abs. 2 GG. Wenn dem Betroffenen allerdings auch im Nachhinein nicht ermöglicht wird, die Gründe zur Kenntnis zu nehmen, etwa im Wege der Akteneinsicht, wird wiederum Art. 19 Abs. 4 GG verletzt sein.

c) Gefahr im Verzug

§ 105 Abs. 1 StPO erlaubt, in Übereinstimmung mit Art. 13 Abs. 2 GG, ausnahmsweise eine Durchsuchung auf Anordnung der Staatsanwaltschaft oder der Polizei ohne vorherigen richterlichen Beschluss. Voraussetzung dafür ist, dass die Einholung eines solchen Beschlusses die Beweisgewinnung vereiteln oder gefährden würde. Das Bundesverfassungsgericht hat dazu aus Art. 13 GG abgeleitet, dass die Justizbehörden verpflichtet sind, zumindest in größeren Städten auch in den Tagesrandzeiten einen richterlichen Bereitschaftsdienst einzurichten und dass die Gründe für den Verzicht auf die Anrufung des Richters unverzüglich und nachvollziehbar zu protokollieren sind.[77]

Ermittlungsbehörden und Beschwerdegerichte sollten Gefahr im Verzug nicht leichtfertig annehmen; das Bundesverfassungsgericht betont immer wieder, dass der Richtervorbehalt angesichts des Fehlens einer vorherigen Anhörung des Betroffenen die wichtigste vom Grundgesetz vorgesehene Sicherung des Grundrechts des Art. 13 GG ist und keineswegs eine bloße Formsache. Zu beachten ist, dass bei der Begründung der Gefahr des Beweismittelverlusts ausschließlich auf die zeitliche Verzögerung des Zugriffs durch die Einschaltung des Richters abgestellt werden darf[78], also nicht etwa auf die Gefahr, dass der Richter die Maßnahme ablehnen könnte. Gefahr im Verzug wird daher, jedenfalls tagsüber, nur sehr selten zu begründen sein, weil der richterliche Beschluss auch telefonisch eingeholt werden kann.[79] Es liegt dann in der Verantwortung des Richters, unter Berücksichtigung der konkreten Umstände zu entscheiden, wie eingehend und wie lange er den Erlass des Durchsuchungsbefehls prüft. Er kann dabei die Durchsuchung auch ohne Vorlage der Akte

[76] BVerfGE 103, 142 (154, 160); dazu sogleich unter c).

[77] BVerfGE 103, 142 (155 ff., 160, 161); Beschluss vom 12.2.2004, – 1687/02 –, BVerfGK 2, 310 (315); Beschluss vom 4.2.2005, – 2 BvR 308/04, BVerfGK 5, 74 (78 ff.); Beschluss vom 28.9.2006, – 2 BvR 876/06 –, BVerfGK 9, 287 (289). Kritisch zur exakten Festlegung von richterlichen Bereitschaftszeiten durch das BVerfG *Landau* in: FS STRAUDA, 2006, 201 (214 f.); eingehend zu den Voraussetzungen.

[78] BVerfGE 103, 142 (156).

[79] S.o. Fn. 74. Die „räumliche Entfernung" des Gerichts (*Anderssen* Die Haussuchung, 1908, 17) sollte heute keine Rolle mehr spielen dürfen.

und ohne längere Prüfung anordnen, wenn ihm dies nach Abwägung der der Dringlichkeit und der Bedeutung von Tat, Verdacht und der gesuchten Beweismittel als gerechtfertigt erscheint. Wenn ein Richter erreichbar ist, ist es allein seine Aufgabe, die Dringlichkeit der Maßnahme zu beurteilen.[80] Nur so wird der Grundentscheidung von Art. 13 Abs. 2 GG Rechnung getragen, dass die Letztverantwortung über die Anordnung der Durchsuchung beim Richter und nicht beim Staatsanwalt liegt; die eigenständige Anordnung der Maßnahme durch den Staatsanwalt muss auf heute seltene Ausnahmefälle begrenzt bleiben, in denen ein Richter schon nicht erreichbar ist.[81]

Obwohl der Senat ausgesprochen hat, dass Art. 13 Abs. 2 GG den Ermittlungsbehörden keinen rechtlichen Beurteilungsspielraum hinsichtlich der Voraussetzungen für die Annahme von Gefahr im Verzug lässt und diese zudem als Verfassungsbegriff qualifiziert[82], überprüft die Kammer Entscheidungen auch insoweit praktisch nur auf Willkür und darauf, ob überhaupt eine Begründung der Eilbedürftigkeit gegeben wurde. Das liegt daran, das die Annahme einer Gefahr im Verzug weitgehend von der Bewertung der konkreten tatsächlichen Umstände der Ermittlungssituation im Einzelfall abhängt, welche keiner vollen verfassungsgerichtlichen Kontrolle unterliegt[83] – wohl aber der Kontrolle durch das Beschwerdegericht.

Umso strenger sollte auf die Einhaltung der förmlichen Anforderungen hinsichtlich der zeitnahen Dokumentation und Begründung geachtet werden.

d) Art und Weise der Durchsuchung

Auch die Art und Weise der Durchsuchung unterliegt grundsätzlich verfassungsgerichtlicher Kontrolle,[84] auch wenn es bisher nur wenige Beispiele für festgestellte Grundrechtsverletzungen gibt.[85] Bei der Durchführung der

[80] Entgegen BGH, NStZ 2006, 114; *Meyer-Goßner* StPO, 51. Auflage 2008, § 105 Rn. 2 m.w.N.; wie hier dagegen *Beichel/Kieninger* NStZ 2003, 10 (13); *Krehl* NStZ 2003, 461 (464); *Jahn* NStZ 2007, 255 (260). Eine ausdrückliche Entscheidung des BVerfG zu dieser Frage gibt es nicht.

[81] BVerfGE 103, 142 (153) betont die Rechtsschutzfunktion des Richtervorbehaltes und die Notwendigkeit einer engen Auslegung von „Gefahr im Verzug"; *Hillgruber* in: Maunz/Dürig, Stand 12/2007, Art. 92 Rn. 33: Anordnung der Durchsuchung ist Rechtsprechung i.S. von Art. 92 GG. A.A. insoweit möglicherweise *Rabe von Kühlewein* GA 2002, 637 (638).

[82] BVerfGE 103, 142 (156 ff.); ebenso schon *Baumann* JZ 1962, 611 (612). Dazu *Landau* in: FS STRAUDA, 2006, 201 (212 f.).

[83] S.o. Fn. 57.

[84] Vgl. BVerfGE 42, 212 (220).

[85] BVerfG, Beschluss vom 28.9.2006, – 2 BvR 876/06 –, BVerfGK 9, 287 (290): Einsatz eines Drogenspürhundes bei der Suche nach einem Messer. Diesbezügliche Entscheidungen sind übrigens selten, weil entsprechende Rügen häufig mangels Rechtswegerschöpfung bereits unzulässig sind, vgl. dazu oben III. 3.

Durchsuchung handelt es sich um den Vollzug des ermittlungsrichterlichen „Durchsuchungsbefehls“, der folglich den Umfang der Durchsuchung begrenzt: Unzulässig ist es also, wenn die Vollzugsbeamten ein herumliegendes Handy auslesen, obwohl der Ermittlungsrichter nur die Suche nach „Unterlagen“ angeordnet hat.[86] Nimmt man die Ausführungen des Zweiten Senats zur Begrenzungsfunktion[87] des Durchsuchungsbeschlusses ernst, so ist die Bindung an dessen inhaltliche Vorgaben von verfassungsrechtlicher Relevanz.[88] Die Kammerrechtsprechung neigt allerdings dazu, die Auslegung und Umsetzung des Durchsuchungsbeschlusses in weitem Umfang den Fachgerichten zu überlassen. Das ist sachgerecht, weil es hier meist auf die Bewertung der tatsächlichen Gegebenheiten ankommt. Die Abgrenzung zwischen „Zufallsfunden“, die im Rahmen des § 108 StPO auch dann sichergestellt werden dürfen, wenn sie im Durchsuchungsbeschluss nicht genannt sind, und bewussten Überschreitungen des vom Richter erlaubten Durchsuchungszwecks und -umfangs ist zunächst eine Frage der Auslegung und Anwendung der StPO.

4. *Verhältnismäßigkeit*

a) Erforderlichkeit

Vor Anordnung einer Wohnungsdurchsuchung müssen andere Ermittlungsansätze, die ohne oder mit weniger gravierenden Grundrechtseingriffen verbunden sind, ausgeschöpft werden.[89] Da es auch hier in erster Linie um die tatsächliche Bewertung der praktischen Ermittlungstätigkeit geht, haben die Fachgerichte einen weiten Einschätzungsspielraum bei Beurteilung der Eignung anderer Ermittlungsansätze.[90]

Ein Durchsuchungsbeschluss ist unter dem Gesichtspunkt der Erforderlichkeit aber dann verfassungswidrig, wenn und insoweit die Durchsuchung von Räumen angeordnet wird, für die überhaupt kein Anhaltspunkt für das Auffinden von Beweismitteln besteht. Ein Beispiel ist die pauschale Anordnung der Durchsuchung sowohl der Kanzlei als auch der Wohnung eines Rechtsanwalts. Zulässig ist das nur, wenn der Ermittlungsrichter konkret

[86] Ähnlich *Roxin* StV 1997, 654 (656).

[87] S.o. bei Fn. 64.

[88] Vgl. *Roxin* StV 1997, 654 (656) und wohl auch EGMR, Urteil vom 16.10.2007 – 74336/01 – (Wieser u. Bicos GmbH gegen Österreich), NJW 2008, 3409 (3410), Rn. 59.

[89] Eingehend, auch zur Notwendigkeit der vorherigen Ausschöpfung verwaltungsinterner Informationellen *Kemper* Wistra 2007, 249 (252 f.).

[90] Etwa Beschluss vom 5.9.2007, – 2 BvR 151/06 –, unveröffentlicht (Suche nach einer Fahrtenschreiber-Tachoscheibe); Beispiel für die Überschreitung des Spielraums im Sinne von Willkür Beschluss vom 25.1.2005, – 2 BvR 1467/04 –, BVerfGK 5, 56 ff.

begründet, warum in der Privatwohnung ausnahmsweise bestimmte Beweismittel zu vermuten sein sollen.[91] Einen allgemeinen Erfahrungssatz, nach dem Rechtsanwälte typischerweise Mandantenakten zu Hause aufbewahren, akzeptiert das Bundesverfassungsgericht nicht.

Eine weitere Fallgruppe fehlender Erforderlichkeit bilden Fälle, in denen ausschließlich nach den Betroffenen entlastendem Material gesucht werden soll.[92] Grundsätzlich kann davon ausgegangen werden, dass dieser solche Beweismittel von selbst vorlegen wird. Es bedarf einer sorgfältigen Begründung, warum ausnahmsweise ohne die Beschlagnahme die Beweiskraft etwa von Unterlagen verloren gehen würde.

b) Angemessenheit

Die Frage, ob eine Wohnungsdurchsuchung verhältnismäßig im engeren Sinn ist, gehört zur verfassungsrechtlichen Prüfung von Art. 13 GG, ja macht deren wesentlichen Teil aus. An dieser Stelle muss eine wertende Entscheidung darüber getroffen werden, wie der konkrete Eingriff vor dem Hintergrund des von den Grundrechten konstituierten Wertesystems zu gewichten ist. Gerade dadurch wird die Bedeutung des Grundrechts konkretisiert und ins Verhältnis zu anderen Belangen gesetzt, hier vor allem zur Bedeutung einer effektiven Tätigkeit der Strafverfolgungsbehörden. Diese Einordnung ist an erster Stelle Aufgabe der Verfassungsrechtsprechung und kann nicht den Fachgerichten allein überlassen werden. Die Senatsrechtsprechung betont daher, dass die Bestimmung des Schutzbereichs der Grundrechte und die Einschätzung ihres Gewichts Sache des Bundesverfassungsgerichts ist.[93] Die Angemessenheitsprüfung einschließlich der Gewichtung des Tatverdachts gehört nicht zur Auslegung und Anwendung des einfachen Rechts, hinsichtlich derer der verfassungsgerichtliche Prüfungsumfang auf eine bloße Willkürkontrolle[94] beschränkt ist.[95] Eine Stattgabe kommt daher nicht erst in Betracht, wenn der Ermittlungsrichter gar keine Verhältnismäßigkeitsprüfung vorgenommen hat oder wenn diese „evident sachfremd und daher grob unverhältnismäßig und willkürlich“ ist. Es reicht, wenn die Wertung der Fachgerichte von derjenigen des Bundesverfassungsgerichts abweicht. Die Formulierungen in stattgebenden Kammerentscheidungen sind insofern

[91] Beschluss vom 28.9.2008, – 2 BvR 1800/07 –, juris.

[92] BVerfG, Beschluss vom 5.5.2008, – 2 BvR 1801/06 –, NJW 2008, 2422 (2423); Beschluss vom 6.5.2008, – 2 BvR 384/07 –, NJW 2008, 1937.

[93] Aus neuerer Zeit: BVerfGE 97, 391 (401); 106, 28 (45).

[94] BVerfGE 18, 85 (92), st. Rspr. Beispiel für die Anwendung des Willkürmaßstabes aus der jüngeren Kammerrechtsprechung: Beschluss vom 27.2.2008, – 2 BvR 583/07 –, juris.

[95] So ausdrücklich auch *Papier* in: Mauz/Dürig, Grundgesetz, Stand Oktober 1999, Art. 13 Rn. 37 f.

zum Teil unnötig „hart“[96], wenn sie sogleich den Willkürmaßstab heranziehen.[97]

In der Sache kann eine Durchsuchung grundsätzlich auch zur Aufklärung kleinerer Delikte, ja sogar von Ordnungswidrigkeiten zulässig sein,[98] da auch hier die Sicherung der Wirksamkeit der Rechtsordnung effektive Ermittlungsinstrumente erfordert. Weil aber der Eingriff auch hier „in angemessenem Verhältnis zu der Schwere der Tat und der Stärke des Tatverdachts stehen“ muss[99], ist besonderes Augenmerk auf die Stichhaltigkeit des Verdachtes und seiner Begründung zu richten.[100] Gerade bei geringfügigen Delikten ist daher vom Ermittlungsrichter eine sorgfältige Darlegung der Verdachtsmomente in der Beschlussbegründung zu verlangen. Auch beim Verdacht einer Straftat kann die Maßnahme unverhältnismäßig sein, wenn die konkrete Straferwartung nur gering ist.[101]

Jenseits solcher Grenzfälle ist ein Beschluss aber nicht schon dann verfassungswidrig, wenn er keine Ausführungen zur Verhältnismäßigkeit enthält. Liegen der Tatverdacht, die Schwere der Tat oder die Bedeutung der gesuchten Gegenstände als Beweismittel aber nicht auf der Hand oder können zweifelhaft sein, verlangt das Bundesverfassungsgericht je nach Lage des Einzelfalls durchaus eine nähere Begründung.[102]

5. *Einfluss anderer Grundrechte*

a) Andere Richtervorbehalte: Körperliche Durchsuchung, Beschlagnahme

Wenn der sachliche oder räumliche Schutzbereich des Art. 13 GG nicht eröffnet ist, greift eine Durchsuchung nach §§ 102, 103 StPO, sei es der Person, sei es etwa eines Kfz, gleichwohl regelmäßig in Art. 2 Abs. 1 GG ein. Auch dann ist sie verfassungsrechtlich rechtfertigungsbedürftig und muss verhält-

[96] Das BVerfG sollte bedenken, dass ein verfassungsgerichtliches Willkürurteil u.U. einen strafrechtlichen Vorwurf der Rechtsbeugung nach sich ziehen kann.

[97] Vgl. etwa Beschluss vom 7.9.2006, – 2 BvR 1141/05 –, BVerfGK 9, 143 (148).

[98] Vgl. Beschluss der 3. Kammer des Zweiten Senats vom 16.12.2002, – 2 BvR 1697/02 –, juris; Beschluss vom 29.4.2007, – 2 BvR 532/02 –, juris; Beschluss vom 24.7.2007, – 2 BvR 1545/03 –, NStZ 2008, 103 (104) (handwerksrechtliche Ordnungswidrigkeiten); Beschluss vom 20.2.2007, – 2 BvR 1333/06 –, unveröffentlicht (Diebstahl von Buchenholzscheiten); Beschluss vom 27.7.2007, – 2 BvR 254/07 –, unveröffentlicht (Geschwindigkeitsüberschreitung und Überholverbot).

[99] Vgl. BVerfGE 96, 44 (51).

[100] Beschluss vom 29.4.2007, – 2 BvR 532/02 –; *Papier* in: Mauz/Dürig, Grundgesetz, Stand Oktober 1999, Art. 13 Rn. 35.

[101] BVerfG, Beschluss vom 6.5.2008, – 2 BvR 384/07 –, NJW 2008, 1937 (1938).

[102] Vgl. etwa BVerfG, Beschluss vom 11.7.2008 – 2 BvR 2016/06 –, WM 2008, 1849 (1850); Beschluss vom 5.5.2008, – 2 BvR 1801/08 –, NJW 2008, 2422 (2423); Beschluss vom 6.5.2008, – 2 BvR 384/07 –, NJW 2008, 1937 (1938); *Roxin* StV 1997, 654.

nismäßig sein. Der entscheidende Unterschied ist das Fehlen eines ausdrücklichen *verfassungsrechtlichen* Richtervorbehaltes. Verstöße gegen den einfachgesetzlichen Richtervorbehalt des § 105 StPO, der auch für körperliche Durchsuchungen und auch außerhalb von Wohnungen gilt, können daher grundsätzlich nicht mit der Verfassungsbeschwerde geltend gemacht werden, solange nicht Unverhältnismäßigkeit oder Willkür erkennbar ist. „Willkür" ist – hier wir überall – nicht jede fehlerhafte Rechtsanwendung zu Lasten des Beschwerdeführers. Hinzukommen muss eine offensichtliche Missachtung oder die Unkenntnis von Grundrechten oder Anzeichen für die Absicht, das geltende Recht zu Lasten des Beschwerdeführers bewusst nicht anzuwenden, um etwa einen rechtens nicht möglichen Ermittlungserfolg zu erzielen.

Ob und inwieweit sich anderen Grundrechten – etwa Art. 2 Abs. 1 GG oder Art. 104 Abs. 1 und 2 GG für die körperliche Durchsuchung eines Verdächtigen (§ 81a StPO) – ein dem Art. 13 Abs. 2 vergleichbarer, verfassungsrechtlicher Richtervorbehalt entnehmen lässt, ist in der Rechtsprechung nicht geklärt.[103] Die Kammerrechtsprechung beschränkt sich hier aber wohl auf eine bloße Willkürkontrolle (gestützt auf Art. 19 Abs. 4 GG) der Anwendung des gesetzlichen Richtervorbehaltes.[104]

Eine im Rahmen einer Durchsuchung vorgenommene Beschlagnahme greift nicht in Art. 13 GG ein, sondern allenfalls in Art. 14 GG, so dass dessen Schrankenregelung gilt. Als Eingriffsgrundlage reicht ein einfaches Gesetz, das von den Fachgerichten auszulegen ist. Ein Richtervorbehalt, wie er in § 98 Abs. 1 StPO normiert ist, gilt daher nicht von Verfassungs wegen. Das Bundesverfassungsgericht hat deshalb noch nie beanstandet, dass die allermeisten Beschlagnahmen ohne vorherige (wirksame[105]) richterliche Anordnung erfolgen.

b) Zugriff auf persönliche Daten

Auch die Beschlagnahme von Unterlagen oder EDV-Geräten[106], die persönliche Daten enthalten, greift für sich genommen nicht in Art. 13 GG

[103] Befürwortend *Jahn* NStZ 2007, 255 (259); *Amelung* NStZ 2001, 337 (342).

[104] Zur Problematik BVerfG, Beschluss vom 28.7.2008, – 2 BvR 784/08 –, NJW 2008, 3053 f.

[105] S.o. 24.

[106] Hierzu zählen auch Telekommunikationsendgeräte, also Telefone und Computer mit den auf ihnen gespeicherten Telekommunikationsdaten; Art. 10 ist insoweit ebenfalls nicht einschlägig, BVerfGE 115, 166 (183 f.); anders noch Beschluss vom 4.2.2005, – 2 BvR 308/04 –, BVerfGK 5, 74 (80 f.); vgl. dazu *Landau* in: FS STRAUDA, 2006, 201 (215); *Käß* BayVBl. 2007, 135 ff. Anhängig ist noch die Frage, ob beim Provider gespeicherte e-mails von Art. 10 oder von Art. 2 Abs. 1 GG geschützt sind (2 BvR 902/06), dazu *Jahn* NStZ 2007, 255 (264) m.w.N. Kritisch *Landau* in: FS STRAUDA, 2006, 201 (215): ein besonderer Grundrechtsschutz für solche Daten sei nicht erforderlich, weil der Berechtigte es in der Hand habe, sie zu vernichten.

ein; Daten und Datenträger sind vielmehr in erster Linie vom Recht auf informationelle Selbstbestimmung nach Art. 2 Abs. 2 i.V.m. Art. 1 Abs. 1 GG geschützt.[107] Nach der Rechtsprechung des Ersten Senats des Bundesverfassungsgerichts bedarf es für Eingriffe in dieses Grundrecht stets eines speziellen, hinreichend bestimmten Gesetzes und dem Grundsatz der Verhältnismäßigkeit kommt besondere Bedeutung zu.[108] Der Zweite Senat hat sich dem in seiner Entscheidung zur Datenträgerbeschlagnahme[109] im Grundsatz angeschlossen und verlangt von Verfassungs wegen – sub specie Art. 2 Abs. 1 i.V.m. Art. 1 Abs. 1 GG –, dass die Beschlagnahme von persönlichen Daten nur unter den Voraussetzungen und auf der Grundlage der §§ 94 ff. StPO erfolgen darf. Damit gilt für die Beschlagnahme von Datenträgern der einfachrechtliche Richtervorbehalt des § 98 Abs. 1 StPO. Ob der Gesetzgeber diesen Vorbehalt abschaffen oder beliebig einschränken könnte, ist – anders als bei der Beschlagnahme sonstiger Gegenstände – im Hinblick auf die strenge Rechtsprechung sehr zweifelhaft, aber nicht ausdrücklich entschieden.[110]

Sind von der Beschlagnahme Telekommunikationsdaten betroffen, ist zwar nicht Art. 10 GG verletzt, der Eingriff erfährt aber „eine zusätzliche verfassungsrechtliche Qualität", weil er Auskunft über Kommunikationsvorgänge geben soll.[111] Das ist im Rahmen der Prüfung sowohl der Eingriffsvoraussetzungen als auch der Verhältnismäßigkeit zu beachten.

Für Fälle der „vorläufigen Sicherstellung" größerer Datenbestände[112] entnimmt das Bundesverfassungsgericht dem Grundrecht auf informationelle Selbstbestimmung und dem Grundsatz der Verhältnismäßigkeit auch in anderer Hinsicht weitergehende Anforderungen an die Verfahrensgestaltung. Vor der Durchsicht und Auswertung steht hier die Beweisbedeutung der einzelnen von der Sicherstellung betroffenen Dokumente und Datensätze noch nicht fest, zwangsläufig sind auch und typischerweise sogar überwiegend irrelevante Daten betroffen, so dass die gesetzlichen Voraussetzungen für die förmliche Beschlagnahme nicht vorliegen. Ermächtigungsgrundlage sind daher nur die recht unbestimmte §§ 94, 110 StPO, konkretisiert durch den ermittlungsrichterlichen Durchsuchungsbeschluss, der die zu suchenden und sicherzustellenden Gegenstände bezeichnet. Dieser ist Grundlage und

[107] BVerfGE 113, 29 (44 f.); vgl. Beschluss vom 18.2.2008, – 2 BvR 2697/07, juris; Beschluss vom 11.7.2008 – 2 BvR 2016/06, WM 2008, 1849 (1850); Beschluss vom 28.4.2003, – 2 BvR 358/03, BVerfGK 1, 126 (133); Beschluss vom 30.1.2002 – 2 BvR 2248/00 –, NJW 2002, 1410 (1411). Anders noch *Papier* in: Mauz/Dürig, Grundgesetz, Stand Oktober 1999, Art. 13 Rn. 3148; *Hermes* in: Dreier, Grundgesetz, 2. Auflage 2004, Art. 13 Rn. 33, 119: Art. 13 ist spezieller, Grundsätze des Art. 2 Abs. 1 gelten „entsprechend".

[108] BVerfGE 65, 1 (44 ff., 54) (Volkszählung); vgl. auch BVerfGE 100, 313 (359 f.) (TKÜ).

[109] BVerfGE 113, 29 (45 ff.).

[110] Ähnlich *Jahn*, NStZ 2007, 255 (259).

[111] BVerfGE 115, 166 (188).

[112] S.o. bei Fn. 25.

zugleich Grenze der Durchsicht aufgefundener Datenbestände nach § 110 StPO[113], so dass schon ein unzureichend begründeter oder zu weit gefasster Durchsuchungsbeschluss in das Recht auf informationelle Selbstbestimmung eingreifen kann.[114] An seine Bestimmtheit und Kennzeichnung der gesuchten Unterlagen sind besonders strenge Anforderungen zu stellen, wenn abzusehen ist, dass nicht nur einzelne Unterlagen, sondern ganze Datenbestände durchsucht oder sogar sichergestellt werden müssen. Nur so kann die Auswertung solcher, typischerweise elektronisch gespeicherter Datenbestände durch die Ermittlungsbehörden rechtsstaatlich umgrenzt und richterlicher Kontrolle zugänglich gemacht werden. Würden die Ermittlungsbehörden nach Unterlagen und Daten suchen, die nicht im Durchsuchungsbeschluss aufgeführt sind, fehlte es insoweit bereits an einer gesetzlichen Grundlage.

Darüber hinaus gelten bestimmte Anforderungen an den Umgang mit den sichergestellten Daten und das Verfahren der Auswertung.[115] Die Auswertung muss nach Möglichkeit beschleunigt und nach rationalen, effektiven Kriterien durchgeführt werden, es darf nicht gezielt nach „Zufallsfunden“ gesucht werden: die Bindung an den im Durchsuchungsbeschluss festgelegten Beweiszweck ist strikt zu beachten. Irrelevante Daten müssen unverzüglich herausgegeben oder gelöscht werden, soweit möglich und ermittlungstaktisch vertretbar müssen dem Betroffenen auf Verlangen Kopien der Daten überlassen werden, wenn er diese etwa zur Fortführung seines Geschäftsbetriebes benötigt. Schließlich gilt für die gewonnenen Daten eine strikte Zweckbindung, wie sie in §§ 483 ff. StPO bereits gesetzlich vorgesehen ist.

Die Einhaltung dieser aus Art. 2 Abs. 1 i.V.m. Art. 1 Abs. 1 GG abgeleiteten verfahrensrechtlichen Anforderungen ist verfassungsgerichtlich zu überprüfen. Es sind allerdings bislang keine Fälle bekannt, in denen das Bundesverfassungsgericht tatsächlich eingeschritten wäre.

Das vom Ersten Senat des Bundesverfassungsgerichts entwickelte Grundrecht der Vertraulichkeit und Integrität informationstechnischer Systeme[116] dürfte daneben keine eigenständige Bedeutung für die Beschlagnahme von Computern oder Festplatten im Rahmen einer Wohnungsdurchsuchung haben, denn das Wohnungsgrundrecht und das Recht auf informationelle Selbstbestimmung in ihrer Ausgestaltung durch den Zweiten Senat decken diese Fälle vollständig ab.[117]

[113] Vgl. Beschluss vom 18.12.2002 – 2 BvR 1910/02, NJW 2003, 1513.

[114] Vgl. BVerfGE 115, 166 (190).

[115] BVerfGE 113, 29 (57 ff.); dazu näher *Kutzner* NJW 2005, 2652 (2653). Beispiel aus der Kammerrechtsprechung: Beschluss vom 5.7.2005, – 2 BvR 497/03 –, NVwZ 2005, 1304 (1306) mit vorangegangener Einstweiliger Anordnung (Einstellung der Auswertung der beschlagnahmten Daten) vom 17.7.2003, BVerfGK 1, 245 ff.

[116] BVerfG, Urteil vom 27.2.2008 – 1 BvR 370/07 – u.a. (online-Durchsuchung).

[117] Zur ausschließlich lückenfüllenden Funktion des Grundrechts BVerfG, Urteil vom 27.2.2008, – 1 BvR 370/07–, u.a., C.I.1.

c) Berufsausübung; Pressefreiheit

Zu beachten ist schließlich der Einfluss weiterer Grundrechte auf die Zulässigkeit von Durchsuchungen.[118]

Das können einmal Grundrechte des Betroffenen selbst sein; in Frage kommt in vor allem Art. 12 GG, wenn die Durchsuchung Auswirkung auf die Berufsausübung hat. So kann das Vertrauen der Mandanten zu einem Rechtsanwalt oder Steuerberater beschädigt werden, wenn bei diesem Unterlagen des Mandaten sichergestellt werden. Das Bundesverfassungsgericht geht hier nicht so weit, einen Eingriff in Art. 12 GG zu bejahen, sondern spricht nur von einer „Ausstrahlungswirkung“[119] der Berufsfreiheit, die im Rahmen der Verhältnismäßigkeitsprüfung „besonders“ zu berücksichtigen ist.[120] Auch Handwerker können sich u.U. in diesem Sinn auf Art. 12 GG berufen.[121] Schon früh hat das Gericht schließlich verlangt, dass bei Durchsuchungen in Presseunternehmen Art. 5 GG im Rahmen der Prüfung von Art. 13 GG beachtet wird.[122] Bei Rechtsanwälten wird darüber hinaus darauf abgestellt, dass der Schutz der Vertrauensbeziehung zwischen Anwalt und Mandant auch im Interesse der Allgemeinheit an einer wirksamen und geordneten Rechtspflege liegt.[123] Der EGMR verlangt im Hinblick auf dieses Vertrauensbeziehung, dass bei Durchsuchungen einer Rechtsanwaltskanzlei ein „unabhängiger Beobachter“ anwesend ist, der, ebenso wie der Betroffene selbst, die Auswahl der zu beschlagnahmenden Unterlagen überwachen und ihr ggf. widersprechen kann.[124] Die §§ 105, 106 StPO enthalten keine so weitgehende Regelung, das Bundesverfassungsgericht hat das nicht beanstandet.

Die Umsetzung dieser Maßgaben in konkreten Einzelfällen lässt sich in der Kammerrechtsprechung nur schwer verfolgen. Durchsuchungen bei Berufsgeheimnisträgern sind jedenfalls nicht nur in Ausnahmefällen erlaubt (anders als bei der Presse). Es lassen sich keine genauen Kriterien angeben, um wie viel schwerer Tatverdacht oder Beweisbedeutung im Vergleich zu einer „normalen“ Durchsuchung sein müssen. Die Entwicklung solcher Kriterien wäre Aufgabe der Beschwerdegerichte. Immerhin betrifft ein ganz erheblicher Teil der stattgebenden Entscheidungen Rechtsanwälte.

[118] Weitere Beispiele bei *Kruis/Wehowsky* NJW 1999, 682; zur Durchsuchung von Rechtsanwaltskanzleien *Kutzner* NJW 2005, 2652 ff.; *Kühne* Strafprozessrecht, 7. Auflage 2007, Rn. 499.1.

[119] BVerfG, Beschluss vom 14.1.2005, – 2 BvR 1975/03 –, BverfGK 5, 25 ff.

[120] Vgl. BVerfGE 110, 226 (251 ff.); BVerfGE 113, 29 (46 ff.); Beschluss vom 6.5.2008, – 2 BvR 384/07 –, NJW 2008, 1937 f., Beschluss vom 11.7.2008 – 2 BvR 2016/06 –, WM 2008, 1849 f.; *Jahn* NStZ 2007, 255 (260).

[121] BVerfG, Beschluss vom 29.4.2007, – 2 BvR 532/02 –, juris.

[122] BVerfGE 20, 162 (187) – Spiegel-Urteil; BVerfGE 117, 244 ff. – Cicero.

[123] BVerfGE 113, 29 (49).

[124] EGMR, Urteil vom 16.10.2007 – 74336/01 – (Wieser u. Bicos GmbH gegen Österreich), NJW 2008, 3409 (3410), Rn. 57.

6. *Verwertungsverbot*

Ein Verwertungsverbot für Gegenstände oder Daten, die im Rahmen einer verfassungswidrigen Durchsuchung beschlagnahmt wurden, hat das Bundesverfassungsgericht bisher nicht anerkannt. Nach der Rechtsprechung des BGH besteht eine solches nur in krassen Missbrauchsfällen.[125] Auch im Anwendungsbereich des Grundrechts auf informationelle Selbstbestimmung hat der Zweite Senat, trotz gewisser Andeutungen im Urteil zur Datenträgerbeschlagnahme[126], bislang keine konkreten Anstalten gemacht, darüber hinaus zu gehen.[127]

V. Zusammenfassende Betrachtung

Der Überblick über die Rechtsprechung des Bundesverfassungsgerichts zeigt, dass im Bereich der strafprozessualen Durchsuchung das Zusammenspiel zwischen Senat und Kammer weitgehend dem hinter § 93c Abs. 1 Satz 1 BVerfGG stehenden Leitbild entspricht: die maßgeblichen verfassungsrechtlichen Fragen wurden vom Senat entschieden.

Begünstigt durch die stets gleiche Ausgangskonstellation einer Wohnungsdurchsuchung kommt das Gericht trotz der Vielzahl von Einzelfällen mit vergleichsweise wenigen, meist seit Jahrzehnten feststehenden Obersätzen[128] zu Funktion und notwendigem Inhalt des Durchsuchungsbeschlusses und zu den Tatbestandsmerkmalen des Grundrechts aus, die in den Kammerentscheidungen fast gebetsmühlenartig wiederholt und meist knapp und ohne Einführung neuer Kriterien subsumiert werden. Neu auftauchende Probleme, oft ausgelöst durch technische Neuerungen, wurden durchweg vom Senat geklärt.

Die Senatsrechtsprechung selbst hat dabei die Anforderungen an einen Durchsuchungsbeschluss sehr detailliert ausgestaltet in einer Weise, wie man es eher für eine Auslegung der Eingriffsnormen der StPO erwarten würde.[129] Die fachgerichtliche Rechtsprechung hat denn auch zur Auslegung von §§ 102, 103 StPO nur sehr wenig beigesteuert.[130] Die verfassungsgerichtliche

[125] *Meyer-Goßner* StPO, 51. Auflage 2008, § 94 Rn. 21; *Schroeder* JuS 2004, 858 (862), eingehend *Amelung* NStZ 2001, 337 (340 f.); *Amelung/Mittag* NStZ 2005, 614 ff.

[126] BVerfGE 113, 29 (61).

[127] BVerfG, Beschluss vom 18.2.2008, – 2 BvR 2697/07 –, juris; vgl. auch *Kutzner* NJW 2005, 2652 (2654).

[128] Vgl. *Kruis/Wehowsky* NJW 1999, 682.

[129] *Amelung* NStZ 2001, 337 (338): „arbeits- und verwaltungspraktische Grundsätze, die teilweise über eine Auslegung des Begriffs der ‚Gefahr im Verzuge' weit hinausgehen"; vgl. *Rabe von Kühlewein* GA 2002, 637 (658).

[130] Siehe nur die Nachweise im strafprozessrechtlichen Überblicksbeitrag von *Schroeder* JuS 2004, 858 ff., wo sich Fundstellen von BVerfG und von anderen Gerichten etwa die Waage halten.

Selbstbeschränkung zeigt sich eher bei der Prüfung der einzelnen Kriterien im Einzelfall, wo die Feststellungen und Wertungen der Fachgerichte fast immer hingenommen werden, wenn sie noch irgendwie vertretbar erscheinen. Exakte Subsumtion der vom Senat aufgestellten Anforderungen ist in den Kammerentscheidungen selten, in stattgebenden Entscheidungen werden lediglich einzelne Punkte herausgegriffen. Obwohl diese Vorgehensweise im Wesentlichen verfassungsprozessual korrekt ist, ist sie oftmals unbefriedigend: Die ausführlichen Obersätze, in denen die Bedeutung des Grundrechts und des Richtervorbehaltes betont werden, wecken große Erwartungen, die in den Kammerentscheidungen nur in kleiner Münze und nur in Ausnahmefällen ausgezahlt werden.

Der richtige Ort für die ins einzelne gehende Prüfung der vom Senat entwickelten Anforderungen an einen ordnungsgemäßen Durchsuchungsbeschluss wäre die Beschwerdeentscheidung, wo sie aber allzu oft nicht stattfindet. Auch wenn es nur in besonders krassen Ausnahmefällen zur verfassungsgerichtlichen Aufhebung von Durchsuchungsbeschlüssen kommt, ist die vielerorts offenbar fehlende Bereitschaft vieler Landgerichte bedauerlich, die Einhaltung der verfassungsrechtlichen Anforderungen an einen Durchsuchungsbeschlusses nachhaltig zu kontrollieren.[131] Es fehlt zu oft an der Sensibilität für das erhebliche Gewicht einer Wohnungsdurchsuchung, was umso mehr verwundert, als diese Sensibilität bei anderen staatlichen Eingriffen in die Privatsphäre – etwa durch Abhören von Telefongesprächen, Lauschangriffe im Sinne von Art. 13 Abs. 3–6, „Online-Durchsuchungen" – durchaus vorhanden ist. Das körperliche Eindringen in die räumliche Privatsphäre wird von den Betroffenen wohl kaum als weniger gravierend empfunden werden können, als die neueren, technischen Maßnahmen. Das Grundgesetz stellt sie jedenfalls, wie der Zweite Senat mehrfach deutlich gemacht hat, auf die gleiche Stufe, so dass ihre Berechtigung im Einzelfall stets sorgfältiger Prüfung bedarf. Die zahlenmäßige Masse von Wohnungsdurchsuchungen darf nicht dazu führen, dass sie in den Augen der Ermittlungsbehörden zu einem Routinevorgang minderer Bedeutung wird. Dies widerspräche der klaren Aussage von Art. 13 Abs. 1 GG, wonach die Wohnung nicht bloß geschützt, sondern „unverletzlich" ist.

In der Praxis hat die zuständige Kammer des Bundesverfassungsgerichts daher vielfach doch die Funktion eines kupierten Revisonsgerichts[132] –

[131] Dazu auch *Mellinghoff* in: Strafprozessrechtspraxis und Rechtswissenschaft – getrennte Welten?, 19 (23, 25); *Kühne* Strafprozessrecht, 7. Auflage 2007, Rn. 499: „erschreckende Unbekümmertheit". Stimmen in der Literatur halten den Richtervorbehalt wegen des häufigen Versagens für sinnlos, vgl. *Jahn* NStZ 2007, 255 (259) und *Amelung* NStZ 2001, 337 (339) jeweils m.w.N.

[132] Vgl. *Mellinghoff* in: Strafprozessrechtspraxis und Rechtswissenschaft – getrennte Welten? S. 19.

kupiert, weil eine geordnete Überprüfung der tatsächlichen Feststellungen nicht stattfindet und Korrekturen auf krasse Fehlentscheidungen beschränkt bleiben. Auf Dauer und in der Masse der Fälle kann das Bundesverfassungsgericht so die Einhaltung des verfassungsrechtlichen Leitbildes einer Durchsuchung durch die Ermittlungsrichter und -behörden nicht gewährleisten. Es ist Sache der Landgerichte, hier selbst tätig zu werden.

Den Vorwurf der Praxisferne[133] kann man dem Bundesverfassungsgericht im hier untersuchten Bereich nicht machen. Die Einhaltung der in der Senatsrechtsprechung geforderten Anforderungen an einen Durchsuchungsbeschluss ist ohne weiteres möglich und sollte an sich selbstverständlich sein, wenn man die ausdrücklichen Regelungen im Grundgesetz und in der StPO ernst nimmt: Einen Durchsuchungsbeschluss zu unterzeichnen, ohne ihn zu lesen, einen Blick in die Akte zu werfen und über den Tatverdacht nachzudenken, macht offensichtlich keinen Sinn, ebenso wenig wie ein Beschluss ohne greifbaren Inhalt.[134]

Die Masse der meist unveröffentlichten Nichtannahmebeschlüsse zeigt im übrigen, dass das Bundesverfassungsgericht bei der Umsetzung der verfassungsrechtlichen Vorgaben im Einzelfall keineswegs unerfüllbare Anforderungen stellt. Im Grunde wird nur verlangt, dass die Fachgericht überhaupt an jene denken. Richtig ist dabei sicherlich: Der Richtervorbehalt des Art. 13 Abs. 2 GG „kostet Zeit und Arbeit und wird sich vielfach als Hemmnis für die Verwaltung auswirken“[135]. Das liegt in seiner Natur, ist aber von der Verfassung wegen der Schwere und der Irreversibilität des Eingriffs in die Privatsphäre so gewollt. Die – verglichen mit anderen Sachgebieten – große Zahl von Stattgaben ist nicht mit überzogenen verfassungsrechtlichen Anforderungen zu erklären. Ursache ist vielmehr der noch nicht durchgängig vollzogene Bewusstseinswandel bei den Fachgerichten, dass eine Wohnungsdurchsuchung ein schwerer Eingriff in Privatsphäre ist, auf die auch potentielle Straftäter ein Recht haben. Trotz allen – berechtigten – Vertrauens in die Integrität der Ermittlungsbeamten muss und kann daher verlangt werden, dass zum einen die formellen Vorgaben von GG und StPO nicht nur äußerlich beachtet werden und dass zum anderen vom Zwangsmittel der Wohnungsdurchsuchung nicht leichtfertig und nur mit Zurückhaltung Gebrauch gemacht wird.

[133] Als 1979 das Bundesverfassungsgericht den Richtervorbehalt des Art. 13 Abs. 2 GG auf zivilprozessuale Durchsuchungen ausdehnte, wurde in der Praxis verbreitet ein „Ende der Zwangsvollstreckung“ befürchtet (dazu eingehend m.w.N. *Dittmann* Verw 16 (1983), 17 ff.). Dieses ist nicht eingetreten.

[134] Vgl. zu diesen Anforderungen BVerfGE 103, 142 (152 f.); *Kühne* Strafprozessrecht, 7. Auflage 2007, Rn. 499.

[135] *Gentz* Die Unverletzlichkeit der Wohnung, 1968, 80.

III.

Steuer- und Finanzrecht

Gedanken zu den Grundsätzen der Normenklarheit und der Normenbestimmtheit als Ausprägungen des Rechtsstaatsprinzips

Roberto Bartone *

Leitentscheidungen des Bundesverfassungsgerichts (Auswahl)

1. BVerfG Urteil vom 23. Oktober 1951 – 2 BvG 1/51 – BVerfGE 1, 14.
2. BVerfG Beschluss vom 7. April 1964 – 1 BvL 12/63 – BVerfGE 17, 306.
3. BVerfG Beschluss vom 12. Januar 1967 – 1 BvR 169/63 – BVerfGE 21, 73.
4. BVerfG Beschluss vom 7. Juli 1971 – 1 BvR 775/66 – BVerfGE 31, 255.
5. BVerfG Beschluss vom 28. Februar 1973 – 2 BvL 19/70 – BVerfGE 34, 348.
6. BVerfG Beschluss vom 24. November 1981 – 2 BvL 4/80 – BVErfGE 59, 104.
7. BVerfG Beschluss vom 31. Mai 1988 – 1 BvR 520/83 – BVerfGE 78, 214.
8. BVerfG Beschluss vom 3. Juni 1999 – 2 BvR 1041/88, 2 BvR 78/89 – BVerfGE 86, 288.
9. BVerfG Urteil vom 19. März 2003 – 2 BvL 9/98, 2 BvL 10/98, 2 BvL 11/98, 2 BvL 12/98 – BVerfGE 108, 1.
10. BVerfG Beschluss vom 9. April 2003 – 1 BvL 1/01, 1 BvR 1749/01 – BVerfGE 108, 52.
11. BVerfG Beschluss vom 3. März 2004 – 1 BvF 3/92 – BVerfGE 110, 33.
12. BVerfG Urteil vom 27. Juli 2005 – 1 BvR 668/04 – BVerfGE 113, 348.
13. BVerfG Beschluss vom 13. Juni 2007 – 1 BvR 1550/03, 1 BvR 2357/04, 1 BvR 603/05 – BVerfGE 118, 168.

Schrifttum

Bartone, Roberto Gesellschafterfremdfinanzierung – Die Frage der Vereinbarkeit des § 8a KStG mit Verfassungs-, Europa- und Völkerrecht, Bielfeld 2001 (zugl. Diss. Univ. Saarbrücken, 2000); *Beermann, Albert/Gosch, Dietmar* (Hrsg.) Abgabenordnung/Finanzgerichtsordnung, Bonn/Berlin 1995 ff.; *Binder, Julius* Der Adressat der Rechtsnorm und seine Bindung, Göttingen 1927; *Elicker, Michael* Kritik der direkt progressiven Einkom-

* *Dr. Roberto Bartone* ist wissenschaftlicher Mitarbeiter im Dezernat von Frau Richterin des Bundesverfassungsgerichts *Professor Dr. Lerke Osterloh*, Richter am Finanzgericht des Saarlandes, Lehrbeauftragter an der Universität des Saarlandes und nebenamtlicher Dozent an der Bundesfinanzakademie; von 1990 bis 1996 Mitarbeiter am Lehrstuhl für Staats- und Verwaltungsrecht, Wirtschafts-, Finanz- und Steuerrecht von *Professor Dr. Rudolf Wendt* (Universität des Saarlandes); Veröffentlichungen auf dem Gebiet des Steuerrechts, u.a. Insolvenz des Abgabenschuldners (2000), Gesellschafterfremdfinanzierung (2001); Die kleine AG (2001); Die Europäische AG (2. Aufl. 2007, zusammen mit *Ralf Klapdor*); Die Korrektur von Steuerverwaltungsakten (2006, zusammen mit *Alexander von Wedelstädt*); Mitarbeit an Kommentaren u.a.: Kühn/von Wedelstädt, AO/FGO; Korn, EStG; Baetge/Kirsch/Thiele, Bilanzrecht). Der Beitrag berücksichtigt den Stand vom 20. Dezember 2008.

mensbesteuerung, StuW 2000, 3; *Engisch, Karl* Einführung in das juristische Denken, 10. Aufl. 2005; *Heintzen, Markus* Die unterschiedliche Behandlung von Gewinnen und Verlusten, in: von Groll, Rüdiger (Hrsg.), Verluste im Steuerrecht (Veröffentlichungen der Deutschen Steuerjuristischen Gesellschaft Band 28), Köln 2005, S. 163 ff.; *Hey, Johanna* Steuerplanungssicherheit als Rechtsproblem, Köln 2002; *Hübschmann, Walter/Hepp, Ernst/Spitaler, Armin* (Hrsg.), Abgabenordnung/Finanzgerichtsordnung, Köln 1951 ff.; *Isensee, Josef/Kirchhof, Paul* Handbuch des Staatsrechts, Band II (Verfassungsrecht), 3. Aufl., Heidelberg 2004; *Isensee, Josef* Vom Beruf unserer Zeit für Steuervereinfachung, StuW 1994, 3; *Jabloner, Clemens* Das „Denksporterkenntnis des Verfassungsgerichtshofes, in: Funk, B.-Chr./Klecatsky, H. R./Loebenstein, E./Mantl, W./Ringhofer, K. (Hrsg.) Staatsrecht und Staatswissenschaften in Zeiten des Wandels – Festschrift für Ludwig Adamovich, Wien und New York 1992, S. 189 ff.; *Jehke, Christian* Bestimmtheit und Klarheit im Steuerrecht, Berlin 2005; *Kirchhof, Paul* Die Kunst der Steuergesetzgebung, NJW 1987, 3217; *Klein, Franz (Hrsg.)*, Abgabenordnung, 9. Aufl., München 2006; *Kühn, Rolf/ von Wedelstädt, Alexander* Abgabenordnung und Finanzgerichtsordnung, 19. Aufl., Stuttgart 2008; *Larenz, Karl/Canaris, Wilhelm* Methodenlehre der Rechtswissenschaft, 3. Aufl., Berlin u.a. 1995; *Leibholz, Gerhard/Rinck, Hans-Justus/Hesselberger, Dieter* Grundgesetz, Stand: 18. Erg-Lfg. (März 1990); *Luttermann, Claus* Normenklarheit im Steuerrecht und „unbestimmte" Rechtsbegriffe?, FR 2006, 18; *Mellinghoff, Rudolf* Anforderungen an ein zukunftsfähiges Steuerrecht, Stbg. 2007, 549; *Offerhaus, Klaus* Die Steuerreform – eine Herausforderung an den Rechtsstaat, DStZ 2000, 9; *Osterloh, Lerke* Gesetzesbindung und Typisierungsspielräume bei der Anwendung der Steuergesetze, Baden-Baden 1992; *Papier, Hans-Jürgen* Der Bestimmtheitsgrundsatz, in: Friauf, Heinrich (Hrsg.), Steuerrecht und Verfassungsrecht (Veröffentlichungen der Deutschen Steuerjuristischen Gesellschaft Band 12), Köln 1989, S. 61 ff.; *Radbruch, Gustav* Rechtsphilosophie, 8. Aufl., Stuttgart 1973; *Rehbinder, Manfred* Rechtssoziologie, 4. Aufl., München 2000; *Ruppe, Hans Georg* Der Anspruch auf Normenklarheit im Steuerrecht und seine Durchsetzung im Gesetzgebungs- und Rechtsschutzverfahren, in: Brandt, Jürgen (Hrsg.), Steuerrecht im Wandel – Stand und Perspektiven der Reformdiskussion (Deutscher Finanzgerichtstag Band 5), Stuttgart u.a., 2008, S. 61 ff.; *Sachs, Michael* (Hrsg.) Grundgesetz, 4. Aufl., München 2007; *Schmidt-Bleibtreu, Bruno/Klein, Franz/Hofmann, Hans/Hopfauf, Axel* Grundgesetz, Köln und München 2008; *Schulze-Fielitz, Helmuth* Theorie und Praxis parlamentarischer Gesetzgebung, Berlin 1988; *Tipke, Klaus/Lang, Joachim* Steuerrecht, 19. Aufl., Köln 2008; *Waldhoff, Christian* Steuerrecht und Verfassungsrecht, Die Verwaltung (Zeitschrift für Verwaltungsrecht und Verwaltungswissenschaften) 41. Band, Jg. 2008, 259; *Zippelius, Reinhold* Das Wesen des Rechts, 5. Aufl., München 1997.

Inhalt

I. Einleitung

Das Rechtsstaatsprinzip ist grundlegender Bestandteil des Grundgesetzes, dessen normative Grundlage insbesondere in Art. 20 Abs. 2 S. 2 und Abs. 3 GG gesehen wird.[1] Dieses Verständnis liegt auch der Rechtsprechung des Bundesverfassungsgerichts zugrunde.[2] Von anderen wird es als allgemeines Prinzip verstanden, das einzelne Konkretisierungen an verschiedenen Stellen des Grundgesetzes erfahren hat.[3]

Das Rechtsstaatsprinzip erfährt im Grundgesetz keine Definition und wird auch nur in Art. 28 Abs. 1 S. 1 GG ausdrücklich erwähnt. Daher hat das Bundesverfassungsgericht neben den in Art. 20 Abs. 2 S. 2 und Abs. 3 GG ausdrücklich geregelten Elementen des Rechtsstaatsprinzips weitere Einzelgehalte herausgearbeitet[4]. Von den zahlreichen – überwiegend ungeschriebenen – Einzelgehalten des Rechtsstaatsprinzips stehen für die vorliegende Darstellung die Prinzipien der Normenbestimmtheit und Normenklarheit im Fokus. Sie stehen im engen Zusammenhang mit dem Prinzip der Rechtssicherheit, das ebenfalls aus dem Rechtsstaatsprinzip folgt und zu dem alle Einzelgehalte des Rechtsstaatsprinzips zählen, „die mit der Verlässlichkeit

[1] Vgl. insoweit z.B. BVerfGE 1, 14 (45); 63, 343 (353); s. auch die weiteren Nachweise bei *Sachs* in: Sachs, GG, Art. 20, Rn. 50; *Schmidt-Aßmann* in: Handbuch des Staatsrechts, Band II, 3. Aufl. 2004, § 26 Rn. 2 ff.

[2] St. Rspr.; vgl. z.B. BVerfGE 1, 109; aus jüngster Zeit BVerfGE 119, 309; 119, 394.

[3] In diesem Sinne wohl *Sachs* in: Sachs, GG, Art. 20, Rn. 50 ff. Auf eine Entscheidung dieser Frage kommt es für den vorliegenden Beitrag nicht an, so dass sie offen bleiben kann. Da Gegenstand des Beitrags die Rechtsprechung des Bundesverfassungsgerichts ist, wird das Verständnis des Bundesverfassungsgerichts zur dieser Frage zugrunde gelegt.

[4] S. hierzu den Überblick bei *Sachs* in: Sachs, GG, Art. 20, Rn. 53.

des Rechts zu tun haben"[5]. Eine Ausnahme macht das Bundesverfassungsgericht im Hinblick auf das Recht auf informationelle Selbstbestimmung: Insoweit findet das Bestimmtheitsgebot seine Grundlage in Art. 2 Abs. 1 GG i.V.m. Art. 1 Abs. 1 GG selbst.[6]

Aus diesen Grundsätzen folgt allgemein, dass Normen ihren Regelungsgehalt nicht verschleiern dürfen[7] und für den Normadressaten verständlich sind.[8] Diese allgemeinen Folgerungen bedürfen der Präzisierung. Daher werden zur Veranschaulichung des Problemkreises in einem ersten Schritt die Begriffe der Normenbestimmtheit und der Normenklarheit skizziert, daran schließt sich ein grober Überblick über die rechtstheoretischen Grundlagen und die verfassungsrechtlichen Maßstäbe an, und schließlich erfolgt eine Darstellung der verfassungsgerichtlichen Rechtsprechung mit dem Versuch, Leitlinien herauszuarbeiten.

II. Die Begriffe der Normenbestimmtheit und Normenklarheit

In der verfassungsrechtlichen Literatur und der Rechtsprechung wird zwischen den Begriffen der Normenbestimmtheit, der Normenklarheit und mitunter auch der Normenwahrheit als ungeschriebenen Verfassungsgrundsätzen unterschieden.[9] Im Folgenden werden diese Begriffe skizziert, wobei das Prinzip der Normenwahrheit außer Betracht bleiben soll. Das Bundesverfassungsgericht leitet diesen letztgenannten Grundsatz ebenfalls aus dem Rechtsstaatsprinzip ab. Er besagt, dass sich der Gesetzgeber an dem für den Normadressaten ersichtlichen Regelungsgehalt der Norm festhalten lassen muss[10] und dass Überschrift und Einleitung eines Regelungswerkes auch nach zahlreichen Änderungen noch halten müssen, was sie versprechen.[11]

[5] *Sachs* in: Sachs, GG, Art. 20, Rn. 75; ablehnend gegenüber der Prüfung von Rechtsnormen am Maßstab des Rechtsstaatsprinzips unter dem Gesichtspunkt der Rechtsklarheit und Rechtssicherheit *Jabloner* in: Adamovich-FS, S. 192 ff., der die Auffassung vertritt, die Frage der Verständlichkeit der Gesetze sei kein Problem, das durch die Anwendung eines höherrangigen Prinzips gelöst werden könne. In der Literatur wird das Bestimmtheitsgebot im Übrigen auch aus den Grundrechten bzw. aus dem Gesetzesvorbehalt (so *Osterloh* Gesetzesbindung und Typisierung, S. 109) hergeleitet; vgl. *Jehke* Bestimmtheit und Klarheit im Steuerrecht, S. 57 m.w.N.

[6] Vgl. BVerfGE 65, 1 (46 ff., 54); 110, 33 (53 ff.); 113, 348 (375 ff.); 118, 168 (186 ff.).

[7] S. z.B. BVerfGE 17, 306 (318).

[8] S. z.B. BVerfGE 14, 13 (16); 17, 306 (314); 47, 239 (247).

[9] Vgl. z.B. BVerfGE 107, 218 (256); 108, 1 (20); 118, 277; BVerfG, Beschluss der 1. Kammer des Ersten Senats vom 2.6.2008 – 1 BvR 349/04, 1 BvR 378/04 –, NVwZ 2008, 1229.

[10] Vgl. z.B. BVerfGE 107, 218 (256); 108, 1 (20); BVerfG, Beschluss der 1. Kammer des Ersten Senats vom 2.6.2008 – 1 BvR 349/04, 1 BvR 378/04 –, NVwZ 2008, 1229.

[11] BVerfGE 114, 196 (236 f.).

Der Beitrag vermag nur eine grobe Skizzierung vorzunehmen, da die Veröffentlichungen zum Problem der Normenbestimmtheit und Normenklarheit Legion sind[12] und eine eingehende Untersuchung den Rahmen bei weitem sprengen würde. Auf die Konkretisierung dieser Begriffe in der verfassungsgerichtlichen Rechtsprechung wird weiter unten einzugehen sein.

1. Normenbestimmtheit

Hinsichtlich des Begriffs der Normenbestimmtheit oder des Bestimmtheitsgebots als Verfassungsgrundsatz herrscht in der Literatur terminologische Vielfalt. Statt des Begriffs der Normenbestimmtheit (Gesetzesbestimmtheit, Bestimmtheitsgebot oder Bestimmtheitsgrundsatz) finden sich auch Begriffe wie „Verständlichkeit" oder „Genauigkeit".[13] Herrscht indessen auch über den genauen Inhalt dieser Begriffe im Einzelnen keine Einigkeit, so wird üblicherweise doch mit dem hier verwendeten Begriff der Normenbestimmtheit die Forderung nach einer möglichst präzisen sprachlichen Fassung von Normen und der begrifflichen Präzision bei Rechtsetzung verbunden.[14] Teilweise wird unterschieden zwischen dem Problem der Verwendung unbestimmter Rechtsbegriffe und deren verfassungsrechtliche Grenze, was als Bestimmtheitsprinzip im engeren Sinne bezeichnet wird,[15] und dem Problem der Verständlichkeit der Norm als Ganzes, was zum Teil unter dem Begriff der Normenklarheit (siehe dazu nachfolgend II.2.) erfasst wird.[16]

Ein spezielles, ausdrücklich geregeltes Bestimmtheitsgebot enthält Art. 103 Abs. 2 GG für strafrechtliche Normen. Die Vorschrift stellt eine lex specialis zum allgemeinen Bestimmtheitsgrundsatz dar und bildet daher ebenfalls eine Ausprägung des Rechtsstaatsprinzips.[17] Für das Steuerrecht bildet Art. 103 Abs. 2 GG zwar keinen unmittelbaren verfassungsrechtlichen Maßstab.[18] Gleichwohl hat die Norm Bedeutung für das Steuerstrafrecht, da § 370 AO als Blankettstrafnorm,[19] den das Bundesverfassungsgericht für mit dem Be-

[12] Einen Überblick bietet z.B. *Jehke* Bestimmtheit und Klarheit im Steuerrecht, B.I.2 (S. 28 ff.).

[13] S. *Jehke* Bestimmtheit und Klarheit im Steuerrecht, B.I.2. (S. 28 f.).

[14] S. z.B. *Hofmann* in: Schmidt-Bleibtreu/Klein, GG, Art. 20, Rn. 85; *Jarass* in: Jarass/Pieroth, GG, Art. 20, Rn. 61; *Ruppe* in: Brandt (Hrsg.), DFGT Band 5, S. 62; *Sachs* in: Sachs, GG, Art. 20, Rn. 126; in diesem Sinne wohl auch *Hey* Steuerplanungssicherheit als Rechtsproblem; vgl. auch BFHE 214, S. 430 = BStBl. II 2007, S. 167.

[15] So – jedenfalls aus österreichischer Sicht – *Ruppe* in: DFGT Band 5, S. 62.

[16] *Ruppe* in: Brandt (Hrsg.), DFGT Band 5, S. 62.

[17] BVerfGE 7, 89 (92); 47, 109 (120); 95, 96 (130); s. dazu z.B. *Jarass* in: Jarass/Pieroth, GG, Art. 103, Rn. 40.

[18] BVerfGE 7, 89 (95); vgl. hierzu und zum Folgenden auch *Jehke* Bestimmtheit und Klarheit im Steuerrecht, S. 45 ff.

[19] BVerfGE 37, 201 (208); BVerfG, Beschluss der 2. Kammer des Zweiten Senats vom 15.10.1990 – 2 BvR 385/87 –, wistra 1991, 175; s. z.B. auch *Blesinger* in: Kühn/von Wedelstädt, AO/FGO, § 370 AO, Rn. 23; *Gast-de-Haan*, in: Klein, AO, § 370, Rn. 5; *Hell-*

stimmtheitsgrundsatz vereinbar hält,[20] unmittelbar auf das materielle Steuerrecht zur Ausfüllung des Tatbestands rekurrieren muss und daher das materielle Steuerrecht inkorporiert.[21] Bereits an dieser Stelle sei erwähnt, dass es nach der Rechtsprechung des Bundesverfassungsgerichts für die Verfassungsmäßigkeit des § 370 AO ausreicht, wenn die Steuerbarkeit in dem in Bezug genommenen Steuergesetz hinreichend umschrieben ist, wenn dieses Gesetz mithin hinreichend bestimmt ist;[22] dies ist wiederum der Fall, wenn sich die möglichen Fälle der Strafbarkeit auf Grund der in Bezug genommenen Einzelsteuergesetze voraussehen und vorausberechnen lassen.[23]

2. *Normenklarheit*

Der Begriff der Normenklarheit wird oftmals nicht scharf von demjenigen der Normenbestimmtheit abgegrenzt.[24] Ist die Normenbestimmtheit betroffen, wenn der Gesetzgeber in einer Norm unbestimmte (oder jedenfalls unbestimmbare) Rechtsbegriffe verwendet, so wird unter dem Begriff der Normenklarheit die Forderung an den Gesetzgeber nach Übersichtlichkeit verstanden.[25] Demnach müssen Normen nicht nur präzise (oder präzisierbare) Tatbestandsmerkmale enthalten, sondern diese müssen in ihrer Beziehung zueinander und in ihrem Zusammenwirken so klar sein, dass der Normbefehl widerspruchsfrei ist.[26] In diesem Zusammenhang wird auch von der Übersichtlichkeit von Normen gesprochen, die dann gegeben ist, wenn sich der Regelungsgehalt einer Norm widerspruchsfrei aus dem Regelungszusammenhang des betroffenen Normenbereichs und letztlich der gesamten Rechtsordnung erschließen lässt. Das Prinzip der Normenklarheit betrifft nach hier vertretener Auffassung somit das Problem, dass eine Einzelnorm

mann in: Hübschmann/Hepp/Spitaler AO/FGO, § 370 AO, Rn. 44 ff. mit zahlreichen Nachweisen auch der Gegenauffassung, die § 370 AO als einen mehr oder weniger vollständigen Straftatbestand betrachtet; *Seer* in: Tipke/Lang, Steuerrecht, § 23 Rn. 22; wie die Vorgenannten wohl auch *Meyer* in: Beermann/Gosch, AO/FGO, § 370 AO, Rn. 5 f.

[20] BVerfGE 37, 201; BVerfG, Beschluss der 2. Kammer des Zweiten Senats vom 23.6.1995 – 2 BvR 1984/94 –, NJW 1995, 1883; vgl. dazu auch *Blesinger* in: Kühn/von Wedelstädt, AO/FGO, § 370 AO, Rn. 24; *Hellmann* in: Hübschmann/Hepp/Spitaler, AO/FGO, § 370 AO, Rn. 31 m.w.N.

[21] Vgl. z.B. *Blesinger* in Kühn/von Wedelstädt, AO/FGO, § 370 AO, Rn. 23.

[22] Beschluss der 2. Kammer des Zweiten Senats vom 23.6.1995 – 2 BvR 1984/94 –, NJW 1995, 1883; vgl. dazu auch *Blesinger* in: Kühn/von Wedelstädt, AO/FGO, § 370 AO, Rn. 24.

[23] *Gast-de-Haan* in: Klein, AO, § 370, Rn. 5.

[24] Vgl. *Sachs* in: Sachs, GG, Art. 20, Rn. 126; s. hierzu auch *Jehke* Bestimmtheit und Klarheit im Steuerrecht, B.I.2. (S. 29 f.).

[25] Vgl. *Jehke* Bestimmtheit und Klarheit im Steuerrecht, B.I.2. (S. 29).

[26] Vgl. *Jehke* Bestimmtheit und Klarheit im Steuerrecht, B.I.2. (S. 27 ff.); in diesem Sinne BVerfGE 108, 52.

zwar in ihren Begriffen bestimmt – oder zumindest bestimmbar – und verständlich ist, die Rechtslage unter Berücksichtigung des Zusammenspiels der einzelnen Tatbestandsmerkmale dieser Norm oder der Norm mit anderen Normen indessen so unübersichtlich ist, dass nicht mehr ermittelt werden kann, welches Verhalten vom Normadressaten verlangt wird, also rechtens ist.[27] Dabei kann nach hier vertretener Auffassung ein an sich hinreichend bestimmter gesetzlicher Tatbestand auch dann wegen Verstoßes gegen das Gebot der Normenklarheit verfassungswidrig sein, wenn der Gesetzgeber eine Vielzahl von unbestimmten Rechtsbegriffen verwendet, diese jeweils für sich genommen unter Anwendung des Auslegungskanons der juristischen Methodenlehre bestimmbar sind, jedoch jeweils mehrfache Auslegungsmöglichkeiten bestehen, so dass sich eine Gesamtunschärfe der Norm ergibt, weil – je nach Kombination der für die Einzelmerkmale gewonnenen Auslegungsmöglichkeiten – eine Vielzahl von Auslegungsergebnissen denkbar ist.[28] Auch in einem solchem Fall ist es dem Normadressaten unmöglich, sein Verhalten an der Norm auszurichten, insbesondere – sofern es sich um ein Steuergesetz handelt – seine Steuerlast nach Maßgabe des Gesetzes vorauszuberechnen.

III. Rechtstheoretische Grundlagen

Während in verfassungsrechtlicher Sicht das Rechtsstaatsprinzip unmittelbar oder vermittelt durch das – ebenfalls aus dem Rechtsstaatsprinzip folgende – Gebot der Rechtssicherheit die Quelle des Prinzips der Normenbestimmtheit und des Prinzips der Normenklarheit bildet, lässt sich auch aus der Funktion des Rechts die Forderung nach hinreichender Bestimmtheit und Klarheit von Normen begründen.

1. Die Funktion des Rechts als Ausgangspunkt

Die Funktion von Recht, das insbesondere in den Gesetzen ‚legalisiert' wird, besteht darin, eine soziale Ordnung zu begründen und zu sichern, die das Zusammenleben von Menschen in einer Gesellschaft ermöglicht,[29] indem es äußeres Verhalten vorschreibt und ein ihm gemäßes menschliches Verhalten herbeiführen, ihm widersprechendes menschliches Verhalten verhin-

[27] *Ruppe* in: Brandt (Hrsg.), DFGT Band 5, S. 62.

[28] Vgl. *Bartone* Gesellschafterfremdfinanzierung, S. 78 ff., insbesondere S. 97 ff. zu § 8a KStG i.d.F. des StandOG (Standortsicherungsgesetz vom 13.9.1993, BGBl. I S. 1569); vgl. in diesem Sinne auch BVerfGE 31, 255 (264); 110, 33 (57).

[29] Das Recht wird hier verstanden als „eine generelle Anordnung für das menschliche Zusammenleben", wie *Radbruch* Rechtsphilosophie, S. 124, es ausdrückt.

dern will.[30] Diese Ordnungsfunktion kann das Recht allerdings nur dann erfüllen, wenn Gesetze von ihren Adressaten verstanden werden. Denn nur wenn dies der Fall ist, vermögen die Rechtsunterworfenen ihr Verhalten an der jeweiligen Rechtsnorm auszurichten. Nach der heute wohl herrschenden Meinung richten sich Rechtsnormen ausnahmslos an alle Rechtsunterworfenen.[31] Wer Rechtsunterworfener und damit Adressat der Rechtsnorm ist, richtet sich nach dem Inhalt der jeweiligen Norm. Dabei darf der parlamentarische Gesetzgeber durchaus danach differenzieren, ob sich Gesetze an einen prinzipiell unbestimmten oder an einen durch das Wesen der betroffenen rechtlichen Regelungen (z.B. die Vorschriften des DRiG) eingeschränkten Adressatenkreis wenden.[32] Daher kann z.B. die Verwendung von Fachtermini, die der Allgemeinheit nicht ohne weiteres verständlich sind, sub specie der Verständlichkeit des Rechts unbedenklich sein, wenn sich die betreffende Norm an einen bestimmten, mit der verwendeten Fachterminologie vertrauten Adressatenkreis richtet. Diese Grundsätze gelten für jede Norm, also beispielsweise auch für solche des Steuerrechts. Adressat einer steuerrechtlichen Norm ist demnach der Steuerbürger, der den gesetzlichen Tatbestand erfüllt und der die daran anknüpfende Rechtsfolge auf sich nehmen muss (vgl. § 3 Abs. 1 AO).

Dabei setzt das Bestimmtheitsgebot als Prinzip der Erkennbarkeit des Rechts ungeachtet der für den jeweiligen Normadressatenkreis geltenden Besonderheiten klare, fachlich präzise, allgemeinverständliche, sprachlich möglichst eindeutige Gesetze voraus.[33]

2. *Betrachtungen zur unmittelbaren freiheitsrechtlichen Dimension der Prinzipien der Normenbestimmtheit und der Normenklarheit*

Das rechtsstaatliche Bestimmtheitsgebot und das Gebot der Normenklarheit haben einen – man möchte sagen – selbstverständlichen Bezug zu den Freiheitsgrundrechten insoweit, als jeder Bürger sich auf sein Grundrecht der allgemeinen Handlungsfreiheit aus Art. 2 Abs. 1 GG i.V.m. dem Rechtsstaatsprinzip (Art. 20 Abs. 3 GG) auch in Bezug auf die hier interessierenden

[30] *Radbruch* Rechtsphilosophie, S. 132; ihm folgend zum Beispiel *Schmidhäuser* Von den zwei Rechtsordnungen im staatlichen Gemeinwesen, S. 1; s. auch *Zippelius* Das Wesen des Rechts, S. 15 f.

[31] Imperativen-Theorie, s. *Engisch* Einführung in das juristische Denken, S. 21, 32; vgl. aber auch die Geltungsanordnungstheorie von *Larenz* in: Larenz/Canaris, Methodenlehre der Rechtswissenschaft, S. 73 f.; kritisch jeweils hierzu *Schmidhäuser* a.a.O. (Fn. 30), S. 3.; vgl. auch *Binder* Der Adressat der Rechtsnorm und seine Verpflichtung, S. 61 f., 65, 85 f.

[32] Vgl. insoweit Bundesministerium der Justiz (Hrsg.), Handbuch der Rechtsförmlichkeit, 3. Aufl., Köln 2008, Rn. 55.

[33] *Schulze-Fielitz* Theorie und Praxis parlamentarischer Gesetzgebung, S. 539; ebenso Bundesministerium der Justiz (Hrsg.), Handbuch der Rechtsförmlichkeit, 3. Aufl., Köln 2008, Rn. 54.

verfassungsrechtlichen Gebote berufen kann. Die Verletzung dieses Rechts kann er demnach mit der Verfassungsbeschwerde (Art. 94 Abs. 1 Nr. 4a GG, §§ 13 Nr. 8a, 90 ff. BVerfGG) geltend machen. Darüber hinaus sollen hier noch ein weiterer Aspekt skizziert werden.

Denn der Verstoß gegen die Gebote der Normenbestimmtheit und der Normenklarheit begründet nicht nur einen – verfassungsrechtlich nicht gerechtfertigten – Eingriff in den Schutzbereich des Art. 2 Abs. 1 GG, wenn die Exekutive und die Judikative unter Anwendung einer unbestimmten oder unklaren Norm in die Rechte des Normadressaten eingreifen. Vielmehr kann eine – verfassungsrechtlich nicht gerechtfertigte – Beschränkung der Handlungsfreiheit beim Einzelnen bereits eintreten, bevor Exekutive oder Judikative gegenüber dem betroffenen Normadressaten tätig werden, wenn dieser nämlich bestimmte Handlungen, die an sich in den sachlichen Schutzbereich des Art. 2 Abs. 1 GG fallen, gerade im Hinblick darauf unterlässt, dass die betreffende Norm keine hinreichend bestimmte oder klare Anordnung trifft, so dass der Normadressat sein Handeln gerade nicht daran ausrichten kann. Eine unbestimmte oder unklare Norm kann demnach geeignet sein, den Normadressaten zu veranlassen, von vornherein Verhaltensweisen zu unterlassen, die sich durchaus noch als Betätigung grundrechtlich garantierter Freiheit darstellten.[34]

3. Folgerungen für die Gesetzgebungspraxis

Der Bestimmtheitsgrundsatz und der Grundsatz der Normenklarheit betreffen zuvörderst die Rechtsetzung und verpflichten demzufolge – soweit Gesetzesrecht betroffen ist – den parlamentarischen Gesetzgeber. Für die Formulierung von Gesetzen und Rechtsverordnungen des Bundes schreibt § 42 Abs. 5 Satz 1 GGO[35] vor, dass Vorschriftentexte sprachlich richtig und möglichst für jedermann verständlich gefasst sein müssen. Ganz im Sinne der Imperativen-Theorie Karl Engischs sollen Rechtsvorschriften demzufolge sprachlich so genau gefasst werden, wie es nach der Eigenart der zu ordnenden Lebenssachverhalte mit Rücksicht auf den Normzweck möglich ist.[36] Die Betroffenen sollen danach aufgrund der gesetzlichen Regelung in der Lage sein, den rechtlichen Rahmen ohne juristische Beratung zu erkennen und ihr Verhalten entsprechend auszurichten.[37]

[34] Ein hier nicht anzusprechendes Problem ist die Frage, wie der Normadressat die für die Befolgung einer Norm erforderliche Rechtskenntnis und das Rechtsbewusstsein erlangt; s. hierzu z.B. den Überblick bei *Rehbinder* Rechtssoziologie, Rn. 117 ff.

[35] Gemeinsame Geschäftsordnung der Bundesministerien v. 1.12.2007.

[36] Bundesministerium der Justiz (Hrsg.), Handbuch der Rechtsförmlichkeit, 3. Aufl., Köln 2008, Rn. 54.

[37] Bundesministerium der Justiz (Hrsg.), Handbuch der Rechtsförmlichkeit, 3. Aufl., Köln 2008, Rn. 53.

Für den Bereich des Steuerrechts ist es indessen aufgrund der sprachlichen Fassung der Steuergesetze nicht vorstellbar, dass jeder Staatsbürger in die Lage versetzt wird, die an ihn gerichteten Normbefehle ohne fremde Hilfe und zur Grundlage seines Handels zu machen.[38] Allerdings kann daraus nicht hergeleitet werden, dass es ausreiche, wenn der Steuerpflichtige mit fremder Hilfe, insbesondere der eines Steuerberaters, in den Stand versetzt werde, das Gesetz zu verstehen.[39] Denn in erster Linie bleibt der Steuerpflichtige selbst Normadressat.[40] Daher muss auch bei Steuergesetzen gefragt werden, an welchen – möglicherweise nicht nur in Bezug auf alle Bürger, sondern auch in Bezug auf die übrigen Steuerpflichtigen eingeschränkten – Adressatenkreis sich die Norm ihrem Inhalt nach richtet, so dass sich der Gesetzgeber bei der Fassung der Gesetze an dem ‚Empfängerhorizont' der jeweils betroffenen Normadressatengruppe ausrichtet.[41]

IV. Verfassungsrechtliche Maßstäbe

1. *Allgemeine Grundsätze*

a) Nach der Rechtsprechung des Bundesverfassungsgerichts folgen – wie bereits ausgeführt – aus dem Rechtsstaatsprinzip die Grundsätze der Normenklarheit und Bestimmtheit. Das Rechtsstaatsprinzip gebietet hiernach, grundrechtsrelevante Vorschriften in ihren Voraussetzungen und ihrem Inhalt so klar zu formulieren, dass die Rechtslage für den Betroffenen erkennbar ist und er sein Verhalten danach einrichten kann.[42]

Das Bestimmtheitsgebot verlangt vom Gesetzgeber, Vorschriften so genau zu fassen, wie dies nach der Eigenart der zu ordnenden Lebenssachverhalte mit Rücksicht auf den Normzweck möglich ist. Soweit die praktische Bedeutung einer Regelung vom Zusammenspiel der Normen unterschiedlicher Regelungsbereiche abhängt, müssen die Klarheit des Normeninhalts und die Vorhersehbarkeit der Ergebnisse der Normanwendung auch im Hinblick auf dieses Zusammenwirken gesichert sein. Die Anforderungen an die Bestimmtheit und Klarheit der Norm dienen zugleich dazu, die Verwaltung zu binden und ihr Verhalten nach Inhalt, Zweck und Ausmaß zu begrenzen und haben demokratische Funktion. Schließlich sollen sie die Gerichte in die Lage versetzen, die Verwaltung anhand rechtlicher Maßstäbe zu kontrollie-

[38] Vgl. *Hey* Steuerplanungssicherheit als Rechtsproblem, S. 558 f. m.w.N.

[39] So *Osterloh* Gesetzesbindung und Typisierungsspielräume, S. 140, Fn. 7.

[40] *Hey* Steuerplanungssicherheit als Rechtsproblem, S. 560.

[41] In diesem Sinne wohl *Hey* Steuerplanungssicherheit als Rechtsproblem, S. 562 f., die das Bestimmtheitsgebot allerdings in erster Linie als Optimierungsgebot versteht, ohne ihm den Rang einer absolut geltenden Rechtsregel zuzuweisen.

[42] BVerfGE 21, 73 (79); 31, 255 (264).

ren, und dienen zugleich demokratischen Prinzipien. Die verfassungsrechtlich sichergestellte Gewähr von Rechtsschutz (Art. 19 Abs. 4 GG) vermag einer unbestimmten oder unklaren Norm nicht zur Bestimmtheit oder Klarheit zu verhelfen. Die Anforderungen im Einzelfall richten sich nach Art und Schwere des jeweiligen Eingriffs. Sie erhöhen sich, wenn die Unsicherheit bei der Beurteilung der Gesetzeslage die Betätigung von Grundrechten erschwert. Je schwerwiegendere Auswirkungen ein Gesetz hat, desto höher sind die an die Gesetzesbestimmtheit und -klarheit zu stellenden Anforderungen.[43]

b) Die Anforderungen des Bestimmtheitsgebots sind umso strenger, je intensiver der Grundrechtseingriff ist,[44] wobei der verfassungsrechtlich gebotene Grad der Bestimmtheit von der Besonderheit des jeweiligen Tatbestands und von den Umständen abhängt, die zu der gesetzlichen Regelung führen.[45] Normen müssen daher in ihren Voraussetzungen und ihrem Inhalt so formuliert sein, dass die von ihnen Betroffenen die Rechtslage erkennen und ihr Verhalten danach einrichten können. Die Gerichte müssen in der Lage sein, die gesetzgeberische Entscheidung zu konkretisieren. Andererseits kann nicht erwartet werden, dass jeder Zweifel ausgeschlossen wird.

c) Daher nimmt die Auslegungsbedürftigkeit einer Vorschrift noch nicht die gebotene Bestimmtheit; es ist Aufgabe der Rechtsprechung, Zweifelsfragen zu klären.[46] Demzufolge genügen Normen den rechtsstaatlichen Anforderungen an die Bestimmtheit eines Gesetzes, wenn sich der Regelungsgehalt mit Hilfe der anerkannten Auslegungsregeln und jahrzehntelanger Rechtsprechung hinreichend sicher erkennen lässt.[47] Dem Bestimmtheitsgebot genügen demnach auch Normen, bei denen die Gerichte in der Lage sind, die gesetzgeberische Entscheidung zu konkretisieren.[48] Das Bundesverfassungsgericht stellt mithin auf die Bestimmbarkeit des Regelungsgehalts einer Norm durch die Gerichte ab, formuliert aber andererseits auch, dass die Rechtsunterworfenen in zumutbarer Weise feststellen können müssten, ob die tatsächlichen Voraussetzungen für die in der Rechtsnorm ausgesprochene Rechtsfolge vorliegen.[49]

[43] BFHE 214, 230 = BStBl. II 2007, S. 167 unter Hinweis auf BVerfGE 56, 1 (13); BVerfGE 108, 52 (75); BVerfGE 108, 1 (20); 110, 33 (53 ff.).

[44] BVerfGE 86, 288 (311), unter Hinweis auf BVerfGE 59, 104 (114); 49, 89 (133).

[45] BVerfGE 86, 288 (311).

[46] BVerfGE 31, 255 (264); s. aus jüngster Zeit auch BVerfG, Beschluss der 1. Kammer des Zweiten Senats vom 6.5.2008 – 2 BvR – 336/07, Umdruck.

[47] BVerfG, Beschluss der 3. Kammer des Ersten Senats vom 20.5.1988 – 1 BvR 273/88 – HFR 1989, 317.

[48] Vgl. BVerfGE 31, 255 (264); BVerfG, Beschluss der 3. Kammer des Ersten Senats vom 20.5.1988 – 1 BvR 273/88 – HFR 1989, 317.

[49] BVerfGE 31, 255 (264); BVerfGE 34, 348 (358 f.); BVerfGE 37, 132 (142); vgl. aus jüngster Zeit auch BVerfGE 119, 394 (416 f.).

d) Die Verwendung unbestimmter Rechtsbegriffe und ihre Auslegungsbedürftigkeit können nach der Rechtsprechung des Bundesverfassungsgerichts überhaupt nur ausnahmsweise zur Feststellung mangelnder Bestimmtheit eines Steuergesetzes führen.[50] Denn der Gesetzgeber kann sich auch unbestimmter Rechtsbegriffe bedienen, ohne dass damit ein Verstoß gegen das Bestimmtheitsgebot einherginge.[51] Allerdings ist der Gesetzgeber bei der Verwendung unbestimmter Rechtsbegriffe nicht völlig frei. Er hat die Grundsätze der Normenklarheit und Justitiabilität zu beachten.[52] Vor allem aber darf er die Entscheidung über die Grenzen der Freiheit des Bürgers nicht einseitig in das Ermessen der Verwaltung legen.[53]

e) Soweit das Bundesverfassungsgericht grundsätzlich davon ausgeht, die rechtsstaatlichen Grundsätze der Normenklarheit und Justitiabilität forderten zwar, dass der Steuerpflichtige die Rechtslage erkennen und sein Verhalten danach einrichten kann, stellt es jedoch in Bezug auf das Ausmaß der Bestimmtheit auf die Eigenart des geregelten Sachbereichs ab. Es muss nicht von vornherein jeder Zweifel an der Bestimmtheit ausgeschlossen sein. Es genügt, wenn die Gerichte in der Lage sind, die gesetzgeberische Entscheidung zu konkretisieren.[54]

2. *Besondere Grundsätze im Steuer- und Abgabenrecht*

Für das Steuerrecht hat das Bundesverfassungsgericht in seiner Rechtsprechung herausgearbeitet, dass ein Steuergesetz nur dann den rechtsstaatlichen Anforderungen an die Bestimmtheit genügt, wenn es in seinen Voraussetzungen und seinem Inhalt so formuliert ist, dass die betroffenen Steuerbürger die Rechtslage erkennen und ihr Verhalten danach einrichten können,[55] wenn sie also ihre Steuerlast unter Anwendung des Steuergesetzes vorausberechnen können.[56] In jüngerer Zeit formuliert das Gericht: „Das rechtsstaatliche Gebot der Vorhersehbarkeit und Berechenbarkeit der Steuerlasten fordern eine Einfachheit und Klarheit der gesetzlichen Regelungen, die dem nicht steuerrechtskundigen Pflichtigen erlauben, seinen – strafbewehrten (§ 370 AO) – Erklärungspflichten sachgerecht zu genügen.“[57] „Ein Steuertatbe-

[50] Vgl. BVerfGE 59, 36 (52); BVerfG, Beschluss der 3. Kammer des Ersten Senats vom 20.5.1988 – 1 BvR 273/88 – HFR 1989, 317.

[51] Vgl. etwa BVerfGE 8, 274 (325); 13, 153 (161); 20, 150 (157); 21, 73 (79); 31, 255 (264); 37, 132 (142); 49, 89 (133 f.); 56, 1 (12); st. Rspr.

[52] Vgl. BVerfGE 21, 73 (79); 52, 1 (41); 59, 104 (114); 63, 312 (323).

[53] Vgl. BVerfGE 8, 274 (325); 13, 153 (160); 21, 73; 56, 1 (12); BVerfGE 78, 214 (230).

[54] Vgl. BVerfGE 31, 255 (264); BVerfG, Beschluss der 3. Kammer des Ersten Senats vom 20.5.1988 – 1 BvR 273/88 – HFR 1989, 317.

[55] BVerfGE 21, 73 (79); BVerfGE 63, 312 (323 f.).

[56] BVerfGE 49, 343 (362); BVerfGE 73, 388 (400).

[57] BVerfGE 99, 216 (243); s. hierzu auch *Elicker* StuW 2000, 3 (4 f.).

stand ist deshalb so zu bilden, dass er auf verständliche Art und Weise die Belastungen ausdrückt und in tatbestandlicher Bestimmtheit vollziehbar macht. Nur dann genügt das Steuergesetz den Anforderungen rechtsstaatlicher Voraussehbarkeit, und – im wörtlichen Sinne – Berechenbarkeit, dem Erfordernis der Lastengleichheit, der verlässlichen Gebundenheit der Rechtsunterworfenen in einem überzeugungskräftigen Rechtsstaat und der Fähigkeit des einzelnen zur Freiheit im Rahmen eines durch eine Idee geprägten Rechts."[58]

Dabei kann sich der Gesetzgeber insbesondere auch im Steuerrecht unbestimmter Rechtsbegriffe bedienen, ohne dass damit ein Verstoß gegen das Bestimmtheitsgebot einherginge.[59]

V. Die Grundsätze der Normenklarheit und Normenbestimmtheit in ausgewählten aktuellen Entscheidungen des Bundesverfassungsgerichts

Nachdem vorstehend die wesentlichen Grundsätze der Bundesverfassungsgerichts-Rechtsprechung dargestellt wurden, befassen sich die nachfolgenden Ausführungen mit einigen ausgewählten Entscheidungen des Bundesverfassungsgerichts, die wegen ihrer Aktualität besonders geeignet erscheinen, Tendenzen in der Rechtsprechung nachzuzeichnen.

1. Baden-Württembergische Rückmeldegebühr an Hochschulen[60]

In diesem Verfahren hatte das Bundesverfassungsgericht über die Vorlage (Art. 100 Abs. 1 GG) des VGH Baden-Württemberg zu entscheiden, der zur Überzeugung gelangt war, dass eine Vorschrift des Baden-Württembergischen Universitätsgesetzes, nach der eine Gebühr von 100 DM für jede Rückmeldung zu entrichten war, verfassungswidrig ist. Das Bundesverfassungsgericht entschied, dass die Norm mit Art. 70 Abs. 1 GG i.V.m. Art. 105, 106 GG unvereinbar und nichtig war.

Das Gericht führt aus, der Gebührenpflichtige müsse erkennen können, für welche öffentliche Leistung die Gebühr erhoben werde und welche

[58] *Isensee* StuW 1994, 3 (6 f.); *P. Kirchhof* NJW 1987, 3217 (3222); in diesem Sinne auch *Offerhaus* DStZ 2000, 9 (12): „... *Die Prinzipien der Rechtssicherheit und der Tatbestandsmäßigkeit der Besteuerung, die beide Ausfluss des Rechtsstaatsprinzips sind, verlangen Gesetzesbestimmtheit. Der steuerbegründende Tatbestand muss so bestimmt sein, dass der Steuerpflichtige die auf ihn entfallende Steuerlast – nötigenfalls mit Hilfe eines steuerlichen Beraters – vorausberechnen kann. Schon wegen der Strafbewehrtheit der Steuervorschriften ist ihre Bestimmtheit unabdingbar ...*".

[59] Vgl. etwa BVerfGE 8, 274 (325); 13, 153 (161); 20, 150 (157); 21, 73 (79); 26, 321 (325); 31, 255 (264); 37, 132 (142); 48, 210 (222); 49, 89 (133 f.); 56, 1 (12); st. Rspr.

[60] BVerfGE 108, 1.

Zwecke der Gesetzgeber mit der Gebührenbemessung verfolge. Eine – erforderlichenfalls im Wege der Auslegung gewinnbare – hinreichende Regelungsklarheit darüber, welche Kosten einer öffentlichen Leistung sowie welche durch die öffentliche Leistung gewährten Vorteile in die Bemessung der Gebührenhöhe eingeflossen seien, sei zudem notwendige Voraussetzung dafür, dass mehrere Gebührenregelungen in der Rechtsordnung so aufeinander abgestimmt werden könnten, dass die Gebührenschuldner nicht durch unterschiedliche Gebühren zur Deckung gleicher Kosten einer Leistung oder zur Abschöpfung desselben Vorteils einer Leistung mehrfach herangezogen würden.

Die Anforderung erkennbarer und hinreichend klarer gesetzgeberischer Entscheidungen über die bei der Bemessung der Gebührenhöhe verfolgten Gebührenzwecke habe schließlich eine demokratische Funktion. Sie sei gleichsam die Kehrseite des weiten Entscheidungs- und Gestaltungsspielraums des Gebührengesetzgebers. Dem Gesetzgeber obliege es, in eigener Verantwortung auf Grund offener parlamentarischer Willensbildung erkennbar zu bestimmen, welche Zwecke er verfolgen und in welchem Umfang er die Finanzierungsverantwortlichkeit der Gebührenschuldner einfordern wolle. Wähle der Gesetzgeber einen im Wortlaut eng begrenzten Gebührentatbestand, könne nicht geltend gemacht werden, er habe auch noch weitere, ungenannte Gebührenzwecke verfolgt. Zur Normenklarheit gehöre auch Normenwahrheit.[61]

2. *Barunterhaltsanspruch, Kinderexistenzminimum IV*[62]

Das Bundesverfassungsgericht hatte über die Richtervorlage des Amtsgerichts Kamenz nach Art. 100 Abs. 1 GG und über eine Verfassungsbeschwerde zu entscheiden, welche die Nichtanrechnung von Kindergeld auf den Kindesunterhalt nach § 1612b Abs. 5 BGB betrafen. § 1612b BGB regelt, dass das auf ein Kind entfallende Kindergeld, wenn es nicht an den Barunterhaltspflichtigen ausgezahlt wird, hälftig auf den Barunterhaltsanspruch des Kindes anzurechnen ist, damit über diese Anrechnung auch dem Barunterhaltspflichtigen sein Anteil am Kindergeld zukommt. Diese Anrechnungsregelung war zugleich in § 1612b Abs. 5 BGB um eine Ausnahme ergänzt worden. Danach unterbleibt die Kindergeldanrechnung, soweit der Unterhaltspflichtige außer Stande ist, Unterhalt in einer bestimmten Höhe zu zahlen, die im Kindesunterhaltsgesetz mit dem Regelbetrag nach der Regelbetrag-Verordnung angegeben wurde. Das Bundesverfassungsgericht hat die angegriffene Norm des § 1612b Abs. 5 BGB für mit dem Grundgesetz vereinbar erachtet und die Verfassungsbeschwerde zurückgewiesen.

[61] BVerfGE 108, 1 (20).
[62] BVerfGE 108, 52.

Zu den hier interessierenden Grundsätzen der Normenbestimmtheit und insbesondere der Normenklarheit hat das Gericht ausgeführt, gesetzliche Regelungen müssten so gefasst sein, dass der Betroffene seine Normunterworfenheit und die Rechtslage so konkret erkennen könne, dass er sein Verhalten danach auszurichten vermöchte. Die Anforderungen an die Normenklarheit seien dann erhöht, wenn die Unsicherheit bei der Beurteilung der Gesetzeslage die Betätigung von Grundrechten erschwere. Nicht nur bei Eingriffen in die Freiheitssphäre des Einzelnen, sondern auch bei der Gewährung von Leistungen und deren zivilrechtlicher Behandlung müssten die Normen in ihrem Inhalt entsprechend ihrer Zwecksetzung für die Betroffenen klar und nachvollziehbar sowie in ihrer Ausgestaltung widerspruchsfrei sein. Soweit die praktische Bedeutung einer Regelung für den Normunterworfenen nicht nur von der Geltung und Anwendung einer Einzelnorm abhänge, sondern vom Zusammenspiel von Normen unterschiedlicher Regelungsbereiche, hier des Kindergeld-, Unterhalts-, Steuer- und Sozialhilferechts, müssten die Klarheit des Norminhalts und die Voraussehbarkeit der Ergebnisse der Normanwendung gerade auch im Hinblick auf dieses Zusammenwirken gesichert sein.

Diesen Grundsätzen genügten die das Kindergeld betreffenden Regelungen in ihrer sozialrechtlichen, steuerrechtlichen und familienrechtlichen Verflechtung immer weniger. Es sei schon nicht erkennbar, inwieweit das Kindergeld in seiner Doppelfunktion als Sozial- und gleichzeitig steuerliche Ausgleichsleistung Steuergerechtigkeit herstellen soll und welcher Anteil hiervon staatliche Familienförderung sei. Andererseits sei dem Gesetz nicht mit hinreichender Klarheit zu entnehmen, ob eine Verrechnung des Kindergeldes nach § 31 EStG erfolge, wenn das Kindergeld aufgrund von § 1612b Abs. 5 BGB nicht auf den Kindesunterhalt angerechnet werde. In sozialhilferechtlicher Hinsicht, welcher Teil des Kindergeldes in Anbetracht der unterschiedlichen Anrechnungsregelungen als jeweiliges Einkommen und bei wem zu berücksichtigen sei. Gerade für Kindergeldberechtigte, die auf staatliche familienfördernde Leistungen besonders angewiesen seien und bei denen die jeweiligen Anrechnungsnormen zur Anwendung kommen könnten, sei damit schwer durchschaubar, in welcher Höhe sie mit einer Unterstützung durch das Kindergeld tatsächlich rechnen können. Diese Rechtssituation hat das Bundesverfassungsgericht als unter dem Gebot der Normenklarheit bedenklich erachtet und ausdrücklich ausgeführt, die gesetzgebenden Organe seien auch von Verfassungs wegen aufgefordert, insoweit Abhilfe zu schaffen.[63]

[63] BVerfGE 108, 52 (75 ff.).

3. *Befugnisse des Zollkriminalamts zur Überwachung des Postverkehrs und der Telekommunikation im Bereich der Straftatenverhütung*[64] *und Polizeiliche Ermächtigung zur Erhebung von Telefondaten*[65]

Der ersten Entscheidung des Bundesverfassungsgerichts lag ein abstrakter Normenkontrollantrag der Regierung des Landes Rheinland-Pfalz zugrunde, der sich gegen die §§ 39, 40 und 41 AWG richteten. Diese Vorschriften regelten die Befugnisse des Zollkriminalamts[66], Sendungen, die dem Brief-, Post- oder Fernmeldegeheimnis unterliegen, zu öffnen und einzusehen sowie die Telekommunikation zu überwachen und aufzuzeichnen; außerdem betraf die Entscheidung die Befugnis öffentlicher Stellen, die dabei erlangten personenbezogenen Daten zu verarbeiten. Das Bundesverfassungsgericht hat entschieden, dass die genannten Normen mit Art. 10 GG unvereinbar sind.

Gegenstand des zweiten Verfahrens war eine Verfassungsbeschwerde, mit welcher sich der Beschwerdeführer gegen die Ermächtigung der Polizei, personenbezogene Daten durch Überwachung und Aufzeichnung der Telekommunikation zur Vorsorge für die Verfolgung oder zur Verhütung einer Straftat von erheblicher Bedeutung zu erheben. Das Bundesverfassungsgericht hat die betreffende Norm des Niedersächsischen Gesetzes über die öffentliche Sicherheit und Ordnung für mit Art. 10 GG unvereinbar und nichtig erachtet.

In beiden Entscheidungen hat das Bundesverfassungsgericht die Gebote der Normenbestimmtheit und Normenklarheit unmittelbar aus Art. 10 GG abgeleitet und weiter ausgeführt, Ermächtigungen zu Eingriffen in das Grundrecht aus Art. 10 Abs. 1 GG bedürften nach Art. 10 Abs. 2 S. 1 GG einer gesetzlichen Grundlage, die dem rechtsstaatlichen Gebot der Normenbestimmtheit und Normenklarheit zu entsprechen habe. Der Anlass, der Zweck und die Grenzen des Eingriffs müssten in der Ermächtigung bereichsspezifisch, präzise und normenklar festgelegt werden. Dies solle sicherstellen, dass der betroffene Bürger sich darauf einstellen könne, dass die gesetzesausführende Verwaltung ihr Verhalten steuernde und begrenzende Handlungsmaßstäbe vorfinde und dass die Gerichte die Rechtskontrolle durchführen könnten.

Der Betroffene müsse die Rechtslage anhand der gesetzlichen Regelung so erkennen können, dass er sein Verhalten danach auszurichten vermag. Die Anforderungen an die Bestimmtheit und Klarheit der Norm erhöhten sich, wenn die Unsicherheit bei der Beurteilung der Gesetzeslage die Betätigung

[64] BVerfGE 110, 33.

[65] BVerfGE 113, 348.

[66] S. §§ 1 Nr. 3, 7 Abs. 1 FVG; vgl. dazu z.B. *Bartone* in: Kühn/von Wedelstädt, § 1 FVG Rn. 4.

von Grundrechten erschwere. Soweit die praktische Bedeutung einer Regelung vom Zusammenspiel der Normen unterschiedlicher Regelungsbereiche abhänge, müssten die Klarheit des Normeninhalts und die Voraussehbarkeit der Ergebnisse der Normanwendung gerade auch im Hinblick auf dieses Zusammenwirken gesichert sein.

Bei Ermächtigungen zu Überwachungsmaßnahmen verlange das Bestimmtheitsgebot, dass die betroffene Person erkennen könne, bei welchen Anlässen und unter welchen Voraussetzungen ein Verhalten mit dem Risiko der Überwachung verbunden sei. Die Bestimmtheit der Handlungsvoraussetzungen des staatlichen Eingriffs – und damit der begrenzenden Maßstäbe – komme aber auch Personen zugute, denen die konkreten Handlungsvoraussetzungen nicht bekannt seien. Für Dritte, die den Anlass nicht geschaffen hätten und eher zufällig betroffen würden, reiche es, wenn die Rechtsordnung die Voraussetzungen der Überwachungsmaßnahme in grundsätzlich nachvollziehbarer Weise umschreibe.

Die Anforderungen an die Bestimmtheit und Klarheit der Norm dienten auch dazu, die Verwaltung zu binden und ihr Verhalten nach Inhalt, Zweck und Ausmaß zu begrenzen. Dazu gehöre, dass hinreichend klare Maßstäbe für Abwägungsentscheidungen bereitgestellt werden. Die Entscheidung über die Grenzen der Freiheit des Bürgers dürfe nicht einseitig in das Ermessen der Verwaltung gestellt sein.

Schließlich dienten die Normenbestimmtheit und die Normenklarheit dazu, die Gerichte in die Lage zu versetzen, die Verwaltung anhand rechtlicher Maßstäbe zu kontrollieren. Dies sei für den Schutz der Bürger besonders bedeutsam, wenn das Gericht schon vor Ergreifen der Maßnahme oder in ihrem Vollzug zur Kontrolle der Verwaltung eingeschaltet werde, während der Betroffene infolge der Heimlichkeit der Maßnahme noch davon ausgeschlossen sei, sich selbst für sein Recht einzusetzen.

Mängel hinreichender Normenbestimmtheit und -klarheit beeinträchtigten insbesondere die Beachtung des verfassungsrechtlichen Übermaßverbots. Je ungenauer die Ziele einer Normierung und die Anforderungen an die tatsächliche Ausgangslage gesetzlich umschrieben seien, umso schwerer falle die Beurteilung der Eignung und Erforderlichkeit einer Überwachungsmaßnahme. Vor allem bewirke die Unbestimmtheit der tatsächlichen Voraussetzungen das Risiko eines unangemessenen Verhältnisses von Gemeinwohlbelangen, zu deren Wahrnehmung in Grundrechte eingegriffen werde, und den Rechtsgütern der davon Betroffenen. Von maßgeblicher Bedeutung im Zuge der Abwägung sei insbesondere die Einschätzung der Schwere der dem Schutzgut drohenden Gefahr. Diese setze Klarheit nicht nur über das gefährdete Rechtsgut, sondern auch über die dieses gefährdende Handlung voraus.

Die konkreten Anforderungen an die Bestimmtheit und Klarheit der Ermächtigung richteten sich nach der Art und der Schwere des Eingriffs.

Diese ergäben sich aus der Art der vorgesehenen Maßnahme und der von ihr für den Betroffenen ausgelösten Wirkungen. Welchem Ziel die Maßnahme diene, etwa der Gefahrenabwehr oder der Gefahrenverhütung, sei für die Beurteilung ihrer Schwere für den Betroffenen ohne Belang.

Allerdings finde der Gesetzgeber je nach der zu erfüllenden Aufgabe zur Rechtfertigung der Eingriffsvoraussetzungen und zu ihrer Umsetzung unterschiedliche Möglichkeiten vor. Bei der Strafverfolgung könne er an den Verdacht einer schon verwirklichten Straftat anknüpfen, bei der polizeilichen Gefahrenabwehr an eine Gefahr, also an Tatsachen, aus denen das Bevorstehen eines schädigenden Ereignisses abzuleiten sei. Solche Anknüpfungsmöglichkeiten entfielen, soweit der Gesetzgeber die Aufgabe verfolge, Straftaten zu verhüten oder Vorsorge für die Verfolgung zukünftig eventuell begangener Straftaten zu treffen. Das allein hindere ihn allerdings nicht, in Wahrnehmung derartiger Aufgaben Eingriffe in das Grundrecht aus Art. 10 Abs. 1 GG zu ermöglichen. Der Bestimmtheitsgrundsatz verlange jedoch, dass die jeweiligen Ermächtigungen handlungsbegrenzende Tatbestandselemente enthielten, die einen Standard an Vorhersehbarkeit und Kontrollierbarkeit vergleichbar dem schafften, der für die überkommenen Aufgaben der Gefahrenabwehr und der Strafverfolgung rechtsstaatlich geboten sei.

Die rechtsstaatlichen Bestimmtheitsanforderungen gälten umso mehr für Überwachungsmaßnahmen im Anwendungsbereich des Art. 10 GG. Sehe der Gesetzgeber solche Maßnahmen auf dem Gebiet der Straftatenverhütung vor, so habe er die den Anlass bildenden Straftaten sowie die Anforderungen an die Verdachtstatsachen so bestimmt zu umschreiben, dass das Risiko einer Fehlprognose in dem Rahmen verbleibe, der auch für Maßnahmen der Strafverfolgung und der Gefahrenbekämpfung als verfassungsrechtlich hinnehmbar erscheine.

Entsprechende Ermächtigungen dürften für Zwecke der Straftatenverhütung an Tatsachen anknüpfen, die auf die Planung solcher Straftaten schließen ließen. Dem Gesetzgeber sei es nicht grundsätzlich verwehrt, zur Umschreibung des Anlasses und der weiteren Voraussetzungen der Straftatenverhütung unbestimmte Rechtsbegriffe zu benutzen. Die Auslegungsbedürftigkeit als solche stehe dem Bestimmtheitserfordernis nicht entgegen, solange die Auslegung unter Nutzung der juristischen Methodik zu bewältigen sei und die im konkreten Anwendungsfall verbleibenden Ungewissheiten nicht so weit gingen, dass Vorhersehbarkeit und Justitiabilität des Verwaltungshandelns gefährdet seien.

In einem einheitlichen Zusammenhang dürften auch mehrere unbestimmte Rechtsbegriffe verwendet werden, solange die Normen insgesamt den rechtsstaatlichen Grundsätzen der Normenklarheit und Justitiabilität entsprechen. Sei die Maßnahme auf mehrere Normen gestützt, die jeweils unbestimmte Rechtsbegriffe verwendeten, dürfe die Schutzwirkung des Bestimmtheitsgebots durch das Zusammentreffen mehrerer solcher Begriffe nicht aufgeweicht werden.[67]

4. *Kontenabruf durch die Finanzverwaltung*[68]

Den Gegenstand der zur gemeinsamen Entscheidung verbundenen Verfassungsbeschwerdeverfahren bildeten gesetzliche Regelungen (§ 97 Abs. 7 und Abs. 8 AO), die verschiedenen Behörden die automatisierte Abfrage von so genannten Kontostammdaten ermöglichten. Das Bundesverfassungsgericht hat zwei Verfassungsbeschwerden stattgegeben, soweit diese sich gegen § 97 Abs. 8 AO richteten, da diese Norm das das durch Art. 2 Abs. 1 GG i.V.m. Art. 1 Abs. 1 GG gewährleistete allgemeine Persönlichkeitsrecht der Beschwerdeführer in seiner Ausprägung als Recht auf informationelle Selbstbestimmung verletzte.

Zur Begründung führt das Gericht im Wesentlichen aus, dem für Normen zur Ermächtigung von Grundrechtseingriffen maßgebenden Gebot der Normenklarheit und -bestimmtheit werde die Befugnis aus § 93 Abs. 8 AO zur Erhebung von Kontostammdaten in sozialrechtlichen Angelegenheiten nicht gerecht.

Das Bestimmtheitsgebot finde im Hinblick auf das Recht auf informationelle Selbstbestimmung seine Grundlage in Art. 2 Abs. 1 i.V.m. Art. 1 Abs. 1 GG selbst. Es solle sicherstellen, dass die gesetzesausführende Verwaltung für ihr Verhalten steuernde und begrenzende Handlungsmaßstäbe vorfinde und dass die Gerichte die Rechtskontrolle durchführen könnten; ferner erlaubten die Bestimmtheit und Klarheit der Norm, dass der betroffene Bürger sich auf mögliche belastende Maßnahmen einstellen könne. Der Anlass, der Zweck und die Grenzen des Eingriffs müssten in der Ermächtigung grundsätzlich bereichsspezifisch, präzise und normenklar festgelegt werden.

Die Anforderungen an die Bestimmtheit und Klarheit der Norm dienten insbesondere auch dazu, die Verwaltung zu binden und ihr Verhalten nach Inhalt, Zweck und Ausmaß zu begrenzen. Dies setze voraus, dass hinreichend klare Maßstäbe bereitgestellt würden. Die Entscheidung über die Grenzen der Freiheit des Bürgers dürfe nicht einseitig in das Ermessen der Verwaltung gestellt sein. Dem Gesetz komme im Hinblick auf den Handlungsspielraum der Exekutive eine begrenzende Funktion zu, die rechtmäßiges Handeln des Staates sichern und dadurch auch die Freiheit der Bürger schützen solle. Darüber hinaus sollten die Normenbestimmtheit und die Normenklarheit die Gerichte in die Lage versetzen, die Verwaltung anhand rechtlicher Maßstäbe zu kontrollieren.

[67] BVerfGE 110, 33 (53 ff.); 113, 348 (375 ff.).
[68] BVerfGE 118, 168.

Ermächtige eine gesetzliche Regelung zu einem Eingriff in das Recht auf informationelle Selbstbestimmung, so habe das Gebot der Bestimmtheit und Klarheit die spezifische Funktion, eine hinreichend präzise Umgrenzung des Verwendungszwecks der betroffenen Informationen sicherzustellen. Auf diese Weise werde das verfassungsrechtliche Gebot der Zweckbindung der erhobenen Information verstärkt.

Das Recht auf informationelle Selbstbestimmung schütze den Einzelnen gegen informationsbezogene Maßnahmen, die für ihn weder überschaubar noch beherrschbar seien. Solche Gefährdungen drohten insbesondere dann in hohem Maße, wenn Informationsbestände für eine Vielzahl von Zwecken genutzt oder miteinander verknüpft werden könnten. Daher wäre eine Sammlung der dem Grundrechtsschutz unterliegenden personenbezogenen Informationen auf Vorrat zu unbestimmten oder noch nicht bestimmbaren Zwecken mit dem Grundgesetz nicht vereinbar. Der Gesetzgeber habe vielmehr den Zweck einer Informationserhebung bereichsspezifisch und präzise zu bestimmen. Die Informationserhebung und -verwendung sei auf das zu diesem Zweck Erforderliche zu begrenzen.

Zu den Bestimmtheitsanforderungen gehöre es, den Erhebungszweck in einer dem Recht auf informationelle Selbstbestimmung genügenden Weise festzulegen. Mindestvoraussetzung dafür sei die Angabe im Gesetz, welche staatliche Stelle zur Erfüllung welcher Aufgaben zu der geregelten Informationserhebung berechtigt sein solle. Ein bloßer Verweis auf die Zuständigkeitsordnung insgesamt genüge dem Gebot der Normenklarheit und Bestimmtheit nicht. Fehle es schon an einer Bestimmung der zu der Maßnahme berechtigten Stellen, könnten die weiteren verfassungsrechtlichen Anforderungen an die Zulässigkeit einer Weitergabe der Daten an andere Stellen erst recht nicht erfüllt werden.

Der Gesetzgeber finde je nach der zu erfüllenden Aufgabe unterschiedliche Möglichkeiten zur Regelung der Eingriffsvoraussetzungen vor. Die Anforderungen des Bestimmtheitsgrundsatzes richteten sich auch nach diesen Regelungsmöglichkeiten.

Insbesondere verbiete das Bestimmtheitsgebot nicht von vornherein die Verwendung unbestimmter Rechtsbegriffe. Bei manchen, insbesondere vielgestaltigen Sachverhalten sei eine solche Regelungstechnik grundsätzlich verfassungsrechtlich unbedenklich. Zu fordern sei jedoch, dass sich unbestimmte Rechtsbegriffe durch eine Auslegung der betreffenden Normen nach den Regeln der juristischen Methodik hinreichend konkretisieren ließen und verbleibende Ungewissheiten nicht so weit gingen, dass die Vorhersehbarkeit und Justitiabilität des Handelns der durch die Normen ermächtigten staatlichen Stellen gefährdet seien.[69]

[69] BVerfGE 118, 168 (186 ff.).

VI. Linien und Tendenzen der Bundesverfassungsgerichts-Rechtsprechung

Anhand der vorstehend wiedergegebenen verfassungsrechtlichen Grundsätze, die das Bundesverfassungsgericht in seiner Rechtsprechung herausgearbeitet hat, soll im Folgenden der Versuch unternommen werden, einige Linien und Tendenzen herauszuarbeiten.

1. Herleitung der Grundsätze der Normenbestimmtheit und Normenklarheit

Das Bundesverfassungsgericht leitet die Gebote der Normenbestimmtheit und Normenklarheit grundsätzlich aus dem Rechtsstaatsprinzip ab.[70] Im Hinblick auf das Recht auf informationelle Selbstbestimmung wird die Grundlage des Bestimmtheitsgebots und des Gebots hinreichender Gesetzesklarheit in Art. 2 Abs. 1 GG i.V.m. Art. 1 Abs. 1 GG[71] selbst bzw. in Art. 10 GG[72] gesehen.

2. Normenbestimmtheit und Normenklarheit als jeweils selbständige rechtsstaatliche Gebote

Nachdem das Bundesverfassungsgericht vor allem in seiner älteren Rechtsprechung nicht immer scharf zwischen dem Grundsatz der Normenbestimmtheit und dem der Normenklarheit getrennt hat,[73] zeigt die jüngere Rechtsprechung die Tendenz, die beiden Gebote als eigenständige, voneinander zu trennende Prinzipien zu betrachten,[74] von denen die Normenbestimmtheit sich auf die Erkennbarkeit des Regelungsgehalts auch bei Verwendung unbestimmter Rechtsbegriffe bezieht, während die Normenklarheit die Voraussehbarkeit der Ergebnisse der Normanwendung auch im Zusammenwirken mehrerer einzelner Tatbestandsmerkmale oder mehrerer Normen meint.[75] Die Normenwahrheit wird als Teil der Normenklarheit betrachtet.[76]

Dabei stellt das Gebot der Normenbestimmtheit eher ein Gebot der Normenbestimmbarkeit dar, ohne dass das Bundesverfassungsgericht dies explicit ausspricht. Dies folgt jedoch aus den Rechtsprechungsgrundsätzen,

[70] Z.B. BVerfGE 1, 14 (45); 17, 306 (313 f.); 21, 73 (79); 31, 255 (264); 45, 400 (420); 52, 1 (41); 63, 312 (324); 65, 1 (44); 78, 214 (226); 108, 1 (20).

[71] BVerfGE 65, 1 (46 ff., 54); 118, 168 (186).

[72] BVerfGE 110, 33 (53 ff.); 113, 348 (375 ff.).

[73] Vgl. aber BVerfGE 108, 1 (20).

[74] Vgl. z.B. BVerfGE 108, 52 (75).

[75] Vgl. z.B. BVerfGE 110, 33 (53); 113, 348 (375).

[76] Vgl. z.B. BVerfGE 108, 1 (20).

wonach es für die hinreichende Bestimmtheit eines Gesetzes durchaus ausreicht, wenn sich der Regelungsgehalt einer Norm mit Hilfe der anerkannten Auslegungsregeln und jahrzehntelanger Rechtsprechung hinreichend sicher erkennen lässt.[77] In diesem Sinne ist auch die Forderung des Bundesverfassungsgerichts zu verstehen, dass der Rechtsunterworfene in zumutbarer Weise feststellen können muss, ob die tatsächlichen Voraussetzungen für die in der Rechtsnorm ausgesprochene Rechtsfolge vorliegen.[78]

3. Normenbestimmtheit und Normenklarheit im Steuer- und Abgabenrecht

Zwar hat das Bundesverfassungsgericht stets am rechtsstaatlichen Gebot der Voraussehbarkeit und Berechenbarkeit der Steuer- und Abgabenlasten festgehalten und ausgeführt, dass dies einfache und klare gesetzliche Regelungen erfordere.[79] Für das Steuerrecht haben diese Grundsätze indessen – abgesehen davon, dass die Kontenabrufentscheidung[80] eine Norm des steuerlichen Verfahrensrechts betraf – bislang noch keine wesentliche praktische Auswirkung in der Judikatur des Bundesverfassungsgerichts erlangt. Allerdings hat das Gericht in der Entscheidung zum Barunterhalt (Kinderexistenzminimum IV)[81] sehr deutliche Worte in Bezug auf das Gebot der Normenklarheit beim Zusammenwirken von Steuerrecht, Sozialrecht und Familienrecht gefunden, soweit das Kindergeld betroffen ist, ohne jedoch einen Verfassungsverstoß festzustellen.

Anders verhält es sich im Recht der öffentlichen Abgaben: Hier hat das Bundesverfassungsgericht die Regelung betreffend die Rückmeldegebühr an Baden-Württembergischen Hochschulen für mit dem Grundgesetz unvereinbar und nichtig erklärt, weil die betreffende Norm nicht den Anforderungen an das Gebot der Normenklarheit entsprach.[82]

4. Tendenz zur strikteren Anwendung der Grundsätze der Normenbestimmtheit und Normenklarheit

Gerade in der Entscheidung zum Barunterhalt (Kinderexistenzminimum IV)[83] hat das Bundesverfassungsgericht deutlich gemacht, dass die das Kindergeld betreffenden Regelungen in ihrer sozialrechtlichen, steuerrecht-

[77] BVerfG, Beschluss der 3. Kammer des Ersten Senats vom 20.5.1988 – 1 BvR 273/88 – HFR 1989, 317.

[78] Vgl. BVerfGE 31, 255 (264); BVerfGE 34, 348 (358 f.); BVerfGE 37, 132 (142); vgl. aus jüngster Zeit auch BVerfGE 119, 394 (416 f.).

[79] Vgl. z.B. BVerfGE 49, 343 (362); 73, 388 (400); 99, 216 (243); 108, 1 (20).

[80] BVErfGE 118, 168.

[81] BVerfGE 108, 52 (75 ff.).

[82] BVerfGE 108, 1 (21 ff.).

[83] BVerfGE 108, 52 (75 ff.).

lichen und familienrechtlichen Verflechtung immer weniger den Geboten der Klarheit des Norminhalts und der Voraussehbarkeit der Ergebnisse der Normanwendung gerade auch im Hinblick auf dieses Zusammenwirken genügten.[84] Hieraus und aus dem Umstand, dass sich eine zweite Entscheidung des Bundesverfassungsgerichts im 108. Band, nämlich die Entscheidung zur Rückmeldegebühr an Baden-Württembergischen Hochschulen,[85] die Gebote der Normenbestimmtheit und der Normenklarheit betrafen, wurde hergeleitet, dass das Bundesverfassungsgericht eine Warnung an den Gesetzgeber ausgesprochen habe, die Anforderungen an (insbesondere steuerrechtliche) Normen sub specie des Rechtsstaatsprinzips in seiner Ausprägung als Prinzip der Normenklarheit zu verschärfen.[86]

VII. Zusammenfassung

Der vorliegende Beitrag konnte nur eine sehr grobe Skizzierung des Problemkreises um die Prinzipien der Normenbestimmtheit und Normenklarheit vornehmen und nicht annähernd vollständig beleuchten. Insbesondere die Entscheidungen des Zweiten Senats des Bundesverfassungsgerichts zu den Rückmeldegebühren im Land Baden-Württemberg[87] und des Ersten Senats des Bundesverfassungsgerichts zum Barunterhaltsanspruch und zum Kinderexistenzminimum[88] zeigen, dass das Bundesverfassungsgericht das Rechtsstaatsprinzip auch in seinen Ausprägungen als Gebot hinreichender Bestimmtheit und Klarheit ohne die in früheren Jahren – jedenfalls im Steuerrecht – bisweilen gezeigte Zurückhaltung durchsetzt. Dabei erweist sich das Gebot der Gesetzesbestimmtheit in Wahrheit als ein Gebot relativer Bestimmtheit bzw. Bestimmbarkeit, wenn das Bundesverfassungsgericht die Anforderungen an den Grad der Bestimmtheit von Gesetzen in Relation zu der Eigenart der zu ordnenden Lebenssachverhalte mit Rücksicht auf den Normzweck sowie zu der Intensität des durch die Norm hervorgerufenen Grundrechtseingriffs setzt und es darüber hinaus genügen lässt, wenn die Gerichte den Regelungsgehalt der Norm anhand der anerkannten Auslegungsmethoden ermitteln können, ohne dass in erster Linie auf die Erkennbarkeit durch den Normadressaten abgestellt wird.

Die weitere Entwicklung darf daher mit Spannung erwartet werden. Denn der Zweite Senat des Bundesverfassungsgerichts ist aufgerufen, sich mit der Normenbestimmtheit und der Normenklarheit von steuerrechtlichen

[84] BVerfGE 108, 52 (75 ff.).
[85] BVerfGE 108, 1.
[86] So *Heintzen* in: von Groll (Hrsg.), DStJG Band 28 (2005), S. 163 (177, Fn. 70).
[87] BVerfGE 108, 1.
[88] BVerfGE 108, 52.

Normen zu befassen. Der Bundesfinanzhof hat nämlich mit seinem Aussetzungs- und Vorlagebeschluss vom 6.9.2006 dem Bundesverfassungsgericht nach Art. 100 Abs. 1 GG die Frage vorgelegt, ob § 2 Abs. 3 S. 2 bis 8, § 10d Abs. 1 S. 2 bis 4, Abs. 2 S. 2 bis 4, S. 5 Halbs. 2 soweit auf Sätze 2 bis 4 verweisend, und Abs. 3 EStG i.d.F. des StEntlG 1999/2000/2002[89] wegen Verletzung des Grundsatzes der Normenklarheit verfassungswidrig sind.[90] Der Bundesfinanzhof ist davon überzeugt, dass die genannten Vorschriften des EStG „den Grundsatz der Normenklarheit verletzen, weil sie sprachlich unverständlich, widersprüchlich, irreführend, unsystematisch aufgebaut und damit in höchstem Maße fehleranfällig sind". Das Verfahren ist beim Bundesverfassungsgericht unter dem Geschäftszeichen 2 BvL 59/06 anhängig, und es bleibt abzuwarten, wie das Bundesverfassungsgericht entscheiden wird, insbesondere, ob es der Auffassung des Bundesfinanzhofs folgen wird.

[89] Steuerentlastungsgesetz 1999/2000/2002 vom 24.3.1999, BGBl. I 1999, S. 402.

[90] BFHE 214, 430 = BStBl. II 2007, S. 167; vgl. dazu auch *Lang* in: Tipke/Lang, Steuerrecht, § 4 Rn. 169; *Luttermann* FR 2006, 18; *Mellinghoff* Stbg. 2007, 549 (558); *Waldhoff* Die Verwaltung 2008, 259 (286).

Vertrauen in das Steuergesetz

Marc Desens *

Leitentscheidungen des Bundesverfassungsgerichts

1. BVerfGE 7, 89 (Hamburger Hundesteuer).
2. BVerfGE 13, 261 (Körperschaftsteuer 1951 I).
3. BVerfGE 13, 274 (Körperschaftsteuer 1951 II).
4. BVerfGE 15, 313 (§ 18 EStG).
5. BVerfGE 18, 135 (Erhöhte Absetzung für Wohngebäude).
6. BVerfGE 30, 272 (DBA Schweiz 1957).
7. BVerfGE 30, 392 (Berlinhilfe).
8. BVerfGE 48, 403 (Wohnungsbauprämie).
9. BVerfGE 63, 312 (Erbersatzsteuer).
10. BVerfGE 68, 287 (Pensionsrückstellungen).
11. BVerfGE 72, 200 (Außensteuergesetz und DBA Schweiz 1971).
12. BVerfGE 97, 67 (Schiffsbausubvention).
13. BVerfGE 105, 37 (Sozialpfandbriefe).

Schrifttum

Albert Vertrauensschutz und rückwirkende Besteuerung, 2005; *Aschke* Übergangsregelungen als verfassungsrechtliches Problem, 1987; *Berger* Zulässigkeitsgrenzen der Rückwirkung von Gesetzen, 2002; *Drüen, Klaus-Dieter* Rechtsschutz gegen rückwirkende Gesetze, StuW 2006, 358; *Englisch/Plum* Schutz des Vertrauens auf Steuergesetze, Finanzrechtsprechung und Regelungen der Finanzverwaltung, StuW 2004, 342; *Friauf* Gesetzesankündigung und rückwirkende Gesetzgebung im Steuer- und Wirtschaftsrecht, BB 1972, 669; *Götz* Bundesverfassungsgericht und Vertrauensschutz, in: BVerfG und GG, Festgabe aus Anlass des 25jährigen Bestehens des BVerfG, 1976; *Grabitz* Vertrauensschutz als Freiheitsschutz, DVBl. 1973, 675; *Hahn* Zur Rückwirkung im Steuerrecht, Bonn 1987; *Hey* Steuerplanungssicherheit als Rechtsproblem, Köln 2002; *Hoffmann-Riem* Rückwirkende Besteuerung der Bodenveräußerungsgewinne von Landwirten?, DStR 1971, 3; *Isensee* Vertrauensschutz für Steuervorteile, in: Festschrift für Franz Klein, 1994, S. 611; *Kirchhof, P.* Rückwirkung von Steuergesetzen, StuW 2000, 221; *Leisner* Das Gesetzesvertrauen des Bürgers, in: Festschrift für Friedrich Berber zum 75. Geburtstag, 1973, S. 273; *Leisner-Egensperger* Kontinuität als Verfassungsprinzip, 2002; *Maurer* Kontinuitätsgewähr und Vertrauensschutz, in: Isensee/Kirchhof, HbStR IV, 3. Aufl., 2006, § 79; *Mellinghoff, Rudolf*

* *Dr. Marc Desens* ist Akademischer Rat und Habilitand am Institut für Steuerrecht (Direktor: *Prof. Dr. Dieter Birk*) der Westfälischen Wilhelms Universität Münster. Er war von 2005 bis 2006 als Wissenschaftlicher Mitarbeiter im Dezernat von BVR *Prof. Dr. Lerke Osterloh* tätig. Stand des Beitrages: 1. Februar 2009.

Vertrauen in das Steuergesetz, DStJG 27 (2004), 25; *Muckel* Kriterien des verfassungsrechtlichen Vertrauensschutzes bei Gesetzesänderungen, 1989; *Ossenbühl* Vertrauensschutz im sozialen Rechtsstaat, DÖV 1972, 25; *Pieroth* Rückwirkung und Übergangsrecht, 1981; *Reimer* Probleme der Verlängerung der Mindesthaltefristen des § 23 EStG, Zur Verfassungsmäßigkeit rückwirkender Verschärfungen von Steuergesetzen, DStZ 2001, 725; *Rensmann* Reformdruck und Vertrauensschutz, Neuere Tendenzen in der Rückwirkungsdogmatik des Bundesverfassungsgerichts, JZ 1999, 168; *Schwarz, K.-A.* Vertrauensschutz als Verfassungsprinzip, 2002; *Selmer* Rückwirkung von Gesetzen, Verwaltungsanweisungen und Rechtsprechung, Steuer-Kongress-Report 1974, S. 83; *Seuffert* Die Rückwirkung von Steuergesetzen nach Verfassungsrecht, BB 1972, 1065; *Spindler* Rückwirkung von Steuergesetzen, DStJG 27 (2004), 69; *Stern* Das Problem rückwirkender Gesetze, in: Festschrift für Theodor Maunz, 1981, S. 387; *Vogel* Rechtssicherheit und Rückwirkung zwischen Vernunftrecht und Verfassungsrecht, JZ 1988, 833; *Weber-Dürler* Vertrauensschutz im Öffentlichen Recht, 983; *Weber-Grellet* Rechtssicherheit im demokratischen Rechtsstaat, Kontinuität und Planungssicherheit, StuW 2003, 278; *Wernsmann* Verhaltenslenkung in einem rationalen Steuersystem, 2005.

Inhalt

I. Einleitung

Vertrauensschutz und Rückwirkungsverbot dienen dem hohen Ziel der Rechtssicherheit.[1] Bei seiner bisherigen Maßstabsbildung scheint das BVerfG dieses Ziel – betrachtet man die Rezeption – verfehlt zu haben. Die Judikatur

[1] BVerfGE 7, 129 (152); 13, 261 (271); 24, 75 (98); 30, 272 (285); 30, 392 (403); 45, 142 (167); 60, 253 (268); 63, 343 (357); 68, 287 (307); 70, 69 (84); 72, 175 (196); 72, 200 (257); 76, 256 (347); 97, 67 (78); 105, 17 (37).

sei ein nebulöses Konglomerat von Einzelfallentscheidungen mit einer unüberschaubaren Kasuistik, unberechenbar und unvorhersehbar.[2] Stereotype Leitwendungen, formelhafte Grundaussagen und Allerweltsformeln zeugten von einer Disziplinlosigkeit im juristischen Denken, sogar die Transparenz des juristischen Argumentierens sei bedroht.[3]

Betrachtet man jüngere Entscheidungen zum Steuerrecht[4] – klassisches Referenzgebiet und Explikationsmaterie der Rückwirkungsdogmatik[5] –, ist selbst die letzte Konstantante ins Wanken geraten, nämlich die tradierte Kategorisierung zwischen sog. echter und unechter Rückwirkung. In den Fokus rückt dabei Frage, ob die hergebrachte Unterscheidung noch in der Lage ist, einerseits einen angemessenen Dispositionsschutz für die Steuerbürger zu gewährleisten, andererseits dem Gesetzgeber seine Reaktionsfähigkeit und Innovationskraft zu belassen. Der Beitrag legt die Grundsätze und Maßstäbe dar, mit denen das BVerfG Vertrauensschutz und Rückwirkungsverbot vor allem im Steuerrecht entwickelt hat. Offene Flanken werden aufgezeigt und mögliche Lösungswege vorgedacht.

II. Vertrauensschutz und Rückwirkungsverbot als Verfassungsgebote

Trotz seiner Ungeschriebenheit[6] ist die Existenz eines allgemeinen Rückwirkungsverbotes und eines verfassungsrechtlichen Vertrauensschutzes unbestritten. Nach zögerlichen Anfängen[7] hat das BVerfG beide zunächst – subjektiv-rechtlich abgesichert über die allgemeine Handlungsfreiheit (Art. 2 Abs. 1 GG)[8] – im Rechtsstaatsprinzip (Art. 20 Abs. 3 GG) verankert.[9] Zur Rechtssicherheit gehöre objektiv die Verlässlichkeit des jeweils geltenden Rechts und subjektiv ein allgemeiner Vertrauens- und Dispositionsschutz für

[2] Vgl. *Schwarz* Vertrauensschutz als Verfassungsprinzip, 2002, S. 133; *Jachmann* ThürVBl. 1999, S. 269 (270); *Offerhaus* DStZ 2000, 9 (12); *Bauer* JuS 1984, 241 (249).

[3] Vgl. *Ossenbühl* DÖV 1972, 25 (34); *Schlink* Abwägung im Verfassungsrecht, 1976, S. 111.

[4] BVerfGE 97, 67 – Schiffsbausubvention; abgeschwächt bei BVerfGE 105, 17 – Sozialpfandbriefe.

[5] *Drüen* StuW 2006, 358 (359).

[6] Das GG kennt ausdrücklich nur ein strafrechtliches Rückwirkungsgebot (Art. 103 Abs. 2 GG), das von Beginn an nicht auf andere belastende Gesetze ausgedehnt wurde; vgl. BVerfGE 3, 58 (150); 7, 89 (95); 25, 269 (289); 27, 231 (236); 30, 367 (385); 72, 200 (257); 88, 384 (403).

[7] Vgl. BVerfGE 1, 264 (280); 2, 237 (264 f.).

[8] Vgl. BVerfGE 24, 75 (103); 27, 375 (384 f.); 29, 283 (303); 45, 142 (160); 80, 137 (159); 88, 384 (403); 97, 271 (285); 102, 68 (96); 102, 392 (403); 103, 271 (286); 105, 17 (32); 109, 96 (121).

[9] So BVerfGE 8, 274 (304); 11, 139 (145); 13, 206 (212).

die durch eine Gesetzesverschärfung betroffenen Bürger[10]. Parallel wird Vertrauensschutz heute auch aus speziellen Grundrechten abgeleitet, in denen sich das Rechtsstaatprinzip besonders nachdrücklich ausprägt,[11] etwa aus der Berufsfreiheit (Art. 12 GG),[12] der Eigentumsgarantie (Art. 14 GG)[13] oder sogar aus der Berücksichtigung der hergebrachten Grundsätze des Berufsbeamtentums (Art. 33 Abs. 5 GG).[14] Weit verbreitet ist es heute, das Rechtsstaatsprinzip neben den Grundrechten als verfassungsrechtliche Grundlage heranzuziehen.[15]

III. Echte und unechte Rückwirkung oder Rückbewirkung von Rechtsfolgen und tatbestandliche Rückanknüpfung?

Das BVerfG unterscheidet seit 1960 zwischen *echter* und *unechter Rückwirkung.*[16] Eine *echte Rückwirkung* liegt vor, wenn ein Gesetz nachträglich in abgewickelte, der Vergangenheit angehörende Tatbestände eingreift (= rückwirkendes Gesetz), also in Sachverhalte, die bereits vor der Gesetzesverkündung abgeschlossen waren und die Voraussetzungen eines bisher geltenden Tatbestands erfüllt haben.[17] Dagegen wirkt die *unechte Rückwirkung* nur auf gegenwärtige, noch nicht abgeschlossene Sachverhalte und Rechtsbeziehungen für die Zukunft ein (= einwirkendes Gesetz).

Seit 1986[18] differenziert der Zweite Senat zwischen *Rückbewirkung von Rechtsfolgen* und *tatbestandlicher Rückanknüpfung*. Abgegrenzt wird nicht mehr tatbestandlich, sondern anhand der gesetzlichen Rechtsfolge: Eine Rückbewirkung von Rechtsfolgen liegt vor, wenn der Beginn des zeitlichen Anwendungsbereichs normativ auf einen Zeitpunkt festgelegt wird, der vor

[10] Vgl. BVerfGE 7, 129 (152); 13, 261 (271); 18, 313 (324); 24, 75 (98); 30, 272 (285); 45, 142 (167); 60, 253 (268); 63, 343 (357); 72, 200 (257); 97, 67 (78); 105, 17 (37).

[11] BVerfGE 45, 142 (168); 76, 256 (347).

[12] Vgl. BVerfGE 21, 173 (182 f.); 22, 275 (276 f.) 25, 236 (248); 32, 1 (21 ff.); 50, 265 (274 ff.); 64, 72 (83 ff.); 68, 272 (284 ff.); 78, 179 (193); 98, 265 (309 ff.) – im Wesentlichen zu Übergangsfristen, wenn durch Gesetz einst vereinbare Berufe unvereinbar werden.

[13] Vgl. BVerfGE 31, 275 (290 f.); 36, 281 (293); 42, 263 (300 f.); 45, 142 (168); 53, 257 (309); 58, 81 (120 f.); 64, 87 (104); 70, 101 (114); 71, 1 (11 f.); 75, 78 (104 f.); 76, 220 (244) – im Wesentlichen zu Übergangsregeln bei Beschränkung von bestehenden Rechtspositionen.

[14] Vgl. BVerfGE 52, 303 (341); 53, 257 (309); 55, 372 (396); 67, 1 (14); 70, 69 (84); 71, 255 (272); 76, 256 (347); 107, 218 (237); anders noch BVerfGE 15, 167 (198 f.).

[15] *Maurer* in: Isensee/Kirchhof, HStR IV, 3. Aufl., 2006, § 79 Rn. 35 ff. und 62 ff.; *Wernsmann* Verhaltenslenkung in einem rationalen Steuersystem, 2005, S. 401. Für eine Stärkung der Freiheitsrechte: *Grabitz* DVBl. 1973, 675 (678); *P. Kirchhof* StuW 2000, 221 (224 ff.); *Hey* Steuerplanungssicherheit als Rechtsproblem, 2002, S. 119 ff.

[16] BVerfGE 11, 139 (145 f.); 14, 76 (104); 15, 313 (324); 19, 119 (127); 19, 187 (195); 50, 386 (394); 63, 312 (329); 68, 287 (306).

[17] BVerfGE 30, 367 (386 f.).

[18] BVerfGE 72, 200 (241 ff.); andeutend seit 1983, vgl. BVerfGE 63, 343 (353 ff.); 67, 1 (15).

dem Zeitpunkt liegt, zu dem die Norm rechtlich existent geworden ist.[19] Dagegen soll eine tatbestandliche Rückanknüpfung, die lediglich den sachlichen Anwendungsbereich einer Norm betreffen soll, dann vorliegen, wenn die Rechtsfolgen einer Norm zwar erst für einen nach der Verkündung beginnenden Zeitraum eintreten, die Norm aber den Eintritt ihrer Rechtsfolgen von Gegebenheiten aus der Zeit vor ihrer Verkündung abhängig macht.[20] Der Erste Senat hat die neue Terminologie nicht übernommen und hält an der Unterscheidung zwischen echter und unechter Rückwirkung fest.[21]

Die Bilanz nach mehr als 20 Jahren neuer Rückwirkungsterminologie des Zweiten Senats ist ernüchternd. Vor allem im Steuerrecht hat sich gezeigt, dass bloße Begriffsänderungen praktisch keine Veränderungen im Schutzniveau bringen,[22] was vornehmlich daran liegt, dass beide auf gleiche Weise weiter konkretisiert werden.

So gilt der gesetzliche Tatbestand als abgeschlossen (*echte Rückwirkung*), wenn der Steueranspruch entstanden ist (§ 38 AO).[23] Bei nichtperiodischen Steuern bildet so die Erfüllung des letzten materiellen Steuertatbestandsmerkmals[24] die Grenze, bei periodisch erhobenen Steuern der Ablauf des jeweiligen Erhebungszeitraums.[25] Ebenso entsteht eine *Rückbewirkung von Rechtsfolgen* erst dann, wenn die Steuerschuld bereits entstanden ist,[26] also etwa bei der Einkommensteuer – soweit sie veranlagt wurde – mit Ablauf des Veranlagungszeitraums.[27]

Zu weiterer Unklarheit hat die Vermengung beider Abgrenzungskriterien beigetragen. So wurde etwa auch der Eintritt einer *echten Rückwirkung* davon abhängig gemacht, ob der zeitliche Anwendungsbereich einer Norm teilweise vor der Verkündung lag,[28] oder ob Rechtsfolgen, die bereits vor der

[19] BVerfGE 72, 200 (242); 87, 48 (60).

[20] BVerfGE 72, 200 (242); 72, 302 (321); 76, 256 (346); 77, 370 (377); 78, 249 (283); 83, 89 (110); 92, 277 (325); 114, 258 (300).

[21] BVerfGE 74, 129 (155); 75, 246 (279); 79, 29 (45 f.); 88, 384 (406); 89, 48 (66); 94, 241 (259); 95, 64 (86); 98 17 (39); 101, 239 (263); 103, 271 (287); 109, 96 (121).

[22] Im Erg. auch *Pieroth* JZ 1979, 279 (280); *Maurer* in: Isensee/Kirchhof, HStR IV, 3. Aufl., 2006, § 79 Rn. 26; *Vogel*, JZ 1988, 833 (838); *Stern* FS Maunz, 1981, S. 381 (389); a.A. *Friauf* StbJb 1986/87, S. 279 (293); *Houben*, StuW 2006, 147 (150).

[23] BVerfGE 13, 261 (272); 13, 274 (277); 18, 135 (142); 19, 187 (195); 30, 272 (285); 30, 392 (401 f.); 68, 287 (306).

[24] Vgl. BVerfGE 13, 206 (212 ff.) – GrESt; BVerfGE 63, 312 (328 ff.) – ErbersatzSt.

[25] ESt- und KSt: Veranlagungszeitraum; vgl. BVerfGE 13, 261 (272); 13, 274 (277); 18, 135 (142); 19, 187 (195); 30, 272 (285); 30, 392 (401 f.). *USt:* gewöhnlich Voranmeldezeitraum, vgl. BVerfGE 30, 250 (267); 30, 392 (401 f.). GewSt: Rechnungsjahr, vgl. BVerfGE 13, 279 (282).

[26] BVerfGE 72, 200 (252).

[27] Soweit bei der ESt vor Ablauf des VZ eine Rückbewirkung von Rechtsfolgen angenommen wurde, ging es um Steuerzugriffe an der Quelle, die nicht vorläufig waren und nicht bei einer späteren Veranlagung korrigiert werden konnten; vgl. BVerfGE 72, 200 (251, 255, 256 263).

[28] 2. Senat: BVerfGE 24, 260 (266); 48, 403 (423); 50, 386 (394).

Verkündung eingetreten waren, nachträglich geändert wurden.[29] Umgekehrt hat der Zweite Senat für eine tatbestandliche Rückanknüpfung darauf abgestellt, dass das Gesetz auf gegenwärtig *nicht abgeschlossene Sachverhalte* einwirkt.[30] Hinzukommt, dass eine Rückbewirkung von Rechtsfolgen anhand derselben Kriterien gerechtfertigt werden kann (dazu noch V.) wie eine echte Rückwirkung.[31]

Zwar hat der Zweite Senat mit der begrifflichen Neubestimmung auch versucht, das Nebeneinander von Rechtsstaatsprinzip und Grundrechten dogmatisch zu sortieren. Die *Rückbewirkung von Rechtsfolgen* sollte sich vorrangig an allgemeinen rechtsstaatlichen Grundsätzen wie Vertrauensschutz und Rechtssicherheit messen lassen;[32] eine *tatbestandliche Rückanknüpfung* dagegen vorrangig *Grundrechte* berühren, die mit der Verwirklichung des jeweiligen Tatbestandsmerkmals vor Verkündung der Norm „ins Werk gesetzt" gesetzt werden.[33] Eine klare Abgrenzung konnte diese Kategorisierung aber nicht anbieten, weil auch bei der Rückbewirkung von Rechtsfolgen *Grundrechte* berücksichtigt werden sollten, und bei der Grundrechtsprüfung (im Falle einer tatbestandlichen Rückanknüpfung) auch die allgemeinen rechtsstaatlichen Grundsätze (Vertrauensschutz und Rechtssicherheit).[34]

Mittlerweile lässt sich feststellen, dass der Zweite Senat in jüngeren Entscheidungen beide Terminologien parallel[35] verwendet, also etwa von einer „(echten) Rückwirkung in Form einer Rückbewirkung von Rechtsfolgen"[36] ausgeht. So wird die neue Terminologie leise verschwinden, ohne dass sie je etwas bewirkt hat.

IV. Keine Unterscheidung (echte/unechte Rückwirkung) und keine „Veranlagungszeitraumrechtsprechung" mehr?

Die Unterscheidung zwischen echter und unechter Rückwirkung steht im Dauerfeuer der Kritik: Sie werde den schutzwürdigen Interessen der betroffenen Bürger nicht gerecht, entspräche keiner unterschiedlichen Sachstruk-

[29] 2. Senat: BVerfGE 13, 261 (271). 1. Senat: BVerfGE 27, 167 (173); 89, 48 (66); 95, 64 (87).

[30] BVerfGE 76, 256 (346); 114, 258 (300).

[31] Vgl. BVerfGE 72, 200 (253).

[32] BVerfGE 72, 200 (242).

[33] BVerfGE 72, 200 (242); 72, 302 (321); 76, 256 (346); 77, 370 (377); 78, 249 (283); 83, 89 (110); 92, 277 (325); 114, 258 (300).

[34] BVerfGE 72, 200 (242, 257 f.); vgl. auch BVerfGE 76, 256 (347); 83, 89 (110); 105, 17 (36 ff.); 114, 258 (300 f.).

[35] BVerfGE 76, 256 (345 f.); 97, 67 (78 f.); 105, 17 (36).

[36] So ausdrücklich jüngst BVerfGE 114, 258 (300).

tur, präjudiziere aber die verfassungsrechtliche Beurteilung.[37] Im Steuerrecht wirkt sich diese Unterscheidung besonders formal aus, wenn bei veranlagten Steuern erst bei Ablauf des Veranlagungszeitraums (= Entstehung der Steuerschuld) eine echte Rückwirkung angenommen wird.[38] Vor allem wenn man im Veranlagungszeitraum nur ein technisch-budgetäres Prinzip einer periodischen Steuererhebung ohne materiellen Aussagegehalt sieht,[39] handelt es sich nicht um eine Abgrenzung, die nach der Schutzwürdigkeit des Vertrauens differenziert, sondern am Eintritt der „Veranlagungsreife".[40] Auch der Einfluss des Gesetzgebers auf das Schutzniveau ist offensichtlich: Je länger er den Veranlagungszeitraum bestimmt, desto eher lässt sich eine echte Rückwirkung verneinen.[41]

Die präjudizielle Wirkung der Kategorisierung (echte Rückwirkung grundsätzlich unzulässig und unechte Rückwirkung grundsätzlich zulässig[42]) lässt sich vor allem im Steuerrecht belegen: In den acht Senatsverfahren, in denen echte Rückwirkungen angenommen wurden, waren vier verfassungsrechtlich unzulässig.[43] Dagegen waren unechte Rückwirkungen in allen 18 Senatsverfahren im Ergebnis zulässig.[44]

[37] *Friauf* BB 1972, 669 (674); *Grabitz* DVBl. 1973, 675 (677); *Schlink* (Fn. 3), S. 111; *Pieroth* Rückwirkung und Übergangsrecht, 1981, S. 84 ff.; *P. Kirchhof* StuW 2000, 221 (223); *W. Leisner* FS Berber, 1973, S. 273 (284 ff.); *Selmer* StKongrRep. 1974, S. 83 (90 ff.); *Götz* FG BVerfG und GG II, 1976, S. 421 (435); *Stern* FS Maunz, 1981, S. 381 (389); *Hoffmann-Riem* DStR 1971, 3 (4); *Kruse* FS Tipke, 1995, S. 277 (284); *Schwarz* (Fn. 2), S. 103 ff.

[38] Kritisch daher *Bubenzer* StuW 1955, Sp. 361 (379 ff.); *Vogel* FS Heckel, 1999, S. 875 (879 ff.); *Hey* (Fn. 15), S. 212 ff.; *Lang* WPg 1998, 163 (170); *F. Kirchhof* StuW 2002, 185 (196 f.); *Reimer* DStZ 2001, 725 (729 f.); *Weber-Grellet* StuW 2003, 278 (285); *Spindler* DStJG 27 (2004), 69 (86); *Mellinghoff* DStJG 27 (2004), 25 (43); *Drüen* StuW 2006, 358 (361 ff.).

[39] *Spindler* DStR 1998, 953 (958); *Friauf* BB 1972, 669 (676); *P. Kirchhof* DStR 1979, 275 (279); *Hahn* Zur Rückwirkung im Steuerrecht, 1987, S. 39 ff.

[40] *Selmer* StKongrRep. 1974, 83 (90 f.).

[41] *Friauf* BB 1972, 669 (676); *Wernsmann* JuS 2000, 39 (41).

[42] BVerfGE 39, 128 (144); 39, 156 (167); 43, 242 (286); 51, 356 (362); 68, 287 (307); 72, 141 (154); 92, 277 (325); 95, 64 (86); 101, 239 (263); 102, 392 (403); 109, 96 (122).

[43] BVerfGE 13, 206 – GrESt; BVerfGE 13, 261 – KSt 1951; BVerfGE 30, 372 – DBA Schweiz 1957; BVerfGE 72, 200 – AStG und DBA Schweiz 1971. Gerechtfertige echte Rückwirkungen: BVerfGE 7, 89 (92 ff.) – HundeSt; BVerfGE 13, 215 (223 ff.) – Einheitsbewertung; BVerfGE 19, 187 (195 ff.) – GewSt-Staffeltarif; BVerfGE 81, 228 (239) – Abzug von Geldbußen.

[44] BVerfGE 13, 274 – KSt 1951; BVerfGE 13, 279 – GewSt-Hebesatz; BVerfGE 14, 76 – VergnügungSt; BVerfGE 15, 313 – § 18 EStG; BVerfGE 16, 147 (165) – BeförderungSt; BVerfGE 18, 135 – erhöhter Abzug für Wohngebäude; BVerfGE 19, 119 – KuponSt; BVerfGE 27, 375 – SchaumweinSt; BVerfGE 30, 250 – SonderUSt; BVerfGE 30, 392 – Berlinhilfe; BVerfGE 38, 61 – Leberpfennig; BVerfGE 48, 403 – Wohnungsbauprämie; BVerfGE 50, 386 – private Schuldzinsen; BVerfGE 63, 312 – Erbersatzsteuer; BVerfGE 63, 343 – Rechtshilfevertrag Österreich; BVerfGE 68, 287 – Pensionsrückstellungen; BVerfGE 72, 200 – AStG und DBA Schweiz 1971; BVerfGE 97, 67 – Schiffsbausubvention; BVerfGE 105, 17 – Sozialpfandbriefe.

Zwar hat das BVerfG bereits 1997 eine Abkehr von der sog. „Veranlagungsrechtsprechung" angedeutet,[45] sie dann (2002) aber nicht wie angedeutet fortgeführt.[46]

Die erste Alternative wäre, die Unterscheidung zwischen echter und unechter Rückwirkung aufzugeben. Einheitlicher Maßstab für die Begründung eines schutzwürdigen Vertrauens könnte dann eine *verbindliche Disposition* sein, die in die Tatbestandsverwirklichung einmündet, also etwa ein Vertragsabschluss, mit dem man sich zu einer steuerpflichtigen Veräußerung verpflichtet.[47] Jedoch besteht das Problem, dass nicht alle Dispositionen gleich verbindlich oder zumindest gleich schützenswert sind. Unterscheidet man daher anhand der Verbindlichkeit oder Schutzwürdigkeit der Disposition, liegt in der Abgrenzung schon die Bewertung des Einzelfalls.[48]

Die zweite Alternative wäre, zwar die Unterscheidung (echte/unechte Rückwirkung) aufrechtzuerhalten, den Beginn der echten Rückwirkung aber nicht mehr anhand des Veranlagungszeitraumes zu definieren. Vorgeschlagen wird, auf die Erfüllung des *letzten Merkmals des materiellen Steuertatbestands* abzustellen.[49] Dieser Zeitpunkt ist zwar noch sicher bestimmbar. Jedoch kommt es zu einer fragwürdigen Differenzierung anhand der jeweiligen Einkunftsart: Bei Überschusseinkünften (§ 2 Abs. 2 Nr. 2 EStG) wird das letzte Tatbestandsmerkmal regelmäßig erst mit Zufluss durch Zahlung (etwa des Kaufpreises oder des Arbeitslohns etc.) erfüllt sein, bei Gewinneinkünften (§ 2 Abs. 2 Nr. 1 EStG) bereits dann, wenn die Kaufpreis- oder Werklohnforderung in der Steuerbilanz aktiviert werden kann. Zudem bleibt unberücksichtigt, dass der Betroffene den Eintritt des letzten materiellen Tatbestandsmerkmals oftmals nicht beeinflussen kann (etwa den Zufluss der Zahlung).

Das eigentliche Problem ist daher ein allgemeines Dilemma: Eine formale Abgrenzung erleichtert die Rechtsanwendung und führt zur Rechtssicherheit. Sie ist aber weniger geeignet, schutzwürdige von nicht schutzwürdigen Fällen zu trennen. Je mehr sich die Abgrenzung hingegen an der Schutzwürdigkeit des Einzelfalls orientiert, desto schlechter ist das Ergebnis vorhersehbar, das Recht anwendbar und ein verlässlicher Maßstab auffindbar.

Stellt man zur Abgrenzung einer echten von einer unechten Rückwirkung auf die Abgeschlossenheit des *gesetzlichen Tatbestandes* ab (dazu bereits III.),

[45] Vgl. BVerfGE 97, 67 (80) – Schiffsbausubventionen.

[46] Vgl. BVerfGE 105, 17 (37 ff.) – Sozialpfandbriefe.

[47] So etwa *Friauf* BB 1972, 669 (676); *Selmer* StKongrRep. 1974, 83 (90); *Hey* (Fn. 15), S. 265; *P. Kirchhof* DStR 1979, 275 (279); *Englisch/Plum* StuW 2004, 342 (355); *Reimer* DStZ 2001, 725 (730); *F. Kirchhof* StuW 2002, 185 (197 f.).

[48] Vgl. *Maurer* in: Isensee/Kirchhof, HStR IV, 3. Aufl., 2006, § 79 Rn. 30, der zu Recht darauf hinweist, dass diese Probleme auf der Rechtfertigungsebene zu prüfen sind.

[49] So etwa *Mellinghoff* DStJG 27 (2004), 27 (43); *Weber-Grellet* StuW 2003, 278 (285); *Spindler* DStJG 27 (2004), 69 (86); *Vogel* FS Heckel, 1999, S. 875 (878).

zeigt sich das besonders deutlich. Das Kriterium ist zwar einfach erkennbar, aber für den Gesetzgeber selbst gestaltbar: Mit der Bildung des gesetzlichen Tatbestandes kann er einen Ausschnitt aus einem natürlichen Lebensgeschehens herausnehmen und bestimmen, wann dieses Geschehen als abgeschlossen gelten soll.[50] Fällt eine verbindliche Disposition des Bürgers *nicht* mit der Verwirklichung des letzten Tatbestandsmerkmals zusammen, ist jede Neuregelung, die zwar nach der Disposition, aber vor Eintritt des letzten Tatbestandsmerkmals verkündet wird, nur eine unechte Rückwirkung. Außer Acht bleibt dann vor allem, ob der Eintritt des letzten Tatbestandsmerkmals noch in der Einflusssphäre des Bürgers liegt.

Schützwürdiges Vertrauen könnte dagegen viel zielgenauer anhand der Abgeschlossenheit des *Lebenssachverhalts* erfasst werden. Ein Lebenssachverhalt ist aber mit seinen Vorbedingungen und Folgen im Kontinuum der Zeit eingebettet. Anders als beim strafrechtlichen Rückwirkungsverbot (Art. 103 Abs. 2 GG), bei dem sich der – zwar weiter auslegungsbedürftige – Bezugspunkt der „Tat" finden lässt,[51] enthält das allgemeine Rückwirkungsverbot keinen Bezugspunkt, aus dem sich die Abgeschossenheit des Lebenssachverhalts bestimmen lässt. Die Abgeschlossenheit muss daher wertend festgelegt werden,[52] was wiederum ohne eine konkrete Bewertung des Einzelfalls nicht möglich ist.[53]

Trotz und gerade wegen des Dilemmas sollte die Unterscheidung zwischen echter und unechter Rückwirkung aufrechterhalten werden[54] und im Steuerrecht nach wie vor anhand der Entstehung der Steuerschuld und damit regelmäßig anhand des Ablaufs des Veranlagungszeitraums abgegrenzt werden.[55] Anderenfalls liefe man Gefahr, auch die klar verständliche Botschaft aufzugeben, die von der Einordnung als echte Rückwirkung ausgeht, nämlich ihre grundsätzliche Unzulässigkeit. Insoweit gewährleistet die tradierte Abgrenzung einen Kernbestand verfassungsrechtlichen Vertrauensschutzes. Dass dieses Verbot mittlerweile zur anerkannten Leitlinie in der Gesetzgebungspraxis geworden ist, zeigt bereits der Umstand, dass es im Steuer-

[50] Vgl. *Grabitz* DVBl. 1973, 675 (677); *Hey* (Fn. 15), S. 282; *Friauf* BB 1972, 669 (674); *Pieroth* (Fn. 37), S. 82 f.; *Selmer* StKongrRep. 1974, 83 (91); *Papier* in: FS W. Leisner, 1999, S. 721 (731); *Hahn* (Fn. 39), S. 32 ff.; *Jachmann* ThürVBl. 1999, S. 269 (271).

[51] Vgl. *Reimer* DStZ 2001, 725 (726).

[52] *Pieroth* Jura 1983, 250 (250); *Vogel* in: FS Heckel, 1999, S. 875 (877).

[53] Vgl. bereits *Seuffert* BB 1972, 1065 (1066); *W. Leisner* FS Berber, 1973, S. 273 (282).

[54] IErg. auch *Maurer* in: Isensee/Kirchhof, HStR IV, 3. Aufl., 2006, § 79 Rn. 27; *Mellinghoff* DStJG 27 (2004), 25 (41); *A. Leisner-Egensperger* Kontinuität als Verfassungsprinzip, 2002, 481 f.; 493 ff., 503 ff., 564 f.; *Isensee* FS Klein, 1994, S. 611 (627); *Weber-Grellet* StuW 2003, 278 (285); *Wernsmann* JuS 2000, 39 (42); *Drüen* StuW 2006, 358 (361, 363 f.).

[55] IErg. bereits *Wernsmann* JuS 2000, 39 (42 f.); *Aschke* Übergangsregelungen als verfassungsrechtliches Problem, 1987, S. 187; *Fiedler* NJW 1988, 1624 (1628 f.).

recht seit über 20 Jahren keiner Korrektur mehr durch das BVerfG bedurfte.[56]

Mit *Abschluss des Veranlagungszeitraums* sind zwangsläufig die übrigen Umstände erfüllt, die für eine (grundsätzliche) Schutzwürdigkeit des Vertrauens sprechen können (Disposition oder Erfüllung des letzten materiellen Tatbestandsmerkmals). Hinzutritt, dass ein Steuerpflichtiger erst mit Abschluss des Veranlagungszeitraums die Höhe seiner Steuerbelastung (etwa durch Inanspruchnahme von Abzugstatbeständen) nicht mehr beeinflussen kann, so dass sich die endgültige Höhe der Steuerschuld – also der Umfang, in dem sich etwa eine Disposition belastend auswirkt – verbindlich berechnen lässt.[57]

Das entspricht auch der Systematik des EStG: Die Einkommensteuer ist eine zeitraum- und keine stichtagsbezogene Steuer (§ 2 Abs. 7 EStG, § 25 Abs. 1 EStG), die nicht nur aus technischen Gründen mit dem Ablauf des Veranlagungszeitraums (§ 36 Abs. 1 EStG) entsteht. Erst der Ablauf der Periode ermöglicht es, Einnahmen und Ausgaben gegenüber zu stellen und die in der Zeit entstandene Leistungsfähigkeit zu bemessen. Würde hingegen eine einzelne Einnahme besteuert und anschließend eine (steuerlich zu berücksichtigende) Ausgabe getätigt, müsste die bereits erhobene Steuer in der entsprechenden Höhe wieder herausgegeben werden. Der Abschluss des Veranlagungszeitraums bildet daher zwar nicht das alleinige Kriterium für die Schutzwürdigkeit des Vertrauens, aber einen Zeitpunkt, bei dem sich zweifelsfrei besonders schutzwürdiges Vertrauen feststellen lässt.

Jedoch muss auch erkannt werden, dass die Abgrenzung nicht die Aufgabe leisten kann, (grundsätzlich) schutzwürdiges Vertrauen von nicht schutzwürdigem Vertrauen zu trennen.[58] Vielmehr hat die Abgrenzung vornehmlich eine *Ordnungsfunktion,*[59] die sie vor allem dann erfüllt, wenn sie formal und damit leicht nachvollziehbar anhand der Abgeschlossenheit des gesetzlichen Tatbestandes vorgenommen wird. Gerade das Bewusstsein einer formalen Abgrenzung verpflichtet auch bei unechten Rückwirkungen zu einer ernsthaften und ergebnisoffenen Abwägung im jeweiligen Einzelfall, bei der die Verbindlichkeit einer Disposition oder die Abgeschlossenheit des materiellen Tatbestandes tragende Rollen übernehmen können. Die Einordnung als unechte Rückwirkung zeigt daher lediglich auf, dass ein Indiz für eine

[56] Zuletzt 1986 durch BVerfGE 72, 200 ff.; nachfolgend betraf BVerfGE 81, 228 (239) lediglich eine zulässige echte Rückwirkung, weil nur die bisherige Rechtslage wieder hergestellt wurde.

[57] Ausnahmen: Steuernormen, die das Abschnittsprinzip durchbrechen (etwa § 10d EStG).

[58] So bereits *Friauf* BB 1972, 669 (675); *Grabitz* DVBl. 1973, 675 (678).

[59] Ähnlich bereits *Friauf* BB 1972, 669 (675): bloß klassifikatorisch; *P. Kirchhof* DStR 1979, 275 (279): Orientierungshilfe; *Drüen* StuW 2006, 358 (363): kein endgültiger Charakter.

grundsätzliche Schutzwürdigkeit des Vertrauens nicht erfüllt ist, nämlich die formale Abgeschlossenheit des gesetzlichen Tatbestandes. Das sagt aber noch nichts darüber aus, ob sich die grundsätzliche Schutzwürdigkeit nicht aus anderen Umständen ergeben kann (dazu noch VII.). Es lassen sich daher die Aussagen nicht mehr aufrechterhalten, dass es sich bei veranlagten Steuern nur um vorläufige, unter dem Vorbehalt rechtzeitiger Abänderung stehende Regelungen handele,[60] und dass eine unechte Rückwirkung grundsätzlich zulässig sei.[61]

V. Beginn unechter Rückwirkung durch Begründung eines Vertrauenstatbestandes

Wenn ein Schutz vor unechten Rückwirkungen voraussetzt, dass ein Sachverhalt ins Werk gesetzt wurde muss, an den die gesetzliche Neuregelung anknüpft, stellt sich die Frage, ob Vertrauensschutz auch durch Dispositionen begründet werden kann, die selbst noch kein Tatbestandsmerkmal verwirklichen. Das BVerfG behandelt solche „vorveranlassten Sachverhalte" ganz überwiegend als unechte Rückwirkung[62] oder hat zumindest einen vergleichbaren Schutz angenommen.[63] Gefordert wird aber eine hinreichend nahe Beziehung zum gesetzlichen Tatbestand, der durch das spätere Gesetz geändert wird.[64] Vertrauensschutz kann insoweit sogar auf Personen ausgedehnt werden, die gar nicht unmittelbar Adressaten des geänderten Gesetzes waren, aber eine Disposition in der Hoffnung getätigt haben, dass Dritte aufgrund des ursprünglichen Gesetzes disponieren werden.[65]

Will man den Beginn einer unechten Rückwirkung allgemein bestimmen, kann auf die allgemeinen Lehren zum Vertrauensschutz zurückgegriffen werden. Verwirklicht werden muss ein *Vertrauenstatbestand*, der eine *Vertrauensgrundlage* voraussetzt, auf die der Bürger vertraut haben muss.

[60] Vgl. BVerfGE 13, 274 (277); 13, 279 (282); 19, 187 (195); vgl. auch noch BVerfGE 72, 200 (255).

[61] So aber BVerfGE 39, 128 (144); 39, 156 (167); 43, 242 (286); 51, 356 (362); 68, 287 (307); 72, 141 (154); 92, 277 (325); 95, 64 (86); 101, 239 (263); 102, 392 (403); 109, 96 (122).

[62] BVerfGE 18, 135 (142 ff.); 30, 250 (267 ff.); 63, 312 (328 ff.); 105, 17 (36, 38); offengelassen bei BVerfGE 19, 119 (127); 27, 375 (385 f.); 38, 61 (83); offengelassen aus anderen Gründen BVerfGE 48, 403 (413 ff.); 50, 386 (394 ff.); dagegen keine unechte Rückwirkung annehmend BVerfGE 30, 392 (404); vgl. aber auch BVerfGE 109, 96 (122).

[63] Vgl. BVerfGE 18, 135 (142 ff.); 19, 119 (127 ff.); 27, 375 (385 f.); 30, 250 (267 ff.); 30, 392 (401 ff.); 48, 403 (413 ff.); 50, 386 (394 ff.); 63, 312 (328 ff.); 105, 17 (36, 38).

[64] BVerfGE 30, 392 (403).

[65] BVerfGE 97, 67 (80 f.). Das geänderte Gesetz gewährte Sonderabschreibungen auf Schiffe. In den Vertrauenstatbestand einbezogen wurde auch eine Fondsgesellschaft, die Schiffe erwirbt, in der Hoffnung, dass sich Anleger wegen der Sonderabschreibungen an ihr beteiligen werden.

1. *Gesetz als Vertrauensgrundlage*

Gesetze bilden wegen ihrer Allgemeingültigkeit,[66] ihrer formellen Verbindlichkeit und materiellen Akzeptanz[67] taugliche Vertrauensgrundlagen. Selbst wenn ein Gesetz verkündet wird, das erst zukünftig in Kraft tritt, begründet es eine Vertrauensgrundlage für die zukünftige Rechtslage. Da die förmliche Verkündung durch die Veröffentlichung im Bundesgesetzblatt den Rechtsschein der Gültigkeit in sich trägt,[68] sind auch verfassungswidrige Gesetze grundsätzlich taugliche Vertrauensgrundlagen.[69]

Obwohl vorläufige bzw. befristete Gesetze nur innerhalb ihres Anwendungsbereichs eine Vertrauensgrundlage bilden,[70] lässt sich nicht der Umkehrschluss ziehen, dass das Vertrauen auf den Fortbeststand bis zum Fristablauf besonders schutzwürdig ist[71]. Einen erhöhten Schutz wird man nur annehmen können, wenn die Befristung ein besonderes Fortbestandsvertrauen innerhalb der Frist bezweckt hat (Übergangsregelung, die selbst Vertrauensschutz gewährleisten sollte).[72] Im Übrigen will der Gesetzgeber mit befristeten Normen das Vertrauen nicht erweitern, sondern auf einen bestimmten Zeitraum beschränken.

Auf das Vertrauen hat es auch keinen Einfluss, ob das geänderte Gesetz bereits länger bestanden hat.[73] Denn gerade bei älteren Gesetzen kann wegen der Veränderungen der Verhältnisse ein höherer Änderungs- bzw. Anpassungsbedarf bestehen.

2. *Subjektives Vertrauen auf das objektive Gesetz*

Schwieriger ist festzustellen, ob ein Bürger auf ein Gesetz vertraut hat. Vertrauen ist stets subjektiv, Gesetze können aber nur objektiv gegen Vertrauensschutz verstoßen und auch nur objektiv verfassungswidrig sein. Es bedarf daher objektiver Kriterien, die äußerlich erkennbar machen, ob Bür-

[66] BVerfGE 105, 37 (38).

[67] Vgl. *Maurer* in: Isensee/Kirchhof, HStR IV, 3. Aufl., 2006, § 79 Rn. 12.

[68] *Ossenbühl* DÖV 1972, 25 (30); *Englisch/Plum* StuW 2004, 342 (352).

[69] Vgl. BVerfGE 99, 280 (290). Eine Einschränkung für *offensichtlich* verfassungswidrige Gesetze (so *P. Kirchhof* StuW 2000, 221 [228]) überzeugt nicht, weil der vertrauende Bürger die Offensichtlichkeit nicht erkennen kann (*Mellinghoff* DStJG 27 [2004], 25 [35 f.]) und das Risiko der Verfassungswidrigkeit nicht in die Sphäre des Bürgers übergewälzt werden sollte (*Selmer* StKongrRep. 1974, 83 [103]).

[70] *P. Kirchhof* DStR 1979, 275 (281); *Mellinghoff* FR 2000, 627 (628); *Albert* Vertrauensschutz und rückwirkende Besteuerung, 2005, S. 91.

[71] So aber BFH BStBl. II 2003, 257 (262 f.) – Vorlagebeschluss zu § 34 EStG i.d.F. StEntlG 1999/2000/2002; *Hey* BB 1998, 1444 (1448); *F. Kirchhof* StuW 2002, 185 (197); *Mellinghoff* DStJG 27 (2004), 25 (46); a.A. *Wernsmann* JuS 2000, 39 (41).

[72] BVerfGE 102, 68 (97 f.); vgl. auch BVerfGE 30, 392 (404).

[73] So aber *Albert* (Fn. 70), S. 91; *Ribbrock* DStZ 2005, 634 (635).

ger ein Gesetz zu ihrer Vertrauensgrundlage gemacht haben. Ausreichend ist ein *objektiv erkennbarer Veranlassungszusammenhang* zwischen Gesetz und Vertrauensbestätigung (Disposition). Für die Eignung und Erkennbarkeit der Vertrauensgrundlage[74] reicht dabei eine Evidenzkontrolle aus. Spricht das Gesetz dabei aufgrund seines abstrakt-generellen Charakters eine unbegrenzte Zahl von Personen an, kann als Leitbild von einem Adressaten ausgegangen werden, der das Gesetz kennt, an seinen Fortbestand glaubt und sich durch die gesetzlichen Rechtsfolgen in seinen konkreten Dispositionen beeinflussen lässt.

Würde man überdies eine positive Kenntnis verlangen,[75] würde Vertrauensschutz zu einem Privileg gut beratener Bürger. Wer aber einen Steuerberater beauftragt und Portfolio-Entscheidungen anhand der steuerlichen Lage optimiert, wohl noch bewusst in Gesetzeslücken hineinstrukturiert, ist nicht schutzwürdiger als der gutgläubige Bürger, der seine Dispositionen zuvörderst anhand außersteuerlicher Kriterien orientiert, weil er an gesetzgeberische Klugheit und damit an ein gleichheitsgerechtes und entscheidungsneutrales Steuerrecht glaubt.[76] Wer ohne positive Kenntnis von der gesetzlichen Grundlage handelt, kann nicht anders behandelt werden als der, der sie zufällig kannte oder sogar bewusst in Anspruch genommen hat.

Zwar ist Vertrauen ohne Kenntnis von der Vertrauensgrundlage eine seltsame Erscheinung und kann bedeuten, dass Vertrauen erst zeitgleich mit der Enttäuschung entsteht. Bei Gesetzen als abstrakt-generellen Vertrauensgrundlagen ist deren Kenntnis aber nicht so selbstverständlich wie bei Einzelmaßnahmen (etwa bei einer Zusicherung i.S.d. § 38 VwVfG). Gesetze wirken unabhängig von der konkreten Kenntnisnahme. Stellt ein Steuerpflichtiger im Nachhinein fest, dass sein Verhalten steuerpflichtig war, kann er sich nicht darauf berufen, davon nichts gewusst zu haben. Müssen belastende Rechtsfolgen „blind“ hingenommen werden, muss sich – vor allem in Anbetracht der oftmals beklagten „Normenflut“ – auch „blindes“ Vertrauen in ein Gesetz bilden können.

[74] BVerfGE 30, 367 (389) zur echten Rückwirkung; vgl. bereits BVerfGE 13, 39 (45 f.).

[75] So etwa *Weber-Dürler* Vertrauensschutz im öffentlichen Recht, 1983, S. 90 f., *Muckel* Kriterien verfassungsrechtlichen Vertrauensschutzes, 1987, S. 80 ff.; *Schwarz* (Fn. 2), S. 302; a.A. *Mellinghoff* DStJG 27 (2004), 25 (38).

[76] Vgl. *P. Kirchhof* DStR 1989, 263 (268): „Gleichbehandlung der gut und schlecht Beratenen“.

VI. Rechtfertigung einer echten Rückwirkung (Katalogausnahme oder Abwägung)?

Die Maßstäbe des BVerfG vermitteln den Eindruck, eine echte Rückwirkung sei unzulässig,[77] wenn keine „Katalogausnahme" einschlägig ist, also wenn

- der Bürger im Zeitpunkt, auf den der Eintritt der Rechtsfolge zurückbezogen wird, mit der Gesetzesänderung rechnen musste (Vorhersehbarkeit),[78]
- das bisherige Recht unklar und verworren war,[79] etwa bei einer systemwidrigen und unbilligen Gesetzeslage,[80] bei einer Regelung Fragen offen geblieben sind und das Gesetz kaum praktikabel ist[81] oder die Auslegung der ursprünglichen Norm bis zur höchstrichterlichen Klärung unklar gewesen ist,[82]
- Bürger sich auf den Rechtsschein einer nichtigen Norm verlassen haben und diese durch eine verfassungskonforme Norm ersetzt wird,[83] es sei denn, die Verfassungswidrigkeit der ursprünglichen Norm war offensichtlich,[84]
- zwingende Gründe des Gemeinwohls vorliegen, die dem Gebot der Rechtssicherheit übergeordnet sind,[85]
- eine Bagatelle vorliegt.[86]

Tatsächlich handelt es sich um eine offene Kriterienliste, die die Abwägung strukturieren soll.[87] Das Vertrauensinteresse des Bürgers wird daher vor

[77] Jüngst BVerfGE 114, 258 (300); vgl. auch BVerfGE 13, 206 (212 f.); 13, 261 (271); 18, 135 (142); 18, 429 (439); 19, 187 (195); 23, 12 (32); 24, 220 (229); 97, 67 (78); 98, 17 (39); 101, 239 (263).

[78] BVerfGE 2, 237 (266); 13, 261 (271); 19, 187 (195); 88, 384 (404 f.).

[79] BVerfGE 13, 261 (272); 30, 272 (286); 72, 200 (259); 88, 384 (404); 94, 64 (88); 98, 17 (39).

[80] BVerfGE 13, 215 (221 ff.).

[81] BVerfGE 11, 64 (73, 77).

[82] Nach BVerfGE 50, 177 (194) reicht aus, dass die Lösung nicht allein durch den Wortlaut, sondern nur in Zusammenschau mit der Entstehungsgeschichte, System und gesetzgeberischer Zielsetzung möglich ist. Dagegen soll es nicht ausreichen, wenn die Norm nach Wortlaut und Zweck eine sinnvolle Regelung war (BVerfGE 24, 75 [101]) oder die Rechtslage durch untere Gerichte teilweise verkannt wurde (BVerfGE 18, 429 [439]).

[83] BVerfGE 7, 89 (93); 13, 261 (272); 19, 187 (197); 79, 29 (46 f.).

[84] BVerfGE 13, 206 (212 ff.).

[85] BVerfGE 2, 380 (405); 13, 206 (214); 13, 215 (225); 13, 261 (272); 72, 200 (260); 97, 67 (81 f.); 101, 239 (268); 102, 68 (98).

[86] Die Ausnahme wird in BVerfGE 72, 200 (258); 95, 64 (94) genannt, blieb aber praktisch bedeutungslos. Soweit auf BVerfGE 30, 367 (389 f.) Bezug genommen wird, spricht das gegen den Bagatellvorbehalt, weil er dort abgelehnt wird. Kritisch daher *Spindler* DStJG 27 (2004), 69 (87).

[87] So etwa BVerfGE 72, 200 (258); 97, 67 (80). Für eine Abwägung bereits *Seuffert* BB 1972, 1065 (1065); kritisch dagegen *Pieroth* Jura 1983, 250 (252).

allem bei Vorhersehbarkeit einer Neuregelung und bei einer unklaren Rechtslage geschmälert. Die zwingenden Gründe des Gemeinwohls verleihen gerade dem Änderungsinteresse des Gesetzgebers ein besonderes Gewicht. Es gibt also auch bei echten Rückwirkungen kein abwägungsresistentes Vertrauen. Andererseits müssen an die zwingenden Gründe des Gemeinwohls strenge Anforderungen gestellt werden,[88] wobei sich der Maßstab nicht statisch, sondern nur in Relation zum jeweiligen Vertrauensinteresse ermitteln lässt. Auch soweit das BVerfG „begrenzte fiskalische Interessen“ [89] oder eine „unvermeidlich entstehende größere finanzielle Belastung des Haushalts“ [90] nicht als zwingende Gründe angesehen hat, lässt sich das nicht ohne Bezug zum konkreten Vertrauensinteresse verallgemeinern.

VII. Rechtfertigung einer unechten Rückwirkung

Rechtssicherheit und Vertrauensschutz ziehen auch für eine unechte Rückwirkung zeitliche und sachliche Grenzen.[91] Dabei ist das Ausmaß des Vertrauensschadens sowie die Bedeutung des gesetzgeberischen Anliegens für das Wohl der Allgemeinheit gegeneinander abzuwägen.[92] Dabei wird oft übersehen, dass nicht das allgemeine Interesse an der Gesetzesänderung, sondern gerade die im konkreten Vergangenheitsbezug zum Ausdruck kommende Erfassung von bereits ins Werk gesetzten Altfällen einer Rechtfertigung bedarf.[93]

Nicht eindeutig lässt sich aus den Maßstäben des BVerfG entnehmen, ob eine unechte Rückwirkung erst dann unzulässig ist, wenn das Vertrauensinteresse das Änderungsinteresse überwiegt,[94] oder ob zur Zulässigkeit der unechten Rückwirkung das Änderungsinteresse das Vertrauensinteresse überwiegen muss.[95]

Für eine strengere Prüfung (Überwiegen des Änderungsinteresses) spricht vor allem, dass die Abgrenzung zur echten Rückwirkung zuvörderst ord-

[88] Vgl. bereits *Klein* StuW 1954, Sp. 1 (42); *W. Leisner* FS Berber, 1973, S. 273 (288).

[89] BVerfGE 2, 380 (405) – Haftentschädigung.

[90] BVerfGE 30, 367 (391) – Bundesentschädigungsgesetz.

[91] BVerfGE 13, 274 (278); 13, 279 (283); 48, 403 (415); 55, 185 (203); 95, 64 (86); zurückhaltender noch BVerfGE 11, 139 (146); 13, 46 (52).

[92] BVerfGE 14, 288 (300); 30. 250 (268, 270); 48, 403 (415); 50, 386 (395); 63, 312 (329 f.); 97, 271 (287); 102, 392 (403 f.); 105, 17 (44); 114, 258 (300).

[93] Vgl. bereits *Friauf* StbJb 1986/87, 279 (290); *Hey*, NJW 2007, 408 (411).

[94] Vgl. BVerfGE 30, 250 (268); 31, 222 (227); 39, 128 (146); 43, 242 (287); 48, 403 (416); 50, 386 (395); 55, 185 (204); 63, 312 (330); 70, 69 (84); 71, 230 (252); 71, 255 (273); 72, 175 (196); 76, 256 (356); 78, 249 (284); 95, 64 (86); 96, 330 (340); 101, 239 (363); 102, 392 (403); 109, 96 (122).

[95] Vgl. BVerfGE 36, 73 (82); 40, 65 (75 f.); 88, 384 (406 f.); 89, 48 (66); 105, 17 (44).

nungsfunktional vorgenommen wird und daher nicht gewährleistet, dass bereits alle schutzwürdigen Konstellationen als echte Rückwirkungen eingeordnet werden (dazu bereits IV.). Umgekehrt bedingt die großzügige Anerkennung eines Vertrauenstatbestandes (dazu bereits V.) auch einen Ausschluss von Konstellationen mit geringer Schutzwürdigkeit. Für ein Überwiegen des Änderungs- über das Vertrauensinteresse können dann einfache, sachliche Gründe ausreichen.[96] Bei hoher Schutzwürdigkeit des Vertrauens können dagegen sogar – wie bei der echten Rückwirkung (dazu VI.) – zwingende Gründe des Gemeinwohls einzufordern sein.[97]

1. *Bedeutung des Gesetzesinhalts (Unklarheit, Grundprinzipien, Lenkungsnormen)*

(a) Da selbst echte Rückwirkungen zulässig sein können, wenn das bisherige Recht *unklar und verworren* war (dazu bereits VI.), ist es konsequent, dies auch bei unechten Rückwirkungen anzunehmen.[98] Insoweit eine Sphärenverantwortung des Gesetzgebers zugunsten der Bürger anzunehmen,[99] geht fehl: Es ist sein eigenes Risiko, Vertrauen in eine unsichere Rechtslage zu investieren.

(b) Keinen höheren Vertrauensschutz begründen Rechtsnormen, die ein *Grundprinzip* eines Rechtsgebiets zum Gegenstand haben, etwa sog. „systemtragende Prinzipien des Steuerrechts". Selbst wenn man davon ausgeht, dass grundlegende Wertentscheidungen eine besondere Beständigkeit in sich tragen,[100] muss dem Gesetzgeber ein Systemwechsel ebenso wie eine Änderung innerhalb seines Systems erlaubt sein. Ansonsten entstünde eine Bindung an überkommene Grundwertungen selbst dann, wenn sie als unrichtig erkannt worden sind.

(c) Das BVerfG hat in einer viel beachteten Entscheidung[101] indes angenommen, dass eine vom Gesetzgeber gezielt eingesetzte *Verschonungssubvention*, die nur während eines Veranlagungszeitraums angenommen werden

[96] Vgl. BVerfGE 18, 135 (144); 19, 119 (127); 25, 269 (291); ähnlich BVerfGE 14, 288 (300); 25, 269 (291); 39, 128 (146); 51, 356 (363); 63, 152 (175); 68, 287 (307); 70, 69 (84); 71, 255 (273); 72, 141 (155); BVerfGE 105, 17 (44): kein Vertrauen berufen, wenn Vertrauen *billigerweise nicht beansprucht* werden kann.

[97] BVerfGE 97, 67 (81): „zwingende Gründe des Gemeinwohls"; vgl. auch BVerfGE 102, 68 (98): „schwere Nachteile für gewichtige Gemeinschaftsgüter".

[98] *P. Kirchhof* StuW 2000, 221 (228); *Mellinghoff* DStJG 27 (2004), 25 (51).

[99] *Selmer* StKongrRep. 1974, 83 (103).

[100] So etwa *Friauf* StuW 1985, 308 (318); *Hey* (Fn. 15), S. 295; *Englisch/Plum* StuW 2004, 342 (358).

[101] BVerfGE 97, 67 (80).

kann, eine *schutzwürdige Vertrauensgrundlage* bilde.[102] Wenn der Staat ein bestimmtes Verhalten vom Bürger verlange, müsse er sich daran auch festhalten lassen. Denn der Bürger folge einem bewussten Locken des Gesetzgebers.[103] Eine Abschaffung der Förderungsnorm führe daher zu einem widersprüchlichen Verhalten, das mit einer unzulässigen Rechtsausübung i.S.d. § 242 BGB vergleichbar sei.[104]

Gegen eine Heranziehung der im Steuerrecht verbreiteten Unterscheidung zwischen Lenkungsnormen und (regulären) Fiskalzwecknormen als Kriterium für die Schutzwürdigkeit des Vertrauens spricht aber schon, dass sich oft gar nicht erkennen lässt, ob eine „Lenkungsnorm" vorliegt.[105] Überdies richten Steuerpflichtige ihre Dispositionen nicht allein an Lenkungsnormen, sondern auch an Fiskalzwecknormen aus, die ebenso zu einer Verhaltensbeeinflussung führen können, und daher keine weniger schutzwürdige Vertrauensgrundlage bilden dürfen.[106]

Im Übrigen hat auch das BVerfG gesetzliche Privilegien regelmäßig nicht als besonders schutzwürdig angesehen[107] und sogar betont, dass bei Vergünstigungen – auch bei *Steuervergünstigungen* – nicht darauf vertraut werden dürfe, dass sich die gesetzlichen Rahmenbedingungen nicht änderten, wenn die Vergünstigung über sehr lange Zeit gewährt werde.[108] In jedem besonderen Vertrauen auf Lenkungsnormen ist damit bereits die Enttäuschung des Vertrauens angelegt, nämlich das Gegenargument, dass der Gesetzgeber auf Fehlentwicklungen bei (indirekter) Subventionierung reagieren darf.[109] Da mit der Abschaffung von (indirekten) Subventionen regelmäßig keine vermögenswerten Rechtspositionen eingeschränkt werden,[110] wird man auch keinen besonders strengen Rechtfertigungsmaßstab anlegen müssen.[111]

102 Für besonderen Schutz bei Lenkungsnormen *Vogel* JZ 1988, 833 (838); *Muckel* (Fn. 75), S. 101; *Isensee* FS Klein, 1994, S. 611 (613 f.); *Jachmann* ThürVBl. 1999, S. 269 (276); *A. Leisner-Egensperger* (Fn. 54), S. 574 ff.; *Mellinghoff* DStJG 27 (2004), 25 (47); zunächst auch *P. Kirchhof* DStR 1989, 263 (268). Dagegen *Pieroth* (Fn. 37), S. 354; *Osterloh* DStJG 24 (2001), 383 (404); *Reimer* DStZ 2001, 725 (730); *Offerhaus* DB 2001, 556 (559); *F. Kirchhof* StuW 2002, 185 (197); *Weber-Grellet* StuW 2003, 278 (285); *Spindler* DStJG 27 (2004), 69 (89); *Wernsmann* (Fn. 15), S. 413 ff.; *P. Kirchhof* StuW 2000, 221 (226).

103 *Reimer* DStZ 2001, 725 (730).

104 Vgl. *Hey* (Fn. 15), S. 314; *Mellinghoff* FS Bareis, 2005, S. 171 (189).

105 *P. Kirchhof* StuW 2000, 221 (226); *Wernsmann* (Fn. 15), S. 413 f.

106 Vgl. *Osterloh* DStJG 24 (2001), 383 (404); *Offerhaus* DB 2001, 556 (559).

107 Vgl. BVerfGE 76, 256 (352); 77, 370 (379); 78, 249 (284).

108 BVerfGE 19, 119 (127); 72, 175 (197); 105, 17 (40).

109 Vgl. *Wernsmann* (Fn. 15), S. 412 f.; *Papier* Stbg 1999, 49 (57).

110 Vgl. BVerfGE 97, 67 (83).

111 Vgl. etwa BVerfGE 48, 403 (416 f.); 97, 67 (83 f.); 105, 17 (45 f.): Förderungsziel hat für den Gesetzgeber keine (politische) Bedeutung mehr.

2. *Disposition und Schutzwürdigkeit des Vertrauens*

Begründet eine Disposition bereits den Vertrauenstatbestand (dazu bereits V.), ist bei der Abwägung zu fragen, was die Disposition besonders schutzwürdig macht.

(a) Die Schutzwürdigkeit wird zunächst wesentlich durch die *Verbindlichkeit* der Disposition bestimmt.[112] Regelmäßig wird es sich aber um wirtschaftliche Prozesse handeln, die Schritt für Schritt die Verbindlichkeit intensivieren, ohne dass sich feststellen lässt, ab welchem Zeitpunkt eine rechtliche Verbindlichkeit oder zumindest eine faktisch Unumkehrbarkeit eingetreten ist. Allgemein lässt sich daher nur sagen: Je verbindlicher die Disposition, desto schutzwürdiger ist das Vertrauen und desto höher sind die Anforderungen an das Änderungsinteresse.

(b) Dass die *Intensität* einer Vertrauensbeeinträchtigung die Abwägung beeinflusst, ergibt sich bereits aus der Struktur der Abwägung. Die Intensität bestimmt sich danach, in welchem Umfang eine *Rechtsposition* des Bürgers durch die Gesetzesänderung entwertet oder beschränkt worden ist.[113] Im Steuerrecht zeigt sich das in der finanziellen Mehrbelastung, wobei absolute Mehrbelastungen (Steuerpflicht oder nicht) sich intensiver auswirken als zeitliche Verschiebungen (geringere Abschreibungen oder Streckung des Verlustabzugs), die nur zu einem Zinsschaden führen.[114] Die Intensität lässt sich regelmäßig durch eine Übergangsregelung reduzieren,[115] etwa durch Gewährung einer Kompensation[116] oder durch eine Vorsorge gegen Härten und unverhältnismäßige Nachteile.[117]

(c) Vertrauensschutz kann nicht jede Enttäuschung ersparen.[118] Die Schutzwürdigkeit einer Disposition nimmt ab, je später die gesetzlichen Wirkungen aufgrund der Disposition eintreten, also eine Disposition sich nicht (nur) unmittelbar, sondern (auch) in der Zukunft auswirkt.[119] Das ermöglicht vor allem bei veranlagten Steuern eine Differenzierung im Schutzniveau.[120] Bei Auswirkungen auf den laufenden Veranlagungszeitraum ist es gerecht-

[112] Vgl. bereits BVerfGE 18, 135 (144); *Lang* WPg 1998, 163 (170); *Hey* (Fn. 15), S. 265.

[113] BVerfGE 21, 117 (132); 25, 371 (406); 33, 265 (293); 39, 128 (144); 39, 156 (166); 40, 65 (77); 55, 185 (204); ähnlich BVerfGE 70, 69 (85 f.); 95, 64 (91): Nutzlosigkeit finanzieller Aufwendungen; vgl. auch BVerfGE 40, 65 (76); 76, 256 (349); 114, 258 (301): Lage, die Bürger selbst *nicht* mehr bewältigen können.

[114] Vgl. *Weber-Grellet* StuW 2003, 278 (285); *ders.* DStR 2003, 283 (284).

[115] *Schwarz* (Fn. 2), S. 318; *Albert* (Fn. 70), S. 91; *P. Kirchhof* DStJG 27 (2004), 1 (6 f.).

[116] BVerfGE 40, 65 (79); 48, 403 (418); 51, 356 (364, 367).

[117] BVerfGE 30, 250 (270); 43, 242 (290); 109, 96 (123).

[118] BVerfGE 14, 288 (299); 48, 403 (416); 63, 312 (331); 68, 287 (307); 76, 256 (350).

[119] Vgl. BVerfGE 39, 128 (145).

[120] Entsprechend im Schutzniveau differenzierend *Mellinghoff*, DStR 2003, Beihefter 3, 3 (14).

fertigt, ein besonders schutzwürdiges Vertrauen anzunehmen. In solchen Fällen hat die Einordnung als unechte Rückwirkung zuvörderst eine Ordnungsfunktion (dazu bereits IV.). Würde die Steuer nicht veranlagt, wäre die Änderung eine echte Rückwirkung mit entsprechend hoher Rechtfertigungslast gewesen. Änderungen für den laufenden Veranlagungszeitraums sollten daher – vergleichbar einer echten Rückwirkung – annähernd mit *zwingenden Gründen des Gemeinwohls* zu rechtfertigen sein. Treten die steuerlichen Wirkungen aber erst in späteren Veranlagungszeiträumen ein, lässt sich eine besondere Schutzbedürftigkeit nicht mehr begründen. Das sich so jährlich verringernde Schutzniveau muss dann bei der Abwägung konkret ermittelt werden.

3. Festigung durch Verwirklichung des letzten (materiellen) Tatbestandsmerkmals

Bei veranlagten Steuern kann sich der Bürger mit der Verwirklichung des letzten materiellen Tatbestandsmerkmals darauf einstellen, dass sich seine Disposition im gegenwärtigen Veranlagungszeitraum auswirken wird. Damit werden nicht nur die Unsicherheiten über den Grad der Verbindlichkeit einer vorhergehenden Disposition ausgeräumt (dazu bereits VII. 2.). Zudem ist es zu diesem Zeitpunkt nicht mehr relevant, dass die zugrundeliegende Disposition schon eine längere Zeit zurückliegt. Die Verwirklichung des letzten (materiellen) Tatbestandsmerkmals beeinflusst die Schutzwürdigkeit daher im Wesentlichen dadurch, dass Umstände ausgeräumt werden, mit denen man die Schutzwürdigkeit einer Disposition bezweifeln konnte.

4. Gesetzgeberisches Änderungsinteresse in der Abwägung

Gesetzgeberische Verantwortung bedingt notwendig die Möglichkeit, das Recht für die Zukunft verändern zu können, um die Handlungsfähigkeit des Staates und die Anpassungsfähigkeit der Rechtsordnung zu erhalten. Dabei muss es grundsätzlich auch möglich sein, an in der Vergangenheit liegende Tatbestände anzuknüpfen, um unter Änderung der künftigen Rechtsfolgen dieser Tatbestände auf veränderte Gegebenheiten zu reagieren.[121] Lässt sich daher kein qualifiziertes Vertrauensinteresse auffinden, bildet das Interesse des Gesetzgebers, seine Pläne baldmöglichst zu realisieren,[122] einen sachlichen Rechtfertigungsgrund für eine unechte Rückwirkung.[123]

Dagegen könnte ein zu großzügiger Schutz bereits ins Werk gesetzter Altfälle gegenüber Neufällen eine rechtfertigungsbedürftige Ungleichbehand-

[121] BVerfGE 114, 258 (301).

[122] Vgl. BVerfGE 43, 242 (287); 48, 403 (419); 50, 386 (396); 52, 303 (342); 55, 185 (204); 57, 361 (392); 70, 69 (85 f.).

[123] Vgl. BVerfGE 114, 258 (301).

lung i.S.d. Art. 3 Abs. 1 GG nach sich ziehen. Im Steuerrecht wird daher zu Recht bemängelt, dass Bestandschutz für Altfälle einer leistungsfähigkeitsgerechten Besteuerung zuwiderläuft und eine ungleiche Lastenverteilung zur Folge haben kann.[124] Zwar wird der Vertrauensschutz diese Ungleichbehandlung regelmäßig rechtfertigen. Umgekehrt bildet aber auch die Vermeidung solcher Ungleichbehandlungen zumindest einen *einfachen, sachlichen Grund* zur Rechtfertigung einer unechten Rückwirkung.[125]

(a) Soweit das BVerfG unechte Rückwirkungen mit allgemeinen Gerechtigkeitserwägungen,[126] mit der Herstellung gleicher Lebensverhältnisse[127] oder wirtschafts- oder sozialpolitischen Förderungszielen[128] rechtfertigt, geht das nicht über das allgemeine Änderungsinteresse hinaus. Nichts anderes gilt, wenn die Änderung im Steuerrecht dazu dienen soll, eine folgerichtige Ausgestaltung der Belastungsgründe herzustellen,[129] oder Praktikabilität[130] und Vereinfachung[131] als Gründe herangezogen werden. Begründet wird so letztlich nur, dass die Rechtslage durch die Neuregelung „verbessert" werden soll. Das ist wünschenswert, aber auch selbstverständlich und begründet daher kein gesteigertes Änderungsinteresse.

(b) Hohes Rechtfertigungspotenzial wohnt hingegen dem gesetzgeberischen Ziel inne, auf Gestaltungsmissbräuche der Bürger zu reagieren, wie sie typischerweise im Steuerrecht entstehen. Um handlungsfähig zu bleiben, muss der Gesetzgeber atypischen und ungerechtfertigten Steuervermeidungsmöglichkeiten entgegentreten dürfen.[132] Zwar sind Gestaltungsmissbräuche nicht einfach festzustellen. Der Gestaltungsspielraum des Gesetzgebers wird aber erst überschritten sein, wenn die ursprüngliche Regelung sinnvoll und nachvollziehbar war und daher Missbräuche offensichtlich nicht erkennbar sind, etwa wenn die Änderung der Rechtslage nur erfolgte, weil dem Gesetzgeber ein Versehen unterlaufen ist.[133]

(c) Zwar hat das BVerfG zur Rechtfertigung unechter Rückwirkungen schon öfter finanzielle Erwägungen des Gesetzgebers anerkannt,[134] jedoch

[124] *Kirchhof* DStJG 27 (2004), 1 (6).

[125] Vgl. BVerfGE 48, 403 (419); 50, 386 (397).

[126] BVerfGE 77, 370 (380).

[127] BVerfGE 88, 384 (407).

[128] BVerfGE 30, 250 (268); 31, 222 (228); 72, 175 (198); 88, 384 (407); 95, 64 (88); 105, 17 (35).

[129] BVerfGE 105, 17 (34).

[130] BVerfGE 57, 361 (392).

[131] BVerfGE 105, 17 (35).

[132] Vgl. BVerfGE 63, 312 (330); *P. Kirchhof* DStR 1989, 263 (268); *Mellinghoff* DStJG 27 (2004), 25 (51 f.).

[133] Vgl. BVerfGE 13, 261 (273).

[134] BVerfGE 13, 274 (278); 13, 279 (284); 14, 288 (301); 18, 135 (144); 48, 403 (418); 50, 386 (396); 63, 312 (330); 64, 87 (106); 68, 287 (307); 70, 69 (87); 72, 175 (198); 76, 256 (357); 77, 370 (380); 78, 249 (284); 105, 17 (34).

geht der Zweite Senat zumindest im Steuerrecht mittlerweile auch bei unechten Rückwirkungen davon aus, dass die bloße *Absicht, staatliche Mehreinkünfte zu erzielen*, für sich genommen noch kein den Vertrauensschutz regelmäßig überwindendes Gemeinwohlinteresse ist, weil dieses Ziel durch jedes, auch durch sprunghaftes und willkürliches Besteuern erreicht wird.[135] Es gilt daher der Grundsatz: Benötigt der Staat finanzielle Mittel, muss er sie sich grundsätzlich dort beschaffen, wo kein Vertrauensschutz besteht.[136]

Diesen Grundsatz schränkt aber auch der Zweite Senat sofort wieder ein, da er in dem Ziel, durch Änderung von Steuergesetzen *unerwartete Mindereinnahmen auszugleichen*, einen wichtigen Gemeinwohlbelang sieht.[137] Diese Ausnahme verleitet dazu, bei einer dauerhaft angespannten Finanzlage in finanziellen Erwägungen stets einen Gemeinwohlbelang zu sehen.[138] Um den Grundsatz überhaupt zu erhalten, muss die Ausnahme eng gefasst werden. Es muss sich um Mittel handeln, die *akut* oder *außerplanmäßig* benötigt werden, weil sie ansonsten auch durch Steuererhöhungen in zukünftigen Veranlagungszeiträumen beschafft werden könnten.

Für die Dringlichkeit des Finanzbedarfs darüber hinaus (ganz im Sinne eines „Katastrophenvorbehalts"[139]) eine Störung des wirtschaftlichen Gleichheitsgewichts,[140] eine ernstlich bedrohte Haushaltslage[141] oder einen drohenden Staatsbankrott[142] einzufordern, wird sich schon wegen der praktischen Undefinierbarkeit dieser Grenzen als wirkungslos erweisen. Es ist auch nicht sachgerecht, weil jeder Finanzbedarf unter der geforderten Dringlichkeitsschwelle dann zu einer Erhöhung der staatlichen Kreditaufnahme führen müsste. Sollen die gegenwärtig erhobenen Steuern auch den gegenwärtigen Staatshaushalt finanzieren, ist es vielmehr bei jeder unvorhersehbaren Verschlechterung der haushaltspolitischen Lage ein geeignetes Mittel, den akuten Finanzbedarf durch eine Verschärfung der gegenwärtigen Steuerlast auszugleichen, also gerade in einen noch laufenden Veranlagungszeitraum einzugreifen.[143]

Sachgerechter wäre es, die Grenze bei der Intensität der Vertrauensbeeinträchtigung zu ziehen, also die geringst mögliche Beeinträchtigung des Ver-

[135] BVerfGE 105, 17 (45); ebenso *Maurer* in: Isensee/Kirchhof, HStR IV, 3. Aufl., 2006, § 79 Rn. 54; *Friauf* StbJb 1986/87, 279 (289); *Hey* BB 2002, 2312 (2314); *Mellinghoff* DStJG 27 (2004), 25 (52); *Drüen*, StuW 2006, 358 (364).

[136] *W. Leisner* in: FS Berber, 1973, S. 273 (295); *Isensee* FS Klein, 1994, S. 611 (628).

[137] BVerfGE 105, 17 (45), wobei der unerwartete Finanzbedarf vor allem mit der Kostenlast der Wiedervereinigung begründet wird (44 f.).

[138] Zu Recht kritisch *Hey* BB 2002, 2312 (2314).

[139] *Drüen* StuW 2006, 358 (364, Fn. 115).

[140] *Mellinghoff* DStJG 27 (2004), 25 (52); *ders.* DStR 2003, Beihefter 3, 3 (14).

[141] *Spindler* DStJG 27 (2004), 69 (86).

[142] *Maurer* in: Isensee/Kirchhof, HStR IV, 3. Aufl., 2006, § 79 Rn. 54.

[143] Vgl. *Wernsmann* JuS 2000, 39 (41).

trauensinteresses einzufordern. So würde etwa durch eine allgemeine und gleichmäßige Tariferhöhung das Vertrauensinteresse geringer beeinträchtigt als durch punktuelle Änderungen der Bemessungsgrundlage,[144] da eine *Tariferhöhung* nur das Vertrauen auf die Höhe der konkreten Steuerschuld beeinträchtigen kann, nicht hingegen eine bereits getroffene Entscheidung zwischen zwei gleichermaßen steuerpflichtigen Dispositionen.

VIII. Vorhersehbarkeit einer Gesetzesänderung und Mitnahmeeffekte

Ein schutzwürdiges Vertrauen auf die bisherige Rechtslage entfällt spätestens mit der formellen *Verkündung* der neuen Rechtslage,[145] weil erst dann alle Unsicherheiten und Überraschungen entfallen, die während des Gesetzgebungsverfahrens noch bestehen.[146] Gegen jeden vorherigen Zeitpunkt ließe sich auch einwenden, dass niemand verpflichtet oder aufgrund der Fülle und Komplexität der Rechtsetzung in der Lage ist, sich über den Stand von Gesetzgebungsverfahren zu informieren.[147] Zudem ist jede Entscheidung eines am Verfahren beteiligten Verfassungsorgans (Regierungsentwurf; Bundestagsbeschluss; Zustimmung des Bundesrates) nur auf das Ergebnis des abgeschlossenen Willensbildungsprozesses innerhalb des Organs und nicht auf das Gesetz als solches gerichtet.[148]

Dennoch hält das BVerfG mittlerweile den *Bundestagsbeschluss* für entscheidend.[149] Die bloße *Absicht einer Gesetzesänderung*[150] oder die *Einbringung des Gesetzesentwurfs*[151] sollen das Vertrauen in das bestehende

[144] Vgl. *Friauf* BB 1972, 669 (675); *Seuffert* BB 1972, 1065 (1065); *W. Leisner* in: FS Berber, 1973, S. 273 (295); *Mellinghoff* DStJG 27 (2004), 25 (48 f., 52); zur Rechtfertigung einer Tariferhöhung während des VZ bereits BVerfGE 13, 274 (278); 13, 279 (284).

[145] Vgl. *Lang* WPg 1998, 163 (172); *Rensmann* JZ 1999, 168 (174); *Berger* Zulässigkeitsgrenzen der Rückwirkung von Gesetzen, 2002, S. 168; maßgeblich auf die Publizität abstellend *Hey* BB 1998, 1444 (1450); *Mellinghoff* DStJG 27 (2004), 25 (38).

[146] Vgl. *H. Schaumburg* DB 2000, 1884 (1888).

[147] Vgl. *Aschke* (Fn. 55), S. 285; *Maurer* in: Isensee/Kirchhof, HStR IV, 3. Aufl., 2006, § 79 Rn. 50; *Berger* (Fn. 145), S. 167; *Schwarz* (Fn. 2), S. 129 f.; *Hey* NJW 2007, 408 (411); vgl. das Sondervotum *Rupp v. Brünneck* zu BVerfGE 32, 111 (129, 138).

[148] *Jekewitz* NJW 1990, 3114 (3116, 3118).

[149] Bei echter Rückwirkung: BVerfGE 30, 272 (287); 72, 200 (260, 271); 95, 64 (87); bei unechter Rückwirkung: BVerfGE 14, 288 (298); 22, 241 (251); 23, 12 (33); 31, 222 (227); 43, 291 (392); 89, 48 (67); 97, 379 (389). Die Bedeutung der Verkündung wird zwar betont, aber nicht (mehr) maßgeblich herangezogen; vgl. BVerfGE 105, 17 (39); 114, 258 (300); teilweise anders noch BVerfGE 13, 206 (213) – GrESt: Zwar Heranziehung des Gesetzesbeschlusses (Begründung), Norm aber bis zu ihrer Verkündung nichtig (Tenor).

[150] BVerfGE 13, 206 (213).

[151] BVerfGE 13, 262 (273); anders hingegen BVerfGE 76, 220 (246).

Recht grundsätzlich noch nicht beeinträchtigen. Nur ausnahmsweise könnten (zwingende) Belange des Gemeinwohls es rechtfertigen, das Vertrauen schon vorher entfallen zu lassen, wenn *Mitnahmeeffekten* entgegengetreten werden soll.[152]

Es geht dabei nicht darum, ab wann ein Bürger positiv darauf vertrauen kann, ob und wie eine Sachmaterie in der Zukunft geregelt sein wird. Ein solches *Vertrauen auf eine neue Rechtslage* wird erst mit der Verkündung des neuen Gesetzes begründet (dazu bereits V. 1.). Vielmehr ist entscheidend, ab wann ein Vertrauen auf das noch geltende Recht nicht mehr schutzwürdig ist. Wird dieser Zeitpunkt abweichend von der Verkündung bestimmt, entsteht ein vorübergehendes „Vertrauensvakuum", also ein Zeitraum, in dem nicht mehr auf das geltende, aber auch noch nicht auf das zukünftige Recht vertraut werden kann.[153] Da es aber nicht um die Vorhersehbarkeit des neuen, sondern um die Verlässlichkeit des geltenden Rechts geht,[154] muss ein positives Vertrauen auf eine neue Rechtslage nicht zwangsläufig mit dem Vertrauen auf den Fortbestand des bisherigen Rechts einhergehen.[155]

Entscheidend ist daher, ab wann Betroffene aufgrund einer *hinreichend gesicherten Prognose* typischerweise erkennen können, dass die bisherige Rechtslage nicht fortbestehen wird.[156] Wer nämlich einerseits behauptet, bewusst auf das geltende Recht vertraut und es zur Grundlage seiner Disposition gemacht zu haben, muss sich auch entgegenhalten lassen, zumindest fahrlässig in Unkenntnis von den Änderungsbestrebungen geblieben zu sein;[157] zumal entsprechende Informationen mittlerweile mühelos, zeitnah und kostenfrei zugänglich sind.[158]

Jedoch kann auch nicht die Lösung des BVerfG überzeugen, als „Kompromiss" zwischen Vertrauens- und Änderungsinteresse auf den Bundestagsbeschluss abzustellen.[159] Sachgerecht wäre es, anhand des Umstandes (Disposition oder Erfüllung des letzten [materiellen] Tatbestandsmerkmals) zu differenzieren, der zur Schutzwürdigkeit des Vertrauens geführt hat.

Allein Vertrauensschutz, der durch (verbindliche) *Dispositionen* begründet wird, kann in dem Ziel, Mitnahmeeffekte zu vermeiden, seine Grenze finden.

[152] Vgl. BVerfGE 14, 288 (303); 65, 64 (88); 97, 67 (81 f.).

[153] Kritisch bereits *Friauf* BB 1972, 669 (672, 678): „Rechtssicherheit (...) praktisch beseitigt".

[154] Vgl. *W. Leisner* FS Berber, 1973, S. 273 (277), der folgert, das Kriterium „Vorhersehbarkeit" sei generell ungeeignet; vgl. auch BVerfGE 97, 67 (81 f., 83): Ankündigung der Bundesregierung kann Vertrauen in die geltende Rechtslage erschüttern, ohne positives Vertrauen zu begründen.

[155] Im Ergebnis bereits *Wernsmann* JuS 1999, 1177 (1180).

[156] Vgl. bereits *Grabitz* DVBl. 1973, 675 (683); *Maurer* in: Isensee/Kirchhof, HStR IV, 3. Aufl., 2006, § 79 Rn. 53; *List* BB 2003, 761 (763).

[157] Vgl. bereits die entsprechenden Erwägungen bei BVerfGE 72, 200 (262).

[158] Vgl. etwa http://dip.bundestag.de.

[159] BVerfGE 72, 200 (261 f.).

Das Bekanntwerden einer Gesetzesänderung löst Verhaltensanreize aus (sog. Ankündigungseffekte[160]). So entsteht bei einer Gesetzesverschärfung der Anreiz, mit eigenen Dispositionen noch in den Genuss der Altregelung zu kommen, um die Auswirkungen der Neuregelung zu vermeiden oder weit hinauszuschieben. Faktisch bewirkt das ein verspätetes Wirksamwerden der neuen Rechtslage und eine Verlangsamung der gesetzgeberischen Reaktionszeit, mit der auf gesellschaftliche, wirtschaftliche oder soziale Veränderungen reagiert werden kann.

Es ist daher ein legitimes Interesse, solche Mitnahmeeffekte großzügig auszuschließen,[161] auch wenn das Gesetz durch die Ankündigung faktisch selbst dann suspendiert wird, wenn es später doch nicht aufgehoben wird.[162] Jede Gesetzesänderung bedarf zur Wahrung des Demokratie- und Rechtsstaatsprinzips eines förmlichen Verfahrens, das naturgemäß mehr Zeit in Anspruch nimmt als eine verbindliche Disposition. Ist der Gesetzgeber gerade darauf bedacht, im Interesse der Demokratie und des Rechtsstaats mit der gebotenen Sorgfalt eine Neuregelung zu schaffen, darf er nicht in einen Wettlauf mit gestaltungsfreudigen Bürgern geschickt werden.[163]

Vor diesem Hintergrund ist es gerechtfertigt, den dispositionsbezogenen Vertrauensschutz mit dem Beschluss, ein neues Gesetz in das Gesetzgebungsverfahren einzubringen (Art. 76 Abs. 1 GG), entfallen zu lassen. Soweit das BVerfG überdies die politische Ankündigung der initiativberechtigten *Bundesregierung* ausreichen ließ,[164] lässt sich das nicht verallgemeinern. Absichtserklärungen zerstören das Vertrauen ebenso wenig, wie parlamentarische Anfragen, die die Absicht der Fortführung eines Gesetzes beteuern,[165] keinen besonderen Vertrauensschutz begründen können. Erst mit dem Beschluss wird die Ernsthaftigkeit zum Ausdruck gebracht, für die vorgeschlagene Änderung des geltenden Rechts auch einzustehen.

Soweit sich das Vertrauen nach einer schutzwürdigen Disposition bereits verfestigt hat (etwa durch die Verwirklichung des letzten materiellen Tatbestandsmerkmals), ist es hingegen nicht mehr gerechtfertigt, den Schutz schon vor der Verkündung der neuen Rechtslage (also etwa mit dem Bundestagsbeschluss) entfallen zu lassen.

[160] Grundlegend bereits *Friauf* BB 1972, 669 (671).

[161] *Jekewitz* NJW 1990, 3114 (3115); *R. Schmidt* DB 1998, 1199 (1202). Strenger *Selmer* StKongrRep. 1974, 83 (107); *Hummel* DStR 2003, 1 (3); *Hey* BB 1998, 1444 (1450); *Rensmann* JZ 1999, 168 (174).

[162] Kritisch dagegen *Friauf* BB 1972, 669 (678); *Spindler* DStR 1998, 953 (958); *A. Leisner-Egensperger* StuW 1998, 254 (260).

[163] Vgl. bereits BVerfGE 97, 67 (82).

[164] BVerfGE 97, 67 (82). Es ging aber um völlig verfehlte Schiffsbausubventionen.

[165] So aber *Albert* (Fn. 70), S. 91.

IX. Zusammenfassung

Die Unterscheidung zwischen *echter* und *unechter* Rückwirkung hat vornehmlich eine Ordnungsfunktion, die einen hohen Schutz vor echten Rückwirkungen gewährleistet. Unechte Rückwirkungen sind aber nicht grundsätzlich zulässig, sondern setzen eine ergebnisoffene Abwägung in Gang. Steuerrechtliche Änderungen während eines Veranlagungszeitraums sind zwar unechte Rückwirkungen, aber deshalb nicht grundsätzlich zulässig, sondern besonders zu rechtfertigen. Lenkungsnormen begründen keinen höheren Vertrauensschutz als Fiskalzwecknormen. In welchem Umfang eine Disposition besonders schutzwürdig ist, hängt von ihrer Verbindlichkeit, ihrer zeitlichen Ausrichtung und von der Intensität der Vertrauensbeeinträchtigung ab. Besonders gefestigt wird das Vertrauen im Übrigen, wenn das letzte Merkmal des materiellen Steuertatbestandes verwirklicht wird. Dagegen können finanzielle Erwägungen eine Beeinträchtigung schutzwürdigen Vertrauens nur in Ausnahmen rechtfertigen, wenn Mittel akut und außerplanmäßig benötigt werden und die mildeste Form der Vertrauensbeeinträchtigung gewählt wird. Zur Vermeidung von Mitnahmeeffekten ist es gerechtfertigt, den Vertrauensschutz auf Dispositionen, die erst nach der Gesetzesinitiative getätigt wurden, entfallen zu lassen.

Das Finanzmarktstabilisierungsgesetz

– Ein Belastungstest für das Grundgesetz –

THORSTEN KROLL *

Inhalt

I. Einleitung

Das Gesetz zur Umsetzung eines Maßnahmenpakets zur Stabilisierung des Finanzmarktes (Finanzmarktstabilisierungsgesetz – FMStG) vom 17.10.2008[1] hat wie kein anderes Handeln des Gesetzgebers in jüngster Zeit die Aufmerksamkeit der Öffentlichkeit erregt. Das sog. Bankenrettungspaket führte zu erhitzten Gerechtigkeitsdiskussionen darüber, weshalb der Staat einerseits

* *Thorsten Kroll* ist Finanzreferent bei der Senatorin für Finanzen der Freien Hansestadt Bremen; von 2004 bis 2007 war er als wissenschaftlicher Mitarbeiter für die Bundesverfassungsrichterin *Prof. Dr. Osterloh* tätig. Die Arbeiten am Manuskript sind am 4. Januar 2009 abgeschlossen worden; nachfolgende Ereignisse konnten nur noch vereinzelt berücksichtigt werden.

Sehr herzlich sei Herrn *Mathias Kalweit*, Referatsleiter in der Landesvertretung Bremens in Berlin, gedankt, der als „rasender Reporter" selbst zu nächtlicher Stunde verlässlich und umfassend über Diskussionen im Gesetzgebungsverfahren berichtet hat.

[1] BGBl. I vom 17.10.2008, S. 1982.

so massiv mit finanzieller Unterstützung versucht, den Interbankenhandel, insbesondere das Kreditgeschäft, derart zu lenken, dass die Finanzinstitute wieder Vertrauen in die Verlässlichkeit ihrer Geschäftspartner gewinnen, aber andererseits der Gesetzgeber Monate braucht, um etwa eine längst fällige Wohngelderhöhung umzusetzen, die im Verhältnis zu den maximal für Bund und Länder zu befürchtenden Belastungen gemäß Art. 1 § 13 FMStG allenfalls als Rundungsgröße bezeichnet werden kann.[2] Die Wohngelderhöhung ist nicht einmal ein besonders herausragendes Beispiel: Die Bekämpfung der Kinderarmut, überhaupt Maßnahmen, die der Bildung eines Prekariats entgegen wirken, sowie die Ermöglichung von echter Bildungs-Chancengleichheit sind zentrale Themen, die der Gesetzgeber allenfalls zögerlich annimmt. Insoweit steht – neben der vorrangigen Verbesserung der Qualität staatlicher Aufgabenerledigung – auch die Verteilung ganz erheblicher Finanzressourcen in Rede. Zeitraubende Verhandlungen und mühsame Kompromisse zeugen davon, wie schwierig das Austarieren der einzelnen gesellschaftlichen Kräfte sein kann.

In diesem Beitrag sollen die hiermit verbundenen Gerechtigkeitsfragen – obwohl sie für den anzustrebenden gesellschaftlichen Konsens von ausschlaggebender Bedeutung sind – ausgeklammert werden.[3] Der Beitrag beschränkt sich aus staatsrechtlicher Perspektive darauf, die wesentlichen Motive für die Schaffung des FMStG unter Beschränkung auf dessen Artikel 1 (Gesetz zur Errichtung eines Finanzmarktstabilisierungsfonds – Finanzmarktstabilisierungsfondsgesetz – FMStFG) offen zu legen, das Gesetzgebungsverfahren zu skizzieren, die Strukturen des Gesetzes aufzuzeigen sowie die für die Bund-Länder-Finanzgemeinschaft heikle Frage aufzuwerfen, ob die „Haftungsregelung" in § 13 Abs. 2 FMStG mit Art. 104a GG

[2] Die Wohngeldnovelle führt zu einer recht erheblichen Erhöhung des Wohngeldes, die die Haushalte von Bund und Ländern pro Jahr mit Mehrausgaben von etwa 120 Mio. € belasten werden: vgl. BT-Drs. 16/6543 vom 28.9.2008, S. 2 unter Punkt „D.".

[3] *Habermas* in: DIE ZEIT vom 6.11.2008, spricht mit einigem Recht von einer *„himmelschreienden Ungerechtigkeit, die darin besteht, dass die sozialisierten Kosten des Systemversagens die verletztbarsten sozialen Gruppen am härtesten trifft."* Gemeint hat *Habermas* die eingetretenen und sich abzeichenden Konsequenzen in der Realwirtschaft, d.h. Arbeitslosigkeit vor allem. Dennoch ist – worauf auch *Habermas*, ebenda, hinweist – eine Verdammung etwa der ‚Banker' nicht angezeigt, haben sich diese – abgesehen von Betrügern – doch innerhalb des vorgegebenen Systemrahmens rational und folgerichtig verhalten, nämlich auf eine kurzfristige und individuelle Gewinnmaximierung gesetzt – so kurzsichtig dies gewesen sein mag (ebenso in historischer Analyse *H. Wixforth* in: Weser Kurier/Stadtteilkurier vom 12.1.2009). Indessen ist sehr zweifelhaft, ob Hauptvertreter öffentlicher Meinungen in der Bundesrepublik im Sinne einer folgerichtigen Wertungsgleichheit mit dem nötigen Abstand etwa auch den sog. Sozialleistungsbetrug angemessen einzuordnen in der Lage wären. Das Bild – frei nach *B. Engelmann* – „Wir da oben – ihr da unten" birgt in beide Richtungen die Gefahr überzogener Wertungen.

Dagegen bereits die Berechtigung der Kritik in Abrede stellend *Ewer/Behnsen* NJW 2008, 3457 (3462 f.).

vereinbar ist. Nicht mehr als ein Seitenblick werden wir auch darauf richten, wie Anlass und Wirkungen des Art. 1 FMStG sich zur Wirtschaftsverfassung des Grundgesetzes verhalten.

Nicht näher befasst sich der Beitrag mit der europarechtlichen Komponente der Beihilferechtskonformität. Nach jüngsten Pressemeldungen soll es nur noch eine Formalität sein, dass die EU-Kommission dem Rettungspaket zustimmen wird – indes war dafür eine Anpassung der beihilferechtlichen Leitlinien der EU notwendig.[4] Die Genehmigung des Art. 1 des Finanzmarktstabilisierungsgesetzes erscheint dringend, da mit Stand zum 11.12.2008 bereits 15 (!) Finanzinstitute Anträge auf Rettungsmaßnahmen gestellt haben. Ohne Genehmigung durch die EU-Kommission ist es nicht zulässig, staatliche Hilfen in dem Umfang zu gewähren, vgl. Art. 88 EG-Vertrag.

II. Die Finanzmarktkrise 2007/2008 als Anlass für die Gesetzgebung

Wesentliche Ursache für die Finanz- und Bankenkrise 2007/2008 ist die sog. Subprimekrise[5] in den Vereinigten Staaten von Amerika, die bereits im Frühsommer 2007 offenbar wurde.[6] Die Zinsen in den Vereinigten Staaten von Amerika waren in den letzten Jahren sehr niedrig, wodurch die Nachfrage nach Immobilien sehr gefördert worden ist, und im Zuge dessen stiegen die Immobilenpreise stetig an. Die – notabene: gewagte – Annahme ständig steigender Immobilienpreise war die Grundlage für eine schier uferlose Vergabe von Krediten für den Erwerb von Wohneigentum auch an die vielzitierten ‚Putzhilfen und Erntehelfer', die kaum mehr als 5 US-$ in der

[4] Laut Handelsblatt vom 11.12.2008, S. 22, ist die Genehmigung nunmehr erteilt worden. Die Commerzbank erhält eine Eigenkapitalaufstockung von 8,2 Mrd. €, die Anfang Januar 2009 um weitere 10 Mrd. € erhöht worden ist, um die Übernahme der Dresdner Bank wegen drohender Verletzung der erforderlichen Kernkapitalquote von 8 % abzuwenden. Damit hält der Finanzmarktstabilisierungsfonds 25 % plus eine Aktie an der Commerzbank; insofern kann mit Recht von einer „Teilverstaatlichung" gesprochen werden (vgl. *H. Einecke/Th. Fromm* in: SZ vom 9.1.2009, „Staat steigt bei der Commerzbank ein").

[5] US-Immobilienkrise im Zusammenhang mit Krediten, die an Kreditnehmer mit geringer Bonität vergeben worden sind; vgl. dazu *Franke/Krahnen* in: Frankfurter Allgemeine Zeitung vom 24.11.2007, „Finanzmarktkrise: Ursache und Lehren".

[6] Die Diskussion darüber, ob die Subprimekrise in den USA lediglich der Auslöser, jedoch die Zinspolitik der Federal Reserve die Ursache für die Finanzkrise in den Vereinigten Staaten gewesen ist, wird hier vernachlässigt. Gewiss hat die Niedrigzinspolitik der Amerikanischen Notenbank die Immobilienkreditvergabe stark anziehen lassen. Indessen ist entscheidend für die Bewertung von Hypothekenkrediten die Qualität der Vergabe, die primär geprägt ist vom Wert des besicherten Gutes und der Solvenz der Schuldner. Jedes darauf aufsetzende Finanzderivat ist daher nur soviel wert wie das zugrunde liegende Immobiliengeschäft. Wo dieser Zusammenhang u.a. über die Auslagerung solcher Geschäfte in Zweckgesellschaften, die zudem mehr und mehr spekulativ tätig waren und nicht ausschließlich zur Refinanzierung der Kredite, gelockert wird, werden Solvenzrisiken vernebelt. In diesem Sinne beispielsweise *A. Winkler* in: WISO direkt, November 2008.

Stunde verdienten.[7] Diese fast ungezügelte Kreditpraxis bedingte einen außerordentlichen Bedarf an Kapital, mit dem die Finanzierung des Massengeschäfts gewährleistet werden konnte. Das Instrument, um über die üblichen Zins- und Tilgungsleistungen der Kreditnehmer hinaus Liquidität zur Verfügung zu haben, war den Banken seit mehreren Jahrzehnten bekannt: hypothekenbesicherte Wertpapiere.[8] Sie wurden nun im großen Stil ‚beliehen', ‚veräußert' und schlicht gehandelt, um kurzfristig das nötige Kapital für die Immobilienfinanzierung auskehren zu können; hieraus folgte ein verändertes Geschäftsprofil einiger Banken – weg vom klassischen Einlage- und Kreditgeschäft hin *„zu Arrangeuren von Finanzierungen"*[9].

Die ‚*Wetten*' auf ständig steigende Immobilienpreise in den USA konnten auf Dauer nur riskanter werden; denn das immense Angebot an neuen Häusern musste an die Grenze der naturgemäß limitierten Nachfrage stoßen – nur der Zeitpunkt war noch offen. Zahlreiche Umsatz- sowie Gewinneinbrüche bei Unternehmen der Finanzbranche weltweit, gar Insolvenzen, beherrschten die Wirtschaftsnachrichten bereits in der ersten Jahreshälfte 2007.[10] Die bis dahin ausnehmend stark gestiegenen Immobilienpreise in den USA stagnierten und fielen sogar gebietsweise; eine immer größer werdende Anzahl von Kreditnehmern konnte wegen steigender Zinsen und fehlendem Einkommen ihre Kredite nicht mehr ausreichend bedienen. Die zunächst primär betroffenen Zweckgesellschaften, die mit dem Ziel gegründet worden sind, das relativ riskante Immobiliengeschäft für namhafte Banken abzuwickeln, hatten zur Eigensicherung den Markt für forderungsbesicherte Wertpapiere genutzt; diese Wertpapiere waren zunächst von Rating-Agenturen als ‚gutes Risiko' eingestuft worden, und zwar auch deshalb, weil im Ernstfall die hinter den Zweckgesellschaften stehenden Banken für das Ausfallrisiko einzustehen haben.[11] Nach und nach wurden diese Papiere im Zuge einer Welle von Privatinsolvenzen jedoch schlechter bewertet; etwas verzögert führte dies zu Verlusten in den Bilanzen der Banken, die diese Papiere besaßen. Die Bonität der Banken geriet in Gefahr, die sich in großem Umfang des Instruments der Gründung von Immobilien-Zweckgesellschaften bedient haben, da sie von ihren Zweckgesellschaften für die Kreditausfälle in

[7] Zur ganzen Geschichte vgl. den instruktiven Artikel von *K. Kohlenberg/W. Uchatius* in: DIE ZEIT vom 27.11.2008, S. 17 ff.

[8] Sog. MBS: *Mortgage Backed Securities.*

[9] So *Bartsch* NJW 2008, 3337 (3337).

[10] *Franke/Krahnen* ebenda (vgl. Fn. 5); eine stark komprimierte Chronologie der Finanzmarktkrise 2007/2008 ist unter http://www.tagesschau.de/wirtschaft/chronologiefinanzmarktkrise100. html zu finden (Zugriff 14.11.2008).

[11] Diese Konstruktion eröffnete auf Grund der weltweit geltenden Bilanzierungsvorschriften die Möglichkeit, dass die ‚Mutter-Bank' ihre wahre Bonität verschleiern konnte; einhergehend damit ist ihr Kreditrating positiv überzeichnet worden; vgl. dazu nochmals *Franke/Krahnen* ebenda (vgl. Fn. 5).

Anspruch genommen worden sind. Kreditausfälle waren ein wesentlicher Umstand; hinzu kam – ganz den bekannten Marktgesetzen gemäß –, dass die Grundstückspreise in Teilen der Vereinigten Staaten innerhalb kurzer Zeit dramatisch fielen. Der Wertpapiermarkt reagierte – wie nicht anders zu erwarten – mit großen Vorbehalten auf die Wertpapiere, die mit ‚minderwertigen' Besicherungen unterlegt waren. Der Handel mit solchen Wertpapieren kam sodann zum Erliegen, da es kaum Kaufinteressenten, aber dafür umso mehr Veräußerungsofferten gegeben hat.[12]

Diese Effekte traten massiv in kurzer Zeit auf, so dass die betroffenen Banken schlicht überfordert waren, das Vertrauen in ihre Bonität etwa durch eine Eigenkapitalerhöhung zu bestätigen. Im Zuge dessen entwickelte sich eine systemische Vertrauenskrise zunächst US-amerikanischer Finanzinstitute untereinander mit der Folge, dass dem Kreditmarkt innerhalb des Bankensektors Liquidität fehlte. Das Kalkül großer US-amerikanischer Finanzinstitute, Gewinnerwartungen von dem Ausfallrisiko über die Gründung von Zweckgesellschaften und der Installation eines regen Handels mit spekulativen Finanzderivaten[13] – deren Risiken kaum ein Kunde, aber auch viele Bankvorstände nicht einzuschätzen vermochten – zu entkoppeln, ist nicht aufgegangen. Die Spannungen auf dem US-amerikanischen Finanzmarkt konnten wegen der Verflechtung auch europäischer und deutscher Finanzinstitute mit amerikanischen Unternehmen nicht ohne Folgen hierzulande bleiben. Im September und Oktober dieses Jahres überschlugen sich die Ereignisse. Nach einer Reihe amerikanischer Hypothekenbanken ereilte es auch die traditionsreiche US-amerikanische Investmentbank Lehman Brothers: Insolvenz, staatliche Übernahme oder Verschmelzung mit anderen Finanzinstituten und schließlich auch staatliche Rettungspakete für die Finanzbranche – das waren die dominierenden Themen weniger Wochen. Im Zuge von Liquiditätsproblemen einer Reihe von Banken wuchs die Unsicherheit von Marktteilnehmern derart an, dass eine äußerst hartnäckige Vertrauenskrise im europäischen und deutschen Finanzsektor zu beobachten war. Der zwischenzeitlich in Existenznot geratene Immobilienfinanzierer Hypo Real Estate wurde in mehreren Schritten bisher vor einer Insolvenz bewahrt; dies erscheint im Nachhinein als der Vorbote der Finanzkrise in der Bundesrepublik.[13a]

[12] *A. Winkler* in: WISO direkt, 11.2008, S. 3.

[13] Vgl. *Bartsch* NJW 2008, 3337 (3338). Allen Finanzderivaten (u.a. Optionen und Zertifikate) ist gemein, dass es letztlich um Wetten auf eine bestimmte Kursentwicklung bis zu einem bestimmten Zeitpunkt geht.

[13a] Mit Stand Mitte Februar 2009 beliefen sich die Garantien und Kapitalhilfen des Finanzmarktstabilisierungsfonds auf 87 Mrd. €; weitere 15 Mrd. € stammen aus dem privaten Geschäftsbereich (vgl. FAZ vom 19.2.2009, S. 11). Unterdessen hat sich eine weitere große Immobilienbank – die Aareal aus Wiesbaden – unter den „Schirm" des Finanzmarktstabilisierungsfonds begeben: stille Einlage i.H.v. 525 Mio. € und Garantien bis zu 4 Mrd. € (vgl. Spiegel – online vom 15.2.2009: „Merkel will Staatsmehrheit an Hypo Real Estate").

Stabilisierungsmaßnahmen in der Bundesrepublik für den Finanzsektor zu konzipieren ließ sich nicht mehr von der Hand weisen, sind doch negative Effekte für die Realwirtschaft zu diesem Zeitpunkt bereits konkret spürbar geworden. Meldungen in der Tagespresse, wonach sich beispielsweise die Abwicklung von Aufträgen im Schiffsbau verzögert habe, da Banken die notwendigen Zwischenkredite auf Grund von Liquiditätsproblemen nicht zeitnah zur Verfügung gestellt hätten, blieben keine Einzelfälle mehr.[14] Die Bundesregierung entschloss sich sodann in enger Abstimmung mit den Mitgliedstaaten der Europäischen Union und den G7-Staaten, sofort Maßnahmen zu ergreifen, die Normalität in das Interbankengeschäft bringen sollten. Hierfür bemühte der Bundesfinanzminister *P. Steinbrück* Kategorien aus dem Polizei- und Ordnungsrecht: ein Finanzmarktstabilisierungsgesetz zur *„Gefahrenabwehr“* sei vorzulegen, das weitere *„Übersprungseffekte“* auf die Realwirtschaft verhindern solle.[15]

So ganz überraschend war diese Entwicklung indes nicht.[16] Dass es dem international verflochtenen Finanzsystem an notwendiger Transparenz und effektiver Aufsicht fehlte, hat nicht zuletzt *Helmut Schmidt* Anfang 2007 scharf kritisiert: *„Es grenzt an groben Unfug, wenn jede kleine Sparkasse unter alltäglicher Aufsicht durch die Behörde steht, andererseits aber hundertmal finanzkräftigere private Finanzinstitute vollkommen frei agieren können.“*[17] *Schmidt* argumentierte zwar mehr von der volkswirtschaftlichen Verflechtung der großen National-Märkte her, doch sind die Parallelen zur aktuellen Finanzmarktkrise frappierend. Er monierte, dass etwa trotz deutscher Initiativen seit 1999, unter den G8-Staaten gemeinsam geltende Regeln der Finanzaufsicht zu schaffen, und Bestrebungen in den USA, sog. Wohlverhaltensregeln für die Fondsbranche verpflichtend zu machen, keine ernsthafte Regulierung des internationalen Finanzmarktes zu erkennen war. In einem System, in dem etwa Fondsmanager oder Derivatehändler primär dem ‚schnellen Gewinn‘ verpflichtet sind, könne es zu Fehlentscheidungen kommen, die gegenläufig zur produktiven Substanz eines Unternehmens – vor allem innovative Produktentwicklung, Forschungspotential sowie unternehmensgebundene und hochmotivierte Fachkräfte aller Sparten – wirken; denn das Streben nach ‚kurzfristigem Gewinn‘ berge das Risiko, die langfristige Entwicklung eines Unternehmens auszublenden. *Schmidt* prognostizierte sogar, dass die Regierungen in Washington und London erst dann handeln würden, wenn die Krise manifest sei, da den national-ökonomischen Interessen ein unbedingter Vorrang eingeräumt werde – bedauerlicherweise hat dies der Wahrheit entsprochen.

[14] U.a. *H. Bleyl* in: taz-nord-bremen vom 16.10.2008.

[15] *P. Steinbrück* in: Passauer Neue Presse vom 15.10.2008.

[16] U.a. hat schon Anfang 2006 *M. Otte* auf den bevorstehenden Crash der Finanzmärkte und der Realwirtschaft hingewiesen: vgl. dazu *K. Kohlenberg/W. Uchatius* in: DIE ZEIT vom 27.11.2008, S. 17 ff. (17).

[17] In: DIE ZEIT vom 1.2.2007.

III. Zum Gesetzgebungsverfahren

1. *Ein Gesetzentwurf der unüblichen Art*

Es begann mit einem Aplomb! Die Bundesregierung legte am 13.10.2008 den Bevollmächtigten der Länder einen Gesetzentwurf mit sieben Artikeln vor; der Direktor des Bundesrates wurde zeitgleich über das Vorhaben informiert, dass dieser Entwurf offiziell einen Tag später als Fraktionsinitiative in den Bundestag mit dem Ziel eingebracht werden solle, den Gesetzesbeschluss bereits am Freitag, den 17.10.2008, herbeizuführen. Damit hat die Bundesregierung zu erkennen gegeben, ein mehrere 100 Mrd. € schweres Gesetzespaket innerhalb von vier Tagen förmlich abschließend behandelt sehen zu wollen. Dass dabei Abstimmungsnotwendigkeiten etwa mit den Ländern oder Diskussionen mit Sachverständigen und vor allem eine öffentliche Debatte über Art und Umfang des Vorhabens vernachlässigt werden würden, war so unvermeidbar und von der Bundesregierung – mit dem Argument der Alternativlosigkeit hinterlegt – auch so gewollt.[18]

Der Gesetzentwurf[19] kam dem verabschiedeten Gesetz schon sehr nahe; die wesentlichen Abweichungen, die einige Ländervertreter zu einer ausgeprägten Ablehnungshaltung in Einzelpunkten provozierte, seien hier skizziert:

- Die Reihung der Instrumente war eine andere. Zuerst wurde im Gesetzentwurf die Rekapitalisierung, sodann die Garantieermächtigung und schließlich die Risikoübernahme aufgeführt. Im beschlossenen Gesetz steht die Garantieermächtigung an erster Stelle und erst an zweiter und dritter Position folgen die Rekapitalisierung und die Risikoübernahme (vgl. Art. 1 §§ 6 bis 8 FMStG).
- Art. 1 § 13 Abs. 2 des Gesetzentwurfs sah eine Länderbeteiligung an etwaigen Defiziten des Fonds vor – sog. *allgemeiner Schirm*: 65 % für Bund und 35 % für die Länder (Verteilungsschlüssel untereinander: je zur Hälfte nach Einwohnerzahl und BIP). Der im beschlossene Gesetz niedergelegte Höchstbetrag („Deckel“) der Haftung für die Länder von 7,7 Mrd. € fand sich noch nicht. Trotz der Mithaftungsregelung zu Lasten der Länder gemäß Art. 1 § 13 Abs. 2 des Gesetzentwurfs waren Beteiligungsrechte der Länder bei der Konkretisierung und Ausgestaltung des operativen Geschäfts des Fonds nicht vorgesehen. Bis auf die Zustimmungsbedürftigkeit des Gesetzes als solches waren keine Anhörungs- oder Mitbestimmungsrechte der Länder vorgesehen. Die zentralen Kompetenzen sollte das Bundesfinanzministerium erhalten; im Wege der Rechtsverordnung (ohne Zustimmung durch den Bundesrat) sollte sogar eine Delegation von

[18] Vgl. dazu *N. Fried* in: sueddeutsche.de vom 13.10.2008: „Politik der Unermesslichkeit“.

[19] BT-Drs. 16/10600 vom 14. Oktober 2008.

Befugnissen auf die Deutsche Bundesbank möglich sein, die insoweit allerdings der Rechts- und Fachaufsicht des Bundesfinanzministeriums unterstehen sollte (!).

- Art. 1 § 13 Abs. 3 des Gesetzentwurfs hatte zum Inhalt, dass für Risiken, die auf Grund von Landesrecht geschaffenen Unternehmen des Finanzsektors (Beispiele: Landesbanken, öffentlich-rechtliche Versicherungen) entstehen, allein die Länder einstehen sollten.

Mit der Bekanntgabe des Gesetzgebungsvorhabens bat Bundesfinanzminister *Steinbrück* seine Länderkollegen für den nächsten Tag zu einem Treffen nach Berlin, um – wie es in dem Schreiben heißt – über das geplante Gesetz zu *„informieren"*. Die Länderfinanzministerinnen und -minister setzten sich auf Initiative des schleswig-holsteinischen Finanzministers *Wiegard* etwa $1^1/_2$ Stunden vor diesem Termin zusammen und erörterten die kritischen Punkte des Gesetzentwurfs und versuchten, zu einer einheitlichen Linie zu gelangen. Die Vereinbarung auf eine einheitliche Linie ist zwar nur unvollkommen gelungen, jedoch haben alle Ländervertreter signalisiert, das Gesamtpaket trotz ihrer Nachbesserungswünsche nicht scheitern zu lassen. Drei zentrale Anliegen der Länderfinanzminister/innen sind deutlich geworden:[20]

- Einzelne Länder setzten sich für die Streichung des Art. 1 § 13 Abs. 3 des Gesetzentwurfs (sog. Landesbankenklausel) ein, so dass es bei einer Mithaftung der Länder für Ausfälle auf Grund der Inanspruchnahme des „allgemeinen Schirms" gemäß Art. 1 § 13 Abs. 2 des Gesetzentwurfs verbleiben sollte. Dies ist aber von allen Ländern unter den Vorbehalt gestellt worden, dass sie bei der Konkretisierung und Ausgestaltung des Fondsgeschäftes mitbestimmen dürfen.
- Die Mehrheit der Länder strebte die Streichung der Ländermithaftung gemäß Art. 1 § 13 Abs. 2 des Gesetzentwurfs an, um den Bund allein für Maßnahmen auf Grund des „allgemeinen Schirms" haften zu lassen. Die Länder hafteten dann allenfalls für „ihre" öffentlich-rechtlichen Finanzinstitute – Landesbanken, öffentlich-rechtliche Versicherungen etc. –; für die privaten Geschäftsbanken etc. würde der Bund haften. Mitbestimmungsrechte wollten die Länderfinanzminister insoweit konsequenterweise nicht geltend machen. Die Regelungsmechanik der Abs. 2 und 3 des § 13 des Art. 1 des Gesetzentwurfs sei Ausdruck einer inakzeptablen, da finanzpolitisch nicht darstellbaren *kumulativen* Haftung der Länder für „Ausfälle".[21]

[20] Siehe auch *S. Afhüppe/P. Müller/D. Riedel* in: Handelsblatt vom 15.10.2008: „Die Regierung zerstreut Bedenken gegen die Bankenrettung – und hilft auch der Industrie".

[21] Vgl. etwa *H. Lühr* Finanzstaatsrat bei der Senatorin für Finanzen der Freien Hansestadt Bremen, Öffentlichkeitsarbeit Pressemitteilungen 14.10.2008: „Stabilisierung der Finanzmärkte auf gutem Weg – Noch keine Einigung über Lastenverteilung zwischen Bund und Ländern."

- Im Übrigen sei die Haftungsverteilung analog Artikel 109 Absatz 5 GG (Sanktion bei Verstoß gegen die sog. Maastrichtregeln) kein allgemeiner Grundsatz, der ein Verteilungsprinzip zwischen Bund und Ländern beschreibe.

Die wesentlichen Monita der Länderfinanzminister sind damit skizziert; zudem haben einzelne Finanzminister kritisiert, dass die Länderseite bei der Entstehung des Gesetzentwurfs gar nicht oder nur rudimentär eingebunden worden sei. In der Tat hat es jedenfalls vor der Veröffentlichung des Gesetzentwurfs keine belastbaren Anzeichen dafür gegeben, dass die Bundesregierung so kurzfristig ein Gesetz zur Stabilisierung des Finanzmarktes auf den Weg bringen wolle. Es ist insbesondere dem Bundesfinanzministerium weitgehend gelungen, die internen – und ggfs. auch externen – Vorbereitungen für den Gesetzentwurf vor den Finanzministerinnen und -ministern der Länder zu verbergen.

2. *Das wesentliche Geschehen in den Ausschussberatungen*

a) Die nichtöffentliche Sachverständigenanhörung

Das Leitmotiv des Unüblichen setzte sich im Ablauf der Ausschussberatungen fort. In der ersten Lesung im Bundestag am 15.10.2008 wurde der Gesetzentwurf[22] federführend an den Haushaltsausschuss des Bundestages überwiesen. Noch am selben und am darauffolgenden Tag trat der Haushaltsausschuss des Bundestages zusammen, wobei in die nichtöffentliche Sitzung am 15.10.2008 gewissermaßen eine Sachverständigenanhörung integriert wurde, die zusammen mit dem Finanzausschuss durchgeführt worden ist.[23] Die eingeladenen Sachverständigen – der Präsident des Bundesrechnungshofes, der Präsident der Deutschen Bundesbank, der Präsident der Bundesanstalt für Finanzdienstleistungsaufsicht (BaFin) sowie führende Vertreter von Sparkassen- und Bankenverbänden – äußerten sich auf eine Reihe von Fragen, von denn hier nur einige aufgegriffen werden.

Bemerkenswert sind die Ausführungen des Präsidenten der Bundesanstalt für Finanzdienstleistungsaufsicht, *J. Sanio*, gewesen, der das Unbehagen aufgriff, ob es aktuell für den Gesetzgeber tatsächlich den behaupteten dringenden Handlungsbedarf gegeben hat. Er bejahte dies nachdrücklich und verwies auf Liquiditätsabfragen der BaFin, die seit dem Zusammenbruch der Investmentbank Lehmann Brothers zu äußerster Besorgnis Anlass gegeben hätten, da der Interbankenhandel praktisch zum Erliegen gekommen sei. Um die Wirksamkeit des Rettungspaketes nicht zu gefährden, sei es – so *J. Sanio* –

[22] BT-Drs. 16/10600 vom 14. Oktober 2008.

[23] Die Möglichkeit einer nichtöffentlichen Anhörung sieht § 70 Abs. 7 GO-BT vor.

unbedingt notwendig, im zeitlichen Einklang mit dem internationalen Geleitzug unverzüglich zu handeln. Der Präsident der Deutschen Bundesbank – *A. Weber* – bestätigte diese Wahrnehmung: Banken kreditierten untereinander nur noch nach Vorleistung. Insoweit kann davon gesprochen werden, dass diese beiden Äußerungen die letzten Zweifel an der Notwendigkeit dieser Ad-hoc-Gesetzgebung ausgeräumt haben; denn beide Funktionsträger haben zwar ständig mit Bankgeschäften im weitesten Sinne zu tun, aber qua ihrer Aufgaben der Aufsicht, der Zertifizierung von Finanzprodukten sowie der spezifischen Notenbankfunktion[24] stehen sie den Banken strukturell distanziert gegenüber.

Verschiedene Sachverständige sind im Laufe der Anhörung darauf eingegangen, dass ein Zwang zur Inanspruchnahme von Maßnahmen gemäß Art. 1 FMStG nicht präferiert werde; Freiwilligkeit erhöhe den Grad der Eigenverantwortung. Auch eine sog. Zwangsabgabe für die Finanzinstitute sei zumindest derzeit kontraproduktiv und daher abzulehnen; die Erbringung der sog. Eigenanstrengungen der betroffenen Institute würden etwa über eine Gebührenregelung[25] und den anderen „Auflagen/Bedingungen", wie etwa Begrenzung der Managementgehälter oder den Einfluss auf die Geschäftspolitik, gewährleistet. Einen großen Raum nahm die Frage ein, ob die in Art. 1 § 4 Abs. 2 FMStG-Gesetzentwurf geregelte Rolle der Deutschen Bundesbank der Unabhängigkeit des Instituts widerspreche. Die Formulierung in Satz 2 der eben genannten Vorschrift „Insoweit unterliegt die deutsche Bundesbank der Rechts- und Fachaufsicht des Bundesministeriums der Finanzen" musste diese Frage provozieren.

Interessant war zudem, was ein Vertreter des Bundesfinanzministeriums – Staatssekretär *J. Asmussen* – zur Eingriffsintensität der einzelnen Instrumente ausgeführt hat: Er ist davon ausgegangen, dass das Instrument der Rekapitalisierung der geringfügigste Eingriff ist – daher stehe dieses am Anfang des Maßnahmenkatalogs im Entwurf zu Art. 1 FMStG. In der beschlossenen Fassung des Art. 1 FMStG findet sich diese Wertung nicht wieder. *A. Weber* wies zudem darauf hin, dass es grundsätzlich besser sei, die Eigenkapitalquote zu erhöhen als kaum werthaltige Wertpapiere von Banken zu übernehmen, da so das Ausfallrisiko minimiert werde.[26]

[24] Sog. Unabhängigkeit der Bundesbank gemäß Art. 88 Satz 1 GG i.V.m. § 12 BBankG.

[25] Die diskutierten 2 % Gebühren für Garantien sind von den meisten Sachverständigen als unangemessen hoch im internationalen Vergleich eingeschätzt worden.

[26] Bereits zu diesem Zeitpunkt in der Anhörung zeichnete sich die im beschlossenen Gesetz vorgesehene Reihenfolge der Instrumente ab: zuerst Garantieübernahme, dann Rekapitalisierung und erst zum Schluss die Risikoübernahme. Obwohl es bei Aufnahme mehrerer Möglichkeiten in einem Gesetz eine *Abfolge der Benennung* geben muss, ist schon die Diskussion im Haushaltsausschuss des Bundestages beredter *Ausdruck für eine Rangfolge* der Instrumente.

Alles in allem ist festzustellen, dass mit den Sachverständigen fast ausnahmslos Themen der Notwendigkeit und Wirksamkeit einzelner Regelungen des vorgelegten Gesetzentwurfs erörtert worden sind. Ein besonders heikler Punkt ist darüber hinaus von *H. Haasis* – Präsident des Deutschen Sparkassen- und Giroverbandes – berührt worden, dass über den Hebel von Art. 1 § 13 Abs. 3 FMStG-Gesetzentwurf der Bund die Möglichkeit erhält, auf eine Neuordnung der Landesbanken zu drängen. Hier ist – zwar nicht zum ersten Mal, aber in einem anderen Gewand – die grundsätzliche Frage aufgeworfen worden, inwieweit der Bund über finanzielle Unterstützungen Einfluss auf die Landespolitik gewinnen kann. Dieses Grundmotiv wirkt bis heute fort – offenbar sind mittlerweile neben dem DSGV eine Reihe von Landesfinanzministern dazu bereit, die bestehenden sieben Landesbanken auf drei zu reduzieren, um durch Konzentration Effizienzpotentiale zu realisieren.[27] Nebenbei bemerkt kann es nicht überraschen, dass diese Diskussion gerade vom DSGV angestoßen worden ist; denn die Sparkassen sind als Miteigentümer der Landesbanken dem Dauerrisiko ausgesetzt, dass die Krise einzelner Landesbanken auch sie finanziell belasten wird. Insofern ergreifen sie die Situation beim Schopfe und funktionalisieren die Diskussion über die Finanzmarktkrise, um eine erhebliche Minderung ihres Haftungsrisikos zu erreichen.[28]

b) Beratungen im federführenden Haushaltsausschuss des Bundestages

In den weiteren Beratungen des federführenden Haushaltsausschusses des Bundestags war vor allem streitig, welche Rolle das Bundesfinanzministerium bei der Ausführung des Gesetzes spielen soll und wie intensiv der Bundestag selbst oder die zuständigen Ausschüsse bei den strategischen und operativen Entscheidungen einzubinden sind, in gewissen Fällen über Zustimmungsvorbehalte; ein – hier nicht weiter behandeltes – Zusatzproblem entstand bei der Frage, welche Rolle die unabhängige Bundesbank bei der konkreten Durchführung spielen soll.[29] Relativ unspezifisch haben der Rechtsausschuss und der Finanzausschuss des Bundestages zu verstehen gegeben, dass sowohl bei der Schaffung der Rechtsverordnung über die Ein-

[27] Vgl. *spiegel-online* vom 14.11.2008: „Sparkassen wollen Landesbanken neu ordnen"; *P. Köhler/R. Landgraf/F. Drost* in: Handelsblatt vom 14.11.2008: „Sparkassen einigen sich auf Neuordnung der Landesbanken"; *H. Einecke/Th. Fromm/K. Ott* in: Süddeutsche Zeitung vom 15.11.2008: „Länder bremsen Sparkassen".

[28] Folgerichtig stellt der DSGV Überlegungen an, problembehaftete, unrentable und nicht notwendige Engagements der Landesbanken auszugliedern, gewissermaßen eine *„bad bank"* zu schaffen, die im Wege von Risikoübernahmen unter den „allgemeinen Schirm" des Art. 1 § 13 Abs. 2 FMStG gehen könnte; auf diese Weise könnte die Landesbankenklausel in Art. 1 § 13 Abs. 3 FMStG weitgehend ungenutzt bleiben und damit zu einer „Sozialisierung" von Landesbankrisiken führen.

[29] BT-Drs. 16/10651 vom 17.10.2008.

zelheiten als auch bei grundlegenden oder weitreichenden Entscheidungen über Maßnahmen gemäß Art. 1 FMStG die parlamentarischen Mitwirkungs- und Kontrollmöglichkeiten zu gewährleisten seien.[30] Im Haushaltsausschuss ist vor allem die Fraktion BÜNDNIS 90/DIE GRÜNEN sehr grundsätzlich geworden. Sie hat einen Änderungsantrag eingebracht, der zwar keine Mehrheit gefunden hat, aber den Akzent auf mehrere Zustimmungserfordernisse des Bundestages gelegt hat sowie auf höhere und konkretere Eigen- oder Gegenleistungen des unterstützten Finanzinstitut als im Regierungsentwurf vorgesehen (Beispiele: angemessene Beteiligung des Fonds an späteren Gewinnen, *„höchstmöglichen Einfluss"* auf die Geschäftspolitik sowie Reduzierung der Managerbezüge auf ein angemessenes Niveau).[31] Gerade das Einfordern konkreter Regelungen zu den Eigenanstrengungen der betroffenen Finanzinstitute bereits im Gesetz, nicht erst in der Rechtsverordnung, war der Fraktion BÜNDNIS 90/DIE GRÜNEN eminent wichtig.

Die Anmahnung, parlamentarische Mitwirkung und Kontrolle bei der Ausführung dieses Gesetzes zu gewährleisten, lag auf der Grundlage des Entwurfs auf der Hand. Lediglich in Art. 1 § 11 Abs. 3 FMStG-Entwurf mit der Überschrift *„Jahresrechnung"* war geregelt, dass der Haushalts- und Finanzausschuss des Bundestages zu zwei Stichtagen im Jahr *„über den aktuellen Sachstand"* zu unterrichten sei; im Übrigen fehlten jedwede Beteiligungsmöglichkeiten des Bundestages. Dies ist – neben der weitgehenden Ausblendung von Länderrechten im Rahmen des Fondsgebarens – als zweite gravierende Provokation durch die Bundesregierung wahrgenommen worden. Obwohl die Möglichkeit unverzüglichen Handelns für den Fonds nicht verbaut werden sollte, ist der gänzliche Ausfall von parlamentarischen Kontroll- und Zustimmungsbefugnissen nicht begründbar. Insbesondere der Präsident des Bundesrechnungshofs – *D. Engels* – hat eine vertiefte „nachgängige" und „begleitende" Kontrolle der Fondsentscheidungen durch den Bundestag oder dem zuständigen Ausschuss angeregt. Ausgehend von dem Bestreben des Bundesbankpräsidenten, die Unabhängigkeit der Bundesbank zu wahren und für sie allenfalls eine Rolle im operativen Geschäft vorzusehen,[32] ist in den Beratungen die Idee geboren worden, ein Lenkungsgremium mit „politischer Entscheidungskompetenz" zu schaffen.

Lediglich erwähnt sei hier, dass die Fraktionen DIE LINKE, BÜNDNIS 90/DIE GRÜNEN und die Fraktion der FDP am 16. und 17.10.2008 je eigene Entschließungsanträge in den Bundestag eingebracht haben, die neben Ansätzen zur Änderung des konkreten Gesetzes das Ziel übereinstimmend zum Ausdruck brachten, eine grundlegende Neuordnung des Finanzmarktes

[30] BT-Drs. 16/10651, S. 10.

[31] Vgl. BT-Drs. 16/10651, S. 12 ff.

[32] Vgl. *Frankfurter Allgemeine Zeitung* vom 17.10.2008: „Bund und Länder verständigen sich auf ein Rettungspaket".

anzugehen.[33] Die jeweils präferierten Wege dorthin fallen naturgemäß (grund-)verschieden aus: Die Bandbreite der Meinungen reicht von Überlegungen zur Teilverstaatlichung von Finanzinstituten (so DIE LINKE) bis zu einer Fundamentalkritik an den staatlichen Eingriffsbefugnissen, die das FMStG vorsieht (so die FDP), bis hin dazu, den staatlichen Einfluss auf das Geschäftsgebaren der betroffenen Unternehmen dafür zu nutzen, *„ökologische, soziale und ethische Aspekte der Anlageentscheidung“* zu akzentuieren (so BÜNDNIS 90/DIE GRÜNEN).

c) Ausklang

Am 16.10.2008 hat es eine Einigung zwischen der Bundeskanzlerin und den Ministerpräsidenten über die einzelnen strittigen Punkte gegeben. In Kenntnis dessen hat sich auch der federführende Haushaltsausschuss des Bundestages in der Nacht vom 16. auf den 17.10.2008 mehrheitlich auf Änderungen des Gesetzentwurfs verständigt. Am 17.10.2008 fand die Zweite und Dritte Lesung im Bundestag statt. Unmittelbar im Anschluss trat das Plenum des Bundesrates zusammen und erteilte seine Zustimmung zu dem Gesetzentwurf. Noch am selben Tag ist das Gesetz nach Gegenzeichnung durch die Bundeskanzlerin vom Bundespräsidenten ausgefertigt und schließlich im Bundesgesetzblatt verkündet worden.[34] Am Sonnabend, den 18.10.2008, sind die wesentlichen Regelungen des Gesetzes auf Grund der in Artikel 7 des Gesetzes geregelten Geltungsanordnung in Kraft getreten.

3. Versuch einer ersten Bewertung des Gesetzgebungsverfahrens

Das Gesetzgebungsverfahren stellt in seiner Gesamtheit einen außergewöhnlichen Vorgang dar.[35] Es ist ‚formal‘ innerhalb von fünf Tagen, gerechnet ab der Einbringung durch die Koalitionsfraktionen des Bundestages

[33] Siehe BT-Drs. 16/10652, BT-Drs. 16/10662 und BT-Drs. 16/10660.

[34] Auf die (formale) Frage, ob das Bundesgesetzblatt mit dem FMStG zur Wirksamwerdung am 18.10.2008 dieses Gesetzes nicht nur „gedruckt“ vorlag, sondern „ausgegeben“ worden ist, wird hier nicht eingegangen; ebenfalls bleibt hier dahingestellt, ob es zur Wahrung der rechtsstaatlichen Publikationspflicht genügt hätte, das Gesetz im „elektronischen Bundesgesetzblatt“ zu veröffentlichen: vgl. dazu *H. Bauer* in: Dreier (Hrsg.), Grundgesetz Kommentar, Band 2, 2. A. 2006, zu Art. 82 GG Rn. 16 ff. Von einer Verkündung im Bundesgesetzblatt erst am 20.10.2008 gehen *Ewer/Behnsen* NJW 2008, 3457 (3457), aus.

Ob überhaupt ein gedrucktes Exemplar des Gesetzes am 18.10.2008 vorgelegen hat, entzieht sich meiner Kenntnis. Da die tatsächliche Umsetzung von Maßnahmen gemäß Art. 1 FMStG nicht innerhalb weniger Stunden oder Tage nach der Gegenzeichnung zu erwarten war, ist es nicht entscheidend, ob das Inkrafttreten auf den 18.10.2008 datiert. Von viel größerer Bedeutung war das Signal, dass zum Börsenauftakt am Montag, den 20.10.2008, die Instrumente zur Stützung der Finanzmärkte von Bundestag und Bundesrat beschlossen worden sind und damit der Entscheidungsfindungsprozess der zuständigen Verfassungsorgane abgeschlossen war.

[35] *Ewer/Behnsen* NJW 2008, 3457 (3457), sprechen von einem *„Gesetzgebungssprint“*.

bis zur Veröffentlichung im Bundesgesetzblatt, komplett abgeschlossen worden.[36] Obwohl Artikel 76 Absatz 2 und 3 GG beispielsweise i.V.m. § 81 Absatz 1 BT-GO für einzelne Verfahrensschritte deutlich längere Fristen als nur wenige Tage von einem Abstimmungsakt zum nächsten vorsehen, bietet gerade die Einbringung eines Gesetzes über Abgeordnete des Bundestages[37] die verfassungskonforme Möglichkeit, Gesetze überaus zügig zu verabschieden. In Anlehnung an ein frühes Judikat des Bundesverfassungsgerichts ist die Ausfüllung der vom Grundgesetz vorgesehenen Formen der Gesetzgebung Sache der Geschäftsordnungsautonomie und der parlamentarischen Praxis, mithin primär keine Verfassungsfrage.[38]

Problematisch ist indes der gewählte Verfahrensweg, eine „Regierungsvorlage“ über Fraktionen des Bundestages in das Gesetzgebungsverfahren einzuspielen. Insoweit ist die Frage aufgeworfen, ob das (Verfassungs-)Recht der Stellungnahme des Bundesrates gemäß Art. 76 Abs. 2 GG unterlaufen worden ist. Dieses Recht dient in erster Linie der Qualitätssicherung: Vor allem der Sachverstand der Länder bei der Ausführung der Gesetze (Art. 83 GG) soll zu Gehör gebracht werden; daneben soll die Haltung des Bundesrates explizit der Bundesregierung bekannt sein, um sie bei der konkreten Konzipierung des Gesetzentwurfs im Rahmen des sog. 2. Durchgangs zu berücksichtigen und ggfs. sich der Meinung des Bundesrates anzuschließen.[39] Diese im Verfahren niedergelegte *dialogische Form* des Umgangs verschiedener Verfassungsorgane ist ein Mittel, verschiedene Standpunkte einzubringen und letztlich eine austarierende Lösung anzustreben.

Abgesehen davon, dass vieles für ein – lediglich durch eine Missbrauchsschranke begrenztes – Wahlrecht spricht, einen gemäß Art. 76 GG legitimierten Weg der Gesetzesinitiative beschreiten zu dürfen,[40] gleichviel wer der

[36] Hiermit ist gemäß der herkömmlichen Terminologie das sog. *äußere Gesetzgebungsverfahren* gemeint (vgl. nur *R. Stettner* in: Dreier (Hrsg.), Grundgesetz, Kommentar, 2. A., Band II, zu Art. 76 GG Rn. 6 m.w.N.). Das sog. *innere Gesetzgebungsverfahren*, also die Willensbildung und der Prozess der Entscheidungsfindung, betrifft die inhaltliche Seite und wird bei der Analyse der Regelungen des Gesetzes insgesamt kommentiert.

[37] Vorausgesetzt, es handelt sich um eine Fraktion oder 5 % der Mitglieder des Bundestages, Art. 76 Absatz 1 GG i.V.m. § 76 Absatz 1 BT-GO. Ob selbst dieser Ausdruck der Geschäftsordnungsautonomie des Bundestages der Formulierung des Art 76 GG (*„aus der Mitte des Bundestages“*) entspricht, ist streitig (siehe *R. Stettner* ebenda, zu Art. 76 GG Rn. 18).

[38] BVerfGE 1, 144 (153). Konsequenz daraus ist auch, dass ein Verstoß gegen die BT-GO nicht zwingend in einen Verfassungsverstoß mündet.

[39] In diesem Sinne *B.-O. Bryde* in: von Münch/Kunig (Hrsg.), Grundgesetz Kommentar, 4./5. A., 2002, Band 3, zu Art. 76 GG Rn. 17.

[40] Dies gilt auch für den Fall des Nichtergreifens einer verfassungskonformen Option; so in Bezug auf die Nichtausschöpfung der Einlassungsfrist des Bundesrates BVerfGE 30, 250 (261 f.).

Urheber eines Gesetzentwurfs ist,[41] haben die Länder ihre Erfahrungen und Standpunkte zum Entwurf des FMStG vor der Abstimmung im Plenum des Bundesrates teilweise sehr engagiert vorgetragen.[42] Zudem hat es einen – cum grano salis – faktischen 2. Durchgang aus dem Grunde gegeben, dass in den abschließenden Beratungen des Haushaltsausschusses des Bundestages die Haltung der Ministerpräsidenten „berücksichtigt“ worden ist. Ziel war für alle Verfahrensbeteiligten, das Gesetz auf Grund der angenommenen extremen Eilbedürftigkeit noch in der 42. Woche des Jahres 2008 in Kraft treten zu lassen. Diese zeitliche Bedingung erforderte von den Verfassungsorganen Bundestag, Bundesrat und Bundespräsident ein ‚informelles‘ Zusammenspiel, das von gegenseitigem Respekt und wechselseitiger Berücksichtigung vitaler Interessen geprägt sein musste, gegründet auf der Verfassungspflicht zur Rücksichtnahme auf Interessen anderer Verfassungsorgane, die zu Prüfungs-, Unterrichtungs- und Konsultationspflichten führen kann.[43] Eine Beschlussempfehlung des Haushaltsausschusses, die wesentliche Länderinteressen nicht mit aufgenommen oder gar ignoriert hätte, hätte die Gefahr heraufbeschworen, dass im Bundesrat eine Zustimmung so schnell nicht erreichbar gewesen wäre. Die Problemlösungskapazität des deutschen Föderalismus hat sich in diesem Fall als sehr hoch erwiesen. Die verfassungsdogmatische Frage danach, ob der Haushaltsausschuss des Bundestages funktional das sachnäheste Gremium ist, in ein Bundesgesetz Länderinteressen einfließen zu lassen, soll hier lediglich aufgeworfen werden. Letztlich steht es den Bundestagsabgeordneten frei, sich solcher Interessen anzunehmen; ohnehin lässt sich die inhaltliche Autorenschaft von Gesetzvorlagen im *„parlamentarischen Parteienstaat“* nicht immer nachvollziehen.[44] Ganz ohne Wirkungen ist das Länderengagement denn auch nicht geblieben. Davon zeugen etwa die Mitgliedschaft eines Ländervertreters im sog. Lenkungsausschuss und die Deckelung der Mithaftung der Länder in Art. 1 § 13 Abs. 2 FMStG auf 7,7 Mrd. €.[45]

Zumindest berührt sei noch der Aspekt, ob die gesellschaftspolitische und demokratisch-rechtsstaatliche Funktion des vom Grundgesetz vorgesehenen Gesetzgebungsverfahrens – zumal eines, das zentrale staatsrechtliche Belange

[41] U.a. *R. Stettner* ebenda, zu Art. 76 GG Rn. 13. Für ein unbegrenztes Wahlrecht tritt etwa *B.-O. Bryde* (Fn. 39), zu Art. 76 Rn. 21, ein.

[42] Die Äußerungen einiger Finanzminister und Ministerpräsidenten belegen dies: Vgl. *S. Afhüppe/P. Müller/D. Riedel* in: Handelsblatt vom 15.10.2008: „Die Länder feilschen um Rettungspaket“; *R. Alexander* in: Die Welt vom 15.10.2008: „Widerstand der Bundesländer gegen das Rettungspaket“; Interview vom 15.10.2008 mit *H. Möllring* Finanzminister Niedersachsen, im Deutschlandradio Kultur.

[43] Vgl. BVerfGE 68, 1 (67).

[44] Dieses Bild benutzt etwa *B.-O. Bryde* (Fn. 39), zu Art. 76 Rn. 21.

[45] Ob die beiden staatlichen Ebenen – Bund und Länder – sich mit ihren Interessen zumindest in einem annähernd gleichen Umfang in dem gefundenen Kompromiss wiederfinden, mag dahingestellt sein.

zum Klingen bringt – stark strapaziert worden ist. Der öffentliche Diskurs über wesentliche Themen des ‚Staatsganzen', die in ein Gesetz ‚gegossen' worden sind, ist für die Akzeptanz eines Rechtsstaates und für seine Weiterentwicklung unabdingbar. Ohne an dieser Stelle einen neuen Akzent zur Rechtsstaatstheorie des Grundgesetzes setzen zu wollen, bedingt das weitgehende Zurückdrängen direkt-demokratischer Elemente eine Kompensation bei den inhaltlichen Anforderungen im Verfahren des Entstehens von Gesetzen. Wenn das Gesetz *„Ausdruck der Allgemeinheit des vernünftig und selbstbestimmt gebildeten, in abstrakte Regeln gefassten Gemeinwillens der Bürger"*[46] ist, dann gehören Maßnahmen, die zu finanziellen Belastungen weit über das aktuelle Volumen des Bundeshaushalts 2008 von über 280 Mrd. € hinaus führen können, sorgfältig erwogen, breit diskutiert und abgeschichtet zu anderen Lösungsansätzen. Dass dies auf Grund der „beschleunigten" Gesetzgebung nicht in der Tiefe geschehen ist, ist mit der Notwendigkeit begründet worden, unverzüglich handeln zu müssen. Obwohl das Thema, einen sog. Rettungsschirm für Banken schaffen zu wollen, einige Wochen vor der Gesetzesinitiative der Koalitionsfraktionen im Bundestag in der politischen Berichterstattung eine große Rolle gespielt hat, und somit gewiss darüber eine öffentliche Diskussion begonnen hat, ist es qualitativ ein Unterschied dazu, sich auch öffentlich und intensiv mit einem konkreten gesetzgeberischen Krisenbewältigungskonzept zu befassen. Die eher rudimentäre parlamentarische und öffentliche Auseinandersetzung über den Einsatz und den Umfang staatlicher Instrumente zur Stützung und Stabilisierung der Finanzmärkte ist in concreto gewissermaßen in einem ersten Aufeinanderprallen der gegensätzlichen Standpunkte verhaftet geblieben. Das erhöht die Wahrscheinlichkeit des *„nachgelagerten Diskurses"*, d.h. einer Diskussion etwa über Gerechtigkeitsaspekte anhand konkreter Einzelfallentscheidungen, beispielsweise über die Begrenzung der Vergütung von Organmitgliedern oder der Verhängung einer Auflage, dass der Fonds an späteren Gewinnen der unterstützten Bank einen Anteil erhält.[47]

Gleichwohl erwächst aus der dargestellten Eile des Gesetzgebers per se kein Grund für die Annahme, das FMStG sei verfassungswidrig zustande gekommen. Denn die beteiligten Gesetzgebungsorgane hatten die Möglichkeit, die Gesetzvorlage mit der Begründung abzulehnen, dass durch den Zeit-

[46] So etwa *H. Schulze-Fielitz* in: Dreier (Hrsg.), Grundgesetz Kommentar, Band II, 2. A. 2006, zu Art. 20 GG (Rechtsstaat) Rn. 9 m.w.N.

[47] Dazu § 5 Abs. 2 Nr. 4 lit. a) und Nr. 5 FMStFV. Und schon zeigen sich nur wenige Wochen nach dem Erlass des FMStG die üblichen Schablonen des Lagerdenkens: vgl. *A. Storn* in: DIE ZEIT vom 11.12.2008, S. 37. Auch der Umgang mit Bonuszahlungen für 2008 führt zuweilen zu kontroversen öffentlichen Diskussionen. So hat zwar die Commerzbank die avisierten Boni i.H. v. 600 Mio. € gestrichen. Gleiches in der Investmentbank Dresdner Kleinwort zu erreichen, gestaltet sich auf Grund gegebener fraglicher Zusagen jedoch als sehr schwierig, vgl. *M. Hesse* in: SZ vom 19.2.2009, S. 26.

druck eine sachgemäße Behandlung nicht gewährleistet sei.[48] Abgesehen von der erhöhten Publizität gesellschaftspolitisch herausragender Gesetzgebungsvorhaben ist hiermit ein Punkt berührt, der sonst in der Diskussion der Abschichtung der Kompetenzen zwischen Legislative und Exekutive eine große Rolle spielt: die Dogmatik zum *Vorbehalt des Gesetzes*. In diesem Zusammenhang ist die gewaltenteilende Komponente angesprochen: Was dem Gesetzgeber als Sachentscheidungskompetenz zugewiesen ist und in der Form eines Gesetzes zu bestimmen ist, unterliegt einem Delegationsverbot, d.h. die Legislative hat ein *„unveräußerliches Monopol“* der Rechtsetzung, es besteht eine Handlungssperre zu Lasten der Exekutive.[49] Der eigentliche Grund für diese Abschichtung ist nicht mehr wie zu Zeiten der konstitutionellen Monarchie die alleinige demokratische Legitimation des Parlaments; denn auch die Exekutive ist nach dem Grundgesetz demokratisch legitimiert (vgl. etwa Art. 63 Abs. 1 und 64 Abs. 1 GG, wonach die Regierung vom Bundestag gewählt wird).[50] Vielmehr tritt in den verfassungsrechtlichen Vordergrund, dass durch eine parlamentarische Entscheidung ein Verfahren vorgesehen ist, „das der Öffentlichkeit die Gelegenheit bietet, ihre Auffassungen auszubilden und zu vertreten, und die Volksvertretung anhält, Notwendigkeit und Ausmaß von Grundrechtseingriffen in öffentlicher Debatte zu klären“[51]. Was gilt aber nun, wenn faktisch die spezifische Sachnähe und -kenntnis der Exekutive die inhaltliche Auseinandersetzung über den Sachbereich in der Legislative weitgehend steuert – kann auch in einem solchen Fall festgestellt werden, dass nicht nur der Form nach, sondern auch *in der Sache* der Gesetzgeber, nicht jedoch die Bundesregierung entschieden hat? Auf die zuweilen beklagte ‚Herrschaft der Exekutive‘ ist hiermit angespielt. In der Verfassungspraxis ist es durchaus nicht von der Hand zu weisen, der Ministerialverwaltung eine hohe Steuerungskompetenz für eine Reihe von Sachbereichen zu attestieren. Indessen liegt die Befugnis zur Letztentscheidung bei der Legislative, die den in der Verwaltung vorhandenen Sachverstand erstens zu nutzen befugt ist und zweitens auch auf ihn zu einem gewissen Grade angewiesen ist. Ohne die inhaltliche Rückkopplung auf Erfahrungen im Gesetzesvollzug sollte ein Gesetz tunlichst nicht entstehen. Dagegen wäre aber ein Überborden oder gar ein Missbrauch der exekutivischen Macht ein Verstoß gegen den in Art. 20 Abs. 3 GG niedergelegten Grundsatz der Gewaltentrennung, der je eigene Entscheidungskompetenzen,

[48] Vgl. BVerfGE 29, 221 (233); *Pieroth* in: Jarass/Pieroth, Grundgesetz Kommentar, 8. A. 2006, zu Art. 77 GG Rn. 1.

[49] *Grzeszick* in: Maunz/Dürig, Grundgesetz Kommentar, Dezember 2007 Lfg. 51, zu Art. 20 Abs. 3 GG Rn. 83 f.

[50] Vgl. dazu *Grzeszick* in: Maunz/Dürig, Grundgesetz Kommentar, Dezember 2007 Lfg. 51, zu Art. 20 Abs. 3 GG Rn. 85.

[51] Vgl. BVerfGE 85, 386 (403 f.); E 105, 279 (303 ff.).

ggfs. ein Korrektur- und Rückholrecht des Gesetzgebers, vorsieht.[52] Anzeichen für einen derartigen Machtmissbrauch sind nicht ersichtlich. Die Entstehungsgeschichte des FMStG ist – alles in allem – wegen der extremen Kürze des Gesetzgebungsverfahrens und wegen des großen Einflusses der Ministerialverwaltung (sowie einzelner Sachverständiger) verfassungs*rechtlich* nicht unbedenklich, verfassungs*politisch* aber wegen der zeitlichen Not als systemische Ausnahme zu betrachten, die derzeit noch keinen (verfassungswidrigen) Rollentausch zwischen Legislative und Exekutive erkennen lässt.

IV. Das Finanzmarktstabilisierungsgesetz im Überblick

1. *Zweck des Gesetzes und institutionelle Mechanik der Entscheidungsprozesse*

In der Begründung des Gesetzentwurfs heißt es ausdrücklich: „... *durch ein Maßnahmenpaket ein tragfähiges Instrumentarium zu schaffen, um die bestehenden Liquiditätsengpässe zeitnah zu überwinden und die Stabilität des deutschen Finanzmarktes zu stärken.*“[53] Diese Zweckbestimmung, die ihre gesetzgeberische Manifestation auch in Art. 1 § 2 Abs. 1 Satz 1 FMStG gefunden hat, dirigiert als ein leitender Aspekt insbesondere die Auslegungsfragen, die sich bei Anwendung der Instrumente und der jeweils zu vereinbarenden Eigenleistungen sowie Bedingungen für eine staatliche Hilfe noch ergeben.[54]

Gemäß Art. 110 Abs. 1 und Art. 115 Abs. 2 GG ist ein Sondervermögen des Bundes per Gesetz errichtet worden, das eine gesonderte Kreditermächtigung enthält (Art. 1 § 2 Abs. 2 und § 9 FMStG). Die Aufgabenwahrnehmung – so der erste Eindruck – geschieht durch die Finanzmarktstabilisierungsanstalt (FMSA), die der Rechts- und Fachaufsicht des Bundesministerium der Finanzen untersteht (Art. 1 § 3a Abs. 2 FMStG). Sie wird gemäß Art. 1 § 3a Abs. 1 und 4 FMStG – in Anlehnung an das Modell der Treuhandanstalt – „*bei*“ der Deutschen Bundesbank errichtet. Die Anstalt wird von einem *Leitungsausschuss* geleitet (Art. 1 § 3 Abs. 3 FMStG). Mitglieder der ersten Stunde waren *Günther Merl* (Vorstandsvorsitzender der Landesbank Hessen-Thüringen a.D.), *Gerhard Stratthaus* (Finanzminister Baden-Württemberg a.D.) und *Karl-Heinz Bentele* (Präsident des Rheinischen Sparkassen- und Giroverbandes a.D.), die vom Bundesministerium der

[52] Vgl. dazu *Grzeszick* in: Maunz/Dürig, Grundgesetz Kommentar, Dezember 2007 Lfg. 51, zu Art. 20 Abs. 3 GG Rn. 102.

[53] BT-Drs. 16/10600, S. 1 (unter „A. Problem und Ziel“).

[54] Eine vertiefte Darstellung von „Untiefen“ des FMStG und der darauf fußenden Rechtsverordnung erscheint demnächst gesondert in der DÖV.

Finanzen im Benehmen mit der Bundesbank ernannt worden sind (Art. 1 § 3 Abs. 3 Satz 1 FMStG).[54a]

Dem Bundesministerium der Finanzen obliegt gemäß Art. 1 § 4 Abs. 1 FMStG in der Hauptsache das *operative Geschäft*; dort sind die Stabilisierungsmaßnahmen für den Einzelfall auf Antrag nach pflichtgemäßen Ermessen zu entscheiden. Soweit es um grundsätzliche oder wesentliche Angelegenheiten geht, ist ein (weitgehend) „interministerieller" Ausschuss (*Lenkungsausschuss*) zuständig, der auf Vorschlag der FMSA, mithin des Leitungsausschusses entscheidet. Der Lenkungsausschuss besteht aus insgesamt fünf Mitgliedern, wobei vier Mitglieder aus verschiedenen Bundesministerien entsandt werden und ein Vertreter von den Ländern. Der Ländervertreter ist *Kurt Biedenkopf* (Ministerpräsident Sachsens a.D.), dem die spannende Aufgabe obliegt, im Entscheidungsprozess Länderinteressen zu koordinieren.

Die Konkretisierung des operativen Geschäfts ist in einer *Rechtsverordnung*[55] – FMStFV – des Bundesfinanzministeriums vom 20.10.2008 niedergelegt worden, die der Zustimmung des Bundesrates nicht bedurfte (Art. 1 §§ 4 Abs. 4, 6 Abs. 4, 7 Abs. 3, 8 Abs. 2 und 10 Abs. 2 FMStG). Die besondere Delegationskompetenz der Bundesregierung in Art. 1 § 4 Abs. 2 Satz 1 FMStG eröffnet die Möglichkeit, die Kompetenz zur Entscheidung der Einzelfälle der FMSA zu übertragen;[56] dies ist mit § 1 Abs. 1 und Abs. 2 FMStFV geschehen.[57] Im Entwurf war noch vorgesehen, das operative Geschäft der Bundesbank übertragen zu können, wobei die Rechts- und Fachaufsicht nach wie vor dem Bundesministerium der Finanzen obliegen sollte.[58] In der beschlossenen Fassung hat demnach der Gedanke Oberhand gewonnen, die Unabhängigkeit der Bundesbank zu wahren, indem die ihr zugedachte Rolle im operativen Geschäft unter einer sachleitenden Kompetenz des Bundesministeriums der Finanzen nicht umgesetzt worden ist.

2. *Parlamentarische Kontrolle*

An verschiedenen Stellen sind im FMStG Beratungs- und Informationsrechte des Haushaltsausschusses und des Finanzausschusses des Bundestages geregelt; Zustimmungserfordernisse fehlen gänzlich. Zur Gewährleistung einer erhöhten parlamentarischen Kontrolle ist aber ein neues Gremium geschaffen worden: das *Gremium zum Finanzmarktstabilisierungsfonds*

[54a] Von den Gründungsmitgliedern ist allein *G. Stratthaus* übrig geblieben.

[55] Veröffentlicht am 20.10.2008 im elektronischen Bundesanzeiger. Die Rechtsgrundlage für diesen Publizierungsweg findet sich in Art. 1 § 17 FMStG. In concreto hat nicht die Bundesregierung die Erlasskompetenz ausgeübt, sondern das Bundesfinanzministerium.

[56] Gleiches gilt für die Kompetenz der Verwaltung des Fonds. Auch insoweit hat das Bundesfinanzministerium die Delegationsbefugnis für die Bundesregierung wahrgenommen.

[57] Siehe dazu *Ewer/Behnsen* NJW 2008, 3457 (3458).

[58] BT-Drs. 16/10600, S. 4 (Entwurfsfassung) und S. 16 (Begründung).

(Art. 1 § 10a FMStG).[59] Es besteht aus neun Mitgliedern des Haushaltsausschusses, die geheim tagen (Art. 1 § 10a Abs. 1 und Abs. 3 FMStG). Das Bundesministerium der Finanzen ist verpflichtet, das Gremium „über alle den Fonds betreffenden Fragen" zu unterrichten (Art. 1 § 10a Abs. 2 Satz 1 FMStG). Es hat ein unbeschränkt formuliertes *Zitierrecht*[60] der Mitglieder des Lenkungs- und Leitungsausschusses (Art. 1 § 10a Abs. 2 Satz 2 FMStG). Überdies hat dieses Gremium die Aufgabe, „über grundsätzliche und strategische Fragen und langfristige Entwicklungen der Finanzmarktpolitik" zu beraten (Art. 1 § 10a Abs. 2 Satz 3 FMStG). Insoweit steht im Vordergrund, die Bemühungen um eine ausreichende Regulierung des Finanzmarktes aufzunehmen und den Versuch zu unternehmen, innerstaatliche Regelungen – u.U. im Rahmen einer globalen Finanzreform[61] – zu entwerfen. Aus parlamentarischer Sicht stellt indes auch diese erhöhte Beteiligung eines „Unterausschusses" eines Bundestagsausschusses nicht das erwartete Maß an Mitbestimmung dar. Im operativen Geschäft mag die angezeigte Eilbedürftigkeit von Entscheidungen des Fonds noch eine ausreichende Legitimationsgrundlage für bloße Unterrichtungen des Unterausschusses sein, indes überzeugt das Moment der Eilbedürftigkeit nicht in vollem Umfang, auch bei den grundsätzlichen Entscheidungen gemäß Art. 1 § 4 Abs. 1 Satz 2 FMStG keine Zustimmungsbedürftigkeit eines Parlamentsgremiums vorzusehen, kann es doch im haushaltswirtschaftlichen Ergebnis um sehr weitreichende Belastungen der Haushalte von Bund und Ländern gehen.

3. *Zu den Instrumenten*

Das Finanzmarktstabilisierungsgesetz sieht drei Instrumente zur Stützung der Finanzmärkte vor: Erstens die sog. *Garantieermächtigung* gemäß Art. 1 § 6 FMStG, § 2 FMStFV: Bürgschaftserklärungen für ab Inkrafttreten des Gesetzes[62] begebene Schuldtitel und begründete Verbindlichkeiten von Unternehmen des Finanzsektors, *„um Liquiditätsengpässe zu beheben und*

[59] Diese besondere, von den üblichen Formen abweichende Beteiligung des Bundestages an Entscheidungen des Fonds ist von einem Abgeordneten der Koalitionsfraktionen mit der Begründung nicht mitgetragen worden, die Kontrolle solle auf den im üblichen Parlamentsbetrieb fußenden und bewährten Strukturen beruhen. M.a.W.: die bereits installierten Gremien, wie etwa der Finanzausschuss oder der Haushaltsausschuss, sollten diese Aufgabe übernehmen.

[60] Begriff in Anlehnung an Art. 43 Abs. 1 GG.

[61] Dazu jüngst *N. Fried/A. Hagelüken* in: Süddeutsche Zeitung vom 14.11.2008: „Merkel verlangt globale Finanzreform", die von Bestrebungen einiger Länder vor dem sog. G 20-Treffen (Staats- und Regierungschefs aus den wichtigsten Industrie- und Schwellenländern) berichten, beispielsweise den Internationalen Währungsfonds zu stärken und ihm Sanktionsinstrumente an die Hand zu geben.

[62] Durch diese strikte zeitliche Zäsur spielt der Tag des Inkrafttretens des Gesetzes, der abhängt von dem Tag der Veröffentlichung im Bundesgesetzblatt, eine ausschlaggebende Rolle.

die Refinanzierung am Kapitalmarkt zu unterstützen". Zweitens die sog. *Rekapitalisierung* gemäß Art. 1 § 7 FMStG, § 3 FMStFV, womit insbesondere der Erwerb von Anteilen oder stillen Beteiligungen an Unternehmen des Finanzsektors gemeint ist. Und drittens die sog. *Risikoübernahme* gemäß Art. 1 § 8 FMStG, § 4 FMStFV: Übernahme von vor dem 13.10.2008 erworbenen Forderungen, Wertpapieren, derivativen Finanzinstrumenten etc.

Das Volumen der Garantien darf insgesamt 400 Milliarden € nicht überschreiten (Art. 1 § 6 Abs. 1 Satz 1 FMStG). Eine Kreditermächtigung zur Finanzierung von Maßnahmen der Rekapitalisierung und der Risikoübernahme ist in Höhe von 70 Milliarden € verankert; diese kann um 10 Milliarden € aufgestockt werden (Art. 1 § 9 Abs. 1 und Abs. 4 FMStG). Zusätzlich wird für eine Inanspruchnahme aus Garantien eine Kreditermächtigung in Höhe von 20 Milliarden € geregelt; dies entspricht den Erfahrungen mit der Übernahme von Garantien, die grundsätzlich mit einem Ausfallrisiko von etwa 5 % behaftet sind. Insgesamt ist das Volumen des Fonds auf 480 Milliarden € begrenzt. Das zum jetzigen Zeitpunkt konkret zu erwartende Ausfallrisiko, wie es sich der Gesetzgeber vorstellt, wird mit 100 Mrd. € taxiert – dies entspricht der Summe aller im Gesetz geregelten Kreditermächtigungen.

Die einzelnen Maßnahmen sind bis zum 31.12.2009 zugelassen. Gleichwohl können auf Grund der maximalen Laufzeit von Garantieerklärungen – 36 Monate – Belastungen des Fonds bis zum 31.12.2012 auftreten. Mit der haushaltswirtschaftlichen Abrechnung des Fonds kann demzufolge frühestens im Jahre 2013 begonnen werden. Auffällig ist ferner, dass die Tilgung etwaiger Verbindlichkeiten des Fonds zeitlich nicht festgelegt ist. Insoweit ist die heikle Frage aufgeworfen, wann mit einer Abrechnung und dann Schließung des Fonds zu rechnen ist. Die hier vertretene These lautet: Der Abrechnungszeitpunkt ist bewusst offen gehalten. Einen ersten Hinweis für den Beleg der These erhalten wir mit einer für Risikoübernahmen geregelten Vorgehensweise: Soweit Risikopositionen vom Fonds übernommen worden sind, soll eine nachfolgende Veräußerung „*marktschonend*" erfolgen (§ 4 Abs. 2 Nr. 4 Satz 2 FMStFV), was auch heißen kann, dass der Veräußerungszeitpunkt noch weit über den 01.01.2013 hinaus liegen kann, soweit dies aus Gründen der Wirtschaftlichkeit angezeigt ist. Überdies verpflichten die §§ 7 Abs. 1 i.V.m. 113 BHO auch den Fonds, wirtschaftlich und sparsam zu agieren. Sollte es etwa auf Grund ungünstigen Marktgeschehens zu einem Kursverfall der erworbenen Wertpapiere kommen, gleichwohl die nachvollziehbare Prognose gestellt würde, ab 2015 sei mit deutlichen Kursverbesserungen zu rechnen, wäre es opportun, mit der Veräußerung bis dahin zu warten, um ein günstiges Schlussergebnis des Fonds zu erzielen. Ohnehin böte sich eine sukzessive Veräußerung an, um ein Maximum an Ertrag zu erzielen. So der Zweck der Stabilisierung der Finanzmärkte bis zum 31.12.2012 erfüllt ist, spricht nichts gegen eine in weiter Ferne liegende Abrechnung des Fonds. Ob allerdings eine ‚aufgeschobene' Abrechnung mit dem jeweils geltenden

Staatsschuldenrecht vereinbar ist, steht auf einem anderen Blatt, und hängt naturgemäß damit zusammen, ob und in welchem Umfang sich in dem Fonds Schuldenstände angehäuft haben.

Nur angedeutet werden kann hier, dass je nach Instrument und Einzelfall Bedingungen vereinbart werden können, die z.T. als ‚Gegenleistung' des betroffenen Instituts selbst konstruiert sind oder als ein besonderer Eigenbeitrag des Leitungspersonals, die Einbußen ihrer Vergütung hinzunehmen haben (vgl. Art. 1 § 10 Abs. 2 Satz 1 Nr. 3 und 5 FMStG i.V.m. den Einzelanordnungen in der Rechtsverordnung).[62a]

V. Mischfinanzierung und Mischverwaltung – zur Vereinbarkeit mit Art. 104a Abs. 1 GG

Nun zu der Frage, ob der Mischfinanzierungstatbestand in Art. 1 § 13 Abs. 2 FMStG mit der Lastentragungsregelung in Art. 104a Abs. 1 GG vereinbar ist.

Art. 1 § 13 Absatz 2 Satz 1 FMStG sieht eine Länderbeteiligung am *Schlussergebnis* (positiv wie negativ) des Fonds vor: 65 % für Bund und 35 % für die Länder (Verteilungsschlüssel untereinander: je zur Hälfte nach Einwohnerzahl und BIP). Allerdings wird der Länderhaftungsbetrag auf 7,7 Milliarden € gedeckelt (Art. 1 § 13 Abs. 2 Satz 2 FMStG).

Um das Ergebnis der – hier lediglich kursorischen – Prüfung vorwegzunehmen: Bund und Länder bewegen sich insoweit in einer verfassungsrechtlichen ‚Grauzone', die noch nicht das Votum ‚verfassungswidrig' verdient.[63]

Ausgangspunkt ist Art. 104a Abs. 1 GG, die sog. Lastentragungsregelung, wonach Bund und Länder die sich aus der Wahrnehmung ihrer Aufgaben ergebenden Ausgaben gesondert zu tragen haben (sog. Konnexitätsprinzip), es sei denn, im Grundgesetz sind abweichende Regelungen getroffen worden, womit auf die Gemeinschaftsaufgaben gemäß Art. 91a und 91b sowie auf Art. 104b GG angespielt wird.[64] Auf Art. 104a Abs. 1 GG gründet sich das grundsätzliche Verbot der Mischfinanzierung, d.h. einer finanziellen Beteiligung an der Erledigung ‚fremder' Verwaltungsaufgaben.[65] Und das aus guten

[62a] Vertiefend dazu *Th. Kroll*, Über Untiefen im Finanzmarktstabilisierungsgesetz, in: DÖV, demnächst.

[63] „*Verfassungsrechtliche Fragwürdigkeit*" wird von *U. Häde* festgestellt: Zitat nach *St. Dietrich* in: FAZ vom 19.11.2008: „Einheitlichkeit ist Trumpf – Staatsrechtler verteidigen den Föderalismus".

[64] Die in der Literatur diskutierte Gesetzgebungskausalität als Kriterium für die Abschichtung der Bundes- von den Landeskompetenzen wird hier nicht aufgegriffen; vgl. dazu m.w.N. *J. Hellermann* in: v. Mangoldt/Klein/Starck (Hrsg.), Kommentar zum Grundgesetz, Band 3, 5. A. 2005, zu Art. 104a GG Rn. 160 ff.

[65] Vgl. BVerfGE 39, 96 (107 f.); *Heun* in: Dreier (Hrsg.), Grundgesetz Kommentar, Band III, 2. A. 2008, zu Art. 104a GG Rn. 19; *J. Hellermann* in: v. Mangoldt/Klein/Starck (Hrsg.), Kommentar zum Grundgesetz, Band 3, 5. A. 2005, zu Art. 104a GG Rn. 52.

Gründen: Erstens erfordert es die Staatlichkeit und haushaltswirtschaftliche Eigenständigkeit (Art. 109 Abs. 1 GG) von Bund und Ländern, dass keine strukturellen Abhängigkeiten der einen von der anderen Ebene entstehen; denn die Gefahr von Abhängigkeiten der Länder vom Bund über die Gewährung von Finanzleistungen höhlt die verfassungsrechtlich garantierte Eigenständigkeit der Länder aus.[66] Insbesondere deshalb ist etwa die weitgehend ungeregelte *Fondswirtschaft* des Bundes vor der Großen Finanzverfassungsreform 1970 unter verfassungsrechtliche Kautelen gestellt worden, die die Wirkungen des ‚Goldenen Zügels' reglementieren und begrenzen sollen (vgl. Art. 104a Abs. 4 GG alte Fassung und Art. 104b GG neue Fassung)[67]. Zweitens orientiert sich das Konnexitätsprinzip in Art. 104a Abs. 1 GG an dem Leitbild, dass es primär das Verwaltungsgebaren ist, über die mannigfachen Einflussmöglichkeiten auf den konkreten Vollzug der Aufgaben den Großteil der anfallenden Kosten zu ‚steuern'.[68] Hinter diesem Gedanken der Abschichtung von Verantwortungssphären stehen prinzipielle ökonomische und staatsrechtliche Grundideen: In Anlehnung an den Grundsatz der *fiskalischen Äquivalenz*, wonach Nutznießer und Kostenträger öffentlicher Leistungen identisch sein sollen,[69] und zur Durchsetzung einer effektiven parlamentarischen Kontrolle[70] sowie einem dem Wirtschaftlichkeits- und Sparsamkeitsprinzip verpflichteten Verwaltungshandeln[71], ist eine möglichst klare Zuordnung einer Aufgabe zu der staatlichen Ebene gefordert, die am sachnächsten ist. ‚Mischformen' sowohl der Verwaltungs- als auch der Finanzierungszuständigkeiten bergen die Gefahr der Verwischung der Verantwortlichkeiten in sich.

Die Kernfrage ist, was unter *‚Aufgabe'* zu verstehen ist. Mangels anderweitiger Definition dieses Begriffs wird herkömmlicher Weise auf die jeweilige Verwaltungskompetenz abgestellt, um eine klare Kompetenzabgrenzung unter Vermeidung von Doppelarbeit und Reibungsverlusten zu gewährleisten.[72] Maßstab sind insoweit die allgemeinen Kompetenzvertei-

[66] BVerfGE 39, 96 (108).

[67] Vgl. Gutachten über die Finanzreform in der Bundesrepublik Deutschland (sog. *Troeger-Gutachten*), 1966, Rn. 44 bis 51, das unter anderem die Beobachtung wiedergibt, dass sich „leistungsschwache" Länder sogar dem Bund für Bundesfinanzhilfen in ihrem Hoheitsgebiet angeboten haben und bereit waren, *„bestimmte sachliche Verpflichtungen einzugehen"*. Die „Macht des größten Etats" hat sich insoweit fast regelungslos – d.h. allein „polit-strategisch", nicht aber staatsrechtlich kanalisiert – entfalten können.

[68] *H.-G. Henneke* Öffentliches Finanzwesen – Finanzverfassung, 2. A. 2000, Rn. 191.

[69] Siehe u.a. *Wissenschaftlicher Beirat beim Bundesministerium der Finanzen*, Gutachten zum Länderfinanzausgleich, 1992, S. 42 f.; *W. Heun* in: Der Staat, 1992, S. 205 (219 f.).

[70] Vgl. *W. Heun* in: Dreier (Hrsg.), Grundgesetz Kommentar, Band III, 2. A. 2008, zu Art. 104a GG Rn. 11.

[71] *Troeger-Gutachten* Rn. 201.

[72] Vgl. *W. Heun* in: Dreier (Hrsg.), Grundgesetz Kommentar, Band III, 2. A. 2008, zu Art. 104a GG Rn. 12.

lungsregelungen in den Art. 30 und 83 ff. GG. Ist nun die Aufgabe ‚Stützung der Finanzmärkte' in dieser besonderen Situation eine Aufgabe des Bundes *oder* der Länder oder gar eine Aufgabe, die von beiden staatlichen Ebenen zu bewältigen ist?

Eine klare Zuordnung zu einer staatlichen Ebene mag nur schwer gelingen. Nach den Konzeptvorstellungen des Gesetzgebers ist jedenfalls die Anstrengung *aller* staatlichen Glieder gefordert.[73] In den Regelungen in Art. 1 § 13 Abs. 2 und 3 FMStG hat dieser konzeptionelle Zugriff einen objektivierten Ausdruck gefunden. Gleichwohl hat man sich mit dem auf den ersten Blick bestechenden Einwand auseinander zu setzen, wegen der Notwendigkeit einer nationalstaatlichen Intervention und der Reglung in Art. 1 § 3a Abs. 2 FMStG, wonach im Ergebnis die Verwaltungszuständigkeit dem Bund zuzuordnen sei, handele es sich um eine *Bundesaufgabe*, die – mangels grundgesetzlicher Regelung einer gemeinschaftlichen Wahrnehmung (Art. 104b, 91a und 91b GG) – nicht von den Ländern „mitfinanziert" werden dürfe.[74] Bei näherem Hinsehen wird indes deutlich, dass bereits die Frage nach der Verwaltungszuständigkeit des Bundes so primär mit der *einfachgesetzlichen Ausgestaltung* beantwortet wird. Es ist aber das *Grundgesetz* daraufhin zu befragen, wie es die Abschichtung der Verwaltungskompetenzen zwischen Bund und Ländern konzipiert hat, so dass entscheidungserheblich ist, ob es für die in Art. 1 FMStG niedergelegte Verwaltungskonzeption eine verfassungsrechtliche Anknüpfung gibt.

Damit sind wir auf die Regelungen der Verwaltungstypen in den Art. 83 ff. GG verwiesen. Die Betrachtung der einfachgesetzlichen Ebene führt zu der Besonderheit, dass keine Spielart der Bundesverwaltung in den Formen gemäß Art. 85 bis 87 GG in *Reinkultur* vorliegt. Vor allem die Konstruktion der Finanzmarktstabilisierungsanstalt gemäß Art. 1 § 3a FMStG und die ausdrückliche Bestimmung in Art. 1 § 4 Abs. 1 Satz 4 FMStG, wonach die Verwaltung des Fonds dem Bundesministerium der Finanzen obliegt, legen nahe, eine Form der *bundeseigenen Verwaltung* gemäß Art. 87 Abs. 3 Satz 1 GG anzunehmen. Die aufgezeigte Nähe zur bundeseigenen Verwaltung des gewählten Weges zur Umsetzung der gesetzgeberischen Ziele kann auf den Umstand des Verwaltungsübergewichts des Bundes gegründet werden.[75] Art. 1 § 4 Abs. 1 und Abs. 3 FMStG sehen jedoch eine Art der Beteiligung der

[73] BT-Drs. 16/10600, S. 17.

[74] Dieser Einwand stammt aus der Ministerialbürokratie eines Landes. Insbesondere die Erörterungen im Haushaltsausschuss des Bundestages lassen jede Befassung mit diesem ernstzunehmenden Aspekt vermissen.

[75] Sowohl in organisatorischer Hinsicht – siehe die vielfältigen Einflussmöglichkeiten des Bundesministeriums der Finanzen auf die konkrete Arbeitsstruktur der Anstalt, u.a. Art. 1 § 3a Abs. 2 FMStG – als auch auf Grund des Stimmenübergewichts der Bundesseite im Lenkungsausschuss, vgl. Art. 1 § 4 Abs. 3 FMStG.

Länder bei grundsätzlichen Entscheidungen vor: Im sog. Lenkungsausschuss ist ein Mitglied von den Ländern zu bestimmen. Es mag aus Ländersicht nicht ganz zufriedenstellend erscheinen, ‚nur' einen Vertreter in den Lenkungsausschuss entsenden zu dürfen. Indessen dokumentiert die Länderbeteiligung bei der Festlegung des grundsätzlichen Gebarens des Fonds etwa bei der Übernahme von Garantien die *Mitwirkung* der Länder bei der Verwaltung. Dem kann nicht entgegen gehalten werden, der Ländervertreter stehe in keinem Verantwortungszusammenhang mit Landesregierungen und Landesparlamenten; denn er habe lediglich die Funktion eines ‚freien Beauftragten' ohne an eine inhaltliche Rückkoppelung mit den Ländern gebunden zu sein. In der Tat gehört das Bestellungsverfahren des Ländervertreters zu den Kuriositäten im Umgang mit gesetzgeberischen Vorgaben, ist dieser doch in mehreren, teilweise sehr kontroversen Telefonkonferenzen zwischen Ministerpräsidenten gekoren worden. Zudem ist das Verfahren der Meinungsbildung unter den Ländern und der Eingrenzung des Handlungsmandats des Ländervertreters bei Entscheidungen des Lenkungsausschusses weitgehend offen geblieben. Dies alles darf jedoch nicht darüber hinwegtäuschen, dass in dem Lenkungsausschuss ein *Mitglied der Länderseite* mit administrativer Gestaltungskraft vertreten ist,[75a] das gerade wegen der potentiellen finanziellen Konsequenzen zugunsten oder zu Lasten der Länder, die aus der Abwicklung des Fonds sich ergeben können, den Länderinteressen verpflichtet ist. Daher ist der Ausgangspunkt, der Bund verwalte *allein* den Fonds auf Grund der Regelung in Art. 1 § 4 Abs. 1 Satz 4 FMStG, nicht überzeugend.

Das prekäre Ergebnis ist, dass wir es mit einem Fall der *Mischverwaltung* zu tun haben, wodurch zwangsläufig die Frage aufgeworfen ist, ob dies der verfassungsrechtlichen Typologie entspricht.

Die im Grundgesetz ausdrücklich geregelten Fälle der „Mitwirkung des Bundes bei der Erfüllung von Aufgaben der Länder" gemäß den Art. 104b, 91a und 91b GG sind hier nicht einschlägig.[76] Es geht ferner bei der Bewältigung der Finanzmarktkrise nicht um eine Aufgabe (nur) der Länder; die gesamtstaatliche Verantwortung, zumal im Rahmen internationaler Abstimmungsprozesse, für ein Funktionieren des bundesdeutschen Bankensystems ist primär prägend. Wir haben hier mithin nicht die Frage nach der Abschirmung der Länderbefugnisse von den Möglichkeiten des Bundes zur Intervention in ‚Länderkompetenzen' zu beantworten. Nach alledem liegt ein Sonderfall vor, der sich dadurch auszeichnet, sich außerhalb der ausdrücklich niedergelegten grundgesetzlichen Mischverwaltungsarten zu bewegen. Hier kommt nun das sog. *Dogma vom Verbot der Mischverwaltung* ins Spiel,

[75a] Dies entspricht dem in der Literatur verwendeten Kriterium für die Prüfung, ob ein Fall der Mischverwaltung vorliegt, der „sachlichen Mitentscheidung", vgl. dazu *S. E. Schulz*, in: DÖV 2008, S. 1028 (1034).

[76] Offenkundig spielt die Verzahnung der Verwaltungsebenen von Bund und Ländern im Rahmen der *Steuerverwaltung* gemäß Art. 108 GG hier keine Rolle.

wonach Mitplanungs-, Mitverwaltungs- und Mitentscheidungsbefugnisse des Bundes bei Aufgaben der Länder ohne ausdrückliche Zulassung durch das Grundgesetz unzulässig sind.[77] Eine vertiefte Auseinandersetzung mit diesem Ansatz muss hier unterbleiben. Gleichwohl ist augenscheinlich, dass – wie eben bereits aufgezeigt – ein Schutz der allein den Ländern obliegenden Aufgabenerfüllung gar nicht in Rede steht, so dass eine wesentliche Funktion des Dogmas hier keinen Anwendungsbereich hat. Überdies ist die These vom ‚numerus clausus der Verwaltungstypen', die einen Niederschlag im Grundgesetz gefunden haben, in Frage zu stellen. Obwohl die insbesondere den Art. 83 ff. GG zugrunde liegende Regelungstechnik als Ausdruck eines geschlossenen Systems verstanden werden kann,[78] handelt es sich im Kern lediglich um eine Typologie denkbarer Verwaltungsformen.[79] Die geregelten Verwaltungsformen sind – soweit die Wahl auf eine fällt – sowohl in ihren Voraussetzungen als auch in ihrer Reichweite abschließend geregelt. D.h. wenn – wie hier vertreten – phänomenologisch zwar eine bundeseigene Verwaltung konstruktiv sehr nahe liegt, aber dennoch dieser Verwaltungsform wesensfremde Elemente beigemengt worden sind, ist Prüfungsmaßstab *nicht dieser* Verwaltungstyp.[80] Und wesensfremd ist unstreitig eine Überschneidung von Entscheidungskompetenzen des Bundes mit solchen der Länder im Fall der bundeseigenen Verwaltung;[81] denn hier würde der Grundsatz der eigenverantwortlichen Aufgabenwahrnehmung – oder auch: der Trennung der Verwaltungsräume von Bund und Ländern – preisgegeben.[82] Um allerdings eine Beliebigkeit der Verwaltungsformen – und damit letztlich einem Unterlaufen der im Grundgesetz geregelten Formen (sog. Umgehungsverbot) – zu vermeiden, sind apokryphe Kooperationsformen zwischen Bund und Ländern insbesondere an dem Verfassungsgrundsatz der *Verantwortungsklarheit* zu messen.[83] Zudem bedürfen Abweichungen etwa vom Grundsatz der eigenverantwortlichen Aufgabenwahrnehmung einer besonderen sachlichen Rechtfertigung, um nicht zuletzt die effektive parla-

[77] BVerfGE 39, 96 (120); 41, 291 (311); analytisch-distanziert dagegen: BVerfGE 63, 1 (36 ff.); *G. Hermes* in: Dreier (Hrsg.), Grundgesetz Kommentar, Band III, 2. A. 2008, zu Art. 83 GG Rn. 47 ff.; *H.-G. Henneke* Öffentliches Finanzwesen – Finanzverfassung, 2. A. 2000, Rn. 152 f.

[78] So etwa *G. Hermes* in: Dreier (Hrsg.), Grundgesetz Kommentar, Band III, 2. A. 2008, zu Art. 83 GG Rn. 49/52; im Ausgangspunkt auch BVerfG, Zweiter Senat, Urteil vom 20.12.2007 – 2 BvR 2433/04 und 2434/04 – Rn. 152 ff.

[79] Vgl. *H.-H. Trute* in: von Mangoldt/Klein/Starck (Hrsg.), Kommentar zum Grundgesetz, Band 3, 5. A. 2005, zu Art. 83 GG Rn. 27.

[80] Vgl. BVerfGE 63, 1 (39 f.), wo im Ansatz die gleiche Denkrichtung zu finden ist.

[81] Vgl. BVerfGE 63, 1 (40).

[82] *H.-H. Trute* in: von Mangoldt/Klein/Starck (Hrsg.), Kommentar zum Grundgesetz, Band 3, 5. A. 2005, zu Art. 83 GG Rn. 24.

[83] Vgl. *H.-H. Trute* in: von Mangoldt/Klein/Starck (Hrsg.), Kommentar zum Grundgesetz, Band 3, 5. A. 2005, zu Art. 83 GG Rn. 33 ebenso S. E. Schulz in: DÖV 2008, S. 1028 (1034).

mentarische Kontrolle und eine klare Zuordnung der Pflicht zur wirtschaftlichen und sparsamen Haushaltsführung zu gewährleisten.[84]

Die vorstehenden Kriterien auf Art. 1 FMStG angewendet kommen wir zu dem Ergebnis, dass – noch – eine verfassungsrechtlich zulässige Verwaltungskooperation gewählt worden ist. Erstens ist Art. 1 FMStG nicht auf Verstetigung angelegt. Vielmehr ist die bloß vorübergehende Intervention des Staates auf den Finanzmarkt vor allem den Art. 1 § 6 Abs. 1 und § 13 Abs. 1 FMStG immanent. Konsequenz ist, dass die Schaffung eines strukturell neuen Verwaltungstyps nicht intendiert war. Die weiteren notwendigen Zuordnungen – etwa der Kosten der Verwaltung oder wer die Jahresrechnung zu erstellen und sich dafür zu verantworten hat (Art. 1 § 11 und 12 FMStG) – sind unmissverständlich geregelt: „Bund“ und Bundesministerium der Finanzen sind zuständig. Daher ist – das zeigt auch die Installation des Gremiums zum Finanzmarktstabilisierungsfonds (Art. 1 § 10a FMStG) – der Bundestag mit der parlamentarischen Kontrolle betraut. Die „besondere Rechtfertigung“ für diesen Mischtyp ergibt sich daraus, dass nicht nur eine *gesamtstaatliche* Aufgabe zu bewältigen ist, sondern eine, die nur von Bund und Ländern *zugleich* bewältigt werden kann. Das vor allem den Art. 83 ff GG zugrunde liegende Modell, staatliche Aufgaben jeweils nur einer staatlichen Ebene zuzuordnen, hat faktisch nicht die Problemlösungskapazität, um die Finanzmarktkrise zu bewältigen.[84a] Denn weder der Bund noch die Länder allein könnten etwa problemadäquate Finanzvolumina zur Verfügung stellen. Die übergreifende Funktion der Vermeidung von Doppelarbeit und Reibungsverlusten kann hier nicht greifen, da es per se um eine gemeinsame Aufgabe von Bund und Ländern geht. Methodisch hilft nur der Rückgriff auf das allg. bundesstaatliche Prinzip, Art. 20 Abs. 1 GG. Dies zu verdeutlichen hätte sich in der Gesetzesbegründung angeboten.

Auf der anderen Seite gibt es allerdings keine *generelle* Pflicht der Länder, sich an dem Fonds zu beteiligen. Gleichwohl deutet die – bereits dargelegte – Ausnahmesituation darauf hin, dass eine ungeschriebene Sonderpflicht der Länder besteht, diese konkrete Einzelaufgabe mitzufinanzieren.[85]

[84] Im Ansatz auch BVerfGE 63, 1 (41); viel strikter im Ansatz BVerfG, Zweiter Senat, Urteil vom 20.12.2007 – 2 BvR 2433/04 und 2434/04 – Rn. 155 ff.

[84a] Zu Recht den Akzent auf einen „lebendigen“ und experimentierfreudigen Föderalismus setzend *S. Broß/C. Osterloh/M. Gerhardt*, Minderheitsvotum zu BVerfG, Zweiter Senat, Urteil vom 20.12.2007 – 2 BvR 2433/04 und 2434/04 –, Rn. 225 ff.

[85] Der weitere Aspekt der Höhe der Landesbeteiligung sei noch gestreift: Es gibt keinen (Verfassungs-)Grundsatz, wonach die Verteilung zwischen Bund und Ländern nach dem Schlüssel von 65 zu 35 zu erfolgen hat. Die in Art. 109 Abs. 5 GG niedergelegte Verteilungsregel hat eine ausschließlich singuläre Bedeutung für den sog. Maastricht-Sanktionsfall, der nicht auf andere Ausgabelasten ohne weiteres übertragbar ist. Daher hätte auch ein anderer Schlüssel eingesetzt werden können. Dies hat mittlerweile auch der Bundesminister im Bundeskanzleramt *de Maizière* (Schreiben vom 30.10.2008) auf ein Nachhaken von Ministerpräsident *Koch* (Schreiben vom 21.10.2008) eingeräumt.

VII. Resümee und Ausblick

Was die Intervention der Bundesregierung und des Gesetzgebers zur Stabilisierung des Finanzmarktes angeht, haben wir es mit einem atypischen Sachverhalt zu tun. Es war die ‚Stunde der Exekutive', die qua Verfassungsfunktion allein das Potential hat, zeitlich und inhaltlich auf Notsituationen wie der Finanzmarktkrise zu reagieren. Der ‚Staat' als ein eminent stark einflussnehmender und lenkender Akteur, der eine Wirkungsmacht für die ganze Finanzbranche entfalten kann, entspricht gleichwohl nicht dem herkömmlichen Leitbild einer *„Sozialen Marktwirtschaft"* [86]. In dem historischen Kontext fungierte die Soziale Marktwirtschaft als „dritte" wirtschaftspolitische Option, neben der rein liberalen Marktwirtschaft und der Lenkungswirtschaft.[87] Der Terminus ‚Soziale Marktwirtschaft' wird nicht selten in politischen Auseinandersetzungen als Kampfbegriff eingesetzt. Davon soll aber hier nicht die Rede sein. Vielmehr soll damit zum Ausdruck gebracht werden, dass das Grundgesetz einen ganz eigenen Weg der Abgrenzung staatlichen Gestaltungsdranges auf der einen Seite und der individuell-freiheitlichen Entfaltung des einzelnen, zumal des wirtschaftlich agierenden Subjekts gewählt hat. Dem Grundgesetz mit seinen Wertentscheidungen in den Art. 1, 2, 3, 9, 12, 14, 15 und 20 (Rechtsstaats- und Sozialstaatsprinzip) GG in Verbindung mit der wirtschaftspolitischen Lenkungsfunktion des Haushalts gemäß Art. 109 Abs. 2 GG liegt zwar ein Grad der Offenheit der Ausgestaltung der konkreten Wirtschaftsverfassung zugrunde.[88] Den-

[86] Obwohl dieser Begriff mit dem Namen von *Ludwig Erhard* ‚unsterblich' und gemeinhin verbunden wird, war es ein aus der Wissenschaft kommender ‚Ministerialbeamter', der ihn zu allererst eingeführt hat – *Alfred Müller-Armack* in: Wirtschaftslenkung und Marktwirtschaft, 1947, S. 88. *Müller-Armack* war Staatssekretär des Wirtschaftsministers *Erhard.* Als ein weiterer wichtiger, historisch gesehen vorgelagerter Wegbereiter der Sozialen Marktwirtschaft darf *Walter Eucken* nicht unerwähnt bleiben, der bereits in der Weimarer Zeit die Freiburger Schule des *Ordoliberalismus* geprägt hat, wonach die wohlstandsmehrende Marktwirtschaft es erfordert, wirtschaftliche Machtkonzentration durch Monopole, Kartelle und andere Formen der Marktbeherrschung zu verhindern. Die sich hinter dem Konzept von *Eucken* verbergende ‚strenge staatliche Ordnungspolitik', ohne einen Akzent auf die Betonung der Sozialpolitik zu setzen, steht in einer Spannung zu den Vorstellungen von *Müller-Armack*, entspricht aber denen, die *Ludwig Erhard* häufig propagiert hat. *Ludwig Erhard* hat deutlich den Akzent auf die Erhaltung des freien Wettbewerbs gelegt, der etwa über die Verbote von Kartellen zu gewährleisten ist (in: Wohlstand für alle, 1957, S. 9) – eine zentrale Forderung von ihm (und *etwa Franz Böhm*, der *Erhard* in seiner Eigenschaft als Direktor für Verwaltung der Wirtschaft 1949 einen Entwurf für ein Antikartellgesetz vorgelegt hat: vgl. *H. Grossekettler*, Strategien zur Implementation und Stabilisierung einer Wirtschaftsordnung, 2000, S. 8), die durchzusetzen in den Anfangsjahren der Bundesrepublik alles andere als leicht gewesen ist (in: Wohlstand für alle, 1957, S. 164 ff.).

[87] Vgl. dazu *H. Grossekettler*, Strategien zur Implementation und Stabilisierung einer Wirtschaftsordnung, 2000, S. 2 f.

[88] BVerfGE 50, 290 (338); *H.-G. Henneke* Öffentliches Finanzwesen – Finanzverfassung, 2. A. 2000, Rn. 479; *R. Gröschner* in: Dreier (Hrsg.), Grundgesetz Kommentar, Band II, 2. A. 2006, zu Art. 20 GG – Sozialstaat – Rn. 54.

noch wäre weder ein reiner Kapitalismus noch eine reine staatliche Zentral- oder Zwangswirtschaft verfassungskonform. Aus diesem Grunde ist das Etikett von der wirtschaftspolitischen Neutralität des Grundgesetzes irreführend.[89]

Ansetzend an die grundsätzlich bestehende Entscheidungsfreiheit der Wirtschaftssubjekte hat Art. 1 FMStG keine *Zwangsanordnung* für die Inanspruchnahme des Fonds normiert.[90] Dennoch gewinnt der Staat einen starken Einfluss auf die Geschäftspolitik der Banken, die sich unter den „Schirm" des FMStG begeben. Wettbewerbsverzerrungen im privaten und auch öffentlichen Bankensektor sind nicht ausgeschlossen, und überhaupt ist die Grundsatzfrage aufgeworfen, ob sich der Staat derart aktiv im Privatbankengeschäft engagieren darf, will er nicht zu einem verfassungsfremden zentralen Bankinstitut mutieren.

Das operative Geschäft des Fonds wird demzufolge von der Daueraufgabe geprägt sein, die grundsätzlichen Erwägungen zur Rolle des Staates handlungsleitend zur Geltung zu bringen. Alles in allem ist aber nicht belastbar zu prognostizieren, ob der Deutsche Weg den intendierten Erfolg bringt. Es fehlt schon an ausreichend empirischem Anschauungsmaterial. Die historischen Vorbilder – als da etwa sind die Weltwirtschaftskrise 1929/30 sowie die auch darauf beruhende Bankenkrise im Deutschen Reich 1932,[91] die Finanzkrise in Schweden Anfang der neunziger Jahre des vergangenen Jahrhunderts[92] sowie die jüngste Finanzkrise in den Vereinigten Staaten – finden

[89] *Ch. Hillgruber* in: von Mangoldt/Klein/Starck (Hrsg.), Kommentar zum Grundgesetz, Band 3, 5. A. 2005, zu Art. 109 GG Rn. 44. In diesem Sinne wohl auch *W. Heun* in: Dreier, Grundgesetz Kommentar, Band III, 2. A. 2008, zu Art. 109 GG Rn. 28.

[90] Die verpflichtende Teilnahme am „Rettungsschirm" ist wohl im Haushaltsausschuss des Bundestages erwogen worden, um eine Stigmatisierung einzelner Institute zu verhindern: vgl. den Hinweis von *Cl. Hulverscheid* in: Süddeutsche Zeitung vom 28.10.2008: „Alle unter einen Schirm".

[91] Eine komprimierte Zusammenfassung der Ereignisse 1931 findet sich bei *J. Lichter* in: Handelsblatt vom 15.12.2008, S. 9: „Die Lehren aus 1931". Die Bankenkrise 1931 im Deutschen Reich fußte – notabene: aus heutige Sicht – auf mehreren ‚Fehlentscheidungen' der damaligen Großbanken, die in einem eminent hohen Maße auf ausländisches Kapital angewiesen waren, der Reichsregierung, deren ‚öffentliche Rhetorik' kaum vertrauensbildend gewesen ist, sowie der Reichsbank, die trotz offenbarer Liquiditätsprobleme der Großbanken die Leitzinsen massiv erhöhte. Zudem war die Reichsregierung nicht bereit, den Finanzmarkt etwa mit Garantierklärungen zu stützen; auch ein ‚Angebot' der französischen Regierung, eine Mrd. US-Dollar zur Stützung des Deutschen Bankensystems zu zahlen, hat die Reichsregierung ausgeschlagen. Ihr schienen die Bedingungen der französischen Hilfe unangemessen (Aufgabe der Zollunionspläne, die Anerkennung der West- und Ostgrenze und Verzicht auf den Bau eines Kriegsschiffes).

[92] In den Jahren 1990 bis 1992 geriet der Schwedische Immobilienmarkt – wie aktuell der amerikanische – in größte Schwierigkeiten, da Kredite in sehr großer Anzahl nicht mehr bedient werden konnten. Die Schwedische Regierung hat zunächst ‚Fall für Fall' gehandelt (*H. Schmieding* in: Newsweek vom 13. Oktober 2008: A Lesson From Stockholm; *Bo Lundgren* (von 1992 bis 1994 stellvertretender Finanzminister in der schwedischen

sich zwar in einzelnen Regelungstatbeständen im FMStG wieder, ohne allerdings eine Kopie in Reinkultur eines Vorgängermodells zu sein. Es gibt keinen empirisch vorgezeichneten ‚Königsweg' zur Bewältigung solcher Krisen, gleichwohl ist eine Handlungsnotwendigkeit nicht von der Hand zu weisen. Die Konstruktion des FMStG ist ersichtlich davon geprägt, das Spannungsverhältnis zwischen notwendiger staatlicher Intervention und der Eigenverantwortlichkeit der Marktteilnehmer auszubalancieren. So ist etwa das Merkmal der Freiwilligkeit der Inanspruchnahme des „Schirms" und die zeitliche Limitierung für eine aktive staatliche Gestaltung der Geschäfte von Finanzinstituten ein beredter Ausdruck dafür, dass – zunächst – eine vorübergehende ‚Hilfe zur Selbsthilfe' im Zentrum steht. Dem wirtschaftspolitischen Konzeptrahmen des Grundgesetzes gemäß stellt der vom Gesetzgeber gewählte Weg ein adäquates Vorgehen dar, das so ganz im Gegensatz zum Bild des ‚Nachtwächterstaates' und der in der jüngsten Vergangenheit favorisierten Entbürokratisierung, Privatisierung sowie Deregulierung steht.[93] Die Reaktion des Gesetzgebers auf die Finanzmarktkrise ist ein Beispiel für die Notwendigkeit tiefergehender staatlicher Intervention.[94]

Entgegen vereinzelter Äußerungen in den Medien ist die Wirkungskraft vor allem des Art. 1 FMStG nicht daran zu messen, ob staatliche Hilfen von vielen Instituten in Anspruch genommen werden. Der theoretische Idealfall ist, dass allein die Existenz dieses Gesetzes das gegenseitige Vertrauen der Finanzmarktakteure entscheidend stärkt und das Interbankengeschäft nach und nach wieder zur Normalität findet. Die aktuelle Nachrichtenlage dokumentiert, dass die Neigung einiger Landesbanken (WestLB, HSH-Nordbank)[95] als groß einzustufen ist, sich unter den „Schirm" des Art. 1 FMStG

Regierung) in: FAZ.NET vom 8.10.2008: „Ich hätte nie gedacht, dass wir das nochmal machen müssen") – ähnlich der Antragskonstruktion des Art. 1 FMStG. Die größte Schwedische Bank wurde gewissermaßen gesplittet in eine ‚gesunde' Geschäftsbank und in eine sog. *Bad Bank*, in der die gesamten Risikopapiere vereint worden sind. Dazu kamen andere Schwedische Großbanken, mit denen gleichermaßen verfahren worden ist. Aber auch das reichte nicht; der Schwedische Staat garantierte im September 1992 für *alle* Einlagen und Anleihen Schwedischer Banken mit der Konsequenz, dass ‚harte' Bedingungen vereinbart worden sind. Schließlich kam es sogar zu vereinzelten Verstaatlichungen. Insgesamt belief sich das Engagement des Schwedischen Staates auf etwa 120 % der jährlichen Wirtschaftsleistung! Nach Verbesserungen der Bankenaufsicht und vor allem Anpassungen im Schwedischen Steuerrecht (das zuvor offenbar die private Neigung zu einer horrende Verschuldung über den Erwerb von Immobilien begünstigt hat) ist die Schwedische Bankenkrise längst überstanden (vgl. *H. Steuer* in: Handelsblatt vom 18.3.2008: „Notoperationen – Wie andere Länder ihren Banken aus der Klemme helfen"). *Bo Lundgren* ebenda, geht sogar davon aus, dass ein „kleiner Gewinn" erwirtschaftet worden ist.

[93] In diesem Sinne ebenso *M. Brost/M. Schieritz/A. Storn* in: DIE ZEIT vom 4.12.2008, S. 25 (25).

[94] Daneben sind – nach vorgängiger Liberalisierung – etwa die Regulierungen des Energiesektors und des Bereichs Postwesen und Telekommunikation besonders hervorzuheben.

[95] Laut *Die Welt* vom 4.11.2008 hat die HSH-Nordbank Garantien in Höhe von 30 Mrd. € beantragt. Nach neueren Meldungen versuchen Hamburg und Schleswig-Hol-

zu begeben; um welche konkreten Besicherungswege, einschließlich ihrer Gewichtungen, es geht, ist noch nicht hinreichend belastbar veröffentlicht. Die privaten Geschäftsbanken sind da schon zögerlicher. Zunächst stellten große private Geschäftsbanken Überlegungen an, als ‚*Schicksalsgemeinschaft*' zumindest das im FMStG geregelte Instrument der Garantieerklärungen zu nutzen. Nunmehr haben die Hypo Real Estate und die Commerzbank Garantien für Liquiditätshilfen in Milliardenhöhe beantragt und erhalten.[95a] Vereinzelt werden indes Stimmen laut, die Umfang und Art der Maßnahmen gemäß Art. 1 FMStG nicht für ausreichend halten.[96] Angesichts der aktuellen Ereignisse seien hier noch weitere Aspekte kurz abgehandelt: Die Diskussionen ranken sich derzeit um die Erweiterung und Modifizierung der Instrumente des Finanzmarktstabilisierungsgesetzes, um die Einrichtung einer sog. *bad bank* und um die Möglichkeit, Finanzinstitute als letztes Mittel zu enteignen („*Rettungsübernahme*"). Ausgangspunkt sind die offenbar nur verzögert eintretenden Wirkungen der Maßnahmen zur Stabilisierung der Finanzmärkte sowie der für die Pfandbriefbranche eminent wichtige und nicht zur Ruhe kommende Einzelfall Hypo Real Estate.[97] Nicht zuletzt wegen dauernder Abschreibungsnotwendigkeiten, die auf den geltenden Bilanzregeln beruhen, haben vor allem Vertreter der Banken die Erwartung an die Politik und den Gesetzgeber geäußert, die „kritischen" oder auch „vergifteten" Papiere in eine sog. *bad bank* auslagern zu dürfen.[98] Der entscheidende

stein, zusammen unabhängig vom Finanzmarktstabilisierungsfonds für die HSH zu bürgen, und zwar mit Summen zwischen 3 und 5 Mrd. €, vgl. *F. Harehost/V. Stahl*, in: Weser Kurier vom 14.1.2009, S. 2; taz-nord-bremen vom 9.2.2009: „HSH Nordbank will Kapital"). Auch die Bayer. Landesbank soll von der Bayer. Staatsregierung mit 10 Mrd. € gestützt werden, vgl. Die Welt vom 10.2.2009. Eine interne Lösung unter den Eignern wird auch für die CBBW angestrebt, vgl. *D. Dechstein* in: SZ vom 19.2.2009, S. 26.

95a Einhergehend damit wird die Kritik am staatlichen Rettungsschirm vernehmlicher, dass gravierende Wettbewerbsverzerrungen auftreten, vgl. Die Welt vom 19.1.2009: „Banken sitzen noch auf Unmengen von Gift-Papieren".

96 Laut *P. Köhler/R. Landgraf/H. G. Nagl* in: Handelsblatt vom 17.12.2008, Titelseite, stellen namhafte Bankexperten Überlegungen in den Vordergrund, alle problematischen Papiere in einer ‚Bad-Bank', ähnlich dem Schwedischen Modell, zu bündeln. Diskutiert wird auch, den Banken-Schutzschirm zu vergrößern: *J. Dams/S. Jost* in: Die Welt vom 9.12.2008. Offenbar haben sogar sog. Auto-Banken Anträge beim Fonds gestellt, vgl. *spiegelonline* vom 9.12.2008: „VW-Banken fordern Garantien vom Staat"; die SZ vom 19.2. 2009 weiß davon zu berichten, dass die „VW-Bank" einen Garantierahmen von 2 Mrd. € eingeräumt bekommen hat. Bereits Anfang Januar 2009 hat die Bundestagsfraktion BÜNDNIS 90/DIE GRÜNEN einen Katalog von Nachbesserungen zum Finanzmarktstabilisierungsgesetz vorgelegt. Exemplarisch sind: Teilverstaatlichung erleichtern, tiefergehende parlamentarische Kontrolle, Verlängerung der Haltefristen und Notwendigkeit des Einforderns einer Fehleranalyse betroffener Institute.

97 Vgl. *S. Bochringer/Th. Fromm* in: SZ vom 19.2.2009, S. 21; Die HRE habe „Systemrelevanz", denn ihre Insolvenz würde den Pfandbriefmarkt kollabieren lassen.

98 Vgl. *M. Schieritz* in: DIE ZEIT vom 31.12.2008, S. 27 mit Verweis auf Äußerungen von *J. Ackermann* (Deutsche Bank). Auch der baden-württembergische Ministerpräsident

Grund für die Einrichtung einer *bad bank* soll nach Verlautbarungen einiger Bankenvertreter sein, dass in den Bankbilanzen immer noch Risiken auf Grund „toxischer Papiere“ mindestens in dreistelliger Milliardenhöhe schlummern.[99] Das Ziel einiger Banken ist, die kritischen Papiere auf einer Art „staatlicher Mülldeponie“ für faule Kredite auszulagern, um den ständigen Abschreibungsdruck zu unterbinden und so wieder das gewohnt gute Rating zu erhalten. Diese Überlegungen gehen zurück auf die in Schweden Anfang der neunziger Jahre des letzten Jahrhunderts gemachten Erfahrungen; dort wurden qua Staatsengagement bedrohte Banken verstaatlicht und in „gute“ und „schlechte“ Teile zerlegt. Durch die spätere Verwertung von Sicherheiten, durch Kursgewinne und Dividenden aus Bankbeteiligungen sowie einer weitgehenden Reprivatisierung hat der schwedische Staat alles in allem sein Investment verlustfrei zurück erhalten.[100] Der Vorteil dieser Methode ist, dass die Bankbilanzen sofort „gereinigt“ sind, mithin die Kreditwürdigkeit einer bedrohten Bank auf einen Schlag wieder hergestellt ist. Diesem Vorteil stehen aber gravierende Nachteile gegenüber, die das Konstrukt der *bad bank* insgesamt als nicht vorzugswürdig erscheinen lassen: Erstens bestehen kaum überwindbare Bewertungs- und Kontrollprobleme: welchen Preis soll ein vergiftetes – und deshalb nicht handelbares – Papier haben? Die betroffenen Finanzinstitute sind an einem hohen Preis interessiert, der Staat hat darauf zu achten, nicht zuviel zu zahlen, wobei ihm dennoch daran gelegen sein muss, die Bilanzen der Banken nicht allzu sehr zu belasten; anderenfalls stellte sich der Effekt der Kreditwürdigkeit nicht ein.[101] Neben diesem anspruchsvollen technischen Problem spricht gegen die Einrichtung einer zentralen *bad bank* die Verkehrung einer angemessenen Risikoverteilung nach Verantwortungsspähren – m.a.W.: die Verursacher der Krise sollen sich nicht aus der Haftung stehlen können.[102] Insbesondere um das Verantwortungsproblem angemessen zu lösen, ist der Vorschlag gemacht

G. Oettinger hat öffentlich solche Überlegungen angestellt, vgl. FAZ vom 21.1.2009: „Ministerpräsident Oettinger wirbt für ‚bad bank‘“. Der Bundesverband deutscher Banken hat dazu nunmehr einen differenzierten Vorschlag ausgearbeitet, vgl. *G. Bohsem/Cl. Hulverscheidt* in: SZ vom 17.2.2009, S. 19.

[99] Vgl. Die Welt vom 19.1.2009: „Banken sitzen noch auf Unmengen von Gift-Papieren“.

[100] Vgl. *W. Gehrman*, in: DIE ZEIT vom 15.1.2009, S. 22. 1989 hat die amerikanische Regierung maroden „Bausparkassen“ risikobehaftete Vermögenswerte abgekauft und später wieder veräußert – geblieben ist allerdings ein Verlust von 124 Mio. US-Dollar: vgl. dazu *N. Piper* in: SZ vom 3.2.2009, S. 23.

[101] Dies ist auch nach Ansicht des Wissenschaftlichen Beirates beim Bundeswirtschaftsministerium das entscheidende Argument gegen eine „zentrale“ *bad bank*; vgl. *S. Afhüppe/M. Kurm-Engels* in: Handelsblatt vom 10.2.2009: „Experten lehnen zentrale Bad Bank ab“; *R. Burschens*, in: Handelsblatt vom 11.2.2009: „Steinbrück erwägt deutsche Bad Banks“; *M. Schieritz* in: DIE ZEIT vom 31.12.2008, S. 27.

[102] In diesem Sinne etwa *B. Rürup*, zitiert nach Die Welt vom 26.1.2009: „Bund will Risiken nicht in ‚Bad Bank‘ bündeln“.

worden, eine sog. *bad bank-light* zu gründen: Der Staat übernimmt die kritischen Papiere gegen eine Ausgleichszahlung in Höhe ihres Wertes zum Bilanzstichtag; Liquidität müsste nicht sofort bereitgestellt werden, und bei Fälligkeit der Papiere hätte der Staat zwar für Wertverluste einzustehen, die betroffenen Finanzinstitute wären aber im Gegenzug verpflichtet, über mehrere Jahrzehnte an den Staat einen Teil ihres Gewinns abzuführen.[103] Eine solche Konstruktion würde das endgültige Zahlungsrisiko für den Staat/ Steuerzahler lediglich über einen langen Zeitraum verteilen, einschließlich der Gefahr, dass mangels (ausreichender) Gewinne von Instituten die Rückführungsvolumina nicht realistisch eingeschätzt werden können. Auch bei diesem Modell überwiegen die Risiken für den Steuerzahler.

Unlängst hat sich die Bundesregierung entschlossen, das sog. Rettungspaket nachzubessern.[104] Im Zentrum der Novellierung steht das „Rettungsübernahmegesetz", Art. 3 des Gesetzentwurfs zur weiteren Stabilisierung des Finanzmarktes. Dort ist die Befugnis des Finanzmarktstabilisierungsfonds niedergelegt, zeitlich befristet Anteile an einem Unternehmen des Finanzsektors und Wertpapierportfolien gegen angemessene Entschädigung zu verstaatlichen; dies soll nach dem Gesetzentwurf allerdings nur dann zulässig sein, *„wenn andere rechtlich und wirtschaftlich zumutbare Lösungen zur Sicherung der Finanzmarktstabilisierung nicht mehr zur Verfügung stehen."* Sowohl in der Gesetzesbegründung als auch in den einschlägigen Bestimmungen des Gesetzentwurfs ist deutlich gemacht, dass es sich um das letzte Mittel (*ultima ratio*) handeln soll; diese Möglichkeit soll überdies nur bis zum 30. Juni 2009 zur Verfügung stehen. Äußerungen von Bundesfinanzminister *P. Steinbrück* lassen darauf schließen, dass die Bundesregierung vor allem die Hypo Real Estate als Anwendungsfall vor Augen hat.[105] Primäres Ziel soll sein, die Umstrukturierung von Instituten, die bereits öffentliche Hilfe in Anspruch genommen haben, so zu beeinflussen, dass keine Steuergelder in die Taschen privater Investoren aus dem In- und Ausland fließen; letztlich geht es ordnungspolitisch darum, die Kontrolle über die Verwendung von Staatshilfe zu vertiefen.[106] Ob das Rettungsübernahmegesetz – welch wundervolles Synonym für den Begriff der Enteignung (!) – den Maßstäben von Art. 14 Abs. 3 GG genügt, kann hier nicht näher erörtert werden.

103 Vgl. Handelsblatt vom 22.1.2009: „Staat entgiftet Bankbilanzen".

104 Vgl. Kabinettvorlage des Bundesministeriums der Finanzen vom 18.2.2009, vgl. FAZ vom 19.2.2009, S. 11.

105 Vgl. Weser Kurier vom 19.2.2009, S. 3 (Interview mit *P. Steinbrück*); *Cl. Hulverscheidt* in: SZ vom 19.2.2009, S. 5: „Enteignung im April".

106 Vgl. dazu *G. Bohsem/Cl. Hulverscheidt* in: SZ vom 14.2.2009: „Das Rezept für Verstaatlichungen"; *M. Schieritz* in: DIE ZEIT vom 29.1.2009, Titelseite: „Die Banken endlich verstaatlichen?"; Spiegel-online vom 15.2.2009: „Merkel will Staatsmehrheit an Hypo Real Estate".

In der öffentlichen Diskussion zeigen sich jedenfalls die erwarteten Reaktionen der prinzipiellen Gegner gegen „Verstaatlichungen": Von „Tabubruch" ist die Rede und auch davon, dass die Fundamente der sozialen Marktwirtschaft erschüttert seien.[107] M. E. sollte die Enteignung als Reserveinstrument für den Notfall nicht ausgeschlossen werden, um den – steuerfinanzierten – staatlichen Einfluss auf bedrohte systemrelevante Banken trotz exorbitanter Hilfeleistungen nicht ins Leere laufen zu lassen.

Neben der spektakulären Enteignungsregelung ist eine Reihe eher technischer Regelungen des Finanzmarktstabilisierungsgesetzes Gegenstand von Verbesserungen und Anpassungen vor allem im Gesellschafts- und Übernahmerecht. Hervorzuheben ist in diesem Zusammenhang etwa der Vorschlag, die Laufzeit von Garantieübernahme von 36 auf 60 Monate zu erweitern, vgl. Art. 1 § 6 Abs. 1 Satz 1 FMStG. Ferner wird mit dem Gesetzentwurf vorgeschlagen, die Möglichkeit etwa des Anteilserwerbs auch noch über den 31.12.2009 hinaus zuzulassen, *„soweit dies erforderlich ist, um den Anteil seiner Kapitalmarktbeteiligung an dem Unternehmen aufrecht zu erhalten oder gewährte Stabilisierungsmaßnahmen abzusichern."* Bereits mit diesen beiden Reformvorschlägen wird deutlich, dass der Gesetzgeber sukzessive den Geltungszeitraum des FMStG auszuweiten geneigt ist.

Dass ferner die Entscheidungen im Fall einiger Landesbanken eine relativ lange Zeit brauchen, liegt nicht an der Komplexität ihrer Geschäfte. Vielmehr sind die betreffenden Länder sehr darauf bedacht, den Einfluss auf ‚ihre' Landesbanken nicht mit dem Bund teilen zu müssen. Die Länder haben einen schweren Stand, da die Geschäftsfelder der Landesbanken, den Staat mit ausreichend Liquidität zu versorgen und auch große öffentliche und private Investitionen (mit-) zu finanzieren, von weniger als derzeit sieben Instituten geleistet werden könnte. Hinzu kommt, dass die Sparkassen ihren Geschäftsbereich, Spareinlagen und Finanzierungen kleinerer Unternehmen, vehement verteidigen. Indes muss es im wohlverstandenen Interesse des Finanzmarktstabilisierungsfonds liegen, nicht nur symptomatische Hilfe zu leisten, sondern zu versuchen, auf zukunftsfähige Geschäftsmodelle hinzuwirken.[108] Denn am Ende stehen Steuergelder auf dem Spiel. Gleichwohl ist das Thema der Machtverteilung im Bundesstaat berührt. Die Länder sehen Landesbanken als Investment, das in guten Zeiten Entlastungen für die Landeshaushalte bringt, und als Mittel der Politikgestaltung. Die Neuordnung der Landesbanken ist wegen des föderalen Hintergrundes ein sehr sensibles

[107] Spiegel-online vom 18.2.2009: „Enteignungsplan provoziert Kritik am Merkel", mit einer Reihe von Zitaten von *G. Westerwelle*, *K. Lauk* (Präsident des CDU-Wirtschaftsrates) sowie von Vertretern arbeitgebernaher Verbände (*R. Göhner*, *H.-P. Keitel*, *M. Wanzleben*).

[108] Vgl. *M. Bost/M. Schieritz/A. Storn* in: DIE ZEIT vom 4.12.2008, S. 25 (26); *S. Jost* in: Die Welt vom 28.10.2008, „Größe allein löst keine Probleme".

Thema, bei dem sich das Zusammenspiel von Bund und Ländern erneut erproben kann.[109]

Um neuerliche Verwerfungen auf den Finanzmärkten schon im Keime zu ersticken, sind – zu guter letzt – Überlegungen zwingend anzustellen, wie die internationalen Finanzmärkte mit Instrumenten der Aufsicht und Kontrolle davor bewahrt werden könnten, ‚strukturierte Wertpapiere' in zu großem Umfang im eigenen Portfolio führen zu dürfen, ohne risikoabhängige Sicherungsvorkehrungen getroffen zu haben. Der ordnungspolitische Rahmen der Finanzmärkte ist grundlegend zu überdenken, andernfalls bliebe es allein bei symptomatischen Reaktionen, die angesichts des finanziellen staatlichen Engagements inakzeptabel, da Demokratie und Wirtschaft gefährdend, wären.[110] Eine der Primärfunktionen der Banken, der Realwirtschaft Zahlungsmittel und Kapital zur Verfügung zu stellen, hat dabei im Vordergrund zu stehen. Einige politische Parteien haben ihre Vorstellungen bereits präzisiert;[111] andere werden noch folgen. Die Regulierung der internationalen Finanzmärkte wird eine der wichtigsten Koordinierungsaufgaben der nahen Zukunft supranationaler Organisationen sein. Es ist zu hoffen, dass nicht über den Hebel, die Abrechnung des Fonds hinauszuzögern, oder gar seine sukzessive gesetzgeberische Umgestaltung zu einem dauerhaften Nothilfeinstrument zu betreiben, die durchgreifende Neuordnung der Finanzmärkte unterbleibt.

[109] Offenbar steht der nordrhein-westfälische Finanzminister *Linssen* einer Fusion von Landesbanken nicht ablehnend gegenüber, vgl. *Th. Sigmund/S. Afhüppe/P. Köhler* in: Handelsblatt vom 17.11.2008: „Politik macht Druck auf Landesbanken".

[110] Vgl. *Th. Jorberg* in: WISO direkt, Dezember 2008, S. 1 ff.; *H. Schmidt* in: DIE ZEIT vom 15.1.2009, S. 19 (20); jeweils mit konkreten Vorschlägen.

[111] Vgl. zu Tendenzen in der SPD: *FAZ* vom 28.10.2008; „SPD will den Finanzmärkten Zügel anlegen"; zu neueren Überlegungen in der CDU: *M. Geis* in: DIE ZEIT vom 27.11.2008, S. 8; Beschlüsse des BÜNDNIS 90/DIE GRÜNEN auf ihrer Bundesdelegiertenkonferenz in Erfurt vom 14.–16.11.2008 zur Finanzmarktkrise. Der *FAZ* vom 11.11.2008, S. 13, ist zu entnehmen, dass auch in der FDP Überlegungen angestellt werden, etwa die Haftungsregelungen für „Banker" zu verschärfen und insgesamt einer „Verstaatlichung privater Risiken" im Finanzsektor entgegen zu wirken.

Verfassungskonkretisierung durch Maßstäbegesetzgebung

Karim Maciejewski *

Leitentscheidung des Bundesverfassungsgerichts

BVerfGE 101, 158 ff.

Schrifttum

Bull/Mehde Der rationale Finanzausgleich, DÖV 2000, 305; *Degenhart* Maßstabsbildung und Selbstbindung, ZG 2000, 79; *Geske* Wenn gesetzliche Konkretisierungen zu allgemeinen Maßstäben führen sollen, Wirtschaftsdienst 2001, 214 ff.; *Linck* Das „Maßstäbegesetz" zum Finanzausgleich, S. 325; *Novell-Smith* Eine Theorie der Gerechtigkeit?, in Höffe (Hrsg.), Über J. Rawls' Theorie der Gerechtigkeit, 1977; *v. Schweinitz* Das Maßstäbegesetz, 2003; *Rawls* Eine Theorie der Gerechtigkeit, (dt. Übersetzung), 1. Auflage 1979; *Wieland* Das Konzept eines Maßstäbegesetzes, DVBl. 2000, 1310; *Ziekow* Rechtsmittelrecht und Verfassungsgerichtsbarkeit, Die Verwaltung 1994, 481.

Inhalt

* *Dr. Karim Maciejewski* war von 2002 bis 2006 wissenschaftlicher Mitarbeiter am Lehrstuhl für Finanz- und Steuerrecht der Universität Hamburg (*Professor Dr. Selmer*). Seit 2007 ist der Verfasser im Dezernat der Richterin des Bundesverfassungsgerichts *Professorin Dr. Osterloh* als wissenschaftlicher Mitarbeiter tätig. Der Beitrag ist auf den Stand Dezember 2008 gebracht.

I. Einführung

Zu den Leitentscheidungen zum Finanzausgleich zählt neben BVerfGE 72, 330 ff. und BVerfGE 86, 148 ff. das Urteil des 2. Senates vom 11.11.1999[1]. Hier wurde der Gesetzgeber verpflichtet, „das verfassungsrechtlich nur in unbestimmten Rechtsbegriffen festgelegte Steuerverteilungs- und Ausgleichssystem durch anwendbare, allgemeine, ihn selbst bindende Maßstäbe gesetzlich zu konkretisieren und zu ergänzen“[2]. Durch die Schaffung von „auf langfristige Geltung angelegten fortschreibungsfähigen Maßstäben“[3] soll der Bundesgesetzgeber – mit Zustimmung des Bundesrates – sicherstellen, dass „der Bund und alle Länder die verfassungsrechtlich vorgegebenen Ausgangstatbestände in gleicher Weise interpretieren, ihnen dieselben Indikatoren zugrunde legen, die haushaltswirtschaftliche Planbarkeit und Voraussehbarkeit der finanzwirtschaftlichen Grundlagen gewährleisten und die Mittelverteilung transparent machen“[4].

Nach der Konzeption des Bundesverfassungsgerichts stützt sich das variable Steuerzuweisungs- und Ausgleichssystem also in seiner Konkretheit wie in seiner Zeitwirkung auf drei aufeinander aufbauende Rechtserkenntnisquellen: Das Grundgesetz gibt in der Stetigkeit des Verfassungsrechts die allgemeinen Prinzipien für die gesetzliche Steuerzuteilung und den gesetzlichen Finanzausgleich vor; der Gesetzgeber leitet daraus langfristige, im Rahmen kontinuierlicher Planung fortzuschreibende Zuteilungs- und Ausgleichsmaßstäbe ab; in Anwendung dieses den Gesetzgeber selbst bindenden maßstabgebenden Gesetzes (Maßstäbegesetz) entwickelt das Finanzausgleichsgesetz sodann kurzfristige, auf periodische Überprüfung angelegte Zuteilungs- und Ausgleichsfolgen[5].

Der Gesetzgeber hat diesen bundesverfassungsgerichtlichen Gesetzgebungsauftrag zwar formell mit der Schaffung des „Gesetzes über verfassungskonkretisierende allgemeine Maßstäbe für die Verteilung des Umsatzsteueraufkommens, für den Finanzausgleich unter den Ländern sowie die Gewährung von Bundesergänzungszuweisungen“[6] ausgeführt, denselben aber angesichts der Konkretisierungssubstanz des Gesetzes zugleich materiell unterlaufen.

Seither ist es um die Maßstäbegesetzgebung ruhig geworden. Dabei böte diese mehrstufige Rechtsausgestaltung unterhalb der Ebene der expliziten Verankerung in der Verfassung vielfältige Möglichkeiten, im Finanzverfas-

[1] BVerfGE 101, 158 ff.
[2] BVerfGE 101, 158 (1. Leitsatz).
[3] BVerfGE 101, 158 (2. Leitsatz).
[4] BVerfGE 101, 158 (2. Leitsatz).
[5] Vgl. BVerfGE 101, 158, (216 ff.).
[6] BGBl. I 2001, S. 2302.

sungs- und Haushaltsrecht Bund und Länder auf im Vorwege definierte, langfristige und gemeinsame Ziele zu verpflichten. Die Maßstäbegesetzgebung ist ein überaus geeignetes Medium, die Erreichung solcher ebenenübergreifenden Ziele durch aufeinander abgestimmte Maßnahmen zu fördern und deren Gefährdung zu sanktionieren. Maßstäbegesetze können durch ihre langfristige Geltung die kontinuierliche Verfolgung gesamtstaatlicher Ziele in bestimmten Bereichen sicherstellen, in denen dies notwendig ist. Das gilt insbesondere im Hinblick auf die vieldiskutierte Begrenzung der Neuverschuldung der öffentlichen Haushalte.

Vor diesem Hintergrund sollen im Folgenden zunächst die Gründe für das vorläufige Scheitern einer materiell wirksamen Maßstäbegesetzgebung in Sachen Finanzausgleich beleuchtet werden, insbesondere soweit deren Analyse Rückschlüsse auf die Tragfähigkeit der Konzeption von Maßstäbegesetzen insgesamt zulassen.

Im Anschluss daran soll der unter dem Stichwort „Bindungswirkung" kontrovers diskutierten Frage nachgegangen werden, wodurch der einfache Gesetzgeber gehindert werden kann, mit der Aufstellung neuer ausführender einfacher Gesetze zugleich die früheren Maßstäbe anzupassen und damit die Wirksamkeit der Maßstäbe zu vereiteln.

Ziel dieses Beitrages ist es aufzuzeigen, dass sich eine Maßstäbegesetzgebung bruchlos in die bestehende Normenhierarchie von Verfassungsrecht einerseits und einfachem Recht anderseits einfügen lässt. Der in der Literatur häufig beschworene Konflikt einer Maßstäbegesetzgebung mit dem aus dem Demokratieprinzip folgenden lex-posterior-Grundsatz ist unter dieser Prämisse auflösbar, ohne dass es der Konstruktion einer lex superior bedürfte. Hierzu gilt es insbesondere darzustellen, dass es sich auch bei einfachgesetzlich aufgestellten verfassungskonkretisierenden Maßstäben um *verfassungsrechtliche* Maßstäbe handelt, an denen einfache Gesetze zu messen sind und die – wenn auch begrenzter – bundesverfassungsgerichtlicher Kontrolle unterliegen.

II. Das Maßstäbegesetz zum Finanzausgleich und sein (vorläufiges) Scheitern

1. *Der Gesetzgebungsauftrag in BVerfGE 101, 158 ff. und die Umsetzung durch den Gesetzgeber*

Grundlage der Entscheidung des Bundesverfassungsgerichts vom 11.11. 1999 war die Feststellung, dass die Finanzverfassung insbesondere für die vertikale Umsatzsteuerverteilung zwischen Bund und Ländergesamtheit (Art. 106 Abs. 3 Satz 4 GG), für die Kriterien der Gewährung von Umsatzsteuerergänzungsanteilen (Art. 107 Abs. 1 Satz 4, 2. Hs. GG), für die Voraussetzungen der Ausgleichsansprüche und Ausgleichsverbindlichkeiten sowie für deren Höhe (Art. 107 Abs. 2 Satz 2 GG) und schließlich für die Benennung und Begründung der Bundesergänzungszuweisungen (Art. 107 Abs. 2 Satz 3 GG) keine unmittelbar vollziehbaren Maßstäbe enthalte[7]. Angesichts dessen verpflichte, nach Auffassung des Bundesverfassungsgerichts, die Finanzverfassung den Gesetzgeber, das verfassungsrechtlich nur in unbestimmten Begriffen festgelegte Steuerverteilungs- und Ausgleichssystem entsprechend den vorgefundenen finanzwirtschaftlichen Verhältnissen und finanzwissenschaftlichen Erkenntnissen durch anwendbare, allgemeine, ihn selbst bindende Maßstäbe gesetzlich zu konkretisieren und zu ergänzen. Der Gesetzgeber müsse – unabhängig von wechselnden Ausgleichsbedürfnissen und von konkreten Zuteilungs- und Ausgleichssummen – langfristig anwendbare Maßstäbe bestimmen, aus denen dann die konkreten, in Zahlen gefassten Zuteilungs- und Ausgleichsfolgen abgeleitet werden könnten[8].

Der danach verfassungsrechtlich gebotenen Bildung von langfristigen gesetzlichen Maßstäben und deren gegenwartsnaher Anwendung in den konkreten Finanzfolgen liege eine Zeitenfolge zugrunde, die eine rein interessenbestimmte Verständigung über Geldsummen ausschließe oder zumindest erschwere. Die Finanzverfassung verlange in Art. 106 Abs. 3 und 4 sowie Art. 107 Abs. 2 GG eine gesetzliche Maßstabgebung, die den rechtsstaatlichen Auftrag eines gesetzlichen Vorgriffs in die Zukunft in der Weise erfüllt, dass die Maßstäbe der Steuerzuteilung und des Finanzausgleichs bereits gebildet sind, bevor deren spätere Wirkungen konkret bekannt werden.

Den Gesetzgebungsauftrag verband das Bundesverfassungsgericht zugleich mit zweifacher Kritik an dem vorgefundenen procedere der Verabschiedung des Finanzausgleichsgesetzes. Zum einen sieht das Gericht im gegenwärtigen Zustand unausgesprochen eine Art Formenmissbrauch. Die geforderte Bildung langfristiger Maßstäbe weise dem Gesetz *wieder* seine herkömmliche rechtsstaatliche Funktion zu, die darin liege, in seiner formellen Allgemeinheit rational-planmäßig die Zukunft zu gestalten. Dies setze eine gewisse Dauerhaftigkeit der Regel voraus, erstrecke ihre Anwendung auf eine unbestimmte Vielzahl künftiger Fälle, wahre damit Distanz zu den Betroffenen, wende die Aufmerksamkeit des regelnden Organs dem auch für die Zukunft verpflichtenden Maß zu und verwirkliche die Erstzuständigkeit des Gesetzgebers bei der Verfassungsinterpretation[9].

Zum zweiten sei eine nur vertragliche Verständigung über Tatbestände und Rechtsfolgen des Finanzausgleichsgesetzes auch deshalb ausgeschlossen, weil damit jedes Land, das zum Vertragsschluss nicht bereit wäre, sich seinen Ausgleichspflichten entziehen könnte. Andererseits rechtfertige auch die

[7] BVerfGE 101, 158, (215).
[8] BVerfGE 101, 158, (215).
[9] BVerfGE 101, 158, (217); Hervorhebung vom Verf.

bloße parlamentarische Mehrheit noch nicht den beschlossenen Finanzausgleich. Der Gesetzgeber habe gegenläufige Interessen festzustellen, zu bewerten und auszugleichen. Er dürfe aber nicht allein in der Rechtfertigung eines Mehrheitswillens zu Lasten einer Minderheit auf fremde Haushalte zugreifen oder Ausgleichsansprüche vereiteln. Damit begegne eine Gesetzgebungspraxis, die das Finanzausgleichsgesetz faktisch in die Verantwortlichkeit des Bundesrates verschiebt, verfassungsrechtlichen Einwänden[10].

Nach dem Urteil des Bundesverfassungsgerichts vom 11.11.1999 waren es zunächst die Länder, die Aktivitäten in Richtung auf eine Umsetzung des verfassungsgerichtlichen Gesetzgebungsauftrages entfalteten. In Abstimmungen auf ministerieller Arbeitsebene wurde bereits in dieser frühen Phase der Maßstäbesetzung deutlich, dass ein Kompromiss nur zu finden sein würde, wenn die finanziellen Auswirkungen für jedes einzelne Land hinreichend berücksichtigt würden. Dementsprechend bildeten sich zwei Gruppen von Ländern, die durch eine ähnliche Interessenlage verbunden waren. Auf der einen Seite der sog. „Hannoveraner Kreis“ unter der Federführung des Niedersächsischen Finanzministeriums. Ihm gehörten neben der Freien und Hansestadt Hamburg die Nehmerländer im Länderfinanzausgleich an. Demgegenüber standen die Zahlerländer Baden-Württemberg, Bayern, Hessen und Nordrhein- Westfalen, die stärkere Wettbewerbselemente im künftigen Finanzausgleich forderten.

Eine erste Annäherung dieser beiden Blöcke wurde auf der Ministerpräsidenten-Konferenz vom 24./25.3.2000 erzielt. In den „Eckpunkten zur Weiterentwicklung des bundesstaatlichen Finanzausgleichs“ wurde als kleinster gemeinsamer Nenner zunächst eine Ausklammerung der Frage nach der Neugliederung der Länder und der grundsätzlichen Rechtfertigung der Stadtstaatenklausel vereinbart.

Am 12.10.2000 wurde durch den Bundestag der Sonderausschuss „Maßstäbegesetz/Finanzausgleichsgesetz“ eingesetzt, ohne dass dieser zunächst selbst Position bezog oder gar einen Gesetzentwurf erarbeitete.

Auf der Konferenz der Ministerpräsidenten vom 27./28.1.2001 wurden die gemeinsamen Positionen der Länder weiter präzisiert. Hier wurde das Ziel formuliert, den künftigen Finanzausgleich zugunsten der Zahlerländer mit stärkeren Anreizwirkungen, verbunden mit einem höheren Selbstbehalt, auszugestalten. Durch einen weiteren Beschluss zeichnete sich bereits zu diesem Zeitpunkt das Scheitern des Maßstäbekonzepts ab: Die Länder vereinbarten einen sog. „12-DM-Korridor“. Damit sollte sichergestellt werden, dass keines der Länder durch die Maßstäbebildung Mehr- oder Mindereinnahmen erzielt, die „12 DM je Einwohner“ im Vergleich zu den Jahren 1999 und 2000 übersteigen.

[10] BVerfGE 101, 158, (218 f.).

Mit Beschluss vom 15.2.2001 legte die Bundesregierung einen vom Bundesministerium der Finanzen zum Januar 2001 fertig gestellten Entwurf eines Maßstäbegesetz (MaßStG-E) vor[11], welcher am 23.2. dem Bundesrat zugeleitet wurde[12].

Mit diesem Entwurf zeigte sich der Bund weitgehend unbeeindruckt von den unter den Ländern bereits gefundenen Kompromissen. Es war zum Zeitpunkt des Beschlusses der Bundesregierung absehbar, dass zentrale Forderungen des Entwurfs die Zustimmung der Länderkammer nicht finden würden, ein zumindest partielles Scheitern der Vorlage war offenbar einkalkuliert. Etwa die in § 9 Abs. 1 Satz 2, Abs. 2 des Entwurfes festgelegte vollständige[13] Einbeziehung der kommunalen Steuereinnahmen in die Finanzkraft der Länder war von den finanzstarken Ländern bereits während der Konsultationen der Länder abgelehnt worden.

Erwartungsgemäß lehnte daher der Bundesrat am 27.4.2001 den Gesetzentwurf der Bundesregierung ab. Nunmehr fanden vom 11.5. bis 29.6.2001 intensive Beratungen des Sonderausschusses „Maßstäbegesetz/Finanzausgleichsgesetz" des Bundestages ausdrücklich auf Grundlage des Regierungsentwurfes statt. Durch diese Ausrichtung der Beratung unter Zugzwang gesetzt, präzisierten die Länder auf einer Konferenz der Ministerpräsidenten vom 21./22.6.2001 ihre Forderungen und erzielten auf Grundlage dessen am 23.6.2001 Einigung mit dem Bundeskanzler. Erst im Anschluss an diese Einigung folgten der Bericht und die Stellungnahmen des Sonderausschusses „Maßstäbegesetz/Finanzausgleichsgesetz"[14].

Das „Gesetz über verfassungskonkretisierende allgemeine Maßstäbe für die Verteilung des Umsatzsteueraufkommens, für den Finanzausgleich unter den Ländern sowie die Gewährung von Bundesergänzungszuweisungen"[15] wurde schließlich am 5.7.2001 vom Bundestag beschlossen, der Bundesrat stimmte am 13.7.2001 zu.

Allerdings lässt sich dem Maßstäbegesetz zum Finanzausgleich bei näherer Musterung kaum Substanzielles entnehmen. Zur bundesverfassungsgerichtlich geforderten Konkretisierung der unbestimmten Rechtsbegriffe der Finanzverfassung leistet das Gesetz keinen nennenswerten Beitrag. Das Maßstäbegesetz stellt im Wesentlichen eine – zum Teil wortgenaue – Abschrift der bundesverfassungsgerichtlichen Ausführungen dar.

So enthält etwa § 1 unter der Überschrift „Grundsätze" nichts anderes als eine Wiederholung des bereits vom Bundesverfassungsgericht[16] definierten

[11] Zu diesem Entwurf: *Geske* Wenn gesetzliche Konkretisierungen zu allgemeinen Maßstäben führen sollen, Wirtschaftsdienst 2001, 214 ff.

[12] BR-Drucks. 161/01.

[13] Nach der bisherigen Rechtslage waren nach § 8 Abs. 5 Finanzausgleichsgesetz (1993) die kommunalen Einnahmen hälftig einbezogen worden.

[14] BT-Drucks. 14/6533.

[15] BGBl. I, S. 2302.

[16] BVerfGE 101, 158, (214 f.).

Anwendungsbereichs des Maßstäbegesetzes. § 1 Abs. 2 MaßStG repetiert die im selben Urteil[17] mit dem Gesetzgebungsauftrag einer Maßstäbegesetzgebung verfolgten Ziele.

Die in § 2 Abs. 2 festgelegte Sicherstellung einer Anpassungsfähigkeit des Finanzausgleichsgesetzes an „finanzwirtschaftliche Veränderungen" findet sich ebenfalls im Urteilstext[18]. Ebenso überflüssig wie nichtssagend ist die in Abs. 3 folgende Verpflichtung des Finanzausgleichsgesetzgebers auf „Normenklarheit" und „Normenverständlichkeit".

2. *Ursachenforschung: Interessenabstraktion als Instrument der Herstellung von „Gerechtigkeit"?*

Durch die Forderung nach einer vorgängigen Maßstäbebildung ist der Entscheidung des Bundesverfassungsgerichts vom 11.11.1999 eine ganz bestimmte Vorstellung unterlegt, wie der Finanzausgleich zukünftig zu sachgerechten Lösungen zu führen sei. Es wird ausdrücklich J. Rawls' „Eine Theorie der Gerechtigkeit" zitiert[19]. Dieses Zitat findet sich im Zusammenhang mit dem Hinweis, dass sich kein „allgemeiner ‚Schleier des Nichtwissens' über die Entscheidungen der Abgeordneten breiten läßt"[20]. Ein solcher – in Entscheidungen des Bundesverfassungsgerichts eher untypischer – expliziter Rückgriff auf ein philosophisches Werk würde sich in dem genannten Urteil nicht finden, wenn das Gericht nicht von dessen Verwertbarkeit in der zu behandelnden Materie überzeugt wäre. Eine Auseinandersetzung mit der Tragfähigkeit dieser theoretischen Konstruktion und ihrer praktischen Umsetzbarkeit gerade in Sachen Finanzausgleich ist daher angezeigt.

a) Rawls' „Theorie der Gerechtigkeit"

Die erklärte Grundlage von *Rawls'* Gerechtigkeitsvorstellung mit ausdrücklichem Hinweis auf die Werke von Locke, Rousseau und Kant[21] ist die Theorie des Gesellschaftsvertrages[22]. Diese besagt in ihrem Kern, dass sich die Individuen einer Gesellschaft deren Regeln unterwerfen, weil sie diese Grundlagen ihres Zusammenlebens im Sinne einer Vereinbarung billigen. Die einzelnen Subjekte der Gesellschaft haben sich nach dieser Vorstellung im Vorwege auf bestimmte Grundsätze geeinigt, die von allen zu befolgen sind und sozusagen die Geschäftsgrundlage der Gemeinsamkeit darstellen. Dabei geht *Rawls* davon aus, dass eine Gesellschaft als „Unternehmen zur

[17] BVerfGE 101, 158, (2. Leitsatz).
[18] BVerfGE 101, 158, (226).
[19] BVerfGE 101, 158, (218).
[20] BVerfGE 101, 158, (218).
[21] *Rawls* S. 27, erwähnt hier ‚Second Treatise of Government' (*Locke*), ‚Contrat social' (*Rousseau*) und ‚Metaphysik der Sitten' (*Kant*).
[22] *Rawls* S. 27.

Förderung des gegenseitigen Vorteils"[23] zu begreifen sei. Für diese sei aber charakteristisch, dass sie „nicht nur von Interessenharmonie, sondern von Konflikt"[24] geprägt ist. Diese Konflikte ergäben sich daraus, dass es den „Menschen nicht gleichgültig ist, wie die durch ihre Zusammenarbeit erzeugten Güter verteilt werden, denn jeder möchte lieber mehr als weniger haben"[25].

Rawls Ziel ist nun, die Gesellschaft so auszugestalten, dass diese Interessengegensätze nicht zu einer ungerechten Verteilung der Güter führen. Die Aufstellung dieser gemeinsamen Grundsätze wird von Rawls als „Übereinkunft" im „Urzustand" begriffen[26]. *Rawls'* „Theorie der Gerechtigkeit" ist in diesem Zusammenhang der Versuch, diese ursprüngliche Vereinbarung gerecht zu gestalten.

Im Kern ist *Rawls'* Medium der Herstellung einer gerechten Gesellschaft im Rahmen eines solchen Vertrages das der Interessenabstraktion. *Rawls* selbst prägt hierfür den vom Bundesverfassungsgericht in der genannten Entscheidung[27] zitierten Begriff vom „Schleier des Nichtwissens"[28]. Damit ist indessen wenig gesagt. Vorgestellt sind damit nämlich keineswegs – auch nicht idealiter – an der Maßstäbebildung Beteiligte, die sich sämtlichen Wissens entledigen. Vielmehr sollen diese die gesellschaftlichen Umstände kennen. Auch die verschiedenen Interessen der Beteiligten sollen bekannt sein. Die Forderung nach einem „Schleier des Nichtwissens" bezieht sich lediglich auf die Frage, welches die jeweils eigenen Interessen sind. Zum Zeitpunkt der Übereinkunft, also der Maßstäbesetzung, soll also nur von der Subjektivität der – allen wohl bekannten – Interessen abstrahiert werden. Die von *Rawls* vorgestellte Situation, die nach seiner Ansicht zu einer gerechten Übereinkunft führt, ist demnach gerade dadurch qualifiziert, dass „niemand *seine* Stellung in der Gesellschaft kennt"[29]. Auf diese Weise könne sich „niemand Grundsätze ausdenken (...), die ihn aufgrund seiner besonderen Verhältnisse bevorzugen"[30].

b) Der „Schleier des Nichtwissens" und das Maßstäbegesetz

Neben dogmatischen Bedenken gegen diesen theoretischen Ansatz, die an dieser Stelle nicht vertieft werden sollen[31], stellt sich die Frage, ob die

[23] *Rawls* S. 20.
[24] *Rawls* S. 20.
[25] *Rawls* S. 20.
[26] *Rawls* S. 159 f.
[27] BVerfGE 101, 158, (218).
[28] *Rawls* S. 159.
[29] *Rawls* S. 29 (Hervorhebung nur hier).
[30] *Rawls* S. 29.
[31] Vgl. hierzu statt Vieler: *Novell-Smith* Eine Theorie der Gerechtigkeit? in: Höffe (Hrsg.), Über J. Rawls, S. 97 f.

Umsetzung dieser Konzeption nicht zu jenem unbefriedigenden Ergebnis führen musste, das es in Gestalt des weitestgehend substanzlosen Maßstäbegesetzes gefunden hat.

Die oben dargestellte Umsetzung des bundesverfassungsgerichtlichen Gesetzgebungsauftrages zeigt deutlich die entscheidende Schwäche der bisherigen Maßstäbegesetzkonzeption. Insbesondere ist der sog. „12-DM-Korridor" mit der ursprünglichen Vorstellung des Bundesverfassungsgerichts kaum vereinbar.

Letztlich ist die Etablierung von materiell wirksamen Maßstäben für den Finanzausgleich daran gescheitert, dass diese nach ihrer Konzeption die – zumindest partielle – Unbefangenheit der an der Schaffung dieser Maßstäbe Beteiligten voraussetzt[32]. Dies sind unmittelbar der Bundestag und der Bundesrat, mittelbar die Bundesregierung und die Exekutiven der Länder mit ihren je eigenen, teilweise gegenläufigen Interessen. Diese werden nicht willens sein, von ihren eigenen Interessen zu abstrahieren und bei der – zeitlich vorgängigen – Verabschiedung des Maßstäbegesetzes die konkreten Konsequenzen für ihren jeweiligen Haushalt antizipieren. Das Bundesverfassungsgericht kann während der Beratungen nicht den „Gebrauch von Taschenrechnern verbieten"[33]. Wegen der relativ überschaubaren Zahl der Beteiligten wird bei jedem Versuch, abstrakt zu definieren, erkennbar sein, welcher Seite die jeweilige Auslegung Mehreinnahmen beschert und welcher sie im Sinne von Mindereinnahmen schadet. Das Bundesverfassungsgericht verlangt von den Beteiligten nicht weniger als einen finanzpolitischen „Blindflug". Bund und Länder sollen sich „überraschen" lassen, was denn die geschaffenen langfristigen Maßstäbe konkret für ihren jeweiligen Haushalt bedeuten. Gerade im Hinblick auf § 6 Abs. 1 und 2 Haushaltsgrundsätzegesetz[34] und § 7 Abs. 1 und 2 Bundeshaushaltsordnung[35] könnte sich die Frage stellen, ob – abgesehen vom fehlenden Willen – die Verantwortlichen des Bundes und der Länder ihre Haushalte solchen unkalkulierbaren Risiken überhaupt aussetzen dürften.

Konstruktives Merkmal einer Maßstäbegesetzgebung darf daher gerade nicht die Interessenabstraktion sein. Ein „Schleier des Nichtswissens" als Voraussetzung ist schlichtweg utopisch[36] und nicht zielführend.

Eine Maßstäbegesetzgebung hat sich als untauglich erwiesen, aktuelle Konflikte zu lösen, indem hierfür scheinbar abstrakte und zunächst „neutrale" Maßstäbe aufgestellt werden. Sie kann jedoch zur Regelung solcher Materien

[32] So auch: *Wieland* Das Konzept eines Maßstäbegesetzes, DVBl. 2000, 1310 (1312); *Bull/Mehde* Der rationale Finanzausgleich, DÖV 2000, 305 (309).

[33] *Wieland* Das Konzept eines Maßstäbegesetzes, DVBl. 2000, 1310 (1312).

[34] BGBl. I 1969, S. 1273.

[35] BGBl. I 1969, S. 1284.

[36] *Linck* Das „Maßstäbegesetz" zum Finanzausgleich, S. 325 (329).

ihre Berechtigung finden, bei denen es gilt, die Glieder des Bundesstaates auf gemeinsame und langfristige Ziele zu verpflichten. Das sind insbesondere solche staatlichen Aufgaben, bei denen es gerade auf den in der politischen Auseinandersetzung schwerlich zu sichernden ‚langen Atem', auf Kontinuität und Verlässlichkeit ankommt. Zu nennen sind hier insbesondere die notwendig langfristig anzulegende Konsolidierung der öffentlichen Haushalte und im Zusammenhang damit die nachhaltige Bekämpfung von Haushaltsnotlagen.

Für die Setzung von wirksamen Maßstäben gilt es daher nicht, die Interessen der Beteiligten auszublenden, sondern einen aktuellen Konsens über bestimmte Notwendigkeiten in die Zukunft zu verlängern und Mittel und Bedingungen für die langfristige Umsetzung gesamtstaatlicher Ziele relativ unabhängig von wechselnden politischen Mehrheiten festzuschreiben und zu sichern.

III. Maßstäbegesetzgebung als Medium der Verfassungskonkretisierung

Die beschriebene Fähigkeit einer Maßstäbegesetzgebung, die langfristige Verfolgung gesamtstaatlicher Ziele zu fördern, kann nur dann zur Entfaltung gelangen, wenn der einfache Gesetzgeber nicht mit jeder einzelnen Gesetzesänderung gewissermaßen in einem Zug auch zugleich die für den entsprechenden Sachbereich aufgestellten Maßstäbe ändern kann.

1. Das Maßstäbegesetz als ‚lex superior'?

Um dieses zu unterbinden, wird in der Literatur[37] versucht, einen *materiellen* Vorrang der Kategorie des Maßstäbegesetzes gegenüber ‚normalen' einfachen Gesetzen zu konstruieren. Die vermeintliche materielle Höherwertigkeit eines Maßstäbegesetzes dient hierbei als verfassungsrechtliche Rechtfertigung einer Beschränkung des demokratischen Prinzips, das in Art. 20 Abs. 1 GG als eines der tragenden Strukturprinzipien des Grundgesetzes angelegt ist. Dieses Prinzip besagt in seinem Kern, dass das Volk Träger der Staatsgewalt ist[38]. Die Ausübung staatlicher Gewalt bedarf somit zu ihrer Legitimität einer Rückführbarkeit auf das Volk. Das demokratische Prinzip fordert demnach zunächst die Existenz einer durch Wahlen legitimierten Volksvertretung, eines Parlaments. Damit die seine Existenz recht-

[37] *Degenhart* Maßstabsbildung und Selbstbindung, ZG 2000, 79 f.; mit einem weiteren Ansatz: *v. Schweinitz* Das Maßstäbegesetz, S. 236.

[38] *Stern* Staatsrecht, Band I, S. 450.

fertigende Legitimität des Parlaments nicht verloren geht, gilt der Grundsatz der Periodizität der politischen Wahlen[39]. Die Volksvertretung muss nach dem demokratischen Prinzip „in regelmäßigen, im voraus bestimmten Abständen durch Wahlen abgelöst und neu legitimiert werden“[40].

Die Periodizität des Parlaments muss sich auch auf dessen typische Handlungsform, das Parlamentsgesetz, auswirken. Dem trägt der Grundsatz Rechnung, wonach das zeitlich ältere Gesetz einem zeitlich jüngeren Gesetz weicht, da anzunehmen ist, dass der demokratisch legitimierte Gesetzgeber durch die Verabschiedung des jüngeren Gesetzes die ältere Regelung hat aufheben wollen[41]. Der Rechtsgrundsatz lex posterior derogat legi priori stellt die Fähigkeit des zeitlich später demokratisch legitimierten Gesetzgebers sicher, sich mit seinen Entscheidungen gegenüber denen seiner Vorgänger durchzusetzen. Eine Bindungswirkung einfacher Gesetze für den Gesetzgeber bedeutete in diesem Zusammenhang nicht weniger als eine sukzessive Beschränkung der Entscheidungsbreite des nachfolgenden Gesetzgebers.

Der lex-posterior-Gundsatz folgt daher aus Art. 20 Abs. 3 GG. Demnach sind Exekutive und Rechtsprechung an „Recht und Gesetz“ gebunden, die Gesetzgebung hingegen an die „verfassungsmäßige Ordnung“. Unter Gesetz und Recht sind jedenfalls neben der Verfassung die förmlichen Gesetze zu verstehen[42]. Von dieser verfassungsrechtlichen Bindung sind alle staatlichen Aktivitäten mit Ausnahme der des förmlichen Gesetzgebers erfasst[43]. Die Bindungen des Gesetzgebers sind insoweit enger, da der Begriff der „verfassungsmäßigen Ordnung“ den gesamten Normbestand des Grundgesetzes bezeichnet[44], nicht aber einfache Gesetze. Eine Bindung des Gesetzgebers an solche Gesetze stellte demnach eine Ausnahme zu Art. 20 Abs. 3 GG dar und bedarf einer verfassungsrechtlichen Rechtfertigung.

Die Begründung eines solchen Rangverhältnisses eines Maßstäbegesetzes zu anderen einfachen Gesetzen unter Hinweis auf den spezifischen Verfassungsbezug des ersteren kann nicht gelingen. Die besondere Konkretisierungsfunktion des Maßstäbegesetzes rechtfertigt keine materielle Höherwertigkeit im Sinne einer Modifizierung des lex-posterior-Gundsatzes[45]. Da letztlich jedes einfache Gesetz in gewisser Weise die Normen des Grundgesetzes konkretisiert, ist das Maßstäbegesetz auch aus der Perspektive seiner besonderen Eigenart ohne weiteres in die Kategorie des einfachen Gesetzes einzuordnen. Alle anderen einfachen Gesetze haben im Hinblick auf ihre Be-

[39] Hierzu: *Stern* Staatsrecht, Band I, S. 456.
[40] BVerfGE 18, 151 (154).
[41] Hierzu etwa: *Larenz* Methodenlehre der Rechtswissenschaft, S. 250 ff.
[42] *Jarass* in: Jarass/Pieroth, GG, Art. 20, Rn. 38.
[43] *Jarass* in: Jarass/Pieroth, GG, Art. 20, Rn. 37.
[44] *Jarass* in: Jarass/Pieroth, GG, Art. 20, Rn. 32, m.w.N.
[45] *Degenhart* Maßstabsbildung und Selbstbindung, ZG 2000, 79 (88).

standskraft den gleichen Rang[46]. Im Übrigen wäre eine trennscharfe Abgrenzung anhand der Verfassungsnähe kaum möglich. Diese besondere Verfassungsnähe eines Maßstäbe bildenden Gesetzes sorgt, wie noch ausgeführt wird, zwar dafür, dass das einfache Recht an der dort kodifizierten Konkretisierung zu messen ist, macht aber ein solches Maßstäbegesetz nicht zur lex superior.

2. *Etablierung von Maßstäben durch Verfahrensregelungen*

Eine wirksame Abschirmung der Maßstäbegesetzgebung gegen die zeitgleiche Änderung mit dem diese Maßstäbe vorgeblich anwendenden Gesetz lässt sich lediglich im Wege der Verfassungsänderung erreichen. Ausreichend wäre eine rein faktische Bindungswirkung, die die Normenhierarchie unberührt lässt. Für die Modifikation des Maßstäbegesetzes müsste im Vergleich zur Änderung des Anwendungsgesetzes ein politisch anspruchsvolleres Verfahren gelten, um die Änderung der Maßstäbe von deren Anwendung unterscheidbar zu machen. So könnte zukünftig das Finanzausgleichsgesetz als Einspruchsgesetz ausgestaltet werden. Für das Maßstäbegesetz wäre dann, wie bei der Grundsätzegesetzgebung in Art. 109 Abs. 3 GG, die Zustimmung des Bundesrates notwendig. Insbesondere bei unterschiedlichen Mehrheitsverhältnissen in Bundestag und Bundesrat könnte auf diese Weise der Finanzausgleichsgesetzgeber gezwungen sein, an seiner Maßstäbegesetzgebung festzuhalten.

Um diesen Bindungseffekt noch zu verstärken, könnte etwa Art. 79 Abs. 1 GG de constitutione ferenda so gefasst sein, dass die Vorschrift auch für einfache (!) Gesetze gilt, die mit dem Zweck aufgestellt werden, unbestimmte Rechtsbegriffe der Verfassung unmittelbar zu konkretisieren. In diesem Falle gälte das qualifizierte Verfahren nach Art. 79 Abs. 2 GG, wonach Bundestag und Bundesrat jeweils mit einer Mehrheit von zwei Dritteln zustimmen müssten. Das Finanzausgleichsgesetz könnte dann sowohl als Einspruchs- als auch als Zustimmungsgesetz ausgestaltet werden. Durch die hohen Verfahrensanforderungen an die Änderung des Maßstäbegesetzes entstünde auf diese Weise ein faktischer Bindungseffekt des einfachen Gesetzgebers an diese Maßstäbegesetzgebung.

3. *Verfassungsrang der einfachgesetzlichen Maßstäbe*

Die formelle Bindungswirkung in dem beschriebenen Sinne begründet kein materielles Vorrangverhältnis des Maßstäbegesetzes vor dem Anwendungsgesetz, sondern sichert lediglich die Abgrenzung der Maßstäbe von den konkreten Ableitungen und damit die Kontinuität der Maßstäbe über die

[46] Hierzu: *Tiemann* Grundsatzgesetzgebung, DÖV 1974, 233.

einzelne gesetzgeberische Entscheidung hinaus. Damit bleibt die Frage offen, wodurch zu begründen ist, dass sich der Gesetzgeber bei der Verabschiedung einfacher Gesetze an Maßstäbe halten soll, die ebenfalls lediglich in einfachen Gesetzen aufgestellt sind.

Die Bindung des Gesetzgebers an solche in der beschriebenen Weise aufgestellten Maßstäbe lässt sich anhand der ratio des § 31 Abs. 1 BVerfGG erhellen. Nach dieser Vorschrift binden die Entscheidungen des Bundesverfassungsgerichts die Verfassungsorgane des Bundes und der Länder, also auch deren Gesetzgeber. Ungeachtet der nach wie vor streitigen Reichweite dieser Bindungswirkung[47] sind von ihr jedenfalls jene Elemente der Entscheidungen erfasst, welche die Auslegung und Anwendung des Grundgesetzes betreffen[48]. Entscheidend für die Begründung der Bindungswirkung ist hierbei, dass es sich wegen der spezifischen Funktionszuweisung des Bundesverfassungsgerichts auch bei dessen Konkretisierungen um solche mit verfassungsrechtlichem Rang handelt, an welche alle Staatsgewalt gebunden ist. Diese konkretisierenden Ableitungen aus dem Grundgesetz haben also denselben Rang wie die Verfassung selbst.

Die Bindung des Gesetzgebers findet demnach ihren Grund und ihre Grenzen gerade in der verfassungskonkretisierenden Funktion dieser bundesverfassungsgerichtlichen Entscheidungen.

Diese Begründung einer Bindungswirkung für eine Bindung des einfachen Gesetzgebers an verfassungsrechtliche Maßstäbe lässt sich in bestimmten Konstellationen auf die Bildung von verfassungskonkretisierenden Maßstäben durch den Gesetzgeber selbst übertragen. Diese Konstellation ist dadurch gekennzeichnet, dass das Bundesverfassungsgericht für eine bestimmte Materie eine defizitäre Rechtslage im Hinblick auf aus der Verfassung ableitbare Maßstäbe bemängelt. Für den bundesstaatlichen Finanzausgleich ist diese Feststellung etwa wegen der zahlreichen unbestimmten Rechtsbegriffe in der hier im Zentrum der Betrachtung stehenden Leitentscheidung getroffen worden[49]. Damit verbunden ist zugleich die Festlegung, dass es der Konkretisierung dieser betreffenden Verfassungsnormen bedarf, insbesondere soweit diese entscheidende Fragen mit unbestimmten Rechtsbegriffen beantworten. Das „Ob“ der Konkretisierung ist demnach ein verfassungsrechtliches Gebot[50]. Die Umsetzung dieses Gebots bleibt dem Gesetzgeber als Erstinterpreten der Verfassung überlassen. Hierin liegt keine Beschränkung, sondern eine Effektuierung des gesetzgeberischen Entscheidungsspielraumes.

[47] *Bethge* in: Maunz/Schmidt-Bleibtreu/Klein/Bethge, BVerfGG, § 31, Rn. 94.

[48] *Bethge* in: Maunz/Schmidt-Bleibtreu/Klein/Bethge, BVerfGG, § 31, Rn. 88, unter Berufung auf: *Ziekow* Die Verwaltung 1994, 486.

[49] BVerfGE 101, 158 (215).

[50] BVerfGE 101, 158 (215).

Vor diesem Hintergrund treten die einfachgesetzlich aufgestellten Maßstäbe funktional an die Stelle einer bundesverfassungsgerichtlichen Konkretisierung, soweit es sich um die Verwirklichung eines verfassungskräftigen Gebotes zur Maßstäbebildung handelt. Aus diesem Grunde handelt es sich ebenso wie bei den Entscheidungen des Bundesverfassungsgerichts um verfassungsrechtliche Maßstäbe, an die der einfache Gesetzgeber gebunden ist, bis er ausdrücklich die Maßstäbe ändert.

Das Bundesverfassungsgericht ist dann berufen, die Einhaltung dieser verfassungsrechtlichen Maßstäbe bei dem Erlass des ausführenden Gesetzes zu überprüfen. Ein Widerspruch zwischen den für die entsprechende Regelungsmaterie aufgestellten Maßstäben und den Vorschriften des diese anwendenden Gesetzes führte zur Verfassungswidrigkeit des letzteren.

Diese Konstruktion findet bereits eine gewisse Stütze in der Rechtssprechung des Bundesverfassungsgerichts. Anlässlich des Verfahrens, dass unter anderem die Verfassungsmäßigkeit von Normen des Finanzausgleichsgesetzes vom 23.6.1993[51] zum Gegenstand hatte, stellte das Gericht implizit fest, dass auch bei Existenz eines maßstäbegebenden einfachen Gesetzes, nämlich hier des oben genannten Maßstäbegesetzes zum Finanzausgleich[52], die zu beantwortende Frage „im Kern" verfassungsrechtlich"[53] sei. Damit ist zumindest angedeutet, dass es sich trotz einfachgesetzlicher Ausgestaltung jedenfalls um verfassungsrechtliche Maßstäbe handelt.

Zu dieser klarstellenden Ergänzung der hier behandelten Leitentscheidung war das Bundesverfassungsgericht offenbar von der Stellungnahme der Bundesregierung im Verfahren „Berliner Haushaltsnotlage" veranlasst worden, die eine Rechtswegeröffnung nach § 50 Abs. 1 Nr. 1 VwGO zum Bundesverwaltungsgericht ins Spiel gebracht und damit zugleich die Frage nach dem einfachgesetzlichen oder eben verfassungsrechtlichen Charakter der Maßstäbe aufgeworfen hatte[54]. Nur bei letzterer Annahme ist das Bundesverfassungsgericht im Rahmen der abstrakten Normenkontrolle überhaupt zuständig.

Des Weiteren stellt sich die Frage, ob und inwieweit das Bundesverfassungsgericht neben der Kontrolle der maßstäbegerechten Umsetzung auch für die Überprüfung der Maßstäbe selbst zuständig ist, also inwieweit das Gericht die durch den Gesetzgeber in Maßstäbegesetzen aufgestellten Prämissen durch eigene Wertungen zu ersetzen befugt ist. Es bestünde ein erheblicher Widerspruch, wenn das Bundesverfassungsgericht den Gesetz-

[51] BGBl. I, 944/977.

[52] Gesetz über verfassungskonkretisierende allgemeine Maßstäbe für die Verteilung des Umsatzsteueraufkommens, für den Finanzausgleich unter den Ländern sowie die Gewährung von Bundesergänzungszuweisungen, BGBl. I 2001, S. 2302.

[53] BVerfGE 116, 327 (375).

[54] Vgl. BVerfGE 116, 327 (342).

geber zur Effektuierung der gesetzgeberischen Einschätzungsprärogative zur Bildung von Maßstäben aufforderte und anschließend das gefundene Ergebnis einer vollständigen Zweckmäßigkeitsprüfung unterzöge. Die Neigung des Bundesverfassungsgerichts hierzu ist freilich gering. Dies folgt neben der im Folgenden besprochenen ausdrücklichen Zurückhaltung des Bundesverfassungsgerichts im Bereich des Art. 115 GG auch und insbesondere aus den Formulierungen, mit denen der Gesetzgeber zur Schaffung von Maßstäben aufgefordert wurde. So müsse etwa die Bestimmung des Begriffes der Finanzkraft nach Art. 107 Abs. 2 Satz 1 GG in einem Maßstäbegesetz lediglich „vertretbar“[55] sein. Auch etwa hinsichtlich der Ermächtigung zur Gewährung von Bundesergänzungszuweisungen nach Art. 107 Abs. 2 Satz 3 GG wird der maßstabgebende Gesetzgeber zur Schaffung von nachvollziehbaren und widerspruchsfreien Regelungen aufgefordert[56].

Demnach sprich alles für eine bundesverfassungsgerichtliche Prüfung im Sinne einer Evidenzkontrolle unter weitgehender Berücksichtigung des gesetzgeberischen Gestaltungsspielraumes.

IV. Anwendungsmöglichkeiten

Die einer maßstäbegesetzlichen Ausgestaltung zugänglichen Rechtsmaterien sind zunächst dadurch gekennzeichnet, dass sie im Grundgesetz zu unbestimmt kodifiziert sind, um aus ihnen konkrete Ableitungen bilden zu können. Hinzu tritt, dass in diesen Sachgebieten aus Gründen der zwingend langfristig angelegten Aufgabenwahrnehmung oder der Ermöglichung effektiver bundesverfassungsgerichtlicher Kontrolle eine für Bund und Länder verlässliche Maßstäbebildung unerlässlich ist.

a) Finanzausgleich nach Art. 106 und Art. 107 GG

An erster Stelle sind hierbei die Regelungen über die Finanzverteilung nach Art. 106 und Art. 107 GG zu nennen. Für diese Regelungen haben sich nach Auffassung des Bundesverfassungsgerichts die soeben genannten Aspekte bereits zu einem Verfassungsgebot zur Konkretisierung verdichtet.

Insbesondere im Rahmen der Verteilung der Umsatzsteuer könne ohne eine gesetzliche Konkretisierung und Vervollständigung der durch Art. 106 Abs. 3 Satz 4 GG vorgegebenen Grundsätze die Erfüllung des in Art. 106 Abs. 3 Satz 4 Nr. 2 GG normierten Verfassungsauftrages weder gewährleistet noch kontrolliert werden. Diese Grundsätze seien aber der Umsatzsteuerverteilung erkennbar zugrunde gelegt. Die Beurteilung, ob durch ein be-

[55] BVerfGE 101, 158 (228).
[56] BVerfGE 101, 158 (233).

stimmtes Ergebnis der Umsatzsteuerverteilung ein „billiger Ausgleich" erzielt, eine Überbelastung der Steuerpflichtigen vermieden und die Einheitlichkeit der Lebensverhältnisse im Bundesgebiet gewahrt wird, sei nur auf der Grundlage offen ausgewiesener, von Bund und Ländern einheitlich angewandter und den Anforderungen des Art. 106 Abs. 3 Satz 4 Nr. 1 GG genügender gesetzlicher Vorgaben für die Berechnung der Deckungsquoten möglich[57]. Demzufolge bezieht sich der bundesverfassungsgerichtliche Gesetzgebungsauftrag auf die Konkretisierung der unbestimmten Rechtsbegriffe der „laufenden Einnahmen" nach Art. 106 Abs. 3 Satz 4 Nr. 1 GG und der „notwendigen Ausgaben" nach Art. 106 Abs. 3 Satz 4 Nr. 1 GG. Hinzu treten muss eine Definition des „billigen Ausgleichs" nach Art. 106 Abs. 3 Satz 4 Nr. 2 GG und eine maßstäbliche Qualifizierung der wesentlich anderen Entwicklung des Verhältnisses zwischen den Einnahmen und Ausgaben des Bundes und der Länder nach Art. 106 Abs. 4 Satz 1 GG.

Gleiches gelte nach Auffassung des Bundesverfassungsgerichts auch für die verfassungsrechtlichen Grundsätze des horizontalen Finanzausgleichs. Diese bedürften der Bildung gesetzlicher Maßstäbe. Es sei Aufgabe des Gesetzgebers, den Begriff der „Finanzkraft" in Art. 107 Abs. 2 Satz 1 GG näher auszuformen. Der Auftrag in Art. 107 Abs. 2 Satz 1 GG, die unterschiedliche „Finanzkraft" angemessen auszugleichen, fordere praktikable und ökonomisch rationale Indikatoren, die die Einnahmen der Länder vergleichbar machen[58].

Für die Gewährung von Bundesergänzungszuweisungen nach Art. 107 Abs. 2 Satz 3 GG mahnt das Bundesverfassungsgericht insbesondere eine nähere Bestimmung des Tatbestandsmerkmals der Leistungsschwäche in Art. 107 Abs. 2 Satz 3 GG an und fordert Maßstäbe zur Sicherung der Funktion der Bundesergänzungszuweisungen als abschließendem vertikalen, dem horizontalen Finanzausgleich nachgeschalteten Ausgleichselement[59]. Im Zusammenhang mit der Gewährung von Bundesergänzungszuweisungen nach Art. 107 Abs. 2 Satz 3 GG zur Bewältigung von Haushaltsnotlagen fehle es an den notwendigen verfahrensrechtlich wie auch inhaltlich handlungsleitenden Regelungen zum Umgang mit potentiellen und aktuellen Sanierungsfällen im Bundesstaat[60]. Bereits im Jahre 1992 wurde durch das Gericht ausgeführt, es sei „zuvörderst nötig und besonders dringlich (...), Bund und Länder gemeinsam treffende Verpflichtungen und Verfahrensregelungen festzulegen, die der Entstehung einer Haushaltsnotlage entgegenwirken und zum Abbau einer eingetretenen Haushaltsnotlage beizutragen geeignet sind"[61]. Damit sind insbesondere die Anbindungen der Begriffe des bundes-

[57] BVerfGE 101, 158 (227 f.).
[58] BVerfGE 101, 158 (228).
[59] BVerfGE 101, 158 (233); 86, 148 (261).
[60] BVerfGE 116, 327 (393).
[61] BVerfGE 86, 148 (266).

staatlichen Notstandes und der hinreichenden Eigenanstrengungen des Notlagenlandes an maßstabbildende Indikatoren gefordert.

b) Begrenzung der Neuverschuldung, Art. 115 GG

Weitere bislang vernachlässigte Möglichkeiten für maßstäbegesetzliche Rechtsgestaltung bieten sich im Regelungsbereich des Art. 115 GG. Dessen Abs. 1 Satz 2, 1. Halbsatz GG begrenzt die Kreditaufnahme auf die Höhe der Ausgaben für Investitionen. Nach Art. 115 Abs. 1 Satz 2, 2. Halbsatz GG sind Ausnahmen von dieser Regelgrenze nur zur Abwehr einer Störung des gesamtwirtschaftlichen Gleichgewichts zulässig.

Der 2. Senat des Bundesverfassungsgerichts geht in diesem Zusammenhang zu Recht von dem Befund aus, dass die gegenwärtige Fassung des Art. 115 GG in ihrer Funktion als Konkretisierung der allgemeinen Verfassungsprinzipien des demokratischen Rechtsstaats für den speziellen Bereich der Kreditfinanzierung staatlicher Ausgaben nicht mehr als angemessen zu werten sei und dass verbesserte Grundlagen für wirksame Instrumente zum Schutz gegen eine Erosion gegenwärtiger und künftiger Leistungsfähigkeit des demokratischen Rechts- und Sozialstaats zu schaffen seien[62]. Die staatliche Verschuldungspolitik habe nicht antizyklisch agiert, sondern praktisch durchgehend einseitig zur Vermehrung der Schulden beigetragen und gegenwärtig bereits einen verbreitet als bedrohlich bewerteten Stand erreicht. Insgesamt habe das Regelungskonzept des Art. 115 Abs. 1 Satz 2 GG sich als verfassungsrechtliches Instrument rationaler Steuerung und Begrenzung staatlicher Schuldenpolitik in der Realität nicht als wirksam erwiesen[63].

Trotz dieses dramatischen Befundes nimmt das Bundesverfassungsgericht aus Zuständigkeitsgründen keine Verengung des haushaltsgesetzgeberischen Spielraumes vor. Verfassungsgerichtliche Beurteilungen des Vorliegens einer Störung des gesamtwirtschaftlichen Gleichgewichts und der angemessenen haushaltspolitischen Reaktionen darauf an die Stelle derjenigen des Gesetzgebers zu setzen, erhöhe nach Auffassung des Senates nicht die Chance auf sachgerechte, den Zielen der Finanzverfassung bestmöglich entsprechende Entscheidungen[64].

Immerhin erkennt der Senat die Notwendigkeit der Entwicklung von Mechanismen an, die für gegebene Verschuldungsspielräume den erforderlichen Ausgleich über mehrere Haushaltsjahre sicherstellen. Die demnach erforderliche Auswahl und Institutionalisierung von Regeln, die dies leisten und dabei in geeigneter Weise dem Anreiz zur Verschiebung von Ausgleichslasten auf nachfolgende Legislaturen entgegenwirken, sei eine komplexe Auf-

[62] BVerfGE 119, 96 (142).
[63] BVerfGE 119, 96 (142).
[64] BVerfGE 119, 96 (143).

gabe, für deren Lösung das geltende Verfassungsrecht keine ausreichend konkreten Direktiven liefere. Sie sei dem verfassungsändernden Gesetzgeber vorbehalten und aufgegeben[65].

Allerdings ist diese Fokussierung auf eine Verfassungsänderung nicht zwingend. Eine solche ist in ihrer Umsetzung auch in Zeiten einer Großen Koalition eine schwierige politische Aufgabe und birgt die Gefahr in sich, das Grundgesetz mit detaillierten Regelungen zu überfrachten. Die Etablierung eines Maßstäbegesetzes bietet dagegen die Möglichkeit, im Rahmen des geltenden Verfassungsrechts eine wirksame Begrenzung der Staatsverschuldung zu verankern.

Ansatzpunkt hierfür bietet eine maßstäbegesetzliche Verdichtung der Voraussetzungen zur Überschreitung der Regelgrenze des Art. 115 GG Abs. 1 Satz 2, 1. Halbsatz GG. Der Begriff des gesamtwirtschaftlichen Gleichgewichts stellt einen unbestimmten Verfassungsbegriff dar[66], der der Konkretisierung durch Maßstäbegesetzgebung zugänglich ist. Das Bundesverfassungsgericht hat trotz seiner in dieser Hinsicht geübten Zurückhaltung angemerkt, dass eine übermäßige Staatsverschuldung und die damit verbundene wachsende Zinslast nicht nur die aktuellen Handlungsspielräume des Staates verengen und Finanzierungslasten in die Zukunft auf künftige Generationen verlagern, sondern auch das langfristige Wachstum der Wirtschaft hemmen[67]. Eine Begrenzung der staatlichen Neuverschuldung stellt sich demnach durchaus als Aspekt des gesamtwirtschaftlichen Gleichgewichts dar mit der Folge, dass sich etwa die Verankerung einer Schuldenbremse als Konkretisierung dieses unbestimmten Verfassungsbegriffes in Art. 115 GG Abs. 1 Satz 2, 1. Halbsatz GG auffassen lässt.

Bildet der Gesetzgeber vor diesem Hintergrund verbindliche Regelungen zur Begrenzung der Neuverschuldung, so gibt er dem Bundesverfassungsgericht selbst den Maßstab an die Hand, die Einhaltung derselben zu überprüfen. Dem Gericht böte sich hierdurch die Gelegenheit, Art. 115 GG zu einer wirksamen Grenze für die Neuverschuldung aufzurüsten, ohne dabei die gerichtliche Zurückhaltung bei der Interpretation des Begriffes des gesamtwirtschaftlichen Gleichgewichts aufgeben zu müssen.

V. Fazit

Trotz des vorläufigen Scheiterns einer Maßstäbegesetzgebung in Sachen Finanzausgleich ist eine solche Rechtsgestaltung dennoch ein taugliches Instrument zur Sicherung einer kontinuierlichen Verfolgung gesamtstaat-

[65] BVerfGE 119, 96 (143).
[66] Ebenso schon: BVerfGE 79, 311 (338).
[67] BVerfGE 119, 96 (142).

licher Ziele. Bedingung für die Wirksamkeit von Maßstäben ist allerdings die Unterscheidbarkeit von Anwendung und Maßstäbesetzung. Hierzu sind entsprechende Verfahrensregelungen ausreichend. Der Konstruktion einer lex superior bedarf es hierfür nicht. Schon diese faktische Bindung von Landes- und Bundesgesetzgeber an ein Maßstäbegesetz stellt sicher, dass alle Glieder des Bundesstaates diese Vorgaben, etwa hinsichtlich einer Schuldenobergrenze oder einer an den Konjunkturzyklus angelehnten Rückzahlungspflicht nach allgemeinen und überprüfbaren Kriterien erfüllen. Nur auf diese Weise kann sichergestellt werden, dass sich Bund und die einzelnen Länder bei der eigenen Haushaltskonsolidierung auf ein den gleichen Maßstäben folgendes Finanzgebaren der anderen Bundesglieder verlassen können.

Verfassungsgerichtliche Rechtsprechung zum strukturellen Vollzugsdefizit im Lichte der jüngeren Kammerrechtsprechung

Franceska Werth*

Leitentscheidungen des Bundesverfassungsgerichts

1. BVerfGE 84, 239 (267) (Zweiter Senat).
2. BVerfGE 110, 94 (111) (Zweiter Senat).
3. BVerfGK 8, 19 (24) (3. Kammer des Zweiten Senats), Beschluss vom 18.4.2006 – 1 BvL 8/05 –.
4. BVerfGK 8, 29 (33) (3. Kammer des Zweiten Senats), Beschluss vom 18.4.2006 – 1 BvL 12/05 –).
5. BVerfG (3. Kammer des Zweiten Senats), Beschluss vom 10.1.2008 – 2 BvR 294/06 – DStR 2008, 197.
6. BVerfG (3. Kammer des Zeiten Senats), Beschluss vom 25.2.2008 – 2 BvL 14/05 – DVBl. 2008, 652.
7. BVerfG (3. Kammer des Zweiten Senats), Beschluss vom 10.3.2008 – 2 BvR 2077/05 – NJW 2008, 2637.

Schrifttum

Bäuml, Sven Oliver Verfassungsmäßigkeit der Besteuerung privater Wertpapierveräußerungsgeschäfte ab 1999: ein Urteil des Bundesfinanzhofs „auf Bewährung", DStZ 2006, 109 ff.; *Bode, Walter* Das flüchtige strukturelle Vollzugsdefizit, FR 2008, 570; *Hey, Johanna* Vollzugsdefizit bei Kapitaleinkommen: Rechtsschutzkonsequenzen und Reformoptionen, DB 2004, 724 ff.; *Osterloh, Lerke* Kommentierung zu Art. 3 GG, in Sachs, Grundgesetz, 4. Auflage 2007; *Paus, Bernhard* Zur Frage der rückwirkenden Bereinigung eines verfassungswidrigen Zustands, DStZ 2006, 265 ff.; *Seipl, Johann/Wiese, Jörg* Verfassungsmäßigkeit der „Spekulationsbesteuerung" im Jahr 1999 ernstlich zweifelhaft, DStR 2005, 98 ff.; *Smith, Adam* Wohlstand der Nationen, 5. Aufl. 1789, Neudruck 1978, S. 703 f.; *Steiger, Christian* Mangelnde Eignung des Kontenabrufs als Mittel zur Behebung eines strukturellen Vollzugsdefizits.

* Richterin am Finanzgericht *Dr. Franceska Werth*, Baden-Baden, ist seit 2006 wiss. Mitarbeiterin am BVerfG (Dez. *Prof. Dr. Lerke Osterloh*) und Lehrbeauftragte der Albert-Ludwigs-Universität Freiburg; Stand der Bearbeitung: 16.2.2009.

Inhalt

I. Einleitung

Bereits Adam Smith zählte in seinem 1776 erschienen Werk „Der Wohlstand der Nationen“ zu den vier Grundprinzipien eines rationalen und gerechten Steuersystems neben den Grundsätzen der Steuergleichheit, der Bestimmtheit des Steueranspruchs und der Bequemlichkeit der Steuerzahlung als vierten Grundsatz die Effizienz der Steuererhebung.[1] Das Bundesverfassungsgericht hat erstmals in seinem sog. Zinsurteil vom 27.6.1991 erkannt, dass unter bestimmten Voraussetzungen ein strukturelles Vollzugsdefizit, das zu einem Verstoß gegen die durch Art. 3 Abs. 1 GG geschützte Belastungsgleichheit führt, auf die materiell-rechtliche Grundlage der Besteuerung zurückwirken kann, selbst wenn der steuerliche Tatbestand selbst an sich verfassungsrechtlich unbedenklich ist.[2] Dabei hat es betont, dass es

[1] *Smith* Wohlstand der Nationen, 5. Aufl. 1789, Neudruck 3. Aufl. 1983, S. 703 f.
[2] BVerfGE 84, 239 (284).

hierbei nicht um die – verfassungsrechtlich umstrittene[3] – Frage des Anspruchs auf „Gleichstellung" im Unrecht geht, wohl aber strukturelle Vollzugsmängel auf der Rechtsfolgenseite in Extremfällen die Verfassungswidrigkeit des gesetzlichen Besteuerungsgrundlagen zur Folge haben können. Mit seiner Entscheidung vom 9.3.2004 zur Verfassungswidrigkeit der Besteuerung von Gewinnen aus Wertpapierengeschäften (sog. Spekulationsgewinne) hat das Bundesverfassungsgericht diese Rechtsprechungslinie fortgesetzt und weiter akzentuiert.[4]

Mit seinen Kammerentscheidungen aus den Jahren 2006[5] und 2008[6] hat das Bundesverfassungsgericht die Voraussetzungen für das Vorliegen eines strukturellen Vollzugsdefizits weiter konkretisiert und zu einem vorläufigen Abschluss gebracht.[7]

Dabei hat sich die Hoffnung – gerader unehrlicher – Steuerpflichtiger, es könnte die Besteuerung von Zinsen, bzw. Spekulationsgewinnen für weitere Veranlagungszeiträume für verfassungswidrig erklären, nicht erfüllt. Das Bundesverfassungsgericht hat in keinem weiteren Fall eine verfassungswidrige Ungleichheit im Belastungserfolg bejaht.

Im Folgenden sollen zunächst die Leitlinien der Senatsrechtsprechung des Bundesverfassungsgerichts zu den grundsätzlichen Voraussetzungen für das Vorliegen eines verfassungswidrigen strukturellen Vollzugsdefizits herausgearbeitet und im Anschluss die Fortführung dieser Rechtsprechung durch die Kammerentscheidungen aus den Jahren 2006 und 2008 untersucht werden.

II. Die Senatsrechtsprechung zum strukturellen Vollzugsdefizit

1. Leitlinien

Das Bundesverfassungsgericht hat in seinen Senatsentscheidungen zur Zinsbesteuerung, bzw. zur Besteuerung von Spekulationsgewinnen folgende Leitlinien bezüglich der Verfassungswidrigkeit einer Besteuerungsnorm aufgrund eines strukturellen Vollzugsdefizits festgelegt:

[3] *Osterloh* in: Sachs, Grundgesetz, 4. Aufl. 2007, Art. 3 Rn. 46 ff. m.w.N.

[4] BVerfGE 110, 94 ff.

[5] BVerfGK 8, 19 und 8, 29 zur Besteuerung von Spekulationsgeschäften in den Veranlagungszeiträumen 1994 und 1996.

[6] BVerfG (3. Kammer des Zweiten Senats), Beschluss vom 10.1.2008 – 2 BvR 294/06 – DStR 2008, 197 ff. zur Besteuerung von Spekulationsgeschäften im Veranlagungszeitraum 1999; BVerfG (3. Kammer des Zeiten Senats), Beschluss vom 25.2.2008 – 2 BvL 14/05 – DVBl. 2008, 652 ff. zur Besteuerung von Zinseinkünften für die Veranlagungszeiträume 2000 bis 2002; BVerfG (3. Kammer des Zweiten Senats), Beschluss vom 10.3.2008 – 2 BvR 2077/05 – NJW 2008, 2637 ff. zur Besteuerung von Zinseinkünften für die Veranlagungszeiträume 1994, 1995, 2000, 2001.

[7] Derzeit sind keine weiteren Verfahren zu dieser Problematik im Bereich der Einkommensteuer beim Bundesverfassungsgericht anhängig.

a) Bereichsspezifische Anwendung

Das Bundesverfassungsgericht wendet den Gleichheitssatz des Art. 3 Abs. 1 GG bereichsspezifisch an.[8] Die Besteuerung greift in die Vermögens- und Rechtssphäre des Steuerpflichtigen ein und gewinnt ihre Rechtfertigung „auch und gerade" aus der Gleichheit der Lastenzuteilung. Dadurch unterscheidet sich die Steuer, die als Gemeinlast der Finanzierung allgemeiner Staatsaufgaben dient, von anderen staatlichen Eingriffen. Danach müssen von Verfassungs wegen sowohl die steuerbegründenden Vorschriften als auch die Erhebungsregelungen dem Prinzip einer möglichst gleichmäßigen Belastung besonders sorgfältig Rechnung tragen, um einen Eingriff in die Vermögenssphäre zu rechtfertigen.[9]

b) Vorliegen eines strukturellen Vollzugsdefizits

Die durch Art. 3 Abs. 1 GG gewährleistete Besteuerungsgleichheit erfordert somit neben der Gleichheit der normativen Steuerpflicht die Gleichheit bei deren Durchsetzung im Erhebungsverfahren. Ein strukturelles Vollzugsdefizit liegt vor, wenn sich Erhebungsregelungen gegenüber einem Besteuerungstatbestand gegenläufig auswirken, so dass der Besteuerungsanspruch weitgehend nicht durchgesetzt werden kann. Dies setzt voraus, dass die Gleichheit im Belastungserfolg durch die rechtliche Gestaltung des Erhebungsverfahrens *prinzipiell* verfehlt wird. Vollzugsmängel, wie sie immer wieder vorkommen und sich tatsächlich ereignen, führen allein noch nicht zur Verfassungswidrigkeit der materiellen Steuernorm. Zur Gleichheitswidrigkeit führt somit nicht ohne Weiteres die empirische Ineffizienz von Rechtsnormen, wohl aber das normative Defizit des widersprüchlich auf Ineffektivität angelegten Rechts.[10] Verfassungsrechtlich verboten ist der Widerspruch zwischen dem normativen Befehl der materiell pflichtbegründenden Steuernorm und der nicht auf Durchsetzung dieses Befehls angelegten Erhebungsregel. Das materielle Steuergesetz muss in ein Umfeld eingebettet sein, welches die Gleichheit der Belastung auch hinsichtlich des tatsächlichen Erfolgs prinzipiell gewährleistet. Eine Steuerbelastung, die nahezu allein auf der Erklärungsbereitschaft des Steuerpflichtigen beruht, weil die Erhebungsregelungen Kontrollen der Steuererklärungen weitgehend ausschließen, tritt nicht mehr alle und verfehlt damit die steuerliche Lastengleichheit. Das Deklarationsprinzip ist verfassungsrechtlich durch ein Verifikationsprinzip zu ergänzen.

[8] BVerfGE 75, 108 (157); 76, 256 8329); 78, 249 8287); 84, 239 (268 f.).

[9] BVerfGE 35, 324 (335); 84, 239 (268 f.)

[10] Vgl. BVerfGE 110, 94 (112 ff.); BVerfGE 84, 239 (268 ff.); vgl. auch BVerfGE 96, 1 (6 ff.).

c) Verantwortlichkeit des Gesetzgebers

Das Vollzugsdefizit muss dem Gesetzgeber zuzurechnen sein. Dies ist nicht nur dann der Fall, wenn die Ungleichheit im Belastungserfolg ihre Ursache in gesetzlichen Regelungen im Erhebungsverfahren hat, sondern auch dann, wenn sie auf Verwaltungsvorschriften beruht, die der Gesetzgeber bewusst und gewollt bei seiner Regelung hingenommen hat. Die Zurechnung setzt zudem voraus, dass sich dem Gesetzgeber – sei es auch nachträglich – die Erkenntnis aufdrängen muss, dass im Hinblick auf die konkrete Gestaltung des Besteuerungs- und Erhebungsverfahrens das von Verfassungs wegen vorgegebene Ziel der Gleichheit im Belastungserfolg prinzipiell nicht zu erreichen sein wird. Nimmt er dies nicht zum Anlass, ein erkennbares normatives Defizit zu beseitigen, so ist ihm das Vollzugsdefizit zuzurechnen.[11] Drängt sich ein struktureller Erhebungsmangel dem Gesetzgeber erst nachträglich auf, so trifft ihn die verfassungsrechtliche Pflicht, diesen Mangel binnen angemessener Frist rückwirkend für den gesamten Zeitraum zu beseitigen.[12]

Einschränkend gilt, dass ein Erhebungsdefizit, das dadurch begründet wird, dass Einkünfte aus „Fluchtgeldern“ aus dem Ausland bezogen werden, dem Gesetzgeber nicht zuzurechnen ist, da auf Grund des Territorialprinzips selbst die wirksamste Erhebungsform der Quellensteuer im Ausland nicht greift.[13]

d) Prüfungsmaßstab und -zeitraum

Bei der Prüfung der Frage, ob normative Defizite einen gleichmäßigen Belastungserfolg verhindern, ist maßgeblich auf den *Regelfall* des Besteuerungsverfahrens abzustellen.[14] Es ist zu prüfen, inwieweit die Besteuerungspraxis im Rahmen gewöhnlicher Verwaltungsabläufe im Massenverfahren der Finanzämter im Großen und Ganzen auf Gleichheit im Belastungserfolg angelegt ist und inwieweit insbesondere auch unzulängliche Erklärungen mit einem Entdeckungsrisiko verbunden sind. An die Ermittlungstätigkeit der Finanzämter dürfen keine überzogenen Anforderungen gestellt werden, um den Vollzug der Steuerenorm zu erzwingen. Einzelne Maßnahmen der Steuerfahndung können nicht als Bestandteil des maßgeblichen Regelfalls der Besteuerung angesehen werden.

Hinsichtlich der Frage, ab welchem Kalenderjahr ein verfassungswidriges strukturelles Vollzugsdefizit vorliegt, lassen sich keine allgemein gültigen verfassungsrechtlichen Maßstäbe entwickeln, da die für die Verfassungswid-

[11] Vgl. BVerfGE 110, 94 (136).
[12] Vgl. BVerfGE 110, 94 (138).
[13] Vgl. BVerfGE 110, 94 (134).
[14] Vgl. BVerfGE 84, 239 (275); 110, 94 (115).

rigkeit maßgebliche veränderbare Relation zwischen realen und normativen Einflussfaktoren auf die Vollzugsrealität stets neu konkret zu würdigen ist. Die Entscheidung hängt auch von Tatsachen ab, die für jeden möglichen Fall einer gleichheitswidrig vollzogenen Steuernorm gesondert festzustellen und zu bewerten sind. In verschiedenen Veranlagungszeiträumen können unterschiedliche Tatsachen von Bedeutung sein oder die gleichen Tatsachen unterschiedlich zu gewichten sein.[15]

Prüfungszeitraum für die Prüfung der Verfassungsmäßigkeit eines Veranlagungszeitraums ist dabei die regelmäßige vierjährige Festsetzungsfrist nach § 169 Abs. 2 Satz 1 Nr. 2 AO. Es ist zu prüfen, ob innerhalb dieses Zeitraums die Erhebungsregelungen so ausgestaltet sind, dass ein regelmäßiger Vollzug der Besteuerungsnorm gewährleistet ist. Wird ein defizitärer Vollzug nicht innerhalb der Regelfestsetzungsfrist beseitigt, ist die Norm verfassungswidrig, so dass die Verlängerung der Festsetzungsfrist nach § 169 Abs. 2 Satz 2 AO für die Fälle, in denen die Steuer hinterzogen wurde, ausgeschlossen ist.[16]

e) Anforderungen an die Feststellung des Vollzugsdefizits

Während das Bundesverfassungsgericht in seinem Zinsurteil ein strukturelles Vollzugsdefizit aufgrund empirischer Erkenntnisse über die Veranlagungspraxis festgestellt hat (die Hälfte der Erträge seien nicht erfasst)[17], stand es bei seiner Entscheidung über die Besteuerung von Spekulationsgewinnen vor der Problematik, dass gesicherte Kenntnisse über das tatsächliche Ausmaß steuerlich nicht erfasster Spekulationsgewinne und korrespondierender Steuerausfälle fehlten. Aus dieser Schwierigkeit heraus entwickelte das Bundesverfassungsgericht seine Rechtsprechung dahingehend weiter, dass der Mangel an „greifbaren Zahlen“ vermutlicher Steuerausfälle aufgrund defizitären Gesetzesvollzugs die Möglichkeit nicht ausschließe, tatsächlich schwer wiegende strukturelle Vollzugsmängel festzustellen. Vielmehr sei bereits eine Analyse des Verfahrensrechts unter Berücksichtigung der Eigenart des konkreten Lebensbereichs und Steuertatbestands geeignet, das strukturelle Vollzugsdefizit zu belegen[18], ohne dass eine Quantifizierung der Steuerausfälle erforderlich sei. Zudem spreche für ein strukturelles Erhebungsdefizit, wenn die Durchsetzung eines Besteuerungsanspruchs bei einer Einkunftsart im Vergleich zur Durchsetzung bei anderen Einkünften eklatante verfahrensrechtliche Mängel aufweise und zu steuerunehrlichem Handeln geradezu einlade.[19]

[15] Vgl. BVerfGE 110, 94 (140).
[16] Vgl. BVerfGE 110, 94 (139).
[17] Vgl. BVerfGE 84, 239 (276).
[18] Vgl. BVerfGE 110, 116 ff.
[19] Vgl. BVerfGE 110, 132.

2. *Anwendung der Maßstäbe auf die zur Prüfung gestellten Besteuerungsnormen*

a) Zinsurteil

Unter Anwendung dieser Maßstäbe bestand nach Auffassung des Bundesverfassungsgerichts bei der Besteuerung von Zinseinkünften nach § 2 Abs. 1 Nr. 5, § 20 Abs. 1 Nr. 8 des Einkommensteuergesetzes (EStG) seit dem Veranlagungszeitraum 1981 ein strukturelles Vollzugsdefizit, da insbesondere der Bankenerlass aus dem Jahre 1979 eine wirksame Ermittlung und Kontrolle der Deklaration der zu versteuernden Einkünfte aus Kapitalvermögen verhindert habe.[20]

b) Urteil betreffend die Besteuerung von Spekulationsgewinnen

Bezüglich der Besteuerung von Spekulationsgewinnen nach § 23 Abs. 1 Satz 1 Nr. 1 Buchstabe b EStG stellte das Bundesverfassungsgericht für die Veranlagungszeiträume 1997 und 1998 ein verfassungswidriges strukturelles Vollzugsdefizit fest, da der Vollzug der Norm in hohem Maß geprägt gewesen sei durch ein Zusammenspiel einerseits ermittlungsbeschränkender Normen und andererseits fehlender ermittlungsfördernder Normen (u.a. betreffend das Bankgeheimnis nach § 30a AO, die Sammlung und Aufbewahrung von Unterlagen durch die Steuerpflichtigen, Berichtspflichten der Kreditinstitute, Kontrollmitteilungen und Sammelauskunftsersuchen).[21]

3. *Rechtsfolgenausspruch*

a) Zinsurteil

Da die Rechtslage bis zu seinem Urteil nicht erkannt worden sei, hat das Bundesverfassungsgericht in seinem Zinsurteil trotzt der Feststellung eines verfassungswidrigen strukturellen Vollzugsdefizit der Zinsbesteuerung im Veranlagungszeitraum 1981 die Fortgeltung der materiellen Besteuerungsgrundlagen für eine Übergangszeit bis zum 1.1.1993 angeordnet und dem Gesetzgeber auferlegt, die Besteuerungsgleichheit bis zu diesem Zeitpunkt durch hinreichende gesetzliche Vorkehrungen für die Zukunft zu gewährleisten.

b) Spekulationsurteil

Demgegenüber hat das Bundesverfassungsgericht in seiner zweiten Entscheidung über das Vorliegen eines strukturellen Vollzugsdefizits die zur Prüfung gestellte Norm, § 23 Abs. 1 Satz 1 Nr. 1 Buchstabe b EStG in seiner

[20] Vgl. BVerfGE 84, 239 (268).
[21] Vgl. BVerfGE 110, 94 (119).

Fassung für die Veranlagungszeiträume 1997 und 1998 für nichtig erklärt. Die verfassungsrechtliche Lage sei jedenfalls für den Veranlagungszeitraum 1997 grundsätzlich geklärt.[22] Eine nachträgliche Beseitigung der Verfassungswidrigkeit durch die Umgestaltung materieller und verfahrensrechtlicher Normen sowie durch einen auf der umgestaltenden Rechtslage gründenden flächendeckenden Vollzug sei nicht mehr möglich, da dieser Vollzug regelmäßig noch innerhalb des Laufs einer vierjährigen Festsetzungsfrist erfolgen müsse, die zum Zeitpunkt der Entscheidung des Bundesverfassungsgerichts, am 9.3.2004, bereits abgelaufen gewesen sei.[23]

Die Nichtigerklärung erstreckte sich ausdrücklich nicht auf die nachfolgenden Veranlagungszeiträume, da sich die für das Vorliegen eines strukturellen Vollzugsdefizits maßgebliche Relation zwischen Norm und Vollzugsrealität durch die Änderung der einfachgesetzlichen Lage ab dem Veranlagungszeitraum 1999 im Hinblick auf die erweiterte Möglichkeiten des Ausgleichs von Spekulationsgewinnen durch entsprechende Spekulationsverluste deutlich gewandelt habe. Zudem sei jedenfalls ab dem Frühjahr 2000 verstärkt eine negative Kursentwicklung eingetreten, so dass nicht auf ein vergleichbares Vollzugsdefizit geschlossen werden könne, da sich selbst fortbestehende normative Defizite möglicherweise nicht mehr in verfassungsrechtlich relevanter Weise auswirkten.[24]

III. Verfassungsmäßigkeit der Vor- und Folgejahre

Die beiden Urteile des Bundesverfassungsgerichts nährten die Hoffnungen der Steuerpflichtigen, dass auch die von den Senatsentscheidungen nicht erfassten Vor- und Folgejahre aufgrund des Vorliegens eines strukturellen Vollzugsdefizits für verfassungswidrig erklärt werden könnten. Dieser Hoffnung ist zunächst die höchstrichterliche Rechtsprechung des Bundesfinanzhofs entgegen getreten; sie wurde schließlich durch die Kammerentscheidungen des Bundesverfassungsgerichts aus den Jahren 2004 und 2006 zunichte gemacht.

1. Verfassungsmäßigkeit der Zinsbesteuerung in den Jahren ab 1993

a) Gesetzliche Änderungen ab 1993

Um den Vorgaben des Bundesverfassungsgerichts Rechnung zu tragen, hat der Gesetzgeber am 9.11.1992 das Gesetz zur Neuregelung der Zinsbesteuerung (Zinsabschlaggesetz, BGBl. I S. 1853) erlassen, durch das er den Sparer-

[22] Vgl. BVerfGE 110, 94 (138).
[23] Vgl. BVerfGE 110, 94 (139).
[24] Vgl. BVerfGE 110, 94 (140 f.).

freibetrag verzehnfachte (für Ledige: 6000 DM, für Verheiratete: 12000 DM), eine anrechenbare „Zinsabschlagsteuer" (Kapitalertragsteuer) in Höhe von 30 % (für Tafelgeschäfte 35 %) auf Kapitalerträge sowie eine Mitteilungspflicht für Freistellungsaufträge (§ 45d EStG) einführte.

Es folgten weitere gesetzliche Änderungen mit Auswirkungen auf die Zinsbesteuerung durch das Steuerentlastungsgesetz 1999/2000/2002 vom 24.3.1999 (BGBl. I S. 402), das zur Halbierung der Sparerfreibeträge und zur Erweiterung der Mitteilungspflicht gemäß § 45d EStG und zum Wegfall der Verwendungsbeschränkung für die mitgeteilten Daten führte und das Steueränderungsgesetz 2003 vom 15.12.2003 (BGBl. I S. 2645), das seit 2004 die Jahressteuerbescheinigung gemäß § 24c EStG einführte.

Mit dem Gesetz zur Förderung der Steuerehrlichkeit vom 23.12.2003 (BGBl. I S. 2928) trat das Gesetz über die strafbefreiende Erklärung (Strafbefreiungserklärungsgesetz – StraBEG –) in Kraft, durch das der Gesetzgeber einen Anreiz für steuerunehrliche Steuerpflichtige schaffen wollte, in die Steuerehrlichkeit zurückzukehren (BTDrucks 15/1309, S. 1). Durch die Abgabe einer strafbefreienden Erklärung und Entrichtung einer pauschalen, als Einkommensteuer geltenden Abgabe konnte Strafbefreiung oder die Befreiung von Geldbuße für die in den Veranlagungszeiträumen 1993 bis 2002 erzielten Einnahmen, die zu Unrecht nicht der Besteuerung zugrunde gelegt wurden, erlangt werden. Unmittelbar nach dem Auslaufen der Regelungen des StraBEG trat am 1.4.2005 das neu geschaffene Kontenabrufverfahren nach § 93 Abs. 7, § 93b AO in Kraft (Art. 2 und 4 des Gesetzes zur Förderung der Steuerehrlichkeit vom 23.12.2003, BGBl. I S. 2928). Durch die enge Verzahnung der Regelungen des StraBEG mit dem neu geschaffenen Kontenabrufverfahren sollte die Steuerehrlichkeit nachhaltig gefördert werden (BTDrucks 15/1309, S. 12). Das Bundesverfassungsgericht hat die Verfassungsmäßigkeit des Kontenabrufverfahrens, das zu einer Effektivierung bestehender Ermittlungsmöglichkeiten führt, bestätigt.[25]

b) Rechtsprechung des BFH und Vorlagebeschluss des FG Köln

Der Bundesfinanzhof hat die Verfassungsmäßigkeit der Zinsbesteuerung ab dem Veranlagungszeitraum 1993 bestätigt.[26] Zumindest für die Veranlagungszeiträume bis einschließlich 1997 sei der Gesetzgeber berechtigt gewesen, die tatsächliche Wirkung des durch das Zinsabschlaggesetz geänderten Erhebungsverfahrens und dessen Umsetzung durch Behörden und

[25] Vgl. BVerfGE 112, 284 (294 f.); BVerfGE 118, 168 ff.

[26] BFH-Urteile vom 18.2.1997 – VIII R 33/95 –, BFHE 183, 45; vom 24.6.1997 – VIII R 25/97 –, juris, vom 15.12.1998 – VIII R 6/98 –, BFHE 187, 302 und vom 7.9.2005 – VIII R 90/04 –, BFHE 211, 183 sowie Beschlüsse vom 19. Februar 1999 – VIII B 3/98 –, BFH/NV 1999, 1079, und vom 22.2.1999 – VIII B 29/98 –, BFH/NV 1999, 931.

Gerichte bei den von inländischen Zahlstellen bezogenen Zinseinkünften abzuwarten und die weitere Entwicklung zu beobachten. Soweit der Gesetzgeber gleichwohl Anlass zur Nachbesserung der Zinsbesteuerung gehabt habe, sei er dieser Verantwortung für die Veranlagungszeiträume seit 1998 gerecht geworden.

Das Finanzgericht Köln ist dieser Beurteilung der Verfassungsmäßigkeit der Zinsbesteuerung durch den Bundesfinanzhof nicht gefolgt, und hat dem Bundesverfassungsgericht mit Beschluss vom 22.9.2005 – 10 K 1880/08 – die Frage vorgelegt, ob die Zinsbesteuerung nach §§ 20 Abs. 1, 32a EStG in der für die Veranlagungszeiträume 2000 bis 2002 maßgeblichen Fassung wegen Vorliegens eines strukturellen Vollzugsdefizits verfassungswidrig sei.[27]

c) Beschluss der 3. Kammer des Zweiten Senats vom 25.2.2008 – 2 BvL 14/05 –

Mit Beschluss vom 25.2.2008 wies die 3. Kammer des Zweiten Senats des Bundesverfassungsgerichts die Vorlage des FG Köln vom 22.9.2005 – 10 K 1880/08 – als unzulässig zurück. In seiner Entscheidung rügt die Kammer, dass die einfache These des Finanzgerichts, mit der Einführung des Kontenabrufverfahrens nach § 93 Abs. 7, § 93b AO seien lediglich „einige Reparaturen" und keine „grundlegende Renovierung" des Systems durchgeführt worden, unzureichend sei. Die Vorlage lasse eine sorgfältige Verarbeitung und Diskussion der seit dem Jahr 1993 und insbesondere seit dem Jahr 1998 in Kraft getretenen Gesetzesänderungen vermissen. Allein der Umstand, dass § 30a AO unverändert geblieben sei, könne ein die Verfassungswidrigkeit der materiellen Steuernorm begründendes strukturelles Vollzugsdefizit als ganz außergewöhnliche Rechtsfolge mangelnder Effektivität des Rechts nicht herbeiführen. Es seien vielmehr alle solche Veränderungen in die Betrachtung einzubeziehen, die sich typischerweise auf den Vollzug innerhalb der allgemeinen vierjährigen Festsetzungsfrist nach § 169 Abs. 2 Satz 1 Nr. 2 AO auswirken konnten, denn regelmäßig müsse ein hinreichend effektiver Vollzug innerhalb dieser Frist gelingen. Dabei stellt die Kammer für den Beginn des Laufs der Festsetzungsfrist, der in Veranlagungsfällen mit der Abgabe der Steuererklärungen (§ 170 Abs. 2 Satz 1 Nr. 1 AO) beginnt, überraschend nicht auf den gesetzlichen Regelfall der Abgabefrist von fünf Monaten nach Ablauf des Veranlagungszeitraums) (§ 149 Abs. 2 Satz 1 AO), sondern auf die von der Steuerverwaltung gewährte Verlängerung der Festsetzungsfrist bis zum Februar des Zweiten dem Veranlagungszeitraum folgenden Jahres (vgl. § 109 Abs. 1 Satz 1 AO; gleich lautende Erlasse der obersten Finanzbehörden der Länder über Steuererklärungsfristen) ab, da diese Verlängerungen verbreitet in Anspruch genommen werde. Ob diese Verlängerung der Abgabe-

[27] EFG 2008, 1585 ff.

frist tatsächlich den Regelfall bildet, auf den bei der Beurteilung des Vorliegens eines strukturellen Vollzugsdefizit abzustellen ist, wird von der Kammer unterstellt, ist empirisch jedoch nicht belegt. Aufgrund dieses „Kunstgriffs", zudem die Kammer veranlasst war, da das Bundesverfassungsgericht in seinem Spekulationsurteil festgestellt hat, dass der verfassungsgemäße Vollzug innerhalb des Laufs der vierjährigen Festsetzungsfrist gelingen müsse (§ 169 Abs. 2 Satz 1 Nr. 210) und eine Verlängerung der Festsetzungsfrist, die bei einer unzulässigen Deklaration nach § 169 Abs. 2 S. 2 AO auf fünf bzw. zehn Jahre eintritt, bei der Verfassungswidrigkeit der Norm ausgeschlossen sei[28], ist es der Kammer möglich, das FG Köln darauf zu verweisen, dass in die verfassungsrechtliche Würdigung der für die Veranlagungszeiträume 2000 bis 2002 maßgeblichen Vollzugspraxis auch auf solche Veränderungen der gesetzlichen Ermittlungsinstrumente mit einzubeziehen seien, die erst nach Ablauf der Erklärungsfristen im Februar 2002 für den Veranlagungszeitraum 2000, aber noch innerhalb der danach laufenden allgemeinen Festsetzungsfrist bis zum Ablauf des Jahres 2006 geschaffen worden sind und die sich deshalb auf die Veranlagungspraxis für das Jahr 2000 und die Folgejahre auswirken konnten. Hierzu zählt die Kammer das am 1.4.2005 in Kraft getretene Kontenabrufverfahren nach § 93 Abs. 7, § 93b AO.

d) Beschluss der 3. Kammer des Zweiten Senats vom 10.3.2008 – 2 BvR 2077/05

Das Bundesverfassungsgericht hat mit dem Beschluss der 3. Kammer des Zweiten Senats die Verfassungsbeschwerde gegen den Beschluss des BFH vom 7.9.2005, – VIII R 90/04 – BFHE 211, 183 nicht zur Entscheidung angenommen und die Verfassungsmäßigkeit der Besteuerung von Kapitaleinkünften in den Veranlagungszeiträumen 1994, 1995, 2000 und 2001 bejaht. Es räumte dem Gesetzgeber nach Erlass des Zinsabschlaggesetzes vom 9.11.1992 (BGBl. I S. 1853) eine Beobachtungszeit für die Wirksamkeit der Neuregelung ein, von der jedenfalls die Veranlagungszeiträume 1994 und 1995 noch erfasst gewesen seien. Mit dem Zinsabschlagsgesetz habe der Gesetzgeber in den Veranlagungszeiträumen ab 1994 keine seit längerem bestehende Rechtslage, sondern eine Neureglung auf ihre Geeignetheit zur Beseitigung des vom Bundesverfassungsgericht in seinem „Zinsurteil" festgestellten strukturellen Vollzugsdefizits zu beobachten gehabt. Wie sich die neue Erhebungsform der Zinsabschlagsteuer entwickeln würde, sei zu diesem Zeitpunkt ungewiss gewesen. Er habe bei einem Zinsabschlag von 30 % und einem Spitzensteuersatz von 53 %, der später auf 42 % herab-

[28] BVerfGE 110, 94 (139).

gesenkt wurde, jedoch davon ausgehen dürfen, dass das Ziel einer effektiven Durchsetzung des Steueranspruchs nicht prinzipiell verfehlt werde. Dem Gesetzgeber sei daher eine längere Beobachtungsfrist einzuräumen. Zu einer erheblichen Reduzierung des Erhebungsdefizits habe auch die Verzehnfachung des Sparerfreibetrags geführt. Danach könne allein der Umstand, dass das Bankgeheimnis nach § 30a AO unverändert geblieben sei, die Verfassungswidrigkeit der materiellen Steuernorm als ganz außergewöhnliche Rechtsfolge mangelnder Effektivität des Rechts nicht herbeiführen.

Auch für die Streitjahre 2000 und 2001 sei ein strukturelles Vollzugsdefizit zu verneinen, da das im Regelfall der Besteuerung zur Anwendung kommende Ermittlungsinstrumentarium der Finanzbehörde für den Zeitraum ab 1999 kontinuierlich erweitert worden sei und so im Ergebnis nahezu lückenlose Kontrollmöglichkeiten geschaffen worden seien. Insbesondere durch das im April 2005 in Kraft getretene Kontenabrufverfahren gemäß §§ 93 Abs. 7, 93b AO habe der Gesetzgeber die Ermittlungsmöglichkeiten der Finanzämter effektiviert. Aus der Amnestieregelung des Strafbefreiungserklärungsgesetzes ergebe sich nichts anderes, da in der Annahme des Gesetzgebers, es liege ein tatsächliches Erhebungsdefizit vor, nicht zugleich das Eingeständnis eines strukturellen, d.h. eines im Erhebungsverfahren angelegten Vollzugsdefizits zu sehen sei.

2. *Verfassungsmäßigkeit der Besteuerung von Spekulationsgewinnen in den Veranlagungszeiträumen 1994–1996 und ab 1999*

a) Rechtsprechung des BFH und Vorlagebeschluss des FG Münster

Der Bundesfinanzhof hat die Verfassungsmäßigkeit der Regelung des § 23 Abs. 1 Nr. 1 Buchstabe b EStG im Hinblick auf das Vorliegen eines strukturellen Vollzugsdefizits für die Jahre 1988 bis einschließlich 1994 bejaht.[29] Zwar sei davon auszugehen, dass in den Streitjahren 1989 bis 1993 ein vergleichbares Vollzugsdefizit gegeben gewesen sei, wie es das BVerfG für die Jahre 1997 und 1998 festgestellt habe. Jedoch sei die Verfassungsrechtslage seinerzeit nicht erkannt worden. Für die Folgejahre ab 1999 hat der BFH die Verfassungsmäßigkeit der Besteuerung von Einkünften aus privaten Veräußerungsgeschäften i.S.d. § 23 Abs. 1 Satz 1 Nr. 2 EStG in der Fassung ab 1999 gleichfalls für verfassungsgemäß erachtet.[30]

[29] BFH-Urteile vom 1.6.2004 – IX R 35/01 – (BFHE 206, 2736), vom 29.6.2004 – IX R 26/03 – (BFHE 206, 418), vom 23.11.2004 – IX R 3/02 – (BFH/NV 2005, 850), vom 14.12.2004 – VIII R 5/02 – (BFHE 209, 423) und vom 14.12.2004 – VIII R 81, 03 – (BFHE 209, 438).

[30] Urteil vom 29.11.2005 – IX R 49/04 –, BFHE 211, 330.

Eine andere Auffassung vertrat das Finanzgericht Münster, das dem Bundesverfassungsgericht mit Vorlagebeschlüssen vom 5.4.2005 und 13.7. 2005 die Frage vorgelegt hat, ob die Besteuerung von privaten Spekulationsgeschäften bei Wertpapieren nach § 23 Abs. 1 Satz 1 Nr. 1 Buchstabe b EStG in der für die Veranlagungszeiträume 1994 bis 1996 maßgeblichen Fassung verfassungswidrig sei.[31]

b) Meinungsstand in der Literatur

Die herrschende Meinung in der Literatur vertrat die Auffassung, dass die Besteuerung von Gewinnen aus privaten Wertpapiergeschäften auch in den Veranlagungszeiträumen 1994 bis 1996 und ab 1999 ff. verfassungswidrig sei. Als Argumente wurden im Wesentlichen vorgetragen:

Der Gesetzgeber habe spätestens seit 1994 von den Missständen bei der Besteuerung von Wertpapiergeschäften durch die Arbeitsgruppe Steuerausfälle Kenntnis erlangt. Dem Gesetzgeber bis zum 31.12.1996 eine Übergangszeit einzuräumen, sei daher zu weit reichend.[32] Aus der seit 1999 möglichen Verlustverrechnung (§ 23 Abs. 3 S. 9 EStG) und der schlechten Börsenlage zu folgern, Steuerpflichtige hätten mehr Anreiz zur Deklaration, mache den Vollzugserfolg von bestimmten tatsächlichen Konstellationen abhängig und ändere nichts an der Existenz der dem Vollzug entgegenstehenden Erhebungsregelungen, insbesondere des Bankgeheimnisses nach § 30a AO, die das Vollzugsdefizit ausmachten. Zudem bleibe das Entdeckungsrisiko für Steuerpflichtige, die trotz Verlustverrechnungsmöglichkeit und sinkenden Börsenkursen gleichwohl nach wie vor Gewinne zu versteuern hätten, auch in den Jahren 1999 bis 2003 gering. Das Verfahrensrecht habe sich 1999 nicht entscheidend geändert. Es gelte weiter das Deklarationsprinzip und die strukturell gegenläufige Vorschrift des § 30a AO. Die erweiterte Verwendungsmöglichkeit von Freistellungsbescheinigungen gemäß § 45d Abs. 1 EStG habe das Bundesverfassungsgericht selbst für ungeeignet gehalten, die Vollzugseffizienz im Regelfall der Veranlagungspraxis zu erhöhen. Schenke man dem Gesetzgeber zudem Glauben, dass sich durch die elektronische Datenabfrage gemäß §§ 93 Abs. 7, 93b AO an der Beschränkung der Ermittlungsbefugnisse in § 30a AO nichts ändern solle (BT-Drucks. 15/1309, S. 12), es sich lediglich um eine technische Erleichterung der auf der Grundlage von §§ 30a Abs. 5, 154 AO ohnehin bereits zulässigen Ermittlungen handele, würde das strukturelle Vollzugsdefizit fortbestehen.[33]

[31] Vorlagebeschluss vom 5.4.2005 – 8 K 4710/01 E, EFG 2005, 1117 und vom 13.7.2005 – 10 K 6837/07 – juris.

[32] *Steiger* DStR 2007, 2145 (2149).

[33] *Bäuml* DStZ 2006, 109 (112); *Hey* DB 2004, 724 (727); *Paus* DStZ 2006, 265 ff.; *Seipl/Wiese* DStR 2005, 98 ff.; *Steiger* DStR 2007, 2145 ff.

c) Beschlüsse der 3. Kammer des Zweiten Senats jeweils vom 18.4.2006 – 1 BvL 8/05 – und – 1 BvL 12/05 – zu den Veranlagungszeiträumen 1994–1996

Die 3. Kammer des Zweiten Senats des Bundesverfassungsgerichts wies mit seinen Beschlüssen jeweils vom 18.4.006 die Vorlagebeschlüsse des FG Münster vom 5.4.2005 – 8 K 4710/01 E und vom 13.7.2005 – 10 K 6837/03 –, mit denen die Frage vorgelegt worden war, ob die Besteuerung von Spekulationsgewinnen nach § 23 Abs. 1 Satz 1 Nr. 1 Buchstabe b EStG in den Jahren 1994 bis 1996 wegen des Vorliegens eines strukturellen Vollzugsdefizits verfassungswidrig sei, als unzulässig zurück. Dem Gesetzgeber sei zunächst Gelegenheit zu geben gewesen, sich auf die durch das Zinsurteil des Bundesverfassungsgerichts vom 27.6.1991 offen gelegte verfassungsrechtliche Frage einzustellen. Danach sei dem Gesetzgeber jedenfalls für Veranlagungszeiträume bis einschließlich 1992 hinsichtlich des Vorliegens eines eventuellen Vollzugsdefizits schon deshalb kein Vorwurf zu machen, weil die auf diesen Fall anzuwendenden gleichheitsgerechten Maßstäbe vor Erlass des Zinsurteils nicht erkannt worden seien. Die vom Bundesverfassungsgericht gesetzte Frist zur Nachbesserung habe sich nur auf die materielle Steuernorm des § 20 EStG bezogen. Dränge sich hinsichtlich einer anderen Steuernorm – etwa des § 23 EStG – dem Gesetzgeber erst nachträglich ein struktureller Erhebungsmangel auf, so treffe ihn zwar verfassungsrechtlich die Pflicht, diesen Mangel binnen angemessener Frist zu beseitigen. Diesbezüglich habe sich das vorlegende FG jedoch nicht hinreichend mit der Frage auseinandergesetzt, welche konkreten Umstände dafür sprechen könnten, dem Gesetzgeber schon vor dem Jahr 1997 einen eventuellen strukturellen Erhebungsmangel bei der Norm des § 23 EStG zuzurechnen.

d) Beschluss der 3. Kammer des Zweiten Senats vom 10.1.2008 – 2 BvR 294/06 – zum Veranlagungszeitraum 1999

Mit Beschluss vom 10.1.2008 hat das die 3. Kammer des Zweiten Senats des Bundesverfassungsgerichts die Verfassungsbeschwerde gegen das Urteil des BFH vom 29.11.2005, IX R 49/04, BFHE 211, 330 nicht zur Entscheidung angenommen und die Verfassungsmäßigkeit der Spekulationsbesteuerung nach § 23 Abs. 1 Satz 1 Nr. 2 EStG für den Veranlagungszeitraum 1999 und die Folgejahre bestätigt. Bezüglich des Zeitraums, innerhalb dessen durch Veränderungen der gesetzlichen Ermittlungsinstrumente eine nachträgliche Beseitigung der Verfassungswidrigkeit erfolgt sein könnte, stellt die Kammer wiederum unter Anwendung des „Kunstgriffs“ der Verlängerung der Abgabefrist nach § 109 Abs. 1 Satz 1 AO (s. hierzu unter Punkt III 1. c)), die für den Beginn des Laufs der regelmäßigen Festsetzungsfrist des § 169

Abs. 2 Satz 1 Nr. 2 AO nach § 170 Abs. 2 Satz 1 Nr. 1 AO entscheidend sei, auf den Ablauf des Jahres 2005 ab.

Zu den nachträglich geschaffenen Ermittlungsinstrumenten, die sich auf die Veranlagungspraxis für das Jahr 1999 auswirken konnten, zählt die Kammer u.a. die erweiterte Verlustverrechnungsmöglichkeit bei privaten Veräußerungsgeschäften, die mit „drastischen Kurseinbrüche" des Jahres 2000 zusammengetroffen sei und für wirtschaftlich denkende Steuerpflichtige einen erheblichen Anreiz dafür bilden musste, im Jahr 1999 (und in den Folgejahren) erzielte Veräußerungsgewinne offen zulegen, weil und soweit dadurch solche Gewinne – ohne die mit einer Steuerhinterziehung verbundenen Entdeckungsrisiken – steuerlich neutralisiert werden konnten. Zudem habe das im Jahre 2005 eingeführte Kontenabrufverfahren nach §§ 93 Abs. 7 und 8, 93b AO für die Finanzämter die Möglichkeit geschaffen, noch innerhalb des Laufs der für den Veranlagungszeitraum 1999 typischen Festsetzungsfrist bis zum Ablauf des Jahres 2005 zusätzliche Informationen über mögliche Veräußerungsgewinne i.S.v. § 23 Abs. 1 Nr. 2 EStG zu erhalten. Im Ergebnis sei somit festzustellen, dass der Gesetzgeber seit 1998 das im Regelfall der Besteuerung zur Anwendung kommende Ermittlungsinstrumentarium der Finanzbehörden kontinuierlich erweitert und so im Ergebnis nahezu lückenlose Kontrollmöglichkeiten geschaffen hat. Vor diesem Hintergrund habe allein der Umstand, dass § 30a AO unverändert geblieben sei, ein die Verfassungswidrigkeit der materiellen Steuernorm begründendes strukturelles Vollzugsdefizit als ganz außergewöhnliche Rechtsfolge mangelnder Effektivität des Rechts nicht herbeiführen können.

IV. Zusammenfassung und Bewertung

Die jüngsten Kammerentscheidungen, die die Rechtsprechung des Bundesverfassungsgerichts zum strukturellen Vollzugsdefizit im Einkommensteuerrecht zu einem vorläufigen Abschluss bringen, haben danach – insbesondere im Hinblick auf den Zeitraum, innerhalb dessen das Vorliegen eines strukturellen Vollzugsdefizits festzustellen ist – folgende weitere Rechtsprechungskriterien gebildet:

- Dem Gesetzgeber war bis einschließlich 1992 Gelegenheit zu geben, sich auf die durch das Zinsurteil des Bundesverfassungsgerichts vom 27.6.1991 offen gelegte Frage der Verfassungswidrigkeit einer Norm wegen strukturellen Vollzugsdefizits einzustellen.
- Drängt sich dem Gesetzgeber nach 1992 hinsichtlich einer Steuernorm erstmals das Vorliegen eines strukturellen Erhebungsmangels auf, so besteht für ihn eine angemessene Übergangsfrist, seiner verfassungsrechtlichen Pflicht zur Beseitigung des strukturellen Vollzugsdefizits nachzukommen.

- Dabei kann darin, dass der Gesetzgeber durch eine Steueramnestie seine Annahme zu erkennen gibt, es liege ein tatsächliches Erhebungsdefizit vor, nicht zugleich das Eingeständnis eines strukturellen, d.h. im Erhebungsverfahren angelegten Vollzugsdefizits gesehen werden.
- Für die Dauer der Übergangsfrist, während derer der Gesetzgeber das von ihm erkannte Vollzugsdefizit – rückwirkend – beseitigen kann, lassen sich keine allgemein gültigen verfassungsrechtlichen Maßstäbe entwickeln; die Antwort hängt maßgeblich von Tatsachen ab, die für jeden Einzelfall gesondert festzustellen sind. Entscheidungserhebliche Faktoren können Zeitpunkt, Art und Ausmaß der in Fachkreisen öffentlich geführten Diskussionen, die Entwicklung auf den Märkten oder verwaltungsinterne Untersuchungen sein.
- Eine rückwirkende Korrektur des verfassungswidrigen Zustands ist dem Gesetzgeber nur innerhalb der allgemeinen vierjährigen Festsetzungsfrist (§ 169 Abs. 2 Satz 1 Nr. 2 AO) möglich. Für den Lauf der Festsetzungsfrist, der in Veranlagungsfällen mit der Abgabe der Steuererklärungen (§ 170 Abs. 2 Satz 1 Nr. 1 AO) beginnt, stellt die Kammerrechtsprechung nicht auf die gesetzliche Abgabefrist von fünf Monaten nach Ablauf des Veranlagungszeitraums (§ 149 Abs. 2 Satz 1 AO), sondern auf die von der Steuerverwaltung regelmäßig gewährte Verlängerung der Abgabefrist bis zum Februar des Zweiten dem Veranlagungszeitraum folgenden Jahres ab, da diese verbreitet in Anspruch genommen werde. Danach war in den vorliegenden Fällen eine Korrektur des strukturellen Vollzugsdefizits innerhalb von sechs Jahren nach Ablauf des Veranlagungszeitraums möglich.
- Dies hat zur Konsequenz, dass in den vorliegenden Fällen eine endgültige Beurteilung, ob eine Besteuerungsnorm wegen eines strukturellen Vollzugsdefizits verfassungswidrig ist, erst nach Ablauf von sechs Jahren ab Beendigung des Veranlagungszeitraums, für den ein strukturelles Vollzugsdefizit geltend gemacht wird, möglich ist. Bis zu dieser Zäsur hat das verfassungswidrige strukturelle Vollzugsdefizit lediglich einen dynamischen und damit flüchtigen Charakter[34], da es durch Korrekturmaßnahmen des Gesetzgebers rückwirkend beseitigt werden kann. Dabei kommt es auf solche Veränderungen der gesetzlichen Ermittlungsinstrumente an, die erst nach Ablauf der Erklärungsfristen aber noch innerhalb der danach laufenden allgemeinen Festsetzungsfrist geschaffen wurden und sich deshalb auf die Veranlagungspraxis für den zu überprüfenden Veranlagungszeitraum auswirken konnten.
- Ist im Ergebnis festzustellen, dass der Gesetzgeber das im Regelfall der Besteuerung zur Anwendung kommende Ermittlungsinstrumentarium der Finanzbehörden kontinuierlich erweitert und so im Ergebnis nahezu

[34] *Bode* FR 2008, 570.

lückenlose Kontrollmöglichkeiten geschaffen hat, kann allein der Umstand, dass § 30a AO unverändert geblieben ist, ein die Verfassungswidrigkeit der materiellen Steuernorm begründendes strukturelles Vollzugsdefizit als ganz außergewöhnliche Rechtsfolge mangelnder Effektivität des Rechts bei der Besteuerung von Zinsen und Spekulationsgewinnen nicht herbeiführen.

IV.

Verfassungsrechtliche Grundlagen des Rechtsschutzes

Effektiver Rechtsschutz im Bau-, Enteignungs- und Fachplanungsrecht

Matthias Hettich*

Leitentscheidungen des Bundesverfassungsgerichts

1. BVerfG 2. Kammer des Ersten Senats, Beschluss vom 5. Februar 2007 – 1 BvR 300/06 und 848/06 – NVwZ 2007, 573.
2. BVerfG 2. Kammer des Ersten Senats, Beschluss vom 19. September 2007 – 1 BvR 1698/04 – juris.
3. BVerfG 1. Kammer des Ersten Senats, Beschluss vom 10. September 2008 – 1 BvR 1914/02 – juris.

Schrifttum

Bender Probleme des Grundeigentumsschutzes bei der Planung von Straßen und anderen Projekten der Fachplanung, DVBl. 1984, 301; *Berkemann* Rechtsschutz gegen Planfeststellung und Plangenehmigung, in: Erbguth (Hrsg.), Effektiver Rechtsschutz im Umweltrecht? – Stand, aktuelle Entwicklungen, Perspektiven – Rostocker Umweltrechtstag 2004, S. 65; *Blümel* Raumplanung, vollendete Tatsachen und Rechtsschutz, in: Festgabe für Forsthoff, 1967, S. 133; *ders.* Planung und Verwaltungsgerichtsbarkeit, DVBl. 1975, 695; *Dannecker* Eigentumsschutz bei städtebaulichen Entwicklungsmaßnahmen, in: Festschrift für Hoppe, 2000, S. 479; *Erbguth* Phasenspezifischer oder konzentrierter Rechtsschutz? – Anhand des Umwelt- und Planungsrechts, Art. 14 GG, § 35 III 3 BauGB, NVwZ 2005, 241; *Gaentzsch* Die Planfeststellung als Anlagenzulassung und Entscheidung über die Zulässigkeit der Enteignung, in: Festschrift für Schlichter, 1995, S. 517; *Hermes* Staatliche Infrastrukturverantwortung, Rechtliche Grundstrukturen netzgebundener Transport- und Übertragungssysteme zwischen Daseinvorsorge und Wettbewerbsregulierung am Beispiel der leitungsgebundenen Energieversorgung in Europa, 1998; *Hönig* Fachplanung und Enteignung, Anforderungen der Eigentumsgarantie an die projektbezogene Fach-

* Der Verfasser war von 1995 bis 1997 im Sächsischen Staatsministerium der Justiz Referent für Verwaltungsrecht und für Gesetzgebungsfragen des wiedervereinigungsbedingten Rechts, von 1997 bis 1999 Richter am Verwaltungsgericht Dresden und von 1999 bis 2001 Referatsleiter für Landtags- und Kabinettsangelegenheiten im Sächsischen Staatsministerium der Justiz. Im Anschluss ist er in den Jahren 2001 und 2002 als Richter am Landgericht Mannheim in Straf- und Zivilsachen tätig gewesen, ab 2003 als Staatsanwalt in der Schwerpunktabteilung für Wirtschaftsstrafsachen der Staatsanwaltschaft Mannheim. Seit seiner Abordnung an das Bundesverfassungsgericht am 1.8.2006 ist der Verfasser wissenschaftlicher Mitarbeiter für den Bundesverfassungsrichter *Prof. Dr. Eichberger*. Der Beitrag ist auf dem Stand von Februar 2009.

planung, 2001; *Löwer* Klagebefugnis und Kontrollumfang der richterlichen Planprüfung bei straßenrechtlichen Planfeststellungsbeschlüssen, DVBl. 1981, 528; *Schmidt-Aßmann* Konzentrierter oder phasenspezifischer Rechtsschutz – Zu zwei Flughafenentscheidungen des Bundesverfassungsgerichts, DVBl. 1981, 334; *Schönfeld* Städtebauliche Entwicklungsmaßnahmen und Enteignungsvoraussetzungen, BauR 1998, 265; *Wahl* Der Regelungsgehalt von Teilentscheidungen in mehrstufigen Planungsverfahren – Zugleich eine Auseinandersetzung mit dem Urteil des Bundesverwaltungsgerichts vom 22.3.1974, DÖV 1975, 373.

Inhalt

I. Problemstellung: Gestufte Planungsverfahren und Rechtsschutz

Die Planung und Realisierung von raumbedeutsamen Vorhaben ist im Fachplanungs-, Bau- und Enteignungsrecht häufig mit vielgestaltigen Verfahrensabläufen verbunden, die sich über eine längere Zeit erstrecken. Sowohl die Komplexität als auch die Dauer dieser Prozesse finden im einfachen Recht ihren Niederschlag, insbesondere in der Aufspaltung des Verfahrens in verschiedene, aufeinander folgende Verfahrensstufen. Verbunden sind damit auch rechtliche Festlegungen in zeitlicher Hinsicht, die im Hinblick auf die Rechtsschutzgewährleistung des Art. 19 Abs. 4 Satz 1 GG besondere Probleme aufwerfen können. Zu solchen Festlegungen gehören zum Beispiel Bindungswirkungen der Ergebnisse vorangegangener Verfahrensstufen für nachfolgende Abschnitte, Anfechtungslasten für von der Planung Betroffene hinsichtlich bestimmter Verfahrensstufen, verbunden mit dem Rügeausschluss nach Abschluss der Verfahrensstufe, die Maßgeblichkeit bestimmter Zeitpunkte für die Beurteilung der Rechtmäßigkeit von sich gegebenenfalls bis zur Realisierung des Vorhabens ändernden Sachverhalten und das Hinausschieben der Möglichkeit, bestimmte Einwendungen geltend zu machen, auf spätere Zeitpunkte. Für von solchen Planungsprozessen betroffene Eigentümer können sich diese Maßgaben als Einschränkungen darstellen, ihre Rechte aus Art. 14 Abs. 1, 3 GG in der gewünschten Wirksamkeit geltend zu machen. Solche „Probleme des effektiven Rechtsschutzes auf der Zeitachse" sind daher immer wieder Gegenstand der Rechtsprechung des Bundesverfassungsgerichts, gerade auch in jüngster Zeit.

Dabei sind die Anforderungen, die sich aus dem Gebot effektiven Rechtsschutzes ergeben, im Grundsatz durch zahlreiche Entscheidungen des Bundesverfassungsgerichts geklärt. Aus Art. 14 GG unmittelbar ebenso wie aus Art. 19 Abs. 4 GG[1] folgt, dass der Eigentümer die Enteignung in tatsächlicher und rechtlicher Hinsicht durch die rechtsprechende Gewalt in vollem Umfang auf ihre Rechtmäßigkeit überprüfen lassen kann. Die Rechtsschutzgarantie gewährleistet eine tatsächlich wirksame gerichtliche Kontrolle.[2] Zur verbürgten Wirksamkeit des gerichtlichen Rechtsschutzes nach Art. 19 Abs. 4 GG gehört auch, dass die Gerichte über eine zureichende Entscheidungsmacht verfügen, um einer erfolgten oder drohenden Rechtsverletzung wirksam abzuhelfen.[3] Sofern die normative Ausgestaltung einer gerichtlichen Verfahrensordnung die umfassende Nachprüfung des Verfahrensgegenstandes in tatsächlicher und rechtlicher Hinsicht und eine dem Rechtsschutzbegehren angemessene Entscheidungsart und Entscheidungswirkung gewährleistet, ist damit dem aus Art. 19 Abs. 4 Satz 1 GG wie aus etwaigen Grundrechtsverbürgungen folgenden Schutzanspruch grundsätzlich genügt.[4] Art. 19 Abs. 4 Satz 1 GG gebietet nicht, dass die öffentliche Gewalt ihre hoheitliche Maßnahme so wählt, dass der Einzelne dagegen einen möglichst umfassenden Rechtsschutz hat.[5] Der Gesetzgeber ist nicht verpflichtet, grundlegende Planungsentscheidungen in diejenige Rechtsform zu fassen, die dem Bürger den bestmöglichen Rechtsschutz gewährleistet.[6]

[1] Vgl. BVerfGE 45, 297 (333); 46, 325 (334); 89, 340 (342).
[2] Vgl. BVerfGE 101, 106 (122 f.); 103, 142 (156); st. Rspr.
[3] Vgl. BVerfGE 61, 82 (111).
[4] Vgl. BVerfGE 60, 253 (297).
[5] Vgl. BVerfGE 10, 89 (105); 31, 364 (368).
[6] Vgl. BVerfGE 70, 35 (56).

II. Enteignungsrechtliche Vorwirkung von Planfeststellungsbeschlüssen

Im Beschluss vom 5.2.2007 zur Landesmesse Stuttgart hatte sich die 2. Kammer des Ersten Senats mit einer im Fachplanungsrecht typischen Konstellation zu beschäftigen. Die Kammer hatte darüber zu entscheiden, ob es verfassungsgemäß ist, dass Eigentümer aufgrund der enteignungsrechtlichen Vorwirkung des Planfeststellungsbeschlusses gehindert sind, gegenüber der nachfolgenden Enteignung einzuwenden, das Vorhaben sei unzulässig und das zugrundeliegende Gesetz verfassungswidrig.

1. Einfach-rechtliche Ausgangslage

a) Begriff der enteignungsrechtlichen Vorwirkung

Im Enteignungsrecht ist die Rechtsfigur der enteignungsrechtlichen Vorwirkung seit längerem bekannt. Sie bezeichnet den Umstand, dass sich die Enteignungsentschädigung nach dem Zeitpunkt bemisst, in dem die Planungsentscheidung, für die Grundstücke im Wege der Enteignung in Anspruch genommen werden sollen, sich auf den Bodenverkehr auswirkt. Bodenwertveränderungen, die durch die Planungsentscheidung verursacht werden, sollen bei der Bewertung der Enteignungsentschädigung unberücksichtigt bleiben. Daher soll für die Enteignungsentschädigung ein vor der Enteignung liegender Zeitpunkt maßgebend sein. Dieses schon lange bekannte Prinzip[7] ist heute zum Beispiel in § 95 Abs. 2 Nr. 2 BauGB normiert. Die dort geregelte enteignungsrechtliche Vorwirkung ist bis heute Gegenstand der Rechtsprechung der Baulandgerichte.[8]

Im Planfeststellungsrecht kommt dem Begriff der enteignungsrechtlichen Vorwirkung eine etwas andere Bedeutung zu. Für viele Fälle der Anlagenzulassung ist gesetzlich geregelt, dass das Vorhaben nur durchgeführt werden darf, wenn der Plan vorher festgestellt ist. Die Enteignung ist zugunsten des Trägers des Vorhabens zulässig, soweit sie zur Ausführung des festgestellten und vollziehbaren Plans notwendig ist. Der festgestellte Plan ist dem Enteignungsverfahren zugrunde zu legen; er ist für die Enteignungsbehörde bindend.[9] Der Planfeststellungsbeschluss hat daher enteignungsrechtliche Vorwirkung. Im Sinne eines Grundverwaltungsaktes entscheidet er abschließend, ob für das geplante Vorhaben Grundstücke im Wege der Enteignung in Anspruch genommen werden dürfen. Bereits im Planfeststellungsverfahren ist daher nach ständiger Rechtsprechung der Verwaltungsgerichte zu prüfen, ob

[7] Vgl. *Hönig* Fachplanung und Enteignung, S. 69 ff.

[8] Vgl. nur BGHZ 39, 198 (201); 63, 240 (242); 98, 341 (342 f.).

[9] Vgl. z.B. § 19 Abs. 2 FStrG, § 22 Abs. 2 AEG, § 30 Satz 2 PBefG, § 28 Abs. 2 LuftVG.

die Enteignung, gemessen an den in Art. 14 Abs. 3 GG genannten Voraussetzungen, zulässig ist. Danach kommt eine Enteignung nur in Betracht, wenn sie zum Wohl der Allgemeinheit erforderlich ist. Dieses Erfordernis schließt sämtliche Elemente des Übermaßverbotes ein. Dabei kann der Eigentümer des durch einen Planfeststellungsbeschluss mit enteignungsrechtlicher Vorwirkung betroffenen Grundstücks die Verletzung des Abwägungsgebotes grundsätzlich auch mit der Begründung geltend machen, öffentliche Belange seien nicht hinreichend beachtet worden. Es kommt daher nicht darauf an, dass der rechtliche Mangel speziell auf der Verletzung von Vorschriften beruht, die die Belange des Eigentümers schützen sollen.[10] Das Bundesverwaltungsgericht prüft im Rahmen der Anfechtung eines Planfeststellungsbeschlusses dabei auch die Tragfähigkeit der jeweiligen gesetzlichen Enteignungsermächtigung, sofern hierzu Veranlassung besteht.[11]

b) Folgen der enteignungsrechtlichen Vorwirkung des Planfeststellungsbeschlusses

Diese ständige Rechtsprechung der Verwaltungsgerichte, dass der Planfeststellungsbeschluss, dem enteignungsrechtliche Vorwirkung zukommt, an Art. 14 Abs. 3 GG zu messen ist, wirkt sich für den betroffenen Eigentümer insoweit günstig aus, als er bereits gegen den Planfeststellungsbeschluss alle ihm nach Art. 14 GG zustehenden Einwände vorbringen kann; er kann auch die mangelnde Berücksichtigung öffentlicher Belange geltend machen. Diese Folge der enteignungsrechtlichen Vorwirkung des Planfeststellungsbeschlusses steht in der Rechtsprechung im Vordergrund. In der Mehrzahl der Fälle ist nämlich die Anfechtung des Planfeststellungsbeschlusses Gegenstand der fachgerichtlichen Verfahren.

Jedoch hat nach der verwaltungsgerichtlichen Rechtsprechung die enteignungsrechtliche Vorwirkung des Planfeststellungsbeschlusses auch die Konsequenz, dass der betroffene Eigentümer nach Bestandskraft des Planfeststellungsbeschlusses nicht mehr geltend machen kann, das in Rede stehende Vorhaben sei nicht aus Gründen des Wohls der Allgemeinheit erforderlich und die Inanspruchnahme fremden Eigentums zu seiner Verwirklichung nicht nach Art. 14 Abs. 3 Satz 1 GG zulässig. Im Enteignungsverfahren ist danach nur noch über die Erforderlichkeit der Enteignung im konkreten Fall und über Art und Höhe der Entschädigung zu entscheiden. Prüfung der Erforderlichkeit der Enteignung bedeutet dabei, dass die Enteignungsbehörde nur noch darüber entscheidet, ob für die Verwirklichung des Vorhabens eine minderschwere Form des Eingriffs ausreicht oder tatsächlich die

[10] Vgl. BVerwGE 67, 74 (76 ff.); 85, 44 (50); NVwZ 2002, 1119 (1120).

[11] Vgl. BVerwG NVwZ 1997, 486 – zur Enteignungsermächtigung für naturschutzrechtliche Ausgleichsmaßnahmen.

Enteignung erforderlich ist und ob sich der Vorhabenträger ausreichend um den freihändigen Erwerb der betroffenen Grundstücke bemüht hat.[12]

In der rechtswissenschaftlichen Literatur wird diese Beschränkung der Anfechtungsmöglichkeit des Eigentümers im Enteignungsverfahren ebenfalls bejaht, zumeist ohne die Vereinbarkeit mit Art. 19 Abs. 4 Satz 1 GG besonders zu prüfen.[13] Zur Begründung wird insbesondere auf die Notwendigkeit der Abschichtung des Planungsverfahrens hingewiesen, das wegen seiner Komplexität die enteignungsrechtliche Vorwirkung des Planfeststellungsbeschlusses erfordere. Die Planfeststellung füge das Vorhaben in übergeordnete Planungen ein, stimme es mit möglicherweise entgegenstehenden Rechten und Interessen ab und verorte es konkret im Raum. Der Enteignung müsse eine planerische Konkretisierung des Allgemeinwohls durch einen öffentlichen Planungsträger vorausgehen. Eine spätere Enteignung ohne vorangehende staatliche Planung wäre mit dem Grundrecht des Enteigneten aus Art. 14 GG unvereinbar. Es bestehe daher ein genereller Zusammenhang zwischen vorgeschalteter Planung und nachfolgender Enteignung.[14] Nur vereinzelt werden in der rechtswissenschaftlichen Literatur Bedenken im Hinblick auf die Effektivität des Rechtsschutzes nach Art. 19 Abs. 4 Satz 1 GG gesehen. Der betroffene Bürger müsse wegen der Vorwirkung des Planfeststellungsbeschlusses diesen in seiner Gesamtheit anfechten, wenn er die von der Behörde angenommene Enteignungslage verneint. Unterlasse er dies, könne er nur eine Entschädigung verlangen. Er müsse sich also entscheiden, ob er den der Enteignung vorhergehenden Planungsakt insgesamt angreifen will, auch wenn er eigentlich nur die Enteignung abwenden möchte. Diese „forensische" Entscheidung könne er sinnvoll nur treffen, wenn er wisse, in welcher Art und in welcher Höhe ihm eine Entschädigung zustehe. Nach allgemeiner Auffassung dürfe die Planungsentscheidung, die eine Enteignung auslöse, jedoch nicht zugleich die Entschädigungsfrage bindend beantworten. Diese Rechtslage sei namentlich in Fällen der Gefährdung oder Vernichtung der betrieblichen Existenz kaum hinnehmbar. Sie sei seit der Denkmalschutz-Entscheidung des Bundesverfassungsgerichts[15] inzwischen auch grundrechtlich zu überdenken.[16]

[12] Vgl. BVerwG NVwZ-RR 1999, 485 (486) – zur Anfechtung der Besitzeinweisung.

[13] Vgl. *Löwer* DVBl. 1981, 528 (529); *Bender* DVBl. 1984, 301 (305); *Fromm/Fey/Sellmann/Zuck* Personenbeförderungsrecht, 3. Aufl. 2001, § 30 PBefG Rn. 1; *Hoppe/Schlarmann/Buchner* Rechtsschutz bei der Planung von Straßen und anderen Verkehrsanlagen, 3. Aufl. 2001, Rn. 181; *Fischer* in: Ziekow, Praxis des Fachplanungsrechts, 2004, Rn. 437; *Bonk/Neumann* in: Stelkens/Bonk/Sachs, VwVfG, 7. Aufl. 2008, § 75 Rn. 26 ff.; *Kopp/Ramsauer* VwVfG, 10. Aufl. 2008, § 72 Rn. 39 f., § 75 Rn. 12 ff.

[14] Vgl. *Hermes* Staatliche Infrastrukturverantwortung, S. 359 ff. Ähnlich *Gaentzsch* FS für Schlichter, S. 517 (529 ff.).

[15] Vgl. BVerfGE 100, 226.

[16] Vgl. *Berkemann* Rostocker Umweltrechtstag 2004, S. 65 (68 f).

2. *Verfassungsrechtliche Maßstäbe*

a) Die enteignungsrechtliche Vorwirkung von Planungsentscheidungen in der Rechtsprechung des Bundesverfassungsgerichts

Den beschriebenen Zusammenhang zwischen Planung, insbesondere Planfeststellung und Enteignung hat das Bundesverfassungsgericht schon frühzeitig erkannt und anerkannt. Im Verfahren über den Bau der Hamburger U-Bahn auf der Grundlage des Personenbeförderungsgesetzes und des Hamburgischen Enteignungsgesetzes hat es Planfeststellung und Enteignung in einem unlösbaren tatsächlichen und rechtlichen Zusammenhang gesehen und den Grund hierfür darin erkannt, dass zunächst ein planerisches Konzept vorliegen müsse, ohne das die sachgerechte Ausführung eines solchen Vorhabens nicht möglich wäre. Dieses Junktim zwischen Planfeststellung und Enteignung führe insofern zu gewissen enteignungsrechtlichen Vorwirkungen, als die für die Ausführung des Vorhabens notwendigen und für eine etwaige Enteignung in Frage kommenden Grundstücke schon im Planfeststellungsverfahren bestimmt würden. Dieser Zusammenhang dürfe jedoch nicht zu einer verfassungswidrigen Verkürzung des Rechtsschutzes führen. Das wäre der Fall, wenn das einfache Recht bewirkte, dass der betroffene Eigentümer die Zulässigkeit der Enteignung nicht mehr in rechtlicher und tatsächlicher Hinsicht umfassend überprüfen lassen könnte.[17] Im Verfahren über die Bad Dürkheimer Gondelbahn bestätige das Bundesverfassungsgericht, dass Planfeststellung und Enteignung einen unlösbaren Zusammenhang bildeten, so dass Landeseisenbahngesetz und Landesenteignungsgesetz zusammen die in Art. 14 Abs. 3 Satz 2 GG geforderte Rechtsgrundlage seien. Das Junktim zwischen Planfeststellung und Enteignung führe insoweit zu enteignungsrechtlichen Vorwirkungen, als die für die Ausführung des Vorhabens notwendigen und für eine etwaige Enteignung in Frage kommenden Grundstücke bestimmt werden.[18]

Im Verfahren über die Teststrecke in Boxberg betonte das Gericht zum ersten Mal, dass Verwaltungsentscheidungen, die dem Enteignungsverfahren im engeren Sinne vorangehen und mit Bindungswirkung für das Enteignungsverfahren über verfassungsrechtliche Anforderungen gemäß Art. 14 Abs. 3 GG befinden, an dieser Vorschrift zu messen seien. Die Anordnung der städtebaulichen Flurbereinigung entfalte enteignungsrechtliche Vorwirkungen, weil sie abschließend und für das weitere Verfahren verbindlich über die Verwirklichung des Vorhabens unter Inanspruchnahme fremden Eigentums entscheide. Mit ihrer Bestandskraft stehe die Zulässigkeit einer für das Vorhaben erforderlichen Enteignung dem Grunde nach fest („Grundverwal-

[17] Vgl. BVerfGE 45, 297 (319 ff.).
[18] Vgl. BVerfGE 56, 249 (264 f.).

tungsakt"); weiteren Enteignungsschritten könne nicht mehr die Unzulässigkeit des Vorhabens entgegengehalten werden. Der grundrechtlich garantierte Anspruch auf einen umfassenden und effektiven Rechtsschutz erfordere daher, dass die verfassungsgerichtliche Überprüfung nicht erst bei der konkreten Durchführung der Planungsentscheidung ansetze.[19] Insoweit lag der Fall des Gesetzes über den Bau der „Südumfahrung Stendal" ähnlich. Dieses entfaltete insoweit enteignungsrechtliche Vorwirkungen, als der gesetzlich zugelassene Plan abschließend und für das weitere Verfahren verbindlich über die Zulässigkeit der Enteignung einzelner Grundstücke entschied. Wegen dieser Vorwirkungen war das Gesetz an Art. 14 Abs. 3 GG zu messen.[20]

Beide Entscheidungen gehen ausdrücklich von der enteignungsrechtlichen Vorwirkung auch in dem Sinne aus, dass der betroffene Eigentümer gegen die Enteignung nur einwenden könne, des Zugriffs auf sein Grundstück bedürfe es nicht zur Realisierung des Vorhabens. Angegriffen waren dort jedoch jeweils nur die der Enteignung vorausgehenden Entscheidungen.[21] Die Verfassungsmäßigkeit der Beschränkung der Einwendungen gegen die Enteignung war hingegen – ebenso wie in nachfolgenden Kammerentscheidungen[22] – nicht Streitgegenstand und daher nicht entscheidungserheblich. Hierüber hatte das Bundesverfassungsgericht erst im Fall Landesmesse Stuttgart zu entscheiden.

b) Beschluss zur Landesmesse Stuttgart

Im Fall zur Landesmesse Stuttgart waren die Beschwerdeführer Eigentümer von Grundstücken, die nach dem Planfeststellungsbeschluss für die Landesmesse enteignet werden sollten. Sie hatten diesen nicht angefochten. Hinsichtlich der enteignungsrechtlichen Vorwirkung enthält das baden-württembergische Landesmessegesetz vom 15.12.1998[23], das die Errichtung einer Landesmesse vorsieht (§ 1 Abs. 1 Satz 1), Regelungen, wie sie vergleichbar aus zahlreichen Fachgesetzen bekannt sind: Die Landesmesse darf nur gebaut werden, wenn der Plan vorher festgestellt ist (§ 3 Abs. 1 Satz 1). Für Zwecke des Baus und des Betriebs der Messe ist die Enteignung zugunsten des Trä-

[19] Vgl. BVerfGE 74, 264 (282 f.).

[20] Vgl. BVerfGE 95, 1 (21 f.).

[21] In solchen Fällen zu prüfen, ob der Planungsentscheidung enteignungsrechtliche Vorwirkung zukommt, ist dennoch stets notwendig. Denn der Maßstab für die Prüfung der Verfassungsmäßigkeit des Planungsaktes ergibt sich, wenn dieser enteignungsrechtliche Vorwirkung hat, aus Art. 14 Abs. 3 GG. Hat hingegen ein Plan, wie zum Beispiel der Bebauungsplan, keine enteignungsrechtliche Vorwirkung, sind für dessen Rechtmäßigkeit die Enteignungsvoraussetzungen nicht zu prüfen. Vgl. BVerfG, NVwZ 1999, 979 (979 f.).

[22] Vgl. BVerfG, 3. Kammer des Ersten Senats, NVwZ 1987, 967 – luftverkehrsrechtlicher Planfeststellungsbeschluss; NVwZ 2003, 71 – Entwicklungssatzung Bremen.

[23] GBl. Baden-Württemberg S. 666.

gers des Vorhabens zulässig, soweit sie zur Ausführung eines gemäß § 3 festgestellten und vollziehbaren Plans notwendig ist (§ 7 Abs. 1 Satz 1). Der festgestellte Plan ist dem Enteignungsverfahren zugrunde zu legen; er ist für die Enteignungsbehörde bindend (§ 7 Abs. 2 Satz 1 und 2). Die Beschwerdeführer wandten sich gegen die Enteignung ihrer Grundstücke für Zwecke der Landesmesse unter anderem mit dem Vorbringen, § 7 Landesmessegesetz sei verfassungswidrig. Das Verwaltungsgericht und der Verwaltungsgerichtshof wiesen die Klagen ab, weil aufgrund der enteignungsrechtlichen Vorwirkung des gegenüber den Beschwerdeführern bestandskräftigen Planfeststellungsbeschlusses diese die grundsätzliche Zulässigkeit der Enteignung und damit auch die Verfassungsmäßigkeit der gesetzlichen Enteignungsermächtigung im vorliegenden Verfahren nicht mehr in Frage stellen könnten.[24] Mit den Rügen der Beschwerdeführer im Verfassungsbeschwerdeverfahren, ihr Recht auf einen effektiven Rechtsschutz nach Art. 14 GG, Art. 19 Abs. 4 GG sei verletzt, weil die Gerichte ihr Vorbringen, § 7 Landesmessegesetz sei verfassungswidrig, nicht geprüft hätten, war somit – erstmals – die Frage zur Prüfung gestellt, ob der auf der enteignungsrechtlichen Vorwirkung des Planfeststellungsbeschlusses beruhende Ausschluss von Einwendungen gegen die Enteignung verfassungsgemäß ist.

Es überrascht nicht, dass die Kammer in ihrem Beschluss auf die in zahlreichen Entscheidungen zur Rechtsschutzgarantie entwickelten Maßstäbe verweist, insbesondere dass ein Hoheitsakt in tatsächlicher und rechtlicher Hinsicht durch die rechtsprechende Gewalt in vollem Umfang auf seine Rechtmäßigkeit muss überprüft werden können.[25] Die Anwendung dieser Maßstäbe im Fall Landesmesse Stuttgart klingt nach einer reinen Selbstverständlichkeit: Die enteignungsrechtliche Vorwirkung des Planfeststellungsbeschlusses darf nicht dazu führen, dass die volle Überprüfbarkeit der Rechtmäßigkeit der aufeinander bezogenen Hoheitsakte gehindert ist oder der Rechtsschutz durch diese „Aufspaltung“ der Enteignung auf mehrere Verfahrensschritte unzumutbar erschwert wird. Da die enteignungsrechtliche Vorwirkung zu keiner dieser Folgen führte, nahm die Kammer die Verfassungsbeschwerde nicht zur Entscheidung an.[26] Aus dem Genannten dürfte jedoch zugleich folgen, dass alleine die Notwendigkeit der Abschichtung von Planungsprozessen in mehrere Verfahrensschritte – die manche in der Literatur für eine „Sachgesetzlichkeit“ zu halten scheinen – und die in der Natur

[24] Andere Planbetroffene hatten den Planfeststellungsbeschluss zuvor erfolglos angefochten. Das Verwaltungsgericht Stuttgart und der Verwaltungsgerichtshof Baden-Württemberg (NuR 2005, 50) bejahten in diesen Verfahren die Verfassungsmäßigkeit des Landesmessegesetzes, insbesondere seines § 7, die Gesetzgebungskompetenz des Landes und die Gemeinwohldienlichkeit des Vorhabens und verneinten eine unzulässige Legalenteignung.

[25] Vgl. nur BVerfGE 101, 106 (122 f.); 103, 142 (156); st. Rspr.

[26] Vgl. Beschluss vom 5.2.2007, a.a.O., S. 574.

von Planungsprozessen liegende Interdependenz von Planung und Enteignung die Einschränkung des Rechtsschutzes für den betroffenen Eigentümer kaum tragen können. Es bedarf der Feststellung, ob die Abschichtung des Rechtsschutzes in mehrere Verfahrensstufen einem legitimen Zweck dient. Die Kammer prüfte und bejahte dies (Verhindern unnötiger Doppelprüfungen, die zu widersprüchlichen Ergebnissen führen könnten, und Schaffen von Rechtssicherheit für alle Beteiligten). Sie nahm zudem in den Blick, dass ein Eigentümer eine Enteignung, die den Anforderungen des Art. 14 Abs. 3 GG nicht genügt, abwenden kann, indem er bereits den Planfeststellungsbeschluss anficht. Von Bedeutung war dabei auch, dass für die betroffenen Eigentümer die mit der enteignungsrechtlichen Vorwirkung verbundene Ausschlusswirkung aufgrund der ausdrücklichen Regelung in § 7 Abs. 2 Landesmessegesetz und der ständigen Rechtsprechung der Verwaltungsgerichte zu vergleichbaren Bestimmungen von vornherein erkennbar war. Die gesetzliche Normierung der Bindungswirkung in § 7 Abs. 2 Landesmessegesetz ist die Grundlage der Zumutbarkeit der Rechtsschutzbeschränkung.[27]

III. Phasenspezifischer Rechtsschutz im Energiewirtschaftsrecht

Eine in gewisser Weise entgegengesetzte Problematik hat der Beschluss der 1. Kammer des Ersten Senats zum Energiewirtschaftsrecht zum Gegenstand. Er betrifft die Rechtsschutzsituation enteignungsbetroffener Eigentümer nach dem Energiewirtschaftsgesetz 1935 und dem Energiewirtschaftsgesetz 1998. Die Beschwerdeführer machten geltend, dass gerade das Fehlen eines Planfeststellungsverfahrens (mit enteignungsrechtlicher Vorwirkung) für die Errichtung von Hochspannungsleitungen mit 110 Kilovolt Nennspannung dazu geführt habe, dass sie ihr Eigentumsrecht erst auf der letzten Verfahrensstufe, nämlich im Enteignungsverfahren geltend machen könnten und daher wegen der auf früheren Verfahrensstufen eingetretenen faktischen Vorprägungen in ihrem Recht auf effektiven Rechtsschutz verletzt seien. Ein Planfeststellungsverfahren sei erforderlich, um die umfassende Abwägung der betroffenen öffentlichen und privaten Interessen zu gewährleisten. Die Beschwerdeführer stützten sich auf zahlreiche Stimmen in der Literatur zum Rechtszustand vor 2001, die ein Planfeststellungsverfahren forderten, weil der Rechtsschutz gegen die Errichtung von Hochspannungsfreileitungen nur unzureichend sei. Zwar bestehe im Grundsatz im Enteignungsverfahren für

[27] Dem entspricht es, wenn das Bundesverwaltungsgericht für die fehlende enteignungsrechtliche Vorwirkung des Bebauungsplans entscheidend auf die mangelnde gesetzliche Grundlage hierfür verweist, vgl. BVerwG NVwZ 1991, 873; NVwZ-RR 1998, 483 (484), und zwar auch in den Fällen, in denen der Bebauungsplan – z.B. im Fall einer isolierten Straßenplanung – von vornherein auf eine Enteignung hin angelegt ist, vgl. BVerwG NVwZ 1998, 845.

den betroffenen Eigentümer umfassender Rechtsschutz, da die vorangegangenen Verfahrensstadien incidenter mit zu überprüfen seien. Im Tatsächlichen sei jedoch zu berücksichtigen, dass z.B. einzelne Abschnitte der Trasse schon verwirklicht sein könnten und damit echte Alternativen für an anderer Stelle noch laufende enteignungsrechtliche Planfeststellungen entfielen. Die Enteignungsentscheidung als letztes Glied in der Kette vorangegangener Planungsentscheidungen sei nicht in der Lage, die Last einer vollen planerischen Prüfung zu tragen. § 11 EnWG 1935 ignoriere den grundlegenden Zusammenhang zwischen Enteignung und vorangehender Planung.[28]

1. Einfachrechtliche Ausgangslage nach dem Energiewirtschaftsrecht

Das Energiewirtschaftsgesetz 1935 enthielt kein regelmäßiges Anlagenzulassungsverfahren mit Konzentrationswirkung. In der Regel gestaltete sich das Verfahren nach Bundesrecht und dem im entschiedenen Fall anwendbaren baden-württembergischen Recht in mehreren Stufen. Am Anfang stand regelmäßig das Anzeigeverfahren nach § 4 EnWG 1935 mit der für einen Dritten nach der Rechtsprechung des Bundesverwaltungsgerichts selbständig nicht anfechtbaren Nichtbeanstandungserklärung der Energieaufsichtsbehörde.[29] Hierauf folgte ein Raumordnungsverfahren nach § 14 des baden-württembergischen Landesplanungsgesetzes. Die raumordnerische Genehmigung einer Hochspannungsleitung nach § 14 LplG war für betroffene Eigentümer mit der Anfechtungsklage zwar anfechtbar; eine Verletzung ihres Eigentumsrechts konnten sie jedoch nicht geltend machen, da die Auswirkungen auf das möglicherweise in Anspruch zu nehmende Grundeigentum für die Genehmigungsbehörde nicht zu prüfen war.[30] Baurechtliche und naturschutzrechtliche Zulassungsverfahren, in denen Eigentümer Einwendungen gegen das energiewirtschaftliche Vorhaben vorbringen konnten, mussten regelmäßig nicht stattfinden. Dem Anzeigeverfahren nach § 4 EnWG 1935 und dem Raumordnungsverfahren folgte regelmäßig die Entscheidung der obersten Energieaufsichtsbehörde nach § 11 Abs. 1 EnWG 1935, ob für das Vorhaben eine Entziehung oder Beschränkung von Grundeigentum im Wege der Enteignung erforderlich sei. Diese Entscheidung war für die betroffenen Eigentümer nicht anfechtbar, diese waren am Verfahren nicht zu beteiligen.[31] Erst mit der Anfechtung der Ernteignung konnten betroffene Eigentümer ihre Rechte aus Art. 14 GG geltend machen.

[28] Vgl. *Hermes* Infrastrukturverantwortung, S. 439 ff. und die weiteren Nachweise in BVerfG, Beschluss vom 10.9.2008, a.a.O., Rn. 31, und BVerwGE 116, 365 (369).

[29] Vgl. BVerwGE 13, 75 (76); Buchholz 451.17, Nr. 7 zu EnergG.

[30] Vgl. VGH Baden-Württemberg, NVwZ 1998, 416.

[31] Vgl. BVerwG, Buchholz 451.17, Nr. 7 zu EnergG; Buchholz 451.17, Nr. 1 zu § 4 EnergG.

Der mit dem Energiewirtschaftsgesetz 1998 novellierte § 12 EnWG 1998 entsprach in seiner Struktur § 11 EnWG 1935. Er sah in Absatz 2 die Feststellung der Zulässigkeit der Enteignung durch die Energieaufsichtsbehörde und in Absatz 3 die Durchführung des Enteignungsverfahrens nach Landesrecht vor. Mit der Neuregelung entfiel nur das Verfahren der Investitionsaufsicht, wie es § 4 EnWG 1935 geregelt hatte. Im Übrigen änderte sich hinsichtlich der durchzuführenden (oder entbehrlichen) Verfahren nach Raumordnungsrecht, Baurecht und Naturschutzrecht die Rechtslage durch das Gesetz zur Neuregelung des Energiewirtschaftsrechts vom 24.4.1998[32] nicht.

2. *Verfassungsrechtliche Maßstäbe: Effektiver Rechtsschutz durch dessen Vorverlagerung?*

a) Forderungen in der rechtswissenschaftlichen Literatur

Nicht nur im energiewirtschaftsrechtlichen, auch im verfassungsrechtlichen Schrifttum wird – anknüpfend an eine in den siebziger Jahren, aber auch schon früher intensiv geführte Diskussion um die Vorverlagerung des Rechtsschutzes in Planungsprozessen[33] – die Gefahr gesehen, dass im Verlauf von Planungsprozessen irreversible Fakten geschaffen würden; der Planungsprozess sei daher in rechtsschutzfähige Teilabschnitte zu gliedern. Insbesondere bei lange dauernden und komplexen Verfahren könnten nicht erst die endgültige Verwirklichung eines Großprojekts subjektive Rechte schmälern, sondern schon vorangehende Weichenstellungen. Daher müssten schon Vorentscheidungen selbst angreifbar sein, soweit sie Rechte verkürzten.[34] Jedoch wird auch auf die bei Großprojekten häufig gegenläufigen Grundrechtspositionen, den leistungsrechtlichen Charakter der Rechtsschutzverbürgung und die Begründung von Anfechtungslasten durch die Abschichtung des Rechtsschutzes verwiesen und daraus insbesondere gefolgert, dass über den Einsatz von Teilentscheidungen vornehmlich der Gesetzgeber zu entscheiden habe, dem es frei stehe, allein die „letztstufige“, unmittelbar außenwirksame Planungsentscheidung der gerichtlichen Anfechtbarkeit zu unterwerfen.[35]

[32] BGBl. I S. 730.

[33] Vgl. nur *Blümel* in: Festgabe für Forsthoff, 1967, S. 133 (138 f.); *ders.* DVBl. 1975, 695 (703 f., 706); *Brohm*, VVDStRL 30 (1972), 245 (290 f.); *Ossenbühl* Gutachten B zum 50. DJT, 1974, S. 177; *Wahl* DÖV 1975, 373 (376 ff.); *Schmidt-Aßmann* DVBl. 1981, 334 (336).

[34] Vgl. *Krebs* in: von Münch/Kunig, Grundgesetz-Kommentar, Bd. 1, 5. Aufl. 2000, Art. 19 Rn. 66; *Schulze-Fielitz* in: Dreier, Grundgesetz, Bd. I, 2. Aufl. 2004, Art. 19 Abs. 4 Rn. 87; *Schenke* in: Bonner Kommentar zum GG, Art. 19 Abs. 4 Rn. 425 (Zweitbearbeitung Dezember 1982); *Ramsauer* in: Alternativkommentar zum GG, 3. Aufl., Art. 19 Abs. 4 Rn. 73, 140 f. (Stand: 2001); *Ibler* in: Berliner Kommentar zum GG, Art. 19 Abs. 4 Rn. 292 (Stand: Oktober 2002).

[35] Vgl. *Papier* in: Isensee/Kirchhof, HStR, Bd. VI, 2. Aufl. 2001, § 154 Rn. 73; *ders.* in: Maunz/Dürig, GG, Art. 14 Rn. 54 (Stand: Juni 2002); *Schmidt-Aßmann* in: Maunz/Dürig,

b) Beschluss zum Energiewirtschaftsrecht

Die Kammer nahm die Verfassungsbeschwerde unter anderem deswegen nicht zur Entscheidung an, weil sie außer Kraft getretenes Recht betraf; denn der geltende § 43 Satz 1 Nr. 1 EnWG sieht für solche Hochspannungsleitungen nun stets ein Planfeststellungsverfahren vor. Gleichwohl weist der Kammerbeschluss über den Fall hinaus, indem er die maßgeblichen verfassungsrechtlichen Grundsätze verdeutlicht.

Die Kammer nimmt bei der Bestimmung der verfassungsrechtlichen Maßstäbe zum einen auf Entscheidungen zum Erfordernis prozeduralen Grundrechtsschutzes Bezug, aus dem sich die Notwendigkeit einer Vorverlagerung des Rechtsschutzes ergeben kann, um nicht korrigierbare faktische Vorprägungen von Entscheidungen zu vermeiden. Die zitierten Senatsentscheidungen betreffen jedoch kaum verallgemeinerbare Konstellationen. Mit der Rundfunkfreiheit nach Art. 5 Abs. 1 Satz 2 GG ist ein „verfahrensgeprägtes" Grundrecht in Bezug genommen, das in besonderer Weise zu seiner Entfaltung auf verfahrensrechtliche Ausgestaltung angewiesen ist. Die Entscheidungen zum Atomrecht gründen auf der Schutzpflicht aus Art. 2 Abs. 2 GG angesichts der besonderen Gefahren der Kernenergie. Zum anderen referiert die Kammer die bekannte Rechtsprechung, dass Art. 19 Abs. 4 Satz 1 GG den Gesetzgeber nicht verpflichtet, Planungsentscheidungen in diejenige Rechtsform zu fassen, die dem Einzelnen einen möglichst umfassenden, den bestmöglichen Rechtsschutz gewährleistet.[36]

Die weiteren Ausführungen der Kammer zeigen, dass prozeduraler Grundrechtsschutz und die nicht auf optimalen Rechtsschutz gerichtete Rechtsschutzgewährleistung allenfalls scheinbar gegensätzlich sind. Die Kammer konstatiert, dass in rechtlich und tatsächlich komplexen, in zahlreiche Verfahrensschritte abgeschichteten Entscheidungsabläufen auf früheren Planungsstufen faktische Prägungen und Vorfestlegungen stattfinden können, die mit dem Angriff gegen die Endentscheidung ungeachtet einer rechtlich umfassenden Kontrollbefugnis der Gerichte nicht mehr mit realistischer Aussicht auf Erfolg in Frage gestellt werden können.[37] Damit ist klar, dass allein die von der Kammer zuvor geprüfte und bejahte volle Überprüfbarkeit der Enteignung in rechtlicher und tatsächlicher Hinsicht nicht stets ausreichen muss, um einen wirksamen Rechtsschutz zu gewährleisten. Das schließt sich an die von der Kammer zitierte Entscheidung des Vorprüfungsausschusses zum Luftverkehrsrecht aus dem Jahre 1980 an. Dieser hatte in einem obiter dictum im Hinblick auf faktische Zwangsläufigkeiten die Konzentration des

GG, Art. 19 Abs. 4 Rn. 167 (Stand: Februar 2003); *ders.* in: Schoch/Schmidt-Aßmann/Pietzner, Verwaltungsgerichtsordnung, Bd. I, Einleitung Rn. 201 f. (Stand: September 2007).

[36] Vgl. die Nachweise in Fn. 5, 6.

[37] Vgl. Beschluss vom 10.9.2008, a.a.O., Rn. 41.

Rechtsschutzes auf die Anfechtbarkeit erst des abschließenden Planfeststellungsbeschlusses problematisiert und die Eröffnung des Rechtswegs in dem Zeitpunkt, in dem der Betroffene von einer im Verlauf der Konkretisierung des Planungsvorhabens getroffenen Entscheidung der öffentlichen Gewalt in seinen Rechten verletzt sein kann, als von Art. 19 Abs. 4 Satz 1 GG gewährleistet gesehen.[38] Ob im früheren Energiewirtschaftsrecht solche faktischen Vorprägungen entstanden, die eine Vorverlagerung des Rechtsschutzes geboten, ließ die Kammer jedoch mangels Entscheidungserheblichkeit offen. Sie betonte dabei, dass es sich allgemeiner Festlegung entzieht, ob, inwieweit und in welcher Form die Vorverlagerung von Rechtsschutz für bestimmte Planungsentscheidungen geboten ist, verwies in erster Linie auf den Gesetzgeber und erinnerte an das wiederum vor Art. 19 Abs. 4 Satz 1 GG rechtfertigungsbedürftige Entstehen von Anfechtungslasten durch die phasenweise Abschichtung des Rechtsschutzes.[39] Der Gesetzgeber darf daher wohl auch für komplexe Planungsprozesse weiterhin davon ausgehen, dass Art. 19 Abs. 4 Satz 1 GG einen optimalen Rechtsschutz nicht gebietet, sollte hierin aber keinen „Freibrief" für Beschränkungen des Rechtsschutzes auf den letzten Teilakt sehen. Er ist gut beraten, stets und für jeden Sachbereich genau zu prüfen, wie sich die Abschichtung von Teilentscheidungen in diesen Verfahren auf den Rechtsschutz des Einzelnen auswirken und ob sich faktische Irrevisibilitäten einstellen, und hieraus gegebenenfalls Konsequenzen zu ziehen.

IV. Überprüfung der fortwährenden Verfassungskonformität von Entwicklungssatzungen

Gegenstand des Beschlusses der 2. Kammer des Ersten Senats vom 19.9.2007 war unter anderem die Frage, ob es verfassungsgemäß ist, dass die Verwaltungsgerichte regelmäßig für die gerichtliche Kontrolle von Entwicklungssatzungen nach §§ 165 ff. BauGB auf den Zeitpunkt ihres Erlasses abstellen.[40]

1. Einfachrechtliche Ausgangslage

Städtebauliche Entwicklungssatzungen nach §§ 165 ff. BauGB beschäftigen immer wieder die Verwaltungsgerichte. Ein Grund dafür dürfte darin liegen, dass die Eigentümer von Grundstücken im Entwicklungsbereich von einer planungsbedingten Wertsteigerung ihrer Grundstücke – anders als bei

[38] Vgl. BVerfG, Vorprüfungsausschuss, DVBl. 1981, 374 (375).

[39] Vgl. Beschluss vom 10.9.2008, a.a.O., Rn. 42.

[40] Vgl. BVerwG, Buchholz 406.11, § 165 BauGB Nr. 4; Buchholz 406.11, § 165 BauGB Nr. 9.

Bebauungsplänen – nicht profitieren, sondern gemäß § 169 Abs. 1 Nr. 6, § 153 BauGB bei einem Erwerb (vgl. § 166 Abs. 3 BauGB) oder einer Enteignung (vgl. § 169 Abs. 3 BauGB) durch die Gemeinde nur den Verkehrswert ex ante realisieren können. § 169 Abs. 3 BauGB entnimmt die Rechtsprechung der Verwaltungsgerichte die enteignungsrechtliche Vorwirkung der Entwicklungssatzung.[41] Grundstückseigentümer aus dem Entwicklungsbereich sind zur Vermeidung von Nachteilen daher gehalten, bereits die Entwicklungssatzung anzufechten. In zeitlicher Hinsicht setzt diese Prüfung beim Erlass der Entwicklungssatzung an. Denn die Gerichte legen der Normenkontrolle nach § 47 VwGO diesen Zeitpunkt als maßgeblich zugrunde.[42]

Entwicklungssatzungen sind keine „Angebotsplanung“. Vielmehr ist die Gemeinde verpflichtet, die Planung umzusetzen, die Entwicklungssatzung ist auf Vollzug angelegt. Die Rechtsprechung der Verwaltungsgerichte hat dabei geplante Realisierungszeiträume von bis zu 17 Jahren gebilligt.[43] Damit ist die Frage vorprogrammiert, wie die Rechtsordnung auf erhebliche Änderungen der der Entwicklungssatzung zugrundeliegenden Tatsachen, die nach ihrem Erlass eintreten, reagiert.

Unbestritten ist dabei, dass bei Erlass einer Satzung über einen städtebaulichen Entwicklungsbereich die Gemeinde in vielfältiger Weise Prognosen zu erstellen hat und dass sich die Verhältnisse nach Erlass der Satzung anders als prognostiziert entwickeln können, ohne dass dies die Fehlerhaftigkeit der Prognose belegen muss. Solche Prognosen können nach gefestigter verwaltungsgerichtlicher Rechtsprechung vom Gericht nur eingeschränkt überprüft werden.[44] Die Gerichte sind daher nicht befugt, eigene Prognosen an die

[41] Vgl. BVerwG Buchholz 406.11, § 165 BauGB Nr. 1; BVerwGE 117, 248 (259). Gegenstand der Rechtsprechung sind jedoch in der Regel Normenkontrollverfahren gegen die Entwicklungssatzung selbst, für die es insoweit genügt zu klären, dass sich der Prüfungsmaßstab aus Art. 14 Abs. 3 GG ergibt, nicht hingegen Klagen gegen Enteignungen, auf die hin zu klären wäre, ob und inwieweit der enteignungsbetroffene Eigentümer mit gegen die Entwicklungssatzung gerichteten Einwendungen ausgeschlossen ist.

[42] Vgl. BVerwG, Buchholz 406.11, § 165 BauGB Nr. 4, S. 28 f.; Buchholz 406.11, § 165 BauGB Nr. 9, S. 9. Ebenso *Köhler* in: Schrödter, Baugesetzbuch, 7. Aufl. 2006, § 165 Rn. 33; *Runkel* in: Ernst/Zinkahn/Bielenberg, Baugesetzbuch, § 165 Rn. 136 (Stand: Februar 2008). Zudem bestimmt mittlerweile § 214 Abs. 3 Satz 1 BauGB in der Fassung, die diese Vorschrift durch das Gesetz zur Anpassung des Baugesetzbuchs an EU-Richtlinien – Europarechtsanpassungsgesetz Bau – vom 24.6.2004 (BGBl. I S. 1359 [1376 f.]) erhalten hat, dass auch für die Satzungen der Stadtentwicklung für die Abwägung die Sach- und Rechtslage im Zeitpunkt der Beschlussfassung über die Satzung maßgebend ist. Die Vorschrift galt zuvor nur für Bauleitpläne, vgl. Synopse bei *Stock* in: Ernst/Zinkahn/Bielenberg, a.a.O., § 214 Rn. 26 (Stand: Mai 2007); der Gesetzgeber sah in dieser Änderung nur eine Klarstellung, vgl. BTDrucks. 15/2250, S. 64.

[43] Vgl. *Runkel* a.a.O., Vorb §§ 165 – 171 Rn. 19 m.w.N. (Stand: Februar 2008).

[44] Vgl. nur BVerwGE 56, 110 (121); NuR 2003, 352 (356) – insoweit in BVerwGE 117, 58 nicht abgedruckt; NVwZ 2003, 1120 (1121); für Entwicklungssatzungen vgl. BVerwG Buchholz 406.11, § 165 BauGB Nr. 4; Buchholz 406.11, § 165 BauGB Nr. 9; BauR 2004, 1584 (1585).

Stelle derjenigen der Gemeinden zu setzen, und knüpfen auch deswegen folgerichtig bei der gerichtlichen Kontrolle des Satzungsbeschlusses an den Zeitpunkt seines Erlasses an. Das Bundesverfassungsgericht hat in mehreren Senatsentscheidungen und jüngst in Kammerbeschlüssen stets bestätigt, dass die eingeschränkte gerichtliche Kontrolle von Prognosen verfassungsgemäß ist.[45]

Die Frage, ob und wie sich Änderungen der tatsächlichen Umstände, die dem Beschluss über die Entwicklungssatzung zugrunde liegen, auf deren Rechtmäßigkeit auswirken, ist damit jedoch noch nicht abschließend geklärt. Einfachrechtlich ist dabei von Bedeutung, dass die §§ 165 ff. BauGB in der Auslegung durch das Bundesverwaltungsgericht dem Problem insofern seine Schärfe nehmen, als für den Erlass der Entwicklungssatzung gesteigerte Anforderungen gelten. Kurzfristig wirkende Veränderungen der rechtlichen und tatsächlichen Rahmenbedingungen können die Entscheidungsgrundlagen einer Entwicklungssatzung grundsätzlich nicht in Frage stellen. Denn ein erhöhter Bedarf an Wohn- und Arbeitsstätten nach § 165 Abs. 3 Satz 1 Nr. 2 BauGB kann nach der Rechtsprechung des Bundesverwaltungsgerichts nur dann eine Entwicklungsmaßnahme rechtfertigen, wenn dieser Bedarf strukturell und damit längerfristig bedingt ist und die für die Bewältigung dieses Bedarfs vorgesehenen Entwicklungsmaßnahmen auch geeignet sind, über die nähere Zukunft hinaus innerhalb eines absehbaren Zeitraums wirksame Lösungsmöglichkeiten zu eröffnen.[46]

2. *Verfassungsrechtliche Maßstäbe*

Im entschiedenen Fall nahm die Kammer die Verfassungsbeschwerde nicht zur Entscheidung an, weil diese bereits unzulässig war, verdeutlichte jedoch die verfassungsrechtlichen Maßstäbe. Die Beschwerdeführerin hatte sich gegen eine Entwicklungssatzung nach § 165 BauGB gewandt, von der Grundstücke betroffen waren, die in ihrem Eigentum standen. Ihren Normenkontrollantrag nach § 47 VwGO hatte das Oberverwaltungsgericht Nordrhein-Westfalen abgelehnt,[47] die Nichtzulassungsbeschwerde hiergegen das Bundesverwaltungsgericht zurückgewiesen.[48] Mit der Verfassungsbeschwerde gegen die Entwicklungssatzung und die Gerichtsentscheidungen machte die Beschwerdeführerin unter anderem geltend, es fehle an einer effektiven gerichtlichen Kontrolle nach Maßgabe von Art. 14 Abs. 3 GG,

[45] Vgl. BVerfGE 24, 367 (406); 76, 107 (121 f.); 95, 1 (22 ff.); 3. Kammer des Ersten Senats, NVwZ 1998, 1060 (1060 f.); NVwZ 2008, 780 (783); 1. Kammer des Ersten Senats, NVwZ 2008, 1229 (1231).

[46] Vgl. BVerwG, Buchholz 406.11, § 165 BauGB Nr. 4.

[47] Vgl. Urteil vom 27.11.2003 – 10a D 124/01.NE – juris.

[48] Vgl. BVerwG, Buchholz 406.11, § 165 BauGB Nr. 14.

weil die Gerichte die fortwährende Verfassungskonformität der Entwicklungssatzung nicht geprüft hätten. Die Feststellungen des Oberverwaltungsgerichts seien nur auf den Zeitpunkt des Erlasses der Entwicklungssatzung bezogen. Nachfolgende tatsächliche Änderungen der Gewerbeflächensituation hätten keine Berücksichtigung gefunden. Diese Rüge war unzulässig, weil die Beschwerdeführerin bereits nicht ausreichend dargelegt hatte, dass es zur Entscheidung des Falls auf den Entscheidungszeitpunkt ankam, und sich nicht damit auseinander gesetzt hatte, dass schon die Rechtmäßigkeitsvoraussetzungen für eine Entwicklungssatzung nach einfachem Recht Schutz gegen eine nur auf einem zeitweise bestehenden Bedarf beruhende Entwicklungsmaßnahme bieten.

Im übrigen hat die Kammer – ohne dass es darauf wegen der Unzulässigkeit der Rüge entscheidungstragend angekommen wäre – verdeutlicht, dass eine Enteignung nicht mehr gerechtfertigt sein dürfte und deshalb vom Eigentümer auch nicht mehr hingenommen werden muss, wenn feststeht, dass ein ursprünglich bestehender oder jedenfalls aufgrund einer sachgerechten Prognose angenommener ausreichender Gemeinwohlgrund den Entzug des Eigentums mittlerweile wegen einer grundlegenden Änderung der tatsächlichen oder rechtlichen Verhältnisse nicht mehr erfordert. Deswegen im Normenkontrollverfahren auf einen anderen Zeitpunkt als den des Erlasses der Entwicklungssatzung abzustellen, dürfte jedoch von Verfassung wegen nicht geboten sein. Einen ausreichenden Rechtsschutz in dieser Hinsicht schließt das Abstellen auf den Zeitpunkt des Erlasses der Entwicklungssatzung im Rahmen der Normenkontrolle gegen diese Satzung nämlich nicht aus. Er kann auch in anderer Form gewährt werden, indem dem Enteignungsbetroffenen bei entscheidungserheblich geänderten Verhältnissen ein Anspruch auf Aufhebung oder Änderung der Entwicklungssatzung eingeräumt wird; eine entsprechende Pflicht der Gemeinde bejaht das Bundesverwaltungsgericht unter Bezugnahme auf § 169 Abs. 1 Nr. 8 i.V.m. § 162 Abs. 1 Satz 1 Nr. 2, 3 BauGB.[49] Ein die grundlegende Änderung der Verhältnisse

[49] Vgl. BVerwG, Buchholz 406.11, § 165 BauGB Nr. 4; Buchholz 406.11, § 165 BauGB Nr. 14. Eine Undurchführbarkeit der Entwicklungsmaßnahme nach § 169 Abs. 1 Nr. 8, § 162 Abs. 1 Satz 1 Nr. 2 BauGB mit der Folge, dass die Satzung aufzuheben ist, kann sich dabei auch daraus ergeben, dass sich der tatsächliche Bedarf an Wohn- und Arbeitsstätten anders entwickelt hat als im Rahmen der Prognose zu Beginn angenommen und sich daher die mit der Entwicklungsmaßnahme verfolgten Ziele als unerreichbar erweisen (so *Runkel* a.a.O., § 169 Rn. 55 [Stand: Februar 2008]). In der Literatur und der Rechtsprechung wird ein Anspruch des Eigentümers auf Aufhebung der Satzung erwogen. Nachdem das Bundesverwaltungsgericht in anderer Sache grundsätzlich entschieden hat, dass der Bürger im Einzelfall einen Anspruch auf Erlass einer untergesetzlichen Norm haben kann und ihm nach Art. 19 Abs. 4 GG der Rechtsweg zur Durchsetzung dieses Rechts zusteht (BVerwG NJW 1989, 1495 [1496], zur Allgemeinverbindlicherklärung eines Tarifvertrages), haben hieran anknüpfend das Oberverwaltungsgericht Schleswig-Holstein (Urteil vom 4.11.1993 – 1 K

berücksichtigender Rechtsschutz könnte – so die Kammer – auch gewährt werden im Rahmen des Angriffs gegen den konkreten Enteignungsakt, soweit eine nur dem Grunde nach bestehende enteignungsrechtliche Vorwirkung der Entwicklungssatzung hierauf bezogene Einwände des Enteignungsbetroffenen zulässt. Ob ein hinreichend effektiver Rechtsschutz des Enteignungsbetroffenen auf einem dieser Wege oder in anderer Form zur Verfügung steht, ist allerdings eine zunächst der Auslegung des einfachen Rechts durch die Fachgerichte vorbehaltene Frage.[50]

Das obiter dictum lässt gewisse Rückschlüsse darauf zu, welche Parameter bei einer verfassungsgemäßen Lösung der Frage zu berücksichtigen sein dürften: Zum einen wird es von Bedeutung sein, den genauen Umfang, die Reichweite der enteignungsrechtlichen Vorwirkung der Entwicklungssatzung zu bestimmen. Zu entscheiden, inwieweit mit dieser Vorwirkung ein Ausschluss von Einwendungen gegen die Enteignung verbunden ist, bestand für die Rechtsprechung bisher wenig Anlass, weil Streitgegenstand in den fachgerichtlichen Verfahren in der Regel die Entwicklungssatzung war. Das Bundesverwaltungsgericht hat darauf hingewiesen, dass die enteignungsrechtliche Vorwirkung insofern geringer sein kann, als mit der Entwicklungssatzung in der Regel noch keine parzellenscharfe Festlegung der vorgesehenen Nutzungen erfolgt, ohne jedoch eine genaue Bestimmung vorzunehmen. Es soll wegen der enteignungsrechtlichen Vorwirkung für das Enteignungsverfahren bei der Prüfung verbleiben, ob das in der Entwicklungssatzung konkretisierte Gemeinwohl den Zugriff gerade auf das einzelne Grundstück erfordert. Dabei könne die Entscheidung des Satzungsgebers, die beabsichtigte Maßnahme diene dem Wohl der Allgemeinheit, nicht mehr in Frage gestellt werden.[51] Die enteignungsrechtliche Zulässigkeit des Vorhabens stehe mit der Entwicklungssatzung dem Grunde nach fest.[52] In anderem Zusammenhang betont das Bundesverwaltungsgericht, dass es sich bei Erlass der Entwicklungssatzung noch um eine mehr pauschale Prüfung der Enteignungsvoraussetzungen handele. Die Entwicklungssatzung lege somit mit Bindungswirkung für ein nachfolgendes Enteignungsverfahren fest, dass das Wohl der Allgemeinheit den Eigentumsentzug gene-

30/91 – juris Rn. 33), *Schmidt-Eichstaedt* (in: Brügelmann, Baugesetzbuch, § 162 Rn. 25 [Stand: Februar 2008]) und *Watzke/Otto* (ZfBR 2002, 117 [117 f.]) einen Anspruch auf Aufhebung nach § 162 BauGB bejaht, andere hingegen verneint (vgl. *Krautzberger* in: Battis/Krautzberger/Löhr, BauGB, 10. Aufl. 2007, § 162 Rn. 12; *Stemmler* ZfBR 2002, 449; Oberverwaltungsgericht Berlin, LKV 2001, 126 [130], unter Hinweis auf die Regelung in § 2 Abs. 3, 4 BauGB für Bauleitpläne; offen lassend Niedersächsisches Oberverwaltungsgericht, NVwZ-RR 2003, 674).

[50] Vgl. Beschluss vom 19.9.2007, a.a.O., Rn. 11 ff.

[51] Vgl. BVerwG, Buchholz 406.11, § 165 BauGB Nr. 14.

[52] Vgl. BVerwG NVwZ-RR 2003, 7.

rell rechtfertige. Es sei nicht stets bereits bei Erlass der Satzung festzustellen, dass die Voraussetzungen für die Enteignung gerade auch bezüglich jedes einzelnen Grundstücks erfüllt sind. Im Einzelfall dürfe die rechtliche Überprüfung der Enteignungsvoraussetzungen dem Enteignungsverfahren vorbehalten bleiben.[53] Auch die Literatur geht von einer nur begrenzten enteignungsrechtlichen Vorwirkung zu der Frage aus, ob im Grundsatz hinsichtlich der in der Satzung festgelegten Entwicklungsziele tragfähige Gründe des Wohls der Allgemeinheit bestehen, die eine Enteignung rechtfertigen können,[54] hat jedoch eine genauere Bestimmung des Umfangs der enteignungsrechtlichen Vorwirkung vor dem Hintergrund des Art. 19 Abs. 4 GG ebenfalls nicht vorgenommen.

Auch dürfte klar sein, dass nicht jede Änderung der der Entwicklungssatzung zugrundeliegenden tatsächlichen Verhältnisse die Entwicklungssatzung und die darauf beruhende Enteignung in ihrer Rechtmäßigkeit in Frage stellen können. Nur grundlegende Veränderungen können insoweit erheblich sein. Dies zeigt auch ein vergleichender Blick auf andere Bereiche des Planungsrechts. Erfolgt eine Enteignung aufgrund eines bestandskräftigen Planfeststellungsbeschlusses, in dem über die Zulässigkeit der konkreten Enteignung entschieden worden ist, kann der Wegfall des maßgeblichen Gemeinwohlgrundes später nicht inzident im Rahmen der Anfechtung des Enteignungsaktes geltend gemacht werden. Es bleibt dem Eigentümer nur der Weg, die nachträgliche Ergänzung des Planfeststellungsbeschlusses wegen „nicht voraussehbarer Wirkungen des Vorhabens" nach § 75 Abs. 2 Satz 2 VwVfG zu beantragen.[55] Nur ganz ausnahmsweise kann aufgrund nachträglicher Entwicklungen als ultima ratio eine Aufhebung des Planfeststellungsbeschlusses in Betracht kommen, wenn Gefahren für subjektive Rechtspositionen Dritter anders nicht begegnet werden kann.[56]

Des Weiteren dürfte die Bedeutung einer stringenten Prüfung der Rechtmäßigkeitsvoraussetzungen für den Erlass einer Entwicklungssatzung, insbesondere des Merkmals des strukturell und längerfristig bestimmten Bedarfs nach § 165 Abs. 3 Satz 1 Nr. 2 BauGB auf der Hand liegen. Angesichts der engen Anlehnung des Tatbestands von § 165 Abs. 3 Satz 1 Nr. 2 BauGB an Art. 14 Abs. 3 GG verwirklicht sich ein wirksamer Schutz des Eigentumsrechts zum Teil bereits dort.

[53] Vgl. BVerwGE 117, 248 (259 f.).

[54] Vgl. *Neuhausen* in: Brügelmann, a.a.O., § 165 Rn. 30 [Stand: Oktober 1998]; *Krautzberger* a.a.O., § 165 Rn. 18; *Runkel* a.a.O., Vorb. §§ 165 – 171 Rn. 46 [Stand: Februar 2008]; *Dannecker* in: FS für Hoppe, S. 479 [487 ff.]; kritisch zur enteignungsrechtlichen Vorwirkung der Entwicklungssatzung *Schönfeld* BauR 1998, S. 265 (271 ff.).

[55] Vgl. nur BVerwG, NVwZ 2004, 618 (618 f.).

[56] Vgl. BVerwG, NVwZ 1998, 281 (282 f.), zum Widerruf eines atomrechtlichen Planfeststellungsbeschlusses; Beschluss vom 8.10.1998 – 11 B 44/98 – juris, Rn. 6.

Schließlich verdeutlicht die Entscheidung ganz allgemein die Anforderungen an eine substantiierte Begründung einer Verfassungsbeschwerde (§ 23 Abs. 1 Satz 2, § 92 BVerfGG). Für die Betroffenen, die in der Ausgestaltung des Verfahrens eine unzumutbare Beschränkung ihrer Rechtsschutzmöglichkeiten sehen, ist es wesentlich, im Einzelnen darzulegen, aus welchen Umständen sich dies ergeben soll. Dazu kann gehören detailliert auszuführen, welche konkreten Tatsachen vorgetragen und welche Einwendungen geltend gemacht worden sind, ob und wie dies aufgrund des Ablaufs des Verfahrens vor den Behörden und den Fachgerichten Berücksichtigung fand und wie sich eine andere Gestaltung des Verfahrens konkret auf die Entscheidung ausgewirkt hätte; auch eine vertiefte Auseinandersetzung mit der Anwendung und Auslegung des einfachen Rechts kann im Einzelfall geboten sein, gerade um die Entscheidungserheblichkeit der gerügten Grundrechtsverletzung darzulegen.

V. Ausblick

Die Frage, in welcher Weise effektiver Rechtsschutz in mehrstufigen Planungsverfahren gewährleistet werden kann, wird sich immer wieder und immer wieder in neuen Formen stellen.[57] Dabei zeigen die Entscheidungen zum Energiewirtschaftsrecht und zur Landesmesse Stuttgart, dass sowohl die Vorverlagerung des Rechtsschutzes, verbunden mit Anfechtungslasten für den betroffenen Eigentümer, als auch die Beschränkung des Rechtsschutzes auf die letzte Verfahrensstufe, verbunden mit dem Ausschluss von Beteiligungs- und Anfechtungsrechten in früheren Verfahrensstadien, Beschränkungen des Rechtsschutzes bedeuten, die der Rechtfertigung vor Art. 19 Abs. 4 Satz 1 GG bedürfen, aber auch sachlich gerechtfertigt und zumutbar sein können. Sie belegen zudem, dass es e i n sachgerechtes Modell der Ausgestaltung des Rechtsschutzes im Bau-, Enteignungs- und Fachplanungsrecht nicht gibt. Der Gesetzgeber und die Fachgerichte sind primär berufen, jeweils für den einschlägigen Sachbereich genau zu bestimmen, welche materielle Bedeutung einzelnen Verfahrensschritten und Teilentscheidungen zukommt und welche Folgerungen sich hieraus für den Rechtsschutz erge-

[57] Vgl. z.B. zur vollen Überprüfbarkeit aufeinander bezogener Hoheitsakte BVerfG, Beschluss vom 20.2.2008 – 1 BvR 2389/06 – NVwZ 2008, 775 (778) – Schönefeld –, für den Fall einer Inzidentkontrolle der vorangegangenen raumordnerischen Standortfestlegung; im Ergebnis handelt es sich um dieselben Maßstäbe, wie sie in der Entscheidung zur Landesmesse Stuttgart Anwendung fanden. Zur Kontrolle planakzessorischer Enteignungen nach § 85 Abs. 1 Nr. 1 BauGB BVerfG, 1. Kammer des Ersten Senats, Beschluss vom 18.2.1999 – 1 BvR 1367/88, 146 und 147/91 – DVBl. 1999, 701; 3. Kammer des Ersten Senats, Beschluss vom 16.12.2002 – 1 BvR 171/02 – NVwZ 2003, 726.

ben. Dabei kann sich insbesondere das Verwaltungsprozessrecht als offen erweisen, neue Ent-wicklungen aufzugreifen, um gebotenen Rechtsschutz zu ermöglichen, wie es beispielhaft Entscheidungen auch aus anderen Bereichen zeigen, z.B. zur Möglichkeit, auf Erlass einer untergesetzlichen Norm zu klagen[58] oder durch eine auch grundrechtlich veranlasste Neubestimmung des der gerichtlichen Überprüfung zugrundezulegenden Zeitpunkts der Sach- und Rechtslage.[59]

[58] Vgl. oben Fn. 50.
[59] Vgl. BVerwGE 130, 20 zur Ausweisung.

Das Bundesverfassungsgericht und § 522 Abs. 2 ZPO

Hartmut Rensen *

Leitentscheidungen des Bundesverfassungsgerichts

1. BVerfG (3. Kammer des Zweiten Senats), Beschluss vom 5. August 2002 – 2 BvR 1108/02 –, NJW 2003, 281.
2. BVerfG (2. Kammer des Ersten Senats), Beschluss vom 21. November 2002 – 1 BvR 2015/02 –, juris.
3. BVerfG (3. Kammer des Ersten Senats), Beschluss vom 27. August 2003 – 1 BvR 1646/02 –, juris.
4. BVerfG (1. Kammer des Ersten Senats), Beschluss vom 24. Mai 2004 – 1 BvR 1418/03 –, juris.
5. BVerfG (3. Kammer des Ersten Senats), Beschluss vom 1. Oktober 2004 – 1 BvR 173/04 –, NJW 2005, 659.
6. BVerfG (3. Kammer des Ersten Senats), Beschluss vom 26. April 2005 – 1 BvR 1924/04 –, NJW 2005, 1931.
7. BVerfG (3. Kammer des Zweiten Senats), Beschluss vom 30. Juni 2005 – 2 BvR 1664/04 –, WM 2005, 1577.
8. BVerfG (1. Kammer des Zweiten Senats), Beschluss vom 1. August 2006 – 2 BvR 1701/04 –, NJW-RR 2006, 1654.
9. BVerfG (1. Kammer des Ersten Senats), Beschluss vom 13. März 2007 – 1 BvR 1377/04 –, NJW-RR 2007, 1194.
10. BVerfG (2. Kammer des Ersten Senats), Beschluss vom 29. Mai 2007 – 1 BvR 624/03 –, NJW 2007, 3118.
11. BVerfG (2. Kammer des Ersten Senats), Beschluss vom 23. Oktober 2007 – 1 BvR 1300/06 –, NJW 2008, 504.
12. BVerfG (3. Kammer des Zweiten Senats), Beschluss vom 11. Februar 2008 – 2 BvR 899/07 –, NJW 2008, 1938.
13. BVerfG (1. Kammer des Ersten Senats), Beschluss vom 18. Juni 2008 – 1 BvR 1336/08 –, MDR 2008, 991 = NJW 2008, 3419.
14. BVerfG (3. Kammer des Ersten Senats), Beschluss vom 30. Juli 2008 – 1 BvR 1525/08 –, NJW 2009, 137.

* *Dr. Hartmut Rensen* war von 1999 bis 2001 als wissenschaftlicher Mitarbeiter an dem von *Herrn Prof. Dr. Ulrich Foerste* gehaltenen Lehrstuhl für Bürgerliches Recht und Zivilprozessrecht der Universität Osnabrück beschäftigt. Er ist Richter am Landgericht in Aachen und seit seiner Abordnung an das Bundesverfassungsgericht am 1.6.2006 als wissenschaftlicher Mitarbeiter für den Bundesverfassungsrichter *Prof. Dr. Michael Eichberger* tätig. Der Beitrag ist auf den Stand vom 26.2.2009 gebracht.

15. BVerfG (3. Kammer des Ersten Senats), Beschluss vom 10. Oktober 2008 – 1 BvR 1421/08 – JURIS.
16. BVerfG (1. Kammer des Ersten Senats), Beschluss vom 4. November 2008 – 1 BvR 2587/06 –, NZA 2009, 53.

Schrifttum

Ball, Wolfgang Kommentierung des § 522 ZPO, in: Musielak, Hans-Joachim (Hrsg.), Kommentar zur Zivilprozessordnung, 6. Auflage, München 2008; *Barbier, Rainer/Arbert, Michaela* Die Zurückweisung der Berufung durch Beschluss gemäß § 522 Abs. 2 ZPO, ZRP 2007, 257; *Baumert, Andreas J.* Beschränkung des Zugangs zum Revisionsgericht durch Zurückweisung der Berufung durch Beschluss gem. § 522 Abs. 2 ZPO, MDR 2008, 954; *Fölsch, Peter* Die Berufungszurückweisung durch Beschluss im Blickpunkt aktueller Rechtsprechung, NJW 2006, 3521; *Gerken, Uwe* Kommentierung des § 522 ZPO, in: Wieczorek, Bernhard (Begr.) und Schütze, Rolf A. (Hrsg.), Zivilprozessordnung und Nebengesetzes, Großkommentar, Zweiter Band, 4. Teilband, 3. Auflage, Berlin 2004; *Greger, Reinhard* Die ZPO-Reform – 1000 Tage danach, JZ 2004, 805; *Heßler, Hans-Joachim* Kommentierung des § 522 ZPO, in: Zöller, Richard (Begr.), Zivilprozessordnung, 27. Auflage, Köln 2009; *Hommerich, Christoph/Prütting, Hanns u.a.* Rechtstatsächliche Untersuchung zu den Auswirkungen der Reform des Zivilprozessrechts auf die gerichtliche Praxis – Evaluation der ZPO-Reform, Bundesanzeiger vom 23.8.2006; *Krüger, Wolfgang* Unanfechtbarkeit des Beschlusses nach § 522 Abs. 2 ZPO – Ein Zwischenruf, NJW 2008, 945; *Lindner, Richard* Ist § 522 Abs. 3 ZPO verfassungswidrig? – Zur Nichtanfechtbarkeit von Beschlüssen, mit denen zulässige Berufungen zurückgewiesen werden, ZIP 2003, 192; *Nasall, Wendt* Verfassungsgerichtliche Lawinensprengung? – Das Bundesverfassungsgericht und die Berufungs-Beschlusszurückweisung, NJW 2008, 3390; *Piekenbrock, Andreas* Nichtannahme der Berufung – Kritische Gedanken zu § 522 ZPO, JZ 2002, 540; *Rimmelspacher, Bruno* Funktion und Ausgestaltung des Berufungsverfahrens im Zivilprozess – Eine rechtstatsächliche Untersuchung, Bundesanzeiger vom 17. November 2000; *ders.* Kommentierung des § 522 ZPO, in: Münchener Kommentar zur Zivilprozessordnung, Band 2, 3. Auflage, München 2007; *Schellenberg, Frank* Berufungsverfahren – Der Zurückweisungsbeschluss nach § 522 Abs. 2 ZPO in der gerichtlichen Praxis, MDR 2005, 610; *Trimbach, Herbert* Die Zurückweisung der Berufung im Zivilprozess – notwendig und verfassungsgemäß, NJW 2009, 401; *Vossler, Norbert* Die aktuelle Rechtsprechung zur Berufungszurückweisung nach § 522 Abs. 2 ZPO, MDR 2008, 722; *Wöstmann, Heinz* Kommentierung des § 522 ZPO, in: Saenger, Ingo (Hrsg.), Zivilprozessordnung, Handkommentar, 2. Auflage, Baden-Baden 2007; *Zuck, Rüdiger* Die Berufungszurückweisung durch Beschluss und rechtliches Gehör, NJW 2006, 1703.

Inhalt

I. Einleitung

Sowohl das Verfahren der Beschlusszurückweisung als solches als auch die Praxis der Berufungsgerichte bei der Auslegung und Anwendung des maßgebenden § 522 Abs. 2 ZPO sind scharf kritisiert worden. Teilweise wird gar ein Einschreiten des Bundesverfassungsgerichts, jedenfalls aber des Gesetzgebers gefordert.[1] Kritisch hat sich etwa *Rimmelspacher*, auf dessen Gutachten[2] wesentliche Teile der ZPO-Reform zurückgehen, geäußert.[3] Die F.D.P.-Fraktion im Deutschen Bundestag hat gar einen Gesetzentwurf vorgelegt.[3a] Geht man der Sache nach und sucht nach den verfassungsrechtlichen Maßstäben für § 522 Abs. 2 und 3 ZPO selbst sowie für die Auslegung und Anwendung des § 522 Abs. 2 ZPO, stößt man auf eine ganze Reihe verfassungsgerichtlicher Entscheidungen. Mögen danach auch in einfach-rechtlicher Hinsicht wichtige Probleme noch ungeklärt und umstritten sein,[4] so harren in verfassungsrechtlicher Hinsicht insbesondere nach den jüngsten Entscheidungen zur Verfassungsmäßigkeit der Bestimmung[5] und zur verfassungsgerichtlichen Kontrolldichte[6] ungeachtet der unverändert scharfen Kritik doch nur noch wenige Fragen der Beantwortung.

[1] Vgl. *Barbier/Arbert* ZRP 2007, 257 ff.; *Baumert* MDR 2008, 954 (957); *Heßler* in: FS für Vollkommer, 2006, S. 313 (319); *Krüger* NJW 2008, 945 ff.; *Lindner* ZIP 2003, 192 ff.; *Nasall* NJW 2008, 3390 ff.; dagegen *Trimbach*, NJW 2009, 401 ff.

[2] *Rimmelspacher* Funktion und Ausgestaltung des Berufungsverfahrens im Zivilprozess – Eine rechtstatsächliche Untersuchung, Bundesanzeiger vom 17.11.2000.

[3] Vgl. *Rimmelspacher* in: MünchKomm-ZPO, 3. Auflage 2007, § 522 Rn. 35 m.w.N.

[3a] BTDrucks. 16/11457; erste Beratung in der 208. Sitzung am 5.3.2009.

[4] Vgl. *Vossler* MDR 2008, 722.

[5] Vgl. BVerfG, 1. Kammer des Ersten Senats, Beschluss vom 18.6.2008 – 1 BvR 1336/08, MDR 2008, 991 sowie 3. Kammer des Ersten Senats, Beschluss vom 30.7.2008 – 1 BvR 1525/08 –, NJW 2009, 137 sowie Beschluss vom 10.10.2008 – 1 BvR 1421/08 –, juris.

[6] Vgl. BVerfG, 2. Kammer des Ersten Senats, Beschluss vom 23.10.2007 – 1 BvR 1300/06 –, NJW 2008, 504; 1. Kammer des Ersten Senats, Beschluss vom 4. November 2008 – 1 BvR 2587/06 –, NZA 2009, 53 sowie Beschluss vom 25.2.2009 – 1 BvR 3598/08.

II. Einfach-rechtliche Maßstäbe

1. *Allgemeines*

§ 522 Abs. 2 ZPO eröffnet den Berufungsgerichten die Möglichkeit, aussichtslose Rechtsmittel ohne mündliche Verhandlung zurückzuweisen, und ist insofern ein Instrument ökonomischer Verfahrensführung. Dies war bereits Gegenstand eines Gesetzesentwurfs während der 13. Legislaturperiode. Vorgeschlagen war damals allerdings keine allgemeine, sondern eine auf nicht revisible Verfahren und offensichtlich unbegründete Rechtsmittel beschränkte Regelung.[7] Diesen Gedanken hat der Gesetzgeber im Zuge der ZPO-Reform wieder aufgegriffen. § 522 Abs. 2 ZPO sollte nach der Begründung des Regierungsentwurfs zur ZPO-Reform noch auf eine effizientere Erledigung offensichtlich unbegründeter Berufungen abzielen. Solche Fälle nähmen aufgrund der Umgestaltung der Berufung zu einem Instrument vornehmlich der Fehlerkontrolle und der Fehlerbeseitigung zu. Hier könne ein Termin vermieden und so richterliche Arbeitskraft eingespart werden. Bei substanzlosen Berufungen müsse nämlich im Interesse der im ersten Rechtszug obsiegenden Partei rasch die Rechtskraft des angefochtenen Urteils herbeigeführt werden.[8] § 522 Abs. 2 ZPO ist zwar vor dem Hintergrund dieser Vorstellungen des Gesetzgebers auszulegen.[9] Dabei ist jedoch zu beachten, dass das Vorhaben einer Abkehr von der zweiten Tatsacheninstanz und Umgestaltung der Berufung zu einem Instrument der Fehlerkontrolle und Fehlerbeseitigung nicht in vollem Umfang umgesetzt worden ist. Außerdem enthält der Gesetzeswortlaut keine Einschränkung im Sinne offensichtlich fehlender Aussicht auf Erfolg. Für die Auslegung des § 522 Abs. 2 S. 1 ZPO allgemein von Bedeutung ist ferner, dass der Gesetzgeber bewusst von der Zulassung einer Teilzurückweisung abgesehen und die Beschlusszurückweisung beim Vorliegen der Tatbestandsvoraussetzungen für zwingend gehalten hat.[10]

2. *Tatbestand*

a) Zulässigkeit der Berufung

Die erste, ungeschriebene Tatbestandsvoraussetzung des Verfahrens der Beschlusszurückweisung gemäß § 522 Abs. 2 ZPO ergibt sich aus dem Zusammenhang mit § 522 Abs. 1 S. 1 ZPO. Wegen des dort geregelten Vor-

[7] Vgl. BTDrucks 13/6398.
[8] Vgl. BTDrucks 14/4722 S. 97.
[9] Vgl. *Ball* in: Musielak, ZPO, § 522 Rn. 2; *Heßler* in: Zöller, ZPO, § 522 Rn. 29.
[10] Vgl. BTDrucks 14/4722 S. 97.

rangs der Sachentscheidungsvoraussetzungen für die Berufung kommt eine Beschlusszurückweisung nur dann in Betracht, wenn die Berufung zulässig ist. Anderenfalls ist das Rechtsmittel nicht zurückzuweisen, sondern nach § 522 Abs. 1 S. 2 ZPO als unzulässig zu verwerfen.[11] Die Gegenauffassung[12] lässt sich weder mit dem Wortlaut des § 522 Abs. 1 S. 1 und 2 ZPO und der Systematik des § 522 Abs. 1 und 2 ZPO noch mit den Vorstellungen des Gesetzgebers vereinbaren. Denn nach der amtlichen Begründung des Regierungsentwurfs soll § 522 Abs. 2 ZPO nur zulässige Berufungen betreffen.[13]

b) Mangelnde Erfolgsaussicht, § 522 Abs. 2 S. 1 Nr. 1 ZPO

Nach § 522 Abs. 2 S. 1 Nr. 1 ZPO kommt die Zurückweisung der Berufung durch Beschluss ferner nur dann in Betracht, wenn die Berufung keine Aussicht auf Erfolg hat. Wann das der Fall ist, lässt sich der Gesetzesbegründung allerdings nur andeutungsweise entnehmen. Der Gesetzgeber hat zwar in der Einzelbegründung des Regierungsentwurfs zur ZPO-Reform auf § 114 ZPO Bezug genommen.[14] Insofern ist aber zu berücksichtigen, dass in § 522 Abs. 2 S. 1 Nr. 1 ZPO nicht von hinreichender Aussicht auf Erfolg die Rede ist. Da der Gesetzgeber insofern nicht an der ursprünglich vorgesehenen wörtlichen Übernahme des entsprechenden Tatbestandsmerkmals des § 114 ZPO festgehalten hat, wird für § 522 Abs. 2 S. 1 Nr. 1 ZPO ein strengerer Maßstab befürwortet.[15] Dafür sprechen auch die unterschiedlichen Zwecke des § 114 ZPO und des § 522 Abs. 2 ZPO: Während es nämlich bei § 114 ZPO um die weitgehende Gleichstellung unbemittelter und bemittelter Parteien hinsichtlich des Zugangs zu gerichtlichem Rechtsschutz und um ein Nebenverfahren geht, betrifft § 522 Abs. 2 ZPO das Hauptverfahren und ermöglicht eine arbeits- und zeitsparende Zurückweisung solcher Berufungen, denen unter keinen Umständen ein Erfolg beschieden sein kann. Letzteres ist nur dann der Fall, wenn dem Vorbringen des Berufungsklägers einschließlich geltend gemachter neuer Angriffs- und Verteidigungsmittel und gegebenenfalls[16] unter Berücksichtigung der Berufungserwiderung sowie einer Replik bei prognostischer Beurteilung auch aufgrund einer mündlichen Verhandlung kein Erfolg beschieden sein kann,[17] wenn also die Berufung

[11] Vgl. *Ball* in: Musielak, § 522 Rn. 20.

[12] Vgl. OLG Köln, NJW 2008, 3649 (3650 f.). Dazu aus verfassungsrechtlicher Sicht s.u. III.2.

[13] Vgl. BTDrucks 14/4722 S. 97.

[14] Vgl. BTDrucks 14/4722 S. 97.

[15] Vgl. OLG Rostock NJW 2003, 1676 (1677); *Gerken* in: Wieczorek/Schütze, ZPO § 522 Rn. 63.

[16] Die Rspr. geht z.T. davon aus, dass keine Erwiderung eingeholt werden muss; vgl. OLG Oldenburg NJW 2002, 3556 (3557).

[17] Vgl. BTDrucks 14/4722 S. 97.

nach dem aktuellen Sach- und Streitstand unbegründet ist und weiteres Vorbringen des Berufungsklägers, das dem Rechtsmittel zum Erfolg verhelfen könnte, nicht zu erwarten ist.[18] Während teilweise aus den vorstehenden Erwägungen der nahe liegende Schluss gezogen wird, dass im Rahmen des § 522 Abs. 2 S. 1 Nr. 1 ZPO in gewissem Umfang eine Prognose des Berufungsgerichts erforderlich sei,[19] geht das Oberlandesgericht Koblenz davon aus, dass hinsichtlich der Anforderungen an die Begründetheit der Berufung nach § 522 Abs. 2 S. 1 Nr. 1 ZPO kein Unterschied zum Urteil bestehe.[20]

Mögen die Anforderungen des § 522 Abs. 2 S. 1 Nr. 1 ZPO insgesamt auch strenger sein als diejenigen des § 114 ZPO, kommt es nach dem Wortlaut des § 522 Abs. 2 S. 1 Nr. 1 ZPO doch nicht darauf an, dass die Erfolgsaussicht „offensichtlich" fehlt.[21] Die entsprechenden allgemeinen Vorstellungen des Gesetzgebers,[22] haben im Gesetzeswortlaut keinen Ausdruck gefunden, und die bereits erwähnte restriktivere Fassung des Entwurfs eines Gesetzes zur Vereinfachung des zivilgerichtlichen Verfahrens und des Verfahrens der freiwilligen Gerichtsbarkeit hat der Gesetzgeber nicht übernommen.[23]

aa) Rechtliche Gesichtspunkte

Keine besonderen Schwierigkeiten bestehen, soweit die Berufung ausschließlich auf eine Rechtsverletzung gestützt wird, § 513 Abs. 1 Alt. 1 ZPO. Das Berufungsgericht kann die entscheidungserheblichen Rechtsfragen in der Regel abschließend beurteilen.[24] Anderes mag z.B. im Bereich des § 293 ZPO oder bei Vorlagepflichten gelten.

§ 522 Abs. 2 S. 1 Nr. 1 ZPO steht auch dem Austausch der entscheidungserheblichen Erwägungen des erstinstanzlichen Gerichts durch das Berufungsgericht nicht entgegen. Maßgebend ist nach dem Gesetzeswortlaut vielmehr ausschließlich, dass das Berufungsgericht dem Rechtsmittel im Ergebnis keine Aussicht auf Erfolg beimisst.[25] In der einschlägigen Kommentarliteratur wird allerdings eine Ausnahme für solche Fälle befürwortet, in denen der Austausch der tragenden Erwägungen die Rechtskraftwirkung beeinflusst.[26]

[18] Vgl. *Ball* in: Musielak, ZPO, § 522 Rn. 21.

[19] Vgl. *Ball* in: Musielak, ZPO, § 522 Rn. 21 f.; *Gerken* in: Wieczorek/Schütze, ZPO, § 522 Rn. 65; *Wöstmann* in: HK-ZPO, § 522 Rn. 11.

[20] Vgl. OLG Koblenz NJW 2003, 2100.

[21] Vgl. OLG Celle NJW 2002, 2400 sowie 2800.

[22] Vgl. BTDrucks 14/4722 S. 97.

[23] Vgl. *Heßler* in: Zöller, ZPO, § 522 Rn. 36.

[24] Vgl. *Gerken* in: Wieczorek/Schütze, ZPO, § 522 Rn. 64.

[25] Vgl. Hans. OLG Hamburg NJW 2006, 71; OLG Rostock NJW 2003, 1676; *Gerken* in: Wieczorek/Schütze, ZPO, § 522 Rn. 64; einschränkend *Heßler* in: Zöller, ZPO, § 522 Rn. 36.

[26] Vgl. *Gerken* in: Wieczorek/Schütze, ZPO, § 522 Rn. 64 a.E.

bb) Tatsächliche Gesichtspunkte

Schwieriger ist die Anwendung des § 522 Abs. 2 S. 1 Nr. 1 ZPO, wenn der Erfolg der Berufung von Tatfragen abhängt. Zwar steht fest, dass es für die Erfolgsaussicht der Berufung in tatsächlicher Hinsicht allgemein darauf ankommt, ob es dem Berufungskläger gelingt, entweder Zweifel an der Richtigkeit oder der Vollständigkeit der entscheidungserheblichen Feststellungen zu begründen (§ 529 Abs. 1 Nr. 1 ZPO) oder zulässigerweise neue, entscheidungserhebliche Tatsachen vorzutragen (§ 529 Abs. 1 Nr. 2 ZPO). Danach scheidet eine Beschlusszurückweisung insbesondere dann aus, wenn eine Beweisaufnahme erforderlich ist.[27] Dabei ist auch die Rechtsprechung des Bundesgerichtshofs zu § 398 ZPO und der Notwendigkeit, die erstinstanzliche Beweisaufnahme zu wiederholen, zu beachten.[28]

Jedoch sind die Einzelheiten des § 522 Abs. 2 S. 1 Nr. 1 ZPO in Zusammenhang mit den Tatfragen zweifelhaft, weil sich hier die bereits oben angesprochene Frage stellt, ob eine Prognose erforderlich und ausreichend ist. Dann wären nämlich – jedenfalls in gewissem Umfang – Unterstellungen zulässig. Ausgehend hiervon hat das Oberlandesgericht Rostock angenommen, dass ein Kläger, dem das erstinstanzliche Gericht unter Verstoß gegen § 308 Abs. 1 ZPO mehr zugesprochen hat, als er beantragt hatte, auch insoweit die Zurückweisung der Berufung des Beklagten beantragen und dadurch den Verfahrensfehler heilen könne.[29] Das Oberlandesgericht Oldenburg hat weder die Einholung einer Erwiderung für geboten gehalten, noch hat es eine Prognose über den Inhalt einer möglichen Erwiderung angestellt, sondern neues Vorbringen im Stadium der Prüfung der Voraussetzungen des § 522 Abs. 2 ZPO ohne weiteres als streitig qualifiziert. Dementsprechend hat das Gericht das neue Vorbringen in diesem frühen Stadium des Berufungsverfahrens nicht ausnahmsweise gemäß § 529 Abs. 1 Nr. 2, § 531 Abs. 2 ZPO als unstreitig zulassen können.[30] Andere befürworten auch in diesem Stadium die Anwendung der Geständnisfiktion des § 138 Abs. 2 und 3 ZPO.[31]

cc) Klageerweiterung, Widerklage, Aufrechnung

Klageerweiterung, Widerklage und Aufrechnung schließen die Beschlusszurückweisung im Rahmen des § 522 Abs. 2 S. 1 Nr. 1 ZPO nach ganz überwiegender Auffassung schon deshalb nicht aus, weil der Berufungskläger

[27] Vgl. *Heßler* in: Zöller, ZPO, § 522 Rn. 36; *Piekenbrock* JZ 2002, 540; *Rimmelspacher* in: MünchKomm-ZPO, § 522 Rn. 20.

[28] Vgl. *Gerken* in: Wieczorek/Schütze, ZPO, § 522 Rn. 65 a.E. m.N. zur § 398 ZPO betreffenden BGH-Rspr.

[29] Vgl. OLG Rostock OLGR 2003, 119 (120); *Ball* in: Musielak, ZPO, § 522 Rn. 21a.

[30] Vgl. OLG Oldenburg NJW 2002, 3556 (3557). Dazu auch OLG Celle OLGR 2003, 359; *Schenkel* MDR 2004, 121; Schellenberg, MDR 2005, 612.

[31] Vgl. *Schneider* NJW 2003, 1434; *Timme/Hülk* MDR 2005, 529; *Wöstmann* in: HK-ZPO, § 522 Rn. 15.

sonst in den Grenzen des § 533 ZPO stets eine wegen der Änderung des Streitgegenstandes erforderliche mündliche Verhandlung erzwingen und die Anwendung des § 522 Abs. 2 ZPO verhindern könnte. Allerdings sind die Angriffe dann nicht verbraucht, sondern Klageerweiterung, Widerklage und Aufrechnung verlieren mit der Beschlusszurückweisung ihre Wirkung. Begründet wird dies mit einer Analogie zu § 524 Abs. 4 ZPO.[32] Teilweise wird eine Beschlusszurückweisung bei nach § 533 ZPO zulässiger Klageerweiterung, Widerklage oder Aufrechnung nur ausnahmsweise und lediglich für die seltenen Fälle des Missbrauchs für zulässig gehalten. In der Regel stehe dem Berufungskläger hier gemäß Art. 103 Abs. 1 GG ein Anspruch auf Durchführung der mündlichen Verhandlung zu.[33]

dd) Teilzurückweisung, § 301 ZPO

Umstritten ist in Rechtsprechung und Literatur, ob eine Teilzurückweisung der Berufung durch Beschluss in Betracht kommt, ob also § 522 Abs. 2 ZPO auch dann anwendbar ist, wenn der Berufung die erforderliche Aussicht auf Erfolg lediglich teilweise fehlt. Während überwiegend gestützt auf den Wortlaut des § 522 Abs. 2 S. 1 ZPO eine Teilzurückweisung unter den zusätzlichen Voraussetzungen des § 301 ZPO für zulässig gehalten wird,[34] lehnen andere dies unter Hinweis insbesondere auf die entgegen stehenden Vorstellungen des Gesetzgebers ab.[35]

c) Keine Revisionszulassung geboten

§ 522 Abs. 2 S. 1 Nr. 2 und 3 ZPO sind in Zusammenhang mit dem besonderen Sinn und Zweck der Revision sowie mit den Gründen für die

[32] Vgl. KG NJW 2006, 3505 und BauR 2007, 1928; OLG Frankfurt a.M. NJW 2004, 165; OLG Nürnberg MDR 2003, 770 und MDR 2007, 171 f.; OLG Rostock MDR 2003, 1195; *Ball* in: Musielak, ZPO, § 522 Rn. 28a a.E.; *Gottwald* in: Rosenberg/Schwab/Gottwald, 16. Auflage 2004, § 137 Rn. 8; *Hartmann* in: Baumbach/Lauterbach/Albers/Hartmann, ZPO, 66. Auflage 2008, § 522 Rn. 16; *Vossler* MDR 2008, 722 (724). Anders OLG Koblenz OLGR 2004, 17 (allerdings zur Zurückweisung der Klageerweiterung auf Feststellung des Annahmeverzugs).

[33] Vgl. *Gerken* in: Wieczorek/Schütze, ZPO, § 522 Rn. 87, allerdings ohne auf die abweichende Rechtsprechung des Bundesverfassungsgerichts – vgl. BVerfGE 9, 231 (236) – zur Gewährleistung mündlicher Verhandlung durch Art. 103 Abs. 1 GG einzugehen.

[34] Vgl. KG KGReport 2007, 466; OLG Dresden NJ 2004, 37 f.; OLG Karlsruhe MDR 2003, 711; OLG Koblenz OLGReport 2003, 460; OLG Rostock NJW 2003, 2754 (2755); *Ball* in: Musielak, ZPO, § 522 Rn. 28a; *Heßler* in: Zöller, ZPO, § 522 Rn. 42; *Vossler* MDR 2008, 722 (723 f.); *Wöstmann* in: HK-ZPO, § 522 Rn. 16.

[35] Vgl. *Fölsch* NJW 2006, 3521; *Meyer-Seitz* in: Hannich/Meyer-Seitz, ZPO-Reform 2002, § 522 Rn. 18; *Rimmelspacher* in: MünchKomm-ZPO, § 522 Rn. 30 (kein Raum für schriftliches Verfahren, weil ohnehin mündlich verhandelt werden müsse); *Stackmann*, NJW 2007, 9 (11). Zweifelnd auch *Rensen* in: Wieczorek/Schütze, ZPO, § 301 Rn. 8; *Schellenberg* MDR 2005, 610 (613).

Zulassung der Revision nach § 543 Abs. 2 S. 1 ZPO zu sehen: Der Bundesgerichtshof kann die ihm als Revisionsgericht obliegende Aufgabe, offene Rechtsfragen zu klären, das Recht fortzubilden und die fachgerichtliche Rechtsprechung zu vereinheitlichen nur dann erfüllen, wenn die betreffenden Rechtsstreitigkeiten nicht von ihm ferngehalten werden, sondern die Berufungsgerichte hier die Revision zulassen (§ 543 Abs. 2 ZPO), jedenfalls aber hinsichtlich des Urteils eine Nichtzulassungsbeschwerde (§ 544 ZPO) möglich ist. Entscheidungen durch gemäß § 522 Abs. 3 ZPO unanfechtbare Beschlüsse in diesem Bereich würden diese Funktionen der Revision erheblich beeinträchtigen. Dementsprechend lassen sich die in § 522 Abs. 2 S. 1 Nr. 2 und 3 ZPO geregelten Hinderungsgründe für das Verfahren der Beschlusszurückweisung so zusammenfassen, dass eine Beschlusszurückweisung ausscheidet, wenn es bei einer Entscheidung durch Urteil der Zulassung der Revision bedürfte. Die Tatbestandsmerkmale von § 522 Abs. 2 S. 1 Nr. 2 und 3 ZPO entsprechen deshalb weitgehend denjenigen des § 543 Abs. 2 ZPO sowie denjenigen des § 511 Abs. 4 S. 1 ZPO.[36] Der Bezug des § 522 Abs. 2 S. 1 ZPO auch zur Zulassung der Berufung gemäß § 511 Abs. 4 S. 1 ZPO hindert das Berufungsgericht allerdings nicht daran, die Berufung durch Beschluss zurückzuweisen, z.B. weil das Ausgangsgericht das Vorliegen eines Zulassungsgrundes falsch beurteilt hat oder weil das Berufungsgericht die tragenden Erwägungen austauscht.[37]

aa) Grundsatzbedeutung, § 522 Abs. 2 S. 1 Nr. 2 ZPO

Grundsätzliche Bedeutung kommt einer Sache nur dann zu, wenn sie eine klärungsbedürftige und klärungsfähige Rechtsfrage aufwirft, die sich in einer unbestimmten Vielzahl weiterer Fälle stellen kann.[38] Die Klärungsfähigkeit einer Rechtsfrage setzt dabei lediglich die Revisiblität des anzuwendenden Rechts nach § 545 Abs. 1 ZPO voraus. Klärungsbedürftig sind solche Rechtsfragen, deren Beantwortung zweifelhaft ist oder zu denen unterschiedliche Auffassungen vertreten werden und die noch nicht oder nicht hinreichend höchstrichterlich geklärt sind. Dementsprechend kann auch eine Rechtsfrage, die in der Vorinstanz nicht gesehen worden und die nicht Gegenstand eines Meinungsstreits ist, klärungsbedürftig sein. Umgekehrt vermag nicht jede Gegenstimme Klärungsbedarf zu begründen. So kann sich weitere Klä-

[36] Vgl. *Ball* in: Musielak, ZPO, § 522 Rn. 22; *Gerken* in: Wieczorek/Schütze, ZPO, § 522 Rn. 71. S. auch BTDrucks 14/4722 S. 97 zur verstärkten Öffnung der Revisionsinstanz für die betreffenden Fälle.

[37] Vgl. BTDrucks 14/4722 S. 97; *Ball* in: Musielak, ZPO, § 522 Rn. 23; *Gerken* in: Wieczorek/Schütze, ZPO, § 522 Rn. 72.

[38] Vgl. BT-Drucks 14/4722 S. 104; BGHZ 151, 221 (223); 152, 182 (191); BGH NJW 2003, 437; *Ball* in: Musielak, ZPO, § 543 Rn. 5; *Gerken* in: Wieczorek/Schütze, ZPO, § 511 Rn. 106.

rungsbedarf nach einer einschlägigen Entscheidung des Bundesgerichtshofs nur dann ergeben, wenn nicht nur einzelne Instanzgerichte oder Literaturstimmen der Auffassung des Bundesgerichtshofs widersprechen oder wenn neue Argumente vorgebracht werden, die den Bundesgerichtshof dazu veranlassen können, seine Ansicht zu überprüfen. Schließlich entfällt der Klärungsbedarf, wenn einer Rechtsfrage wegen einer Rechtsänderung für die Zukunft keine Bedeutung mehr zukommt.[39]

bb) Rechtsfortbildung, Einheitlichkeit der Rechtsprechung, § 522 Abs. 2 S. 1 Nr. 3 ZPO

Eine Zurückweisung der Berufung durch Beschluss scheidet immer dann aus, wenn die Fortbildung des Rechts eine Entscheidung des Berufungsgerichts erfordert. Gemeint ist mit Rücksicht auf den oben erwähnten Hintergrund der in § 522 Abs. 2 S. 1 Nr. 2 und 3 ZPO geregelten Hinderungsgründe eine Entscheidung des Berufungsgerichts durch Urteil unter Zulassung der Revision. Jedenfalls ist eine Entscheidung des Berufungsgerichts zur Fortbildung des Rechts immer dann erforderlich, wenn der Einzelfall Veranlassung gibt, Leitsätze für die Auslegung von Gesetzesbestimmungen des materiellen Rechts oder des Verfahrensrechts aufzustellen oder Gesetzeslücken zu schließen.[40] Ob das nur dann der Fall ist, wenn es für die Beurteilung typischer oder verallgemeinerungsfähiger Lebenssachverhalte an einer richtungweisenden Orientierung partiell oder ganz fehlt,[41] wird teilweise unter Hinweis auf die Gesetzesmaterialien bezweifelt.[42] Jedenfalls ist aber eine Entscheidung des Berufungsgerichts unter dem Aspekt der Rechtsfortbildung erforderlich, wenn eine Vorlage an den Europäischen Gerichtshof in Betracht kommt.[43]

Zur Sicherung einer einheitlichen Rechtsprechung bedarf es einer Entscheidung des Berufungsgerichts durch Urteil unter Zulassung der Revision in den Fällen der Divergenz im strengen Sinne,[44] also immer dann, wenn in der Entscheidung ein abstrakter Rechtssatz aufgestellt werden soll, der von einem tragenden abstrakten Rechtssatz in der Entscheidung eines höher- oder gleichrangigen anderen Gerichts oder eines anderen Spruchkörpers des-

[39] Zu weiteren Einzelheiten vgl. *Ball* in: Musielak, ZPO, § 543 Rn. 5a; *Gerken* in: Wieczorek/Schütze, ZPO, § 511 Rn. 106 jeweils m.w.N.

[40] Vgl. BTDrucks 14/4722 S. 104; BGH NJW 2003, 437 u. 3352; *Ball* in: Musielak, ZPO, § 543 Rn. 7; *Gerken* in: Wieczorek/Schütze, ZPO, § 511 Rn. 107.

[41] So BGHZ 151, 221 (225); BGH NJW 2003, 437; NJW-RR 2003, 1074; NJW 2004, 289 (290); *Wenzel* NJW 2002, 3353 (3355).

[42] Vgl. *Ball* in: Musielak, ZPO, § 522 Rn. 7.

[43] Vgl. *Ball* in: Musielak, ZPO, § 522 Rn. 7; *Wenzel* NJW 2002, 3353 (3355).

[44] Vgl. BTDrucks 14/4722 S. 67; BGHZ 151, 221 (225); *Ball* in: Musielak, § 522 Rn. 8.

selben Gerichts abweicht.[45] Umstritten ist hierbei, ob eine Divergenz in diesem Sinne auch dann vorliegt, wenn die Vergleichsentscheidung dem Berufungsgericht bei seiner Entscheidung nicht bekannt gewesen ist.[46] Die Frage lässt sich unter Berücksichtigung der ratio des § 522 Abs. 2 S. 1 Nr. 3 ZPO sowie des bei der Anwendung des § 522 Abs. 2 S. 1 Nr. 3 ZPO maßgebenden Zeitpunkts beantworten: Es geht nicht um ein Verschulden des Berufungsgerichts, sondern um die Vereinheitlichung der Rechtsprechung durch den Bundesgerichtshof, und maßgebend für die Anwendung des § 522 Abs. 2 S. 1 ZPO kann nur der Zeitpunkt der Beschlussfassung sein. Auf die Kenntnis von der Vergleichsentscheidung kann es nicht ankommen, weil Divergenz nach dem Normzweck rein objektiv auszulegen ist. Eine Divergenz scheidet umgekehrt aus, wenn die Vergleichsentscheidung zu dem maßgebenden Zeitpunkt der Beschlussfassung noch nicht verkündet gewesen ist.[47]

Zu den Fällen, in denen es der Sicherung einer einheitlichen Rechtsprechung bedarf, gehören außerdem Rechtsanwendungsfehler, deren Bedeutung über den Einzelfall hinausreicht und die die Interessen der Allgemeinheit nachhaltig berühren.[48] Das ist einerseits dann der Fall, wenn konkrete Anhaltspunkte für eine Wiederholung oder Nachahmung des Fehlers bestehen,[49] andererseits dann, wenn das Interesse der Allgemeinheit an der Wahrung des Vertrauens in die Rechtsprechung, z.B. durch Verstöße gegen das Willkürverbot oder gegen Verfahrensgrundrechte, gefährdet ist.[50] Diese zu § 543 Abs. 2 S. 1 Nr. 2 ZPO entwickelte Fallgruppe ist für § 522 Abs. 2 S. 1 Nr. 3 ZPO nicht von eigenständiger Bedeutung, weil das Berufungsgericht solche Fehler gegebenenfalls auch ohne Rücksicht auf § 522 Abs. 2 S. 1 Nr. 3 ZPO zu heilen hätte.

[45] Vgl. BGHZ 151, 42 (45); 152, 182 (186); BGH NJW 2003, 437; 2004, 367 (368); NJW-RR 2003, 1366 (1367); *Ball* in: Musielak, ZPO, § 522 Rn. 8. Abweichend BGH NJW 2002, 3783 (3784) sowie *Gierke/Seiler* JZ 2003, 403 (408).

[46] Dafür *Ball* in: Musielak, ZPO, § 522 Rn. 8. Anders BGH NJW 2003, 2319 (2320); 2003, 3781 (3782) nur bei vorwerfbarem Abweichen.

[47] Vgl. BGH ZIP 2007, 1780 zu § 543 Abs. 2 S. 1 ZPO m. abl. Anm. *Derleder* EwiR 2007, 543. Vgl. dazu auch BVerfG, NJW 2008, 2493 (2494). Das Bundesverfassungsgericht dürfte die Anwendung des § 522 Abs. 2 S. 1 Nr. 3 ZPO bei mangelnder Divergenz ungeachtet des Gesetzeszwecks nicht unter dem Gesichtspunkt einer späteren Rechtsprechungsänderung und der Wiederholungsgefahr beanstanden können.

[48] Vgl. BTDrucks 14/4722 S. 104; BGHZ 151, 42 (46); 151, 221 (226); 154, 288 (294); *Ball* in: Musielak, ZPO, § 522 Rn. 8b; *Wenzel* NJW 2002, 3353 (3355).

[49] Vgl. BGHZ 154, 288 (294); NJW 2003, 754 (755) u. 3781 (3782). Anders *Scheuch/Lindner* in: NJW 2003, 728 (729). Vgl. auch BVerfG, NJW 2008, 2493 (2494) zum Kriterium der Wiederholungsgefahr.

[50] BGHZ 151, 42 (46); 152, 182 (187); NJW 2003, 437, 754 (755) u. 2319 (2320); NJW-RR 2003, 995 (996); WM 2003, 2278; *Ball* in: Musielak, ZPO § 522 Rn. 8b m.w.N. Anders *Büttner* in: BRAK.Mitt. 2003, 202 (208); *Schultz* MDR 2003, 1392 (1397 ff.).

3. *Zuständigkeit, Entscheidung, Verfahren*

Für die Zurückweisung der Berufung durch Beschluss ist das Berufungsgericht als Kollegium zuständig. Ein Beschluss des Einzelrichters ist ausgeschlossen. Das folgt aus § 523 Abs. 1 ZPO, nach dem die Übertragung auf den Einzelrichter erst dann erfolgt, wenn feststeht, dass keine Entscheidung nach § 522 Abs. 2 S. 1 ZPO ergehen soll.[51] Abweichend von § 196 Abs. 1 GVG muss der Beschluss über die Zurückweisung der Berufung einstimmig gefasst werden. Teilweise wird empfohlen oder gefordert, die Einstimmigkeit in dem Beschluss ausdrücklich festzuhalten.[52]

Ein Ermessen räumt § 522 Abs. 2 S. 1 ZPO schon nach seinem Wortlaut nicht ein.[53]

Dem Zurückweisungsbeschluss geht keine mündliche Verhandlung voraus. Das ist zwar nicht ausdrücklich geregelt. Nach § 523 Abs. 1 ZPO wird ein Termin zur mündlichen Verhandlung aber erst bestimmt, nachdem festgestellt worden ist, dass eine Entscheidung nach § 522 Abs. 2 S. 1 ZPO nicht ergehen soll, und § 522 Abs. 2 S.2 ZPO sieht einen Hinweis im schriftlichen Verfahren vor. Schließlich müsste das Berufungsgericht nach einer mündlichen Verhandlung durch Urteil entscheiden.[54]

Umstritten ist, ob § 522 Abs. 2 ZPO noch angewendet werden darf, wenn das Berufungsgericht zuvor bereits einen Termin bestimmt hatte.[55] Dagegen spricht § 523 Abs. 1 ZPO.[56]

§ 522 Abs. 2 S. 2 ZPO sieht vor, dass dem Berufungskläger vor der Zurückweisung der Berufung durch einen Hinweis des Berufungsgerichts oder des Vorsitzenden auf die beabsichtigte Zurückweisung und die Gründe hierfür Gehör zu gewähren ist. Der gebotene Hinweis ist schriftlich zu erteilen und aktenkundig zu machen. Mit ihm müssen die Gründe für die Zurückweisung der Berufung so konkret bezeichnet werden, dass der Berufungskläger die Auffassung des Berufungsgericht in ihren maßgebenden Einzelheiten erkennen und sein Vorbringen darauf einrichten kann. Entsprechend der Rechtsnatur des § 522 Abs. 2 S. 2 ZPO als Sonderfall der allgemein in § 139 ZPO geregelten richterlichen Hinweispflicht[57] und mit Rücksicht auf die teilweise übereinstimmende Gesetzeszwecke gelten für den Inhalt des Hinweises die

[51] Vgl. *Ball* in: Musielak, ZPO, § 522 Rn. 24; *Gerken* in: Wieczorek/Schütze, ZPO, § 522 Rn. 78.

[52] Vgl. *Gerken* in: Wieczorek/Schütze, ZPO, § 522 Rn. 78; *Heßler* in: Zöller, ZPO, § 522 Rn. 32.

[53] Vgl. KG MDR 2008, 42 und KGReport 2006, 268; OLG Köln MDR 2003, 1435; *Vossler* MDR 2008, 722 (723). Anders noch OLG Koblenz NJW 2003, 2100 (2102 f.).

[54] Vgl. *Heßler* in: Zöller, ZPO, § 522 Rn. 33.

[55] Vgl. KG MDR 2007, 1216 f.; OLG Düsseldorf NJW 2005, 833; *Klose* MDR 2006, 724 (726).

[56] Vgl. *Vossler* MDR 2008, 722 (723).

[57] Da § 522 Abs. 2 S. 2 ZPO eine Hinweispflicht auch in nicht von § 139 ZPO erfassten Fällen vorsieht, handelt es sich nicht um ein Spezialitätsverhältnis im strengen Sinne.

Anforderungen des § 139 ZPO. Nach dem Sinn und Zweck des Hinweises gemäß § 522 Abs. 2 S. 2 ZPO kann eine Bezugnahme auf die Entscheidungsgründe des erstinstanzlichen Urteils genügen. Wird mit der Berufung die Verletzung eines Verfahrensgrundrechts gerügt, sollte ausgeführt werden, warum der gerügte Verstoß entweder nicht vorliegt oder nicht entscheidungserheblich ist.[58] Allerdings entheben solche Ausführungen weder das Berufungsgericht selbst auf eine Anhörungsrüge (§ 321a ZPO) hin noch das Bundesverfassungsgericht auf eine Verfassungsbeschwerde hin der erneuten umfassenden Prüfung. § 522 Abs. 2 S. 2 ZPO gestattet zwar anstelle eines Hinweisbeschlusses des Berufungsgerichts auch eine Hinweisverfügung des Vorsitzenden. Dies bedeutet aber nicht, dass der Spruchkörper die Sache nicht zuvor beraten und nicht die Voraussetzungen des § 522 Abs. 2 S. 1 ZPO einstimmig bejaht haben muss. Denn nur dann trifft die nach § 522 Abs. 2 S. 2 ZPO notwendige Angabe zu, die Zurückweisung der Berufung sei beabsichtigt.

Durch Bestimmung einer angemessenen Frist muss dem Berufungskläger Gelegenheit gegeben werden, zu dem Hinweis des Berufungsgerichts und den darin genannten Bedenken Stellung zu nehmen. Der Berufungskläger erhält damit Gelegenheit, dem Berufungsgericht tatsächliche und rechtliche Gesichtspunkte zu unterbreiten, die nach seiner Ansicht einer Zurückweisung der Berufung, jedenfalls aber einer Entscheidung durch Beschluss entgegenstehen. Das umfasst die Möglichkeit, unzureichendes Vorbringen zu ändern oder zu ergänzen. Dazu gehört es auch, neue Angriffs- und Verteidigungsmittel vorzubringen.[59] Umstritten ist in diesem Zusammenhang, ob es vor der Beratung einer Anhörung des Berufungsbeklagten bedarf. Das ist insbesondere hinsichtlich neuen Vorbringens von Bedeutung, weil davon die Behandlung des Vorbringens als streitig sowie die Anwendung der §§ 529, 531 ZPO abhängen kann.[60]

Jedenfalls muss sich das Berufungsgericht nach Eingang der Stellungnahme des Berufungsklägers erneut mit der Sache befassen und sich davon überzeugen, dass die Tatbestandsvoraussetzungen des § 522 Abs. 2 S. 1 ZPO auch unter Berücksichtigung des geänderten oder ergänzten Vorbringens des Berufungsklägers sowie der eventuell vorliegenden Erwiderung des Berufungsbeklagten unverändert vorliegen. Nur dann darf und muss die Berufung durch Beschluss zurückgewiesen werden.[61]

Die bereits erwähnte, nach § 522 Abs. 2 S. 1 ZPO erforderliche Einstimmigkeit setzt keine mündliche Beratung voraus. Vielmehr kann der Beschluss

[58] Vgl. zum Ganzen BTDrucks 14/4722 S.98; *Ball* in: Musielak, ZPO, § 522 Rn. 26.

[59] Vgl. *Ball* in: Musielak, ZPO, § 522 Rn. 26.

[60] Rspr. und Lit. gehen z.T. davon aus, dass keine Erwiderung eingeholt werden müsse. Vgl. OLG Celle OLGR 2003, 359; OLG Oldenburg NJW 2002, 3556 (3557); *Wöstmann* in: HK-ZPO, § 522 Rn. 15. Anders jedoch OLG Koblenz NJW 2003, 2100 (2102); *Würfel* MDR 2003, 1212.

[61] Vgl. *Ball* in: Musielak, ZPO, § 522 Rn. 27.

auch im Umlaufverfahren gefasst werden.[62] Soweit § 522 Abs. 2 S. 1 ZPO ferner eine unverzügliche Entscheidung verlangt, ist das nicht im Sinne einer bestimmten Frist zu verstehen. „Unverzüglich“ bedeutet lediglich, dass der Zurückweisungsbeschluss ohne schuldhaftes Zögern zu erlassen ist.[63] Ob das allerdings ein Abstellen auf die Arbeitsbelastung der Justiz erlaubt,[64] dürfte wegen des Gebots effektiven Rechtsschutzes und der staatlichen Verantwortung für eine hinreichende Ausstattung der Justiz zweifelhaft sein.

Für die Form des Beschlusses ist zunächst § 522 Abs. 2 S. 3 ZPO beachten. Danach bedarf es einer Begründung nur, soweit die Gründe für die Zurückweisung der Berufung nicht schon in dem Hinweis nach § 522 Abs. 2 S. 2 ZPO mitgeteilt worden sind. Die Formulierung ist insofern unglücklich, als im Einzelfall auch Ausführungen zu den übrigen Tatbestandsmerkmalen des § 522 Abs. 2 S. 1 ZPO geboten sein können. Im Vergleich zu dem nach § 540 ZPO notwendigen Inhalt eines Berufungsurteils kann die Begründung zwar knapper ausfallen. Es ist jedoch eine Auseinandersetzung mit dem neuen Vorbringen des Berufungsklägers erforderlich.[65] Da der Zurückweisungsbeschluss an die Stelle eines Berufungsurteils tritt, müssen auch hier die Grenzen der materiellen Rechtskraft klar sein. Aus dem Tenor, der Begründung und einem in Bezug genommenen Hinweis muss sich also entnehmen lassen, wie das Berufungsgericht das Begehren des Berufungsklägers verstanden hat und inwiefern es das Rechtsmittel zurückgewiesen hat.[66] Für die erforderliche[67] Kostengrundentscheidung gilt § 97 Abs. 1 ZPO. Die Entscheidung kann entsprechend § 321 ZPO ergänzt werden.[68] Der Zurückweisungsbeschluss bedarf der Zustellung.[69]

Nach § 522 Abs. 3 ZPO ist der Zurückweisungsbeschluss zwar nicht mit ordentlichen Rechtsbehelfen anfechtbar. Hinsichtlich einer Verletzung des rechtlichen Gehörs ist jedoch die Anhörungsrüge gemäß § 321a ZPO statthaft. Zweifelhaft ist, ob und gegebenenfalls wie die Verletzung anderer Verfahrensgrundrechte gerügt werden kann.[70]

[62] Vgl. *Heßler* in: Zöller, ZPO, § 522 Rn. 32.

[63] Vgl. OLG Frankfurt a.M. OLGReport Frankfurt 2006, 86; OLG Köln OLGReport Köln 2005, 730; OLG Zweibrücken OLGReport Zweibrücken 2004, 523; *Heßler* in: Zöller, ZPO, § 522 Rn. 31; *Vossler* MDR 2008, 722 (723).

[64] Vgl. *Vossler* MDR 2008, 722 (723).

[65] Vgl. *Heßler* in: Zöller, ZPO, § 522 Rn. 40.

[66] Vgl. *Heßler* in: Zöller, ZPO, § 522 Rn. 40.

[67] Vgl. OLG München MDR 2003, 522.

[68] Vgl. OLG München MDR 2003, 522.

[69] Vgl. OLG München MDR 2003, 522; *Heßler* in: Zöller, ZPO, § 522 Rn. 40.

[70] Vgl. BGH NJW 2008, 2126 m.w.N. (keine Anhörungsrüge); OLG Köln MDR 2005, 1070 sowie *Wöstmann* in: HK-ZPO, § 522 Rn. 4 (keine Gegenvorstellung). *Meyer-Seitz* in: Hannich/Meyer-Seitz, ZPO-Reform 2002, § 522 Rn. 36 erwägt zur Rechtslage vor dem Anhörungsrügengesetz eine außerordentliche Beschwerde. Dazu BGH NJW 2002, 1577.

4. *Prozesskostenhilfe*

Umstritten ist, ob einem bedürftigen Berufungsbeklagten bereits im Verfahren nach § 522 Abs. 2 ZPO gemäß § 119 Abs. 1 S. 2 ZPO Prozesskostenhilfe zu gewähren ist. Teilweise wird dem Antragsteller hier zugemutet, zunächst den Ausgang des Verfahrens nach § 522 Abs. 2 ZPO abzuwarten.[71]

III. Verfassungsrechtliche Maßstäbe

1. *Effektiver Rechtsschutz*

Das Bundesverfassungsgericht hat die Zurückweisungen der Berufung durch Beschluss bisher insbesondere daraufhin überprüft, ob das Berufungsgericht durch eine fehlerhafte Auslegung oder Anwendung des § 522 Abs. 2 ZPO den nach der Zivilprozessordnung unter gewissen Umständen eröffneten Zugang zur Revision in verfassungswidriger Weise verkürzt hatte. Maßgebend ist insofern das Gebot effektiven Rechtsschutzes gewesen.[72] Für den Zivilprozess ergibt sich dieses aus dem allgemeinen Justizgewährungsanspruch gemäß Art. 2 Abs. 1 in Verbindung mit Art. 20 Abs. 3 GG.[73] Das Gebot effektiven Rechtsschutzes kann allerdings auch aus betroffenen materiellen Grundrechten abgeleitet werden, z.B. aus Art. 14 Abs. 1 GG.[74] Effektiver Rechtsschutz umfasst dabei nicht nur das Recht auf Zugang zu den Gerichten sowie auf eine verbindliche Entscheidung durch den Richter aufgrund einer grundsätzlich umfassenden tatsächlichen und rechtlichen Prüfung des Streitgegenstands,[75] sondern betrifft auch die für den eröffneten Rechtsweg bedeutsamen Entscheidungen. Denn zwar begründet das Gebot effektiven Rechtsschutzes keinen Anspruch auf eine weitere Instanz; die Entscheidung über den Umfang des Rechtsmittelzuges bleibt vielmehr dem Gesetzgeber überlassen.[76] Hat der Gesetzgeber sich jedoch für die Eröffnung einer weiteren Instanz entschieden und sieht die betreffende Prozessordnung dementsprechend ein Rechtsmittel vor, so darf der Zugang dazu nicht in unzumutbarer, aus Sachgründen nicht mehr zu rechtfertigenden Weise erschwert werden.[77]

[71] Vgl. OLG Celle OLGReport Celle 2007, 923 und MDR 2004, 598; OLG Dresden MDR 2007, 423; OLG Düsseldorf MDR 2003, 658; OLG Köln MDR 2006, 947; OLG Nürnberg MDR 2004, 961 und MDR 2007, 1337; OLG Schleswig OLG Report Schleswig 2006, 190. Anders OLG Brandenburg MDR 2008, 285; OLG Rostock OLG Report Rostock 2005, 840; OLG Schleswig MDR 2007, 173; *Heßler* in: Zöller, ZPO, § 522 Rn. 34; *Vossler* MDR 2008, 722 (724 f.).

[72] Vgl. BVerfG NJW 2003, 281; NJW 2005, 1931 (1932); WM 2005, 1577 (1578); NJW 2007, 3118 (3119); NJW 2008, 504 (505).

[73] Vgl. BVerfGE 85, 337 (345); 97, 169 (185).

[74] Vgl. BVerfGE 51, 150 (156).

[75] Vgl. BVerfGE 85, 337 (345); 97, 169 (185).

[76] Vgl. BVerfGE 54, 277 (291); 89, 381 (390); 107, 395 (401 f.).

[77] Vgl. BVerfGE 74, 228 (234).

Da das Berufungsgericht mit einer Entscheidung für das Verfahren nach § 522 Abs. 2 ZPO wegen § 522 Abs. 3 ZPO die Anfechtbarkeit seiner Entscheidung mit Rechtsmitteln, hier den Zugang zur Revision bzw. – in den Grenzen des § 26 Nr. 8 EGZPO – zur Nichtzulassungsbeschwerde, beeinflusst, kann eine fehlerhafte Auslegung oder Anwendung des § 522 Abs. 2 ZPO zu einer unzumutbaren, sachlich nicht zu rechtfertigenden Rechtswegverkürzung im vorgenannten Sinne führen.

Dass § 522 Abs. 2 und 3 ZPO als solche nicht gegen den Justizgewährungsanspruch gemäß Art. 2 Abs. 1 in Verbindung mit Art. 20 Abs. 3 GG in seiner Ausprägung als Gebot effektiven Rechtsschutzes verstoßen, folgt zwanglos aus den vorstehenden Erwägungen. Denn das Gebot effektiven Rechtsschutzes begründet keinen Anspruch auf bestmöglichen Rechtsschutz[78] oder auch nur auf eine weitere Instanz; die Entscheidung über den Umfang des Rechtsmittelzuges bleibt vielmehr weiter dem Gesetzgeber überlassen.[79] Insofern obliegt allein dem Gesetzgeber die Entscheidung darüber, ob die Anwendung des § 522 Abs. 2 ZPO durch die Berufungsgerichte im Wege eines der Nichtzulassungsbeschwerde gemäß § 544 ZPO ähnlichen Rechtsbehelfs angefochten können werden soll. Mit § 522 Abs. 3 ZPO hat der Gesetzgeber von seinem Gestaltungsspielraum Gebrauch gemacht und sich gegen einen allgemeinen Zugang nicht nur zur Revision, sondern auch zur Nichtzulassungsbeschwerde entschieden.[80] Forderungen nach einer Änderung des § 522 Abs. 3 ZPO können deshalb nicht auf Art. 2 Abs. 1 in Verbindung mit Art. 20 Abs. 3 GG gestützt werden.[81] Daran ändern auch unbefriedigende, erhebliche Unterschiede bei der Auslegung und Anwendung des § 522 Abs. 2 ZPO durch die Berufungsgerichte[82] nichts. Insofern ist vielmehr daran zu erinnern, dass die Rechtsprechung schon wegen Art. 97 GG konstitutionell uneinheitlich ist[83] und der Gesetgeber von Verfassungs wegen keineswegs gehalten ist, diese systemimmanente Uneinheitlichkeit abzustellen. Mit der Einführung des Verfahrens der Beschluss-

[78] Vgl. BVerfGE 10, 89 (105); 31, 364 (368); 70, 35 (56) jeweils zu Art. 19 Abs. 4 S. 1 GG als spezieller Ausprägung des allgemeinen Justizgewährungsanspruchs.

[79] Vgl. BVerfGE 54, 277 (291); 89, 381 (390); 107, 395 (401 f.).

[80] *Baumert* MDR 2008, 954 (956) verkennt nicht nur dies, sondern er berücksichtigt auch den Gewährleistungsgehalt des Justizgewährungsanspruchs bzw. des Gebots effektiven Rechtsschutzes nicht, soweit er nämlich meint, dass gegen die fehlerhafte Anwendung des § 522 Abs. 2 ZPO allgemein ein Rechtsbehelf verfassungsrechtlich garantiert sei. Rechtsbehelfe gegen richterliche Entscheidungen sind allenfalls in den Grenzen der ratio der Plenarentscheidung vom 30.4.2003 (vgl. BVerfGE 107, 395) von Verfassungs wegen geboten.

[81] So aber *Barbier/Arbert* ZRP 2007, 257 (258) und *Baumert* MDR 2008, 954 (956, 958).

[82] Vgl. *Greger* JZ 2004, 805 (813); *Heßler* in: FS für Vollkommer, 2006, 313 (319); *Nasall* NJW 2008, 3390 (3391).

[83] Vgl. BVerfGE 78, 123 (126).

zurückweisung hat der Gesetzgeber ferner die mit Entscheidungen in schriftlichen Verfahren verbundene geringere Akzeptanz jedenfalls in gewissem Umfang in Kauf genommen.[84] § 522 Abs. 2 und 3 ZPO mögen rechtspolitisch fragwürdig sein,[85] verfassungsrechtlich bedenklich sind sie im Hinblick auf das Gebot effektiven Rechtsschutzes jedoch nicht. Dies hat das Bundesverfassungsgericht bereits mehrfach entschieden.[86]

Auch wenn es nicht Aufgabe des Bundesverfassungsgerichts ist, die Rechtsprechung der Berufungsgerichte zu § 522 Abs. 2 S. 1 ZPO zu vereinheitlichen, führt die Überprüfung der Auslegung und Anwendung der Bestimmung insofern zu einer gewissen Vereinheitlichung, als danach bestimmte Auffassungen zugelassen und andere ausgeschieden werden. So hat das Bundesverfassungsgericht am 5.8.2002 entschieden, die Auslegung des § 522 Abs. 2 S. 1 Nr. 1 ZPO, wonach die Beschlusszurückweisung der Berufung nicht auf Fälle beschränkt sei, in denen die fehlende Erfolgsaussicht des Rechtsmittels besonders deutlich, also im Sinne einer offensichtlichen Unbegründetheit der Berufung, ins Auge springe, erschwere den Zugang zu den nach der Zivilprozessordnung grundsätzlich eröffneten Rechtsmitteln der Revision bzw. der Nichtzulassungsbeschwerde nicht unzumutbar.[87]

Mit Entscheidungen vom 26.4.und 30.6.2005 hat das Bundesverfassungsgericht eine Anwendung des § 522 Abs. 2 S. 1 Nr. 2 ZPO ohne Rücksicht auf eine Pressemitteilung des Bundesgerichtshofs hingegen als sachlich nicht zu rechtfertigende und unzumutbare Rechtswegverkürzung beanstandet. Im Hinblick auf den nach der Pressemitteilung bestehenden Meinungsstreit zwischen zwei Zivilsenaten des Bundesgerichtshofs habe das Oberlandesgericht nicht mehr davon ausgehen dürfen, dass die nach seiner Auffassung entscheidungserhebliche Rechtsfrage geklärt gewesen sei. Zwar habe das Berufungsgericht aufgrund der bekannt gewordenen Pressemitteilung nicht über das Vorliegen der Grundsatzbedeutung entscheiden können. Es habe aber die Veröffentlichung des vollständigen Textes der angekündigten, divergierenden Entscheidung abwarten müssen.[88]

Die Grenzen dieser Rechtsprechung ergeben sich aus einer Entscheidung vom 23.10.2007. Hier hat das Bundesverfassungsgericht klargestellt, dass in verfassungsrechtlicher Hinsicht nicht jede Ankündigung des Bundesgerichtshofs über eine Änderung seiner Rechtsprechung eine Wartepflicht zu be-

[84] Vgl. *Gerken* in: Wieczorek/Schütze, ZPO, § 522 Rn. 61.

[85] Die Ergebnisse der Evaluation der ZPO-Reform belegen dies allerdings nicht. Vgl. *Hommerich/Prütting u.a.*, Rechtstatsächliche Untersuchung zu den Auswirkungen der Reform des Zivilprozesses auf die gerichtliche Praxis – Evaluation der ZPO-Reform, S. 180, 184, 186, 190, 259 u. 279; *Vossler* MDR 2008, 722 (724).

[86] Vgl. BVerfG NJW 2005, 1931 (1932); NJW-RR 2007, 1194 (1195).

[87] Vgl. BVerfG NJW 2003, 281.

[88] Vgl. BVerfG NJW 2005, 1931 (1932); WM 2005, 1577 (1578).

gründen vermag.[89] Dabei hat das Gericht hinsichtlich des Maßstabs ausgeführt, dass in einer fehlerhaften Auslegung und Anwendung des § 522 Abs. 2 ZPO nicht stets auch eine von Verfassungs wegen bedenkliche Rechtswegverkürzung liegt, sondern nur in einer schlechterdings unvertretbaren und deshalb objektiv willkürlichen Rechtsauslegung und -anwendung. Zur näheren Bestimmung der Bedeutung dieser Eingrenzung hat das Bundesverfassungsgericht dann auf die Rechtsprechung zu dem in Art. 3 Abs. 1 GG verfassungsrechtlich verankerten Verbot objektiver Willkür[90] Bezug genommen und als Fallgruppen das Übersehen einer offensichtlich einschlägigen Bestimmung sowie die krasse Missdeutung einer Norm genannt.[91]

Die unterschiedlichen Ergebnisse der Entscheidungen vom 26.4. und 30.6.2005 sowie des Beschlusses vom 23.10.2007 beruhen darauf, dass einerseits die Pressemitteilung eine Nachricht über eine bereits vollzogene Änderung der Rechtsprechung enthielt und damit einen Anhaltspunkt für eine tatsächliche Divergenz im Sinne des § 522 Abs. 2 S. 1 Nr. 3 ZPO begründete, während andererseits lediglich eine Äußerung anlässlich der mündlichen Verhandlung über eine mögliche Änderung der Rechtsprechung des Bundesgerichtshofs vorlag. Deshalb erforderte nur die Pressemitteilung eine weitere Amtsprüfung und das für die gebotene Prüfung der Voraussetzungen des § 522 Abs. 2 S. 1 Nr. 3 ZPO notwendige Abwarten der Veröffentlichung der Entscheidungsgründe des Bundesgerichtshofs. Im anderen Fall bestand für das Berufungsgericht hingegen kein Anlass zu weiterer Prüfung, sondern es war dem Wortlaut des § 522 Abs. 2 S. 1 ZPO gemäß verpflichtet, die Berufung unverzüglich zurückzuweisen.[92]

Keine Besonderheiten weist ein Beschluss des Bundesverfassungsgerichts vom 29.5.2007 hinsichtlich einer Abweichung des Berufungsgerichts von der Rechtsprechung des Bundesgerichtshofs zur Darlegungs- und Beweislast des Mieters in Zusammenhang mit einer Minderung des Mietzinses und die Anwendung von § 522 Abs. 2 S. 1 Nr. 2 und 3 ZPO auf.[93] Auch der Beschluss vom 4.11.2008 fügt sich insofern in die Reihe der Kammerentscheidungen zu § 522 Abs. 2 ZPO und dem Gebot effektiven Rechtsschutzes, also dort in der Heranziehung einer höchstrichterlich nicht geklärten Rechtsfrage und

[89] Vgl. BVerfG NJW 2008, 504 (505).

[90] Vgl. BVerfGE 87, 273 (278 f.); 96, 189 (203).

[91] Vgl. BVerfG NJW 2008, 504 (505).

[92] Vgl. BVerfG NJW 2008, 504 (505). *Baumert* MDR 20087, 954 (957) unternimmt es nicht, die Tatbestandsmerkmale der Grundsatzbedeutung und der Divergenz zu prüfen. Dementsprechend übersieht er, dass in den entschiedenen Fällen wegen der bisherigen BGH-Rspr. keine ungeklärte Rechtslage vorgelegen hatte und ohne neue BGH-Entscheidung auch keine abweichende Vergleichsentscheidung gegeben gewesen ist. So missversteht *Baumert* die Entscheidung des BVerfG nicht nur hinsichtlich eines einzelnen Gesichtspunkts, sondern grundlegend.

[93] Vgl. BVerfG NJW 2007, 3118 (3119 f.).

einer einfach-rechtlich nicht unzweifelhaften Rechtsauffassung zur Frage der Anhörung vor einer Verdachtskündigung eine sachlich nicht zu rechtfertigende, unzumutbare Rechtswegverkürzung gesehen worden ist.[94] Darüber hinaus lässt sich der Entscheidung deutlich entnehmen, dass die Kammer sachlich nicht zu rechtfertigende, unzumutbare Rechtswegverkürzungen in Zusammenhang mit § 522 Abs. 2 S. 1 ZPO nur bei objektiv willkürlichen Rechtsfehlern bejaht.[95]

Aus der Rechtsprechung des Bundesverfassungsgerichts zur Rechtsmittelzulassung nach § 124 Abs. 2 Nr. 1 und 3 VwGO ergibt sich, dass der Austausch der tragenden Erwägungen durch das Rechtsmittelgericht zwar als solcher nicht von Verfassungs wegen bedenklich ist, dass aber ein Abstellen auf einen Gesichtspunkt, der seinerseits die Voraussetzungen eines Zulassungsgrundes erfüllt, zu einer sachlich nicht zu rechtfertigenden, unzumutbaren Rechtswegverkürzung führen kann.[96] Auf § 522 Abs. 2 S. 1 ZPO übertragen folgt daraus, dass das Berufungsgericht zwar die tragenden Erwägungen des Ausgangsgerichts durch andere Gründe ersetzen darf, dass darin aber ein Verstoß gegen Art. 2 Abs. 1 in Verbindung mit Art. 20 Abs. 3 GG liegen kann, wenn die neuen tragenden Erwägungen ihrerseits wiederum die Voraussetzungen des § 522 Abs. 2 S. 1 Nr. 2 oder 3 ZPO erfüllen. Darüber hinaus sind die Ausführungen des Bundesverfassungsgerichts zur Rechtsmittelzulassung nicht ohne weiteres auf § 522 Abs. 2 ZPO übertragbar, weil es sich hier nicht um ein dem Hauptsacheverfahren vorgelagertes Zulassungsverfahren handelt.

Von einer unzumutbaren, sachlich nicht zu rechtfertigenden Rechtswegverkürzung durch Verkennung einer Divergenz und fehlerhafte Anwendung des § 522 Abs. 2 S. 1 Nr. 3 ZPO kann keine Rede sein, wenn zwar eine abweichende Vergleichsentscheidung vorgelegen hat, das Berufungsgericht diese aber, z.B. mangels Veröffentlichung, nicht kennen konnte. Das entspricht dem Umfang der Amtsprüfungspflicht im Rahmen des § 522 Abs. 2 ZPO. Fraglich ist, in welchem Umfang man hier Nachforschungen im Rahmen der einfach-rechtlichen Amtsprüfungspflicht auch von Verfassungs wegen für geboten hält. Pressemitteilungen können insofern Nachforschungs- und Wartepflichten begründen. Auf die tatsächliche Kenntnis des betreffenden Judikats kann es jedenfalls nicht ankommen; denn dem steht der Gesetzeszweck entgegen, und sonst würde mangelhafte Recherche das Verfahren nach § 522 Abs. 2 ZPO eröffnen.

[94] Vgl. BVerfG NZA 2009, 53 f.

[95] Vgl. BVerfG, 1. Kammer des Ersten Senats, Beschluss vom 4.11.2008 – 1 BvR 2587/06 –, NZA 2009, 53 f. sowie Beschluss vom 25.2.2009 – 1 BvR 3598/08.

[96] Vgl. BVerfG NVwZ 2007, 805 (807).

Vor dem Hintergrund des Gebots effektiven Rechtsschutzes ist das Abstellen auf die Arbeitsbelastung des Gerichts im Rahmen des § 522 Abs. 2 S. 1 ZPO bei der Auslegung des Begriffs „unverzüglich" und der Frage nach einer schuldhaften Verzögerung problematisch. Denn eine unzureichende Personalaustattung der Justiz kann nicht Maßstab sein für den Anspruch des Rechtsuchenden auf effektiven Rechtsschutz. Ausschlaggebend sind vielmehr allein der Umfang und die Schwierigkeit der Sache.

2. *Gesetzlicher Richter*

Die Auslegung und Anwendung von § 522 Abs. 2 S. 1 und Abs. 3 ZPO sind außerdem an dem in Art. 101 Abs. 1 S. 2 GG verfassungsrechtlich verankerten Maßstab des gesetzlichen Richters zu messen. Denn wegen § 522 Abs. 3 ZPO beeinflussen sie die Anfechtbarkeit der Berufungszurückweisung mit der Revision bzw. der Nichtzulassungsbeschwerde. Dementsprechend kann dem Berufungskläger durch eine fehlerhafte Auslegung und Anwendung des § 522 Abs. 2 ZPO der gesetzliche Richter entzogen werden.[97]

In der Rechtsprechung des Bundesverfassungsgerichts ist hinsichtlich des Art. 101 Abs. 1 S. 2 GG geklärt, dass ein bloßer error in procedendo nicht geeignet ist, einen Verstoß gegen das Recht auf den gesetzlichen Richter zu begründen. Vielmehr beanstandet das Bundesverfassungsgericht die Auslegung und Anwendung von Zuständigkeits- und Prozessnormen, wie diejenige z.B. des § 522 Abs. 2 ZPO,[98] nur dann, wenn sie bei verständiger Würdigung der das Grundgesetz bestimmenden Gedanken nicht verständlich erscheinen und offensichtlich unhaltbar sind, also die Verfahrensvorschrift objektiv willkürlich unrichtig ausgelegt oder angewendet worden ist.[99] Dahinter steht die funktionale Abgrenzung von Fach- und Verfassungsgerichtsbarkeit.

Das Bundesverfassungsgericht hat bereits wiederholt entschieden, dass auch aus Gründen des gesetzlichen Richters gemäß Art. 101 Abs. 1 S. 2 GG keine grundsätzlichen Bedenken gegen § 522 Abs. 3 ZPO bestehen.[100]

Mit einem Beschluss vom 5.8.2002 hat das Bundesverfassungsgericht zum einen entschieden, dass § 522 Abs. 2 S. 1 ZPO den Berufungsgerichten zwar einen Einfluss auf die Anfechtbarkeit ihrer Entscheidung einräume, aber kein Handlungsermessen bestehe. Die Auffassung des Berufungsgerichts, dass es beim Vorliegen der Voraussetzungen des § 522 Abs. 2 ZPO durch Beschluss entscheiden müsse, sei daher zumindest vertretbar. Mangels Ermessen be-

[97] Vgl. BVerfG NJW 2003, 281 sowie NJW 2008, 1938.

[98] Vgl. BVerfG NJW 2003, 281.

[99] Vgl. BVerfGE 42, 237 (241); 67, 90 (95); 82, 159 (195 f.); 86, 133 (143). Zu § 522 Abs. 2 ZPO: BVerfG NJW 2003, 281 sowie NJW 2008, 1938.

[100] Vgl. BVerfG NJW 2005, 1931 (1932); NJW-RR 2007, 1194 (1195).

stünden auch keine Unklarheiten hinsichtlich des gesetzlichen Richters.[101] Die vom Oberlandesgericht Koblenz vertretene Gegenauffassung[102] begegnet von daher wegen Art. 101 Abs. 1 S. 2 GG ganz erheblichen verfassungsrechtlichen Bedenken.[103]

Zweifel bestehen ferner hinsichtlich der überwiegend befürworteten Anwendung des § 301 ZPO auf die Beschlusszurückweisung,[104] soweit nämlich im Hinblick auf § 301 Abs. 2 ZPO ein gerichtliches Ermessen auch für die Fälle des § 522 Abs. 2 S. 1 ZPO erwogen wird.[105] Versteht man die Gewährleistung des gesetzlichen Richters im Sinne der Kammerrechtsprechung des Bundesverfassungsgerichts zu § 522 Abs. 2 ZPO, stünde der Rechtsweg und damit auch der gesetzliche Richter hinsichtlich eines Teils des Streitgegenstands bei Anwendung des § 301 ZPO und Bejahung eines gerichtlichen Ermessens nicht vorher fest, sondern hinge von der Entscheidung des Berufungsgerichts ab. Dieses Problem kann allerdings im Wege der Auslegung gelöst werden, indem man nämlich entweder die Anwendung des § 301 ZPO für das Verfahren der Beschlusszurückweisung – der Mindermeinung folgend – überhaupt ablehnt oder das nach § 301 ZPO bestehende Ermessen im Hinblick auf die abweichende Regelung des § 522 Abs. 2 S. 1 ZPO und wegen Art. 101 Abs. 1 S. 2 GG „auf Null reduziert". Die Verfassungsmäßigkeit des Gesetzes betrifft dieses Problem nicht, und die Entscheidung, welcher der beiden verfassungsrechtlich unbedenklichen Lösungen der Vorzug zu geben ist, obliegt nicht dem Bundesverfassungsgericht, sondern ausschließlich dem jeweiligen Berufungsgericht.

Den gleichen verfassungsrechtlichen Bedenken begegnet die vom Oberlandesgericht Köln vertretene Auffassung,[106] die Zulässigkeit der Berufung könne trotz der Bestimmungen des § 522 Abs. 1 S. 1 und 2 ZPO offen gelassen werden und die Berufung dürfe auch bei Zweifeln an der Zulässigkeit des Rechtsmittels nach § 522 Abs. 2 S. 1 ZPO zurückgewiesen werden; denn, da § 522 Abs. 1 S. 4 ZPO einen Rechtsweg vorsieht, während Zurückweisungsbeschlüsse nach § 522 Abs. 3 ZPO unanfechtbar sind, würde dem Berufungsgericht auch hiermit ein gegen Art. 101 Abs. 1 S. 2 GG verstoßendes Ermessen hinsichtlich der Anfechtbarkeit der eigenen Entscheidung eingeräumt.

[101] Vgl. BVerfG NJW 2003, 281.

[102] Vgl. OLG Koblenz, NJW 2003, 2100. Zutreffend demgegenüber OLG Celle, NJW 2002, 2800; OLG Köln, MDR 2003, 1435 f.

[103] Vgl. *Heßler* in: Zöller, ZPO, § 522 Rn. 31; *Vossler* MDR 2008, 722 (723).

[104] Vgl. OLG Rostock NJW 2003, 2754 (2755); OLG Dresden NJ 2004, 37 f. bzgl. Teil des Prozessstoffs; OLG Karlsruhe MDR 2003, 711; OLG Koblenz OLGR 2003, 460; *Heßler* in: Zöller, ZPO, § 522 Rn. 42; *Ball* in: Musielak, ZPO, § 522 Rn. 28a.

[105] So wohl *Heßler* in: Zöller, ZPO, § 522 Rn. 42.

[106] Vgl. OLG Köln NJW 2008, 3649 (36, 50 f.).

Das Bundesverfassungsgericht hat unter dem 5.8.2002 entschieden, dass die nach dem Wortlaut und der Entstehungsgeschichte naheliegende Auslegung des § 522 Abs. 2 S. 1 Nr. 1 ZPO, wonach die Zurückweisung der Berufung durch Beschluss nicht auf Fälle beschränkt sei, in denen die fehlende Erfolgsaussicht im Sinne einer offensichtlichen Unbegründetheit der Berufung besonders deutlich ins Auge springe, nicht objektiv willkürlich und deshalb auch im Hinblick auf Art. 101 Abs. 1 S. 2 GG nicht bedenklich sei.[107]

Mit einem Beschluss vom 11.2.2008 hat das Bundesverfassungsgericht unter Bezugnahme auf den Willkürmaßstab entschieden, dass in einer mangelnden Auseinandersetzung des Berufungsgerichts mit dem Tatbestandsmerkmal der grundsätzlichen Bedeutung im Sinne des § 522 Abs. 2 S. 1 Nr. 2 ZPO und in einer Verkennung des Meinungsstandes zu einer materiellrechtlichen Frage ausnahmsweise dann kein Verstoß gegen Art. 101 Abs. 1 S. 2 GG liege, wenn das Berufungsgericht aufgrund eines unterschiedlichen Sachverhalts davon habe ausgehen dürfen, dass es mit seiner Entscheidung nicht von einer anderen Entscheidung eines Oberlandesgerichts abweiche.[108] Unklar bleibt hier allerdings, inwiefern der maßgebenden materiell-rechtlichen Frage ungeachtet der möglicherweise vertretbar verneinten Divergenz – eine Frage des § 522 Abs. 2 S. 1 Nr. 3 ZPO – nicht schon allein deshalb grundsätzliche Bedeutung zukam, weil die Frage uneinheitlich beantwortet wird und es insofern keine höchstrichterliche Entscheidung gibt, und warum das Berufungsgericht nicht mit Rücksicht auf § 522 Abs. 2 S. 1 Nr. 2 ZPO auch von Verfassungs wegen an einem Zurückweisungsbeschluss gehindert war.

Einen anderen Aspekt des Anspruchs auf den gesetzlichen Richter betrifft die Entscheidung vom 27.7.2004: Nach Art. 101 Abs. 1 S. 2 GG müsse zwar im Voraus feststehen, welches Gericht und welcher Spruchkörper mit welchen Mitgliedern zur Entscheidung über eine Rechtssache berufen sei.[109] Eine sich aus der Sache ergebende und deshalb unvermeidbare Ungewissheit sei jedoch hinzunehmen.[110] Dies gelte auch für die Fälle des Ausscheidens, der Krankheit, der Verhinderung, des Urlaubs oder des Wechsels eines oder mehrerer Richter.[111] Das Recht auf den gesetzlichen Richter verlange nicht

[107] Vgl. BVerfG NJW 2003, 281. Entgegen *Baumert* MDR 2008, 954 ff. weicht die Entscheidung BVerfG MDR 2008, 991 hiervon nicht ab. Die von *Baumert* aufgegriffene Formulierung „von vornherein" ist zeitlich zu verstehen und bezieht sich auch nach dem Zusammenhang auf den Zeitpunkt der Entscheidung über die Beschlusszurückweisung. Deshalb gehen die entsprechenden Ausführungen des BVerfG auch von der Bestimmung des § 523 Abs. 1 ZPO aus. Insofern verkennt *Baumert* das Offensichtliche. Richtig hingegen *Trimbach* NJW 2009, 401 (404).

[108] Vgl. BVerfG NJW 2008, 1938 (1939).

[109] Vgl. dazu BVerfGE 40, 356 (361).

[110] Vgl. dazu BVerfGE 18, 423 (425 f.).

[111] Vgl. dazu BVerfGE 18, 344 (349).

allgemein, dass die Besetzung eines Gerichts vom Beginn des Verfahrens bis zur Entscheidung unverändert bleibe. Dies würde die Rechtspflege erheblich erschweren. Für den Zivilprozess sei daher aus Art 101 Abs. 1 S. 2 GG allenfalls abzuleiten, dass jene Richter das Urteil fällten, die bei der dem Urteil zu Grunde liegenden Verhandlung mitgewirkt hätten. Bei einer Entscheidung nach Aktenlage komme es dagegen allein darauf an, dass der an der Entscheidung mitwirkende Richter bestimmt sei. Der Zurückweisungsbeschluss nach § 522 Abs. 2 ZPO sei eine Entscheidung nach Aktenlage. Alle an ihm beteiligten Richter müssten sich in der Sache auf Grund der Akten eine eigene Meinung bilden. Dabei müssten sie auch einen Hinweis nach § 522 Abs. 2 S. 2 ZPO zur Kenntnis nehmen. Art. 101 Abs. 1 S. 2 GG gebiete nicht, dass sie schon zur Zeit des Hinweises Mitglied des Berufungsgerichts gewesen seien. Dies ergebe sich schon daraus, dass der Hinweis auch als Verfügung des Vorsitzenden ergehen könne. Stelle sich nach dem Hinweis heraus, dass ein Mitglied des Gerichts bei der Beurteilung der gesetzlichen Voraussetzungen für eine Berufungszurückweisung durch Beschluss nach § 522 Abs. 2 S. 1 ZPO anderer Auffassung sei oder seine Ansicht geändert habe, sei mündlich zu verhandeln. Schließe sich aber ein neu hinzugetretener Richter den Ausführungen des Hinweises an, könne ein Zurückweisungsbeschluss ergehen, auch wenn er sich – was das Gesetz erlaube (§ 522 Abs. 2 S. 3 ZPO) – nur auf den Hinweis beziehe.[112]

3. *Willkürverbot*

Anwendung und Auslegung des § 522 Abs. 2 ZPO können ebenfalls an Art. 3 Abs. 1 GG in seiner Ausprägung als Verbot objektiver Willkür überprüft werden. In der Rechtsprechung des Bundesverfassungsgerichts finden hinsichtlich der Bedeutung des Verbots objektiver Willkür zwar unterschiedliche Formulierungen Verwendung. Inhaltlich besteht jedoch Einigkeit: Willkürlich im Sinne des in Art. 3 Abs. 1 GG in seiner Ausprägung als Verbot objektiver Willkür ist ein Richterspruch nur dann, wenn er unter keinem denkbaren Aspekt rechtlich vertretbar ist und sich daher der Schluss aufdrängt, dass er auf sachfremden Erwägungen beruht. Das ist anhand objektiver Kriterien festzustellen. Fehlerhafte Rechtsanwendung allein macht eine Gerichtsentscheidung nicht willkürlich. Willkür liegt vielmehr erst vor, wenn eine offensichtlich einschlägige Norm nicht berücksichtigt oder der Inhalt einer Norm in krasser Weise missdeutet wird. Von einer willkürlichen Missdeutung kann jedoch nicht gesprochen werden, wenn das Gericht sich mit der Rechtslage eingehend auseinandergesetzt hat und seine Auffassung nicht jeden sachlichen Grundes entbehrt.[113]

[112] Vgl. BVerfG NJW 2004, 3696.
[113] Vgl. BVerfGE 87, 273 (278 f.); 96, 189 (203).

Mag auch das Übersehen einer einschlägigen Bestimmung in der Regel anhand der Begründung der Entscheidung ohne weiteres festzustellen sein,[114] bereitet die Beantwortung der Frage, in welchen Fehlern bei der Auslegung und Anwendung der Bestimmung ein krasses Missverständnis im Sinne des Verbots objektiver Willkür zu sehen ist, oftmals erhebliche Schwierigkeiten. Hinter der in diesem Zusammenhang gebotenen Präzisierung des Willkürmaßstabs verbergen sich die bekannten Probleme der funktionalen Abgrenzung zwischen Verfassungs- und Fachgerichtsbarkeit. Fest steht hierbei, dass dem Bundesverfassungsgericht keine revisionsgerichtsähnliche Funktion zukommt, dass es keine über die verfassungsrechtlichen Mindestanforderungen hinaus gehende Kompetenz zur Vereinheitlichung der fachgerichtlichen Rechtsprechung besitzt. Im Rahmen des Willkürverbots und als krasses Missverständnis einer Bestimmung dürfen daher nur solche Auslegungen und Anwendungen einer Norm beanstandet werden, die den mit Rücksicht auf das Rechtsstaatsprinzip und die richterliche Unabhängigkeit bestehenden Auslegungsspielraum der Fachgerichte eindeutig überschreiten und die deshalb die mit abstrakt-generellen Regelungen verbundene Gleichbehandlung gleich gelagerter Fälle aufheben. Davon kann nur bei einer gänzlich unvertretbaren Rechtsauslegung oder -anwendung die Rede sein. Das Spektrum der in Literatur und Rechtsprechung zu einer bestimmten Frage vertretenen Auffassungen mag in diesem Zusammenhang zwar einen mehr oder weniger gewichtigen Anhaltspunkt für die Vertretbarkeit einer zu überprüfenden Ansicht sein. Ausschlaggebend kann es jedoch schon deshalb nicht sein, weil dazu auch unvertretbare Auffassungen gehören können. Es kommt also auf die sachlichen Gründe für die vom betreffenden Gericht vertretene Auffassung an.[115] Dabei ist im Hinblick auf die Bindung der Rechtsprechung an Recht und Gesetz (Art. 20 Abs. 3 GG) einerseits zu bedenken, dass eine Auslegung nicht das gesetzgeberische Ziel der auszulegenden Norm in einem wesentlichen Punkt verfehlen oder verfälschen darf, dass der Richter an die Stelle der Vorschrift nicht eine andere setzen oder einen Regelungsinhalt erstmals schaffen darf.[116] Andererseits ergibt sich aus der Gesetzesbindung aber

[114] Die mit der eingeschränkten Begründungspflicht hinsichtlich unanfechtbarer, letztinstanzlicher Entscheidungen (vgl. BVerfGE 71, 122 [135 f.]; 81, 97 [106]; 104, 1 [8]; HessStGH LVerfGE 13, 248 [256]) zusammenhängenden Schwierigkeiten bezüglich der ersten Alternative des Willkürmaßstabes treten im vorliegenden Zusammenhang wegen § 522 Abs. 2 S. 3 ZPO kaum auf.

[115] So berücksichtigt das Bundesverfassungsgericht im Rahmen des Willkürverbots zwar die einschlägige Literatur und Rechtsprechung, setzt sich aber aufgrund einer eigenen Überprüfung der Auslegungskriterien auch über bestimmte Auffassungen hinweg; vgl. etwa BVerfG, MDR 2008, 640 sowie 1. Kammer des Ersten Senats, Beschluss vom 25.2.2009 – 1 BvR 3598/08.

[116] Vgl. BVerfGE 59, 330 (334); 69, 315 (369); 71, 354 (362 f.); 78, 20 (24). Zu einer dem Gesetzeswortlaut und dem erklärten Willen des Gesetzgebers zuwiderlaufenden Auslegung des § 321a Abs. 2 S. 1 ZPO durch den BGH: *Rensen* MDR 2007, 695 ff. Dort auch zur erhöhten Bedeutung des Gesetzeswortlauts in den Fällen gebotener Rechtsmittelklarheit.

kein Zwang zur wörtlichen Auslegung, keine Bindung an den Buchstaben des Gesetzes. Vielmehr haben die Gerichte z.B. auch den Wandel der sozialen Verhältnisse und der gesellschaftspolitischen Anschauungen zu berücksichtigen. Sie sind befugt und verpflichtet, zu prüfen, was unter den veränderten Verhältnissen „Recht" im Sinne des Art. 20 Abs. 3 GG ist. Dabei haben sie unter Anwendung anerkannter Methoden, zu denen auch die teleologische Reduktion und die Analogie gehören, zu prüfen, ob die gesetzliche Regelung inzwischen lückenhaft geworden ist und wie eine Lücke zu schließen ist. Am Gesetzeswortlaut brauchen die Fachgerichte nicht Halt zu machen.[117] Vor dem Hintergrund des Gesetzeswortlauts sowie der übrigen Auslegungskriterien genügen also nachvollziehbare Argumente.[118]

Übertragen auf die Auslegung und Anwendung des § 522 Abs. 2 ZPO bedeutet dies, dass keine Verletzung des Willkürverbots vorliegt, solange das betreffende Berufungsgericht mit nachvollziehbaren und sachbezogenen Gründen die Tatbestandsmerkmale des § 522 Abs. 2 ZPO bejaht hat und seiner diesbezügliche Amtsprüfungspflicht in vertretbarer Weise nachgekommen ist. Materiell-rechtliche Fehler sind dabei für sich zu betrachten und begründen nicht ohne weiteres bereits eine willkürliche Anwendung auch des § 522 Abs. 2 S. 1 ZPO.[119] Allerdings wird sich das Berufungsgericht oftmals nicht eingehend mit dem Tatbestand des § 522 Abs. 2 S. 1 ZPO auseinandergesetzt und insofern keine eigenständige Auslegung unternommen haben, so dass ein materiell-rechtlicher Fehler auch zu einem offensichtlich divergierenden oder ungeklärten abstrakten Rechtssatz führen kann. Dann mögen zwar die Auslegung des § 522 Abs. 2 S. 1 ZPO und die Anwendung des § 522 Abs. 2 S. 1 Nr. 1 noch gelungen sein, es liegt aber eine nicht nachvollziehbare, unvertretbare und deshalb willkürlich falsche Anwendung des § 522 Abs. 2 S. 1 Nr. 2 oder 3 ZPO nahe.

In seinen § 522 Abs. 2 ZPO betreffenden Entscheidungen hat das Bundesverfassungsgericht das Verbot objektiver Willkür nur selten unmittelbar, sondern in der Regel in Zusammenhang mit Art. 101 Abs. 1 S. 2 GG geprüft.[120] In zwei Beschlüssen vom 29.5. bzw. vom 23.10.2007 hat die 2. Kammer des Ersten Senats klargestellt, dass nicht nur Art. 101 Abs. 1 S. 2 GG und Art. 3 Abs. 1 GG auf diesen recht weiten verfassungsrechtlichen Maßstab hinaus-

[117] Vgl. BVerfG NJW 2004, 2662.

[118] Vgl. BVerfG MDR 2008, 639 zu einer noch vertretbaren und BVerfG MDR 2008, 640 zu einer unvertretbaren Auslegung des § 4 Abs. 2 S. 4 BerHG.

[119] *Baumert* MDR 2008, 954 (958) geht zwar zutreffend davon aus, dass das BVerfG die Auslegung und Anwendung auch des § 522 Abs. 2 S. 1 Nr. 1 ZPO auf eine Verletzung des Willkürverbots hin überprüft. Er unterscheidet aber nicht zwischen materiell-rechtlichen und prozessualen Fehlern und übersieht deshalb, dass nicht in jedem willkürlich falschen Ergebnis hinsichtlich der Begründetheit der Berufung auch eine willkürlich falsche Anwendung des § 522 Abs. 2 S. 1 Nr. 1 ZPO liegt. I.d.R. betreffen die Fehler nur das materielle Recht und § 522 Abs. 2 S. 1 Nr. 2 oder 3 ZPO.

[120] Vgl. BVerfG NJW 2008, 1938 (1938 f.).

laufen, sondern in einer willkürlich fehlerhaften Anwendung des § 522 Abs. 2 ZPO zugleich die im Rahmen des Gebots effektiven Rechtsschutzes gemäß Art. 2 Abs. 1 in Verbindung mit Art. 20 Abs. 3 GG maßgebende sachlich nicht mehr zu rechtfertigende, unzumutbare Rechtswegverkürzung zu sehen ist.[121] Dem hat sich die 1. Kammer des Ersten Senats mit einem Beschluss vom 4.11.2008 angeschlossen.[122] Diese Entscheidung zeigt, dass eine sachlich nicht mehr zu rechtfertigende, unzumutbare Rechtsverkürzung jedenfalls in Zusammenhang mit der Auslegung und Anwendung des § 522 Abs. 2 ZPO nur dann vorliegen kann, wenn die Vorschrift objektiv willkürlich falsch angewendet worden ist, dass also ein Verstoß gegen das Gebot effektiven Rechtsschutzes hier inhaltlich einen Verstoß gegen das Verbot objektiver Willkür voraussetzt.[122a]

4. *Rechtsschutzgleichheit*

Das Bundesverfassungsgericht hat mit Kammerbeschlüssen vom 1.10.2004 und vom 13.3.2007 entschieden, es verstoße nicht gegen das Recht auf gleichen Rechtsschutz aus Art. 3 Abs. 1 in Verbindung mit Art. 20 Abs. 3 GG, dass nur Beschlüsse über die Verwerfung einer Berufung anfechtbar sind, nach § 522 Abs. 3 ZPO nicht aber Beschlüsse, mit denen eine Berufung zurückgewiesen wird. Dies hat das Gericht im Beschluss vom 1.10.2004 unter Rückgriff auf die Privilegierung der Anfechtbarkeit von Verwerfungsentscheidungen und die dahinter stehende ratio überzeugend begründet: Bereits vor der ZPO-Reform habe durch die weitergehende Anfechtbarkeit von Verwerfungsentscheidungen sichergestellt sein sollen, dass eine zweite Tatsacheninstanz eröffnet sei. Ob die zweite Tatsacheninstanz zu Recht verweigert worden sei, solle überprüft werden können.[123]

Damit hat das Bundesverfassungsgericht die in der einschlägigen Literatur erhobenen verfassungsrechtlichen Bedenken allerdings nicht ausräumen können. Vielmehr setzt die Kritik zwar an § 522 Abs. 3 ZPO an, jedoch nicht nur an den Vergleichsgruppen Beschlussverwerfung und -zurückweisung, sondern ebenso an den Vergleichsgruppen Urteils- und Beschlusszurückweisung: In der mit § 522 Abs. 3 ZPO verbundenen unterschiedlichen Be-

[121] Vgl. BVerfG NJW 2007, 3118 (3119 f.) sowie NJW 2008, 504 (505). Das bedeutet allerdings keineswegs, dass es sich z.B. bei dem Maßstab der unzumutbaren, sachlich nicht zu rechtfertigenden Rechtswegverkürzung (Art. 2 Abs. 1, Art. 20 Abs. 3 GG) um eine besondere Ausprägung des Willkürverbots (Art. 3 Abs. 1 GG) handelt; vgl. *Vossler* MDR 2008, 722 (726). Vielmehr laufen lediglich unterschiedliche Maßstäbe auf dieselbe Kontrolldichte hinaus. Bedeutsam ist der Unterschied z.B. bei der Frage nach dem gerügten Recht im Verfahren der Verfassungsbeschwerde.

[122] Vgl. BVerfG NZA 2009, 53 f.

[122a] Vgl. BVerfG, 1. Kammer des Ersten Senats, Beschluss vom 25.2.2009 – 1 BvR 3598/08.

[123] Vgl. BVerfG NJW 2005, 659.

handlung von Zurückweisungsbeschlüssen gemäß § 522 Abs. 2 S. 1 ZPO einerseits und Zurückweisungsurteilen oberhalb der Grenze des § 26 Nr. 8 EGZPO für die Nichtzulassungsbeschwerde andererseits liege eine sachlich nicht gerechtfertigte Ungleichbehandlung.[124] Denn in der Übereinstimmung der beiden Gerichte, Ausgangs- und Berufungsgericht, könne schon deshalb kein Differenzierungsgrund gesehen werden, weil diese auch bei einer Zurückweisung der Berufung durch Urteil vorliegen könne.[125] Außerdem sei die für den Zurückweisungsbeschluss notwendige Einstimmigkeit für die Zulässigkeit zivilprozessualer Rechtsmittel sonst irrelevant. Schließlich gehe sie an der Praxis der Kollegialgerichte vorbei.[126] Die Erwägungen der Kritiker erscheinen zwar auf den ersten Blick plausibel. Man vermisst jedoch Ausführungen zu dem verfassungsrechtlichen Maßstab der Rechtsschutzgleichheit. Zur näheren Bestimmung der Bedeutung des Art. 3 Abs. 1 GG kann auf die Senatsrechtsprechung des Bundesverfassungsgerichts hinsichtlich anderer Materien zurückgegriffen werden: Aus dem allgemeinen Gleichheitssatz ergeben sich danach je nach Regelungsgegenstand und Differenzierungsgrund unterschiedliche Anforderungen an gesetzliche Vorschriften, die vom bloßen Willkürverbot bis zu einer strengen Bindung an Verhältnismäßigkeitserfordernisse reichen.[127] Hinsichtlich der Anforderungen an Rechtfertigungsgründe für gesetzliche Differenzierungen kommt es wesentlich darauf an, in welchem Maß sich die Ungleichbehandlung von Personen oder Sachverhalten auf die Ausübung grundrechtlich geschützter Freiheiten nachteilig auswirken kann.[128] Da § 522 Abs. 3 ZPO keine unmittelbare Ungleichbehandlung von Personen begründet, sondern lediglich zu einer Ungleichbehandlung von Sachverhalten führt, reicht die Differenzierungsbefugnis hier sehr weit. Dementsprechend hat das Bundesverfassungsgericht auch in den Entscheidungen vom 1.10.2004 und vom 13.3.2007 ausgeführt, der Gesetzgeber sei hinsichtlich der Eröffnung von Rechtswegen bis zur Grenze willkürlicher Unterscheidung zu Differenzierungen befugt.[129]

Die 1. Kammer des Ersten Senats hat nun mit einem Beschluss vom 18.6.2008 entschieden, dass § 522 Abs. 3 ZPO auch insofern nicht gegen die Rechtsschutzgleichheit gemäß Art. 3 Abs. 1 in Verbindung mit Art. 20 Abs. 3 GG verstößt, als danach einstimmig gefasste Beschlüsse über die Zurück-

[124] Vgl. *Deubner* JuS 2005, 223 (227); *Krüger* NJW 2008, 945 ff.; *Rimmelspacher* in: MünchKomm-ZPO, § 522 Rn. 35 jeweils m.w.N.

[125] Vgl. *Krüger* NJW 2008, 945 (946); *Rimmelspacher* in: MünchKomm-ZPO, § 522 Rn. 35.

[126] Vgl. *Krüger* NJW 2008, 945 (946 f.); mit Zahlen *Nasall* NJW 2008, 3390 (3391); *Rimmelspacher* in: MünchKomm-ZPO, § 522 Rn. 35. Vgl. auch *Baumert* MDR 2008, 954 (955 f.), der die Kritik *Krügers* ohne weiteres übernimmt.

[127] Vgl. BVerfGE 55, 72 (88); 88, 87 (96); 101, 54 (101); 107, 27 (45 f.); 112, 164 (174).

[128] Vgl. BVerfGE 105, 73 (110 f.); 106, 166 (176); 112, 164 (174); st. Rspr.

[129] Vgl. BVerfG NJW 2005, 659; NJW-RR 2007, 1194 (1195).

weisung der Berufung unanfechtbar sind, während einstimmig gefasste Urteil über die Zurückweisung der Berufung entweder mit der Revision oder – in den Grenzen des § 26 Nr. 8 EGZPO – mit der Nichtzulassungsbeschwerde angefochten werden können. Dabei hat das Gericht in Anlehnung an die Argumentation im Beschluss vom 13.3.2007[130] und ausgehend von dem genannten großzügigen Maßstab zunächst die Erwägung des Gesetzgebers, dass der Übereinstimmung von Ausgangs- und Berufungsgericht und der Einstimmigkeit des Berufungsgerichts hinsichtlich sämtlicher Voraussetzungen des § 522 Abs. 2 ZPO eine besondere Richtigkeitsgewähr zukomme, als nicht sachwidrig bewertet. Ferner hat es darauf hingewiesen, dass der Gesetzgeber nicht mit einem Missbrauch der Norm rechnen müsse, sondern deren Befolgung erwarten dürfe. Insbesondere *Krüger* und *Nasall* verkennen die Bedeutung dieses Umstandes. Denn danach kann es auf die unbefriedigenden Diskrepanzen bei der Anwendung des § 522 Abs. 2 ZPO durch die Land- und Oberlandesgerichte[131] nicht ankommen, zumal die Norm selbst für eine unterschiedliche Anwendung kaum Raum lässt und strukturelle Ursachen für das Anwendungsdefizit nicht erkennbar sind. Der unterschiedlichen Anwendung des § 522 Abs. 2 ZPO liegt dementsprechend nicht ein Normfehler des Gesetzgebers, sondern ihr liegen ausschließlich Anwendungsfehler der Berufungsgerichte zugrunde. Schließlich hat die 1. Kammer des Ersten Senats auf § 523 Abs. 1 ZPO und den daraus folgenden im Vergleich zur Urteilsberatung früheren Zeitpunkt der Beratung über die Zurückweisung der Berufung durch Beschluss hingewiesen.[132]

Die 3. Kammer des Ersten Senats hat sich dieser Entscheidung mit einem Beschluss vom 30.7.2008 angeschlossen und hinzugefügt, dass auch das Interesse der berufungsbeklagten Partei an einer Verfahrensbeschleunigung und das Gebot der effektiven Nutzung justizieller Ressourcen, die Differenzierung rechtfertigten.[133] Mit einem weiteren Beschluss hat diese Kammer sogar vor dem hypothetischen Hintergrund eines strengeren Maßstabs an ihrer Auffassung festgehalten.[133a] Diese Entscheidungen entsprechen der überwiegenden Auffassung in der Literatur.[134]

130 Vgl. BVerfG NJW-RR 2007, 1194 (1195).

131 Vgl. dazu *Nasall* NJW 2008, 3390 (3391).

132 Vgl. BVerfG, 1. Kammer des Ersten Senats, Beschluss vom 18.6.2008 – 1 BvR 1336/08 –, juris, Rn 9 ff. = MDR 2008, 991.

133 Vgl. BVerfG, 3. Kammer des Ersten Senats, Beschluss vom 30. Juli 2008 – 1 BvR 1525/08 –, NJW 2009, 137 f.

133a Vgl. BVerfG, Beschluss vom 10.10.2008 – 1 BvR 1421/08 –, juris Rn. 17 ff.

134 Vgl. *Hartmann* in: Baumbach/Lauterbach/Albers/Hartmann, ZPO, 66. Auflage 2008, § 522 Rn. 1 a.E.; *Reichold* in: Thomas/Putzo, ZPO, 29. Auflage 2007, § 522 Rn. 22; *Heßler* in: Zöller, ZPO, § 522 Rn. 43; *Trimbach* NJW 2009, 401 (402 f.); *Vossler* MDR 2008, 722 (725 f.); *Wöstmann* in: HK-ZPO, § 522 Rn. 10; *Zimmermann* in: ders., ZPO, 7. Auflage 2006, § 522 Rn. 8; *Zuck* NJW 2006, 1703.

Fraglich ist in Zusammenhang mit der Rechtsschutzgleichheit schließlich, ob die Rechtsprechung einiger Oberlandesgerichte zur Versagung von Prozesskostenhilfe für den Berufungsbeklagten bis zur Entscheidung über die Anwendung des § 522 Abs. 2 S. 1 ZPO[135] Bedenken begegnet.[136] Die vorläufige Versagung von Prozesskostenhilfe hätte zur Folge, dass der Berufungsbeklagte zeitweise, nämlich im Verfahren nach § 522 Abs. 2 ZPO, von dem Berufungsverfahren ausgeschlossen wäre. Dieses Verfahren betrifft aber schon seine Rechte. Insofern ist der Bedürftige gegenüber einem bemittelten Berufungsbeklagten benachteiligt. Die vorläufige Versagung von Prozesskostenhilfe verletzt somit die Rechtsschutzgleichheit. Hierauf gestützte Verfassungsbeschwerden werden gleichwohl keinen Erfolg haben; denn durch eine spätere Bewilligung von Prozesskostenhilfe wird der Verstoß geheilt, und nach einer Beschlusszurückweisung fehlt es an der Beschwer.

5. *Rechtliches Gehör*

Das Bundesverfassungsgericht hat die Auslegung und Anwendung des § 522 Abs. 2 ZPO mehrfach an den verfassungsrechtlichen Maßstäben des rechtlichen Gehörs gemessen.[137] Art. 103 Abs. 1 GG gewährleistet allgemein, dass der Einzelne nicht nur Objekt der richterlichen Entscheidung ist, sondern vor einer Entscheidung, die seine Rechte betrifft, zu Wort kommt, um als Subjekt Einfluss auf das Verfahren und sein Ergebnis nehmen zu können. Das rechtliche Gehör sichert den Parteien dabei ein Recht auf Information, Äußerung und Berücksichtigung mit der Folge, dass sie ihr Verhalten im Prozess selbstbestimmt und situationsspezifisch gestalten können.[138] Im Rahmen der Informationspflicht verbürgt Art. 103 Abs. 1 GG zwar keine umfassende Frage-, Aufklärungs- und Informationspflicht.[139] Damit das rechtliche Gehör als Äußerungsrecht nicht leer läuft, sind Hinweise des Gerichts jedoch hinsichtlich solcher Gesichtspunkte auch von Verfassungs wegen geboten, mit denen selbst ein kundiger und gewissenhafter Prozessbeteiligter unter Berücksichtigung der Vielzahl vertretener Rechtsauffassungen nicht zu rech-

[135] Vgl. OLG Celle OLGReport Celle 2007, 923 und MDR 2004, 598; OLG Dresden MDR 2007, 423; OLG Düsseldorf MDR 2003, 658; OLG Köln MDR 2006, 947; OLG Nürnberg MDR 2004, 961 und MDR 2007, 1337; OLG Schleswig OLGReport Schleswig 2006, 190. Anders OLG Brandenburg MDR 2008, 285; OLG Rostock OLGReport Rostock 2005, 840; OLG Schleswig MDR 2007, 173.

[136] Vgl. *Heßler* in: Zöller, ZPO, § 522 Rn. 34; *Vossler* MDR 2008, 722 (724 f.).

[137] Vgl. BVerfG, 2. Kammer des Ersten Senats, Beschluss vom 21.11.2002 – 1 BvR 2015/02 –, juris; 3. Kammer des Ersten Senats, Beschluss vom 27.8.2003 – 1 BvR 1646/02 –, juris; 1. Kammer des Ersten Senats, Beschluss vom 24.5.2004 – 1 BvR 1418/03 –, juris BVerfG NJW-RR 2006, 1654 f.

[138] Vgl. BVerfGE 107, 395 (409).

[139] Vgl. BVerfGE 67, 90 (96); 74, 1 (5); 86, 133 (145).

nen braucht.[140] Eine bestimmte Form der Äußerung kann nicht verlangt werden. So liegt im Absehen von einer mündlichen Verhandlung auch dann nicht in jedem Fall ein Verstoß gegen Art. 103 Abs. 1 GG, wenn eine mündliche Verhandlung gesetzlich vorgesehen ist.[141] Vielmehr kommt es darauf an, ob das Unterlassen den Betroffenen in seinen Möglichkeiten unzumutbar beschränkt hat, auf das Verfahren und sein Ergebnis Einfluss zu nehmen. Das ist nur dann der Fall, wenn das Verfahren im Übrigen rechtsstaatlichen Anforderungen nicht genügt.[142] Art. 103 Abs. 1 GG vermittelt den Verfahrensbeteiligten das Recht, sich nicht nur zu dem für die jeweilige gerichtliche Entscheidung maßgebenden Sachverhalt, sondern auch zur Rechtslage zu äußern, und verpflichtet umgekehrt das Gericht, den Vortrag der Beteiligten zur Kenntnis zu nehmen und in Erwägung zu ziehen. Dementsprechend darf das Gericht nur solche Tatsachen verwerten, die von einem Verfahrensbeteiligten oder dem Gericht zum Gegenstand des Verfahrens gemacht worden sind[143] und zu denen sich die Verfahrensbeteiligten vorher äußern konnten.[144] Der Anspruch auf rechtliches Gehör gewährt keinen Schutz dagegen, dass der Sachvortrag der Beteiligten aus Gründen des formellen oder materiellen Rechts ganz oder teilweise unberücksichtigt bleibt.[145] Schließlich ist grundsätzlich davon auszugehen, dass ein Gericht das ihm unterbreitete Vorbringen der Parteien auch zur Kenntnis genommen und erwogen hat. Die Gerichte brauchen nicht jedes Vorbringen der Parteien in den Gründen der Entscheidung ausdrücklich zu bescheiden. Das Bundesverfassungsgericht kann nur dann feststellen, dass ein Gericht seine Pflicht, den Vortrag der Parteien zur Kenntnis zu nehmen und zu erwägen verletzt hat, wenn sich dies aus den besonderen Umständen des Falles ergibt.[146]

Mit einem Beschluss vom 21.11.2002 hat das Bundesverfassungsgericht zwar die Annahme der verfahrensgegenständlichen Verfassungsbeschwerde im Hinblick auf ihre nicht hinreichend substantiierte Begründung (§ 23 Abs. 1 S. 2, § 92 BVerfGG) abgelehnt, jedoch weiter ausgeführt, dass ein konkreter Hinweis auf die Gründe für die mangelnde Aussicht des Rechtsmittels auf Erfolg der Funktion des § 522 Abs. 2 S. 2 ZPO, das rechtliche Gehör der Parteien sicherzustellen, besser entsprochen hätte als der formelhafte Hinweis der Berufungszivilkammer, dass das Berufungsvorbringen das Gericht nicht von der Unrichtigkeit des erstinstanzlichen Urteils überzeuge.[147]

[140] Vgl. BVerfGE 84, 188 (190); 86, 133 (144); 98, 218 (263).

[141] So aber z.B. BFHE 166, 415 (416 f.).

[142] Vgl. BVerfGE 9, 231 (236).

[143] Vgl. BVerfGE 70, 180 (189).

[144] Vgl. BVerfGE 70, 180 (189); 89, 381 (392).

[145] Vgl. BVerfGE 96, 205 (216).

[146] Vgl. BVerfGE 96, 205 (216 f.).

[147] Vgl. BVerfG, 2. Kammer des Ersten Senats, Beschluss vom 21.11.2002 – 1 BvR 2015/02 – juris Rn. 2.

Mit einem Beschluss vom 27.8.2003 hat das Bundesverfassungsgericht einer Verfassungsbeschwerde stattgegeben, weil das Berufungsgericht das rechtliche Gehör verletzt hatte, indem es zwar einen Hinweis erteilt, aber die darin gesetzte Stellungnahmefrist nicht abgewartet hatte. An der aus Art. 103 Abs. 1 GG folgenden Pflicht, eine gesetzte Stellungnahmefrist abzuwarten, ändere sich nicht dadurch etwas, dass vor Ablauf der Frist eine Stellungnahme eingegangen sei und die betreffende Partei sich keine Ergänzung derselben vorbehalten habe.[148]

Mit einem Beschluss vom 24.5.2004 hat das Bundesverfassungsgericht einer Verfassungsbeschwerde gegen eine auf § 522 Abs. 2 S. 1 ZPO gestützte Beschlusszurückweisung deshalb stattgegeben, weil das Berufungsgericht unter Verletzung des rechtlichen Gehörs Tatsachen verwertet hatte, die die Verfahrensbeteiligten zuvor nicht eingeführt hatten und zu denen sie zuvor auch nicht hatten Stellung nehmen können.[149]

Ferner hat das Gericht in den Gründen der Entscheidung vom 1.10.2004 klargestellt, dass § 522 Abs. 2 S. 1 ZPO schon wegen der besonderen Hinweispflicht gemäß § 522 Abs. 2 S. 2 ZPO und wegen der damit verbundenen Stellungnahmemöglichkeit nicht gegen das rechtliche Gehör verstoße.[150]

Hinzuzufügen ist, dass § 522 Abs. 2 ZPO auch nicht gegen Art. 103 Abs. 1 GG verstößt, soweit er zu einem Absehen von der sonst gemäß § 128 Abs. 1 ZPO grundsätzlich gebotenen mündlichen Verhandlung ermächtigt. Denn nach den obigen Ausführungen zu den Maßstäben des Art. 103 Abs. 1 GG liegt nicht in jedem Absehen von einer mündlichen Verhandlung bereits eine Verletzung des rechtlichen Gehörs, sondern eine solche liegt nur dann vor, wenn das Verfahren im Übrigen rechtsstaatlichen Anforderungen nicht genügt.[151] Davon kann hinsichtlich des Verfahrens der Beschlusszurückweisung aber insbesondere mit Rücksicht auf § 522 Abs. 2 S. 2 ZPO keine Rede sein.

Auf Art. 103 Abs. 1 GG und die Erforderlichkeit einer mündlichen Verhandlung können demnach auch die Bedenken gegen die Anwendung des § 522 Abs. 2 ZPO in den Fällen einer nach § 533 ZPO zulässigen Änderung des Streitgegenstandes[152] nicht gestützt werden.

Soweit die Anwendung des § 522 Abs. 2 ZPO entgegen § 523 Abs. 1 ZPO auch noch nach einer Terminsbestimmung befürwortet wird,[153] ist das hin-

148 Vgl. BVerfG, 3. Kammer des Ersten Senats, Beschluss vom 27.8.2003 – 1 BvR 1646/02 –, juris Rn. 15 ff.

149 Vgl. BVerfG, 1. Kammer des Ersten Senats, Beschluss vom 24.5.2004 – 1 BvR 1418/03 –, juris Rn. 11 f.

150 Vgl. BVerfG NJW 2005, 659 (660).

151 Vgl. BVerfGE 9, 231 (236). Anders z.B. BFHE 166, 415 (416 f.).

152 Vgl. *Gerken* in: Wieczorek/Schütze, ZPO, § 522 Rn. 87.

153 Vgl. KG MDR 2007, 1216 f.; OLG Düsseldorf NJW 2005, 833; anders *Vossler* MDR 2008, 722 (723).

sichtlich des Art. 103 Abs. 1 GG nur dann verfassungsrechtlich unbedenklich, wenn das Berufungsgericht § 522 Abs. 2 S. 2 ZPO beachtet und auf seine geänderte Rechtsauffassung sowie die Gründe hierfür hinweist.[154]

Aus der Rechtsprechung des Bundesverfassungsgerichts zu Art. 103 Abs. 1 GG und § 124 Abs. 2 Satz 1 Nr. 3 VwGO, § 78 Abs. 3 Nr. 1 AsylVfG ergibt sich schließlich, dass das Berufungsgericht zwar die entscheidungserheblichen Gesichtspunkte im Verfahren über den Antrag auf Zulassung der Berufung möglicherweise austauschen darf, dass es hier aber mindestens eines gerichtlichen Hinweises an den Antragsteller bedarf, weil von diesem nicht erwartet werden kann, von vornherein zu allen möglichen und unabhängig vom Inhalt der angefochtenen Entscheidung eventuell entscheidungserheblichen Fragen Stellung zu nehmen.[155] Übertragen auf die Auslegung und Anwendung des § 522 Abs. 2 S. 1 ZPO bedeutet dies, dass Art. 103 Abs. 1 GG zwar einem Austausch der tragenden Erwägungen nicht entgegensteht, dass hierauf aber nach § 522 Abs. 2 S. 2 ZPO hingewiesen werden muss.

6. *Bestimmtheitsgebot*

In der Entscheidung vom 1.10.2004 hat das Bundesverfassungsgericht festgestellt, dass § 522 Abs. 2 S. 1 Nr. 1 ZPO hinsichtlich des maßgebenden Sach- und Streitstandes nicht gegen das Bestimmtheitsgebot des Art. 20 Abs. 3 GG verstößt. Vielmehr sei die Begründetheit der Berufung im Rahmen der Erfolgsaussichten zwar nach der Aktenlage, aber vollumfänglich und nicht lediglich summarisch zu prüfen. § 522 Abs. 2 S. 1 ZPO betreffe nicht nur offensichtlich unbegründete Berufungen, und der zu berücksichtigende Tatsachenstoff ergebe sich aus dem Gesetz, z.B. aus § 529 Abs. 1 ZPO. Eine nähere Bestimmung derjenigen Gründe, bei deren Vorliegen die Erfolgsaussicht der Berufung verneint werden könne, sei kaum möglich; denn sie hänge von den tatsächlichen und rechtlichen Fragen des Einzelfalles ab.[156]

Das Bundesverfassungsgericht ist in diesem Zusammenhang nicht näher auf die oben erörterten Probleme hinsichtlich des nach § 522 Abs. 2 S. 1 Nr. 1 ZPO zu berücksichtigenden Sach- und Streitstandes eingegangen.[157] Mögen die Ausführungen der Befürworter einer Anwendung des § 522 Abs. 2 ZPO bereits vor Einholung der Erwiderung der Berufungsbeklagten zweifelhaft sein, weil sich § 522 Abs. 2 S. 1 Nr. 1 ZPO keine Anhaltspunkte für einen

[154] Vgl. BVerfG NJW-RR 2006, 1654 f.

[155] Vgl. BVerfGK 7, 350 (355).

[156] Vgl. BVerfG NJW 2005, 659 (660). Die Entscheidung BVerfG MDR 2008, 991, ist in diesem Zusammenhang nur hinsichtlich des Zeitpunkts der Beschlussfassung und Prüfung der Voraussetzungen des § 522 Abs. 2 S. 1 Nr. 1 ZPO von Bedeutung, besagt hingegen nichts über eine „offensichtliche" Unbegründetheit. Insofern verkennt *Baumert* MDR 2008, 954 ff. die unmissverständlichen Ausführungen des Gerichts zu § 523 Abs. 1 ZPO. Richtig *Trimbach* NJW 2009, 401 (404).

[157] Offen gelassen auch in BVerfG MDR 2008, 991 sowie NJW 2009, 137 (138).

vom sonstigen Berufungsrecht abweichenden Umfang des Sach- und Streitstandes entnehmen lassen, bleibt die Lösung dieses Problems doch den Fachgerichten vorbehalten. Denn der rechtliche Ausgangspunkt der Befürworter eines abgekürzten Verfahrens, dass § 522 Abs. 2 ZPO auch nicht umgekehrt die Einholung einer Erwderung vor der Zurückweisung der Berufung ausdrücklich vorschreibe, sondern § 522 Abs. 2 S. 2 ZPO lediglich die Anhörung des Berufungsklägers vorsehe,[158] ist nachvollziehbar, und die Konkretisierung unbestimmter Rechtsbegriffe, wie z.B. desjenigen der „Erfolgsaussicht" in § 522 Abs. 2 S. 1 Nr. 1 ZPO, durch die Rechtsprechung ist insbesondere dann verfassungsrechtlich unbedenklich, wenn das betreffende Tatbestandsmerkmal – wie hier – eine Fülle ganz unterschiedlicher und deshalb kaum konkreter fassbarer Sachverhalte einschließen soll.

IV. Zusammenfassung

§ 522 Abs. 2 ZPO ist nach den vorstehenden Ausführungen trotz aller Kritik verfassungsgemäß. Das gilt inbsondere hinsichtlich der aus § 522 Abs. 3 ZPO folgenden Unanfechtbarkeit von Zurückweisungsbeschlüssen unter dem Gesichtspunkt der Rechtsschutzgleichheit. Dem Gesetzentwurf der F.D.P.-Fraktion im Bundestag liegt ein grobes Missverständnis der Kammerentscheidung vom 4. November 2008 zugrunde.[159]

Nachdem die wichtigen verfassungsrechtlichen Fragen in Zusammenhang mit § 522 Abs. 2 und 3 ZPO geklärt sind, überprüft das Bundesverfassungsgericht insofern vor allem die fachgerichtliche Rechtsauslegung und -anwendung. Dabei kommt es nicht nur hinsichtlich des Art. 3 Abs. 1 GG auf willkürliche Fehler an, sondern die Maßstäbe des effektiven Rechtsschutzes und des gesetzlichen Richters führen ebensowenig zu einer höheren Kontrolldichte. Für Art. 101 Abs. 1 S. 2 GG gilt dies allerdings nicht ausnahmslos: § 522 Abs. 2 S. 1 ZPO darf nämlich nicht im Sinne eines richterlichen Ermessens ausgelegt werden. Das betrifft nicht nur die schon dem Gesetzeswortlaut zuwiderlaufende Auslegung des § 522 Abs. 2 S. 1 ZPO als Ermessensvorschrift, sondern auch die überwiegend befürwortete entsprechende Anwendung des § 301 ZPO. Zwar obliegt es allein den Fachgerichten, die Frage zu beantworten, ob § 301 ZPO hier Anwendung finden soll oder nicht. Wird diese Frage bejaht, darf das aber nicht zur Anwendung auch des § 301 Abs. 2 ZPO und Befürwortung eines Ermessens führen. Ebenso wenig dürfen die Berufungsgerichte unter Offenlassung der Zulässigkeit des Rechtsmittels nach § 522 Abs. 2 S. 1 ZPO entscheiden; denn wegen § 522 Abs. 1 S. 4 und Abs. 3 ZPO maßte sich das jeweilige Gericht hiermit ebenfalls ein ver-

[158] Vgl. OLG Oldenburg NJW 2002, 3556 (3557). Dazu auch OLG Celle OLGR 2003, 359; *Schenkel* MDR 2004, 121; *Schellenberg* MDR 2005, 612.

[159] Vgl. BTDrucks. 16/11457, 4 sowie BVerfG, NZA 2009, 53 ff.

fassungsrechtlich nicht zulässiges Ermessen hinsichtlich der Anfechtbarkeit der eigenen Entscheidung an.

§ 522 Abs. 2 S. 1 Nr. 1 ZPO kann mit Rücksicht auf den Gesetzeswortlaut und auf die von Verfassungs wegen gebotene Bestimmtheit der Norm nicht so verstanden werden, dass nur „offensichtlich" unbegründete Berufungen durch Beschluss zurückzuweisen sind. Vielmehr gelten die gewöhnlichen Anforderungen an die Prüfung der Erfolgsaussicht einer Berufung. Den Fachgerichten bleibt es in diesem Zusammenhang vorbehalten, den zutreffenden Entscheidungszeitpunkt und danach maßgebenden Sach- und Streitstand zu bestimmen. Insofern sind nur die Grenzen der Rechts- und Gesetzesbindung sowie des Willkürverbots zu beachten.

Im Rahmen des § 522 Abs. 2 S. 1 ZPO ist das Berufungsgericht von Amts wegen zur Prüfung der Tatbestandsmerkmale verpflichtet. Liegen z.B. Anhaltspunkte für eine bereits erfolgte Änderung der Rechtsprechung des Bundesgerichtshofs vor, bedarf es weiterer Ermittlungen. Werden weder weitere Ermittlungen angestellt noch die Veröffentlichung der durch Pressemitteilung bekanntgemachten Entscheidung des Bundesgerichtshofs abgewartet, kann darin eine sachlich nicht zu rechtfertigende, unzumutbare Rechtswegverkürzung liegen. Auch der Anspruch auf den gesetzlichen Richter und das Verbot objektiver Willkür können in einem solchen Fall verletzt sein. Danach steht allerdings auch fest, dass der diesbezügliche Spielraum der Berufungsgerichte bis zur Grenze willkürlicher Erwägungen reicht. Es wird also darauf ankommen, ob das Gericht nachvollziehbare Gründe hatte, auf weitere Ermittlungen zu verzichten. Auf die Kenntnis der Vergleichsentscheidung kommt es bei der Überprüfung der Anwendung des § 522 Abs. 2 S. 1 Nr. 2 und 3 ZPO nicht an, wohl aber auf das Kennenkönnen und -müssen.

Bei der Auslegung des Begriffs der „Unverzüglichkeit" gemäß § 522 Abs. 2 S. 1 ZPO ist nicht die Arbeitsbelastung der Justiz maßgebend, sondern der Umfang und die Schwierigkeit der zu entscheidenden Sache sind zu berücksichtigen. Nur diese Betrachtung entspricht dem Gebot effektiven Rechtsschutzes.

Die Versagung von Prozesskostenhilfe für den Berufungsbeklagten trotz § 119 Abs. 1 S. 2 ZPO bis zur Entscheidung über die Anwendung des § 522 Abs. 2 S. 1 ZPO verletzt das Gebot der Rechtsschutzgleichheit, vermag aber einer Verfassungsbeschwerde im Ergebnis nicht zum Erfolg zu verhelfen.

Die Überprüfung des Berufungsverfahrens nach § 522 Abs. 2 ZPO auf Verstöße gegen das rechtliche Gehör folgt schließlich den üblichen Maßstäben. Wenn das Berufungsgericht die tragenden Erwägungen des Ausgangsgerichts austauscht, dürfen die neuen Erwägungen nicht ihrerseits die Zulassung der Revision erfordern. Außerdem muss hierauf nach § 522 Abs. 2 S. 2 ZPO hingewiesen werden. Auch die Anwendung des § 522 Abs. 2 ZPO, nachdem zunächst ein Termin bestimmt worden war, bedarf nach § 522 Abs. 2 S. 2 ZPO, aber auch von Verfassungs wegen eines Hinweises auf die geänderte Rechtsauffassung.

Die Rechtsprechung des Bundesverfassungsgerichts zur Wiedereinsetzung in den vorigen Stand

Hendrik Schultzky*

Leitentscheidungen des Bundesverfassungsgerichts

1. BVerfGE 25, 158 (Zweiter Senat).
2. BVerfGE 35, 41 (Zweiter Senat).
3. BVerfGE 60, 263 (Zweiter Senat).
4. BVerfGE 93, 99 (Erster Senat).

Schrifttum

Schumann, Ekkehard Bundesverfassungsgericht, Grundgesetz und Zivilprozess, 1983; *Vollkommer, Max* Die Erleichterung der Wiedereinsetzung im Zivilprozess, in: Bayerischer Anwaltverband (Hrsg.), Über Rechtsanwaltschaft, Gericht und Recht, Festschrift zum 50jährigen Berufsjubiläum von Frist Ostler, 1983, S. 97.

Inhalt

* Richter am Landgericht *Dr. Hendrik Schultzky*, Fürth. Seit 2003 Staatsanwalt und Richter in der ordentlichen Gerichtsbarkeit von Bayern. Seit 2008 wiss. Mitarbeiter am Bundesverfassungsgericht (Dez. *Prof. Dr. Siegfried Broß*). Stand der Bearbeitung: Februar 2009.

I. Das verfassungsrechtliche Spannungsverhältnis

Die Verfahrensordnungen sämtlicher Gerichtszweige in Deutschland enthalten Fristenregelungen für die Einlegung von Rechtsbehelfen. Ihre Aufgabe ist es, den Prozess zu beschleunigen und die Rechtskraft gerichtlicher Entscheidungen herbeizuführen. Zugleich birgt jede Fristenregelung aber die Gefahr, dass berechtigter Vortrag einer Partei abgeschnitten und ihr dadurch die Möglichkeit genommen wird, auf eine inhaltlich richtige Entscheidung hinzuwirken. Bei jeder prozessualen Rechtsbehelfsfrist besteht somit ein Spannungsverhältnis zwischen der Rechtssicherheit auf der einen und der Chance auf eine materiell gerechte Entscheidung auf der anderen Seite. Dabei handelt es sich jeweils um verfassungsrechtliche Prinzipien: Die durch Rechtskraft geschaffene Rechtssicherheit ist Ausfluss des Rechtsstaatsprinzips (Art. 20 Abs. 3 GG)[1]. Dem stehen der Anspruch auf rechtliches Gehör (Art. 103 Abs. 1 GG) und effektiven Rechtsschutz (Art. 19 Abs. 4 GG) gegenüber.

Die Betroffenheit der widerstreitenden Rechtsgüter kann dabei bei den verschiedenen Fristen freilich unterschiedlich stark sein. So beeinflusst die Einspruchsfrist gegen einen Strafbefehl die Verwirklichung materieller Gerechtigkeit in einem ganz erheblichem Maße, denn die scharfe Sanktion mit der durch den Strafbefehl verhängten Kriminalstrafe beruht lediglich auf einem hinreichenden Tatverdacht (§ 408 Abs. 2 Satz 1 StPO), ohne dass der Beschuldigte vorher richterlich angehört wurde. Anders ist es beispielsweise bei der Berufungs- oder der Berufungsbegründungsfrist im Zivilprozess. Hier ist der Partei bereits erstinstanzlich Gehör gewährt worden und es liegt bereits eine gerichtliche Entscheidung mit umfänglicher tatsächlicher und rechtlicher Prüfung in Form des erstinstanzlichen Urteils vor. Dies rechtfertigt es, stärkeres Augenmerk auf die Herstellung der Rechtskraft zu richten, die insbesondere der Gegenpartei Rechtssicherheit verschafft und zugleich der Befriedung des zwischen den Parteien bestehenden Konflikts dient.

Der Verlust prozessualer Rechte bei einer Fristversäumung ist aber in jedem Fall dann problematisch, wenn der Betroffene für die Versäumung „nichts kann", mithin wenn sie unverschuldet ist. Dies hat der Gesetzgeber bereits früh erkannt und mit dem Rechtsinstitut der Wiedereinsetzung in den vorigen Stand einen Ausgleich geschaffen. Schon in der ersten Fassung der Zivilprozessordnung von 1877 fand sich in § 211 die Regelung, dass einer Partei, welche durch Naturereignisse oder andere unabwendbare Zufälle verhindert war, eine Notfrist einzuhalten, Wiedereinsetzung in den vorigen Stand zu erteilen war.[2] Mit dem Gesetz zur Vereinfachung und Beschleuni-

[1] *Greszik* in: Maunz/Dürig, GG, Art. 20 VII Rn. 101 (November 2006) m.w.N.

[2] Zur Entwicklung des Wiedereinsetzungsrechts im Zivilprozess vor 1879 ausführlich *Vollkommer* Die Erleichterung der Wiedereinsetzung im Zivilprozess, FS Ostler (1983), S. 97 (99 ff.).

gung gerichtlicher Verfahren vom 3.12.1976 wurde die Wiedereinsetzung an die unverschuldete Fristversäumung geknüpft, was der Entwicklung in der Rechtsprechung entsprach.[3] Inhaltlich den Wiedereinsetzungsvorschriften der §§ 233 ff. ZPO weitgehend entsprechende Regelungen finden sich heute in den Verfahrensordnungen sämtlicher Gerichtszweige, für den Strafprozess in §§ 44 ff. StPO, für die freiwillige Gerichtsbarkeit in § 22 FGG, für den Verwaltungsprozess in § 60 VwGO, für das finanzgerichtliche Verfahren in § 56 FGO und für das sozialgerichtliche Verfahren in § 67 Abs. 1 SGG.[4] Auch das BVerfGG sieht in § 93 Abs. 2 für die Versäumung der Monatsfrist zur Einlegung der Verfassungsbeschwerde die Wiedereinsetzung in den vorigen Stand vor. Für das arbeitsgerichtliche Verfahren verweisen die §§ 46 Abs. 2, 64 Abs. 6 und 72 Abs. 5 ArbGG auf die Vorschriften der ZPO. Im Ordnungswidrigkeitenverfahren gelten über § 52 Abs. 1 OWiG weitgehend die §§ 44 ff. StPO.

Das Recht der Wiedereinsetzung ist im Einzelnen durch eine umfangreiche Rechtsprechung ausgeformt worden, auf die auch das Bundesverfassungsgericht mit zahlreichen Entscheidungen eingewirkt hat. Das Bundesverfassungsgericht hat dabei vielfach überzogene Anforderungen an das Fehlen des Verschuldens sowie an dessen Darlegung und Glaubhaftmachung korrigiert (III.). Die gesetzliche Ausgestaltung des Wiedereinsetzungsrechts ist durch das Gericht hingegen in grundlegenden Entscheidungen gebilligt worden (II.).

II. Zur Verfassungsmäßigkeit des Wiedereinsetzungsrechts

1. Die Entscheidungen des Bundesverfassungsgerichts

a) Die erste Gelegenheit, sich mit dem Wiedereinsetzungsrecht grundsätzlich auseinander zu setzen, hatte das Bundesverfassungsgericht 1973 aufgrund eines Vorlagebeschlusses des OLG Celle.[5] Dieser betraf die Frage, ob

[3] Bereits die Vereinigten Zivilsenate des Reichsgerichts stellten im Beschluss vom 22.5.1901 klar, dass unter „unabwendbarem Zufalle" ein Ereignis zu verstehen sei, „das unter den gegebenen, nach der Besonderheit des Falles zu berücksichtigenden Umständen auch durch die äußerste diesen Umständen angemessene und vernünftigerweise zu erwartende Sorgfalt weder abzuwehren noch in seinen schädlichen Folgen zu vermeiden ist", RGZ 48, 409 (411). Dem haben sich die Strafsenate angeschlossen, vgl. RGSt. 70, 186 (187). Die vom Gesetzgeber intendierte Beschränkung auf „höhere Gewalt", dazu *Hahn* Die gesamten Materialien zur CPO, 1880, Band I, S. 246, hat sich nicht durchsetzen können.

[4] Wiedereinsetzung in den vorigen Stand ist vom Gesetzgeber sogar bei der Versäumung bestimmter materiellrechtlicher Ausschlussfristen vorgesehen, so z.B. im Beschlussanfechtungsverfahren in Wohnungseigentumssachen gem. § 46 Abs. 1 Satz 3 WEG und bei Kündigungsschutzklagen – der Sache nach – gem. § 5 KSchG. Weitere Wiedereinsetzungsvorschriften finden sich beispielsweise in §§ 112 StVollzG, 32 VwVfG, 110 AO, 186 InsO.

[5] BVerfGE 35, 41.

die Zurechnung des Anwaltsverschuldens als Verschulden der vertretenen Partei gem. § 232 Abs. 2 ZPO a.F., heute § 85 Abs. 2 ZPO, verfassungsgemäß ist. In einem auf Feststellung der Vaterschaft gerichteten Verfahren hatte der Beklagte aufgrund Verschuldens seines Prozessbevollmächtigten die Berufungsfrist versäumt. Das Oberlandesgericht nahm an, die Zurechnung des Anwaltsverschuldens in Verfahren in Kindschaftssachen verstoße gegen Art. 2 Abs. 1, Abs. 2 und 20 Abs. 3 GG. Ein fehlerhaftes Urteil in Kindschaftssachen stelle wegen seiner Wirkung für und gegen alle (§ 640h ZPO) eine schwere Beeinträchtigung der Persönlichkeitsrechte des betroffenen Mannes dar. Der Gesetzgeber sei deshalb hier gehalten, der materiellen Wahrheit und der Gerechtigkeit Vorrang vor der Rechtssicherheit einzuräumen, so wie er es im Strafprozess getan habe.

Der Zweite Senat stellte zunächst fest, dass die Regelung des § 232 Abs. 2 ZPO a.F. für den normalen Zivilprozess verfassungsrechtlich unproblematisch sei. Aber auch in Kindschaftssachen oder anderen nichtvermögensrechtlichen Streitigkeiten griffen verfassungsrechtliche Bedenken nicht durch. Es sei Sache des Gesetzgebers, den Widerstreit zwischen Rechtssicherheit und materieller Gerechtigkeit, die beide Elemente des Rechtsstaatsprinzips seien, zu entscheiden. Geschehe dies ohne Willkür, könne die gesetzgeberische Entscheidung aus Verfassungsgründen nicht beanstandet werden.[6] Von einer willkürlichen Entscheidung könne nicht die Rede sein.[7] Auch im Statusverfahren sei das Interesse der obsiegenden Partei an einem endgültigen Abschluss des gerichtlich entschiedenen Streits nach Ablauf der Rechtsmittelfrist nicht weniger schutzwürdig als in anderen Fällen. Das bürgerliche Recht gebe im Interesse des Kindes und des Familienfriedens – z.B. durch die gesetzten Ausschlussfristen – ohnehin nicht in allen Fällen eine Gewähr dafür, dass die Abstammungsverhältnisse zutreffend sind.[8] Dem Gebot materieller Gerechtigkeit würde durch die Möglichkeiten der Wiederaufnahme des Verfahrens in angemessener Weise Genüge getan.

b) In seinem Beschluss vom 20.4.1982[9] hatte sich das Bundesverfassungsgericht erneut mit der Zurechnung des Verschuldens des Prozessbevollmächtigten zu beschäftigen. Diesmal betraf der Vorlagebeschluss ein verwaltungsgerichtliches Verfahren wegen Anerkennung als Asylberechtigter, mithin ebenfalls ein statusrechtliches Verfahren. Das Verwaltungsgericht Stuttgart

[6] BVerfGE 35, 41 (47) unter Verweis auf BVerfGE 25, 269 (290 f.).

[7] Hierzu kritisch *v. Schlabrendorff* in seinem Sondervotum BVerfGE 35, 41 (57 f.); *Vollkommer* FS Ostler, S. 97 (128); *Ostler* AnwBl. 1973, 275 f.; *Schultz* MDR 1974, 196: Weil es zum Zeitpunkt der Einführung des § 232 Abs. 2 ZPO ein Statusverfahren in Kindschaftssachen noch gar nicht gab, habe der Gesetzgeber keine Abwägung zwischen der Gerechtigkeit und der Rechtssicherheit vornehmen können.

[8] BVerfGE 35, 41 (48).

[9] BVerfGE 60, 253.

hielt § 85 Abs. 2 ZPO in Verbindung mit § 173 VwGO für verfassungswidrig. Dass sich der Kläger im Rahmen der Wiedereinsetzung in den vorigen Stand gemäß § 60 Abs. 1 VwGO nach den vorgenannten Vorschriften ein Verschulden seines Rechtsanwalts zurechnen lassen müsse, verletze ihn in seinen Rechten aus Art. 19 Abs. 4, 16 Abs. 2 Satz 2 a.F. GG und sei mit dem Sozialstaatsprinzip unvereinbar.

Auch das BVerfG geht in seiner Entscheidung davon aus, dass sich § 85 Abs. 2 ZPO in Verbindung mit § 173 VwGO unmittelbar auf den Umfang und die Wirksamkeit des verwaltungsgerichtlichen Rechtsschutzes und damit auf die Durchsetzung des Asylrechts auswirkt.[10] Sie führe für den Kläger sogar zu einer völligen Vorenthaltung gerichtlichen Rechtsschutzes. Die Regelung sei aber aus Gründen der Rechtssicherheit als ein wesentliches Element der Rechtsstaatlichkeit und damit eines Konstitutionsprinzips des Grundgesetzes gerechtfertigt. Gerichtsverfahren stünden in besonderem Maße im Dienst der Rechtssicherheit. Dem Gesetzgeber komme ein weiter Gestaltungsspielraum bei der Abwägung zwischen der Rechtssicherheit und den möglichen Einbußen an Chancen, materiale Gerechtigkeit im Einzelfall herzustellen zu.[11] Die Ausgestaltung des Rechtswegs müsse freilich dem Schutzzweck des Art. 19 Abs. 4 Satz 1 Genüge tun und einen wirkungsvollen Rechtsschutz gewährleisten.

Anhand der Entstehungsgeschichte der zivilprozessualen Vorschriften legt der Zweite Senat dar, dass die Zurechnung des Anwaltsverschuldens aus Gründen der Rechtssicherheit geregelt wurde. Deutlich erkennbar sei auch das Bestreben nach einer einheitlichen Regelung der Wiedereinsetzungsmöglichkeiten.[12] Die Besonderheiten im Verfahren der Anerkennung als Asylberechtigter seien nicht so gewichtig, dass diesen gesetzgeberischen Erwägungen entgegengetreten werden müsse. Weder das Fehlen eines Widerspruchsverfahrens im Asylverfahren noch die Beschränkung des Rechtsmittelzugs verstießen gegen Art. 19 Abs. 4 GG. Auch tatsächliche Schwierigkeiten der sprachunkundigen Asylbewerber, sich Zugang zu Gericht zu verschaffen, sprächen nicht gegen die Zurechnung des Anwaltsverschuldens, zumal gemäß § 59 VwGO über die möglichen Rechtsbehelfe zu belehren sei. Die weite Gestaltungsfreiheit in Bezug auf Organisation und Verfahren gelte auch im Rahmen des Grundrechts auf Asyl.

2. *Wirkungen und Reichweite der Entscheidungen*

Beide Entscheidungen des Bundesverfassungsgerichts betreffen zwar dieselbe Einzelfrage im Wiedereinsetzungsrecht, nämlich die Zurechnung des

[10] BVerfGE 60, 253 (267).
[11] BVerfGE 60, 253 (268).
[12] BVerfGE 60, 253 (287).

Anwaltsverschuldens in einer nichtvermögensrechtlichen Streitigkeit. Mit ihnen dürfte aber zugleich die Vereinbarkeit des gesamten Wiedereinsetzungsrechts mit dem Grundgesetz festgestellt sein. In seinen Entscheidungen betont das Bundesverfassungsgericht die Bedeutung der Rechtssicherheit, die sogar einen endgültigen Rechtsverlust aus Gründen, die der Betroffene selbst nicht zu vertreten hat, rechtfertigen kann. Erst recht keine verfassungswidrige Beschränkung des Zugangs zu Gericht sind daher die Beschränkung der Wiedereinsetzung auf die unverschuldete Fristversäumnis und das Erfordernis einer bestimmten Form sowie die Befristung der Wiedereinsetzung[13].

Bemerkenswert ist, wie weit das Bundesverfassungsgericht seine eigene Prüfungskompetenz in den beiden Beschlüssen zurücknimmt. Es räumt dem Gesetzgeber einen sehr weiten Spielraum bei der Abwägung zwischen den Rechtsprinzipien der materiellen Gerechtigkeit und der Rechtssicherheit ein und beschränkt sich dabei auf eine bloße Willkürkontrolle.[14] Diesen „judicial self-restraint" bei der verfassungsgerichtlichen Normenkontrolle hat sich das Gericht für die Abwägung zwischen den Prinzipien bereits in dem Urteil vom 18.12.1953 zu Art. 117 GG[15] auferlegt und in mehreren Entscheidungen wiederholt.[16]

Es ist allerdings festzustellen, dass in späteren Entscheidungen zum Prozessrecht der Anspruch des Einzelnen auf eine wirksame gerichtliche Kontrolle stärker betont und dadurch ein strengerer Maßstab angelegt worden ist, auch wenn das Bundesverfassungsgericht an der Rechtsprechung zur Zurechnung des Anwaltverschuldens im Verfahren wegen der Asylanerkennung noch im Jahr 2000 ausdrücklich festgehalten hat.[17] Beispielhaft sei hierzu die Entscheidung des Ersten Senats vom 27.10.1999 zur Beschränkung des Auskunftsrechts im verwaltungsgerichtlichen Verfahren nach § 99 Abs. 1 Satz 2 VwGO a.F. erwähnt. Hier hat das Bundesverfassungsgericht festgestellt, dass die Verweigerung von behördlichen Auskünften aus Gründen der Geheimhaltung den Rechtsschutz unzumutbar und aus sachlichen Gründen nicht gerechtfertigt beschränkt.[18] Auch bei der Auslegung der Wiedereinsetzungsvorschriften beschränkt sich das Bundesverfassungsgericht nicht auf eine bloße Willkürkontrolle der gerichtlichen Entscheidungen, wie im nächsten Abschnitt im Einzelnen dargestellt werden soll.

[13] Dazu ausdrücklich BVerfGE 88, 118 (125).

[14] Hierzu kritisch *v. Schlabrendorff* in seinem Sondervotum zur Entscheidung BVerfGE 35, 41 (51 ff.); *Roth-Stielow* VersR 1973, 956.

[15] BVerfGE 3, 225 (237 f.). In dem Verfahren der konkreten Normenkontrolle hat das BVerfG entschieden, dass Art. 117 Abs. 1 GG, der eine Übergangsfrist für der Gleichbehandlung von Mann und Frau entgegenstehendes Recht bis 31.3.1953 bestimmte, mit Art. 3 Abs. 2 GG in Einklang stand.

[16] Vgl. nur BVerfGE 15, 313 (319 f.); 22, 322 (329); 25, 269 (290 f.); 36, 1 (14 f.).

[17] BVerfG, Beschluss der 1. Kammer des Zweiten Senats vom 21.6.2000 – 2 BvR 1989/97 –, NVwZ 2000, 907.

[18] BVerfGE 101, 106 (125); ebenso BVerfGE 101, 397 (408).

III. Auslegung der Wiedereinsetzungsvorschriften

Das Bundesverfassungsgericht sieht Wiedereinsetzungsentscheidungen der Gerichte als tauglichen Gegenstand der Verfassungsbeschwerde an, obwohl es sich bei ihnen um prozessuale Zwischenentscheidungen handelt.[19] Es begründet dies damit, dass die Wiedereinsetzungsentscheidung zu einem unmittelbaren und bleibendem prozessualen Nachteil für den Rechtssuchenden oder den Prozessgegner führt.[20]

1. Die verfassungsrechtlichen Anforderungen

Die gerichtliche Auslegung des Wiedereinsetzungsrechts hat das Bundesverfassungsgericht in seinen frühen Entscheidungen ausschließlich am Maßstab des Art. 103 Abs. 1 GG geprüft. Art. 103 Abs. 1 GG gewährleiste in allen gerichtlichen Verfahren, unabhängig von der Ausgestaltung des Verfahrens in den verschiedenen Verfahrensordnungen, ein Minimum an rechtlichem Gehör.[21] Die Entscheidung über den Wiedereinsetzungsantrag bestimme, ob in dem Verfahren überhaupt rechtliches Gehör gewährt werde. Deshalb dürften die Anforderungen an das, was ein Prozessbeteiligter zur Wahrung seines Anspruchs auf rechtliches Gehör zu tun habe, nicht „überspannt" werden.[22]

Erstmalig bei der Wiedereinsetzung in den vorigen Stand in die Einspruchsfrist gegen einen Bußgeldbescheid hat der Zweite Senat zusätzlich Art. 19 Abs. 4 GG herangezogen. Nur der Einspruch eröffne überhaupt die Möglichkeit, gerichtlichen Rechtsschutz gegen die belastende Maßnahme der Verwaltung zu erlangen; die Einräumung dieser Chance sei durch Art. 19 Abs. 4 GG zwingend geboten und dürfe durch formale Voraussetzungen nicht in unzumutbarer Weise erschwert werden.[23] Ob eine solche Erschwerung vorliegt, hat das Bundesverfassungsgericht aber weiterhin an der „Überspannungs-Formel" geprüft, wobei es jedoch die besondere Bedeutung des „ersten Zugangs" zu Gericht betont hat.[24]

Die für den „ersten Zugang" entwickelten Anforderungen hat das Bundesverfassungsgericht zunächst auf die Fälle des Einspruchs gegen den Strafbefehl übertragen, in denen zwar eine gerichtliche Prüfung gemäß § 408 StPO

[19] Dazu allgemein BVerfGE 58, 1 (23); *Bethge* in: Maunz/Schmidt-Bleibtreu/Klein/Bethge, BVerfGG, § 90 Rn. 245 (Februar 2007).

[20] Vgl. BVerfGE 14, 8 (10) zur stattgebenden Wiedereinsetzungsentscheidung; BVerfGE 25, 158 (164) zur Versagung.

[21] BVerfGE 25, 158 (166) unter Verweis auf BVerfGE 7, 53 (57).

[22] BVerfGE 25, 158 (166); daran anschließend BVerfGE 26, 315 (318); 31, 388 (390); 34, 154 (156).

[23] BVerfGE 37, 93 (96).

[24] BVerfGE 37, 100 (102); 38, 35 (38); 40, 46 (49).

bereits stattgefunden, aber diese lediglich summarischen Charakter hat. Auch im Strafbefehlsverfahren habe der Beschuldigte Anspruch auf eine Anhörung vor dem Richter, was sich aus Art. 103 Abs. 1 GG ergebe.[25] Zwar gewährleisteten weder Art. 19 Abs. 4 GG noch das Rechtsstaatsprinzip einen Instanzenzug. Eröffne der Gesetzgeber aber mehrere Instanzen, dürfe der Zugang auch zu den weiteren Instanzen nicht unzumutbar und sachlich nicht gerechtfertigt erschwert werden.[26] Mit letztgenanntem Argument hat das Bundesverfassungsgericht seine Rechtsprechung zudem auf die Wiedereinsetzung in die Rechtsmittelfristen im Zivilprozess angewandt.[27] Statt Art. 19 Abs. 4 GG hat der Erste Senat als Maßstab später Art. 2 Abs. 1 GG in Verbindung mit dem Rechtsstaatsprinzip herangezogen.[28]

Das Bundesverfassungsgericht differenziert dabei nicht in seinen Entscheidungen zwischen den unterschiedlichen Grundrechten, sondern wendet inzwischen auf sämtliche Verfahren als einheitlichen Maßstab die Formel an, dass der Zugang zu den Instanzen nicht unzumutbar dadurch erschwert werden darf, dass die Anforderungen für die Wiedereinsetzung „überspannt" werden.[29] Wann ein solches „Überspannen" vorliegt, hat das Gericht dabei in zahlreichen Einzelfällen entschieden, ohne den Begriff jedoch näher zu definieren.

2. *Zum Wiedereinsetzungsverfahren*

a) Bei den formalen Anforderungen an den Wiedereinsetzungsantrag hat das Bundesverfassungsgericht deren zu enge Auslegung durch die Fachgerichte mehrfach korrigiert. So soll als Wiedereinsetzungsantrag eine Formulierung genügen, aus der ersichtlich ist, dass ein rechtsunkundiger Antragsteller in Kenntnis der Verspätung seines Rechtsbehelfs darum bittet, dieser möge trotz Verspätung in der Sache behandelt werden.[30]

b) Nach der Änderung des § 45 StPO im Jahr 1975 kann nun in sämtlichen Verfahrensordnungen die Glaubhaftmachung des Versäumungsgrundes im Verfahren über den Wiedereinsetzungsantrag nachgeholt werden. Aus ver-

[25] BVerfGE 40, 88 (91).

[26] BVerfGE 41, 23 (26) unter Bezugnahme auf BVerfGE 40, 272 (274 f.).

[27] BVerfGE 50, 1 (3).

[28] BVerfGE 57, 117 (120); 88, 118 (123). – Geht es um den Wiedereinsetzungsantrag einer mittellosen Partei, ist außerdem Art. 3 Abs. 1 GG zu beachten: Der allgemeine Gleichheitssatz in Verbindung mit dem Sozialstaatsprinzip (Art. 20 Abs. 1 GG) gebietet es, die prozessuale Stellung von Bemittelten und Unbemittelten weitgehend anzugleichen (BVerfGE 22, 83 [86] unter Verweis auf BVerfGE 9, 124 [130 f.]; 10, 264 [270]). Auf diese Fälle soll im Folgenden aber nicht näher eingegangen werden.

[29] Vgl. nur aus neuerer Zeit BVerfGE 110, 339 (342).

[30] BVerfGE 37, 93 (97); noch weitergehend BVerfGK 3, 264 (269).

fassungsrechtlicher Sicht besteht daher kein Anlass mehr, die schlichte Erklärung des Antragstellers genügen zu lassen, wenn es sich um einen nach der Lebenserfahrung naheliegenden Sachverhalt handelt.[31] Vielmehr ist die Partei ausreichend dadurch geschützt, dass ihr ein Nachschieben von Mitteln der Glaubhaftmachung bis zum rechtskräftigen Verfahrensabschluss – mithin auch in der Beschwerdeinstanz – möglich ist.[32] Eine weitere Detaillierung des erstinstanzlichen Vorbringens zur Glaubhaftmachung darf dabei aber nicht als unzulässiges Nachschieben eines Wiedereinsetzungsgrundes zurückgewiesen werden.[33] Offenlassen konnte das Bundesverfassungsgericht bisher, ob die schlichte Erklärung genügt, wenn keine Mittel zur Glaubhaftmachung zur Verfügung stehen.[34]

c) Die Prozessordnungen schreiben vor, dass innerhalb der Wiedereinsetzungsfrist auch die versäumte Prozesshandlung nachzuholen ist (z.B. § 236 Abs. 2 Satz 2 ZPO, § 45 Abs. 2 Satz 2 StPO). Dies hat das Bundesverfassungsgericht grundsätzlich als unbedenklich angesehen.[35] Die Fachgerichte seien jedoch verpflichtet, im Wege der Auslegung auch zu prüfen, ob die Nachholung der versäumten Prozesshandlung dem Gesuch entnommen werden kann. Bei einem Wiedereinsetzungsantrag nach Versäumung der Einspruchsfrist gegen ein Versäumnisurteil im Zivilprozess genüge es, wenn sich der Wille zur Fortführung des Verfahrens aus dem Erklärungsinhalt oder weiteren Umständen, wie der Interessenlage, ergibt.[36] Da der Einspruch gem. § 340 ZPO nicht begründet werden muss, um wirksam zu sein, wird dies regelmäßig der Fall sein.[37]

d) Im Verfahren der Wiedereinsetzung sind auch die Grundrechte der übrigen Verfahrensbeteiligten zu beachten. So hat das Bundesverfassungsgericht schon früh betont, dass der Gegenpartei rechtliches Gehör vor einer stattgebenden Wiedereinsetzungsentscheidung auch dann zu gewähren sei, wenn dies nicht in der Prozessordnung vorgesehen ist. Dies folge unmittelbar aus Art. 103 Abs. 1 GG.[38] Der Wiedereinsetzung komme besondere

[31] BVerfGE 41, 332 (337) in Abkehr zur früheren Rechtsprechung in BVerfGE 26, 315 (320); 37, 93 (98); 38, 35 (39); 40, 88 (92); 40, 182 (186).

[32] BVerfGE 43, 95 (98) bezeichnet die Nachholung bis zum rechtskräftigen Abschluss des Verfahrens ausdrücklich als die verfassungskonforme.

[33] BVerfGE 43, 95 (100).

[34] BVerfGE 41, 332 (339 f.).

[35] BVerfGE 88, 118 (125).

[36] BVerfGE 88, 118 (127).

[37] Keine Verletzung des Anspruchs auf wirkungsvollen Rechtsschutz stellt es nach BVerfGK 9, 225 (229) jedoch dar, wenn das Fachgericht die Nachholung einer unterschriebenen Berufungsbegründung nicht in der bloßen Bezugnahme im Wiedereinsetzungsantrag auf die dem Gericht bereits vorliegende, nicht unterzeichnete Begründungsschrift sieht.

[38] BVerfGE 8, 253 (255), 53, 109 (113 f.); 62, 320 (322); 67, 154 (155 f.) für den Zivilprozess.

Bedeutung zu, da sie unanfechtbar sei und die Rechtskraft durchbreche. Von einer Anhörung dürfe auch nicht abgesehen werden, wenn eine rasche Entscheidung beabsichtigt sei; ggf. müsse das Gericht gesondert über einstweilige Maßnahmen entscheiden, die auch wieder aufgehoben werden könnten.[39]

3. *Zum Wiedereinsetzungsgrund*

a) Die Frage, ob dem Rechtssuchenden Wiedereinsetzung zu gewähren ist, stellt sich erst auf der Sekundärebene, nachdem eine Fristversäumung feststeht. Die Frist ist dann gewahrt, wenn der Rechtsbehelf bis Mitternacht eingelegt wird. Eine andere Auslegung der §§ 43 StPO, 222 ZPO, insbesondere ein Eingang des Schriftsatzes bis Dienstschluss, ist nach der verfassungsgerichtlichen Rechtsprechung mit dem Grundgesetz nicht vereinbar, weil in den Vorschriften schon nach dem Wortlaut auf den Ablauf des Tages abgestellt werde.[40] Das gelte nicht nur für die Einlegung mittels Fernschreiben, sondern auch für den Einwurf in den Hausbriefkasten.[41] Für den Eingang bei Gericht genüge es, wenn das Schriftstück in die Verfügungsgewalt des Gerichts gelangt sei. Die Abgabe auf der Geschäftsstelle einer Kammer könne nicht verlangt werden.[42] Einen Anspruch auf die volle Rechtsbehelfsfrist als Überlegungsfrist hat das Bundesverfassungsgericht hingegen wegen Art. 103 Abs. 1 GG nicht als geboten angesehen. Erlange der Rechtssuchende noch innerhalb der Rechtsbehelfsfrist Kenntnis von der Zustellung, z.B. nach Rückkehr aus seinem Urlaub, müsse er gegebenenfalls sofort geeignete Maßnahmen zur Fristwahrung ergreifen.[43]

Mit seiner Entscheidung vom 20.6.1995 hat sich der Erste Senat gegen die bis dahin geltende höchstrichterliche Rechtsprechung gestellt, indem er von dem erstinstanzlichen Gericht im Zivilprozess verlangte, eine irrtümlich bei ihm eingelegte Berufung im ordentlichen Geschäftsgang an das Berufungsgericht weiterzuleiten; unterlasse es dies, sei dem Rechtsmittelführer Wiedereinsetzung in den vorigen Stand zu gewähren.[44] Zur Begründung verweist das Bundesverfassungsgericht auf das aus Art. 2 Abs. 1 GG in Verbindung mit dem Rechtsstaatsprinzip folgende Gebot des fairen Verfahrens, das eine

[39] BVerfGE 61, 14 (16) zur Wiedereinsetzung nach Einspruch gegen den Vollstreckungsbescheid bei bereits eingeleiteten Vollstreckungsmaßnahmen.

[40] BVerfGE 41, 323 (327); 42, 128 (131); 52, 203 (209).

[41] BVerfGE 42, 128 (132): Zur Kontrolle der Frist könnten die Gerichte einen Nachbriefkasten einrichten.

[42] BVerfGE 57, 117 (120) unter Verweis auf BVerfGE 52, 203 (209).

[43] BVerfGE 43, 75 (78).

[44] BVerfGE 93, 99 (115); ebenso BVerfGK 5, 142 (144). Siehe auch BVerfG, Beschluss der 3. Kammer des Ersten Senats vom 2.9.2002 – 1 BvR 476/01 –, NJW 2002, 3692 zur Weiterleitung an die zuständige Behörde.

nachwirkende Fürsorgepflicht für die Parteien entfalte.[45] Sei eine fristgerechte Weiterleitung nicht möglich, bestehe aber für das fälschlich angerufene Gericht keine Pflicht, die Partei durch Telefonat oder Telefax von der Einreichung beim unzuständigen Gericht zu unterrichten.[46]

Mit mehreren Entscheidungen hat das Bundesverfassungsgericht den Einsatz von Telefaxgeräten erleichtert. Eröffne ein Gericht den Übermittlungsweg per Telefax, so dürften die aus den technischen Gegebenheiten herrührenden Risiken nicht auf den Nutzer abgewälzt werden; Störungen des Empfangsgeräts oder der Leitungen habe dieser nicht zu vertreten.[47] Es dürfe dabei von dem Nutzer auch nicht verlangt werden, bei solchen Störungen innerhalb kürzester Zeit eine andere Zugangsart – z.B. die Übermittlung durch Boten – zu wählen.[48] Allerdings müsse mit der Übermittlung so rechtzeitig begonnen werden, dass sie auch unter Berücksichtigung der vorübergehenden Belegung des Empfangsgeräts durch andere Faxsendungen rechtzeitig abgeschlossen werden könne.[49] In einer Kammerentscheidung aus jüngerer Zeit hat das Bundesverfassungsgericht zudem klargestellt, dass bei der Einrichtung gemeinsamer Telefaxanschlüsse mehrerer Gerichte die Übermittlung an einen der Anschlüsse der Gerichte genügt, selbst wenn der konkrete Anschluss nicht dem zuständigen Gericht zugeordnet ist, sofern der Schriftsatz an das richtige Gericht adressiert ist.[50]

b) Zahlreiche stattgebende Entscheidungen des Bundesverfassungsgerichts in Wiedereinsetzungssachen betreffen die Fristversäumnis aufgrund der Abwesenheit des Betroffenen vom Wohnort. Die vielfach sehr hohen gerichtlichen Anforderungen an die bei Ortsabwesenheit zu treffenden Vorkehrungen haben das Bundesverfassungsgericht veranlasst klarzustellen, dass eine vorübergehende Abwesenheit keinen Nachsendeauftrag oder andere Maßnahmen erfordere.[51] Das gelte auch dann, wenn der Bürger mit einer Zustellung rechnen müsse, weil er vor Erlass des Bußgeldbescheids als Be-

[45] BVerfGE 93, 99 (113).

[46] BVerfG, Beschluss der 2. Kammer des Ersten Senats vom 3.1.2001 – 1 BvR 2147/00 –, NJW 2001, 1343.

[47] BVerfG, Beschluss der 2. Kammer des Ersten Senats vom 1.8.1996 – 1 BvR 121/95 –, NJW 1996, 2857.

[48] BVerfG, a.a.O.; BVerfG, Beschluss der 2. Kammer des Ersten Senats vom 21.6.2001 – 1 BvR 436/01 –, NJW 2001, 3473.

[49] Vgl. BVerfG, Beschluss der 3. Kammer des Zweiten Senats vom 16.4.2007 – 2 BvR 359/07 –, NJW 2007, 2838; BVerfG, Beschluss der 2. Kammer des Ersten Senats vom 20.1.2007 – 1 BvR 2683/05 –, NJW 2007, 1505 (1506); ablehnend zu dieser Rechtsprechung *Roth* NJW 2008, 785.

[50] BVerfG, Beschluss der 2. Kammer des Ersten Senats vom 9.10.2007 – 1 BvR 1784/05 –, NJW-RR 2008, 446.

[51] BVerfGE 25, 158 (166); 26, 315 (319). Das gilt auch, wenn die Zustellung nicht durch Niederlegung, sondern in den Geschäftsräumen erfolgt: BVerfGE 37, 100 (102).

troffener angehört wurde.[52] Es komme nicht darauf an, ob die Abwesenheit in die normale Ferienzeit falle.[53] Eine vorübergehende Abwesenheit sei bis zu einem Zeitraum von etwa sechs Wochen anzunehmen.[54]

c) Ein großer Teil der stattgebenden Beschlüsse der beiden Senate entfällt daneben auf die Versäumung der Frist durch eine überdurchschnittlich lange Postlaufzeit. Auch hier ist zu beobachten, dass sich das Bundesverfassungsgericht gegen eine bei den Fachgerichten verfestigte Rechtsauffassung durchsetzen musste. Nach der Rechtsprechung des Bundesverfassungsgerichts genügt es, wenn der Absender die gewöhnliche Laufzeit einer Postsendung einkalkuliert und die Verlängerungen der Laufzeit durch verminderten oder entfallenden Leerungs- und Zustellungsdienst an Wochenenden und Feiertagen in seine Überlegungen einbezieht. Komme der Absender dem nach, sei ein Sicherheitszuschlag nicht erforderlich.[55] Mit Verzögerungen wegen besonders starker Inanspruchnahme, verminderter Leistungsfähigkeit oder Nachlässigkeit eines Angestellten brauche er nicht zu rechnen.[56] Zum Nachweis der regelmäßigen Postlaufzeit reiche dabei eine amtliche Auskunft oder ein Aushang am Briefkasten aus.[57] In der Kammerrechtsprechung sind diese Grundsätze auch auf private Kurierdienste übertragen worden.[58]

d) Hat die Behörde oder das Gericht eine missverständliche oder gar fehlerhafte Mitteilung gemacht, dürfen die Anforderungen daran, was der Rechtssuchende zur Beseitigung der dadurch verursachten Unkenntnis von der Frist oder ihrer Dauer getan haben muss, nach der Rechtsprechung des Bundesverfassungsgerichts nicht hoch angesetzt werden.[59] Grundsätzlich

[52] BVerfGE 34, 154 (156); 35, 296 (298). Deutlich strenger jedoch BVerfG, Beschluss der 2. Kammer des Ersten Senats vom 7.8.2007 – 1 BvR 685/07 –, NJW 2007, 3486 unter Verweis auf die Rechtsprechung des BGH: Wenn die Partei an einem gerichtlichen Verfahren beteiligt ist oder konkrete Anhaltspunkte hat, dass ein solches gegen sie beginnen werde, so obliege ihr die regelmäßige und rechtzeitige Kontrolle des Posteingangs.

[53] BVerfGE 41, 332 (336).

[54] BVerfGE 41, 332 (336).

[55] BVerfGE 40, 42 (45); 41, 23 (27 f.); 44, 341 (343); 41, 356 (359); 42, 258 (259 f.); 43, 75 (78 f.); 43, 151 (153 f.); 44, 302 (306); 45, 360 (362); 36, 404 (406); 50, 397 (399); 51, 146 (149 f.); 51, 352 (355); 53, 25 (29); 53, 148 (151); 54, 80 (84) 62, 334 (337); BVerfG, Beschluss der 4. Kammer des Zweiten Senats vom 14.5.2000 – 2 BvR 1557/98, juris.

[56] BVerfGE 41, 23 (27); 51, 146 (149 f.); 53, 25 (29); 54, 80 (84).

[57] Vgl. z.B. BVerfGE 43, 151 (154); 51, 146 (149 f.). BVerfGE 54, 80 (86) weist darauf hin, dass bei Zweifeln eine Auskunft von Amts wegen einzuholen ist. Die Einholung der Auskunft ist auch bei unvollständiger Adressierung erforderlich und darf nicht durch die Vermutung längerer Laufzeit ersetzt werden: BVerfG, Beschluss der 2. Kammer des Ersten Senats vom 25.9.2000 – 1 BvR 2104/99 –, NJW 2001, 1566.

[58] BVerfG, Beschluss der Zweiten Kammer des 1. Senats vom 4.4.2000 – 1 BvR 199/00 –, NJW 2000, 2657; vgl. auch BVerfG, Beschluss der 4. Kammer des Zweiten Senats vom 20.12.2001 – 2 BvR 1100/01 –, NJW-RR 2002, 1005.

[59] Vgl. BVerfGE 40, 46 (50), 110, 339 (342). Siehe auch BVerfG, Beschluss der 3. Kammer des Zweiten Senats vom 13.9.1993 – 2 BvR 1366/93 –, StV 1994, 113 zur Kausalität.

dürfe der Rechtssuchende auf behördliche oder gerichtliche Auskünfte z.B. über das zuständige Rechtsmittelgericht vertrauen. Dies hat das Bundesverfassungsgericht in einer neueren Entscheidung auch mit dem aus Art. 2 Abs. 1 GG in Verbindung mit dem Rechtsstaatsprinzip des Art. 20 Abs. 3 GG abzuleitenden Recht auf ein faires Verfahren begründet.[60] Der Grundsatz fairen Verfahrens erfordere sogar, dass das Gericht den Betroffenen über die Möglichkeit der Wiedereinsetzung ausdrücklich belehre; die Wiedereinsetzungsfrist beginne jedenfalls erst mit der Belehrung zu laufen.[61]

Anders hatte das Bundesverfassungsgericht im Jahr 1971 noch den Fall entschieden, in dem der Angeschuldigte die Einspruchsfrist gegen den Strafbefehl versäumte, weil er aufgrund der Rechtsmittelbelehrung von einer Verfristung ausging: Der Angeschuldigte hatte erst nach einer Woche und einem Tag Kenntnis von dem durch Niederlegung zugestellten Strafbefehl erhalten und ging aufgrund der vorgedruckten Rechtsmittelbelehrung davon aus, dass die Einspruchsfrist abgelaufen war. Tatsächlich fiel jedoch der Fristablauf auf einen Feiertag, so dass die Einspruchsfrist an dem Tag der Zustellung noch lief.[62] Die Rechtsmittelbelehrung müsse nicht auf sämtliche Modalitäten einer Fristberechnung hinweisen. Vielmehr könne von dem Angeschuldigten verlangt werden, bei seinem Rechtsanwalt oder dem Gericht Erkundigungen einzuholen, zumal Zweifel am Fristablauf aufgrund des Feiertags keineswegs fernliegend gewesen seien. Es erscheint fraglich, ob diese Entscheidung des Bundesverfassungsgerichts im Hinblick auf die Betonung des fair-trial Grundsatzes noch heute so ausfallen würde. Schon *Kühling* hat in seinem Sondervotum zu der genannten Entscheidung darauf hingewiesen, dass es dem Angeschuldigten nicht zugemutet werden könne, zu erkennen, dass die Rechtsmittelbelehrung entgegen ihrem Wortlaut nicht auf ihn zutreffe.[63]

e) Ebenfalls das Vertrauen des Rechtssuchenden auf eine berechenbare und eindeutige Gerichtspraxis betrifft die Entscheidung des Ersten Senats vom 28.2.1989.[64] Der Prozessbevollmächtigte des Beschwerdeführers hatte eine Verlängerung der Berufungsbegründungsfrist beantragt, die ihm nicht gewährt wurde. Die beantragte Wiedereinsetzung in den vorigen Stand verweigerte das Gericht unter Berufung auf die Kammerpraxis. Fristverlängerungen nach § 519 Abs. 2 Satz 2 ZPO a.F. (§ 520 Abs. 2 Satz 3 ZPO n.F.) würden nur in Ausnahmefällen gewährt. Der Prozessbevollmächtigte hätte sich vor Fristablauf erkundigen müssen, ob Fristverlängerung gewährt werde.

[60] BVerfGE 110, 339 (342) unter Verweis auf BVerfGE 38, 105 (111); 57, 250 (274 f.).

[61] BVerfG, Beschluss der 1. Kammer des Zweiten Senats vom 27.9.2005 – 2 BvR 172/04 u.a. –, NJW 2005, 3269; BVerfGK 5, 151 (154 f.); BVerfG, Beschluss der 3. Kammer des Zweiten Senats vom 11.11.2001 – 2 BvR 1471/01, RPfleger 2002, 279.

[62] BVerfGE 31, 388.

[63] BVerfGE 31, 388 (391).

[64] BVerfGE 79, 372.

Das Bundesverfassungsgericht nahm einen Verstoß gegen Art. 2 Abs. 1 GG in Verbindung mit dem Rechtsstaatsprinzip an, weil der Zugang zur Berufungsinstanz in unzumutbarer Weise erschwert würde. Die Instanzgerichte seien aus Gründen der Rechtsstaatlichkeit gehindert, Meinungsverschiedenheiten über die Auslegung des einfachen Rechts zu Lasten des Bürgers auszutragen und es ihm zum Verschulden gereichen zu lassen, wenn er auf eine eindeutige Rechtsprechung eines obersten Bundesgerichts vertraue. Etwas anderes könne nur dann gelten, wenn dem rechtsuchenden Bürger die strengere Handhabung von Verfahrensvorschriften durch das Gericht bekannt sei müsse. Der Prozessbevollmächtigte habe deshalb darauf vertrauen dürfen, dass entsprechend der Rechtsprechung des Bundesgerichtshofs[65] seinem erstmaligen Fristverlängerungsantrag entsprochen werde, zumal er mit seiner beruflichen Überlastung einen erheblichen Grund im Sinne des § 519 ZPO a.F. angeführt habe.

Die tragenden Gründe dieser Entscheidungen haben eine umfangreiche Kammerrechtsprechung nach sich gezogen. Die Kammern haben wiederholt entschieden, dass die Berufung auf von der höchstrichterlichen Rechtsprechung anerkannte Gründe im Fristverlängerungsantrag genüge, um nach dessen Ablehnung Wiedereinsetzung zu erhalten und die vorherige Erkundigung über die Gewährung der Fristverlängerung bei den Fachgerichten nicht erforderlich sei.[66] Ebenso könne der Rechtsanwalt auf die Rechtsprechung vertrauen, dass er einfache Verrichtungen, wie die Kontrolle ausgehender Schriftsätze auf die erforderliche Unterschrift, dem zuverlässigen und geschulten Büropersonal übertragen darf.[67] Ihm dürfe auch nicht vorgehalten werden, dass er entsprechend der herrschenden Ansicht in Rechtsprechung und Literatur allgemein- oder gerichtskundige, insbesondere aktenkundige Tatsachen im Wiedereinsetzungsantrag nicht vorgetragen habe.[68] Dabei hat die 1. Kammer des Ersten Senats außerordentlich weitgehend sogar eine Bindungswirkung an die höchstrichterliche Rechtsprechung eines anderen

[65] Unter Bezugnahme auf BGH, Beschluss vom 11.7.1985 – III ZB 13/85 –, VersR 1985, 972; BGH, Beschluss vom 2.2.1983 – VIII ZB 1/83 –, NJW 1983, 1741.

[66] BVerfG, Beschluss der 3. Kammer des Ersten Senats vom 26.7.2007 – 1 BvR 602/07 –, NJW 2007, 3342; BVerfG, Beschluss der 2. Kammer des Ersten Senats vom 4.12.2000 – 1 BvR 1797/00 –, NJW-RR 2001, 1076 und BVerfG, Beschluss der 2. Kammer des Ersten Senats vom 12.1.2000 – 1 BvR 1621/99 –, NJW 2000, 1634: Vertrauen auf Fristverlängerung bei Arbeitsüberlastung des Prozessbevollmächtigten; BVerfG, Beschluss der 2. Kammer des Ersten Senats vom 25.9.2000 – 1 BvR 464/00 –, NJW 2001, 812: Vertrauen auf Fristverlängerung bei erforderlicher Rücksprache des Anwalts mit der Partei.

[67] BVerfG, Beschluss der 3. Kammer des Ersten Senats vom 26.4.2004 – 1 BvR 1819/00 –, NJW 2004, 2583; BVerfG, Beschluss der 2. Kammer des Ersten Senats vom 14.12.2001 – 1 BvR 1009/01 –, NJW-RR 2002, 922.

[68] BVerfG, Beschluss der 3. Kammer des Zweiten Senats vom 30.3.1995 – 2 BvR 2119/94 –, NJW 1995, 2544: Zeitpunkt der Kenntniserlangung von der Fristversäumung durch den Angeklagten selbst bei verschuldeter Säumnis des Verteidigers.

Gerichtszweigs angenommen: Das Oberverwaltungsgericht habe bei Prüfung der Wiedereinsetzungsfrist des § 60 Abs. 2 Satz 1 VwGO die zu der inhaltlich entsprechenden Vorschrift des § 234 ZPO ergangene Rechtsprechung des Bundesgerichtshofs zu beachten, sofern keine Anzeichen für eine entgegenstehende verwaltungsgerichtliche Rechtsprechung bestanden.[69]

f) Weitere Entscheidungen des Bundesverfassungsgerichts zur Wiedereinsetzung in den vorigen Stand betreffen die Fristversäumnis trotz Rechtsmittelbelehrung. Der Zweite Senat hat festgestellt, dass es mit Art. 103 Abs. 1 GG unvereinbar ist, wenn einem der deutschen Sprache nicht mächtigen Ausländer ein Verschulden angelastet wird, weil er die Frist trotz Belehrung über die Rechtsmittel versäumt hat. Der sprachunkundige Ausländer könne nicht anders behandelt werden, als wenn die Rechtsmittelbelehrung unterblieben wäre.[70] Das gelte freilich dann nicht, wenn sich der Rechtssuchende nicht ausreichend um eine Übersetzung bemüht habe, insbesondere wenn für ihn Anlass zu der Annahme bestanden habe, dass es sich bei dem übermittelten Schriftstück um ein amtliches handeln könnte, das eine belastende Verfügung enthalte.[71] Das Recht auf ein faires Verfahren ist – wie bei einer unzureichenden gerichtlichen Auskunft – bei einer für den rechtsunkundigen Angeklagten nicht nachvollziehbaren oder unvollständigen Rechtsmittelbelehrung verletzt.[72] Nicht in jedem Fall erforderlich ist es aber, dem anwaltlich nicht vertretenen Betroffenen neben einer mündlichen Rechtsmittelbelehrung noch ein Merkblatt auszuhändigen.[73]

4. *Schlussfolgerungen*

Nicht nur für den Zivilprozess bestätigt die aufgezeigte Rechtsprechung die bereits 1982 von *Schumann* aufgestellte These, dass sich das Bundesverfassungsgericht in seinen Judikaten keineswegs auf Grundsatzgebiete beschränkt, sondern „sich mehr der technischen, praktischen Alltagsfragen des Zivilprozesses angenommen" hat.[74] Dabei ist festzustellen, dass die Rechtsprechung zum Wiedereinsetzungsrecht inzwischen weitgehend von den beiden Senaten auf die Kammern übergegangen ist. Das Bundesverfassungs-

[69] BVerfG, Beschluss der 1. Kammer des Ersten Senats vom 26.9.2002 – 1 BvR 1419/01 –, NVwZ 2003, 341.

[70] BVerfGE 40, 95 (100); ebenso BVerfG, Beschluss der 3. Kammer des Zweiten Senats vom 19.4.1995 – 2 BvR 2295/94 –, NVwZ-RR 1996, 120.

[71] BVerfGE 42, 120 (126); 86, 280 (286).

[72] BVerfG, Beschluss der 3. Kammer des Zweiten Senats vom 21.12.1995 – 2 BvR 2033/95 –, NJW 1996, 1811.

[73] BVerfG, Beschluss der 1. Kammer des Zweiten Senats vom 28.2.2007 – 2 BvR 2619/06 –, NStZ 2007, 416.

[74] *Schumann* Bundesverfassungsgericht, Grundgesetz und Zivilprozess, 1983, S. 79 f.

gericht sieht somit die wesentlichen verfassungsrechtlichen Fragen als geklärt an (vgl. § 93c Abs. 1 BVerfGG). Bis heute greifen dabei die Entscheidungen zumeist auf die bereits in den Anfangszeiten entwickelte „Überspannensformel" zurück, wobei lediglich die Wortwahl wechselt. Sachlich hat sich daran auch nichts dadurch geändert, dass nunmehr teils das Rechtsstaatsprinzip anstelle des Art. 19 Abs. 4 GG als grundgesetzlicher Maßstab herangezogen oder auf das Prinzip des fairen Verfahrens verwiesen wird. Die Maßstäbe aus Art. 19 Abs. 4 GG bzw. dem Rechtsstaatsprinzip und Art. 103 Abs. 1 GG werden in der Rechtsprechung des Gerichts nicht näher unterschieden und auch ihr Verhältnis zueinander wird nicht näher klargestellt. Das ist in der Literatur zu Recht auf Kritik gestoßen: Zutreffend wäre es wohl, Art. 103 Abs. 1 GG als Spezialvorschrift gegenüber den allgemeinen Prinzipien anzusehen.[75]

Daneben ist auch die Tendenz des Bundesverfassungsgerichts festzustellen, die zunächst in einem Rechtsgebiet getroffenen Entscheidungen zur Wiedereinsetzung in späteren Beschlüssen auch auf die übrigen Prozessordnungen zu übertragen, selbst wenn ihre Begründung zunächst die Besonderheiten des jeweiligen Prozessrechts hervorgehoben hat. So hat das Bundesverfassungsgericht einen Großteil seiner frühen Entscheidungen zur Wiedereinsetzung in die Einspruchsfrist gegen den Strafbefehl oder den Bußgeldbescheid gefällt. Dabei hat es die besondere Bedeutung des Art. 103 Abs. 1 GG in diesen Fällen betont, weil der „erste Zugang" zu Gericht inmitten stehe und es um die Gewährleistung des „Minimums von rechtlichem Gehör" gehe.[76] Ohne strengere Anforderungen anzulegen und ohne nähere Begründung hat es seine Rechtsprechung aber später auf die Wahrnehmung aller Instanzen und die übrigen Prozessordnungen übertragen.[77] Angesichts der unterschiedlichen Gewichte der Rechtsgüter Rechtssicherheit und materieller Gerechtigkeit im Eingangs dargestellten Spannungsverhältnis bei der Wiedereinsetzung erscheint dies aber keineswegs selbstverständlich.

Schon die Anzahl der wiedergegebenen Entscheidungen zeigt aber die erhebliche praktische Bedeutung der Rechtsprechung des Bundesverfassungsgerichts, die der geringen theoretischen Fundierung gegenübersteht. Aufgrund seiner hohen Prüfungsdichte ist das Bundesverfassungsgericht im Wiedereinsetzungsrecht faktisch zu einer weiteren Instanz im Rechtszug geworden.[78] Jede „Überspannung" der Voraussetzungen an die Wiedereinsetzung stellt nach seiner Rechtsprechung eine Gehörsverletzung dar. Eine

[75] *Schulze-Fielitz* in: Dreier, GG, 2. Aufl. 2008, § 103 Rn. 84; *Kunig* in: von Münch/Kunig, GG, 5. Aufl. 2003, § 103 Rn. 3b.

[76] BVerfGE 37, 100 (102); 35, 158 (166).

[77] Vgl. z.B. BVerfGE 40, 272 (275); 88, 118 (125).

[78] Ebenso *Ch. Degenhart* in: Issensee/Kirchhof, Handbuch des Staatsrechts, 3. Aufl. 2007, Band V, § 115 Rn. 48; *Schulze-Fielitz* in: Dreier, GG, § 103 Rn. 70.

solche Überspannung hat das Bundesverfassungsgericht nicht nur bei einer in der Gerichtspraxis festzustellenden zu strengen Auslegung der Wiedereinsetzungsvorschriften, sondern folgerichtig auch bei offensichtlich fehlerhaften Entscheidungen angenommen.[79] Lediglich in Bagatellfällen, denen es an grundsätzlicher Bedeutung fehlt, kann das Bundesverfassungsgericht nach seinem eigenen Verständnis unter den Voraussetzungen des § 93a Abs. 2 Buchst. b BVerfGG die Annahme der Verfassungsbeschwerde zur Entscheidung ablehnen.

IV. Ergebnis

Auch wenn sich das Bundesverfassungsgericht bei der Prüfung der Verfassungsmäßigkeit des Wiedereinsetzungsrechts faktisch auf den Willkürmaßstab zurückgezogen hat, darf daraus nicht auf einen großzügigen Umgang des Gerichts mit den prozessualen Grundrechten auf rechtliches Gehör und effektiven Rechtsschutz geschlossen werden. Vielmehr korrigiert das Bundesverfassungsgericht nicht nur die willkürliche, sondern jede den Grundrechten der Art. 103 Abs. 1, 19 Abs. 4 GG nicht ausreichend Rechnung tragende, zu strenge oder falsche Auslegung der Wiedereinsetzungsvorschriften.

Die Annahme, dass die eine Gerichtsentscheidung für mit dem Grundgesetz unvereinbar erklärenden Entscheidungen des Bundesverfassungsgerichts nur Wirkung für den jeweiligen Einzelfall entfalten, ist dabei unzutreffend. Stellt das Gericht eine grundrechtswidrige Auslegung der Wiedereinsetzungsvorschriften fest, nimmt es für seine Entscheidungsgründe nach § 31 Abs. 1 BVerfGG eine Bindungswirkung der Fachgerichte in Anspruch.[80] Den Gerichten sei es verwehrt, in bereits entschiedenen Fallkonstellationen eine strengere Auslegung des Wiedereinsetzungsrechts zu vertreten. Über den konkreten Fall hinaus wirkt die Rechtsprechung des Bundesverfassungsgerichts aber auch allgemein der Neigung der Fachgerichte entgegen, überzogene Anforderungen an die formellen und materiellen Voraussetzungen einer Wiedereinsetzung zu stellen[81].

[79] Vgl. BVerfG, Beschluss der 3. Kammer des Zweiten Senats vom 13.4.1994 – 2 BvR 2107/93 –, NJW 1994, 1856: Zurechnung des Verteidigerverschuldens im Rahmen des § 45 StPO.

[80] Hierzu die deutlichen Hinweise des BVerfGE 40, 88 (93 f.), 42, 258 (260); allgemein dazu *Heusch* in: Umbach/Clemens/Dollinger, BVerfGG, 2. Aufl. 2005, § 31 Rn. 58 m.w.N.

[81] *Vollkommer* FS Ostler, S. 97 (142) spricht sogar von dem in der Rechtsprechung anzutreffenden Grundsatz „in dubio contra advocatum“.

V.

Internationale Bezüge

Grundrechtliche Maßstäbe für die Wortberichterstattung der Presse – Kontrollstrategien von Bundesverfassungsgericht und EGMR im Vergleich

Harald Paetzold*

Leitentscheidungen des Bundesverfassungsgerichts

1. BVerfG Beschluss des Ersten Senats vom 9.10.1991, – 1 BvR 1555/85 –, BVerfGE 85, 1 „Kritische Bayer-Aktionäre".
2. BVerfG Beschluss des Ersten Senats vom 10.11.1998 – 1 BvR 1531/96 –, BVerfGE 99, 185 „Helnwein".
3. BVerfG Beschluss des Ersten Senats vom 25.10.2005 –1 BvR 1696/98 –, BVerfGE 114, 339 „Stolpe".

Inhalt

* Der Verfasser ist Richter am Landgericht in Kassel; er war von März 2005 bis Mai 2008 als wissenschaftlicher Mitarbeiter in den Dezernaten der Richter des Bundesverfassungsgerichts *Prof. Dr. Hoffmann-Riem* und *Prof. Dr. Masing* tätig. Der Beitrag befindet sich auf dem Stand vom 28.2.2009.

I. Einführung

Der nachfolgende Beitrag wird anhand ausgewählter Beispiele vor allem aus dem Gebiet der Wortberichterstattung der Presse der Kontrollpraxis des Bundesverfassungsgerichts und des Europäischen Gesichtshofs für Menschenrechte (nachfolgend: Gerichtshof) nachgehen. Fragen der Bildberichterstattung über Prominente bleiben ausgespart. Denn dort bleibt allein noch abzuwarten, wie sich der Gerichtshof zu der um Integration seiner Rechtsprechung bemühten jüngeren Spruchpraxis der innerstaatlichen Obergerichte stellen wird.[1] Statt dessen soll hier der für die presse- und medienrechtliche Praxis mindestens gleich bedeutsame, bislang weniger diskutierte Umgang beider Gerichte mit den Risiken behandelt werden, die mit der Verbreitung (möglicherweise) unrichtiger Informationen durch eine Medienberichterstattung verbunden sind. Hierfür wird einführend aufgezeigt, in welcher Hinsicht die Fragen nach der Wahrheit und der Richtigkeit einer Tatsacheninformation innerhalb des Grundrechts der Meinungsfreiheit nach Art. 5 Abs. 1 GG und der in Art. 10 EMRK gewährleisteten Informationsfreiheit Bedeutung erlangen (II). Sodann soll die Vorgehensweise des Bundesverfassungsgerichts derjenigen des Gerichtshofs anhand der Problemfelder der Ermittlung des Tatsachengehalts umstrittener Äußerungen (III), der Sorgfaltsanforderungen an die Nutzung und Weiterverbreitung von Fremdquellen und Fremdzitaten (IV) und der grundrechtlichen Anforderungen an die Bemessung äußerungsrechtlicher Sanktionen (V) vergleichend gegenüber gestellt werden. Den Abschluss bildet eine Bewertung der Befunde, in der anstelle einer Zusammenfassung einige weitere Fragen formuliert werden (VI).

[1] Vgl. BGH, Urteil vom 24.6.2008 – VI ZR 156/06 – (Heide Simonis beim Einkaufen), Urteil vom 1.7.2008, VI ZR 67/08 – (Ferienvilla der Caroline von Hannover), Urteil vom 1.7.2008, VI ZR 243/06 (Sabine Christiansen beim Einkaufen mit ihrer Putzfrau); ferner die Entscheidungsserie der Urteile vom 14.10.2008 – VI ZR 271/06, VI ZR 272/06, VI ZR 260/06 und VI ZR 256/06 (Erkrankung des Ernst August von Hannover) Urteil vom 28.10.2008 – VI ZR 307/07 (Karsten Speck bei Haftentlassung) sowie zuletzt Urteil vom 17.2.2009 – VI ZR 75/08 (Sabine Christiansen mit Partner).

II. Die Bedeutung der Wahrheit und Erweislichkeit von Informationen für den grundrechtlichen Schutz nach Art. 5 Abs. 1 GG und nach Art. 10 Abs. 1 EMRK

1. Die Meinungsfreiheit des Art. 5 Abs. 1 GG

Durch Art. 5 Abs. 1 Satz 1 GG wird die Freiheit der „Meinungsäußerung" gewährleistet. Im Verständnis des Bundesverfassungsgerichts ist allerdings nicht jede Information zugleich als Meinung verfassungsrechtlich geschützt. Das Gericht stellt vielmehr den im Begriff der Meinung anklingenden Bezug zur subjektiv-wertenden Stellungnahme in den Mittelpunkt. Geschützt sind hiernach wertende Stellungnahmen, also Werturteile. Die Mitteilung einer Tatsache ist keine Meinungsäußerung im strengen Sinne. Eine Äußerung mit Tatsachenbezug bleibt daher nur insoweit von dem Grundrecht geschützt, als sie Voraussetzung für die Bildung von Meinungen ist, welche Art. 5 Abs. 1 GG gewährleisten soll.[2] Auch die Verbreitung visueller Darstellungen, etwa die Abbildung einer Person, ist hiernach nur insoweit von der Meinungsfreiheit geschützt, als in der Abbildung oder den Umständen ihrer Verbreitung ein Werturteil oder eine Auffassung bestimmter Art zum Ausdruck kommt.[3] Das Gericht ist deshalb bislang stets auf den Schutz der Pressefreiheit ausgewichen, wo sich anderenfalls die Frage hätte stellen können, ob sich der Abbildung über beliebige Informationsgehalte hinaus auch eine solche wertende Stellungnahme entnehmen lässt. Zwar ist nach Auffassung des Gerichts auch die Zulässigkeit der in der Wortberichterstattung der Presse verbreiteten Inhalte an dem Maßstab der Meinungsfreiheit und nicht an dem Grundrecht der Pressefreiheit zu messen.[4] Hingegen wird der Schutz der beigegebenen visuellen Darstellungen allein mittelbar daraus hergeleitet, dass im Zentrum der Pressefreiheit das Recht stehe, Art und Ausrichtung sowie Inhalt und Form des Presseerzeugnisses zu bestimmen und hierzu – also zur formalen Gestaltung des Presseerzeugnisses – auch die Entscheidung gehöre, ob und wie das Presseerzeugnis bebildert wird.[5]

Geschützt ist nicht die Freiheit zur Äußerung beliebiger Meinungen. Zwar sieht das Gericht Werturteile als geschützt an, ohne dass es darauf ankäme, ob die Äußerung wertvoll oder wertlos, richtig oder falsch, emotional oder rational ist.[6] Denn den Bereich der verfassungsrechtlich geschützten Mei-

[2] BVerfGE 61, 1 (8).

[3] BVerfGE 30, 336 (352); 71, 162 (175).

[4] BVerfGE 85, 1 (11 f.).

[5] BVerfGE 101, 361 (389); die Unterscheidung wird von dem Bundesverfassungsgericht gepflegt, bleibt im Regelfall allerdings für das Ergebnis ohne Bedeutung (vgl. anschaulich BVerfG, Beschluss der 1. Kammer des Ersten Senats vom 29.07.2003 – 1 BvR 1964/00 –, NJW 2003, 3262).

[6] BVerfGE 61, 1 (7); 85, 1 (15); 90, 1 (14 f.).

nungskundgaben will das Gericht weit verstehen. Jeder solle frei sagen können, was er denkt, auch wenn er hierfür keine nachprüfbaren Gründe angeben könne.[7] Soweit eine Äußerung überhaupt durch Elemente der Stellungnahme, des Dafürhaltens oder Meinens geprägt ist, fällt sie deshalb auch dann in den Schutzbereich des Grundrechts, wenn sich darin Elemente einer Tatsachenbehauptung oder Tatsachenmitteilung mischen.[8] Hierbei ist zu beachten, dass Bezugspunkt der Einstufungsentscheidung aus Sicht des Bundesverfassungsgerichts nicht die einzelne, im fachgerichtlichen Verfahren jeweils zu prüfende Formulierung darstellt, wie sie zivilprozessual den Streitgegenstand der äußerungsrechtlichen Streitigkeit ausmacht.[9] Das Gericht bezieht komplexe Stellungnahmen vielmehr schon dann insgesamt als Meinungskundgabe in den Schutzbereich ein, wenn sich tatsächlicher und wertender Anteil nicht trennen lassen und der tatsächliche Gehalt dabei gegenüber der Wertung in den Hintergrund tritt.[10]

Doch nimmt das Gericht das Zugeständnis, nach dem eine Meinung ohne Rücksicht auf ihre rationale Vertretbarkeit oder Rechtfertigung vom Schutz des Grundrechts erfasst sein soll,[11] in einem zweiten, allein auf den Schutz von Tatsachenbehauptungen gemünzten Argumentationsschritt in Teilen zurück: Da Gegenstand des von Art. 5 Abs. 1 GG verbürgten Schutzes allein die„verfassungsrechtlich vorausgesetzte Aufgabe zutreffender Meinungsbildung" ist, stellt eine „unrichtige Information unter dem Blickwinkel der Meinungsfreiheit kein schützenswertes Gut" dar.[12]

Gleichwohl genießt auch die unwahre Tatsacheninformation wegen ihres Meinungsbezugs den Grundrechtsschutz dann, wenn sich ihr Tatsachengehalt erst später als unwahr herausstellt.[13] Damit will das Gericht dem Umstand Rechnung tragen, dass die Wahrheit im Zeitpunkt der Äußerung oft ungewiss sei und sich erst als Ergebnis eines Diskussionsprozesses oder auch einer gerichtlichen Klärung herausstelle. Dürfte angesichts dieses

[7] BverfGE 61, 1, (14).

[8] BverfGE 61, 1 (8).

[9] Vgl. BGH, Urteil vom 28.6.1994 – VI ZR 274/93 –, NJW-RR 1994, 1246 (1247): „Die rechtliche Würdigung hat sich an den Äußerungen auszurichten, die dem Kläger verboten werden sollen und die durch die Klaganträge herausgegriffen und begrenzt sind"; eben deshalb, weil dies die Gefahr einer Verfälschung des Aussagegehalts durch isolierendes Herausgreifen von Einzelformulierungen innerhalb des Antrags mit sich bringt, bleibt auch nach einfachrechtlicher Auffassung der Zivilgerichte stets der Gesamtkontext zu beachten, in dem der beanstandete Äußerungsteil steht; vgl. BGH, Urteil vom 17.12.1991 – VI ZR 169/91 –, NJW 1992, 1314 (1315 f.); Urteil vom 17.11.1992 – VI ZR 344/91 –, NJW 1993, 930 (931 f.). Urteil vom 2.12.2008 – VI ZR 219/06, Rn. 12 ff.

[10] BverfGE 61, 1 (9).

[11] BVerfGE 33, 1 (14).

[12] BVerfGE 12, 113 (130); 54, 208 (219); 61, 1 (8); 94, 1 (8); BVerfG, Beschluss der 1. Kammer des Ersten Senats vom 14.02.2005 – 1 BvR 240/04 –, NJW 2005, 3271 (3273).

[13] BVerfGE 61, 1 (8); 90, 1 (15); 90, 241 (254).

Umstands die nachträglich als unwahr erkannte Äußerung immer mit Sanktionen belegt werden, so stünde zu befürchten, dass der Kommunikationsprozess litte, weil risikofrei nur noch unumstößliche Wahrheiten geäußert werden könnten.[14] Für den Äußernden muss nämlich im Zeitpunkt der Äußerung eine zumutbare Möglichkeit bestehen, die Unwahrheit zu erkennen. Daher reicht es nicht, dass erst eine spätere Beweisaufnahme die Unrichtigkeit der Äußerung ergibt.[15] Unwahre Tatsachenbehauptungen sind somit im Äußerungszeitpunkt jedenfalls dort als verfassungsrechtlich zulässig anzusehen, wo eine – erst nachträglich als unwahr erwiesene – konkrete Behauptung verbreitet wird, die nicht dem eigenen Erfahrungsbereich des Äußernden entstammt, und wo die Sorgfaltspflichten beachtet worden sind. Ansonsten würde der öffentliche Kommunikationsprozess zu sehr eingeengt.[16]

Im Ergebnis entzieht das Gericht somit allein solchen unwahren Tatsacheninformationen von vornherein den Schutz des Grundrechts aus Art. 5 Abs. 1 GG, deren Unwahrheit dem Äußernden bekannt ist oder deren Unwahrheit bereits zum Zeitpunkt der Äußerung unzweifelhaft feststeht.[17] Soweit sich die Unwahrheit hingegen erst nachträglich herausstellt, wird der Ausgangspunkt, dass solche unrichtigen Informationen mangels eines Beitrags zur Aufgabe der „zutreffenden" Meinungsbildung „kein schützenswertes Gut" darstellen könnten, in weitem Umfang revidiert. Solche Äußerungen werden als „im Äußerungszeitpunkt" zulässig angesehen. Die Einschränkung auf diesen Zeitpunkt wird bedeutsam, weil das Bundesverfassungsgericht insoweit die einfachrechtliche Unterscheidung zwischen negatorischem Unterlassungsschutz und deliktischen Sanktionen auch auf verfassungsrechtlicher Ebene nachvollzieht. Deshalb trägt es keine Bedenken, dem Äußernden jedenfalls die Wiederholung oder die Aufrechterhaltung einer solchen Äußerung zu untersagen, und sieht darin sogar ein Erfordernis des verfassungsrechtlich verbürgten Persönlichkeitsschutzes.[18]

[14] BVerfGE 97, 125 (149).

[15] BVerfG, Beschluss der 1. Kammer des Ersten Senats vom 27.2.2003, 1 BvR 1811/97, Rn. 12.

[16] BVerfG, Beschluss der 1. Kammer des Ersten Senats vom 14.04.2000 – 1 BvR 589/95 –, AfP 2000, 351.

[17] BVerfGE 99, 185 (197).

[18] BVerfGE 199, 185 (198 f.); vgl. etwa auch BVerfG, Beschluss der 1. Kammer des Ersten Senats vom 6.12.2002, – 1 BvR 802/00 –, NJW 2003, 1856 (1857), Beschluss der 1. Kammer des Ersten Senats vom 13.4.2000, – 1 BvR 589/95 –, Beschluss der 1. Kammer des Ersten Senats vom 23.2.2000, – 1 BvR 456/95 –, NJW-RR 2000, 1209 (1210), Beschluss der 1. Kammer des Ersten Senats vom 15.1.1999 – 1 BvR 1274/92 –, NJW 1999, 3326 (3328), wo das Bundesverfassungsgericht den Einzelheiten der einfachrechtlichen Ausgestaltung des negatorischen Rechtsschutzes, etwa den unterschiedlichen Formen der Herleitung einer sogenannten Begehungsgefahr, zugleich verfassungsrechtliche Bedeutung beigemessen hat. Vgl. etwa auch BVerfG, Beschluss der 1. Kammer des Ersten Senats vom 26.8.2003 – 1 BvR

Die Frage nach der Erweislichkeit und dem Wahrheitsgehalt einer Äußerung kann somit in Abhängigkeit vom Zeitpunkt des Nachweises der Unwahrheit in zwei unterschiedlichen Hinsichten zum Tragen kommen: Soweit die Unwahrheit der in Frage stehenden Tatsachenaussage im Sinne der verfassungsgerichtlichen Rechtsprechung bereits im Zeitpunkt der Äußerung als erwiesen feststand, hat dies eine schutzbereichsverschließende Wirkung. Solche Äußerungen fallen bereits mangels Vorliegens einer Meinungsäußerung aus dem Schutz des Grundrechts des Art. 5 Abs. 1 GG heraus. Die Frage, in welchem Umfang das Verbot oder die Sanktionierung solcher Äußerungen von der Schrankenregelung des Art. 5 Abs. 2 GG gedeckt wäre, stellt sich hier nicht. Ist die Unwahrheit der in Frage stehenden Aussage hingegen bezogen auf den Zeitpunkt ihrer Aufstellung oder Verbreitung durch den Betroffenen nicht erwiesen, unterfallen – jedenfalls unter der weiteren Voraussetzung eines Meinungsbezugs – auch solche in ihrem Wahrheitsgehalt (noch) ungeklärten Äußerungen dem Schutz des Grundrechts. In welchem Umfang die mit der Verbreitung solcher Äußerungen verbundenen Risiken von dem Träger des kollidierenden Schutzguts – insbesondere einem in seinem verfassungsrechtlich gewährleisteten Persönlichkeitsrecht betroffenen privaten Einzelnen – im Einzelfall hinzunehmen sind, sieht das Verfassungsgericht dabei als eine Frage der Auslegung und Anwendung der jeweils maßgebenden Schrankenregelung im Sinne des in Art. 5 Abs. 2 GG formulierten Vorbehalts des „allgemeinen Gesetzes" an.

Die Auslegung und Anwendung dieser allgemeinen Gesetze bleibt im Ausgangspunkt Sache der Fachgerichte. Sie müssen allerdings Bedeutung und Tragweite der von ihren Entscheidungen berührten Grundrechte beachten, damit deren wertsetzende Bedeutung auch auf der Rechtsanwendungsebene gewahrt bleibt.[19] Das Bundesverfassungsgericht entnimmt dieser Verpflichtung zur Beachtung der wertsetzenden Bedeutung der Grundrechte insbesondere das Erfordernis einer Abwägung zwischen den widerstreitenden grundrechtlichen Schutzgütern.[20] Anlass zu verfassungsrechtlichen Beanstandungen sieht das Gericht aber nur, soweit einfachrechtlich eröffnete Auslegungs- und Abwägungsspielräume, die diesem grundrechtlichen Einfluss einen Raum bieten können, ungenutzt geblieben oder unzureichend ausgeschöpft worden sind. Dagegen sieht es das Gericht nicht als seine Sache an, den Zivilgerichten die Entscheidung des streitigen Falles im Ergebnis vorzugeben.[21] Ein Grundrechtsverstoß, der zur Beanstandung der angegriffenen Entscheidungen führt, liegt erst vor, wenn vielmehr übersehen worden ist,

2243/02 –, NJW 2004, 589, wo das Gericht die Anwendung der einfachrechtlichen Grundsätze über die Herleitung einer solchen Wiederholungsgefahr ihrerseits wieder zum Gegenstand einer Abwägung der berührten Verfassungsgüter macht.

[19] BVerfGE 7, 198 (205 ff.).

[20] BVerfGE 99, 185 (196).

[21] BVerfGE 94, 1 (9 f.).

dass bei Auslegung und Anwendung der verfassungsmäßigen Vorschriften des Privatrechts Grundrechte zu beachten waren. Ein Verfassungsverstoß liegt ferner vor, wenn der Schutzbereich der zu beachtenden Grundrechte unrichtig oder unvollkommen bestimmt oder ihr Gewicht unrichtig eingeschätzt worden ist, so dass darunter die Abwägung der beiderseitigen Rechtspositionen im Rahmen der privatrechtlichen Regelung leidet, und die Entscheidung auf diesem Fehler beruht.[22] Bei der Abwägung haben die Fachgerichte die besonderen Umstände des Einzelfalles auch insoweit umfassend zu erfassen und zu berücksichtigen, als diesen für den Ausgang der Abwägung der berührten Grundrechtspositionen eine Bedeutung zukommen kann.[23] Dies schließt das Erfordernis ein, die nach Maßgabe der Meinungsfreiheit und des Persönlichkeitsrechts bedeutsamen Belange zureichend zu konkretisieren. Unterbleibt dies, so fehlt es an der verfassungsrechtlich gebotenen Gewichtung. Die Fachgerichte müssen sich deshalb auch mit solchen Sachverhaltsumständen auseinandersetzen und diese näher erörtern, die für das Gewicht der Beeinträchtigung der berührten Grundrechtspositionen oder umgekehrt für die Bedeutung des Interesses an ihrer ungehinderten und umfassenden Wahrnehmung bedeutsam werden können. Die Begründung einer gerichtlichen Abwägungsentscheidung muss daher unter Umständen auch dort, wo diese nicht mit Rechtsmitteln angreifbar ist, in einer die verfassungsgerichtliche Nachprüfung ermöglichenden Weise erkennen lassen, dass im Rahmen der gebotenen Abwägung alle hierfür bedeutsamen Umstände eingestellt worden sind.[23a] Welcher sachliche Gehalt dieser sicherlich eher abstrakten Abwägungsformel im Ergebnis zukommt, wird anhand der in den nachfolgenden Abschnitten III bis IV dargestellten Anwendungsfälle deutlicher werden.

2. *Das Kommunikationsgrundrecht des Art. 10 Abs. 1 EMRK*

Die Differenzierung zwischen wahrheitsfähigen Tatsachenbehauptungen und einer solchen Richtigkeitskontrolle entzogenen Werturteilen ist auch nach der zu Art. 10 EMRK ergangenen Rechtsprechung des Gerichtshofs bedeutsam. Jedoch kommt diese Unterscheidung dort in deutlich anderem Kontext zum Tragen.

Denn die Gewährleistung des Art. 10 Abs. 1 EMRK bezeichnet die erfassten Gewährleistungsgehalte neutral als „information" und „ideas".[24] Eine

[22] BVerfGE 95, 28 (37); 97, 391 (401, 406; 101, 361 (388).

[23] BVerfGE 101, 361 (385).

[23a] Vgl. BVerfGE 119, 309 (327).

[24] Die Gewährleistung lautet in ihrer authentischen und allein maßgebenden englischsprachigen und französischen Textfassung jeweils wie folgt (die für die nachfolgenden Erörterungen zentralen Schlüsselbegriffe des Normtexts sind durch Fettdruck hervorgehoben, d. Verf.):

Beschränkung oder Zentrierung allein auf Werturteile ist dem Normtext dieser Gewährleistung nicht in gleicher Weise zu entnehmen, wie dies für Art. 5 Abs. 1 Satz 1 GG zutrifft. Insbesondere der Begriff der „information“ vermag dabei nahezu alles in sich aufzunehmen, was überhaupt kommunikativen Gehalt hat. Die Abgabe eines akustischen Signals, mit dem ein britischer Jagdgegner den Fuchs vor dem ihm bei der traditionellen Fuchsjagd

Article 10. Freedom **of expression**

1 Everyone has the right to freedom of **expression.** This right shall include **freedom to hold opinions and to receive and impart information and ideas** without interference by public authority and regardless of frontiers.

This article shall not prevent States from requiring the licensing of broadcasting, television or cinema enterprises.

2 The exercise of these freedoms, **since it carries with it duties and responsibilities, may be subject to such formalities, conditions, restrictions or penalties as are** prescribed by law and are **necessary in a democratic society**, in the interests of national security, territorial integrity or public safety, for the prevention of disorder or crime, for the protection of health or morals, **for the protection of the reputation or rights of others**, for preventing the disclosure of information received in confidence, or for maintaining the authority and impartiality of the judiciary.

Article 10. Liberté **d'expression**

1 Toute personne a droit à la liberté **d'expression.** Ce droit comprend la liberté **d'opinion** et la liberté de **recevoir ou de communiquer des informations ou des idées** sans qu'il puisse y avoir ingérence d'autorités publiques et sans considération de frontière. Le présent article n'empêche pas les Etats de soumettre les entreprises de radiodiffusion, de cinéma ou de télévision à un régime d'autorisations.

2 **L'exercice de ces libertés comportant des devoirs et des responsabilités peut être soumis à certaines formalités, conditions, restrictions ou sanctions** prévues par la loi, **qui constituent des mesures nécessaires, dans une société démocratique,** à la sécurité nationale, à l'intégrité territoriale ou à la sûreté publique, à la défense de l'ordre et à la prévention du crime, à la protection de la santé ou de la morale, **à la protection de la réputation ou des droits d'autrui,** pour empêcher la divulgation d'informations confidentielles ou pour garantir l'autorité et l'impartialité du pouvoir judiciaire.

Neben diese völkerrechtlich allein verbindlichen Normtexte sei zum Vergleich die amtliche, allerdings völkerrechtlich nicht verbindliche Übersetzung beider Regelungen gestellt:

Artikel 10 – Freiheit der **Meinungsäußerung**

1 Jedermann hat Anspruch auf freie **Meinungsäußerung.** Dieses Recht schließt die Freiheit der **Meinung und die Freiheit zum Empfang und zur Mitteilung von Nachrichten oder Ideen** ohne Eingriffe öffentlicher Behörden und ohne Rücksicht auf Landesgrenzen ein. Dieser Artikel schließt nicht aus, dass die Staaten Rundfunk-, Lichtspiel- oder Fernsehunternehmen einem Genehmigungsverfahren unterwerfen.

2 **Da die Ausübung dieser Freiheiten Pflichten und Verantwortung mit sich bringt, kann sie bestimmten, vom Gesetz vorgesehenen Formvorschriften, Bedingungen, Einschränkungen oder Strafdrohungen unterworfen werden,** wie sie vom Gesetz vorgeschrieben und **in einer demokratischen Gesellschaft im Interesse** der nationalen Sicherheit, der territorialen Unversehrtheit oder der öffentlichen Sicherheit, der Aufrechterhaltung der Ordnung und der Verbrechensverhütung, des Schutzes der Gesundheit und der Moral, **des Schutzes des guten Rufes oder der Rechte anderer,** um die Verbreitung von vertraulichen Nachrichten zu verhindern oder das Ansehen und die Unparteilichkeit der Rechtsprechung zu gewährleisten, **unentbehrlich sind.**

zugedachten Schicksal zu bewahren suchte, hat der Gerichtshof daher mit gleicher Selbstverständlichkeit als von Art. 10 Abs. 1 GG geschützte „information“ eingestuft,[25] wie er auch visuelle Darstellungen, etwa Personenbildnisse, als geschützte „information“ ansieht, deren Veröffentlichung daher dem Schutz des Art. 10 EMRK unterfällt.[26] Selbst in ihrer Richtigkeit zweifelhafte oder erwiesen unwahre Behauptungen sind nicht schon mangels Vorliegens einer „information“ oder einer „opinion“ aus dem Schutzbereich des Art. 10 EMRK ausgenommen. Vielmehr bleibt der Schutz des Art. 10 EMRK unwahren Informationen allenfalls dort von vornherein vorenthalten, wo – etwa bei Leugnung der nationalsozialistischen Völkermordverbrechen („Negationismus“) – die Ausschlussklausel des Art. 17 EMRK zum Tragen kommt, nach der eine Ausübung der Konventionsgrundrechte sich nicht ihrerseits nicht im Widerspruch zu den grundlegenden Werten der Konvention setzen darf.[27]

Richtigkeit und Wahrheitsgehalt einer Tatsacheninformation werden nach der Rechtsprechung des Gerichtshofs erst innerhalb der Schrankenregelung des Art. 10 Abs. 2 EMRK bedeutsam. Entscheidend für die Prüfung der Berechtigung eines Eingriffs wird damit, ob der Eingriff in dem von Art. 10 Abs. 2 EMRK vorausgesetzten Sinn „in einer demokratischen Gesellschaft notwendig/necessary in a democratic society“ ist. Da Art. 10 Abs. 1 EMRK anders als Art. 5 Abs. 1 Satz 2 GG keine gesonderte Hervorhebung der Presse- und Rundfunkfreiheit enthält, kann der Gerichtshof auch die Besonderheiten einer Medien- und Presseberichterstattung erst auf der Ebene dieser Schrankenregelung berücksichtigen. Als Leitbild nutzt er das von ihm entwickelte Bild der Presse und der übrigen Massenmedien als eines „Wachhunds der Öffentlichkeit“.[28] Die von dem Gerichtshof als „essential role in a democratic society“ gewürdigte Funktion der Presse- und Medienberichterstattung liegt hiernach darin, der Öffentlichkeit „information and ideas on all matters of public interest“ zu vermitteln und so ihre „vital role as public watchdog“ zu erfüllen.[29] Wo diese Funktion der Medienberichterstattung als

[25] EGMR, Urteil vom 25.11.1999, Beschwerde-Nr. 25594/94 (Hashman und Harrup gegen Großbritannien) § 28: "It is true that the protest took the form of impeding the activities of which (the applicants) disapproved, but the Court considers nonetheless that it constituted an expression of opinion within the meaning of Article 10"; vgl. ferner EGMR, 5. Sektion, Urteil vom 6.11.2008, Beschwerde-Nr. 68294/01 (Kandhzow gegen Bulgarien) § 70.

[26] EGMR, 1. Sektion, Urteil vom 14.12.2006, Beschwerde-Nr. 10520/02 (Verlagsgruppe News GmbH gegen Österreich Nr. 2) § 29.

[27] EGMR, 2. Sektion, Urteil vom 29.06.2004, Beschwerde-Nr. 64915/01 (Chauvy und andere gegen Frankreich) § 69.

[28] Der Begriff ist erstmals nachweisbar in EGMR, Urteil vom 25.03.1985, Beschwerde-Nr. 8734/79 (Barthold gegen Bundesrepublik) § 58, grundlegend sodann EGMR, Urteil vom 26.11.1991, Beschwerde-Nr. 13166/87 (Sunday Times gegen Großbritannien) § 50.

[29] Zuletzt: EGMR, Urteil vom 14.11.2008, Beschwerde-Nr. 9605/03 (Krone-Verlags GmbH gegen Österreich Nr. 5) § 39.

„public watchdog" betroffen ist, sieht der Gerichtshof nur wenig Raum („little scope") für Einschränkungen der von Art. 10 EMRK gewährleisteten Freiheiten.[30]

Allerdings kann nach der Schrankenregelung des Art. 10 Abs. 2 EMRK die Ausübung der von Art. 10 Abs. 1 EMRK gewährten Kommunikationsfreiheiten auch Pflichten und Verantwortlichkeiten („duties and responsibilities") mit sich bringen. Der Gerichtshof leitet hieraus ab, dass eine Berichterstattung, die in seinem Verständnis einen Beitrag zu einer „public debate" erbringt und daher in Wahrnehmung der Funktion der Medien als „public watchdog" erfolgt, jedenfalls dort Einschränkungen unterworfen werden kann, wo der Journalist nicht in gutem Glauben („good faith") und in Übereinstimmung mit den üblichen journalistischen Sorgfaltsanforderungen („ethics of journalism") seine Aufgabe wahrnimmt, der Öffentlichkeit zutreffende und verlässliche Informationen zu vermitteln.[31] Steht die Zulässigkeit einer Äußerung an dem Maßstab dieser Pflichten und Verantwortlichkeit zur Prüfung an, so kommt dabei auch nach der Rechtsprechung des Gerichtshofs der Abgrenzung, ob es sich bei der in Frage stehenden Aussage um ein Werturteil („value judgment") oder eine Tatsachenbehauptung („statement of fact") handelt, eine entscheidende Bedeutung zu.[32] Da ein Werturteil anders als eine Tatsachenbehauptung dem Beweis nicht zugänglich ist („not susceptible of proof"), läuft nämlich die Forderung nach der Erweislichkeit eines Werturteils auf ein von dem Betroffenen von vornherein unerfüllbare Anforderung hinaus und steht schon deshalb nicht im Einklang mit den Erfordernissen der Konvention.[33] Umgekehrt kann es nach der Rechtsprechung des Gerichtshofs aber auch für die Zulässigkeit eines Werturteils von Bedeutung sein, ob eine zureichende Tatsachengrundlage („sufficient factual basis") für die in Frage stehende Äußerung vorhanden ist. Denn nach der Rechtsprechung des Gerichtshofs kann sich ein Werturteil ebenfalls als unangemessen („excessive") erweisen, wenn ihm jede zureichende Tatsachengrundlage fehlt.[34]

[30] Vgl. auch dazu zuletzt EGMR, Urteil vom 14.11.2008, Beschwerde-Nr. 9605/03 (Krone-Verlags GmbH gegen Österreich Nr. 5) § 39. Der Gerichtshof erkennt einen erhöhten Schutzbedarf dabei keineswegs nur der Medienberichterstattung zu, sondern bezieht durchaus auch den Kreis solcher von ihm mit positivem Zungenschlag als „Militante" gewürdigten Einzelpersonen ein, die sich aus privatem Engagement in den öffentlichen Meinungskampf einschalten (vgl. dazu EGMR, Urteil vom 7.11.2006, Beschwerde-Nr. 12697/03 [Mamere gegen Frankreich] § 20).

[31] EGMR, GK, Urteil vom 17.12.2004, Beschwerde-Nr. 49017/99 (Pedersen und Baadsgaard gegen Norwegen) § 78 f.

[32] EGMR, Urteil vom 8.7.1986, Beschwerde-Nr. 9815/82 (Lingens gegen Österreich) § 46.

[33] EGMR, 2. Sektion, Urteil vom 12.7.2001, Beschwerde-Nr. 29032/95 (Feldek gegen Slowakei) § 75.

[34] EGMR, Urteil vom 24.2.1997, Beschwerde-Nr. 19983/92 (De Haes und Gijsels gegen Niederlande) § 47; EGMR 3. Sektion, Urteil vom 27.2.2001, Beschwerde-Nr. 26958/95 (Jerusalem gegen Österreich) § 43.

Insoweit wird für den Gerichtshof bedeutsam, ob die dem Äußernden im Zeitpunkt seiner Stellungnahme bekannten Tatsachen immerhin einen nachvollziehbaren Anlass bieten, mit einer kritischen oder dem Ansehen des Betroffenen abträglichen Äußerung hervorzutreten,[35] oder es selbst daran fehlt und es sich damit um einen unveranlasst-grundlosen Angriff („gratuitous attack“)[36] handelt. In seiner jüngeren Rechtsprechung zu diesem Fragenkreis hat der Gerichtshof das Unterscheidungskriterium zwischen Werturteil und Tatsachenbehauptungen daher auch dahin formuliert, dass es hierbei um das Ausmaß der tatsächlichen Bestätigung gehe, über die eine Äußerung verfügen muss, um als angemessene Stellungnahme („fair comment“)[37] eingestuft zu werden.[38]

Im Falle einer Medienberichterstattung sind hiernach in der Rechtsprechung des Gerichtshofs im Ausgangspunkt besondere Gründe erforderlich, um die Medien von der sie üblicherweise treffenden Verpflichtung zu entbinden, ehrverletzende Tatsachenbehauptungen über einen Dritten nachzuprüfen.[39] Überzogene Anforderungen werden hierbei von dem Gerichtshof allerdings beanstandet. So dürfen die Fachgerichte eine Berichterstattung, die im Kern zutreffend („on the whole correct“) berichtet hatte, nicht wegen geringfügiger Ungenauigkeiten der Darstellung beanstanden.[40] Dieses Verständnis der Schrankenregelung des Art. 10 Abs. 2 EMRK belässt dem Gerichtshof hinreichend Raum, den mangelnden Wahrheitsgehalt einer

[35] EGMR, ehem. 3. Sektion, Urteil vom 26.2.2002, Beschwerde-Nr. 29271/95 (Dichand u.a. gegen Österreich) § 50.

[36] EGMR, Urteil vom 1.7.1997, Beschwerde-Nr. 20834/92 (Oberschilck Nr. 2 gegen Österreich) § 33: "In the Court's view, the applicant's article, and in particular the word Trottel, may certainly be considered polemical, but they did not on that account constitute a gratuitous personal attack as the author provided an objectively understandable explanation for them derived from Mr Haider's speech, which was itself provocative". Ähnlich seither etwa EGMR, 4. Sektion, Urteil vom 29.3.2005, Beschwerde-Nr. 7955/01 (Sokolowski gegen Polen) § 45.

[37] Vgl. erstmals zu „fair comment“ als Kriterium der Zulässigkeit von Äußerungen: EGMR, 1. Sektion, Urteil vom 27.2.2001, Beschwerde-Nr. 26958/95 (Jerusalem gegen Österreich) § 44. Die Vorstellung von der Zulässigkeit des „fair comment“ ist im angloamerikanischen Äußerungsrecht seit langem anerkannt. Der Gerichtshof fasst diese von ihm nie näher definierte Rechtsfigur allerdings ersichtlich großzügiger als etwa die britischen Gerichte auf; zu diesen vgl. zuletzt Court of Appeal (Civil Division), Urteil vom 30.4.2008 (Curistan v. Times Newspaper [2008]) EWCA Civ. 432.

[38] EGMR, 1. Sektion, Urteil vom 23.10.2008, Beschwerde-Nr. 14888/03 (Godlevskij gegen Russland) § 47; zuvor schon EGMR, 1. Sektion, Urteil vom 13.11.2003, Beschwerde-Nr. 39394/98 (Scharsach gegen Österreich) § 40.

[39] EGMR, GK; Urteil vom 17.12.2004, Beschwerde-Nr. 49017/99 (Pedersen und Baadsgaard gegen Norwegen) § 78; zuletzt EGMR, 3. Sektion, Urteil vom 14.10.2008, Beschwerde-Nr. 47406/03 (Dyundin gegen Russland) § 28.

[40] EGMR, 1. Sektion, Urteil vom 14.11.2008, Beschwerde-Nr. 9605/03 (Krone Verlag GmbH gegen Österreich Nr. 5) §§ 42 f.; EGMR, 3. Sektion, Urteil vom 7.10.2008, Beschwerde-Nr. 5945/03 (Barb gegen Rumänien) § 34 f.

Äußerung innerhalb der Prüfung in Rechnung zu stellen, ob sich der Eingriff in die Berichterstattungsfreiheit als nach Art. 10 Abs. 2 EMRK „notwendig/necessary“ erweist. Zentrale Bedeutung kommt dabei in der jüngeren Rechtsprechung des Gerichtshofs der Frage zu, ob seitens der Medien „in gutem Glauben/good faith“ gehandelt wurde oder es hieran fehlt.[41] Dieses Kriterium des „good faith“ hat somit einen ähnlichen Stellenwert, wie er in der verfassungsgerichtlichen Rechtsprechung der Bemessung der Anforderungen an die Sorgfalts- und Wahrheitspflicht der Presse zukommt.

Den mit der Funktion der Presse als „Wachhund der Öffentlichkeit“ angesprochenen Belangen der Pressefreiheit sind nach der Rechtsprechung des Gerichtshofs im Rahmen der von Art. 10 Abs. 2 EMRK geforderten Abwägung („balancing test“) die Belange der dort benannten Schutzgüter gegenüber zu stellen. Der für die Zulässigkeit einer Medienberichterstattung in besonderem Maße als gegenläufiger Belang bedeutsame Schutz des guten Rufes und der Rechte anderer ist hierbei in Art. 10 Abs. 2 EMRK ausdrücklich als zulässiger Beschränkungsgrund benannt. Jedoch geht der Gerichtshof in seiner neueren Rechtsprechung nach längerem Zögern[42] zusätzlich davon aus, dass der Schutz des Ansehens des Betroffenen zu dem Gewährleistungsgehalt der von Art. 8 Abs. 1 EMRK verbürgten Garantie des privaten Lebens zählt.[43] Damit erstrecken sich die in „Caroline von Hannover“ aus Art. 8 Abs. 1 EMRK abgeleiteten Schutzpflichten („positive obligations“)[44] der Mitgliedstaaten nunmehr über den Bereich der Bildberichterstattung der Presse[45] hinaus auch auf das Gebiet der Wortberichterstattung.[46] Es muss

[41] EGMR, 4. Sektion, Urteil vom 2.12.2008, Beschwerde-Nr. 18620/03 (Juppala gegen Finnland) § 42 f.; EGMR, 1. Sektion, Urteil vom 23.10.2008, Beschwerde-Nr. 14888/03 (Godlevskiy gegen Russland) § 42: “According to the Court’s constant case-law, Article 10 of the Convention protects journalists’ right to divulge information on issues of general interest provided that they are acting in good faith and on an accurate factual basis and provide ‘reliable and precise’ information in accordance with the ethics of journalism.”

[42] Vgl. ablehnend EGMR, 3. Sektion, Beschluss vom 20.10.2005, Beschwerde-Nr. 4591/04 (Gunnarson gegen Island); einen von Art. 8 EMRK vermittelten Schutz des persönlichen Ansehens bejahend sodann EGMR 2. Sektion, Urteil vom 19.09.2006, Beschwerde-Nr. 42435/02 (White gegen Schweden) §§ 26 ff., dort aber nur im Rahmen der Prüfung, ob der gerügte Eingriff in Art. 10 Abs. 1 EMRK von den Schranken des Art. 10 Abs. 2 EMRK gedeckt sei.

[43] EGMR, 1. Sektion, Urteil vom 15.11.2007, Beschwerde-Nr. 12556/03 (Pfeifer gegen Österreich) § 35, zuletzt EGMR, 2. Sektion, Urteil vom 18.11.2008, Beschwerde-Nr. 22427/04 (Cemalettin Canli gegen Türkei) § 36.

[44] Vgl. EGMR, 3. Sektion, Urteil vom 24.6.2004, Beschwerde-Nr. 59320/00 (von Hannover gegen Deutschland) §§ 57 ff.

[45] EGMR, 2. Sektion, Urteil vom 17.10.2006, Beschwerde-Nr. 71678/01 (Gourguenidze gegen Georgien) §§ 39 ff., § 45.

[46] EGMR, 1. Sektion, Urteil vom 15.11.2007, Beschwerde-Nr. 12556/03 (Pfeifer gegen Österreich) § 35; seither zuletzt EGMR, 2. Sektion, Urteil vom 25.11.2008, Beschwerde-Nr. 36912/02 (Armonas gegen Litauen) §§ 36 ff.

bereits unabhängig von der Frage, ob sich eine Beschränkung der Pressefreiheit auch aus dem in Art. 10 Abs. 2 EMRK benannten Zielen des „Schutzes des guten Rufes“ ableiten lässt,[47] von vornherein im Zuge einer Abwägung zwischen der von Art. 10 Abs. 1 EMRK gewährleisteten Äußerungsfreiheit und den aus Art. 8 Abs. 1 EMRK abzuleitenden Schutzanforderungen darüber entschieden werden, ob der Betroffene eine seinem Ansehen schädliche Berichterstattung der Presse oder eine dort über ihn verbreitete Äußerung hinzunehmen hat.[48]

III. Anwendungsbeispiel I: Deutung umstrittener Äußerungen

Sowohl für den grundrechtlichen Maßstab des Art. 5 GG als auch für den Maßstab der Konventionsgewährleistung aus Art. 10 wird somit zunächst bedeutsam, ob eine in ihrer Zulässigkeit umstrittene Äußerung einen der Prüfung auf Wahrheit zugänglichen Tatsachengehalt aufweist. Dies kann jedoch seinerseits davon abhängen, in welcher Weise die Äußerung aufgefasst und interpretiert wird. Es soll deshalb zunächst der Umgang des Bundesverfassungsgerichts und des Gerichtshofs mit dieser Grundsatzfrage der Anwendung äußerungsrechtlicher Rechtsregeln dargestellt werden.

1. Die Maßstäbe des Bundesverfassungsgerichts

Die verfassungsgerichtliche Rechtsprechung hat die Herleitung von Maßstäben für die fachgerichtliche Sinnermittlung von Äußerungen anfangs zwar aus einer als „volle verfassungsgerichtliche Nachprüfung“[49] bezeichneten

[47] In der Rechtsprechung des Gerichtshofs bislang offen geblieben ist die Frage, ob es Gehalte der in Art. 10 Abs. 2 EMRK als Beschränkungsgrund benannten „reputation of others“ geben kann, die nicht zugleich unter die von dem Gerichtshof aus Art. 8 Abs. 1 EMKR als Bestandteil der Gewährleistung des privaten Lebens abgeleiteten Garantie eines Anspruchs auf „Reputation“ fallen. Mag auch sowohl für auf den Beschränkungstitel „reputation of others“ wie für auf Art. 8 EMRK gestützte Beschränkungen nach der Rechtsprechung des Gerichtshofs eine Abwägung („balancing of interests“) erforderlich sein, so liegt es nicht fern, dass diese eher zugunsten des Ansehens des Betroffenen ausgehen wird, wo Ansehen und Ehre zugleich in Art. 8 Abs. 1 EMRK grundrechtlich fundiert sind, so dass eine eigenständige Bedeutung des Merkmals „reputation of others“ innerhalb der Schrankenregelung des Art. 10 Abs. 2 EMRK mittlerweile zweifelhaft erscheint. Auf die parallel gelagerten Fragen, die sich innerhalb des Art. 5 Abs. 2 GG um das systematische Verhältnis zwischen der Schranke der „allgemeinen Gesetze“, der dort gleichfalls genannten „Ehre“ und dem von Art. 2 Abs 1 in Verbindung mit Art. 1 Abs. 1 GG gewährleisteten Schutz des Persönlichkeitsrechts als einem kollidierenden Verfassungsgut ranken, sei hingewiesen.

[48] EGMR, 3. Sektion, Urteil vom 14.10.2008, Beschwerde-Nr. 78060/01 (Petrina gegen Rumänien) § 39; 5. Sektion, Urteil vom 19.2.2009, Beschwerde-Nr. 4063/04 (Marchenko gegen Ukraine) § 52.

[49] BVerfGE 43, 130 (136 f.); 54, 208 (215); 54, 208 (215).

Kontrollbefugnis hergeleitet. Dieser Ausgangspunkt ist mittlerweile jedoch merklich verlassen worden. Weder handelt es sich nämlich um eine Vollkontrolle der fachgerichtlichen Tatsachenermittlung und Sachverhaltsauswertung, noch wird es der Vorgehensweise des Bundesverfassungsgerichts gerecht, hier eine Abweichung von allgemein für das Verhältnis zwischen Fachgerichtsbarkeit und Verfassungsgericht maßgeblichen Grundsätzen anzunehmen.[50]

Das Bundesverfassungsgericht nimmt nicht die Aufgabe für sich in Anspruch, den Sinn einer umstrittenen Aussage abschließend selbst zu ermitteln.[51] Diese abschließende Sinnermittlung bleibt vielmehr ausdrücklich den Fachgerichten überlassen.[52] Wie nachfolgend zu erläutern sein wird, beschränkt sich das Bundesverfassungsgericht allein darauf, rechtliche Leitlinien für die Herleitung der maßgeblichen Deutung aufzustellen und die Einhaltung dieser verfassungsrechtlichen Anforderungen durch Auferlegung von Darlegungs- und Argumentationslasten einzufordern.

Wenn das Bundesverfassungsgericht als Ziel der Sinnermittlung den objektiven Sinn der Äußerung geltend macht und als hierfür maßgebenden Verständnishorizont auf die Sichtweise eines unvoreingenommenen und verständigen Publikums verweist, so werden rechtliche Anforderungen an das Verfahren der Sinnermittlung durch die Fachgerichte aufgezeigt, die das Ergebnis weder präjudizieren noch inhaltlich vorweg nehmen können. Hierzu zählt etwa das Erfordernis, stets vom Wortlaut der Äußerung auszugehen, der den Sinn allerdings nicht abschließend festlege.[53] Dass hiernach die Sinnermittlung auch von dem sprachlichen Kontext, in dem die umstrittene Äußerung steht, und ihren Begleitumständen bestimmt wird, soweit diese für den Rezipienten erkennbar sind,[54] formuliert gleichfalls nur Anforderungen an die fachgerichtliche Argumentation bei der Herleitung einer Deutung, ohne das Ergebnis bereits vorweg zu nehmen. Dies gilt insbesondere für die Herleitung sogenannter stillschweigender oder verdeckter Deutungen:[55]

> Diese verfassungsrechtlichen Anforderungen schließen zwar nicht aus, dass die Verurteilung auf ein Auseinanderfallen von sprachlicher Fassung und objektivem Sinn gestützt wird (vgl. BVerfGE 93, 266, 303), wie dies insbesondere auf in der Äußerung verdeckt enthaltene Aussagen zutrifft. Eine solche Interpretation muss aber unvermeidlich über die reine Wortinterpretation hinausgehen und bedarf

[50] Vgl. für solche kritischen Stimmen statt aller BVerfGE 93, 266 (313 ff.; Sondervotum Haas).

[51] BVerfGE 94, 1 (10); BVerfG, Beschluss der 1. Kammer des Ersten Senats vom 1.8.2001, – 1 BvR 1906/97 –, juris, Rn. 24.

[52] BVerfGE 94, 1 (10).

[53] BVerfGE 93, 266 (295).

[54] BVerfGE 93, 266 (295).

[55] Vgl. BVerfG, Beschluss der 1. Kammer des Ersten Senats vom 25.03.2008 – 1 BvR 1753/03 –, (Heimatvertriebenenlied), Rn. 33.

daher der Heranziehung weiterer, dem Text nicht unmittelbar zu entnehmender Gesichtspunkte und Maßstäbe. Diese müssen mit Art. 5 Abs. 1 GG vereinbar sein (vgl. BVerfGE 43, 130, 139 f.). Auf eine im Zusammenspiel der offenen Aussagen verdeckt enthaltene zusätzliche Aussage dürfen die Verurteilung zu einer Sanktion oder vergleichbar einschüchternd wirkende Rechtsfolgen daher nur gestützt werden, wenn sich die verdeckte Aussage dem angesprochenen Publikum als unabweisbare Schlussfolgerung aufdrängt (vgl. BVerfG, Beschluss der 1. Kammer des Ersten Senats vom 19.12.2007 – 1 BvR 967/05 –, juris, Rn. 29).

Will das Bundesverfassungsgericht auf die umfassende Nachprüfung der Ergebnisrichtigkeit fachgerichtlicher Entscheidungen verzichten und sich auf die Kontrolle der Einhaltung abstrakter normativer Maßstäbe begrenzen, setzt dies allerdings voraus, dass die Fachgerichte ihrerseits offen legen, welche Erwägungen für die Herleitung der zugrunde gelegten Deutung maßgeblich geworden sind. Darauf zielt es ab, wenn im Fortgang der eben genannten Entscheidung ausgeführt wird:

> Hierfür müssen die Gerichte die Umstände benennen, aus denen sich ein solches am Wortlaut der Äußerung nicht erkennbares abweichendes Verständnis ergibt. Fehlt es daran, so liegt ein Verstoß gegen Art. 5 Abs. 1 Satz 1 GG vor (vgl. BVerfGE 93, 266, 302 f.).

Anlass zu Beanstandungen hat somit auch hier nur gegeben, dass die Fachgerichte solchen verfassungsrechtlich um des materiellen Grundrechtsschutzes willen aufgestellten Argumentationslasten nicht gerecht geworden waren.[56]

Ebenfalls auf die Auferlegung solcher Argumentationslasten beschränkt sich das verfassungsrechtliche Erfordernis, nach dem eine von dem Betroffenen geltend gemachte alternative und ihm günstigere Deutungsmöglichkeit seiner Äußerung durch nachvollziehbare Erwägungen als fern liegend ausgeräumt werden muss.[57] Die Ermittlung von Interpretationsvarianten setzt allerdings Phantasie und Kreativität bei der Ermittlung solcher Interpretationsmöglichkeiten voraus. Jedenfalls für den Bereich strafrechtlicher Verurteilungen sieht das Bundesverfassungsgericht die Fachgerichte daher auch gehalten, solche nicht fern liegenden Deutungsvarianten zu ermitteln, die von dem Betroffenen nicht zugleich selbst im fachgerichtlichen Verfahren geltend gemacht worden waren.[58] Auch dies gibt keine konkreten Interpretationsergebnisse vor, sondern will einzig verhindern, dass die Überlegungen des Fachgerichts bereits bei der erstbesten aufgefundenen Deutungsmöglichkeit enden.

[56] Vgl. BVerfG, Beschluss der 1. Kammer des Ersten Senats vom 15.3.2008 – 1 BvR 1753/03 –, Rn. 35 f.

[57] BVerfG, Beschluss der 1. Kammer des Ersten Senats vom 4.4.2002, – 1 BvR 724/98 –, Rn. 23.

[58] BVerfG, Beschluss der 1. Kammer des Ersten Senats vom 1.8.2001 – 1 BvR 1906/97 –, Rn. 24.

Von hier aus lassen sich auch die Fragen klären, die mit der Behandlung sogenannter mehrdeutiger Äußerungen durch das Bundesverfassungsgericht aufgeworfen sind. Zwar ist es eine Frage der Sinnermittlung, ob einer Äußerung ein eindeutiger Sinn zu entnehmen ist oder sie aus der Sicht der Rezipienten mehrdeutig bleibt, also bei an unterschiedliche Adressaten gerichtetem Empfängerkreis von diesen – dem Äußernden zurechenbar – unterschiedlich verstanden werden kann, oder sich selbst dem jeweiligen Adressaten als mehrdeutig darstellt.

Insoweit ist das einfache Recht nicht grundsätzlich gehindert, dem Äußernden auch eine derartige, durch Interpretation nicht mehr auflösbare Mehrdeutigkeit seiner Äußerung nach Rechtsregeln zuzurechnen. Jedoch können solche Regeln des einfachen Rechts über die Behandlung mehrdeutiger Äußerungen an grundrechtlichen Anforderungen scheitern. Eine Differenzierung der materiellen Voraussetzungen des Anspruchs und nicht etwa eine Aufspaltung der verfassungsrechtlichen Anforderungen an die Herleitung der Deutung von Äußerungen liegt der Erwägung des Bundesverfassungsgerichts in seiner Entscheidung zu der Sache „Stolpe" zugrunde, dass nämlich zunächst der zivilrechtliche Unterlassungsanspruch unter bestimmten Voraussetzungen schon gegenüber einer mehrdeutigen Äußerung zu gewähren ist,[59] um sodann eine vergleichbare Auslegung der Anspruchsvoraussetzungen des presserechtlichen Gegendarstellungsanspruchs als mit den Anforderungen des Art. 5 Abs. 1 GG unvereinbar aufzuzeigen.[60]

Der den Fachgerichten vom Bundesverfassungsgericht in diesem Rahmen zugestandene Argumentationsspielraum hat allerdings die Ausschöpfung der relevanten Sachverhaltsumstände zur Voraussetzung. Ist ein aus Sicht des Bundesverfassungsgerichts für die Frage der Sinnermittlung relevanter Fallumstand, etwa der Kontext der Äußerung, gänzlich unbeachtet geblieben oder wird er in einer argumentativ nicht überzeugenden Weise ausgewertet, so sieht das Bundesverfassungsgericht darin einen Anlass zu Beanstandungen. Jedoch ist die nach § 31 Abs. 1 BVerfGG für die Fachgerichte maßgebende Aufhebungsansicht des Bundesverfassungsgerichts dabei grundsätzlich auf den

[59] BVerfGE 114, 339 (349).

[60] BVerfG, Beschluss der 1. Kammer des Ersten Senats vom 19.12.2007 – 1 BvR 967/05 –, juris, Rn. 31:

Damit ist aber **noch nicht vorentschieden, wie die Rechtsordnung auf eine solche Mehrdeutigkeit reagiert**, insbesondere ob der Prüfung eines äußerungsrechtlichen Anspruchs die dem Äußernden günstigere oder nachteiligere Deutung zugrunde zu legen ist. Dies ist eine **Frage einfachen Rechts**, die aber unter Zugrundelegung des Schutzzwecks der Schrankenregelung und **unter Beachtung der interpretationsleitenden Bedeutung der von der Entscheidung betroffenen Grundrechte zu beantworten** ist. Einzubeziehen sind sowohl die Belange der Kommunikationsfreiheit als auch der Schutz des Persönlichkeitsrechts dessen, der sich von einer Äußerung beeinträchtigt sieht. Die Prüfung kann je nach dem Typ des jeweils erhobenen Anspruchs zu unterschiedlichen Maßstäben führen (vgl. BVerfGE 114, 339 (349 ff.) m.w.N.) – Hervorhebung d. Verf.

festgestellten Methodenverstoß begrenzt. Dem Fachgericht bleibt durchaus Raum dafür, unter „Nachbesserungen“ der eigenen Argumentation zum selben Ergebnis wie schon in seiner aufgehobenen Entscheidung zu gelangen. Auch die Verhängung strafrechtlicher Sanktionen ist hiervon nicht ausgenommen.[61]

Zusammenfassend ist das Folgende festzuhalten: Die Kontrolle fachgerichtlicher Deutungen erfolgt keineswegs umfassend. Das Bundesverfassungsgericht prüft allein nach, ob der Sinnermittlung des Fachgerichts eine Berücksichtigung der bedeutsamen Einzelumstände aus Wortlaut, Kontext und Empfängerhorizont der Äußerung zugrunde liegt und ob das Fachgericht seine Erwägungen in dem für eine solche Nachprüfung erforderlichen Umfang offen legt, also in den Entscheidungsgründen dargestellt hat. Gegenstand der Nachprüfung des Bundesverfassungsgerichts ist ferner, ob die verfassungsrechtlichen Maßstäbe beachtet sind, die für den Umgang des einfachen Rechts mit solchen mehrdeutigen Aussagen gelten. In die hiernach den Fachgerichten verbleibenden Spielräume greift das Verfassungsgericht hingegen auch dann nicht ein, wenn unterschiedliche Auffassungen zur zutreffenden Deutung einer umstrittenen Äußerung denkbar sind oder im Instanzenzug vor den Fachgerichten vertreten worden waren.

2. *Die Maßstäbe des Gerichtshofs*

Eine Nachprüfung umstrittener Deutungen findet keineswegs nur durch das Bundesverfassungsgericht statt. Vielmehr hält sich auch der Gerichtshof für befugt, die Richtigkeit der von den nationalen Gerichten und Behörden zugrunde gelegten Deutung nachzuprüfen, wo es für die Beurteilung einer auf Art. 10 oder Art. 8 EMRK gestützten Menschenrechtsbeschwerde hierauf ankommen kann. Insoweit gesteht der Gerichtshof den nationalen Gerichten und Behörden zwar im Ausgangspunkt einen Beurteilungsspielraum („margin of appreciation“) zu, nimmt dieses Zugeständnis aber in einem zweiten Schritt sogleich wieder durch eine für sich selbst in Anspruch genommene „strict European supervision“ zurück. Den generellen Umfang seiner Kontrollbefugnis umschreibt der Gerichtshof hierbei in stets wiederkehrenden Wendungen wie folgt:[62]

> The test of necessity requires the Court to determine whether the interference corresponded to a "pressing social need", whether it was proportionate to the legitimate aim pursued and whether the reasons given by the national authorities to justify it were relevant and sufficient. In assessing whether such a need exists

[61] BVerfG, Beschluss der 1. Kammer des Ersten Senats vom 13.12.2001, – 1 BvR 1656/96 u.a., juris, Rn. 3 – es handelt sich um dieselbe Beschwerdeführerin, deren Verfassungsbeschwerde zuvor in dem Verfahren 1 BvR 221/92 – „Soldaten sind Mörder“, BVerfGE 93, 266 den Zwischenerfolg der Aufhebung ihrer Verurteilung erzielt hatte.

[62] EGMR, 1. Sektion, Urteil vom 23.10.2008, Beschwerde-Nr. 14888/03 (Godlevskiy gegen Russland) § 39.

> and what measures should be adopted to deal with it, the national authorities are left a certain margin of appreciation. This power of appreciation is not however unlimited, but goes hand in hand with a European supervision by the Court, whose task it is to give a final ruling on whether a restriction is reconcilable with freedom of expression as protected by Article 10. The Court's task in exercising its supervisory function is not to take the place of the national authorities, but rather to review under Article 10, in the light of the case as a whole, the decisions they have taken pursuant to their margin of appreciation. In so doing, the Court has to satisfy itself that the national authorities applied standards which were in conformity with the principles embodied in Article 10 and, moreover, that they based their decisions on an acceptable assessment of the relevant facts.

Zur näheren Kennzeichnung des Umfangs der von ihm in Anspruch genommenen Aufgabe, „to give a final ruling on wheter a restriction is reconcilabe with freedom of expression as protected in Art. 10", findet sich oftmals die folgende Erläuterung:[63]

> This does not mean that the supervision is limited to ascertaining whether the respondent State exercised its discretion reasonably, carefully or in good faith; what the Court has to do is to look at the interference complained of in the light of the case as a whole, including the content of the comments held against the applicants and the context in which they made them.

Die Aufgabe, den Fall „in seiner Gesamtheit/as a whole" zu beurteilen und hierbei auch den Inhalt und Kontext der dem Beschwerdeführer zur Last gelegten Äußerung einzubeziehen („including the context of the comments held against the applicant/s and the context in wich he/they made them"), bildet für den Gerichtshof den Ausgangspunkt, seine Kontrolle auch auf die Frage zu erstrecken, ob die von den nationalen Gerichten zugrunde gelegte Deutung einer umstrittenen Äußerung überzeugend erscheint und sich damit für den Gerichtshof als „based on an acceptable assessment of the relevant facts" darstellt. Während das Verfassungsgericht sich darauf beschränkt, generalisierungsfähige Anforderungen an die Herleitung der fachgerichtlichen Deutung aufzustellen, bietet die Rechtsprechung des Gerichtshofs zu diesem Fragenkomplex bislang das Bild einer stark auf die Umstände des Einzelfalles zentrierten Kasuistik, der sich generelle Maßstäbe nicht oder nur mit großer Mühe entnehmen lassen.

Zwar handelt es sich für den Gerichtshof auch bei der Einstufung einer Äußerung als Tatsachenbehauptung oder Werturteil im Ausgangspunkt um eine in den ‚margin of appreciation' der nationalen Fachgerichte fallende Fragestellung.[63a] Zeigt der Gerichtshof sich von den Gesamterwägungen der nationalen Gerichte nicht überzeugt, so zögert er aber keineswegs, die Bean-

[63] EGMR, 5. Sektion, Urteil vom 14.2.2008, Beschwerde-Nr. 36207/03 (Rumyana Ivanova gegen Rumänien) § 57.

[63a] Vgl. EGMR. 2. Sektion, Urteil vom 20.1.2009, Beschwerde-Nr. 12188/06 (Csanics gegen Ungarn). § 39.

standung auch oder allein darauf zu stützen, dass die Deutung der beanstandeten Äußerung seitens der nationalen Gerichte nicht überzeugend sei.[64] So hat der Gerichtshof bereits mehrfach darin einen Anlass zu Beanstandungen gefunden, dass sich der von den nationalen Gerichten und Behörden einer Äußerung entnommene verdeckte Sinngehalt bei zutreffender Beurteilung in der Äußerung nicht wiederfinden lasse.[65] Als instruktives Beispiel für die stark an den Umständen des Einzelfalles orientierte Argumentationsweise des Gerichtshofs sei hier ein Abschnitt aus einem jüngeren Urteil zitiert, in dem der Gerichtshof die Beanstandung einer Medienberichterstattung auf eine seiner Auffassung nach unzutreffende Deutung der beanstandeten Äußerung gestützt hat:[66]

> The Court observes that the statement in issue consisted of two allegations: the Local Council (i) did not consult the public, and (ii) was ignoring public opinion on the matter. The first allegation is capable of various interpretations. It is true that even where a statement amounts to a value judgment, the proportionality of an interference may depend on whether there exists a sufficient factual basis for that statement, since even a value judgment without any factual basis to support it may be excessive (see *De Haes and Gijsels*, cited above, § 47, and *Jerusalem*, cited above § 43, ECHR 2001-II). However, in the present case, the factual basis may be found in the circumstance that the Local Council had rejected a motion presented by the applicants calling for the holding of a public consultation meeting about the HRP. The Court considers that the rejection of the applicants' motion provided a sufficient factual basis for the allegation that the Local Council had not consulted the public so as to allow that allegation to be construed as a value judgment. Moreover, political debate does not require unanimous agreement on the interpretation of particular words. Therefore, even assuming that it was not a value judgment, the interpretation given by the applicants is not manifestly unreasonable. The Court finds that the second allegation cannot but be classified as a value judgment, whose factual basis is indistinguishable from that above, notwithstanding the style used by the applicants which may have involved a certain degree of exaggeration. Furthermore, in the Court's view, nothing shows that the value judgments were not made in good faith.

Die Neigung zur Kasuistik, bei der etwa vorhandene generalisierungsfähige Grundsätze in einer umfassenden Abwägung der Umstände des Einzelfalles unterzugehen drohen, tritt mit besonderer Deutlichkeit in solchen Ent-

[64] EGMR, 4. Sektion, Urteil vom 29.3.2003, Beschwerde-Nr. 75955/01 (Sokolowski gegen Polen) § 46; EGMR, 1. Sektion, Urteil vom 25.1.2007, Beschwerde-Nr. 3138/04 (Arbeiter gegen Österreich) § 24; EGMR, 1. Sektion, Urteil vom 1.2.2007, Beschwerde-Nr. 30547/03 (Ferihumer gegen Österreich) § 26 f.; EGMR, 2. Sektion, Urteil vom 20.1.2009, Beschwerde-Nr. 12188/06 (Csanics gegen Ungarn), §§ 40 ff.

[65] EGMR, ehem. 3. Sektion, Urteil vom 26.2.2002, Beschwerde-Nr. 29271/95 (Dichand gegen Österreich) § 47; EGMR, 5. Sektion, Urteil vom 18.9.2008, Beschwerde-Nr. 35916/04 (Chalabi gegen Frankreich) § 46.

[66] EGMR, 4. Sektion, Urteil vom 24.4.2007, Beschwerde-Nr. 7333/06 (Lombardo gegen Malta) § 59.

scheidungen hervor, bei denen der Gerichtshof sich mit einer von den Fachgerichten angenommenen oder objektiv vorhandenen Mehrdeutigkeit der beanstandeten Äußerung zu befasst hat. So hat der Gerichtshof es selbst für den Fall der Verurteilung zu Strafsanktionen ausdrücklich abgelehnt, eine Beanstandung schon daraus herzuleiten, dass die in Frage stehende Äußerung sich infolge einer ihr anhaftenden Mehrdeutigkeit auch in anderem, dem Beschwerdeführer günstigeren Sinn hätte ausgelegt werden können.[67] Gleichwohl hat er in anderen Entscheidungen als Abwägungsgesichtspunkt innerhalb der Gesamtbetrachtung durchaus auch der Frage eine Bedeutung beigemessen, ob die in Frage stehende Äußerung sich auch anders hätte verstehen lassen, als dies von den nationalen Gerichten zugrunde gelegt worden war.[68]

Von der in Anspruch genommenen Befugnis, im Rahmen der Gesamtbetrachtung des Einzelfalles („case as a whole“) die nationalen Gerichte und Behörden auch in der von ihnen zugrunde gelegten Deutung der umstrittenen Äußerung zu korrigieren, macht der Gerichtshof hierbei keineswegs nur Gebrauch, um auf diesem Wege eine Verletzung der von Art. 10 EMRK gewährleisteten Äußerungsfreiheit herzuleiten. Vielmehr ist es, seit der Gerichtshof aus Art. 8 Abs. 1 EMRK eine Schutzpflicht („positive obligation“) der Mitgliedstaaten auch für das Ansehen des Einzelnen ableitet, durchaus auch in umgekehrter Richtung zu Verurteilungen deshalb gekommen, weil die nationalen Gerichte den Sinn einer umstrittenen Äußerung aus Sicht des Gerichtshofs zu Lasten des Betroffenen einer Medienberichterstattung in einem unverfänglichen Sinne gedeutet hatten. Die Erwägungen des Gerichtshofs aus einer hierzu einschlägigen Entscheidung seien zur besseren Veranschaulichung seiner Argumentationsweise geschlossen zitiert:[69]

> 47. The Court is not convinced by the domestic courts' assessment that the statements at issue are value judgments. The statement "Karl Pfeifer was identified following Professor P.'s death as a member of a hunting society that drove the political scientist to his death" clearly establishes a causal link between the applicant's and other persons' actions, and P.'s suicide in 2000. This was explicitly accepted by the domestic courts in the present proceedings (...). Whether or not an act has a causal link with another is not a matter of speculation, but is a fact susceptible of

[67] EGMR, 3. Sektion, Beschluss vom 16.10.2001, Beschwerde-Nr. 45710/99 (Verdens Gang und Aase gegen Norwegen); EGMR, 4. Sektion, Urteil vom 16.11.2004, Beschwerde-Nr. 56767/00 (Selistö gegen Finnland) § 58: "The Court does not find it necessary to resolve the question as to how the newspaper articles would be interpreted by the ordinary reader. Its function is rather to determine whether, considering the impugned articles in the wider context of the *Pohjalainen*'s coverage as a whole, the measures applied by the Court of Appeal, including the award of damages, were proportionate to the legitimate aim pursued."

[68] EGMR, 4. Sektion, Urteil vom 24.04.2007, Beschwerde-Nr. 7333/06 (Lombardo u.a. gegen Malta) § 59 f.

[69] EGMR, 1. Sektion, Urteil vom 15.11.2007, Beschwerde-Nr. 12556/03 (Pfeifer gegen Österreich) § 45 f.

proof. Although it is undisputed that the applicant had written a critical commentary on P.'s article in 1995 and that, years later, in 2000, P. had been charged under the Prohibition Act in relation to this article and had committed suicide, the defendant had not offered any proof for the alleged causal link between the applicant's article and P.'s death. It is true that statements that shock or offend the public or a particular person are also protected by the right to freedom of expression under Article 10. However, the statement here at issue went beyond that, claiming that the applicant had caused Professor P.'s death by ultimately driving him to commit suicide. By writing this, Mr M.'s letter to the subscribers to Zur Zeit overstepped acceptable limits, because it in fact accused the applicant of acts tantamount to criminal behaviour.

48. Even if the statement were to be understood as a value judgment in so far as it implied that the applicant and others were morally responsible for P.'s death, the Court considers that it lacked a sufficient factual basis. The use of the term "member of a hunting society" implies that the applicant was acting in cooperation with others with the aim of persecuting and attacking P. There is no indication, however, that the applicant, who merely wrote one article at the very beginning of a series of events and did not take any further action thereafter, acted in such a manner or with such an intention (…).

49. In those circumstances the Court is not convinced that the reasons advanced by the domestic courts for protecting freedom of expression outweighed the right of the applicant to have his reputation safeguarded. The Court therefore considers that the domestic courts failed to strike a fair balance between the competing interests involved.

Zusammenfassend kann somit festgehalten werden, dass die vom Gerichtshof beanspruchte Kontrollbefugnis deutlich über die auf methodische Anforderungen und Argumentationslasten beschränkten Anforderungen des Bundesverfassungsgerichts zu den von nationalen Gerichten zugrunde gelegten Deutungen umstrittener Äußerungen hinaus geht. Denn der Gerichtshof greift innerhalb der von ihm gepflegten Beurteilung des „case as a whole" unmittelbar auf Wortlaut, Kontext und Sachzusammenhang der umstrittenen Äußerung zu, um selbst den aus seiner Sicht zutreffenden Sinngehalt festzulegen, wo ihm die von den nationalen Gerichten befürwortete Deutung verfehlt erscheint.

IV. Anwendungsfall II – Sorgfaltsanforderungen bei Nutzung von Zitaten und Fremdquellen

1. Die Maßstäbe des Bundesverfassungsgerichts

Der Frage, an welchen Sorgfaltsanforderungen sich eine Medienberichterstattung zu im Zeitpunkt der Verbreitung noch nicht erweislichen Sachverhalten, etwa zu einem Verdacht oder einem von einem Informanten aufgebrachten Gerücht, messen lassen muss, hat sich die verfassungsgerichtliche Rechtsprechung bislang nur mit Zurückhaltung gestellt. Das Bundesverfassungsgericht hat notierend zur Kenntnis genommen, dass die Fachgerichte hierüber anhand von Sorgfaltsanforderungen entscheiden, die teils – die Fragestellung wohl etwas einseitig auf die Frage der Beweisbarkeit verkürzend – auch als Wahrheitspflicht angesprochen werden, im Ergebnis aber auf einfachrechtlicher Ebene die Zuweisung von Risiken betreffen, wie sie sowohl für den Äußernden wie umgekehrt den Betroffenen mit der Verbreitung solcher Äußerungen verbunden sind, deren Richtigkeit und Wahrheitsgehalt im Zeitpunkt ihrer Verbreitung noch ungewiss ist.

Es zeigt keine eigenständigen verfassungsrechtlichen Kriterien auf, sondern vollzieht allein auf verfassungsrechtlicher Ebene einfachrechtlich seit jeher anerkannte Maßstäbe nach, wenn die verfassungsgerichtliche Rechtsprechung dabei zugrunde legt, dass diese Anforderungen von der konkreten Situation abhängig[70] und hierbei umso höher zu bemessen sind, je schwerer der Eingriff in das Persönlichkeitsrecht wiegt.[71] Als für die Abwägung ferner bedeutsame Umstände hat die verfassungsgerichtliche Rechtsprechung zum einen die Stellung des Betroffenen im Prozess der öffentlichen Meinungsbildung, zum anderen die damit einhergehenden Prüfungs- und Recherchemöglichkeiten aufgezeigt.

Ein Durchgang durch die einschlägigen Entscheidungen erweist dabei jedoch, dass das Gericht den Fachgerichten für die abschließende Konkretisierung dieser Abwägungselemente im Rahmen der einfachrechtlichen Rechtsanwendung bislang einen breiten Spielraum belassen und hierbei konkrete Ergebnisse nicht vorgezeichnet, sondern allenfalls im einfachen Recht bereits vorhandene Maßstäbe und Kriterien als zugleich verfassungsrechtlich bedeutsam ausgewiesen hat.

a) Privilegierte Quellen

Die Entwicklung der verfassungsgerichtlichen Rechtsprechung zu presserechtlichen Prüfungs- und Sorgfaltspflichten hat ihren Ausgangspunkt bei dem Beschluss des Ersten Senats zu dem sogenannten „Schmid/SPIEGEL"-Fall genommen, wo der Erste Senat ausgeführt hat:[72]

> Mit der Pressefreiheit – unter deren Schutz der Artikel an sich stand – gehen Pflichten einher, die um so ernster genommen werden müssen, je höher man das Grundrecht der Pressefreiheit einschätzt. Wenn die Presse von ihrem Recht, die Öffentlichkeit zu unterrichten, Gebrauch macht, ist sie zur wahrheitsgemäßen Berichterstattung verpflichtet. Die Erfüllung dieser Wahrheitspflicht wird nach gesicherter Rspr. schon um des Ehrenschutzes des Betroffenen willen gefordert (vgl. BGHZ 31, 308 [312 f.]; BGHSt. 4, 338; BGH, LM Nr. 4 zu § 354 Abs. 1 StPO; BGH in NJW 52, 194). Sie ist zugleich in der Bedeutung der öffentlichen Mei-

[70] BVerfG, Beschluss der 1. Kammer des Ersten Senats vom 23.2.2000 – 1 BvR 456/95 –, NJW-RR 2000, 1209 „Badische Zeitung".

[71] BVerfGE 114, 339 (352) unter Hinweis auf BGHZ 95, 212 (220); 132, 13 (24).

[72] BVerfGE 12, 112 (133).

nungsbildung im Gesamtorganismus einer freiheitlichen Demokratie begründet. Nur dann, wenn der Leser – im Rahmen des Möglichen – zutreffend unterrichtet wird, kann sich die öffentliche Meinung richtig bilden. Die Presse ist daher um ihrer Aufgabe bei der öffentlichen Meinungsbildung willen gehalten, Nachrichten und Behauptungen, die sie weitergibt, auf ihren Wahrheitsgehalt zu prüfen.

Für den Argumentationsstil des Senats bedeutsam wie charakteristisch ist hier der fast unmerkliche Übergang von einer Darstellung einfachrechtlicher, in der Rechtsprechung der Zivilgerichte vorgefundener Grundsätze auf die verfassungsrechtliche Ebene: Die „gesicherte Rechtsprechung", auf die der Senat sich hier stützen will, ist ausweislich der herangezogenen Belege allein die einschlägige Rechtsprechung der Zivil- und Strafgerichte zur Sorgfalt des Äußernden. Nicht anders liegt es, wenn unmittelbar danach ausgeführt wird:[73]

Wenn auch diese Prüfungs- und Wahrheitspflicht nicht überspannt werden darf, so ist es doch unzulässig, leichtfertig unwahre Nachrichten weiterzugeben. Erst recht darf die Wahrheit nicht bewußt entstellt werden; dies geschieht auch dann, wenn man wesentliche Sachverhalte, die einem bekannt sind, der Öffentlichkeit unterschlägt.

Denn auch hier liegt eine – unausgewiesene – Entlehnung aus einer bereits vom Senat angeführten Leitentscheidung des Bundesgerichtshofs zugrunde, wo diese Maßstäbe bereits auf einfachrechtlicher Ebene nahezu wortgleich formuliert worden waren.[74]

Eigenständige, von einer solchen verweisenden Nutzung des einfachen Rechts als Konkretisierungsersatz abgelöste Stellungnahmen zu den Anforderungen an die Sorgfalt des Äußernden hat der Erste Senat erstmals in einer Entscheidung vom 9. Oktober 1991[75] zu dem Fall „Kritische Bayer-Aktionäre" entwickelt. Dort war ein ungeprüft aus Presseberichten entnommener Vorwurf einer Gruppe sozial engagierter Minderheitsaktionäre der Bayer-AG, die Geschäftsführung lasse ihre Gegner „bespitzeln", zu beurteilen. Die Fachgerichte hatten die an die Öffentlichkeit getragenen Vorwürfe der Beschwerdeführer unter anderem mangels zureichender Darlegung für den Wahrheitsgehalt der Äußerung sprechender Anhaltspunkte als Verbreitung einer erwiesen unwahren Tatsachenbehauptung gewertet. Darin hat der Senat eine Überspannung der Anforderungen gesehen. Werde von einer Privatperson eine Tatsachenbehauptung aufgestellt, die nicht ihrem persönlichen Erfahrungsbereich entstamme, so genüge regelmäßig die Berufung auf unwidersprochene und zur Stützung der Behauptung geeignete Presseberichte zur Erfüllung der Darlegungslast, weil andernfalls Presseberichte, die nachteilige Aussagen über Personen enthalten, trotz ihres meinungsbildenden Charak-

[73] BVerfGE 112, 113 (130).
[74] Vgl. BGH, Urteil vom 22.12.1959 – VI ZR 175/58 –, BGHZ 31, 308 (316).
[75] BVerfGE 85, 1.

ters im individuellen Meinungsaustausch kaum noch verwertet werden könnten. Soweit eine nachteilige Behauptung zunächst unwidersprochen in der Presse erschienen sei, darf ein Einzelner, der den Pressebericht guten Glaubens aufgegriffen habe, daher erst dann zur Unterlassung verurteilt werden, wenn die Berichterstattung erkennbar überholt oder widerrufen sei.

In einer nachfolgenden Kammerentscheidung[76] hat das Bundesverfassungsgericht hieran anknüpfend zwar zur Kenntnis genommen, dass in der Fachliteratur

> „die kritiklose Übernahme fremder Äußerungen nicht stets, grundsätzlich aber für den Fall gebilligt (wird), dass die Meldung von einer ohne weiteres als zuverlässig anerkannten Quelle – wie etwa einer anerkannten Nachrichtenagentur – stammt."[77]

Die Beschwerdeführerin verfügte als Presseunternehmen jedoch über Recherchemöglichkeiten, die der Einzelne nicht habe und es habe ohnedies schon im Zeitpunkt ihrer Inanspruchnahme auf Unterlassung einer erneuten Verbreitung festgestanden, dass ihre ursprüngliche Berichterstattung unzutreffend gewesen sei. Da somit die Richtigkeit ihrer Berichterstattung in Frage gestellt sei, könne sie sich für die Zukunft nicht mehr auf guten Glauben berufen. Mit Blick darauf erscheine es nicht unzumutbar, die Möglichkeit der erneuten Weiterverbreitung strengeren Maßstäben zu unterwerfen und von einer näheren Konkretisierung abhängig zu machen.

Die Kenntnisnahme weitergehender Erwägungen der presserechtlichen Fachliteratur erweist sich damit als obiter dictum, während tragend der schon zuvor in der Senatsentscheidung „Kritische Bayer-Aktionäre" aufgezeigte Gesichtspunkt bleibt, dass jedenfalls eine auch aus Sicht des Äußernden nunmehr erkennbar überholte Behauptung nicht länger verbreitet werden darf.

Eine weitere Entscheidung hatte die Verurteilung einer Presseagentur zum Gegenstand, die in einer Agenturmeldung das Gerücht aufgegriffen hatte, der seinerzeit amtierende Bundeskanzler Gerhard Schröder bediene sich eines Haarfärbemittels.[78] Die Kammer hat die Verurteilung unter Hinweis darauf gebilligt, dass die Beschwerdeführerin als Presseagentur keineswegs geringeren Sorgfaltsanforderungen als andere Presseunternehmen unterliege. Presseagenturen nähmen eine herausragende, in jüngerer Zeit immer wichtiger gewordene Rolle bei der Gestaltung von Nachrichten in der Presse wahr und

[76] BVerfG, Beschluss der 1. Kammer des Ersten Senats vom 23.2.2000 – 1 BvR 456/95 –, NJW-RR 2000, 1209.

[77] Hierfür nimmt die Kammer auf – seinerzeit aktuelle presserechtliche Literatur (*Wenzel* Das Recht der Wort- und Bildberichterstattung, 4. Aufl., S. 324 f.; *Soehring* Presserecht, 2. Aufl., S. 16; *Löffler/Steffen* Presserecht, 4. Aufl., § 6 LPG, Rn. 169) Bezug, ohne hierzu abweichende oder weitergehende verfassungsrechtliche Maßstäbe aufzuzeigen.

[78] BVerfG, Beschluss der 1. Kammer des Ersten Senats vom 26.8.2003 – 1 BvR 2243/02 –, NJW 2004, 589.

lieferten in der Praxis einen großen Teil der Nachrichten druckfertig an die Presseunternehmen.[79] Das Vertrauen, das Medienunternehmen den Agenturen entgegenbringen, und die hervorgehobene meinungsbildende Funktion von Presseagenturen rechtfertige es, den von ihnen veröffentlichten Nachrichten nur insoweit Schutz vor zivilrechtlichen Ansprüchen der Betroffenen zu gewähren, als die praktischen Möglichkeiten zur Überprüfung der Richtigkeit im Rahmen des Zumutbaren genutzt werden. Die Anforderungen seien bei Presseagenturen auch nicht etwa deshalb gemildert, weil sie täglich mit einer großen Zahl von Meldungen umzugehen haben. Es liegt an ihnen, ihre Organisation so einzurichten, dass sie den Anforderungen gerecht werden können.

Eine in vergleichbarer Weise die einfachrechtlichen Argumente nur nachzeichnende Vorgehensweise hat das Bundesverfassungsgericht etwa für die Beurteilung der Frage gewählt, welche Anforderungen an die Zulässigkeit einer Verdachtsberichterstattung zu stellen sind:[80]

> Eine Überspannung der Sorgfaltsanforderungen liegt nicht bereits darin, dass die Fachgerichte die Zulässigkeit einer Verdachtsberichterstattung von dem Vorliegen eines Mindestmaßes von Beweistatsachen abhängig gemacht haben, die für den Wahrheitsgehalt der Information sprechen. Die Fachgerichte haben sich hierfür auf in der obergerichtlichen Rechtsprechung anerkannte Grundsätze gestützt, wie sie der Bundesgerichtshof in einer von den Fachgerichten heran gezogenen Leitentscheidung[81] zusammenfassend aufgezeigt hat.

Insoweit wird vom Bundesverfassungsgericht nur zur Kenntnis genommen, welche Maßstäbe des einfachen Rechts für die beanstandete Entscheidung leitend geworden waren. Erst dann misst das Bundesverfassungsgericht die aus der nachzuprüfenden Entscheidung abgelesenen Rechtsgrundsätze des einfachen Rechts am grundrechtlichen Maßstab:

> Die dort abstrakt dargelegten Anforderungen an eine zulässige Verdachtsberichterstattung, insbesondere die Sorgfaltsanforderungen, tragen in verfassungsrechtlich nicht zu beanstandender Weise dem Schutzanspruch des Persönlichkeitsrechts grundsätzlich Rechnung, ohne die Belange der Pressefreiheit in unverhältnismäßiger Weise zurück zu setzen.[82] Es ist der Presse bei der Berichterstattung über einen Straftatenverdacht nicht verwehrt, nicht allein über den Wissensstand der Ermitt-

[79] Zum Beleg für diese letztlich auf empirischem Gebiet liegende Einschätzung beruft die Kammer sich auch hier wieder auf Äußerungen der presserechtlichen Fachliteratur (*Löffler/Sedelmeier* Presserecht, 4. Aufl. 1997, § 7 LPG, Rn. 42), ohne abweichende oder eigenständige verfassungsrechtliche Maßstäbe aufzuzeigen.

[80] BVerfG, Beschluss der 1.Kammer des Ersten Senats vom 19.10.2006 – 1 BvR 152/01 u.a –, BverfGK 9, 317.

[81] Vgl. BGHZ 143, 199 (203 ff.).

[82] BVerfG, Beschluss der 1. Kammer des Ersten Senats vom 19.10.2006 – 1 BvR 152/01 u.a. –, BVerfGK 9, 317 (318).

lungsbehörden, sondern auch über das Ergebnis eigener Recherchen zu berichten. Die Meinungsfreiheit deckt es auch, wenn dabei Zusammenhänge aufgezeigt werden, die nach den Beweisanforderungen eines Straf- oder Zivilverfahrens nicht zu belegen wären.[83]

Für den konkreten Einzelfall erwägt die Kammer daher:

> So durften die Gerichte Wert darauf legen, dass die Beschwerdeführerin ihre Berichterstattung nur auf eine Pressemitteilung eines privaten Gewährsmanns stützen konnte. Insofern ist nicht entscheidend, unter welchen Voraussetzungen der Gewährsmann selbst die Äußerung verbreiten durfte. Vorliegend geht es um die rechtliche Beurteilung der Äußerung der Beschwerdeführerin, die sich ihrerseits auf einen Gewährsmann berief. Es ist verfassungsrechtlich auch nicht zu beanstanden, wenn die Gerichte die Unbedenklichkeit der Weiterverbreitung solcher Informationen von einer Prüfung abhängig machen, ob ein Mindestbestand an Beweistatsachen vorliegt, der für den Wahrheitsgehalt der verbreiteten Information spricht (vgl. BGHZ 143, 199, 203 ff.).

Auch diese Erwägungen lehnen sich eng an von dem Gericht der einschlägigen Fachliteratur entnommene Darstellungen einer rechtstatsächlichen Entwicklung – gesteigerte Bedeutung einer Nutzung von Agenturmeldungen – und deren Beurteilung durch die presserechtliche Fachliteratur an. Sie verzichten zugleich darauf, eigenständige, in den Überlegungen der einfachrechtlichen Literatur und Rechtsprechung noch nicht vorgefundene Erwägungen anzustellen.

Dass hiernach die der fachgerichtlichen Entscheidung abgelesenen und darin genutzten abstrakten Rechtssätze verfassungsrechtlich nicht zu beanstanden seien, schließt nicht aus, dass das Fachgericht in verfassungsrechtlich beanstandungsfreier Weise auch gänzlich anders hätte argumentieren oder gar das gegenteilige Ergebnis hätte erzielen können. Die Beurteilung solcher Pfadabhängigkeiten des in weitem Umfang richterrechtlich geprägten Äußerungs- und Medienprivatrechts sieht das Bundesverfassungsgericht ersichtlich nicht als seine Aufgabe an.

b) Nutzung von Zitaten

Für die Zulässigkeit einer Nutzung von Originalzitaten ist nach der verfassungsgerichtlichen Rechtsprechung zwischen der Position des Zitierten und der Position solcher Betroffener zu unterscheiden, die von der zitierten Äußerung eines Dritten ihrerseits in ihrem Persönlichkeitsrecht betroffen sind.

Soweit der Zitierte betroffen ist, werden in der verfassungsgerichtlichen Rechtsprechung strikte Anforderungen an die Zitattreue des Zitierenden

[83] Vgl. zuvor schon BVerfG, Beschluss der 3. Kammer des Ersten Senats vom 19.12.1991 – 1 BvR 327/91 –, NJW 1992, 2013 (2014).

gestellt. Die von den Zivilgerichten zuvor vertretene Auffassung, wonach sich der Zitierte jedenfalls im öffentlichen Meinungskampf auch die Zuschreibung eines Zitats gefallen lassen müsse, dass zwar nicht von ihm selbst, aber von einer ihm in der politischen Ausrichtung nahe stehenden Person stammte und daher jedenfalls kein grundlegend unzutreffendes Bild seiner eigenen Auffassung bot, hat das Bundesverfassungsgericht unter Hinweis darauf missbilligt, dass es einen Eingriff in das verfassungsrechtlich geschützte Persönlichkeitsrecht bedeute, werde jemand eine Äußerung in den Mund gelegt, die er nicht getan habe und die seinen selbst definierten sozialen Geltungsanspruch beeinträchtige.[84] In einer hieran anknüpfenden Folgeentscheidung hat das Gericht sodann zu verstehen gegeben, dass ein solches unrichtiges Zitat nicht allein das Persönlichkeitsrecht des Zitierten beeinträchtige, sondern bereits keine von Art. 5 Abs. 1 GG geschützte Meinungsäußerung darstelle. Der Senat stellt in der hier bedeutsamen Passage zur Funktion des Meinungsbildungsprozesses folgende Überlegungen an:[85]

> Unrichtige Zitate sind durch Art. 5 Abs. 1 GG nicht geschützt. Es ist nicht ersichtlich, daß die verfassungsrechtlich gewährleistete Meinungsfreiheit einen solchen Schutz fordert. Soweit Werturteile im öffentlichen Meinungskampf in Frage stehen, muß im Interesse des öffentlichen Meinungsbildungsprozesses ohne Rücksicht auf den Inhalt des Urteils die Vermutung für die Zulässigkeit freier Rede sprechen (BVerfGE 7, 198 [212] – Lüth, st. Rspr.). Für unwahre Tatsachenbehauptungen gilt das nicht in gleicher Weise. Unrichtige Information ist unter dem Blickwinkel der Meinungsfreiheit kein schützenswertes Gut, weil sie der verfassungsrechtlich vorausgesetzten Aufgabe zutreffender Meinungsbildung nicht dienen kann (vgl. BVerfGE 12, 113 [130] – Schmid-Spiegel); es kann nur darum gehen, daß die Anforderungen an die Wahrheitspflicht nicht so bemessen werden, daß dadurch die Funktion der Meinungsfreiheit in Gefahr gerät oder leidet: eine Übersteigerung der Wahrheitspflicht und die daran anknüpfenden, unter Umständen schwerwiegenden Sanktionen könnten zu einer Einschränkung und Lähmung namentlich der Medien führen; diese könnten ihre Aufgaben, insbesondere diejenige öffentlicher Kontrolle, nicht mehr erfüllen, wenn ihnen ein unverhältnismäßiges Risiko auferlegt würde (vgl. BGH, NJW 1977, 1288 [1289] – Abgeordnetenbestechung). Weder die öffentliche Meinungsbildung noch die demokratische Kontrolle können indessen unter dem Erfordernis leiden, richtig zitieren zu müssen. Die im Interesse öffentlicher Meinungsbildung gestellte Aufgabe der Information wird gerade verfehlt, wenn dies nicht geschieht, und mit öffentlicher Kontrolle hat der Tatbestand nichts zu tun. Ebensowenig spielen Zeitdruck oder Schwierigkeiten der Nachprüfung eine Rolle, wie dies bei anderen Tatsachenmitteilungen der Fall sein kann. Demjenigen, der eine Äußerung wiedergibt, werden keine wesentlichen oder gar unzumutbaren Erschwerungen oder Risiken auferlegt, wenn er verpflichtet wird, korrekt zu zitieren. Beeinträchtigt daher die Wiedergabe das allgemeine Persönlichkeitsrecht des-

[84] BVerfGE 54, 148 (153).

[85] BVerfGE 54, 208 (219 f.).

jenigen, dessen Äußerung zitiert wird, so ist dieser Eingriff durch Art. 5 Abs. 1 GG nicht gedeckt. Im anderen Fall wäre es, namentlich den Medien, gestattet, mit der Wahrheit leichtfertig zu verfahren und Rechte der Betroffenen außer Acht zu lassen, ohne dass dazu ein Anlass oder gar eine Notwendigkeit bestünde.

Auch hier entwickelt der Senat die verfassungsrechtlichen Maßstäbe an entscheidender Stelle nicht selbst, sondern verweist auf ein Grundsatzurteil des Bundesgerichtshofs,[86] um zugleich die verfassungsrechtlich bedeutsamen Maßstäbe aufzuzeigen.

Deutlich großzügigere Maßstäbe hat das Gericht hingegen zum Tragen gebracht, wo die Beurteilung eines zutreffend zitierten abfälligen Werturteils über den Zitatbetroffenen in einer Medienberichterstattung zu beurteilen war. Hierbei ging es um die die Abweisung einer Klage auf Geldentschädigung wegen Verletzung des Persönlichkeitsrechts eines prominenten ostdeutschen CDU-Politikers aufgrund eines in einer Boulevardzeitung über ihn verbreiteten verunglimpfendes Werturteils („Bundesscheiße") des Sängers und Autors Wolf Biermann. Dass dieser sich in der beanstandeten Weise über den Betroffenen geäußert habe, stand vor den Zivilgerichten außer Streit und war von dem Verfassungsgericht daher nicht mehr nachzuprüfen. Eine Verletzung des Schutzanspruchs des Persönlichkeitsrechts durch die Zitatverbreiterin hat das Gericht verneint.[87] Der Argumentationsgang nimmt auch hier in für die Vorgehensweise des Gerichts charakteristischer Weise seinen Ausgang bei den von den Zivilgerichten als einschlägig angesehenen einfachrechtlichen Grundsätzen, die das Verfassungsgericht als Ausgangspunkt nur zur Notiz nimmt:[88]

> Ein Zueigenmachen liegt insbesondere vor, wenn die Äußerung eines Dritten in den eigenen Gedankengang so eingefügt wird, dass dadurch die eigene Aussage unterstrichen werden soll (vgl. BGH, NJW 1976, 1198 (1200); Prinz/Peters, Medienrecht, Rn. 34).

Sodann wendet sich die Kammer der konkreten Rechtsanwendung durch das Fachgericht zu, und billigt diese nachvollziehend mit folgenden Erwägungen:

> So liegt es hier aber nicht. Tragfähig stellt das Kammergericht darauf ab, dass der Artikel nach seinem Sachzusammenhang keine Billigung der wiedergegebenen Fremdäußerung erkennen lässt. Durch die verwandten Anführungszeichen werde deutlich auf die Äußerung eines Dritten hingewiesen (dazu vgl. allgemein Wenzel, Das Recht der Wort- und Bildberichterstattung, 4. Aufl., 1994, Rz. 4.103). Das

[86] BGH, Urteil vom 3.5.1977, – VI ZR 36/74 –, NJW 1977, 1288 (Abgeordnetenbestechung).

[87] BVerfG, Beschluss der 1. Kammer des Ersten Senats vom 30.9.2003, – 1 BvR 865/00 –, NJW 2004, 590.

[88] BVerfG, Beschluss der 1. Kammer des Ersten Senats vom 30.9.2003, – 1 BvR 865/00 –, NJW 2004, 590.

Kammergericht hat die Veröffentlichung dahingehend gedeutet, dass aus der äußeren Form des Zeitungsartikels hinreichend deutlich werde, dass allein die beanstandete Meinung dokumentiert werde, ohne – etwa darauf aufbauend – eine eigene Stellungnahme über den Beschwerdeführer abzugeben. Es sei nichts dafür ersichtlich, dass die Beklagten der Meinungsäußerung beipflichten würden.

Unter nochmaliger Verdeutlichung des beschränkten Umfangs der verfassungsgerichtlichen Nachprüfung wird von der Kammer abschließend erwogen:

Eine derartige Sachverhaltswürdigung ist Sache der Fachgerichte. Anlass zur verfassungsgerichtlichen Beanstandung besteht nicht.

Die verfassungsgerichtliche Rechtsprechung entnimmt die anzulegenden verfassungsrechtlichen Maßstäbe also dem einfachen Recht, indem dort vorgefundene Argumentationsfiguren aufgegriffen und als verfassungsrechtlich bedeutsam ausgezeichnet werden. Die Aufgabe ihrer abschließenden Konkretisierung anhand der Umstände des Einzelfalles gibt das Bundesverfassungsgericht jedoch an die Fachgerichte zurück und wacht allenfalls darüber, dass die von ihm als „Überspannung" der Anforderungen beschriebenen verfassungsrechtlichen Grenzen der Konkretisierungsbefugnis nicht überschritten werden.

2. *Die Maßstäbe des Gerichtshofs*

Wendet man sich nunmehr der Rechtsprechung des Gerichtshofs zu, so legt zwar auch dieser – insoweit in Übereinstimmung mit dem Bundesverfassungsgericht – einen gleitenden Sorgfaltsmaßstab zugrunde, so dass es sich als Frage des Einzelfalles darstellt, in welcher Weise und welchem Umfang eine Presseveröffentlichung verifiziert werden muss.[89] Es entspricht dabei im Ausgangspunkt auch im inländischen Presserecht anerkannten Anforderungen, dass hiernach die der Informationsquelle zukommende Verlässlichkeit,[90] ein hinreichender Umfang der vorausgegangenen Recherchen,[91] eine ausgewogene Darstellung des Sachverhalts („balanced manner")[92] sowie die Frage bedeutsam wird, ob dem Betroffenen hinreichend Gelegenheit gegeben wurde, seine Sicht der Dinge darzulegen und sich gegen den erhobenen Vorwurf zu verteidigen.[93]

[89] EGMR, Urteil vom 20.5.1999, Beschwerde-Nr. 21980/93 (Bladet Tromsö gegen Norwegen) § 65 f.

[90] EGMR, Urteil vom 25.5.1999, Beschwerde-Nr. 21980/93 (Bladet Tromsö gegen Norwegen) § 66.

[91] EGMR, Urteil vom 26.4.1995, Beschwerde-Nr. 15974/90 (Prager und Oberschlick gegen Östereich) § 37.

[92] EGMR, Urteil vom 2.5.2000, Beschwerde-Nr. 26132/95 (Bergens Tidende u.a. gegen Norwegen) § 57.

[93] EGMR (Bergens Tidende u.a. gegen Norwegen [a.a.O. Fn. 91]).

Jedoch tritt der Gerichtshof überall dort, wo aus seiner Sicht die öffentliche Funktion der Presse („public watchdog") beeinträchtigt sein kann, in eine nähere Prüfung der Umstände des Einzelfalles ein, die in ihrer Dichte kaum hinter dem Prüfungsumfang eines nationalen Tatsachengerichts zurück bleibt.[94] Der Gerichtshof hat dabei – im Unterschied zu seiner in bloßer Einzelfallkasuistik stecken gebliebenen Deutungsrechtsprechung – durchaus eigenständige Rechtsprechungslinien mit verallgemeinerungsfähigen Grundsätze herausgebildet, die nähere Diskussion verdienen.

a) Privilegierte Quellen

Auf einem von der verfassungsgerichtlichen Rechtsprechung immerhin noch beiläufig gestreiften, wenn auch bislang nicht abschließend behandelten Gebiet bewegt sich diese Rechtsprechung, soweit der Gerichtshof zur Frage eines Verzichts auf nähere Nachprüfung sogenannter „privilegierter Quellen" Stellung genommen hat.

Nach einer mittlerweile gefestigten Rechtsprechung des Gerichtshofs ist eine eingehende Prüfung der verbreiteten Information durch mit journalistischer Sorgfalt betriebene Nachrecherchen regelmäßig verzichtbar, wo sich die Berichterstattung der Presse auf amtliche Quellen stützen kann und die dort enthaltenen Informationen nur weiterverbreitet werden. Für schriftlich niedergelegte Informationen aus amtlicher Quelle, etwa Berichte eines Rechnungshofs, sieht der Gerichtshof die Presse daher grundsätzlich von einer inhaltlichen Nachprüfung entbunden, soweit nämlich die darin enthaltenen Informationen in der Berichterstattung zutreffend und ohne übertreibende oder verfälschende Zusätze wörtlich zitiert oder sinngemäß zusammenfassend wiedergegeben werden.[95]

Hatte der Gerichtshof hierfür anfänglich allein Berichte amtlicher Stellen, etwa eines Rechnungshofs, in Betracht gezogen, so räumt er einen vergleichbaren Stellenwert mittlerweile auch mündlichen Äußerungen eines aus Sicht der Presse als kompetent einzuschätzenden Amtsträgers ein. Vorausgegangene Medienberichte hält der Gerichtshof hingegen grundsätzlich nicht für geeignet, die Presse von ihrer Verpflichtung zu entbinden, die Richtigkeit der eigenen Berichterstattung in angemessenem Umfang zu belegen.[96]

[94] Vgl. etwa – im Detaillierungsrad der Prüfung keineswegs außergewöhnlich – EGMR, GK, Urteil vom 17.12.2004, Beschwerde-Nr. 49017/99 (Pedersen und Baadsgaard gegen Norwegen) §§ 80 ff.

[95] EGMR, Urteil vom 20.5.1999, Beschwerde-Nr. 21980/93 (Bladet Tromsö und Stensaas gegen Norwegen) §§ 68 ff.; EGMR, 2. Sektion, Urteil vom 25.6.2002, Beschwerde-Nr. 51279/99 (Colombani u.a. gegen Frankreich) § 65.

[96] EGMR, 3. Sektion, Urteil vom 16.09.2008, Beschwerde-Nr. 36157/02 (Cac Pescu gegen Rumänien) § 31; EGMR, 1. Sektion, Urteil vom 14.2.2008, Beschwerde-Nr. 36207/03 (Rumyana Iwanowa gegen Bulgarien) § 65.

Kann sich die Berichterstattung auf eine hiernach privilegierte Quelle stützen, so sieht der Gerichtshof nur insoweit noch Raum für Beanstandungen, als überschießende, von der verwerteten Quelle nicht mehr gedeckte Schlussfolgerungen in Frage stehen, die den Betroffenen deutlich negativer erscheinen lassen, als dies der herangezogenen Quelle entspricht.[97] In dieser Hinsicht rechnet der Gerichtshof zwar durchaus auch mit der Möglichkeit bösgläubiger Verzeichnungen der Wirklichkeit durch eine Medienberichterstattung, welche die Grenzen einer zulässigen Kritik etwa dadurch überschreitet, dass für sich gesehen wahrheitsgemäße Behauptungen durch ergänzende Kommentare, Werturteile und Unterstellungen in einer Weise verzerrt werden, die aus Sicht der Öffentlichkeit ein unzutreffendes Bild ergeben können.[98]

Jedoch prüft der Gerichtshof auch hier wieder selbständig und mit hoher Kontrolldichte nach, ob die nationalen Gerichte einem beanstandeten Beitrag eine solche verzerrende Stoßrichtung zutreffend entnommen hatten oder die Anforderungen etwa durch das Verlangen überspannt haben, für die Leserschaft belanglose Einzelheiten des Ablaufs eines gegen den Betroffenen geführten Gerichtsverfahrens umfassend und aus fachjuristischer Warte korrekt darzustellen.[99]

b) Nutzung von Zitaten

Ein durchaus eigenständig ausgeformtes und verallgemeinerungsfähiges System hat das Fallrecht des Gerichtshofs mittlerweile auch für die Behandlung einer Verbreitung ehrenrühriger Fremdzitate durch die Massenmedien entfaltet.

Die hier zu diskutierende Rechtsprechungslinie des Gerichtshofs hat ihren Ausgangspunkt bei der Entscheidung des Gerichtshofs[100] zu dem Fall des norwegischen Journalisten Jersild genommen, der in einer im Fernsehen ausgestrahlten Live-Diskussion mehreren Repräsentanten einer rechtsextremistischen Vereinigung unkommentiert Raum zur Verbreitung rassistischer Parolen gewährt hatte. Ungeachtet der von dem Gerichtshof nicht verkannten Anstößigkeit der verbreiteten Äußerungen hat der Gerichtshof schon in dieser Entscheidung betont, dass eine auf Interviewäußerungen beruhende Berichterstattung unabhängig von der eigenständigen journalistischen Über-

[97] EGMR, 5. Sektion, Urteil vom 14.02.2008, Beschwerde-Nr. 36207/03 (Rumyana Iwanowa gegen Rumänien) 63 f.; EGMR, GK, Urteil vom 17.12.2004, Beschwerde-Nr. 33348/96 (Cumpana und Mazare gegen Rumänien) § 108.

[98] EGMR, 1. Sektion, Urteil vom 27.05.2004, Beschwerde-Nr. 57829/00 (Videz Aiszardzibas Klubs gegen Lettland) § 45.

[99] EGMR, 2. Sektion, Urteil vom 17.07.2007, Beschwerde-Nr. 30278/04 (Ormani gegen Italien) § 71 f.

[100] EGMR, Urteil vom 23.09.1994, Beschwerde-Nr. 15890/89 (Jersild gegen Dänemark).

arbeitung solcher Äußerungen eines der wichtigsten Mittel der Presse zur Wahrnehmung ihrer zentralen Funktion als „public watchdog" darstelle und es daher besonders gewichtiger Gründe bedürfe, um einen Journalisten für die Verbreitung von Fremdäußerungen in Anspruch zu nehmen.

Soweit der Gerichtshof hieraus ableitet, dass bei Live-Interviews in Rundfunk und Fernsehen eine Distanzierung von abfälligen Werturteilen des jeweiligen Interview-Partners[101] nicht verlangt werden dürfe,[102] werden noch keine zur Rechtsprechung der inländischen Fachgerichte abweichenden Maßstäbe formuliert.[103] Anders dürfte sich dies jedoch mit Blick darauf verhalten, dass der Gerichtshof nachfolgend auch mit Blick auf Zeitungsveröffentlichungen oder eine sonstige Medienberichterstattung außerhalb von Live-Situationen der Forderung nach strikter und genereller Distanzierung von einem möglicherweise ehrenrührigen Inhalt eines in der Berichterstattung angeführten Fremdzitats entgegen getreten ist, ohne hierbei zwischen Tatsachenbehauptungen und Werturteilen zu differenzieren.

Grundlegend ist die Entscheidung des Gerichtshofs zu einem Fall aus Luxemburg geworden.[104] Ein dortiger Journalist hatte in einer von ihm moderierten Radiosendung einen von ihm veröffentlichten Zeitungsbeitrag verlesen, worin er – gestützt auf Informationen eines im Beitrag zitierten Gewährsmannes – kritisch zur Vorgehensweise des zuständigen Ministeriums bei der Wiederaufforstung geschädigter Wälder Stellung nahm und hierbei einen namentlich genannten Gewährsmann dafür zitierte, dass Korruption im Spiel sein könne. Die Berichterstattung war von den luxemburgischen Gerichten beanstandet worden, da der Journalist weder den Wahrheitsgehalt des zitierten Korruptionsverdachts beweisen konnte, noch sich mit dem gebotenen Nachdruck von dem Zitatinhalt distanziert hatte. Der Gerichtshof trägt keine Bedenken, der Auffassung der nationalen Gerichte zu folgen, wonach der Journalist sich in seinem Beitrag das Fremdzitat zueigen gemacht habe. Jedoch sei es mit der Funktion der Presse, die Öffentlichkeit über laufende Ereignisse, Ansichten und Auffassungen zu informieren, nicht vereinbar, von Journalisten stets zu fordern, dass sie sich systematisch und

[101] Bei eigenen Äußerungen eines Journalisten innerhalb einer solchen Diskussionsrunde sieht auch der Gerichtshof für ein solches Privileg keine Veranlassung: EGMR, 1. Sektion, Beschluss vom 23.10.2003, Beschwerde-Nr. 19846/02 (Maroglou gegen Griechenland) § 3.

[102] EGMR, 1. Sektion, Urteil vom 05.07.2007, Lionoraikis gegen Griechenland, 1131/05 § 51.

[103] Vgl. BGHZ 66, 182 (188); eine Übertragbarkeit auf meinungsbildende Internet-Foren ablehnend aber BGH VI ZR 101/06 vom 27.3.2007, juris, Rn. 8 f.

[104] EGMR, 2. Sektion, Urteil vom 29.03.2001, Beschwerde-Nr. 38432/97 (Thoma gegen Luxemburg) § 64. Das grundlegende Urteil ist im Inland nicht in Übersetzung publiziert worden und hat wohl daher nicht die verdiente Aufmerksamkeit als eines der zentralen presserechtlichen Urteile des Gerichtshofs gefunden.

förmlich von dem Inhalt eines Zitats zu distanzieren hätten, das Dritte beleidigen oder ihr Ansehen schädigen kann. Es müsse daher mit Blick auf den vorliegenden Fall genügen, dass der Journalist die zitierte Fremdäußerung als solche kenntlich gemacht und selbst darauf hingewiesen habe, dass sie in scharfem Tonfall gehalten sei.[105]

Wird von der Presse ein ehrverletzendes, abfälliges Werturteil eines Dritten etwa deshalb zitiert, weil dieses den Anlass zu einem Gerichtsverfahren gegeben hatte, so darf hiernach ein solches Zitat nicht deshalb beanstandet werden, weil es ohne Distanzierung weiterverbreitet wurde.[106] Hiervon will der Gerichtshof Ausnahmen allenfalls für eine Berichterstattung der Boulevardpresse zu aus Sicht des Gerichtshofs außerhalb des öffentlichen Interesses stehenden Vorkommnissen aus der Welt der Unterhaltungsprominenz und des Adels zulassen.[107] Weist die in Frage stehende Fremdäußerung hingegen einen Bezug zu einer „public debate" im Sinne der Rechtsprechung des Gerichtshofs auf, so darf die Forderung nach Distanzierung von dem abfälligen Fremdzitat ebenso wenig daraus hergeleitet werden, dass die Berichterstattung auf die Seite des Äußernden getreten sei, es an Neutralität ermangele oder sich den Zitatinhalt auf sonstige Weise zu eigen gemacht hatte.[108] Auch ein im Rundfunk verbreiteter Pressespiegel, bei dem extremistische Zeitungskommentare unter Quellenangabe verlesen worden waren, darf hiernach nicht wegen mangelnder Distanzierung von dem (vermeintlich) rechtswidrigen Zitatinhalt beanstandet werden.[109] Ebenso wenig darf hiernach Anstoß daran genommen werden, dass ein Leserbrief anonym und ohne Verfasserangabe veröffentlicht wird, der in abfälligen Worten etwa zu Fragen der Kirchenpolitik Stellung bezieht, sofern nicht die von der Rechtsprechung des Gerichtshofs generell gezogene Schwelle zur „gratuitous attac" überschritten, sondern der Äußerung immerhin eine „sufficient factual basis" unterhalb der Schwelle der Erweislichkeit ihrer Wahrheit zugrunde liegt.[110]

Werden die Fremdinformationen nicht zitiert, sondern für eigene Behauptungen oder Wertungen der Presse nurmehr als Recherchegrundlage ausgewertet, so trägt der Gerichtshof zwar keine Bedenken, die Auswertung

[105] EGMR, 2. Sektion, Urteil vom 29.03. 2001, Beschwerde-Nr. 38432/97 (Thoma gegen Luxemburg) § 64.

[106] EGMR, 1. Sektion, Urteil vom 14.12.2006, Beschwerde-Nr. 76918/01 (Verlagsgruppe News GmbH gegen Österreich) § 31 f.

[107] EGMR, 3. Sektion, Urteil vom 9.11.2006, Beschwerde-Nr. 72331/01 (Krone Verlags GmbH gegen Österreich Nr. 4), § 34 f.

[108] EGMR, 1. Sektion, Urteil vom 2.11.2006, Beschwerde-Nr. 13071/03 (Standard-Verlags GmbH gegen Österreich) § 53; EGMR, 5. Sektion, Urteil vom 15.1.2009, Beschwerde-Nr. 20985/05 (Orban u.a. gegen Frankreich) §§ 49 ff.

[109] EGMR, 1. Sektion, Urteil vom 30.03.2006, Beschwerde-Nr. 64178/00 u.a. (Özgür Radyo-Ses Radyo Televzion gegen Türkei) § 83.

[110] EGMR, 1. Sektion, Urteil vom 19.01.2006, Beschwerde-Nr. 46389/99 (Albert-Engelmann-GesellschaftmbH gegen Österreich) § 32.

solcher Fremdquellen an den üblichen Maßstäben journalistischer Sorgfalt zu messen.[111] Wird hingegen eine fremde Tatsachenbehauptung als solche zitiert, darf nach Auffassung des Gerichtshofs im Rahmen der von Art. 10 Abs. 2 EGMR geforderten Abwägung nicht danach gefragt werden, ob der Journalist den Wahrheitsgehalt des Zitatinhalts in vollem Umfang beweisen kann. Vielmehr soll genügen, dass gemessen an dem Inhalt und Gewicht des Vorwurfs eine zureichend verlässliche Tatsachenbasis besteht, etwa indem ein Mindestmaß an Anhaltspunkten für die Richtigkeit der weiterverbreiteten Fremdäußerung aufgezeigt werden kann[112]. Hierbei dürfen die nationalen Gerichte allenfalls beanstanden, dass eine Verdachtsbehauptung aus fremder Quelle übernommen wird, falls dies in einer Weise geschieht, die von dem Aussagegehalt der Quelle deshalb nicht mehr gedeckt ist, weil das Zitat durch eigene Zutaten ausgeschmückt und zugespitzt wird[113] oder durch Aufmachung und Bildbeigaben der Verbreitung einer nur schwach bestätigten Verdächtigung geradezu eine Prangerwirkung beigelegt wird, welche die Zitatquelle so noch nicht aufgewiesen hatte.[114]

Zu der in der verfassungsgerichtlichen Rechtsprechung mehrfach behandelten Fragestellung, ob eine Verletzung des Persönlichkeitsrechts des Zitierten darin liegen könne, dass diesem ein nicht völlig zutreffendes Zitat untergeschoben worden war, hat sich der Gerichtshof in seiner noch vergleichsweise jungen Rechtsprechung zu einem aus Art. 8 Abs. 1 EMRK abzuleitenden Schutz hingegen noch nicht geäußert. Angesichts des vom Gerichtshof stets betonten Spielraums der Presse für „a certain degree of exaggeration and provocation“ kann jedoch zweifelhaft erscheinen, dass der Gerichtshof ähnlich strikt wie die verfassungsgerichtliche Rechtsprechung verfahren und selbst für den öffentlichen Meinungskampf etwa auf politischem Gebiet auf strikter Zitattreue bestehen würde, wie sie das Bundesverfassungsgericht aus dem Leitbild der „zutreffenden Meinungsbildung“ hergeleitet hat.[115] Die weniger auf Wahrheit als auf Zulassung von Kontroverse zielende Funktionsbeschreibung der Presse als „public watchdog“ mag zu abweichenden Einschätzungen des Gerichtshofs führen.[116]

[111] EGMR, GK, Urteil vom 17.12.2004, Beschwerde-Nr. 49017/99 (Pedersen und Baadsgaard gegen Norwegen) § 77.

[112] EGMR, 3. Sektion, Urteil vom 14.10.2008, Beschwerde-Nr. 37406/03 (Dyundin gegen Russland) § 35.

[113] EGMR, 2. Sektion, Urteil vom 30.03.2004, Beschwerde-Nr.53984/00 (Radio France gegen Frankreich) §§ 37 f.

[114] EGMR, 2. Sektion, Beschluss vom 12.09.2004, Beschwerde-Nr. 58729/00 (Abeberry gegen Frankreich) § 1.

[115] Vgl. BVerfGE 54, 148 (153); 54, 208 (214).

[116] Vgl. zur grundsätzlichen Billigung auch einer das Zitat durch Kürzungen usw. zuspitzenden Berichterstattung zuletzt EGMR, 3. Sektion, Urteil vom 14.10.2008, Beschwerde-Nr. 37406/03 (Dyundin gegen Russland) §§ 34 ff.

V. Anwendungsbeispiel III: Bewertung und Bemessung äußerungsrechtlicher Rechtsfolgen

Ein durchaus vergleichbares Bild zeigt sich auch bei der Beurteilung äußerungrechtlicher Rechtsfolgen durch Bundesverfassungsgericht und Gerichtshof. Zwar stimmen beide Gerichte darin überein, dass für die Beurteilung der Zulässigkeit von Beschränkungen der Äußerungs- und Kommunikationsfreiheiten auch das Gewicht der verhängten Rechtsfolge in den Blick zu nehmen ist. Während das Bundesverfassungsgericht hieraus bislang nur zurückhaltende Anforderungen an die Ausgestaltung und Bemessung äußerungsrechtlicher Rechtsfolgen abgeleitet hat, greift die einschlägige Rechtsprechung des Gerichtshofs mittlerweile weit in vermeintlich den nationalen Gerichten belassene Reservatbereiche etwa des Strafzumessungsrechts bei Äußerungsdelikten ein.

1. Die verfassungsgerichtliche Rechtsprechung

Da nach der verfassungsgerichtlichen Rechtsprechung die interpretationsleitende Bedeutung der Grundrechte im Ausgangspunkt innerhalb jeder einfachrechtlichen Rechtsfigur zu berücksichtigen ist, die hierfür Raum bietet, bestehen im Ausgangspunkt keine Hindernisse, verfassungsrechtliche Leitlinien und Maßstäbe auch für die Bemessung äußerungsrechtlicher Sanktionen auf dem Gebiet des Straf- oder Zivilrechts aufzustellen. Das Bundesverfassungsgericht hat hierzu bislang jedoch nur ganz vereinzelt und mit großer Zurückhaltung Aussagen getroffen.

In seiner vergleichsweise frühen Entscheidung zu einer von den Fachgerichten als sogenannter publizistischer Landesverrat gewerteten Berichterstattung des Wochenmagazins DER SPIEGEL hat das Gericht es beiläufig als bedenklich bezeichnet, mangels Entscheidungserheblichkeit aber offen gelassen, ob eine zulässige Strafzumessungserwägung der Fachgerichte auf dem Gebiet des Pressestrafrechts auch darin liegen könne, andere unbeteiligte Presseorgane von einer Berichterstattung über militärische Angelegenheiten abzuhalten.[117] Seither ist die besondere Eingriffsintensität strafrechtlicher Sanktionen nur noch zur Begründung der Befugnis des Bundesverfassungsgerichts herangezogen worden, eine Deutung von Äußerungen oder ihre Einstufung als rechtswidrig besonders eingehend zu prüfen. Zwar erkennt das Bundesverfassungsgericht insoweit an, dass eine Bestrafung als Sanktion kriminellen Unrechts bereits für sich genommen von größerer Intensität als eine zivilgerichtliche Verurteilung zu Unterlassung, Schadenersatz oder Widerruf ist und will daher schon die Verurteilung lediglich zu einer Geldstrafe zum Anlass einer besonders intensiven verfassungsgericht-

[117] Vgl. BVerfGE 21, 239 (245).

lichen Nachprüfung nehmen.[118] Nicht erkennbar ist jedoch, dass diese Prüfung sich grundlegend von den Anforderungen unterscheiden würde, wie sie auf heutigem Stand der verfassungsgerichtlichen Rechtsprechung etwa für die Nachprüfung einer zivilgerichtlichen Verurteilung auf Schadenersatz bestehen.

Zwar hat das Bundesverfassungsgericht mit Blick auf den in der Rechtsprechung der Zivilgerichte rechtsfortbildend entwickelten Anspruch auf Gewährung einer Geldentschädigung für immaterielle Nachteile aus der Beeinträchtigung des Persönlichkeitsrechts darauf hingewiesen, dass die Wahrnehmung der von Art. 5 Abs. 1 GG erfassten Grundrechte hierdurch keinen unvorhersehbaren oder unverhältnismäßigen Haftungsrisiken ausgesetzt werden darf.[119] Insbesondere ist zu vermeiden, dass die Sanktionen einschüchternde Wirkungen entfalten.[120] Jedoch hat die verfassungsgerichtliche Rechtsprechung es bislang vermieden, diese generellen Aussagen etwa durch Vorgabe von Mindest- oder Maximalbeträgen für eine solche Entschädigung oder die Benennung einzelner verfassungsrechtlich relevanter Bemessungsfaktoren zu konkretisieren.

Ein ähnliches Bild zeigt sich für die Beurteilung straf- oder disziplinarrechtlicher Sanktionen. In diesem Zusammenhang hat die verfassungsgerichtliche Rechtsprechung aus Anlass der Nachprüfung der Verurteilung von Strafgefangenen für (vermeintlich) beleidigende Schreiben zu Disziplinarstrafen, wie sie das Strafvollzugsgesetz zulässt, ebenfalls geltend gemacht, dass von den Fachgerichten zu prüfen sei, ob der mit solchen Disziplinarsanktionen zwangsläufig verbundene Eingriff in die Freiheitsrechte des Beschwerdeführers nicht außer Verhältnis zur Bedeutung der Sache stehe und somit die Grenzen einer angemessenen Reaktion des Staates überschritten seien.[121] Als verletzte Grundrechtsposition ist im Ergebnis aber nur der Grundsatz schuldangemessenen Strafens und damit ein unspezifischer, außerhalb der Kommunikationsfreiheiten stehender verfassungsrechtlicher Gesichtspunkt herangezogen worden.[122] Einschränkungen des einfachrechtlich eröffneten Sanktionsrahmens oder der zulässigen Zumessungserwägungen hat das Gericht bislang nicht aufgestellt.

Das Bundesverfassungsgericht hat es in seiner Rechtsprechung gleichfalls vermieden, den von den Fachgerichten rechtsfortbildend entwickelten An-

[118] Vgl. BVerfGE 43, 130.

[119] Vgl. BVerfGE 34, 269 (285 f.).

[120] Vgl. die dortige Bezugnahme auf EGMR, 3. Sektion, Urteil vom 16.6.2005, Beschwerde-Nr. 55120/00 (Independent News and Media gegen Irland) Rn. 110 ff.; damit erfolgt hier gleichsam eine Entleihung der dort auf der Ebene der EMRK aufgestellten Maßstäbe als konkretisierender Bezugspunkt der verfassungsrechtlichen Beurteilung.

[121] Vgl. BverfG, 2. Kammer des Zweiten Senats vom 11.2.1994 – 2 BvR 170/03 –, Rn. 20; 2. Kammer des Zweiten Senats vom 28.2.1994 – 2 BvR 1567/93 –, Rn. 13.

[122] Vgl. BVerfG, 2. Kammer des Zweiten Senats aaO (Rn. 73).

spruch auf Geldentschädigung für immaterielle Persönlichkeitsbeeinträchtigungen als verfassungsrechtlich geboten zu qualifizieren oder den Fachgerichten konkrete Vorgaben auch nur für seine Voraussetzungen und seinen jeweiligen Umfang zu machen.[123]

2. *Die Rechtsprechung des Gerichtshofs*

Der Gerichtshof sieht in Beschaffenheit und Schwere der auferlegten Rechtsfolgen einen bedeutsamen Gesichtspunkt für die Prüfung der Verhältnismäßigkeit des Eingriffs in die Äußerungsfreiheit des Betroffenen.[124] Insbesondere der Verhängung von Strafsanktionen sind hiernach mit Blick auf einen anderenfalls zu befürchtenden „chilling effect"[125] enge Grenzen gezogen. Die Verhängung einer längeren Freiheitsstrafe für eine von der Presse veröffentlichte Äußerung sieht der Gerichtshof daher nur unter außergewöhnlichen Umständen, nämlich bei Äußerungen, die zu Gewalttaten anreizen oder sogenannter „hate speech"[126] als zulässig an. Allerdings hat der Gerichtshof noch keinen Anlass zu Beanstandungen darin gesehen, dass ein nicht als Journalist tätiger privater Einzelner wegen einer beleidigenden Äußerung zu einer zur Bewährung ausgesetzten, von dem Gerichtshof als noch kurz angesehenen Freiheitsstrafe von vier Monaten verurteilt worden war.[127] Hingegen hat der Gerichtshof bereits die Verhängung einer siebenmonatigen Freiheitsstrafe für eine auch aus Sicht des Gerichtshofs als sorgfaltswidrig angesehene Diffamierung ebenso als unverhältnismäßig angesehen[128] wie ein von den nationalen Gerichten aus solchem Anlass verhängtes Berufsverbot.[129] Doch auch Geldstrafen oder vergleichbare Zah-

[123] Vgl. BVerfG, 1. Kammer des Ersten Senats, Beschluss vom 13.3.2007, – 1 BvR 1377/04 –, NJW-RR 2007, 1194 (1194 f.).

[124] EGMR, Urteil vom 8.7.1999, Beschwerde-Nr. 23556/94 (Ceylan gegen Türkei) § 37.

[125] EGMR, 3. Sektion, Urteil vom 7.6.2007, Beschwerde-Nr. 1914/02 (Dupuis gegen Frankreich) § 48; EGMR, 4. Sektion, Urteil vom 19.12.2006, Beschwerde-Nr. 62202/00 (Radio Twist S.A. gegen Slowakei) § 53; EGMR, 4. Sektion, Urteil vom 27.11.2007, Beschwerde-Nr. 42864/05 (Timpul Info-Magazin u.a. gegen Moldawien) § 39.

[126] Den Bedeutungsgehalt dieses Begriffs leitet der Gerichtshof aus den hierzu einschlägigen internationalen Konventionen ab und greift ferner auf Resolutionen der Organe des Europarats zurück; vgl. dazu grundlegend EGMR, 1. Sektion, Urteil vom 4.12.2003, Beschwerde-Nr. 35071/94 (Gündüz gegen Türkei) §§ 21 ff und § 41 f.

[127] EGMR, 4. Sektion, Urteil vom 11.3.2003, Beschwerde-Nr. 35640/97 (Lesnik gegen Slowakei) §§ 63 f.

[128] EGMR, Urteil vom 17.12.2004, Beschwerde-Nr. 33348/96 (Cumpana und Mazare gegen Rumänien) § 115.

[129] EGMR, Urteil vom 17.12.2004 [Fn. 128]; ähnlich EGMR, 1. Sektion, Urteil vom 26.2.2009, Beschwerde-Nr. 29492/05 (Kudeshina gegen Russland), §§ 79 f., § 98 f. Zum innerstaatlichen Recht die Maßregel des § 70 StGB, von der seitens der Fachgerichte durchaus auch gegenüber Journalisten Gebrauch gemacht wird, vgl. BGHSt 17, 38 und dazu i.E. billigend BVerfGE 25, 88.

lungspflichten mit pönaler Funktion können nach dieser Rechtsprechung unverhältnismäßig sein und sind von dem Gerichtshof verschiedentlich mit Blick auf ihre für die öffentliche Meinungsbildung generell einschnürende Wirkung[130] als unverhältnismäßig hart beanstandet worden.[131] Ähnlich streng prüft der Gerichtshof allerdings auch die Sanktionierung privater Einzelner nach, die sich außerhalb einer Medienberichterstattung oder einer journalistischen Tätigkeit geäußert hatten.[132]

Von einem den Gerichtshof zu besonders strikter Nachprüfung („strict scrutiny") aufrufenden „prior restraint" will der Gerichtshof dabei nicht nur für Strafsanktionen ausgehen. Als eine besonders gewichtige, eine eingehende Prüfung ihrer Angemessenheit erfordernde Einschränkung kommt vielmehr etwa auch ein von privaten Einzelnen präventiv vor den Zivilgerichten erwirktes Veröffentlichungsverbot[133] oder eine Behördenentscheidung über die Altersfreigabe eines Filmwerks[134] in Betracht, falls hieraus aus Sicht des Gerichtshofs ein „chilling effect", also eine über den Einzelfall hinauswirkende Einschüchterung sei es des Äußernden oder anderer Äußerungsinteressenten zu befürchten ist. Zweifelhaft kann deshalb erscheinen, ob der Gerichtshof sich vorbehaltlos den weit reichenden Schlussfolgerungen anschließen würde, wie sie die neuere verfassungsgerichtliche Rechtsprechung seit der Entscheidung „Stolpe" (BVerfGE 114, 339) an die Unterscheidung zwischen zukunftsgerichtetem Unterlassungsanspruch und vergangenheitsbezogener Sanktionierung einer Äußerung anknüpft. Denn der Gerichtshof hat in zwei kurz aufeinander folgenden Entscheidungen den Hinweis der österreichischen Regierung auf die geringere Belastungswirkung eines Unterlassungsurteils als nicht überzeugend verworfen und dabei insbesondere auch die von den österreichischen Gerichten zugrunde gelegte Deutung der

[130] EGMR, 4. Sektion, Urteil vom 19.12.2006, Beschwerde-Nr. 18235/02 (Dabrowski gegen Polen) § 37: "Furthermore, while the penalty did not prevent the applicant from expressing himself, his conviction nonetheless amounted to a kind of censorship which was likely to discourage him from making criticisms of that kind again in the future. Such a conviction is likely to deter journalists from contributing to public discussion of issues affecting the life of the community. By the same token, it is liable to hamper the press in the performance of its task of purveyor of information and public watchdog".

[131] EGMR, 4. Sektion, Urteil vom 9.01.2007, Beschwerde-Nr. 51744/99 (Kwiecien gegen Polen) § 56.

[132] EGMR, 3. Sektion, Urteil vom 27.03.2003, Beschwerde-Nr. 43425/98 (Skalka gegen Polen) § 41 ff., wo die Annahme einer „gratuitous offence"/Schmähkritik nicht beanstandet wird, der Gerichtshof die verhängte Freiheitsstrafe von acht Monaten etwa auch deshalb beanstandet hat, weil es sich bei dem Betroffenen um einen Ersttäter gehandelt habe.

[133] EGMR, Urteil vom 26.11.1991, Beschwerde-Nr. 13166/86 (Sunday Times Nr. 2 gegen Großbritannien) § 51; EGMR, Urteil vom 26.11.1991, Beschwerde-Nr. 13585/88 (Observer und Guardian gegen Großbritannien) § 60.

[134] EGMR, Urteil vom 25.11.1996, Beschwerde-Nr. 17419/90 (Wingrowe gegen Großbritannien) § 58.

umstrittenen Äußerung beanstandet.[135] Dies ist vor allem deshalb von Interesse, weil im österreichischen Äußerungs- und Medienrecht schon immer anerkannt war, dass der Äußernde sich bei mehrdeutigen Aussagen jede der nicht fern liegenden Deutungsvarianten entgegen halten lassen muss.[135a] Der Gerichtshof wird deshalb voraussichtlich auch die Tragfähigkeit der verfassungsgerichtlichen Differenzierungen allein daran messen, ob aus seiner Sicht ein solcher „prior restraint" vorliegt, also ein „chilling effect" zu befürchten ist.

Liegt ein solcher „prior restraint" oder „chilling effect" vor, sieht sich der Gerichtshof zu besonders strikter Nachprüfung der in Frage stehenden Maßnahmen vor allem deshalb aufgerufen, weil „zur Verbreitung in der Presse vorgesehene Informationen ein verderbliches Gut sind und sie selbst durch kurze Verzögerung ihrer Verbreitung ihren Wert gänzlich verlieren können".[136] Kann die Publikation unbeschränkt veröffentlicht, verkauft und verbreitet werden, so dass das Informationsinteresse der Öffentlichkeit unberührt bleibt, so ist nach der Rechtsprechung des Gerichtshofs ein „prior restraint" hingegen zu verneinen. Dann verbleibt den nationalen Gerichten und Behörden ein vergleichsweise breiter Eingriffs- und Beurteilungsspielraum.[137]

Die Rechtsprechung des Gerichtshofs darf dabei jedoch keineswegs so verstanden werden, als mache der Gerichtshof nur nach der Seite der von Art. 10 EMRK gewährleisteten Äußerungsfreiheit von der in Anspruch genommenen Befugnis zu einer „strikten Europäischen Überwachung/strict European scrutiny" Gebrauch. So hat es der Gerichtshof in zwei jüngeren Entscheidungen beanstandet, dass von den nationalen Gerichten ohne eine den Gerichtshof überzeugende Begründung die Möglichkeit verneint worden war, dem innerstaatlichen Recht eine Möglichkeit des Ausgleichs für immaterielle Schäden aus einer Beeinträchtigung des in Art. 8 Abs. 1 EMRK fundierten Anspruchs auf Schutz des persönlichen Ansehens zu entnehmen.[138]

[135] EGMR, 1. Sektion, Urteil vom 25.1.2007, Beschwerde-Nr. 3138/04 (Arbeiter gegen Österreich) § 27: "The Court cannot find that the limited nature of the interference, namely the order to refrain from repeating and to retract the impugned statements, is decisive; what is of greater importance is that the domestic courts restricted the applicant's freedom of expression while relying on reasons which cannot be regarded as sufficient and relevant. They therefore went beyond what would have amounted to a 'necessary' restriction on the applicant's freedom of expression."; ebenso EGMR, 1. Sektion, Urteil vom 1.2.2007, Beschwerde-Nr. 30547/03 (Ferihumer gegen Österreich) § 28.

[135a] Vgl. OGH, Beschluss vom 20.6.2006 – 4 Ob 71/06 (Süddeutscher Verlag gegen Glöckel).

[136] EGMR, 2. Sektion, Urteil vom 29.3.2005, Beschwerde-Nr. 40287/98 (Alinak gegen Türkei), § 37.

[137] EGMR, 4. Sektion, Urteil vom 25.10.2005, Beschwerde-Nr. 68890/01 (Blake gegen Großbritannien) § 156.

[138] EGMR, 1. Sektion, Urteil vom 16.10.2008, Beschwerde-Nr. 39627/05 u.a. (Taliadorou u.a. gegen Zypern), §§ 49 ff., 58; EGMR, 1. Sektion, Urteil vom 16.10.2008, Beschwerde-Nr. 39058/05 (Kyriakides gegen Zypern), §§ 51 ff.

Noch weiter geht die letzte, zu litauischen Fällen ergangene Entscheidungsserie des Gerichtshofs. Dort war durch eine Sondervorschrift des nationalen Presserechts die Höhe der Geldentschädigung für immaterielle Nachteile aus einer Medienberichterstattung auf einen Maximalbetrag knapp unterhalb von € 3.000 gedeckelt worden.[139] Der Gerichtshof hat die Versagung einer höheren Geldenschädigung für ein allerdings krasses Fehlverhalten der Presse missbilligt und erkennen lassen, dass er künftig die Angemessenheit einer solchen Geldentschädigung ebenfalls nach der Seite der von Art. 8 Abs. 1 EMRK geschützten Interessen hin intensiv nachprüfen will. Insoweit hat der Gerichtshof ausgeführt:[140]

> The Court takes into account that the national law at the material time did contain norms protecting the confidentiality of information about the state of health of a person. It has regard to the existence of the judicial guidelines to be followed if the right to privacy of a person has been breached (see paragraphs 12–19 above). The Court also notes that the domestic courts indeed awarded the applicant compensation for non-pecuniary damage. However the principal issue is whether the award of LTL 10,000 was proportionate to the damage she sustained and whether the State, in adopting Article 54 § 1 of the Law on the Provision of Information to the Public, which limited the amount of such compensation payable by the mass media, fulfilled its positive obligation under Article 8 of the Convention. The Court agrees with the Government that a State enjoys a certain margin of appreciation in deciding what "respect" for private life requires in particular circumstances (cf. Stubbings and Others v. the United Kingdom, 22 October 1996, §§ 62–63, Reports 1996-IV; X and Y v. the Netherlands, 26 March 1985, § 24, Series A no. 91). The Court also acknowledges that certain financial standards based on the economic situation of the State are to be taken into account when determining the measures required for the better implementation of the foregoing obligation. The Court likewise takes note of the fact that the Member States of the Council of Europe may regulate questions of compensation for non-pecuniary damage differently, as well as the fact that the imposition of financial limits is not in itself incompatible with a State's positive obligation under Article 8 of the Convention. However, such limits must not be such as to deprive the individual of his or her privacy and thereby empty the right of its effective content. The Court recognises that the imposition of heavy sanctions on press transgressions could have a chilling effect on the exercise of the essential guarantees of journalistic freedom of expression under Article 10 of the Convention (see, among many authorities, *Cumpănă and Mazăre v. Romania*

[139] Näher zur nationalen Rechtslage EGMR, 2. Sektion, Urteil vom 25.11.2008, Beschwerde-Nr. 23373/03 (Biriuk gegen Litauen) § 16.

[140] EGMR, 2. Sektion, Urteil vom 25.11.2008, Beschwerde-Nr. 23373/03 (Biriuk gegen Litauen) §§ 44 ff.; weithin wortgleich EGMR, 2. Sektion, Urteil vom 25.11.2008, Beschwerde-Nr. 36191/02 (Armoras gegen Litauen) §§ 43 ff.; bedeutsam ist dabei allerdings auch geworden, dass die Berichterstattung nach Einschätzung des Gerichtshofs nur die „prurient curiosity" der Leserschaft befriedigt habe und jenseits jeder „public debate" situiert sei.

[GC], no. 33348/96, §§ 113–114, ECHR 2004-XI). However, in a case of an outrageous abuse of press freedom, as in the present application, the Court finds that the severe legislative limitations on judicial discretion in redressing the damage suffered by the victim and sufficiently deterring the recurrence of such abuses, failed to provide the applicant with the protection she could have legitimately expected under Article 8 of the Convention. This view is confirmed by the fact that the impugned ceiling on judicial awards of compensation contained in Article 54 § 1 of the Law on the Provision of Information to the Public was repealed by the new Civil Code soon after the events in the present case.

Es erscheint kaum vorstellbar, dass das Bundesverfassungsgericht die Bemessung einer Geldentschädigung für eine persönlichkeitsverletzende Medienberichterstattung an vergleichbar strikten Maßstäben beurteilen würde.

VI. Zusammenfassende Bewertung

1. Der Kontrollansatz des Bundesverfassungsgerichts

Für die verfassungsgerichtliche Rechtsprechung stellt sich das Problem der Zuordnung einfachrechtlicher Rechtsanwendung und ihrer verfassungsgerichtlichen Nachprüfung als Frage der Reichweite der interpretationsleitenden Bedeutung der einschlägigen Grundrechte dar. Diese erlangt Gehalt über eine konkrete Abfolge von Prüfungsschritten, wie sie die neuere Spruchpraxis des Bundesverfassungsgerichts aufzeigt.

Die verfassungsgerichtliche Kontrolle nimmt ihren Ausgang hiernach nicht auf der Ebene des Verfassungsrechts, sondern hat zunächst zu ermitteln, von welchen Rechtsgrundsätzen sich die Fachgerichte haben leiten lassen. Denn falls sich gegen diese Rechtsansicht keine verfassungsrechtlichen Einwände erheben lassen, hat das Bundesverfassungsgericht von den abstrakten Rechtssätzen und deren Auslegung auszugehen, die der fachgerichtlichen Entscheidung zugrunde liegen.[141] Die eigentliche Fallentscheidung bleibt hiernach stets auf einfachrechtlicher Ebene angesiedelt und muss sich allenfalls eine Nachzeichnung verfassungsrechtlicher Grenzen gefallen lassen.

Zu dieser Vorgehensweise mag dem Bundesverfassungsgericht insbesondere verholfen haben, dass seinen Entscheidungen von vornherein nur kassatorische Wirkung zukommt. Durch Aufhebung der fachgerichtlichen Entscheidung erfolgt gleichsam der „renvoi“ vom Verfassungsrecht in das einfache Recht, das sodann auf seinem eigenen Boden die Mittel und Wege suchen mag, den aufgezeigten verfassungsrechtlichen Anforderungen Rechnung zu tragen. Dies kann nach Lage des Einzelfalles auf einen vollständigen

[141] BVerfGE 113, 63 (80).

Umbau der einfachrechtlichen Argumentation hinauslaufen. Den verfassungsrechtlichen Anforderungen mag aber durchaus auch schon dadurch zu genügen sein, dass ein bislang nicht oder nicht ausreichend explizit gemachter Argumentationsschritt nunmehr deutlicher als zuvor aufgezeigt wird.

Korrelat des den Fachgerichten bei der konkretisierenden Anwendung der Grundrechte auf den Einzelfall belassenen Spielraums sind hiernach Argumentationslasten, mit denen das Fachgericht sich die Zurückhaltung des Bundesverfassungsgerichts gegenüber dem je gefundenen Entscheidungsergebnis erarbeiten muss.

2. *„Margin of appreciation" und „European supervision" in der Rechtsprechung des Gerichtshofs*

Die Vorgehensweise des Gerichtshofs steht hierzu in merklichem Kontrast. Wie aus der Darstellung seiner Spruchpraxis deutlich geworden sein dürfte, tritt ein den Mitgliedstaaten im Ausgangspunkt formelhaft zugestandener „margin of appreciation" sogleich hinter dem Anspruch auf „European supervision" zurück. Diese „European supervision" vollzieht sich dabei als umfassende, stark an den besonderen Umständen des Einzelfalles („case as a whole") orientierte Beurteilung, deren als „final ruling" umschriebener Zielpunkt ersichtlich eher die gerechte Beurteilung des konkreten Einzelfalles als die Aufstellung generalisierungsfähiger Leitlinien ist. Der Gerichtshof stellt in den Mittelpunkt seiner Überlegungen stets die Frage, ob die nationalen Gerichte und Behörden zu einer gerechten Abwägung („just balance") der Informationsfreiheit aus Art. 10 EMRK mit den hierzu kollidierenden Belangen insbesondere der aus Art. 8 Abs. 1 EMRK folgenden Schutzpflichten („positive obligations") gelangt sind. Hierüber wird mittels einer umfassenden Abwägung entschieden, bei der etwa Fragen der zutreffenden Deutung einer Äußerung ebenso den Stellenwert bloß eines Abwägungsgesichtspunkts unter vielen einnehmen, wie der Gerichtshof etwa auch Art und Höhe der Sanktion, aber auch die Obliegenheit, dem Betroffenen möglichst vor einer Berichterstattung Gelegenheit zur Stellungnahme einzuräumen, nur als Einzelfaktoren der Beurteilung des Gesamtfalles („case as a whole") sieht.[142] Anders als vielfach angenommen, steht diese Herangehensweise nicht in die Tradition der französischsprachigen Rechtsprechung, sondern weist – nicht nur terminologisch („fair comment", „chilling effect") – vielfältige Parallelen zur Herangehensweise der britischen Gerichte auf, denen es daher ersichtlich weniger Mühe als kontinentalen Gerichten bereitet, das case law des Gerichtshofs in die eigenen Rechtsprechungsgrundsätze zu integrie-

[142] Vgl. für diese Vorgehensweise etwa EGMR, GK, Urteil vom 12.2.2008, Beschwerde-Nr. 14277/04 (Guja gegen Moldawien) §§ 80 ff.

ren.[143] Gleichwohl wird selbst in der britischen Rechtsprechung zugestanden, dass die Ableitung verallgemeinerungsfähiger Rechtsgrundsätze aus den stark an den Umständen des jeweiligen Einzelfalles orientierten Entscheidungen des Gerichtshofs nicht immer leicht fällt.[144] Auch wenn über die tieferen Gründe für die Zurückhaltung des Gerichtshofs bei der Formulierung generalisierungsfähiger Rechtssätze nur spekuliert werden kann, mögen sich hier insbesondere Beschränkungen auswirken, wie sie den Entscheidungswirkungen der Urteile des Gerichtshofs zukommt. Die Entscheidungen des Gerichtshofs beschränken sich, wie dieser in seiner Rechtsprechung stets selbst betont hat, allein auf die Feststellung gegenüber dem in Anspruch genommenen Mitgliedstaat, dass dieser für den mit der Menschenrechtsbeschwerde geltend gemachten Einzelfall den aus der Konvention erwachsenen Pflichten nicht genügt oder diese verletzt habe.[145]

[143] Vgl. etwa den souveränen Umgang der britischen Obergerichte mit der oben behandelten Rechtsprechungslinie des EGMR zur Verwendung von Zitaten („Thoma"-Entscheidung des Gerichtshofs) in Court of Appeal, Urteil vom 25.1.2006 (Galloway v. Telegraph 2006) EWCA Civ 17, §§ 69 ff.; ferner Queens Bench, Urteil vom 13.7.2006 (Charman v. Orion u.a. 2006) EWHC 1756 (QB), §§ 108 ff.; vgl. ferner grundlegend House of Lords, Urteil vom 28.10.1999 (Reynolds v. Times 1999) UKHL 45, per Lord Nicholls of Birkenhead und per Lord Steyn, wo jeweils das Fallrecht des Gerichtshofs in die eigene Rechtstradition integriert wird, um daraus das seither für die britische Rechtsprechung maßgebliche Prüfprogramm („Reynolds test") herzuleiten.

[144] Vgl. High Court of Justice, Urteil vom 7.8.2007 (Murray v. Express 2007), EWHC 1908 (Ch), § 43, dort mit Blick auf das „Caroline"-Urteil des Gerichtshofs: „One of the difficulties about this judgment is to identify and to dissect from the Court's reasoning the precise factors which in its view engage the Princess' rights under Art. 8."

[145] Vgl. EGMR, 5. Sektion, Urteil vom 4.10.2007, Beschwerde-Nr. 32772/02 (VgT gegen Schweiz) § 46f:. "The Court reiterates at the outset that findings of a violation in its judgments are essentially declaratory (see Marckx v. Belgium, judgment of 13 June 1979, Series A no. 31, p. 25, § 58; Lyons and Others v. the United Kingdom [dec.], no. 15227/03, ECHR 2003-IX; and Krčmář and Others v. the Czech Republic [dec.], no. 69190/01, 30 March 2004) and that, by Article 46 of the Convention, the High Contracting Parties undertook to abide by the final judgments of the Court in any case to which they are parties, execution being supervised by the Committee of Ministers (see, mutatis mutandis, Papamichalopoulos and Others v. Greece [Article 50], judgment of 31 October 1995, Series A no. 330-B, pp. 58–59, § 34). It follows, inter alia, that a judgment in which the Court finds a breach of the Convention or its Protocols imposes on the respondent State a legal obligation not just to pay those concerned the sums awarded by way of just satisfaction, but also to choose, subject to supervision by the Committee of Ministers, the general and/or, if appropriate, individual measures to be adopted in its domestic legal order to put an end to the violation found by the Court and to redress as far as possible the effects (see Broniowski v. Poland [GC], no. 31443/96, § 192, ECHR 2004-V; Pisano v. Italy (striking out) [GC], no. 36732/97, § 43, 24 October 2002); Scozzari and Giunta v. Italy [GC], nos. 39221/98 and 41963/98, § 249, ECHR 2000-VIII; and Sejdovic v. Italy [GC], no. 56581/00, § 119, ECHR 2006-II), the aim being to put the applicant, as far as possible, in the position he would have been in had the requirements of the Convention not been disregarded (see Giuseppina and Orestina Procaccini v. Italy [GC], no. 65075/01, § 123, 29 March 2006; Sejdovic, cited

Der dem Bundesverfassungsgericht eröffnete Weg einer kassatorischen Aufhebung der nationalen Entscheidung unter Bindung allein an im zurückverwiesenen Verfahren nunmehr zu befolgende Konventionsvorgaben ist dem Gerichtshof versperrt. Er findet sich in der Situation eines „Alles oder Nichts" wieder, indem der nationale Hoheitsakt nur insgesamt gebilligt oder verworfen werden kann.[146] Ob die nationale Rechtsordnung die Feststellung eines solchen Konventionsverstoßes als Wiederaufnahmegrund ausgestalten will, bleibt ihr nach derzeitigem Stand der Rechtsprechung des Gerichtshofs freigestellt.[147] Der Nachprüfung des Gerichtshofs mag allenfalls unterliegen, ob die in der nationalen Rechtsordnung angelegten Möglichkeiten einer solchen Wiederaufnahme des abgeschlossenen Verfahrens – gleichsam in konventionsfreundlicher Auslegung – ausgeschöpft worden sind.[148] Es liegt nahe, dass dies zu deutlich dichter an den Einzelfall gebundenen Vorgaben führt, als sie dem Bundesverfassungsgericht mit dem Weg eröffnet sind, die fachgerichtliche Entscheidung wegen Missachtung genereller Leitlinien aufzuheben und dem Fachgericht so die Möglichkeit einer argumentativen Nachbesserung zu eröffnen. Hieraus erklärt sich jedoch nicht die sichtliche Zurückhaltung des Gerichtshofs, in seiner Entscheidungspraxis verallgemeinerungsfähige Grundsätze gleichsam mittlerer Reichweite aufzuzeigen, wie dies etwa das Bundesverfassungsgericht zu handhaben pflegt. Während in dessen Begründungspraxis die Darlegung der maßgeblichen Rechtsgrundsätze breiten Raum einnimmt und die Subsumtion des konkreten Einzelfalles häufig demgegenüber knapp ausfällt, widmet sich der Gerichthof umgekehrt mit erstaunlicher Detailfreudigkeit den Besonderheiten des Einzelfalles, ohne aber aufzuzeigen, welche fallübergrei-

above, § 127; Assanidze v. Georgia [GC], no. 71503/01, § 198, ECHR 2004-II, Ilaşcu and Others v. Moldova and Russia [GC], no. 48787/99, § 487, ECHR 2004-VII; and Piersack v. Belgium (Article 50), judgment of 26 October 1984, Series A no. 85, p. 16, § 12).

[146] EGMR, 5. Sektion, Urteil vom 4.10.2007, Beschwerde-Nr. 32772/02 (VgT gegen Schweiz) § 48 m.w.N.

[147] Vgl. für die deutsche Rechtsordnung die in § 359 Abs. 6 StPO und nunmehr mit Geltung seit dem 1.7.2007 auch in § 580 Nr. 8 ZPO normierten Wiederaufnahmegründe; näher dazu *Cremer* EuGRZ 2008, 562 (580 f.).

[148] Vgl. den eher tastenden Versuch zu einer Abhilfe, den der Gerichtshof in der eben genannten Entscheidung EGMR, 5. Sektion, Urteil vom 4.10.2007, Beschwerde-Nr. 32777/02 (VgT gegen Schweiz) § 50 unternommen hat: "However, this is not to say that measures taken by a respondent State in the post-judgment phase to afford redress to an applicant for the violation or violations found fall outside the jurisdiction of the Court (see Lyons and Others, cited above), seeing that there is nothing to prevent it from examining a subsequent application raising a new issue undecided by the judgment (see the following judgments: Mehemi v. France [no. 2], no. 53470/99, § 43, ECHR 2003-IV; Pailot v. France, 22.4.1998, Reports 1998-II, p. 802, § 57; Leterme v. France, 29.4.1998, Reports 1998-III; and Rando v. Italy, no. 38498/97, § 17, 15 February 2000). In other words, the Court may entertain a complaint that a retrial at domestic level by way of implementation of one of its judgments gives rise to a new breach of the Convention (see Lyons and Others, cited above, and Hertel v. Switzerland [dec.], no. 53440/99, ECHR 2002-I)".

fenden Erwägungen hieraus abzuleiten wären. Die Tragweite vieler Entscheidungen des Gerichtshofs erschließt sich deshalb von vornherein erst rückblickend daran, ob und welche darin enthaltenen Einzelerwägungen in seinem nachfolgenden „case law" Schule machen oder im Wege eines von dem Gerichtshof offen gepflegten „distinguishing" in ihrer Reichweite beschränkt werden.

3. *Einige weiterführende Überlegungen*

Die hier nur in engen Ausschnitten beleuchtete Rechtsprechungspraxis des Gerichtshofs ließe sich sicherlich auch auf anderen Sektoren darauf untersuchen, ob die hier ermittelten Befunde zu Vorgehensweise und Argumentationsstil des Gerichtshofs sich dort ebenfalls nachweisen lassen. Jedoch nehmen die hier aufgezeigten Beobachtungen keinerlei Neuigkeitswert für sich in Anspruch, sondern sind umfänglich etwa auch schon anhand der zu Art. 6 Abs. 1 EMRK ergangenen Rechtsprechung des Gerichtshofs untersicht und dargelegt worden.[149] Wie es zweifelhaft erscheint, dass der Gerichtshof sich von Stimmen eines einzelnen Mitgliedsstaates zu einer weitreichenden Umkehr seiner eigenen Rechtsprechungspraxis bewegen lassen wird, um der verfassungsgerichtlichen Rechtsprechung den ihr gewohnten und von ihr beanspruchten Spielraum zu belassen, dürfte es in gleicher Weise wenig realistisch sein, von der verfassungsgerichtlichen Rechtsprechung eine Übernahme der noch über der verfassungsgerichtlichen Kontrolldichte liegenden Maßstäbe des Gerichtshofs zu verlangen, die diese schon mangels Kapazität zur Verarbeitung des explosionsartig anschwellenden Fallrechts des Gerichtshofs gar nicht zu leisten vermag.[150] Mehr Aussicht auf Erfolg dürfte es daher bieten, seitens der nationalen Gerichte stärker als bisher in einen offenen Dialog mit dem Gerichtshof einzutreten, der dessen Argumente und Vorgehensweisen ebenso offen in die eigene Argumentation einbezieht, wie dies umgekehrt mit Blick auf eine verstärkte Berücksichtigung nationaler Argumente und Besonderheiten für die Rechtsprechung des Gerichtshofs eingefordert wird.[150a] Hierbei kann es nicht Aufgabe des Bundesverfassungsgerichts sein, sondern muss den Fachgerichten überlassen bleiben, wie sie das Fallrecht des Gerichtshofs in die eigene Rechtsprechungspraxis integrieren

[149] Vgl. dazu *Gaede* Gerechtigkeit als Teilhabe (2007), S. 146 ff.

[150] Zur groben Veranschaulichung dieses Quantitätsproblems mag dienen, dass der Gerichtshof seit dem Jahre 2000 über 700 Entscheidungen zu Fragen des Art. 10 EMRK erlassen hat; dies liegt deutlich über der Anzahl von Senatsentscheidungen und begründeten Kammerentscheidungen des Bundesverfassungsgerichts, die seit seiner Gründung zu Art. 5 GG ergangen sind.

[150a] Vgl. weiterführend Masing, Le contexte national dans le codre de'l article 10, in: The European Protection of Freedom of expression, Institut de recherches (œuvé De Malberg. Straßurg 2008 (http:www-ivcm.u-strasbg.fr (seminaire – oct. 2008).

wollen. Wie die hierfür vorauszusetzende umfassende Kenntnis des Fallrechts des Gerichtshofs zu gewährleisten ist, soll hier ebenso offen gelassen werden wie die Frage, ob ein Anspruch des Bundesverfassungsgerichts in der Praxis mit Leben erfüllt werden könnte, dieses Fallrecht des Gerichtshofs seitens der Fachgerichte genauso umfassend und zutreffend wie die verfassungsrechtlichen Leitlinien zu berücksichtigen.

Der Grundsatz der völkerrechtsfreundlichen Auslegung im Lichte der Rechtsprechung des BVerfG

Alexander Proelss *

Leitentscheidungen des Bundesverfassungsgerichts

1. BVerfGE 111, 307 (Görgülü).
2. BVerfGK 9, 174 (Wiener Konsularrechtsübereinkommen).

Schrifttum

Bleckmann, Albert Die Völkerrechtsfreundlichkeit der deutschen Rechtsordnung, DÖV 1979, 309 ff.; *ders.* Der Grundsatz der Völkerrechtsfreundlichkeit der deutschen Rechtsordnung, DÖV 1996, 137 ff.; *Cremer, Hans-Joachim* Zur Bindungswirkung von EGMR-Urteilen, EuGRZ 2004, 683 ff.; *Grupp, Klaus/Stelkens, Ulrich* Zur Berücksichtigung der Europäischen Menschenrechtskonvention bei der Auslegung deutschen Rechts, DVBl. 2005, 133 ff.; *Mückl, Stefan* Kooperation oder Konfrontation? Das Verhältnis zwischen BVerfG und Europäischem Gerichtshof für Menschenrechte, Der Staat 44 (2005), 403 ff.; *Payandeh, Mehrdad* Die verfassungsrechtliche Stärkung der internationalen Gerichtsbarkeit: Zur Bindung deutscher Gerichte an Entscheidungen des Internationalen Gerichtshofs, AVR 45 (2007), 244 ff.; *Röben, Volker* Außenverfassungsrecht, 2007; *Rudolf, Walter* Völkerrecht und deutsches Recht, 1967; *Ruffert, Matthias* Die Europäische Menschenrechtskonvention und innerstaatliches Recht, EuGRZ 2007, 245 ff.; *Sauer, Heiko* Die neue Schlagkraft der gemeineuropäischen Grundrechtsjudikatur, ZaöRV 65 (2005), 35 ff.; *Schorkopf, Frank* Grundgesetz und Überstaatlichkeit, 2007; *Sommermann, Karl-Peter* Völkerrechtlich garantierte Menschenrechte als Maßstab der Verfassungskonkretisierung – Die Menschenrechtsfreundlichkeit des Grundgesetzes, AöR 114 (1989), 391 ff.; *Uerpmann, Robert* Die Europäische Menschenrechtskonvention und die deutsche Rechtsprechung, 1993; *Tomuschat, Christian* Die staatsrechtliche Entscheidung für die internationale Offenheit, in: Isensee/Kirchhof (Hrsg.), Handbuch des Staatsrechts der Bundesrepublik Deutschland, Bd. VII, 1992, § 172; *Vogel, Klaus* Die Verfassungsentscheidung des Grundgesetzes für eine internationale Zusammenarbeit, 1964; *Zimmermann, Andreas* Rezeption völkerrechtlicher Begriffe durch das Grundgesetz, ZaöRV 67 (2007), 297 ff.

* *Dr. Alexander Proelß*, Universitätsprofessor für Öffentliches Recht mit dem Schwerpunkt Seerecht an der Christian-Albrechts-Universität zu Kiel, wissenschaftlicher Mitarbeiter am BVerfG (Dezernat *Prof. Dr. Dr. Udo Di Fabio*) von November 2005 bis Dezember 2006. – Der Beitrag befindet sich auf dem Stand vom 1.11.2008.

Inhalt

I. Einleitung

Die Völkerrechtsfreundlichkeit des Grundgesetzes ist Ausdruck der verfassungsrechtlichen *Grundentscheidung für die offene Staatlichkeit*, nach der die Bundesrepublik Deutschland „ihre Existenz nicht in selbstherrlicher Isolierung, sondern nur in einem kooperativen Verbund mit den Völkern Europas und der Welt führen kann.“[1] „Offene Staatlichkeit“ i.d.S. ist kein rechtssoziologisches Postulat, sondern Umschreibung eines normativen Befunds: Das Grundgesetz legt die deutsche öffentliche Gewalt auf die internationale Zusammenarbeit und die europäische Integration fest und bindet sie an das Völkervertrags- und Völkergewohnheitsrecht. Die Verfassungsschöpfer haben die normative Hinwendung zur internationalen Kooperation bewusst und unter dem Eindruck der Verbrechen des Dritten Reiches beraten und beschlossen.[2] Zwar ist von „internationaler Offenheit“, von „Völkerrechtsfreundlichkeit“ oder von „überstaatlicher Einbindung“ an keiner Stelle des Grundgesetzes ausdrücklich die Rede. Bereits die Präambel verweist indes darauf, das Deutsche Volk sei „von dem Willen beseelt, als gleichberechtigtes Glied in einem vereinten Europa dem Frieden der Welt zu dienen“. Mag dies mit Blick auf die nach wie vor nicht einheitlich beantwortete Frage nach der Verbindlichkeit der Präambel und vor dem Hintergrund ihrer geringen Justiziabilität noch eine bloße politische Signalwirkung indizieren,[3] fol-

[1] *Tomuschat* Die staatsrechtliche Entscheidung für die internationale Offenheit, in: Isensee/Kirchhof (Hrsg.), Handbuch des Staatsrechts der Bundesrepublik Deutschland, Bd. VII, 1992, § 172 Rn. 2.

[2] Grundlegend *Vogel* Die Verfassungsentscheidung des Grundgesetzes für eine internationale Zusammenarbeit, 1964, S. 10 ff. m.w.N.; ebd., S. 14 f. Hinweise auf *Fichtes* erstmals im Jahre 1800 publizierte Lehre vom geschlossenen Handelsstaat.

[3] Vermittelnd *Kunig* Völkerrecht und staatliches Recht, in: Graf Vitzthum (Hrsg.), Völkerrecht, 4. Aufl. 2007, 2. Abschnitt, Rn. 14.

gen normative Ausprägungen der offenen Staatlichkeit jedenfalls aus den Art. 23, 24, 25 und 26 GG.[4]

Die nach außen hin offene, integrative Grundhaltung der deutschen Verfassungsordnung zeigt sich darüber hinaus darin, dass die von der Bundesrepublik Deutschland geschlossenen und gemäß Art. 59 Abs. 2 Satz 1 GG in deutsches Recht transformierten bzw. in Vollzug gesetzten[5] völkerrechtlichen Verträge in der nationalen Rechtsordnung im Range eines Bundesgesetzes gelten. Sie stehen in der nationalen Normenhierarchie damit zwar im Range unterhalb der Verfassung, entfalten (ebenso wie etwa BGB und StGB) als Bundesrecht gemäß Art. 20 Abs. 3 GG aber unstreitig bindende Wirkung für alle staatlichen Organe. Deshalb ist es konsequent, dass das Bundesverfassungsgericht (BVerfG) wiederholt klargestellt hat, Anwendung und Auslegung der von der Bundesrepublik geschlossenen völkerrechtlichen Verträge seien unter der Voraussetzung der hinreichenden Bestimmtheit der in Rede stehenden Normen („self executing"-Erfordernis) primär Aufgabe der Fachgerichte. Denn trotz seiner normativen Anerkennung im Grundgesetz ist Völkerrecht materiell (natürlich) kein Verfassungsrecht. Erst das Hinzutreten weiterer Faktoren, eine durch die staatliche Völkerrechtsverletzung bedingte Verletzung in Individualgrundrechten, das Übergehen staatsorganschaftlicher Rechte oder gerichtliche Zweifel am Bestehen oder der Tragweite einer allgemeinen Regel des Völkerrechts (Art. 100 Abs. 2 i.V.m. Art. 25 GG) begründen die Befassungskompetenz des BVerfG.

Bereits diese oberflächliche Sichtung der nach außen gerichteten Verfassungsbestimmungen zeigt, dass das Grundgesetz den Zusammenhang zwischen der deutschen Rechtsordnung und den Normen des Völkerrechts herstellt und ausgestaltet. Es „positioniert den deutschen Staat innerhalb der Völkerrechtsgemeinschaft und programmiert sein Verhalten nach außen."[6] Man mag daher anstelle von der Verfassungsentscheidung für die offene Staatlichkeit auch von einer völkerrechtsfreundlichen Grundhaltung des deutschen Staates sprechen. So verstanden ergeben sich aus der Völkerrechtsfreundlichkeit des Grundgesetzes freilich noch keine bestimmten Rechtsfolgen; „Völkerrechtsfreundlichkeit" wäre ebenso wie „offene Staatlichkeit"

[4] Zum Folgenden *Dörr* Der europäisierte Rechtsschutzauftrag deutscher Gerichte, 2003, S. 61 ff. Weitere Fälle diskutiert *Zimmermann* Rezeption völkerrechtlicher Begriffe durch das Grundgesetz, ZaöRV 67 (2007), 297 ff.

[5] Vorliegend kommt es nicht darauf an, ob dem Grundgesetz im Hinblick auf das Verhältnis von Völkerrecht und staatlichem Recht ein monistisches oder dualistisches Verständnis zugrunde liegt. Eingehend zum Theorienstreit *Rudolf*, Völkerrecht und deutsches Recht, 1967, S. 128 ff.

[6] *Kunig* (o. Anm. 3), Rn. 10. Siehe auch *Vogel* (o. Anm. 2), S. 41 ff.

eine politikwissenschaftliche bzw. staatstheoretische Zustandsbeschreibung, nicht aber ein subsumtionsfähiges Verfassungsprinzip.[7]

Dies ist indes nicht der im Folgenden im Vordergrund stehende Ansatz des BVerfG, das wiederholt auf einen Grundsatz der Völkerrechtsfreundlichkeit abgestellt und aus ihm konkrete Rechtsfolgen abgeleitet hat. Dieser gebiete nicht nur, Rechtsordnungen und -anschauungen anderer Staaten zu achten.[8] Vielmehr folge aus ihm in bestimmten Situationen auch das Gebot einer völkerrechtsfreundlichen Auslegung des einfachen deutschen Rechts und sogar der Verfassung selbst. Damit stehen konkrete verfassungsrechtliche Aussagen im Raum, deren Grundlagen, Ausprägungen und Rechtsfolgen bislang nicht zufrieden stellend erklärt werden konnten. Die nachfolgenden Ausführungen unternehmen den Versuch, diese Lücke im Hinblick auf das Gebot der völkerrechtsfreundlichen Auslegung des nationalen Rechts im Lichte der Rechtsprechung des BVerfG zu schließen.

II. Das Gebot der völkerrechtsfreundlichen Auslegung des nationalen Rechts

1. Verortung, Reichweite und Ausprägungen des Gebots der völkerrechtsfreundlichen Auslegung

Das – zwischenzeitlich wohl allgemein anerkannte[9] – Gebot der völkerrechtsfreundlichen Auslegung des deutschen Rechts leitet sich aus einer Gesamtschau der einleitend erwähnten Bestimmungen des Grundgesetzes ab. Es handelt sich bei ihm nicht um eine hermeneutische Auslegungsregel, sondern um eine Konfliktvermeidungsregel, die nur zur Anwendung gelangt, wenn eine innerstaatliche Rechtsnorm mehrere Deutungen zulässt.[10] In

[7] Vgl. auch *Tomuschat* (o. Anm. 1), Rn. 8 („Leitmaxime […], die darauf abzielt, im innerstaatlichen Rechtsraum die Befolgung völkerrechtlicher Gebote zu fördern und zu erleichtern"); *Kunig* (o. Anm. 3), Rn. 19; *Rojahn* in: von Münch/Kunig (Hrsg.), GG, Bd. 2, 5. Aufl. 2001, Art. 24 Rn. 4.

[8] BVerfGE 18, 112 (121); 75, 1 (17); BVerfG, Beschluss v. 24.10.2000, VIZ 2001, 114 (115); BVerfG, Beschluss v. 19.9.2006, NJW 2006, 499 (501).

[9] Vgl. nur *Geiger* Grundgesetz und Völkerrecht, 3. Aufl. 2002, S. 189 ff.; *Bernhardt* Völkerrechtskonforme Auslegung der Verfassung? Verfassungskonforme Auslegung völkerrechtlicher Verträge?, in: Cremer u.a. (Hrsg.), Tradition und Weltoffenheit des Rechts, FS für Steinberger, 2002, S. 391 (392); *Bleckmann* Die Völkerrechtsfreundlichkeit der deutschen Rechtsordnung, DÖV 1979, 309 (312 f.); *Schweitzer* Staatsrecht III, 8. Aufl. 2004, Rn. 440c; *Tomuschat* (o. Anm. 1), Rn. 27; aus der Rechtsprechung BVerfGE 58, 1 (34); 59, 63 (89); 64, 1 (20).

[10] Siehe *Müller/Christensen* Juristische Methodik, Bd. I (Grundlagen Öffentliches Recht), 9. Aufl. 2004, Rn. 100; *Tomuschat* (o. Anm. 1), Rn. 27; *Rojahn* (o. Anm. 7), Art. 59

einem solchen Fall ist derjenigen Interpretation der Verzug zu geben, die gleichzeitig den Anforderungen des Völkerrechts gerecht wird. Dies gilt selbst dann, wenn die innerstaatliche Rechtsnorm zeitlich später entstanden ist; denn mit dem BVerfG ist „nicht anzunehmen, dass der Gesetzgeber, sofern er dies nicht klar bekundet hat, von völkerrechtlichen Verpflichtungen der Bundesrepublik Deutschland abweichen oder die Verletzung solcher Verpflichtungen ermöglichen will."[11] Der *lex posterior*-Grundsatz, nach dem späteres Gesetzesrecht früheres Vertragsrecht verdrängen würde, erfährt infolge des Gebots der völkerrechtsfreundlichen Auslegung somit eine Relativierung.[12] Da diese Situation indes nur im Falle der Auslegungsfähigkeit des einfachen Gesetzesrechts zu Tage treten kann, ist es unter rechtsmethodischen Gesichtspunkten jedenfalls vertretbar, wenn das BVerfG formuliert, eine Entscheidung des Europäischen Gerichtshofs für Menschenrechte (EGMR) müsse bei der Auslegung von Gesetzesrecht nicht beachtet werden, wenn dieses „eindeutig" entgegenstehe.[13] Steht die einschlägige Norm des innerstaatlichen Rechts hingegen der Auslegung offen (was zwar in der Regel, aber eben nicht immer der Fall sein wird), läuft dies im konkreten Fall auf eine Pflicht zur völkerrechts*konformen* Interpretation hinaus.

a) Methodische Grundlagen

Die umstrittene methodologische Einordnung des Grundsatzes der völkerrechtsfreundlichen Auslegung geht auf ein unterschiedliches Verständnis von der Reichweite der systematischen Auslegung zurück. Wird als das ihr zugrunde liegende „System" die Rechtsordnung als solche verstanden, lässt sich der Grundsatz der völkerrechtsfreundlichen Auslegung ebenso wie derjenige der verfassungskonformen Auslegung ohne weiteres als Unterfall der

Rn. 38d; a.A. *Bogs* Die verfassungskonforme Auslegung von Gesetzen, 1966, S. 25; *Grupp/Stelkens* Zur Berücksichtigung der Europäischen Menschenrechtskonvention bei der Auslegung deutschen Rechts, DVBl. 2005, 133 (139): Unterfall der systematischen Auslegung. Zum Parallelfall verfassungskonforme Auslegung vgl. BVerfGE 8, 210 (221).

[11] Vgl. BVerfGE 74, 358 (370).

[12] *Schweitzer* (o. Anm. 9), Rn. 440d; differenzierend *Bernhardt* Verfassungsrecht und völkerrechtliche Verträge, in: Isensee/Kirchhof (o. Anm. 1), § 174 Rn. 29; *Hilf* Der Rang der Europäischen Menschenrechtskonvention im deutschen Recht, in: Deutsche Sektion der Internationalen Juristen-Kommission (Hrsg.), Entwicklung der Menschenrechte innerhalb der Staaten des Europarates, 1987, S. 19 (S. 40); *Tomuschat* (o. Anm. 1), Rn. 35, die früheres Vertragsrecht gegenüber späterem Gesetzesrecht als *lex specialis* qualifizieren.

[13] BVerfGE 111, 307 (329); insoweit kritisch *Ruffert* Die Europäische Menschenrechtskonvention und innerstaatliches Recht, EuGRZ 2007, 245 (248), mit der Anmerkung, in einer solchen Situation sei „[d]as nach außen konventionsgemäße Verhalten [...] entgegen Art. 1 EMRK nicht mehr sichergestellt" (Fn. weggelassen). Aus der Völkerrechtswidrigkeit eines staatlichen Verhaltens im Außenverhältnis ergibt sich jedoch nicht automatisch seine Verfassungswidrigkeit nach innerstaatlichem Recht.

systematischen Auslegung qualifizieren.[14] Anerkennt man mit dem BVerfG hingegen die Existenz geschlossener Teilsysteme des Rechts,[15] setzt die systematische Auslegung einer Norm die (jedenfalls im Rahmen des Anwendungsbereichs der verfassungskonformen Auslegung nicht gegebene) Gleichrangigkeit der zu Interpretationszwecken herangezogenen Vorschrift voraus.[16] Fehlt es hieran, erfordert die – unmittelbar aus dem Grundgesetz selbst folgende – Normenhierarchie eine zur höherrangigen Norm konforme und damit andere Alternativen ausschließende Auslegung. Insofern verfügt der Grundsatz der systematischen Auslegung nicht über Rang durchbrechende Wirkung.

Die Konsequenzen der verschiedenen Sichtweisen lassen sich am Beispiel der Folgerung von *Klaus Grupp* und *Ulrich Stelkens* aufzeigen, wonach „es in methodengerechter Anwendung des Zivilrechts unmöglich ist, zu einem konventionswidrigen Ergebnis zu kommen", da „jedes Bundesgesetz [...] letztlich durch die Konvention ‚systematisch' ergänzt" werde.[17] Diese Aussage, die in Verbindung mit der – unstreitigen – Relativierung des *lex posterior*-Grundsatzes auf einen generellen Vorrang des in innerstaatliches Recht umgesetzten Völkerrechts hinausläuft, erscheint nur dann als zwingend, wenn die systematische Auslegung von vorne herein auf sämtliche Normen der deutschen Rechtsordnung ausgedehnt wird. Das Verständnis von der Reichweite eines Auslegungsgrundsatzes kann indes nicht das im Grundgesetz angelegte Verhältnis von Völkerrecht und innerstaatlichem Recht nivellieren. Einen *generellen* Vorrang des in innerstaatliches Recht umgesetzten Völkerrechts sieht das Grundgesetz ungeachtet der Bindung der staatlichen Gewalt gemäß Art. 20 Abs. 3 GG gerade nicht vor; (auch) insoweit ist es demnach nicht methodenneutral.[18] Es bleibt daher dabei: Auf der Grundlage der verfassungsrechtlichen Vorgaben ist der Grundsatz der völkerrechtsfreundlichen Auslegung als Konfliktvermeidungsregel zu qualifizieren, die erst dann zur Anwendung gelangt, wenn die innerstaatliche Rechtsnorm *nach erfolgter systematischer etc. Auslegung* mehrere Deutungen zulässt. Demgegenüber hätte ein Rekurs auf den Grundsatz der systematischen Auslegung zum einen (gegenüber gleichrangigem Recht) eine Überdehnung der Völkerrechtsfreundlichkeit des Grundgesetzes zur Folge. Zum anderen ließe sich nicht erklären, warum der Grundsatz der völkerrechtsfreundlichen Auslegung, wie noch gezeigt wird, auch gegenüber höherrangigem innerstaatlichen Recht zur Anwendung gelangt.

[14] Vgl. etwa das Verständnis von *Rüthers* Rechtstheorie, 3. Aufl. 2007, Rn. 744 ff.

[15] Vgl. BVerfGE 111, 307 (327). Sehr kritisch *Frowein* Die traurigen Missverständnisse. BVerfG und Europäischer Gerichtshofs für Menschenrechte, in: Dicke u.a. (Hrsg.), Weltinnenrecht, Liber amicorum Delbrück, 2005, S. 279 (284 f.).

[16] *Müller/Christensen* (o. Anm. 10), Rn. 365.

[17] *Grupp/Stelkens* (o. Anm. 10), S. 141.

[18] Vgl. *Rüthers* (o. Anm. 14), Rn. 706.

Vor diesem Hintergrund begegnet es methodischen Bedenken, im *allgemeinen* Kontext von einem Grundsatz der völkerrechts*konformen* Auslegung des nationalen Rechts zu sprechen, wie dies im einschlägigen Schrifttum vielfach undifferenziert geschieht. Eine Pflicht zu konformer Auslegung setzt voraus, dass die einschlägige Rechtsmaterie in der Normenhierarchie *über* den nationalen Rechtsordnungen steht.[19] Damit ist in vorliegendem Zusammenhang der – nach innerstaatlichem Recht zu beurteilende – Rang des Völkerrechts in der innerstaatlichen Rechtsordnung das maßgebliche Kriterium. Wird undifferenziert von völkerrechtskonformer Auslegung gesprochen, impliziert dies – gewollt oder nicht – eine generelle Höherrangigkeit der einschlägigen völkerrechtlichen Normen gegenüber dem einfachen Bundesrecht. Hiervon kann indes nur hinsichtlich der allgemeinen Regeln des Völkerrechts i.S.v. Art. 25 GG ausgegangen werden, nicht aber – und sei es auch nur faktisch[20] – bezüglich des Völkervertragsrechts.[21] Deshalb verdient jedenfalls auf allgemeiner Ebene der gegenüber normenhierarchischen Gesichtspunkten neutralere Terminus „völkerrechtsfreundliche Auslegung" den Vorzug.

b) Grenzen der völkerrechtsfreundlichen Auslegung

Aus den vorstehenden Erwägungen ergeben sich zugleich die *Grenzen* der völkerrechtsfreundlichen Auslegung. Maßgeblich ist insoweit der im Wege der herkömmlichen Konkretisierungskriterien gewonnene Gehalt der betroffenen innerstaatlichen Rechtsnorm. Lässt dieser unterschiedliche Deutungen nicht zu, kann die Norm nicht unter Bezugnahme auf völkervertragsrechtliche Pflichten der Bundesrepublik konkretisiert werden;[22] für eine Anwendung des Grundsatzes der völkerrechtsfreundlichen Auslegung ist dann kein Raum, weil der Gesetzgeber „klar bekundet hat, von völkerrechtlichen Verpflichtungen der Bundesrepublik Deutschland abweichen oder die Verletzung solcher Verpflichtungen ermöglichen"[23] zu wollen.[24] Darauf, ob

[19] Vgl. *Müller/Christensen* Juristische Methodik, Bd. II (Europarecht), 2003, S. 130 (134); *Bydlinski* Juristische Methodenlehre und Rechtsbegriff, 2. Aufl. 1991, S. 456. Zur problematischen Annahme einer Pflicht zur unionsrechtskonformen Auslegung des nationalen Rechts vgl. *Klink/Proelß* Zur verfassungsgerichtlichen Kontrolldichte bei Umsetzungsakten von Rahmenbeschlüssen der Europäischen Union, DÖV 2006, 469 (472 f.).

[20] So aber *Sauer* Die neue Schlagkraft der gemeineuropäischen Grundrechtsjudikatur, ZaöRV 65 (2005), 35 (48). Wie hier *Uerpmann* Die Europäische Menschenrechtskonvention und die deutsche Rechtsprechung, 1993, S. 117; *Grupp/Stelkens* (o. Anm. 10), S. 138 f.

[21] Undeutlich deshalb BVerfGE 64, 1 (20).

[22] Siehe das Beispiel bei *Grupp/Stelkens* (o. Anm. 10), S. 141.

[23] BVerfGE 74, 358 (370).

[24] Problematisch deshalb die Rechtsprechung des VGH Mannheim, nach der im Rahmen von Entscheidungen gemäß § 47 Abs. 1 AuslG vor dem Hintergrund von Art. 8 EMRK die Verhältnismäßigkeit der Ausweisung zu prüfen sei; vgl. zuletzt VGH Mann-

der Gesetzgeber Letzteres *ausdrücklich* festgestellt hat, kommt es dabei schon aufgrund der Qualifizierung des Grundsatzes der völkerrechtsfreundlichen Auslegung als Konfliktvermeidungsregel nicht an. Überdies erscheint es undenkbar, dass ein völkerrechtswidriges Verhalten der Bundesrepublik gesetzlich festgeschrieben wird, zumal künftige völkerrechtliche Bindungen im Vorhinein nicht ohne weiteres absehbar sind.

c) Reichweite der völkerrechtsfreundlichen Auslegung

Das Gebot der völkerrechtsfreundlichen Auslegung erfasst zunächst die von der Bundesrepublik Deutschland geschlossenen *völkerrechtlichen Verträge*. Soweit diese in nationales Recht transformiert bzw. in Vollzug gesetzt wurden, binden sie gemäß Art. 59 Abs. 2 i.V.m. Art. 20 Abs. 3 GG die staatlichen Organe freilich ohnehin wie einfaches Gesetzesrecht und müssen von diesen beachtet werden.[25] Erst im Falle eines Konflikts zwischen einer innerstaatlich geltenden Norm des Völkerrechts und einer auslegungsfähigen Norm des Bundesrechts gelangt der Grundsatz der völkerrechtsfreundlichen Auslegung zur Anwendung. Gegenüber Bundesrecht niederen Ranges (Rechtsverordnungen, Satzungen, Verwaltungsakte) sowie Landesrecht wirkt sich die Bindung der staatlichen Organe nach Art. 59 Abs. 2 i.V.m. Art. 20 Abs. 3 GG vor dem Hintergrund des Grundsatzes des Vorrangs des Gesetzes bzw. angesichts von Art. 31 GG i.S. einer allgemeinen Kollisionsregel aus;[26] eines Rückgriffs auf den Grundsatz der völkerrechtsfreundlichen Auslegung bedarf es in solchen Situationen nicht. Dies gilt in ähnlicher Weise für die im Rang über den Bundesgesetzen stehenden allgemeinen Grundsätze des Völkerrechts i.S.v. Art. 25 GG.

aa) Es fragt sich allerdings, ob der Grundsatz der völkerrechtsfreundlichen Auslegung auch zur Anwendung gelangt, wenn ein im Außenverhältnis bindender Vertrag entgegen Art. 59 Abs. 2 Satz 1 GG *nicht in innerstaatliches Recht transformiert bzw. in Vollzug gesetzt* wurde. Diese Frage wurde, soweit ersichtlich, in Rechtsprechung und Literatur bislang nicht behandelt. Ihre praktische Relevanz ist begrenzt: Sie stellt sich nur, wenn es sich tatsächlich um einen „hochpolitischen" Vertrag oder einen Vertrag handelt, der sich

heim, NVwZ-RR 2003, 304 (306). Mit § 53 Abs. 4 AuslG sowie vor dem Hintergrund des „Ist-Charakters" von § 47 Abs. 1 AuslG hat der Gesetzgeber eine klare – zumal völkerrechtsfreundliche – Entscheidung darüber getroffen, dass die EMRK nicht bei der Entscheidung über die Ausweisung, sondern erst auf Ebene der Durchsetzung der Ausreisepflicht in Ansatz zu bringen ist.

[25] Pointiert BVerfGE 111, 307 (316 f., 322 f.) Siehe auch *Maierhöfer* Das Jagdrecht und die Europäische Menschenrechtskonvention in der föderalen Normenhierarchie, NVwZ 2007, 1155 (1156).

[26] Treffend *Maierhöfer* (o. Anm. 25), S. 1157. Zu Art. 31 GG vgl. BVerfGE 26, 116 (135); 96, 345 (364).

auf Gegenstände der Bundesgesetzgebung bezieht, nicht jedoch, wenn der in Rede stehende Vertrag bei näherer Betrachtung als Verwaltungsabkommen (vgl. Art. 59 Abs. 2 Satz 2 GG) zu qualifizieren ist.[27]

Bringt man neben der völkerrechtsfreundlichen Grundhaltung des Grundgesetzes den vom BVerfG angeführten Satz, dass es „nicht anzunehmen [ist], dass der Gesetzgeber, sofern er dies nicht klar bekundet hat, von völkerrechtlichen Verpflichtungen der Bundesrepublik Deutschland abweichen oder die Verletzung solcher Verpflichtungen ermöglichen will“[28], in Ansatz, legt dies eine Anwendbarkeit des Grundsatzes der völkerrechtsfreundlichen Auslegung auch mit Bezug auf nicht in innerstaatliches Recht umgesetzte Verträge nahe. Schließt nämlich die Bundesrepublik Deutschland einen völkerrechtlichen Vertrag, wird sie auf Ebene des Völkerrechts, im Außenverhältnis also, an seine Bestimmungen gebunden. Werden die betreffenden Normen eines bindenden Vertrags gleichwohl innerstaatlich missachtet, zieht dies die völkerrechtliche Verantwortlichkeit Deutschlands nach sich. Eben dies soll nach Ansicht des BVerfG „nach Möglichkeit“ vermieden werden.[29]

Andererseits werden die staatlichen Organe durch Verträge, die nicht transformiert bzw. in Vollzug gesetzt wurden, im Innenverhältnis nicht unmittelbar gemäß Art. 59 Abs. 2 Satz 1 i.V.m. Art. 20 Abs. 3 GG gebunden.[30] Zwar bliebe eine Ausweitung des Gebots der völkerrechtsfreundlichen Auslegung auf dergleichen Verträge hinter einer starren Bindung der staatlichen Organe zurück. Das Argument, infolge der Erstreckung des Gebots auf nicht umgesetzte Verträge werde die Kontrollzuständigkeit des Bundestages und damit die innerstaatliche Verteilung der Organkompetenzen als solche relativiert, wiegt jedoch schwer. Denn die verfassungsrechtliche Zuständigkeitsverteilung steht einer Anwendung des Grundsatzes der völkerrechtsfreundlichen Auslegung entgegen, die dazu führt, dass letztlich nicht die

[27] Mit Blick auf die Welterbekonvention der UNESCO offen gelassen von BVerfG, Beschluss v. 29.5.2007, EuGRZ 2007, 355 (358). Ein Beispiel dürfte – trotz Abschlusses durch den Bundesminister für Verkehr und den Vorsteher des Eidgenössischen Post- und Eisenbahndepartements – die Vereinbarung über die deutschen Eisenbahnstrecken auf Schweizer Gebiet v. 25.8.1953 sein, die in Art. 6 Abs. 4 eine spezielle Besoldung („Frankenbesoldung“) und in Art. 9 eine entsprechende Versorgung („Frankenversorgung“) für deutsche Eisenbahnbeamte, die auf Schweizer Gebiet Dienst geleistet haben, regelt. Nach § 3 Abs. 1 des Beamtenversorgungsgesetzes (BGBl. 1999 I S. 322) wird „[d]ie Versorgung der Beamten und ihrer Hinterbliebenen [...] durch Gesetz geregelt.“ Die Frage wurde von Bundesverwaltungsgericht (Urteil v. 1.4.2004, BeckRS 2004, 23481) und BVerfG (Beschluss v. 22.12.2006, NVwZ-RR 2007, 266 [268]) letztlich offen gelassen, obwohl sich im Falle der Annahme eines Vertrags i.S.v. Art. 59 Abs. 2 Satz 1 GG die vorliegend diskutierte Frage gestellt hätte.

[28] BVerfGE 74, 358 (370).

[29] BVerfGE 58, 1 (34); 59, 63 (89); 111, 307 (328).

[30] Darauf weist BVerfG, Beschluss v. 22.12.2006, NVwZ-RR 2007, 266 (268) hin.

Legislative, sondern die Exekutive und/oder die Judikative die innerstaatliche Umsetzung der betroffenen Verträge gewährleisten würden.[31] I.d.S. hat das BVerfG entschieden, dass die Bundesrepublik zwar völkerrechtlich verpflichtet sein könne, einen geschlossenen Vertrag innerstaatlich durchzuführen, sie aber zugleich die Pflicht treffen könne, den durch den Vertragsschluss geschaffenen verfassungswidrigen Zustand zu beseitigen, soweit dies möglich sei.[32] Deshalb scheidet jedenfalls eine Umdeutung der betroffenen Verträge in Verwaltungsabkommen i.S.v. Art. 59 Abs. 2 Satz 2 GG aus.

Dies spricht dafür, im Falle der fehlenden Umsetzung in innerstaatliches Recht danach zu differenzieren, ob der Erlass des Vertragsgesetzes versehentlich unterblieben ist, oder ob der Bundestag ein eingebrachtes Vertragsgesetz bewusst abgelehnt hat. Ist Letzteres der Fall, kann die völkerrechtliche Verantwortlichkeit Deutschlands um der Zuständigkeit des Bundestages willen nicht „nach Möglichkeit" verhindert werden; der Gesetzgeber hat dann „klar bekundet [...], von völkerrechtlichen Verpflichtungen der Bundesrepublik Deutschland abweichen"[33] zu wollen. In einer solchen Situation verletzte eine zu einem nicht in innerstaatliches Recht transformierten bzw. in Vollzug gesetzten Vertrag freundliche Auslegung mittelbar die Kompetenz des Bundestages. Sie muss daher zwingend unterbleiben. Demgegenüber erscheint das gegenteilige Ergebnis vertretbar, wenn sich der Bundestag im Zusammenhang mit dem Abschluss eines Vertrags i.S.v. Art. 59 Abs. 2 Satz 1 GG weder im Vorhinein noch im Nachhinein mit der Frage der innerstaatlichen Umsetzung befasst hat. Auch hierin liegt zunächst zwar ein Eingriff in die Kompetenz des Parlaments. Allerdings ist es dem Bundestag nicht genommen, von seinem gemäß Art. 76 Abs. 1 GG bestehenden Initiativrecht Gebrauch zu machen und insofern die Möglichkeit der parlamentarischen Regierungskontrolle zu gewährleisten. Auf diese Weise würde ein Rechtssicherheit gewährleistendes und damit den Anforderungen der Fachgerichtsbarkeit entsprechendes Abgrenzungskriterium für den Anwendungsbereich des Grundsatzes der völkerrechtsfreundlichen Auslegung in Fällen, in denen es an der erforderlichen innerstaatlichen Umsetzung eines Vertrags fehlt, eingeführt. Zudem würde der in vorliegendem Vorschlag zum Ausdruck kommende Ausgleich zwischen der völkerrechtsfreundlichen Grundhaltung des Grundgesetzes einerseits und der innerstaatlichen Kompetenzverteilung andererseits den Erfordernissen sowohl des Völkerrechts als auch des Verfassungsrechts soweit wie möglich Rechnung tragen.[34]

[31] Vgl. *Bernhardt* (o. Anm. 9), S. 392 f. m.N. zur Rechtsprechung des BVerfG.

[32] BVerfGE 6, 290 (295); 45, 83 (96).

[33] BVerfGE 74, 358 (370).

[34] Vgl. BVerfGE 45, 83 (96).

bb) Der Grundsatz der völkerrechtsfreundlichen Auslegung gelangt prinzipiell auch bei *Verwaltungsabkommen* gemäß Art. 59 Abs. 2 Satz 2 GG zur Anwendung.[35] Daran ändert nichts, dass dergleichen Abkommen durch Rechtsakte der Exekutive transformiert bzw. in Vollzug gesetzt werden und in der innerstaatlichen Normenhierarchie insofern unterhalb der Parlamentsgesetze zu verorten sind. Die Qualifizierung des Grundsatzes der völkerrechtsfreundlichen Auslegung als Konfliktvermeidungsregel, die nur dann anwendbar ist, wenn eine innerstaatliche Rechtsnorm auch nach erfolgter Interpretation anhand der klassischen Auslegungsregeln mehrere Deutungen zulässt, macht ein Abstellen auf den Rang der inkorporierten Verträge jedenfalls im Rahmen des einfachen Rechts entbehrlich. Das Gesetzesrecht wird nicht etwa völkerrechtskonform (und damit u.U. den Willen des Gesetzgebers missachtend) ausgelegt, sondern (nur) im Rahmen bestehender Spielräume in einer die völkerrechtliche Verantwortlichkeit der Bundesrepublik Deutschland vermeidenden Weise interpretiert. Würde das Gebot der völkerrechtsfreundlichen Auslegung demgegenüber auf Verträge i.S.v. Art. 59 Abs. 2 Satz 1 GG begrenzt, würde ungeachtet der völkerrechtsfreundlichen Grundhaltung des Grundgesetzes eine Unterscheidung zwischen verschiedenen Vertragstypen eingeführt, die dem Völkerrecht im Außenverhältnis hinsichtlich seiner Bindungswirkung unbekannt ist. Daher haben die Fachgerichte ggf. auch bei Verwaltungsabkommen eine völkerrechtsfreundliche Auslegung des nationalen Rechts in Ansatz zu bringen. Dies darf allerdings nicht dazu führen, den im Wege der „normalen" Konkretisierungskriterien gewonnenen Gehalt einer Gesetzesnorm inhaltlich abweichend unter Bezugnahme auf völkervertragsrechtliche Pflichten der Bundesrepublik zu bestimmen. Dies gilt im Zusammenhang mit Verwaltungsabkommen in besonders dringlicher Weise, da sie bei der Inkorporation in innerstaatliches Recht – anders als Verträge i.S.v. Art. 59 Abs. 2 Satz 1 GG – nicht der unmittelbaren Kontrolle durch den Gesetzgeber unterliegen.

cc) Angesichts der insofern zu konstatierenden rangunabhängigen Anwendbarkeit des Gebots der völkerrechtsfreundlichen Auslegung stellt sich die Frage, ob auch die *Normen des Grundgesetzes* davon erfasst werden. Das BVerfG hat diese Frage mit Blick auf die EMRK positiv beantwortet:

> „Die Gewährleistungen der Konvention beeinflussen jedoch die Auslegung der Grundrechte und rechtsstaatlichen Grundsätze des Grundgesetzes. Der Konven-

[35] Verwaltungsabkommen sind völkerrechtliche Verträge, die *nicht* die politischen Beziehungen des Bundes regeln oder sich auf Gegenstände der Bundesgesetzgebung beziehen. Aus dem Umstand, dass ein völkerrechtlicher Vertrag von der Bundesregierung oder einem Bundesminister geschlossen wurde, folgt nicht automatisch, dass es sich bei dem in Rede stehenden Vertrag um ein Verwaltungsabkommen handelt. Vielmehr ist stets maßgeblich, ob der Vertrag den Anforderungen des Art. 59 Abs. 2 Satz 1 GG unterfällt oder nicht. Zum Ganzen vgl. *Geiger* (o. Anm. 9), S. 177.

tionstext und die Rechtsprechung des Europäischen Gerichtshofs für Menschenrechte dienen auf der Ebene des Verfassungsrechts als Auslegungshilfen für die Bestimmung von Inhalt und Reichweite von Grundrechten und rechtsstaatlichen Grundsätzen des Grundgesetzes, sofern dies nicht zu einer – von der Konvention selbst nicht gewollten (vgl. Art. 53 EMRK) – Einschränkung oder Minderung des Grundrechtsschutzes nach dem Grundgesetz führt [...].“[36]

Diese auf anderes Völkervertragsrecht übertragbare Argumentation, die auf der Einordnung des Grundsatzes der völkerrechtsfreundlichen Auslegung als Konfliktvermeidungsregel beruht, überzeugt. Ihr liegt ein gegenüber dem Völkervertragsrecht „offenes“, weil – innerhalb der Grenzen des Grundgesetzes – vom innerstaatlichen Rang entkoppeltes und also völkerrechtsfreundliches Verständnis zugrunde. Zugleich unterstreicht sie, dass der Grundsatz der völkerrechtsfreundlichen Auslegung als hermeneutisches Interpretationsprinzip nicht die vom sonstigen höherrangigen Recht gesetzten Grenzen zu durchbrechen vermag.[37] Jede Normauslegung findet ihre Schranke an den Vorgaben des Grundgesetzes. Steht die Auslegung eines Grundrechts selbst in Rede, kann sich die Konsequenz, dass das Völkervertragsrecht im Rahmen der Grundrechtsinterpretation nicht durchschlägt, aus den Grundrechten Dritter oder den Strukturprinzipien der Verfassung ergeben. Dies mag in der Praxis nicht häufig der Fall sein. Das Verlangen jedoch, das BVerfG möge im Einzelfall um des Respekts vor dem Völkerrecht willen von seiner verfassungsrechtlichen Aufgabe, die Grundrechte Einzelner zu schützen, zurücktreten, ist dogmatisch nicht haltbar.[38]

2. *Ausprägungen (I): Verfassungsrechtliche Pflicht der Fachgerichte zur Berücksichtigung der Entscheidungen internationaler Gerichte*

Das BVerfG ist in seiner Rechtsprechung zum Grundsatz der völkerrechtsfreundlichen Auslegung nicht bei den benannten Schlussfolgerungen stehen geblieben. Es hat vielmehr darüber hinaus eine verfassungsunmittelbare Pflicht der staatlichen Organe statuiert, die Rechtsprechung des EGMR *auch über den konkreten Streitgegenstand hinaus* zu berücksichtigen.

[36] BVerfGE 111, 307 (317).

[37] Siehe auch *Geiger* (o. Anm. 9), S. 190: „die ausdrücklichen Vorschriften der Verfassung zur Übernahme und zum Rang völkerrechtlicher Regeln [dürfen] nicht über den Grundsatz der völkerrechtsfreundlichen Auslegung eingeebnet werden“.

[38] Vor diesem Hintergrund ist es nicht zu beanstanden, dass das BVerfG in seiner Entscheidung zum geplanten Bau der Waldschlösschenbrücke festgestellt hat, völkervertragliche Verpflichtungen stünden einer Entscheidung für die Umsetzung eines Bürgerentscheids „als authentische Ausdrucksform unmittelbarer Demokratie“ nicht „notwendig“ entgegen; vgl. BVerfG, Beschluss v. 29.5.2007, EuGRZ 2007, 355 (358). Die Bezugnahme auf das Demokratieprinzip trifft vielmehr insofern Wesentliches, als dieses als gegenüber den völkerrechtlichen Vorgaben der UNESCO-Welterbekonvention (ungeachtet der Frage ihrer innerstaatlichen Geltung) höherrangige Verfassungsnorm geeignet ist, den Grundsatz der völkerrechtsfreundlichen Auslegung im Kollisionsfall außer Kraft zu setzen.

Hatte das BVerfG im *Pakelli*-Beschluss noch die fehlende Rechtskraft durchbrechende Wirkung der Entscheidungen des EGMR in Deutschland in den Vordergrund gestellt,[39] führte es wenig später aus, dass „[b]ei der Auslegung des Grundgesetzes [...] auch Inhalt und Entwicklungsstand der Europäischen Menschenrechtskonvention in Betracht zu ziehen [sind]. Deshalb dient auch die Rechtsprechung des Europäischen Gerichtshofs für Menschenrechte als Auslegungshilfe für die Bestimmung von Inhalt und Reichweite von Grundrechten und rechtsstaatlichen Grundsätzen des Grundgesetzes."[40] In einem vergleichsweise wenig beachteten Beschluss v. 1.3.2004 zog es „[i]n Fortführung dieser Rechtsprechung [...] die Rechtsprechung des EGMR zu Art. 8 EMRK auch hinsichtlich der vorliegenden Frage der Verhältnismäßigkeit einer Ausweisung und Abschiebung eines in Deutschland geborenen und aufgewachsenen, straffällig gewordenen Ausländers (sog. Ausländer der zweiten Generation) nach Maßgabe der Grundrechte des Grundgesetzes als Auslegungshilfe"[41] heran. Das Bemerkenswerte an dieser Entscheidung ist, dass sich das BVerfG im Anschluss an die zitierte Passage selbst eingehend mit der Rechtsprechung des EGMR zu Art. 8 EMRK auseinander setzte, und zwar *unabhängig* vom konkreten Streitgegenstand. In der *Görgülü*-Entscheidung (dort freilich im Zusammenhang mit einem zum gleichen Streitgegenstand ergangenen EGMR-Urteil) ergänzte es seine Position in verfassungsprozessualer Hinsicht dahingehend, es müsse „jedenfalls möglich sein, gestützt auf das einschlägige Grundrecht, in einem Verfahren vor dem BVerfG zu rügen, staatliche Organe hätten eine Entscheidung des Gerichtshofs missachtet oder nicht berücksichtigt."[42] Die fachgerichtliche Rechtsprechung ist dem BVerfG darin gefolgt, die EMRK in der Auslegung durch den EGMR bei der Auslegung und Anwendung des einfachen Rechts zu berücksichtigen.[43] So entschied das Bundesverwaltungsgericht im Jahre 1999 in besonders deutlicher Weise, dass die deutschen Gerichte unabhängig vom konkreten Streitgegenstand eine Pflicht zur vorrangigen Beachtung einer gefestigten Rechtsprechung des EGMR treffe.[44]

Diese Judikatur erscheint auf den ersten Blick fragwürdig. Zwar werden Urteile des EGMR nach Art. 42 und Art. 44 EMRK endgültig und erwachsen insofern in formelle Rechtskraft. Darüber hinaus sind die Vertragsparteien gemäß Art. 46 EMRK verpflichtet, in allen Rechtssachen, in denen sie Partei sind, das endgültige Urteil des Gerichtshofs zu befolgen. Urteile des EGMR

[39] BVerfG EuGRZ 1985, 654 (656).

[40] BVerfGE 74, 358 (370); bestätigt in BVerfGE 82, 106 (120).

[41] BVerfG EuGRZ 2004, 317 (318).

[42] BVerfGE 111, 307 (329 f.). Dazu näher u. 3.

[43] Aus der jüngeren verwaltungsgerichtlichen Judikatur vgl. nur BVerwGE 111, 223 ff.; 117, 313 ff.; aus der Rechtsprechung des BGH etwa BGHSt 45, 321 ff.; 47, 44 ff.; BGH NStZ 2004, 505 (506).

[44] BVerwGE 110, 203 (210).

sind mithin für die an dem Verfahren beteiligten Parteien verbindlich und haben damit auch begrenzte materielle Rechtskraft. Letztere ist im Individualbeschwerdeverfahren nach Art. 34 EMRK freilich durch die personellen, sachlichen und zeitlichen *Grenzen des Streitgegenstandes* begrenzt.[45] Die Entscheidungen des EGMR verfügen weder gegenüber Drittstaaten noch im Hinblick auf andere Streitgegenstände über Bindungswirkung: „Art. 46 Abs. 1 EMRK spricht nur eine Bindung der beteiligten Vertragspartei an das endgültige Urteil in Bezug auf einen bestimmten Streitgegenstand aus (res iudicata)."[46] Von daher stellt sich die Frage, wie sich die vom BVerfG pointierte streitgegenstand*unabhängige* Pflicht der staatlichen Organe zur Berücksichtigung der Urteile des EGMR begründen lässt.

Diesbezüglich ist zunächst festzustellen, dass sich die innerstaatlichen Wirkungen der Entscheidungen eines internationalen Gerichts aus einer Zusammenschau der relevanten Normen des zugrunde liegenden völkerrechtlichen Vertrags sowie der einschlägigen verfassungsrechtlichen Geltungsanordnungen ergeben. Ist in einem völkerrechtlichen Vertrag, dem die Bundesrepublik Deutschland beigetreten ist, eine – wenn auch auf den Streitgegenstand begrenzte – Bindungswirkung der Entscheidungen eines internationalen Gerichts vorgesehen, hat dies gemäß Art. 59 Abs. 2 i.V.m. Art. 20 Abs. 3 GG zur Folge, dass die staatlichen Organe an Entscheidungen, die in Verfahren mit deutscher Beteiligung ergehen, gebunden sind, soweit nicht höherrangiges Recht entgegensteht.[47] Diese *innerstaatliche* Bindungswirkung für den entschiedenen Einzelfall beruht auf dem Umstand, dass die Zustimmung Deutschlands etwa zur EMRK auch die Zuständigkeit des EGMR sowohl für Staaten- als auch für Individualbeschwerden (vgl. Art. 33 f. EMRK) sowie die Rechtswirkungen seiner Entscheidungen umfasst.[48] Daraus folgt indes noch nicht eine über die rechtskraftbezogenen Vorgaben der EMRK hinausgehende und also streitgegenstandsunabhängige Pflicht zur Berücksichtigung der Entscheidungen des EGMR.[49] Sie ergibt sich auch nicht ohne weiteres aus dem Gedanken, dass deutsche Gerichte und Behörden Völkerrechtsverstöße Deutschlands nach Möglichkeit zu vermeiden

[45] Vgl. BVerfG EuGRZ 1985, 654 (656); BVerfGE 111, 307 (320). Siehe auch *Mückl* Kooperation oder Konfrontation? Das Verhältnis zwischen BVerfG und Europäischem Gerichtshof für Menschenrechte, Der Staat 44 (2005), 403 (410 f.); *Ruffert* (o. Anm. 13), S. 250.

[46] BVerfGE 111, 307 (320).

[47] *Tomuschat* (o. Anm. 1), Rn. 24; *Frowein* (o. Anm. 15), S. 282; vgl. auch BVerfGE 111, 307 (323).

[48] *Payandeh* Die verfassungsrechtliche Stärkung der internationalen Gerichtsbarkeit: Zur Bindung deutscher Gerichte an Entscheidungen des Internationalen Gerichtshofs, AVR 45 (2007), 244 (249); *Cremer* Zur Bindungswirkung von EGMR-Urteilen, EuGRZ 2004, 683 (692); *Mückl* (o. Anm. 45), S. 416; *Frowein* (o. Anm. 15), S. 282.

[49] So auch *Sauer* (o. Anm. 20), S. 44.

haben.[50] Denn dieses Gebot, das zumal auf ein Unterlassen der deutschen staatlichen Organe gerichtet ist, gelangt nur im Rahmen der verfassungsrechtlichen Anforderungen („nach Möglichkeit“) zur Anwendung.

a) Berücksichtigungspflicht auf dem Gebiet der Menschenrechte

Den insoweit maßgeblichen Gesichtspunkt hat das BVerfG in einer wenig beachteten und schwierig zu verstehenden Passage seiner *Görgülü*-Entscheidung benannt. Es hat zwischen verschiedenen Teilgebieten des Völkerrechts differenziert[51] und festgestellt, dass das Grundgesetz „mit Art. 1 Abs. 2 GG dem Kernbestand an internationalen Menschenrechten einen *besonderen Schutz* zu[weist]. *Dieser* ist in Verbindung mit Art. 59 Abs. 2 GG die Grundlage für die verfassungsrechtliche Pflicht, auch bei der Anwendung der deutschen Grundrechte die Europäische Menschenrechtskonvention in ihrer konkreten Ausgestaltung als Auslegungshilfe heranzuziehen.“[52] Während hiernach Art. 20 Abs. 3 i.V.m. Art. 59 Abs. 2 GG die Fachgerichte bei der Auslegung und Anwendung des einfachen Rechts an die in Vollzug gesetzte bzw. transformierte EMRK binden, verleiht erst Art. 1 Abs. 2 GG den menschenrechtlichen Gewährleistungen der Konvention in ihrer Auslegung durch den EGMR über den konkreten Streitgegenstand hinaus Gewicht.[53]

Dieser Position, die sich auf die Entstehungsgeschichte der Norm stützen kann,[54] liegt ein in hohem Maße völkerrechtsfreundliches Verständnis der internationalen Gerichtsbarkeit auf dem Gebiet der Menschenrechte zugrunde, ohne dass den in völkerrechtlichen Verträgen enthaltenen Menschenrechten über das Einfallstor des Art. 1 Abs. 2 GG in verfassungsrechtlich unhaltbarer, weil mit Art. 59 Abs. 2 GG nicht zu vereinbarenden Weise unmittelbare verfassungsrechtliche Geltung zugesprochen würde.[55] Das Abstellen auf eine bloße Berücksichtigungspflicht trägt zudem der begrenzten

[50] So aber *Maierhöfer* (o. Anm. 25), S. 1157.

[51] Vgl. BVerfGE 111, 307 (328): „Aus diesem Grund kann es geboten sein, abweichend von dem herkömmlichen Maßstab die Anwendung und Auslegung völkerrechtlicher Verträge durch die Fachgerichte zu überprüfen.“

[52] BVerfGE 111, 307 (329), Hervorhebungen hinzugefügt.

[53] Vgl. *Di Fabio* Das BVerfG und die internationale Gerichtsbarkeit, in: Zimmermann/Heinz (Hrsg.), Deutschland und die internationale Gerichtsbarkeit, 2004, S. 107 (110 f.); *Kreß* Die verfassungsrechtliche Pflicht der deutschen Strafverfolgungsbehörden zur Berücksichtigung des Wiener Konsularrechtsübereinkommens, GA 2007, 296 (298); *Cremer* (o. Anm. 48), S. 698; *Ruffert* (o. Anm. 13), S. 247 f.

[54] Nachweise zur Entstehungsgeschichte bei *Sternberg* Der Rang von Menschenrechtsverträgen im deutschen Recht unter besonderer Berücksichtigung von Art. 1 Abs. 2 GG, 1999, S. 197 ff.; vgl. auch *Herdegen* in: Maunz/Dürig, Kommentar zum Grundgesetz, Bd. I (Stand: Nov. 2006), Art. 1 Abs. 2 Rn. 2, 22.

[55] Vgl. auch *Röben* Außenverfassungsrecht, 2007, 442 f.

Rechtskraft der Entscheidungen des EGMR Rechnung.[56] Denn gemäß Definition des BVerfG bedeutet „berücksichtigen“, „die Konventionsbestimmung in der Auslegung des Gerichtshofs zur Kenntnis zu nehmen und auf den Fall anzuwenden, soweit die Anwendung nicht gegen höherrangiges Recht, insbesondere gegen Verfassungsrecht verstößt. Die Konventionsbestimmung muss in der Auslegung des Gerichtshofs jedenfalls in die Entscheidungsfindung einbezogen werden, das Gericht muss sich zumindest gebührend mit ihr auseinander setzen.“[57] Die Berücksichtigungspflicht ist demnach nicht gleichbedeutend mit einer starren Rechtsbindung; eine solche kann, soweit das nationale Recht der Auslegung offen steht, angesichts der begrenzten Rechtskraft der Entscheidungen des EGMR nur eintreten, soweit die Bundesrepublik selbst an dem betreffenden Verfahren beteiligt ist.[58] Die Pflicht zur Berücksichtigung einer Entscheidung des EGMR auch bei nichtidentischem Streitgegenstand führt jedoch dazu, dass sich das Gericht dann, wenn es einer Norm der EMRK in ihrer Auslegung durch den EGMR nicht folgen will, sich mit dessen Urteil in besonderer Weise auseinandersetzen und substantiiert begründen muss, warum die einschlägige Norm abweichend zu interpretieren ist. Dies läuft auf besondere Darlegungsanforderungen hinaus. Die Entscheidungen des EGMR verfügen insoweit über „Orientierungswirkung“[59] bzw. haben eine „normative Leitfunktion“.[60]

In seiner Entscheidung zum Wiener Konsularrechtsübereinkommen (WÜK) hat das BVerfG die aus der Berücksichtigungspflicht resultierenden Darlegungsanforderungen im Hinblick auf die Rechtsprechung des Internationalen Gerichtshofs (IGH) weiter konkretisiert.[61] So habe sich der BGH als

[56] Problematisch demgegenüber *Cremer* ([o. Anm. 48], S. 694) mit dem Postulat einer streitgegenstandsunabhängigen Bindungswirkung der Vertragsstaaten an eine die EMRK fortentwickelnde Rechtsprechung des EGMR.

[57] BVerfGE 111, 307 (329). Vgl. auch *Di Fabio* (o. Anm. 53), S. 111 („Berücksichtigen heißt zur Kenntnis nehmen und Kollisionen so weit als möglich zu vermeiden.“) sowie jüngst (streitgegenstandsunabhängig) BVerfG NVwZ 2007, 808 (811 f.) mit dem zutreffenden Ergebnis, das Bundesverwaltungsgericht habe in der angegriffenen Entscheidung (vgl. NVwZ 2006, 92 ff.) „[d]er Pflicht zur Berücksichtigung der EMRK und der Rechtsprechung des EGMR einschließlich des von ihm gefundenen Abwägungsergebnisses“ genügt. Zu Recht weist *Maierhöfer* (o. Anm. 25), S. 1157 f., auf die ungleich problematischere Vereinbarkeit der Landesjagdgesetze mit der EMRK in ihrer Auslegung durch den EGMR hin.

[58] Sollte die *Görgülü*-Entscheidung so zu verstehen sein, dass auch im Falle der unmittelbaren Beteiligung der Bundesrepublik Deutschland lediglich eine Berücksichtigungspflicht der staatlichen Organe hinsichtlich eines EGMR-Urteils besteht, wäre dieses Verständnis nicht mit Art. 59 Abs. 2 i.V.m. Art. 20 Abs. 3 GG in Einklang zu bringen. Insoweit zutreffend die Kritik an der Unklarheit der Entscheidung von *Cremer* (o. Anm. 48), S. 693, und *Mückl* (o. Anm. 45), S. 419.

[59] Vgl. BVerfG NJW 2007, 499 (502) für die Rechtsprechung des IGH.

[60] BVerwGE 110, 203 (210); vgl. auch BVerwG NVwZ 2002, 87; BVerfG NJW 2007, 499 (501); BVerfG NVwZ 2007, 808 (811 f.).

[61] Zur Reichweite der Berücksichtigungspflicht siehe sogleich unter b).

zuständiges Fachgericht nicht nur nicht mit den Schlussfolgerungen des IGH auseinander gesetzt; vielmehr habe er weder „seine abweichende Auffassung hinsichtlich des hinter Art. 36 Abs. 1 WÜK stehenden Zwecks offengelegt, noch ist er in sonstiger Form auf das LaGrand-Urteil eingegangen. Er hat sich auch nicht auf Grundrechte Dritter oder sonstige Verfassungsbestimmungen gestützt, die gegebenenfalls eine vom IGH abweichende Auslegung des Art. 36 WÜK erforderlich gemacht hätten.“[62] Damit hat das BVerfG unterstrichen, dass die Berücksichtigungspflicht in der Regel auf eine zur Judikatur des IGH konforme Interpretation des – auslegungsfähigen – nationalen Rechts hinauslaufen wird, soweit nicht höherrangiges Recht, das einer seinerseitigen völkerrechtsfreundlichen Auslegung nicht offen steht, ein abweichendes Ergebnis erfordert.[63]

Dass diese Lösung mit Blick auf die EMRK gelegentlich Anlass zu der Sorge gegeben hat, die Verfassungsgerichte anderer Mitgliedstaaten des Europarates mit vergleichsweise problematischerer Menschenrechtslage könnten den Ansatz des BVerfG als Vorwand nutzen, der Rechtsprechung des EGMR die Gefolgschaft zu verweigern,[64] ist nur auf den ersten Blick nachvollziehbar;[65] denn das BVerfG hat gerade nicht entschieden, dass die Fachgerichte nicht an Entscheidungen des EGMR, mit denen die Bundesrepublik wegen Verstoßes gegen die EMRK verurteilt worden ist, gebunden wären. Insofern geht die Kritik, das Gericht bleibe mit seinem Abstellen auf eine Berücksichtigungspflicht hinter der Aussage des *Pakelli*-Beschlusses zurück,[66] fehl. In diesem Beschluss hatte das BVerfG zwar in der Tat festgestellt, dass alle deutschen Gerichte gehalten seien, „die materielle Rechtskraft der Entscheidungen des Europäischen Gerichtshofs für Menschenrechte *zu beachten*“,[67] damit jedoch zugleich verdeutlicht, dass die Beachtenspflicht nicht weiter reichen kann als die materielle Rechtskraft der EGMR-Entscheidungen. Da Letztere, wie gezeigt, grundsätzlich auf den konkreten Streitgegenstand beschränkt ist, verkörpert die Berücksichti-

[62] BVerfG NJW 2007, 499 (503). Zu den sich aus einem Verstoß gegen Art. 36 WÜK ergebenden strafprozessualen Folgen *Walter* Der deutsche Strafprozess und das Völkerrecht, JR 2007, 99 ff.

[63] Vgl. *Hoppe* Implementation of LaGrand and Avena in Germany and the United States: Exploring a Transatlantic Divide in Search of a Uniform Interpretation of Consular Rights, EJIL 18 (2007), S. 317 (332). Siehe auch BVerfG NVwZ 2007, 808 (812), mit eingehender Auseinandersetzung.

[64] Vgl. etwa *Hofmann* The German Federal Constitutional Court and Public International Law: New Decisions, New Approaches?, GYIL 47 (2004), S. 9 (34); *Cremer* (o. Anm. 48), S. 684. Siehe auch das Interview des EGMR-Präsidenten *Wildhaber* in Der Spiegel v. 15.11.2004, S. 10 (11).

[65] Treffend *Sauer* (o. Anm. 20), S. 54 ff. Siehe auch *Schorkopf* Grundgesetz und Überstaatlichkeit, 2007, S. 18 ff., 249 f.

[66] So *Cremer* (o. Anm. 48), S. 695.

[67] BVerfG EuGRZ 1985, 654 (656).

gungspflicht der *Görgülü*-Entscheidung keine Einschränkung, sondern letztlich eine konsequente Weiterentwicklung der *Pakelli*-Rechtsprechung.

Mit Blick auf die Frage der dogmatischen Verortung ist Art. 1 Abs. 2 GG als Prinzip zu qualifizieren, als Optimierungsgebot also, dessen Ziel es ist, dass etwas in einem relativ – bezogen auf die rechtlichen und tatsächlichen Möglichkeiten – möglichst hohen Maße realisiert wird.[68] Sein Charakter als verbindliche Rechtsnorm äußert sich sowohl in der Bedeutung als geschriebene Rechtsgrundlage für die Völkerrechtsfreundlichkeit des Grundgesetzes als auch in der Etablierung der Pflicht der staatlichen Organe zur streitgegenstandsunabhängigen Berücksichtigung der Entscheidungen internationaler Gerichte auf dem Gebiet des Menschenrechtsschutzes. *Nicht* erforderlich ist die Bezugnahme auf Art. 1 Abs. 2 GG hingegen im Hinblick auf die Frage, ob auch die Grundrechte des Grundgesetzes als höherrangiges Recht nach Möglichkeit in Übereinstimmung zur EMRK auszulegen sind. Dass dies der Fall ist, folgt bereits aus dem Grundsatz der völkerrechtsfreundlichen Auslegung in seiner Ausprägung als Konfliktvermeidungsregel. Eine Pflicht zur völkerrechtsfreundlichen Auslegung (auch) des höherrangigen innerstaatlichen Rechts besteht insofern nicht nur mit Blick auf den internationalen Menschenrechtsschutz (bzw. die sonstigen Bereiche, in denen nach der Rechtsprechung des BVerfG eine verfassungsunmittelbare Berücksichtigungspflicht zum Tragen kommt), sondern – unter den bereits dargestellten Voraussetzungen – für *jeden* völkerrechtlichen Vertrag. Auch geht eine Rangerhöhung der internationalen Menschenrechte mit Art. 1 Abs. 2 GG nicht einher.[69] Dass diese Norm eine Art. 59 Abs. 2 GG modifizierende Regelung darstellt, ergibt sich weder aus ihrer Entstehungsgeschichte noch aus ihrem rechtsverbindlichen Charakter. Im Gegenteil ist aus ihrer Stellung als Rechtsprinzip abzuleiten, dass die rechtlichen Wirkungen der Norm nur soweit reichen, wie die Regeln des Grundgesetzes über den Rang und die innerstaatliche Wirkung völkerrechtlicher Verträge dies zulassen. Art. 59 Abs. 2 Satz 1 GG wirkt demnach als Schranke des Art. 1 Abs. 2 GG und nicht anders herum diese Norm als Schranke jener. Demgegenüber wird Art. 1 Abs. 2 GG als Rechtsprinzip infolge der Ableitung einer verfassungsunmittelbaren Berücksichtigungspflicht nicht überfordert, weil die hierin

[68] Vgl. *Alexy* Theorie der Grundrechte, 1994 (stw-Ausgabe), S. 75 f. Zum Folgenden *von Hodenberg* Das Bekenntnis des deutschen Volkes zu den Menschenrechten in Art. 1 Abs. 2 GG, 1997, S. 119; *Sommermann* Völkerrechtlich garantierte Menschenrechte als Maßstab der Verfassungskonkretisierung – Die Menschenrechtsfreundlichkeit des Grundgesetzes, AöR 114 (1989), S. 391 (414 ff.); *Sternberg* (o. Anm. 54), S. 193 ff.

[69] Anders *Sternberg* (o. Anm. 54), S. 220 ff., mit der wenig überzeugenden Begründung, dass „[n]ur so [...] sichergestellt werden [kann], dass die nationale Grundrechtsentwicklung neuere Entwicklungen im internationalen Bereich nicht außer Acht lässt" (223). Wie hier etwa *Dreier* in: ders. (Hrsg.), Grundgesetz-Kommentar, Bd. I, 2. Aufl. 2004, Art. 1 II Rn. 19 f.

liegende Erweiterung der begrenzten materiellen Rechtskraft der Entscheidungen des EGMR (und damit – auf den ersten Blick – das Überschreiten des Bereichs der „rechtlichen Möglichkeiten“) letztlich nicht dem innerstaatlichen Recht, sondern den Normen des Völkerrechts entspringt. Art. 59 Abs. 2 GG setzt einem streitgegenstandsunabhängigen Verständnis dieser Pflicht nur insoweit Grenzen, als die Bundesrepublik Deutschland dem zugrunde liegenden völkerrechtlichen Vertrag beigetreten sein *und* sich der Zuständigkeit des betreffenden internationalen Gerichts unterworfen haben muss.[70] Denn andernfalls würde die in der Norm zum Ausdruck kommende Wertung, nach der das Völkervertragsrecht in seiner Auslegung durch die zuständige internationale Gerichtsbarkeit nicht unmittelbar in der innerstaatlichen Rechtsordnung gilt, missachtet. In welcher Form die Unterwerfung unter die Gerichtsbarkeit erfolgt ist, spielt hingegen keine Rolle.[71]

Dass die verfassungsrechtliche Berücksichtigungspflicht wegen Art. 59 Abs. 2 GG von vorne herein nur *solange und soweit* zum Tragen kommen kann, als sich die Bundesrepublik der zuständigen internationalen Gerichtsbarkeit unterworfen hat, zeigt erneut das Beispiel des Wiener Konsularrechtsübereinkommens: Für die Auslegung dieser Konvention ist zwar gemäß Art. I des Fakultativprotokolls über die obligatorische Beilegung von Streitigkeiten[72] der IGH zuständig, dies freilich nur dann, wenn die betreffende Vertragspartei des WÜK auch dem Fakultativprotokoll beigetreten ist.[73] Die innerstaatlichen Rechtswirkungen dieses vom WÜK unabhängigen Vertrags beurteilen sich wiederum nach Art. 59 Abs. 2 GG. Innerstaatlich kann den Entscheidungen des IGH auf dem Gebiet des Konsularrechts daher keine Wirkung zukommen, wenn ein Staat dem Fakultativprotokoll bewusst fernbleibt. Der Verweis auf die innerstaatliche Umsetzung des WÜK trägt insofern nicht, als dem Konsularrechtsübereinkommen mit Blick auf die für die Auslegung der normierten Rechte und Pflichten zuständigen Organe nichts zu entnehmen ist. Anders verhält es sich alleine dann, wenn der konkret in Rede stehende Vertrag wie die EMRK bereits die Unterwerfung unter die Jurisdiktion eines internationalen Gerichts beinhaltet. Soweit sich Deutschland darüber hinaus durch Erklärung gemäß Art. 36 Abs. 2 IGH-

[70] A.A. *Richter* Does International Jurisprudence Matter in Germany? The Federal Constitutional Court's New Doctrine of "Factual Precedent", GYIL 49 (2006), S. 51 (70); *Sommermann* (o. Anm. 68), S. 420.

[71] Siehe BVerfG NJW 2007, 499 (502).

[72] BGBl. 1969 II S. 1689. Art. I lautet: „Streitigkeiten über die Auslegung oder Anwendung des Übereinkommens unterliegen der obligatorischen Gerichtsbarkeit des Internationalen Gerichtshofs und können diesem daher durch Klage einer Streitpartei unterbreitet werden, die Vertragspartei dieses Protokolls ist.“

[73] Vgl. Art. VI Satz 1 des Fakultativprotokolls: „Dieses Protokoll bedarf der Ratifizierung.“ Auch das Völkerrecht differenziert mitunter also klar zwischen dem materiellen Recht einerseits und der gerichtlichen Zuständigkeit andererseits.

Statut der Gerichtsbarkeit des IGH unterworfen, in diesem Zusammenhang jedoch einen inhaltlichen Vorbehalt angebracht hat,[74] hat dies – unterstellt, die Rechtsprechung des IGH müsste von den deutschen Organen berücksichtigt werden[75] – zur Folge, dass die innerstaatliche Berücksichtigungspflicht im Anwendungsbereich des Vorbehalts suspendiert ist.[76]

Wie sich aus Wortlaut („Grundlage jeder menschlichen Gemeinschaft, des Friedens und der Gerechtigkeit *in der Welt*") und Entstehungsgeschichte der Norm ergibt, nimmt Art. 1 Abs. 2 GG bei alledem nicht nur auf die EMRK Bezug. Erfasst werden vielmehr sämtliche menschenrechtlichen Positionen, an die die Bundesrepublik Deutschland (nicht zwingend völker*vertrags*rechtlich) gebunden ist. Dazu zählen u.a., soweit zu Gewohnheitsrecht erstarkt, die in der Allgemeinen Erklärung der Menschenrechte von 1948 enthaltenen Rechte.[77]

Eine Erstreckung der sich aus unmittelbar Art. 1 Abs. 2 i.V.m. Art. 59 Abs. 2 GG ergebenden Berücksichtigungspflicht auf *andere* dem Schutz der Menschenrechte verpflichtete Streitbeilegungsinstanzen kommt demgegenüber von vorne herein nur dann in Betracht, wenn mit dem jeweiligen völkerrechtlichen Vertrag eine solche für die Durchsetzung der jeweiligen Menschenrechte zuständige Instanz errichtet wurde. In dies der Fall, kann die betreffende Instanz aber – wie im Falle des Ausschusses für Menschenrechte nach dem Internationalen Pakt über bürgerliche und politische Rechte (IPBPR) – keine rechtsverbindlichen Entscheidungen treffen, muss die Berücksichtigungspflicht jedenfalls hinsichtlich von Stellungnahmen zum Tragen kommen, die auf Betreiben von Einzelpersonen gegenüber der Bundes-

[74] Dieser betrifft u.a. solche Streitigkeiten, die die Verwendung von deutschen Streitkräften im Ausland oder die Nutzung des deutschen Hoheitsgebietes für militärische Zwecke betreffen.

[75] Dazu sogleich unter b).

[76] Insoweit kritisch *Payandeh* (o. Anm. 48), S. 250 ff., der die „verfassungsrechtliche Bindung" (sic!) an die Auslegung völkerrechtlicher Normen durch den IGH aus dessen Stellung als Hauptrechtsprechungsorgan der Vereinten Nationen (vgl. Art. 92 UN-Charta), vermittelt „über die Brücke des Art. 59 Abs. 2 GG in Verbindung mit Art. 20 Abs. 3 GG herleiten" (ebd., S. 252) will. Die Souveränität eines Staates erstreckt sich jedoch nicht nur auf die Frage der Anwendbarkeit völkerrechtlicher Normen in der innerstaatlichen Rechtsordnung, sondern gerade auch darauf, ob und ggf. in welchem Maße die Entscheidungen einer internationalen Streitbeilegungsinstanz von den staatlichen Organen bei der Auslegung des innerstaatlichen Rechts zu berücksichtigen sind. Diesbezüglich kommt Art. 92 UN-Charta schon deshalb nicht als Grundlage für eine wie auch immer geartete Auslegungsbindung in Betracht, weil sich dieser Norm über die Wirkungen der Entscheidungen des IGH nichts entnehmen lässt. Als Basis für eine Rechtspflicht ist sie mithin zu unbestimmt.

[77] Zum Status der Allgemeinen Erklärung der Menschenrechte *Hailbronner* Der Staat und der Einzelne als Völkerrechtssubjekte, in: Graf Vitzthum (o. Anm. 3), 3. Abschnitt, Rn. 222 f.

republik Deutschland ergehen (Individualbeschwerdeverfahren).[78] Denn wenn die staatlichen Organe Entscheidungen des EGMR unabhängig vom konkret entschiedenen Einzelfall berücksichtigen müssen, ist kein triftiger Grund erkennbar, warum dies nicht auch für die auf der Grundlage des Fakultativprotokolls zum IPBPR[79] mitgeteilten Auffassungen des Menschenrechtsausschusses gelten sollte (eine *Bindungs*wirkung kommt ihnen mangels Rechtskraft hingegen nie, d.h. auch nicht im konkret entschiedenen Fall, zu); im einen wie im anderen Fall verleiht Art. 1 Abs. 2 GG den Entscheidungen eine Wirkung, über die sie von Völkerrechts wegen nicht verfügen. Ob dies auch für die Berichte und *general comments* des Menschenrechtsausschusses gemäß Art. 40 f. IPBPR gilt, erscheint angesichts ihres abstrakten, zumal ausschließlich staatengerichteten Charakters demgegenüber zweifelhaft.

b) Berücksichtigungspflicht auf anderen Gebieten

Heiko Sauer hat in seiner eingehenden, wenn auch vom vorliegend ausgebreiteten Verständnis teilweise abweichenden Auseinandersetzung mit dem *Görgülü*-Beschluss die Frage aufgeworfen, „was in Zukunft für die Bindung deutscher Gerichte an die Entscheidungen *anderer* völkerrechtlicher Rechtsprechungsorgane zu gelten hat.“[80] Greift die Pflicht der staatlichen Organe zur Berücksichtigung der von den zuständigen internationalen Streitbeilegungsinstanzen getroffenen Entscheidungen wegen Art. 1 Abs. 2 GG nur auf dem Gebiet der Menschenrechte? Diese Frage hat das BVerfG zwar in der Tat nicht in jener Entscheidung, wohl aber – bislang wenig beachtet – in seinem Beschluss zu den SBZ-Enteignungen unter ausdrücklicher Bezugnahme auf *Görgülü* beantwortet:

> „Die Verfassung hebt bestimmte Einrichtungen und Rechtsquellen der internationalen Zusammenarbeit und des Völkerrechts hervor (Art. 23 Abs. 1, Art. 24, Art. 25, Art. 26 und Art. 59 Abs. 2 GG). Insoweit erleichtert das Grundgesetz die Entstehung von Völkerrecht unter Beteiligung des Bundes und sichert dem entstandenen Völkerrecht Effektivität. Das Grundgesetz stellt die Staatsorgane mittelbar in den Dienst der Durchsetzung des Völkerrechts und vermindert dadurch das Risiko der Nichtbefolgung internationalen Rechts [...]. Eine solche verfassungsunmittelbare Pflicht ist nach deutschem Verfassungsrecht allerdings nicht unbesehen für jede beliebige Bestimmung des Völkerrechts anzunehmen, sondern nur, soweit es dem in den Art. 23 bis 26 GG sowie in den Art. 1 Abs. 2, Art. 16 Abs. 2 Satz 2 GG niedergelegten Konzept des Grundgesetzes entspricht.“[81]

[78] Ähnlich *Tomuschat* (o. Anm. 1), Rn. 25; unklar *Sternberg* (o. Anm. 54), S. 228 ff.

[79] Deutschland hat das Fakultativprotokoll gemäß Art. 59 Abs. 2 GG in innerstaatliches Recht umgesetzt, vgl. BGBl. 1992 II S. 1247.

[80] *Sauer* (o. Anm. 20), S. 60 (Hervorhebung im Original).

[81] BVerfGE 112, 1 (25).

Wie bereits in der *Görgülü*-Entscheidung differenziert das BVerfG auch in dieser Passage zwischen verschiedenen Teilgebieten des Völkerrechts. Mit der „verfassungsunmittelbaren Pflicht" zur mittelbaren Durchsetzung des Völkerrechts kann dabei angesichts des Umstands, dass der Grundsatz der völkerrechtsfreundlichen Auslegung hinsichtlich der Bestimmungen *sämtlicher* völkerrechtlicher Verträge zur Anwendung kommt, nur die Pflicht zur Berücksichtigung der Entscheidungen der auf den genannten Gebieten zuständigen internationalen Gerichte gemeint sein. Dafür spricht neben der unmittelbaren Bezugnahme auf die *Görgülü*-Entscheidung auch, dass das Grundgesetz in Art. 16 Abs. 2 Satz 2 ausdrücklich auf „einen internationalen Gerichtshof" – gemeint sind die internationalen Strafgerichtshöfe unter der Ägide der Vereinten Nationen[82] –, in Art. 24 Abs. 3 auf „eine allgemeine, umfassende, obligatorische, internationale Schiedsgerichtsbarkeit" sowie in Art. 23 (dort freilich konkludent) auf den Europäischen Gerichtshof (EuGH) Bezug nimmt. Dogmatisch vermag der Rekurs auf die in der Verfassung besonders hervorgehobenen Bereiche des Völker- und Europarechts zu überzeugen, lässt sich doch eine verfassungsunmittelbare Pflicht zur Berücksichtigung der einschlägigen Entscheidungen internationaler Gerichte über den konkreten Streitgegenstand hinaus für sich betrachtet weder dem einschlägigen Völkerrecht noch der Umsetzungsnorm Art. 59 Abs. 2 GG entnehmen. Insoweit betont das BVerfG mit seinem Ansatz sowohl den Primat der Verfassung als auch die Bedeutung des Völker- und Europarechts in der innerstaatlichen Rechtsordnung.

In seinem Beschluss zum Wiener Konsularrechtsübereinkommen hat das Gericht seine Rechtsprechung unter ausdrücklicher Bezugnahme sowohl auf die *Görgülü*-Entscheidung als auch die Entscheidung zu den SBZ-Enteignungen konsequent fortentwickelt und ausgeführt, dass „von einer verfassungsunmittelbaren [...] Pflicht der deutschen Behörden zur Berücksichtigung der Entscheidungen der zuständigen internationalen Gerichtsbarkeit" nur auszugehen sei, „soweit das Grundgesetz die Staatsorgane mittelbar in den Dienst der Durchsetzung des Völkerrechts stellt und dadurch das Risiko der Nichtbefolgung internationalen Rechts vermindert".[83] Letzteres sei u.a. mit Art. 1 Abs. 2 und Art. 16 Abs. 2 Satz 2 GG geschehen.[84] Darüber hinaus verweist das BVerfG auf Art. 23, Art. 24, Art. 20 Abs. 3 i.V.m. Art. 59 Abs. 2 sowie Art. 20 Abs. 3 i.V.m. Art. 25 GG.[85]

[82] Vgl. BTDrs. 14/2668 v. 10.2.2000, S. 4. Zur Entstehungsgeschichte *Uhle* Auslieferung und Grundgesetz – Anmerkungen zu Art. 16 II GG, NJW 2001, 1889 ff.

[83] BVerfG NJW 2007, 499 (501).

[84] Siehe ebd.: „Für den Bereich der internationalen Strafgerichtsbarkeit bildet Art. 16 Abs. 2 Satz 2 GG damit die Grundlage der verfassungsrechtlichen Pflicht zur Berücksichtigung der Entscheidungen der zuständigen internationalen Gerichte und Tribunale auch bei der Auslegung der Grundrechte" (Literaturhinweis weggelassen).

[85] Ebd.

Nicht ganz klar wird indes die Grundlage für die Herleitung der fachgerichtlichen Berücksichtigungspflicht hinsichtlich der im konkreten Verfassungsbeschwerdeverfahren relevanten Rechtsprechung des IGH auf dem Gebiet des Konsularrechts.[86] Diesbezüglich ist zwar, soweit sich die Streitparteien der Gerichtsbarkeit des IGH unterworfen haben,[87] die völkerrechtliche Bindungswirkung eines IGH-Urteils für den entschiedenen Einzelfall unbestreitbar. Ebenso wie im Falle des EGMR erwachsen die Urteile des IGH in formelle Rechtskraft (Art. 60 IGH-Statut);[88] ihre materielle Rechtskraft ist durch die personellen und sachlichen Grenzen des Streitgegenstands begrenzt (Art. 59 IGH-Statut). Da die Bundesrepublik Deutschland das Fakultativprotokoll zum WÜK ratifiziert hat, folgt aus Art. 59 Abs. 2 i.V.m. Art. 20 Abs. 3 GG eine Bindung der deutschen staatlichen Behörden an die Entscheidungen des IGH, die auf dem Gebiet des Konsularrechts in konkreten Rechtsstreitigkeiten gegenüber der Bundesrepublik ergehen.[89] Das BVerfG geht hierüber jedoch unter Hinweis auf die Völkerrechtsfreundlichkeit des Grundgesetzes einerseits und die faktische Präzedenzwirkung der IGH-Entscheidungen andererseits hinaus und misst Letzteren wie im Falle des EGMR „über den entschiedenen Einzelfall hinaus eine normative Leitfunktion“[90] bei, an der sich die Vertragsparteien zu orientieren hätten.[91] Nach hier vertretener Auffassung käme eine solchermaßen streitgegenstandsunabhängige Berücksichtigungspflicht nur dann in Betracht, wenn das Grundgesetz die betroffene IGH-Judikatur auf dem Gebiet des Konsularrechts zu den Bereichen zählen würde, hinsichtlich derer eine verfassungsunmittelbare Pflicht der deutschen Staatsorgane zur mittelbaren Durchsetzung des Völkerrechts besteht. Eine einschlägige verfassungsrechtliche Öffnungsklausel wird vom BVerfG indes nicht benannt; der bloße Verweis auf Art. 20 Abs. 3 i.V.m. Art. 59 Abs. 2 GG trägt angesichts der begrenzten materiellen Rechtskraft der Entscheidungen des IGH nicht.[92] Daher stellt

[86] Zutreffend *Kreß* (o. Anm. 53), S. 298 f., dessen anschließende Feststellung, das BVerfG habe „den Kreis der völkervertraglichen Normen, deren Nichtberücksichtigung verfassungsgerichtlich gerügt werden kann, stillschweigend um solche Normen erweitert, die – allein kraft grundgesetzlicher Wertung – der näheren Ausgestaltung eines Grundrechts dienen“, allerdings nicht überzeugt. Das Gericht hat das Recht auf ein faires Verfahren gerade nicht als Grundlage der verfassungsunmittelbaren Berücksichtigungspflicht, sondern lediglich – ganz i.S. der *Görgülü*-Entscheidung – als Basis für die Möglichkeit, den Verstoß gegen die Berücksichtigungspflicht im Wege der Verfassungsbeschwerde geltend zu machen, herangezogen.

[87] Siehe bereits o. a).

[88] Statut des Internationalen Gerichtshofs v. 26.6.1945, BGBl. 1973 II S. 505.

[89] Vgl. BVerfG NJW 2007, 499 (502).

[90] Ebd.

[91] Kritisch gegenüber der Anwendung der Berücksichtigungspflicht auf den IGH hingegen *Gärditz* Annotation, AJIL 101 (2007), S. 627 (633).

[92] So auch *Payandeh* (o. Anm. 48), S. 250.

sich die Frage, ob das BVerfG mit der allgemeinen Berufung auf den „Grundsatz der Völkerrechtsfreundlichkeit des Grundgesetzes in Verbindung mit der Bindung der Rechtsprechung an Gesetz und Recht (Art. 20 Abs. 3 GG i.V.m. Art. 59 Abs. 2 GG)“[93] unausgesprochen auf einen der Bereiche Bezug nimmt, auf die es sowohl in der *Görgülü*-Entscheidung als auch in seinem Beschluss zu den SBZ-Enteignungen ausdrücklich abgestellt hat.

Diesbezüglich kommt mit Blick auf die IGH-Rechtsprechung Art. 24 Abs. 3 GG in Betracht. Zwar folgt dies nicht schon aus der Entstehungsgeschichte der Norm.[94] Das BVerfG hat Art. 24 Abs. 3 GG in der *Görgülü*-Entscheidung[95] indes als Ausdruck der Völkerrechtsfreundlichkeit des Grundgesetzes herangezogen. Zudem sind Art. 24 Abs. 3 GG und Art. 1 Abs. 2 GG im Hinblick auf ihren normativen Gehalt weitgehend parallel strukturiert. So besteht Einigkeit, dass beide Normen nicht lediglich der Präambel verwandte bzw. diese konkretisierende Programmsätze verkörpern, sondern als Rechtsprinzipien selbst verbindlicher Natur sind.[96] Art. 1 Abs. 2 GG wie Art. 24 Abs. 3 GG ist danach programmatischer Charakter inhärent: Während jene Norm die Bedeutung des Menschenrechtsgedankens für das Grundgesetz bekräftigt, enthält diese für den Bereich der nichtmenschenrechtlichen Verpflichtungen Deutschlands eine verfassungsrechtliche Wertentscheidung zugunsten der friedlichen Streitbeilegung.[97] Insofern konkretisiert Art. 24 Abs. 3 GG „die Völkerrechts- und Europafreundlichkeit des Grundgesetzes in verfahrensrechtlicher Hinsicht“.[98] Dies spricht dafür, die Norm mit Blick auf die Frage der innerstaatlichen Wirkung der von ihr in Bezug genommenen Gerichtsbarkeit[99] in Übereinstimmung mit Art. 1 Abs. 2 GG zu interpretieren. Nachdem die Bundesrepublik Deutschland die Gerichtsbarkeit des IGH durch Erklärung gemäß der sog. Fakultativklausel des Art. 36 Abs. 2 IGH-Statut zum 1.5.2008 als obligatorisch anerkannt hat, sind die deutschen staatlichen Organe demnach nunmehr verpflichtet, die

[93] BVerfG NJW 2007, 499 (501).

[94] Zusammenfassung in: JöR (NF) 1 (1951), 224 ff.

[95] BVerfGE 111, 307 (318).

[96] Zu Art. 24 Abs. 3 GG etwa *Tomuschat* in: Dolzer u.a. (Hsg.), Bonner Kommentar zum Grundgesetz, Art. 24 Rn. 193; *Rojahn* (o. Anm. 7), Rn. 99.

[97] *Mosler* Das Grundgesetz und die internationale Streitschlichtung, in: Isensee/Kirchhof (o. Anm. 1), § 179 Rn. 3.

[98] *Zimmermann* Deutschland und die obligatorische Gerichtsbarkeit des Internationalen Gerichtshofs, ZRP 2006, 248 (250).

[99] Zur nicht unproblematischen, freilich zwischenzeitlich angesichts der Unterwerfung gemäß Art. 36 Abs. 2 IGH-Statut überholten Frage, ob Art. 24 Abs. 3 GG die Rechtsprechung des IGH angesichts des grundsätzlich fehlenden obligatorischen Charakters seiner Gerichtsbarkeit überhaupt erfasst, siehe *Classen* in: von Mangoldt/Klein/Starck (Hrsg), Kommentar zum Grundgesetz, Bd. 2, 5. Aufl 2005, Art. 24 Rn. 96 ff.; *Mosler* (o. Anm. 97), Rn. 7, 36; *Zimmermann* (o. Anm. 98), S. 250; *Tomuschat* (o. Anm. 96), Rn. 5, 193.

Rechtsprechung des IGH allgemein, d.h. über die Bereiche des Konsularrechts etc., hinsichtlich derer sich die Bundesrepublik der Gerichtsbarkeit des IGH bereits – sachgebietsbezogen obligatorisch – unterworfen hatte, hinaus, und streitgegenstandunabhängig zu berücksichtigen, soweit nicht eine unter den von Deutschland zulässiger Weise (vgl. Art. 36 Abs. 3 IGH-Statut) beigefügten Vorbehalt[100] fallende Materie in Rede steht.

3. *Ausprägungen (II): Rügefähigkeit einer Verletzung der Pflicht zur Berücksichtigung der Entscheidungen internationaler Gerichte*

Besteht demnach hinreichende Klarheit über Grundlage und Reichweite der verfassungsunmittelbaren Berücksichtigungspflicht, stellt sich die Frage, ob und ggf. in welcher Weise Einzelne sich vor dem BVerfG gegen die Nichtberücksichtigung der Entscheidungen eines internationalen Gerichts seitens eines Fachgerichts zur Wehr setzen können.[101]

Diesbezüglich kommt zunächst in Betracht, einen Verstoß etwa gegen Art. 1 Abs. 2 i.V.m. Art. 59 Abs. 2 i.V.m. Art. 20 Abs. 3 GG als Verletzung der verfassungsmäßigen Ordnung i.S.v. Art. 2 Abs. 1 GG zu qualifizieren. Auf den ersten Blick ließe sich ein solches Vorgehen zum einen unter Bezugnahme auf die Rechtsprechung des BVerfG, wonach belastende Hoheitsakte, die mit einer allgemeinen Regel des Völkerrechts i.S.v. Art. 25 GG kollidieren, unter Berufung auf Art. 2 Abs. 1 GG mit der Verfassungsbeschwerde angegriffen werden können,[102] begründen.[103] Zum anderen könnte eine Übertragung der „Elfes-Konstruktion" des BVerfG, nach der „[j]edermann [...] im Wege der Verfassungsbeschwerde geltend machen [kann], ein seine Handlungsfreiheit beschränkendes Gesetz gehöre nicht zur verfassungsmäßigen Ordnung, weil es (formell oder inhaltlich) gegen einzelne Verfassungsbestimmungen oder allgemeine Verfassungsgrundsätze verstoße",[104] erwogen werden.[105] Bei näherer Betrachtung überzeugt jedoch keiner dieser beiden Ansätze.

[100] Siehe o. Anm. 74.

[101] Ob und ggf. welchen Einfluss der Grundsatz der Völkerrechtsfreundlichkeit des Grundgesetzes in Fällen entfaltet, in denen es zu einem sachlichen Widerspruch zwischen einer *bundesverfassungsgerichtlichen* Entscheidung einerseits und einer von den deutschen staatlichen Organen von Verfassung wegen zu berücksichtigenden Entscheidung eines internationalen Gerichts andererseits kommt, kann hier nicht diskutiert werden; dazu vgl. *Mückl* (o. Anm. 45), S. 423 ff.

[102] BVerfGE 23, 288 (300); 66 39 (64). Befürwortend *Tomuschat* (o. Anm. 1), Rn. 18.

[103] So mit Blick auf die EMRK vor allem *Frowein* Der Europäische Grundrechtsschutz und die nationale Gerichtsbarkeit, 1983, S. 26; *ders.* Das BVerfG und die Europäische Menschenrechtskonvention, in: FS für Zeidler, 1987, Bd. II, S. 1763 (1768 ff.); vgl. auch *Uerpmann* (o. Anm. 20), S. 103 ff.

[104] BVerfGE 6, 32 (41).

[105] Vgl. *Uerpmann* (o. Anm. 20), S. 102 f.

Die auf die allgemeinen Regeln des Völkerrechts i.S.v. Art. 25 GG bezogene Rechtsprechung des BVerfG lässt sich nicht auf die Situation eines Verstoßes gegen die verfassungsunmittelbare Berücksichtigungspflicht übertragen. Sie findet ihre Rechtfertigung darin, dass die Kompetenz des BVerfG auf die Prüfung von Verstößen gegen spezifisches Verfassungsrecht beschränkt ist.[106] Angesichts des Umstands, dass die von der Bundesrepublik Deutschland ratifizierten und in innerstaatliches Recht umgesetzten völkerrechtlichen Verträge in der deutschen Rechtsordnung im Range eines Bundesgesetzes gelten und als solche in gleicher Weise wie die von den zuständigen staatlichen Organen verabschiedeten Gesetze zu behandeln sind (vgl. Art. 59 Abs. 2 i.V.m. Art. 20 Abs. 3 GG), hat das BVerfG zutreffend festgestellt, dass

> „[f]ür die verfassungsgerichtliche Nachprüfung der Auslegung und Anwendung völkerrechtlicher Verträge, die durch Gesetz die Kraft innerstaatlichen deutschen Rechts erhalten haben, [...] dieselben Grundsätze [gelten], die auch sonst die Befugnis des BVerfG, Gerichtsentscheidungen zu überprüfen, begrenzen. Die fachgerichtliche Auslegung und Anwendung völkerrechtlicher Abkommen können grundsätzlich nur daraufhin geprüft werden, ob sie willkürlich sind oder auf einer grundsätzlich unrichtigen Anschauung von der Bedeutung eines Grundrechts beruhen oder mit anderen verfassungsrechtlichen Vorschriften unvereinbar sind.“[107]

Die primäre Zuständigkeit der Fachgerichte für die Auslegung und Anwendung einfachgesetzlicher Normen besteht nun gerade nicht bezüglich der allgemeinen Regeln des Völkerrechts. Letzteren wird von Art. 25 GG nicht nur eine besondere Stellung (Übergesetzesrang) eingeräumt; vielmehr zeigt das Verfahren nach Art. 100 Abs. 2 GG, dass ihre Feststellung aus dem Aufgabenbereich der Fachgerichte ausgegliedert und dem BVerfG zugewiesen ist. *Robert Uerpmann* hat daher treffend festgestellt, dass sich das BVerfG „im Rahmen des von der Verfassung vorgegebenen spezifischen Aufgabenbereichs“ hält, wenn es die Anwendung der allgemeinen Regeln des Völkerrechts im Rahmen von Art. 2 Abs. 1 GG i.V.m. Art. 25 GG nachprüft.[108] Eine Berufung auf Art. 2 Abs. 1 GG käme vor diesem Hintergrund somit lediglich dann in Betracht, wenn ein Gericht die Vorgaben eines völkerrechtlichen Vertrags missachtete, dessen Normen gleichzeitig zum Bestand des Völkergewohnheitsrechts zählten.[109]

Nicht überzeugen kann auch der Versuch, in dem Verstoß gegen die Berücksichtigungspflicht gemäß Art. 20 Abs. 3 i.V.m. Art. 59 Abs. 2 GG eine rügefähige Verletzung der verfassungsmäßigen Ordnung zu erblicken. Denn

[106] Grundlegend BVerfGE 1, 418 (420); 18, 85 (92 f.).

[107] BVerfGE 111, 307 (328); siehe auch BVerfGE 18, 441 (450); 94, 315 (328).

[108] *Uerpmann* (o. Anm. 20), S. 104.

[109] Gegen eine Bezugnahme auf Art. 2 Abs. 1 GG auch *Sommermann* (o. Anm. 68), S. 409 f.

im Falle der Rüge der Nichtberücksichtigung einer für die Bundesrepublik relevanten Entscheidung eines internationalen Gerichts wendet sich der Beschwerdeführer nicht gegen ein Gesetz oder den in innerstaatliches Recht umgesetzten völkerrechtlichen Vertrag selbst, sondern gegen ein fachgerichtliches Urteil, das nicht unmittelbar zur verfassungsmäßigen Ordnung i.S.v. Art. 2 Abs. 1 GG zählt.[110] Diesbezüglich kann das BVerfG nicht die Richtigkeit der fachgerichtlichen Entscheidung schlechthin prüfen, sondern nur, ob hinsichtlich von Art. 2 Abs. 1 GG eine Verletzung spezifischen Verfassungsrechts anzunehmen ist.[111] Ist die vom Gericht angewendete (weil in innerstaatliches Recht umgesetzte) Rechtsnorm als solche mit der verfassungsmäßigen Ordnung vereinbar, bleibt aus verfassungsrechtlicher Perspektive nur Raum für die Prüfung, ob der Bedeutung von Art. 2 Abs. 1 GG im Rahmen der Rechtsanwendung hinreichend Aufmerksamkeit geschenkt worden ist.[112] Hiervon kann im Falle der Nichtberücksichtigung einer Entscheidung eines internationalen Gerichts jedenfalls nicht prinzipiell ausgegangen werden. Das BVerfG hat im Zusammenhang mit völkerrechtlichen Verträgen den Weg über Art. 2 Abs. 1 GG bislang denn auch nicht beschritten.[113]

Da der Weg über Art. 2 Abs. 1 GG insofern versperrt ist, bleibt es bei der allgemeinen Regel, dass das BVerfG angesichts seiner begrenzten Kompetenzen „[d]ie fachgerichtliche Auslegung und Anwendung völkerrechtlicher Abkommen [...] grundsätzlich nur daraufhin [prüfen kann], ob sie willkürlich sind oder auf einer grundsätzlich unrichtigen Anschauung von der Bedeutung eines Grundrechts beruhen oder mit anderen verfassungsrechtlichen Vorschriften unvereinbar sind."[114] Damit erweist sich Art. 3 Abs. 1 GG mit Blick auf die verfassungsgerichtliche Prüfungsdichte grundsätzlich auch im Zusammenhang mit der vorliegend relevanten verfassungsunmittel-

[110] Vgl. BVerfGE 6, 32 (40 f.). Die Ausnahme in BVerfGE 74, 129 (152) greift in vorliegendem Zusammenhang nicht, da hier lediglich eine einzelne gerichtliche Entscheidung und kein Richterrecht im engeren Sinne in Frage steht. Zur verfassungsmäßigen Ordnung gehören „alle formell und materiell verfassungsmäßigen *Gesetze*" (BVerfGE 96, 10 (21); vgl. auch 90, 145 (172); 103, 197 (215)).

[111] Vgl. BVerfGE 49, 304 (314).

[112] Vgl. nur *Di Fabio* in: Maunz/Dürig (o. Anm. 54), Art 2 I Rn. 67.

[113] Auch in den Fällen, in welchen eine Verletzung von Art. 2 Abs. 1 GG gerügt wurde, stellte das BVerfG keinen Verstoß gegen die verfassungsmäßige Ordnung fest; vgl. BVerfGE 91, 335 (339); 99, 145 (156). Siehe auch die Hinweise von *Sauer* (o. Anm. 20), S. 46; *Mückl* (o. Anm. 45), S. 421. – In der Entscheidung zum Konsularrechtsübereinkommen stützt sich das BVerfG zwar auf Art. 2 Abs. 1 GG, wendet diese Norm aber nicht unter dem Gesichtspunkt eines Verstoßes gegen die verfassungsmäßige Ordnung an, sondern – ganz i.S. der *Görgülü*-Entscheidung – als einschlägiges Spezialgrundrecht (Recht auf ein faires Verfahren), vgl. BVerfG NJW **2007**, S. 499 (500).

[114] BVerfGE 111, 307 (328). Vgl. auch BVerfGE 58, 1 (34); 64, 135 (157); 74, 102 (128); 76, 1 (78 ff.); aus der Literatur vgl. *Sommermann* (o. Anm. 68), S. 411 ff.; *Mückl* (o. Anm. 45), S. 421.

baren Berücksichtigungspflicht als einschlägig.[115] Ist die verfassungsgerichtliche Kontrolldichte gegenüber völkerrechtlichen Verträgen und den zu ihnen ergangenen Entscheidungen internationaler Gerichte demnach angesichts der strengen, wenn auch nicht eindeutig und abstrakt feststehenden Anforderungen für die Annahme von Verstößen gegen das Willkürverbot begrenzt, ermöglicht dies, positiv gewendet, dem BVerfG eine vergleichsweise flexible Kontrolle.[116]

Der Willkürmaßstab gelangt auch dann zur Anwendung, wenn ein Fachgericht eine in innerstaatliches Recht umgesetzte Norm des Völkervertragsrechts missachtet. Der hierin liegenden Verstoß gegen die Gesetzesbindung aus Art. 59 Abs. 2 Satz 1 i.V.m. Art. 20 Abs. 3 GG kann also, gestützt auf Art. 3 Abs. 1 GG, mit der Verfassungsbeschwerde gerügt werden. Zwar hat nicht jeder Rechtsanwendungsfehler eines Fachgerichts eine willkürliche und also gegen Art. 3 Abs. 1 GG verstoßende Entscheidung zur Folge. Eine solche liegt jedoch immer dann vor, wenn das Verfahren oder die Rechtsanwendung „bei einer verständigen Würdigung der das Grundgesetz beherrschenden Gedanken nicht mehr verständlich sind und sich daher der Schluss aufdrängt, dass sie auf sachfremden Erwägungen beruhen.“[117] Hiervon ist i.d.R. im Falle von schweren Rechtsanwendungsfehlern wie der Nichtberücksichtigung einer offensichtlich einschlägigen Norm bzw. der krassen Missdeutung einer Norm auszugehen.[118] Eine Nichtberücksichtigung i.d.S. ist wiederum dann anzunehmen, wenn das Fachgericht die Position vertritt, es sei nicht an die Normen des in innerstaatliches Recht umgesetzten Völkervertragsrechts gebunden.[119]

In seinem *Görgülü*-Beschluss hat das BVerfG diesen eher restriktiven Prüfungsmaßstab allerdings teilweise verschärft, indem es unter Hinweis auf Art. 1 Abs. 2 i.V.m. Art. 59 Abs. 2 GG als Grundlage der verfassungsrecht-

[115] Vgl. auch BVerfG NVwZ-RR 2007, 266 (268).

[116] Siehe den entsprechenden Hinweis von *Sommermann* (o. Anm. 68), S. 413.

[117] BVerfGE 4, 1 (7); 74, 102 (127).

[118] Siehe BVerfGE 83, 82 (85 ff.); 87, 273 (279); 96, 189 (203).

[119] Vgl. das Negativbeispiel (bezüglich der Rechtsprechung des EGMR) OLG Naumburg FamRZ 2004, 1510 (1511): „geschweige denn bindende Wirkung“. – Nicht einschlägig in solchen Situationen ist Art. 19 Abs. 4 GG. Zwar garantiert dieses Grundrecht bekanntlich nicht nur das formelle Recht und die theoretische Möglichkeit, die Gerichte anzurufen, sondern auch die Effektivität des Rechtsschutzes; es beinhaltet einen substantiellen Anspruch des Bürgers auf eine tatsächlich wirksame gerichtliche Kontrolle (vgl. BVerfGE 35, 263 (274); 65, 1 (70)). Ein Fachgericht, das eine innerstaatlich bindende Norm des Völkervertragsrechts nicht anwendet, legt dem zu entscheidenden Rechtsstreit indes keinen eingeschränkten Kontrollmaßstab zugrunde, sondern gelangt im Rahmen einer in maßstäblicher Hinsicht vollumfänglichen Prüfung zu dem – falschen – Ergebnis, dass der einschlägige völkerrechtliche Vertrag die staatlichen Organe nicht binde. Dergleichen unrichtige Rechtsansichten werden nicht vom Schutzbereich des Art. 19 Abs. 4 GG, sondern von Art. 3 Abs. 1 GG erfasst.

lichen Pflicht zur Berücksichtigung der Rechtsprechung des EGMR feststellte, es müsse „jedenfalls möglich sein, gestützt auf das einschlägige Grundrecht, in einem Verfahren vor dem BVerfG zu rügen, staatliche Organe hätten eine Entscheidung des Gerichtshofs missachtet oder nicht berücksichtigt."[120] Die Berücksichtigungspflicht führt nach Ansicht des Gerichts demnach nicht nur zu einer indirekten, weil vom innerstaatlichen Recht vorgegebenen und nur innerhalb der nationalen Rechtsordnung zum Tragen kommenden Rechtskrafterweiterung der Entscheidungen der betroffenen internationalen Gerichte, sondern, i.V.m. Art. 20 Abs. 3 GG,[121] auch zu einer Verbesserung der Rechtsschutzmöglichkeiten des Einzelnen, indem abweichend vom herkömmlichen Anknüpfungspunkt (Art. 3 Abs. 1 GG) eventuelle Verstöße (nur) gegen jene Pflicht im Rahmen von Verfassungsbeschwerden am Maßstab des einschlägigen Spezialgrundrechts gemessen werden müssen.[122]

In der Konsequenz bedeutet dies, dass immer dann, wenn die Bereiche der Art. 1 Abs. 2, Art. 16 Abs. 2 Satz 2 und Art. 23 bis 26 GG *nicht* betroffen sind, eine Verfassungsbeschwerde – ebenso wie im Falle der Nichtanwendung einer in innerstaatliches Recht umgesetzten Norm des Völkervertragsrechts – ausschließlich auf eine mögliche Verletzung von Art. 3 Abs. 1 GG gestützt werden kann.[123] In der Sache prüft das BVerfG aufgrund der verfassungsrechtlich determinierten Begrenzung der Kontrolldichte in solchen Fällen nur, ob die staatlichen Organe die Bindung an die von der Bundesrepublik geschlossenen Verträge nach Art. 59 Abs. 2 i.V.m. Art. 20 Abs. 3 GG willkürlich missachtet haben. Dies schließt, wie gesagt, eine Prüfung der fachgerichtlichen Bindung an diejenigen Entscheidungen internationaler Gerichte mit ein, deren Rechtskraft sich *im konkreten Fall* auf das fachgerichtliche Verfahren erstreckt. Ist hingegen der Anwendungsbereich der Berücksichtigungspflicht eröffnet, und setzt sich das Fachgericht in der gerügten Entscheidung nicht oder nicht in hinreichender Weise mit einer sachlich einschlägigen Entscheidung eines internationalen Gerichts auseinander, muss dies automatisch eine stattgebende Entscheidung zur Folge haben. Entgegen einer in der Literatur vertretenen Auffassung führt die Zulassung von Verfassungsbeschwerden in solchen Situationen also nicht zur „zwangsläufigen Konsequenz der Nachprüfung der verfassungsgebotenen konventionskonformen Rechtsauslegung und -anwendung durch die Fachgerichte."[124] Das BVerfG prüft im konkreten Verfahren nicht, ob die fach-

[120] BVerfGE 111, 307 (329 f.).

[121] Vgl. BVerfGE 111, 307 (330).

[122] Vgl. auch *Mückl* (o. Anm. 45), S. 422 f.

[123] Missverständlich daher die Entscheidung zur Frankenbesoldung (BVerfG NVwZ-RR 2007, 266 ff.).

[124] *Mückl* (o. Anm. 45), S. 422; ähnlich wohl auch *Cremer* (o. Anm. 48), S. 698.

gerichtliche Auslegung etwa der EMRK richtig oder falsch war, sondern lediglich, ob sich das Fachgericht mit den Entscheidungen des EGMR, die es von Verfassung wegen berücksichtigen musste, in hinreichender Weise auseinander gesetzt hat.

Ein solchermaßen eingeschränkter Prüfungsmaßstab tritt besonders deutlich im Beschluss zur Wiener Konsularrechtskonvention zu Tage. In dieser Entscheidung zog das BVerfG das Recht auf ein faires Verfahren gemäß Art. 2 Abs. 1 i.V.m. Art. 20 Abs. 3 GG zwar als „maßgeblichen Anknüpfungspunkt“ [125] heran und stellte in der Folge darauf ab, dass das „faire Verfahren [...] nicht nur durch die Normen der Strafprozessordnung, sondern auch durch völkervertragsrechtliche Vorschriften ausgestaltet [wird].“ [126] Nachdem es diesbezüglich Art. 36 WÜK als „unmittelbar für den deutschen Strafprozess einschließlich des Ermittlungsverfahrens relevant“ [127] qualifiziert hatte, prüfte es in der Folge indes gerade nicht, ob die vom BGH zugrunde gelegte Auslegung dieser Norm unter dem Gesichtspunkt des Rechts auf ein faires Verfahren zutreffend war, sondern stützte die Stattgabe einzig darauf, dass „[d]ie angegriffenen Beschlüsse des BGH [...] nicht mit der verfassungsunmittelbaren Pflicht zur Berücksichtigung der Urteile des IGH in den Fällen „LaGrand“ und „Avena“ vereinbar [sind].“ [128] Dazu waren freilich eine nähere Betrachtung der einschlägigen Judikatur des IGH und eine Gegenüberstellung dieser Rechtsprechung mit dem angegriffenen Beschluss des BGH erforderlich.

Für eine umfassende Kontrolle der Anwendung und Auslegung völkerrechtlicher Verträge durch die Fachgerichte – wenn auch nur im Anwendungsbereich der Berücksichtigungspflicht – scheinen auf den ersten Blick demgegenüber die Entscheidungen des BVerfG in den Fällen *Eurocontrol I* und *Görgülü* zu sprechen.[129] In diesen Entscheidungen stellte das Gericht in der Tat fest, es könne „im Einzelfall“ bzw. „abweichend von dem herkömmlichen Maßstab“ eine „insoweit umfassende Nachprüfung“ bzw. eine Überprüfung der „Anwendung und Auslegung völkerrechtlicher Verträge durch die Fachgerichte“ geboten sein.[130] Bei näherer Betrachtung vermögen freilich auch diese Passagen eine umfassende Kontrollbefugnis nicht zu begründen, und es sind auch keine hinreichenden Anhaltpunkte dafür erkennbar, dass „Karlsruhe“ einer entsprechenden Konkretisierung des Prüfungsmaßstabs das Wort reden wollte. Eine detaillierte Überprüfung, in deren Rahmen sich das BVerfG letztlich den *fach*gerichtlichen Kontrollmaßstab zu eigen machen

[125] BVerfG NJW 2007, 499 (501).
[126] Ebd.
[127] Ebd.
[128] Ebd., S. 503.
[129] Vgl. auch den Hinweis von *Mückl* (o. Anm. 45), S. 422 (Fn. 124).
[130] BVerfGE 58, 1 (34); 111, 307 (328).

würde, ist vielmehr schon deshalb nicht angezeigt, weil bereits durch die Feststellung eines Verstoßes gegen die Berücksichtigungspflicht der hinter dem Satz von der „umfassenden Nachprüfung“ stehenden Erwägung, wonach „Verletzungen des Völkerrechts, die in der fehlerhaften Anwendung oder Nichtbeachtung völkerrechtlicher Normen durch deutsche Gerichte liegen und eine völkerrechtliche Verantwortung der Bundesrepublik Deutschland begründen könnten, nach Möglichkeit verhindert oder beseitigt werden“,[131] entsprochen wird. An anderer Stelle des *Görgülü*-Beschlusses formulierte das Gericht denn auch, dass „[e]in Beschwerdeführer [...] die *Missachtung dieser Berücksichtigungspflicht* [nicht: die fehlerhafte konventionsfreundliche Auslegung] als Verstoß gegen das in seinem Schutzbereich berührte Grundrecht in Verbindung mit dem Rechtsstaatsprinzip rügen [kann].“[132] Im Rahmen der Subsumtion (Verstoß gegen Art. 6 GG i.V.m. dem Rechtsstaatsprinzip) stellte es allein darauf ab, dass „[d]as Oberlandesgericht [...] das Urteil des Europäischen Gerichtshofs für Menschenrechte vom 26.2.2004 bei seiner Entscheidungsfindung nicht hinreichend berücksichtigt [hat], obwohl es dazu verpflichtet war.“[133] Eine umfassende Nachprüfung erscheint „insoweit“ jeweils nur im Hinblick darauf geboten, ob das Fachgericht der Berücksichtigungspflicht entsprochen hat oder nicht.

Diese Rechtsprechung verdient Zustimmung.[134] Sie verkörpert eine an konkreten und rechtspraktisch handhabbaren Kriterien orientierte Umsetzung des Postulats der Völkerrechtsfreundlichkeit. Den sich aus der Berücksichtigungspflicht ergebenden Anforderungen an die Fachgerichtsbarkeit wird durch die Anerkennung einer außerhalb der Kategorie des Willkürverbots stehenden Verfassungsbeschwerdefähigkeit des Einzelnen die Möglichkeit zur Seite gestellt, verfassungsgerichtlichen Rechtsschutz zu erlangen. Damit trägt das BVerfG der verbreiteten Kritik[135] an seiner Rechtsprechung, wonach Verstöße gegen die EMRK im Rahmen von Verfassungsbeschwerden nicht rügefähig sind, *indirekt* Rechnung.

Indem sich das BVerfG im Rahmen entsprechender Verfahren auf die Kontrolle beschränkt, ob sich die Fachgerichte in ausreichendem Maße mit den von Verfassung wegen zu berücksichtigenden Entscheidungen internationaler Gerichte befasst haben, zollt es nicht nur den kompetenziellen Grenzen der Verfassungsgerichtsbarkeit (Beschränkung auf die Kontrolle

[131] BVerfGE 58, 1 (34); nahezu wortgleich BVerfGE 111, 307 (328).

[132] Vgl. BVerfGE 111, 307 (316).

[133] BVerfGE 111, 307 (330); vgl. auch die stattgebende Folgeentscheidung BVerfG, NJW 2005, 1765 ff.

[134] Im Ergebnis auch *Cremer* (o. Anm. 48), S. 698; *Hofmann* (o. Anm. 64), S. 30 f.; *Frowein* (o. Anm. 15), S. 287.

[135] Vgl. nur *Kotzur* Kooperativer Grundrechtsschutz – eine Verfassungsperspektive für Europa, JöR (NF) 55 (2007), 337 (354).

von Verfassungsverstößen) Respekt.[136] Es vermeidet vielmehr zugleich, in eine inhaltliche Konkurrenz zu den betroffenen internationalen Gerichten bei der Auslegung der einschlägigen internationalen Verträge zu treten. Ähnlich wie das Vorlageverfahren gemäß Art. 234 EG[137] lässt sich die Berücksichtigungspflicht von daher als *Instrument der Konfliktvermeidung* deuten.[138] Darüber hinaus leistet das BVerfG einen Beitrag zur effektiven Implementierung des Völkerrechts, indem es gleichsam als „Durchsetzungsdegen" der betroffenen internationalen Gerichte (insbesondere EGMR und IGH) fungiert.[139] Begrüßenswerte Konsequenz dieses Ansatzes ist, dass „die Bedeutung verfassungsgerichtlicher Kontrolle von Gesetzen am Maßstab der Grundrechte zurückgehen kann, wenn die Europäische Menschenrechtskonvention und ihre Zusatzprotokolle als unmittelbar anwendbares Recht und in ihrem Rang als Bundesgesetz ernst genommen werden."[140]

[136] Irreführend daher die Anmerkung von *Mückl* (o. Anm. 45), S. 422, wonach „bei konsequenter Fortentwicklung dieser Rechtsprechung künftig jeder Gesetzesverstoß als Verfassungsverstoß gerügt werden" könnte.

[137] Dazu *Proelß* Grenzen staatlicher Rechtsschutzverantwortung. Das Bundesverfassungsgericht und die Pflicht zur Vorlage an den Europäischen Gerichtshof, in: Kämmerer (Hrsg.), An den Grenzen des Staates, 2008, S. 145 ff.

[138] Vgl. auch *Sauer* Jurisdiktionskonflikte in Mehrebenensystemen, 2008, S. 281.

[139] Kritisch zur Entscheidung des BVerfG zum Wiener Konsularrechtsübereinkommen insoweit *Payandeh* (o. Anm. 48), S. 250 ff.

[140] *Grupp/Stelkens* (o. Anm. 10), S. 140.

Das Verfassungsrecht der kollektiven Sicherheit

Materielle Grenzen und Organkompetenzverteilung beim Wandel von Bündnisverträgen und beim Auslandseinsatz der Bundeswehr

HEIKO SAUER*

Leitentscheidungen des Bundesverfassungsgerichts (Zweiter Senat)

1. BVerfGE 68, 1 (Nachrüstung).
2. BVerfGE 90, 286 (Auslandseinsätze der Bundeswehr).
3. BVerfGE 100, 266 (Kosovo-Einsatz).
4. BVerfGE 104, 151 (Neues Strategisches Konzept der NATO).
5. BVerfGE 108, 34 (AWACS-Einsatz Türkei: Eilverfahren).
6. BVerfGE 118, 244 (Tornado-Einsatz Afghanistan).
7. BVerfG vom 7. Mai 2008, NJW 2008, 2018 (AWACS-Einsatz Türkei: Hauptsache).

Schrifttum

Bothe Die parlamentarische Kontrolle von Auslandseinsätzen der Streitkräfte – die Bundeswehr zwischen Außenpolitik und Verfassungsrecht, in: Hufen (Hrsg.), Festschrift für Hans-Peter Schneider, 2008, S. 165; *Bryde* Sicherheitspolitik zwischen Regierung und Parlament, Jura 1986, 363; *Burkiczak* AWACS II – In dubio pro Bundestag, NVwZ 2008, 752; *Calliess* Auswärtige Gewalt, in: Isensee/Kirchhof (Hrsg.), Handbuch des Staatsrechts, Bd. IV, 3. Aufl. 2006, § 83; *Cremer* Das Verhältnis von Gesetzgeber und Regierung im Bereich der auswärtigen Gewalt in der Rechtsprechung des Bundesverfassungsgerichts: eine kritische Bestandsaufnahme, in: Geiger (Hrsg.), Neuere Probleme der parlamentarischen Legitimation im Bereich der auswärtigen Gewalt, 2003, S. 11; *Dau/Wöhrmann* (Hrsg.), Der Auslandseinsatz deutscher Streitkräfte. Eine Dokumentation des AWACS-, des Somalia- und des Adria-Verfahrens vor dem Bundesverfassungsgericht, 1996; *Epping* Wehrverfassung: Entmilitarisierung – Wiederbewaffnung – Leistungsfähigkeit, in: Pieroth (Hrsg.), Verfassungsrecht und soziale Wirklichkeit in Wechselwirkung, 2000, S. 183; *Fastenrath* Kompetenzverteilung im Bereich der auswärtigen Gewalt, 1986, S. 215 ff.; *Fink* Verfas-

* *Dr. Heiko Sauer*, 2001 bis 2003 wiss. Mitarbeiter am Lehrstuhl für deutsches und ausl. öffentliches Recht, Völker- u. Europarecht, Universität Düsseldorf (*Prof. Dr. Lorz*); Dissertation zum Thema *Jurisdiktionskonflikte in Mehrebenensystemen* (Promotion 2005); seit Januar 2007 wiss. Mitarbeiter beim Bundesverfassungsgericht (Dezernat BVR *Prof. Dr. Dr. Di Fabio*); Veröffentlichungen zum Völker- u. Europarecht sowie zum Verfassungsrecht.

sungsrechtliche und verfassungsprozessrechtliche Fragen im Zusammenhang mit dem Kosovo-Einsatz der Bundeswehr, JZ 1999, 1016; *Karl* Vertrag und spätere Praxis im Völkerrecht, 1983, S. 111 ff.; *Möllers* Gewaltengliederung, 2005, S. 358 ff.; *Nolte*, Die „neuen Aufgaben" von NATO und WEU: Völker- und verfassungsrechtliche Fragen, ZaöRV 54 (1994), 652; *Ress* Verfassungsrechtliche Auswirkungen der Fortentwicklung völkerrechtlicher Verträge, in: Fürst u.a. (Hrsg.), Festschrift für Wolfgang Zeidler, Bd. II, 1987, S. 1775; *Röben* Außenverfassungsrecht, 2007, S. 219 ff.; *Sauer* Die NATO und das Verfassungsrecht: neues Konzept – alte Fragen, ZaöRV 62 (2002), 317; *Schiedermair* Der internationale Frieden und das Grundgesetz, 2006; *Warg* Von Verteidigung zu kollektiver Sicherheit. Der NATO-Vertrag auf Rädern, 2004; *Wieland* Die Entwicklung der Wehrverfassung, NZWehrR 2006, 133; *Wolfrum* Auswärtige Beziehungen und Verteidigungspolitik, in: Badura/Dreier (Hrsg.), Festschrift 50 Jahre Bundesverfassungsgericht, 2001, S. 693.

Inhalt

A. Ausgangslagen

I. Grundgesetz und Überstaatlichkeit in der Wechselwirkung

1. Das Grundgesetz bekennt sich prononciert zu offener Staatlichkeit[1]. Schon in der Präambel wird dem Willen Ausdruck verliehen, dass sich der deutsche Staat am europäischen Einigungsprozess und an internationalen

[1] Begriff nach *Vogel* Die Verfassungsentscheidung des Grundgesetzes für eine internationale Zusammenarbeit, 1964, S. 42; zur Theorie offener Verfassungsstaatlichkeit s. etwa *Di Fabio* Der Verfassungsstaat in der Weltgesellschaft, 2001, S. 31 ff.

Bestrebungen zur Wahrung des Weltfriedens beteiligt[2]. Die Einbindung Deutschlands in eine supranationale Europäische Union (EU) und zahlreiche internationale Organisationen, an deren Recht die Bundesrepublik europarechtlich bzw. völkerrechtlich gebunden ist, konnte das Grundgesetz nicht unberührt lassen; so verdrängt das europäische Gemeinschaftsrecht kraft seines Vorranganspruchs sogar verfassungsrechtliche Vorgaben[3]. Auch die Verrechtlichung der internationalen Beziehungen in zahlreichen und sich teilweise überlagernden völkerrechtlichen Regimes und konkurrierenden Organisationen lässt das innerstaatliche Verfassungsrecht nicht unberührt. Zwar entscheiden die Staaten souverän darüber, welchen Status und Rang völkerrechtliche Verpflichtungen im innerstaatlichen Recht einnehmen und wie ihnen jeweils Rechnung getragen wird[4]. Damit geht aber in der Realität der internationalen Beziehungen keine einseitig-verfassungsrechtliche Steuerung des Völkerrechts einher, schon weil die Staaten mit ihren unterschiedlichen konstitutionellen Hintergründen bei der Entstehung und Fortentwicklung des Völkerrechts zusammenwirken.

2. Insoweit kehrt sich die Steuerungsrichtung partiell um und das staatliche Verfassungsrecht gerät unter Anpassungsdruck, wie es sich durch die dynamische Völkerrechtsentwicklung seit der weltpolitischen Wende von 1989/90 immer deutlicher zeigt. Halten die Verfassungsvorgaben für das auswärtige Staatshandeln mit der Realität der internationalen Beziehungen nicht Schritt, kann dies nur negative Auswirkungen haben: Entweder das staatliche Verfassungsrecht verliert seine Steuerungskraft oder der Staat seine internationale Handlungsfähigkeit. Das soll jedoch nicht der Normativität des Faktischen im Bereich der internationalen Beziehungen das Wort reden. Die Herausforderung besteht darin, die tatsächlich bestehenden Wechselwirkungen zwischen Völkerrecht und Verfassungsrecht aufzugreifen und sie bei der Auslegung und Anwendung des Außenverfassungsrechts[5] so zu berücksichtigen, dass dieses, indem es den internationalen Realitäten Rechnung trägt, die Steuerungskraft für die auswärtige Gewalt des Staates behält und zugleich dessen völkerrechtliche Handlungsfähigkeit sichert[6].

[2] Zur Verpflichtungswirkung der Präambel im Allgemeinen s. nur *Dreier* in: Ders. (Hrsg.), Grundgesetz-Kommentar, Bd. I, 2. Aufl. 2006, Präambel Rn. 16 ff. m.w.N.; mit Blick auf das Friedensgebot *Schiedermair* Der internationale Frieden und das Grundgesetz, 2006, S. 93 ff.

[3] Grundlegend EuGH, Urt. v. 15.7.1964, Rs. 6/64 – *Costa*, Slg. 1964, S. 1251 (1269 ff.); zum Problemkreis Vorranganspruch und mitgliedstaatliche Verfassungskerngehalte *Sauer* Jurisdiktionskonflikte in Mehrebenensystemen, 2008, S. 159 ff. m.w.N.

[4] S. dazu stellvertretend *Partsch* Die Anwendung des Völkerrechts im innerstaatlichen Recht, BerDGV 6 (1964), 38 ff.

[5] Begriff nach *Röben* Außenverfassungsrecht, 2007.

[6] In diesem Sinne auch *Calliess* Auswärtige Gewalt, in: Isensee/Kirchhof (Hrsg.), Handbuch des Staatsrechts, Bd. IV, 3. Aufl. 2006, § 83 Rn. 46.

Die hiermit verbundenen Schwierigkeiten haben sich idealtypisch im Bereich der kollektiven Sicherheit gezeigt, weshalb der folgende Beitrag den Wandel des Verfassungsrechts der kollektiven Sicherheit, der sich durch die jüngere Entwicklung der Verfassungsrechtsprechung weiter beschleunigt hat, nachzeichnet und kommentiert.

II. Kollektive Sicherheit zwischen Normativität und Realität

1. *Völkerrechtliche Ebene*

a) Unmittelbar nach dem Zweiten Weltkrieg gründeten die Staaten die Vereinten Nationen (UN), insbesondere, wie es in der Präambel heißt, „um zukünftige Geschlechter vor der Geißel des Krieges zu bewahren". Nach Art. 24 Abs. 1 der UN-Charta[7] trägt der Sicherheitsrat die Hauptverantwortung für den Weltfrieden. Hierfür stehen ihm zahlreiche Befugnisse zur Verfügung, die auch militärische Sanktionen zur Wiederherstellung des Friedens und der internationalen Sicherheit umfassen; zu diesem Zweck sollen die Mitgliedstaaten dem Sicherheitsrat auf der Basis von Sonderabkommen Streitkräfte zur Verfügung stellen[8]. Zur Durchführung von Sanktionen soll der Sicherheitsrat auch regionale Abmachungen zur Wahrung des Friedens[9] in Anspruch nehmen können[10]. Hierzu gehören Verteidigungsbündnisse wie die NATO[11], die sich – anders als die Vereinten Nationen, die sich auch gegen Aggressoren in den eigenen Reihen wenden – nur gegen Angriffe von außen richten[12]. Nur für die gemeinsamen Abschreckung und Abwehr solcher Angriffe sieht der NATO-Vertrag[13] Militäreinsätze des Bündnisses vor (sog. Bündnisfall).

b) In der Realität stellt sich das internationale Bild der kollektiven Sicherheit heute anders dar. Nachdem der UN-Sicherheitsrat infolge der Blockkonfrontation vor 1990 im Wesentlichen nicht in der Lage gewesen war, seiner Hauptverantwortung für den Weltfrieden gerecht zu werden, entfaltete er in der Folgezeit ungeahnte Aktivität zur Aufrechterhaltung und Wiederherstellung der internationalen Sicherheit[14]. Er konnte militärische Aufgaben

[7] Vom 26.6.1945, BGBl. 1973 II, S. 431; Sartorius II, Nr. 1.

[8] Artt. 42, 43 der UN-Charta.

[9] Zum Begriff s. nur *Walter* Vereinte Nationen und Regionalorganisationen, 1996, S. 27 ff.

[10] Art. 53 Abs. 1 der UN-Charta.

[11] Die Westeuropäische Union (WEU) und die Europäische Sicherheits- und Verteidigungspolitik (ESVP) bleiben hier außer Betracht.

[12] Zur Differenzierung *Ipsen* Völkerrecht, 5. Aufl. 2004, § 60 Rn. 38; BVerfGE 90, 286 (347 ff.).

[13] Vom 4.4.1949, BGBl. 1955 II, S. 289; Sartorius II, Nr. 65.

[14] Überblick bei *Herdegen* Völkerrecht, 6. Aufl. 2007, § 41 Rn. 19 ff.

jedoch nicht selbst übernehmen, weil es zu der geplanten Überstellung mitgliedstaatlicher Truppen unter sein Kommando nie gekommen ist[15]. So gibt es heute im Wesentlichen zwei Formen militärischer Einsätze unter dem Dach der Vereinten Nationen: zum einen das von der Charta nicht vorgesehene *peace-keeping*[16], zum anderen das ebenso wenig explizit im UN-Recht angelegte *peace-enforcement*, bei dem der Sicherheitsrat bestimmte Staaten oder Staatengruppen zum Einsatz militärischer Gewalt autorisiert[17]. Hierdurch haben die klassischen Verteidigungsbündnisse wieder praktische Bedeutung erlangt, die sie mit dem Ende der Blockkonfrontation zu verlieren drohten, allen voran die NATO. Sie begann zu Beginn der 1990er Jahre, sich an der Ausführung von UN-Sanktionen zu beteiligen, die damals die jugoslawischen Bürgerkriege betrafen. Im NATO-Vertrag finden solche Einsätze keine Grundlage, wie der gesamte Transformationsprozess des Bündnisses[18] dort nicht abgebildet wird; insbesondere sieht der NATO-Vertrag Militäreinsätze nur als Reaktion auf den Bündnisfall vor (d.h. im Fall des bewaffneten Angriffs auf einen NATO-Staat)[19]. Insgesamt spiegeln sich die internationalen Entwicklungen im Bereich der kollektiven Sicherheit insbesondere der letzten 20 Jahre in den völkerrechtlichen Vertragsgrundlagen also nicht wieder. Das hat auch Auswirkungen auf das Verfassungsrecht der kollektiven Sicherheit.

2. *Verfassungsrechtliche Ebene*

a) Von der Weltordnung der Nachkriegszeit geht auch das Grundgesetz aus. Nach Art. 24 Abs. 2 GG kann sich der Bund zur Wahrung des Friedens einem System gegenseitiger kollektiver Sicherheit einordnen. Diese Bestimmung, die vor allem als Grundlage eines späteren Beitritts Deutschlands zu den Vereinten Nationen gedacht war[20], der im Jahr 1973 erfolgte, klärt allerdings nicht, was unter einem System gegenseitiger kollektiver Sicherheit zu

[15] Mittlerweile gibt es zahlreiche *Standy-Agreements* zur Bildung UN-eigener Friedensmissionen, s. dazu *Frowein/Krisch* in: Simma (Hrsg.), The Charter of the United Nations: A Commentary, Bd. I, 2. Aufl. 2002, Art. 43 Rn. 9 ff.

[16] Überblick bei *Ipsen* Völkerrecht, 5. Aufl. 2004, § 60 Rn. 23 ff.

[17] So erstmals geschehen nach der Besetzung Kuwaits durch den Irak im Jahr 1990, s. die Resolution 660 (1990) des Sicherheitsrats. Näher zu dieser Mandatierung militärischer Gewalt durch den Sicherheitsrat etwa *Röben* (oben Fn. 5), S. 223 ff. m.w.N.; *Blokker* EJIL 11 (2000), 541 ff.

[18] S. hierzu im Einzelnen die Beiträge in *Riecke* (Hrsg.), Transformation der NATO: Die Zukunft der euro-atlantischen Sicherheitskooperation, 2007.

[19] Die in Art. 5 des NATO-Vertrags festgeschriebenen Beistandspflicht beinhaltet keine völkerrechtliche Pflicht der Mitgliedstaaten zur Beteiligung an einzelnen Militäraktionen (s. bereits BVerfGE 68, 1 [93]).

[20] Vgl. die Darstellung des Entstehungszusammenhangs in BVerfGE 90, 286 (345 ff.).

verstehen ist, unter welchen konkreten Voraussetzungen sich Deutschland in ein solches System einordnen kann und welche Rechtsfolgen eine solche Einordnung und die „Beschränkung von Hoheitsrechten" haben. Der Regelung ist auch nicht zu entnehmen, ob und wann sich deutsche Soldaten an militärischen Einsätzen im Rahmen eines Systems kollektiver Sicherheit beteiligen dürfen. Während sich im ursprünglichen Verfassungstext zur kollektiven Sicherheit nur noch das Verbot des Angriffskriegs (Art. 26 Abs. 1 Satz 1 GG) fand[21], wurde das Grundgesetz im Zuge der Wiederbewaffnung im Jahr 1956 um die Wehrverfassung, insbesondere um Regelungen zum Verteidigungsfall, ergänzt[22]; erst die im Jahr 1968 hinzugefügte Notstandsverfassung legte in Art. 87a Abs. 2 GG den Einsatzrahmen der Bundeswehr – zur Verteidigung[23] – explizit fest[24].

Damit öffnet sich das Grundgesetz der deutschen Beteiligung an kollektiver Sicherheit, ohne Reichweite und Grenzen dieser Integrationsermächtigung klar festzulegen, und so wurde im verfassungsrechtlichen Schrifttum über diese Fragen länger gestritten. Manche waren der Auffassung, die Bundeswehr dürfe überhaupt nicht im Ausland eingesetzt werden, und soweit solche Einsätze im Grundsatz für möglich gehalten wurden, bestand keine Einigkeit über die Voraussetzungen bzw. die möglichen Konstellationen von Auslandseinsätzen[25]. Mögliche Einsätze warfen überdies in kompetenzieller Hinsicht die Frage auf, welches Organ über einen Auslandseinsatz der Bundeswehr zu entscheiden hat[26]: Bundestag oder Bundesregierung? Auch die Organkompetenzverteilung im Bereich der auswärtigen Gewalt ist eine klassische außenverfassungsrechtliche Frage[27], die vom Verfassungstext nur an-

[21] Dazu grundlegend *Schiedermair* (oben Fn. 2), S. 100 ff.

[22] Zum Weg vom vormaligen Art. 59a GG zum jetzigen Art. 115a GG s. *Heun* in: Dreier (Hrsg.), GG, Bd. III, 2. Aufl. 2008, Art. 115a Rn. 2.

[23] Für eine Neuinterpretation des Verteidigungsbegriffs angesichts des Wandels der tatsächlichen Verhältnisse s. etwa *Burkiczak* ZRP 2003, 82 (83) m.w.N.

[24] Zur Entstehungsgeschichte *Heun* in: Dreier (Hrsg.), GG, Bd. III, 2. Aufl. 2008, vor Art. 115a Rn. 4 ff.; *Epping* Wehrverfassung, in: Pieroth (Hrsg.), Verfassungsrecht und soziale Wirklichkeit in Wechselwirkung, 2000, S. 183 ff.

[25] S. zur Diskussion vor 1994 stellvertretend *Bähr* Verfassungsmäßigkeit des Einsatzes der Bundeswehr im Rahmen der Vereinten Nationen, 1994, S. 178 ff.; *Stein* Die verfassungsrechtliche Zulässigkeit einer Beteiligung der Bundesrepublik Deutschland an Friedenstruppen der Vereinten Nationen, in: Frowein/Stein, Rechtliche Aspekte einer Beteiligung der Bundesrepublik Deutschland an Friedenstruppen der Vereinten Nationen, 1990, S. 17 ff.; *Gornig* JZ 1993, 123 ff.; Überblick über den früheren Meinungsstand bei *März* Bundeswehr in Somalia, 1993, S. 13 ff.

[26] S. aus der früheren Diskussion etwa *Riedel* Der Einsatz deutscher Streitkräfte im Ausland – verfassungs- und völkerrechtliche Schranken, 1989, S. 247 ff. m.w.N.; *Zimmer* Einsätze der Bundeswehr im Rahmen kollektiver Sicherheit, 1994, S. 138 ff.; *März* Bundeswehr in Somalia, 1993, S. 62 ff.

[27] Dazu etwa *Fastenrath* Kompetenzverteilung im Bereich der auswärtigen Gewalt, 1986, S. 199 ff.; Überblick bei *Sauer* ZaöRV 62 (2002), 317 (334 f.) m.w.N.

satzweise – in Art. 59 Abs. 2 Satz 1 GG für die Ratifikation bestimmter völkerrechtlicher Verträge – beantwortet wird.

b) Von praktischer Bedeutung waren all diese Fragen lange nicht, war doch nach dem Ende des Zweiten Weltkriegs an eine auch militärische internationale Einbindung Deutschlands nicht zu denken. Der dargestellte Wandel der tatsächlichen Verhältnisse im Bereich der kollektiven Sicherheit hat jedoch vor der Bundesrepublik nicht halt gemacht. Seit dem Beginn der 1990er Jahre haben sich Soldaten der Bundeswehr an der Ausführung militärischer Zwangsmaßnahmen der UN innerhalb oder außerhalb des institutionellen Rahmens der NATO beteiligt. Heute ist die Bundeswehr weltweit an unterschiedlichsten Auslandseinsätzen beteiligt[28]; ihr ursprünglicher und verfassungsrechtlich allein geregelter Zweck der Landesverteidigung rückt mehr und mehr in den Hintergrund[29]. Die Einbindung deutscher Soldaten in dieses kollektive Sicherheitsumfeld verlangt nach Antworten auf die dargestellten verfassungsrechtlichen Fragen. Das Grundgesetz ist allerdings nicht ergänzt worden – die Realität der kollektiven Sicherheit hat sich auch von ihren verfassungsrechtlichen Grundlagen in rasantem Tempo entfernt[30].

3. Folgerungen

Das geltende Verfassungsrecht der kollektiven Sicherheit ist dem Verfassungstext also allenfalls noch im Ansatz zu entnehmen – die Fragen, welche materiellen Grenzen das Grundgesetz der deutschen Beteiligung an der Fortentwicklung von Sicherheitssystemen und an internationalen Militäreinsätzen setzt und wie dabei die Kompetenzen zwischen Parlament und Regierung verteilt sind, beantwortet er nicht. Das Bundesverfassungsgericht hatte die durch ein radikal verändertes Sicherheitsumfeld und die neuen Rollen der UN, der NATO und der Bundeswehr aufgeworfenen Fragen seit dem Jahr 1993 in einer Reihe von Senatsentscheidungen zu beantworten. So ergeben sich die verfassungsrechtlichen Direktiven heute maßgeblich aus der Karlsruher Rechtsprechung. Die einschlägigen Entscheidungen werden im Folgenden analysiert, wobei der Fokus auf der Rechtsprechungsentwicklung der letzten zehn Jahre liegt. Für das Verständnis dieser Entwicklungen ist es aber unverzichtbar, vorab auf zwei frühere Grundsatzurteile einzugehen.

[28] Für einen stets aktuellen Überblick über die einzelnen Einsätze s. http://www.bmvg.bund.de.

[29] Ebenso *Wieland* NZWehrR 2006, 133 (136); zu den Einzelheiten s. das Weißbuch zur Sicherheitspolitik Deutschlands und zur Zukunft der Bundeswehr 2006, abrufbar unter http://www.bmvg.bund.de.

[30] Hierzu ausführlich *Wieland* NZWehrR 2006, 133 ff.; *Gramm* NZWehrR 2005, 133 (142 ff.), der für Grundgesetzänderungen plädiert.

B. Kollektive Sicherheit in der Rechtsprechung des Bundesverfassungsgerichts

I. Rückblende: die Nachrüstungsentscheidung aus dem Jahr 1984 (BVerfGE 68, 1)

1. Das erste verfassungsgerichtliche Verfahren zur NATO stammt noch aus der Kernzeit der Blockkonfrontation. Es betraf den Vollzug des sog. Doppelbeschlusses des NATO-Rats[31], der im Dezember 1979 auf die Stationierung sowjetischer Mittelstreckenraketen reagierte und für den Fall des Scheiterns von Abrüstungsverhandlungen die Modernisierung des nuklearen Arsenals des Bündnisses durch Aufstellung von Pershing II-Raketen und Cruise Missiles beschloss[32]; die Bundesrepublik Deutschland war von Beginn an als Stationierungsland vorgesehen[33]. Die Befugnis, den militärischen Einsatz der Waffensysteme zu beschließen, lag beim Präsidenten der USA, weil diese als größte Atommacht als besonders gefordert angesehen wurden, den Schutz der NATO-Partner zu gewährleisten[34]. Nach dem Scheitern internationaler Abrüstungsverhandlungen erklärte der damalige Bundeskanzler *Helmut Schmidt* im November 1983 im Deutschen Bundestag, dass mit der Stationierung der Waffensysteme auf deutschem Boden begonnen werde; der Bundestag stimmte dem in Form eines Entschließungsantrags zu[35]. Das von einer Bundestagsfraktion angestrengte Organstreitverfahren hatte die Frage zum Gegenstand, ob die Bundesregierung den Vollzug des Stationierungsbeschlusses ohne parlamentarische Zustimmung in Gesetzesform verfügen durfte; ein Gesetzesvorbehalt konnte sich aus Art. 59 Abs. 2 Satz 1 GG, aus Art. 24 Abs. 1 GG oder aus der Wesentlichkeitstheorie ergeben.

2. Bei der Prüfung eines Verstoßes gegen Art. 59 Abs. 2 Satz 1 GG verneint der Senat einen die Stationierung betreffenden Vertragsschluss zwischen Deutschland und den USA[36]; in der Zustimmung der Bundesregierung liege ein einseitiger völkerrechtserheblicher Akt. Auf solche Maßnahmen, die in der Staatspraxis seit jeher unter keinem Zustimmungsvorbehalt gestanden hätten, könne Art. 59 Abs. 2 Satz 1 GG nicht angewendet werden. Zwar räume diese Bestimmung dem Bundestag Mitwirkungsbefugnisse im Bereich

[31] Text abrufbar unter http://www.nato.int/docu/basictxt/b791212a.htm.

[32] Zum politischen Kontext s. etwa *Wettig* Die Auseinandersetzungen um die eurostrategische Nachrüstung der NATO, 1980.

[33] S. BVerfGE 66, 39 (44).

[34] S. BVerfGE 68, 1 (90).

[35] S. dazu im Einzelnen BVerfGE 66, 39 (44 f.).

[36] Für einen völkerrechtlichen Vertrag *Schweisfurth* AVR 22 (1984), 195 (203); vgl. auch BVerfGE 68, 1 (127) – Sondervotum *Mahrenholz*.

der auswärtigen Gewalt ein, aber diese seien inhaltlich und gegenständlich strikt beschränkt, worin ein Element der grundgesetzlichen Gewaltenteilung liege:

> „Die Konzentration politischer Macht, die darin läge, dem Bundestag in auswärtigen Angelegenheiten – über die ihm im Grundgesetz zugeordneten Befugnisse hinaus – zentrale Entscheidungsbefugnisse exekutivischer Natur zuzuordnen, liefe dem vom Grundgesetz derzeit normierten Gefüge der Verteilung von Macht, Verantwortung und Kontrolle zuwider.“[37]

Die konkrete Kompetenzverteilung des Grundgesetzes dürfe nicht durch einen „aus dem Demokratieprinzip fälschlicherweise abgeleiteten Gewaltenmonismus in Form eines allumfassenden Parlamentsvorbehalts unterlaufen werden“[38]. Der Grundsatz der Gewaltenteilung, in dessen Lichte Art. 59 Abs. 2 Satz 1 GG auszulegen sei, ziele auch auf eine organadäquate Funktionenzuordnung; typischerweise könne allein die Regierung auf wechselnde äußere Lagen adäquat reagieren. Deshalb würde die Erstreckung des Gesetzesvorbehalts auf einseitige völkerrechtliche Akte einen „Einbruch in zentrale Gestaltungsbereiche der Exekutive darstellen“[39].

Diese Ausführungen sind methodisch fragwürdig und teilweise zirkulär[40]: Zu Recht hat *Bryde* in seiner Urteilsanmerkung vor der „apriorischen Deduktion materialer Staatsfunktionen aus dem Gewaltenteilungsprinzip, mit der Folge, dass die konkrete Kompetenzordnung des Grundgesetzes vor allem aus Ausnahmen und Durchbrechungen besteht“[41], gewarnt. Das grundgesetzliche Prinzip der Gewaltenteilung ist im Lichte von Art. 59 Abs. 2 Satz 1 GG und der übrigen Kompetenznormen auszulegen – nicht umgekehrt[42]. Und die Feststellung, dass dem Bundestag keine zentrale Entscheidungsbefugnisse exekutivischer Natur zugeordnet werden dürfen, mag zwar zutreffen[43]; sie ersetzt aber nicht die fehlende Begründung dafür, dass es sich bei einseitigen völkerrechtlichen Akten um solche Befugnisse handelt.

3. Die Ausführungen zu einem möglichen Gesetzesvorbehalt aus Art. 24 Abs. 1 GG sind nicht überzeugender. Der Senat manövriert sich durch einen

[37] BVerfGE 68, 1 (86). Vgl. zur restriktiven Handhabung von Art. 59 Abs. 2 Satz 1 GG in der Entscheidung über die Stationierung US-amerikanischer Chemiewaffen auf deutschem Boden BVerfGE 70, 170 (231 f.).

[38] BVerfGE 68, 1 (87). Kritisch zur Wendung „Gewaltenmonismus“ *Möllers* Gewaltengliederung, 2005, S. 364: „in schlechter deutscher parlamentskritischer Tradition“.

[39] BVerfGE 68, 1 (87).

[40] Zur Kritik im Einzelnen *Fastenrath* JA 1986, 451 (453); sowie BVerfGE 68, 1 (127 ff.) – Sondervotum *Mahrenholz*.

[41] *Bryde* Jura 1986, 363 (366).

[42] So auch BVerfGE 68, 1 (129) – Sondervotum *Mahrenholz*; *Sauer* ZaöRV 62 (2002), 317 (335); *Kokott* Art. 59 Abs. 2 GG und einseitige völkerrechtliche Akte, in: Hailbronner u.a. (Hrsg.), Festschrift für Karl Doehring, 1989, S. 503 (509).

[43] Zur Kritik an Kernbereichsargumenten *Möllers* (oben Fn. 38), S. 67 ff.

doppelten Subsumtionsirrtum in eine heikle Lage: Entgegen der überwiegenden Auffassung qualifiziert er erst die NATO als „zwischenstaatliche Einrichtung", was wegen der fehlenden Durchgriffsbefugnis der NATO auf den Einzelnen nicht richtig ist[44]. Allenfalls hätte man wegen der politischen Brisanz der Nachrüstung eine analoge Anwendung von Art. 24 Abs. 1 GG erwägen können, wobei es dann überzeugender gewesen wäre, gleich mit der Wesentlichkeitstheorie zu arbeiten[45], der der Senat für den Bereich der auswärtigen Gewalt jedoch jede Relevanz abspricht[46]. Anschließend sieht das Bundesverfassungsgericht die Stationierungsentscheidung der Bundesregierung als „Hoheitsrechtsübertragung" an – allerdings auf den Präsidenten der USA, der die Einsatzgewalt hatte. Da nun aber das Grundgesetz eine Hoheitsrechtsübertragung auf auswärtige Staaten nicht vorsieht, wird der US-Präsident kurzerhand zum Quasi-Organ der NATO erklärt[47]. Durch diese Argumentation des Senats wurde ein Zustimmungsgesetz nach Art. 24 Abs. 1 GG erforderlich, das zur Stationierungsentscheidung nicht ergangen war. Aber die Zustimmungsgesetze zum NATO-Vertrag sowie zum Vertrag über die Stationierung von NATO-Streitkräften im Bundesgebiet[48] wurden zusammen genommen als ausreichend angesehen: Das Integrationsprogramm des NATO-Vertrags sei zwar „nicht genauer vorgezeichnet", diese Offenheit sei aber wegen der Eigenart des Sachbereichs erforderlich, sodass sich die streitgegenständliche Stationierung nicht als wesentliche Änderung des Bündnisprogramms darstelle[49]. Das widerspricht nicht nur dem *Eurocontrol*-Beschluss des Senats, der deutlich höhere Anforderungen an die Bestimmbarkeit eines vertraglichen Integrationsprogramms gestellt hatte[50]. Widersprüchlich ist es auch, erst die aktuelle Ermächtigung des US-amerikanischen Präsidenten als Hoheitsrechtsübertragung anzusehen, sie dann aber als Gegenstand bereits des ursprünglichen NATO-Vertrags zu fingieren.

[44] So schon damals *Tomuschat* in: Bonner Kommentar zum GG, Art. 24 (Stand: 1985), Rn. 113; *Eckertz* EuGRZ 1985, 165 (167 ff.); *Bryde* Jura 1986, 363 (368): „so gut wie unbestritten"; für eine Rückkehr zur Einordnung der NATO als zwischenstaatliche Einrichtung dagegen *Fastenrath* JZ 2007, 95 (97).

[45] In diese Richtung auch *Tomuschat* in: Bonner Kommentar zum GG, Art. 24 Rn. 113a.

[46] BVerfGE 68, 1 (108 ff.). Im Ergebnis ebenso *Sauer* ZaöRV 62 (2002), 317 (321); mit beachtlichen Argumenten für eine Anwendung der Wesentlichkeitstheorie auch im Bereich der auswärtigen Gewalt aber *Möllers* (oben Fn. 38), S. 362 ff.; s. auch *Kokott* Art. 59 Abs. 2 GG und einseitige völkerrechtliche Akte, in: Hailbronner u.a. (Hrsg.), Festschrift für Karl Doehring, 1989, S. 503 (510).

[47] BVerfGE 68, 1 (92).

[48] Vertrag über den Aufenthalt ausländischer Streitkräfte in der Bundesrepublik vom 23.10.1954, BGBl. 1955 II, S. 253.

[49] BVerfGE 68, 1 (97 ff.).

[50] S. BVerfGE 58, 1 (36 f.); so auch die Kritik in BVerfGE 68, 1 (112 ff.) – Sondervotum *Mahrenholz*.

4. Das erste Urteil des Bundesverfassungsgerichts zur NATO enthält entscheidende Weichenstellungen für das Verfassungsrecht der kollektiven Sicherheit. Der Widerstreit zwischen dem Festhalten an diesen Weichenstellungen und der durch die fast einhellig harsche Kritik an der Entscheidung[51] angestoßenen Suche nach konsistenteren Lösungen hat die nachfolgende Rechtsprechung geprägt.

II. Das Grundsatzurteil zu Auslandseinsätzen der Bundeswehr (BVerfGE 90, 286)

1. a) Nachdem die weltpolitische Wende zur Auflösung des Warschauer Pakts geführt hatte, stellte sich für die NATO die Frage nach den zukünftigen Aufgaben in einem veränderten sicherheitspolitischen Umfeld. Hierzu gaben die Staats- und Regierungschefs der Mitgliedstaaten zu Beginn der 1990er Jahre mehrere Erklärungen ab, in denen sie die Notwendigkeit einer Umgestaltung des Bündnisses betonten[52]. Im November 1991 verabschiedeten sie auf dem NATO-Gipfel in Rom ein neues Strategisches Konzept, nach dem Streitkräfte des Bündnisses im Krisenfall politische Maßnahmen ergänzen und ihnen Nachdruck verleihen können[53]. Auf dieser Grundlage beschloss der NATO-Außenministerrat im Sommer 1992 erstmals ein militärisches Handeln des Bündnisses im Rahmen eines UN-Mandats: die Teilnahme an der Seeraumüberwachung eines gegen die Föderative Republik Jugoslawien verhängten Handelsembargos[54]. Wenig später entsendete die NATO zur Überwachung eines von den UN verhängten Flugverbots[55] AWACS-Flugzeuge nach Bosnien-Herzegowina[56]. An beiden Operationen waren – auf der Grundlage der Beschlussfassung der Bundesregierung und ohne Beteiligung des Deutschen Bundestags – Soldaten der Bundeswehr beteiligt. Im Jahr 1993 beteiligten sich deutsche Soldaten dann an einer UN-Operation zur Befriedung Somalias (UNOSOM II)[57].

[51] Hingewiesen sei stellvertretend auf die Worte von *Bryde* Jura 1986, 363 (368 f.) wonach an den Ausführungen zu Art. 24 Abs. 1 GG „so gut wie nichts überzeugt“ und diese „die Dogmatik des Art. 24 GG in Trümmern“ hinterlassen.

[52] S. die Darstellung in BVerfGE 90, 286 (298 ff.).

[53] Ziff. 43 des Strategiekonzepts vom 7.11.1991, abgedruckt in BVerfGE 90, 286 (300 f.).

[54] S. die Resolutionen 713 (1991) und 757 (1992) des Sicherheitsrats.

[55] S. die Resolutionen 781 (1992) und 816 (1993) des Sicherheitsrats.

[56] Es handelt sich um Aufklärungsflugzeuge, die unbewaffnet sind, aber durch ihr Radarsystem eine Feuerleitfunktion für Kampfflugzeuge übernehmen können, s. im Einzelnen BVerfG NJW 2008, 2018 (2025).

[57] S. die Resolutionen 794 (1992) und 814 (1993) des Sicherheitsrats; für den Wortlaut des Kabinettsbeschlusses zu UNOSOM II s. BVerfGE 90, 286 (311).

b) Diese Einsätze waren Gegenstand des Grundsatzurteils des Bundesverfassungsgerichts vom 12.7.1994. Die in Prozessstandschaft für den Bundestag antragstellenden Fraktionen hatten vorgetragen, die Bundesregierung habe gegen Art. 87a Abs. 2 GG verstoßen, indem sie die Bundeswehr an Einsätzen außerhalb des Verteidigungsauftrags beteiligt habe[58]. Die Einsätze fänden ihre verfassungsrechtliche Grundlage auch nicht in Art. 24 Abs. 2 GG, denn diese Bestimmung regle die Beteiligung an Systemen gegenseitiger kollektiver Sicherheit, aber nicht den Einsatz von Streitkräften. Jedenfalls aber hätten die Einsätze der parlamentarischen Zustimmung bedurft, was sich aus Art. 115a Abs. 1 GG ergebe. Außerdem sei der Bundestag in seinem Beteiligungsrecht aus Art. 59 Abs. 2 Satz 1 GG verletzt. Die Bundesregierung habe im Verbund mit den anderen Mitgliedstaaten bewusst einen informellen Prozess des inhaltlichen Wandels des NATO-Vertrags angestoßen[59]. Durch eine „Salamitaktik" von Gipfelerklärungen und Strategiekonzepten, die in ihrer Gesamtheit auf die Veränderung des NATO-Rechts gerichtet sei, dürften eine förmliche Vertragsänderung und damit der Zustimmungsvorbehalt nach Art. 59 Abs. 2 Satz 1 GG nicht umgangen werden.

2. Zunächst hatten die Antragsteller für den AWACS- und den UNOSOM II-Einsatz versucht, die deutsche Beteiligung im Wege einstweiliger Anordnungen nach § 32 BVerfGG zu verhindern. Den Antrag auf Erlass einer einstweiligen Anordnung lehnte der Senat im AWACS-Fall mit fünf zu drei Stimmen auf der Basis einer Folgenabwägung ab[60]: Der Bundesrepublik drohten schwere Nachteile, wenn die Anordnung erginge, sich der Einsatz aber später als verfassungskonform erweise. Denn der AWACS-Verband sei ein voll integrierter Verband, dessen Einsatzfähigkeit durch den Abzug der deutschen Soldaten, die etwa ein Drittel des Personals stellten, empfindlich beeinträchtigt würde[61]. Die dadurch entstehende Gefährdung des Einsatzes müsste von den Bündnispartnern als empfindliche Störung empfunden werden, sodass ein Vertrauensverlust unausweichlich wäre. Wenige Monate später gab der Senat den Anträgen auf Erlass einer einstweiligen Anordnung im Somalia-Fall auf der Basis einer Folgenabwägung einstimmig

[58] Diese materielle Rüge war durch die beanstandete Umgehung eines Verfassungsänderungsverfahrens in ein kompetenzielles Gewand gekleidet.

[59] Zur Fortbildung völkerrechtlicher Verträge *Karl* Vertrag und spätere Praxis im Völkerrecht, 1983, S. 111 ff.; *Meyring* Die Entwicklung zustimmungsbedürftiger völkerrechtlicher Verträge nach ihrem Abschluss und ihre Auswirkungen in der deutschen Rechtsordnung, 2001, S. 27 ff.; *Ress* in: Fürst u.a. (Hrsg.), Festschrift für Wolfgang Zeidler, Bd. II, 1987, S. 1775 (1778 ff.); *Warg* Von Verteidigung zu kollektiver Sicherheit, 2004, S. 213 ff.; *Baumbach* Vertragswandel und demokratische Legitimation, 2008, S. 70 ff.

[60] BVerfGE 88, 173; zu den Unterschieden der Abwägung in den beiden Eilentscheidungen *Sachs* JuS 1994, 75 f.

[61] Instruktiv dazu die Erörterung in der mündlichen Verhandlung vom 7.4.1993, s. *Dau/Wöhrmann* (Hrsg.), Der Auslandseinsatz deutscher Streitkräfte, 1996, S. 145 ff.

statt[62]: Abweichend vom AWACS-Fall seien hier nicht unerhebliche Gefahren einzuschätzen und zu bewerten, die den Soldaten bei der Erfüllung des UN-Mandats in Somalia drohten. Hinzu kam, dass die deutsche Mitwirkung für den gesamten Einsatz offenbar ungleich weniger wichtig war als bei dem Einsatz des integrierten AWACS-Verbands der NATO. So konnte der Einsatz bis zur Entscheidung in der Hauptsache nur unter der Bedingung einer parlamentarischen Zustimmung aufrechterhalten werden, die der Deutsche Bundestag erteilte[63].

3. a) Im gemeinsamen Hauptsacheverfahren über alle drei Einsätze und die Fortbildung des NATO-Vertrags[64] hatten die Anträge teilweise Erfolg. Nach dem Urteil sind auch Verteidigungsbündnisse wie die NATO von der Ermächtigung nach Art. 24 Abs. 2 GG erfasst[65]. Diese Bestimmung lasse nicht nur die Einordnung in ein Bündnissystem zu, sondern sei auch die materiell-verfassungsrechtliche Grundlage für die deutsche Beteiligung an einzelnen Einsätzen, die im Rahmen und nach den Regeln eines solchen Systems erfolgten; die später ins Grundgesetz aufgenommene Regelung des Art. 87a Abs. 2 GG stehe dem nicht entgegen[66]. Eine nähere Auseinandersetzung mit dieser zentralen Verfassungsnorm und den zahlreichen Streitfragen über ihre Funktion und Auslegung findet nicht statt[67]. Damit ließ das Bundesverfassungsgericht den Auslandseinsatz der Bundeswehr in – deutlich – weiterem Umfang als bislang überwiegend vertreten zu[68].

b) In kompetenzieller Hinsicht verneinte der Senat – bei Stimmengleichheit zu dieser Frage[69] – einen Verstoß gegen Art. 59 Abs. 2 Satz 1 GG durch die Beteiligung der Bundesregierung an dem Prozess der Fortbildung des NATO-Vertrages, der die Ausführung von Sicherheitsratsresolutionen durch die NATO ermöglicht hatte. Förmliche oder konkludente vertragliche Erklärungen lägen noch nicht vor, vielmehr seien die angegriffenen Erklärungen politische Aussagen zur neuen Sicherheitsarchitektur in Europa. Nach der Auffassung der vier die Entscheidung insoweit tragenden Stimmen[70] findet das parlamentarische Beteiligungsrecht aus Art. 59 Abs. 2 Satz 1 GG auf nicht vertragsförmiges Handeln keine Anwendung, auch dann nicht, wenn im Ergebnis ein zustimmungsbedürftiger Vertrag inhaltlich abgeändert

[62] BVerfGE 89, 38; zustimmend *Riedel* DÖV 1993, 994 ff.

[63] S. dazu BVerfGE 90, 286 (313).

[64] Umfassende Verfahrensdokumentation bei *Dau/Wöhrmann* (oben Fn. 61).

[65] BVerfGE 90, 286 (347 ff.). Zustimmend *Heun* JZ 1994, 1073 (1074).

[66] BVerfGE 90, 286 (355 ff.).

[67] Dazu zu Recht kritisch *Heun* JZ 1994, 1073 f.; *Epping* (oben Fn. 24), S. 197 ff.

[68] So auch explizit BVerfG NJW 2008, 2018 (2021), dazu sogleich unten II.5.

[69] Nach § 15 Abs. 4 Satz 3 BVerfGG kann bei Stimmengleichheit ein Verstoß gegen das Grundgesetz nicht festgestellt werden.

[70] Es handelt sich um die Richterin *Graßhof* und die Richter *Kirchhof*, *Klein* und *Winter*.

wird[71]. Die Anwendung des Zustimmungsvorbehalts auf ein prozesshaftes Geschehen im Rahmen eines völkerrechtlichen Vertrags im Zusammenwirken der beteiligten Staaten würde danach die Kompetenzabgrenzung zwischen der für die auswärtige Politik verantwortlichen Regierung und dem mitentscheidungsberechtigten Gesetzgeber verwischen[72].

Die vier insoweit dissentierenden Stimmen[73] waren der Auffassung, die Bundesregierung wirke an einer dynamischen und rechtlich nicht eindeutig als Vertrag zu qualifizierenden Erweiterung des ursprünglichen Konzepts der NATO mit, wodurch das Beteiligungsrecht des Bundestages aus Art. 59 Abs. 2 Satz 1 GG unterlaufen werde. Die Übernahme friedenssichernder oder -schaffender Einsätze *out of area* unter dem Dach der Vereinten Nationen sei nicht im NATO-Vertrag angelegt. Es fehle zwar noch an einer förmlichen oder auch konkludenten Vertragsänderung, aber die Bundesregierung habe den NATO-Vertrag im Zusammenwirken mit den übrigen Mitgliedstaaten gewissermaßen „auf Räder gesetzt" und damit zugelassen, dass sein Inhalt außerhalb der traditionellen Verfahrensweisen und damit ohne Parlamentsbeteiligung verbindlich modifiziert werde[74].

c) Dem damit vermeintlich vorgezeichneten Ergebnis einer alleinigen Handlungskompetenz der Bundesregierung beim Streitkräfteeinsatz entging das Bundesverfassungsgericht dann, indem es aus der deutschen Verfassungstradition seit 1918 und einer Gesamtschau verschiedener Bestimmung der Wehrverfassung – einstimmig – ein allgemeines Prinzip ableitete, nach dem die Bundeswehr ein „Parlamentsheer" sei[75]. Das Grundgesetz behalte dem Parlament nicht nur die Kontrolle und die grundsätzliche Steuerung von Planung und Entwicklung hinsichtlich der Streitkräfte vor, sondern auch konkrete Entscheidungen über ihre Verwendung[76]. Dies lasse insgesamt ein der Wehrverfassung zugrunde liegendes Prinzip erkennen, nach dem der Einsatz bewaffneter Streitkräfte der konstitutiven, grundsätzlich vorherigen Zustimmung des Deutschen Bundestags unterliege[77]. Außer bei Gefahr im

[71] *Fastenrath/Groh* in: Friauf/Höfling (Hrsg.), Berliner Kommentar zum GG, Art. 59 (Stand: 2007) Rn. 71 kritisieren die damit einhergehende „grenzenlose Entwicklungsoffenheit".

[72] BVerfGE 90, 286 (363 f.).

[73] Es handelt sich um Vizepräsidentin *Limbach* und die Richter *Böckenförde*, *Kruis* und *Sommer*.

[74] BVerfGE 90, 286 (373 ff.).

[75] BVerfGE 90, 286 (381 ff.). Zur Kritik am methodischen Vorgehen des Senats *Roellecke* Der Staat 1995, 415 (423 ff.); *van Ooyen* RuP 2008, 75 (79); *Epping* (oben Fn. 24), S. 205 f.

[76] BVerfGE 90, 286 (386) verweist insoweit auf Art. 87a Abs. 3, Art. 115a Abs. 5, Art. 115b und Art. 115l Abs. 3 GG.

[77] BVerfGE 90, 286 (387). Wesentliche Bedeutung hat zudem die Argumentation mit Art. 59a Abs. 1 GG, der 1956 ins Grundgesetz eingefügt, freilich 1968 auch wieder aufgehoben worden war, s. dazu BVerfGE 90, 286 (382 ff.).

Verzug darf die Bundesregierung danach bewaffnete Streitkräfte nur bei vorheriger Zustimmung des Deutschen Bundestages in Form eines schlichten Parlamentsbeschlusses einsetzen.

4. a) Das Urteil enthält wesentliche Weichenstellungen für die spätere Rechtsprechungsentwicklung. Bei der Abgrenzung der Kompetenzen zwischen Regierung und Parlament im auswärtigen Bereich hat das Bundesverfassungsgericht eine Chance verpasst, die Auslegung des Art. 59 Abs. 2 Satz 1 GG der Völkerrechtswirklichkeit anzupassen[78]. Schon vor 30 Jahren hatte *Tomuschat* von einer „apokryphen internationalen Rechtssetzung" gesprochen, bei der die Fortschreibung des Völkerrechts „in den vor den Augen des Juristen zerfließenden Formen des soft law völlig aus dem parlamentarischen Mitverantwortungsbereich herausfällt"[79]. Was aber bedeutet dieser Befund für den Parlamentsvorbehalt, den Art. 59 Abs. 2 Satz 1 GG für politische Verträge wie den NATO-Vertrag statuiert, um „langfristige oder gar grundsätzlich unauflösliche Bindungen völkerrechtlicher Art nicht ohne Zustimmung des Bundestages eintreten zu lassen"[80]?

Diese Zwecksetzung spricht dafür, dass der Zustimmungsvorbehalt neben dem Änderungsvertrag auch die materielle Vertragsänderung erfasst[81], die ohne vertragsförmige Erklärung auskommt, aber keine geringe völkerrechtliche Bindung herbeiführt – sei es in Form neuen Vertragsgewohnheitsrechts, sei es in Form einer dynamischen authentischen Vertragsauslegung[82]. Da Art. 59 Abs. 2 Satz 1 GG nur von „Verträgen" spricht, könnte man die materielle Vertragsänderung sogar noch als vom Wortlaut umfasst ansehen; jedenfalls aber ist der Weg frei für eine Analogie, weil Änderungsvertrag und Vertragsänderung die gleichen Rechtsfolgen haben und bei der Entstehung des Grundgesetzes die spätere Tendenz zur nicht-rechtsförmigen Fortbildung völkerrechtlicher Verträge nicht vorauszusehen war[83], die diesbezügliche Regelungslücke also planwidrig ist[84]. Dabei sind die Grenzen zwischen der

[78] S. bereits *Sauer* ZaöRV 62 (2002), 317 (343); kritisch auch *Bothe* Die parlamentarische Kontrolle von Auslandseinsätzen der Streitkräfte – die Bundeswehr zwischen Außenpolitik und Verfassungsrecht, in: Hufen (Hrsg.), Festschrift für Hans-Peter Schneider, 2008, S. 165 (174).

[79] *Tomuschat* VVDStRL 36 (1978), 7 (34).

[80] So BVerfGE 68, 1 (88); 90, 286 (357).

[81] Ebenso *Calliess* (oben Fn. 6), § 83 Rn. 39; *Pernice* in: Dreier (Hrsg.), GG, Bd. II, 2. Aufl. 2006, Art. 59 Rn. 43; *Kempen* in: v. Mangoldt/Klein/Starck, GG, Bd. II, 5. Aufl. 2005, Art. 59 Rn. 51; *Rojahn* in: v. Münch/Kunig (Hrsg.), GG, Bd. II, 5. Aufl. 2001, Art. 59 Rn. 44a; dem Bundesverfassungsgericht zustimmend *Streinz* in: Sachs (Hrsg.), GG, 4. Aufl. 2007, Art. 59 Rn. 40.

[82] Zu den völkerrechtlichen Formen der Vertragsfortbildung s. oben Fn. 59.

[83] S. bereits *Sauer* ZaöRV 62 (2002), 317 (337); für die Suche nach planwidrigen Regelungslücken als wesentliche Aufgabe auch *Calliess* (oben Fn. 6), § 83 Rn. 45 ff., der für differenzierte Lösungen eintritt.

[84] Zu den Voraussetzungen der Rechtsananlogie s. nur *Looschelders/Roth* Juristische Methodik im Prozess der Rechtsanwendung, 1996, S. 304 ff.

Entfaltung des bisherigen und der Begründung eines neuen Vertragsinhalts ebenso schwer zu ziehen wie die Grenzen zwischen rein politischen Absichtserklärungen und rechtlich relevanten vertragsbezogenen Äußerungen der Mitgliedstaaten; insoweit hat die Ablehnung der Erstreckung des Parlamentsvorbehalts auf die nur materielle Vertragsänderung scheinbar den Vorteil einer klaren Lösung für sich[85]. Doch differenzieren auch die tragenden Stimmen anhand des Änderungswillens zwischen einem zustimmungsbedürftigen konkludenten Änderungsvertrag und nicht zustimmungsbedürftigen anderen Formen der materiellen Vertragsänderung[86]. Abgesehen von der Frage, ob in völkerrechtlicher Hinsicht der subjektive Änderungswille eine sinnvolle Grenze darstellt[87], wird dieser sich selten verlässlich feststellen lassen[88]. Und im konkreten Fall war kaum zu übersehen, dass die Mitgliedstaaten den Prozess des inhaltlichen Wandels des NATO-Vertrags gezielt auf den Weg gebracht hatten.

b) Die Problematik der restriktiven Handhabung von Art. 59 Abs. 2 Satz 1 GG vergrößert sich dadurch, dass das Bundesverfassungsgericht die Verfassungsordnung sehr weitgehend einer internationalen Streitkräfteverwendung öffnet. Gestützt auf Art. 24 Abs. 2 GG ist der Auslandseinsatz der Bundeswehr im Rahmen kollektiver Sicherheitssysteme in materieller Hinsicht nur noch durch das Friedensgebot beschränkt, dessen Operationalisierbarkeit als Einsatzgrenze im Einzelfall fraglich ist[89]. Dabei vernachlässigt der Senat die zentrale Bestimmung in Art. 87a Abs. 2 GG, nach der Streitkräfte außer zur Verteidigung nur bei einer ausdrücklichen Zulassung im Grundgesetz eingesetzt werden dürfen. Ob nun die Integrationsklausel in Art. 24 Abs. 2 GG eine solche „ausdrückliche" Zulassung darstellt, kann man jedenfalls bezweifeln. Insofern hätte sich das Bundesverfassungsgericht um eine Antwort auf die Streitfrage, ob Art. 87a Abs. 2 GG den Außeneinsatz überhaupt erfasst und deshalb eine ausdrückliche Zulassung erforderlich macht oder ob er nur den Inneneinsatz regelt[90], nicht drücken

[85] Zustimmend deshalb *Bauer-Savage* Die völkerrechtliche Verwandlung der NATO aus Sicht der U.S. Constitution und des deutschen Grundgesetzes, 2005, S. 200 f.; *Heun* JZ 1994, 1073 (1074).

[86] BVerfGE 90, 286 (360 ff.).

[87] Vgl. hierzu nur *Karl* (oben Fn. 59), S. 21 ff.; kritisch auch *Rojahn* in: v. Münch/Kunig (Hrsg.), GG, Bd. III, 5. Aufl. 2001, Art. 59 Rn. 44a.

[88] So auch *Wolfrum* Auswärtige Beziehungen und Verteidigungspolitik, in: Badura/Dreier (Hrsg.), Festschrift 50 Jahre Bundesverfassungsgericht, Bd. II, 2001, S. 693 (707 f.); anders *Nolte* ZaöRV 54 (1994), 652 (671).

[89] S. dazu noch unten III.4.

[90] S. für diese Auffassung etwa *Kokott* in: Sachs (Hrsg.), GG, 4. Aufl. 2007, Art. 87a Rn. 12 ff.; anders z.B. *Heun* in: Dreier (Hrsg.), GG, Bd. III, 2. Aufl. 2008, Art. 87a Rn. 16 f., jeweils m.w.N.

dürfen[91]. Die aus der letztgenannten Auffassung gezogene, implizit auch vom Bundesverfassungsgericht geteilte Schlussfolgerung, dass das Grundgesetz dem Auslandseinsatz der Bundeswehr keine nennenswerten Schranken setzen wollte, erscheint mit Blick auf den historischen Kontext doch recht weitgehend[92].

c) Durch diese weitgehenden Möglichkeiten, deutsche Soldaten an internationalen Einsätzen zur kollektiven Sicherheit zu beteiligen, wird die Frage der Organkompetenzverteilung umso wichtiger. Nur so erklärt sich der vom Bundesverfassungsgericht aus der Taufe gehobene wehrverfassungsrechtliche Parlamentsvorbehalt: Ohne ein Korrektiv zur restriktiven Auslegung von Art. 59 Abs. 2 Satz 1 GG hätte nicht nur die Änderung zustimmungsbedürftiger völkerrechtlicher Verträge, hier der Vertragsgrundlagen kollektiver Sicherheitssysteme, sondern auch der Einsatz deutscher Soldaten im Rahmen dieser Systeme der Bundesregierung im Alleingang oblegen. Das kann bei aller berechtigten Kritik am methodischen Vorgehen des Senats[93] wertungsmäßig nicht überzeugen. Deshalb ist dem Bundesverfassungsgericht im Ergebnis zuzustimmen[94], das immerhin erkennt, dass die Rechtsprechung zum Parlamentsvorbehalt aus Art. 59 Abs. 2 Satz 1 GG Korrekturbedarf auslöst[95]. Mit diesen Korrekturen ist die verfassungsgerichtliche Rechtsprechung bis heute beschäftigt.

III. Die Fortentwicklung der Karlsruher Rechtsprechung von 1999 bis 2008

1. *Der Beschluss zur Kosovo-Intervention 1999 (BVerfGE 100, 266)*

a) Im Frühjahr 1999 beteiligten sich unter Zustimmung des Bundestages deutsche Soldaten an der militärischen Intervention der NATO im Kosovo, die als „humanitäre Intervention“ ohne Mandat des UN-Sicherheitsrats

[91] Die von *Epping* (oben Fn. 24), S. 199 geäußerte Vermutung, dass im Senat über die Tragweite von Art. 87a Abs. 2 GG Dissens bestand, liegt wegen der 4:4-Entscheidung zu Art. 59 Abs. 2 Satz 1 GG nahe.

[92] S. hierzu stellvertretend die überzeugenden Ausführungen von *Epping* (oben Fn. 24), S. 200 ff.

[93] S. oben Fn. 75.

[94] So auch *Calliess* (oben Fn. 6), § 83 Rn. 39 m.w.N.; *Cremer* Das Verhältnis von Gesetzgeber und Regierung im Bereich der auswärtigen Gewalt in der Rechtsprechung des Bundesverfassungsgerichts: eine kritische Bestandsaufnahme, in: Geiger (Hrsg.), Neuere Probleme der parlamentarischen Legitimation im Bereich der auswärtigen Gewalt, 2003, S. 11 (22); *Nolte* ZaöRV 54 (1994), 652 (675); anders etwa *Epping* (oben Fn. 24), S. 205 f. mit Kritik an der „zuweilen anzutreffenden politischen Begeisterung“ und „Realitätsferne“; *Burkiczak* ZRP 2003, 82 (84).

[95] Zutreffend spricht *Calliess* (oben Fn. 6), § 83 Rn. 40, von einer „selbst gebauten Sackgasse“ des Bundesverfassungsgerichts; s. auch *Wieland* NZWehrR 2006, 133 (137).

völkerrechtlich außerordentlich umstritten war[96]. Die im Organstreitverfahren in Prozesstandschaft für den Bundestag antragstellende Fraktion wollte die deutsche Beteiligung an dem Einsatz im Wege der einstweiligen Anordnung verhindern. Sie machte geltend, die Militärschläge verletzten das über Art. 25 Satz 1 GG innerstaatlich geltende völkerrechtliche Gewaltverbot und stellten nach Art. 26 Abs. 1 Satz 1 GG einen verbotenen Angriffskrieg dar. Der Einsatz könne mangels UN-Mandats zudem nicht auf Art. 24 Abs. 2 GG gestützt werden. Das Verfahren betraf damit Fragen nach materiellen Grenzen der Beteiligung an internationalen Militäreinsätzen und ihrer prozessualen Durchsetzung.

b) Der Senat verwarf den Hauptsacheantrag gemäß § 24 Satz 1 BVerfGG einstimmig ohne mündliche Verhandlung als unzulässig, womit sich der Antrag auf Erlass einer einstweiligen Anordnung erledigte. Es fehle an der Antragsbefugnis, weil eine Rechtsverletzung des Deutschen Bundestags ausscheide. Seine Organrechte seien durch die Einholung der parlamentarischen Zustimmung zur deutschen Beteiligung am Kosovo-Einsatz gewahrt. Soweit die Antragstellerin darüber hinaus eine Kontrolle des Einsatzes anhand des Völkerrechts begehre, könne dies keinen Erfolg haben; das Organstreitverfahren diene als Kompetenzstreit nicht der allgemeinen Verfassungsaufsicht[97].

c) Diese auf den ersten Blick eher formale Entscheidung beinhaltet eine Grundsatzaussage zur verfassungsgerichtlichen Durchsetzung materieller Grenzen der Streitkräfteintegration nach den Artt. 24 bis 26 GG. Die materiell-verfassungsrechtliche Problematik der deutschen Beteiligung an der militärischen Intervention im Kosovo war nicht zu übersehen, auch dann nicht, wenn man die über Artt. 25 und 26 GG verfassungsrechtlich relevante mögliche Völkerrechtswidrigkeit des Einsatzes einmal beiseite lässt[98]. Denn die Probleme fangen schon im Rahmen von Art. 24 Abs. 2 GG an: Ein System gegenseitiger kollektiver Sicherheit ist nach dem Bundesverfassungsgericht zwar neben den Vereinten Nationen auch die NATO – findet aber eine humanitäre Intervention in einem Konflikt, der keinen NATO-Staat unmittelbar betrifft, wirklich „im Rahmen und nach den Regeln" der NATO statt, wie es das Bundesverfassungsgericht 1994 zur Voraussetzung gemacht hatte?

Verfassungsprozessrechtlich kommt indes nur das Organstreitverfahren in Betracht, um einen Bundeswehreinsatz vor das Bundesverfassungsgericht zu bringen. Denn Zustimmungsbeschlüsse sind als schlichte Parlaments-

[96] Zur völkerrechtlichen Diskussion *Ipsen* Die Friedens-Warte 74 (1999), 19 ff.; *Nolte* ZaöRV 59 (1999), 941 ff.; *Simma* EJIL 10 (1999), 1 ff.

[97] BVerfGE 100, 266 (268 ff.).

[98] Dazu eingehend *Fink* JZ 1999, 1016 (1018 ff.).

beschlüsse *de lege lata* nicht Gegenstand der abstrakten Normenkontrolle, weil sie unabhängig von der Frage nach der Außenwirkung keine Rechtssätze sind, sondern die Entscheidung einzelner konkreter Fälle darstellen und deshalb nicht als „Bundesrecht" im Sinne von Art. 93 Abs. 1 Nr. 2 GG aufgefasst werden können[99]. Verfassungsbeschwerden gegen Zustimmungsbeschlüsse kommen mangels in der Einsatzentscheidung selbst liegenden Grundrechtseingriffs nicht in Betracht[100]. Im Organstreit kann die Verletzung einer materiell-rechtlichen Grenze aber ohne kompetenzrechtliche Rückwirkung nicht geprüft werden[101]. Dies war der – zutreffende – prozessrechtliche Ausgangspunkt der jüngeren Rechtsprechung[102].

2. *Das Urteil zum neuen Strategischen Konzept der NATO (BVerfGE 104, 151)*

a) Von diesem Ansatz rückte der Senat gute zwei Jahre später der Sache nach teilweise ab. Die Staats- und Regierungschefs der NATO-Staaten hatten unter Beteiligung der Bundesregierung nach Beendigung der Kosovo-Intervention am 24.4.1999 ein neues Strategiekonzept der NATO gebilligt, das in Reaktion auf die veränderte weltpolitische Lage die Aufgaben des Bündnisses teilweise neu definierte und als grundlegend neue Einsatzart so genannte Krisenreaktionseinsätze vorsah[103]. Hierbei handelt es sich um potenziell weltweite militärische Einsätze unter der Ägide des Sicherheitsrats oder der OSZE. Die für den Bundestag auftretende Fraktion machte geltend, dieser sei in seinem Beteiligungsrecht aus Art. 59 Abs. 2 Satz 1 GG verletzt. Denn das Strategiekonzept führe materiell zu einer Inhaltsänderung des NATO-Vertrags, die nach Art. 59 Abs. 2 Satz 1 GG zustimmungsbedürftig sei, auch wenn ein formaler Änderungsvertrag nicht vorliege. Der Bundestag sei zudem in seinen Rechten aus Art. 59 Abs. 2 Satz 1 GG in Verbindung mit

[99] Anderer Ansicht *Fischer/Fischer-Lescano* KritV 2002, 113 (140 ff.); *Bothe* (oben Fn. 78), S. 177; im Ergebnis wie hier *Fink* JZ 1999, 1016 (1018).

[100] Eine Inzidentkontrolle ist damit nicht von vornherein ausgeschlossen, vgl. die – weitgehenden – Ausführungen des Bundesverwaltungsgerichts zur Völkerrechtswidrigkeit des Irak-Kriegs in einem wehrrechtlichen Verfahren (BVerwGE 127, 302 [343 ff.]); s. auch *Fink* JZ 1999, 1016 (1018).

[101] Für eine Bewertung s. unten V.1.a.

[102] Zustimmend auch *Sachs* JuS 2000, 86 f.; kritisch dagegen *Rau* GYIL 44 (2001), 544 (573); *Bothe* (oben Fn. 78), S. 177 hält es für „immerhin bedenkenswert, aus den Grundentscheidungen der Art. 25 und 26 GG eine verfahrensrechtliche Legitimation der Opposition abzuleiten, im Wege des Organstreits schwere Verletzungen des Völkerrechts und insbesondere des Gewaltverbots zu rügen"; so soll objektives Verfassungsrecht mit dem bloßen Argument eines Kontrollbedürfnisses subjektiviert werden.

[103] S. insbesondere Ziff. 31 des Strategiekonzepts, im Wortlaut abgedruckt in BVerfGE 104, 151 (165). Zum Inhalt des Konzepts näher *Warg* (oben Fn. 59), S. 189 ff.; *Zivier* RuP 1999, 210 ff.

Artt. 24 Abs. 2, 25 Satz 1 und 26 Abs. 1 Satz 1 GG verletzt: In diesen Bestimmungen komme das Friedensgebot des Grundgesetzes zum Ausdruck, und nur zur Wahrung des Friedens dürfe sich Deutschland nach Art. 24 Abs. 2 GG einem System gegenseitiger kollektiver Sicherheit einordnen. Das neue Strategische Konzept verlasse aber die friedenswahrende Ausrichtung der NATO, weil es durch seine Bezugnahme auf den Kosovo-Einsatz implizit auch völkerrechtswidrige Militäreinsätze ohne Ermächtigung durch den UN-Sicherheitsrat zulasse.

b) Der Senat wies den Antrag zurück. Der Bundestag sei nicht in seinem Beteiligungsrecht aus Art. 59 Abs. 2 Satz 1 GG verletzt, weil das Strategiekonzept der NATO weder einen förmlichen Änderungsvertrag noch eine konkludente Vertragsänderung darstelle[104]. Die Erweiterung des sicherheitspolitischen Ansatzes auf Krisenreaktionseinsätze sei eine Fortschreibung des NATO-Vertrages, die sich nicht als Änderung des geltenden Vertrags ansehen lasse[105]. Auf die Vertragsfortbildung unterhalb der Schwelle der Vertragsänderung sei Art. 59 Abs. 2 Satz 1 GG nicht anwendbar; die Ausfüllung des vertraglichen Integrationsprogramms obliege allein der Bundesregierung[106]. Allerdings werde der Bundestag in seinem Recht auf Teilhabe an der auswärtigen Gewalt verletzt, wenn die Bundesregierung die Vertragsgrundlage eines Systems nach Art. 24 Abs. 2 GG über das Integrationsprogramm hinaus fortentwickle. Denn der Bundestag lege dieses Programm im Zustimmungsgesetz nach Art. 59 Abs. 2 Satz 1 GG fest und trage dafür fortlaufend die Mitverantwortung; insofern enthalte das Zustimmungsgesetz eine Ermächtigung der Bundesregierung, den Vertrag in den Formen des Völkerrechts fortzuentwickeln[107]. Das Integrationsprogramm sei aber nicht schon bei einem Verstoß gegen einzelne Bestimmungen, sondern erst bei einer Vertragsfortbildung im Widerspruch zu wesentlichen Strukturentscheidungen eines Vertrages überschritten, die bei dem neuen Strategischen Konzept nicht vorliege.

Mit dem Strategiekonzept verlasse die NATO auch nicht ihre von Art. 24 Abs. 2 GG gebotene friedenswahrende Zweckbestimmung, was – so die explizite Feststellung[108] – als Überschreitung des Integrationsprogramms im Organstreitverfahren gerügt werden könne. Denn das Konzept bekenne sich unmissverständlich zum völkerrechtlichen Gewaltverbot und zur Hauptverantwortung des UN-Sicherheitsrats für die Wahrung des Weltfriedens[109].

[104] Für eine Vertragsänderung *Klein/Schmahl* RuP 1999, 198 (205).
[105] BVerfGE 104, 151 (202 ff.).
[106] Zum hierfür relevanten Gesichtspunkt der Organadäquanz s. BVerfGE 68, 1 (87 f.).
[107] BVerfGE 104, 151 (209 f.).
[108] BVerfGE 104, 151 (212).
[109] *Fastenrath/Groh* in: Friauf/Höfling (Hrsg.), Berliner Kommentar zum GG, Art. 59 Rn. 71 kritisieren, die Prüfung, ob die NATO sich zu einem Angriffsbündnis entwickelt habe, offenbare unfreiwillig, welch weiter Spielraum die Bundesregierung eröffnet sei.

c) Das Urteil, das wegen der außerordentlich weitgehenden Handlungsfreiheit der Bundesregierung im Bereich der Fortbildung völkerrechtlicher Verträge[110] nicht zu Unrecht vielfach auf Kritik gestoßen ist[111], ist in mehrfacher Hinsicht bemerkenswert.

In der Organkompetenzverteilungsfrage hält der Senat unter dem Eindruck der Terroranschläge vom 11.9.2001[112] an seiner – zuvor innerhalb des Senats sehr umstrittenen[113] – Auffassung fest, nach der Art. 59 Abs. 2 Satz 1 GG auf völkerrechtliches Handeln der Bundesregierung jenseits des Vertragsabschlusses nicht anwendbar ist[114]. Der Ausgangsfall hat aber geradezu idealtypisch aufgezeigt, wie weitgehend die Realität der internationalen Beziehungen von nicht rechtsförmigem oder jedenfalls nicht eindeutig als rechtsförmig zu qualifizierendem Handeln geprägt ist, das sich prozesshaft so verdichtet, dass daraus völkerrechtliche Konsequenzen gezogen werden[115]. Dem trägt der Senat zwar insoweit Rechnung, als das vertragliche Integrationsprogramm zur Kompetenzgrenze der Bundesregierung erklärt wird, was eine Neuerung gegenüber der früheren Rechtsprechung darstellt, die nur nach einem förmlichen oder konkludenten Änderungsvertrag gefragt hatte. Aber der Rückgriff auf das vertragliche Integrationsprogramm wirft mehr Fragen auf als er beantwortet:

Das Integrationsprogramm gehört klassischerweise zum Kontext der Hoheitsrechtsübertragung nach Art. 24 Abs. 1 GG; hier geht es darum, dass Umfang und Grenzen der Übertragung von Hoheitsrechten von Verfassungs wegen hinreichend bestimmbar vorgezeichnet werden müssen[116]. Wenn nun bei der NATO, auf die auch das Bundesverfassungsgericht Art. 24 Abs. 1 GG zu Recht nicht mehr anwendet[117] und die von ihrem Grundansatz auch nicht auf eine prozesshafte Integration zugeschnitten ist, von einem Integrationsprogramm gesprochen wird, stellt sich die Frage, welche allgemeinen Voraussetzungen für die Existenz eines Integrationsprogramms erfüllt sein müssen. Wenn dieses Programm Grenze des völkerrechtlichen Regierungshandelns sein soll, ist diese vom Bundesverfassungsgericht unbeantwortete Frage von

[110] Treffend *Paulus* GLJ 3 (2002), No. 1, Rn. 29, http://www.germanlawjournal.com: „Some passages in the judgment can be understood as an explicit endorsement of a general doctrine of judicial (and parliamentary) restraint in foreign policy“.

[111] S. etwa *Paulus* GLJ 3 (2002), No. 1; *Sauer* ZaöRV 62 (2002), 317 ff.; *Bothe* (oben Fn. 78), S. 174 f.; *van Ooyen* RuP 2008, 75 (81).

[112] Zu diesem Zusammenhang *Paulus* GLJ 3 (2002), No. 1, Rn. 33; *Rux* JA 2002, 461 (463 f.); *Sauer* ZaöRV 62 (2002), 317 (342).

[113] S. nochmals BVerfGE 90, 286 (359 ff.).

[114] Kritisch auch *Schorkopf* Grundgesetz und Überstaatlichkeit, 2007, S. 292.

[115] S. nochmals *Tomuschat* VVDStRL 36 (1978), 7 (30 ff.).

[116] S. BVerfGE 58, 1 (36 f.); 89, 155 (188).

[117] Zur Anwendung von Art. 24 Abs. 1 GG in der Nachrüstungsentscheidung s. oben unter B.I.

erheblicher praktischer Bedeutung[118]. Hinzu kommt, dass das Bundesverfassungsgericht die parlamentarische Zustimmung zum Integrationsprogramm sogar als Ermächtigung vertragsbezogenen Regierungshandelns ansieht, was eigentlich bedeuten müsste, dass die Bundesregierung bei zustimmungsbedürftigen Verträgen keine *originären*, sondern nur noch *abgeleitete* Handlungskompetenzen hätte, was aber der Rechtsprechung des Bundesverfassungsgerichts zuwiderläuft. Darüber hinaus ist nicht einzusehen, dass die parlamentarische Zustimmung zwar Grund und Grenze für die Exekutive sein soll, ein Verstoß gegen einzelne Vertragsbestimmungen für die Feststellung eines *ultra vires*-Handelns der Bundesregierung aber nicht ausreicht[119].

Abgesehen von diesen grundsätzlichen Einwänden zeigt der Senat bei der Subsumtion keine sonderliche Neigung, das vertragliche Integrationsprogramm als Kompetenzgrenze auch zu aktivieren: Denn die Ergänzung der militärischen Ausrichtung des Bündnisses – kollektive Selbstverteidigung in Zeiten der Blockkonfrontation – um geographisch potenziell unbegrenzte Krisenreaktionseinsätze unabhängig von einem Angriff auf das Bündnis als etwas anzusehen, das im vertraglichen Integrationsprogramm, dem der Bundestag im Jahr 1955 (!) zugestimmt hat, bereits angelegt war, fällt doch schwer[120]. Der Versuch, die Konsequenzen der restriktiven Rechtsprechung zur Reichweite des Zustimmungsvorbehalts nach Art. 59 Abs. 2 Satz 1 GG durch ein weiteres Korrektiv[121] in Form des vertraglichen Integrationsprogramms abzumildern, war damit allgemein und auch im konkreten Fall gescheitert.

Hinsichtlich der materiell-rechtlichen Grenzen der Streitkräfteintegration und ihrer prozessualen Durchsetzung wird zudem der klare Ansatz des Beschlusses zum Kosovo-Einsatz verwässert, indem der Senat feststellt, dass ein Verstoß gegen die friedenswahrende Ausrichtung des Bündnisses als Überschreitung des Integrationsprogramms der Vertragsgrundlage und damit als Verstoß gegen Art. 59 Abs. 2 Satz 1 GG zum Gegenstands eines Organstreits gemacht werden kann. Zwar ist die friedliche Ausrichtung eines Bündnisses nach Art. 24 Abs. 2 GG die verfassungsrechtliche Voraussetzung einer deutschen Beteiligung und kann *insofern* auch als Ausprägung des Integrationsprogramms angesehen werden; dadurch wird die materiell-rechtliche Frage eines Verstoßes gegen Art. 24 Abs. 2 GG aber nicht zur Kompetenzfrage[122].

[118] Zutreffend *Rau* GYIL 44 (2001), 544 (570, 573 ff.).

[119] Treffend *Fastenrath* JZ 2007, 95 (96): „Eine Rechtsverletzung als vom Gesetz umfasst anzusehen und damit zu legalisieren, ist eine monströse Vorstellung.“; s. auch *Sauer* ZaöRV 62 (2002), 317 (330 ff.).

[120] Näher dazu *Sauer* ZaöRV 62 (2002), 317 (333 f.); vor der Entscheidung ablehnend *Wolfrum* (oben Fn. 88), S. 708 f.; zustimmend dagegen *Rau* GYIL 44 (2001), 544 (563 f.).

[121] Die Korrektivfunktion des wehrverfassungsrechtlichen Parlamentsvorbehalts konzediert der Senat selbst, s. BVerfGE 104, 151 (208).

[122] So auch *Murswiek* NVwZ 2007, 1130 (1132).

Selbst wenn man das Konzept des Integrationsprogramms im Anwendungsbereich eines Zustimmungsgesetzes zu einem System gegenseitiger kollektiver Sicherheit anwenden will, geht es bei der Fortbildung des Integrationsprogramms um die Aushöhlung der Parlamentskompetenz nach Art. 59 Abs. 2 Satz 1 GG – Organrechte lassen sich damit in Art. 24 Abs. 2 GG nicht hineinlesen.

3. Das Eilverfahren zum AWACS-Einsatz in der Türkei (BVerfGE 108, 34)

a) Erst knapp zehn Jahre nach dem Grundsatzurteil vom 12.7.1994 entstand Streit über die Reichweite des wehrverfassungsrechtlichen Parlamentsvorbehalts. Im Vorfeld des Irak-Kriegs hatte sich die Türkei Anfang 2003 von Ankündigungen des irakischen Diktators *Saddam Hussein* bedroht gefühlt und Konsultationen nach Art. 4 des NATO-Vertrags beantragt. Daraufhin beschloss der NATO-Rat die *Operation Display Deterrence* und entsendete AWACS-Aufklärungsflugzeuge zur Luftraumüberwachung sowie das Raketenabwehrsystem PATRIOT in die Türkei[123]. Die Bundesregierung holte für die deutsche Beteiligung an diesem Einsatz nicht die Zustimmung des Deutschen Bundestags ein. Sie vertrat die Auffassung, die Überwachungsmaßnahme sei eine Routineaktion[124], sodass der Parlamentsvorbehalt nicht eingreife, zumal die eingesetzten Soldaten nicht bewaffnet seien. Der Verweis auf Bündnisroutine war indes zweifelhaft[125]; in politischer Hinsicht ging es wohl eher darum, dass die Kanzlermehrheit bei einer Abstimmung im Deutschen Bundestag nicht gesichert schien. Nach dem Beginn der Kampfhandlungen im Irak, zu denen die AWACS-Flugzeuge bei der Türkei-Überwachung unstreitig keinen Beitrag leisteten, beantragte die in Prozesstandschaft für den Bundestag auftretende Fraktion den Erlass einer einstweiligen Anordnung, mit der der Bundesregierung aufgegeben werden sollte, den Bundestag unverzüglich um einen Zustimmungsbeschluss zu ersuchen und die deutschen Soldaten nur auf dieser Basis in der Türkei zu belassen.

b) Der Senat lehnte den Antrag auf der Grundlage einer Folgenabwägung ab. Der Antrag in der Hauptsache sei weder offensichtlich unbegründet noch offensichtlich begründet. Es bedürfe der Klärung, wie weit der wehrverfassungsrechtliche Parlamentsvorbehalt reiche, insbesondere wann ein „Einsatz bewaffneter Streitkräfte“ vorliege. Der Senat legte hierbei einen bemerkens-

[123] Bundeswehrsoldaten stellen etwa ein Drittel der AWACS-Besatzungen der NATO, BVerfGE 108, 34 (35).

[124] S. hierzu die Rede des damaligen Bundeskanzlers *Gerhard Schröder* vom 19.3.2003 vor dem Deutschen Bundestag (Deutscher Bundestag, Plenarprotokoll 15/34, Stenografischer Bericht, S. 2727). Näher zum Ganzen unten III.5.

[125] Vgl. bereits zuvor *Sauer* JA 2004, 19.

wert detaillierten Fragenkatalog für ein Hauptsacheverfahren fest, das damals noch gar nicht anhängig war[126]. Bei der Folgenabwägung habe der Parlamentsvorbehalt zwar hohes Gewicht, auf der anderen Seite stehe jedoch die außenpolitische Verantwortung der Exekutive mit ihrem Kernbereich eigener Entscheidungsfreiheit[127]:

> „Die Bundesregierung würde in der Situation außenpolitischer Zuspitzung vor die Wahl gestellt, entweder eine politisch ungewisse und zeitlich möglicherweise aufwändige parlamentarische Zustimmung zu erwirken oder bündnispolitische Risiken durch den vom Antrag ausdrücklich als Handlungsmöglichkeit eröffneten Abzug deutscher Soldaten aus dem integrierten AWACS-Verband der NATO und die damit einhergehende Minderung der Funktionsfähigkeit des Verbandes in Kauf zu nehmen. Es lässt sich nicht feststellen, dass bei dem anzulegenden strengen Prüfungsmaßstab die Rechte des Bundestages deutlich überwiegen. Die Abwägung dieser Positionen ist im Ergebnis offen."

Diese Folgenabwägung ist im Schrifttum überwiegend als zu exekutivfreundlich kritisiert worden[128].

4. *Das Urteil zum Tornado-Einsatz in Afghanistan 2007 (BVerfGE 118, 244)*

a) Noch vor der Hauptsacheentscheidung im AWACS-Verfahren hatte das Bundesverfassungsgericht im Frühsommer 2007 über die Entsendung deutscher Aufklärungs-Tornados nach Afghanistan zu entscheiden. Es ging um die Beteiligung am Einsatz der Internationalen Sicherheits- und Beistandstruppe (ISAF), der sich völkerrechtlich auf Resolutionen des Sicherheitsrats der Vereinten Nationen stützt[129]. Der ISAF-Einsatz sollte nach dem gewaltsamen Sturz des Taliban-Regimes durch US-geführte Streitkräfte (*Operation Enduring Freedom* – OEF) die afghanische Interimsverwaltung bei der Aufrechterhaltung der Sicherheit unterstützen. Seit 2003 wird ISAF als Krisenreaktionseinsatz der NATO im Sinne des neuen Strategischen Konzepts von 1999 geführt[130]. Der deutschen Beteiligung an dem über die Jahre sukzessive ausgeweiteten ISAF-Mandat hatte der Deutsche Bundestag jeweils zugestimmt; im März 2007 stimmte er dann der Entsendung von Tornado-Aufklärungsflugzeugen der Bundeswehr nach Afghanistan zu[131]. Diese sollten nicht zur Luftnahunterstützung bei Kampfhandlungen eingesetzt werden und ihre Aufklärungsergebnisse nur „restriktiv" an die Einheiten der OEF

[126] BVerfGE 108, 34 (42 f.); dazu *Gramm* UBWV 2003, 161 (162 f.).

[127] BVerfGE 108, 34 (44 f.).

[128] S. hierfür exemplarisch *Rupp* JZ 2003, 899 f.; *Krajewski* AVR 41 (2003), 419 (420 ff.); *Kutscha* KJ 2004, 228 (235); *Sauer* JA 2004, 19 (22).

[129] Beginnend mit der Resolution 1386 (2001) des Sicherheitsrats.

[130] BVerfGE 118, 244 (265).

[131] Näher BVerfGE 118, 244 (248 f.).

weitergeben, die nach dem Sturz der Taliban zur militärischen Bekämpfung des internationalen Terrorismus in Afghanistan verblieben waren[132].

b) Die in Prozessstandschaft für den Deutschen Bundestag auftretende Fraktion war zunächst mit ihrem Eilantrag, mit dem sie den Vollzug des Entsendebeschlusses bis zur Hauptsacheentscheidung aussetzen wollte, erfolglos. Der Senat hielt den Erlass einer einstweiligen Anordnung nicht für „dringend geboten zur Abwehr schwerer Nachteile", weil bis zum Ergehen einer Hauptsacheentscheidung kein irreversibler Nachteil für das als verletzt gerügte parlamentarische Beteiligungsrecht drohe[133]. In der Hauptsache machte die Antragstellerin in Anwendung der Maßgaben aus dem Senatsurteil zum neuen Strategischen Konzept geltend, der Bundestag sei in seinem Beteiligungsrecht nach Art. 59 Abs. 2 Satz 1 GG verletzt, weil die Bundesregierung den NATO-Vertrag über sein Integrationsprogramm hinaus fortgebildet habe. Die NATO-Mitgliedstaaten hätten unter Beteiligung der Bundesregierung einen Einsatz beschlossen, der keinen Bezug mehr zum euro-atlantischen Raum aufweise und die NATO zu einem „globalen Sicherheitsdienstleister" werden lasse. Überdies habe das Bündnis sich von seiner Zweckbestimmung zur Friedenswahrung gelöst, was ebenfalls nach Art. 59 Abs. 2 Satz 1 in Verbindung mit Art. 24 Abs. 2 GG im Organstreitverfahren gerügt werden könne; denn ISAF sei mit der – völkerrechtswidrigen – OEF in vielfältiger Weise vernetzt. Mit diesem Vortrag stieß die Antragstellerin in die Lücke, die das Urteil zum neuen Strategischen Konzept in das prozessuale Korsett des Kosovo-Beschlusses geschlagen hatte: Sie behauptete einen (allein rügefähigen) systemrelevanten Transformationsprozess der NATO, machte ihn aber an einem (für sich genommen eigentlich nur im Kontext des wehrverfassungsrechtlichen Parlamentsvorbehalts rügefähigen) konkreten Bundeswehreinsatz fest.

Dieser Versuch, das Organstreitverfahren zur Völkerrechtskontrolle durch das Bundesverfassungsgericht zu nutzen, war recht durchsichtig, trug doch die Antragstellerin eine Transformation der NATO vor, die „spätestens" mit den neuen Strategischen Konzept von 1999 begonnen habe und die nicht zuletzt durch Handlungen der Mitgliedstaaten außerhalb des Vertragsrahmens wie dem Irak-Krieg bewirkt worden sei[134]. Aus Gründen eher

[132] Diese Operation stützt sich anders als der ISAF-Einsatz nicht auf ein Mandat des Sicherheitsrats, sondern beruft sich – in völkerrechtlich mindestens zweifelhafter Weise – fortlaufend auf das Selbstverteidigungsrecht nach Art. 51 der UN-Charta (näher zum Ganzen *Krajewski* AVR 40 [2002], 182 [188 ff.]; *Ruffert* ZRP 2002, 247 ff.; *Schmidt-Radefeldt* HuV-I 2005, 245 ff.; und *Tomuschat* EuGRZ 2001, 535 [538 ff.]).

[133] BVerfGE 118, 111 (123 f.).

[134] *Murswiek* NVwZ 2007, 1130 (1132 f.), wirft dem Senat vor, ihm sei gar nicht in den Sinn gekommen, dass es bei einer Vertragsfortbildung *ultra vires* um einen Gesamtprozess gehe, der als solcher zum Gegenstand des Organstreits gemacht werden könne. So habe der Senat einen eigentlich zulässigen Antrag durch Aufsplittung unzulässig gemacht; vgl. aber

diffus bezeichneter Antragsgegenstände, der fraglichen Antragsbefugnis und nicht zuletzt der Antragsfrist hätte es nicht fern gelegen, die Anträge bereits für unzulässig zu erklären[135]. Doch der Senat weist die Anträge als unbegründet zurück: Durch den Einsatz in Afghanistan sei das Integrationsprogramm nicht in geographischer Hinsicht überschritten, weil der regionale Bezug zum euro-atlantischen Raum als Kernelement des vertraglichen Integrationsprogramms der NATO nicht bedeute, dass sich ihr Einsatzgebiet auf diesen Raum beschränke[136]. Die NATO habe sich durch das partielle Zusammenwirken von ISAF und OEF auch nicht von ihrer friedenswahrenden Ausrichtung entfernt. Hierzu betont der Senat, dass Völkerrechtsverletzungen bei einem konkreten Militäreinsatz der NATO im Organstreitverfahren nicht für sich genommen relevant werden, sondern nur insoweit, als sie für eine grundlegende Abkehr des Bündnisses von seiner Zwecksetzung der Friedenswahrung herangezogen werden können. Das ermöglicht dem Senat, auf die umstrittene völkerrechtliche Problematik der OEF nicht näher einzugehen. Angesichts der grundsätzlichen institutionellen und rechtlichen Trennung beider Missionen könne ungeachtet des punktuellen Zusammenwirkens auch eine völkerrechtswidrige OEF den völkerrechtskonformen ISAF-Einsatz nicht in seiner Gesamtheit infizieren[137].

c) Einmal mehr veranschaulicht die Tornado-Entscheidung die Folgen der restriktiven Auslegung von Art. 59 Abs. 2 Satz 1 GG durch das Bundesverfassungsgericht. Hat die Bundesregierung weitgehende Handlungsfreiheit im Rahmen und insbesondere bei der Fortbildung völkerrechtlicher Verträge, bleibt Antragstellern gar nichts anderes übrig, als für sich genommen nicht rügefähige Einzelmaßnahmen wie Strategiekonzepte oder Gipfelerklärungen für eine unzulässige Überschreitung des vertraglichen Integrationsprogramms heranzuziehen[138]. Und wenn das Friedensgebot als materiell-rechtliche Integrationsschranke nach Art. 24 Abs. 2 GG vom Senat über das in Art. 59 Abs. 2 Satz 1 GG vorgesehene Zustimmungsgesetz zur Kompetenzschranke der Bundesregierung gemacht wird, ist es auch nicht ver-

auch *Wiefelspütz* Der Auslandseinsatz der Bundeswehr und das Parlamentsbeteiligungsgesetz, 2008, S. 227 zur Qualität der Antragsschrift (abrufbar unter http://www.diefirma.net/index.php?id=84,242,0,0,1,0).

[135] Ähnlich *Häußler* NZWehrR 2007, 235 (239), der von unschlüssigem Vortrag spricht; an der Zulässigkeit zweifelnd auch *Verlage* DVBl. 2007, 1245 (1248).

[136] BVerfGE 118, 244 (263 ff.). Kritisch dazu *Bothe* (oben Fn. 78), S. 175: „Die territoriale Begrenzung als Grenze des NATO-Integrationsprogramms wird der Sache nach verabschiedet".

[137] BVerfGE 118, 244 (275 f.).

[138] Für einen solchen Fortbildungsprozess kommen entgegen *Verlage* DVBl. 2007, 1245 (1248), grundsätzlich auch Einsätze in Betracht, denen der Bundestag zugestimmt hat. Die Zustimmung zu Einzelmaßnahmen ersetzt nicht die Zustimmung zu einem konzeptionellen Vertragswandel, s. auch unten Fn. 176.

wunderlich, dass die materielle Kontrolle einzelner Einsätze durch diese Hintertür zum Gegenstand des Organstreitverfahrens wird. Das Bundesverfassungsgericht wird so von den Folgen der zweifelhaften Heranziehung vertraglicher Integrationsprogramme außerhalb des Anwendungsbereichs von Art. 24 Abs. 1 GG eingeholt, welche die restriktive Rechtsprechung zu Art. 59 Abs. 2 Satz 1 GG nicht kompensieren kann.

Dass die Tornado-Entscheidung in den Medien[139] und im wissenschaftlichen Schrifttum[140] verbreitet kritisiert wurde, ist deshalb gut nachvollziehbar. Zuweilen wird jedoch übersehen, dass sich die entscheidenden Weichenstellungen bereits aus dem Urteil zum neuen Strategischen Konzept ergeben[141].

5. *Das Urteil in der Hauptsache zum AWACS-Einsatz in der Türkei (7.5.2008)*

a) Bei diesem Stand der Rechtsprechung war die ausstehende Hauptsacheentscheidung über den AWACS-Einsatz in der Türkei und damit über die Reichweite des wehrverfassungsrechtlichen Parlamentsvorbehalts konzeptionell von zentraler Bedeutung. Schon im Grundsatzurteil vom 12.7.1994 und am Rande im Urteil zum neuen Strategischen Konzept der NATO[142] war der kompensatorische Charakter des wehrverfassungsrechtlichen Parlamentsvorbehalts deutlich geworden. In der erstgenannten Entscheidung war durch die restriktive Auslegung der Parlamentsbeteiligung aus Art. 59 Abs. 2 Satz 1 GG bei sehr weitem Verständnis der Integrationsermächtigung in Art. 24 Abs. 2 GG ein kompetenzielles Ungleichgewicht entstanden, das der Senat durch den wehrverfassungsrechtlichen Parlamentsvorbehalt aufzufangen suchte[143]. Anschließend hatte der Senat im Urteil zum neuen Strategischen Konzept unter erneuter Ablehnung der Ausdehnung des Zustim-

[139] S. insbesondere *Prantl* SZ v. 4.7.2007, S. 4, der – kaum absichtslos provozierend – von „methodischem Unernst“, von „Wurstigkeit“ und von „frivoler Substanzlosigkeit“ der Entscheidung spricht; dem sogar zustimmend *Baumbach* Vertragswandel und demokratische Legitimation, 2008, S. 70.

[140] *Fastenrath* JZ 2007, 95 ff.; *Verlage* DVBl. 2007, 1245 ff.; *van Ooyen* RuP 2008, 75 (83); im Wesentlichen zustimmend dagegen *Häußler* NZWehrR 2007, 235 ff.; teilweise auch *Dreist* NZWehrR 2007, 208 ff., dessen wesentlicher Kritikpunkt – die fehlende rechtliche Bewertung der OEF – nicht trifft, weil diese Operation bzw. die deutsche Beteiligung daran nicht Streitgegenstand des Verfahrens war.

[141] Das gilt etwa für die Aussage von *Bothe* (oben Fn. 78), S. 175 f., der kritisiert, die Bekämpfung global agierender terroristischer Netzwerke sei kaum im NATO-Vertrag von 1955 angelegt. Das ist richtig; aber der ISAF-Einsatz ist ein Krisenreaktionseinsatz im Sinne des neuen Strategischen Konzepts von 1999 – und die Billigung dieses Konzepts hatte das Gericht bereits 2001 nicht als Regierungshandeln *ultra vires* angesehen.

[142] S. nochmals BVerfGE 104, 151 (208).

[143] *Burkiczak* NVwZ 2008, 752, spricht von einem „verfassungsgerichtlichen Gesamtpaket ‚Auslandseinsatz der Bundeswehr‘“.

mungsvorbehalts aus Art. 59 Abs. 2 Satz 1 GG auf einen ganz erheblichen Handlungsvorsprung der Bundesregierung bei der Fortentwicklung völkerrechtlicher Verträge erkannt und dadurch abermals die Frage nach einem Korrektiv zugunsten der Parlamentskompetenz aufgeworfen. Die vorstehende Analyse hat erwiesen, dass die Heranziehung des vertraglichen Integrationsprogramms als Kompetenzschranke der Bundesregierung diese Funktion nicht hat übernehmen können. Damit hatte die Rechtsprechungsentwicklung deutlich gemacht, dass der Gedanke einer Kompensation der restriktiven Auslegung der Parlamentsbeteiligung nach Art. 59 Abs. 2 Satz 1 GG nach wie vor nur durch den wehrverfassungsrechtlichen Parlamentsvorbehalt operationalisiert werden kann.

b) Dieser Einsicht hat sich der Senat nicht verschlossen. Er hat die Gelegenheit genutzt, das verfassungsrechtliche Zusammenspiel der materiellen und kompetenziellen Normen in Art. 24 Abs. 2 GG, Art. 59 Abs. 2 Satz 1 GG und dem wehrverfassungsrechtlichen Parlamentsvorbehalt noch einmal eingehend zu erläutern[144]. Er betont die besondere, ja überraschende Reichweite der materiellen Integrationsermächtigung in Art. 24 Abs. 2 GG[145], durch die die Frage der Organkompetenzverteilung beim Streitkräfteeinsatz besonderes Gewicht erhalte[146]. Teilweise werde diese Frage durch Art. 59 Abs. 2 Satz 1 GG beantwortet, weil das Zustimmungsgesetz zu einem Bündnisvertrag das Integrationsprogramm des Bündnisses festlege und dieses Programm somit vom Deutschen Bundestag mitverantwortet werde; so werde das exekutive Handeln im Vertragsrahmen nicht nur materiell, sondern auch kompetenziell durch das Integrationsprogramm begrenzt[147]. Zudem blieben dem Deutschen Bundestag die üblichen parlamentarischen Kontrollmöglichkeiten; anders als noch im Urteil zum neuen Strategischen Konzept[148] sieht der Senat aber, dass der rechtliche Handlungsvorrang der Bundesregierung durch die exekutive Prägung der internationalen Entscheidungsprozesse noch vergrößert wird, sodass die allgemeinen Möglichkeiten der parlamentarischen Verantwortungsübernahme im Bereich der auswärtigen Gewalt faktisch sehr begrenzt sind[149]. Hierfür stelle der wehrverfassungsrechtliche Parlamentsvorbehalt ein wesentliches Korrektiv dar:

[144] So auch *Burkiczak* NVwZ 2008, 752 (753); *Schröder* DVBl. 2008, 778.

[145] Der Senat räumt selbst ein, dass Auslandseinsätze aufgrund seiner Rechtsprechung deutlich über die vor 1994 überwiegend angenommenen Grenzen hinaus zulässig sind (BVerfG NJW 2008, 2018 [2022]).

[146] BVerfG NJW 2008, 2018 (2021).

[147] BVerfG NJW 2008, 2018 (2020 f.).

[148] S. BVerfGE 104, 151 (208 f.).

[149] BVerfG NJW 2008, 2018 (2021); zustimmend *Sachs* JuS 2008, 829 (830); andere Bewertung bei *Cremer* (oben Fn. 94), S. 29 ff.; zu den Möglichkeiten im Einzelnen *Röben* (oben Fn. 5), S. 116 ff.

„Mit der Anwendung militärischer Gewalt endet der weit bemessene Gestaltungsspielraum der Exekutive im auswärtigen Bereich. Der Deutsche Bundestag ist beim Einsatz bewaffneter Streitkräfte nicht lediglich in der Rolle eines nachvollziehenden, nur mittelbar lenkenden und kontrollierenden Organs, sondern er ist zur grundlegenden, konstitutiven Entscheidung berufen, ihm obliegt die Verantwortung für den bewaffneten Außeneinsatz der Bundeswehr."

Im Ergebnis bedeutet das für die Kompetenzverteilungsfrage Folgendes:

„Die funktionsgerechte Teilung der Staatsgewalt im Bereich der auswärtigen Angelegenheiten [...] gestaltet sich im Hinblick auf Systeme gegenseitiger kollektiver Sicherheit damit so, dass das Parlament durch seine Mitentscheidung grundlegende Verantwortung für die vertragliche Grundlage des Systems einerseits und für die Entscheidung über den konkreten bewaffneten Streitkräfteeinsatz andererseits übernimmt, während im Übrigen die nähere Ausgestaltung der Bündnispolitik als Konzeptverantwortung ebenso wie konkrete Einsatzplanungen der Bundesregierung obliegen." [150]

Nach diesen grundlegenden Aussagen zu Funktion und Reichweite des Parlamentsvorbehalts führt der Senat näher aus, wann von einem die parlamentarische Zustimmungsbedürftigkeit auslösenden Einsatz bewaffneter Streitkräfte auszugehen ist. Für den wehrverfassungsrechtlichen Parlamentsvorbehalt kommt es danach nicht darauf an, ob bewaffnete Auseinandersetzungen sich schon im Sinne eines Kampfgeschehens verwirklicht haben, sondern darauf, ob nach dem jeweiligen Einsatzzusammenhang und den einzelnen rechtlichen und tatsächlichen Umständen die Einbeziehung deutscher Soldaten in bewaffnete Auseinandersetzungen konkret zu erwarten ist und deutsche Soldaten deshalb bereits in bewaffnete Unternehmungen einbezogen sind [151]. Der Senat stellt schließlich fest, dass diese Frage verfassungsgerichtlich voll überprüfbar ist, ein nicht oder nur eingeschränkt nachprüfbarer Einschätzungs- oder Prognosespielraum der Bundesregierung hier also nicht eröffnet ist [152].

c) Das Urteil führt, obwohl es keine grundlegend neuen Antworten auf die Organkompetenzverteilungsfrage enthält, zu einer nicht unerheblichen Neujustierung des Verhältnisses zwischen Parlament und Regierung in

[150] BVerfG NJW 2008, 2018 (2022).

[151] BVerfG NJW 2008, 2018 (2022). Kritisch hierzu *Burkiczak* NVwZ 2008, 752 (754), der von einer zu großzügigen und damit zu parlamentsfreundlichen Anwendung der Maßstäbe spricht. Auf die Konkretisierung des Tatbestands „Einsatz bewaffneter Streitkräfte" soll hier nicht näher eingegangen werden.

[152] BVerfG NJW 2008, 2018 (2024). Bereits im Eilverfahren zur deutschen Beteiligung an UNOSOM II (s. oben B.II.2.a.) ist das Bundesverfassungsgericht der Einschätzung der Bundesregierung, die Lage in Belet Huen sei „sicher und ruhig" (s. BVerfGE 89, 38 [42]), nicht gefolgt, sondern hat festgestellt, den Soldaten drohten bei der Erfüllung des Mandats der Vereinten Nationen „nicht unerhebliche Gefahren" (s. BVerfGE 89, 38 [45]).

Fragen der kollektiven Sicherheit im Sinne einer klaren Stärkung des Parlaments[153]. Das ist gerade deshalb interessant, weil sich wirkliche Widersprüche zu den vorangegangenen Entscheidungen nicht finden. Der Senat bemüht sich um eine grundsätzlich angelegte und über die entscheidungserhebliche Frage hinausgehende Aufarbeitung des Gewaltenteilungsproblems, die das Senatsurteil vom 12.7.1994 nicht geliefert hatte. So wird herausgearbeitet, dass erst das Zusammenspiel von Art. 59 Abs. 2 Satz 1 GG und dem wehrverfassungsrechtlichen Parlamentsvorbehalt die Kompetenzen des Deutschen Bundestags im Bereich der kollektiven Sicherheit abbildet: Das durch die restriktive Auslegung des Parlamentsvorbehalts in Art. 59 Abs. 2 Satz 1 GG, die der Senat leider nicht mehr zu hinterfragen scheint, verursachte Gewaltenungleichgewicht soll durch einen starken wehrverfassungsrechtlichen Parlamentsvorbehalt wieder in die Balance gebracht werden.

Die entscheidende materielle Stärkung erfährt der wehrverfassungsrechtliche Parlamentsvorbehalt dann in zweierlei Hinsicht: Erstens verweist der Senat explizit auf die „im Zweifel parlamentsfreundliche" Auslegung und das Erfordernis eines vorgelagerten Zustimmungsverfahrens, wenn bei befürchteter späterer Eskalation der Lage die Zustimmung nicht mehr rechtzeitig eingeholt werden könnte[154]. Zweitens erteilt er allen im Schrifttum verbreiteten Versuchen, die exekutivische Eigenverantwortung durch restriktive Auslegung des Parlamentsvorbehalts oder Prognosespielräume der Bundesregierung gleichsam durch die Hintertür wieder einzuführen[155], eine klare Absage und korrigiert nebenbei noch sein Diktum aus der Nachrüstungsentscheidung, wonach Art. 59 Abs. 2 Satz 1 GG im Lichte von Art. 20 Abs. 2 GG auszulegen sei[156]:

> „Eigenverantwortliche, das heißt letztlich verfassungsgerichtlicher Überprüfung entzogene Abgrenzungen der Kompetenzräume der in Art. 20 Abs. 2 Satz 2 GG genannten Gewalten lassen sich nicht einem apriorischen Gewaltenteilungskonzept entnehmen [...]. Daher ist der Rekurs auf den Topos einer exekutivischen Eigenverantwortung allein ungeeignet, für eine restriktive Auslegung des Parlamentsvorbehalts oder gar dessen grundsätzliche Ablehnung zu streiten [...]. Da das Grundgesetz dem Deutschen Bundestag, soweit der wehrverfassungsrechtliche

[153] So auch *Burkiczak* NVwZ 2008, 752 (754); *Sachs* JuS 2008, 829 (831); *Schröder* DVBl. 2008, 778 (779).

[154] In aller Deutlichkeit BVerfG NJW 2008, 2018 (2023): „Die normative Kraft des Parlamentsbeschlusses darf nicht durch die ‚normative' Kraft" bereits geschaffener oder doch vorentschiedener Fakten ersetzt werden".

[155] S. etwa *Roellecke* Der Staat 1995, 415 (423 ff.); *Wiefelspütz* NZWehrR 2003, 133 (139 f.); *Gilch* Das Parlamentsbeteiligungsgesetz, 2005, S. 116; *Schaefer* Verfassungsrechtliche Grenzen für das Parlamentsbeteiligungsgesetz, 2005, S. 228 ff.; *Schultz* Die Auslandsentsendung von Bundeswehr und Bundesgrenzschutz zum Zwecke der Friedenswahrung und Verteidigung, 1998, S. 440 f.

[156] S. nochmals BVerfGE 68, 1 (86); näher dazu oben B.I.

Parlamentsvorbehalt reicht, ein originäres Mitentscheidungsrecht im Bereich der auswärtigen Gewalt zuweist, besteht in diesem Bereich jenseits der Eilkompetenz gerade kein eigener Entscheidungsraum der Exekutive." [157]

So wird der wehrverfassungsrechtliche Parlamentsvorbehalt vierzehn Jahre nach seiner erstmaligen Erwähnung zu einem echten „Bauprinzip der Gewaltenteilung" [158].

IV. Schlussfolgerungen

1. Die Gesamtbetrachtung der verfassungsgerichtlichen Entscheidungen zur kollektiven Sicherheit lässt mittlerweile ein einigermaßen kohärentes System erkennen, wie es der Senat in seinem Urteil zur AWACS-Überwachung der Türkei teilweise zusammengefasst hat. Materielle Anforderungen und kompetenzielle Rückwirkungen der Integration Deutschlands in Systeme gegenseitiger kollektiver Sicherheit hat das Bundesverfassungsgericht sukzessive ausdifferenziert:

a) Als Grenze des Auslandseinsatzes der Bundeswehr wurde Art. 87a Abs. 2 GG obsolet [159], weil das Bundesverfassungsgericht die Integrationsermächtigung des Art. 24 Abs. 2 GG sehr weitgehend als Grundlage nicht nur für den Beitritt zu Systemen gegenseitiger kollektiver Sicherheit, sondern auch für einzelne militärische Einsätze angesehen hat [160]. Daher kommen nur Art. 25 Satz 1 GG in Verbindung mit dem allgemeinen Völkerrecht, etwa dem Gewaltverbot [161], sowie äußerstenfalls das Verbot des Angriffskriegs in Art. 26 Abs. 1 Satz 1 GG als materielle Verfassungsschranken von Streitkräfteeinsätzen in Betracht [162]. Diese materiellen Grenzen lassen sich im

[157] BVerfG NJW 2008, 2018 (2022, 2024).

[158] BVerfG NJW 2008, 2018 (2022).

[159] Zur Kritik s. oben II.4.b.

[160] S. nochmals BVerfGE 90, 286 (345 ff.).

[161] Das völkerrechtliche Gewaltverbot ist in Art. 2 Ziff. 4 der UN-Charta geregelt, gilt aber auch kraft Völkergewohnheitsrechts (s. nur IGH, Urteil vom 27.6.1986, *Case Concerning Military and Paramilitary Activities in and against Nicaragua,* ICJ-Reports 1986, S. 14, Ziff. 188 ff.).

[162] Vgl. insoweit die Prüfung in BVerfGE 77, 170 (232 ff.). Ob für einzelne Maßnahmen deutscher Soldaten im Auslandseinsatz nach Art. 1 Abs. 3 GG die Grundrechte des Grundgesetzes gelten, ist Gegenstand wissenschaftlicher Auseinandersetzungen, auf die hier nicht eingegangen werden kann (s. dazu etwa *Werner* Die Grundrechtsbindung der Bundeswehr bei Auslandseinsätzen, 2006, S. 113 ff.; *Beck* Auslandseinsätze deutscher Streitkräfte, 2008, S. 271 ff.; zur Geltung der Europäischen Menschenrechtskonvention *Krieger* ZaöRV 62 (2002), 669 ff.; speziell für Bundeswehreinsätze im NATO-Verband *Erberich* Auslandseinsätze der Bundeswehr und Europäische Menschenrechtskonvention, 2004, S. 113 ff.). Das humanitäre Völkerrecht, dem die Bundesrepublik Deutschland zugestimmt hat, steht über das Zustimmungsgesetz nach Art. 59 Abs. 2 Satz 1 GG innerstaatlich nur im Rang eines Bundesgesetzes.

Organstreitverfahren jedoch nicht als Prüfungsmaßstäbe operationalisieren. Man kann das als Rechtsschutzlücke bedauern; doch sollte dabei berücksichtigt werden, dass die verfassungsgerichtliche Kontrolle der politischen Entscheidung über den Einsatz von Streitkräften in vielen ausländischen Rechtsordnungen von vornherein undenkbar wäre und auch in das umfassend angelegte verfassungsgerichtliche Kontrollsystem Deutschlands nicht recht passen würde. Denn die verfassungsrechtliche Kontrolle wäre wegen der Hinwendung zum Völkerrecht in den Artt. 24–26 GG im Wesentlichen eine Kontrolle am Maßstab des Völkerrechts. Darum ist es sachgerecht, dass die verfassungsgerichtliche Kontrolle sich auf die Einhaltung des Verfahrens und die Wahrung der Kompetenzräume der beteiligten Organe bezieht, die Entscheidung über die Beteiligung der Bundeswehr an internationalen Militäreinsätzen in der Sache der Karlsruher Kontrolle dagegen entzogen ist.

Die Ausnahme, die das Urteil zum neuen Strategischen Konzept von diesem Grundsatz gemacht hat, indem es die Abkehr eines Systems gegenseitiger kollektiver Sicherheit von seiner friedenswahrenden Ausrichtung als Überschreitung des Integrationsprogramms kompetenziell auffangen will[163], zeigt das Unbehagen, das der Senat angesichts des Fehlens materieller Kontrollmöglichkeiten empfindet. Abgesehen davon, dass auch beim Bundesverfassungsgericht nicht von einer Kontrollaufgabe auf eine Prüfungsbefugnis geschlossen werden darf[164], hat das Tornado-Urteil jedoch deutlich gemacht, dass die Prüfung einer Systemtransformation keine sinnvolle materielle Kontrolle einzelner Bundeswehreinsätze ermöglicht. Allenfalls verbleibt dem Senat de facto die Möglichkeit, im Notfall, d.h. bei deutscher Beteiligung an einem evident völkerrechtswidrigen Militäreinsatz, einzuschreiten; allerdings könnte die Bundesrepublik Deutschland bei einer Abkehr der NATO von ihrer friedenswahrenden Ausrichtung nach Art. 24 Abs. 2 GG nicht im Bündnis verbleiben, sodass es sich lediglich um eine theoretische Kontrolloption des Bundesverfassungsgerichts handeln dürfte.

b) Für den Bereich der Organkompetenzverteilung hat das Bundesverfassungsgericht mit dem jüngsten Urteil zur AWACS-Überwachung der Türkei endgültig klargestellt, dass die Regelung des Grundgesetzes aus zwei Pfeilern besteht: Im Bereich der Vertragsgrundlage hat der Bundestag über das Zustimmungserfordernis nach Art. 59 Abs. 2 Satz 1 GG die Konzeptverantwortung, während die Bundesregierung in diesem Rahmen eigenständige Handlungsverantwortung hat und beim Handeln innerhalb des Bündnissystems

[163] S. nochmals BVerfGE 104, 151 (212).

[164] Treffend BVerfGE 37, 271 (303) – Sondervotum *Hirsch*, *Rupp* und *Wand*: „Die Aufgabe des Bundesverfassungsgerichts, Hüter der Verfassung zu sein, kann auch bei Vorliegen eines noch so dringenden rechtspolitischen Bedürfnisses nicht zu einer Erweiterung der Zuständigkeit führen […]“.

Vorrang genießt. Diese exekutive Handlungskompetenz wird dann durch einen weit verstandenen wehrverfassungsrechtlichen Parlamentsvorbehalt begrenzt, weil der Deutsche Bundestag jedem Einsatz bewaffneter Streitkräfte zustimmen muss[165].

2. a) Die Realität der auswärtigen Gewalt ist damit jedenfalls im Bereich der kollektiven Sicherheit von einem Miteinander zwischen Regierung und Parlament geprägt, wie es das Bundesverfassungsgericht im Urteil zum neuen Strategischen Konzept erstmals explizit festgestellt hatte[166], ohne seinerzeit freilich die damit verbundenen Konsequenzen zu ziehen[167]. Das Gericht hat sich in der klassischen staatsrechtlichen Streitfrage, ob die auswärtige Gewalt eine Domäne der Exekutive oder eine kombinierte Gewalt darstellt[168], aus heutiger Sicht nicht der traditionellen exekutivfreundlichen Auffassung angeschlossen, wie es das restriktive Verständnis des Zustimmungsvorbehalts nach Art. 59 Abs. 2 Satz 1 GG immer wieder vermuten ließ. Bis zum Diktum des „Zusammenwirkens" von Regierung und Parlament im auswärtigen Bereich war ein weiter Weg zurückzulegen, hatte das Bundesverfassungsgericht doch im Jahr 1952 noch festgestellt, Art. 59 Abs. 2 Satz 1 GG „durchbreche" das Gewaltenteilungssystem insofern, als die Legislative in den Bereich der Exekutive „übergreife"[169]; in der Nachrüstungsentscheidung hatte es diese Position unter zusätzlichem Rückgriff auf den Topos der Organadäquanz dann fast schon zementiert.

b) Die in diesen Entscheidungen nicht näher erläuterte Zuweisung der auswärtigen Gewalt zum Kompetenzbereich der Regierung hat überkommene Konzepte stets stärker berücksichtigt als den Verfassungstext[170]: Das Grundgesetz weist in mehreren Bestimmungen auswärtige Befugnisse explizit der Exekutive zu (z.B. in Art. 87 GG; Art. 24 Abs. 1a GG; Art. 32 Abs. 3 GG; Art. 115a Abs. 1 Satz 2 GG) – das wäre kaum zu erklären, wenn die Organkompetenz für die Regelung auswärtiger Angelegenheiten schon allgemein bei der Bundesregierung läge[171]. Nimmt man die verfassungsrechtlichen

[165] Außer bei Gefahr im Verzug, s. nochmals BVerfGE 90, 286 (388).

[166] BVerfGE 104, 151 (210): „Die Verfassung sieht vor, dass Regierung und Legislative im Bereich der auswärtigen Gewalt zusammenwirken".

[167] S. BVerfGE 104, 151 (210).

[168] S. nur die gegensätzlichen Positionen von *Grewe* VVDStRL 12 (1954), 29 (35) einerseits und *Menzel* VVDStRL 12 (1954), 179 (194) andererseits; Überblick über den Streitstand bei *Calliess* (oben Fn. 6), § 83 Rn. 43 f.; und *Sauer* ZaöRV 62 (2002), 317 (334 f.) m.N.

[169] So BVerfGE 1, 351 (369).

[170] Treffend spricht *Schorkopf* Grundgesetz und Überstaatlichkeit, 2007, S. 294 vom „Vorverständnis der auswärtigen Gewalt als Domäne der Exekutive"; ähnlich *Kadelbach/Guntermann* AöR 126 (2001), 563 (568 f.).

[171] So zutreffend *Weiß* Auswärtige Gewalt und Gewaltenteilung, 1971, S. 64 f.; ihm folgend *Wolfrum* (oben Fn. 88), S. 698; s. auch *Kadelbach/Guntermann* AöR 126 (2001), 563 (569).

Regelungen auswärtiger Befugnisse des Deutschen Bundestags in Art. 23 Abs. 1–3, Art. 24 Abs. 1, Art. 26 Abs. 2 Satz 2, Art. 59 Abs. 2 Satz 1 GG sowie Art. 115a und Art. 115l GG hinzu, erhält das Dogma der grundsätzlichen Zuordnung der auswärtigen Gewalt zum Kompetenzbereich der Regierung doch erkennbare normative Risse.

Dem hat das Bundesverfassungsgericht erstmals in seinem Grundsatzurteil vom 12.7.1994 jedenfalls im Ergebnis Rechnung getragen, indem es zwar nicht von der fragwürdigen restriktiven Auslegung des Parlamentsvorbehalts in Art. 59 Abs. 2 Satz 1 GG abrückte – hierfür fehlte es an einer Stimme! –, aber als Gegengewicht den wehrverfassungsrechtlichen Parlamentsvorbehalt aus der Taufe hob, der zuweilen als „wehrverfassungsrechtliche Wesentlichkeitstheorie" bezeichnet wird[172]. Soweit die nachfolgenden Urteile zum neuen Strategischen Konzept der NATO und zum Tornado-Einsatz wieder stärker die Handlungsräume der Bundesregierung betonen, ist damit keine Rückkehr zur traditionellen Auffassung verbunden. Der wehrverfassungsrechtliche Parlamentsvorbehalt konnte als Korrektiv nicht zum Einsatz kommen, weil es im ersten Verfahren nicht um Bundeswehreinsätze ging und im zweiten Verfahren der Deutsche Bundestag seine Zustimmung zum Tornado-Einsatz erteilt hatte. Der Senat hat sogar versucht, die Konsequenzen seiner Rechtsprechung zu Art. 59 Abs. 2 Satz 1 GG für den Bundestag abzumildern, indem er das Integrationsprogramm des NATO-Vertrags als Kompetenzgrenze der Bundesregierung heranzog. Wenn dieser Versuch auch letztlich nicht glückte, so ist das jüngst zum Tornado-Urteil gezogene Fazit, das Bundesverfassungsgericht stehe im Rahmen der auswärtigen Gewalt „insgesamt einem konservativen Etatismus nahe"[173], doch unzutreffend; noch verbliebene Zweifel hat der Senat mit dem Urteil zur AWACS-Überwachung der Türkei ausgeräumt. Das Verfassungsrecht der kollektiven Sicherheit konstituiert danach einen Handlungsverbund von Regierung und Parlament; der grundsätzliche Handlungsvorrang der Exekutive ist in diesem Bereich Rechtsprechungsgeschichte.

C. Ausblick

So begrüßenswert das auch ist – die Probleme der Rechtsprechung des Bundesverfassungsgerichts zur kollektiven Sicherheit werden damit nicht beseitigt. Die Fortentwicklung der NATO hat dazu geführt, dass ein Verteidigungsbündnis des Kalten Krieges zu einem modernen und – unter der

[172] *Calliess* (oben Fn. 6), § 83 Rn. 40; *Stern* VVDStRL 56 (1997), 97 (99) – Diskussionsbemerkung.

[173] So *van Ooyen* RuP 2008, 75 (76).

kaum begrenzenden Voraussetzung der Verteidigung der euro-atlantischen Sicherheit[174] – geographisch unbeschränkten Krisenreaktionsbündnis geworden ist[175], ohne dass ein einziger Änderungsvertrag eine Beteiligung des Deutschen Bundestages nach Art. 59 Abs. 2 Satz 1 GG an diesem Prozess[176] ausgelöst hat. Die Aushöhlung des Zustimmungsvorbehalts ist also nicht lediglich zu befürchten – sie ist Realität, in der man sich fragt, wie der Bundestag seine vom Bundesverfassungsgericht betonte Verantwortung für die Vertragsgrundlage[177] vollständig wahrnehmen soll[178]. Ausgerechnet dort, wo das Grundgesetz eine Beteiligung des Bundestags im Bereich der auswärtigen Gewalt explizit vorsieht, ist die Entparlamentarisierung besonders greifbar. Daran haben die jüngeren parlamentsfreundlichen Tendenzen der Verfassungsrechtsprechung wenig geändert. Gerade weil die Fortentwicklung der NATO sich in einem dynamischen Prozess außerhalb der Form des Änderungsvertrags vollzieht, läuft das Verfassungsrecht der kollektiven Sicherheit mit seiner Fixierung auf die Vertragsgrundlage Gefahr, seine Steuerungskraft zu verlieren. Insoweit ist die Frage nach dem adäquaten Umgang mit dem Parlamentsvorbehalt in Art. 59 Abs. 2 Satz 1 GG nach wie vor dringlich, auch wenn eine Rechtsprechungsänderung hier kaum zu erwarten ist. Korrektive wie den wehrverfassungsrechtlichen Parlamentsvorbehalt zu begrüßen heißt insoweit nicht, eine verfassungsgerichtliche Umgestaltung der Gewaltenbalance zu billigen. Das Grundgesetz konstituiert eine solche Balance, und die Auslegung und Anwendung des Grundgesetzes muss diese Balance auch bei überstaatlichem Handeln erhalten. Der richtige Ansatzpunkt hierfür wäre insbesondere die Anpassung des parlamentarischen Beteiligungsrechts aus Art. 59 Abs. 2 Satz 1 GG an die Rahmenbedingungen des heutigen Völkerrechts[179]. Das leuchtet für den hier interessierenden Bereich der NATO besonders ein, gilt aber auch in allgemeinem Zusammenhang. Denn die eingangs beschriebenen Prozesse überstaatlicher Integration führen mit ihrer exekutivischen Prägung zu einem schleichenden Kompe-

[174] S. BVerfGE 118, 244 (265 ff.).

[175] So auch *Bothe* (oben Fn. 78), S. 175.

[176] Mich überzeugt es nicht, wenn *Fastenrath/Groh* in: Friauf/Höfling (Hrsg.), Berliner Kommentar zum GG, Art. 59 Rn. 72 ausführen, der Deutsche Bundestag habe mit seiner Zustimmung zu Bundeswehreinsätzen im Ausland und mit der Ratifikation der Beitrittsverträge zur Aufnahme neuer NATO-Mitglieder „die Fortschreibung des NATO-Vertrags gewissermaßen in seinen Willen aufgenommen". Die Parlamentskompetenz wird nicht dadurch gestärkt, dass man den Gegenstand parlamentarischer Zustimmungsakte umdefiniert; eine solche Konzeptverantwortung ist Fiktion.

[177] BVerfGE 104, 151 (209 f.); BVerfG NJW 2008, 2018 (2020 f.).

[178] Ebenso *Fastenrath/Groh* in: Friauf/Höfling (Hrsg.), Berliner Kommentar zum GG, Art. 59 Rn. 71.

[179] S. bereits *Sauer* ZaöRV 62 (2002), 317 (334 ff., 341 ff.); *Calliess* (oben Fn. 6), § 83 Rn. 45 ff.; ob sich die Wesentlichkeitstheorie hierfür fruchtbar machen lässt, wäre im Anschluss an *Möllers* (oben Fn. 38), S. 362 ff. jedenfalls ernsthaft zu erwägen.

tenz- und Bedeutungsverlust des Parlaments, dem verfassungsrechtlich begegnet werden muss[180]. Das müsste insbesondere durch ein gewandeltes Verständnis verfassungsrechtlicher Bestimmungen erreicht werden, die parlamentarische Kompetenzen regeln; dabei wären auch Änderungen des Grundgesetzes zu erwägen, um jedenfalls die Verfassungsentwicklung der letzten Jahrzehnte im Verfassungstext abzubilden[181]. Solange das nicht geschieht, ist die Gewaltenbalance bei allen methodischen Bedenken im Bereich der kollektiven Sicherheit auf den wehrverfassungsrechtlichen Parlamentsvorbehalt angewiesen. Allgemeine Lösungsstrategien wären bereichsspezifischen Korrektiven freilich vorzuziehen.

[180] Zu diesem Problem allgemein etwa *Möllers* (oben Fn. 38), S. 369 ff.; *Schorkopf* Grundgesetz und Überstaatlichkeit, 2007, S. 289 ff.; *Calliess* (oben Fn. 6), § 83 Rn. 45 ff.; *Di Fabio* Gewaltenteilung, in: Isensee/Kirchhof (Hrsg.), Handbuch des Staatsrechts, Bd. II, 3. Aufl. 2004, § 27 Rn. 70 ff.; bezogen auf die EU *Dann* Parlamente im Exekutivföderalismus, 2004, S. 269 ff.

[181] Kritisch zu Recht *Wieland* NZWehrR 2006, 133 (138), der ein „wehrverfassungsrechtliches Case Law" kritisiert, wodurch die geschriebene Verfassung in einem wesentlichen Bereich der Staatlichkeit ihre normative Kraft verliere; ähnlich *Epping* (oben Fn. 24), S. 203 f.

Sachregister

www.ingramcontent.com/pod-product-compliance
Lightning Source LLC
LaVergne TN
LVHW010656300926
849161LV00005B/1134
* 9 7 8 3 8 9 9 4 9 4 8 0 8 *